HERBERT SCHWARZWÄLDER
GESCHICHTE DER FREIEN HANSESTADT BREMEN
Band 4

Wolken über Bremen: Nach einem Luftangriff 1943
Foto Husmann

Herbert Schwarzwälder

GESCHICHTE DER FREIEN HANSESTADT BREMEN

Band 4

Bremen in der NS-Zeit
(1933–1945)

mit Register
für die Bände 1 bis 4

1985
HANS CHRISTIANS VERLAG

CIP-Kurztitelaufnahme der Deutschen Bibliothek

Schwarzwälder, Herbert:
Geschichte der Freien Hansestadt Bremen /
Herbert Schwarzwälder. – Hamburg: Christians
Bis Bd. 2 im Verl. Röver, Bremen
Bd. 4 Schwarzwälder, Herbert: Bremen in der
NS-Zeit. – 1985

CIP-Kurztitelaufnahme der Deutschen Bibliothek

Schwarzwälder, Herbert:
Bremen in der NS-Zeit: (1933–1945) /
Herbert Schwarzwälder. – Hamburg: Christians, 1985.
(Geschichte der Freien Hansestadt Bremen /
Herbert Schwarzwälder; Bd. 4)
ISBN 3-7672-0911-X

INHALTSVERZEICHNIS

VORWORT

Der Verfasser ist sich der Tatsache wohl bewußt, daß er mit dem vorliegenden Band über die bremische Geschichte der NS-Zeit eine schwierige Aufgabe übernommen hat; doch das Gefühl, er habe die Pflicht, das Gesamtwerk abzuschließen, veranlaßte ihn durchzuhalten. Es ist zugleich ein Vor- und Nachteil, wenn ein Historiker – wie in diesem Falle geschehen – über einen Zeitabschnitt schreibt, den er selbst miterlebt hat. Deprimierend und Ansporn zugleich ist es auch, wenn er diese Aufgabe in einer Zeit übernimmt, in der die neuere Geschichte zunehmend unter ideologischen Gesichtspunkten problematisiert wird und immer wieder Verdächtigungen gegen jene laut werden, die sich diesem Trend widersetzen.

Die aus Haushaltsmitteln geförderte „Erforschung" und Darstellung der bremischen Zeitgeschichte und damit auch der des „Dritten Reiches" erhält seit Jahrzehnten politische Anstöße: 1962 waren es Hakenkreuzschmierereien, die allzu wichtig genommen wurden. Das damals in Bremen eingeleitete zeitgeschichtliche Unternehmen wurde mit bescheidenen Mitteln ausgestattet. Das Ergebnis waren sieben Hefte über verschiedene Themen mit insgesamt fast 1200 Druckseiten. Für weitere Hefte waren Tausende von Karteikarten angelegt, Abschriften, Kopien und Bildmaterial gesammelt; doch von Anfang an bestanden Differenzen zwischen der politischen Absicht des Auftraggebers und der streng wissenschaftlichen Methode der Herausgeber. Sie steigerten sich, bis dann eine fristlose Kündigung durch den zuständigen Senator 1974 zu einem Abbruch des Unternehmens führte, wodurch eine Fülle von bereitstehendem Material zunächst unausgewertet bleiben mußte.

Parallel zu diesem Unternehmen wurde an der Pädagogischen Hochschule Bremen eine größere Zahl von Hausarbeiten zu Einzelthemen der bremischen Geschichte in der NS-Zeit geschrieben, und diese Tradition setzte sich dann mit einem ganz anderen Ziel an der Universität weiter fort.

Sieht man von Hasenkamps Arbeit über Bremen und das Reich (1981), den Untersuchungen von Regina Bruss über die NS-Judenpolitik (1983) und von Almuth Meyer-Zollitsch über den Kirchenkampf (1985) sowie mehreren Memoirenwerken ab, so wurden Jahre hindurch keine Darstellungen zur bremischen Geschichte der NS-Zeit veröffentlicht, die von grundlegender Bedeutung gewesen wären. So konnte denn in Bremen (und anderswo!) leicht der Eindruck entstehen, daß die „zünftigen" Historiker die Aufarbeitung der NS-Zeit verschlafen oder sich vor ihr gedrückt hätten. Das beförderte die Betriebsamkeit von Schulklassen, Volkshochschulen, Zeitschriftenredaktionen, Ausstellungsmanagern und Projektgruppen aller Art mit dem Ziel, endlich die Nazizeit richtig zu erforschen, die Drahtzieher zu entlarven und den Gegnern das ihnen gebührende Denkmal in der Geschichte zu sichern. Dabei wurde ganz gewiß mancher bisher übersehene Gesichtspunkt aufgedeckt, auch mit erheblichen Staatszuschüssen nützliche Öffentlichkeitsarbeit geleistet; häufig aber wurde auch ein längst bestellter Acker erneut umgepflügt und dann mit Stolz auf „neue Ergebnisse" hingewiesen.

Der 50. Jahrestag der „Machtergreifung" der NSDAP (1983) und wohl auch gelegentliche Anzeichen für einen wachsenden Neonazismus sowie die besondere parteipolitische Situation in Bremen begünstigten das Bedürfnis nach einer Erforschung und Darstellung bestimmter Themen bremischer Zeitgeschichte, besonders der „Arbeiterbewegung", mit dem Ziel, diese als Bollwerk gegen den Nationalsozialismus nachzuweisen, wobei aber – nach der Vorstellung der Auftraggeber – die Rolle des kommunistischen Widerstandes nicht überbetont werden sollte. Bei der Vorbereitung zu einer mit 120 000 DM ausgestatteten Ausstellung über die Bremer Arbeiterbewegung im Rathaus kam es zu einer Spaltung der Mitarbeiter, die zu einer besonderen Ausstellung im Schlachthof führte, die die bremische Industrie als entscheidenden Förderer der Nazis anklagte. Einige Monate nach der Ausstellung erschien dann ein mit 20 000 DM bezuschußter „Katalog" zu dieser Ausstellung, der seine Bedeutung vor allem durch einige Aufsätze gewinnt, die bei aller Einseitigkeit der Akzente um eine Aufhellung von Zuständen und Ereignissen bemüht sind.

Die vier Jahre hindurch betriebene Aufarbeitung des bremischen Widerstandes gegen den Nationalsozialismus wurde in die Hand einer offenbar parteipolitisch einigermaßen homogenen Gruppe gelegt, zu der diesmal auch hauptamtliche Mitarbeiter gehörten. Das Unternehmen erhielt 200 000 DM bremische Haushaltmittel und dann weitere 184 000 DM aus der VW-Stiftung. Wieder wurden Archive bereist, Tausende von Karteikarten angefertigt, Abschriften und Kopien gesammelt. Anfang 1986 hofft man nun die Ergebnisse der Forschungen in einem Buch zu veröffentlichen. Zudem waren die Bearbeiter beauftragt worden, für die Schulen geeignetes Unterrichtsmaterial über das Thema bereitzustellen. Der Verfasser hat natürlich versucht, Einblick in das inzwischen fertiggestellte Manuskript zu nehmen; doch hatten die Organisatoren des Unternehmens zu der bestehenden Fassung noch kein rechtes Vertrauen. So beruht denn die vorliegende Darstellung von Widerstand und Verfolgung weitgehend auf der eigenen umfangreichen Materialsammlung des Verfassers.

Ein weiteres Unternehmen, das mit erheblichen Haushaltsmitteln finanziert wird, aber noch nicht abgeschlossen ist, betreibt die Geschichte der Bürgerschaftsfraktionen (bisher ist nur das Heft über die SPD-Fraktion erschienen). Da sich jede Fraktion ihre Mitarbeiter selbst aussucht, kommt Parteipropaganda ins Spiel, was freilich nicht ganz ausschließt, daß die Darstellung durchaus anregend sein kann und der historischen Forschung Material liefert.

Bei all diesen Projekten stellt sich natürlich die Frage nach der Verhältnismäßigkeit der eingesetzten Mittel bzw. die nach dem Verhältnis zwischen Einsatz und Ergebnis. Die Antwort wird von Fall zu Fall anders ausfallen; doch es gehört zu den Überraschungen unserer Zeit, daß sie nicht gestellt wird, wenn die Vorstellungen der Politiker mit den Ergebnissen historischer Forschungen identisch sind oder nur zu sein versprechen. In diesen Fällen fließen trotz kritischer Staatsfinanzen auch dann erhebliche Mittel, wenn ein angemessenes wissenschaftliches Ergebnis kaum zu erwarten ist.

Die vorliegende Darstellung kam nicht in den Genuß von Subventionen des Staates oder von Firmen; ihre Drucklegung mußte daher mit einem Bruchteil der Mittel auskommen, die für staatliche Auftragsarbeiten vergleichbaren Umfangs bereitgestellt werden. Es hat zwar dem Verfasser gegenüber nicht an Drohungen gefehlt, auch nicht an bissiger Polemik; doch im großen und ganzen war er so frei, wie jemand sein kann, der ein Buch schreibt, das sich auf dem Markt bewähren muß. Der Verfasser ist dankbar für jeden Korrekturvorschlag, wenn es sich dabei auch manchmal nur um abweichende Auffassungen handelt. Er gönnt dem kritischen Leser sogar die Freude über die Entdeckung von Fehlern, die es überhaupt nicht gibt, so etwa, wenn von besonders schlauen Historikern festgestellt wurde, daß bei einer Person der Name zwischen Bömers und Böhmert variiere. Nur in diesem Falle sei die Freude verdorben und darauf hingewiesen, daß es sich um zwei verschiedene Personen mit unterschiedlichem Beruf und abweichender politischer Einstellung handelte, so daß nicht einmal eine Vereinheitlichung der Schreibweise auf Böhmerts angebracht gewesen wäre. Ein Einwand gegen das Gesamtwerk besteht zu Recht: Die einseitige Gewichtung zugunsten der neuesten Zeit. Das hängt zum Teil mit der Tatsache zusammen, daß in diesem Zeitabschnitt komplizierte Sachverhalte ganz neu aufgearbeitet und dargestellt werden mußten. Es kam aber noch etwas anderes hinzu: Am Anfang der Planung des Röver-Verlages stand eine einbändige Geschichte Bremens. Hätte der Verfasser damals die Veröffentlichung eines vierbändigen Werkes vorgeschlagen, wäre daraus nichts geworden, denn das Risiko wäre für den kleinen Verlag zu groß gewesen. Eine Chance hätte nur dann bestanden, wenn das ganze Unternehmen subventioniert worden wäre. Da das aber nicht beabsichtigt war, ließ sich erst mit zunehmendem Markterfolg der Inhalt anreichern und der Umfang vergrößern. Der dadurch entstehende Mangel ließe sich nur dadurch gutmachen, daß der inzwischen vergriffene erste Band durch zwei Bände mit vertieftem Inhalt ersetzt würde. Diese Chance besteht aber nicht, und so bleibt nur der Trost, daß es keine Stadt- und Regionalgeschichte gibt, die nicht konzeptionelle Mängel hätte.

Bei einer Rückschau auf die Entstehung des vorliegenden Werkes kann der Verfasser bei seinem Abschluß aufatmen, denn die mühevolle Arbeit zog sich entgegen der ursprünglichen Absicht über mehr als zehn Jahre hin, und dabei hat es nicht nur Ermunterungen, sondern auch manche Krisen gegeben. Der bedrückende Zustand des beruflichen Arbeitsfeldes und die Degenerierung weiter Bereiche der historischen Wissenschaft zu geräuschvoller politischer Betriebsamkeit haben jedoch immer wieder das Bedürfnis gestärkt, zu zeigen, daß andere Arbeits- und Betrachtungsweisen noch ihre Berechtigung haben, wobei nun allerdings keineswegs sicher sein dürfte, daß die in diesem Werk praktizierte Art die einzig richtige ist. So gehen etwa in jüngster Zeit verfaßte hervorragende Darstellungen zur Geschichte größerer Städte und auch von Regionen durchweg andere Wege: Sie bestehen in der Kompilation von Spezialabschnitten verschiedener Verfasser, weil es offenbar für den einzelnen Historiker schwieriger wird, Gesamtverläufe zu erforschen und darzustellen. Das Spezialistentum bedeutet freilich oft einen Verlust an Gemeinverständlichkeit, bewirkt auch subjektive Gewichtungen und spürbare Lücken. Wenn gelegentlich gesagt wird, die vorliegende Geschichte Bremens sei ein „Jahrhundertwerk", so ist der Verfasser nicht so sicher, daß das zutrifft. Bis zum Ende des Jahrhunderts sind es noch 15 Jahre, und in dieser Zeit kann durchaus noch eine Gesamtdarstellung entstehen, die dann sicher ganz anders aussähe.

Eine berechtigte Frage wäre natürlich, warum das Werk mit 1945 abschließt, obwohl dadurch noch vier Jahrzehnte bis zur Gegenwart offenbleiben. Es ist aber zu bedenken, daß 1945 eine Periode eindeutig abschloß, während der folgende Abschnitt noch im Fluß und mit der Gegenwart eng verbunden ist.

Daß auch die Aufarbeitung und Darstellung der NS-Zeit in den letzten Jahren durch politische Emotionen erschwert worden ist, muß man wohl hinnehmen. Als kürzlich in Bremen eine historische Ausstellung eröffnet wurde, hing an einer Stellwand das Gruppenbild einer bremischen Behörde aus der NS-Zeit. Im Hintergrund sah man das zeitübliche Hakenkreuz. Ein höherer Beamter meinte, das könnte Ärger geben, und ordnete an, das Hakenkreuz müsse weg.

Es wurde dann mit einer kleinen schwarzen Papierscheibe überklebt. Wenn der Verfasser bedenkt, daß er in seiner Darstellung der NS-Zeit Bremens nichts überklebte und verkleisterte, dann könnte ihm doch etwas unwohl werden. So entschlüpft ihm denn nach Vollendung seines Werkes der Stoßseufzer: Eheu quam vellem meliora scribere, ... verum timeo, quia scriptum est: „Vae illis, qui malum bonum dicunt" et „pereant, qui nigrum in candida vertunt" (Gern würde ich ... besseres berichten, ... doch ich scheue mich davor, denn es steht geschrieben: „Wehe denen, die Böses gut nennen" und „verderben sollen, die Schwarz in Weiß verkehren"). Diesen Ausruf, der auch in der Umkehrung berechtigt wäre, tat der Domscholaster Adam von Bremen vor etwa 900 Jahren, als er das Leben seines, einer Charakterverschlechterung verfallenen, Erzbischofs beschrieb. Er kennzeichnet jedoch auch die Lage, in der sich so mancher Historiker unserer Tage befindet.

VI.

Bremen in der NS-Zeit 1933–1945

1. Die „Machtergreifung" 1933 und der Ausbau der Macht bis 1934

Der Ernennung Hitlers zum Reichskanzler am 30. Januar 1933 ging das Scheitern der Regierungen v. Papen und v. Schleicher voraus, denen es nicht gelungen war, im Reichstag Mehrheiten zu gewinnen. Die NSDAP war für die meisten Parteien ebensowenig koalitionsfähig wie die Kommunisten; andererseits gab es aber doch die Vorstellung, man solle der NSDAP in einer Rechtskoalition Regierungsverantwortung übergeben, sie damit zähmen oder auch scheitern lassen. Es waren dann Konservative und Wirtschaftskreise, die unter Vermittlung v. Papens beschlossen, diesen Weg zu versuchen. Sie unterschätzten dabei die politische Energie der NSDAP und beurteilten die Möglichkeit des Zähmens zu optimistisch. Obwohl die Partei in der neuen Reichsregierung in der Minderheit war, hatte sie von Anfang an den festen Willen, die volle Macht zu erringen und auszunutzen. Die Folgen konnte niemand vorausschauen, und so wurde die Kanzlerschaft Hitlers keineswegs allgemein als katastrophale Wende empfunden, zumal es ja auch in vielen anderen Staaten Diktatoren gab. Was nun zunächst kam, wurde auch von vielen Konservativen und Bürgerlichen begrüßt: Die Auflösung des Reichstages am 1. Februar – ein ganz normaler Vorgang; die Behinderung der Linksparteien im Wahlkampf usw. Und dann kam am 27. Februar der Reichstagsbrand, der als Anlaß für eine Kommunistenverfolgung herhalten mußte – eine Verfolgung, die von Konservativen und Bürgerlichen, sogar von manchen Sozialdemokraten befürwortet oder zumindest wohlwollend hingenommen wurde. Die Reichstagswahlen vom 5. März 1933 brachten der „nationalen Regierung" eine Mehrheit von 52 % – ein Prozentsatz, der sich durch das Ausschalten der Kommunisten erhöhte, aber für eine Verfassungsänderung nicht ausreichte. Und dann folgten sofort die „Gleichschaltung" der Länder, der Tag von Potsdam am 21. März mit dem Händedruck Hitler – v. Hindenburg und das Ermächtigungsgesetz vom 24. März, das für vier Jahre eine Gesetzgebung durch die Regierung ermöglichte und dem nur die SPD (in Abwesenheit der Kommunisten) nicht zustimmte. Am 30. April wurden Reichsstatthalter eingesetzt, am 2. Mai die Gewerkschaften in die Deutsche Arbeitsfront überführt. Die Verfolgung der Sozialdemokraten setzte ein; im Juni / Juli lösten sich die Parteien auf, am 14. Juli wurde ihre Neugründung verboten. Von großer Wirkung waren in dieser Zeit einige Propagandaerfolge: Am 22. Juli 1933 schlossen Hitler und der Papst ein Konkordat; die Reichstagswahlen vom 12. November 1933 brachten der NSDAP eine dubiose, aber nicht nachprüfbare Mehrheit von 92 %; eine Fülle von Gesetzen wurde erlassen; die Arbeitslosigkeit ließ erheblich nach. Fatal war der 30. Juni 1934, als neben einigen widerspenstigen SA-Führern auch andere politische Gegner ermordet wurden. Der Tod v. Hindenburgs am 2. August 1934 ermöglichte Hitler, auch noch die Rechte des Reichspräsidenten zu übernehmen.

Die meisten anderen Staaten hatten zunächst ihre eigenen Sorgen, so daß sie der Entwicklung in Deutschland nicht die gebührende Aufmerksamkeit widmeten. Im Nachbarland Österreich gab es die „austrofaschistische" Diktatur des Engelbert Dollfuß, in Polen die Militärdiktatur Pilsudskis; die Sowjetunion befand sich in einer schweren Wirtschaftskrise und wurde von inneren Querelen erschüttert; in Großbritannien, Frankreich und den USA überschattete die Wirtschaftskrise das ganze politische Leben; in Italien war Mussolini im Begriff, sich Hitler zu nähern; in Spanien herrschte Anarchie; in Indien gärte es; in China machte die japanische Invasion Fortschritte.

Angesichts all dieser Turbulenzen wird es verständlich, daß die Ereignisse in Deutschland fast in allen Ländern als eine innere Angelegenheit der Deutschen angesehen wurden, von der eine außenpolitische Wirkung kaum zu erwarten war, zumal sich Hitler in dieser Zeit bei aller Betonung nationaler Interessen durchaus kompromißbereit zeigte und keine Gelegenheit ausließ, seinen Friedenswillen zu betonen.

a. Zwischen dem 30. Januar und dem 5. März 1933

Die ersten Auswirkungen der Kanzlerschaft Hitlers

Die „Machtergreifung" der NSDAP kam nicht aus heiterem Himmel; mit ihr konnte seit dem steilen Aufstieg der Partei 1930 gerechnet werden. Immerhin blieb zunächst offen, wie stark die Gegenkräfte – vor allem der SPD und KPD – sich entwickeln würden. Man darf zudem nicht vergessen, daß in einigen Ländern die NSDAP bereits die Regierung stellte. Es kann hier offen bleiben, wie groß die Zuversicht beider Seiten über das Propagandagetöse hinaus wirklich war. Selbst die Vorstellungen über das, was man vom Dritten Reich zu erwarten hatte, blieben unbestimmt: Da war von „Köpferollen", von einer Abrechnung mit den „Novemberverbrechern" ebenso die Rede wie davon, daß alles nicht „so heiß gegessen" werde, daß man angesichts der wirtschaftlichen Schwierigkeiten keine Vermehrung des Chaos gebrauchen könne. Die Gegner waren zudem fast einhellig der Meinung, daß die NSDAP im Kampf mit der Wirtschaftskrise unterliegen müsse, was allerdings nicht unbedingt den Verlust der politischen Macht nach sich ziehen mußte. So war es doch allzu hypothetisch, wenn manche Sozialdemokraten meinten, daß auch viele Wähler der NSDAP sehr bald wieder parlamentarische Verhältnisse herbeisehnen würden.

Als Hitler dann Reichskanzler geworden war, sahen viele in der Regierung ein weiteres „Kabinett der Barone", das – mit Variationen – im Stil der Regierun-

gen v. Schleicher und v. Papen weitermachen werde. Die Kommunisten beurteilten die Lage anders, zumal sie ihre eigene Partei direkt und in hohem Maße gefährdet sehen mußten. Ihre Taktik lief auf die Bildung einer „Einheitsfront" mit großen Teilen der SPD und auf den Generalstreik hinaus. Die Meinung, man müsse nun den bewaffneten Aufstand wagen, war bei den Bremer Kommunisten durchaus vorhanden, wurde aber von den Führungsgremien abgelehnt. Wahrscheinlich wäre er am entschlossenen Widerstand der Reichswehr, der NS-Organisationen und des Stahlhelms gescheitert. Auch von der SPD war für einen bewaffneten Widerstand keine Hilfe zu erwarten. So blieb denn die Aufforderung der Kommunisten zur Einheitsfront und zum Generalstreik ein völliger Fehlschlag. In Bremen fanden am 31. Januar nur kleinere Demonstrationen in den Arbeitervierteln statt. Streiks gab es überhaupt nicht; Einheitsfrontgespräche fanden zwar statt, führten aber zu keinem Ergebnis. Dennoch wurden die alten Parolen auf Geheiß der Bezirksleitung Nordwest auch in den nächsten Tagen wiederholt, individuelle Terrorakte, etwa Überfälle auf Nationalsozialisten, wurden von den Parteigremien abgelehnt, weil sie den Anlaß zu Verboten und zu verschärfter Verfolgung bieten konnten. Auf einer Sitzung kommunistischer Spitzenfunktionäre in Hamburg am 31. Januar 31. Jan. 1933 herrschte der Irrtum vor, daß die neue Regierung von Deutschnationalen beherrscht werde und Hugenberg, nicht aber Hitler der eigentliche „Macher" sei. Außerdem – und das zu Recht – wurde vermutet, daß ein Parteiverbot bevorstehe. Bis es erfolgte, solle man wie bisher Generalstreik und Einheitsfront weiter propagieren, im übrigen aber mit sparsamen Mitteln Werbematerial herstellen.

Die Sozialdemokraten befanden sich in einem eigenartigen Dilemma: Sie waren Demokraten, die zur Weimarer Verfassung standen. Sie konnten daher auch die Regierungsbildung vom 30. Januar nicht als verfassungsfeindlich anprangern, so sehr sie sie auch kritisierten. Die Basis diskutierte zwar über eine Einheitsfront mit den Kommunisten, doch saß das Mißtrauen zu tief. Im großen und ganzen war man bereit, sich mit verstärktem Eifer in den nächsten Wahlkampf zu stürzen. Vieles war dabei allzu optimistische Rhetorik; intern verlor man sich in Diskussionen, die Ausdruck der Hilflosigkeit waren. Vielfach tröstete man sich damit, daß Hitler durch die Konservativen gezügelt und früher oder später an den wirtschaftlichen Schwierigkeiten scheitern werde. Einstweilen rief man zur Wachsamkeit auf und hoffte auf einen Wahlerfolg am 5. März.

Bei den Bürgerlichen machte sich Resignation breit. Die Deutsche Volkspartei (DVP) kehrte in zunehmendem Maße einen antimarxistischen Nationalismus hervor, konnte damit aber kaum noch den auch in Bremen recht einflußreichen Deutschnationalen Konkurrenz machen. Die inneren Gegensätze der Partei erlaubten ohnehin keine klare Linie.

Die Deutschnationalen sahen für sich in Bremen eine ähnliche Rolle kommen, wie sie von ihnen am 30. Januar im Reich übernommen worden war: als eigentlicher Träger der nationalen Regierung und als Bändiger der NSDAP. Es gab freilich auch berechtigte Zweifel, daß man Hitler und seine Partei lenken könne.

An Übermut grenzender Jubel herrschte nur bei den Nationalsozialisten. Der von ihnen beherrschte Magistrat von Vegesack ließ sogleich auf den Dienstgebäuden neben der bremischen die schwarz-weiß-rote Fahne flattern, was die sozialdemokratischen Vertreter im Senat als einen Verstoß gegen die Reichsverfassung ansahen, während man darin von bürgerlicher Seite einen Akt kommunaler Selbstentscheidung sah.

Der Triumph der NSDAP seit dem 30. Januar führte dann aber zum ersten schweren Konflikt mit dem Senat. Die lokale Parteiführung wollte in Bremen unbedingt nach Berliner Muster einen Fackelzug organisieren, der natürlich in die Stadtmitte auf den Domshof führen sollte. Um das zu ermöglichen, mußte jedoch die Bannmeile aufgehoben werden. Der Polizeipräsident Dr. Petri, ein Konservativer, hatte keine Bedenken; doch die Entscheidung lag beim Senat. Senator Klemann (SPD) lehnte als Sprecher der Polizeikommission die Aufhebung der Bannmeile ab. Wagte es nun aber auch der Senat, der NSDAP tatsächlich zu trotzen und gegebenenfalls durch einen riskanten Polizeieinsatz die Bannmeile zu schützen?

Der Senat war beim ersten Schritt noch mutig: Er lehnte den NS-Antrag ab. Innerhalb der Partei gab es starke Kräfte, die dennoch in die Stadtmitte marschieren wollten; andere sahen darin eine staatsstreichähnliche Handlung, die sie vermeiden wollten. Diese Gemäßigten unter Kreisleiter Otto Bernhard setzten sich noch einmal durch. Jetzt wurde das Ehrenmal in den Wallanlagen am Ansgariitor als Ziel des Fackelzuges angegeben. Die Kommunisten forderten zum Angriff auf den Demonstrationszug auf; doch nichts geschah. Fast 4000 Sympathisanten der Nationalen Regierung zogen zum Ansgariitor, wo **1. Febr. 1933** mehrere Reden gehalten wurden und man vor allem auch die Bannmeileverfügung des Senats kritisierte: Man werde sich solche Verbote nicht mehr lange gefallen lassen, wurde deutlich erklärt.

Sosehr die Übernahme der Kanzlerschaft durch Hitler vielen als ein normaler verfassungskonformer Vorgang, der zudem die Länder nicht berührte, erscheinen mochte, so einschneidend erwies er sich aber dennoch. Die neue Regierung zeigte sich sehr bald als skrupelloser und – aus ihrer Sicht – auch erfolgreicher, als viele Skeptiker zunächst prophezeiten. Hitler konnte als Kanzler die Richtlinien der Politik bestimmen, ihm stand weiterhin – mit Zustimmung des Reichspräsidenten – für alle Bereiche die Notverordnungspraxis zur Verfügung. Sehr bald kam auch eine wachsende Zustimmung in breiten Bevölkerungskreisen hinzu, die alle Opposition zur Bedeutungslosigkeit werden ließ. Die Frage, die hier im Mittelpunkt stehen muß, ist die nach dem Weg zu einer Gleichschaltung der Länder mit dem Reich, die in Preußen bereits mit einem Staatsstreich vollzogen war.

Von Bremen aus wurde die Entwicklung in den anderen Bundesländern mit
großer Aufmerksamkeit verfolgt. Schon am 6. Februar wurde der preußische
Ministerpräsident durch eine Notverordnung voll durch den Reichskommissar v. Papen ersetzt, so daß nun im Dreimännerkollegium eine Mehrheit für die
Auflösung des Landtages und Neuwahlen am 5. März bestand. Dies war ein
fragwürdiger Akt, doch ließ sich dagegen auf dem Rechtswege nichts mehr
unternehmen. Dem bremischen Vertreter im Reichsrat wurde vom Senat
äußerste Zurückhaltung auferlegt, um dieses föderalistische Verfassungsorgan
nicht zu gefährden und die Reichsregierung nicht gegen Bremen aufzubringen.
Einige andere Länder unter Führung Bayerns waren dagegen bereit, Rechtsverwahrung einzulegen. Diesen Weg aber wollten die bürgerlichen Vertreter
des Bremer Senats nicht mitmachen. Die Uneinigkeit der Länder ließ erwarten, daß die Reichsregierung so oder so ihre Kompetenzen einschränken
werde. Das galt in hohem Maße für Bremen, das eines der wenigen Länder
war, in denen Sozialdemokraten an der Regierung beteiligt waren. Der bremische Vertreter in Berlin, Dr. Nebelthau, schätzte die Lage sicher falsch ein, als
er nach einer Begegnung mit Reichsinnenminister Dr. Frick meinte, Bremen
werde nicht „angetastet". Doch auch bei einer anderen Auffassung wäre Bremen überhaupt nicht in der Lage gewesen, gegenzusteuern. Sehr bald begannen dann die Drohungen gegen die noch nicht „gleichgeschalteten" Länder.
Die bremische NSDAP versuchte seit Anfang Februar wiederholt, den Reichsinnenminister zu Maßnahmen gegen die lokale Oppositionspresse zu veranlassen, doch zögerte Frick, obwohl in anderen Ländern rigorose Eingriffe in die
Pressefreiheit zu verzeichnen waren.
Die Situation Bremens war vor allem auch dadurch prekär, daß es von oldenburgischem und preußischem Gebiet, also von bereits „gleichgeschalteten
Ländern", in denen die politischen Gegner rigoros behindert wurden, umgeben war. Es lag für die Opposition nahe, die in Bremen noch bestehenden
politischen Freiräume zu nutzen, was dann aber zu Eingriffen des Reiches
führen mußte. Im Senat glaubte bzw. hoffte man, es werde sich in Bremen
nichts ändern, da es hier nicht – wie in Preußen – Verfassungskonflikte gebe,
sondern das politische Leben durchaus „normal" verlaufe. Die Zusammensetzung der am 30. November 1930 gewählten Bremischen Bürgerschaft entsprach sicher nicht mehr dem Gewicht, das die Parteien im Januar 1933 hatten,
doch waren Auflösung und Neuwahlen nicht möglich. Von den 120 Abgeordneten waren drei Mandate der Nationalsozialisten durch Austritte und Erschöpfung der Kandidatenliste entfallen. Im übrigen hatte die Partei jetzt noch
29 Sitze. Die Deutschnationalen waren mit sechs und die ihnen nahestehenden
„Hausbesitzer" mit fünf Abgeordneten vertreten. Diese 40 Sitze reichten nicht

aus, einen „nationalen" Senat zu bilden. Die Deutsche Volkspartei mit 15 und die Deutsche Staatspartei mit fünf Sitzen waren für ihn nicht zu gewinnen. Andererseits hatten die Befürworter der Republik und des bestehenden bürgerlich-sozialdemokratischen Senats 65 Sitze, denen in der Opposition unter Einschluß der 12 Kommunisten 55 Oppositionsabgeordnete gegenüberstanden. Das war zwar eine Minderheit, doch gelang es dieser, durch vielfältige Störmanöver die Arbeit der Bürgerschaft weitgehend zu lähmen.

Nachdem Hitler Reichskanzler geworden war, brachten NSDAP und DNVP am 3. Februar wieder einmal den Antrag ein, die Bürgerschaft möge sich selbst auflösen. Eine Dringlichkeit sollte einen Beschluß am 14. Februar und Neuwahlen zusammen mit den Reichstagswahlen am 5. März ermöglichen. Das zerschlug sich aber, da die Bürgerschaft den Dringlichkeitsantrag ablehnte. Auf parlamentarischem Wege war also nach wie vor eine „Gleichschaltung" nicht zu erreichen. Am 3. Februar wurde aber auch in der Reichsregierung bereits erwogen, die Landtage mit Hilfe einer Notverordnung aufzulösen, doch wurde dieser Plan wegen verfassungsrechtlicher Bedenken aufgegeben. **3. Febr. 1933**

Der Wahlkampf und die Behinderungen der Opposition

Der Reichstag war durch den Reichspräsidenten am 31. Januar 1933 aufgelöst worden; die Neuwahlen wurden auf den 5. März festgelegt. Bereits Anfang Februar wurde ein Verbot der KPD erwogen, doch man zog es vor, sie – bei aller Behinderung – bestehen zu lassen, um dann nach den Wahlen die Mandate zu streichen, womit die kommunistischen Wahlstimmen verlorengehen würden. Es war nun die Frage, wie „frei" der Wahlkampf sein werde. Es war bereits abzusehen, daß es in den einzelnen Ländern je nach Zusammensetzung ihrer Regierungen Unterschiede geben werde. In Bremen wie anderwärts zeigte die NSDAP mit ihren Gliederungen, daß sie jetzt die Straße beherrschte; die Umzüge mit Fahnen und Marschmusik rissen nicht ab. Auch in die bisher weitgehend von Kommunisten beherrschten Wohnviertel wagten sie sich. Die Kommunisten antworteten mit Sprechchören und Flugblättern, aber doch nur in bescheidenem Umfang. Alle Pläne zum „Dazwischenschießen" zerschlugen sich. Die Versammlungen der NSDAP waren gut besucht, Redner der ersten Garnitur erschienen jedoch nicht in Bremen.

Deutschnationale und Stahlhelm bildeten die „Kampffront Schwarz-Weiß-Rot", die den Senat scharf kritisierte, der NSDAP zunächst mit milder Skepsis und einigen Zukunftsängsten gegenüberstand. Auf einer Versammlung in den Centralhallen am 26. Februar 1933 sprach Vizekanzler Franz von Papen. Der

Saal war überfüllt, eine Stahlhelmkapelle spielte Marschmusik. v. Papen kritisierte mit aller Schärfe den Marxismus und den bisherigen Parteienstaat.

Der Stahlhelm hatte sich in Bremen bei Führerquerelen gespalten, was zur Gründung eines „Kampfbundes Niedersachsen" geführt hatte, der der NSDAP näher stand als der Stahlhelm selbst. Dieser erwartete dennoch nach dem 5. März einen Senatorensessel und andere hohe Staatsämter als Belohnung für eine Unterstützung der Nationalen Regierung.

Auch die Gegenseite bemühte sich um eine volle Entfaltung ihrer Propaganda, wurde aber immer stärker behindert, weil der Senat dem Druck der Reichsregierung hier und da nachgab.

Die Kommunisten rechneten für Mitte Februar mit einem Verbot. NSDAP und Polizei stellten die kommunistische Gefahr sicher größer dar, als sie in Wirklichkeit war, um die Reichsregierung zu Verbotsmaßnahmen zu veranlassen. Auch andere Parteien wie die Deutschnationalen, Bürgerlichen und sogar die sozialdemokratische Führung waren durchaus nicht gegen Denkzettel für die KPD.

4. Febr. 1933 Der 4. Februar 1933 wurde zum Gedenken an das Ende der Räterepublik 1919 von den Kommunisten mit einem Umzug durch Walle und durch eine Feier im Casino begangen. Das Verbot, auf dem Waller Friedhof beim Ehrenmal zu erscheinen, wurde eingehalten. In den nächsten Tagen gab es mehrere kommunistische Versammlungen, Plakate, Flugblätter, Wandmalereien und riesige Schlagzeilen der „Arbeiter-Zeitung". Eine Großkundgebung mit Demonstration am 12. Februar wurde vom Senat verboten. Eine Versammlung am 17. Februar im Casino konnte stattfinden. Viele Kommunisten waren mit dem Einsatz ihrer Partei nicht zufrieden: Er sei zu undiszipliniert, aber auch zu zaghaft.

12./17. Febr. 1933

Seit dem 4. Februar waren kommunistische Zeitungen in vielen Ländern verboten, in Bremen erschien die „Arbeiter-Zeitung" zunächst noch weiter.

25. Febr. 1933 Am 25. Februar wurde sie aber wegen einiger Artikel, die zu Gewalttaten aufforderten, vom Senat auf sechs Tage verboten, die Druckmaschinen wurden am 27. Februar aufgrund einer Anordnung des Oberreichsanwalts „sichergestellt", am 28. Februar vom Amtsgericht Bremen „beschlagnahmt".

2. März 1933 Am 2. März wurde das Verbot der Zeitung aufgrund der „Verordnung zum Schutze von Volk und Staat" „bis auf weiteres" verlängert. Die Kommunisten verbreiteten nun eine hektographierte „Arbeiterzeitung" sowie andere Schriften. Vielfach kam das Material von auswärts, z.T. entstand es aber auch auf Schreibmaschinen und Vervielfältigungsapparaten in Kellern und Parzellenbuden. Verfasser waren illegale Gruppen verschiedener Organisationen der Kommunisten.

24

Polizeiaktion im Krummen Viertel

So wurden vor dem Nazi-Aufmarsch beim Krummen Viertel Funktionäre der KPD und der proletarischen Organisationen zur „Schutzhaft" abgeführt. Die revolverbewaffneten Nazis wurden nicht verhaftet.

Bild in der kommunistischen „Arbeiter-Zeitung" vom 10. Februar 1933

Große Versammlungen gab es nun nicht mehr, wohl aber kleinere Zusammenkünfte, Kurierdienste und getarnte Briefwechsel. Die Polizei tat, was sie konnte, um diese Tätigkeit auszuschalten. Da ihr das nicht gelang, beschwerte sich die NS-Kreisleitung beim Reichsinnenminister über die lasche Haltung des Senats, während die Polizei ihre Erfolge bei der Bekämpfung der Kommunisten übertrieb und der Senat so tat, als ob es keine Veranlassung für ein Eingreifen des Reiches in Bremen gebe.

Der Reichstagsbrand vom 27. Februar wurde von den Kommunisten im allgemeinen als Tat ihrer Partei geleugnet, es gab aber auch Stimmen des Stolzes darüber, daß Genossen ein solches Unternehmen fertiggebracht hätten. Sehr bald setzte sich die Auffassung durch, daß die Nazis es gewesen seien, die das Gebäude ansteckten, um eine Begründung für die Kommunistenverfolgung zu haben.

Die bremische Polizei reagierte auf die Verordnung zum Schutze von Volk und

28. Febr. 1933 Staat vom 28. Februar 1933 auch in Bremen sehr scharf, obwohl niemand an die Gefahr eines kommunistischen Aufstandes glaubte. Auf Weisung des Reichsinnenministers waren alle kommunistischen Druckschriften und Ver-

1.–5. März sammlungen zu verbieten. Am 1. März fanden Haussuchungen in den Ge-
1933 schäftsstellen der KP-Organisationen, in der Druckerei und bei Funktionären statt. Große Mengen Druckschriften wurden beschlagnahmt. Am 2. März wurden in Hemelingen 17 kommunistische Zettelkleber festgenommen, in der Nacht zum 5. März gab es Haussuchungen bei 40 Funktionären. Die KPD war zunächst trotz großer Worte in illegalen Flugblättern und geheimen Funktionärssitzungen gelähmt, erholte sich aber sehr schnell in der Illegalität.

Am 3. März verkündete Senator Klemann als Sprecher der Polizeikommission die Suspendierung von zwei Feuerwehrleuten; das war der Auftakt für eine Entlassungsserie kommunistischer und dann auch sozialdemokratischer Beamter und Staatsangestellter. Die öffentliche Meinung, auch bei der SPD, war so sehr gegen den Radikalismus und die Sowjetfreundlichkeit der KPD gerichtet, daß außerhalb der KPD kaum Proteste laut wurden.

Die Sozialdemokraten bzw. die Eiserne Front blieben zunächst einigermaßen

2. Febr. 1933 unbehelligt, behielten auch ihre drei Vertreter im Senat. Am 2. Februar fand eine Mitgliederversammlung statt, auf der Alfred Faust wieder zum Reichstagskandidaten gewählt und in einer Tellersammlung 88,86 RM für den Wahlkampf gesammelt wurden. Die Eiserne Front organisierte große Wahlver-

1. März 1933 sammlungen in den Centralhallen. Die am 1. März, auf der Alfred Faust sprach, hatte ein tragisches Ereignis im Gefolge: Nach der Versammlung zogen die Teilnehmer einzeln und in Gruppen spätabends nach Hause. Einige Reichsbannerleute kamen durch die Waller Heerstraße. Dort passierten sie den Laden des Fahrradhändlers und primitiven SS-Schlägers Otto Löblich, der später Kommandant des Konzentrationslagers Mißler wurde. In einer Gaststätte auf der gegenüberliegenden Straßenseite zechten zudem einige andere SS-Leute. Als die Reichsbannerleute in der Nähe waren, gab es Zurufe, die sich steigerten und eine bedrohliche Lage ankündigten. Schließlich schossen einige SS-Leute auf ihre Gegner, die sogleich fortliefen. Drei Reichsbannerleute wurden verletzt, von denen einer, Johann Lücke, am nächsten Tag an den Folgen eines Bauchschusses starb. Zwar wurde ein Verfahren gegen einige SS-Männer eingeleitet, doch am 28. März 1933 aufgrund einer Amnestieverordnung des Reichspräsidenten niedergeschlagen. Erst 1952 fand die Tat eine späte Sühne.

26

Dabei wurde berücksichtigt, daß es sich nicht um eine geplante Mordaktion, sondern um die Kurzschlußhandlung politischer Rabauken handelte, bei der politische Motive eine untergeordnete Rolle spielten.

Die lokale NS-Führung richtete ihre Angriffe seit Mitte Februar vor allem aber auch gegen die sozialdemokratische „Bremer Volkszeitung". Der Pressechef der NS-Kreisleitung, Dr. Seidler, ersuchte den Reichsinnenminister, auf ein Verbot hinzuwirken, und verdächtigte zugleich den Senat, er begünstige die „herausfordernde" Tonart der Zeitung. Der Reichsinnenminister reagierte mit Schreiben an den Senat, die in recht gemäßigter Tonart abgefaßt waren. Der Senat meinte in seiner Antwort, man sei bisher bei Wahlkämpfen nicht so empfindlich gewesen und wolle es auch jetzt nicht sein, und zwar ohne Rücksicht auf die Richtung der Angriffe, wobei allerdings die revolutionäre KPD ausge-

Trotzdem!

schlossen sein solle. Beim Reichsinnenministerium wurde zwar ein eindeutiges Verbotsersuchen vorbereitet, aber nicht abgeschickt. Dr. Frick blieb zunächst noch milde und forderte den Senat nur auf, die Sache zu prüfen. Dieser **21. Febr. 1933** „prüfte" am 21. Februar und sah keinen Grund zu einem Verbot. Dr. Frick erhielt davon Mitteilung. Dr. Seidler ließ nicht locker und schrieb erneut nach Berlin, diesmal mit schweren Vorwürfen gegen den Senat wegen angeblicher Begünstigung sozialdemokratischer Hetze gegen die Reichsregierung.

Die nervöse Stimmung nach dem Reichstagsbrand brachte auch neue Aggressionen der Nationalsozialisten gegen die „Bremer Volkszeitung". Der Reichsinnenminister forderte am 28. Februar vom Senat Mitteilung, was er gegen die Zeitung unternommen habe. Man erkannte in Bremen deutlich, daß Maßnahmen **2. März 1933** men aus Berlin zu erwarten seien, wenn man nichts unternahm. Am 2. März besprach der Senat die Angelegenheit in einer Sondersitzung. Man war einhellig gegen ein Verbot, doch wollte man andererseits auch ein Eingreifen des Reiches, das ja zu einem verhängnisvollen Präzedenzfall werden konnte, verhindern. Man sah aber auch, daß ein Nachgeben weitere Forderungen nach sich ziehen konnte.

Aus der Rückschau betrachtet, wäre es gut gewesen, die Forderung Dr. Fricks abzulehnen; das hätte die „Bremer Volkszeitung" zwar nicht gerettet, doch hätte man dann Standfestigkeit gezeigt und schmutziges Taktieren vermieden. Und was das Hereinregieren des Reiches in Bremen anbetraf, so war es ohnehin nicht zu umgehen. Nur die Nuancen und Termine blieben noch variabel. Die bürgerliche Mehrheit war nun bereit, „dem Ersuchen des Reichsministers des Innern" nachzugeben. Es war eine Kapitulation mit der Hoffnung, doch noch einen Rest der bremischen Selbständigkeit zu retten. In Hamburg traten die sozialdemokratischen Senatoren in einem ähnlich gelagerten Fall zurück – eine Handlung, die man aus heutiger Sicht als richtig ansehen muß. In Bremen blieben die drei Sozialdemokraten noch im Amt und beruhigten sich damit, daß das Verbot ja nicht als Wunsch des Senats, sondern als Forderung des Reichsinnenministers deklariert wurde. Diese Entscheidung läßt sich nur mit der Tatsache rechtfertigen, daß man sich über die Möglichkeiten Bremens in den nächsten Wochen Illusionen machte. Das Verbot der „Bremer Volkszei- **3.–9. März 1933** tung" wurde vom Senat vom 3. März bis zum 9. März aufgrund der Notverordnung vom 28. Februar 1933 verfügt.

Bei den Bürgerlichen blieb nur die Deutsche Volkspartei von einiger Bedeutung. Die Wahlversammlungen waren schlecht besucht; so sehr man sich auch schwarz-weiß-rot gab, so sehr war mit einer Abwanderung vieler Wähler zu den Deutschnationalen und zur NSDAP zu rechnen. Die Verfolgung der Kommunisten wurde von der DVP befürwortet.

28

Der zweite Konflikt über die Bannmeile;
Bürgermeister Dr. Donandt in Berlin

Ein wichtiges Testobjekt beim Angriff der NSDAP auf die Autorität des Senats war neben dem Verbot der „Bremer Volkszeitung" die „Bannmeile" in der Stadtmitte, für die die NSDAP das Privileg der Aufhebung verlangte. Am 15. Februar forderte sie erneut die Freigabe für einen Fackelzug „zu Ehren des Herrn Reichspräsidenten und des Herrn Reichskanzlers", und zwar für den Abend vor der Wahl, also am 4. März. Auf dem Domshof sollte dann die Königsberger Hitlerrede durch Lautsprecher übertragen werden. Am 24. Februar beschloß der Senat eine Ablehnung, zumal bereits am 1. Februar ein Fackelzug (außerhalb der Bannmeile) stattgefunden hatte. Die Angelegenheit wurde zur Prestigefrage. Die gemäßigte Kreisleitung war bereit, auf den Grünenkamp in der Neustadt auszuweichen; doch wandte sich Gauleiter Röver auf Veranlassung radikaler Bremer Parteigenossen an den Reichsinnenminister, und nun wiederholte sich das bekannte Spiel: Dr. Frick ersuchte den Senat am 1. März, die Bannmeile freizugeben, wieder aufgrund der in diesem Falle rechtlich überhaupt nicht anwendbaren Notverordnung vom 28. Februar.

Unter diesen Umständen war das Verbot sicher nicht aufrechtzuerhalten, doch der Senat verlegte sich aufs Taktieren: Er wies den Vertreter Bremens beim Reich, Dr. Nebelthau, an, bei Dr. Frick anzufragen, wieso in diesem Falle die Verordnung vom 28. Februar angewandt werden könne; zudem solle auf die für eine Großkundgebung ungünstige Lage des Domshofs und die Bereitschaft der NS-Kreisleitung, sich mit dem Grünenkamp abzufinden, hingewiesen werden. Der Auftrag an Dr. Nebelthau wurde dann aber aus taktischen Gründen wieder zurückgezogen. Ein Telegramm am späten Abend des 1. März beschränkte sich auf den Hinweis, der Domshof sei wegen der engen Zugänge ungünstig, und so habe man auf Antrag der NS-Kreisleitung den Grünenkamp freigegeben. Das politische Problem wurde also unterdrückt, blieb damit aber keineswegs verborgen. Noch am gleichen Abend traf ein Telegramm des Staatssekretärs im Reichsinnenministerium, Pfundtner, ein, der darauf hinwies, daß der Gauleiter Röver weiter auf dem Domshof bestehe. Die Bremer Radikalen hatten also den gemäßigten Kreisleiter ausmanövriert. Am 3. März erhielt der Vertreter Bremens beim Reich den Auftrag, im Reichsinnenministerium vorzusprechen und den bekannten Standpunkt des Senats noch einmal darzustellen. Staatssekretär Pfundtner wurde ein Bremer Stadtplan vorgelegt und die ungünstige Lage des Domshofs erklärt; doch hier waren Politik und Prestige im Spiel.

15. Febr. 1933

24. Febr. 1933

1. März 1933

3. März 1933

Da die Lage noch am 3. März unklar blieb, bezog sich die Ankündigung des Fackelzugs zunächst auf die Treffpunkte, nicht aber auf das Ziel des Fackelzuges. Nun aber setzten sich die Radikalen in Bremen endgültig durch: Am 3. März wurden Plakate geklebt, die die Kundgebung für den Domshof meldeten. Die Polizei überklebte die Ortsangabe, doch wurden die Aufkleber z. T. durch den Regen abgewaschen. Und schließlich rief die „Bremer Nationalsozialistische Zeitung" zur Kundgebung auf dem Domshof auf. Der Damm war endgültig gebrochen, der Senat konnte ihn nicht mehr schließen.

Der Vorsitzende der Polizeikommission, Senator von Spreckelsen, bat nun eine Abordnung der Partei zu sich. Sie bestand aus dem gemäßigten Kreisleiter Bernhard, dem radikalen SA-Gruppenführer von Schorlemer und dem ehrgeizigen jungen, auf Disziplin bedachten SA-Standartenführer Paul Wegener. Sie heuchelten Einigkeit, waren bereit, auf den Domshof zu verzichten und behaupteten, Partei, SA und SS fest in der Hand zu haben; doch bestehe die Gefahr, daß andere „Bevölkerungsteile" zum Domshof vordringen würden; für sie könne man keine Verantwortung übernehmen. Damit war der „Schwarze Peter" wieder beim Senat.

Die durch und durch konservativen Spitzen der Polizei, Polizeipräsident Dr. Petri und der Kommandeur der Schutzpolizei, Oberst Caspari, sahen sich polizeitaktisch außerstande, das für den Domshof ausgesprochene Verbot durchzusetzen, es sei denn, der Befehl zu „rücksichtslosem Gebrauch der Schußwaffe" werde gegeben. Davor aber schreckte der Senat zurück. In der 4. März 1933 Sondersitzung am 4. März gab es einige Unsicherheit: Senator von Spreckelsen wollte es nicht auf ein „Blutbad" ankommen lassen; das entsprach der Meinung der bürgerlichen Senatsmehrheit. Sie wollte, daß die Polizei zunächst versuchen sollte, die Menschenmassen abzudrängen; würde das nicht gelingen, so müsse man „den Dingen ihren Lauf lassen". Damit hätten sowohl der Senat als auch die Polizei einen schweren Schaden an ihrem Prestige genommen.

Aus der Rückschau wird man sagen müssen, daß das Prestige des Senats ohnehin nicht mehr zu retten und keine Menschenopfer mehr wert war. Die sozialdemokratische Minderheit war geneigt, der Polizei einen Schießbefehl zu geben, allerdings im vollen Bewußtsein, daß sie sich nicht durchsetzen konnte. Senator Kaisen machte nun den Vorschlag, wenigstens die „Bremer Nationalsozialistische Zeitung" zu verbieten, weil sie fälschlich den Domshof als Kundgebungsort bezeichnet hatte. Die bürgerliche Mehrheit des Senats sah dafür keine „gesetzliche Handhabe". Man kann davon ausgehen, daß die Zeitung sich vom Senat überhaupt nicht mehr verbieten ließ. Die sozialdemokratischen Senatoren müssen auch das gewußt haben. Und so kam, was kommen

30

mußte: Der Senat gestattete „ausnahmsweise", daß der Domshof zur Übertragung der Rede Hitlers und für die Beendigung des Fackelzuges freigegeben werden solle. Ob Ausnahme oder nicht – darüber bestimmten in Zukunft ohnehin die Nationalsozialisten, nicht der Senat. Wer das anders sah, machte sich Illusionen.

Die Kundgebung fand am Abend des 4. März tatsächlich auf dem Domshof statt. Kreisleiter Bernhard ging mit dem Senat hart ins Gericht und forderte seinen Rücktritt wie auch die Auflösung der Bürgerschaft. Jeder, der noch klar denken konnte, mußte davon ausgehen, daß diese Frage unmittelbar nach der Reichstagswahl so oder so geregelt werde.

Am gleichen 4. März trat der 81jährige Bürgermeister Dr. Donandt seine schwere Reise nach Berlin an, um für Bremen zu retten, was noch zu retten war. Der bremische Vertreter beim Reich, Dr. Nebelthau, stand ihm zur Seite. Reichspräsident von Hindenburg versprach, sich für die Selbständigkeit Bremens einzusetzen; doch was galt die Zusage dieses Greises, dessen politischer Einfluß sich bereits verflüchtigt hatte. Der Reichsinnenminister dürfte einen „nationalen Senat" gefordert, Dr. Donandt auf die verfassungsmäßige Lage hingewiesen haben. Die Tonart, die den Bremern entgegenschlug, war verletzend. Dr. Donandt kehrte mit leeren Händen an die Weser zurück. In bürgerlichen Kreisen Bremens ging die Illusion um, es ließe sich ein Senat bilden, der sozialistenfrei sein sollte und in dem neben NSDAP und Deutschnationalen auch die DVP, die Staatspartei und die Hausbesitzer aufgenommen würden. Wer aber wie Dr. Donandt und Dr. Spitta die Lage etwas realistischer einschätzte, dürfte davon ausgegangen sein, daß die Bildung eines Koalitionssenats aus Nationalsozialisten und Deutschnationalen bevorstand, daß man aber die Entwicklung zu ihm in verfassungskonformer Weise steuern könne. Es sollte sich sehr bald zeigen, daß auch das eine Illusion war.

Die Reichstagswahl vom 5. März 1933

Es gab in Bremen wie auch anderwärts Hoffnungen darauf, daß die Wähler den Nationalsozialisten am 5. März einen Denkzettel geben würden. Wer so dachte, unterschätzte die Wirkung der alles übertönenden NS-Propaganda und überschätzte die politische Vernunft der Masse der Wähler in einer verzweifelten Krisenzeit. Sieht man einmal vom Übermut der SA-Horden ab, so gab es bis zum 5. März eigentlich noch nichts, was – abgesehen von den traditionellen Gegnern der NSDAP – breite Wählerschichten gegen die Partei ein-

5. März 1933

31

nehmen konnte; selbst die rigorosen Maßnahmen gegen die Kommunisten und dann auch gegen die Sozialdemokraten fanden außer bei diesen selbst keine Kritik. Die Frage war eigentlich nur, wie weit der Zerfall der bürgerlichen Parteien fortgeschritten war und wieweit bei der KPD und SPD Resignation und Zersetzung begonnen hatten und sich im Wahlergebnis niederschlagen würden. Offen war auch, ob die NSDAP allein oder mit den Deutschnationalen zusammen die absolute Mehrheit, vielleicht sogar die verfassungsändernde Zweidrittelmehrheit erringen würde.

Von Bedeutung war, daß die Kommunisten zwar seit dem 28. Februar aus dem politischen Leben ausgeschaltet waren, ihre Liste bei der Wahl aber erhalten blieb, so daß ihre Wahlstimmen verlorengehen mußten.

Anders die SPD, deren Zeitung in Bremen zwar verboten war, die aber noch die Chance behielt, ihre Abgeordneten tatsächlich im Reichstag zu sehen. Man konnte zwar davon ausgehen, daß die Wahlen „geheim" sein würden, so daß an sich jeder seine Stimme nach Neigung abgeben konnte; doch bei der Beurteilung des Wahlergebnisses müssen die einseitige Beeinflussung und die allgemeine Behinderung der Opposition im Wahlkampf berücksichtigt werden.

Es ist immer wieder – oft in denunziatorischer Absicht – die Frage nach der Anfälligkeit bestimmter Bevölkerungsschichten für die NSDAP bzw. nach der Treue zu anderen Parteien gestellt worden. Eine grobe Antwort kann für Bremen durch eine Untersuchung der Stimmabgabe in Wahlbezirken mit einigermaßen einheitlicher Sozialstruktur gefunden werden, wobei in der folgenden Tabelle die Zahlen der Reichstagswahlen von 1928, Juli 1932 und März 1933 für die wichtigsten Parteien zugrundegelegt werden sollen. Bei den Stimmbezirken ist zudem, um die Zahlenrelationen richtig einschätzen zu können, die Gesamtzahl der für die genannten Parteien abgegebenen Stimmen vermerkt.

1. Stimmbezirk 16, östl. Vorstadt (Mittelschicht)

	Gesamt	KPD	SPD	DDP (Staatsp.)	DVP	DNVP KF S-W-R	NSDAP
1928	1174	53	467	164	360	113	17
1932	1355	74	320	29	94	268	570
1933	1593	99	331	30	108	319	709

2. Stimmbezirk 36, Schwachhausen (obere Mittel- und Oberschicht)

	Gesamt	KPD	SPD	DDP	DVP	DNVP KF S-W-R	NSDAP
1928	1077	7	111	111	601	231	16
1932	1082	5	79	13	102	445	438
1933	1403	7	78	18	106	596	598

3. Stimmbezirk 120, Gröpelingen (Arbeiter, Unterschicht)

	Gesamt	KPD	SPD	DDP	DVP	DNVP KF S-W-R	NSDAP
1928	1634	663	746	86	83	46	10
1932	1302	435	587	7	16	57	200
1933	1414	478	576	2	45	66	247

Bei der oberen Mittel- und Oberschicht zeigt sich in der Wirtschaftskrise ein deutlicher Wechsel von der DVP zur DNVP, auch von allen bürgerlichen Parteien zur NSDAP, wobei sich diese mit der DNVP am 5. März durchaus die Waage hielt. Die anderen Parteien – auch die SPD – waren und blieben in dieser Schicht 1932/33 gleichbleibend bedeutungslos.

Bei der Mittelschicht fand der Wechsel von der DVP zur DNVP ebenfalls statt, allerdings in geringerem Umfang; das Überlaufen von allen bürgerlichen Parteien zur NSDAP war hier viel stärker als bei der Oberschicht.

Eine Radikalisierung nach links läßt sich an der Zunahme der KPD-Stimmen erkennen, war aber ohne größere Bedeutung. Die SPD litt zwar unter der Krise durch Abwanderungen zur KPD und NSDAP, hielt sich dann aber bis zum 5. März 1933 bemerkenswert gut.

Bei der Unterschicht (Industriearbeiter, Arbeitslose, kleine Angestellte und Handwerker) blieb der Anteil der SPD- und KPD-Wähler bis zum 5. März 1933 sehr groß, während eine Abwanderung zur NSDAP nur in geringem Umfang stattfand. Hingegen wurden die hier sehr schwachen bürgerlichen Parteien zugunsten der NSDAP und in geringerem Maße der DNVP vollständig aufgerieben.

Dieser krasse Mißerfolg der NSDAP bei Arbeitern und Arbeitslosen war aber doch nur eine Spezialerscheinung in bestimmten Teilen Gröpelingens. Nimmt man andere „Arbeiterviertel" hinzu, so ergibt sich ein etwas anderes Bild.

4. Stimmbezirk 58, Vegesacker Straße/Walle (Unter- und Mittelschicht)

	Gesamt	KPD	SPD	DDP	DVP	DNVP KF S-W-R	NSDAP
1928	1062	213	634	91	86	30	8
1932	1345	338	561	20	37	97	292
1933	1496	354	577	22	48	122	373

5. Stimmbezirk 100, Alter Postweg/Hastedt (Unterschicht)

	Gesamt	KPD	SPD	DDP	DVP	DNVP KF S-W-R	NSDAP
1928	1311	194	849	78	157	22	11
1932	1483	308	746	14	24	84	307
1933	1670	362	706	11	59	118	414

6. Stimmbezirk 131, Woltmershauser Straße (Unterschicht)

	Gesamt	KPD	SPD	DDP	DVP	DNVP KF S-W-R	NSDAP
1928	1278	139	760	143	187	35	14
1932	1231	92	508	17	87	128	399
1933	1411	115	481	22	126	194	473

Gemeinsam ist allen diesen Stimmbezirken ein hoher SPD-Anteil, der sich in der Krise bis hin zu den Märzwahlen 1933 zusehends verminderte, während der KPD-Anteil sich einigermaßen hielt, sich in Hastedt sogar steigerte. Zwi-

34

schen beiden Parteien kann ein Ausgleich stattgefunden haben; doch läßt sich der hohe Verlust der SPD in der Krise nur durch eine erhebliche Abwanderung zur NSDAP erklären, deren Zunahme freilich vor allem auf Kosten der bürgerlichen Parteien erfolgte, die aber auch Stimmen an die DNVP abgaben. Offen bleiben muß die Frage, in welchem Umfang ein Wechsel direkt von der KPD zur NSDAP stattfand; es ist durchaus möglich, daß SPD-Wähler zur KPD, von dieser aber Wähler zur NSDAP übergingen, so daß sich dadurch ein gewisser Ausgleich der Stimmenzahl ergab.

Zusammenfassend läßt sich sagen, daß im Laufe der Wirtschaftskrise in Bremen wie auch anderwärts alle Schichten in den Sog der NSDAP gerieten, am wenigsten freilich die Arbeiterschaft, am meisten der Mittelstand, während die Oberschicht bzw. das „Bürgertum" vor allem über die DNVP den Weg in den neuen Staat fand. Von der Krise aber profitierte auch die KPD, die der SPD eine große Zahl von Anhängern abzog.

Das Ergebnis der Reichstagswahl vom 5. März war für die NSDAP enttäuschend: Sie erhielt 43,9 % der Stimmen, also nicht die absolute Mehrheit, mit der „Kampffront Schwarz-Weiß-Rot" zusammen erzielte man zwar 51,9 %, aber nicht die Zweidrittelmehrheit für Verfassungsänderungen. Die Lage im Reichstag gestaltete sich freilich für die „nationale Regierung" dadurch etwas günstiger, daß durch die Streichung der KPD-Stimmen die Opposition geschwächt wurde. Trotz aller NS-Propaganda ging die Zahl der Stimmen der SPD von 20,7 nur auf 18,2 %, die der Kommunisten von 16,9 auf 12,2 % zurück. Zentrum und Bayerische Volkspartei verloren leicht; die bürgerlichen Parteien zählten kaum noch.

Das Wahlergebnis sah in der Stadt Bremen für die NSDAP noch ungünstiger aus. Die Partei erhielt nur 32,3 %; doch war hier die Kampffront Schwarz-Weiß-Rot mit 14,4 % sehr viel stärker. Das ergab zusammen aber nur 46,7 %; die absolute Mehrheit wurde hier also verfehlt. Die SPD erhielt immer noch 30 %, die KPD 13,5 %. Bei der Deutschen Volkspartei mit ihren 5,7 % sammelten sich die zusammengeschmolzenen Reste des liberalen Bürgertums. Das „gehobene Bürgertum" stand weiterhin der NSDAP ablehnend gegenüber, wollte aber der Politik der „nationalen Regierung" nicht entgegenstehen und wählte daher zum größten Teil deutschnational (bzw. die „Kampffront Schwarz-Weiß-Rot"). Die Senatsparteien waren also erheblich in der Minderheit (36,8 %, mit dem Zentrum 39,1 %).

Diese Zahlen geben nun allerdings ein falsches Bild von den tatsächlichen Gewichten politischer Macht. Sie hatten sich auch in Bremen sehr viel stärker zugunsten der NSDAP verschoben, und so konnte die Wahl diese bei aller Enttäuschung nicht daran hindern, den Weg zur totalen Macht zu beschleunigen, zumal sie sich inzwischen auf das Bündnis mit den Konservativen und die Zustimmung großer Teile der Reichswehrführung stützen konnte. Was Bremen betrifft, so war zu erwarten, daß die NSDAP sogleich den Sturz des Senats, die Auflösung der Bürgerschaft und eine „Gleichschaltung" mit dem Reich betreiben werde. Da der verfassungsmäßige Weg langwierig sein würde, war davon auszugehen, daß nach preußischem Vorbild Reichskommissare in jenen Ländern eingesetzt würden, die – wie Bremen – noch keine NS-Regierung besaßen. Dieser Vorgang lag zunächst noch nicht in allen Einzelheiten fest, in den Ländern konnte es durchaus Varianten geben. In Hamburg waren die Sozialdemokraten schon am 2. März aus dem Senat ausgeschieden; SA und SS besetzten am Abend des 5. März das Rathaus; ein neuer Senat wurde am 7. März etabliert; in anderen Ländern wurden mit mehr oder weniger starkem Druck Reichskommissare oktroyiert. Gerade die Reichstagswahlen zeigten, wie schwierig die Lage in Bremen sogar nach Auflösung der Bürgerschaft, aber bei Einhaltung verfassungsmäßiger Grundsätze, sein würde. Bei gleicher Stimmabgabe wie bei der Reichstagswahl hätte die Koalition aus NSDAP und Kampffront Schwarz-Weiß-Rot nur 58 Sitze gehabt, die Gegenseite 62, wobei freilich auch bei ihr keine Koalition möglich gewesen wäre, da die gleichzeitige Beteiligung von SPD, Bürgerlichen und Kommunisten ausgeschlossen war. Die einzige Chance hätte in einem Eintritt bürgerlicher Abgeordneter in eine nationale Koalition bestanden. Es muß offen bleiben, ob das überhaupt möglich war, denn mit dieser Variante wurde nur in bürgerlichen Kreisen spekuliert.

b. Die Zeit des Rumpfsenats und der Kommissare 6.–18. März 1933

Der Staatsstreich vom 6. März und der
Reichskommissar Dr. Markert

Die Ereignisse des Tages nach der Wahl vollzogen sich nach dem seit dem Verbot der „Bremer Volkszeitung" und der Aufhebung der Bannmeile praktizierten Rezept, wobei es ein erfolgreiches Zusammenspiel der lokalen NSDAP mit dem Reichsinnenminister gegen den Senat gab.

Es ist bekannt, daß die Bremer Kreisleitung der NSDAP bereits vor den Wahlen Kontakte mit dem Reichsinnenminister hatte, bei denen von der Hilfe des Reiches beim Sturz des Senats die Rede war; bestimmte Pläne gab es aber wohl nicht. Sie wurden am 6. März kurzfristig aus der Lage heraus entwickelt.

6. März 1933

In der Nacht vom 5. zum 6. März wurde eine Polizeiabteilung ins Rathaus

Kreisleiter Otto Bernhard   *Reichsinnenminister Dr. Frick*

verlegt, die zumindest bei einem kleineren Handstreich abschreckend wirken konnte. Es gelang den Polizisten sogar, einen SS- und einen Stahlhelmführer, die nachts zur Erkundung erschienen, wieder hinauszukomplimentieren.

Am 6. März gab es auf dem Marktplatz und Domshof größere Menschenansammlungen, die schließlich nicht mehr zerstreut werden konnten. SA- und SS-Einheiten versammelten sich in ihren Standquartieren, um den „Sturm auf das Rathaus" vorzubereiten.

Die Ereignisse des 6. März sind bereits in allen Einzelheiten erforscht und dargestellt worden. Hier kann nur eine verkürzte Schilderung erfolgen.

Polizeioberst Caspari

Gegen 11.00 Uhr trafen sich im Dienstzimmer Bürgermeister Dr. Donandts einige Senatoren. Die Sozialdemokraten waren schon jetzt zum Rücktritt bereit, wenn damit ein Vorwand für den gewaltsamen Sturz des Senats beseitigt werden könnte. Im übrigen herrschte Ratlosigkeit; denn es wurde immer deutlicher, daß man die Bannmeile nicht mehr freihalten konnte. Die Schilderungen der Beteiligten sind in einigen Einzelheiten widersprüchlich. Sicher ist offenbar, daß von sozialdemokratischer Seite gefordert wurde, die Polizei solle die Bannmeile räumen, und daß der Vorsitzende der Polizeikommission, Senator von Spreckelsen, darüber mit der Polizeiführung, vor allem mit dem Kommandeur der Schutzpolizei, Oberst Caspari, Gespräche führte. Was dabei herauskam, ist ebenfalls eindeutig: Es geschah nichts.

Das führte später zu heftigen Verratsvorwürfen gegen Caspari. Man wird davon ausgehen müssen, daß dieser erklärte, er könne nur noch unter rücksichtslosem Einsatz der Schußwaffe die Bannmeile räumen. Er dürfte darauf hingewiesen haben, daß viele der auf dem Marktplatz und Domshof Versammelten nur Neugierige seien, auf die man nicht ohne weiteres schießen sollte. Es widerstrebte Caspari aus politischen und menschlichen Gründen, aber auch wegen offensichtlicher Nutzlosigkeit, in der gegebenen Situation von der Schußwaffe Gebrauch zu machen. Ob er gehorsam gewesen wäre, wenn er durch Senatsbeschluß dazu den Befehl bekommen hätte, muß offen bleiben. Einen solchen Befehl gab es nicht aus Gründen, die Caspari daran hinderten, von sich aus entsprechende Befehle zu geben. Eine andere Frage ist, ob die Polizisten auf Casparis Befehl überhaupt in die Menschenmenge geschossen hätten; auch sie muß offen bleiben. Es gibt gute Gründe für die Annahme, daß viele Polizisten die Ausführung des Befehls verweigert hätten. Sicher ist aber, daß eine Schießerei Tote gefordert hätte und daß diese Opfer nichts gewendet hätten; denn es hätte eine Reichsexekution gegeben, die dann allerdings weder auf die Bannmeile noch auf die Polizei und den Senat noch auf die Selbständigkeit Bremens Rücksicht genommen hätte.

Vergleichsweise harmlos nahmen sich in diesem ernsten Rahmen kleinere Aktionen aus: die Dekoration von Rolands Schild mit einer Hakenkreuzfahne und das Befestigen von Hakenkreuzwimpeln und kleinen Fahnen an den Rathausbögen.

Es gab mancherlei Verhandlungen und Kontakte, die das Ziel hatten, aus der prekären Lage herauszuführen, wobei der Senat in hohem Maße unter Druck gesetzt wurde. Senator Dr. Apelt setzte sich mittags mit dem Vertreter Bremens beim Reich, Dr. Nebelthau, in Verbindung, um ihn zu veranlassen, beim Reichsinnenminister vorstellig zu werden. Fast gleichzeitig hatte dieser aber von Kreisleiter Bernhard erfahren, daß er die SA nicht länger zurückhalten könne, wenn die Polizei nicht unter nationalsozialistische Leitung gestellt werde. Dr. Frick erklärte, daß das unbedingt geschehen müsse. Vom Kreisleiter Bernhard war ihm bereits die Person genannt worden, die Polizeikommissar oder – wie es in Berlin noch hieß – Polizeisenator werden solle: Der stellvertretende Direktor des Arbeitsamtes Bremen, Dr. Richard Markert, der nicht zu den „Alten Kämpfern" zählte, aber sehr ehrgeizig war und bereits klare Ideen von seinem künftigen Amt hatte.

In Bremen fand dann ein Gespräch des Kreisleiters Bernhard und des Kreisgeschäftsführers der NSDAP, Otto Pfeifer, mit Bürgermeister Dr. Donandt und Senator Dr. Apelt statt. Bernhard lag sehr daran, die Entwicklung in ruhige Bahnen zu lenken, was nach seiner Auffassung nur möglich war, wenn Dr. Markert die Polizeidirektion sowie Sitz und Stimme im Senat und in der Polizeikommission bekomme. Auch sollten die sozialdemokratischen Senatoren zurücktreten. Die Forderungen widersprachen aber ganz und gar dem Rechts- und Verfassungsdenken Dr. Donandts. Dieser machte deutlich, daß von seiten des Senats eine Erfüllung der Forderungen nicht zu erwarten sei, womit allerdings das Tor für einen Eingriff des Reichsinnenministers geöffnet wurde. Kreisleiter Bernhard erbat nun diesen Eingriff, freilich mit der völlig falschen Begründung, daß für „lebenswichtige Betriebe Gefahr durch Marxisten" bestehe. In Wirklichkeit bestand eine Gefährdung der verfassungsmäßigen Ordnung durch die NSDAP und nicht durch die „Marxisten". Bernhard drängte zur Eile, da er unbedingt einen Sturm der SA auf das Rathaus vermeiden wollte.

Nachmittags gegen 16.00 Uhr kamen Bernhard und der als Polizeikommissar vorgesehene Dr. Markert ins Rathaus. Einige Senatoren sollen sehr erregt gewesen sein; Dr. Donandt aber strahlte hier wie immer patriarchalische Ruhe aus und wies auf Recht und Verfassung hin, an deren Verletzung er und der Senat sich nicht beteiligen wollten. Die Forderungen der Nationalsozialisten waren klar: Rücktritt der SPD-Senatoren, Auflösung der Bürgerschaft, Hissung der schwarz-weiß-roten und der Hakenkreuzfahne auf dem Rathaus und die Einsetzung Dr. Markerts als Polizeikommissar. Als letzter Termin für eine Entscheidung des Senats wurde 20.00 Uhr festgelegt. Was dann kommen würde, war klar: Eine gewaltsame Machtübernahme unter Einsatz von SA und SS-Formationen.

Aus der Rückschau wird man sagen müssen: Der geradeste Weg des Senats wäre es gewesen, wenn er alle Forderungen abgelehnt hätte, auch wenn dadurch ein Staatsstreich der NSDAP heraufbeschworen worden wäre. Die „Machtergreifung" und die totale Ausschaltung des Senats ließen sich so oder so nicht verhindern. Vor allem die bürgerlichen Senatoren waren nun aber darauf bedacht, die „Machtübergabe" in einem Rahmen stattfinden zu lassen, der wenigstens den verfassungsmäßigen Anschein wahrte. Doch das ließ sich eben nicht in wenigen Stunden erreichen.

Die Quellenüberlieferung zeigt, daß man im Reichsinnenministerium damit rechnete, daß der Senat sich weigern werde, einem Nationalsozialisten – Dr. Markert – die Polizei zu übergeben, und so beschloß Dr. Frick unter Berufung auf die Verordnung zum Schutze von Volk und Staat vom 28. Februar Telegramme zu entwerfen, die die Beauftragung Dr. Markerts mit den „Geschäften des Polizeisenators" enthielten. Der Schritt wurde damit begründet, daß wegen des „Nichtrücktritts marxistischer Senatoren" der „Ausbruch von Unruhen" zu befürchten sei. Daß es aber absurd war, einem Nazi die Polizei zu übergeben, wenn von dessen Partei „Unruhen" zu befürchten waren, das stand nicht zur Debatte. Die im Reichsinnenministerium am Nachmittag vorbereiteten Telegramme wurden aber zunächst nicht abgeschickt, da man wohl immer noch mit einem Nachgeben des Senats rechnete, wodurch der eindeutige Verfassungsbruch umgangen worden wäre.

Der Senat verlegte sich aufs Taktieren, statt in aller Offenheit zu erklären, er werde nicht nachgeben. Man debattierte nun zunächst einmal über die im Gesamtzusammenhang unbedeutende Flaggenfrage. Die Hakenkreuzfahne wurde als Parteisymbol abgelehnt; die schwarz-weiß-rote Fahne aber wollten die bürgerlichen Senatoren zulassen. Das geschah um 17.45 Uhr. Ob sie ernst-

Auf dem Marktplatz am 6. März nach dem Hissen der schwarz-weiß-roten Fahne

haft glaubten, die NSDAP werde sich damit zufriedengeben, muß offen bleiben. Die Angelegenheit ist nur dadurch von historischer Bedeutung, daß die sozialdemokratischen Senatoren das Hissen dieser Fahne am Rathaus zum Anlaß für ihren Rücktritt nahmen. Auch über den Gesamtrücktritt des Senats wurde in diesem Zusammenhang ausführlich diskutiert, und die Bereitschaft dazu war sehr groß; doch ließ er sich bei der gegebenen Lage nicht durch die Verfassung rechtfertigen, und so hätte man – wie in der Besprechung hervorgehoben wurde – den Verlust der Pensionsansprüche riskiert. Der Rücktritt einzelner Senatoren war dagegen legitim, wenn sich ein Dissens zwischen ihnen und der Senatsmehrheit ergab, die in diesem Falle das Hissen der schwarz-weiß-roten Fahne beschlossen hatte.

Mit dem Rücktritt der SPD-Senatoren war eine der NS-Forderungen erfüllt. Wenn man gehofft hatte, die NS-Führer würden sich nun zufriedengeben, so hatte man sich geirrt, denn es fehlte noch die Ernennung des NS-Polizeisenators, die auch die bürgerlichen Senatoren aus Verfassungsgründen verweigerten.

Bürgermeister Dr. Donandt   *Senator Wilhelm Kaisen*

Nun wurden die Fraktionsvorsitzenden der SPD und DVP, Emil Theil und Prof. Dr. Carl Dietz, ins Rathaus gebeten. Ihnen wurde der Rücktritt der SPD-Senatoren mitgeteilt. Der (bürgerliche) Rumpfsenat erklärte, er werde zurücktreten, sobald die Bürgerschaft dafür die verfassungsmäßigen Grundlagen geschaffen habe. Der Weg dahin ging über eine Neuwahl der Bürgerschaft; denn von der alten Bürgerschaft war – wie bisher – kein Mißtrauensvotum gegen den Senat bzw. die Wahl eines neuen Senats zu erwarten. Auch die Bürgerschaft wurde von diesen Vorgängen unterrichtet. Die Ernennung eines „Polizeisenators" erfolgte nicht.

Schließlich gab es am Abend wieder einmal einen publizistischen „Staatsstreich": Die „Bremer Nationalsozialistische Zeitung" gab gegen 19.30 Uhr ein Extrablatt heraus, das den Rücktritt des Senats verkündete und die Bevölkerung aufforderte, zur „Machtübernahme" um 20.00 Uhr „in Massen" vor dem Rathaus zu erscheinen. Die Frage der „Machtübergabe" war zu dieser Zeit aber noch völlig offen, während die „Machtübernahme" tatsächlich in die Wege geleitet war.

Gegen 20.00 Uhr fanden dann die entscheidenden Ereignisse statt. Sie bekamen durch Vorgänge innerhalb der NSDAP einen neuen Akzent. Bisher hatte der Kreisleiter Bernhard in zwei Richtungen taktiert: einmal mit dem Ziel, den Senat zur Erfüllung der Forderungen der NSDAP zu veranlassen, zum anderen – alternativ dazu – den Reichsinnenminister zu bewegen, Druck auf den Senat auszuüben und gegebenenfalls einen Reichskommissar für die Polizei einzusetzen. Auf jeden Fall wollte er Gewaltakte der SA und SS verhindern, um den Anschein eines Staatsstreiches und die Probleme einer SA-Herrschaft zu vermeiden. Bezeichnend war auch, daß Bernhard nicht daran dachte, den von ihm sehr wenig geschätzten Gauleiter Röver an der Entscheidung zu beteiligen. Da der Senat nicht nachgab, blieb für ihn nur die Entscheidung des

43

Reichsinnenministers; doch hatte Röver durch den ehemaligen Ortsgruppenleiter Thiele einen Parteigänger, der zwar ebenfalls Gewaltakte der SA vermeiden wollte, aber die Verhandlungsführung Bernhards für zu zögerlich hielt und daher den Gauleiter Röver über die Lage in Bremen informierte mit dem Hintergedanken, diesen zu einem Eingreifen zu veranlassen. Tatsächlich erschien Röver in der bremischen Kreisleitung, wo eine Besprechung der Parteiführer unter Beteiligung von Dr. Markert stattfand. Markert begegnete hier dem Gauleiter zum ersten Mal und wurde von ihm hingenommen, obwohl er von Kreisleiter Bernhard benannt worden war.

Gegen 20.00 Uhr fuhr dann eine Abordnung unter Rövers Führung zum Rathaus, sicher mit dem Ziel, dort die „Macht" zu übernehmen. Sie wurde im Dienstzimmer Bürgermeister Dr. Donandts von diesem sowie von Bürgermeister Dr. Spitta und Senator Dr. Apelt empfangen.

Die Vorgänge sind in einigen Einzelheiten widersprüchlich, in den Grundzügen aber doch zuverlässig überliefert. Röver wurde als Verhandlungsgegner zunächst zwar abgelehnt, ließ sich aber nicht hinauskomplimentieren. Dr. Donandt erklärte erneut, er könne eine Veränderung des Senats – und dazu gehörte sowohl der Gesamtrücktritt als auch die Abgabe der Polizeiführung – nur im verfassungsmäßigen Rahmen zugestehen. Solle es einen Reichskommissar geben, müsse der vom Reichsinnenminister eingesetzt werden. Einen Grund dafür gebe es aber nicht. Dr. Donandt warnte eindringlich davor, den Senat zum Spielball politischer Leidenschaften zu machen. Doch was zählte in dieser Zeit noch der Hinweis auf Recht und Verfassung? Röver hielt nun mit rotem Kopf eine Propaganda- und Drohrede, die auf die Senatsmitglieder geradezu abstoßend wirkte.

Bei diesem Stand der Dinge ließ sich ein mit Gewaltanwendung verbundener Staatsstreich nur noch verhindern, wenn der Reichsinnenminister Dr. Markert endgültig zum Polizeikommissar ernannte. Das geschah zunächst mit einer telefonischen Durchgabe an Dr. Donandt, später aber durch Telegramme, die das Reichsinnenministerium um 20.30 Uhr verließen und erst um 21.59 Uhr nach Bremen durchgegeben wurden.

Gewiß waren Dr. Donandt und die anderen Senatoren deprimiert; doch konnten sie auch aufatmen, denn der Sturm auf das Rathaus schien abgewendet. Ihre Erwartungen gingen nun dahin, daß der Senat zwar die Polizeigewalt verloren hatte, daß er im übrigen aber seine Amtsgeschäfte bis zur Wahl eines neuen Senats weiterführen werde. Die Nationalsozialisten sahen die Entwicklung aber ganz anders: Neben der Ausübung der Polizeigewalt wollten sie dem Senat sogleich alle politischen Entscheidungsmöglichkeiten nehmen. Wie das zu geschehen hatte, blieb am Abend des 6. März freilich noch offen.

Polizeikommissar, dann Bürgermeister Dr. Markert

Dr. Donandt war tief gekränkt und verglich die Vorgänge des 6. März gegenüber Gauleiter Röver mit der Linksrevolution 1918/1919. Röver meinte in seiner derben Art, damals seien es „die roten Lumpenhunde gewesen", dieses Mal aber sei es „die nationale Erneuerung". Dr. Donandt aber erwiderte: „Herr Ministerpräsident, es ist ganz dasselbe!" Ein Vergleich wäre hier sicher ganz reizvoll, ließe sich aber nicht von subjektiven Meinungen freihalten und soll hier unterbleiben. Die Gleichstellung durch Bürgermeister Dr. Donandt war gewiß nicht das Ergebnis einer scharfsinnigen Analyse, sondern entsprang dem Gefühl, daß sowohl die Spartakisten als auch die Nationalsozialisten Zerstörer eines deutschen und bremischen Rechtsstaates waren, wie er Dr. Donandts Vorstellungen entsprach. Dr. Spitta und Dr. Apelt berichteten im Senatszimmer ihren Kollegen über die Lage.

Die Polizei rückte nun auf Befehl Dr. Markerts ab. Mit klingendem Spiel zogen Kolonnen der SA, SS und des Stahlhelm auf und nahmen vor dem Rathaus Aufstellung. Gegen 20.30 Uhr traten die Führer der NSDAP und des Stahlhelm auf den rechten Rathausbalkon. Kreisleiter Bernhard hielt eine Ansprache, in der er den Rücktritt der SPD-Senatoren, die Ernennung Dr. Markert und die bevorstehende Auflösung der Bürgerschaft verkündete; Röver ließ seine üblichen Phrasen hören. Gegen 21.00 Uhr wurde die Hakenkreuzfahne gehißt, man sang das Horst-Wessel-Lied, Dr. Markert verbürgte sich in einer kurzen Ansprache für Ruhe und Sicherheit. Vor dem Portal des Neuen Rathauses, wo sich die Fahnenabordnungen aufgestellt hatten, hielt Röver eine weitere Ansprache. Man gedachte der „im Kampf um Bremen" gefallenen SA-Leute und sang „das Lied vom guten Kameraden". Dann rückten die Formationen unter klingendem Spiel ab. Die Menge zerstreute sich. Inzwischen hatten die Senatoren das Rathaus durch eine Hintertür am Liebfrauenkirchhof verlassen.

Als dann gegen 22.00 Uhr das Telegramm des Reichsinnenministers Dr. Frick über die Ernennung des Polizeikommissars in Bremen eintraf, ging dieses von einer völlig überholten Lage aus. Die Maßnahme wurde damit begründet, daß die SPD-Senatoren nicht zurückgetreten und daher Unruhen zu befürchten seien. Es gehört zu den Absurditäten des Tages, daß die Gefahr von Unruhen von den Nationalsozialisten ausging und ausgerechnet ein Nationalsozialist zum Polizeikommissar gemacht wurde. Solche Widersprüche mögen bei nüchterner Überlegung Kopfschütteln verursachen, im politischen Machtkampf zählen sie nicht viel.

Trotz dieser spektakulären Ereignisse des 6. März, die ja – abgesehen von den theatralischen Begleitumständen – als konkrete Maßnahmen zunächst „nur" die Ernennung eines Polizeikommissars gebracht hatten, blieb die kommende Entwicklung in den Einzelheiten offen. Das aufgrund der bestehenden politischen Machtverhältnisse voraussehbare Ziel der NSDAP war ein „nationaler" Senat, also eine Gleichschaltung mit den Verhältnissen im Reich.

Gewiß, die Ereignisse des 6. März in Bremen standen in enger Verbindung zu Ereignissen in Berlin; im einzelnen aber hatten sie doch ihren eigenen Charakter. Sicher ist, daß vor allem die lokale NSDAP mit Zielstrebigkeit und Rücksichtslosigkeit zur Festigung der neuen politischen Lage beitrug. Sie bewies, daß aktive Minderheiten mit einem einheitlich gesteuerten Willen in schwierigen Zeiten und bei parteipolitischer Zersplitterung einen erheblichen Vorsprung haben. 1933 war er so groß, daß sich alle Vermutungen der Gegner, die neue Bewegung werde sehr bald an den ungezählten Problemen scheitern, als Wunschoptimismus erwiesen. Sowohl der bürgerliche Rumpfsenat als auch die Parteien der Mitte und große Teile der SPD glaubten noch daran, daß der Senat in verfassungskonformer Weise zurücktrete, die Bürgerschaft sich auflösen, dann aber neu gewählt werde, wobei man eine Ausschaltung der KPD hinnahm und sogar begrüßte. Die neue Bürgerschaft aber konnte der Opposition in einem nicht ganz klar abzuschätzenden Rahmen die Möglichkeit geben, an den Maßnahmen der neuen Machthaber Kritik zu üben. Sehr bald zeigte sich aber, daß der Lauf der Ereignisse sich nicht mehr in verfassungsmäßige Bahnen zurücklenken ließ.

Der Rumpfsenat bereitet seinen Rücktritt vor;
Dr. Markert und die Polizei (7.–10. März)

Die Mitglieder des Rumpfsenats zogen sich auch nach dem 6. März keineswegs in ihre Privatwohnungen zurück, sondern versuchten, ihre Amtspflichten weiter zu erfüllen. Dabei war der entscheidende Gesichtspunkt, daß sie selbst Recht und Verfassung einhalten wollten, wobei sie nicht daran zweifeln konnten, daß Bremen dennoch sehr bald in einem NS-Staat gleichgeschaltet werde.

Die Hakenkreuzsonne geht über Bremen auf. Ansichtskarte von 1933

7. März 1933 Am Vormittag des 7. März trat der Rumpfsenat zu einer Sitzung zusammen. Im Mittelpunkt der Gespräche stand das Telegramm des Reichsinnenministers, das um 21.59 Uhr in Bremen eingetroffen und dessen Inhalt zu dieser Zeit überholt und auch im ganzen absurd war, da er sich auf die Notverordnung vom 28. Februar berief. Der Senat protestierte zwar beim Reichsinnenminister – natürlich vergebens.

Demgegenüber zählte es kaum noch, daß Dr. Markert sämtliche Polizeibefugnisse – auch die der Gewerbe- und Gesundheitspolizei – beanspruchte. Der Senat formulierte seine Bedenken, beauftragte den Vertreter Bremens beim Reich, Dr. Nebelthau, sie dem Reichsinnenminister mitzuteilen. Dieser ließ sich auf keine Diskussion ein und erklärte, der Polizeikommissar sei auch jetzt noch erforderlich, da die öffentliche Sicherheit und Ordnung angesichts der Verfassungsschwierigkeiten bei einer Neubildung des Senats nicht gewährleistet sei.

Senator Dr. Apelt erklärte, der Senat müsse versuchen, „das Gesetz des Handelns sobald wie möglich wiederzugewinnen", als ob dazu überhaupt noch eine Chance bestanden hätte. Man wollte mit den Fraktionsführern der bürgerlichen Parteien die Lage besprechen. Die Bürgerschaft solle einberufen werden und ihre Auflösung beschließen. Neuwahlen würden dann zu einer neuen Bürgerschaft und zu einem neuen Senat führen. Dieser Prozeß hätte einige Wochen gedauert; doch der Senat tat alles zu seiner Beschleunigung: Er formulierte als Antrag in der Bürgerschaft eine Verfassungsänderung, nach der der alte Senat nicht erst nach der Wahl eines neuen seine Geschäftsführung beendete, sondern auch dann zurücktreten konnte, wenn er es „einstimmig aus Gründen des öffentlichen Wohls ... für erforderlich hält". Weiterhin schlug der Senat vor, man möge die gesetzlich vorgeschriebene Dauer des Auslegens von Wählerlisten verkürzen.

Gewiß, das alles ermöglichte noch einen verfassungsmäßigen Weg, doch waren es Pläne, denen der eigentliche Machthaber, die NSDAP, noch zustimmen
10. März 1933 mußte. Die Gesetzentwürfe des Senats wurden schon am 10. März in der Bürgerschaft eingebracht. In der Sitzung ergab sich eine eigenartige Übereinstimmung der Bürgerlichen, Sozialdemokraten und Nationalsozialisten – freilich aus unterschiedlichen Motiven: Bürgerliche und Sozialdemokraten glaubten, man dürfe sich dem Wählervotum nicht entziehen und müsse alles tun, um sobald wie möglich verfassungsmäßige Zustände wiederherzustellen. Ein wichtiger Hintergedanke spielte dabei eine Rolle, nämlich, daß man dem Reich jeden Vorwand zur Intervention nehmen müsse. Die NSDAP aber wollte den verfassungsmäßigen Weg nur aus formalen Gründen einhalten, um den Eindruck der Illegalität zu vermeiden. Aus der Rückschau erscheint es eigenartig,

48

daß ihnen die Sozialdemokraten dabei behilflich waren; doch hätten sie auch mit der KPD zusammen eine Bürgerschaftsauflösung nicht vermeiden können.

Die Bürgerschaftssitzung vom 10. März war nationalsozialistischen Pressionen unterworfen; denn in den Gängen der Börse hielten sich zahlreiche Uniformierte auf; einige Kommunisten fehlten, da sie inhaftiert waren. Konsul Bernhard, der Fraktionsvorsitzende der NSDAP, gab sich nicht viel Mühe, die Notwendigkeit der Bürgerschaftsauflösung zu begründen, da sie ohnehin sicher war. Der Fraktionsführer der SPD, Emil Theil, gab gleich zu Beginn die Zustimmung bekannt, beklagte dann aber vor allem die Ereignisse der letzten Tage und zeichnete eine düstere Zukunft. Er brachte den Antrag ein, die Bürgerschaft möge den Senat ersuchen, für eine freie Wahlpropaganda aller Parteien zu sorgen. Alle Parteien – auch die NSDAP – stimmten zu, vielleicht mit dem Hintergedanken, daß man mit dem Senat eine Instanz ansprach, die ohnehin keinen Einfluß mehr hatte und vor allem die Polizeigewalt verloren hatte; Dr. Markert würde schon dafür sorgen, daß die Propaganda der Gegner sich nicht frei entfalten konnte.

Die Kommunisten, die seit langem die Bürgerschaftsauflösung gemeinsam mit der NSDAP gefordert hatten, waren jetzt gegen sie; denn sie konnten sich von einer neuen Bürgerschaft, auch wenn sie verfassungsmäßig zustandekommen sollte, nichts Gutes versprechen. Der Fraktionsführer Hermann Prüser kritisierte die Gewalttaten der Nazis und warf der SPD vor, sie decke mit ihrer Zustimmung zur Bürgerschaftsauflösung den Staatsstreich der Reichsregierung. Im übrigen war Prüsers Rede von derber Rhetorik und endete mit recht günstigen Prognosen für die Zukunft der KPD. Die kommunistischen Abgeordneten verließen unmittelbar nach der Rede den Sitzungssaal, da nach der Auflösung der Bürgerschaft ihre ohnehin bereits sehr brüchige „Immunität" endete.

Eine ungemein eindrucksvolle und mutige Rede hielt der Fraktionsvorsitzende der DVP, Prof. Dr. Carl Dietz. Zwar stimmte er der Bürgerschaftsauflösung zu, kritisierte aber die Einsetzung eines Reichskommissars, da in Bremen Ruhe und Ordnung nicht gestört gewesen seien – „es sei denn von Ihnen, meine Herren", und damit meinte er die Nationalsozialisten. Das löste bei der SPD Beifall, bei der NSDAP aber einen ohrenbetäubenden Lärm aus. Die Partei rächte sich sehr bald für diese Bemerkung, indem Prof. Dietz als Direktor der Oberrealschule an der Dechanatstraße entlassen wurde.

Über die Verfassungsänderung, die den Rücktritt des Senats und die Fristverlängerung für die Neuwahl von drei Senatoren als Ersatz für die zurückgetretenen Sozialdemokraten betraf, wurde Einstimmigkeit erzielt, da die Kommunisten den Raum inzwischen verlassen hatten (die zweite Lesung der Verfassungsänderung erfolgte dann am 15. März). Ein weiterer Beschluß betraf eine Änderung der Städteordnung der bremischen Hafenstädte Bremerhaven und Vegesack, um die Gleichzeitigkeit der Wahl von Bürgerschaft und Stadtverordnetenversammlung zu ermöglichen.

Die Reaktion des Reichsinnenministers war etwas anders als die der gemäßigten Bremer Kreisleitung der NSDAP. Dr. Frick und seine Beamten waren der Auffassung, man solle beim Rücktritt des Senats keine Rücksicht auf die Verfassung nehmen und den Senat ohne weiteres ermächtigen, zurückzutreten. Überhaupt zeigt eine Aktennotiz des Ministeriums, daß man in Bremen Veränderungen beabsichtigte, die keineswegs mehr durch die Verfassung gedeckt waren. Anders ausgedrückt: Die neuen Machthaber wollten die Verfassung nur noch einhalten, soweit sie in ihr Konzept paßte.

Was nun den von Dr. Markert beherrschten Polizeibereich anbetrifft, so wurde von Anfang an deutlich gemacht, was man vorhatte: Die Polizisten wurden angehalten, zu den nationalen Verbänden guten Kontakt zu halten, und sie wurden ermuntert, „staatsfeindlichen Organisationen mit schärfsten Mitteln entgegenzutreten, gegebenenfalls von der Schußwaffe Gebrauch zu machen"; Unterlassungen seien schädlicher als Übereifer. Das mag als verbale Einschüchterung gedacht gewesen sein; es konnte aber katastrophale Folgen haben. Plakate und Tageszeitungen veröffentlichten entsprechende Aufrufe Dr. Markerts. In Interviews versuchte er etwas zu beruhigen: Die persönliche Freiheit solle möglichst wenig eingeschränkt werden, auch seien vom Reich „dauernde Eingriffe in die Souveränität der Länder" nicht beabsichtigt. Dr. Markert gab sich energisch und konsequent; man hatte aber vielfach den Eindruck, daß er nicht „überziehen" werde.

Er erhielt seit dem 10. März die Möglichkeit, im Senat über Polizeiangelegenheiten zu berichten, doch machte er davon nur einmal Gebrauch. Das wichtigste Problem war zunächst die Aufstellung und Finanzierung einer „Hilfspolizei" nach preußischem Muster. Sie sollte aus Angehörigen der SA, der SS, des Stahlhelms und des „Kampfbundes Niedersachsen" gebildet werden. Die Mitglieder trugen die Uniform ihres Verbandes und eine weiße Armbinde mit der Aufschrift „Hilfspolizei". Vor allem war dabei an einen Einsatz gegen politische Gegner gedacht, der allerdings sehr leicht in Racheaktionen ausarten konnte. Über allem stand Stil auch die Absicht, arbeitslose Parteigänger auf Staatskosten mit einem Pöstchen zu versorgen. Die Hilfspolizei bestand in Bremen aus etwa 70 bis 100 Männern, über die zunächst Dr. Markert direkt verfügte. Etwa ein Drittel der Unkosten wurde aus der Reichshauptkasse, das übrige aus dem Landeshaushalt bestritten. Dabei leistete auch der Senat Hilfestellung, indem er – notgedrungen – der Bereitstellung von Geldern zustimmte. Diese Hilfspolizei, die Razzien durchführte und dann auch die Wachmannschaft im Konzentrationslager „Mißler" stellte, ist ein trübes Kapitel der Geschichte dieser Zeit.

Was nun die „ordentliche" Polizei anbetraf, so gab es auch bei ihr Veränderungen. Am 8. März wurde der deutschnational gestimmte Polizeipräsident 8. März 1933 Dr. Petri beurlaubt; seine Funktionen übernahm kommissarisch der Schmierölkaufmann und PG von 1930 sowie SA-Sturmbannführer Theodor Laue. Er war ein eifriger Nationalsozialist mit einem ganz persönlich gefärbten Fanatismus, der ihm auch innerhalb der eigenen Partei mancherlei Schwierigkeiten bereitete. Zunächst war er mit der Unterdrückung der politischen Gegner voll beschäftigt, wobei er zunächst einmal versuchte, sie zum neuen Staat zu bekehren oder sie zumindest zum Stillhalten zu bringen, doch hart zuschlug, wenn ihm das nicht gelang. Er übernahm als kommissarischer Polizeipräsident sogleich das Kommando über die Hilfspolizei und betrieb rücksichtslos den Einbau der ordentlichen Polizei in den neuen Staat. Der Kommandeur der Schutzpolizei, Oberst Caspari, war zwar 1931 von der NSDAP als Senatskandidat ins Gespräch gebracht worden, doch blieb er in seiner ganzen Überzeugung konservativ. Jetzt brauchte man ihn nicht mehr als Aushängeschild; einstweilen blieb er noch im Amt; doch es wurde vermutet, daß seine Tage gezählt sein würden. In der Polizei begann hier und da ein übles Intrigenspiel, bei dem vor allem mißliebige Vorgesetzte von ihren „Untergebenen" angeschwärzt wurden. Da dadurch die Disziplin erschüttert wurde, kam von Dr. Markert eine Warnung an die Denunzianten, was nun allerdings eine „Säuberung" des Personals nicht ausschloß. Der Kriminaldirektor Diedrich Lindemann und der Direktor der Strafanstalt in Oslebshausen und ehemalige Lehrer, Emil Sonnemann, wurden am 8. bzw. 11. März suspendiert.

Besondere Bedeutung hatte die „Zentralpolizeistelle", die bis Juni 1933 der Polizeidirektion unterstellt war, dann aber als „Geheime Staatspolizei" dem Polizeisenator direkt zugeordnet wurde. Die Dienststelle war durch einen verzweigten Apparat von V-Leuten und Spitzeln über alle internen Vorgänge bei den politischen Parteien und anderen Organisationen gut unterrichtet. Der Leiter, Polizeihauptmann Heinrich Kruse, war ein konservativer Offizier mit einer Neigung, sich politisch treiben zu lassen. Ähnliches gilt mehr oder weniger für die anderen Beamten der Dienststelle, von denen sich einige in ihrem Arbeitsgebiet später in die Verbrechen des „Dritten Reiches" tief verstrickten. Am 6. März gab es in dieser Dienststelle kein Parteimitglied der NSDAP, doch bestand ein politischer Konsens, wenn es um die Bekämpfung der Kommunisten ging; auch auf die SPD blickte man mit großem Mißtrauen. In dieser

Hinsicht konnten die neuen Machthaber voll auf die Zentralpolizeistelle zählen. Die NSDAP wurde bis 1933 von den meisten Beamten der Zentralpolizeistelle als eine gegnerische Organisation angesehen, nicht so sehr durch ihr Programm als vielmehr durch ihr radikales Auftreten. Nun war diese Partei „an der Macht", und es wurde notwendig, sich mit ihr zu arrangieren, auch durch Übereifer einen „guten Eindruck" zu machen. Mancher Beamte glaubte, seine eigene Karriere durch besondere Forschheit zu fördern. Dennoch fiel es manchen schwer, die eindeutigen Übergriffe der SA, SS und des Stahlhelm (Totschlag, Körperverletzung, Amtsanmaßung, Hausfriedensbruch, Nötigung usw.) hinzunehmen oder gar dabei behilflich zu sein.

Die „Spezialkommissare"

Die Befugnisse des Reichskommissars Dr. Markert bezogen sich zunächst nur auf die Polizei, während der Rumpfsenat für die anderen Verwaltungszweige zuständig blieb. Die bremische NSDAP wollte das aber nicht hinnehmen. Am **11. März 1933** 11. März übernahm Dr. Markert „sämtliche Amtsgeschäfte für Reichs- und auswärtige Angelegenheiten, Verfassungs- und Rechtspflege und innere Verwaltung, soweit es zur Wiederherstellung der öffentlichen Sicherheit und Ordnung notwendig ist" – eine Formulierung, die sich aus der Notverordnung vom 28. Februar 1933 ergab, die aber am 11. März völlig sinnlos war. Dr. Markert ernannte nun auch sogleich einige „Spezialkommissare" zur Kontrolle der Senatoren und Verwaltungszweige. Damit wurde eigentlich der künftige Senat vorweggenommen, und es fanden daher auch in der NSDAP und DNVP Personaldiskussionen statt. Kreisleiter Bernhard hielt sich für den künftigen Bürgermeister und war durchaus geneigt, einige konservative Fachleute heranzuziehen: Polizeioberst Caspari, Senator Dr. Apelt (DVP) und den Architekten Dr. Hamens.

Dagegen sträubten sich aber Gauleiter Röver und die „Alten Kämpfer". Bernhard, der ohnehin ein gespanntes Verhältnis zum Gauleiter hatte, konnte sich nun nicht einmal mehr als Kreisleiter halten: Röver setzte ihn am 11. März ab und ernannte den wendigen SA-Standartenführer Paul Wegener. Bernhard war damit auch als künftiger Bürgermeister disqualifiziert. Die Partei brauchte ihn aber noch als Köder für das Bürgertum, und so setzte sie ihn nachträglich auf die Liste der „Spezialkommissare". Er sollte zusammen mit Hans Burandt, einem Vertrauten Dr. Markerts, die Geschäfte des Staatsrats Dr. Tack wahrnehmen.

Bei der Verteilung der Kommissariate waren die Wünsche der Parteileitung entscheidend, zudem mußte aber Rücksicht auf den Koalitionspartner

„Kampffront Schwarz-Weiß-Rot" genommen werden. Aus ihrem Kreis kam der Rechtsanwalt und ehemalige Vortragende Rat Dr. Johann Müllershausen, der den Mammutbereich Handel, Gewerbe, Verkehr, Finanzen, Staatsvermögen und Sozialpolitik übernahm.

Zu den prominenten NS-Mitgliedern, die Kommissariate übernahmen, gehörten neben Otto Bernhard: Dr. Richard von Hoff, Studienrat an der Oberrealschule, der den Bereich kirchliche Angelegenheiten, Schulwesen und Bildungsanstalten übernahm; Hans Haltermann, Elektroingenieur und „Alter Kämpfer", der das Bauwesen und die städtischen Einrichtungen kontrollieren sollte; Otto Heider, ebenfalls Elektroingenieur und „Alter Kämpfer", der nun für Arbeit, Wohlfahrt, Medizinal- und Versicherungswesen zuständig war. Der Wirtschaftsprüfer Dr. Walter Hoffmann sollte den Staatsrat Dr. Richard Duckwitz (Finanzen) und der Baurat Becker den Staatsrat Dr. Gosselke (Bauwesen) kontrollieren. Der kaufmännische Vertreter Werner Wegener löste den Sozialdemokraten Emil Sonnemann als Direktor der Strafanstalt in Oslebshausen, der SA-Führer Paul Krebs den Kriminaldirektor Diedrich Lindemann ab. Der Studienrat und Pressereferent der NS-Kreisleitung Dr. Adolf Seidler sollte Dr. von Hoff im Bereich des Schulwesens unterstützen.

Es ist naturgemäß schwierig, Charakter und Fähigkeiten der neuen Herren zusammenfassend zu beurteilen. Auffällig ist, daß die „Alten Kämpfer" (zu ihnen wurden nur Haltermann und Heider gezählt) in der Minderheit waren, daß kaum einer (wie etwa Dr. Müllershausen) Erfahrungen in der Staatsverwaltung hatte, daß auch nur wenige durch Deputationsarbeit in der Bürgerschaft mit dem ihnen zugewiesenen Fachbereich vertraut waren. So war es denn für alle schwierig, den Gang der Verwaltung voll zu durchschauen. Alle waren bemüht, die Erwartungen der neuen Machthaber zu erfüllen. Oft war es schwierig, den Wünschen von Scharfmachern der Partei die Spitze zu brechen. Auch Dr. Markert warnte öffentlich vor Übereifer und Willkür, die das Ziel des Umbruchs gefährden konnten. So hielten sich denn zunächst auch Entlassungen von Angestellten und Beamten sowie Neueinstellung von ehrgeizigen Parteigünstlingen in engen Grenzen. Dennoch hing über dem gesamten Personal der Staatsverwaltung die Angst vor plötzlicher Entlassung, was unerfreulichen Opportunismus hervorrief.

Nicht allen „Spezialkommissaren" gelang es, sich in der nächsten Zeit im Kampf um die einflußreichsten und einträglichsten Posten zu behaupten. Dr. Müllershausen war ein ehrgeiziger Mann, der sich durch seine herablassende Art viele Feinde gemacht hatte; Dr. Burandt war Kaufmann, ebenfalls durch seine forsch-hochnäsige Art unbeliebt. Beide hatten keinen starken Rückhalt bei ihren Parteien. Haltermann war durchaus zu sachbezogener Arbeit bereit und fähig, galt auch als zuverlässiger Alter Kämpfer; Otto Heider war trotz seines brennenden Ehrgeizes unfähig für die Bewältigung der vor ihm liegenden Aufgaben. Wegener war ein forscher und gelegentlich auch brutaler SA-Führer, Dr. von Hoff an sich ein Konservativer, zudem aber ein fanatischer Rassist; er galt neben Otto Bernhard als Aushängeschild für das Bürgertum, doch erwartete man von ihm auch eine rücksichtslose „Säuberung" der Lehrerschaft.

So wie die Kommissariate besetzt wurden, war in den meisten Bereichen zu erwarten, daß sachbezogene Entscheidungen hinter Parteiinteressen zurückzustehen hatten. Das konnte die Bewältigung der schwierigen Aufgaben sehr erschweren, und so war es denn eine entscheidende Frage, wie viele der erfahrenen höheren Beamten belassen und wie frei sie in ihrem Wirkungsbereich sein würden. Da die Kommissare sehr unterschiedliche Fähigkeiten und Absichten hatten, mußte man erwarten, daß das in den einzelnen Verwaltungsbereichen sehr verschieden sein werde.

Der immer noch im Amt befindliche Rumpfsenat mußte die Spezialkommissare notgedrungen hinnehmen und ihnen Zimmer in den Dienststellen zuweisen. Dr. Markert verhängte eine Aktensperre über das Rathaus; selbst **12. März 1933** Bürgermeister Dr. Donandt sollte sich am 12. März einer Leibesvisitation unterziehen, verweigerte sie aber und kehrte in sein Dienstzimmer zurück, das er erst verlassen wollte, wenn die kränkende Maßnahme zurückgenommen sei. Dr. Markert hob sie auf, da er in dieser Zeit keinen Skandal gebrauchen konnte.

13. März 1933 Am 13. März fand eine Abstimmung zwischen Bürgermeister Dr. Donandt und Dr. Markert über die Arbeit der Spezialkommissare statt. Es gab mancherlei Unstimmigkeiten, die auch nicht beseitigt werden konnten. Dr. Markert erklärte, er werde die Kommissare durch die Reichsregierung bestätigen lassen. Auch die Senatoren und Staatsräte mußten sich mit der Kontrolle durch Kommissare abfinden, deren Druck in den einzelnen Behörden sehr unterschiedlich war. Dr. Markert versuchte immer wieder, die besonders Eifrigen zu bremsen, um eine reibungslose Weiterarbeit zu garantieren.

15. März 1933 Am 15. März wurde ein weiterer Kommissar ernannt: Dr. Richard Firle, ein Reedereikaufmann und ehemaliger Marineoffizier, Parteigenosse von 1932, der die Aufgaben des bremischen Vertreters in Berlin, die bisher von Dr. Nebelthau wahrgenommen worden waren, übernehmen sollte. Man versprach sich von einem Nationalsozialisten einen reibungsloseren Kontakt mit der Reichsregierung. Dr. Nebelthau wurde in den Ruhestand versetzt.

Die unerfreulichste Aufgabe der Kommissare war die „Säuberung" der Behörden von politisch mißliebigen Personen.

c. Der neue Bremer Senat

Die Fristverlängerung für die Nachwahl der drei zurückgetretenen SPD-Senatoren bis zum 15. Mai war von der Bürgerschaft am 10. März beschlossen worden. Der Gesamtrücktritt konnte am 15. März nach der zweiten Lesung der notwendigen Verfassungsänderung erfolgen, und man ging davon aus, daß die Neuwahl des Senats am 15. Mai erfolgen könne, der alte Rumpfsenat aber bis dahin geschäftsführend im Amt bleiben werde – vorausgesetzt, daß die Bremer Verfassung überhaupt noch etwas galt. Noch am 15. März wurde die Verfassungsänderung veröffentlicht, und am Tage darauf beschloß der Rumpfsenat seinen Rücktritt.

Zu dieser Zeit aber gab es bereits erhebliche Konflikte zwischen dem Senat und den Spezialkommissaren über die Entlassung politisch mißliebiger Lehrer. Das verstärkte die Bereitschaft Dr. Markerts, die Amtszeit des Senats vorzeitig zu beenden. Er ersuchte Bürgermeister Dr. Donandt, die „Senatsgeschäfte" schon am 18. März zu übergeben, wiederum unter Hinweis auf die Notverordnung vom 28. Februar 1933, was in der bestehenden Lage geradezu unsinnig war. 18. März 1933

Die Zusammensetzung des neuen Senats war zum Teil durch die bisherigen Spezialkommissare gegeben; aber es gab vor allem beim deutschnationalen Koalitionspartner einige Veränderungen. Ohnehin war der Kampf um die besten Posten in vollem Gange. Versuche, Dr. Apelt als hervorragenden Kenner von Wirtschaft und Finanzen zu übernehmen, scheiterten an dessen Weigerung. Caspari, einst als Kandidat der NSDAP für das Amt des Polizeisenators vorgesehen, stand nicht mehr zur Diskussion. Die Zahl der Senatoren wurde aus taktischen Gründen von acht auf neun erhöht, die Öffentlichkeit aber damit beruhigt, daß drei von ihnen das Amt ehrenamtlich versehen sollten. Dr. Müllershausen, der als Spezialkommissar für das Finanz- und Wirtschaftsressort prädestiniert war, verzichtete, um nicht als Sündenbock für ein vorauszusehendes Scheitern in diesem Ressort herhalten zu müssen; er sah sich als möglichen Retter in der Zukunft. Aufgrund seiner Empfehlung wurde der deutschnationale Kaufmann und bolivianische Konsul Otto Flohr ehrenamtlicher Senator für die Finanzen. Für Handel, Häfen und Verkehr benannte die DNVP den Inhaber der Tabakfirma Martin Brinkmann, Hermann Ritter, der sein Amt ebenfalls ehrenamtlich führte, sich aber seiner schwierigen Aufgabe kaum mit vollen Kräften widmen konnte. Schließlich bekam noch der Fraktionsvorsitzende der DNVP, Erich Vagts, einen Senatssessel; er übernahm das Gesundheitswesen und das Landherrenamt. Flohr wurde zum Zweiten Bürgermeister gemacht.

Bei der NSDAP übernahm man die bisherigen Spezialkommissare: Dr. Markert bekam das Präsidium des Senats, dazu die Ressorts Industrie und Gewerbe sowie auswärtige Angelegenheiten; Theodor Laue behielt Polizei und Inneres; später nannte man sein Ressort „Verfassung und Rechtspflege, innere Verwaltung und Hafenstädte"; Dr. Richard von Hoff blieb bei kirchlichen Angelegenheiten, Schulwesen und Bildungsanstalten; Heider kontrollierte weiterhin Arbeit, Wohlfahrt und Versicherungswesen, Haltermann Bauwesen und städtische Einrichtungen, Bernhard zusammen mit dem Deutschnationalen Hermann Ritter ehrenamtlich Handel und Schiffahrt. Weitere bisherige Spezialkommissare wurden nicht zu Senatoren gemacht, sondern mit anderen Posten abgefunden. So übernahm Dr. Müllershausen den Vorsitz der Behörde für Handel und Schiffahrt, Paul Wegener wurde Kommissar für Volksaufklärung und Propaganda.

Auffällig ist die Verstärkung des kaufmännischen Elements, was den neuen, durch revolutionäre Akte zustande gebrachten Senat, honoriger und vor allem für die bisher sehr skeptischen bremischen Wirtschaftskreise akzeptabler erscheinen ließ.

Die Liste wurde am 17. März in Berlin vom Kommissarischen Vertreter Bremens in Berlin, Dr. Firle, dem Reichsminister des Inneren, Dr. Frick, vorgelegt; dieser segnete sie ab, und schon am Nachmittag war die Rückantwort in Bremen. So konnte denn die Amtsübernahme des Kommissarischen Senats am 18. März erfolgen. Es gab später noch einige kleinere Verschiebungen in der Geschäftsverteilung; doch im großen und ganzen blieb es bei der personellen Zusammensetzung.

Die bisherigen Senatoren und Staatsräte trafen sich am 18. März um 9.30 Uhr noch einmal im Rathaus; Staatsrat Dr. Richard Duckwitz hielt eine kurze Ansprache. Einige höhere Senatsbeamte erklärten sich sofort bereit, für die neuen Herren zu arbeiten, was diese mit Befriedigung registrierten, da sie noch nicht ganz auf den Rat von Fachleuten verzichten konnten. Die erste Sitzung des neuen Senats fand anschließend um 12.00 Uhr statt, wobei auch die Staatsräte zugegen waren. Ihnen wurde von Dr. Markert bedeutet, er verlange bedingungslose Zusammenarbeit mit der nationalen Regierung, und nun erklärte Staatsrat Dr. Fricke im Namen der höheren Beamten dazu die volle Bereitschaft. Viele von diesen glaubten sicher, man dürfe Bremen in dieser schweren Zeit nicht im Stich lassen; es waren aber auch viel Angst um die eigene Zukunft, hier und da auch Ehrgeiz und Opportunismus im Spiel. Man darf ja nicht übersehen, daß viele „Alte Kämpfer" und auch neuere Parteigenossen auf die Belohnung mit großen und kleinen Posten drängten und daß innerhalb der Partei der Aufstieg neuer PGs von den Alten Kämpfern argwöhnisch betrach-

*Der neue Senat am 18. März 1933. Sitzend von links nach rechts:
Bernhard, Flohr, Dr. Markert, Laue;
stehend: Richter, Dr. von Hoff, Vagts, Haltermann, Heider*

tet wurde. An sich lag also ein Chaos des Staatsapparates in der Luft. Daß es
nicht eintrat, verdankten die neuen Machthaber der Tatsache, daß sie zunächst
einmal wenig veränderten, Entlassungen und Neueinstellungen nur langsam
und dann auch nur in begrenztem Maße vornahmen – nach der Vorstellung
vieler übereifriger Parteigenossen viel zu zögerlich. Viele Briefe, deren Absender einen „Posten" erwarteten, erhielten eine vervielfältigte Antwort: es sei
keine Stelle frei.

Auch der Stahlhelm war unzufrieden; er beanspruchte einen Senatssitz, wurde
aber mit dem Hinweis abgespeist, Erich Vagts sei ja Mitglied des Stahlhelm;
das aber überzeugte niemanden, denn Vagts hatte in dem Frontkämpferver-
band keine Aktivitäten gezeigt.

Die wichtige Frage, ob die Einsetzung der Kommissare seit dem 6. März und
die Konstituierung des kommissarischen Senats am 18. März ähnlich verfas-

sungskonform war wie etwa das Zustandekommen des Kabinetts Hitler am 30. Januar 1933 ist zwar schwierig, aber doch eindeutig zu beantworten, wie Holger G. Hasenkamp dargestellt hat. Der Artikel 48 der Weimarer Verfassung gestattete zur Behebung kritischer Situationen im Reich auch den Ländern den Erlaß von Notverordnungen. Die Anwendung solcher Verordnungen war unabhängig von der Zusammensetzung der Regierungen und der politischen Einstellung des Reichspräsidenten; sie waren angesichts der zahlreichen Gewaltakte in der Weimarer Republik sogar notwendig. Auch die Notverordnung vom 28. Februar nach dem Reichstagsbrand wich in ihrer Formulierung kaum von bisherigen Notverordnungen ab, war damit formal durchaus verfassungskonform. Einzuwenden ist nun aber, daß mit ihrer Anwendung kommunistische Aufstandsversuche bekämpft werden sollten, die es nicht gab. Somit hätte die Notverordnung überhaupt nicht praktiziert werden können. Dennoch berief der Reichsinnenminister sich wiederholt auf sie, vor allem auch bei der Einsetzung der Kommissare und des kommissarischen Senats, die überhaupt nicht mehr zur Abwendung einer kommunistischen Gefahr, sondern zur verfassungswidrigen Gleichschaltung diente. Demgegenüber ist die Tatsache, daß die Maßnahmen nicht – wie die Notverordnung es vorsah – von der Reichsregierung, sondern nur vom Reichsinnenminister verfügt wurden, von geringerer Bedeutung. Jedenfalls war das ganze Verfahren nicht durch die Notverordnung vom 28. Februar 1933 gedeckt und daher verfassungswidrig. Es zeigte sich eben, daß sich Diktatoren – und nicht immer nur sie – zwar auf Verfassungen berufen, doch diese willkürlich auslegen, solange sie die Macht dazu haben. Was in Bremen mit Hilfe des Reichsinnenministers geschah, war also ein verfassungsmäßig kaschierter Putsch, der angesichts der bestehenden Machtverhältnisse auch erfolgreich war. Diese Kaschierung wurde sowohl vom alten Senat als auch von den oppositionellen Gruppen durchaus erkannt; doch sowohl die juristisch motivierten Argumente des Senats als auch die Proteste von Kommunisten und Sozialdemokraten bedeuteten für die neuen Machthaber kein wesentliches Hindernis.

Auf den neuen Senat ging ein reicher Glückwunschsegen nieder, der nur zu einem Teil durch Überzeugung, in sehr vielen Fällen aber durch Opportunismus veranlaßt war. In den Senatsakten liegen viele salbungsvolle Schreiben von Leuten und Gruppen, denen man überhaupt nicht zutrauen kann, daß ihnen die neuen Machthaber sympathisch waren, wie etwa von Freimaurerlogen.

Es fragt sich nun vor allem, wie die Organisationen der bremischen Wirtschaft, insbesondere auch des Handels, der dem Autarkiebestreben der NSDAP besonders skeptisch gegenüberstand, auf die neuen Machtverhältnisse reagierten. Sicher ist, daß die führenden Personen bisher vor allem liberale und konservative Gruppen und Parteien unterstützt und wenig Sympathie für den Nationalsozialismus aufgebracht hatten. Im März 1933 herrschte dann der Eindruck vor, daß man den neuen Trend nicht aufhalten könne; manche politischen Ideen, wie sie von den Deutschnationalen vertreten wurden, waren vielen Unternehmern durchaus sympathisch, und es machte in Bremen auch Eindruck und erweckte Hoffnungen, daß „ehrbare Kaufleute" wie Konsul Otto Bernhard (NSDAP), Otto Flohr (DNVP) und Hermann Ritter (DNVP) in den neuen Senat aufgenommen wurden. Viele erwarteten, daß sich der Radikalismus durch praktische Notwendigkeiten sehr bald mäßigen werde. Schon am 16. März gab es in der Börse eine Kundgebung bremischer Wirtschaftsvertreter, an der auch Senator a. D. Dr. Apelt teilnahm und auf der sich der Vizepräses der Handelskammer, Konsul Biedermann, zur Neuordnung des Staates bekannte. Es galt den weit verbreiteten Eindruck zu zerstreuen, daß Bremen für den Nationalsozialismus eine der schlechtesten Städte war, und zu zeigen, daß es sich nun genauso loyal wie Hamburg hinter die neuen Machthaber stelle. 16. März 1933

Am 21. März reiste Dr. Markert zur Eröffnung des Reichstages nach Berlin, hatte Audienzen bei einigen Reichsministern und trug Hitler die bremische Ehrenbürgerwürde an. Hatte man bis dahin noch gehofft, man könne die Eigenständigkeit Bremens einigermaßen und vor allem auch so gut wie Hamburg bewahren, so sollte sich sehr bald erweisen, daß das ein Irrtum war. 21. März 1933

Eine formale Erleichterung auf dem Wege zum Einheitsstaat gab es bereits durch das „Ermächtigungsgesetz" vom 23. März 1933, dem außer der SPD und der praktisch bereits aus dem Reichstag ausgeschlossenen KPD alle Parteien zustimmten. Es ermöglichte auf vier Jahre eine – sogar von der Verfassung abweichende – Gesetzgebung durch die Reichsregierung ohne den Reichstag. Derartige zeitlich begrenzte Maßnahmen müssen für sich nicht unbedingt eine parlamentarische Demokratie und den Föderalismus zerstören, können in Notzeiten sogar durchaus notwendig sein, wie „Ermächtigungsgesetze" im Deutschland der zwanziger Jahre und in vielen anderen demokratisch verfaßten Staaten zeigen; doch gehandhabt von einer Partei mit totalitärem Anspruch, wie der NSDAP, mußte das „Gesetz" der Todesstreich für die Weimarer Republik werden. Da die Länder „gleichgeschaltet" waren, fehlte auch das föderalistische Regulativ, so daß man seit dem 23. März von einer Diktatur der Reichsregierung sprechen kann, die immer mehr zur Diktatur der Partei bzw. Hitlers wurde, da auch im Reichskabinett die politische Rolle der Deutschnationalen sehr bald ausgespielt war. 23. März 1933

Sogleich setzten auch Bemühungen ein, die gleichgeschalteten Länderregierungen aus den Bindungen der Landesverfassungen zu befreien, die sich etwa beim Rücktritt des Bremer Senats als hinderlich erwiesen hatten. Vor allem wurde im Reichsinnenministerium der bremische „Verwaltungsaufbau" – gemeint waren vor allem die Deputationen – für „übersetzt" und damit für allzu schwerfällig gehalten, eine Auffassung, die an sich nicht ganz abwegig war. „Anstößig" war den neuen Machthabern vor allem aber auch die kollegiale Verfassung des Senats, die keine Ressortverantwortlichkeit für den einzelnen Senator kannte. Das „Gleichschaltungsgesetz" vom 31. März 1933 gestattete den Länderregierungen die Gesetzgebung ohne die Landtage; Länder- und Gemeindeparlamente sollten aufgrund der Ergebnisse der letzten Reichstagswahl neu konstituiert werden. Das bedeutete für die bremische Bürgerschaft, daß in ihr, unter Streichung der 12 kommunistischen Mandate, die „nationale Front" mit 46 Abgeordneten gegenüber den 38 Abgeordneten der übrigen Parteien die absolute Mehrheit hatte.

31. März 1933

d. Die „Gleichschaltung" in Bremerhaven, Vegesack und den Landgemeinden

Die Gleichschaltung der Stadtgemeinden Bremerhaven und Vegesack sowie der Landgemeinden vollzog sich z. T. nicht ganz reibungslos, wurde von lokalen NS-Größen vorangetrieben oder aber auch von Bremen aus in Gang gesetzt.

Die Wirtschaftslage Bremerhavens war sehr schlecht: 40–50 % der Einwohner lebten von Arbeitslosen- und Wohlfahrtsunterstützung. In den Unterweserorten zählte man Anfang 1933 etwa 12 000 Arbeitslose. Das förderte radikale Strömungen nach links und rechts; doch die Sozialdemokratie konnte sich einigermaßen halten. Seit den Wahlen vom 8. November 1931 saßen 12 Abgeordnete dieser Partei in der Bremerhavener Stadtverordnetenversammlung; doch es gab auch 9 Abgeordnete der NSDAP, 5 der KPD und 4 Deutschnationale, während 7 Abgeordnete Splitterparteien angehörten. 2 Nationalsozialisten saßen im Magistrat. Die Reichstagswahlen vom 6. November 1932 brachten der NSDAP einen schweren Rückschlag: Sie erhielt nur 22,9 % der Stimmen, die SPD noch 30,9 %. Einen wesentlichen Stimmzuwachs gegenüber den Wahlen vom 31. Juli 1932 hatten die Deutschnationalen („Kampffront Schwarz-Weiß-Rot") mit 19,7 % und die Kommunisten mit 17,2 % zu verzeichnen. Die Gegner der parlamentarischen Demokratie waren mit fast 60 % auch in Bremerhaven in der Mehrheit. Was die NS-Parteiorganisation anbetraf, so war sie nicht mit Bremen und dem Gau Weser-Ems, sondern mit dem Gau Osthannover unter Gauleiter Telschow verbunden. Kreisleiter war der ehrgeizige und rabiate ehemalige Tiefbau-Ingenieur Julius Lorenzen, der seit 1932 im Magistrat saß. Er organisierte am 1. Februar den obligaten Fackelzug. Andere Großveranstaltungen folgten; Höhepunkt war am 12. Februar das Auftreten des Prinzen August Wilhelm von Preußen.

Im preußischen Wesermünde gab es in dieser Zeit bereits mancherlei Polizeimaßnahmen und Verbote gegen die KPD und dann auch gegen die SPD. Es wurde aus SA-Leuten und Stahlhelmern eine Hilfspolizei aufgestellt. In Bremerhaven scheiterte Lorenzen jedoch an Widerständen aus Bremen.

Die Wahlen am 5. März 1933 brachten der NSDAP in Bremerhaven zwar 34,3%; doch zusammen mit den 16,7% der Kampffront Schwarz-Weiß-Rot kam man nur auf eine knappe absolute Mehrheit. Die SPD verzeichnete mit 28,7% und die KPD mit 13,8% relativ geringe Verluste. In Wesermünde blieb die SPD sogar noch die stärkste Partei, NSDAP und Kampffront Schwarz-Weiß-Rot hatten hier nicht die absolute Mehrheit; doch lag die „Machtergreifung" nun auch in den Unterweserorten in der Luft. Eine Unterstützung aus Bremen war nicht zu erwarten und mit Gauleiter Telschows direktem Eingreifen auch nicht zu rechnen. So sah sich Julius Lorenzen selbst gefordert. 5. März 1933

Am 6. März ließ er vor dem Stadthaus die Hakenkreuzfahne hissen; sie wurde jedoch von städtischen Angestellten wieder entfernt. Am 7. März wurde sie dann neben der Bremerhavener und der schwarzweißroten Fahne von SA und SS erneut gesetzt. Lorenzen hielt vom Balkon des Stadthauses eine Ansprache, in der er fälschlich den Rücktritt des Bremer Senats verkündete. Auch am Rathaus in Geestemünde erschien eine Hakenkreuzfahne. Weiter ging die „Machtergreifung" hier zunächst nicht. 6. März 1933

Am 12. März fanden in Preußen Wahlen für die Kommunalparlamente und die Provinziallandtage statt. In Wesermünde blieb die SPD immer noch die stärkste Partei; NSDAP und Kampffront Schwarz-Weiß-Rot erhielten zusammen genau die Hälfte der Mandate, aber nur weil die für die KPD abgegebenen Stimmen entfielen. 12. März 1933

In Bremerhaven setzte sich Lorenzen mit einem Trick durch: Die Polizei unterstand dem vom Bremer Senat eingesetzten deutschnationalen Amtshauptmann Dr. Koch; doch seit dem 6. März hatte Dr. Markert auch hier die Entscheidungsbefugnis über sie. Lorenzen tat nun so, als ob der Senat und Dr. Markert ihm die Verfügung über die Bremerhavener Polizei übertragen hätten. Der Senat konnte in seiner Schwäche nicht eingreifen; aber auch Dr. Markert erklärte nun, Lorenzen sei von ihm nicht beauftragt worden, und dabei blieb es. Selbst der Oberbürgermeister Becké (Deutsche Staatspartei) versah zunächst sein Amt noch weiter.

17. März 1933   Am 17. März brachte die NSDAP erneut einen Auflösungsantrag in die Stadtverordnetenversammlung ein. Auch die SPD stimmte ihm zu mit der Begründung, sie wolle sich dem Votum der Wähler stellen. Da nur die KPD den
Antrag ablehnte, wurde er mit großer Mehrheit angenommen. Im Bremer Senat dachte man zu dieser Zeit bereits über ein Gesetz zur Änderung der Städteordnung der bremischen Hafenstädte nach, um eine Neuwahl der Stadtverord-
neten zusammen mit den Bürgerschaftswahlen am 2. April zu ermöglichen;
doch wußte man nicht, daß auch diese Wahlen nicht mehr stattfinden würden.
Man war nicht geneigt, Oberbürgermeister Becké bis zur Neuwahl im Amt zu
28. März 1933   lassen. Am 28. März beauftragte Dr. Markert als Bremer Bürgermeister Julius
Lorenzen mit der kommissarischen Wahrnehmung der Geschäfte des Oberbürgermeisters. Senator Erich Vagts fuhr als Senatskommissar für die Hafenstädte nach Bremerhaven, um den Wechsel zu vollziehen. Becké wurde beurlaubt.

Auf eine theatralische Begleitmusik wollte die NSDAP jedoch nicht verzichten. Am 28. März mittags „besetzte" Hilfspolizei das Stadthaus und durch-
suchte die Amtsräume des Oberbürgermeisters Becké, der von SA-Leuten
angepöbelt wurde, als er sein persönliches Eigentum abholen wollte. Lorenzen
legte in seiner Bekanntmachung großen Wert darauf, daß er von Dr. Markert
nicht als Bremer Bürgermeister, sondern als Reichskommissar ernannt worden
war. Am 29. März ließ er dann auf dem Dach des Stadthauses die Hakenkreuzfahne hissen. Vor dem Gebäude schritten Lorenzen und der SA-Standartenführer Dr. Raecke die Front der SA-Stürme ab.

27. März 1933   In Wesermünde fand die erste Sitzung des Stadtparlaments am 27. März statt.
Die NS-Bürgervorsteher marschierten in Uniform in das Rathaus von Geestemünde. Der Sitzungssaal war mit dem Hakenkreuz, schwarz-weiß-roten
Fahnen und einem Hitlerbild geschmückt. Oberbürgermeister Dr. Delius
betonte, daß die Verwaltung voll hinter der neuen Regierung stehe, und entwickelte sein Programm. Zum Bürgervorsteher-Worthalter wurde der Nationalsozialist Hans Misselhorn gewählt. Schon zwei Tage später wurden die
SPD-Bürgervorsteher aus den Ausschüssen entfernt, verblieben aber im Plenum. Damit war nun also die „Machtergreifung" auch in den Unterweserorten
vollzogen.

In Vegesack lagen die Verhältnisse anders, da es nicht nur – wie Bremerhaven –
zum bremischen Staatsgebiet, sondern auch zum NS-Gau Weser-Ems und
zum NS-Kreis Bremen gehörte. In der Stadtverordnetenwahl vom 8. November 1931 war die NSDAP bereits mit 6 Mandaten (von 16) stärkste Fraktion
geworden; doch auch zusammen mit den beiden Abgeordneten der DNVP
ergab sich keine absolute Mehrheit, so daß auf die drei Abgeordneten des Bür-

gerblocks Rücksicht genommen werden mußte. Die Reichstagswahlen von 1932 zeigten eine für das bremische Staatsgebiet ungewöhnliche Stärke der NSDAP in Vegesack, die sich soziologisch aus dem Überwiegen des Mittelstandes erklärt. Am 6. November 1932 stimmten 37 % der Wähler für die NSDAP, 16,9 % für die Kampffront Schwarz-Weiß-Rot; das ergab eine absolute Mehrheit. Die SPD war mit 24,2 % und die KPD mit 9,6 % recht schwach. Die bürgerliche Mitte erlangte hier immer noch mehr als 10 %. Im Magistrat saßen zwei nationalsozialistische Stadträte; Bürgermeister aber war der Staatsparteiler Dr. Werner Wittgenstein, dessen Einfluß unter nationalsozialistischem Druck freilich immer geringer geworden war. Als Hitler Reichskanzler wurde, schickte der Magistrat in Abwesenheit des Bürgermeisters und des SPD-Stadtrats ein Glückwunschtelegramm nach Berlin und ließ am 4. Februar **4. Februar 1933** auf städtischen Gebäuden neben der bremischen die schwarz-weiß-rote Fahne setzen. Der Bremer Senat sah keine rechtliche Handhabe zum Eingreifen. Die Wahlen vom 5. März 1933 brachten der NSDAP 44,5 % der Stimmen; die **5. März 1933** Kampffront Schwarz-Weiß-Rot erhielt 15,2 %. Das waren zusammen fast 60 %. Die SPD hielt sich auf ihrem ohnehin niedrigen Niveau mit 23,2 % recht gut, ebenso die KPD mit 8,4 %. Die bürgerliche Mitte erhielt nur noch 8,5 % der Stimmen. Am 7. März wurde auf dem Vegesacker Polizeihaus neben der schwarz-weiß- **7. März 1933** roten auch die Hakenkreuzfahne gehißt. Wie in anderen Kommunalparlamenten wurde in Vegesack am 13. März der Antrag auf eine Selbstauflösung **13./17. März** der Stadtverordnetenversammlung gestellt. Die Zustimmung erfolgte am **1933** 17. März, und die Neuwahl wurde für den 2. April vorgesehen. Sie fand dann nicht statt, sondern die Stadtverordnetenversammlung wurde nach dem Ergebnis der Reichstagswahl vom 5. März 1933 zusammengesetzt. Die Kommunisten waren nicht mehr vertreten. Die Nationalsozialisten hatten mit sieben Abgeordneten die absolute Mehrheit, die SPD hatte drei, die DNVP nur zwei Abgeordnete. So wurden dann am 27. März drei Nationalsozialisten in den **27./29. März** Magistrat gewählt. Am 29. März wurde Bürgermeister Dr. Wittgenstein beur- **1933** laubt, und Dr. Markert ernannte den Stadtrat und SA-Sturmführer Westphal zum Kommissarischen Bürgermeister. Wie in Bremerhaven wurde er von Senator Erich Vagts in sein Amt eingeführt. Angesichts des Führerprinzips war die Stadtverordnetenversammlung künftig ohne Bedeutung. Die Sozialdemokraten wurden am 15. Mai ausgeschlossen, **15. Mai 1933** die Deutschnationalen Hospitanten der NSDAP; damit bestand die Versammlung nur noch aus Nationalsozialisten und wählte am 10. Juli 1933 Westphal **10. Juli 1933** einstimmig auf 12 Jahre zum Bürgermeister. Die Einführung erfolgte durch den Senatskommissar für die Hafenstädte.

Was nun die Landgemeinden anbetrifft, so war die Lage sehr unterschiedlich. Einige (Huchting, Lankenau, Seehausen und Lehesterdeich) hatten sozialdemokratische Gemeindevorsteher. Da sie keine Polizeifunktionen besaßen, sah man zunächst keine Möglichkeit, sie durch Kommissare zu ersetzen; man hielt den Senat in dieser Frage für zuständig, dieser aber sah keine Veranlassung zu einem Eingreifen. Im übrigen waren die neuen Machthaber mit wichtigeren Dingen befaßt, so daß sie die Verhältnisse in den Landgemeinden aus dem Auge verloren. Doch der neue kommissarische Senat wandte sich der Frage gleich in der ersten Sitzung am 18. März zu und stimmte der Absetzung der SPD-Gemeindevorsteher und der Ernennung vaterländisch-nationalsozialistischer Nachfolger zu.

15. Mai 1933   Am 15. Mai 1933 wurden Gesetze erlassen, die die Landgemeinde- und Kreisordnung sowie die Verwaltung in den bremischen Hafenstädten änderten: Die Gemeindevertretung bestand nun aus dem Gemeindevorsteher und 6 bis 12 Mitgliedern (Gemeindevertretern), die auf vier Jahre gewählt wurden, aber von der Aufsichtsbehörde bestätigt werden mußten. Diese konnte u. a. auch aus Gründen des „Staatswohls" Einspruch gegen Gemeindebeschlüsse erheben.

Der Kreistag bestand aus dem Landherrn bzw. seinem Stellvertreter und höchstens 15 gewählten Abgeordneten der Gemeinden des Landgebietes (Kreisvertreter); auf volle 1200 Einwohner kam ein Kreisvertreter. Die Amtszeit dauerte ebenfalls vier Jahre. Die Beschlüsse des Kreistages unterlagen der Genehmigung des Landherrn; bei einem Dissens entschied der Senat.

In den Hafenstädten wurde der Magistrat von der Stadtverordnetenversammlung gewählt, mußte aber vom Senat bestätigt werden. Bei anhaltender Kontroverse konnte ein Magistratsmitglied auch ohne Wahl vom Senat ernannt werden. Gemeindebeschlüsse konnten nur bei Übereinstimmung von Magistrat und Stadtverordnetenversammlung gültig werden. Konnte diese nicht erreicht werden, entschied der Senatskommissar für die Hafenstädte.

30. Juni 1934   Am 30. Juni 1934 gab es ein weiteres Gesetz über die Neuordnung der Stadtgemeinden Bremerhaven und Vegesack, des Kreises des bremischen Landgebietes und der Landgemeinden. Es sollte die Verwaltung „dem Gebot einheitlicher Staatsführung" anpassen. In den Stadtgemeinden wurde die Magistratsdurch die Bürgermeisterverfassung abgelöst. Der Bürgermeister wurde vom Regierenden Bürgermeister in Bremen nach Anhörung der Gemeindeaufsichtsbehörde ernannt. Er übernahm alle Aufgaben des Magistrats, der Stadtverordnetenversammlung und der Verwaltungsausschüsse. Es gab aber noch Beigeordnete, die auf Vorschlag des Bürgermeisters von der Gemeindeaufsichtsbehörde eingesetzt wurden. Der hauptamtliche Beigeordnete hieß „Bür-

germeister", die ehrenamtlichen Beigeordneten erhielten die Bezeichnung „Stadträte". Zudem wurden Beiräte eingesetzt, die „Gemeinderäte" genannt wurden.

Im Kreis übernahm der Landherr die Führerfunktion; Kreistag und Kreisausschüsse gab es nicht mehr; doch wurde auch hier ein Beirat von 12 Mitgliedern etabliert.

In den Landgemeinden gab es Gemeindevorsteher, die vom Landherrn auf sechs Jahre ernannt wurden; auch ihnen standen Beiräte zur Seite. Die letzte Entscheidung blieb aber in jedem Falle bei der Gemeindeaufsichtsbehörde und beim Regierenden Bürgermeister. Alle bisherigen Bürgermeister und Gemeindevorsteher wurden am 11. Juli 1934 in ihrem Amt bestätigt. | 11. Juli 1934

e. Das Ende der Bürgerschaft und der Machtzuwachs des Senats

Während der Reichstag dem Ausland gegenüber noch eine gewisse parlamentarische Alibi-Funktion zu erfüllen hatte und Hitler auch die Möglichkeit gab, die Zustimmung zu seiner Politik bestätigen zu lassen, war für die Länderparlamente in einem gleichgeschalteten Staat, der auf allen Ebenen das „Führerprinzip" durchzusetzen suchte, kein Platz mehr. Dennoch war zunächst an ein Weiterbestehen gedacht. Die Neubildung der im März aufgelösten Bremischen Bürgerschaft war von einigen Problemen begleitet, die sich auf die Fristen für die Einreichung von Wahlvorschlägen und auf die reichsgesetzlich nicht vorgesehene gemeinsame Wahl von Landtag und Stadtbürgerschaft bezogen. Sie wurden auf Bitten Bürgermeister Dr. Markerts von Reichsinnenminister Dr. Frick beseitigt.

Anfangs sah es noch so aus, als ob tatsächlich Bürgerschaftswahlen stattfinden würden, so daß in den Parteien versucht wurde, Kandidaten aufzustellen. Das war schwierig, da kaum noch Mitgliederversammlungen stattfinden konnten, auch viele als Kandidaten vorgesehene Genossen verzichteten, um sich nicht zu exponieren. Bezeichnend war das Schicksal der kommunistischen Liste, die zwar eingereicht wurde, aus der dann aber alle Inhaftierten gestrichen wurden, so daß zwar der Alt-Funktionär Egon Nickel auf Platz 1 stehenblieb, doch die Kandidaten des 6. und 11. Platzes auf die 2. und 3. Stelle rückten.

Am 31. März 1933 wurde das von der Reichsregierung beschlossene „Vorläufige Gesetz zur Gleichschaltung der Länder mit dem Reich" verkündet, das zwei wesentliche Bestimmungen enthielt: | 31. März 1933

1. Die Landesregierungen sollten berechtigt sein, Landesgesetze zu beschließen; das entsprach dem im „Ermächtigungsgesetz" für das Reich geschaffenen Zustand.

2. Die Volksvertretungen der Länder sollten, soweit noch nicht geschehen, aufgelöst werden und nach den Stimmenzahlen der Reichstagswahl vom 5. März neu zusammengesetzt werden, wobei nun aber die Sitze für die KPD (in Bremen 12) nicht zugeteilt wurden. Als Höchstziffer für die Abgeordneten der Bremischen Bürgerschaft wurde 96 festgelegt; da die 12 KPD-Abgeordneten entfielen, ergab das eine Bürgerschaft von 84 Sitzen (NSDAP und SPD je 32; Kampffront Schwarz-Weiß-Rot 14; DVP 5; Zentrum 1).

Der Senat übernahm zwar die legislativen Kompetenzen von der Bürgerschaft, womit es eine Parallele zur Entwicklung im Reich gab; doch fehlte die landesgesetzliche Absicherung, die – wie im Reich geschehen – eine Verfassungsänderung voraussetzte. Anfang April 1933 lag dann der Entwurf einer „Ermächtigung" für den Senat vor, der der Bürgerschaft zur Abstimmung vorgelegt werden sollte. In dieser Zeit war es aber noch fraglich, ob man dafür eine verfassungsändernde Zweidrittelmehrheit haben werde, und so gab es denn keine parlamentarische Behandlung des Problems.

Der Senat sah sich daher zunächst veranlaßt, alle wesentlichen Entscheidungen in der Form von Verordnungen und Gesetzen zu treffen, die nicht mehr mit der Verfassung übereinstimmten, wobei nun aber zunehmend reichsgesetzliche Regelungen und seit Mai 1933 die Rechte des Reichsstatthalters den Spielraum einengten.

Vor allem bei der Verwaltungsreform entstanden Schwierigkeiten, zumal eine Denkschrift des Präsidenten des Finanzamts Unterweser, Dr. Carl, in Berlin den Eindruck erweckt hatte, daß man in Bremen aus eigener Kraft zu einer solchen Reform nicht fähig sei. Bürgermeister Dr. Markert suchte daher am 30./31. März 1933 den Reichsfinanzminister Graf Schwerin von Krosigk und Reichsinnenminister Dr. Frick auf, um ihnen eine grundlegende Reform in Bremen zuzusagen. In aller Eile verabschiedete der Senat dann am 5. April einen Entwurf des Reformwerkes und übersandte ihn dem Reichsinnenministerium; Staatssekretär Dr. Pfundtner empfahl jedoch eine Beschränkung auf die durch das Gleichschaltungsgesetz notwendigen Änderungen.

5. April 1933 Ebenfalls am 5. April erließ der Senat die „Verordnung über die Neubildung
8. April 1933 der Bürgerschaft" und am 8. April die „Verordnung über die Neubildung der Stadtverordnetenversammlungen und der Magistrate in Bremerhaven und Vegesack".

Die absolute Mehrheit der Parteien der „nationalen Regierung" – nicht der NSDAP allein – war in der Bürgerschaft mit 46 (von 84) Sitzen zwar gegeben, doch das war kaum noch von Bedeutung, da nach dem „Gleichschaltungsgesetz" auch der Senat Gesetze erlassen konnte.

Zunächst war vorgesehen, daß die neue Bürgerschaft am 11. April auch den

66

neuen Senat wählen bzw. den bisher kommissarisch amtierenden Senat in seinem Amt bestätigte; doch das zweite Gleichschaltungsgesetz vom 7. April 7. April 1933 nahm der Bürgerschaft das Recht der Wahl bzw. Abwahl der Senatoren und übertrug es auf den Reichsstatthalter. Den Deputationen wurde am 11. April 1933 die Einwirkung auf die Verwaltung genommen; es blieb ihnen noch eine beratende Funktion, die ohne Bedeutung war.

Am 11. April wurde das „Gesetz zur Vereinfachung der Verwaltung" erlassen. 11. April 1933 Die Senatoren erhielten eine Ressortverantwortlichkeit und wurden von der Mitwirkung der Deputationen befreit. Damit wurde ein Zustand bestätigt, der eigentlich bereits mit der Einsetzung von „Senatskommissaren" entstanden war. Rechtsgelehrte sollten zudem künftig ohne Mitwirkung eines Wahlausschusses vom Senat ernannt werden, womit die Unabhängigkeit der Rechtspflege in Gefahr geriet. In vielen Punkten bedeuteten diese und andere Neuerungen eine Verfassungsänderung; doch gab es keine Instanz, die darauf kritisch hinwies. Die Verfassung blieb – wie im Reich – nur noch soweit erhalten, als man sie gebrauchen konnte. Gesetze und Verordnungen der neuen Machthaber gewannen dadurch einen Rang, durch den sie in Konkurrenz zur Verfassung traten.

Die bürgerlichen Parteien resignierten und sahen kaum noch einen Sinn in ihrer Existenz. Der Landesverein der DVP beschloß am 26. April seine politi- 26. April 1933 sche Tätigkeit einzustellen, die fünf Bürgerschaftsabgeordneten der Partei traten der Fraktion der NSDAP als Hospitanten bei. Die Deutsche Staatspartei hatte schon keine Kandidatenliste mehr für die Bürgerschaft aufgestellt und gab sich selbst auf. Die SPD existierte zwar zunächst noch weiter, war aber mutlos, zumal viele ihrer Funktionäre verhaftet waren, sich zurückgezogen hatten oder sich erst auf eine illegale Arbeit einstellen mußten. So war die konstituierende Sitzung der Bürgerschaft am 28. April nur noch ein unwichti- 28. April 1933 ges Spektakel, dem zur Erhöhung der Feierlichkeit ein Gottesdienst im Dom vorausgeschickt wurde, in dem der später so skandalöse Pastor Lic. Dr. Weidemann eine Predigt hielt, die eher eine politische Propagandarede war. Der durch Akklamation gewählte Bürgerschaftspräsident Kurt Thiele betonte, daß die Tätigkeit der Bürgerschaft auf beratende Funktionen beschränkt werde. In dieser Sitzung fehlte bereits ein Viertel der SPD-Abgeordneten. Doch alles hatte keine Folgen, da die konstituierende Sitzung der Bürgerschaft zugleich auch die letzte war.

Durch die „Verordnung zur Sicherung der Staatsführung" vom 7. Juli 1933 7. Juli 1933 wurden die Sozialdemokraten aus dem Reichstag und den Landtagen ausgeschaltet; es gab jetzt nur noch 52 Bürgerschaftsabgeordnete. Am 14. Oktober 14. Oktober löste dann die Reichsregierung die Länderparlamente auf, ohne eine Wieder- 1933

Bürgerschaftssitzung am 28. April 1933; in der vorderen Reihe die Senatoren

wahl anzuordnen. Die „Geschäfte" wurden zunächst vom Präsidium weiter-geführt, dann aber mit dem „Gesetz über die Folgen der Auflösung der Bür-gerschaft" auf den Senat übertragen. Das „Gesetz über den Neuaufbau des Reiches" vom 30. Januar 1934 hob alle Volksvertretungen der Länder auf, so daß damit der Schlußstrich unter den bremischen Parlamentarismus gezogen wurde.

30. Januar 1934

Wohl um die Verbundenheit mit einzelnen Bevölkerungsschichten und Berufs-gruppen zu dokumentieren, wurde am 1. August 1933 der „Bremische Staats-rat" geschaffen, der sich am 16. Dezember konstituierte. Er sollte „den Senat bei der Führung der Staatsgeschäfte" beraten und konnte bis zu 20 Mitglieder haben, die vom Präsidenten des Senats ernannt wurden. Dabei sollte es sich um „leitende Führer" der SA und SS, „nationalsozialistische Stabs- und Amtswal-ter" sowie Vertreter der Kirche, Wirtschaft, Arbeit, Wissenschaft, Kunst und „sonstige um Staat und Volk verdiente Männer" handeln. Sieht man sich die

1. August 1933

Mitglieder an, so überwiegen die Inhaber ausgesprochen politischer Ämter und typische Parteibuchbeamte. Einige Kaufleute waren mehr oder weniger stramme NS-Opportunisten, die dazu herhalten mußten, die „Wirtschaft" zu repräsentieren. Als „Kirchenvertreter" erschien der deutschchristliche Landesbischof Lic. Dr. Weidemann. Einige Deutsch-Nationale wie der Kolonialgeneral Paul von Lettow-Vorbeck, auch der Inhaber der Tabakfabrik Brinkmann und Senator a. D. Hermann Ritter waren mehr oder weniger Außenseiter. Nach Vertretern der Wissenschaft und Kunst sucht man vergebens. Der Staatsrat tagte nur sehr selten, seine „Beratungsfunktion" war ohne jede praktische Bedeutung.

f. Carl Röver wird Reichsstatthalter und bestätigt den Senat

Wie sich die „Selbständigkeit" der Länder und damit auch Bremens entwickeln werde, konnte man bereits an der Tendenz des „Zweiten Gesetzes zur Gleichschaltung der Länder mit dem Reich" vom 7. April 1933, dem „Reichsstatthaltergesetz", erkennen. Danach ernannte der Reichspräsident auf Vorschlag des Reichskanzlers in den deutschen Ländern mit Ausnahme von Preußen Reichsstatthalter, die auf die Einhaltung der Politik des Reiches zu achten hatten. Sie sollten den „Vorsitzenden der Landesregierung" und auf dessen Vorschlag die Mitglieder der Landesregierung ernennen; sie konnten die Landtage auflösen und Neuwahlen anordnen, die Landesgesetze ausfertigen und verkünden, auf Vorschlag der Landesregierungen Beamte ernennen und entlassen, auch in den Sitzungen der Landesregierungen den Vorsitz übernehmen. Länder, die weniger als 2 Millionen Einwohner hatten, sollten unter einer gemeinsamen Reichsstatthalterschaft zusammengefaßt werden. Damit wurden die Länder zu Provinzen reduziert, wenn auch die – bedeutungslos gewordene – Vertretung im Reichsrat noch erhalten blieb.

Es war klar: Bremen hatte mit anderen kleinen Ländern zusammen einen Reichsstatthalter zu erwarten, wobei verschiedene Kombinationen möglich waren:

1. Bremen und Hamburg, vielleicht auch noch Lübeck, also eine hanseatische Statthalterschaft;
2. Bremen und Oldenburg, wobei es fraglich war, wieviel Verständnis von Oldenburg aus für die besonderen Belange Bremens zu erwarten war;
3. Die Hansestädte wurden von einem Reichsstatthalter freigehalten und Hitler bzw. dem Reichsinnenminister direkt unterstellt.

Bürgermeister Dr. Markert und bremische Wirtschaftskreise hielten eine gemeinsame Statthalterschaft der Hansestädte, wie Hamburg sie befürwortete,

7. April 1933

für sehr bedenklich, weil sich die Hamburger Konkurrenz für die bremische Wirtschaft nachteilig auswirken konnte. Am 8. April war Gauleiter Röver zur Einweihung eines Parteihauses in Bremen; das gab Gelegenheit zu einem Gespräch zwischen ihm und Dr. Markert. Beide waren sich über eine Reichsstatthalterschaft von Oldenburg und Bremen einig. Dr. Markert teilte diese 9./10. April Auffassung am 9. April 1933 dem Reichsinnenminister mit und fügte hinzu, 1933 er bevorzuge eine Lösung, die Bremen mit dem Westen und Südwesten (mit Oldenburg und vielleicht auch den beiden Lippe) verbinde. Dasselbe meldete er auch dem Gauleiter Röver und fügte hinzu, daß er diesen Wunsch „mit allen Parteigenossen" teile. Auch der Senat meinte am 10. April einstimmig, Bremen möge der Statthalterschaft Rövers unterstellt werden.

Von Lübeck aber kam die Idee, man möge die Hansestädte bis zum Abschluß der Verhandlungen dem Reichsinnenminister unterstellen, eine Lösung, die auch der Vertreter Bremens beim Reich, Dr. Firle, vertrat.

Es ist eigenartig, daß in Berlin zunächst nicht erkennbar wurde, welche Lösung Hitler oder Dr. Frick bevorzugten; wahrscheinlich standen sie dieser 16. April 1933 Frage gleichgültig gegenüber. Am 16. April schrieb Dr. Markert, als der Senat sich eindeutig entschieden hatte, an den Reichsinnenminister: Die gemeinsame Reichsstatthalterschaft der Hansestädte wurde abgelehnt, die Statthalterschaft zusammen mit Oldenburg unter Röver befürwortet. Nur wenn diese nicht möglich sei, empfehle man eine Unterstellung der Hansestädte unter die Reichsregierung. Auch Dr. Firle mußte nun diesen Standpunkt gegenüber der Reichsregierung vertreten. Hamburg und Lübeck blieben bei ihren abweichenden Standpunkten.

Dr. Markerts Auffassung wurde in Bremen keineswegs allgemein geteilt, denn man konnte sich nicht vorstellen, daß die oldenburgischen Sonderinteressen, wie sie von Röver vertreten wurden, mit denen Bremens in einer Symbiose vereinigt werden konnten.

Die Wünsche Dr. Markerts wurden auch in der Reichskanzlei keineswegs allgemein begrüßt; man neigte hier eigentlich mehr zu einer gemeinsamen Statthalterschaft der Hansestädte oder zumindest von Hamburg und Bremen. Bremens Wirtschaftskreise und auch Dr. Markert setzten alle ihre Beziehungen ein, das zu hintertreiben. Vor allem wurden auch die historischen und wirtschaftlichen Verbindungen mit dem Weser-Ems-Raum in hohen Tönen gepriesen.

5. Mai 1933 Am 5. Mai 1933 hielten die drei hanseatischen Bürgermeister Vortrag bei Hitler; die Frage wurde nun sehr schnell im Sinne Dr. Markerts und Rövers entschieden: Oldenburg und Bremen erhielten einen gemeinsamen Statthalter: Carl Röver. Diese Entscheidung sollte nicht nur eine persönliche Katastrophe

Dr. Markerts nach sich ziehen, sondern eine der konfliktreichsten Perioden bremischer Geschichte einleiten. Eine Enttäuschung gab es gleich zu Beginn: Nachdem Dr. Markert die Ernennung Rövers mit bombastischen Worten begrüßt hatte, brachte er den Wunsch zum Ausdruck, der Reichsstatthalter möge seinen Sitz in Bremen nehmen; aber Röver dachte nicht daran, sondern blieb in Oldenburg.

Von vielen Seiten regneten die Glückwünsche auf Röver herab; selbst die Bremer Handelskammer sah in der Entscheidung „die Gewähr für eine glückliche Entwicklung von Handel und Schiffahrt an der Unterweser". Aus der Rückschau könnte man darin Ironie vermuten; aber es war doch wohl ernst gemeint.

Die Vorstellungen Dr. Markerts gingen nach der Entscheidung für Oldenburg als Sitz des Reichsstatthalters dahin, daß für Bremen als „Wirtschaftsmetropole" eine Sonderregelung erforderlich sei, damit es seine „Aufgaben als Tor nach Übersee" wahrnehmen könne. Röver tat auch so, als ob er der gleichen Meinung sei, doch es geschah nichts Entscheidendes in dieser Richtung.

Empfang Gauleiter Rövers an der Landesgrenze in Varrelgraben
am 13. Mai 1933

Bereits am 10. Mai 1933 konnte Dr. Markert dem Senat mitteilen, daß dieser
8. Mai 1933 am 8. Mai vom Reichsstatthalter ernannt und dadurch nicht mehr kommissa-
13. Mai 1933 risch, sondern endgültig im Amt sei. Am 13. Mai erfolgte dann die „Einho-
lung" des Reichsstatthalters Röver – ein Vorgang, der Ähnlichkeit mit den
Huldigungszügen von Barockfürsten hatte. Es wurde allgemeine Beflaggung
angeordnet, an den Straßen von Huchting bis zum Marktplatz standen zahlreiche Einwohner Spalier, Kinder schwenkten Hakenkreuzfähnchen. An der
Landesgrenze wurde Röver vom üblichen Mädchen mit Blumenstrauß und
den Worten „Heil unserem Statthalter!" empfangen. Dann hielt Dr. Markert
eine kurze Ansprache, und anschließend zog der Reichsstatthalter im Geleit
einer Ehrenkompanie der Schutzpolizei und von 90 Autos unter Glockengeläut zum Rathaus, wo in der alten Halle ein Staatsakt stattfand. Dr. Markerts
Begrüßungsworte mußten später aus der Rückschau Kopfschütteln hervorru-
fen: „Und als der Führer und Reichskanzler in Berlin in der entscheidenden
Sitzung die Frage an mich richtete, welchen Statthalter Bremen wünsche, erwiderte ich ihm: Mein Führer, lassen Sie Bremen bei seinem Gauleiter, an dem
wir hängen und der an uns hängt!" Die Antwortrede Rövers wurde zunächst
im Saal gehalten und dann aus dem Fenster des Senatssitzungssaales wiederholt. Der Bürgermeister Dr. Markert und die Senatoren erhielten ihre Ernen-
nungsurkunden.

Die Vereidigung des Senats – mit Ausnahme des Senators Ritter – wurde am
7. Juni 1933 7. Juni 1933 durch den Reichsstatthalter Carl Röver vorgenommen. Der Eid
wurde auf die Reichsverfassung und die bremische Verfassung abgelegt, die zu
dieser Zeit bereits stark ausgehöhlt waren. Zur Ausarbeitung einer neuen
Eidesformel fehlte die Zeit, oder man hielt sie nicht für erforderlich.

Propagandistische Bedeutung hatte es, daß die Senatoren schon am 13. April
ihre Gehälter um etwa 20 % kürzten, wodurch sie der NS-Forderung gerecht
wurden, daß niemand über 1000 Mark im Monat verdienen dürfe. Am 1. November erwirkte jedoch Dr. Markert für sich eine zusätzliche Aufwandsent-
schädigung von jährlich 8400 Mark, wodurch sein Einkommen das seines Vor-
gängers Dr. Donandt überstieg.

Bis Ende September 1933 traf der Senat – wie bisher – seine Entscheidungen
1. Oktober 1933 noch kollegial; am 1. Oktober aber bestimmte das „Landesverwaltungsge-
setz", daß der Präsident des Senats als „Regierender Bürgermeister" an die
Spitze des Organs trat und die Richtlinien der Politik bestimmte, auch ein
Weisungsrecht gegenüber den einzelnen Senatoren bekam, wobei er allerdings
durch den Reichsstatthalter und den Willen der Parteigrößen aller Ebenen
in recht engen Grenzen gehalten wurde. Die Senatssitzungen hießen künftig
„Senatorenbesprechungen". Die staatliche Verwaltung erhielt fünf Ressorts

(Wirtschaft, Finanzen, Bildung, Inneres und Justiz, Arbeit, Technik und Wohlfahrt); die Zahl der Senatoren wurde auf sechs beschränkt; Haltermann wurde Staatssekretär und Leiter der Behörde für Technik, Vagts „Präsident der Gemeindeaufsichtsbehörde" und Ritter Mitglied des Staatsrats. Die 50 höheren Verwaltungsbehörden schmolzen auf 12 zusammen.

g. Die Bekämpfung der politischen Gegner und die „Gleichschaltung" der Beamten

Der Judenboykott am 1. April 1933 und die Judenpolitik bis 1934

In Bremen wohnten am 16. Juni 1933 nur 1438 Glaubensjuden, davon 1314 in der Stadt. Die Zahl hatte seit 1925 im Lande um 70, in der Stadt um 14 abgenommen. Der Anteil der alten Personen über 65 Jahre war recht groß (106). Fast die Hälfte der Juden war in Handelsberufen tätig, einen handwerklichen Beruf hatten nur wenige, es gab aber mehrere jüdische Rechtsanwälte und Ärzte.

Feindselige Maßnahmen gegen Juden kamen nicht aus heiterem Himmel; denn die Hetze der NSDAP gegen sie wurde auch nach der Machtergreifung unvermindert fortgesetzt. Dabei spielten die Berufsvertretungen des Einzelhandels mit ihrem Konkurrenzdenken eine entscheidende Rolle. Es gab mancherlei ungezügelte Einzelaktionen, die nun ihrerseits in ausländischen Zeitungen zu kritischen Artikeln verarbeitet wurden und den Eindruck vermittelten, daß in Deutschland die Willkür von NS-Horden herrsche. Die NSDAP sprach von „Greuelpropaganda" und plante „Gegenmaßnahmen", zumal auch der Außenhandel wirtschaftliche Nachteile befürchtete. Die Bremer Handelskammer forderte ihre Mitglieder auf, im Ausland die Verleumdungen zu widerlegen. Hitler und Goebbels warteten die Wirkung aber nicht ab, sondern entschieden, man müsse den Einzelterror in eine diszipliniert aussehende zentral gesteuerte Boykottaktion kanalisieren und dadurch überflüssig machen. Doch das konnte weder die Radikalen der Partei befriedigen noch den negativen Eindruck über die NS-Judenpolitik mindern.

Dem Judenboykott am 1. April 1933 ging nur eine kurze propagandistische Vorbereitung voraus. Am 28. März 1933 veröffentlichte die Reichsleitung der NSDAP einen Aufruf zum „Abwehrkampf gegen die Greuelhetze des Judentums", der zum Boykott jüdischer Geschäfte aufforderte. Bei den Ortsgruppen der NSDAP sollten Aktionskomitees eingerichtet werden und überall Aufklärungsveranstaltungen stattfinden; vor den jüdischen Geschäften waren

Judenboykott in der Faulenstraße am 1. April 1933

Posten aufzustellen. Die „Bremer Nationalsozialistische Zeitung" verfehlte nicht darauf hinzuweisen, daß die „Schünemann-Presse" Anzeigen jüdischer Geschäfte aufgenommen hatte. Am 29. März beschloß der Senat, daß bremische Behörden nicht mehr in jüdischen Geschäften einkaufen durften – ein Beschluß, der durch Übereifer veranlaßt wurde, der Gesamtentwicklung voraus lief und bei verschiedenen Staatsstellen als nicht rechtsverbindlich, nicht einmal als zweckmäßig angesehen wurde.

Nun wurde in aller Eile eine Liste jüdischer Unternehmen aufgestellt. Sie enthielt 62 Geschäfte sowie 12 Ärzte und Rechtsanwälte. Auch das Warenhaus Karstadt befand sich am 31. März unter den zu boykottierenden Firmen; am nächsten Tage aber fehlte es, und zwar auf Anweisung der Reichsleitung der NSDAP, weil die Firma angeblich „allen Juden im Betrieb gekündigt hat". Dafür tauchte aber das Einheitspreisgeschäft Epa auf. Die korrigierte Liste
1. April 1933 enthielt dann am 1. April 94 Geschäfte sowie 13 Ärzte und Rechtsanwälte. Um Irrtümer auszuschließen, mußten jüdische Geschäfte als solche gekennzeichnet werden. Die Hausfrauen wurden aufgefordert, nicht bei Juden zu kaufen. Der Beginn des Boykotts sollte „schlagartig und in schärfster Form" am Sonnabend, dem 1. April, 10.00 Uhr vormittags beginnen und bis zum Abend andauern. Es wurde deutlich, daß der Boykottaufruf ziemlich unerwartet kam und organisatorisch nur sehr mangelhaft vorbereitet wurde.

74

Es mag sein, daß die Bremer SA unter ihrem Gruppenführer von Schorlemer über den Boykott hinausgehen und jüdische Geschäfte besetzen wollte. Jedenfalls führten diese Pläne zu Unstimmigkeiten zwischen der SA und den Staatsorganen (dem Bürgermeister Dr. Markert und Senator Laue), die alle derartigen Aktionen steuern und der Willkür der SA-Horden entziehen wollten. Dr. Markert begab sich wahrscheinlich selbst zum Gruppenführer und drohte im Falle von Übergriffen mit dem Einsatz von Polizei. Diese erhielt dann Anweisung, sich mit den Führern der „nationalen Verbände" in Verbindung zu setzen und Gewaltakte, Plünderungen usw. zu verhindern.

Der Boykott wurde von zahlreichen Einzelhändlern begrüßt, weil er ihre Konkurrenten traf; die große Masse der Bürger nahm alles sehr gleichgültig hin, offene Kritik gab es in Einzelfällen sogar aus den Reihen der Mitglieder der NSDAP – wobei man vor allem die Rechtsordnung, die in dieser Zeit manchem Optimisten noch intakt erscheinen mochte, verletzt sah.

Die Reaktion der Juden auf den Boykott war sehr unterschiedlich. Wer die Zukunft realistisch beurteilte, und das taten nur sehr wenige, der mußte sich nach den Möglichkeiten einer baldigen Emigration umsehen. Die meisten aber glaubten immer noch, es handele sich um eine einmalige Aktion und es werde bei offen zur Schau getragenem Wohlverhalten in einem bestimmten Rahmen „Duldung" geben. Der wichtige „Centralverein deutscher Staatsbürger jüdischen Glaubens" mit ihrem Vorsitzenden, dem Warenhausbesitzer Julius Bamberger, hatte schon vor dem Boykott am 29. März 1933 versprochen, man wolle eine Resolution gegen die „Greuelhetze" im Ausland fassen; am 31. März telegrafierte er nach Zürich, London und Paris, er habe sein Geschäft aus Protest gegen die ausländische Greuelpropaganda geschlossen; auch eine andere jüdische Firma erklärte in Briefen ins Ausland, die „Hetzpropaganda" gegen Deutschland sei vollkommen unberechtigt. „Die neue Regierung hat die Macht und den festen Willen, die Ordnung in einer beispiellosen Disziplin aufrechtzuerhalten". Gerade dieses Wohlverhalten der Juden wurde von den Skeptikern kritisiert, vor allem von jenen Juden, die Auslandskontakte hatten und ohnehin politisch oppositionell eingestellt waren. Am 22. April 1933 erhielten Rechtsanwälte „nicht arischer Abstammung" durch Senatsbeschluß, aber aufgrund eines Reichsgesetzes vom 7. April 1933 ein Vertretungsverbot, daß freilich nicht für Personen gelten sollte, die vor dem 1. Weltkrieg zugelassen worden waren, an der Front gestanden oder Väter bzw. Söhne im Krieg verloren hatten. Nicht arische Notare mußten sich ohne Ausnahme „von Geschäften enthalten". Im Juni 1933 gab es einige Verhaftungen, u. a. eines jüdischen Kaufmanns, der beschuldigt wurde, der „jüdischen Greuelpropaganda" im Ausland Vorschub geleistet zu haben (sein Bruder lebte in Paris).

22. April 1933

75

Eine Auswanderungswelle wurde durch den Boykott vom 1. April nicht ausgelöst, zumal Senator Laue anordnete, daß im bremischen Staatsgebiet im allgemeinen keine Pässe an Juden ausgestellt werden dürften, da man offenbar fürchtete, daß diese Vermögenswerte ins Ausland schaffen könnten.

Fehleinschätzungen gab es auch bei der politischen Opposition. Die illegale kommunistische Zeitung „Die Wahrheit" stellte nach dem Boykott die Frage: „Warum wurde Karstadt nicht boykottiert?" Die Antwort war bezeichnend: Einerseits wolle man die im Betrieb steckenden staatlichen Kredite nicht gefährden, andererseits die jüdischen Kapitalisten nicht provozieren. So begnüge man sich mit Äußerlichkeiten: Jüdische Aufsichtsratsmitglieder seien zwar zurückgetreten, auch habe man 52 jüdische Angestellte entlassen, doch der kapitalistische Kern des Unternehmens, die Aktienmehrheit, bleibe in jüdischer Hand. In einem Rundschreiben der SAP hieß es, der Boykott sei ein totaler Fehlschlag, eine „Eintagskomödie" gewesen. Man habe diese als Zugeständnis an die Mittelständler und das Kleingewerbe machen müssen, doch bewußt von einem Vorgehen gegen „jüdische Bankinstitute" abgesehen, weil man sonst die Krise des Kapitalismus verschärft hätte. Der Schluß, der durch kommunistische und linkssozialistische Spekulationen nahegelegt wurde – die Nazis würden aus opportunistischen Gründen das jüdische Kapital nicht antasten – war falsch.

Die Irreführung wurde in der folgenden Zeit durch eine verhältnismäßig zurückhaltende Judenpolitik gefördert. Zunächst war beabsichtigt, den Boykott am 5. April zu wiederholen, doch wurde die Aktion abgebrochen, weil sie genau das verstärkte, was man verhindern wollte, nämlich die anti-deutsche Propaganda im Ausland, die man aus wirtschaftlichen Gründen in dieser Zeit überhaupt nicht gebrauchen konnte. Und aus Wirtschaftskreisen kamen denn auch die wirkungsvollsten Einwände. Einige Bremer Firmen wiesen in der folgenden Zeit immer wieder darauf hin, daß der Absatz im Ausland angesichts der feindseligen Stimmung, die durch die Judenpolitik angeheizt wurde, wesentlich beeinträchtigt werde. Die Politik ging nun zunächst einmal dahin, die Juden zwar aus dem öffentlichen Leben auszuschalten, jedoch ihre Geschäfte vor willkürlichen Übergriffen zu schützen und ihnen Freiheit zu lassen, soweit das für die deutsche und bremische Wirtschaft nützlich erschien, so daß es nur in Einzelfällen größere Behinderungen gab. Selbst kleinere Aktionen wurden abgeblasen: Als am 18. Juli 1933 auf Betreiben „arischer" Viehhändler fünf SA-Leute mit Zustimmung des SA-Sturmbannführers Köwing jüdische Viehhändler vom Schlachthof vertrieben hatten, wurde Köwing von der Gestapo „in Kenntnis gesetzt, daß derartige Aktionen unerwünscht"

1. Oktober 1933 seien. Gravierender war ein Vorgang, der sich am 1. Oktober 1933 zutrug:

Einige SA-Leute brachen in das jüdische Gemeindehaus in der Gartenstraße ein und brachten die Mitgliederkartei ins Gosselhaus, ein SA-Heim am Buntentorsteinweg. Ein Polizist sah zu und griff nicht ein, obwohl auch wertvolle Kultgegenstände gestohlen wurden.Was sich dann zutrug, war ein Possenspiel. Senator Laue fragte schon am 2. Oktober bei der SA-Gruppe Nordsee an, ob die Aktion von dort angeordnet sei. Das wurde verneint; Köwing behauptete sogar, die Gegenstände seien von Unbekannten ins Gosselhaus gebracht worden, die SA könne mit ihnen nichts anfangen. Die Firma Neukirch transportierte das Diebesgut dann wieder zurück. Kurz darauf (am 8. Oktober 1933) verprügelten fünf Nationalsozialisten einen Juden am Buntentorsteinweg in der Nähe des Gosselhauses.

Erst Ende 1934 kam es im Zusammenhang mit dem Weihnachtsgeschäft wieder zu Boykottmaßnahmen und Gewaltakten, die aber diesmal vor allem von Interessengruppen des Mittelstandes veranlaßt wurden. Die staatlichen Stellen wandten sich auch in dieser Zeit immer noch gegen derartige Aktionen und forderten die Polizei zu „gebotener Schärfe" gegen sie auf. Erst das Jahr 1935 brachte einen eindeutigen und diesmal endgültigen Wandel zum Schlechten.

Personalpolitik des Staates: Entlassungen, Einstellungen,
Beförderungen, Schulung

Die NSDAP hatte auch vor 1933 nie Zweifel daran gelassen, daß sie das staatliche Personal „säubern" werde. Auf einer NSDAP-Versammlung in Bremen am 7. Januar 1932 wurde betont: „In einem Dritten Reich wird es keine wohlerworbenen Rechte der Beamten geben"; der Beamte habe sich wie jeder Deutsche den Verhältnissen anzupassen. Es gebe im Deutschen Reich 365 000 „Parteibuchbeamte"; sie seien „Drohnen am deutschen Volkskörper".

Die „Säuberungen" begannen bereits Mitte März 1933 durch die „Spezialkommissare", vor allem bei der Polizei und im Schulwesen. Es wurden aber zunächst nur Beurlaubungen ausgesprochen, da für weitergehende Maßnahmen die gesetzlichen Vorschriften noch fehlten. Am 8. März wurde Polizeipräsident Dr. Leopold Petri beurlaubt; ihm sollte eine Stelle als juristischer Hilfsarbeiter des Senats angeboten werden. Am 10. März folgten der Kriminaldirektor Diedrich Lindemann, Polizeimeister Franz Noch, ein Polizeioberwachtmeister sowie die Gemeindevorsteher von Huchting, Osterholz, Lankenau, Lehesterdeich, Grambkermoor und Seehausen. Am 16. März wurden die Lehrer Rudolf Argus, Hermann Rumpf, Adolf Waldmann, Christian Paulmann, Oskar Drees und Heinrich Esdorn beurlaubt. Der zu dieser Zeit noch im Amt befindliche Rumpfsenat hatte zwar rechtliche Bedenken, gab aber nach. Die

8.–29. März 1933

Beurlaubung des kommunistischen Lehrers Hermann Böse wurde wegen dessen Erkrankung zunächst offengelassen. Am 17. März ersuchte Staatsrat Dr. Johannes Tack um seine Beurlaubung nach, ein Arzt bescheinigte ihm Dienstunfähigkeit. Am 18. März folgte die Beurlaubung des Wirtschaftsdirektors der städtischen Krankenanstalt, Carsten Karkmeyer, der früher Lehrer gewesen war, zwei Tage später schieden die Staatsräte Dr. Emil Gosselke (der Oberregierungsrat bei der Bauverwaltung werden sollte) und Dr. Arnold Appel sowie Oberschulrat Dr. Bernhard Roßmann aus (er wurde später in den Ruhestand versetzt). Am 27. März strich man die Pension des ehemaligen Senators Hermann Rhein wegen angeblicher Verfehlungen im Amt; am 29. März wurden der Direktor der Oberrealschule, Prof. Dr. Carl Dietz, sowie die Studienräte Dr. Alfred Nawrath und Dr. Max Schäfer beurlaubt; am 1. April 1933 folgten mehrere Feuerwehrmänner sowie der Syndikus der Angestelltenkammer, Dr. Ludwig Hammerschlag, und der Vorsitzende der Arbeiterkammer, Oskar Schulze. Disziplinarverfahren wurden vorgesehen gegen den Direktor der Gaswerke, Dr. Hinrich Schütte, und gegen den Direktor der Strafanstalt, Emil Sonnemann, der früher Lehrer gewesen war. Man sieht, welche Palette von Möglichkeiten die neuen Machthaber nutzten, um den Staatsapparat von politischen Gegnern zu „säubern". Alle diese Maßnahmen erfolgten auf der Grundlage der Notverordnung vom 28. Februar 1933.

Andererseits waren für „verdiente" bisherige Kommissare neue Posten vorgesehen: Für Baurat Enno Becker eine Stelle in der Bauverwaltung, für Dr. Adolf Seidler die des entlassenen Oberschulrats Dr. Roßmann, für den Kaufmann Hans Burandt die eines Regierungsrats bzw. Adjutanten beim Bürgermeister Dr. Markert, für Dr. Walter Hoffmann die Direktion der staatlichen Hansa-Bank. Ende März 1933 ernannte der Senat einige ehrenamtliche Mitarbeiter: Den Arzt der SA-Gruppe „Nordsee", Dr. Hermann Brauneck, für das Medizinalwesen, den NSBO-Leiter Georg Müller für Arbeitnehmerkammerfragen und den Lehrer Heinrich Scharrelmann für die Volksschulen; Kreisleiter Paul Wegener übernahm die Leitung des neuen „Amtes für Volksaufklärung und Propaganda". Hinzu kamen Beförderungszusagen für manchen verdienten Parteigenossen.

Wie aber sollte es nun mit den Entlassungen weitergehen? Eine wichtige Regelung im Sinne der Machthaber brachte das am 7. April erlassene „Gesetz zur Wiederherstellung des Berufsbeamtentums". Der Text sagte, worum es ging: um die Wiederherstellung eines „nationalen Berufsbeamtentums" und um eine „Vereinfachung der Verwaltung", worunter vor allem Einsparungen durch Entlassungen zu verstehen waren. Entlassungen konnten nach dem neuen Gesetz auch dann vorgenommen werden, wenn die nach „dem geltenden Recht

1. April 1933 (left margin)

7. April 1933 (left margin)

hierfür erforderlichen Voraussetzungen nicht vorliegen". Damit waren der Willkür Tür und Tor geöffnet.

Entlassungen sollten treffen:

Alle seit dem 9. November 1918 eingetretenen Beamten, die den vorgeschriebenen Laufbahnbestimmungen nicht entsprachen. Sie sollten nur bei Bedürftigkeit ein Drittel ihres Gehalts als Rente erhalten.

Nichtarische Beamte. Sie sollten in den Ruhestand versetzt werden, wobei ältere Beamte oder solche, die am Weltkrieg teilgenommen hatten oder deren Väter und Söhne im Krieg gefallen waren, ausgenommen waren.

Alle Beamte, die politisch unzuverlässig erschienen. Sie erhielten drei Viertel des Ruhegehalts, falls sie eine zehnjährige Dienstzeit aufzuweisen hatten.

Ehemalige Reichs- und Landesminister bzw. Senatoren erhielten ihr Ruhegehalt nach den bisher geltenden Bestimmungen weiter.

Es konnten auch Versetzungen sowie zur „Vereinfachung der Verwaltung" ein vorzeitiger Übergang in den Ruhestand verfügt werden.

Es zeigt sich, daß die seit 1918 eingestellten „Parteibuchbeamten" und junge Beamte, die sich politisch als „unzuverlässig" erwiesen hatten, am schwersten getroffen wurden, weil ihnen alle Ruhegehaltsansprüche entzogen wurden. Da über allen noch die Drohung mit einem Dienststrafvergehen hing, dessen Auslösung durch politisches „Fehlverhalten" oder auch durch Gleichgültigkeit gegenüber dem „nationalen Staat" verursacht werden und zur Aberkennung des Ruhegehalts führen konnte, war die Furcht vor der Zukunft weit verbreitet.

Soweit zu ermitteln, gab es in Bremen 6000 Beamte und 1400 Staatsangestellte. Von ihnen waren am 6. März 1933 69 in der NSDAP, 329 in der SPD, 26 in der KPD, 136 in der Deutschen Staatspartei, 143 in der DVP und 66 in der DNVP. Die meisten von ihnen entsprachen den Laufbahnbestimmungen. Die neuen Machthaber ermittelten nur acht „Parteibuchbeamte"; hinzu kamen neun Nichtarier. Diese Personen traf die Entlassung nach dem Gesetz vom 7. April ohne weiteres. Schwieriger war es, Entlassungen nach der politischen „Zuverlässigkeit" vorzunehmen. Um die nötigen Ermittlungen zu treffen, wurde Polizeihauptmann Wilhelm Machtan am 12. Mai 1933 als Sonderkommissar   12. Mai 1933 eingesetzt; ihm stand ein völlig unfähiger Verwaltungsassistent zur Seite, der zweimal in der Verwaltungsprüfung durchgefallen war, nun aber schnell zum Obersekretär und Amtmann befördert wurde. In allen Dienststellen wurden zahlreiche Beamte, Angestellte und Arbeiter entlassen. Dieses Kapitel gehört zu den unerfreulichsten dieser Zeit. Die Entlassungen vollzogen sich keineswegs immer reibungslos. Viele Beamte paßten sich an und fanden Gnade bei den neuen Machthabern. Einer großen Zahl derer, die sich Jahre hindurch für sozialistische Parteien eingesetzt hatten, mißtraute man weiterhin, doch gab es auch bei ihrer Entlassung Ermessensspielräume. Bezeichnend sind Vorgänge in der Unterrichtsverwaltung bzw. im Schulwesen – einem Bereich, in dem der einstige Reformer Heinrich Scharrelmann als Fachberater für das Volksschulwesen gegenüber seinen ehemaligen Kollegen einen sehr scharfen Kurs einschlug, der vom zuständigen Senator Dr. Richard von Hoff und dem recht liberalen Landesschulrat Dr. Karl Kurz, der in dieser Zeit der NSDAP noch nicht angehörte, keineswegs gebilligt wurde. Scharrelmann gab dann am

14. Mai 1933 14. Mai 1933 seinen Auftrag zurück, weil er die „Beibehaltung liberalistisch-marxistischer Verwaltungstechnik in der Unterrichtsverwaltung" ablehnte.

16. Juni 1933 Am 16. Juni 1933 beschloß der Senat, alle ehemaligen Reichsbannerleute zu entlassen. Es sollte darüber hinaus erforscht werden, wer abfällige Bemerkungen über die „Bewegung" gemacht, nicht die Hakenkreuzfahne herausgehängt, den Hitlergruß und den Besuch von Versammlungen verweigert hatte. Am 18. Juli machte ein Beschluß des Senats den Beamten, Angestellten und Arbeitern der Behörden den „Hitlergruß" zur Pflicht und bedrohte eine Unterlassung am 27. Juli mit einem Disziplinarverfahren. Viele der im März und April ausgesprochenen Beurlaubungen wurden nun aufgrund des Gesetzes vom 7. April in Entlassungen umgewandelt. Informationszentrale für alle Entlassungsgründe war die Sonderkommission Machtans.

Es hat bei den Entlassungen nicht an Versuchen gefehlt, die politischen und rassischen „Belastungen" zu entkräften, vor allem eine nationale Gesinnung durch Teilnahme am 1. Weltkrieg zu belegen und den Vorwurf politischer Unzuverlässigkeit auf ungerechtfertigte „Denunziation" zurückzuführen, Durchweg blieben diese unerfreulichen, doch menschlich verständlichen Schreiben erfolglos.

Im September 1933 geriet auch Staatsrat Dr. Richard Duckwitz in Gefahr, doch wurde festgestellt, daß er erst nach der Finanzmisere von 1931 in seinem Amt bestätigt worden war, und so blieb er denn als tüchtiger Finanzfachmann im Dienst.

Es hat im neuen Bremer Senat auch nicht an Versuchen gefehlt, den alten wegen „früher begangener Handlungen" zivilrechtlich haftbar zu machen. Es läßt sich nachweisen, daß sowohl der Reichsjustiz- als auch der Reichsinnenminister das im August und Oktober 1933 aus allgemeinen rechtspolitischen Erwägungen ablehnten. Vor allem wurde betont, daß solch eine Angelegenheit nicht nur für Bremen, sondern für das Reichsgebiet allgemein geregelt werden müsse.

Über alle diese Vorgänge gab es unterschiedliche Auffassungen: Viele Parteigenossen meinten, die Säuberungen seien viel zu zaghaft; auch habe man Mitglieder der eigenen Partei bei Neueinstellungen nicht genügend berücksichtigt.

Andere empfanden Schnüffelei und Denunziation als widerwärtig, auch wurde kritisiert, daß es praktisch keine Einspruchsmöglichkeit gebe. Als ein in den Ruhestand versetzter Staatsanwalt Gelegenheit zur Rechtfertigung forderte, erklärte der Oberstaatsanwalt Dr. Loose am 15. Mai 1933: „Im übrigen würde es meines Erachtens zu unhaltbaren Zuständen führen, wenn sich unter den heutigen Verhältnissen die vorgesetzten Behörden mit den von ihnen beurlaubten Beamten auf Auseinandersetzungen darüber einlassen würden, ob die in Frage kommende Beurlaubung moralisch zu Recht erfolgt ist oder nicht."

Das statistische Ergebnis nach einem Jahr NS-Herrschaft (6. März 1934): 20 Entlassungen von Beamten wegen kommunistischer Betätigung, 151 Entlassungen von Beamten wegen „nationaler Unzuverlässigkeit", 7 Entlassungen von Beamten wegen nichtarischer Abstammung, 161 Versetzungen in den Ruhestand im „Interesse des Dienstes" oder „zur Vereinfachung der Verwaltung".

Diese Zahlen aus einem Rechenschaftsbericht Dr. Markerts verfolgten einen propagandistischen Zweck: sie sollten den ungeduldigen Parteigenossen demonstrieren, wie hart man zugegriffen hatte.

Neben Entlassungen und Versetzungen gab es mancherlei andere Einwirkungen auf Beamte, so etwa politische „Schulung". Am 15. August 1933 beschloß der Senat, daß allen Beamten in ihren Dienststellen die wichtigsten Werke des NS-Schrifttums, besonders Hitlers „Mein Kampf", zugänglich gemacht werden sollten, und aus der folgenden Zeit liegen tatsächlich etliche Buchbestellungen vor.

Am 9. März 1934 meinte der Gauschulungsleiter in einem Schreiben an den Senat, die NSDAP müsse die Sache der Schulung in die Hand nehmen und dreiwöchige Gemeinschaftslager in Oldenburg einrichten, in denen „Arbeiter, Bauern und Akademiker zusammen in Kameradschaft und Verbundenheit leben sollten und den Beamten und Angestellten die rechte Verbundenheit mit dem Volke gegeben wird". Dort sollte körperliche Ertüchtigung und politische Schulung stattfinden. Das sei besser als ein „kollegialer Unterhaltungston" auf Schulungsabenden. Kreisleiter Wegener begrüßte den Vorschlag, Dr. Markert aber schlug angesichts seines Konflikts mit der Gauleitung vor, daß die Frage der Beamtenschulung zurückgestellt werde. Zunächst einmal begnügte man sich in Bremen seit Mai 1935 mit „Schulungsabenden", die Bürgermeister Heider am 29. August 1935 zur Pflicht erklärte.

Beamtenernennungen, -beförderungen und -entlassungen wurden seit dem 7. April 1933 formal vom Reichsstatthalter ausgesprochen. In Wirklichkeit aber war der Vorgang sehr kompliziert: Der Vorschlag kam von der bremischen Landesregierung bzw. vom Regierenden Bürgermeister und ging dann an den Reichsstatthalter; dieser gab die Unterlagen zunächst an das Gau-Personalamt, dieses an das Kreis-Personalamt. Von hier aus wurden der Kreis-Fachschaftsrat und die Ortsgruppe nach der politischen Zuverlässigkeit befragt. Die Stellungnahmen gingen dann wieder auf dem „Dienstwege" zurück an den Reichsstatthalter, der die Ernennung aussprach oder verweigerte. Das Mittelstück dieser Prozedur war rein politischer Natur und hatte eine entscheidende Bedeutung. Hier aber betrieb Kreisleiter Blanke einen rigorosen Parteistandpunkt, der allerdings mit dem des für Personalpolitik zuständigen Präsidenten der Regierungskanzlei, Dr. Wilhelm Meyer, einigermaßen übereinstimmte, wobei dieser freilich in schwierigen Fällen die Zustimmung des Regierenden Bürgermeisters und seines Personalberaters Machtan einholte. Meyer selbst war zunächst kein Parteigenosse, bewarb sich aber am 30. April 1933 um eine Aufnahme. Sie war ein Jahr später immer noch nicht erfolgt, weil aus der Partei Bedenken geäußert wurden, die wohl mit dem Konflikt zwischen dem Bürgermeister Dr. Markert und Gauleiter Röver zusammenhingen.

Es blieb natürlich nicht aus, daß von vielen Seiten auf die Personalpolitik eingewirkt wurde. So ersuchte der Senator für Inneres und Justiz am 1. Juni 1934 den Präsidenten des Landgerichts um Mitteilung, ob sich sämtliche Referendare in der SA, SS oder Parteiorganisation betätigten; falls die Antwort „nicht bejahend" sei, solle erklärt werden, „weshalb sie sich nicht betätigten". Ähnliches gab es in allen Dienststellen.

Verständlich, wenn auch abstoßend stellen sich jene Bittgesuche an Parteistellen dar, die um eine Einstellung und Beförderung baten. Da heißt es dann u. a.: „Bin ... nachweisbar stets Gegner der jüdisch-marxistischen Partei gewesen, und als Angestellter dieser Stadt mit Linksmehrheit (Wesermünde) habe ich an keiner Verfassungsfeier teilgenommen, obwohl mein dienstliches Verhältnis dies als geboten erscheinen ließ." In den Stellungnahmen einer Kreisleitung über einzelne Beamte hieß es u. a.: „Parteipolitisch ungebunden, neigt gesinnungsmäßig der DNVP zu; in der Bevölkerung wegen seines selbstherrlichen Wesens unbeliebt", „ein reiner Paragraphenmensch", „ist uns bestimmt nicht feindlich gesinnt".

Und solche Bemerkungen entschieden dann über Einstellung und Beförderung! Es zeigte sich immer deutlicher, daß die von der NSDAP so scharf kritisierte „Parteibuchwirtschaft" von dieser Partei rigoroser praktiziert wurde als je zuvor. Daß auch heute politische Gründe bei Einstellungen, Beförderungen und Entlassungen eine nicht geringe Rolle spielen, ist allgemein bekannt und wird auch oftmals kritisiert; doch vollzieht sich alles sehr viel milder und wohl auch nicht so grundsätzlich wie in der NS-Zeit. Soweit Entscheidungen wie die

Ernennungen politischer Beamter und Entlassungen aktiver Verfassungsgegner offen vollzogen werden, berufen sie sich heute auf Verfassungsnormen und Gesetze, die durch Mehrheitsentscheidungen zustande kamen. Die Parteizugehörigkeit von Bewerbern dürfte an sich keine Rolle spielen; die Realität ist anders, liegt aber im verborgenen. Hier gibt es Berührungspunkte mit der „Parteibuchwirtschaft" der zwanziger und dreißiger Jahre.

Eine gewisse Ähnlichkeit mit der Ausmerzung politisch oppositioneller Beamter und der Einstellung bewährter Parteigenossen hatte auch die Umbenennung von Straßen, Plätzen, Brücken usw., ganz zu schweigen von Denkmalzerstörungen – Maßnahmen, die auch unserer Zeit nicht ganz fremd sind. Schon am 8. März 1933 hatte SA das Schild der Rathenaustraße mit dem Namen „Hauptmann-Göring-Straße" überklebt. Am 27. März wurde dann eine Kommission eingesetzt, die am 1. April ihre Beschlüsse bekanntgab: Es gab jetzt die „Adolf-Hitler-Brücke" (bisher Große Weserbrücke), die „Hauptmann-Göring-Straße" (bisher Friedrich-Ebert-Straße), die Schlageterstraße (bisher Neue Bismarckstraße) und die Richthofenstraße (bisher Rathenaustraße). 1. April 1933

Die Polizei

Seit dem 8. März 1933 war Theodor Laue „Polizeiherr" und nahm als solcher die Funktionen des ehemaligen Polizeipräsidenten wahr. Nachdem er am 18. März 1933 Senator für „Verfassung und Rechtspflege, innere Verwaltung und Hafenstädte" geworden war, ließ er die Geschäfte der Polizeiverwaltung vom bisherigen Leiter der Kriminalpolizei, Dr. Georg Pott, wahrnehmen, der in der nächsten Zeit ein getreuer Gefolgsmann Senator Laues war. Leiter der Kriminalpolizei wurde nach einem kurzen Interim der ehemalige Richter Dr. Konrad Parey. Er galt als Konservativer und war Mitglied des Stahlhelm. Zunächst stand er in einem kritischen Verhältnis zu Senator Laue, den er für einen unsachlichen NS-Repräsentanten hielt. Als dieser jedoch eine feste Haltung gegenüber der SA einnahm und auch mit manchem Parteifunktionär in Konflikt geriet, trat Dr. Parey zu ihm in ein engeres Verhältnis, was für ihn freilich nur von Nutzen sein konnte, solange Laue im Amt blieb. 8./18. März 1933

Schwieriger war es, den angesehenen konservativen Kommandeur der Schutzpolizei, Oberst Walter Caspari, loszuwerden. Senator Laue versuchte ihn kaltzustellen und hatte mit ihm manchen Zusammenstoß. Am 10. April aber wurde er unter Verleihung des Charakters eines Polizeigenerals entlassen. 10. April 1933

Nun schrieb Generalmajor a. D. Paul von Lettow-Vorbeck, der als ehemaliger Ostafrika-Kämpfer in konservativen Kreisen hohes Ansehen genoß, am

Der „Polizeiherr"
Senator Laue
in SS-Uniform, 1935

11. April an Reichspräsident von Hindenburg und beschwerte sich darüber, daß man den verdienten Mann „davongejagt" habe. Am 13. April ließ von Hindenburg Hitler bitten, „diesen Fall einer Nachprüfung (zu) unterziehen". Aus Bremen wurde dann an die Reichskanzlei gemeldet, Caspari sei „auf eigenen Antrag ... beurlaubt worden" und habe ohnehin das Pensionsalter überschritten. Die Beurlaubung habe sich „in durchaus angemessener und würdiger Form vollzogen".

Im großen und ganzen gelang es Senator Laue, die Polizei auch in den schweren Auseinandersetzungen mit der SA auf seiner Seite zu halten. Einige widerspenstige Polizeioffiziere wurden wegen ihrer SA-freundlichen Haltung entlassen. 1. Juli 1934 Seit dem 1. Juli 1934 trat eine wesentliche Änderung in der Polizeiorganisation

84

ein: Der Teil der Ordnungspolizei, der bisher den Revierdienst versehen hatte, und ein Teil der Schutzpolizei wurde zur „Revierpolizei" mit einem eigenen Kommando (Oberstleutnant Otto Stichert). Der Rest der bisherigen Schutzpolizei hieß nun Landespolizei und wurde Oberst Hans Potel unterstellt. Die Revierpolizei erhielt am 12. Oktober 1934 reichseinheitlich die Bezeichnung „Schutzpolizei". Zu ihr gehörten drei Polizeiabschnitte mit zahlreichen Revieren.

12. Oktober 1934

Tätigkeit und Verfolgung von Kommunisten und Sozialdemokraten

Die Einschätzung des Widerstandes war immer von politischer Voreingenommenheit belastet; vor allem aber ging es um die Qualität des Widerstandes einzelner Parteien und Gruppen. Da wird dann etwa als absolut sicher erklärt: „Während innerhalb des Bürgertums die Zustimmung zur Politik überwog, war das bei den Arbeitern nicht der Fall." Die Leute des Widerstandes seien im Bereich des Bürgertums als „Außenseiter, ja, als Deserteure" angesehen worden, während es im Bereich der Arbeiterschaft „große Kontingente" gegeben habe, „die gegenüber dem Nationalsozialismus immun bis ablehnend geblieben sind". Niemand hat jedoch ausgezählt, wer dafür und wer dagegen war und wie Zustimmung und Widerstand artikuliert wurden. Die Opfer der Verfolgung kamen aus allen Ständen. Jeder hat damals wüste und gefährliche Nazis in allen Schichten und Berufen kennengelernt, ebenso wie mutige und aufrechte Gegner. Zustimmung und Ablehnung gegenüber dem Nationalsozialismus in den einzelnen Gesellschaftsschichten Anfang 1933 wurde bei der Darstellung der Wahlergebnisse des 5. März quantifiziert. Für die folgenden Jahre lassen sich nur Vermutungen äußern. Zur NS-Affinität der „Arbeiter" sei aber auf die Mitgliederlisten der Partei hingewiesen (nach Wolfgang Schäfer): 1930 waren 26 % der Mitglieder Arbeiter (deren Anteil an der Gesamtgesellschaft: 46 %); 1933 war der Anteil auf 32 % gestiegen, und dieser Prozentanteil hielt sich auch in den folgenden Jahren; 23 % des Führerkorps, 9,3 % der Ortsgruppenleiter und 8 % der Kreisleiter kamen aus der Arbeiterschaft. Verglichen mit anderen Gesellschaftsschichten war dieser Anteil gering, doch er war vorhanden und als absolute Zahl durchaus beachtlich. In der SA war er übrigens sehr viel größer.
Die moralische Qualität des Widerstandes in allen Schichten ist hoch einzuschätzen, da er sich gegen ein Unrechtssystem richtete; bei der Beurteilung des kommunistischen Widerstandes wird freilich oft einschränkend darauf hinge-

wiesen, daß er damals ein Staatssystem anstrebte, das im stalinistischen Rußland sein Vorbild hatte.

Was die historische Dimension des Themas anbetrifft, so ist unbestritten, daß der Widerstand die NS-Herrschaft nicht beendete; ob er sie verkürzte oder zu irgendeiner Zeit ernsthaft bedrohte, mag umstritten sein; hier kann die Frage offen bleiben, weil sie für Bremen keine Rolle spielt. Ein anderes Problem ist hier aber wenigstens zu erwähnen: Es dürfte keine eindeutige Definition des „Widerstandes" als einer bestimmten Art des Verhaltens politischer Gegner der nationalsozialistischen Herrschaft geben. Im allgemeinen wird dieser Begriff jedoch nur auf einen organisierten, in einer Gruppe betriebenen aktiven Widerstand, nicht aber auf das oppositionelle Verhalten von Einzelpersonen bezogen. Damit scheidet der große – auch der Verfolgung durch die NSDAP unterworfene – Bereich der „Heimtücke", der Einzelkritik (des „Meckerns und Miesmachens"), der Verweigerung des Hitlergrußes und des Hissens einer Hakenkreuzfahne, der Einzelsabotage, der individuellen Wandmalerei usw. aus. Auch der in der Gruppe geübte „passive Widerstand" wäre hier auszuschließen, zumal der Begriff ein Widerspruch in sich ist.

Im Thema „Verfolgung" sind alle Maßnahmen gegen oppositionelle Tätigkeit und Gesinnung einbezogen, wobei auch die Erforschung der oppositionellen Stimmung in der Bevölkerung von großer Bedeutung ist. Hier soll sich die Darstellung in der Tat nicht auf den „Widerstand" beschränken, sondern auch andere Verhaltensweisen und ihre Verfolgung einbezogen werden.

Die Bekämpfung politischer Gegner vollzog sich in verschiedenen Stufen: Mit der Reichskanzlerschaft Hitlers standen der Regierung fast in unbegrenztem Umfang Propagandamittel zur Verfügung; auch konnte sie auf die Länderregierungen Druck ausüben, um das Verbot von Zeitungen und Versammlungen – vor allem von kommunistischen – zu erreichen. Das geschah mit unterschiedlichem Erfolg. Nach dem Reichstagsbrand am 27. Februar 1933 wurde die KPD völlig ausgeschaltet; zahlreiche Funktionäre kamen ins Gefängnis. Die Maßnahmen wurden – in verfassungswidriger Form – durch die Notverordnung zum Schutze von Volk und Staat aufgrund des Artikels 48 der Weimarer Verfassung gedeckt. Nun setzte auch eine verstärkte Behinderung der sozialdemokratischen Arbeit durch Zeitungs- und Versammlungsverbote ein. Am Tage nach der Wahl vom 5. März 1933 wurde die Polizei in Bremen einem NS-Reichskommissar unterstellt. Die Arbeit der Oppositionsparteien wurde nun weitgehend unterdrückt, und es kam auch zu einzelnen Verhaftungen von Sozialdemokraten, am 31. März 1933 zur Einrichtung eines Konzentrationslagers, in dem Hilfspolizei die Aufsicht hatte. Anfang Mai erfolgte die Auflösung der Gewerkschaften; die SPD und dann auch die bürgerlichen Parteien

27. Febr. 1933

31. März 1933

lösten sich selbst auf. Im Juli 1933 folgte das Gesetz, das jegliche Neubildung Juli 1933 politischer Parteien verbot. Immer höhere Strafen wurden wegen staatsfeindlicher Betätigung angedroht, weil diese als Vorbereitung zum Hochverrat zum Verbrechen gestempelt wurde, während vorher die Verfolgung weitgehend mit der Verordnung zum Schutze von Volk und Staat vom 28. Februar 1933 begründet wurde.

Bei den Verhaftungen aus politischen Motiven stoßen wir immer wieder auf den Begriff „Schutzhaft", sonst auch „polizeiliche Verwahrung einer Person" genannt. Die Maßnahme ist alt und wurde durch Gesetze und Verordnungen geregelt. Sie war anwendbar, wenn eine Person zu ihrem eigenen Schutz oder zur Aufrechterhaltung der öffentlichen Sittlichkeit, Sicherheit und Ruhe unbedingt in Gewahrsam genommen werden mußte. Das konnte immer dann geschehen, wenn eine Person nicht mehr in der Lage war, für die eigene Sicherheit Sorge zu tragen (etwa auch bei Angriffen einer Volksmenge) oder um eine Person an einer fortgesetzten strafbaren Handlung zu hindern (etwa auch bei politischen Straftaten). Nach dem Gesetz vom 4. Dezember 1916 mußte ein schriftlicher Schutzhaftbefehl vorliegen; war das nicht der Fall, konnte nur eine vorläufige Festnahme erfolgen. Die Verhafteten durften nicht in eine Gefangenenzelle eingesperrt, sie mußten am folgenden Tage in Freiheit gesetzt oder der zuständigen Behörde überwiesen werden. Das also war die Rechtsbasis der „Schutzhaft", bevor die NS-Herrschaft begann.

Schutz vor dem „gerechten Volkszorn" und Verhinderung politischer Straftaten waren dann seit der Notverordnung vom 28. Februar die angeblichen Motive für die Verhängung von Schutzhaft gegen politische Gegner. Zwar erhielt der Häftling noch eine schriftliche Mitteilung der Gründe, doch war die Dauer der Schutzhaft nun nicht mehr begrenzt, vor allem aber gab es Unklarheiten darüber, wer nun eigentlich Schutzhaft verhängen konnte. An sich erfolgte das in Bremen durch die Gestapo, die dann Mitteilung an den Polizeisenator machte. Eine Entlassung sollte erfolgen, wenn durch die „Führung" „die Annahme gerechtfertigt ist, daß der Häftling sich künftig staatsfeindlich nicht mehr betätigt". In der Praxis sahen sich nun aber auch Führer politischer Organisationen berechtigt, Personen in Schutzhaft zu nehmen, was von staatlichen Stellen durchaus nicht immer gebilligt wurde. Die Schutzhaftbestimmung wurde im April 1934 durch den Reichsinnenminister bestätigt, und April 1934 dieser behielt sich die Genehmigung vor, wenn örtliche SA- oder SS-Führer, Kreisleiter, Gauleiter und Reichsstatthalter Schutzhaft verhängt hatten. Verfügt wurde weiterhin, daß die Schutzhaftgründe innerhalb von 24 Stunden dem Häftling mitzuteilen seien und daß eine Benachrichtigung der Angehörigen zu erfolgen habe; bei Parteigenossen waren auch die Gau- oder Kreisleitung sowie die Parteigerichtsstelle zu informieren. Voraussetzung für die Verhängung von Schutzhaft sollte die unmittelbare Gefährdung der öffentlichen Sicherheit und Ordnung sein. Die Vollstreckung hatte in Gefangenenanstalten und Konzentrationslagern zu erfolgen. Es folgte dann noch Ende April 1934 eine Konzession an die Reichsstatthalter: Diese konnten auf eine Verhängung von Schutzhaft bestehen.

Diese Bestimmungen ergaben in Bremen eine Diskussion, da hier bisher durch Gestapo, Kripo und Staatspolizeistellen in Vegesack und Bremerhaven selbständig Schutzhaft verhängt worden war, der Reichsinnenminister aber ausdrücklich eine Ermächtigung durch die Landesregierung vorsah. Senator Laue verweigerte am 6. Juni 1934 eine Pauschalermächtigung; er wollte in allen Fällen entweder selbst die Schutzhaft verhängen oder aber sofort von ihrer Verhängung unterrichtet werden. Er mußte dann noch konzedieren, daß auch der Regierende Bürgermeister berechtigt sein sollte, Schutzhaft zu verhängen. Auf

22. Juni 1934 dieser Basis erfolgte die Schutzhaftverordnung Senator Laues vom 22. Juni 1934, die vor allem die Willkür von Parteiorganisationen in ihre Schranken verweisen sollte.

Die Kommunistenverfolgung erreichte bereits nach dem Reichstagsbrand einen ersten Höhepunkt. Fast alle ihre Organisationen waren von Spitzeln durchsetzt, was die Verhaftung mehrerer Funktionäre, Flugblattverteiler und

März 1933 Zettelkleber erleichterte. Nach dem 6. März füllten sich die Gefängnisse mit Kommunisten. Die Partei und ihre Organisationen stellten sich auf die Illegalität um. An die Stelle der altbekannten Funktionäre traten oftmals junge Aktivisten; viele kamen von auswärts mit Anweisungen der Zentrale. Hektographierte Zeitschriften und Flugblätter wurden verteilt. Es gab Fünfergruppen, die nichts voneinander wußten, Deckadressen, Koffer mit Propagandamaterial, die irgendwo versteckt wurden, Vervielfältigungsgeräte in Parzellenbuden und Schuppen. Gelegentlich wurden freilich auch bei Haussuchungen Kartons mit Drucksachen gefunden; oft erklärten dann die Wohnungsinhaber, sie wüßten nichts über die Herkunft. Die politische Polizei wollte derartige Ausreden nicht hinnehmen und kündigte Ende März 1933 harte Strafen für die „Unterstützung der illegalen kommunistischen Bewegung" an.

Die Kommunisten versuchten weiter Mitglieds- und Unterstützungsgelder für Inhaftierte zu sammeln. Dabei beschränkte man sich nicht auf Parteigenossen, sondern auch Geschäfts- und Ladeninhaber wurden angesprochen. Die Polizei forderte – wiederum unter Strafandrohung – dazu auf, die Sammler der Polizei zu übergeben.

Die Anfang März 1933 erscheinenden Flugblätter der KPD stellten die Arbeiterfeindlichkeit bzw. die Absicht der Hitlerregierung dar, eine scharfe Disziplinierung der Arbeiter mit einer Arbeitsdienstpflicht bei 50–60 Pfennig Tageslohn durchzusetzen. Hitler werde die Arbeiter aushungern. Die sozialdemokratischen Arbeiter wurden dringend aufgefordert, sich mit den Kommunisten in einer Einheitsfront zusammenzuschließen. „Die Mordtaten der braunen Bestien" wurden betont. Immer noch gab man unter Hinweis auf die Bekämpfung des Kapp-Putsches die Parole zum Generalstreik aus, die schon Ende Januar 1933 erfolglos geblieben war. Zum Reichstagsbrand wurde behauptet, van der Lubbe, der Brandstifter, sei bis 1932 Mitglied der NSDAP gewesen, habe von der NSDAP 50 000 RM erhalten, und ihm sei die Freilassung nach acht Wochen garantiert worden. Wiederholt wird in diesem und anderen Flugblättern zu Spenden für die Familien der inhaftierten Genossen aufgefordert.

Nun, solche Flugblätter sollten nicht nur Tatsachen bieten, die Verfasser hatten auch keine hellseherischen Fähigkeiten; sie wollten so oder so Emotionen schüren, die latent vorhanden waren, dies und jenes bestätigen und vertiefen, was gefühlsmäßig als Antipathie gegen das neue Regime vorhanden war. Das aber ist ihnen in beschränktem Maße gelungen, obwohl nichts Sicheres über die Verbreitung der Flugblätter bekannt ist. Noch unsicherer sind unsere Kenntnisse darüber, wie weit es ihnen gelang, von der Notwendigkeit und vor allem von der Möglichkeit aktiven Widerstandes zu überzeugen.

Für den Historiker ist es zudem schwierig, festzustellen, wie diese Flugblätter zustande kamen, ob ihr Inhalt sich etwa mit der Auffassung der illegalen Parteizentrale bzw. der Bezirksleitung deckte oder ob nicht vielmehr eine kleine Gruppe, die sich im Besitz eines Vervielfältigungsapparates befand, den Text selbständig verfaßte. Sicher ist nur, daß die Flugblätter miteinander in Beziehung stehen, daß sie aus Nachrichten gespeist wurden, die aus den Mitteilungen der Zentrale, aus Kenntnissen und Gerüchten, die unter den Genossen kursierten, und aus Zeitungsmeldungen stammten und in einer ganz bestimmten Weise interpretiert wurden.

Ende März 1933 wurden einige Straßen in Gröpelingen abgesperrt und dann Haussuchungen durchgeführt. Man fand Propagandamaterial und auch einige Waffen; ein kommunistischer Funktionär wurde in „Schutzhaft" genommen. Das war der bescheidene Anfang einer ganzen Welle von ähnlichen Aktionen. Anfang April gab es mehrere Durchsuchungen in Wohnungen und Parzellen- April 1933 buden. Angeblich wurde in einem Taubenschlag ein Vervielfältigungsapparat gefunden; zudem eine Schreibmaschine, illegale Flugschriften, Pistolen und rote Fahnen. Die Zahl der zu dieser Zeit inhaftierten „Kommunisten und Marxisten" betrug 192, von denen 145 im KZ Mißler einsaßen. In dieser Zeit wurde auch das ehemalige kommunistische Verkehrslokal Schucht in der Grenzstraße polizeilich „überholt". Bei zwei Anwesenden wurden angeblich eine geladene Pistole und ein Dolch gefunden. Im Stangenhof wurden 22 Häuser, beim Flughafen zahlreiche Parzellen durchsucht. Wieder wurde nach Aussagen der Polizei belastendes Material gefunden. Einmal wurde auch der Bürgerpark und Stadtwald umstellt, um Kommunistentreffs auszuheben, offensichtlich ohne Erfolg. Am 12. April wurden in einigen Straßen in Woltmershausen 20 Wohnungen durchsucht, zwei Kommunisten in Schutzhaft genommen. Vor allem aber waren es Kleingärten, wo die Kommunisten ihre Schlupfwinkel einrichteten. Doch ließen rigorose polizeiliche Maßnahmen die Zweckmäßigkeit dieser Ausweichquartiere fragwürdig erscheinen.

Auch die SAP versuchte, in der Illegalität weiterzuarbeiten. Ein Rundschreiben vom 7. April 1933 wies auf Zersetzungserscheinungen in der SPD hin und hoffte, die aktiven Mitglieder zum Übertritt in die SAP zu veranlassen. Diese kleine Splitterpartei glaubte, daß die Katastrophe des Kapitalismus unmittelbar bevorstehe; andererseits traute man der NSDAP aber zu, daß sie ihre politische Macht auf längere Zeit sichern könne, ohne daß es ihr jedoch gelingen werde, in nächster Zeit einen Aufschwung der Wirtschaft zu bewirken. Die Krise werde sich noch verschärfen. Gegensätze zwischen NSDAP und Konservativen, SA und Reichswehr, Industrie- und Agrarkapital erschwerten die Lage, ermöglichten aber für Hitler auch eine „Schiedsrichterrolle". Bemerkenswert realistisch war die Prognose, daß der Staatsapparat zunehmend von Parteigenossen durchsetzt werde, was das Regime stärke und einen Verzicht auf den Massenkonsum möglich mache. Im übrigen zitierte man die Prawda: „Die KPD steht unerschüttert wie ein Fels in sturmgepeitschtem Meer". Und der Bolschewist Karl Radek solle gesagt haben: „Der 5. März 1933 (die Reichstagswahl) ist die Marneschlacht des Faschismus". Beide Bemerkungen waren grundfalsch.

In parteiinternen Rundschreiben der KPD, die Anfang April 1933 umliefen, verpflichtete die Leitung des Bezirks Nordwest noch einmal jeden Genossen, nur ihren Anweisungen zu folgen und nichts Eigenmächtiges zu unternehmen, andererseits wurde aber doch dazu aufgefordert, Eigeninitiative zu entwickkeln, etwa an Türmen und Schornsteinen rote Fahnen zu befestigen, Hakenkreuzfahnen zu verbrennen, die illegale „Arbeiter-Zeitung" und Flugblätter möglichst unauffällig zu verteilen. „Nicht vergessen: die Schreibkolonnen in Gang setzen, Farbe, Kreide, Pinsel usw. zur Hand. An allen Straßenecken, Planken etc. müssen unsere Forderungen und Losungen in Erscheinung treten!" Man hatte auch noch das Ziel, in den Betrieben Streiks, an den „Stempelstellen" Diskussionen, in den Arbeitervororten Massenaktionen zu entfachen. Man sah sogar gute Chancen, in der SA die Unzufriedenheit zu schüren und sie dadurch zu zersetzen. Die Parteimitglieder sollten weiter „abkassiert" werden, Fünfergruppen waren zu bilden, Instrukteure sollten die Verbindung aufrechterhalten, Richtlinien der Bezirksleitung waren zu verteilen und zu befolgen. Der Bezirksleitung war auch über alles genau Bericht zu erstatten. Dabei wurde durchaus berücksichtigt, daß die KPD von Spitzeln durchsetzt war.

Der KPD-Führung lag im April 1933 viel daran zu erfahren, wie die politische Stimmung in den Betrieben tatsächlich war und forderte ihre Genossen auf, darüber zu berichten. Die dabei gestellten Fragen zeigen, daß man bei den Arbeitern Unzufriedenheit über die ersten Maßnahmen der neuen Machthaber und eine negative Einschätzung der kommenden Entwicklung voraussetzte. Man hoffte, daß diese Stimmung sich in Aktionen – Demonstrationen, Streiks, Verteilung von Flugblättern – ummünzen lasse. Falls überhaupt Antworten in größerem Umfang erfolgten, so hätten sie nur von einer Letargie der Masse und von aktiven kleinen Gruppen berichten können. Und was den Zustand innerhalb der Partei betrifft, so gibt ein Rundschreiben der Bezirksleitung in Bremen vom 20. Mai 1933 Aufschluß darüber, daß die politische Arbeit mangelhaft sei, keine Zellenversammlungen stattfänden, in Unterbezirken, Ortsgruppen und Stadtteilen keine oder nur unvollständige Leitungen vorhanden seien. Man hielt eine Rekonstruktion der Organisation für dringend erforderlich; doch wurde das durch ständig neue Verhaftungen erschwert, ja teilweise unmöglich gemacht.

20. Mai 1933

Angesichts der Letargie der Masse der kommunistischen Mitglieder bewegte sich das, was von ihnen immer wieder gefordert wurde, im luftleeren Raum: Im Kino sollte man bei der Wochenschau Zwischenrufe machen und Diskussionen entfachen; der Rundfunk solle durch Gebührenverweigerung sabotiert werden; Kinder sollten in der Schule gegen den „nationalen Rummel" mobilisiert werden usw. Das alles geschah jedoch in kaum erkennbarer Weise.

Die Rundschreiben und Arbeitspläne, die von kleinen Funktionärsgruppen zusammengestellt wurden, täuschten in ihrem Propagandaton Aktivitäten vor, die unbedeutend waren oder überhaupt nur als Wunschträume bestanden. Polizeiaktionen, die ja der Öffentlichkeit nicht verborgen blieben und sogar in den Zeitungen beschrieben wurden, vermittelten der Öffentlichkeit den Eindruck, daß immer noch eine kommunistische Gefahr bestand, während es eigentlich nur noch darum ging, die letzten Funken einer glimmenden Asche zu löschen, um ein für allemal zu verhindern, daß daraus noch einmal ein Feuer werde.

Noch Mitte April 1933 konnte freilich die „Bremer Arbeiter-Zeitung", die im Hamburg gedruckt wurde, in großen Mengen nach Bremen gebracht werden, ebenso die Broschüre „Die Wahrheit über den Reichstagsbrand". Am

April/Mai 1933

Lesen! Weitergeben!

ARBEITERZEITUNG.

Organ der Kommunistischen Partei Deutschlands
Bezirksleitung Nord-West.

Preis: 10 Pfennige.   Mitte Mai.

Hitler rutscht vor den Kampitalisten auf dem Bauch.

Nur die Kommunisten machen Deutschland frei.

Millionen nationalsozialistischer Anhänger haben am 17. Mai am
Rundfunk gesessen, sich um die Abendzeitungen gerissen, um die Kanzler -
rede zu hören oder zu lesen. Was haben sie erwartet? Sie haben geglaubt,
der augenblick sei gekommen, wo Hitler die Versprechungen, die jahrelang zum Mittel der verlogenen Naziagitation gehörten, einlösen würde.
Diese Versprechungen waren:

1) Die Beseitigung, die Zerreissung des Versailler Vertrages,

2) Die Annullierung der Reparationsschulden, sowohl in ihrer politischen als auch in ihrer privaten Form.

15. April konnte die Polizei einen Lastwagen abfangen, der in Bremen eine Panne erlitten hatte und repariert werden mußte. Der Fahrer behauptete, man habe ihm gesagt, in den Paketen sei Vogelfutter. Durch Denunziation konnten auch Flugblätter beschlagnahmt werden, die Einzelheiten über die Vorgänge im KZ Mißler berichteten. Einige Tage später fand in Gröpelingen und Oslebshausen eine Razzia statt, bei der 180 Häuser durchsucht wurden. Dabei fand man angeblich Waffen und Propagandamaterial. Zahlreiche Personen wurden verhaftet.

Vom 21. April und 16. Mai liegen ausführliche Darstellungen über die Lage der „Roten Hilfe" in Bremen vor. Die Verhaftung leitender Funktionäre unterbrach die Arbeit; man mußte ganz neu anfangen. Bezirk, Unterbezirk und Ortsgruppen traten kaum noch in Erscheinung. Es gab nur noch unkontrollierte Aktionen; die Einwirkung des Bezirks war begrenzt. An sich waren nur 2–3 % der Mitglieder abgesprungen, viele aber waren seit langem nicht mehr „kassentechnisch" erfaßt. Die politische Arbeit (Verteilen von Flugblättern, Zeitungen usw.) war eingeschlafen. Nun versuchte man einen Neuaufbau.

Man muß davon ausgehen, daß die Kampfparolen der Flugblätter weitgehend nur auf dem Papier standen.

Am 3. Mai 1933 wurde das Gängeviertel von St. Stephani „überholt", wobei eine sehr gemischte Gesellschaft ins Netz ging: neben kommunistischen Funktionären auch Dirnen, Zuhälter und andere Ganoven; am 9. Mai erfolgte eine Razzia in Sebaldsbrück. Offenbar traute man den Kommunisten auch im Mai 1933 immer noch größere Aktionen zu. So glaubte man an eine „vertrauliche Mitteilung", daß eine Ladung Waffen unter Kohlen versteckt an der Unterweser entladen und dann nach Hamburg weitertransportiert werden sollte.

Wie auch immer man diese Ereignisse beurteilen will, der Widerstand der KPD zeigte weiterhin erhebliche Schwächen. Viele Genossen zogen sich zurück, um ihre Haut zu retten, einige waren unvorsichtig und ermöglichten der Polizei, bei Razzien belastendes Material zu beschlagnahmen, andere wieder gaben bereitwillig Auskunft, um sich selbst zu entlasten. Ein besonderes Problem waren die Spitzel, mit denen die Kommunisten durchsetzt waren. Es gab aber doch einen kleinen aktiven Kern, der sich intelligent verhielt und große Mühen auf sich nahm, um die Partei in der Illegalität am Leben zu erhalten.

Im Mai 1933 erschien eine kommunistische „Kampfzeitung der Wassertransportarbeiter, Bremen" unter dem Titel „Der Scheinwerfer", die die „Wahrheit vermitteln" wollte und in der von einem Zusammenschluß „aller Gruppen des Wassertransportproletariats vom Offizier bis zum Trimmer" gesprochen wird. Das war sicher etwas übertrieben, doch wurden hier einige Tendenzen richtig erfaßt, wenn auch in ihrer Wirkung überschätzt, so etwa die Unzufriedenheit in der SA, die brutalen Rachegelüste der SS-Hilfspolizisten im KZ Mißler, die Bevorzugung der NSDAP-Mitglieder bei der Arbeitsvermittlung. In einem aber irrten sich die Verfasser ganz und gar: Sie meinten, daß die NSDAP „an den starken sozialistischen Tendenzen in ihr" bzw. an der „Unmöglichkeit der Erfüllung der sozialistischen Versprechungen scheitern werde". Prognosen über den Zeitpunkt wurden nicht gegeben; er hänge weitgehend „von der unermüdlichen, kühnen Tätigkeit und Wirksamkeit der revolutionären Teile der Arbeiterklasse" ab; heute wissen wir, daß sie dann doch nicht ausreichte, die NS-Herrschaft zu beenden.

Streiten könnte man darüber, ob „Hitler der Hampelmann des Kapitalismus" war oder ob nicht vielmehr umgekehrt Hitler die Unternehmer zu seinen Hampelmännern machte. Falsch aber war die Behauptung, daß Hitler nur ein „Leithammel" sei und keine Macht habe. Die eigentliche Macht liege bei Hugenberg und General Schleicher. Es sollte nicht mehr lange dauern, bis Hugenberg von der politischen Bühne verschwand und General Schleicher erschossen wurde. Natürlich findet man auch hier die verhängnisvolle Auffassung, die neuen Machthaber könnten die Arbeitslosigkeit nicht beseitigen, der Hunger werde anhalten, der Arbeiter müsse „für 28 Pfennige den Rübensaft, den (!) Überbleibsel der Zuckerbrenner fressen". („Entsetzlich steigt die Zahl der Unterernährten"). Tatsächliche Gefahren, die dann aber mit einigem Erfolg bekämpft wurden, sind angedeutet, wenn es heißt: „Die Inflation ist in Vorbereitung."

Da alles dieses so nicht eintrat, verdunkelte sich auch der Blick für das, was dann tatsächlich die Katastrophe ausmachte: Die Fähigkeit, die Massen mit Zuckerbrot und Peitsche gefügig zu machen und schließlich durch eine maßlose Außenpolitik den zweiten Weltkrieg auszulösen. Auch von der verbrecherischen Judenpolitik ist nirgendwo die Rede.

Die Vorstellung, daß die NS-Machthaber unfähig seien, mit der Wirtschaftskrise fertig zu werden und daß sie von den Kapitalisten abhängig seien, daß es Lohnabbau und eine „Hungerpolitik" geben werde, finden sich auch in manchen illegalen Flugblättern, etwa in einigen, die „Die Wahrheit" betitelt waren und im Mai/Juni 1933 durch die RGO, Bezirk Weser-Ems, herausgegeben wurden. Hier wird vor allem auch heftige Kritik an der Führung des ehemaligen Gewerkschaftsbundes geübt und mit der Aufforderung an die Mitglieder verbunden, Mitglied der RGO zu werden, weil nur von ihr ein wirkungsvoller Kampf gegen die neuen Machthaber zu führen sei. Man findet eine lange Liste von Dingen, die man fordert oder ablehnt; doch hätten viele Forderungen nicht einmal in einem kommunistischen Deutschland verwirklicht werden können – ebensowenig wie in Sowjetrußland, das für die deutschen Kommunisten immer noch das große Vorbild war.

Ende Mai 1933 tauchten wieder Exemplare einer 6 Seiten starken „Arbeiter-Zeitung" auf; sie war nicht gedruckt, sondern von Wachsmatrizen abgezogen und nach Inhalt und Qualität eher ein Flugblatt. Der Grundtenor des Textes bestand in der Behauptung, Hitler erkenne den Versailler Vertrag an, Lohn- und Unterstützungsabbau würden sich zu einer „Aushungerungspolitik" steigern. „Hitler wird niemals Arbeit und Brot schaffen!" hieß es da. Rettung könne nur von den Kommunisten kommen. Die SPD-Mitglieder wurden wieder einmal aufgefordert, sich der KPD anzuschließen. Sechs Verteiler des Blattes wurden verhaftet.

Juni 1933 Auch ein „Arbeitsplan" der Bezirksleitung Nordwest zeigte im Juni 1933, wie falsch die Chancen eingeschätzt wurden. Man betonte, daß sich „innen- und außenpolitisch ... eine Pleite der Regierung an die andere" reihe. Hitler habe den Versailler Vertrag anerkannt, in der Partei gebe es Konflikte; Spannungen gebe es zwischen Nazis und Konservativen, Teuerung und Inflation stünden bevor. Gewarnt aber wurde vor der Auffassung, daß die Schwierigkeiten von selbst zum Zusammenbruch der Diktatur führen müßten; die Arbeiterklasse müsse unbedingt nachhelfen, indem sie eine internationale Massenbewegung mobilisiere. Zu dem Zweck müßten die Betriebe zum Zentrum der Parteiarbeit gemacht und eine Einheitsfront aller Arbeiter hergestellt werden. Die Organisation sei wieder aufzubauen, die gesamte Partei müsse durchkassiert werden, die Propaganda sei mit allen Mitteln fortzusetzen.

Gelegentlich bekamen die Aktionen klangvolle Bezeichnungen, wie etwa „Thälmann-Aufgebot" (Juni 1933), von dem es dann aber hieß, daß „nur in wenigen Fällen eine Konkretisierung ... vorgenommen wurde"; vor allem sei auch die Betriebsarbeit viel zu wenig berücksichtigt worden.

Wie gefährlich der Bremer Senat trotz allem die kommunistische Betätigung immer noch einschätzte, zeigte sich in einem Brief an den Reichsminister des Inneren vom 20. Juni 1933, in dem von einer Zunahme der Aktivität „in den letzten Wochen" gesprochen wurde. Die bisherigen Verordnungen und Gesetze seien nicht ausreichend; man forderte scharfe reichsgesetzliche Bestimmungen, vor allem auch die Anwendung der Todesstrafe. Sollte auch das nichts helfen, so müßten „Standgerichte" geschaffen werden, die mit zuverlässigen Personen zu besetzen seien. Hier wird also bereits einer Brutalisierung des Rechts in politischen Verfahren das Wort geredet, wie sie im Volksgerichtshof, in den Sondergerichten sowie den Standgerichten der Kriegszeit verwirklicht wurde. Am 5. Juni 1933 schloß ein Prozeß gegen acht Kommunisten mit Zuchthaus- und Gefängnisstrafen. Einige kommunistische Funktionäre waren „untergetaucht", verließen Bremen und lebten dann anderwärts in unbekannter Umgebung oder sie wurden auch in Bremen von unauffälligen Freunden aufgenommen. Als das ehemalige kommunistische Bürgerschaftsmitglied Oskar Eichentopf am 21. Juni 1933 in der Umgebung Bremens verhaftet wurde, hatte er Ausweispapiere, die auf einen anderen Namen lauteten, sowie mehrere unterschiedliche Kopfbedeckungen bei sich. Er hatte von auswärts nach Bremen hineingewirkt und für die illegale KPD gearbeitet. Ein weiterer Bürgerschaftsabgeordneter, Uhlhorn, der als Hauptkassierer und Kurier tätig gewesen war, wurde am 26. Juni 1933 in einem kleinen Hotel in der Hafengegend aufgespürt. Auch er hatte falsche Papiere bei sich; Schriften und Notizen waren unter einem Teppich versteckt. Natürlich hielten sich in Bremen auch auswärtige Kommunisten versteckt; von ihnen wurden einige verhaftet. Anfang Juli wurden in einer Woche in Bremen 29 Personen wegen kommunistischer Betätigung und wegen Beherbergung flüchtiger Kommunisten verhaftet.

Anfang August 1933 wurde der Abschluß eines Strafverfahrens gegen einen Kommunisten bekannt: Der Autoschlosser Fritz Bolte war am 23. April von SA-Leuten am Hemelinger Hafen durchsucht worden. Dabei fand man zwei

Aug. 1933

Pistolen und kommunistisches Propagandamaterial. Das Hanseatische Ober-landesgericht in Hamburg verurteilte ihn zu einem Jahr und drei Monaten Gefängnis. Das war sicher eine harte Strafe, entsprach aber nicht den Erwar-tungen der Scharfmacher in der NSDAP. Es sollte auch nicht lange dauern, bis die Strafen für solche Delikte erheblich erhöht wurden.

Am 14. und 15. August 1933 erfolgte eine Großrazzia, bei der 81 kommunisti-sche Funktionäre verhaftet wurden. Dabei handelte es sich ausschließlich um weniger bekannte Personen, die für vorher inhaftierte Funktionäre einge-sprungen waren. Die Aktion wurde ausgelöst durch die umfassenden Aussa-gen eines nach Denunziation verhafteten Kommunisten. In der Glücksburger Straße nahm die Polizei nach und nach jeden fest, der zu einem dort vorgesehe-nen „Geheimtreff" erschien. Im Zusammenhang mit der Verbreitung der kom-munistischen Schrift „Die Wahrheit" wurden 65 Personen festgenommen. Die Schrift kam mit dem Schiff von England und wurde bei Farge über Bord ge-worfen, wo das Paket dann in ein Boot genommen wurde. In Bremen erfolgte die weitere Verteilung. Eine Druckerei, die in der Garlstedter Heide versteckt war, wurde aufgefunden, eine Schreibmaschine fand man auf dem Friedhof in Grohn.

Nach den vielen Festnahmen war die KPD in Bremen zunächst total gelähmt.

Okt. 1933   Im Oktober erholte sie sich wieder. Seit November erschien „Die Rote
Nov. 1933   Fahne", die in Briefkästen gesteckt und mit der Post verschickt wurde. Zahl-reiche Exemplare tauchten auch in der Umgebung der Stadt auf. Die Zeitung war mit Wachsmatrizen vervielfältigt. Zu den Hauptthemen dieser Zeit ge-hörte der Reichstagsbrandprozeß. Der mutmaßliche Verfasser, ein Lehrer aus Emden, wurde am 10. Januar 1934 in Bremen festgenommen, wo er unter fal-schem Namen lebte. Mit ihm wurden 14 weitere Personen festgenommen.

Einige Kommunisten waren ins Ausland emigriert, wo sie etwa in Antwerpen eine Zentrale bildeten, die Propagandamaterial herstellte, das an Seeleute ver-teilt, z. T. auch in Paketen nach Deutschland versandt wurde. Anfang Novem-ber 1933 erkundete ein V-Mann der Bremer Gestapo den Antwerpener Kreis, der auch zu Sozialdemokraten Kontakte unterhielt. Die Beziehungen gingen vor allem zu einer Zentrale in Hamburg, aber es gab auch Kontakte mit Bre-men. Die Emigrantenfürsorge für die Kommunisten in Belgien war freilich sehr schlecht.

Gerichtsverhandlungen gegen Kommunisten fanden im September 1933 statt; einen Massenprozeß wegen Verbreitung der kommunistischen Zeitschrift „Die Wahrheit" gab es im Juni 1934.

Das Problem der Sozialdemokraten bestand darin, daß ihre Arbeit auf die Er-ringung der parlamentarischen Mehrheit, nicht aber auf Untergrundtätigkeit

Bei einer Razzia beschlagnahmtes Material; Polizeifoto September 1933

gerichtet war und daß die Partei zunächst den Eindruck hatte, als ob sie dieses Ziel, wenn auch mit einigen Hindernissen, fortsetzen könnte, bis die Nazis abgewirtschaftet hätten.

Am 7. März wurde das Begräbnis des von SS-Leuten erschossenen Reichsban- 7. März 1933 nermanns Johann Lücke auf dem Waller Friedhof zu einer eindrucksvollen Demonstration. Die Reden von Hans Hackmack für das Reichsbanner, Josef Böhm für die SPD und Albert Götze für die Freien Gewerkschaften konnten ohne Behinderung gehalten werden. Man kann davon ausgehen, daß dieses Ereignis zur Auffassung Dr. Markerts führte, etwas Ähnliches dürfe nicht noch einmal geschehen. Öffentliche Versammlungen der SPD gab es nun nicht mehr, nur noch Mitgliederversammlungen, in denen Diskussionen über die Kandidatenaufstellung für die Bürgerschaftswahl im Mittelpunkt standen. Die „Bremer Volkszeitung" war seit dem 7. März verboten; es erschien dann noch eine Nummer am 10. März; der Text war mutig, offen und aggressiv; er führte zu einem weiteren Verbot, das dann von Dauer sein sollte. In den Redaktionsräumen der Zeitung fand schon am 8. März eine Haussuchung statt, doch war belastendes Material längst vernichtet. Am gleichen Tage wurden auch das Volkshaus an der Nordstraße, am 14. März die Räume des „Konsumvereins Vorwärts" an der Duckwitzstraße und das Friedrich-Ebert-Haus an der Neuenlander Straße durchsucht. Beweise für „hochverräterische" Tätigkeit wurden nicht entdeckt.

Dennoch stellte sich jetzt die Frage eines Verbotes, das aber wohl nur für das Reichsgebiet erfolgen konnte; der neue NS-Senat zeigte Übereifer: er beschloß **18. März 1933** am 18. März zunächst einmal ein Verbot des Reichsbanners und der „Eisernen Front"; es folgten sogleich die entsprechenden Haussuchungen in den Geschäftsstellen und bei Funktionären.

Die SPD veranstaltete weiter Mitgliederversammlungen, in denen über die Lage und die bevorstehende „Bürgerschaftswahl" diskutiert wurde, die dann überhaupt nicht stattfand. Es wurden zudem Proteste formuliert, die wir- **25. März 1933** kungslos verhallten. Am 25. März wurde der ehemalige Senator Wilhelm Klemann in Schutzhaft genommen. Resignation verbreitete sich bei den Mitglie- **April 1933** dern; sie verstärkte sich durch eine Verhaftungswelle im April.

Die SPD war gelähmt; ihre Funktionäre waren sich in der Einschätzung der Lage und über die einzuschlagende Taktik nicht einig. Viele fürchteten Nachteile für sich und ihre Familien und zogen sich ganz zurück. Es kam offensichtlich die Zeit, in der ein Kampf für die Partei von jedem große Opfer verlangt hätte.

Die Kommunisten kritisierten das Verhalten der bremischen SPD-Führung, wie sie es immer getan hatten: Sie stellten die Ereignisse um die Auflösung so dar, als ob der Vorstand des Ortsvereins die Bremer Organisation für aufgelöst erklärt habe. Daß dazwischen die Vernichtung der Mitgliederlisten lag, wurde verschwiegen. Es lag dem Vorstand daran, die Parteimitglieder vor Schwierigkeiten zu bewahren; das Verbrennen der Kartei und die Erklärung, die Organisation bestehe nicht mehr, schloß ja nicht aus, daß sie dennoch weiter existierte – „illegal" natürlich. Die Kommunisten wollten diese Möglichkeit nicht sehen, sondern riefen: „Die SPD ist tot, es lebe die KPD!" Ein Rundschreiben der SAP vom 7. April 1933 verdächtigte die SPD geradezu, sie wolle sich in „eine nationale staatserhaltende Partei" verwandeln.

Abgesehen von den fünf Gewerkschaftsfunktionären, die bei der Besetzung des Volkshauses am 18. April in Schutzhaft genommen wurden, kam die SPD zunächst noch glimpflich davon: doch sehr bald verschärfte sich die Verfolgung: Am 22. April 1933 verbrannten SA-Leute auf dem Hohentorsplatz schwarz-rot-goldene und rote Fahnen sowie Uniformen der „Eisernen Front" und des „Roten Frontkämpferbundes"; zwei Tage später wurden die sozialdemokratischen Leiter der Allgemeinen Ortskrankenkasse, Hermann Rhein und Friedrich Klenke, verhaftet, am 28. April folgte der von den Nationalsozialisten am meisten gehaßte Sozialdemokrat, der Reichstagsabgeordnete und ehemalige Chefredakteur der „Bremer Volkszeitung", Alfred Faust, verhaftet, angeblich, um ihn vor dem „Volkszorn" zu schützen. Wahrscheinlich drohte ihm tatsächlich Gefahr, vor der ihn Senator Laue schützen wollte, doch geriet er im KZ Mißler in die Hand von SA-Schlägern, die ihn schwer mißhandelten. Am gleichen 28. April forderte der Polizeisenator die Vorstände der SPD, der SAJ, der Arbeitsgemeinschaft für Sport und Körperpflege sowie des Arbeiter-Samariterbundes auf, innerhalb einer Woche die Mitgliederlisten zu rekonstruieren, was dann aber nicht geschah. Das Vermögen der SPD wurde am 10. Mai 1933 eingezogen. Es wurde in einer Höhe von 885 000 RM festgestellt. 10. Mai 1933 Zur Verwaltung wurde ein Treuhänder eingesetzt.

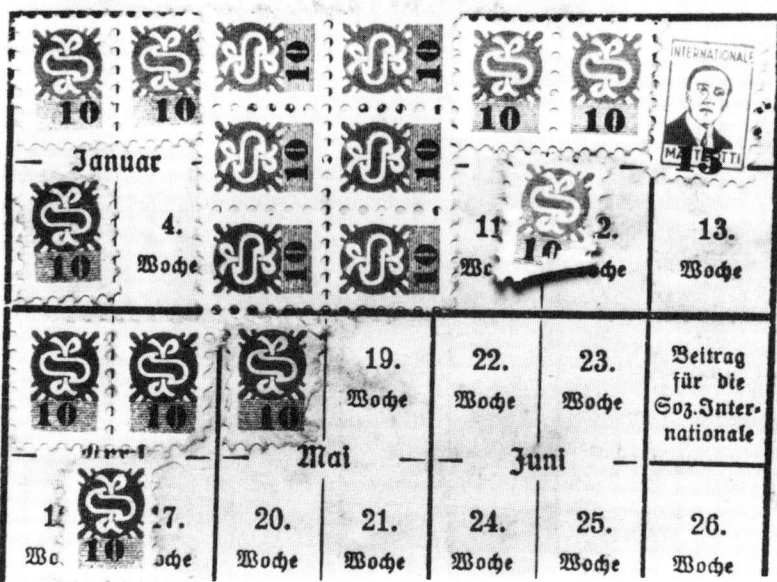

Die letzte Seite eines SPD-Mitgliedsbuches

12. Mai 1933 Am 12. Mai besetzte die Polizei das Parteisekretariat sowie Druckerei und Verlag J. H. Schmalfeldt & Co., Am Geeren, wo auch die „Bremer Volkszeitung" erschienen war. Am gleichen Tage wurden die SPD-Vorstandsmitglieder Kaisen, Ethe, Mester und Böhm festgenommen. Anlaß war ein Flugblatt, das eine Neubegründung der Partei in Aussicht stellte; daran zeigte sich, so erklärte der Polizeisenator, daß der Vorstand „trotz aller Erklärungen, der nationalen Regierung gegenüber sich loyal zu verhalten, weiter den Klassenkampf predige". Gegen die Vorstandsmitglieder wurde ein Strafverfahren eingeleitet. Am

Juni 1933 7. Juni wurde der Fraktionsvorsitzende der SPD, Emil Theil, am 9. Juni auch der ehemalige Kreisführer des Reichsbanners und Vorsitzende des Arbeitersports, Oskar Drees, verhaftet und dann im KZ Mißler schwer mißhandelt. Am 22. Juni 1933 wurde die SPD auf Reichsebene verboten, am Tage darauf erleichterte ein Gesetz über die Immunität von Abgeordneten deren Verhaftung. So kamen denn am 24. Juni in Bremen 20 Sozialdemokraten, durchweg Bürgerschaftsabgeordnete, in Schutzhaft.

Die Kontakte vieler Sozialdemokraten untereinander hielten jedoch an. Von Bremen aus gab es sogar Verbindungen zu Emigranten, vor allem mit einem Kreis um Waldemar Pötsch in Antwerpen. Zur Erkundung wurde ein V-Mann der Bremer Gestapo auf dem Dampfer „Bessel" der Neptunlinie als blinder

Nov. 1933 Passagier dorthin gebracht. Am 9. November 1933 traf er in Antwerpen ein und sprach mit kommunistischen und sozialdemokratischen Emigranten. Pötsch, der deutsche Schiffe mit Propagandamaterial versorgte, schickte alle 8–14 Tage 400 Zeitungen, nämlich „Die Sozialistische Aktion" und den „Vorwärts" sowie anderes Propagandamaterial nach Bremen. Die Zeitungen waren in Prag gedruckt. Im übrigen machte sich Pötsch ganz falsche – übertriebene! – Vorstellungen von den Aktionsmöglichkeiten der Opposition in Deutschland und war ein eifriger Befürworter der „Einheitsfront" der Sozialisten. Er selbst lebte in sehr bedrängten Verhältnissen, wenn auch immer noch besser als die sozialdemokratischen Flüchtlinge in ihren Barackenlagern.

Bei den Bremer Aktivisten der SPD gab es mancherlei Überlegungen über die Fortführung der illegalen Arbeit. Es sollte ein Organisationsgerüst erhalten bleiben, das bereitstand, wenn die Nazis abgewirtschaftet hatten und parlamentarische Verhältnisse wiederhergestellt werden konnten. Bemühungen, die den Sturz der NS-Herrschaft zum Ziel hatten, gab es nicht. Selbst diese vergleichsweise harmlose Organisation wurde schon 1934 zerschlagen.

Nach anfänglicher Lähmung versuchte auch das Reichsbanner in Bremen einen Neuanfang. Das wurde dadurch erleichtert, daß die Aktionen der Polizei vornehmlich gegen die Kommunisten gerichtet waren. Initiatoren waren – nach polizeilichen Ermittlungen – die ehemaligen Reichsbannerführer Jazdziewski und Göbel. Man beschränkte sich auf einen kleinen zuverlässigen Kreis. Nach und nach formierte sich auch eine Organisation mit Bezirksleiter, Nachrichtenleiter, Hauptkassierer, Abteilungsleiter Süd und West; zudem wurden Kameradschafts- und Gruppenführer bestimmt. Es wurden auch Beiträge kassiert, und mit diesem Geld beschaffte man sich z. T. Propagandamaterial im Ausland, u. a. in Antwerpen. Die Arbeit war durchaus konspirativ mit Deckadressen, chiffrierten Schreiben, Kurieren usw. Am 8. März 1934 wurden **8. März 1934** dann aber 25 Personen festgenommen, auch Haussuchungen durchgeführt. Dabei fand man umfangreiches Material. Die weiteren Ermittlungen führten zu weiteren 23 Festnahmen. Die Polizei erklärte, daß alle Verhafteten geständig gewesen seien.

Die Durchschnittszahlen der von Bremer Polizeistellen in Schutzhaft gehaltenen Personen war im April 1933 mit 250 sehr hoch. Die meisten von ihnen **April / Mai 1933** wurden im KZ Mißler untergebracht, die anderen im Polizei- und Untersuchungsgefängnis.

Anfang Mai 1933 waren von 215 Schutzhäftlingen 139 im KZ Mißler, 63 im Gefangenenhaus am Ostertor und 13 im Untersuchungsgefängnis.

Der Rechenschaftsbericht Dr. Markerts renommiert nach einem Jahr NS-Herrschaft (März 1934) mit folgender Leistung: 450 Personen wurden wegen Hochverratsverdachts festgenommen, 1400 kamen in Schutzhaft; es gab 950 Haussuchungen.

Ein führendes SAP-Mitglied hatte im April 1934 noch die Hoffnung, er könne **April 1934** in den Hansa-Lloydwerken die „Arbeiterbewegung" wiederbeleben; er stieß jedoch auf „demoralisierte" Arbeiter, die keineswegs mit ihrer Lage ganz unzufrieden waren. „Nur ein kleiner Kern" war noch da, der der Auffassung war, daß Sozialisten aller Varianten einig sein sollten. Es konnte dann aber ein gewisser Zusammenhalt hergestellt werden. Sehr große Schwierigkeiten hatten die Kommunisten zudem, sich mit der „Säuberung" in Rußland abzufinden, deren Opfer ja altbewährte Kommunisten – auch deutsche – waren. An „Aktionen", die von einer geschlossenen „Arbeiterbewegung" getragen gewesen wären, war überhaupt nicht zu denken. Immerhin hatten die Machthaber in Bremen auch 1934 noch gelegentlich den Eindruck, daß es in einigen Betrieben unmöglich sei, den bisherigen sozialistischen Geist zu dämpfen oder gar völlig zu unterdrücken. So wurde von einer Baustelle des Fürsorgeamtes am Waller Damm noch im Sommer berichtet, daß hier die Kommunisten das große Wort führten und den Zusammenbruch der NS-Herrschaft für den Herbst prophezeiten; in anderen Betrieben wurde gegen die Teilnahme an Gemeinschaftsveranstaltungen „gehetzt".

Von der Staatspolizeistelle Wesermünde liegen vom März 1934 Berichte über

Oppositionsgruppen vor: Es wurde nichts beobachtet, was für den NS-Staat gefährlich werden konnte. Ehemalige Anhänger der SPD machten sich „in keiner Weise unliebsam bemerkbar". Die SAP trat überhaupt nicht in Erscheinung. In einer Bedürfnisanstalt wurden einige antifaschistische Flugzettel gefunden. Drei Personen wurden verhaftet, weil sie in angetrunkenem Zustand „Heil Moskau" gerufen hatten. Am 14. August 1934 meldete der Leiter der Bremerhavener Stapostelle, daß keine Person in Schutzhaft sei.

Die Bremer Konzentrationslager 1933–1934

Die bremischen Konzentrationslager 1933–1934 waren eine Einrichtung des Landes unter der Aufsicht des „Polizeisenators" Theodor Laue. Über ihren Zweck herrschten unterschiedliche Auffassungen: Laue lag wohl vorwiegend an einer „Umerziehung", soweit das möglich war; Nebeneffekte waren für ihn: Verhinderung von „illegaler" Widerstandsarbeit und allgemeine Abschreckung. Auch spielte die Überlegung eine Rolle, daß die zahlreichen Verhaftungen zu einer Überfüllung des Gefangenenhauses am Ostertor und des Untersuchungsgefängnisses führten und die besondere Behandlung politischer Häftlinge dadurch unmöglich wurde. Die primitiven Fanatiker der NS-Organisationen aber sahen eine Möglichkeit, sich an ihren politischen Gegnern der „Kampfzeit", die jetzt wehrlos waren, zu rächen.

25. März 1933   Schon am 25. März 1933 teilte Dr. Markert dem Reichsinnenminister Dr. Frick mit, daß im bremischen Staatsgebiet über hundert kommunistische Funktionäre in polizeiliche Schutzhaft genommen worden seien und daß sich die Zahl ständig vergrößere. Dr. Markert hielt es nicht für möglich, die Häftlinge in Bremen in einem Konzentrationslager unterzubringen, zumal eine Zusammenführung im Wohnort der Häftlinge auch nicht ratsam sei. Er regte daher eine Überstellung in ein Lager auswärts von Bremen an. Das ließ sich offenbar nicht schnell genug verwirklichen, so daß der Senat beschloß, in den Mißlerhallen in der Walsroder Straße (Findorff-Viertel), die früher Auswanderern als Unterkunft gedient hatten, ein Lager einzurichten und den Wachdienst an etwa 40 Hilfspolizisten der SS unter der Führung des brutalen Sturmhauptführers Otto Löblich, der seinerseits zwei „Wachführer" einsetzte, zu übertragen.

31. März 1933   Am 31. März und 1. April wurden die ersten 100 Gefangenen dorthin überführt. Die Dienstaufsicht hatte der Polizei-Oberbezirk West, der zwei Polizisten ins Lager abordnete. Die Bekanntmachung der Polizeidirektion in der Presse erfolgte am 2. April.

Im großen und ganzen entwickelte sich eine Art politisierter Kasernenbetrieb mit Exerzieren, Unterricht usw. Die 160 bis 170 Häftlinge waren in zwei Sälen untergebracht, in denen je ein Stubenältester für die Ordnung verantwortlich war.

Die Versorgung war sehr mangelhaft; zur Verpflegung war ein Satz von etwa 2 Mark je Tag vorgesehen. Dennoch klagte der Senat über die hohen Ausgaben und versuchte einen Zuschuß vom Reich zu erhalten. Immerhin kostete jeder Gefangene jährlich 600 Mark; das ergab 1933 bei 250 Gefangenen 150000 Mark. Es kamen hinzu: 17000 Mark für die Bewachung und 15500 Mark für die Unterbringung.

Abgesehen von der widerrechtlichen Handhabung der „Schutzhaft", gab es im Lager verbrecherische Handlungen verschiedener Art, vor allem sehr brutale Mißhandlungen. Es erging sogar die Aufforderung, daß bekannte politische Gegner „besonders vorzunehmen" seien. So wurden denn einige von ihnen bis zur Bewußtlosigkeit geschlagen und getreten. Diese Mißhandlungen wurden durch die Anwohner der Walsroder Straße wahrgenommen und auch sonst in manchen Einzelheiten in der Öffentlichkeit bekannt.

Alfred Faust, der Chefredakteur der „Bremer Volkszeitung" und Reichstagsabgeordnete, war ein ganz besonderer Fall. Er wurde am 28. April trotz seiner **28. April 1933** „Immunität" als Reichstagsabgeordneter in Schutzhaft genommen, weil die Gestapo glaubte, daß das Leben dieses bei der NSDAP besonders verhaßten Mannes in Gefahr sei. Die Gestapo hätte aber auch wissen müssen, daß er gerade durch die Einlieferung ins KZ Mißler seinen Todfeinden ausgeliefert wurde. Zu den Mißhandlungen erklärte Faust, daß er „zusammen mit noch 10 bis 12 anderen Häftlingen ... den Schlafsaal säubern und auffeudeln (mußte). Bei dieser Gelegenheit wurden er und die anderen Häftlinge von etwa einem Dutzend SA-Leuten herumgejagt und mit Gummiknüppelhieben bedroht. Der Zeuge mußte an einen Eisenträger machen, wobei die SA-Leute wahllos mit Gummiknüppeln auf ihn einschlugen. Ein SA-Mann schlug ihm mit mehreren Faustschlägen auf beide Augen, so daß er infolge der eintretenden Schwellung kaum ... sehen konnte. Die Mißhandlung dauerte etwa zwei Stunden".

Auch mehrere andere Mißhandlungen Fausts im Sommer 1933 wurden zuverlässig bezeugt. Faust selbst erklärte u. a.: „Faustschläge und Fußtritte waren an der Tagesordnung. Wir mußten unter den Betten durchkriechen." Weitere Zitate aus Vernehmungsprotokollen sollen hier vermieden werden, denn sie ergäben das monotone Bild widerwärtiger und primitiver Brutalität. Senator Laue verfolgte auch in dieser Zeit immer noch seine Überzeugungstaktik: Am 1. Mai sprach er vor den Häftlingen über die Bedeutung des „Tages der Ar- **1. Mai 1933** beit"; einige von ihnen wurden unter Bewachung durch die mit Fahnen dekorierte Stadt, besonders auch durch die Arbeiterviertel gefahren; andere mußten von Fenstern des Polizeihauses aus den Maiumzug ansehen. Es ist nicht überliefert, welche Gedanken die Häftlinge dabei hatten. Standfeste Kommunisten und Sozialdemokraten ließen sich durch diese Fassade sicher nicht täuschen; andererseits werden viele von ihnen den deprimierenden Eindruck gewonnen haben, daß die „Masse" der Bremer im Begriff war, im politischen Trend mitzuschwimmen.

Am 4. Mai erschien dann auch Senator Heider, der sich besonders arbeiterfreundlich zu geben pflegte, im KZ Mißler, um über „Nationalsozialistische Weltanschauung" einen Vortrag zu halten; doch hinter Stacheldraht konnte solche Propaganda keine positive Wirkung haben. Am 9. Mai folgte dann noch der Beauftragte der NSBO, Wilhelm Uhde, und setzte sich mit dem Marxismus auseinander, wies auf das Negativbeispiel des Bolschewismus hin und beschuldigte die „marxistischen Funktionäre" der Korruption. Es wurden Fragen zugelassen, die sicher mit großer Zurückhaltung gestellt wurden. Ein Häftling wollte wissen, warum eigentlich nur die kleinen Kommunistenführer eingesperrt worden seien, nicht aber die „sozialdemokratischen gewerkschaftlichen Verbrecher". Uhde unterschied dann zwischen Schutzhäftlingen, die im KZ säßen, um die „nationale Revolution" abzusichern, und Verbrechern, mit denen sich die Gerichte zu beschäftigen hätten. Einige Schutzhaftgefangene sollen großes Interesse gezeigt und gebeten haben, daß öfter NS-Führer zu ihnen sprechen möchten.

Die brutalen Mißhandlungen widersprachen ganz sicher den Vorstellungen Senator Laues und wurden auch von der Bremer Justiz keineswegs gedeckt. Sie vollzogen sich gewissermaßen illegal. Es ist wahrscheinlich, daß die Gestapo Bremen einen Verbindungsmann im KZ Mißler hatte, der über die Mißhandlungen Mitteilung machte, die dann die Grundlage für einen Bericht an Senator Laue lieferte. Es ist weiter glaubhaft berichtet worden, daß mit der Schmutzwäsche ein blutiges Hemd des mißhandelten Kommunisten Johann Onasch aus dem Lager gelangte und dann dem Rechtsanwalt Stats Müller sowie von diesem Anfang Mai dem Oberstaatsanwalt Dr. Eduard Loose übergeben wurde. Dr. Loose begab sich im Einverständnis mit Senator Laue sofort ins Lager. Offenbar war der Besuch aber vorher angekündigt, so daß es möglich war, die mißhandelten Insassen zu verstecken. Der Oberstaatsanwalt forderte die Insassen auf, künftig in verschlossenen Briefumschlägen Beschwerden einzureichen. Die meisten schwiegen, nur der Kommunist Albert Krohn hatte den Mut „auszupacken". Er erklärte auch, daß man die besonders schwer Mißhandelten versteckt habe. Krohn wurde dann, um ihn vor der Rache der SS zu schützen, ins Untersuchungsgefängnis überführt. Einige Tage später kam Senator Laue ins Lager, und nun meldeten sich 20–30 Insassen, die verprügelt worden waren. Sie wurden sofort untersucht. Der Senator löste die SS-Wache am 9. Mai ab und ersetzte sie durch SA-Leute unter der Führung von Sturm- 9. Mai 1933 führer Hermann Göbel. Diese Ablösung war ein äußerst heikler Akt, den die lokale SS-Führung zunächst einmal schroff ablehnte. Senator Laue soll damit gedroht haben, daß er Polizei zur gewaltsamen Besetzung des KZ Mißler mobilisieren werde. Dann erfolgte der Rückzug der SS-Mannschaft unter Protest. Daß die SA die Nachfolge übernahm, zeigt das in dieser Zeit zwischen beiden Organisationen bestehende Konfliktverhältnis. Für die Häftlinge brachte der Wachwechsel nur anfangs Erleichterung, denn seit Mitte Juni 1933 fingen auch die SA-Hilfspolizisten an, sie zu mißhandeln.

Trotz aller Versuche, die Mißhandlungen geheimzuhalten, drangen doch einige Tatsachen nach außen. Die Bewohner der Walsroder Straße waren Ohrenzeugen. Ein illegales kommunistisches Flugblatt der „Wassertransportarbeiter", das unter dem Titel „Der Scheinwerfer" im Mai 1933 erschien, berichtete durchaus wahrheitsgemäß Einzelheiten. Sogar die Vorgänge vom 5. Mai, als die Staatsanwaltschaft mit der Untersuchung der Mißhandlungen begann, wurden zutreffend dargestellt; man erfuhr auch, daß der Kommunist Albert Krohn als einziger bereit war, Aussagen zu machen. Die Folgen dieser Vorfälle wurden aber nicht bekannt, sondern blieben eine interne Angelegenheit der Partei und des Gerichts.

Eine Alfred Faust betreffende makabre Angelegenheit sei hier noch erwähnt: In einem Emigrantenblatt, der in Amsterdam erscheinenden „Freien Presse", war am 29. Juli 1933 zu lesen: „Abgeordneter Faust von SA ermordet. Nach 29. Juli 1933 wochenlangem Martyrium in dem Konzentrationslager zu Tode geprügelt." Das Martyrium wurde in manchen Einzelheiten beschrieben. Alfred Faust wurde nun am 5. August veranlaßt, „freiwillig" einen „offenen Brief" zu schreiben, der ebenfalls in wesentlichen Teilen den Tatsachen widersprach. In ihm erklärte Faust, daß er, „der Ermordete", noch lebe und daß „die Meldung über mein Martyrium eine phantastische Erfindung und eine greifbare Lüge ist". Das KZ sei natürlich kein „Sanatorium", doch er sei „kein einziges Mal nachts aus dem Bett" geholt worden und habe „kein einziges Mal die Reitstiefel der SA putzen" müssen. Die Amsterdamer Fehlmeldung war insofern ungeschickt, als sie sich leicht widerlegen ließ und dadurch auch Gelegenheit gab, selbst Tatsachen wie die Mißhandlungen unglaubhaft erscheinen zu lassen.

Im Zusammenhang mit dem „Fall Faust" steht das Interesse der Bremer Machthaber an der Möglichkeit, das KZ Mißler als „Potemkinsches Dorf" vorzuführen, und es ist geradezu eine Ironie des historischen Verlaufs, daß ausgerechnet die Großfürstin Maria von Rußland Opfer dieser Täuschung

Appell im KZ „Ochtumsand"

wurde. Es handelte sich bei ihr um eine Tochter des Großfürsten Wladimir und eine Kusine des letzten Zaren, die in Frankreich in der Emigration lebte und den Berichten über Mißhandlungen in Konzentrationslagern nachging. Der Reichsstatthalter und Gauleiter Röver ließ es sich nicht nehmen, sie Mitte August 1933 ins KZ Mißler zu begleiten, und es war hier alles so gerichtet, daß die Dame „befriedigt" wieder abzog.

11. Sept. 1933   Das KZ Mißler wurde am 11. September 1933 aufgelöst, da sich die Bewohner über nächtlichen Lärm im Lager beschwerten und man die Gefangenen zur Zwangsarbeit einsetzen wollte, was in der Stadt kaum möglich war. Häftlinge, die man für besonders gefährlich hielt, kamen nun in das Marinefort Langlüt-

9. Sept. 1933   jen II in der Wesermündung vor Bremerhaven, das seit dem 9. September eingerichtet und seit dem 2. Oktober von der Kriegsmarine angemietet wurde. Die als harmloser eingeschätzten Gefangenen wurden auf einen Kahn in der

13. Sept. 1933   Ochtummündung überführt, der seit dem 13. September als Unterkunft eingerichtet worden war. Die hier untergebrachten Häftlinge arbeiteten auf dem

nahen Spülfeld, das „Ochtumsand" genannt wurde und nach dem das Lager seinen Namen erhielt. Hier gab es kaum Mißhandlungen. Auf Langlütjen war das Leben härter und monotoner. Hier erhängte sich ein Häftling, der in Einzelhaft gesetzt worden war und einer Haftpsychose erlag. Dieses Lager unterstand der Schutzpolizei in Bremerhaven, die Wachmannschaft aber wurde zunächst durch die SA aus Bremen, dann aus Bremerhaven gestellt.

Immer wieder versuchte Senator Laue auch in dieser Zeit noch, die Häftlinge davon zu überzeugen, daß die Arbeiter den neuen Kurs begrüßten. Am 8. Oktober 1933 wurden einige Häftlinge, darunter Alfred Faust und vier Kommunisten, aus dem KZ Ochtumsand nach Gröpelingen zu einer Fahnenweihe geholt, um sich den Flaggenschmuck in der Lindenhofstraße anzusehen. Faust soll dabei zu einem NS-Reporter – wohl ironisch – gesagt haben, „daß diese Ausschmückung geradezu überwältigend sei". Einige Tage später wurden angebliche Artikel Fausts und der Kommunisten in der BNZ veröffentlicht, wo-

Entlassung von KZ-Häftlingen in den Räumen der Gestapo im Polizeihaus durch Senator Laue (rechts), Dezember 1933

bei nicht klar ist, ob die Verfasser „um ihre Freiheit" schrieben oder ob die Texte gar frei erfunden wurden. Es handelte sich aber offensichtlich eher um ein Wunschbild der NSDAP als um die tatsächliche Meinung der Verfasser. Es ist davon die Rede, daß der Schmuck keineswegs erzwungen scheine und daß nun auch die Mehrzahl der Arbeiter sich zum Nationalsozialismus bekehrt hätte.

9. Nov. 1933   Am 9. November 1933 wurden „anläßlich des gewaltigen Wahlsieges" mehrere Häftlinge aus dem KZ Ochtumsand entlassen. Senator Laue hielt vor ihnen eine Ansprache, in der er betonte, daß „der Marxismus nun endgültig überwunden sei" und den besserungsfähigen Schutzhäftlingen die Möglichkeit gegeben werden solle, am Aufbau mitzuwirken.

Dez. 1933   Zu Weihnachten 1933 wurden weitere KZ-Häftlinge entlassen; sie wurden durch eine Ansprache des Polizeisenators Laue in den weihnachtlich geschmückten Räumen der Gestapo verabschiedet.

Mai 1934   Das KZ Ochtumsand wurde im Mai 1934 aufgelöst, das KZ Langlütjen II
25. Juli 1934   bestand bis zum 25. Juli 1934. Die Häftlinge wurden ins Gefangenenhaus in Bremen überführt.

Die Mißhandlungen in den bremischen Konzentrationslagern waren 1950–1951 Gegenstand eines Prozesses, in dem es 15 Angeklagte gab, die beschuldigt wurden, 78 Personen mißhandelt zu haben („Körperverletzung im Amt"). Es wurden Strafen bis zu 2 ½ Jahren Gefängnis verhängt, die aber durch die Internierung verbüßt waren. Einige Verfahren wurden eingestellt; das gegen Otto Löblich mußte wegen Verjährung eingestellt werden.

Verschärfte Verhöre der SA im Gosselhaus

Nicht nur im KZ Mißler, sondern auch anderswo betätigte sich die SA mit dem Gummiknüppel und anderen Schlagwerkzeugen gegenüber politischen Gegnern, nämlich im „Gosselhaus" am Buntentorsteinweg, das vor 1933 der KPD als Parteihaus gedient hatte, dann aber Sitz der SA-Formation unter Standartenführer Ernst Köwing war.

Bei den Verhören der Schutzhäftlinge durch die Gestapo hatten die Beamten oft das berechtigte Gefühl, daß sie keineswegs alles Wissenswerte erfahren hatten. In Preußen hatte Göring bereits das „verschärfte Verhör" durch die nationalen Verbände entwickelt, während man in Bremen zunächst noch bei den konventionellen Formen des Verhörs blieb. Hin und wieder ließen sich zwar einzelne Gestapobeamte zu Faustschlägen und Ohrfeigen hinreißen, aber in diesen Gewalttaten lag – so abscheulich sie auch waren – noch kein
27. Juni 1933   System. Da gab Senator Laue am 27. Juni 1933 eine Verfügung heraus, die

rechtsstaatliche Prinzipien völlig außer Acht ließ: Alle Personen, die künftig wegen staatsfeindlicher Betätigung festgenommen wurden, sollten zunächst zur Vernehmung einem „nationalen Verband" (damit war vor allem die SA gemeint) und dann erst mit dem Ermittlungsergebnis an die Gestapo überstellt werden. Da die SA nicht an polizeiliche Dienstvorschriften gebunden war, konnte sie durch ihre Schläger Geständnisse erpressen, die sonst nicht zu erlangen gewesen wären, was sie dann auch in verbrecherischer Weise tat. Diese Verfügung wurde nicht etwa geheim gehalten, sondern in der Presse veröffentlicht, wodurch sie nicht nur einschüchtern, sondern auch praktisch jede Beschwerde als aussichtslos erscheinen lassen sollte. Seither ließ dann der SA-freundliche Gestapo-Chef Bremens, Hauptmann Kruse, zu, daß Schutzhäftlinge zur „Bearbeitung" ins Gosselhaus gebracht wurden. In Bremerhaven vollzogen sich ähnliche „Verhöre" auf dem sogenannten Gespensterschiff. Man wollte Aussagen über eine „illegale" Tätigkeit der KPD erlangen.

Zur Veranschaulichung der Vorgänge mag ein zuverlässiger Augenzeugenbericht dienen: „Ich wurde auf den Hof des Gosselhauses gefahren. Beim Verlassen des Wagens mußte ich ein Spalier von sechs SA-Leuten passieren. Im Korridor mußte ich mich auf eine Bank setzen; mir gegenüber am Treppenaufgang hing ein Schild mit der Aufschrift: „SA-Mann bleibe hart!". Auch hier wurde ich wiederum geschlagen. Nach Aufruf meines Namens wurde ich von den SA-Leuten die Treppe hinaufgeprügelt ... Bei dem folgenden Verhör von Standartenführer Köwing wurden zwei Zähne ausgeschlagen. Durch den an der Tür stehenden SA-Posten wurde ich aus dem Zimmer geführt, von weiteren SA-Leuten durch den Gang und die Treppe hinab mit Gummiknüppeln geprügelt. Ich wurde in einen dunklen Raum eingesperrt. Nach kurzer Zeit kamen sechs SA-Leute in diesen Raum. Einer hatte ein Notizbuch und Bleistift und stellte an mich Fragen. Da ich nicht aussagte, wurde ich von den SA-Leuten mittels eines Strickes an den Beinen gefesselt. Weiter wurde mir der Strick um den Hals gelegt, das Ende des Strickes wurde durch ein Guckloch, welches sich in der Tür befand, gezogen. Dann wurde ich an die Tür gezogen und bewußtlos geschlagen und mit Erschießen bedroht." Der Bericht über diese widerwärtigen Begebenheiten geht in ähnlicher Weise weiter, aber er zeigt auch so bereits, daß hier mittelalterliche Foltermethoden angewandt wurden mit Wissen und Duldung staatlicher Instanzen, in diesem Falle der Gestapo.

Von der Zentralpolizeistelle zur Gestapo

Die Gestapo ist immer wieder mit Recht als eines der wichtigsten Machtinstrumente des NS-Staates dargestellt worden. Vor der „Machtergreifung" war bei der Polizeidirektion Bremen eine „Zentralpolizeistelle" angesiedelt, die das politische Leben zu überwachen hatte. Sie war mit Polizeibeamten besetzt, die durchweg konservativer Gesinnung waren, allen Parteien und Gruppen der Linken ablehnend gegenüberstanden und auch die NSDAP zunächst mit Mißtrauen beobachteten. An festangestellten Beamten gab es bis 1933 einen Hauptmann als Leiter, einen Oberleutnant als sein Vertreter, einen Obermeister, einen Kriminalassistenten und zwei Oberwachtmeister. Ihnen standen mehrere V-Leute, Spitzel und Informanten zur Verfügung.

Leiter der Dienststelle war Polizeihauptmann Heinrich Kruse, sein Vertreter Oberleutnant Erwin Schulz. Beide waren an sich korrekte Beamte konservativer Einstellung, was freilich eine gewisse politische Einseitigkeit bedeutete. Nach der „Machtergreifung" wurde das Personal durch einige aktive Nationalsozialisten erweitert.

29. März 1933 Neben der Gestapo gründete Senator Laue am 29. März 1933 eine „Zentralstelle zur Bekämpfung des Bolschewismus", die der Polizeidirektion zugeteilt wurde und den Auftrag hatte, mit „rücksichtsloser Schärfe" gegen Kommunisten vorzugehen. Geleitet wurde sie vom Nachrichtenleiter der SA-Standarte 75, Johannes Thomssen, der sogleich zum Kriminalkommissar ernannt wurde. Es kam zu einer engen Zusammenarbeit mit der Gestapo.

16. Juni 1933 Die Umbenennung der Zentralpolizeistelle in „Gestapo" erfolgte am 16. Juni 1933; diese wurde nun aus der Polizeidirektion herausgenommen und dem Polizeisenator direkt unterstellt. Die „Zentralstelle zur Bekämpfung des Bolschewismus" wurde aufgelöst, ihre Aufgaben von der Gestapo übernommen. Zunächst gab es kein Referatssystem, sondern die Beamten hatten in allen Sachgebieten zu arbeiten. Zweigstellen (Stapostellen) bestanden in Bremerhaven und Vegesack.

Die Polizei des hansestadt-bremischen Amtes Bremerhaven unterstand dem Deutschnationalen Dr. Helmut Koch. Leiter des politischen Dezernats der Kriminalpolizei bzw. der Gestapo und Vertreter des Amtshauptmanns wurde im April 1933 Dr. Bösche, der vom Rechtsanwalt zum Regierungsrat avancierte. Ihm standen mehrere „Hilfsbeamte" zur Seite. Er arbeitete eng mit dem Leiter des politischen Dezernats der Polizei in Wesermünde zusammen. Beide ließen 1933 auf dem „Gespensterschiff", einem Minensuchboot im Alten Hafen, verschärfte Verhöre durch die SA durchführen. Diese Brutalitäten wurden 1948–1950 mit mehreren hohen Zuchthausstrafen geahndet.

110

Die politische Polizei in Wesermünde war zunächst dem Regierungspräsidenten in Stade unterstellt. Sachbearbeiter war der Polizeidirektor und Leiter der Landeskriminalpolizeistelle Zur Nieden, der auch Landrat des Kreises Wesermünde war. Die Gestapo-Beamten kamen von der Kriminalpolizei. Stellvertretender Leiter war Regierungsassessor Heß, Abteilungsleiter Kriminalrat Schorn. 1934 schied Zur Nieden aus, und nun verselbständigte sich die Stapostelle Wesermünde und geriet in immer engere Beziehung zur SS.

Um die enorme Arbeit bewältigen zu können, wurde die Gestapo in Bremen von Hilfspolizei der „nationalen Verbände" unterstützt. Hin und wieder wurden die Festgenommenen mit Billigung des Gestapo-Chefs, Hauptmann Kruse, ab Juli 1933 der SA im Gosselhaus zu verschärftem Verhör übergeben. **Juli 1933** Sie wurden schwer mißhandelt, dann mit dem „Ermittlungsergebnis" der Gestapo zur weiteren „Behandlung" übergeben. Auch einige Beamte der Gestapo mißhandelten bei den Verhören die Häftlinge mit Fußtritten und Faustschlägen.

Die Gestapo Bremen kam in eine schwierige Lage, als die Konflikte zwischen Senator Laue und der SA ausbrachen. Hauptmann Kruse setzte auf einen Sieg der SA und intrigierte gegen Laue. Er wurde am 13. November 1933 abgesetzt **13. Nov. 1933** und in den Revierdienst abgeschoben. Ihm folgte der SA-Sturmbannführer und Kriminaldirektor Krebs, der ebenfalls eng mit der SA zusammenarbeitete. Bei der polizeilichen Durchsuchung der SA-Gruppe Nordsee im April 1934 wurde belastendes Material über ihn gefunden, so daß Senator Laue ihn am 2. Mai beurlaubte und ein Gerichtsverfahren gegen ihn einleitete. Sein Nach- **2. Mai 1934** folger war dann Hauptmann Erwin Schulz, ein recht besonnener Mann.

Als das Konzentrationslager Ochtumsand aufgelöst wurde, übernahm die Gestapo am 1. Mai 1934 vom Wachpersonal 10 SA-Leute, die ein Tagegeld von 4,25 RM erhielten; sie wurden sowohl im Außendienst als auch in der Registratur eingesetzt.

Die Bremer Gestapo versuchte, sich mit einer beachtlichen Leistungsbilanz bei den neuen Machthabern beliebt zu machen. Während des ersten Jahres (6. März 1933 bis 5. März 1934) wurden 6000 Namen in den Karteikarten des Arbeitsamtes, 35 000 in den Mitgliederverzeichnissen der Kleingartenvereine, 30 000 in den Listen der Betriebe überprüft, einige hundert Personen in Schutzhaft genommen, 950 Wohnungen, Büros und Gaststätten durchsucht, Tonnen von Druckmaterial beschlagnahmt, 450 Personen wegen Hochverratsverdachts festgenommen, von denen 260 dem Gericht zugeführt wurden. An Strafen wurden verhängt: 1150 RM Geldstrafen, 8 Monate Festung, 8 Jahre 2 Monate Zuchthaus; 11 Fälle wurden eingestellt, 35 noch nicht abgeschlossen.

Aug. 1934   Zwar konnte die Polizei im August 1934 dem Senat melden, daß es in Bremen keine Schutzhäftlinge mehr gebe. Sie saßen eben außerhalb in Konzentrationslagern, und es befanden sich zur gleichen Zeit im „Gefangenenhaus" immerhin elf Personen wegen politischer Delikte in Untersuchungshaft, davon fünf wegen Vorbereitung zum Hochverrat, einer wegen Verdachts auf Beteiligung am „Wilhelm-Decker-Mord", die anderen wegen Klebens von Plakaten und Verteilens von Flugblättern.

Die Gestapo war zunächst noch eine bremische Einrichtung, die es in ähnlicher Weise auch in anderen Städten gab. Trotz mancher parteipolitischer Einflüsse war sie auch nicht direkt dem Einfluß der NSDAP, der SA oder der SS ausgesetzt. Das änderte sich zumindest formal Ende 1933: Unter politischem Druck übertrug Bürgermeister Dr. Markert am 22. Dezember 1933 dem Reichsführer der SS, Heinrich Himmler, die Stellung eines Kommandeurs der politischen Polizei in Bremen, wodurch nun der verhängnisvolle Einfluß dieser Partei-Organisation auf den Polizeiapparat seinen Anfang nahm. Die Herauslösung aus der Kompetenz des Landes Bremen und die Einbindung in den großen zentralen Gestapo-Apparat vollzog sich jedoch erst später.

22. Dez. 1933

Himmler auf dem Wege zum Polizeihaus mit Senator Laue (in Zivil) und Bürgermeister Dr. Markert (dahinter rechts)

Gerichte

Das Gerichtswesen ist hier nur zu behandeln, soweit es sich auf politische Vergehen bezieht. Der normale Straf- und Zivilprozeß vollzog sich in der Regel wie in der Zeit vorher. Was die Richter anbetraf, so waren sie im allgemeinen bürgerlich oder konservativ eingestellt; viele von ihnen begrüßten die „nationale Erneuerung" und versagten ihre Mitwirkung nicht, wenn es sich darum handelte, „Staatsfeinde" (und auch „normale" Verbrecher wurden als solche angesehen) zu bestrafen. Freilich war es dann nur ein kleiner Teil der Juristen, der sich mit ausgesprochen politischen Verfahren zu befassen hatte.

Das geschah im wesentlichen an zwei Stellen: im Volksgerichtshof in Berlin und im Sondergericht in Hamburg, später auch in Bremen.

Es sei wenigstens erwähnt, daß es auch in der Weimarer Republik Spezialgerichte für politische Straftaten gab, so den Staatsgerichtshof zum Schutze der Republik beim Reichsgericht in Leipzig nach dem Rathenaumord; Sondergerichte wurden durch eine Verordnung von 1931 geschaffen. Auch sah das Reichsstrafgesetzbuch vor 1933 für Hoch- und Landesverrat schwere Strafen, u. a. die Todesstrafe, vor. Selbst die durch das NS-Heimtückegesetz bedrohten Vergehen wurden bereits seit 1930 durch das Gesetz zum Schutze der Republik mit Gefängnis belegt. Bei der Anwendung der Todesstrafe wie überhaupt bei der Verfolgung politisch motivierter Straftaten war man jedoch vor 1933 vergleichsweise zurückhaltend. Nach 1933 gab es dann aber eine ständige Steigerung des Abschreckungsprinzips.

Der Volksgerichtshof entstand am 24. April 1934, nachdem vier kommunistische Angeklagte im Reichstagsbrandprozeß vom Reichsgericht freigesprochen worden waren. Dadurch, daß im Volksgerichtshof alle fünf Richter von Hitler ernannt wurden, drei sogar höhere Parteiführer waren, ergab sich eine Rechtsprechung bei Hoch- und Landesverratsprozessen im Sinne der Machthaber. Die Tätigkeit des Gerichts ist hier nicht zu behandeln, obwohl auch Bremer in ihm verurteilt wurden. *24. April 1934*

Durch Verordnung der Reichsregierung vom 21. März 1933 wurde in jedem Oberlandesgerichtsbezirk ein Sondergericht zur Aburteilung politischer Straftaten gebildet, wobei es sich vor allem um Fälle handelte, die in den Verordnungen zum Schutze von Volk und Staat vom 28. Februar 1933 sowie zur Abwehr heimtückischer Angriffe gegen die Regierung der Nationalen Erhebung vom 21. März 1933 mit Strafe bedroht wurden. Der Vorsitzer und die zwei Beisitzer mußten die Befähigung zum Richteramt haben. Das Verfahren wurde vereinfacht, vor allem gab es keine Rechtsmittel gegen die Urteile, nur ein Antrag auf Wiederaufnahme des Verfahrens konnte gestellt werden, hatte aber *21. März 1933*

113

in der Regel wenig Aussicht auf Erfolg. Im Deutschen Reich wurden 26 Sondergerichte gebildet, eins davon in Hamburg, das auch für Bremen zuständig war.

Das Sondergericht in Hamburg hatte zunächst nur eine Kammer, seit dem 16. Oktober 1933 zwei, am 13. Dezember kam noch eine Hilfskammer hinzu, die am 1. Januar 1934 zur dritten Kammer wurde. Nachdem die Kommunistenprozesse im wesentlichen abgewickelt waren, bestand das Sondergericht seit dem 19. November 1934 nur noch aus einer Kammer.

Von staatlicher Seite wurden immer wieder hohe Strafen gefordert, und die Richter entzogen sich diesem Druck nicht. Die Zahl der Verfahren war in der Anfangszeit noch relativ gering. Da es sich nicht um „schwere" Delikte wie Hoch- und Landesverrat handelte, wurden Todesurteile selten verhängt, und zwar nur dann, wenn mit der politischen „Straftat" ein Tötungsdelikt verbunden war.

Auch die Tätigkeit des Sondergerichts in den ersten Jahren ist hier nicht im einzelnen darzustellen, da es keine bremische Institution war, wenn es auch bremische „Fälle" aburteilte. Es sei aber wenigstens angedeutet, wie diese vor das Gericht gebracht wurden: Zunächst bearbeitete die Staatsanwaltschaft in Bremen sie, die sie dann dem von Bremen beauftragten Staatsanwalt beim Sondergericht zuschickte. Von ihm wurde die Anklageschrift dann eingebracht.

h. Neue Sozialpolitik

Das Ende der Gewerkschaften

Die Gewerkschaften bildeten vor 1933 zwar keine Einheit, doch waren in Bremen die sozialistischen Freien Gewerkschaften tonangebend, während die katholischen Christlichen Gewerkschaften stark zurücktraten. Sie hatten hier etwa 1500 Mitglieder in fünf Einzelverbänden (Bau-, Holz-, Fabrik- und Transport-, Metall-, Gasthaus- und Kellnerverband), die in einem „Kartell der Christlichen Gewerkschaften" unter dem Vorsitz von Philipp Jahn zusammengefaßt waren. Die Zentrale der Christlichen Gewerkschaften versuchte März 1933 schon seit Ende März 1933, ihre Organisation zu retten, indem sie den neuen Machthabern ihre Mitarbeit anbot. Da sie sich im April rechtzeitig dem nationalsozialistischen „Aktionskomitee zum Schutze der deutschen Arbeit" unterstellte, konnten sie noch bis in den Juni weiterbestehen. In Bremen wurden die Karteien z. T. vernichtet; SA-Leute versuchten vergebens die Kassen zu beschlagnahmen; bei einem Verband wurde der Inhalt der Kasse (46 Mark pro Kopf) auf einem gemeinsamen Ausflug ausgegeben. Im Juni 1933 wurden die Christlichen Gewerkschaften mit ihrem Vermögen, soweit es noch verfügbar war, von der Deutschen Arbeitsfront übernommen. Juni 1933

Hitler und die NSDAP waren in ihrer Propaganda nicht gewerkschaftsfeindlich, doch die Gewerkschaften waren für sie nur als nationalsozialistische denkbar.

Um diese Vorstellungen zu fördern, wurde 1929 die Nationalsozialistische Betriebszellen-Organisation (NSBO) gegründet, die sich zunächst durchaus an Streiks beteiligte, um Arbeiter für sich zu gewinnen. In Bremen gab es die NSBO erst seit 1931. Die Organisation paßte sich an die NSDAP an, die Aktivitäten fanden durchweg in den Betrieben statt, soweit die NSBO in ihnen überhaupt vertreten war. Die Zahl der Mitglieder blieb gering. Im ganzen Gau Weser-Ems betrug sie 1932 etwa 1500. Bei den Betriebsratswahlen konnte die NSBO keine Erfolge erringen. Vor der „Machtergreifung" konnte sie sich so oppositionell darstellen, wie sie wollte; denn das konnte dem „System" nur schaden; im NS-Staat aber hatte sie diesen zu unterstützen. Klassenkampfideen, Tarifautonomie usw. hatten dann zu verschwinden. Die Aufgabe war jetzt: Die im Arbeitsprozeß Stehenden organisatorisch zusammenzufassen und Mißstände, die den Arbeitsfrieden stören konnten, aufzudecken und zu beseitigen. Natürlich war angesichts dieser einheitlichen Aufgabe nur noch Platz für eine „Einheitsgewerkschaft".

Betriebsratswahlen im Reich zeigten im März 1933, daß die NSBO manche Opportunisten unter den Arbeitnehmern anzuziehen vermochte (sie erhielt nach den ersten Wahlergebnissen 25 % der Stimmen), daß aber an ein Erringen der Mehrheit nicht zu denken war, und so wurden die Wahlen abgebrochen und vom Senat für das bremische Staatsgebiet 6 Monate ausgesetzt. Gewählte Betriebsräte sollte es dann überhaupt nicht mehr geben. Es bestanden in Bremen nur zwei größere Betriebe, in denen bis zur Gründung der Deutschen Arbeitsfront mehr als die Hälfte der Belegschaftsmitglieder in der NSBO war: die Tabakfirma Martin Brinkmann und die Städtischen Krankenanstalten. März 1933

Der Bremer Leiter der NSBO, Georg Müller, wurde am 25. März 1933 vom Senat auch als Fachberater für Arbeitnehmerfragen eingesetzt. Er war gelernter Bäcker und seit 1928 Mitglied der NSDAP; 1932 hatte er die Leitung der damals recht unbedeutenden NSBO in Bremen übernommen. 25. März 1933

Die Freien (sozialistischen) Gewerkschaften mit ihren Einzelgewerkschaften, Nebenorganisationen und Wirtschaftsbetrieben, etwa der Konsumgenossenschaft „Vorwärts", waren und blieben zunächst die wichtigste Arbeitnehmerorganisation. Seit langem gab es freilich auch Krisenzeichen. Es gab in der

Wirtschaftskrise Austritte, die Gewerkschaftsbürokratie unter ihrem Ortsaus-
schußvorsitzenden Oskar Schulze zeigte sich z. T. unbeweglich und von der
„Basis" abgehoben; es gab auch Schwierigkeiten durch kommunistische Zersetzungsarbeit sowie die unterschiedliche Interessenlage von Arbeitern und
Arbeitslosen. Kämpferische Positionen, etwa bei Lohnkämpfen, waren zudem immer und überall durch die hohe Arbeitslosigkeit geschwächt.

30. Jan. 1933 Der Aufruf des ADGB am 30. Januar 1933 erklärte zwar, daß „die Lebensin-
teressen der gesamten Arbeitnehmerschaft" auf dem Spiel stünden. Um die
Gefahr abzuwenden, sei jetzt „kühles Blut und ernste Besonnenheit erstes Gebot". Vor Einzelaktionen wurde ausdrücklich gewarnt. Nach der „Machtergreifung" wurde eine eindeutige Oppositionshaltung auch durch die Befürchtung behindert, man könnte durch ein Verbot die Unterstützungskassen
und das Betriebsvermögen der Gewerkschaftsunternehmen verlieren.
Menschlich verständlich mag es auch sein, daß viele Angestellte fürchteten, bei
einem Verbot ihre Stellung zu verlieren und arbeitslos zu werden. Die „Basis"
blieb aber im großen und ganzen den Gewerkschaften zunächst noch treu. Bei
den Betriebsratswahlen der AG „Weser" entschieden sich Anfang Februar 794
Arbeitnehmer für die Freien Gewerkschaften und 98 für die Kommunistische
RGO-Liste. Die NSBO stellte keine eigene Liste auf.

Die Führung des ADGB, die von fester sozialdemokratischer Gesinnung war,
hielt sich aus taktischen Gründen weiterhin zurück. Die von ihr ausgehende
Kritik war moderat. Die politische Polizei stand unter dem Eindruck, daß sie
fatalistisch bzw. resigniert sei. Als eine Katastrophe sahen die Gewerkschaftsführer die Entwicklung noch nicht an, und man hörte die Auffassung: „Keine
deutsche Regierung wird die deutsche Arbeiterschaft und ihre Organisation
überwältigen können, weil sie ihren Geist nicht unterdrücken kann. Es wird
auch dieser Regierung nicht gelingen." Auch heute wird hin und wieder der
Eindruck vermittelt, daß es unter Einschluß der Gewerkschaften eine geschlossene oppositionelle Arbeiterbewegung gegeben habe. Diese Auffassung
entspricht nicht den Tatsachen. Zu einem Generalstreik oder auch nur zu kleineren politischen Streiks bestand nur eine sehr geringe Bereitschaft. Allerdings
war die politische Polizei zunächst noch im Zweifel, ob nicht die Radikalen die
Funktionäre zu aktiver Opposition zwingen würden. Das geschah dann aber
nicht, wie überhaupt die Gewerkschaften nicht der Nährboden für einen aktiven und letztlich auch opferbereiten Widerstand waren.

27. Febr. 1933 Der Ortsausschuß des ADGB verurteilte den Reichstagsbrand am 27. Februar
und wandte sich gegen den Verdacht, daß die organisierte Arbeiterschaft daran
beteiligt gewesen sei; die Gewerkschaften seien gegen jeden „Terror". In einer

April 1933 bremischen Gewerkschaftszeitung konnte man am 1. April lesen, daß gegenwärtig „nach Lage der Dinge" „an eine baldige Neuregelung von Grund aus nicht zu denken sei … Die Gefahr eines Verbots der Gewerkschaften dürfte überwunden sein". Es stellte sich sogar die Frage, ob die Gewerkschaften nicht, um zu überleben, einen Reichskommissar aufnehmen sollten. Daß jetzt auch die NSBO tariffähig war, nahm man hin; doch stellte das angesichts der Unmöglichkeit von Lohnkämpfen ohnehin kein Problem mehr dar. Noch auf einer Tagung der Freien Gewerkschaften im Gaswerk am 3. April 1933 erklärte der Ortsausschußvorsitzende Oskar Schulze dem anwesenden NSBO-Zellenleiter Georg Müller, daß dessen Organisation gänzlich überflüssig sei, da die „nationale Regierung" das Weiterbestehen der Gewerkschaften garantiert habe.

Die endgültige Ausschaltung der Gewerkschaften wurde seit Anfang April geplant und am 16. April beschlossen. Daß der 1. Mai 1933 zum „Tag der nationalen Arbeit" erklärt wurde, erfuhren die Bremer am 19. April durch die Zeitung. Die Planung lag nicht bei den Gewerkschaften, sondern bei der Kreisleitung der NSDAP bzw. dem Kreispropagandaleiter Hoffmann. Die Gewerkschaften machten keinen Versuch, mit einer eigenen Feier zu konkurrieren. Vorgesehene Veranstaltungen an jenem Tage mußten ohnehin angemeldet werden und wurden sogleich verboten.

Zwei Tage vor Hitlers Geburtstag, am 18. April 1933, inszenierte die NSBO unter Georg Müller eine Aktion gegen die Gewerkschaftszentrale in Bremen. Um 14 Uhr trat ein Lehrsturm der SA-Standarte 75 vor dem Volkshaus an der Nordstraße an. Müller hielt eine Ansprache, in der er der Verwaltung des Volkshauses Korruption vorwarf und ankündigte, er werde die Leitung kommissarisch übernehmen. Unter den Klängen des Horst-Wessel-Liedes wurde die Hakenkreuzfahne gehißt.

Fünf Gewerkschaftsfunktionäre, darunter der ehemalige Senator Emil Sommer und der Ortsausschußvorsitzende des ADGB und Syndikus der Arbeiterkammer Oskar Schulze, wurden in Schutzhaft genommen.

Die Taktik der NSDAP in dieser Zeit war klar: Sie wollte die Gewerkschaftsfunktionäre in den Augen der Mitglieder disqualifizieren, um sich diesen als echte Arbeiterfreunde zu präsentieren. So erklärte denn der neue NS-Syndikus der Arbeiterkammer, August Hogrefe, bei der Besetzung des Volkshauses am 18. April: „Wenn wir die Gewerkschaften besetzt, wenn wir die Bonzen zum Teufel gejagt haben, so ist das nicht geschehen, um die Rechte der Arbeiter zu beschneiden, sondern um die Arbeiter von jenen Drohnen zu befreien, die ihre Pfennige verpraßt haben." Immer wieder hörte man in diesen Tagen von Nationalsozialisten, daß sie die Gewerkschaften in ihrem „berechtigten Wirken" bejahten.

Auch die Kommunisten wurden in dieser Zeit nicht müde, auf den Verrat der Gewerkschafts-„Bonzen" hinzuweisen, ja, sie sogar einer Kollaboration mit den Nazis zu verdächtigen. Ihre Taktik war klar: Man versuchte die Gewerkschaftsmitglieder von der Führung zu trennen und zu sich herüberzuziehen, vor allem aber auch die Unzufriedenheit mit den sozialen Verhältnissen am Kochen zu halten, um dadurch den neuen Machthabern Schwierigkeiten zu bereiten. Man solle höhere Löhne, kürzere Arbeitszeit usw. fordern. Für den bevorstehenden 1. Mai, der ja zum „nationalen Feiertag" erklärt wurde, erfolgte die Losung, man solle der Veranstaltung fernbleiben. In einigen Flugblättern der KPD wurde zu Massendemonstrationen, ja zum Massenstreik am 1. Mai aufgerufen.

Am 21. April wurde die Vorbereitung für die Maifeier auf eine breitere Basis gestellt: Es wurde ein Arbeitsausschuß unter Vorsitz des Bürgermeisters Dr. Markert gebildet. Damit war die Feier nicht mehr nur eine Partei-, sondern auch eine Staatsangelegenheit. Dennoch erklärte Dr. Markert auch jetzt noch, die Gewerkschaften sollten erhalten bleiben, allerdings von den „Bonzen" befreit werden. Und NSBO-Leiter Müller betonte am 25. April im Volkshaus: „Wir bejahen die Gewerkschaften, wir erkennen ihre Bedeutung an, nur wir werden nichts tun, was den Gewerkschaften und ihrem berechtigten Wirken irgendwie abträglich wäre. Auch das Volkshaus soll der bremischen Arbeiterschaft erhalten bleiben und in der Zukunft den Namen ‚Haus der deutschen Arbeit' führen."

1. Mai 1933 Der 1. Mai wurde von den Glocken aller bremischer Kirchen eingeläutet. Viele Häuser waren mit Fahnen und Tannengrün geschmückt. Vor dem Dom war ein „Altar der Arbeit" aufgebaut, in der Kirche fand um 8 Uhr ein Festgottesdienst statt, auf dem der NS-Pastor und spätere Landesbischof Heinz Weidemann predigte. Für die Jugendverbände fand in der St. Stephanikirche ein Gottesdienst statt. Neben den Altären standen Hakenkreuzfahnen. In den Betrieben fanden zu dieser Zeit Appelle statt, auf denen die Anwesenden registriert, Reden gehalten und Hakenkreuzfahnen gehißt wurden. Um 9 Uhr wurde auf sieben Plätzen der Stadt die Berliner Goebbels-Rede übertragen, dann gab es Platzkonzerte.

Am frühen Nachmittag versammelten sich Tausende nach Betrieben auf dem Spielplatz an der Nordstraße. Auch Sportvereine, Polizei, SA, Stahlhelm und HJ bildeten eigene Marschblocks. Um 10.20 Uhr erschien das Luftschiff „Graf Zeppelin" über Bremen.

Um 15 Uhr ging es in Achterreihen los: zum Doventor, auf dem Wall entlang zum Ansgariitor, auf der Obernstraße zum Markt, durch das Ostertor weiter auf dem Ostertorsteinweg und der Straße vor dem Steintor bis zur Lüneburger

„Altar der Arbeit" vor dem Dom am 1. Mai 1933

Straße, dann zum Osterdeich und zum Weserstadion. An der Spitze marschierten die Mitglieder des Senats. Der Polizeisenator Laue holte einige Konzentrationslagerhäftlinge ins Polizeihaus, damit sie dort den Maiumzug beobachten konnten, andere ließ er mit einem Kraftwagen durch die geschmückten Straßen fahren, um ihnen den Gesinnungswandel der Arbeiter vor Augen zu führen. Eine größere Anzahl von Schutzhäftlingen, von denen man den Eindruck hatte, daß sie sich „bekehrt" hatten, wurde entlassen.

Die Zahl der Teilnehmer an der Kundgebung im Weserstadion wurde auf 60–70 000 geschätzt. Um 19.00 Uhr begann Dr. Markert seine Rede, deren Inhalt sich im üblichen Rahmen hielt; es folgte die erste Strophe des Deutschlandliedes; der NSBO-Leiter Müller sprach über die neue Volksgemeinschaft. Dann folgte die Übertragung der Rede Hitlers auf dem Tempelhofer Feld in Berlin. Kreisleiter Wegener beendete die Kundgebung mit der üblichen „Führerehrung".

Aus kritischer Rückschau hinterläßt die Maifeier einen sehr zwiespältigen Eindruck. Die Inszenierung war durchaus imposant. Die Zahl der Teilnehmer war beachtlich; unter ihnen waren viele Arbeiter, die lange Jahre hindurch Mitglieder der Gewerkschaften und der sozialistischen Parteien gewesen waren. Hätten sie nicht an diesem NS-Spektakel teilgenommen, wäre nur eine kümmerliche Veranstaltung zustande gekommen. Viele nahmen teil, weil sie den neuen Herren zutrauten, daß sie mit den anstehenden Problemen fertigwerden könnten. Andere gaben trotz innerer Abneigung dem politischen Druck nach, wobei man sich allerdings fragte, welche Folgen Arbeiter zu erwarten gehabt hätten, die zu Hause geblieben wären. Man wird dazu nichts Sicheres sagen können; nur vermittelt die Maifeier 1933 doch den Eindruck, daß es mit der Widerstandskraft der Massen, auch der Arbeitnehmer in den Großbetrieben, nicht besonders gut bestellt war.

Die Maifeiern wiederholten sich dann Jahr für Jahr nach einem ähnlichen Muster. Die Zahl der Teilnehmer wuchs noch, aber auch die Lustlosigkeit nahm zu; denn viele hatten das Gefühl, daß es sich um eine politische Pflichtübung zur bombastischen Selbstdarstellung der Machthaber handelte. Ein arbeitsfreier Tag wurde gern hingenommen, man wollte ihn sich aber nicht durch lange Märsche und endlose Reden verderben lassen.

2. Mai 1933 Zwar waren die Vorgänge des 2. Mai 1933 – die Besetzung der Gewerkschaftshäuser – seit Wochen geplant; doch die Erfahrungen des Tages vorher gaben den Nationalsozialisten die Sicherheit, daß der vorgesehene Schlag auf keinen nennenswerten Widerstand stoßen werde.

Am 2. Mai um 10 Uhr begannen die Aktionen schlagartig im ganzen Reich. Das Volkshaus an der Nordstraße wurde von 22 Schutzpolizisten umstellt, 68 drangen unter Führung von Senator Otto Heider in das Gebäude ein, 34 Beamte der politischen Polizei begannen mit der Durchsuchung der Räume. Auch der NSBO-Gauobmann Dieckelmann und der bremische NSBO-Leiter Georg Müller waren anwesend. Die gewerkschaftseigene „Bank der Arbeiter, Angestellten und Beamten" wurde ebenfalls besetzt, der Parteigenosse Hormann als neuer Leiter eingesetzt. Die einzelnen Gewerkschaftsverwaltungen wurden unter die Leitung von NSBO-Funktionären gestellt, 30 Vorsitzende und Sekretäre in „Schutzhaft" genommen; die große Masse der Angestellten ließ man aber auf ihrem Posten, und so konnte der Betrieb schon am 3. Mai weitergehen. Auf diese Weise wurde bei vielen Arbeitern der Eindruck vermittelt, daß eigentlich alles beim Alten geblieben sei und nur einige „korrupte Bonzen" beseitigt worden seien. So gab es denn auch keinen Massenaustritt aus den Gewerkschaften bzw. der Deutschen Arbeitsfront, zumal es auch nicht an Drohungen an die Adresse jener fehlte, die an einen Austritt dachten.

In kommunistischen Kreisen meinte man, es lasse sich bei den Arbeitern Widerstand gegen diese Maßnahmen organisieren. Das aber gelang doch nicht. Wieder nahmen die Kommunisten die Ereignisse vom 2. Mai zum Anlaß, gegen die „ADGB-Führer" heftige Vorwürfe zu richten: Sie „begrüßten" jetzt angeblich die nationale Einheitsgewerkschaft, ordneten sich „freiwillig und freudig" in den neuen Staat ein. Gewiß, einige Gewerkschaftsfunktionäre zeigten sich bereit zur Kollaboration, viele zogen sich jedoch resigniert zurück. Ein einheitlich negatives Bild, wie die Kommunisten es zeichneten, entspricht nicht den Tatsachen.

Selbst nach diesem Ende der Gewerkschaften scheint es hier und da noch Hoffnungen gegeben zu haben, daß den bisherigen Mitgliedern das Gewerkschaftseigentum bleiben werde. Wenn wir Bürgermeister Dr. Markert glauben dürfen, hat ihn Wilhelm Kaisen in dieser Angelegenheit angesprochen; doch Dr. Markert erklärte ihm, er könne nichts machen, da die Reichsregierung die Übernahme der Vermögenswerte durch die Deutsche Arbeitsfront angeordnet habe.

Auch in Aumund wurde das Gewerkschaftshaus am 2. Mai 1933 besetzt. NS-Ortsgruppenleiter Heinrich Hillmann erhielt vom Gau den Befehl, die notwendigen Maßnahmen durchzuführen. Sechs oder sieben SA-Leute wurden am Eingang postiert; Hillmann suchte die Gewerkschaftsbüros auf und überprüfte die Kassen. Die Angestellten erklärten auf Befragen, daß sie bereit seien, unter den neuen Herren weiterzuarbeiten. In einem der Büros wurde festgestellt, daß Unterlagen vernichtet worden waren, und so wurde der verantwortliche Angestellte in Schutzhaft genommen.

Die Deutsche Arbeitsfront

Am gleichen 2. Mai wurden die Freien Gewerkschaften in die Deutsche Arbeitsfront (DAF) eingegliedert. Der Name sollte die Illusion vermitteln, daß nun eine Einheitsgewerkschaft entstanden sei.   *2. Mai 1933*

Die DAF übernahm die Vermögenswerte und die Organisationsform der Gewerkschaften; nur in die Führungspositionen traten NSBO-Funktionäre ein. Sie übernahm auch das „Volkshaus" an der Nordstraße, das nun nach einem „Blutzeugen der Bewegung" in „Wilhelm-Decker-Haus" umbenannt wurde. Die Einweihung erfolgte am 9. Juni; als Gäste konnte man bei dieser Feier   *9. Juni 1933* Gauleiter Röver und Bürgermeister Dr. Markert begrüßen.

Die Partei hatte einige Schwierigkeiten, das Verhältnis zwischen den Gewerkschaften bzw. der DAF und der NSBO zu definieren. Es wurde erklärt, daß die Gewerkschaften die wirtschaftliche, die NSBO aber die politische Vertretung der Arbeiter wahrzunehmen hätten; doch blieb unklar, ob das eine Abgrenzung oder die Beschreibung einer gemeinsamen Arbeit sein sollte. Die Unklarheit nahm zu, als die Einsetzung von „Treuhändern der Arbeit" eine Vertretung durch die Gewerkschaften ganz überflüssig zu machen schien. Dr. Markert versuchte als Treuhänder für das Wirtschaftsgebiet Niedersachsen im Juli 1933 in einem Gespräch mit Dr. Ley in Berlin Klarheit zu erhalten. Es war von horizontaler Gliederung des Volkes durch die DAF und von einem ständischen Aufbau in „senkrechter Richtung" die Rede; alles schien Dr. Markert noch verworrener als zuvor. Auch Senator Bernhard versuchte sich in Berlin zu informieren, und zwar am 19. Juli beim Staatssekretär Gottfried Feder, dem alten „Ideologen" der Partei. Er bekam zu hören, daß die Gewerkschaften immer noch zum Klassenkampf neigten; ihre Aufgabe solle aber die „weltanschauliche Erziehung" der Mitglieder und „wirtschaftliche" Selbsthilfe sein. Klarheit über die Aufgaben ergab das ebenfalls nicht.

Soweit bekannt ist, hatte die NSBO im Kreise Bremen im Juni 1933 12 000 Mitglieder und 800 Funktionäre, die sich als „politische Kraft" der Gewerkschaften bzw. der DAF fühlten. Während des Monats Juni 1933 wurden aber 2000 Mitglieder wegen politischer Unzuverlässigkeit ausgeschlossen. Georg Müller, der bisherige Kreisobmann, verschwand im Juli nach Oldenburg, und seit dem 1. August war dann Otto Schwenk aus Walle sein Nachfolger, der am Ende des Jahres auch in den bremischen Staatsrat berufen wurde. Er war ein tüchtiger Organisator, ein Mann mit Durchsetzungsvermögen und einigem Sozialgefühl, freilich auch ein ehrgeiziger Nationalsozialist. Er unternahm manches, um die Mitgliedzahl zu erhöhen, letzten Endes aber ohne Erfolg.

Entscheidend blieb die große DAF mit ihrem Gewerkschaftskern, deren Funktionäre nicht einmal alle Mitglieder der NSBO waren. Es gab in Bremen Ende 1933 17 NSBO- und DAF-Ortsgruppen, die im allgemeinen – aber nicht immer – den NSDAP-Ortsgruppen entsprachen. Als die Zahl der Partei-Ortsgruppen am 1. Mai 1934 auf 29 erhöht wurde, kamen 10 NSBO- bzw. DAF-Ortsgruppen hinzu; es waren nun also insgesamt 27 Ortsgruppen. Auf der untersten Ebene wirkten Betriebszellen wie auch Straßen- und Straßenblockzellen.

Nach und nach trat die NSBO zurück; deren Mitgliedzahl wurde im Reich seit dem 5. August 1933 auf 1,1 Millionen beschränkt und seit dem 7. September 1933 gab es Gleichberechtigung zwischen DAF-Amtswaltern und NSBO-Funktionären. Man konnte eine Führungsposition in der DAF erhalten, ohne Mitglied der NSBO zu sein.

Im Juni 1933 wurde der bremische Kreisleiter der NS-Jugendbetriebszellen, Robert Hoffmann, beauftragt, die „Jugendabteilungen sämtlicher Gewerk-

(Marginalien links:)
Juni/Juli 1933

1. August 1933

Juni 1933

122

Kreisobmann
der DAF,
Otto Schwenk

schaften und Berufsverbände zu übernehmen". Das Ziel sollte sein, „aus der gesamten werktätigen Jugend Bremens einen Block nationalsozialistischer Jungarbeiter zu schmieden".

Trotz der Veränderungen seit dem 2. Mai 1933 forderten viele Arbeitnehmer von den Gewerkschaften bzw. der DAF weiterhin, daß sie sich in Tarifverhandlungen für ihre Interessen einsetzten; doch das war eben nicht mehr die Aufgabe der DAF, so daß der Vorwurf laut wurde, diese verträten die Interessen der Unternehmer gegen die Arbeitnehmer; richtiger wäre es gewesen, von einer Unterstützung staatlicher Sozial- und Wirtschaftsinteressen zu sprechen, was nicht immer dasselbe sein mußte. Um die Belegschaften von der „guten" Absicht oder zumindest der Zwangslage der DAF im Rahmen der staatlichen Erfordernisse zu überzeugen, gab es „Betriebsversammlungen" de-

123

ren Besuch zur Pflicht gemacht wurde. Durchweg kamen mehrere Betriebe einer Ortsgruppe in einem Saal oder einer Fabrikhalle zusammen. Hier hielten dann lokale Parteigrößen zeitgemäße Reden.

Immer deutlicher wurde, daß die DAF keine der alten Gewerkschaftsfunktionen mehr erfüllte, sondern in den Belegschaften den Arbeitsfrieden mit dem Ziel der Leistungssteigerung fördern sollte. Das zeigte sich auch im Oktober 1934 durch eine Verordnung Hitlers, die erklärte, die DAF solle die „Schaffung einer großen Volks- und Gesinnungsgemeinschaft, in der alle arbeitenden Menschen unseres Vaterlandes miteinander verbunden sind", fördern, was natürlich vor allem die Erziehung der Arbeiter zum Nationalsozialismus bedeutete. Die Aufgaben, die man sich dann konkret stellte, bezogen sich auf Veranstaltungen (u. a. Massenkundgebungen, etwa mit Dr. Ley als Redner, und Maifeiern), Betriebsarbeit, Freizeitgestaltung (vor allem durch die NS-Gemeinschaft „Kraft durch Freude") und Stellenvermittlung.

Eine wichtige Tätigkeit übten die Betriebsobmänner aus, die für ihre Aufgaben besonders geschult wurden und die die Verbindung zwischen der Belegschaft und der Betriebsführung herzustellen hatten. Sie mußten Tarif- und Betriebsordnungen sowie die Stimmung in der Belegschaft genau kennen. Kreiswaltung und Ortswaltung hatten einen engen Kontakt mit ihnen und unterstützten sie bei Konflikten mit der Betriebsleitung oder auch mit der Belegschaft. Die Betriebsführer suchten ihre Position ihnen gegenüber oftmals dadurch zu verbessern, daß sie selbst in die DAF und die NSDAP eintraten und sich auch sonst der Partei gegenüber unterwürfig zeigten. In der Praxis oblag die Kontrolle über die Zustände in den Betrieben freilich nicht nur den Betriebsobleuten der DAF, sondern auch den Treuhändern der Arbeit, sich ihrerseits wieder bei der Partei und bei höheren Behörden absicherten. Am 20. Januar 1934 wurde der Betriebsrat in den Betrieben abgeschafft. An seine Stelle trat ein Vertrauensrat, der durch Betriebsführer und NSBO bzw. DAF aufgestellt und vom Treuhänder der Arbeit beaufsichtigt wurde. Die Gefolgschaft konnte nur noch zustimmen oder ablehnen. Dennoch gab es häufig Spannungen, bei denen Betriebsführung und Treuhänder der Arbeit, die oft zusammenhielten, die Amtswalter der DAF aber die Interessen der Arbeiter vertraten. Immerhin waren 90 % der Arbeitnehmer Mitglieder der DAF. Die Mitgliedschaft war zwar „freiwillig", aber der Betriebsführer konnte sich weigern, Nichtmitglieder einzustellen, so daß mancher Arbeitnehmer es als nützlich ansah, in die DAF einzutreten.

Für jene Fälle, in denen Betriebsführer oder Gefolgschaftsmitglieder ihre „soziale Ehre" verletzt sahen, gab es Ehrengerichte, die in den meisten Fällen gegen den Werksleiter entschieden. Wenn es sich um die Verletzung gesetzlicher Bestimmungen handelte (etwa bei einer Kündigung), waren Arbeitsgerichte zuständig; doch ging auch die Anrufung dieser Gerichte im allgemeinen über die Deutsche Arbeitsfront, die die Fälle filterte, so daß die Zahl der Prozesse erheblich zurückging.

Die NS-Gemeinschaft „Kraft durch Freude" wurde am 27. November 1933 als   27. Nov. 1933
Feierabendorganisation der DAF gegründet. Im Vordergrund mag zunächst die Absicht der Arbeiterbildung gestanden haben, aber auch hier gab es viel politische Schulung. Viele Arbeitnehmer sahen freilich auch die Möglichkeit der „Zerstreuung" bzw. des „Vergnügens". Es gab Abteilungen für Kultur, Sport, Reisen-Wandern-Urlaub, „Schönheit der Arbeit", Unterricht und Ausbildung. In all diesen Bereichen kollidierte die NS-Gemeinschaft mit bereits bestehenden Vereinen. Ziel war es nun, möglichst viele von ihnen aufzulösen oder „anzuschließen", vor allem aber auch selbständige Neugründungen zu verhindern.

Der Kreiswart der NS-Gemeinschaft (bis Ende 1935), Uhde, entwickelte einen beträchtlichen Ehrgeiz und organisierte umfangreiche Programme. Besonders

Gemeinschaftsraum einer Belegschaft (Bauhof)

125

beliebt waren Urlaubsreisen, die zu erschwinglichen Preisen angeboten wurden. Am bekanntesten wurde die Flotte eigener Urlaubsschiffe. Ein Industriearbeiter hatte für eine Woche Aufenthalt im Harz einen Wochenlohn zu zahlen. Viele Betriebe stellten für ihre Gefolgschaftsmitglieder erhebliche Zuschüsse zur Verfügung.

Mai 1934 Seit Mai 1934 gab es das Amt „Schönheit der Arbeit". Es ging dabei um die Förderung sozialer und ästhetischer Einrichtungen in den Betrieben, um Kantinen, Wandschmuck, gärtnerische Anlagen, Beleuchtung, Belüftung usw. Betrieben, die sich gegenüber Verbesserungsvorschlägen sperrten, wurde damit gedroht, daß sie „durch ein zehn Zentimeter breites Brett als Bruchbude angeprangert" würden. Andererseits wurden viele Betriebe wegen guter Maßnahmen gelobt, so die Tabakfirma Martin Brinkmann wegen einer vorbildlichen Betriebsküche und eines einladenden Gemeinschaftsraumes.

Das Zusammengehörigkeitsgefühl der Belegschaft wurde auch durch zahlreiche Feiern, Kameradschaftsabende und Ausflüge gefördert, die oft mit einer Schulung verbunden waren. Mehrfach nahmen Bürgermeister Dr. Markert

Herbst 1934 und Senatoren daran teil. Von Bedeutung war auch die im Herbst 1934 gegründete „Berufsschule der Deutschen Arbeitsfront" im Gebäude Am Wall 179/180, die mit der staatlichen Berufsschule konkurrierte. Die DAF behauptete, sie wolle im Ausbildungswesen für Arbeiter eine Lücke füllen; dabei war ein Zusammenwirken mit der Arbeiter- und Angestelltenkammer angestrebt.

Das Institut hatte zwei Abteilungen: Die Kaufmanns- (Angestellten-) Schule und die Werk- (Arbeiter-)Schule. Im allgemeinen meldete man sich über den Betrieb zu den Kursen an. Die Gebühren waren für zehn Abende mit 2 und 5 Mark recht hoch, und so blieb die Teilnehmerzahl gering. Am besten wurden rein technische Kurse (Stenografie, Kochen usw.) belegt. Auffallend gering war das Interesse für Geschichte, das Parteiprogramm der NSDAP und die Nationalsozialistische Weltanschauung.

Arbeitnehmerkammern

20. Sept. 1933 Das Angestelltenkammergesetz vom 20. September 1933 bestätigte, daß diese Kammer „der Förderung der wirtschaftlichen und kulturellen Belange der bremischen Angestellten" dienen solle. Auf diesem Gebiet hatte sie dem Senat gegenüber gutachtlich tätig zu sein. Der Kammerpräsident wurde vom Senat auf drei Jahre ernannt und konnte jederzeit abberufen werden. Ihm standen 15 Kammermitglieder zur Seite, die „nach Anhörung" des Präsidenten vom Senat berufen wurden. Die „Deutsche Arbeitsfront" hatte ein Vorschlagsrecht, wie

auch die Mitglieder der Arbeitsfront angehören mußten. Für die einzelnen Berufsgruppen waren Fachausschüsse vorgesehen, deren Mitglieder und Vorsitzende vom Kammerpräsidenten oder vom Senatskommissar für Arbeit berufen wurden. Die Angestelltenkammer hatte sich bisher einigermaßen unpolitisch gehalten; ihr Syndikus Dr. Hammerschlag wurde schon am 20. April entlassen. Das Angestelltenkammergesetz aber brachte dann die totale Auslieferung an die Deutsche Arbeitsfront.

Am gleichen 20. September 1933 wurde ein ganz ähnlich formuliertes Arbeiterkammergesetz erlassen. Auch hier sicherten sich Deutsche Arbeitsfront und Senat den entscheidenden Einfluß. Die Kammer war lange eine Domäne der sozialdemokratischen Gewerkschaftsfunktionäre gewesen. Vorsitzer war Albert Götze, Syndikus Oskar Schulze. Sie und einige Angestellte der Kammer wurden bei der Besetzung des Volkshauses aus ihren Ämtern entfernt, z. T. auch vorübergehend verhaftet. Kommissarischer Leiter wurde nun August Hogrefe, eine schillernde Person. Er war nach dem Kriege Kommunist gewesen, betätigte sich als freier Schriftsteller, Verkäufer und Posthelfer. 1930 schloß er sich der SAP an und wurde von dieser in die NSDAP sowie die NSBO eingeschleust. Er hielt weiter enge Kontakte zu Linkssozialisten. Seit 1932 war er sogar Ortsgruppenleiter der NSDAP. Da er als strammer Nationalsozialist mit sozialem Engagement galt, wurde er im April 1933 kommissarisch als Leiter der Arbeiterkammer, am 1. Oktober dann als Präsident eingesetzt. Er blieb es bis zum Ende der Kammer.

Durch den entscheidenden Einfluß der Deutschen Arbeitsfront und des Senats auf die Arbeitnehmerkammern blieben diese in ihrem Wirkungsbereich sehr eingeengt, und so war es denn konsequent, daß sie am 3. Mai 1935 in die „Deutsche Arbeitsfront" überführt wurden.

3. Mai 1935

„Treuhänder der Arbeit"

Um den Arbeitern den Eindruck zu nehmen, daß sie mit der Ausschaltung der Gewerkschaften dem Lohndiktat der Unternehmer ausgeliefert seien, wurden durch Gesetz vom 19. Mai 1933 die „Treuhänder der Arbeit" eingesetzt. Sie wurden vom Reichskanzler auf Vorschlag und im Einvernehmen mit den Länderregierungen für größere Wirtschaftsgebiete ernannt. Sie waren Reichsbeamte des Arbeitsministeriums. Man sah in ihnen zwar zunächst einen Ersatz für die bisherigen Vereinigungen der Arbeitnehmer und Arbeitgeber, doch sollten sie nicht nur eine Art Schlichtungsinstanz sein, sondern vor allem auch die Interessen des Staates im Arbeitsleben vertreten. Sie waren zuständig für

19. Mai 1933

127

die Bedingungen beim Abschluß von Arbeitsverträgen und sollten bei der Vorbereitung einer Sozialverfassung mitarbeiten. Auf jeden Fall waren sie bei ihrer Tätigkeit verpflichtet, mit Reichs- und Landesbehörden eng zusammenzuarbeiten und wurden ohnehin den Weisungen der Reichsregierung unterworfen. Das Reich wurde in 13 Wirtschaftsgebiete eingeteilt, in denen je ein Treuhänder wirken sollte. Bremen wurde „Niedersachsen" zugeteilt. Dieser Wirtschaftsbezirk umfaßte die Provinz Hannover ohne die Kreise Land Hadeln, Stade, Hamburg-Wilhelmsburg (Stadt) und Harburg (Land), den Freistaat Oldenburg ohne die Landesteile Lübeck und Birkenfeld, die Freie Hansestadt Bremen und den Freistaat Braunschweig. Diese Region entsprach dem Bezirk des Landesarbeitsamtes, nicht aber dem NS-Gau bzw. dem Amtsbereich des Reichsstatthalters, sie wies auch keine geschlossene oder einheitliche Wirtschaftsstruktur auf.

In Bremen und Oldenburg gab es Bedenken: Bremen fürchtete, daß der Treuhänder seinen Sitz in Hannover nehmen und von dort aus die bremischen Hafenprobleme stiefmütterlich behandeln könnte. Gauleiter Röver hatte ein Wirtschaftsgebiet Weser-Ems mit einem Übergewicht Oldenburgs im Auge. Der Reichsarbeitsminister blieb aber bei seiner Einteilung der Wirtschaftsgebiete, und nun bemühte sich Bremen darum, daß es selbst den Treuhänder stellte. Dr. Markert dachte an den Präsidenten der bremischen Behörde für Schiffahrt, Handel und Gewerbe, Dr. Carl Völckers, doch dieser wurde von der Partei abgelehnt. Dr. Markert faßte Senator Heider ins Auge; doch schließlich schlug der Senat dem Reichsarbeitsminister Dr. Markert vor. Der Minister gab den Vorschlag an Hitler weiter, der dann am 18. Juni 1933 auch seine Zustimmung gab. Die Bremer Wirtschaft war zufrieden, und Gauleiter Röver, der mit Dr. Markert noch nicht verfeindet war, machte keine Einwände.

Juli 1933 Dr. Markert war dann am 11./12. Juli 1933 auf einer Besprechung im Reichsarbeits- und Reichswirtschaftsministerium in Berlin, auf der Richtlinien für die Treuhänder festgelegt wurden. Es ist bemerkenswert, daß der ehrgeizige Dr. Markert seine Rolle zunächst erheblich überschätzte und meinte, er sei nun eigentlich Treuhänder der gesamten Wirtschaft in Niedersachsen. Doch sehr bald sah er klarer und verkündete seine Auffassung am 26. Juli 1933 den Spitzen der Wirtschaft und der DAF. Rein wirtschaftliche Fragen wollte er dem Gauwirtschaftsberater der NSDAP und der DAF überlassen und deren Schlichtungsvorschläge nur bestätigen. Soziale Probleme gehörten in den (noch existierenden) Betriebsrat und vor das Arbeitsgericht. Der Betriebsobmann hatte sich in sozialen Fragen mit dem Betriebsführer zu beraten. Die Entscheidungen von DAF bzw. NSBO sollten vom Treuhänder nur bestätigt werden. In Lohnfragen konnte sich der Treuhänder vom Betriebszellenleiter

zwar Vorschläge machen lassen; auf diesem Gebiet gab aber allein die Entscheidung des Treuhänders bzw. der ihn bindenden Vorschriften der Reichsregierung den Ausschlag. Nachwuchsfragen waren gemeinsam zu lösen. Die Arbeitsbeschaffung war nicht Sache des Treuhänders. Dr. Markert wandte sich außerdem gegen „Schwarzarbeit" und „Doppelverdienertum".
Einige andere Vorstellungen konnte Dr. Markert gegen den Widerstand des Reichsarbeitsministers nicht durchsetzen: Er wollte für soziale Konflikte ein „Ehrengericht" einrichten, ein Vertrauensrat aus Unternehmern und Arbeitern sollte die Betriebe überwachen, Löhne waren von Arbeitgebern und Arbeitnehmern auszuhandeln, wobei der Treuhänder freilich einzugreifen hatte, wenn die Forderungen von der Norm abwichen.
Seit März 1934 wurde Dr. Markert dann vor eine schwierige Entscheidung **März 1934** gestellt: Er sollte eines seiner Ämter aufgeben, entweder das des Bürgermeisters oder das des Treuhänders der Arbeit. Dr. Markert wollte aber Bürgermeister bleiben. So mußte man einen neuen Treuhänder suchen, während Dr. Markert das Amt zunächst noch kommissarisch weiterführte. Die Ernennung eines neuen Treuhänders zog sich durch ärgerliche Kompetenzstreitigkeiten lange hin, bis Dr. Markert unter dem Druck des Gauleiters Röver als Bürgermeister abgesetzt wurde. Nun kam der Reichsarbeitsminister wieder auf ihn als möglichen Treuhänder der Arbeit zurück. Dagegen intervenierte aber der ehemalige Senator und neue Bürgermeister Heider.
Der Streit zog sich hin, die Widerstände aus Bremen und Oldenburg gegen Dr. Markert verstärkten sich, und so berief ihn der Reichsarbeitsminister am 12. Februar 1935 aus seinem kommissarisch versehenen Amt ab. Sein Nachfol- **12. Febr. 1935** ger wurde am 7. März 1935 der Treuhänder des Wirtschaftsgebietes Südwestdeutschland, Dr. Kimmich, der seinen Amtssitz aber in Hannover nahm, während in Bremen eine Zweigstelle eingerichtet wurde.

Die neue Sozialfürsorge

Nachdem die Bürgerschaft aufgelöst worden war, verschwanden auch die Deputationen; die Verantwortung lag nun voll bei den Senatoren. Dem Senator für Arbeit und Technik unterstand auch die neue „Behörde für Wohlfahrt und Versicherungswesen", an dessen Spitze der Präsident Wilhelm Kayser stand und die für die einzelnen Sachbereiche mehrere Verwaltungsstellen hatte.
Als Wohlfahrtspolitik der NS-Zeit wird deutlich, daß zwar wirklich Bedürftige weiterhin unterstützt wurden, daß aber haltlose und durch die soziale Umwelt geschädigte Personen einem erheblichen Zwang unterworfen wurden. Man zwang sie zur Arbeit, soweit sie dazu überhaupt in der Lage schie-

nen. Im übrigen wurden die Richtsätze für die Fürsorgeleistungen schon im
März 1933 erheblich gekürzt, um den Anreiz zur Arbeit zu erhöhen.
Priorität in der Sozialpolitik hatte weniger die Unterstützung der Bedürftigen
28. Juli 1933 als vielmehr eine aktive Arbeitsbeschaffung. Seit dem 28. Juli 1933 gab es die
„Arbeitsfürsorge des Fürsorgeamtes", die das Ziel hatte, jeden arbeitsfähigen
Hilfsbedürftigen zum produktiven Einsatz zu bringen. Es wurde die Pflichtar-
beit eingeführt, bei der Unterstützungsempfänger in Bremen und außerhalb in
Arbeitsstellen eingewiesen werden konnten, etwa bei Erdarbeiten. Daneben
wurde Fürsorgearbeit für kinderreiche Unterstützungsempfänger organisiert.
So wurden Wege gebaut, Gelände planiert, Sportplätze angelegt, der Flugplatz
verbessert, Flüsse reguliert usw. Auch die Umschulung auf gefragte Berufe
fand in großem Umfang statt. Die Zahl der Wohlfahrtsempfänger sank von
21 434 im Januar 1933 auf 213 im Dezember 1937. Die betroffenen Personen
waren z. T. in den ordentlichen Arbeitsprozeß eingegliedert, aber auch in großer Zahl bei Notstandsarbeiten eingesetzt.
4. Aug. 1933 Am 4. August 1933 beschloß der Senat ein „Gesetz zum Schutze der Bevölkerung vor Belästigung durch Zigeuner, Landfahrer und Arbeitsscheue". Das
Herumziehen in Wohnwagen und Wohnkarren unterlag künftig polizeilicher
Genehmigung; gelagert werden durfte nur auf bestimmten zugewiesenen Plätzen. Wer über 16 Jahre alt war und nicht den Nachweis geregelter Arbeit zu
erbringen vermochte, konnte bis zu zwei Jahre in einer Arbeitsanstalt untergebracht werden.
Seit Februar 1934 wurden dann in Bremen besondere Arbeitszwangsmaß-
nahmen gegen „Arbeitsscheue" organisiert: Acht Personen wurden in die
Mai 1934 Arbeitsanstalt Glücksburg eingewiesen. Im Mai 1934 gründete Bremen im
Teufelsmoor ein Arbeitslager, dessen Insassen in einer Torfgewinnungsfirma
eingesetzt waren. Durchschnittlich betrug die Belegstärke zunächst 50, dann
entstand ein neues Lager für 100 Insassen, die nicht nur aus Bremen kamen.
Nicht arbeitsfähige „erziehungs- und bewahrungsbedürftige Männer" wurden
seit Oktober 1934 in einer „Bewahrungsabteilung" in Bremen untergebracht.
Bei den Insassen handelte es sich um Alkoholiker, Psychopathen, alte Obdachlose usw., die man nicht in teuren Heil- und Pflegeanstalten unterbringen
wollte. Sie mußten „nach ihren Fähigkeiten" arbeiten.
„Positive Fürsorge" bezog sich vor allem auf kinderreiche Familien. Seit Mai
1933 wurden Bremer Mütter zur Erholung fortgeschickt; seit dem Frühjahr
1934 erfolgte die Organisation durch das Hilfswerk „Mutter und Kind". So-
zialarbeiter wurden eingesetzt, die die Arbeit der verschickten Mutter in der
Familie vorübergehend wahrnahmen. Im Durchschnitt wurden jährlich mehr
als 1000 Mütter aus Bremen verschickt und von der Stiftung „Bremer Müt-

Werbung für Ehestandsdarlehen im Mai-Umzug 1934

tererholungsheime" untergebracht, die am 22. Oktober 1934 gegründet und weitgehend aus Spenden finanziert wurde. Die Müttererholung zahlte dieser Stiftung je Mutter einen Tagessatz von 3 RM.

Auch wurden mehrere Kindererholungsheime unterhalten, die es z. T. auch bereits vor 1933 gab. Solche Heime lagen in Rönnebeck, Bad Sachsa im Harz und auf Wangeroge (dieses bestand seit 1920, wurde aber erheblich ausgebaut); in weiteren Heimen hatte das Bremer Jugendamt Belegplätze.

Ein schwieriges Problem war die Wohnungsfürsorge, weil sie sehr kostspielig war und hohe Anforderungen an Arbeitskräfte und Material stellte. 1933 wurde ein Bedarf von 5000 zusätzlichen Wohnungen ermittelt, der sich dann vor allem durch vermehrte Eheschließungen und Zuzug bis 1938 auf 7000 erhöhte. Es wurden Pläne zum Ausbau von Dachwohnungen und zur Umwandlung gewerblicher Räume in Wohnungen entworfen. Für diesen Zweck wurden zinslose Darlehen gewährt. Staatseigene Holzbaracken wurden für Wohnzwecke eingerichtet, Behelfswohnungen gebaut und vom Fürsorgeamt übernommen, alte Wohungsinhaber sollten veranlaßt werden, in Altersheime zu gehen.

i. Das Ende der bürgerlichen und konservativen Parteien sowie des Stahlhelm

Im bürgerlichen Lager gab es 1933 keine organisierten Widerstandsgruppen, was freilich eine kritische Haltung gegenüber der NSDAP nicht ausschloß. So 16. Juni 1933 drohte denn der Polizeisenator Laue am 16. Juni 1933, er werde „auch eine gewisse Kategorie bürgerlicher Elemente in Schutzhaft nehmen, die glauben, sich dadurch besonders hervortun zu müssen, daß sie eine unsachliche Kritik an den Regierungsmaßnahmen üben und dadurch Unruhe in die Bevölkerung tragen". Es ging dabei gar nicht so sehr um die Zerschlagung oppositioneller bürgerlicher Gruppen, als vielmehr um die Unterdrückung kritischer Meinungen.

Die Deutsche Volkspartei (DVP)

Die DVP war nicht nur durch die Regierungsbildung in Berlin und Bremen, sondern auch durch den Wähler- und Mitgliederschwund zugunsten der DNVP und der NSDAP stark entmutigt. Im Innern war die Partei gespalten in einen Flügel mit dem Fraktionsvorsitzenden der Bürgerschaft, Prof. Dr. Carl Dietz, und dem Bürgerschaftsabgeordneten Carsten Karkmeyer, der sich eindeutig gegen den Totalitätsanspruch der Nationalsozialisten richtete, und jene immer stärker werdende Gruppe, die aus Mutlosigkeit oder „nationaler" Gesinnung den neuen Herren keine Schwierigkeiten bereiten wollte und zu der der taktierende Landesvorsitzende und Senator a. D. Stahlknecht gehörte. Dieser erklärte zwar, die Partei sei schwarz-weiß-rot und patriotisch, sie sei aber bereit, das Kabinett Hitler-Papen zu unterstützen, zumal dieses das Vertrauen des verehrten Reichspräsidenten von Hindenburg habe. Der Absolutheitsanspruch der NSDAP wurde auch von Dr. Stahlknecht abgelehnt.

Im Parteivorstand war man durchaus für eine Erhaltung des Landesverbandes; 26. April 1933 doch in der Mitgliederversammlung vom 26. April 1933 wurde mit 203 gegen 7 Stimmen eine Satzungsänderung beschlossen, die eine Auflösung ermöglichte. In einer weiteren Versammlung am 3. Mai erschienen dann nur noch 75 Mitglieder, die einstimmig für eine Auflösung votierten. Es wurde nun ein dreiköpfiger Liquidationsausschuß eingesetzt, der die Formalitäten erledigen sollte. Als Begründung diente die Erkenntnis, „daß der alte Parteienstaat heute tatsächlich als überwunden gelten kann". Parteiintern aber hörte man noch andere Gründe: Nach den Wahlen vom 5. März habe die Wirtschaft jegliche finanzielle Unterstützung eingestellt, so daß man keine weiteren Arbeitsmöglichkeiten mehr sehe; auch der „reißend einsetzende Mitgliederschwund" spielte eine Rolle, zudem die Überlegung, daß eine rechtzeitige Auflösung eine freie Verfügung über das Parteivermögen und damit eine Abfindung der Parteiangestellten ermöglichte. Die Bürgerschaftsfraktion der DVP beschloß nun, bei der NSDAP zu hospitieren.

Die Reichsorganisation war ebenso gespalten. Der Parteivorsitzende Eduard Dingeldey wollte durchhalten, hatte sich aber mit einer starken Gegenströmung auseinanderzusetzen. Die Partei unternahm alles, um ihre nationale Gesinnung zu bekräftigen, denn sie wollte die Beamten unter ihren Mitgliedern gegen eine Entlassung absichern. Das hatte bei exponierten Politikern keinen Erfolg: In Bremen wurden Prof. Dr. Dietz als Direktor der Oberrealschule und Carsten Karkmeyer als Verwaltungsdirektor der Krankenanstalten entlassen.

Als die bremische Landesorganisation sich Anfang Mai 1933 auflöste, ver- Mai 1933 suchte die Zentrale, wenigstens einen Teil der Mitglieder zu veranlassen, dennoch in der Partei zu bleiben. Schom am 9. Mai schrieb der Reichsgeschäftsführer Dr. Herrmann an Dr. Dietz, er beklage die Entwicklung in Bremen und rege an, daß „ein Kreis treuer Freunde" zusammenbleibe. Der bisherige Landesvorsitzende Dr. Stahlknecht warnte jedoch Mitte Juni davor, weil der NS-Senat durch eine Neuformierung der Partei in Bremen veranlaßt werden könne, diese aufzulösen und das Parteivermögen zu beschlagnahmen. Die Reichsleitung war darüber nicht erfreut und bat eindringlich, in den „Reichsbund" der DVP einzutreten und einen bremischen Obmann einzusetzen. Doch gab es keine Bemühungen in dieser Richtung, zumal auch die Reichsorganisation am 4. Juli 1933 ihre Auflösung bekanntgab, um einem staatlichen 4. Juli 1933 Verbot zuvorzukommen.

Die Deutschnationale Volkspartei (DNVP)

Die DNVP, die in Bremen immer noch etwa 1500–2000 Mitglieder hatte, war in dem am 18. März gebildeten Senat mit drei Mitgliedern vertreten. Es mag 18. März 1933 sein, daß die Partei zunächst eine gewisse Eigenständigkeit in der Koalition mit der NSDAP bewahren wollte; doch brachen jetzt zunehmend innere Gegensätze auf, die sich an der Frage entzündeten, wie weit man dem Absolutheitsanspruch der NSDAP gegenüber nachgeben solle. Der Senator und Zweite Bürgermeister Otto Flohr und Senator Hermann Ritter waren für eine Annäherung, ohne jedoch an eine organisatorische Verschmelzung zu denken. Es gab aber auch eine Gruppierung, die für Distanz eintrat; zu ihr gehörte der Landesvorsitzende, der Augenarzt Prof. Dr. Karl Grunert, der Landesgeschäftsführer und Senator Erich Vagts und der Bauernvertreter Johann Depken. Wenn der Ehrenvorsitzende und ehemalige Bürgermeister Dr. Clemens Buff die Senatsbildung vom 18. März besonders herzlich begrüßte, so geschah das noch in einer Zeit, als die beiden Koalitionspartner formal gleichberechtigt waren.

Mai 1933 Anfang Mai 1933 löste man sich terminologisch vom Parteienwesen, indem man sich „Deutschnationale Front" nannte. Man glaubte jetzt immer noch überleben zu können, doch nahmen die Reibungen mit der NSDAP zu. Als

Juni 1933 der Wirtschaftsausschuß des Landesverbandes am 14. Juni in der Jacobihalle tagte, gab es heftige Angriffe auf die NS-Wirtschaftspolitik; am 19. Juni fand eine Versammlung in den Centralhallen statt, an der 600 Personen, darunter 80 Uniformierte des „Deutschnationalen Kampfrings" teilnahmen. 40 Nationalsozialisten in Zivil, die abgewiesen wurden, versuchten vergebens in den Saal einzudringen. Die BNZ richtete heftige Angriffe gegen die Partei, gegen die sich der Landesvorsitzende Prof. Grunert in einem Brief an Bürgermeister Dr. Markert zu wehren versuchte.

Die Selbstauflösung vollzog sich nun aber zunächst nicht in Bremen, sondern in Berlin, wo die „Deutschnationale Front" unter heftigem Druck Hitlers geriet. Schon Anfang Mai hatte der Reichswirtschaftsminister Hugenberg die Vorstandsgeschäfte an seinen Vertreter Friedrich von Winterfeld übergeben; einige führende Mitglieder schlossen sich der NSDAP an. Hugenberg, der sich weigerte die „Deutschnationale Front" aufzulösen, wurde am 26. Juni zum Austritt aus der Reichsregierung gezwungen, am Tage darauf beschloß der Vorstand der Partei gegen seinen Widerstand die Auflösung, um einem Verbot zuvorzukommen. Der bremische Landesgeschäftsführer Vagts war zwar ebenfalls gegen die Auflösung, doch wurde sie dann in Bremen doch vollzogen. Die drei Senatoren dieser Partei blieben zunächst noch im Amt, der Finanzsenator Otto Flohr sogar bis zu seinem Tode 1942. Erich Vagts schied bei

30. Sept. 1933 einer Verkleinerung des Senats am 30. September 1933 aus; er wurde Präsident der Gemeindeaufsichtsbehörde und Landherr, später Bremischer Vertreter in Berlin. Auch Senator Hermann Ritter schied am 30. September 1933 aus und wurde in den bremischen Staatsrat aufgenommen.

Der recht einflußreiche „Deutschnationale Handlungsgehilfenverband" Niedersachsens hielt am 6. Mai seine Gautagung ab. Hier wurde ein neuer Vorsitzender gewählt, der sogleich auf NS-Kurs ging. Der Bremer Vorsitzende Adolf Nielsen machte die Wendung mit und blieb daher im Amt. Im Laufe des Monats Mai konnte die Angliederung an die „Deutsche Arbeitsfront" vollzogen werden.

Der „Stahlhelm"

Der Stahlhelm, dessen Gau Bremen 1930 etwa 3000 Mitglieder gehabt hatte, war Jahre hindurch von Führer-Rivalitäten zerrissen. Bei der Senatsbildung am 18. Mai 1933 forderte der Stahlhelm vergebens einen Senatssessel. Die **18. Mai 1933** NSDAP argwöhnte, daß der Stahlhelm von oppositionellen Kräften unterwandert werde, und so wurde Ende März eine Mitgliedersperre verhängt. Der Stahlhelm sah sich zudem immer mehr von SA und SS bedrängt, hier und da gab es Zusammenstöße. Landesführer Oberstleutnant a. D. Hans Polmann wünschte eine Aussprache mit NS-Gauleiter Röver; dieser entzog sich aber; dagegen fand am 17. April ein Gespräch zwischen Polmann und Bürgermeister Dr. Markert statt, das die Probleme jedoch nicht beseitigen konnte.

Am 26. April wurde der 2. Bundesführer Duesterberg, der Abstand von der NSDAP halten wollte, durch den 1. Bundesführer und Reichsarbeitsminister, Franz Seldte, gewaltsam abgesetzt.

Am 21. Juni wurde dann zwischen Hitler und Seldte eine Vereinbarung getrof- **21. Juni 1933**

Der Stahlhelm marschiert, 13. Mai 1933

fen, nach der der Stahlhelm „in die nationalsozialistische Bewegung eingegliedert wurde". Der „Kernstahlhelm" (alle Mitglieder über 35 Jahre) blieben Seldte unterstellt. Die Mitglieder durften keiner anderen Partei als der NSDAP angehören. Der „Jungstahlhelm" blieb zwar erhalten, trat aber neben die SA und SS, wurde auch dem Obersten SA-Führer unterstellt. Der „Scharnhorstbund" wurde in die Hitlerjugend eingegliedert. Die „Gleichschaltung" wurde nicht von allen Stahlhelmmitgliedern gutgeheißen. Viele sprachen von Verrat und Betrug, von einem Sieg der „Bonzokratie", von Hitler als „scheinheiligem Katholiken".

Es gab in dieser Zeit zunehmend Gegensätze zwischen jenen, die eine weitere Integration in die SA, und jenen, die den alten „Stahlhelm" bewahren wollten. Viele Mitglieder traten aus. Die NS-Führung beschwerte sich oft über den Stahlhelm, der sich einer Zusammenarbeit verschließe, den Hitlergruß verweigere, die Hakenkreuzfahne mißachte usw. Man sprach sogar von Zersetzungsarbeit innerhalb der SA. Bei der Stimmungsmache gegen den Stahlhelm spielte der SA-Standartenführer und ehemalige Gauführer des Stahlhelm bzw. des „Kampfbundes Niedersachsens", Karl Hinsch, eine entscheidende Rolle. Der Polizeisenator ließ den Stahlhelm bespitzeln und war über alle internen Vorgänge gut unterrichtet.

6. Nov. 1933 Seit dem 6. November 1933 bildete der Stahlhelm die SA-Reserve I, seit dem
25. Jan. 1934 25. Januar 1934 erfolgte eine neue Organisation: der Stahlhelm wurde regional den SA-Gruppen angegliedert, der Landesverband Nordsee, mit Bremen als Zentrale, gegründet; die „Scharnhorst-Jugend" wurde in die Hitlerjugend eingegliedert; der „Wehrstahlhelm" blieb fest bei der SA.

Am 28. Januar 1934 fand in Bremen eine Führerbesprechung der Landesorganisation statt. Hier wurden die Konflikte besprochen, vor allem gab es auch Gerüchte über eine totale Eingliederung in die SA. Der Landesführer erklärte, er wisse auch nicht mehr, als in der Zeitung zu lesen sei. Die meisten Führer standen weiterhin zum Stahlhelm, allerdings wurde auch erörtert, ob man sich nicht an den Bundesführer mit der Bitte wenden solle, den Stahlhelm aufzulösen. Alle Führer stellten, um die „Ehre" des Stahlhelm zu wahren, ihre Ämter zur Verfügung.

Die Bremer SA nahm Kontakte mit Himmler auf, die zum Ziel hatten, die Sympathie des von der SA arg bedrängten Polizeipräsidenten Laue für den Stahlhelm anzuschwärzen. Immer wieder wurden Stahlhelmversammlungen massiv gestört. Am 30. Januar 1934 forderten SA-Leute von Stahlhelmern, daß sie ihre Abzeichen und schwarz-weiß-roten Fahnen entfernten. Einzelne Stahlhelmer wurden verprügelt. Bei Verhören verweigerten die Täter die Aussage. Andererseits wurden Bemerkungen von Stahlhelmern zitiert wie: „In

Gröpelingen hängen die roten Lappen mit dem Hakenkreuz, und unsere schwarz-weiß-roten Fahnen holen sie herunter!" Der Konflikt erhielt übergeordnete Bedeutung, als sich der ehemalige Kolonialgeneral Paul von Lettow-Vorbeck heftig über den Absolutheitsanspruch und die Übergriffe der SA gegenüber dem Stahlhelm beklagte und einen Brief an Hitler verfaßte. Senator Laue, der davon erfuhr, versuchte ihn zu beruhigen, beschwerte sich aber selbst über die SA und gestattete dem General sogar, sich auf ihn zu berufen. Am 8. Februar 1934 ging der Brief des Generals ab, **Febr. 1934** erreichte jedoch Hitler nicht, sondern wurde vom Vizekanzler von Papen mit der Bitte um Abstellung der Mißstände an den Stabschef der SA, Ernst Röhm, weitergegeben.

Laue geriet in eine schwierige Lage, als eine Abschrift des Briefes an Bürgermeister Dr. Markert gelangt war, der SA-Standartenführer Hinsch sich auf die Seite seiner rabiaten SA-Horden stellte und den Stahlhelm als „Brutstätte der Reaktion" bezeichnete. Am 13. Februar erhielt auch Gauleiter Röver eine Kopie des Schreibens und am gleichen Tage wurde Senator Laue von Dr. Markert aufgefordert, Stellung zu nehmen. Laue bekannte sich zunächst zum Inhalt, insofern auch zur Kritik an der SA. Als dann aber Reichsinnenminister Dr. Frick und der Chef der Reichskanzlei Lammers unterrichtet worden waren, wurde die Sache für ihn sehr ernst. So schrieb er denn selbst an Hitler und rückte nun „von Inhalt des Schreibens des Herrn General von Lettow-Vorbeck und der Art, wie er sich meiner Person in seiner Eingabe bedient", „auf das entschiedenste" ab. Auch dem General gegenüber brachte Laue sein „Befremden" zum Ausdruck, ebenso wie in der Senatorenbesprechung vom 16. Februar. Am 17. Februar stand v. Lettow-Vorbeck noch einmal zu seinem Brief: Laue habe ihm die Informationen über die Aktionen der SA gegeben, ihn ermächtigt, seinen Namen zu nennen und auch empfohlen, an Hitler zu schreiben. Da die Sache kritisch zu werden versprach, wurde sie dann nicht weiter verfolgt. Die Konflikte zwischen SA und Stahlhelm hielten jedoch weiter an.

Am 28. März 1934 erfolgte eine Umbenennung des Kernstahlhelm in „Nationalsozialistischer Deutscher Frontkämpferbund (Stahlhelm") (NSDFB), der **28. März 1934** aber angeblich wegen reaktionärer Gesinnung und Aufnahme politischer Gegner am 7. November 1935 durch den Bundesführer Seldte aufgelöst wurde. Am 10. November 1935 meldete der Landesführer Nordsee des NSDFB (Stahl- **10. Nov. 1935** helm), Volkmann, dem Bundesführer Seldte, daß die „Kommandoflagge und Fahne" des Bundes „in Gegenwart aller Gau- und Kreisführer unter den Klängen des Bundesliedes mit einem dreifachen Frontheil auf den Bundesführer eingezogen" worden seien.

Der „Kampfbund Niedersachsen" war bereits 1933 in die SA aufgenommen worden. Verbote trafen die Ludendorff-Bewegung, besonders den „Tannenberg-Bund" und den Verein „Deutschvolk". Anfang September 1933 wurde ein Mitglied ins KZ überwiesen, weil er Schriften des Verlags „Ludendorffs Volkswarte" verbreiten wollte.

k. Die NSDAP und ihre Gliederungen

Die Partei

Durch die Ereignisse seit dem 30. Januar wurde deutlich, daß die NSDAP staatstragende Partei sein werde und daß die Mitgliedschaft in der Partei in allen Bereichen nützlich sein konnte. So nahm die Zahl der Mitglieder sehr schnell zu. Ende 1932 betrug sie in Bremen nur etwa 3000. Vor allem nach dem
März 1933 6. März ging der Kreisleitung eine Fülle von Aufnahmeanträgen zu, besonders auch der gehobenen Berufe und von Beamten. Es war von „Märzveilchen" und „Märzgefallenen" die Rede. Einige von ihnen entwickelten sich zu besonders strammen Nationalsozialisten; die meisten aber waren das, was man als „Mitläufer" bezeichnen könnte. Die Alten Kämpfer betrachteten sie mit großem Mißtrauen. Als Beispiel kann das parteiinterne Urteil über den damaligen Präsidenten der Finanzverwaltung dienen, der seiner ganzen politischen Überzeugung nach konservativ war. In den NS-Personalakten heißt es: „Er ist der typische korrekte obere Beamte gewesen und ist das noch heute. Zur Partei hat er sich m. E. nur angemeldet, um zu aller Vorsicht eine kleine Rückendeckung zu haben und bei der hiesigen scharfen Handhabung bei der Durchführung des Gesetzes zur Wiederherstellung des Berufsbeamtentums gesicherter zu sein. Ein Kämpfer der Bewegung wird er nach meiner Auffassung nie werden."

Mit großer Skepsis beobachteten die „Alten Kämpfer", daß sogar Freimaurer
Mai 1933 und ehemalige „Marxisten" aufgenommen wurden. In einem Bericht vom Mai 1933 heißt es: „Alte Kämpfer sind beängstigt um unsere herrliche Bewegung, verweigern diesen Jünglingen (gemeint sind die neuen Parteigenossen) unseren Gruß."

Der Gau Weser-Ems hatte Ende 1933 28 Kreise, von denen der bremische der wichtigste war. 1935 besaß der Gau 53 854 Mitglieder, von denen aber 21 436 über ihre Beitragzahlung hinaus keine weiteren Aktivitäten zeigten. Auf etwa 30 Einwohner kam im Gau ein Parteigenosse.

*Gauleiter Röver beim
Empfang in Bremen am
13. Mai 1933*

An der Spitze des Gaus mit Sitz in Oldenburg stand seit 1928 bis zu seinem Tode im Mai 1942 Carl Röver, der seit dem Reichsstatthaltergesetz auch staatliche Funktionen hatte. Sicher war er ein Redner und Organisator, wie ihn sich die NSDAP in der Kampfzeit wünschen mußte. Wer von ihm Überzeugung mit sachlichen Argumenten erwartete, der wandte sich schon nach den ersten Worten Rövers mit Grausen. Nach 1933 wurde er selbst den bremischen NS-Politikern vielfach zur Verkörperung alles Widerwärtigen, denn er verfocht mit brutaler Hartnäckigkeit oldenburgische Interessen gegen Bremen.
Der Kreis Bremen stimmte unter dem Ausschluß Bremerhavens mit dem Staatsgebiet überein, doch waren Staats- und Parteiämter streng getrennt. Ein

Bürgermeister oder Senator konnte nicht zugleich Kreis- und Ortsgruppenleiter sein. Die Kreisleitung saß zunächst im Haus Rembertistraße 32, dann Breitenweg 8 (apäter Holler Allee 79) und hatte dort mehrere Amtsräume. Dem Kreisleiter stand ein Geschäftsführer zur Seite, der die Verwaltungsaufgaben der gesamten Kreisleitung erledigte. Folgende Ämter mußten in jedem Falle mit Leitern besetzt werden: Organisation, Schulung, Propaganda und Personal, ebenso die Dienststellungen für NS-Frauenschaft, NSBO (bzw. DAF), NS-Volkswohlfahrt und Kreiskasse. Weitere Stellen konnten in Personalunion von anderen Amtsleitern miterledigt werden, wie Volksgesundheit, Handwerk und Handel, Wirtschaftsberater, Beamte, Erzieher, Rechtsamt, Kommunalpolitik usw. Durch diesen Apparat ergab sich eine Fülle von Haupt- und nebenamtlichen Funktionsinhabern, deren Qualifikation und Einstellung zu ihrer Tätigkeit sehr unterschiedlich war. Zum Kreis gehörte auch ein Spielmannszug mit mehr als 100 Musikanten.

Bis Anfang März 1933 war das Amt des Kreisleiters von dem Tabakkaufmann und siamesischen Konsul Otto Bernhard schlecht und recht verwaltet worden. Er war Freimaurer gewesen, ein Mann ohne zündende Energie. Den Nationalsozialisten hatte er nur dazu gedient, die Partei beim Bürgertum gesellschaftsfähig zu machen. Bernhard hatte versucht, die Bremer Parteiorganisation von Röver zu lösen. Das führte zu dessen Haß, und so wurden Bernhard und der Kreisgeschäftsführer Otto Pfeifer von Röver abgesetzt.

11. März 1933 Am 11. März 1933 trat an seine Stelle Paul Wegener, ein junger Mann von 25 Jahren, der einer Arztfamilie in Varel entstammte, seine Ausbildung als Außenhandelskaufmann abgebrochen hatte, um in die hauptamtliche SA- und Parteikarriere überzuwechseln. 1932 kam er als SA-Standartenführer nach Bremen und übernahm nun im März 1933 zusätzlich den Kreisleiterposten. Er war alles andere als der Typ des primitiven „Alten Kämpfers": er war elegant, hielt auf Distanz und wurde von vielen als kalt und unnahbar angesehen. Sicher war er auch ein ehrgeiziger Fanatiker, dem man ansah, daß er noch eine steile Karriere vor sich hatte. Schon im Juli 1934 wurde er in die Parteizentrale berufen und kehrte erst im Mai 1942 als Gauleiter nach Oldenburg und Bremen zurück.

Juli 1934 Nachdem Wegener im Juli 1934 Bremen verlassen hatte, zeigte sich an der Wahl des Nachfolgers, daß Röver die Kreisleitung mit Absicht schwach halten wollte. Er setzte den 49jährigen Bernhard Blanke ein, dessen beruflicher Werdegang als kaufmännischer Angestellter ihn von einer Firma zur anderen geführt hatte. Er war kein alter Parteigenosse, sondern trat der NSDAP als Opportunist nach den Wahlen von 1930 bei. Er wurde sogleich „Sektionsleiter" im Findorffviertel und dann 1934 Kreisleiter. Er wird von Freund und Feind glei-

Kreisleiter Paul Wegener (links) und Bernard Blanke

chermaßen als beschränkt und aufgeblasen charakterisiert. Viele PGs nannten ihn den „Kreispankoken". Er wirkte geradezu lächerlich, wenn er sich als „Hoheitsträger" der Partei in die Brust warf und auch überall in den Staatsapparat eingreifen wollte. Erst nach Rövers Tod wurde er wegen Unfähigkeit auf einen unwichtigen Posten in Oldenburg abgeschoben.

Unter Blanke hatten naturgemäß einige Kreisamtsleiter großen Einfluß. Eine schmutzige Aufgabe oblag dem Kreispropagandaleiter Robert Tretow, der die Auffassung der NSDAP im allgemeinen und der Kreisleitung im besonderen, die zu einem Gutteil aus blanker Hetze bestand, in der Öffentlichkeit zu vertreten hatte. Einige Nebenorganisationen waren durch ihre Leiter im Stab der Kreisleitung vertreten, so die Deutsche Arbeitsfront und die NS-Gemeinschaft „Kraft durch Freude" vom tüchtigen Otto Schwenk, die Nationalsozialistische Volkswohlfahrt (NSV) von Heinrich Rinne. Der vom Gau-Wirtschaftsberater für Bremen bestimmte Kreis-Wirtschaftsberater Karl Schmidt, der dieses Amt von 1934 bis 1945 wahrnahm, war Bankprokurist und hatte es schwer, bei Verhandlungen mit Partei- und Staatsstellen sowie mit der Wirtschaft bremische und oldenburgische Interessen in Einklang zu bringen. Die Stellung war ehrenamtlich, und die Tätigkeit wurde pauschal mit einer monatlichen Unkostenpauschale von 100 RM ausgestattet.

Es gab weiterhin den Kreispersonalamtsleiter, der Führungsakten über politische Leiter anlegte, Karteien über DAF- und NSV-Walter führte, Parteiausweise ausstellte, Anzeigen an die Gestapo weiterleitete usw.; das Kreis-Parteigericht mit seinen fünf (später drei) „Kammern" hatte Streitigkeiten unter Parteigenossen zu schlichten, Ehrenschutzverfahren durchzuführen usw. Die Kreisfrauenschaftsleiterin Sophie Winkelmann wurde von der Partei als eine „verdienstvolle alte Vorkämpferin" eingestuft, wurde aber dennoch 1936 nach monatelangen Recherchen wegen persönlicher Schwächen abgesetzt.

Eine Ortsgruppe sollte mindestens 50 und nicht mehr als 500 Parteimitglieder umfassen. Für geringere Mitgliederzahlen gab es Stützpunkte. Die Ortsgruppe „bearbeitete" kleinere Wohneinheiten wie Hausgruppen (8–15 Haushaltungen), Blocks (40–60 Haushaltungen) und Zellen (4–6 Blocks). An der Spitze stand ein Ortsgruppenleiter als „Hoheitsträger", dem die Ämter Organisation, Schulung, Propaganda und Kasse mit ihren Leitern unterstanden. Bei großen Ortsgruppen konnte auch ein Geschäftsführer eingesetzt werden. Im allgemeinen gab es zudem im Ortsgruppenstab eine NS-Frauenschaftsleiterin, einen NSBO- (bzw. DAF-) Leiter und einen Leiter des Amtes für Volkswohlfahrt.

Es wird deutlich, daß es eine Fülle von Amtsträgern gab, die in einer größeren Ortsgruppe im Stab, in den Zellen und Blocks mehr als 100 „politische Leiter" umfassen konnte. Sie hatten ihren Aufgaben gegenüber sehr unterschiedliche Auffassungen: Es gab aufgeblasene Fanatiker, sozial eingestellte Idealisten und bequeme Genossen, denen jede Tätigkeit lästig erschien, wobei man bedenken muß, daß jedes Amt „ehrenamtlich" versehen wurde.

Ende 1933 gab es im Kreis Bremen 18 Ortsgruppen: Buntentor, Burg, Doventor, Findorff, Gröpelingen, Hastedt-Osterholz, Horn -(Lehe), Neustadt-Nord, Neustadt-Süd, Oberneuland, Osten, Ostertor, Schwachhausen, Steintor, Vegesack, Walle, Westen, Woltermershausen-Strom-Hasenbüren.

1. Mai 1934   Nach der Neuorganisation vom 1. Mai 1934 erhöhte sich die Zahl auf 29. Neue Ortsgruppen waren: Altstadt, Blockland (Stützpunkt), Borgfeld, Habenhausen, Herdentor, Huchting, Pagentorn, Utbremen. Woltmershausen-Strom- und Hasenbüren wurde geteilt in Woltmershausen, Hasenbüren-Seehausen

(Stützpunkt) und Strom (Stützpunkt), ebenso Hastedt-Osterholz in Hastedt und Osterholz (Stützpunkt). Blockland, Hasenbüren-Seehausen und Strom wurden dann am 15. Juli 1937 zu Ortsgruppen aufgewertet.

Auch auf größeren Schiffen wie der „Bremen" und „Europa" wurden NSDAP-Ortsgruppen gebildet oder Stützpunktleiter eingesetzt, um Mitgliedsbeiträge zu kassieren und Schulungen durchzuführen.

Es gab mehrere Bezirks- und Ortsgruppen von Nebenorganisationen der NSDAP, die an die Partei mehr oder weniger eng angeschlossen waren: Die Nationalsozialistische Kulturgemeinde, deren Geschäftsstelle sich im Dreikaiserhaus an der Kaiserstraße befand, mit dem Kreiskulturwart Prof. Hans Groß; der Bund Nationalsozialistischer Deutscher Juristen im Gerichtshaus mit dem Bezirksführer Oberstaatsanwalt Dr. Eduard Loose; die Nationalsozialistische Handwerker-, Handels- und Gewerbeorganisation (NS Hago) im „Wilhelm-Decker-Haus" mit dem Kreisleiter Gerhard vom Hagel; die NS-Frauenschaft mit einer Mütterschule des Deutschen Frauenwerks im „Carin-Göring-Haus" an der Contrescarpe 162 mit der Kreisfrauenschaftsleiterin Sophie Winkelmann; NS-Volkswohlfahrt (NSV) im Schüsselkorb 3 mit ebensovielen Ortsgruppen wie es Partei-Ortsgruppen gab; die Nationalsozialistische Kriegsopferversorgung (NSKOV) zur Beratung von Kriegsopfern, Papenstraße 24, mit dem Ortsgruppen-Obmann Wilhelm Kayser. Hinzu kamen Arbeitsdank, Deutscher Siedlerbund, Kreisheimstättenamt, Winterhilfe, NS-Lehrerbund, Amt für Beamte, Deutsche Arbeitsfront.

Die Einwirkung der NSDAP als Parteiorganisation auf die Bremer Staatseinrichtungen ist für die Zeit nach 1933 sehr schwer einzuschätzen. Wahrscheinlich war sie geringer als man gewöhnlich meint. Natürlich gab die Partei die politische Ausrichtung, sie versuchte auch immer wieder in die Verwaltung einzugreifen, überwachte die Bevölkerung, beurteilte einzelne Personen, u. a. auch Beamte, schrieb Stimmungsberichte und gab Denunziationen weiter. Doch stießen der völlig unfähige Kreisleiter Blanke und seine Funktionäre bei den Staatsorganen oft auf heftigen Widerstand: im Senat und bei höheren Verwaltungsbeamten, auch bei der SA und anderen Gliederungen. Wenn die Partei überhaupt in entscheidenden Fragen eingriff, so geschah das eigentlich immer durch den Gauleiter Röver als Reichsstatthalter; und selbst dem fiel es oft schwer genug, sich in Bremen durchzusetzen.

In der Partei und ihren Gliederungen gab es eine Fülle von Gegensätzen, die zum größten Teil durch Führerrivalitäten verursacht wurden, hier und da aber auch in der komplizierten Sozialstruktur begründet waren.

In der illegalen KDP-Propaganda 1933 spielte der Hinweis auf die Versorgung von Parteigenossen mit Staatspfründen eine große Rolle. Vor allem wurden die kleinen „Kämpfer" und Mitläufer auf die schamlose Selbstversorgung der Führer hingewiesen: „Für sie ist die Machteroberung ein fabelhaftes Geschäft, Riesengehälter und Pensionen. Aber für euch? Gibt euch Hitler Arbeit und Brot? Nein! ... Wo bleibt der Sozialismus Hitlers? ... Wie lange, SA-Männer, wollt ihr diese Sklavenrolle spielen?" In einer anderen Schrift hieß es über die Stimmung bei der SA: „Einer ist neidisch auf den andern, weil nicht alle als Hilfspolizisten eingestellt werden konnten." Und eben dieser Neid wurde von der KP-Propaganda aus verständlichen Gründen geschürt.

Bemerkenswert ist zudem, daß es hier und da zu einer Zusammenarbeit zwischen Linkssozialisten und linken Nationalsozialisten kam. Man wird bei manchen Aussagen darüber skeptisch sein müssen. Es ist aber davon auszugehen, daß bei den Linkssozialisten gewisse Hoffnungen auf den Strasserflügel der NSDAP gesetzt wurden. Einzelne Linkssozialisten traten in die Partei ein, darunter auch August Hogrefe, der nach der „Machtergreifung" Vorsitzender der Arbeiterkammer und Ortsgruppenleiter der NSDAP wurde, sogar mit einigen Gesinnungsgenossen bestrebt war, ehemalige Linkssozialisten und linke Nationalsozialisten in die Vertrauensmännergremien der Großbetriebe zu bringen.

Die SA

Die SA-Gruppe „Nordsee" hatte ihren Stab bis Anfang 1933 in Hannover; ihr waren die Untergruppen Weser-Ems, Hamburg und Hannover-Ost unterstellt. Die Gruppe bildete zunächst eine Befehlseinheit mit der Obergruppe II unter Viktor Lutze, ebenfalls in Hannover. Anfang 1933 wurde die Befehlseinheit gelöst, und die Gruppe „Nordsee" an Wilhelm Freiherr von Schorlemer übergeben, der seinen Sitz in Bremen nahm. Hier hatte er nacheinander sein Stabsquartier in der Rembertistraße 32, Delbrückstraße 18 und dann im Patrizierhaus Holler Allee 75.

Zum Gruppenstab gehörten ein Nachrichtensturm in Bremen und drei Hilfswerklager in Varel, Malgarten und Blankenburg.

Zur SA-Gruppe „Nordsee" gehörten die Brigaden 62 „Unterweser" in Bremen, 63 „Oldenburg-Ostfriesland", 64 „Osnabrück" und 162 „Minden". Ihr war auch die Marinebrigade 2 in Bremen unterstellt, die Standarten in Bremen, Wilhelmshaven und Wesermünde hatte.

Die Reiter-SA entstand vor allem durch die Überführung aller Reitervereine in die SA. Die Führung übernahm der Rittmeister a. D. Eggeling; die Reithalle befand sich am Fedelhören.

SA marschiert, 1933

Auch die Motorisierung erfaßte die SA. Zunächst gab es in Bremen seit Januar 1931 eine Motor-SA, deren Führer der Verwaltungssekretär des Versorgungsamtes Wilhelm Uhde wurde. Er übernahm dann auch das Nationalsozialistische Kraftfahrer-Korps (NSKK) in Bremen; ab August 1934 war er Führer der Motorbrigade „Nordsee", die in Bremen zwei Motorstaffeln hatte. Die Tätigkeit Uhdes war ehrenamtlich, und so blieb er formal Beamter des Versorgungsamtes, wenn er auch zeitweilig beurlaubt wurde. (Er stieg dann im Laufe der Jahre zum Regierungsrat auf.) In Strom unterhielt das NSKK eine Motorsportschule.

Der Einfluß der SA war erheblichen Schwankungen unterworfen, zeitweilig spielte sie eine verhängnisvolle Rolle. Sie war von Anfang an keine Gruppe reiner Idealisten, sondern von jungen Männern, die von der Politik nur das wußten, was ihnen ihre Führer beibrachten – und das war wenig und einseitig genug. Im übrigen aber suchten sie eine Geselligkeit, die ihnen zusagte. Sie fanden Gefallen an dem rauhen Ton und an den gelegentlichen Raufereien, aber auch an Kameradschaft, Unterhaltung und bestimmten anspruchslosen Aufgaben. Mitte 1931 hatte die Bremer SA 700 bis 800 Mitglieder, die in einer wachsenden Zahl von aktiven und Reservestürmen organisiert waren. Diese hätten am 6. März 1933 gewiß das Rathaus gestürmt, wenn der Senat nicht nachgegeben hätte.

Einige Monate hindurch nahm der Einfluß der SA beängstigende Formen an. Selbstverständlich meldete die SA hohe Ansprüche bei der Verteilung wichtiger und einträglicher Staatsämter an. Im Senat galt zunächst vor allem Theodor Laue, der für Inneres und Polizei zuständig war, als Repräsentant der SA, ein Parteigenosse von 1930 und SA-Führer seit 1931. Gerade Laue war es dann aber, der mit fanatischer Verbissenheit die Rechte des Senats gegenüber der SA verteidigte. Noch drei weitere Senatoren waren SA-Führer. Die anderen NS-Senatoren, Dr. Markert und Haltermann, waren zur Zeit der Machtergreifung nicht in der SA; Haltermann wurde im April 1933 ehrenhalber SA-Führer.

Das Gewicht der SA war also 1933 zahlenmäßig auch im Senat recht groß. Man muß aber bedenken, daß keiner der Senatoren bereit war, die SA-Politik zu vertreten, wo staatliche Interessen auf dem Spiel standen. Es war bis 1934 freilich fraglich, wer der Stärkere sein werde: der Senat oder die SA.

Auch bei der Besetzung anderer Staatsstellen spielten die Forderungen der SA eine erhebliche Rolle. Das ging abwärts bis zur Hilfspolizei. Als Beispiel mag der Oberregierungsrat, Staatsrat und Leiter des Amtes für Leibeserziehung und Jugendpflege beim Senator für Bildungswesen, Ernst Köwing, dienen. Er war Hafenarbeiter gewesen, als solcher 1919 auch Kommunist. 1922 wurde er wegen Betruges vorbestraft, was er später verschwieg. Seinen Partei- und SA-Eintritt vollzog er nach den Wahlerfolgen 1930. Als geselliger Mensch und
9. Nov. 1933 Schläger stieg er rasch auf und wurde am 9. November 1933 hauptamtlicher Führer der SA-Standarte 75. Als Kommissar für die Staatsarbeiter „reinigte" er diesen Personenkreis von unzuverlässigen Elementen. Im Gosselhaus am Buntentorsteinweg versuchte er mit einer Schlägerkolonne aus Gestapo-Häftlingen Aussagen herauszuprügeln. Er war offiziell auch Beauftragter des „Sicherheitsdienstes der Reichsleitung der NSDAP". Sein allzu lautes Bekenntnis zu Röhm machte ihm 1934 nur vorübergehend Schwierigkeiten; er blieb jedenfalls mit Staatsämtern wohlversorgt.

Natürlich war das Mißverhältnis zwischen Fähigkeiten und Anforderungen des Amtes nicht immer so groß wie in diesem Falle; aber in verschiedenen Schattierungen vollzog sich Ähnliches allerorten.

Seit der Machtergreifung waren es auch SA-Formationen, die sich in besonderer Weise bei der Bekämpfung politischer Gegner hervortaten. Am 13. Oktober 1933 ließ der SA-Führer Köwing in der Buchtstraße eine Haussuchung durchführen. Weil er sich damit Polizeirechte angemaßt hatte, verlangte der Polizeisenator Laue, der soeben aus der SA ausgeschlossen worden war, Aufklärung über Sinn und Berechtigung der Haussuchung. Als Antwort Köwings konnte er dann lesen: „Es liegt mir fern, der Polizeidirektion irgendeine Aufklärung über die Maßnahme zu geben." Köwing verlangte, daß seine Handlungen grundsätzlich als in berechtigtem nationalen Interesse getroffen anerkannt würden. Ähnliche Vorkommnisse gab es in dieser Zeit mehrfach.

Manche SA-Aktion vollzog sich hinter dem pseudo-legalen Mäntelchen der Hilfspolizei, die unmittelbar nach der „Machtergreifung" aufgestellt und im Herbst 1933 wieder aufgelöst wurde.

SA war es, die am 1. April 1933 beim Judenboykott die Posten vor den jüdischen Geschäften stellte und die im Gosselhaus am Buntentorsteinweg im Auftrag der Gestapo „verschärfte Verhöre" durchführte und dabei mittelalterliche Foltermethoden anwandte. Es zeigt sich, daß die SA im ersten Jahre des „Dritten Reiches" einen großen Einfluß hatte und selbst entgegenlaufende staatliche Interessen bisweilen unterlief. Die SA drohte ein Staat im Staate zu werden. — 1. Apr. 1933

Der Konflikt SA – Senat 1934

Es ist allgemein bekannt, daß sich die staatlichen Organe des „Dritten Reiches" im Bunde mit der SS durch die Beseitigung Röhms und seines Anhangs durchzusetzen vermochten. Weniger bekannt aber ist, daß auch in Bremen die Auseinandersetzungen zwischen Senat und SA zu einer schweren Staatskrise führten.

Die Staatsinteressen wurden mit erstaunlicher Energie von Senator Laue vertreten. Auf der anderen Seite stand der Führer der SA-Gruppe „Nordsee", Wilhelm Freiherr von Schorlemer. Dieser war nicht der Typ des primitiven Schlägers wie etwa Ernst Köwing, sondern ein forscher, militärisch geschulter Mann (ehemaliger Rittmeister) mit großem Geltungsbedürfnis. Er war Parteigenosse von 1929, trat 1930 in die SA ein und erlebte einen schnellen Aufstieg. Seit dem 1. April 1933 führte er die SA-Gruppe „Nordsee" in Bremen. Seine — 1. April 1933 Residenz schlug er in einem großen Patrizierhaus an der Holler Allee auf, und hier kam er sich wie ein Souverän vor, der nur zu einer Art Lehnstreue gegenüber dem SA-Stabschef Röhm verpflichtet war. Die Eigenmächtigkeiten seiner Führer, die Senator Laue immer wieder ärgerten, deckte er.

Der Streit erlebte im Frühjahr 1934 dramatische Höhepunkte, die fast den Ausbruch von Straßenkämpfen zwischen Polizei und SA befürchten ließen. Vor dem Gosselhaus der SA am Buntentorsteinweg wurden im April 1934 immer wieder Personen verprügelt; die Polizei aber wurde daran gehindert, das Haus zu betreten, um Ermittlungen anzustellen. In der Nacht vom 28. zum 29. April fand dann aber eine Durchsuchung statt, wobei Waffen gefunden wurden. Senator Laue gewann auch wichtige Unterlagen über das Intrigenspiel der SA gegen ihn, in das u. a. auch der Gestapo-Chef, Hauptmann Kruse, verwickelt war. Laue setzte ihn sofort ab; von Schorlemer aber schäumte vor Wut.

30. April 1934 Am Abend des 30. April, also vor der Maifeier, kam es zu SA-Demonstrationen. Sprechchöre formierten sich auf dem Domshof und forderten, daß man Senator Laue aufhängen solle; sie feierten von Schorlemer als neuen Polizeisenator. In der kurzen Ansprache des Gruppenführers hieß es: „Von Parteibonzen lassen wir uns nicht unterkriegen!" Auch anderwärts in der Stadt kam es zu Ausschreitungen der SA, in der Neustadt schleppte man sogar einen Polizeihauptmann ins Gosselhaus und verprügelte ihn.

Damit war die Angelegenheit zur entscheidenden Kraftprobe zwischen Senat und SA gediehen. Die Polizei schlug energisch zurück: Am 1. Mai 1934 kündigte Senator Laue der SA den Mietvertrag für das Gosselhaus und forderte sie auf, es zu räumen. Da das nicht geschah, wurde das Gebäude am 2. Mai von der Polizei besetzt, einige SA-Führer wurden festgenommen. SA-Gruppenführer von Schorlemer drohte nun, er werde 15 000 SA-Männer marschieren lassen, wenn das Gosselhaus nicht innerhalb einer Stunde geräumt werde. Bürgerkrieg schien zu drohen.

Dr. Markert, der Bürgermeister, verlangte vom Stabschef Röhm die Absetzung von Schorlemers und bat die Reichsregierung um sofortiges Eingreifen. Zudem verhandelte er mit dem Chef der SA-Obergruppe in Hannover, Viktor Lutze, der einige Monate später Nachfolger Röhms werden sollte. Man vereinbarte, daß die Besetzung des Gosselhauses aufgehoben, daß aber andererseits von Schorlemer einstweilen beurlaubt werden solle. Die Staatsanwaltschaft erhob nun Klage wegen Landfriedensbruch.

3. Mai 1934 Am 3. Mai ließ Bürgermeister Dr. Markert einige der wenigen Staatsratssitzungen stattfinden, auf der die SA-Führer jedoch fehlten. Der Ausschluß v. Schorlemers aus dem Staatsrat wurde verkündet. Dr. Markert stellte den Sachverhalt offen dar, eine Aussprache fand nicht statt. Der Bürgermeister lehnte eine Beurlaubung von Senator Laue ab.

Inzwischen gab sich die SA keineswegs geschlagen. Sie versuchte sogar, ihre Stellung in Bremen weiter zu festigen. Vor allem war an eine Stabswache bei der SA-Gruppe in einer Stärke von 300 Mann gedacht, die nicht nur mit Gewehren und Maschinengewehren, sondern sogar mit Minenwerfern ausgerüstet werden sollte. Der Senat setzte sich nun mit der Reichswehr in Verbin-

SA-Gruppenführer v. Schorlemer in Bremen am 13. Mai 1933

dung, die ohnehin in dieser Zeit bei Hitler schon auf Maßnahmen gegen die SA drängte.

Das Verfahren gegen v. Schorlemer zog sich lange hin, doch blieb dieser zunächst beurlaubt. Stabschef Röhm aber kündigte noch Mitte Juni 1934 an, er werde v. Schorlemer bald wieder nach Bremen schicken und gegebenenfalls dafür sorgen, daß er Polizeisenator werde. Wenige Tage nach dem Hilferuf des Senats, am 30. Juni 1934, wurden Röhm und sein Anhang erschossen. Der 30. Juni 1934 bremische SA-Gruppenführer von Schorlemer war an jenem Tage auf dem Wege zu seinem Stabschef in Bad Wiessee. Als er in Zivil den Münchener Bahnhof betrat, sah er die Polizeiabsperrungen und verschwand wieder. Dadurch entging er der sicheren Erschießung.

SA-Obergruppenführer Karl Ernst, einer der engsten Gefolgsleute Röhms, war mit seiner vor kurzem angetrauten Frau und kleinem Gefolge nach Bremen gefahren, um auf einem Dampfer seine Hochzeitsreise anzutreten. In Bremerhaven besichtigte er die „Europa"; abends war man in fröhlicher Runde

149

*SA-Obergruppenführer Ernst bei seiner Hochzeit,
im Gefolge Göring und Röhm*

zusammen und machte am Morgen des 30. Juni einen Bummel durch die Stadt. Mittags gab es einen Empfang durch den Senat und ein Essen im Ratskeller. Hier wurde Ernst aus SA-Kreisen gewarnt, fuhr aber dennoch zu Hillmanns Hotel zurück, wo er mit seinem Adjutanten von Beamten der Gestapo erwartet und verhaftet wurde. Mit gefesselten Händen wurde Ernst von drei SS-Leuten in einem kleinen Junkers-Flugzeug nach Berlin-Tempelhof gebracht und kurz darauf in Lichterfelde erschossen. Frau Ernst wurde auch in Schutzhaft genommen, aber zwei Tage später wieder entlassen.

In Bremen wurden noch einige weitere SA-Führer verhaftet, aber bald wieder freigelassen. Gruppenführer von Schorlemer wurde durch Göring aus dem Reichstag ausgestoßen und auf Ersuchen der Bremer Staatsanwaltschaft am 2. Juli in Berlin verhaftet. Er wurde nach Bremen gebracht und saß im Untersuchungsgefängnis ein. Am 14. Juli wurde gegen ihn ein Strafverfahren wegen Beamtennötigung eingeleitet. Dabei ging es um die Vorgänge vor und nach dem 1. Mai. Da Fluchtgefahr bestand, wurde ein Haftbefehl erlassen und vollstreckt. Am 17. Juli machte Senator Laue der Reichskanzlei und dem Stabschef

2. Juli 1934

150

Lutze Mitteilung. Der Senat bat Hitler um eine Untersuchung, Laue ersuchte Stabschef Lutze um ein Gespräch. Doch war alles vergebens, und so hielt man es jetzt in Bremen für richtig, den Sachverhalt gerichtlich klären zu lassen. Der Reichsinnenminister war einverstanden, anders Stabschef Lutze. Dieser erhob Einwände, denn er wollte nicht, daß SA-Angelegenheiten im Gericht aufgedeckt würden. Laue weigerte sich aber, den Haftbefehl aufheben zu lassen; das könne allenfalls der Reichsjustizminister. Er sei der Auffassung, daß man nicht kleine SA-Leute verurteilen und hohe Führer laufenlassen könne. Wilhelm von Schorlemer reichte Haftbeschwerde ein, die am 13. August 1934 vom Hanseatischen Oberlandesgericht in Hamburg abgelehnt wurde. Doch inzwischen hatte das bremische Gericht von Schorlemer ins Lippesche entlassen; seit dem 14. August konnte er sich wieder frei bewegen. Er begab sich nach Berlin, 14. Aug. 1934 wo er als SA-Gruppenführer der SA-Führung zugeordnet war und vom Stabschef Lutze gedeckt wurde.

v. Schorlemer war zunächst einmal von der Entwicklung schwer enttäuscht und äußerte sich im Mai 1935 gegenüber einem SA-Führer sehr kritisch: Er wolle nichts mehr vom Nationalsozialismus wissen, nur noch an seine eigene Existenz denken; die SS nannte er „verdammte schwarze Tscheka-Henker". Nachdem diese im Zorn gefallenen Äußerungen gemeldet worden waren, gab es ein Verfahren beim Disziplinargerichtshof der Obersten SA-Führung; es wurde aber am 17. November 1935 eingestellt. 1937 war v. Schorlemer Referent beim Reichssportführer von Tschammer und Osten.

Die SS und der SD

Die Bremer Staatsführung stellte sich nun ganz auf die SS um. Eine SS-Formation gab es in der Hansestadt bereits seit 1931, als 30 muskulöse und draufgängerische Männer aus der SA ausgesucht wurden, um die schwarze Uniform zu tragen. 1933 war die Zahl der Bremer SS-Männer auf 200 angestiegen; aber gegenüber der sehr viel stärkeren SA trat die SS kaum in Erscheinung. Auch später war sie als Formation nur von geringer Bedeutung. Der zunächst als Prototyp des harten, gewalttätigen SS-Führers geltende Otto Löblich, war seit 1931 in dieser Organisation und führte seither in Bremen einen SS-Sturm, dann seit April 1932 den Sturmbann II/24, dessen Diensträume sich im 1. Stock des Hauses Herdentorsteinweg 37 befanden (später wurde dieser Sturmbann nach Wilhelmshaven verlegt). Sein Leben ist typisch für jene Gruppe von SA- und SS-Führern, die ewige Landsknechte waren. Löblich war 1923 aktiver Ruhrkämpfer gewesen, hatte aber vor den Franzosen fliehen müssen. Zugleich

Himmler auf dem Bremer Flughafen am 21. Mai 1933

wurde er Mitglied der NSDAP und kam nach Bremen, wo er in Walle ein kleines Fahrradgeschäft betrieb. 1929 trat er in die SA ein und nahm an mancher Saalschlacht teil. Als 1931 eine Bremer SS-Truppe gebildet wurde, ernannte man den Waller Schläger zu deren Führer. Nachdem er im gleichen Jahr den NS-Deserteur Otto Strasser in einer Versammlung niedergeschlagen hatte, erhielt er eine Gefängnisstrafe. 1933 wurde ein Verfahren wegen der Erschießung des Reichsbannermannes Lücke niedergeschlagen, weil die Tat angeblich im nationalen Interesse begangen worden sei. Im März 1933 wurde Löblich Führer der Bremer Hilfspolizei und als solcher auch Leiter des Konzentrationslagers Mißler. In der Kampfzeit waren diese primitiv-gewalttätigen Typen obenauf. Im „Dritten Reich" versuchte man dann, sie irgendwie in ein Staatsamt einzubinden, was oft genug mißlang, weil sie allzu primitiv waren und sich an keine Ordnung, auch nicht an eine nationalsozialistische, gewöhnen konnten. Am 23. März 1933 wurde Löblich abgesetzt, weil er „nicht die für den Führer eines Sturmbanns notwendigen Führerqualitäten" hatte. Er habe die Ausbildung des Sturmbanns mangelhaft durchgeführt, eine schwarze Kasse „veranlaßt oder geduldet" und eine „ausgesprochene Schwäche hinsichtlich Aufrichtigkeit und Klarheit, ja, fast eine pathologische Neigung zur Unwahrheit, verbunden mit der Sucht, nach den Jahren des Kampfes nun den großen Mann zu spielen". Man stellte ferner eine „mangelnde Selbstdisziplin gegenüber dem Alkohol fest". Positiv wurde „ein gewisses Draufgängertum" vermerkt, nur hatte ihn dieses „auf falsche Bahnen gebracht". Später machte man ihn zum Kriminalkommissar. Fast wäre der primitive Schläger noch Kriminaldirektor geworden, aber nachdem er bereits auf mehreren Lehrgängen seine Unfähigkeit bewiesen hatte, erhielt er eine Gefängnisstrafe, weil er im Dienst einen harmlosen Passanten niedergeschlagen hatte. Dennoch wurde er bremischer Staatsrat.

Organisatorisch gehörte Bremens SS zum Oberabschnitt Nordwest in Braunschweig, zum Abschnitt XIV in Bremen, Lothringer Straße, dann Rembertistraße 18. In Bremen war auch der Stab der Standarte 88 unter SS-Oberführer Hermann Harm stationiert, die drei Sturmbanne hatte und deren 12 Stürme in Bremen, Stade, Cuxhaven, Freiburg an der Elbe, Bremerhaven / Wesermünde, Vegesack, Zeven, Verden und Hemelingen stationiert waren. Der Stab der SS-Standarte hatte mehrere Referenten: für Ausbildung, Personal, Presse, Rechtsberatung, Verwaltung usw.

Die bremische Wirtschaft erkannte sehr bald das politische Gewicht der SS, und so finden wir in der Liste der „fördernden Mitglieder" von 1933 / 34 viele ihrer wichtigsten Repräsentanten, im allgemeinen freilich mit recht geringen Beträgen.

Bemerkenswert ist, daß die SS im Staat mit abnehmendem SA-Einfluß immer mehr an Bedeutung gewann. Vorübergehend stellte sie die Wachmannschaft im KZ Mißler. Ein gewisses Eindringen von SS-Einfluß in die Staatsorganisation bedeutete die Ernennung Himmlers zum Kommandanten der Politischen Polizei in Bremen am 23. Dezember 1933. Damit wurde überhaupt der Auftakt zum Einbau der Polizei in den SS-Apparat gegeben.

Noch an anderer Stelle erfolgte nun ein Eindringen der SS, nämlich im Senat. 1933 war wenigstens personell, wenn auch nicht immer in der Einstellung, ein eindeutiges SA-Übergewicht unter den Senatoren vorhanden. Das änderte sich in den folgenden Jahren, vor allem im Zusammenhang mit den Affären um Röhm und von Schorlemer. 1936 war nur noch ein Senator, dazu ein höchst unbedeutender, in der SA, drei dagegen waren unter Einschluß des Regierenden Bürgermeisters Heider zur SS übergetreten. Wenn man noch berücksichtigt, daß auch Gestapo und SD Anhängsel des riesigen SS-Apparates waren, so kann man sagen, daß Bremen nun zu einem „SS-Fürstentum" geworden war. Der Einfluß der Partei-Organisation, der SA und anderer Gliederungen war stark gemindert, sehr zum Verdruß des Gauleiters Carl Röver.

Ganz allgemein läßt sich erkennen, daß in der SS nach 1934 der Typ des primitiven Schlägers mehr und mehr durch intelligente, kalt-brutale Bürokraten und Intriganten verdrängt wurde. In Bremen selbst hatte die SS freilich zunächst noch mittelmäßigen Zuschnitt; aber auch hier spielten vor allem in der Gestapo und im SD die fanatischen und wendigen Intellektuellen eine große und verhängnisvolle Rolle, vor allem hinter den Kulissen.

Der Sicherheitsdienst (SD) bestand in Bremen seit 1931 als Nachrichtendienst der SA und wurde damals von Hans Thomssen geleitet, der dann 1933 eine Stelle bei der Gestapo erhielt, wo er freilich nur eine untergeordnete Rolle spielte. Bis Juni 1934 war dann der primitiv-brutale SA-Standartenführer Ernst Köwing, der früher Arbeiter und Spartakist gewesen war, „Beauftragter des Sicherheitsdienstes der Reichsleitung der NSDAP"; ihm sollten in Bremen 3–4 Räume zur Verfügung gestellt werden. Daran ist zu erkennen, daß der Betrieb noch sehr klein war. Köwing mußte seine Stellung im Zusammenhang mit der Röhm-Affäre aufgeben, und nun wurde der SD auch in Bremen zu einem Anhängsel der SS.

Der SD hatte die Aufgabe, Nachrichten über politische Gegner zu sammeln.

9. Juni 1934 Seit dem 9. Juni 1934 war er der einzige politische Nachrichten- und Abwehrdienst der NSDAP und ihrer angeschlossenen Gliederungen; er blieb auch in der Folgezeit eine Organisation der Partei und nicht des Staates. Eine Verbindung mit staatlichen Stellen war freilich vor allem dadurch gegeben, daß der SD u. a. der Gestapo durch Übersendung von Informationen zuarbeitete.

In Bremen wurde im Juni 1934 ein beschäftigungsloser SA-Oberscharführer, Hans Rosenbusch, beauftragt, eine Außenstelle aufzubauen; das geschah in der Hohenlohestraße, dann im 2. Stock des Hauses Sögestraße 48 in sehr bescheidenem Umfang. Rosenbusch wurde SS-Hauptsturmführer. Es gab mancherlei Anfangsschwierigkeiten, die sich zum Teil aus einem Konkurrenzverhältnis zur Gestapo ergaben. Denunziationen wurden oft blindlings geglaubt und an die Gestapo weitergegeben, bisweilen mit der Forderung, man möge unbedingt polizeiliche Maßnahmen ergreifen. Geschah das nicht, so wurden Beschwerden an das SD-Hauptamt und an höhere Polizeistellen gerichtet.

Die Hitlerjugend (HJ)

Zunächst gab es in Bremen einen Unterbann der Hitler-Jugend (HJ), der dann im Oktober 1932 zum Bann, 1933 zum Oberbann aufgewertet wurde; die Zahl der Mitglieder betrug 1932 500. Oberbannführer war Carl Jung, der zugleich zum Landesbeauftragten des Reichsjugendführers und „Standortführer" ernannt wurde. Sein vorgesetzter Gebietsführer „Nordsee" in Oldenburg war Lühr Hogrefe.

Zum Oberbann der HJ gehörte nach militärischem Muster ein Stab mit Stabsführer, Adjutanten und „Ober-Jugendführer" (Rolf Redeker). Es gab weiterhin mehrere Abteilungen als Fachreferate für Organisation/Ausbildung, Personal, Fürsorge/Jugendrecht/Hygiene, Verwaltung/Ausrüstung, Sanitätswesen, Schulung/Kultur/Propaganda, Jugend/Ausland/Kolonien, Führerschulen, Jugendherbergen, Arbeitsfrontjugend, Sport.

Dem Oberbann unterstanden drei Banne mit je 3–4 Unterbannen: Bann 75 (Peter Heinrich), 192 (Walter Timke), 227 (Hans Freese). An der Unterweser gab es noch den Bann 385, der nicht zum Bremer Oberbann gehörte. Seit dem 7. Oktober 1933 bestand unter Führung von Hans Appel eine Führerschule des $\quad$ **7. Okt. 1933** Oberbanns Bremen. Zudem gab es die Marine-Hitlerjugend, die ein Wohnschiff am Separationswerk bei der Kaiserbrücke unterhielt. Angegliedert waren auch drei Jungbanne des Deutschen Jungvolks (DJ), ein Untergau des Bun-

Hitler-Jungen mit der „Führerbüste" auf dem Gebietstreffen
im Weser-Stadion am 26. August 1933

des Deutscher Mädel (BdM), ein Untergau der Jungmädel (JM) und die Nationalsozialistischen Jugendbetriebszellen (NSJB), die unter Georg Müller in Personalunion mit der NSBO verbunden waren.

Apr. 1933 Als Anfang April 1933 in Berlin die Geschäftsstelle des Reichsausschusses der Deutschen Jugendverbände von HJ besetzt und vom Reichsjugendführer übernommen worden war, verlangte der bremische Bannführer einen ähnlichen Schritt in der Hansestadt, doch verweigerte die Polizeidirektion eine Mitwirkung. Natürlich profitierte auch die Hitlerjugend dann doch vom Gleichschaltungsprozeß, und die Eingliederung der „Bündischen Jugend", der Stahlhelmjugend usw. vollzog sich fast reibungslos.

Ein Teil des Dienstes in der Hitlerjugend ähnelte dem in anderen Jugendverbänden jener Zeit. Auffallend war jedoch die Pflege des „Wehrsports", von dem es hieß: „Er stärkt Körper und Geist des Jungen für den Lebenskampf, er ist wertvoll für die Verteidigung unseres Vaterlandes."

Aug. 1933 Im August 1933 fand in Bremen ein großes Gebietstreffen der HJ statt. Viele Straßen waren mit Fahnen und Blumen geschmückt, am Atlantikkaffee war ein überlebensgroßes Hitlerbild befestigt. Im Weser-Stadion hatte das Jungvolk ein „Musterlager" mit 50 Zelten aufgebaut. Vor dem Rathaus nahmen Gebietsführer Lühr Hogrefe und Oberbannführer Jung die Fahnenhissung vor. Die Festveranstaltung im Staatstheater begann mit Beethovens Egmont-Ouvertüre; Gebietsführer Hogrefe hielt eine Ansprache, und dann wurde Hans Johsts Drama „Schlageter" aufgeführt. Die Hauptveranstaltung fand auf der Wiese hinter dem Parkhaus statt. Hier sprachen vor 100 000 Teilnehmern Gebietsführer Hogrefe, Senator von Hoff und der Reichsjugendführer Baldur von Schirach.

Immer wieder waren HJ-Gruppen bestrebt, sich als Repräsentanten des

1934 Staates wichtig zu tun. So wurden 1934 bei Umzügen in Gröpelingen Leute gewaltsam dazu gebracht, die HJ-Fahne zu grüßen. Dabei kam es zu einem Auflauf. Die Gestapo meinte dazu: „Es ist nicht Aufgabe 16jähriger Jungen, Passanten zu verprügeln ... So wirbt man nicht um Herzen!" Von Anfang an gab es auch Konflikte zwischen Hitlerjugend und Schule, wobei vor allem HJ-Führer sich immer wieder anmaßend gegen Lehrer verhielten mit dem Hinweis, daß Jugend durch Jugend geführt werden und die Schule auf das bloße Erteilen von Unterricht beschränkt werden müsse. Unregelmäßiger Schulbesuch und mangelhafte Leistungen wurden oft mit dienstlicher Beanspruchung begründet, und für die Folgen forderte man Nachsicht. Oft wurde auch der Unterricht selbst von HJ-Führern kritisiert und den Lehrern Mängel in der nationalsozialistischen Gesinnung vorgeworfen. Hier und da konnte man durchaus von einer politischen Überwachung durch Schüler sprechen. Grundsätzlich ging es um Kompetenzen bei der Jugenderziehung. Vom Standpunkt der HJ hieß es (Rolf Redeker): „Wir haben in einem Verteidigungskampf gestanden, weil die Schule über ihren Aufgabenbereich hinaus versuchte, sich in unsere Sachen zu mischen. Es wurden Schullandheime gegründet. Wir waren der Ansicht: Gebt der Schule, was der Schule ist, und der HJ die Jugend!" Nach und nach stellten sich auch manche Lehrer aus Opportunismus, Idealismus oder Bequemlichkeit auf die Seite der Hitlerjugend, ja, sie wurden bisweilen selbst Hitlerjugend-Führer. Das führte oft zu Konflikten in den Schulkollegien.

l. Um die Verwaltungs-, Gemeinde- und Reichsreform

Verwaltungsreform in Bremen
Es war der Präsident des Landesfinanzamts Unterweser (dann Weser-Ems), Dr. Friedrich Carl, der am 26. März 1933 durch seine vernichtende Denkschrift über die Bremer Verwaltung und Finanzen eine grundsätzliche Reform herausforderte. Seine Darstellung wurde als „geheim" eingestuft und ging in Berlin an mehrere Ministerien. Dr. Carl verwies auf die hohen Fehlbeträge im Haushalt und die damit ständig zunehmende Verschuldung. Wurzel dieses Übels sei die stark aufgeblähte Verwaltung mit ihrem z. T. unkompetenten Personal. Dr. Carl schlug eine Radikalkur vor: Eine „autoritative sachverständige Staatsregierung und eine (ebenfalls) autoritative sachverständige Staatsverwaltung" sowie eine totale Gleichschaltung mit dem Reich. Den kollegialen Senat wollte er zwar bewahren; doch sollten drei Senatoren („Fachsenatoren") die Verwaltungsgeschäfte leiten, die anderen hatten die „eigentlichen Regierungsgeschäfte" zu führen. Die letzteren sollte man seiner Meinung nach aus dem Kreis der bereits ernannten Kommissare nehmen; es waren aber noch die drei „Fachsenatoren" zu ernennen. Besonders negativ sah Dr. Carl auch das Deputationswesen, daß nach seiner Meinung verschwinden oder auf beratende Funktionen beschränkt werden sollte.
Die Gedanken waren nicht mit Bürgermeister Dr. Markert abgestimmt; sie gingen nur dem Reichsfinanzminister zu, der sie aber sogleich auch dem Reichsinnenministerium mitteilte. Nun erhielt auch der Bremer Senat eine Abschrift, und am 28. März hatte Bremens Vertreter beim Reich, Dr. Firle, ein Gespräch im Innenministerium. Dr. Carls Schrift wurde in Bremen eingeschätzt als „Versuch einer politischen Clique, dem neuen kommissarischen nationalen Senat ... in den Rücken zu fallen". Dr. Carl selbst wurde als ehrgeizig und politisch unzuverlässig hingestellt. Es sei eben Aufgabe dieses Senats, die bis-

26. März 1933

herige Mißwirtschaft zu beseitigen, und im übrigen seien die Vorschläge von
Dr. Carl noch viel zu „zahm".

Zu einer grundsätzlichen Verwaltungsreform kam es aber nicht. Das Landes-
21. Sept. 1933 verwaltungsgesetz vom 21. September 1933 bestätigte bereits geltende Zustände, brachte aber auch etwas Neues. Es erklärte, daß der Senat eine „Landesregierung im Sinne des Reichsrechts" sei; die Zahl der Senatoren wurde nun
auf sechs vermindert. Absurd war es, daß die Senatoren vor dem Reichsstatthalter „bei Gott dem Allmächtigen und Allwissenden" den Eid ablegen sollten, u. a. die Verfassung des Reiches und Bremens wahren zu wollen. Der
Vorsitzende der Landesregierung hieß jetzt „Regierender Bürgermeister". Er
hatte nun eine „Führerstellung" gegenüber den Senatoren. Ihm standen mehrere „Ämter" zur Verfügung: das Personalamt, das Presseamt, das Amt für
Volksaufklärung und Propaganda sowie das Rechnungsamt. Die Landesver-
waltung hatte künftig fünf Zweige: Wirtschaft, Finanzen, Bildungswesen, Inneres und Justiz, Arbeit, Technik und Wohlfahrt.

Bremen und die neue Gemeindeordnung

28. März 1934 Am 28. März 1934 übersandte der Reichsinnenminister den Länderregierungen und damit auch dem Bremer Senat den Entwurf einer neuen Gemeindeordnung mit 123 Paragraphen zu. Eine Stellungnahme wurde bis zum 10. April
erwartet. Zwar wurde in dem Entwurf die Selbstverwaltung proklamiert, aber
auch eindeutig die Aufsicht des Staates betont.
Leiter der Gemeinde war der Bürgermeister, dessen Stelle in Gemeinden über
5000 Einwohnern hauptamtlich war. In kreisfreien Städten hieß er Oberbürgermeister. Ihm standen Beigeordnete zur Seite, die hauptberuflich und
nebenamtlich sein konnten. In Städten mit über 20 000 Einwohnern mußte
entweder der Bürgermeister oder der Erste Beigeordnete die Befähigung zum
Richteramt oder zu einem höheren Verwaltungsamt haben. Der Bürgermeister
wurde auf 12 Jahre von der Aufsichtsbehörde berufen, aber erst nachdem die
Ansicht der Gemeinderäte eingeholt worden war. Bei einem Dissens zwischen
Aufsichtsbehörde und Gemeinderäten ernannte der Reichsinnenminister den
Bürgermeister. Die Beigeordneten wurden nach Anhörung des Bürgermeisters
und der Gemeinderäte ebenfalls von der Aufsichtsbehörde ernannt. Die Gemeinderäte berieten den Bürgermeister. Der Erste Gemeinderat war ein Vertreter der NSDAP, die anderen wurden vom Bürgermeister im Einvernehmen
mit dem Ersten Gemeinderat auf 6 Jahre bestellt.

Die Hauptfrage für Bremen war nun aber, ob diese Gemeindeordnung für die Stadt überhaupt gültig sein sollte, wo ja Landes- und Stadtverwaltung eng miteinander verflochten waren. Beim Senator für Inneres und Justiz gab es aus diesen Gründen auch Bedenken. Es ist bezeichnend, daß der Bremerhavener Magistrat unter Lorenzen keine Bedenken anmeldete, ebensowenig der Magistrat von Vegesack.

Bürgermeister Dr. Markert bat den Reichsinnenminister am 7. April 1934, für 7./9. April 1934 die Hansestädte eine Sonderregelung zuzulassen, wobei er mündliche Erläuterungen ankündigte. Für den 9. April lud der Lübecker Senat zu einer Besprechung ein, zu der von Bremen aus Senator Vagts geschickt wurde. Man war sich einig, daß für die Hansestädte eine Sonderregelung getroffen werden müsse. Lübecks Wunsch, die Frage der Gemeindeverfassung mit der Selbständigkeit der Hansestädte zu verbinden, wurde von Hamburg und Bremen abgelehnt.

Es entwickelte sich nun bei den bremischen Behörden ein umfangreicher Schriftverkehr in dieser Frage, wobei vor allem auf die hohen Kosten einer Trennung der Verwaltung von Stadt und Land Bremen hingewiesen wurde. Bei der Besprechung im Reichsinnenministerium am 8. Mai 1934 ergab sich, daß 8. Mai 1934 die Gemeindeordnung zunächst nicht auf Bremen angewandt werden solle, daß aber innerhalb von 2 bis 3 Jahren eine Trennung von Stadt und Staat durchgeführt werden müsse, wobei der „Staat" nicht etwa ein selbständiges „Land" sein mußte, sondern eine Art Regierungsbezirk sein konnte.

Eins stand sehr bald ziemlich fest: die Vereinigung von Bremerhaven und Wesermünde zu einer Großgemeinde. Sie wurde schon am 9. April 1933 in einer 9. April 1933 Denkschrift der Bürgermeister Dr. Delius und Lorenzen von Wesermünde und Bremerhaven sowie vom bremischen Amtmann Dr. Koch ausführlich begründet. Auch Bürgermeister Westphal von Vegesack belegte die Notwendigkeit einer Zusammenfassung aller Gemeinden von Grohn bis Farge am 12. Juli 12. Juli 1934 1934 vor allem mit wirtschaftlichen Gründen; doch in jedem Falle hatten Preußen sowie die Gauleiter Weser-Ems und Ost-Hannover mitzureden. Es stand viel territoriales und politisches Prestige auf dem Spiel. Vor allem war ja die Frage, in welchen übergeordneten Verband die neu geschaffenen Großgemeinden nördlich der Lesum und an der Unterweser einzugliedern waren.

Bremen und das Reich

Bremen stand bei Hitler und einigen Parteigrößen in schlechtem Ansehen. Das lag an dem mühsamen Aufstieg der NSDAP in dieser Stadt, wofür sowohl der „Marxismus" als auch der „Liberalismus" verantwortlich gemacht wurden. Es lag daher nahe, daß sich die neuen Machthaber in Bremen, vor allem Bürgermeister Dr. Markert, geradezu unterwürfig um die Gunst Hitlers und seiner Berater bemühten. Sehr bald meinte Dr. Markert, man müsse Hitler das Ehrenbürgerrecht verleihen, um ihn für die Stadt günstig zu stimmen. Der Beschluß wurde am 20. März 1933 im Senat gefaßt. Während des Aufenthalts von Dr. Markert in Berlin am 22. März äußerte sich Hitler grundsätzlich zu einer feierlichen Annahme in Bremen bereit, und nun plante man auch sogleich diesen großen Festakt, mit dem eine Gedenkfeier für den Ozeanflieger Freiherrn von Hünefeld sowie ein Besuch der Hafenanlagen in Bremen mit einer Besichtigung der „Bremen" oder „Europa" verbunden werden sollten. Doch aus all dem wurde nichts. Am 3. April ließ Hitler „wegen überaus starker Belastung" abschreiben. Die nächste Einladung erfolgte am 27. März 1934 zum 9. April, als die „Nordische Kunsthochschule" eröffnet werden sollte. Auch jetzt war ein Besuch von Bremerhaven vorgesehen, wo sich gerade die „Bremen" befand; aber auch diesmal sagte Hitler wegen „anderweitiger Inanspruchnahme" ab.

Wichtig für gute Beziehungen zur Reichsregierung war die bremische Vertretung in Berlin, die seit März 1933 vom ehemaligen Marineoffizier Dr. Rudolph Firle recht geschickt wahrgenommen wurde. Als dieser im Mai 1933 den Dienst zugunsten einer Tätigkeit im Vorstand des Norddeutschen Lloyd aufgab, stand die Auflösung der bremischen Vertretung beim Reich, gegebenenfalls eine Vereinigung mit der oldenburgischen Vertretung zur Debatte. Der Senat entschied sich aber für eine Beibehaltung in schlichterer Form. Präsidialrat Hans Burandt wurde am 16. Juni 1933 zum Nachfolger Dr. Firles bestimmt. Er war ein getreuer Gefolgsmann Dr. Markerts. Der Bürgermeister hielt auch Ende 1933 direkte Verbindungen mit den Berliner Behörden, vor allem im Wirtschaftsbereich, für sehr wichtig. Die Kontakte sollten durch den bremischen Vertreter beim Reich koordiniert werden. Als Mittelsmänner waren vorgesehen: Dr. Contag und Dr. Lauts für die Handelskammer, Dr. Rangen für den Nordwestdeutschen Wirtschaftsverband und Georg Ferdinand Duckwitz für das Außenhandelsamt der NSDAP. Wöchentlich sollte sich dieser Personenkreis mit dem Präses der Handelskammer bei Dr. Markert zu einer Besprechung einfinden.

20. März 1933

März 1933
Mai 1933

16. Juni 1933

160

Bremer Ehrenbürgerbrief für Hitler, 1933

Bremen und die Reichsreform 1933/34

Die Reichsstatthalterfrage war zwar im April 1933 geklärt worden; doch war **April 1933** das noch nicht die große Reform, die unter Aufhebung der bisherigen Länder zu einer völligen Neuordnung des Reiches führen sollte. Es ging darum, wirtschaftlich und politisch geschlossene Reichsgaue zu bilden. Sogleich kam eine Fülle regionaler und auch persönlicher Interessen ins Spiel. Die oldenburgischen Machthaber konstruierten immer wieder mündlich und in Denkschriften einen Wirtschaftsraum Weser-Ems, der auch zu einer politischen Einheit werden müsse. Diese Auffassung richtete sich ausdrücklich gegen „das Ausdehnungsbestreben der Provinz Hannover". Es wurden viele Alternativen „durchgespielt", darunter auch die „kleinbremische Lösung", bei der die Hansestadt wie bisher ein eigenes Land blieb, und die „großbremische Lösung", der die Schaffung eines „Weserschlauches" beinhaltete.

Die Pläne konkretisierten sich am 17. Juni 1933, als die Geschäftsstelle des **17. Juni 1933** Reichsstatthalters in Oldenburg 12 Personen für eine Vorbereitungskommission vorschlug. Bürgermeister Dr. Markert forderte im Herbst 1933 die Handelskammer Bremen auf, ein Gutachten über die Stellung der Hansestädte im Rahmen der Reichsreform zu verfassen. Im November 1933 lag es vor: Es unterstrich das große Gewicht von Hamburg und Bremen im Überseehandel, um damit die Notwendigkeit der politischen Eigenständigkeit im Reichsverband zu begründen. Es wurde vor allem auch darauf hingewiesen, daß Bremen im Wettbewerb mit Hamburg und den Rheinmündungshäfen besonders gefördert werden müsse. Konkrete Vorschläge, die vor allem auch die bestehenden Reichsstatthalterschaften berücksichtigten, wurden nicht gemacht.

Nov. 1933   Im November 1933 gab der Bürgermeister von Jever, Dr. Georg Müller, eine Druckschrift unter dem Titel „Der Raum Weser-Ems – Die Nordwestmark des Deutschen Reiches" heraus. Hier wurde der Versuch gemacht, das Gebiet Weser-Ems mit Bremen als zusammengehörig darzustellen. Kritik wurde an den „Expansionsbestrebungen" Hannovers und an den Plänen eines „großhansischen Raumes" geübt. Die Grenze von Weser-Ems sollte nach Osten bis zur Wasserscheide zwischen Elbe und Weser verschoben werden. Der oldenburgische Ministerpräsident Joel erklärte die Schrift sogleich als einen „Alleingang" des Herausgebers und verbot ihre öffentliche Verbreitung. Nur Dienststellen sollten sie als Diskussionsgrundlage erhalten. Widerstand regte sich vor allem in Hannover.

Die Überlegungen des Magdeburger Regierungspräsidenten und späteren Sachbearbeiters für die Reichsreform im Reichsinnenministerium, Nicolai, liefen in dieser Zeit auf die Bildung von 13 Ländern hinaus, wobei Bremen mit den anderen Hansestädten, Schleswig-Holstein, Hannover (ohne Osnabrück), Nordoldenburg, Braunschweig und Schaumburg-Lippe zu einem Land Niedersachsen zusammengefaßt werden sollten.

Die Diskussion wurde nun im Gestrüpp der Interessen schwierig, und so untersagte Hitler im Dezember 1933 alle öffentlichen und internen Äußerungen. Die territoriale Neuordnung wurde dann verschoben, Überlegungen in dienstlichen Rahmen aber wieder freigegeben.

Dez. 1933

Man sah nun sehr bald, wie sich die Verhältnisse in Hamburg zu einem eigenen Gau und Reichsstatthalterbezirk entwickelten. In Bremen bestand eine Alternative: die Schaffung eines eigenen „Gebildes" oder aber eines großen Gaues, in dem Bremen die Hauptstadt sein würde. Die dritte Möglichkeit war die bestehende: Bremen wurde eine Stadt im Gau und Reichsstatthalterbezirk Weser-Ems.

Eine „Großbremen-Lösung" schien sich im Frühjahr 1934 anzubahnen, als die bisherigen Landesfinanzämter Oldenburg und Unterweser (mit Bremen) am

1. April 1934   1. April 1934 zum Landesfinanzamt Weser-Ems mit Sitz in Bremen zusam-

mengefaßt wurden. Angeschlossen wurden auch die bisher zum Landesfinanzamt Hannover gehörenden Regierungsbezirke Stade und Aurich. Der Oberpräsident der Provinz Hannover, Lutze, mißbilligte die Maßnahme und schlug die Bezeichnung „Landesfinanzamt Niedersachsen-Nord" vor, denn er strebte ein großes „Niedersachsen" bis zur Nordseeküste an. Der Reichsfinanzminister aber bestätigte seine Entscheidung am 14. Juni 1934.

Im Juni 1934 war der Stand im Reichsinnenministerium noch so, daß ein Reichsgau Niedersachsen mit Bremen als Provinzhauptstadt durchaus Chancen hatte; der Reichsgau Weser-Ems mit Bremen trat etwas zurück. Dr. Markert setzte sich Anfang Juni 1934 eindeutig für einen reichsunmittelbaren Gau Bremen ein – eine Auffassung, die auch einige Berliner Ministerialbeamte vertraten. Am 28. Juni 1934 war dann die von Präsident Vagts verfaßte Denkschrift fertig, mit der die Notwendigkeit einer Eigenständigkeit Bremens historisch und wirtschaftlich begründet wurde. Sie schlug die Bildung eines Reichsgaus Bremen vor. Die Vorstellungen gingen im übrigen dahin, daß ihm Bremen, Delmenhorst, Nordenham, Hemelingen, Grohn, Vegesack, Aumund, Blumenthal, Bremerhaven und Wesermünde angehören sollten.

Juni 1934

Streit um die Bremerhavener Beiratsliste

Das „Gesetz über die Neuordnung der Selbstverwaltung der Stadtgemeinden Bremerhaven und Vegesack, des Kreises des bremischen Landgebietes und der Landgemeinden" vom 30. Juni 1934 sah eine entscheidende Mitwirkung des Gauleiters bei der Berufung von Beigeordneten nicht vor. Es war zwischen Reichsinnenministerium und dem Bremer Senat abgesprochen und schließlich von Gauleiter Röver unterschrieben worden; dieser erklärte nun aber, er habe unterschrieben, ohne den Text „im einzelnen ... gelesen" zu haben. Er forderte eine Ergänzung, die eine Mitwirkung der Partei festschreibe.

30. Juni 1934

Was nun die Bremerhavener Beiratsliste anbetraf, so war sie vom Kreisleiter und Oberbürgermeister Lorenzen aufgestellt und von Telschow, dem in Bremerhaven für die Partei zuständigen Gauleiter Ost-Hannover, genehmigt worden. Senator Laue erhob gegen einzelne Kandidaten Bedenken; Lorenzen lehnte jedoch jede Erörterung ab, zumal sein Intimfeind, Sparkassendirektor Christian Brandau, auf einer Liste stand, die Laue für besser hielt. Auch Telschow sah sich brüskiert und drohte mit einem Partei-Ausschlußverfahren gegen Senator Laue. Bürgermeister Dr. Markert konkretisierte nun die Bedenken gegenüber Lorenzens Liste: Ein Kandidat sei wegen Bandendiebstahls vorbestraft (es handelte sich um einen ehemaligen Spartakisten, der amnestiert und nun ein strammer Nazi war). Gauleiter Röver ordnete kategorisch an, die Vorschlagsliste Lorenzen-Telschow sei unbesehen zu übernehmen.

30. Juli 1934 Am 30. Juli 1934 fand in Bremen eine Besprechung über die Querelen in Bremerhaven statt. Es wurde mitgeteilt, daß gegen Lorenzens Gegner Christian Brandau ein Verfahren eröffnet werden solle. Gauleiter Telschow forderte die sofortige Suspendierung Brandaus von seinem Amt als Sparkassendirektor, doch Dr. Markert erklärte, das stehe nicht in seiner Kompetenz. In diesem Zusammenhang wurde auch erwähnt, daß Lorenzen eine private Beleidigungsklage gegen Brandau eingereicht, aber auf Veranlassung Gauleiter Telschows zurückgezogen hatte, weil „die Gefahr bestanden (hatte), daß der Oberbürgermeister dabei hereingefallen sei".

31. Juli 1934 Dr. Markert teilt die Angelegenheit auch sogleich am 31. Juli 1934 dem Reichsinnenminister mit; Gauleiter Telschow wollte sich nun an das Reichsparteigericht wenden.

Weitere Ermittlungen über Lorenzens Beiratsliste ergaben, daß ein Kandidat früher Kommunist gewesen und zweimal wegen Diebstahls und Körperverletzung verurteilt worden war; gegen einen anderen lief ein Verfahren wegen Körperverletzung, ein weiterer wurde zweimal wegen des gleichen Delikts bestraft. Was einige „Gerüchte" über Lorenzen und seine Frau anbetraf, so glaubte Laue ihnen zwar, doch ließ er 30 Zeugen zur Sache vernehmen. Das Ergebnis zeigte, daß Lorenzens Frau eine Dirne und Lorenzen ihr Zuhälter gewesen sein sollte. Auch eine Fülle von Entgleisungen unter Alkoholeinfluß wurden ermittelt. Zudem fand ein Ermittlungsverfahren gegen Lorenzen statt, weil dieser vor seiner Wahl zum Oberbürgermeister die NS-Stadtverordneten mit Schutzhaft bedroht hatte, falls sie ihn nicht wählen würden. Die unerfreulichen Probleme blieben in der Schwebe, Lorenzen war bis 1939 Bürgermeister, das Beiratsproblem blieb ungeklärt. Der Öffentlichkeit blieben diese Querelen nicht verborgen, und als es bei der „Volksabstimmung" im Herbst 1934 etwa in Wulsdorf 25 % Nein-Stimmen gab, wurde das vom dortigen Ortsgruppenleiter auf die „Fälle" in der Partei der Unterweserorte zurückgeführt, wie er überhaupt ganz offen erklärte, daß das Ansehen der Partei bei den „Volksgenossen" auf einem Tiefpunkt angelangt war.

m. Der Konflikt um eine Sonderstellung Bremens und der Sturz Bürgermeister Dr. Markerts

In der Reichsstatthalterfrage hatte sich Dr. Markert im April 1933 zu einem Zusammengehen mit Oldenburg und für Gauleiter Carl Röver als Statthalter entschieden. Die erste Enttäuschung war, daß nicht Bremen, sondern Oldenburg zur Metropole wurde. Als Dr. Markert das nicht verhindern konnte, strebte er wenigstens eine wirtschaftliche Sonderstellung an. Er unterhielt ebenso wie bremische Wirtschaftskreise enge Kontakte mit Berliner Stellen, sogar mit einigen Ministerien, was Röver oft als Untreue, ja als Verrat auffaßte. Hinzu kam, daß der grobschlächtige Gauleiter sich durch die „vornehme" Art vieler bremischer Persönlichkeiten provoziert fühlte; vor allem blieb ihm auch nicht verborgen, daß man ihn bisweilen mit Dr. Markert verglich, den man im Gegensatz zum großschnäuzigen Oldenburger Dummkopf für einen überlegenen und wendigen Wirtschafts- und Verwaltungsfachmann mit politischem Weitblick ansah. Sogleich entwickelte sich bei Röver auch der Verdacht, Dr. Markert wolle ihn ausmanövrieren. Jeder Versuch, für Bremen etwas „herauszuschlagen", verstärkte das Mißtrauen des Gauleiters, der schließlich von Dr. Markert nur noch als einem „Schwein" und Lügner sprach. Angesichts dieser sachlich und persönlich bedingten Spannungen war der endgültige Bruch sehr bald unvermeidlich.

Im März 1934 gab es eine Besprechung des Reichsinnenministers mit den Ministerpräsidenten der Länder in Berlin über die Reichsreform. Auf der Rückfahrt kam es im Eisenbahnabteil in Gegenwart des oldenburgischen Ministerpräsidenten Joël und des bremischen Senators Theodor Laue zu einer heftigen Auseinandersetzung zwischen Dr. Markert und Röver, als dieser verlangte, Bremen solle ein Regierungsbezirk in einer Provinz Weser-Ems werden. Dr. Markert widersprach. Das führte zu ungezügelten Haßausbrüchen des Gauleiters, der deutlich erklärte, er wolle Dr. Markert „abschießen". Es wurde nun die ehemalige Zugehörigkeit des Bürgermeisters zu einer Freimaurerloge und sein angeblicher Umgang mit dem bremischen Pastor und Freimaurer Bode „entdeckt". Anfang Mai wurde ihm dann das Recht auf Tragen einer NS-Uniform entzogen.

Es folgte eine Zeit der Nadelstiche von beiden Seiten: Mitte Mai lehnte Dr. Markert die Abtrennung Delmenhorsts vom Arbeitsamtsbezirk Bremen erfolgreich ab; Röver machte Senator Otto Heider Aussichten auf die Nachfolge Dr. Markerts und setzte sich hinter dessen Rücken auch mit leitenden bremischen Beamten in Verbindung. Am 14. Juli wurde die Lage im Bremer Senat besprochen; einige Senatoren wollten sich gerne aus der Sache heraushal-

März 1934

ten, stellten sich aber doch hinter Dr. Markert, der am gleichen Tage einen langen Beschwerdebrief an Hitler schickte mit der Bitte, dieser möge Bremen schützen. Sollte es dazu kommen, daß Röver den Senat mit Oldenburgern besetze, werde sich „ein Eishauch auf diese Stadt legen. Wir bitten Sie heute, Bremen vor dem Unterdrückungswillen Oldenburgs zu schützen". Das Schreiben wurde außer von Dr. Markert von den Senatoren Flohr, Laue, Bernhard, Heider und von Hoff unterzeichnet, wobei aber nicht sicher war, daß alle zum Bürgermeister stehen würden, wenn es zum Schwur käme. Der Brief wurde nicht von Hitler persönlich bearbeitet, sondern in die Reichskanzlei gegeben, deren Chef, Dr. Lammers, ihn allerdings mit nach Berchtesgaden nahm, wo sich Hitler damals aufhielt.

Eingeweihte Kreise in Bremen waren über diesen Konflikt sehr beunruhigt, so auch die Handelskammer.

31. Juli 1934   Am 31. Juli 1934 erwog Dr. Markert, wie er dem „Stellvertreter des Führers", Rudolf Heß, mitteilte, eine Verleumdungsklage gegen Röver beim Parteigericht. Andererseits hetzte Röver gegen Dr. Markert und den Bremer Senat, wo

6. Aug. 1934   immer sich dazu eine Gelegenheit ergab. Am 6. August rief Dr. Markert das Parteigericht in München an, wovon auch Hitler Kenntnis erhielt. Dabei handelte es sich um eine lange Reihe von Behauptungen, die Röver in seinem Zorn vor Zeugen aufgestellt hatte bis hin zu der Bemerkung: „Bürgermeister Dr. Markert ist ein Schwein; er muß weg." Es ging auf Biegen und Brechen. Hitler, Heß, Dr. Frick und Dr. Lammers sowie mehrere andere Parteigrößen wurden mit einer Fülle von Schreiben, Telegrammen und Audienzen überhäuft. In Bremen wurde der Senat vom Bürgermeister am 5. August veranlaßt, sich für eine direkte Unterstellung der Hansestadt unter den Reichsinnenminister auszusprechen.

7. Aug. 1934   Am 7. August waren Markert und Röver in Berlin und fuhren dann zur Begräbnisfeier für den Reichspräsidenten von Hindenburg nach Tannenberg in Ostpreußen. Wieder gab es eine Auseinandersetzung im Zugabteil. Immer wieder stellte Dr. Markert die Behauptung auf, daß die bremische Wirtschaft durch die oldenburgischen Ansprüche tief beunruhigt sei. Kaum war Röver von Tannenberg zurück, da versammelte er in Bremen im Schütting einflußreiche Personen der Wirtschaft, um zu erfahren, wie beunruhigt sie denn eigentlich seien; sie waren sehr kleinlaut und gaben nur allgemeine Redensarten von sich. Röver war deutlicher und erklärte, daß ein „Kopf fallen müsse", der Dr. Markerts oder sein eigener. Die bremische Parteiorganisation mit dem Kreisleiter Blanke hielt sich nach außen zurück. Blanke aber machte dem Gauleiter vertrauliche Mitteilungen und biederte sich bei ihm in übler Weise an. Man bemühte sich, den Streit nicht allzusehr in die Öffentlichkeit zu tragen, und so

traten denn die beiden Kampfhähne bei größeren Veranstaltungen sogar gemeinsam auf und heuchelten Eintracht.

Am 18. August hielt der Reichsinnenminister Hitler über die Angelegenheit 18. Aug. 1934
Vortrag, doch zu einer Entscheidung kam es noch immer nicht; die von Dr.
Markert erbetene Audienz bei Hitler wurde verweigert.

Bei diesem widerwärtigen Kampf in der Gosse, der sich vor allem zwischen
Dr. Markert und Röver abspielte, wurde fast ganz vergessen, worum es eigentlich ging: um die totale Angliederung an Oldenburg bzw. um die Verweigerung einer Sonderstellung für Bremen. Senatoren, Wirtschaftskreise, lokale
Parteiführer usw. wurden immer unsicherer, auf welche Seite sie sich stellen
sollten, und so hielten sie sich zurück. Mochten sie als Bremer Dr. Markert
recht geben, so konnte doch Gauleiter Röver schließlich der Sieger sein, und
daher versuchten sie sich hinter dem Rücken Dr. Markerts bei ihm anzubiedern.

Der Haß Rövers gegen Dr. Markert steigerte sich durch dessen wiederholte
Versuche, sich bei der Reichsregierung in Berlin abzusichern. Röver machte
nun Hitler und dem Reichsinnenminister deutlich, daß einer von ihnen gehen
müsse. Ein Kompromiß sei nicht mehr möglich, und so beschloß Hitler ein
Ende zu machen. Er schickte den Reichsminister ohne Geschäftsbereich und
späteren Kirchenminister Hanns Kerrl als Schiedsrichter nach Bremen. Am
18. Oktober 1934 stand der Termin fest: der 23. Oktober. Die bremischen 23. Okt. 1934
Senatoren erhielten von Röver die Aufforderung, sich an diesem Tage zur
Verfügung zu halten.

Man tagte im Amtszimmer des Reichsstatthalters im Rathaus mehrere Stunden, und jede Seite hatte Gelegenheit, ihren Standpunkt darzulegen. Dr. Markert stellte die besonderen Interessen Bremens heraus, die er von Röver gefährdet sah; auch die vielen kleinen Nadelstiche kamen zur Sprache und erregten
Röver immer wieder so sehr, daß man sein Gebrüll im ganzen Rathaus hören
konnte und die Teilnehmer an der Sitzung befürchteten, der Reichsstatthalter
werde mit Fäusten auf Dr. Markert losgehen. Einige seiner Aussprüche sind
überliefert, so etwa: „Wenn ich Ihre Visage sehe, möchte ich mit dem nackten
A... darüberfahren!"

Wahrscheinlich hatte Minister Kerrl Instruktionen über das Ende des Verfahrens: Für den Fall des Rücktritts bot er Dr. Markert den Posten des „Treuhänders für Arbeit für das Wirtschaftsgebiet Niedersachsen" an. Dieser Vorschlag
kam wahrscheinlich aus dem Reichsarbeitsministerium, in dem Dr. Markert
einige gute Bekannte hatte. Die bremischen Senatoren waren fast alle eingeschüchtert und schwiegen; nur Theodor Laue, der keineswegs immer mit dem
Bürgermeister übereingestimmt hatte, trat für das Verbleiben Dr. Markerts

ein, da er ihm zutraute, daß er die radikalen Parteigenossen zügelte und bremische Wirtschaftsinteressen angemessen vertrat.

Es kam wie vorgesehen: Dr. Markert wurde abgesetzt und ihm die Stelle des Treuhänders der Arbeit angeboten. Das soll auch von Röver durch „Handschlag besiegelt" worden sein. Dr. Markert war dennoch tief betroffen, eilte auf sein Zimmer, wo er einem Geheimfach Akten entnahm, und dann ging er mit hochgeschlagenem Kragen aus dem Rathaus in seine Wohnung.

Der Öffentlichkeit konnten nicht alle Gründe der Absetzung Dr. Markerts mitgeteilt werden, sie erfuhr aber doch manches durch die Zeitung, in der Teile der Rede des kommissarischen Nachfolgers, Otto Heider, vor Senat und Staatsrat veröffentlicht wurden. Dort war zu lesen, daß der Bürgermeister zwar das Beste Bremens gewollt habe, „aber er mußte scheitern, weil er die Verbindung mit der Partei verloren hatte". Es habe Konflikte zwischen Dr. Markert und Gauleiter Röver gegeben, und es wurde auch nicht verheimlicht, daß sich die Senatoren in argen Gewissensbissen befunden hatten.

Vielfältiger Haß verfolgte Dr. Markert weiter, und so wurde denn sogleich ein Strafverfahren gegen ihn angestrengt: Er hatte die aus dem Geheimfach im Bürgermeisterzimmer entnommenen Akten zusammen mit Unterlagen der bremischen Vertretung in Berlin, die sich auf den Konflikt mit Röver bezogen, nicht in der Senatskanzlei abgeliefert, sondern dem Reichsinnenministerium übergeben, um sie dem Zugriff des Gauleiters zu entziehen. So wurde ihm denn Aktenunterschlagung vorgeworfen. Das Verfahren wurde aber am 23. Oktober 1935 niedergeschlagen, da die Schriftstücke ja in eine Dienststelle überführt, nicht aber dem Dienstgebrauch ganz entzogen worden waren.

Die politische Stellung Dr. Markerts als Treuhänder der Arbeit wurde durch die Angriffe aus Oldenburg und dann auch aus Bremen immer schwieriger, so daß er durch den Reichsarbeitsminister Franz Seldte am 11. Februar 1935 abgesetzt wurde. Er nahm dann eine Stelle in der freien Wirtschaft an. Später hat er behauptet, er sei am 22. Oktober 1935 aus der NSDAP ausgetreten; Zeugen haben diese Behauptung bestritten. Sicher ist nur, daß er seit Februar 1935 kein Staatsamt mehr hatte und sich für die NSDAP nicht mehr einsetzte. In einem
14. Febr. 1935 Stimmungsbericht der NSDAP vom 14. Februar 1935 wird betont, daß man allgemein kein Verständnis dafür aufbringen könne, daß dieser Mann ein Ruhegehalt (Übergangsbezüge auf drei Jahre) bekomme. Das bremische Personalamt meinte zwar, man müsse nach dem geltenden Recht verfahren, wies aber auch darauf hin, daß die Ansprüche Dr. Markerts durch das Ergebnis des gegen ihn laufenden Strafverfahrens wegen Aktenunterschlagung beeinflußt würden, gegebenenfalls auch hinfällig werden könnten. Doch wurde das Verfahren eingestellt, und Dr. Markert bezog weiterhin sein Übergangsgeld.

n. Wirtschaft

Allgemeine Wirtschaftspolitik

Die neuen Machthaber übernahmen 1933 auf wirtschaftlichem Gebiet kein leichtes Erbe. Hier ist nicht so sehr zu untersuchen und darzustellen, welche wirtschaftspolitischen Zielsetzungen auf Reichsebene entwickelt wurden, sondern es müssen die Folgen für die bremische Wirtschaft im Vordergrund stehen. Es ist auf diesem wie auf vielen anderen Gebieten schwer, sich von einer pauschalen Verurteilung zu lösen. Es ist aber sicher eine gültige Regel, daß die Beseitigung einer Wirtschaftskrise Maßnahmen erfordert, die vielen Opfer abverlangt. Was letzten Endes aber zählt und was auch das Urteil der Historiker bestimmen sollte, das ist die Bedeutung für das Gemeinwohl, das nun allerdings von vielen Interessengruppen, so auch von den Nationalsozialisten propagandistisch vorgeschoben wird, um den eigenen Egoismus zu kaschieren.

Unbestritten ist auch die Feststellung, daß die wirtschaftliche Lage Anfang 1933 – trotz einer leichten Besserung – katastrophal war und daß sie in allen Bereichen des öffentlichen und privaten Lebens verheerende Wirkungen hatte.

Aus verschiedenen Gründen war die bremische Wirtschaft durch die Krise besonders hart getroffen. Autarkiebestrebungen behinderten Handel und Schiffahrt, der Zusammenbruch großer Unternehmen wie der Nordwolle und von Banken wie der Danat-, Schröder- und Beamtenbank schädigte den bremischen Staat um große Summen und verminderte die Ersparnisse des Mittelstandes. Die Schuldenlast des bremischen Staates betrug im Frühjahr 1933 fast 254 Mill. Reichsmark, die Zahl der Arbeitslosen betrug 25 000.

Offenkundig war zudem die enge Verknüpfung der deutschen Zustände mit einer „Weltwirtschaftskrise". Uneinigkeit bestand über die Frage, wie man sie zu bekämpfen habe, wobei es für viele kaum möglich schien, wirkungsvolle Maßnahmen im nationalen Rahmen zu treffen, und ob etwa Bemühungen um eine „Autarkie" positive Wirkungen haben konnten. Heftig diskutiert wurde zudem die Lösung durch eine Sozialisierung oder „Vergesellschaftung" aller größeren Betriebe in einem „Sowjetdeutschland". In jedem Falle ließ sich eine Lösung ohne eine erhebliche vorübergehende oder dauernde Einschränkung bürgerlicher Freiheiten kaum noch denken. Hoffnungen, daß eine Besserung gelingen könnte, kamen von allen Seiten; aber auch Skepsis war weit verbreitet – bei den standhaften politischen Gegnern ebenso wie bei strammen Nationalsozialisten, die durchaus die Gefahr sahen, daß sich ihre Partei an einer unlösbaren Aufgabe verbrauchen könnte. So wird man den Glückwunsch der Han-

16. März 1933 delskammer an den neuen Senat vom 16. März 1933 nur als vordergründige Proklamation ansehen, ebenso die Aufforderung des Präses der Handelskammer an die Kaufmannschaft, bei Neueinstellungen „die Kämpfer für die nationalsozialistische Revolution" zu bevorzugen; es blieb das Mißtrauen gegenüber einer besonderen Betonung der Landwirtschaft und des Binnenhandels durch die Nationalsozialisten.

Bürgermeister Dr. Markert tat viel, um das Mißtrauen bremischer Wirtschafts-
3. April 1933 kreise gegenüber der Autarkiepolitik der NSDAP zu dämpfen. Am 3. April 1933 sprach er im großen Glockensaal vor dem Club zu Bremen und bezeichnete Autarkie als eine Utopie, die sich nicht verwirklichen lasse; im Gegenteil: zur Gesundung der Wirtschaft müßten Im- und Export gesteigert werden. Und damit verband sich die politische Forderung: „Um sich ihrer Aufgabe widmen zu können, müssen (die Hansestädte) frei von provinzieller Belastung sein; sie dürfen also keine Provinzstädte werden."

Unmittelbar nach der „Machtergreifung" wurde eine „Wirtschaftspolitische Kommission der NSDAP" unter dem Vorsitz des späteren Generaldirektors der Hamburg-Amerika-Linie Dr. Walter Hoffmann mit der Prüfung der bremischen Finanzen beauftragt. In ihr befanden sich einige tüchtige Fachleute, aus deren Kreis der Vorschlag kam, eine bremische Staatsbank zu gründen.
18. Juli 1933 Am 18. Juli 1933 beschloß der Bremer Senat dann die Gründung einer Landesbank (Staatsbank) mit einem Grundvermögen von 10 Mill. Reichsmark. Die bisherige in bremischem Staatseigentum befindliche Hansa-Bank übertrug ihr gesamtes Vermögen auf die neue Bank. Der bremische Staat haftete für alle Verbindlichkeiten. Die Bank sollte Aufgaben „staatswirtschaftlicher oder allgemeinwirtschaftlicher Art" erfüllen, der Vorstand die Eigenschaft einer Behörde haben. Zum Vorstand wurden Regierungsrat Dr. Gustav Adolf Salander und der Handlungsreisende Hermann Meier bestellt. Dr. Salander, die Seele des Unternehmens, war Direktor der Staatshauptkasse und Vorstandsmitglied der bisherigen Hansa-Bank. Die Kapitalgrundlage von 10 Mill. Reichsmark war irreführend, denn sie bestand vor allem aus nicht realisierbaren Forderungen der Hansa-Bank. Doch erhielt die Landesbank nun die Verwaltung von Hypotheken in Staatsbesitz; auch der „Gemeinnützige Grund-Kreditverein", zeitweilig auch die „Staatliche Feuerversicherung" wurden angegliedert; weiterhin übernahm die Bank 6,7 Mill. Reichsmark Aktien der Straßenbahn. Die
17. Dez. 1933 Landesbank zog am 17. Dezember 1933 in das soeben durch die Reichsfinanzverwaltung erworbene „Haus des Reichs", ehemals Verwaltungsgebäude der Nordwolle. 1937 erfolgte dann der Umzug in das Gebäude der ehemaligen Danatbank am Liebfrauenkirchhof. Es war nicht immer ganz leicht, die Arbeit gegen die Ansprüche des Staates abzusichern; es gelang aber zunächst doch mit

Kontenbuchhaltung in der Sparkasse 1933

der Hilfe des Bürgermeisters Dr. Markert und des Finanzsenators Flohr einigermaßen.

Eine in der Wirtschaftskrise 1931 entstandene Hypothek konnten auch die neuen Machthaber nicht ohne weiteres abschütteln, nämlich die juristischen und politischen Folgen des Nordwolle-Konkurses bzw. des „Falles der Brüder Lahusen". Diese beriefen sich jetzt darauf, daß sie die „nationale Bewegung" durch erhebliche Summen unterstützt hatten – in der Erwartung, man werde das jetzt durch eine Amnestie honorieren. Doch die NSDAP zeigte wenig Interesse, etwas für die Lahusens zu tun, die durch ihre Vertrauensleute in Berlin den Eindruck erweckten, als ob der Bremer Senat gegen ein Strafverfahren sei. Dieser sah sich veranlaßt, in aller Öffentlichkeit das Gegenteil zu erklä-ren, schließlich wurde am 3. Juli 1933 zur weiteren Klarstellung die „Schutz-haft" gegen die Brüder G. Carl und Heinz Lahusen verhängt.   3. Juli 1933

Im November 1933 wurde das Verwaltungsgebäude der Nordwolle verstei-   Nov. 1933 gert. Zunächst erhielt der bremische Staat für 4 Mill. Reichsmark den Zuschlag. Dieser überließ das Gebäude dann aber der Reichsfinanzverwaltung, und es hieß nun „Haus des Reichs".

Die neuen Machthaber konzentrierten dann aber ihre Bemühungen zunächst auf Gebiete, auf denen sie von wirtschaftlichen Verflechtungen mit dem Ausland relativ unabhängig waren: Sie betrieben durch den Bau von Autobahnen, durch Investitionen bei Post und Eisenbahn, durch Förderung von Siedlung und Eigenheimbau, Hafenbau und Flußregulierungen ein umfassendes Arbeitsbeschaffungsprogramm, das den Arbeitsmarkt tatsächlich spürbar entlastete. Es läßt sich durch eine Fülle von Quellen nachweisen, daß vor allem Hitler selbst die Arbeitsbeschaffungsmaßnahmen in den Dienst der „Wehrhaftmachung" des Volkes stellen wollte, während in der Propaganda zunächst einmal die Beseitigung der Arbeitslosigkeit zum Hauptziel erklärt wurde. Es gelang jedenfalls, so oder so, die Wirtschaft wie auch eine große Anzahl hervorragender Techniker in den Dienst einer Sache zu stellen, deren ideologisches Ziel, eine Vorbereitung auf den Krieg, zunächst noch nicht sehr ernst genommen wurde, zumal Hitler noch im Herst 1933 die Losung ausgab, die Arbeitslosigkeit müsse vor allem auch durch eine Konsumsteigerung bekämpft werden.

Alle großen Maßnahmen, wie auch der im September 1933 begonnene Autobahnbau, wurden von einem großen Propagandaaufwand begleitet und zu Meilensteinen auf dem Wege der Beschaffung von Arbeit und Brot erklärt, und in der Tat entsprach die Streckenplanung der Autobahn zunächst keineswegs militärstrategischen, sondern verkehrswirtschaftlichen Zielen, was nicht ausschloß, daß militärische Gesichtspunkte dann seit 1938 steigende Bedeutung gewannen, ohne daß sie nun aber beim Militär selbst volle Anerkennung fanden.

Der Index der Industrieproduktion stieg (bei 1928 = 100) von etwa 60 (Ende 1932) auf 72 (Ende 1933). Der Außenhandel blieb aber durch die Devisenbewirtschaftung gefesselt, solange der Export nicht erheblich gesteigert werden konnte, was erst nach einer allgemeinen Erholung der Weltwirtschaft zu erwarten war. Bevorzugt wurden Importe, die für eine Stärkung der Binnenwirtschaft unbedingt erforderlich waren. So zögerten denn auch die Banken, gefährdeten Im- und Exportfirmen großzügige Kredite zu gewähren. Die Handelskammer betrieb nun die Gründung einer Beteiligungsgesellschaft, die Abhilfe schaffen wollte. Schließlich stellte auch das Reich für den gleichen Zweck Fonds zur Verfügung.

Angesichts der zahlreichen Handelsschranken in Westeuropa und Amerika, unter denen vor allem auch die bremischen Außenhandelsfirmen seit langem litten, wurde die deutsche Wirtschaft zunehmend auf Kontakte mit ost- und südosteuropäischen Ländern gewiesen – sehr zum Leidwesen der bremischen Handelskammer, die immer wieder darauf hinwies, daß eine Ankurbelung der Binnenwirtschaft ohne Rohstoffimporte aus Übersse nicht möglich sei.

Nimmt man die NS-Propaganda vor 1933 für sich, so hätte man nach der Machtergreifung mit einschneidenden Maßnahmen gegen Großkonzerne, Warenhäuser und Konsumgenossenschaften, sicher auch – im Rahmen der Autarkiebestrebungen – mit einer Schädigung des Außenhandels rechnen müssen; doch alle diese gewichtigen Wirtschaftsgruppen erwiesen sich dann doch für die Wirtschaftspläne der Nationalsozialisten als recht nützlich, z. T. sogar – wie für die Rüstung – als unentbehrlich, so daß nach 1933 nur ihre Gleichschaltung und der Einbau in die staatlich kontrollierte Wirtschaft betrieben wurde, wobei dann jene Mittelstandsschicht, die die NSDAP vor allem getragen hatte, auf der Strecke blieb. Nur in einem Punkt gab es für diese eindeutige, wenn auch nicht sehr weitreichende Vorteile: die jüdische Konkurrenz wurde, soweit die Betriebe nicht „arisiert" wurden, ausgeschaltet.

Was die Warenhäuser anbetraf, so hatte die NSDAP Jahre hindurch unter dem Druck ihrer mittelständischen Anhänger ihre Schließung propagiert. Nach der „Machtergreifung" wurde zunächst die „Arisierung" jüdischer Warenhäuser betrieben; dann aber war von einer Schließung kaum noch die Rede. Der „Kampfbund des gewerblichen Mittelstandes", eine NS-Interessengemeinschaft, beschränkte sich im Mai 1933 auf die Forderung, man möge die Abteilungen für Lebensmittel, Photoartikel sowie die „Imbißecken" und Restaurationsbetriebe schließen. Aktionen sollten nicht stattfinden, in der Sache sollte möglichst schonend vorgegangen werden. Karstadt in Bremen schob alle Maßnahmen auf die Zentralverwaltung in Berlin; die anderen Warenhäuser fragten bei jeder NS-Forderung: „Was haben Sie bei Karstadt erreicht?" Schließlich erreichte man gar nichts.

Eine Anbiederung vieler Betriebe an die neuen Machthaber ist schon für 1933 mehrfach überliefert. Der von der NSDAP geförderte neue Leiter des Defaka-Warenhauses erklärte sich am 23. März 1933 bereit, der NSBO die Arbeit im Betriebe zu erleichtern und dieser weitgehenden Einfluß zu gewähren. Darüber wurde ein regelrechtes Abkommen abgeschlossen. Im Juni 1933 ging es Juni 1933 um eine Konzession für den Verkauf von SA- und SS-Uniformen. Das Defaka-Warenhaus hatte der SA-Gruppe Nordsee einen repräsentativen Horch-Kraftwagen gestiftet. Es ging das Gerücht um, Gruppenführer von Schorlemer habe 13 000 RM von der Firma erhalten, den Wagen gekauft und 3000 RM „in die eigene Tasche gesteckt". Polizeisenator Laue sah darin einen Fall von Korruption und verbot dem Warenhaus den Verkauf von SA-Uniformen, so daß in der Frage ein Konflikt zwischen Laue und der SA-Führung entstand. Laue

Das Warenhaus Defaka (rechts) am Brill, um 1935

schickte im September 1933 die gesamte „Defaka-Akte" an die Oberste SA-Führung, ließ den Werbe- und Organisationsleiter in Schutzhaft nehmen und ins KZ Langlütjen bei Bremerhaven überführen.

Die Kleinhändler und Handwerksmeister waren es, die am meisten unter der staatlichen Gängelung – etwa durch Preisvorschriften, Rohstoffbewirtschaftung und schließlich auch durch die eindeutige Bevorzugung der Großbetriebe – zu leiden schienen. Sie konnten aber – wirtschaftlich gesehen – von den Arbeitsbeschaffungsmaßnahmen und der zunehmenden Konsumkraft der Bevölkerung durchaus profitieren, wenn auch nicht so sehr wie die Großindustrie durch die Staatsaufträge. Die gesamte Mittelstandswirtschaft wurde mit einem dichten Netz von Funktionären und Vorschriften (mit Strafandrohung bei Verletzungen) überzogen.

Was nun die Industriellen anbetraf, so war ihnen die NS-Mittelstandsideologie zunächst sicher nicht sympathisch; doch am 30. Januar 1933 hatten sich die Gruppen längst aufeinander zubewegt. Die Nationalsozialisten schafften den Unternehmern die lästigen Gewerkschaften vom Halse; doch an ihre Stelle trat ein – oft ebenso lästiger Staatswille – der zudem noch über die Deutsche Arbeitsfront auch die Interessen der Gefolgschaft im Auge behielt. Die Gewinne der Unternehmen stiegen an. Die Industrie „dankte" mit enormer Leistung, besonders auch in der Rüstung. Der „Freundeskreis der SS", auf den immer wieder hingewiesen wird, ist nur eine Randerscheinung; wichtiger war die komplizierte Art, wie der Staat seine Interessen mit denen der Wirtschaft abstimmte, und der Einmarsch von strammen Nationalsozialisten in die Direktions- bzw. Führungsetagen der großen Unternehmen. Es ist schon bemerkenswert, was der Vizepräses der Bremer Handelskammer, Dr. Heinrich Lauts, am 22. Mai 1933 aus Berlin schrieb: „Man könne zwar nicht in der bisherigen Art weiterwirtschaften, man dürfe auch nicht alles neu organisieren und einen totalen Personalaustausch betreiben. Soweit die alten Männer nicht absolute Trottel oder offensichtliche Saboteure und Schieber sind, würde er sie belassen, aber auf die neue Art des Wirtschaftens abrichten." So erwiesen sich denn volkswirtschaftliche Gefahren, die die Handelskammer bei einer Zerschlagung der Großbetriebe sah, nach der „Machtergreifung" als unberechtigt. Es zeigte sich sehr bald, daß in zahlreichen Wirtschaftszweigen nur große Betriebe leistungsfähig waren und daß deren politische „Gleichschaltung" reibungslos vonstatten ging, so daß auch Kartellbildungen mit Preisabsprachen ebenso wie die Löhne staatlicher Kontrolle unterworfen werden konnten. Sehr bald wurden sogar Kartelle mit staatlicher Preis- und Produktionskontrolle angeordnet.

Von großer Bedeutung war es, daß Bremen unabhängig vom Reichsstatthalter in Berlin Kontakte mit Wirtschaftsstellen unterhielt. Senat und Handelskammer bildeten Ende 1933 einen gemeinsamen Fonds für die Vertretung bremischer Wirtschaftsinteressen in Berlin und für Werbezwecke. Als Vertreter benannte man Dr. Heinrich Lauts und den Kaufmann Georg Ferdinand Duckwitz, der auch Mitglied des außenpolitischen Amtes der NSDAP war. Was Röver betraf, so erklärte er ganz offen, er sei Politiker und Revolutionär, aber kein Wirtschaftler. Er fügte bei einem Gespräch in der Handelskammer hinzu: „Wenn ich der Kammer die richtigen Türen in Berlin öffnen und eventuell auch mal auf den Tisch schlagen soll, dann benachrichtigen Sie mich." Das aber geschah nicht, da sich das Verhältnis zwischen Bremen, vor allem aber zwischen Bürgermeister Dr. Markert und Gauleiter Röver immer mehr verschlechterte und nun auch der bremischen Wirtschaft aus Oldenburg viel Haß entgegenschlug.

Das Konkurrenzverhältnis Hamburg–Bremen hielt auch nach der Klärung der Reichsstatthalterfrage an; doch es kam am 5. Dezember 1933 in Walsrode 5. Dez. 1933 zu klärenden Gesprächen zwischen den Bürgermeistern Dr. Markert und Krogmann (Hamburg). Man wollte gemeinsam versuchen, das Verhältnis zwischen Handel und (binnenländischer) Industrie zu verbessern, hielt auch die Vertretung der Hansestädte im Außenhandel für zu schwach. Weiter unterhielt man sich über Reedereifragen; in den Südamerikadienst wollten die Bürgermeister stärker eingreifen und bei Plänen für Schiffsneubauten mitreden. In

175

der Frage der Reichsreform war man sich einig: die Hansestädte mußten selbständig bleiben.

Juni 1934 Vom 9.–24. Juni 1934 fand dann in Bremen auf der Bürgerweide eine Leistungsschau der bremischen Wirtschaft unter der Bezeichnung „Braune Hansa-Messe" statt. Von bremischer Seite war vor allem die NS-Hago der Initiator; der Kreisamtsleiter dieser Mittelstandsorganisation, Gerhard von Hagel, war Vorsitzender des Arbeitsausschusses, dem auch alle Präsidenten der bremischen Wirtschaftskammern angehörten. Veranstalter und Organisator war das „Institut für deutsche Wirtschaftspropaganda", das eng mit dem Reichspropagandaministerium zusammenarbeitete und auf das „Messewesen" spezialisiert war. Es handelte sich nicht um eine Außenhandelsmesse, sondern um eine Ausstellung, die auf die Einwohner Bremens und seiner Umgebung konsumfördernd wirken sollte. Freilich stellten in der Halle 1 auch einige Firmen des Überseehandels aus; durchweg aber handelte es sich um ein eigenartiges Gemisch von Ständen der mittelständischen Wirtschaft, einigen größeren Industrieunternehmen, der Landwirtschaft, kultureller Einrichtungen, öffentlicher Verkehrs- und Versorgungsbetriebe und von NS-Gliederungen wie NS-Volkswohlfahrt, NS-Frauenschaft und Freiwilligem Arbeitsdienst.

Es ist sehr schwierig, die NS-Wirtschaftspolitik umfassend zu beurteilen; denn alle ihre Elemente finden sich auch in den Programmen anderer politischer Gruppierungen, wenn es sich darum handelte, Krisen zu bewältigen. Die Stärkung der Binnenwirtschaft brachte eine Entlastung des Arbeitsmarktes und damit eine Stärkung des Massenkonsums. Einige besonders geförderte Branchen, wie etwa die Bauindustrie, erlebten einen ersten Aufschwung. Sicher ist auch, daß der seit Jahren auf den Banken lastende ungeheure Risikodruck etwas abnahm.

Es läßt sich nicht übersehen, daß die Löhne zwar stagnierten und die Staatsverschuldung wuchs, ebensowenig aber, daß die Produktivität zunahm und die Zahl der Arbeitslosen sich bis 1934 halbierte. Für diese Zeit gilt noch nicht einmal der kritische Einwand, der Abbau der Arbeitslosigkeit sei nur durch eine Erweiterung der Rüstungsindustrie und die Einführung der allgemeinen Wehrpflicht erreicht worden. Man kann davon ausgehen, daß ein großer Teil der Arbeiter, vor allem aber der bisherigen Arbeitslosen, die nun einen Arbeitsplatz gefunden hatten, zu einer günstigen Einschätzung der Lage kamen. Angesichts abnehmender Arbeitslosigkeit waren sie bereit, Abstriche an den Löhnen und den Verzicht auf das Streikrecht hinzunehmen.

Wer genau hinschaut, wird bei der Beurteilung des Lebensstandards differenzieren können: Sicher ist, daß die Löhne im Durchschnitt fast auf dem niedrigen Niveau von 1932 eingefroren wurden; doch durch die Beseitigung der

Arbeitslosigkeit nahm die Gesamtlohnsumme stark zu. Der korrespondierende Preisstop konnte nicht voll durchgesetzt werden; Mieten, Licht, Heizung und manches andere wurden nicht teurer; anderes, wie Bekleidung, die wegen der Ersatzstoffe auch an Qualität verlor, zog im Preis erheblich an. Der Lebenshaltungsindex (bei 1913 / 14 = 100) lag im Januar 1933 bei 117 und stieg bis 1935 auf 122; bei der Lohnentwicklung (Index 1928 = 100) betrug der Index im Januar 1933 84,2, sank noch im Sommer desselben Jahres auf 83,5 und hielt sich dann etwa auf dieser Höhe.

Bei den Löhnen sind weiterhin als indirekte Abzüge die Zwangsbeiträge für die Deutsche Arbeitsfront und die NS-Volkswohlfahrt zu berücksichtigen.

Unsicher wird das Urteil, wenn man die Frage stellt, ob sich die Entwicklung auf längere Zeit durchhalten ließ. Schon Ende 1934 wies die Bremer Handelskammer darauf hin, daß sich die Binnenwirtschaft ohne eine Belebung des Außenhandels kaum noch steigern lasse; doch die Devisenreserven der Reichsbank waren nun auf ein Viertel geschrumpft, und die Gesamtbilanz des Handels war passiv geworden.

Betriebsführer und Gefolgschaft

Die Prinzipien der NS-Ideologie bestimmten nun zunächst – zumindest in öffentlichen Verlautbarungen – auch das deutsche Wirtschaftsleben: Das Führerprinzip, der nationale Nutzen und die „Volksgemeinschaft". Da alle diese Begriffe nach ihrem Inhalt durch die Partei definiert wurden, ergab sich eine gewisse Einheit in der Steuerung, was nun freilich angesichts der Beteiligung mehrerer Einzelorganisationen Reibungen nicht ganz ausschloß. In den Betrieben, besonders den größeren, wurde mit viel Propagandaaufwand das Führerprinzip eingeführt. An der Spitze stand der Werksleiter oder Betriebsführer, der dafür zu sorgen hatte, daß das volkswirtschaftlich vorgeschriebene Produktionssoll erreicht wurde. Ihm war die Gefolgschaft unterstellt, die ihrerseits auf ein fürsorgliches Denken und Handeln des Betriebsführers vertrauen sollte. Vertrauensleute, die zunächst gewählt, dann von der Deutschen Arbeitsfront nominiert wurden, vertraten die Interessen der Gefolgschaft gegenüber dem Betriebsführer. Bei Kollisionen gab es keine Streiks, sondern eine Entscheidung des „Treuhänders der Arbeit", der weitgehend die Interessen der Volkswirtschaft, sekundär aber auch den Betriebsfrieden zu bedenken hatte. So wurde denn keinesfalls immer gegen die Arbeitnehmer entschieden.

Auch von bremischer Unternehmerseite tönte es laut: das „Führerprinzip hat ... das Gefühl der Verantwortungsfreudigkeit jedes einzelnen gestärkt",

„Gemeinnutz geht vor Eigennutz" habe den Kampf gegen die Arbeitslosigkeit erst möglich gemacht. Der schädliche Gegensatz von Arbeitgebern und Arbeitnehmern sei aufgehoben, und der „schaffende Mensch" stehe nun „im Mittelpunkt des Staatswesens", wobei jeder die ihm zugewiesene Aufgabe zum Nutzen des Ganzen zu erfüllen habe.

Was nun die Gefolgschaft anbetrifft, so war sie nur in der Ideologie ein homogener Körper. Die leitenden Angestellten empfanden sich oft als eine Art Stab des Betriebsführers, die Vorarbeiter als Feldwebel einer Arbeiterkompanie. Schwerer wog, daß es zwischen Angestellten und Arbeitern weiterhin eine Kluft gab. Sie blieb vor allem auch deshalb erhalten, weil bei den Angestellten die Partei sehr stark überrepräsentiert war und sich dadurch so etwas wie die Mentalität eines Führungskörpers im Betrieb herausbildete.

Es ist aber nicht zu übersehen, daß die soziale Fürsorge in den Betrieben für alle Statusgruppen mancherlei Fortschritte brachte: Es wurden Arbeiterwohnungen gebaut, Kantinen eingerichtet, die Kulturarbeit und Gemeinschaftsreisen durch die Organisation „Kraft durch Freude" gefördert. Alles war von tönender Propaganda begleitet, die auch den skeptischsten Arbeiter erreichte.

Wirtschaftskammern, Gauwirtschaftsberater, Ständischer Aufbau der gewerblichen Wirtschaft

Zur NS-Ideologie gehörte das Schlagwort „ständischer Aufbau der Wirtschaft". Das war ein kompliziertes System von regionalen Wirtschaftskammern mit Fachgruppen für einzelne Wirtschaftszweige. Die Gefahr bestand in zahlreichen Überschneidungen, einem Gestrüpp von Interessengruppen und schließlich in der Verselbständigung einer riesigen Bürokratie. Doch wo den freien Kräften des Marktes Zügel angelegt werden sollten, mußten Steuerungsapparate ins Leben gerufen werden. Bis sie ihre endgültige Form erhielten, gab es einen Kampf um Positionen. Er entbrannte bereits unmittelbar nach der „Machtergreifung" mit voller Kraft.

Im Mai 1933 war Dr. Markert der Meinung, daß man auf einen Wirtschaftsbezirk Weser-Ems hinarbeiten müsse, wobei Oldenburg Verwaltungssitz, Bremen aber Wirtschaftszentrum sein müsse. Noch im gleichen Monat meinte der Senat, Senator Bernhard sei der richtige Mann, der das Kommissariat für den Ständischen Aufbau übernehmen solle.

Nach einer Besprechung Dr. Markerts mit Reichsorganisationsleiter Dr. Ley
6. Juli 1933   am 6. Juli 1933 in Berlin ergab sich das Bild der fünf „Säulen" in der deutschen Wirtschaft: Industrie, Handel, Handwerk, Landwirtschaft und Freie Berufe.

178

Jede Säule hatte in ihrer Vertretung vier Stufen: im Betrieb, in der Fachgruppe, in der entsprechenden Kammer und im Wirtschaftsparlament. Der Betrieb stand unter Leitung des Unternehmers bzw. Betriebsführers; der Betriebsrat sollte nur beratende Stimme haben. Betriebe einer bestimmten Produktion wurden in Fachgruppen zusammengefaßt, denen beratende Arbeitsausschüsse mit Vertretern der Arbeitgeber und Arbeitnehmer zugeordnet waren. In den Fachgruppen gab es zudem Sonderausschüsse für spezielle Fragen. In jedem Falle lag aber die Entscheidung beim Führer der Fachgruppe bzw. des Ausschusses. Jede Fachgruppe unterhielt ein Büro mit je einem Unternehmer, Angestellten und Arbeiter in beratender Funktion. Bei den Fachgruppen sollten auch Schiedsämter eingesetzt werden, von denen Dr. Markert meinte, sie sollten vom Treuhänder der Arbeit bestimmt werden, paritätisch aus Unternehmern, Angestellten und Arbeitern bestehen und Berufungsinstanz für Entscheidungen der Arbeitsausschüsse der Fachgruppen sein. Sie sollten nicht nach „Paragraphen", sondern „nach ihrem Instinkt aufgrund der nationalsozialistischen Weltanschauung entscheiden". Ihnen standen unterschiedliche Strafkategorien zur Verfügung.

Die Fachgruppen waren einerseits durchgängig im gesamten Reich zentral organisiert, andererseits aber in den Wirtschafts- und Tarifgebieten in Kammern vertreten, die jeweils ein eigenes „Standesgericht" besaßen, das als Berufungsinstanz für die Schiedsämter gedacht war.

Bei der Organisation des „Ständischen Aufbaus" sollten die Gauleiter mit ihren Gauwirtschaftsberatern entscheidenden Einfluß in ihrer Wirtschaftsregion haben.

Es ergab sich bei der Besprechung auch, daß es in der Führung der NSDAP durchaus Gegner dieses ausgeklügelten Systems gab. Sie meinten, daß „die Überspitzung des Organisierens" die Wirtschaft erdrücken und die Arbeitsbeschaffung erschweren könne. Auch die schematische Einteilung der Betriebsangehörigen in Unternehmer, Angestellte und Arbeiter wurde kritisiert. Zu dieser Zeit (Sommer 1933) war der „Ständische Aufbau" in seinen Einzelheiten noch keineswegs entschieden. Vor allem war noch nicht sicher, was wichtiger sein solle: die senkrechte (zentrale) Gliederung in Fachgruppen oder die waagerechte (regionale) in Kammern. So hütete man sich auch, der Öffentlichkeit die letzten Einzelheiten mitzuteilen. Doch alle interessierten Kreise, so auch die bremischen Kammern und der Senat, diskutierten Anfang Juli 1933 eifrig **Juli 1933** über den „Ständischen Aufbau"; Vorschläge wurden von ihnen nicht angefordert, doch sagten die bremischen Kammern deutlich, daß sie ihr eigenes Weiterbestehen für wichtig hielten. Schließlich berichteten auch die bremischen Zeitungen Mitte Juli ausführlich über die Pläne. Dr. Markert bremste durch die Erklärung, der „Ständische Aufbau" werde langsam und schonend durchgeführt; einstweilen sei er jedoch „vertagt".

Man hatte zu dieser Zeit in Bremen Informationen, daß in der Hansestadt der Sitz einer Handelskammer Weser-Ems sein solle. Das Schicksal der bremischen Handelskammer blieb aber noch unklar. Eigenartig ist, daß Bürgermeister Dr. Markert noch auf eine Sonderstellung Bremens im Kammersystem verzichten und eine gemeinsame regionale Gliederung in einem Weser-Ems-Raum für zweckmäßig hielt.

Ende Juli 1933 wurde dann vom „Amt für den Ständischen Aufbau der NSDAP" für das Gebiet eines Arbeitsamtes ein „Landesleiter für den Ständischen Aufbau benannt, und zwar für den Wirtschaftsbezirk Niedersachsen der Oldenburgische Minister für Finanzen, Justiz, Kirchen und Schulen, Julius Pauly. Man hatte in Bremen zu dieser Zeit den Eindruck, daß die drei Hauptorte Bremen, Hannover und Oldenburg gleichmäßig mit Amtssitzen des Ständischen Aufbaus versehen werden sollten. Dr. Markert schlug Pauly vor, er möge Senator Bernhard als Gaufachberater für den Teilbezirk Weser-Ems einsetzen; dieser wurde jedoch von Gauleiter Röver abgelehnt.

Wichtig erschien auch die Abgrenzung zwischen „Ständischem Aufbau" und Arbeitsfront; es hieß: jener sei für eigentliche Wirtschafts- und Tariffragen zuständig, diese aber solle der weltanschaulichen Erziehung und der wirtschaftlichen Selbsthilfe – vor allem der Arbeitnehmer – dienen. Aber da waren auch noch die Treuhänder der Arbeit und die Gauwirtschaftsberater mit ihrem speziellen Ehrgeiz.

Die Handelskammer Bremen blieb zunächst, was sie war: Eine Interessenvertretung von Kaufleuten. Ihre Skepsis gegenüber den neuen Machthabern wurde von mancherlei Hoffnungen überlagert, die sich auch in zeitüblichen Phrasen artikulierten. Obwohl die Bremer Handelskammer immer wieder vor den Folgen einer Autarkie-Ideologie der NSDAP gewarnt hatte, honorierte der neue Senat doch das Bekenntnis der Handelskammer zur „nationalen Regierung" am 16. März 1933. Man kann insbesondere auch bei Bürgermeister Dr. Markert davon ausgehen, daß er mit Überzeugung für eine Stärkung des bremischen Außenhandels eintrat.

23. Juni 1933 Am 23. Juni beschloß der Senat ein Gesetz über die Umbildung der Handelskammer: Die Zahl der Mitglieder wurde auf 33 erhöht. Danach sollte die Handelskammer aus ihrer Mitte einen Präses und zwei Vizepräsides wählen, die dann vom Senat bestätigt werden mußten und die bis zum 31. Dezember im Amt bleiben sollten. Die Zuwahl ermöglichte den Eintritt einiger Nationalsozialisten in die Handelskammer. Bei der Wahl des neuen Präsidiums entschied man sich einstimmig für Karl Bollmeyer, der bisher nicht Mitglied der Han-

delskammer gewesen war, als Präses. Er war ein Wollkaufmann, der früher der Deutschvölkischen Freiheitspartei angehört hatte und dann NS-Parteigenosse geworden war. Er war keineswegs ein engstirniger Fanatiker, sondern behielt immer die bremischen Handelsinteressen im Auge. Die Ernennung wurde nicht direkt durch die Partei, sondern durch Bürgermeister Dr. Markert veranlaßt; die Kammer hielt einen Nationalsozialisten als Präses für nützlich, ja, für notwendig, wünschte aber doch keinen Autarkiefanatiker. 1. Vizepräses wurde der bisherige Präses, der Früchte-Großhändler Gustav Scipio, als 2. Vizepräses findet sich wiederum ein Neuling, Dr. Heinrich Lauts von der Firma Otto Mielck, während der bisherige 2. Vizepräses, Heinrich Focken von der Deutschen Bank und Disconto-Gesellschaft, nur als 3. Vizepräses erschien. Das Präsidium für das Jahr 1934 hatte dann dieselbe Zusammensetzung. Unter den Mitgliedern findet sich nun auch der Nationalsozialist Dr. Rudolf Firle, der einige Zeit Bremer Vertreter in Berlin gewesen, dann aber Direktor des Norddeutschen Lloyd geworden war.

Die Handelskammer des Gaues Weser-Ems waren durchaus nicht außer jeder Gefahr; Gauleiter Röver war nur geneigt, sie hinzunehmen, wenn sie gehorsam waren; vor allem der Gauwirtschaftsberater Hermann Fromm, der seine eigenen Vorstellungen durchsetzen wollte, stand den Handelskammern feindselig gegenüber. Dieser hatte eine kaufmännische Lehre absolviert und war sehr früh mit Carl Röver bekannt geworden. Im 1. Weltkrieg war er Soldat gewesen und 1920 aus französischer Gefangenschaft zurückgekehrt. Zunächst war er dann kaufmännischer Angestellter gewesen, hatte 1923 eine eigene Firma gegründet, die aber schon 1925 in Konkurs gegangen war. 1926 übernahm er mehrere Handelsvertretungen einer Firma für Bettfedern. Röver machte ihn zum Gauwirtschaftsberater. Er war durchaus wendig und ehrgeizig, hatte aber eine selbstherrliche, aufgeblasene Art. Zwar fand er bei Gauleiter Röver und damit bei der NSDAP einigen Rückhalt, die bremische Kaufmannschaft lehnte ihn ab, wie sie überhaupt ein Hineinwirken der Partei in die Wirtschaft zurückwies und Fromm als Vertreter oldenburgischer, gegen Bremen gerichteter Interessen ansah. Fromm selbst hatte es in seinem beschränkten Gesichtskreis schwer, seinen Einfluß gegen Kammern und andere Wirtschaftsorganisationen durchzusetzen oder auch nur geltend zu machen.

Die „Gleichschaltung" der Bremer Gewerbekammer gab es bereits 1933: Dem Präsidenten wurde durch den Bürgermeister Dr. Markert ein Arbeitsausschuß von fünf Personen beigegeben. Das Gesetz über die vorläufige Umbildung der Gewerbekammer vom 12. Juli 1933 beendete die Mitgliedschaft aller Angehörigen der Kammer zum 31. Juli. Künftig sollte die Kammer aus 24 (vorher 28) Mitgliedern bestehen, von denen je 6 als Vertreter des Handwerks und der

12. Juli 1933

Industrie vom Senat ernannt wurden. Diese sollten dann 12 Mitglieder hinzu-
wählen (wiederum je 6 von Handwerk und Industrie). Alle zwei Jahre sollte
ein Drittel der Kammermitglieder ausscheiden; die Ergänzung erfolgte wieder
durch Ernennung des Senats und Zuwahl. Eine Bestätigung bisheriger Mitglieder sollte möglich sein. Nach der Umbildung waren ein neuer Präses und Vizepräses zu wählen. Die Wahl mußte durch den Senat bestätigt werden, ein Wi-
derruf war jederzeit möglich. Die neue Gewerbekammer wählte dann einen
Bauunternehmer aus Habenhausen und strammen Nationalsozialisten von
1931, Hans Ehlers, zum Präses, den Maschinenfabrikanten Wilhelm Rinau
zum Vizepräses. Sie übernahmen auch den Vorsitz der Handwerks- und Industrieabteilung.

17. Okt. 1933   Für das Handwerk war noch von Bedeutung, daß durch Gesetz vom 17. Oktober 1933 örtliche Pflichtinnungen eingeführt wurden, denen die Betriebsführer der einzelnen Berufe angehörten. Die Innungen mit einem Obermeister an
der Spitze wurden von der Handwerkskammer eingerichtet. Ihnen wurden ein
Gesellenwart und Gesellenbeirat zugeordnet. Für die Zukunft waren Kreis-
und Landeshandwerkerschaften für die jeweilige Region sowie ein Reichs-
handwerksmeister vorgesehen. Durch Verordnung vom 15. Juni 1934 wurden
die Handwerker-Innungen neu geordnet; sie waren nicht an den Bezirk der
Gewerbe- bzw. Handwerkskammer gebunden, der dem bremischen Staatsgebiet entsprach, sondern erstreckten sich über einen größeren Bereich. 44–45
Innungen hatten ihren Sitz in Bremen, 51 in den Kammerbezirken Oldenburg,
Harburg und Hannover. Die Innungsobermeister wurden „unter weitgehen-
der Mitwirkung der Dienststellen der Partei" bestellt und waren gehalten, an
„Führerkursen" teilzunehmen. Alle im Raum Bremen wirkenden Hand-
werksmeister bildeten die „Kreishandwerkerschaft", die vor allem auch die
Interessen des Standes mit denen des Staates und der Wirtschaft abzustimmen
hatte.

Präses der Kleinhandelskammer war zunächst der unpolitische Johann Hasha-
gen, der einen kleinen Gewerbebetrieb besaß. Von den Mitgliedern waren viele

18. Aug. 1933   Mitglieder und Sympathisanten der NSDAP. Am 18. August 1933 beschloß
der Senat, daß die Mitgliedschaft zur Kleinhandelskammer am 31. August enden solle. Die Kammer mußte künftig aus 24 Mitgliedern bestehen, davon
zwei aus Bremerhaven und eins aus Vegesack. 12 Mitglieder wurden vom
Senat ernannt; diese wählten dann die übrigen 12. Von ihnen sollte alle zwei
Jahre ein Drittel neu ernannt bzw. gewählt werden. Gewählt wurden von den
Kammer-Mitgliedern ein Präses, zwei Vizepräsides und ein Rechnungsführer.
Damit wurde nun auch die „Gleichschaltung" dieser Kammer möglich. Bei
den Wahlen wurden zunächst zwei Personen als Präses ins Auge gefaßt: Hein-

rich Boelen, Inhaber der Firma Stegmann & Hartmann, ein „ältlicher konservativer" Mann, und der Kohlenhändler Heinrich Kallsen, ein „echter Nationalsozialist, etwas heftig von Temperatment", aber „kein typischer Kleinhändler". Als dritter war der Kolonialwarenhändler Carl Hagemann, „ein stiller aber ordentlicher Mann" im Gespräch. Die Entscheidung fiel für Kallsen als Präses. 1. Vizepräses blieb der Eisenwarenhändler Bernhard Ebeling, 2. Vizepräses wurde der ehrgeizige Vorsitzer der politisierten Mittelstandvereinigung NS-Hago, Gerhard vom Hagel.

Der Landwirtschaftskammer wurde durch Gesetz vom 12. April 1933 auch die **12. April 1933** Gartenbaukammer angeschlossen, die aus gewählten 10 Mitgliedern bestand und die Belange der Gärtnereibetriebe zu vertreten hatte. Die bisherige Kleingartenkammer wurde aufgelöst. Vorsitzer der Landwirtschaftskammer war 1933 der Landwirt Johann Depken in Schwachhausen, ein markantes deutschnationales Bürgerschaftsmitglied, aber Gegner einer allzu engen Zusammenarbeit mit der NSDAP. Er blieb zunächst im Amt, bis die Kammer im Oktober 1933 aufgelöst und in den „Reichsnährstand" überführt wurde. **Okt. 1933**

Neben den Kammern, Fachgruppen und der DAF gab es noch gleichgeschaltete Wirtschaftsverbände. Wichtig war die „NS-Handwerk, Handel und Gewerbe-Organisation" (NS-Hago). Ihr ging 1934 ein „Kampfbund des **1934** gewerblichen Mittelstandes der NSDAP" voraus. Vorsitzender war in beiden Organisationen der Findorffer Manufakturwarenhändler Gerhard vom Hagel. Die NS-Hago wurde 1935 in die Deutsche Arbeitsfront aufgenommen. Ihre **1935** Arbeitsgebiete waren die Arbeitsbeschaffung für das Handwerk, Preisüberwachung, Überprüfung von Geschäftsaufgaben und -eröffnungen, Ausbildung von Lehrlingen und Gesellen, Interessenvertretung des gewerblichen Mittelstandes gegen die Warenhäuser.

Es dauerte ziemlich lange, bis der „Aufbau der gewerblichen Wirtschaft" verwirklicht werden konnte. Ein Gesetz zur Vorbereitung vom 27. Februar 1934 **27. Febr. 1934** gab dem Reichswirtschaftsminister die Ermächtigung zur Bildung von Wirtschaftsverbänden als Vertreter von Wirtschaftszweigen und zur Ernennung ihrer Führer. Erst am 1. Dezember 1934 gab es die erste Verordnung zur **1. Dez. 1934** Durchführung, die Einzelbestimmungen zum Aufbau der gewerblichen Wirtschaft brachte. In der Zwischenzeit kam es zu mancherlei Diskussionen über die Gestaltung, den Amtsbereich und die Zuständigkeit der Kammern. So erklärte der Präsident des Deutschen Industrie- und Handelstages im Juni 1934 die Industrie- und Handelskammer Hannover zur „Vorortkammer für das Wirtschaftsgebiet Niedersachsen". Die Bremer Handelskammer protestierte, da der Sitz des Treuhänders Bremen und nicht Hannover, die Kammer in Bremen auch „bedeutender" als die in Hannover sei. Die Unterstellung unter eine

„binnenländische" Kammer werde der Sonderstellung Bremens nicht gerecht. Von Bremen aus ging eine Beschwerde an den Reichswirtschaftsminister. Im großen und ganzen hielt man das Problem freilich nicht für sehr wichtig, doch galt es Entwicklungen vorzubeugen, die am Ende Bremen schädigen konnten.

Bürgermeister Dr. Markert empfahl dringend Zurückhaltung, weil er weder einen Konflikt mit dem Industrie- und Handelstag noch mit der Provinzialverwaltung in Hannover riskieren wollte. Er empfahl, eine Sonderstellung der Bremer Handelskammer, nicht aber ihren Rang als Vorortkammer anzustreben. Die Handelskammer Bremen war entgegengesetzter Meinung, da die Sonderstellung nur durch die Einsetzung als Vorortkammer erreicht werden könne, und zwar für ein neu zu bildendes Wirtschaftsgebiet Weser-Ems. Dr. Markert meinte, das sei nicht zu erreichen und für Bremen auch nicht wünschenswert, da die preußischen Gebiete an der Unterweser dann nicht mit Bremen zusammen in einem Wirtschaftsgebiet sein würden.

Als die Schwierigkeiten zwischen Dr. Markert und Gauleiter Röver zunahmen, fürchtete auch die Kammer wieder für ihre Existenz. Die Handelskammer hielt sich im wesentlichen neutral, die Vorsitzenden der Kleinhandels- und Gewerbekammer, beide stramme Parteigenossen, versuchten sich an Röver und seinen Gauwirtschaftsberater Fromm zu halten. Sie denunzierten Anfang August 1934 den Bürgermeister.

Im Reichswirtschaftsministerium wie auch in Bremen und Oldenburg machte man sich weiterhin Gedanken über eine Zusammenfassung von Kammern, etwa in einer Industrie- und Handelskammer, sowie einer Handwerkskammer. Die Lage war Ende Oktober 1934 so, daß der Reichsinnenminister keine Möglichkeit sah, das Reichswirtschaftsministerium in seiner Kompetenz zu beschneiden, die „Bezirke der Industrie- und Handelskammern nach seinem Ermessen zu gliedern". Die Standpunkte blieben unverändert, die ganze Angelegenheit zunächst in der Schwebe, doch erhielt die Handelskammer Hannover sehr bald ein größeres Gewicht, als 1935 nach der Absetzung Dr. Markerts als Treuhänder der Arbeit in Niedersachsen der Sitz des Treuhänders von Bremen nach Hannover verlegt wurde.

Die einzelnen Wirtschaftszweige

Die Wirtschaft Bremens war in starkem Maße vom Handel abhängig, aber gerade der wollte sich auch 1933/34 nicht so recht beleben. Seit langem befürchtete man in der Hansestadt, daß die Autarkie-Ideologie der NSDAP schädlich sein würde. Vielfach wurde dann die schleppende Ausfuhr dem „jüdischen Boykott gegen deutsche Waren" zugeschrieben. Sehr viel hemmender wirkte aber das, was die Im- und Exportkaufleute beklagten, ohne besseres vorschlagen zu können: eine scharfe Devisenbewirtschaftung und eine damit verbundene Kontrolle einzuführender Waren. Andere Länder trafen ähnliche Maßnahmen, so daß auch deutsche Exportgeschäfte erschwert wurden. Der internationale Handel schien sich auf einer Art gegenseitiger Kompensation, einem „Clearing" einzupendeln. Die Kaufleute sahen darin eine Rückkehr „zu primitiven Zeiten und Verhältnissen", bei denen staatliche Reglementierung an die Stelle kaufmännischer Kompetenz trat. Rückblickend ist es schwer, die im Handel deutlich werdenden planwirtschaftlichen Maßnahmen zu beurteilen. Sie waren im Prinzip unabwendbar, selbst die zunehmende Bürokratisierung mit den vielen Kompetenzüberschneidungen war kaum zu vermeiden. Das sind die Kennzeichen jeder Planwirtschaft.

Die Reichsregierung beantwortete diese bedenkliche Entwicklung jedenfalls schon 1934 mit einer erheblichen Drosselung der Einfuhr. Die für sie zur Verfügung stehenden Devisen wurden von der Reichsbank festgestellt und dann vom Reichswirtschafts- und -ernährungsministerium auf die Warengruppen verteilt. Die Einfuhr wurde von 25 Überwachungsstellen, von denen sich die für Baumwolle und Tabak in Bremen befanden, kontrolliert. Doch die Handelsbilanz wurde trotz der bevorzugten Versorgung der Exportindustrie mit Rohstoffen immer ungünstiger.

Von Unternehmerseite wurde zur Erhöhung der Gewinne und damit zur Erleichterung von Investitionen eine Steuererleichterung, vor allem für Außenhandelsfirmen, etwa durch Verminderung der Umsatzsteuer, erwartet. Doch trat diese zunächst nicht ein, da der Staat angesichts seiner vielfältigen Förderungsmaßnahmen bei der Arbeitsbeschaffung auf Steuereinkünfte nicht verzichten wollte. Die Kapitalbildung blieb daher schwierig. Ab 1. Januar 1935 1. Jan. 1935 wurde dann die Umsatzsteuer für den Binnenhandel auf ein Viertel des bisherigen Satzes ermäßigt, was auf diesem Sektor sehr stimulierend wirkte.

Die Arbeitsbeschaffungsmaßnahmen wurden weitgehend mit Krediten finanziert, so daß der staatliche Schuldendienst zunahm. Die Reichsschulden verdoppelten sich zwischen 1932 und 1938, während Bremen ebenso wie einige andere Länder ihren Schuldenberg etwas abtragen konnten. Bei einer Schul-

185

denlast von 198 Mill. Mark im Lande Bremen ergab sich für 1938 freilich „nur" eine Pro-Kopf-Verschuldung von 495 Reichsmark; auf den heutigen Kaufwert umgerechnet, wären das etwa 3000 DM – eine Summe, die damals hoch erscheinen mußte, von der heutigen Verschuldung aber weit übertroffen wird.

In dem durch politische Maßnahmen erzwungenen Rahmen hatte sich auch die bremische Wirtschaft einzufügen, und es war nur zu natürlich, daß es mancherlei Anlässe zu Hoffnungen, freilich auch zu großer Skepsis gab.

Für die bremische Wirtschaft war der Seeschiffsverkehr in den Häfen ein Barometer. Er stieg nur unwesentlich durch die Abfahrten größerer Passagierschiffe (vor allem auch der Organisation „Kraft-durch-Freude"). Beim Seegüterverkehr sah es noch etwas günstiger aus: Die Menge der Ausfuhrgüter stieg 1934 immerhin um 67,6% an, während die Einfuhrmenge nur um 12,4% stieg. Da die Steigerung der Gütermengen sich vor allem auf geringwertige Massengüter bezog, blieben die Vorteile für die Im- und Exportfirmen unbedeutend. Der Stand von 1929 konnte noch längst nicht wieder erreicht werden. Sogar in Emden übertraf der Seegüterverkehr mengenmäßig den bremischen und verzeichnete eine Steigerung von 154%; vor allem aber bestand die Gefahr, daß Hamburg und die Rheinmündungshäfen den Bremer Hafen zur Bedeutungslosigkeit verkümmern ließen. Es bedurfte großer Anstrengungen der neuen Machthaber in Bremen und der bremischen Wirtschaft, um das zu verhindern.

Der Baumwollimport, der für Bremen immer eine wichtige Rolle gespielt hatte, konnte 1933 etwas gesteigert werden, wobei vor allem eine wachsende Bedeutung ostindischer Baumwolle zu verzeichnen war. Die nordamerikanische Baumwolle trat etwas zurück, zumal sich die USA selbst durch Schutzzölle gegen unliebsame Warenimporte abschloß. Der Baumwollhandel unterlag im ganzen starken Schwankungen, so daß es schwierig war, über längere Zeit zu planen. Auch 1934 überwogen Klagen über eine Notlage des Baumwollhandels. Probleme ergaben sich durch die Tatsache, daß der polnische Hafen Gdingen den Baumwollimport erheblich steigern konnte und dadurch auch Güter aus Bremen abzog, die bisher von hier mit der Eisenbahn in die osteuropäischen Länder transportiert worden waren. Eine ähnliche Konkurrenz ergab sich durch den Hafen Triest, von dem Teile Süddeutschlands und Österreichs beliefert wurden.

Der Baumwollhandel war und blieb in besonders starkem Maße von der Devisenbewirtschaftung und den Frachtraten abhängig. Eine am 13. Juli 1934 gegründete „Deutsche Baumwoll-Tauschhandels-GmbH" versuchte, in den USA auf der Basis von Warenaustausch Baumwollgeschäfte abzuschließen. Von März bis Mai 1934 gab es sogar ein deutsches Importverbot, dann Verar-

13. Juli 1934

Mai 1934

186

beitungsbeschränkungen, Verfügungen gegen Preissteigerungen usw. Ende Mai 1934 wurde eine Überwachungsstelle für Baumwolle mit dem Sitz in Bremen eingerichtet. Auf längere Sicht war mit einer grundsätzlichen Einschränkung des Baumwollimports zu rechnen, wobei Ersatzstoffe an die Stelle traten. Schon 1934 hieß es im Bremer Handelskammerbericht, daß „der Ersatz ausländischer Faserstoffe durch einheimische Erzeugnisse" weiterhin Fortschritte mache, daß aber die Preise für künstliche Faserstoffe noch erheblich über denen für Rohbaumwolle lägen.

Wollhandel und -industrie litten noch immer unter dem Schock des Nordwolle-Konkurses. Die Importkäufe waren zunächst vor allem spekulativer Natur und dadurch ein riskanter Wechsel auf eine erhoffte Aufwärtsentwicklung, zumal die Preise nur vorübergehend erheblich anstiegen. Da sich diese nicht auf die Preise der Endprodukte voll übertragen ließen, blieb die Unsicherheit groß, zumal auch billige Fertigprodukte aus anderen europäischen Ländern auf den Markt drängten.

Die Wolle war aber zunächst nicht so sehr durch Exportbeschränkungen belastet, nur blieben die Preisschwankungen groß. Anfang 1934 setzte „eine geradezu wilde Jagd auf Rohwolle" ein, was zu erheblichen Preissteigerungen führte, auch die Industrie war in dieser Zeit gut ausgelastet. Seit dem Frühjahr 1934 setzte dann eine ruhigere Entwicklung ein, zumal der Absatz der Fertigwaren durch die hohen Preise stagnierte. Zudem gab es Ende März 1934 ein Importverbot.

Absatzprobleme auf dem internationalen Wollmarkt führten schon im Sommer zu einem Preissturz, während die Preise in Deutschland wegen des Einfuhrverbots immer noch stiegen. Preisverordnungen versuchten dieser Entwicklung entgegenzuwirken. Auch in Zukunft blieb der Wollimport – vor allem in der Form von Kompensationsgeschäften – beschränkt. Die Arbeitszeit in den Wollfabriken wurde auf 36 Stunden vermindert, um Betriebsschließungen zu vermeiden; nur die Exportindustrie und Kunstwolle verarbeitende Fabriken waren ausgenommen.

Ein weiteres wichtiges Importprodukt war der Tabak. Der binnenländische Absatz blieb gering und bevorzugte weiterhin billige Sorten. Auch die Tabakindustrie blieb notleidend. Die Raucher kauften vor allem deutschen Pfeifentabak und die billigsten Zigarettensorten. 82 % der Umsätze fielen auf 3 ⅓- und 2 ½-Pfennig-Zigaretten. Der Konkurrenzkampf nahm ruinöse Formen an.

Auch der Tabakbranche standen immer weniger Devisen zur Verfügung; die Einfuhr konnte nur dort in größerem Umfang fortgesetzt werden, wo Kompensationsgeschäfte möglich waren. Deutsche Tabake spielten eine wachsende Rolle – freilich nicht für den bremischen Importhandel. Die Bevorzugung bil-

30. Nov. 1934 liger Tabake und Zigaretten hielt auch 1934 an. Die Rauchtabakhersteller wurden am 30. November 1934 zum Eintritt in ein Zwangskartell mit staatlicher Aufsicht gezwungen, so daß die Kontrolle der Einfuhr und der Preise total war. Bei der Zigarettenindustrie gab es seit April 1934 ein „Konditionen-Zwangskartell", das die Errichtung neuer Betriebe verbot, Preise festsetzte usw.

Die Förderung der deutschen Landwirtschaft und die gute Ernte 1933 bewirkten einen Rückgang des Getreideimports, wobei freilich osteuropäisches Getreide in steigendem Maße bevorzugt wurde. 1934 wurden größere Importe nötig, doch blieb der Bremer Handel weitgehend ausgeschaltet, da die Abwicklung über eine „Reichsstelle für Getreide" erfolgte. Der ruinöse Konkurrenzkampf unter den Mühlen hielt zunächst noch an; doch wirkte die Reichsregierung durch Kontingentierung und Regelung der Mahllöhne entgegen, so daß Hoffnungen auf eine kalkulierbare Entwicklung geweckt wurden. Sie verwirklichten sich dann in der Form einer „Wirtschaftlichen Vereinigung der Roggen- und Weizenmühlen" in Berlin, die für das Mehlgeschäft seit Januar 1934 einheitliche Konditionen, sogar die zu produzierenden Mehlsorten diktierte. Die für die einzelnen Preisgebiete zuständigen Großmärkte bestimmten die Preise. Die Produktion der einzelnen Mühlen wurde kontingentiert. Um
15. Juli 1934 die Versorgung zu angemessenen Preisen zu sichern, wurde am 15. Juli 1934 ein Mehlexportverbot verfügt.

Schwierigkeiten gab es bei der Fettversorgung, wobei die Margarine als wichtiges Nahrungsmittel für breite Kreise der Bevölkerung einen besonderen Rang einnahm. Die Pflanzenfette als Rohstoff mußten durchweg eingeführt werden. Sie wurden seit März 1933 zur Förderung einheimischer Fetterzeugnisse mit einer Ausgleichsabgabe belegt, was zunächst einmal die Margarine empfindlich verteuerte. Dasselbe galt für Futtermittel, die bisher zu einem großen Teil importiert wurden. Die Preise für Reis sanken auf dem Weltmarkt zwar erheblich, doch wurde der Import behindert, um die einheimische Landwirtschaft zu stützen. 1934 verschärfte sich die Kontingentierung.

Wichtig war für Bremen weiterhin seit langem der Kaffee-Import. Die Erzeugerländer – vor allem Brasilien – fuhren fort, große Teile der Ernte zu vernichten, um die unter Druck geratenen Preise zu halten. Die fortdauernde Krise ließ den Kaffeeverbrauch weiter schrumpfen; viele Familien waren gezwun-
1. Juli 1934 gen, auf andere Getränke auszuweichen, etwa auf Malzkaffee. Am 1. Juli 1934 wurde die Devisenzuteilung für Kaffee eingestellt, so daß nur noch Kompensationsgeschäfte möglich waren. Derartige Vereinbarungen konnten im Sommer mit Brasilien abgeschlossen werden, so daß vorübergehend sogar eine Überversorgung eintrat. Die bremischen Röstereien waren durchweg gut be-

schäftigt; das galt auch für die Kaffee HAG, die koffeinfreien Kaffee herstellte und recht gute Exporterlöse hatte.

Der Teekonsum ging zurück, zumal die Herstellung in den Exportländern ohnehin erheblich gedrosselt wurde, um die Preise zu festigen. Auch bei dieser Ware hörte die Devisenzuteilung im Juli 1934 auf, so daß die Einfuhr trotz sinkender Weltmarktpreise stark zurückging.

Für Weine und Spirituosen verzeichnete man vor allem bei deutschen Erzeugnissen steigenden Konsum. Der Import ging jedoch stark zurück und wurde kontingiert. Dabei wurden sogar die in deutschen Lagern befindlichen ausländischen Weine einbezogen. Bei Bier hielt sich der Verbrauch etwa auf der bisherigen Höhe, doch war der Konkurrenzkampf hart, so daß nur geringe Gewinne erzielt werden konnten. Die Versorgung mit Rohstoffen spielte keine Rolle, da diese weitgehend aus deutscher Produktion stammten. Der Bierexport, der einst für bremische Firmen eine so große Rolle gespielt hatte, schrumpfte erheblich. Der Import von Früchten wurde zugunsten der einheimischen Erzeugung wesentlich gedrosselt.

Die deutsche Reederei erhielt erhebliche Unterstützung durch die Reichsregierung. Auch kam zwischen den Senaten in Bremen und Hamburg die Bildung einer „Hapag-Lloyd-Union" ins Gespräch, die vor allem für den Nordatlantik-Verkehr das Konkurrenzverhältnis der beiden Reedereien aufheben sollte, zumal in diesem Bereich die Dollar-Abwertung der deutschen Schiffahrt Sorgen bereitete. 1933 waren die Reedereien trotz aller Förderung jedoch noch nicht wieder in der Lage, ihren Schiffsbestand durch Neubauten zu ergänzen.

Der Norddeutsche Lloyd hatte in der Krise einen 20-Millionen-Dollar-Kredit zu 6 % aufgenommen. 1933 setzten Versuche ein, durch Umschuldung eine 4-prozentige Verzinsung zu erreichen. Das gelang 1934 mit der Hilfe amerikanischer Banken. Vom Reich hatte die Reederei einen Kredit von 30 Mill. RM genommen und dafür die Aktiva dem Reich verpfänden müssen. Die daraus resultierende Abhängigkeit ließ vor allem auch in der Personalpolitik nur engen Spielraum. Karl Lindemann, der als Nationalsozialist galt und Mitglied des bremischen Staatsrates wurde, trat am 16. Juni 1933 an die Spitze des Auf- 16. Juni 1933 sichtsrates, und ihm gelang es, ein gutes Verhältnis zu Partei und Staat zu unterhalten. Generaldirektor Dr. h. c. H. F. Albert ging am 30. September 1933, 30. Sept. 1933 als er sich weigerte, eine politisch beeinflußte Überprüfungskommission hinzunehmen. Als Nachfolger bestimmte man den Nationalsozialisten und Vertreter Bremens in Berlin, Dr. Rudolph Firle, dem zunächst von allen Seiten große Erwartungen entgegenschlugen.

Trotz der schwierigen Lage der Reedereien blieben die Bremer Werften durch

Abwracken, Reparaturen und kleinere Neubauten etwa im gleichen Umfang wie 1932 beschäftigt, zumal sich hier die Reichshilfe recht günstig auswirkte.

1934 Erst 1934 besserte sich die Lage: Schiffsraum von 100000 BRT war auf den Bremer Werften im Bau, darunter befanden sich zwei Ostasiendampfer von je 18000 BRT. Es gab aber nicht nur Aufträge deutscher, sondern auch ausländischer Reedereien. Die Lieferungen ins Ausland erfolgten durchweg im Rahmen von Kompensationsgeschäften. Die Reparaturaufträge gingen jedoch zurück.

Wichtig war die Neuordnung der Seeschiffahrt 1934, die die Konkurrenz bremischer Linien untereinander aufheben sollte: Die Liniendienste zur Ostküste Südamerikas und nach Afrika wurden aus der „Hapag-Lloyd-Union" ausgegliedert und verselbständigt; die Zentrale ging nach Hamburg, Bremen erhielt nur „Organgesellschaften". Von bremischer Seite wurde mit Sorge die Amputation der – bisher 70% der deutschen Handelsflotte umfassenden – Hapag-Lloyd-Linien beobachtet. Es war die Frage, ob sich die kleineren Linien noch durchsetzen konnten.

Die Binnenschiffahrt profitierte etwas von der Belebung der Binnenwirtschaft, wenn auch die Kanalisierung der Weser nicht vorankam. Ein Vorteil war je-
Sept. 1933 doch die Eröffnung der neuen Schleuse in Hameln im September 1933. 1934 wurden erhebliche Mittel aus der Arbeitsbeschaffung für die Kanalisation der Mittelweser bereitgestellt, um mit dem Ausbau der Staustufen Langwedel, Landesbergen und Petershagen zu beginnen. Ziel war es nach den Darlegun-
26. Okt. 1934 gen des Staatssekretärs Koenig auf dem Wesertag in Kassel am 26. Oktober 1934, die Weser als vollgültige Verkehrsstraße über Minden hinaus auszubauen. Auch die Werra als Zugang zu den Kaligruben wurde in die Planung
1935 einbezogen. Hinzu kam 1935 der Anschluß des Küstenkanals, der nun vom Dortmund-Ems-Kanal bis Oldenburg führte und somit über Hunte und Weser Bremen mit dem Ruhrgebiet verband. Die Binnenschiffahrt spielte überhaupt für den Massengutverkehr eine steigende Rolle: Kohle, Kali, Baustoffe usw. als wichtige Rohstoffe der Binnenwirtschaft wurden in großer Menge auf der Weser und den Kanälen transportiert.

Die Hochseefischerei litt unter der Krise, da die Fänge nur zu niedrigen Preisen oder gar nicht abgesetzt werden konnten. Die laute Propaganda für den Seefischverzehr hatte zunächst nur wenig Erfolg. Eine günstigere Entwicklung nahm nur die Heringsfischerei mit Schleppnetzen in der Nordsee. Im Rahmen des Arbeitsbeschaffungsprogramms wurden zahlreiche neue Motorlogger gebaut. Im ganzen blieben auch im Seefischgroßhandel und in der Fischindustrie die Verhältnisse unbefriedigend. Nach und nach wirkten sich die staatlichen Förderungsmaßnahmen jedoch aus. Die Fänge und der Absatz besserten sich seit 1934. Vor allem die Beschränkung der Einfuhr kam der deutschen Fischwirtschaft zustatten. Die Preise blieben verhältnismäßig niedrig.

Für Bremen spielte der Verkehr immer eine große Rolle. Unklarheit gab es bei der Frage, ob die Eisenbahn oder der Kraftwagen beim Landverkehr Priorität haben sollte. Deutlich wurde einstweilen nur der von großem Propagandaaufwand begleitete Ausbau der Reichsautobahn; doch blieb das hervorragende Eisenbahnnetz erhalten und spielte für die bremischen Häfen weiterhin eine entscheidende Rolle. Für den Personenverkehr der Eisenbahn wurde einiges getan. Ab 1935 wurden für die Strecken von Bremen nach Hamburg und Köln Schnelltriebwagen eingesetzt.

Der Luftverkehr erfreute sich der besonderen Förderung der neuen Machthaber. Die Zahl der Starts und Landungen auf dem Bremer Flughafen stieg während des Jahres 1933 um etwa 100 %. Am 1. April wurde die Strecke Bremen – Hannover (hier mit Anschluß nach dem Ruhrgebiet, ins Rheinland und nach Süddeutschland) – Magdeburg – Halle / Leipzig – Chemnitz – Prag eröffnet. Das hier eingesetzte Flugzeug war die F 13 von Junkers. Eine große Rolle spielte zu dieser Zeit in Bremen noch der Lufttaxi-Verkehr, vor allem mit dem „Schnellflugzeug Falke". Er wurde jedoch am 1. April 1934 eingestellt. Der Sportflugverkehr war in Bremen 1934 recht bedeutend. Im Sommer wurde der Bäderverkehr von Bremen nach Wangerooge – Langeoog – Norderney – Borkum viel benutzt. Im Winter ruhte in Bremen der gesamte Linienverkehr, und es gab nur Flüge nach Bedarf, etwa nach Hannover. Anschlußflugzeuge wurden für die in Bremerhaven landenden Schnelldampfer des Norddeutschen Lloyd eingesetzt. 1934 wurde im Frühjahr der Linienverkehr wieder aufgenommen.

Die Förderung der Motorisierung durch die neuen Machthaber begünstigte auch die Auto-Industrie. Es gab mancherlei steuerliche Vorteile für die Käufer, Führerscheinerleichterungen usw. In Bremen nahm die Zahl der Neuzulassungen von Personenkraftwagen 1933 um 189 %, die der Lastkraftwagen um 39 % zu. Bevorzugt wurden vor allem kleinere Fahrzeuge. Von dieser Entwicklung profitierten auch bremische Firmen wie die Carl F. W. Borgwards in Sebaldsbrück. Die „Goliath-Werke Borgward & Co." hatten schon zu Beginn der Wirtschaftskrise 1929, die Aktienmehrheit der notleidenden „Hansa-Lloyd-Werke", dann 1931 die Werke im ganzen übernommen, wodurch Borgward in den Besitz großer Fabrikationsstätten gelangt war. Die Krise und die notwendige Neuorganisation gestattete zunächst noch keine Betriebserweiterung. Die Belegschaft zählte 1932 etwa 740 Mitglieder. Die Produktion betrug 86 Wagen vom Typ Hansa, 320 vom Typ Hansa-Lloyd und 3804 Goliathwagen. Es ist schwer, die Gründe für das rasche Anwachsen seit 1933 zu ermitteln. Fraglos

1. April 1933

1. April 1934

Carl F. W. Borgward

waren die Borgwardwerke ein wohlorganisierter, vielleicht sogar gut disziplinierter Betrieb, der hervorragende Qualitätsarbeit leistete und von einer deutlich erkennbaren Betriebstreue der Belegschaft getragen war, zudem aber auch
vom allgemeinen Anwachsen der Motorisierung, die von den neuen Machthabern propagandistisch gefördert wurde, auch von der Gesundung der Binnenwirtschaft, der Zunahme des Auto-Exports und schließlich den Ansprüchen
der Rüstung profitierte. Jedenfalls stieg die Belegschaft 1933 auf 1180, 1934 auf
2110.

11. April 1933 Durch das „Kraftfahrzeugsteuergesetz" vom 11. April 1933 wurden neu zuge-
lassene Fahrzeuge von der Kraftfahrzeugsteuer befreit, immer wieder wurde

betont, die Motorisierung sei der Wille des „Führers"; ein „Nationalsozialistisches Kraftfahr-Korps" (NSKK) verkörperte diesen Willen in einer Partei-Formation, die von Anfang an eng mit der Reichwehr zusammenarbeitete. Auch SA und SS hatten motorisierte Abteilungen.

Äußerst schwach war der Baumarkt. Der bremische Senat sah durchaus, daß man mit Baumaßnahmen städtebauliche Akzente setzen und zugleich zur Beseitigung der Arbeitslosigkeit beitragen konnte; doch in den ersten beiden Jahren litt das Staatswesen noch allzusehr unter der Finanznot, so daß keine großen Pläne verwirklicht werden konnten. Der staatlich gelenkte und geförderte Wohnungsbau wurde auch in der Wirtschaftskrise in beschränktem Umfang weitergeführt und wurde dann in der NS-Zeit übernommen. Das gilt für eine Siedlung am Bauerndobben (Oslebshausen), in Mahndorf und auch in Borgfeld, wo kleine Bauernstellen geschaffen wurden, die durch das Anwesen des ehemaligen Senators und späteren Bürgermeisters Wilhelm Kaisen recht bekannt geworden ist. Erst seit 1934 kam in den Siedlungsbau Planmäßigkeit und Großzügigkeit.

o. Presse und Politik

Eine erste „Gleichschaltung" der Zeitungen wurde dadurch erreicht, daß diese seit 1933 im „Reichsverband der Deutschen Zeitungsverleger e. V." in Berlin vereinigt wurden. Die Zeitungen des Gaues Weser-Ems gehörten zum Landesverband Nordwestdeutschland in Hannover. Die Presselenkung durch das Reichspropagandaministerium wurde immer intensiver; es beauftragte am 1. August 1933 für den Gau Weser Ems den „Gaupropagandaleiter" Ernst Schulze mit der Leitung des Reichspropagandaamtes Weser-Ems. 1934 übernahm dieser auch noch das Amt eines „Landeskulturwalters" der Reichskulturkammer, der die Presse des Gaues nach den Goebbelschen Richtlinien kontrollieren und gängeln sollte.

Die bürgerliche Presse

Die beiden Zeitungen des Schünemann-Verlages, die „Bremer Nachrichten" und die „Weser-Zeitung", hatten sich in früheren Jahren immer wieder mit der NSDAP angelegt. Die „Weser-Zeitung" behielt ihren nüchternen, auf Wirtschaftsinteressen gerichteten Ton bei. Die „Bremer Nachrichten" unter dem Hauptschriftleiter Fritz Reineck und seinem Vertreter Dr. Adolf Wolfard drifteten vom Linksliberalismus immer mehr nach rechts und schwammen schließlich zwischen DVP und DNVP. Die BN war trotz der Wirtschaftskrise sehr erfolgreich und hatte eine Auflage von 80000. Nach der „Machtergreifung" sank sie durch die NS-Hetze auf 50000. Die „Weser-Zeitung" war ein 30. Sept. 1934 Zuschußunternehmen und wurde am 30. September 1934 eingestellt.

Die neue Regierung wurde von den „Bremer Nachrichten" begrüßt, da man meinte, Papen habe die eigentliche Macht in der Hand und Hitler den Totalitätsanspruch seiner Partei aufgegeben. Die Maßnahmen gegen die Kommunisten wurden ohne Einschränkung begrüßt, während die Einsetzung des Reichskommissars Dr. Markert mißbilligt wurde; die NSDAP – in Bremen wie im Reich – wurde von der Zeitung viel zu harmlos eingeschätzt.

Seit dem 8. März 1933 zeigten sich immer deutlicher Versuche der Annäherung an die neuen Machthaber; dennoch blieb das Verhältnis gespannt. Als die Zei-13. März 1933 tung am 13. März eine Anordnung zur Beflaggung als eine Veröffentlichungsbitte einrückte und dann befriedigt feststellte, schwarz-weiß-rote Fahnen seien zahlreicher gewesen als Hakenkreuzflaggen, da wurde dem Verleger Walther Schünemann im Polizeihaus barsch erklärt, die „Bremer Nachrichten" sein auf drei Tage verboten. Als nun der Verlag den Abonnenten trotzdem die Zeitung, aber mit dem Kopf der nicht verbotenen „Weser-Zeitung" zustellte, da hätte das leicht zu harten Maßnahmen führen können; doch gelang es dem Verlag, das Reichsministerium des Innern zu einer Intervention zu veranlassen. Die Verbotszeit wurde abgekürzt, der Zeitungsverleger versprach Wohlverhalten. Die Zeitung wurde vorsichtiger, das Mißtrauen der NSDAP aber blieb; dafür sorgte vor allem die Konkurrenzzeitung, die „Bremer Nationalsozialistische Zeitung".

Mehrere Anlässe führten zu Verwarnungen, doch war die Existenz der Zeitung Jan. 1934 zunächst nicht gefährdet. Vom 2. bis 4. Januar 1934 gab es noch einmal ein Verbot, weil die Zeitung über den Lahusen-Prozeß Auffassungen widergab, „die im Widerspruch zu den in unserem Staate geltenden sittlichen Grundan-24. Juni 1934 schauungen stehen". Als sich die Bremer Nachrichten am 24. Juni 1934 kritisch zu Übergriffen der Hitler-Jugend geäußert hatte, drohten Gewaltakte gegen das Verlagsgebäude, so daß Walther Schünemann sich veranlaßt sah, den Schutz des Polizeisenators Laue anzurufen. Dieser ließ den Zugang zum Verlagsgebäude absperren. Damals wurde an mehreren Stellen ein rotes Hetzplakat angeschlagen, das von der „Bremer Zeitung" gedruckt wurde und für das Hans Walter Berg verantwortlich zeichnete. Die Polizeidirektion sah keinen Anlaß zu einem Verbot der Zeitung und schrieb in diesem Sinne auch ans Reichsinnenministerium. Über die Angelegenheit fand ein ehrengerichtliches Verfahren vor dem Bezirksgericht der Presse in Hannover statt. Das Reichspropagandaministerium war auch jetzt gegen ein Verbot der Zeitung, das von der HJ-Gebietsführung nachdrücklich gefordert wurde.

Druckerei und Verlag Schünemann, Zweite Schlachtpforte

Die NS-Zeitung

Die „Bremer Nationalsozialistische Zeitung" (BNZ) hatte keine Verbotsprobleme, war aber ständig in finanziellen Schwierigkeiten, denn sie hatte im Juni 1933 nur eine Auflage von 18 000 Exemplaren. Sie war ein ausgesprochenes Parteiblatt, das zudem noch von unerfahrenen Journalisten zusammengeschustert wurde. Selbst Parteigenossen waren der politischen Schlagworte längst überdrüssig und verlangten zuverlässige Information. Die Zeitung erhielt die beschlagnahmten Anlagen der sozialdemokratischen „Bremer Volkszeitung" (Fa. J. H. Schmalfeldt u. Co.) Am Geeren vom Bremer Staat, wobei der Kaufpreis gestundet wurde. Das Vermögen der Fa. Schmalfeldt wurde am 21. Juli 21. Juli 1933 1933 durch Senatsbeschluß eingezogen und der Verwaltung des Generalstaatsanwalts in Berlin übergeben, die Verwaltung von der Deutschen Arbeitsfront

195

übernommen. Diese gestattete dann Anfang August der BNZ, die Anlagen unentgeltlich zu benutzen. Deren Geschäftsführer war Kurt Thiele, ein Günstling des Gauleiters Carl Röver und Reichstagsabgeordneter. Es wurde eine Firma „Kurt Thiele, Bremer Verlagsanstalt und Buchdruckerei" gegründet, die von der Sparkasse eine Anleihe über 100000 RM aufnahm. Mit der Gauleitung in Oldenburg wurde Ende September 1933 vereinbart, daß Thiele zwar Inhaber, doch zugleich Treuhänder der Gauleitung sein sollte.

Der Hauptschriftleiter Hanskarl Sichart von Sichartshoff, Sohn eines Offiziers und aus schlesischem Adel, war ein 28jähriger übler NS-Fanatiker, der weder fähig noch willens war, eine solide Zeitung zu machen. Seine Kollegen Gunther d'Alquen, der spätere Chefredakteur der SS-Zeitung „Schwarzes Korps", und Otto Pfeiffer intrigierten gegen ihn mit der Behauptung, er sei jüdischer Abstammung. Nachforschungen zogen tatsächlich eine jüdische Großmutter ans Licht, und von Sichart wurde daher im April aus der Partei ausgeschlossen. Zwar gab es über den Fall auf höchster Ebene noch eine kurze Diskussion, aber

1. Juli 1933 sein Amt an der Zeitung mußte er am 1. Juli 1933 niederlegen. Sein Nachfolger wurde für drei Monate der HJ-Führer Gustav Staebe; es folgten ganz unbedeutende Parteigenossen, die sich nur wenige Monate halten konnten.

Sehr bald zeigte sich, trotz einer auf etwa 32000 gesteigerten Auflage, eine Überschuldung der Zeitung, die z. T. noch aus der Zeit vor der „Machtergrei-

Sept. 1933 fung" herrührte. Am 28. September 1933 mußte Thiele dem Finanzsenator Flohr, um Staatshilfe zu erlangen, die Aufnahme eines Fachmannes in die Geschäftsleitung zugestehen. Er wurde durch Thiele in Albert Wacker aus Flensburg gefunden. Dieser stellte im Oktober eine hohe Überschuldung fest.

Okt. 1933 Im Oktober wurde dann eine neue „Bremer Zeitung Verlagsgesellschaft m. b. H." gegründet, an der der Bremer Staat mit 100000 RM beteiligt war und die die Sparkasse mit der gleichen Summe unterstützte. Vorsitzender des Verwaltungsrats war Thiele, als Mitglied erschienen Senator Laue, Präsidialrat Hochmuth und Handelskammerpräses Bollmeyer. Eine Beteiligung des NS-Gaus wurde vom Senat noch verhindert.

1. Nov. 1933 Ab 1. November erfolgte eine Titeländerung: Das Blatt nannte sich nun „Bremer Zeitung", womit man eine breitere Leserschaft anzusprechen hoffte. Doch blieben die Parteifesseln auch weiterhin sehr eng, und die Attraktivität des Inhalts nahm nicht zu.

Die GmbH zeigte sich sehr bald wieder überschuldet. Thiele wurde im November 1933 im Vorsitz von Kreisleiter Paul Wegener abgelöst, und jetzt begannen auch die Angriffe gegen den von Thiele angestellten Verlagsdirektor Wacker, der nur in Senator Laue einen Befürworter fand.

Mai 1934 Im Mai 1934 ging die „Bremer Zeitung", wie alle Parteizeitungen, an den Eher-

Verlag in München, doch wurde im Juli 1934 der „NS-Gauverlag Weser-Ems Juli 1934
GmbH Bremen" als Besitzer eingetragen. Die Anteile des Bremer Staates
(200 000 RM) wurden als Darlehen übernommen. Gesellschafter der neuen
GmbH waren nun Gauleiter Röver als Treuhänder für den Gau mit
100 000 RM und die „Standarte GmbH" in Berlin, ein Zweig des Eher-Verlages
in München, als Dachgesellschaft der Parteipresse mit 50 000 RM. Röver setzte
am 1. Oktober 1934 Wacker als Verlagsdirektor ab, obwohl er einen Vertrag 1. Okt. 1934
über sechs Jahre hatte. Sein Nachfolger wurde Dr. Nebe. Wacker klagte nun
gegen den NS-Gauverlag und erhielt in allen Instanzen Recht; doch mißach-
tete der Gauleiter sogar die Entscheidung des Reichsgerichts, wobei er freilich
vom Reichsinnenminister gestützt wurde, während Senator Theodor Laue alle
Jahre hindurch auf Wackers Seite stand.

p. Kultur

Schulen

Die erste Maßnahme im Schulbereich sollte sich auf die Versuchsschulen, die
seit Jahren von der NSDAP angegriffen wurden, beziehen. Anstoß war nicht
so sehr, daß hier „Pädagogik vom Kinde aus" betrieben wurde, denn diese
vertraten auch einige NS-Schulreformer, sondern die Tatsache, daß die Schulen vor allem von sozialdemokratischen Junglehrern getragen wurden. Die
NSDAP beantragte am 3. Februar 1933 in der Bürgerschaft die Umwandlung Febr. 1933
der Versuchsschulen an der Helgolander, der Stader und der Schleswiger
Straße in Bezirksschulen. Der Antrag wurde zunächst an die Schuldeputation
überwiesen, dann aber am 17. Februar 1933 im Plenum der Bürgerschaft mit
den Stimmen von SPD, KPD und DVP abgelehnt. Damit war der Vorstoß der
NSDAP zunächst einmal gescheitert.
Am 16. März wurden dann einige kommunistische und sozialdemokratische 16. März 1933
Lehrer beurlaubt: Rudolf Argus, Hermann Rumpf, Adolf Waldmann, Christian Paulmann, Oskar Drees und Heinrich Esdorn. Bei Hermann Böse blieb
die Angelegenheit wegen schwerer Erkrankung in der Schwebe. Nach der Entlassung erhielten einige Lehrer, vor allem die Kommunisten und jüngeren
Sozialdemokraten, keine Pension; sie mußten einem anderen „Broterwerb"
nachgehen. Andere erhielten Dreiviertel, einige auch die volle Pension. 44
Lehrkräfte, ein Oberschulrat, drei Verwaltungsbeamte der Schulbehörde und
zwei Schulhausmeister wurden entlassen. Einige Schulleiter verloren ihre
Dienststellung, mehrere Lehrer wurden „strafversetzt". Nach und nach wurden 20 entlassene Lehrer wieder angestellt.

Der Vorstand des Lehrervereins trat am 16. März 1933 zurück; sechs Mitglieder wurden mit der Geschäftsführung beauftragt, „der gewerkschaftliche Charakter und die damit zusammenhängenden Bindungen" aufgegeben. Am 18. März traf die „Bremer Lehrerzeitung", das Organ des Lehrervereins, ein Verbot auf zwei Monate; sie erschien dann nicht mehr. Damit hatte die Zeitschrift des NS-Lehrerbundes, „Der Erzieher", unter der Schriftleitung von Walter Kreikemeyer das Monopol.

18. März 1933   Der „Geschäftsführende Ausschuß" des Lehrervereins erklärte am 18. März 1933, der Verein habe seinen gewerkschaftlichen Charakter aufgegeben, auch legte er ein Bekenntnis zum „Aufbauprogramm der nationalen Regierung" ab.

1. April 1933   Am 1. April fand dann eine außerordentliche Hauptversammlung des Lehrervereins statt, an der immerhin 450 Personen teilnahmen. Hier wurde die Erklärung des „Geschäftsführenden Ausschusses" abgesegnet und der NS-Lehrer Wilhelm Kruse zum neuen Ersten Vorsitzer gewählt.

23. April 1933   Der „Bremische Lehrerbund" trat bereits am 23. April 1933 dem NS-Lehrer-
16. Mai 1933   bund bei; am 16. Mai erfolgte auch der Übertritt des Lehrervereins – eine Entwicklung, der nicht alle Mitglieder folgten. Seit dem 4. Juli war dann von einer „Landesfachschaft der Lehrer in Volks-, Mittel- und Sonderschulen im NS-Lehrerbund" die Rede, deren letzte Mitgliederversammlung am 30. April 1936 stattfand.

Am 25. März 1933 erklärte Bürgermeister Dr. Markert im Senat, „die Erneuerung des Volksschulwesens im Sinne des von dem Herrn Reichskanzler gebilligten Programms sei eine der dringendsten Aufgaben". Als Fachberater für Volksschulen wurde der frühere Schulleiter Heinrich Scharrelmann eingesetzt. Er hatte als Schulreformer den Weg in den „Nationalsozialistischen Lehrer-
26. April 1933   bund" (NSLB) gefunden. Am 26. April 1933 war dann weiterhin vorgesehen, daß „besondere Beauftragte zur Beaufsichtigung der Volksschule" eingesetzt wurden. Da jedoch zur Vertretung keine geeigneten Junglehrer zur Verfügung standen, wurde daraus nichts.

Dr. Seidler, der Gehilfe des Senators Dr. von Hoff, nahm sich vor, „möglichst häufig unangemeldet" in den Schulen zu erscheinen, die „Lehrerkollegien über die Aufgaben und Ziele des Schulunterrichts im nationalen Staat" zu belehren und „nötigenfalls selbst am Unterricht teilzunehmen". Von allen Lehrern verlangten die neuen Machthaber immer wieder Bekenntnisse zum Nationalsozialismus, vor allem aber auch den Beitritt zum Nationalsozialistischen Lehrerbund (NSLB). Zum „Gauobmann" wurde Ende 1933 Walter Kreikemeyer, zum „Kreisleiter" aber der Lehrer Wilhelm Kruse ernannt. Kreikemeyer wurde 1933 Schulleiter an der ehemaligen Versuchsschule an der Helgolander Straße. Er stand dem Senator Dr. von Hoff von Anfang an skeptisch, ja feind-

selig gegenüber. Am 5. Juli 1934 fand sogar eine Haussuchung der Gestapo bei   1934
ihm statt, wobei eine Akte beschlagnahmt wurde. Die Gauleitung war damit
keineswegs einverstanden und forderte, daß sie in ähnlichen Fällen zuvor eingeschaltet werde. Senator Laue konterte mit dem Hinweis, Kreikemeyer habe
in Verdacht gestanden, mit Röhm-Anhängern in der SA Kontakt gehabt zu
haben; es sei Eile geboten gewesen. 1934 wurde Kreikemeyer dennoch Kreisamtsleiter des NSLB.

Die Kollegien waren gewiß sehr unterschiedlich von Nationalsozialisten
durchsetzt, am stärksten wohl das der Oberrealschule an der Dechanatstraße:
Es gab hier nicht nur mehrere politische Leiter bis hin zum Ortsgruppenleiter,
SA-Führer und Parteimitglieder, die in der Schule eine Funktion hatten (wie
der neue Direktor Dr. Hackenberg, der den Volksparteiler Prof. Dr. Carl
Dietz ablöste), sondern auch drei Parteigenossen, die in hohe Ämter des Kulturlebens eingeschleust wurden: Dr. von Hoff wurde Senator, Ernst Castens
Schulrat und Vorsitzender des Kunstvereins, Dr. Carl Friedrich Roewer Direktor des „Staatlichen Museums für Natur-, Völker- und Handelskunde".
Es gab unter allen Lehrkräften vor 1933 nur 52 Mitglieder der NSDAP (3 %);
dann aber setzte der Marsch der Opportunisten in die Partei ein: 1933 gab es
126, 1937 aber 633 Parteigenossen unter den Lehrern.

Es ist auch schwer, Dr. Richard von Hoff in seiner Eigenschaft als Schulsenator
zutreffend zu beurteilen. An sich war er ein Konservativer, doch sein Rassenfanatismus brachte ihn dem völkischen Lager nahe. Soweit wir wissen, fiel es
ihm und dem Landesschulrat Dr. Karl Kurz, der zunächst kein Parteimitglied
war, sehr schwer, die von ihm erwartete Entlassung oppositioneller Lehrer
auszusprechen, von denen einige wegen ihrer pädagogischen Fähigkeiten von
ihm geschätzt wurden. Es zeigte sich auch, daß Dr. von Hoff bei der Einsetzung der Spezialkommissare und bei der Senatsbildung keineswegs der
Wunschkandidat des NS-Lehrerbundes war. Dessen Reichsleiter (Hans
Schemm) schrieb an Bürgermeister Dr. Markert am 18. März, daß sich Dr. von
Hoff „um unseren Kampfbund noch nie gekümmert" habe. Aus dem Entwurf
einer Antwort Dr. Markerts geht hervor, daß Dr. von Hoff die Ziele des NSLB
„in allen wesentlichen Punkten rückhaltlos bejahe" und seine Berufung mit
den entscheidenden Parteistellen abgestimmt sei. Was die Volksschule betreffe,
so habe er in der Behörde einen Dezernenten (Oberschulrat Dr. Dehning),
„der auf dem Boden unserer Weltanschauung steht". Es wird auch als Ver-
dienst Dr. von Hoffs hingestellt, daß er „verschiedene Kommunisten und
SPD-Führer an die Luft gesetzt" und „die drei marxistischen Versuchsschulen
aufgehoben" habe. Die dann schließlich von Dr. Markert am 29. März abge-
schickte Antwort wies noch darauf hin, daß für den Volksschulbereich Hein-

rich Scharrelmann zum Fachberater ernannt worden sei. Ohne jede „Erfolgsmeldung" hätte sich Senator Dr. von Hoff wahrscheinlich gegenüber den Scharfmachern der Partei überhaupt nicht durchsetzen können. Es hat auch später nicht an Kritik des NSLB an Dr. von Hoff gefehlt; es ist sogar von „Drohbriefen" die Rede.

Von Dr. Seidler, der in den ersten Wochen in der Schulbehörde einen großen Einfluß ausübte, ist ebenfalls überliefert, daß er zwar für eine Durchdringung des Schulwesens mit nationalsozialistischem Geist und auch eine intensive „Belehrung" der Lehrer war, daß er aber nicht unbedingt viele Entlassungen anstrebte; doch konnte er sich ebensowenig wie Dr. von Hoff gegenüber den Forderungen der Partei, vor allem auch gegenüber dem „Fachberater" Heinrich Scharrelmann und dem Personalreferenten „Hauptmann a. D." Wilhelm Machtan durchsetzen. Es wird sogar deutlich, daß in einigen Schulkollegien Lehrer wegen ihrer politischen Einstellung beim Schul- und sogar beim Polizeisenator angeschwärzt wurden. Es gibt Anhaltspunkte dafür, daß Dr. von Hoff diese Gehässigkeiten verabscheute und sie in der Regel nicht weiterverfolgte.

So wird es verständlich, daß Heinrich Scharrelmann als „Fachberater" das
14. Mai 1933 Handtuch warf. Er schrieb an Bürgermeister Dr. Markert am 14. Mai 1933, er habe sich „schweren Herzens" entschlossen, sein Amt als Fachberater für Volksschulen niederzulegen wegen der „unklaren Abgrenzung der Befugnisse" und der „Beibehaltung liberalistisch-marxistischer Verwaltungstechnik". Er sah sich mattgesetzt, weil er „den Schulräten nur nebengeordnet" war, nicht aber ihnen gegenüber Weisungsbefugnisse erhielt. Er hatte vorgeschlagen, neben Oberschulrat Dr. Dehning und Schulrat Bartels sechs kommissarische Bezirksschulräte von nationalsozialistischer Gesinnung einzusetzen. Sie sollten auf ein Jahr bestellt werden. Der Senat hatte diesen Vorschlag abge
18. Aug. 1933 lehnt. Erst sehr viel später, am 18. August 1933, beantragte Senator von Hoff erfolgreich, daß vier dem NSLB angehörige Lehrer als „Bezirksobmänner" zur Beaufsichtigung der Volksschulen eingesetzt wurden. In der Schulbehörde blieb Landesschulrat Dr. Karl Kurz im Amt. Nach und nach rückten NS-
12. Febr. 1934 Schulräte in die Behörde ein, so am 12. Februar 1934 Friedrich Gronau für die Volksschulen und Ernst Castens für die Höheren Schulen.
2. Mai 1933 Am 2. Mai 1933 erließ der Senat ein Gesetz, nach dem alle beschäftigungslosen männlichen Jugendlichen ab sofort am Fortbildungs- und Fachschulunterricht teilnehmen mußten, und zwar bis zum Eintritt in ein Lehr- oder Arbeitsverhältnis bzw. längstens bis zum Ende des Schuljahres 1933. Ein ähnliches Ge
1934 setz gab es auch 1934. Am 20. Januar 1934 wurde auf einem Motorschiff im Hafen II (Überseehafen) eine Berufsschule für erwerbslose Seeleute eingerich-

200

tet, am 4. Februar eine dreijährige Berufsschule für Hauswirtschaft, am 13. April die Kaufmannsschule der Deutschen Angestelltenschaft, die früher vom Deutschnationalen Handlungsgehilfenverband betrieben wurde, Ende April eine Handelsschule in Vegesack und am 27. September 1934 eine Verwaltungsakademie für die Fortbildung von Beamten. Auch der „Reichsberufs-

Bremer Rolandfibel 1935:
Deutsches Jungvolk und die Fahne mit der „Siegrune"

wettkampf" der deutschen Jugend, an dem 1934 immerhin 4000 Jugendliche teilnahmen, wurde im allgemeinen mit Begeisterung aufgenommen. In allen Schulen wurde eine Durchdringung der Unterrichtsstoffe mit nationalsozialistischem Geist gefordert und je nach Einstellung der Lehrer mehr oder weniger intensiv durchgeführt. Die Schulleiter wurden zur Überwachung verpflichtet, Lehrgänge brachten der Lehrerschaft die nötige Schulung. Schließlich wurden auch neue Lehrbücher eingeführt. Die alte „Roland-Fibel"

1. April 1934 erhielt eine NS-Fassung; am 1. April 1934 wurde das „Reichslesebuch" in den Volksschulen eingeführt; das bisher von Direktor Prof. Dr. Dietz herausgegebene „Nordwestdeutsche Lesebuch" wurde von Direktor Dr. Fritz Hackenberg im NS-Sinne bearbeitet. Zunächst wurde in den Höheren Schulen noch das alte Teubnersche Geschichtsbuch weiterverwandt; dann aber erschien ein neues Werk unter dem Titel „Volk und Führer". 1934 richtete der NSLB ein „Referat für Wehrerziehung" ein, um auf diesem Gebiet Richtlinien für die Schule vorzubereiten. Der nationalpolitische Film war nun wichtiges Unter-

8. Nov. 1933 richtsmittel. Am 8. November 1933 wurde die Einführung der Vererbungslehre und Rassenhygiene als Unterrichtsgegenstand dekretiert, am 8. Dezember die Förderung der plattdeutschen Sprache dringend empfohlen.

Seit dem 18. Juli 1933 wurden alle Beamten auf den Hitlergruß verpflichtet, mit

1. April 1934 dem jede Unterrichtsstunde zu beginnen hatte. Am 1. April 1934 wurde die „Flaggenehrung" in den Schulen eingeführt. Viele „nationale Feiern", z. T. mit einer Lautsprecherübertragung von Hitlerreden, fanden in den Schulen statt.

Theater, Musik

Das Theater wurde von Anfang an in die NS-Kulturpolitik einbezogen. Während es beim Stadt- bzw. Staatstheater leicht war, direkt auf die Programmgestaltung einzuwirken, mißlang es zunächst beim privaten Schauspielhaus, das seit Jahrzehnten Problemstücke aufzuführen gewagt hatte, allerdings auch Stoffe mit nationalistischer Tendenz und Heldenverehrung nicht ganz ausließ.

16. Mai 1933 Am 16. Mai 1933 beschloß der Senat auf Antrag von Polizeisenator Laue, daß die Aufführungen des Schauspielhauses überwacht werden sollten. Es kam dann auch sehr bald zu Aufführungsverboten.

Entscheidend für die folgende Entwicklung war das Reichskulturkammerge-

22. Sept. 1933 setz vom 22. September 1933, das den Reichspropagandaminister ermächtigte, die Angehörigen des Kulturbereichs in „Körperschaften des öffentlichen Rechts" zusammenzufassen. Es wurde nun eine Reichskulturkammer geschaffen, der eine Reichstheaterkammer unterstand, in die mehrere Theaterver-

bände aufgenommen wurden. Dadurch wurde nun eine zentrale Steuerung des gesamten Theaterbetriebs möglich. Das Theatergesetz vom 15. Mai 1934 unterstellte das gesamte Theaterleben der Kontrolle des Reichspropagandaministers. Jeder Theaterleiter wurde verpflichtet, seine Aufgabe „nach bester künstlerischer und sittlicher Überzeugung im Bewußtsein nationaler Verantwortung zu erfüllen". Wie in jedem Betrieb wurde nun das Personal gegenüber der Direktion „zur treuen Gefolgschaft" verpflichtet. Obmänner der Fachverbände hatten die Einhaltung zu überwachen. Die Fachminister – in Bremen Senator Dr. von Hoff – engagierten die Bühnenleiter, doch mußten Intendanten und Erste Kapellmeister vom Reichspropagandaminister bestätigt werden. Vom Bremer Senat wurde darauf hingewiesen, daß der Intendant des Staatstheaters, Dr. Willy Becker, seit 1925 und der Erste Kapellmeister, Carl Dammer, seit 1927 im Amt seien und zur Ablösung kein Anlaß bestehe.

15. Mai 1934

Am unmittelbarsten waren jüdische bzw. „nicht arische" Künstler betroffen, da sie nicht in die Reichskulturkammer aufgenommen wurden. Der Opernsänger Willi Birkenfeld durfte sei Juni 1933 nur noch „mit kleinen Rollen in Operetten" beschäftigt werden, bevor die Kündigung wirksam wurde. Eigenartig ist ein umgekehrter Fall: Als sich beim fanatischen Hauptschriftleiter der „Bremer Nationalsozialistischen Zeitung", Hanskarl Sichart von Sichartshoff im Sommer 1933 herausstellte, daß er eine jüdische Großmutter hatte, mußte er seine Stellung in der Zeitung aufgeben und die Partei verlassen; doch wurde er wegen seiner Verdienste um die NSDAP als Dramaturg und Werbeleiter am Staatstheater angestellt.

Die Flut der nationalistischen Heldenstücke stieg im Stadttheater früh an, und Shakespeares „Kaufmann von Venedig" wurde zum antisemitischen Hetzstück. Unter den Opern fällt die große Zahl deutscher Werke auf, wobei Richard Wagner eine Spitzenstellung einnahm. Man konnte feststellen, daß das Stadttheater „im weitesten Sinne die vom Führer aufgestellten kulturellen Ziele verfolgte".

Das Ansehen des Schauspielhauses war dadurch belastet, daß es vor 1933 eine große Zahl „jüdischer und ausländischer Autoren" aufgeführt hatte. Es war schwer, von dieser Tradition herunterzukommen. Die NS-Kritik sprach denn auch in ihrer Einschätzung des Spielplans von „leichter und leichtester Ware", von „typisch liberalistischen Gesellschaftsstücken", von „Gartenlaubenromantik" usw. Sehr bald zeigte der „polizeiliche Überwachungsdienst" Folgen. Senator Laue drohte mit Verboten. Am 16. Juni 1933 wurde ein Lustspiel unter dem Titel „Der Sprung in die Ehe" verboten. Im Januar 1934 gab es wütende Proteste von höchster Stelle, als „Die Insel" von Harald Bratt trotz Verletzung des „deutschen Ehrgefühls" vom Publikum gefeiert wurde. Es war von einer

„Diskreditierung des Dritten Reiches" die Rede. Andererseits glaubte Senator Dr. von Hoff, daß kein Anlaß zu einem Verbot vorliege. Dennoch wurde dieses von Senator Laue veranlaßt, obwohl sich dann herausstellte, daß sich hinter dem Autorennamen Harald Bratt ein Mitglied der SS verbarg.

Bei allem Streit war Konkurrenz der beiden Theater im Spiel, vor allem Neid des Stadttheaters gegenüber den Aufführungserfolgen des Schauspielhauses. Versucht man ein zusammenfassendes Urteil für die beiden Theater, so wird man sagen können, daß in ihnen im großen und ganzen wie bisher gespielt wurde, daß aber doch einige Stücke verschwanden bzw. unterdrückt wurden und daß nun vor allem im Stadt- bzw. Staatstheater auch ausgesprochen nationalsozialistische Stücke aufgeführt wurden. Sicher ist auch, daß das Schauspielhaus sich am wenigsten konformistisch zeigte und daher auch die größeren Schwierigkeiten hatte.

Eine formale Neuerung bleibt noch zu erwähnen: Die neue Kultusverwaltung sah im Sommer 1933 die Gefahr, „daß diejenigen Gebäude und Einrichtungen in Bremen", die nicht die Bezeichnung „staatlich" trugen, aus dem kommunalen Besitz herausgenommen und in den des Reiches überführt werden könnten, und so beschloß der Senat am 22. August 1933, das bisherige Stadttheater in Staatstheater umzubenennen.

22. Aug. 1933

Die Umstellung der Philharmonischen Gesellschaft auf das Führerprinzip führte dazu, daß Erich Vagts am 14. Juli 1933 von Bürgermeister Dr. Markert

14. Juli 1933

Staatstheater am Wall, um 1938

zum Vorsitzenden eingesetzt wurde. Er war ein deutschnationaler Politiker, der 1933 in den „nationalen Senat" eintrat, später Vertreter Bremens beim Reich wurde. Er war seit Jahren im Rahmen der Bürgerschaft mit Kulturpolitik befaßt gewesen, war auch selbst ein guter Pianist. Man kann seine Ernennung keineswegs als einen totalen Fehlgriff bezeichnen. Der Vorsitzende hatte neben sich einen Arbeitsausschuß mit einem Stellvertreter, Rechnungsführer und Protokollführer; zudem gab es einen Beirat, dem sechs angesehene Persönlichkeiten angehörten.

Im Zusammenhang mit der Umwandlung des Stadttheaters wurde das Städtische Orchester am 5. September 1933 zum „Staatsorchester", dessen Musiker 5. Sept. 1933 am 1. November in ein Beamtenverhältnis überführt wurden. Generalmusikdirektor blieb Professor Ernst Wendel (bis 1935), und dieser leitete das Philharmonische bzw. Staatsorchester in gewohnter Souveränität. Als der I. Kapellmeister Carl Dammer 1934 nach Berlin ging, wurde er durch Walter Beck aus Magdeburg ersetzt. Da dieser sich einst für das Arbeiter-Musikwesen eingesetzt hatte, gab es einige Schwierigkeiten, dennoch wurde er am 28. September 1934 vom Reichspropagandaministerium in seiner neuen Stellung in Bremen bestätigt.

Leiter des Domchors blieb Richard Liesche, eine durch und durch künstlerische Persönlichkeit, die keinen politischen Strömungen folgte.

Schwierigkeiten gab es für das „Sinfonie-Orchester", das durch Walter Stöver aus Pyrmont geleitet und von der „Bremer Konzertvereinigung" unter dem Vorsitz von Dr. jur. Emil Kuhlmann getragen wurde. Dieser Verein löste sich auf; doch wurde das Orchester in Rathauskonzerten, im Rundfunk und zur Entlastung des Staatsorchesters eingesetzt.

Um Konkurrenzverhältnisse auszuschließen und das Musikwesen eng an die „Reichsmusikkammer" zu binden, auch mit möglichst geringen Subventionen zu erhalten, wurde Dr. Adolf Seidler im Juli 1934 als „Städtischer Musikbeauf- Juli 1934 tragter" eingesetzt. Der Einsatz des Staatsorchesters außerhalb des Theaters und der Philharmonischen Konzerte wurde genehmigungspflichtig. Zugleich war Dr. Seidler auch Musikbeauftragter der NS-Gemeinschaft „Kraft durch Freude", für die er den Musikeinsatz leitete.

Denkmäler

Selbst von der Denkmalsfreude des „Dritten Reiches" war zunächst noch nicht
viel zu spüren. Die Verordnung des Reichspropagandaministeriums über die
„Kunst am Bau" datiert erst auf 1934 und sollte vor allem konformistische
Künstler fördern. In Bremen blieb die Plastik zunächst sehr zurückhaltend,
vor allem auch ohne jede Ideologie. 1933 wurden zwei zierliche alte Marmor-
figuren von Constantin Dausch aus dem Park des Schlosses Mühlental (in St.
Magnus) in den Bürgerpark versetzt. Das Lönsdenkmal, das am 16. Mai 1933
im Bürgerpark eingeweiht wurde, war nicht besonders eindrucksvoll, denn es
bestand aus einem großen Findling. Liebenswürdig und zierlich war dagegen
der am 22. August 1933 in den Wallanlagen eingeweihte Brunnen mit den
Bronze-Rehen von Ernst Gorsemann. Die Marmorbüste von Simon Bolivar,
die 1933 von der Republik Venezuela gestiftet wurde, versteckte sich in einem
Park an der Marcus-Allee.

1933

*Gauleiter Röver weiht die Gedenkplatte für die Ozeanflieger
am Neuen Rathaus ein, 19. Juni 1933*

Die großen nationalen Denkmäler, von denen auch in Bremen in den folgenden Jahren einige aufgerichtet wurden, bedurften einer gewissen Vorbereitungszeit. Auch bei ihnen begann es recht bescheiden mit kleineren Gefallenen-Ehrenmälern der Höheren Technischen Lehranstalt (Februar 1934) und **1934** der Hafenbehörde (August 1934). Eindrucksvoll war das Kriegsgefangenen-Ehrenmal von Herbert Kubica in den Wallanlagen (Oktober 1934). Das große Gefallenen-Ehrenmal auf der Altmannshöhe wurde seit 1933 geplant und erst im Oktober 1935 eingeweiht, ebenso das Denkmal für die Gefallenen des Frei- **Okt. 1935** korps Caspari an der Liebfrauenkirche, das 1936 eingeweiht wurde. Probleme gab es mit der Böttcherstraße zunächst noch nicht. Breit und schützend stand der wirtschaftlich erfolgreiche und politisch wendige Kaffeekaufmann Ludwig Roselius vor diesem von ihm in Auftrag gegebenen Denkmal, von dem es noch 1934 hieß, daß man es „in einem Atemzuge mit dem Kölner Dom, mit Nürnberg und mit München" nenne!

Es sollte freilich nicht mehr lange dauern, bis die Böttcherstraße für Bremen allgemein und für Roselius im besonderen zum großen Ärgernis wurde. Ärger gab es mit den Hoetger-Figuren am Volkshaus. Der Senat beschloß am 29. März 1933, die Gewerkschaften zu verpflichten, die Plastiken, die „in keiner Weise dem wieder gesundeten Volksempfinden" entsprachen, bis zum 13. April zu beseitigen. Ludwig Roselius, der Eigentümer der Kaffee HAG **13. April 1933** und der Böttcherstraße sowie Bewunderer Hoetgers, schlug nun vor, unter die Elendsfiguren „Versailles" einzumeißeln, sie aber an der Wand zu belassen. Sollte das nicht möglich sein, wollte er sie selbst übernehmen und in der Martinistraße zu einer Gruppe unter dem Thema „Die Folgen von Versailles" zusammenstellen. Der Senat wollte aber nur die Aufstellung in einem geschlossenen Raum zulassen. Die Figuren kamen zunächst in den Keller des Volkshauses, wo Roselius sie besichtigte. Um die Übernahme zu erleichtern, schrieb er Bürgermeister Dr. Markert einen Brief, in dem er u. a. erklärte, bei den sozialdemokratischen Arbeitern habe sich „ein großer Umschwung" vollzogen. Er glaube, „auch die Gewerkschaftsführer werden für das nationale Programm zu gewinnen sein". Die Pläne scheiterten. Am 17. Oktober 1933 gab Senator Dr. **17. Okt. 1933** von Hoff die Begründung, daß „kulturpolitische" Gründe die Beseitigung forderten: „Die diesen Bildwerken zu Grunde liegende Kunstgesinnung ... läßt sich mit der nordisch-heldischen Auffassung, der die nationalsozialistische Revolution wieder zum Durchbruch verholfen hat, nicht vereinbaren." Auch ein Ölgemälde, das in den Räumen der Arbeiterkammer hing und eine Arbeiterfamilie darstellte, wurde abgenommen und im Senatsaal zur Ansicht aufgestellt. Es wurde „infolge seines marxistischen Motivs (als) außerordentlich häßlich" befunden, und am 19. Mai 1933 beschloß man seine Vernichtung. **19. Mai 1933**

Kunsthalle und Nordische Kunsthochschule

Die Geschichte der Kunsthalle war über Jahrzehnte hinweg mit der bedeutenden Persönlichkeit Prof. Emil Waldmanns verbunden, der vor allem die französischen und deutschen Impressionisten (darunter Max Liebermann) schätzte. Es galt als selbstverständlich, daß er sich dem NS-Kunstgeschmack nicht anpassen werde. Vorsitzer des Kunstvereins war der ehemalige Senator Dr. Hermann Apelt, der sich vor den gefährdeten Kunsthallendirektor stellte.

21. April 1933 Zwar wurde dessen Beurlaubung in der Senatssitzung vom 21. April 1933 abgelehnt, doch ein mittelmäßiger Kunsterzieher beauftragt, die Verhältnisse in der Kunsthalle zu überprüfen. Die Hetze gegen Waldmann hielt an, ihm wurde „Verrat an der deutschen Kunst" vorgeworfen; es gab auch einen heftigen

15. Febr. 1934 Anschaffungsstreit mit Ludwig Roselius. Am 15. Februar 1934 mußte Dr. Apelt als Vorsitzender des Kunstvereins zurücktreten. Nachfolger wurde der Schulrat Ernst Castens, der zwar Nationalsozialist, aber doch eine ausgleichende Persönlichkeit war. Dr. Apelt blieb ohnehin Rechnungsführer des Kunstvereins. Nach und nach glätteten sich die Wogen des Streits um den Direktor der Kunsthalle. Das Problem der „entarteten Kunst" stand noch bevor.

April 1934 Der auffälligste Akt bremischer Kunstpolitik war die Aufwertung der Kunstgewerbeschule zur „Nordischen Kunsthochschule" im April 1934. Als Leiter wurde der 68jährige Professor Dr. h. c. Fritz Mackensen gewonnen; er war nicht ganz unpolitisch, blieb aber in erster Linie Künstler, einer der ersten Maler der Worpsweder Schule.

Der Gründungsakt fand am 9. April 1934 in der oberen Halle des alten Rathauses statt. Bürgermeister Dr. Markert hatte Hitler handschriftlich eingeladen; der Reichskanzler hatte jedoch keine Zeit zu erscheinen. In den Reden wurde deutlich gemacht, daß das Institut die „nordische Kunst" fördern solle, die sich, wie Senator Dr. von Hoff erklärte, durch „schlichte Einfachheit, großzügige Klarheit und Form und wurzelstarke Echtheit" auszeichne. Der Leiter, Fritz Mackensen, bekannte sich zu „arteigener Kultur im Sinne Adolf Hitlers", zur „künstlerischen Durchdringung des niedersächsischen Raumes" und zur Verbindung „nach den nordischen Ländern und Blutsverwandten in Übersee".

Die Höhere Fachschule für das Handwerk", die im Gebäude der ehemaligen Kunstgewerbeschule Am Wandrahm untergebracht war, wurde angegliedert, behielt aber zunächst unter der Leitung von Prof. Hans Groß eine begrenzte Selbständigkeit. Die Oberleitung aber hatte der Direktor der Nordischen Kunsthochschule. Verpflichtet wurde neben Prof. Groß (Malerei) und Prof.

Die Nordische Kunsthochschule am Wandrahm

Mackensen (Direktor und Malerei) auch Ernst Gorsemann für Bildhauerei. Bei der Architektur entschied man sich für Fritz Höger aus Hamburg, einen Spezialisten für Backsteinbauten. Man hielt es nun aber für zweckmäßig, die Schule gegenüber höchsten Parteistellen abzusichern. So verfiel man auf den Kunstmaler Karl Horn, den Schwiegervater des „Stellvertreters des Führers" Rudolf Heß. Mackensen behauptete später, er habe Horn nur durch ein mittelmäßiges Hitlerporträt in der Böttcherstraße gekannt. Horn habe sich über Bürgermeister Dr. Markert und Senator Dr. von Hoff unter Hinweis auf Heß selbst ins Gespräch gebracht. Mackensen will ihn abgelehnt haben; doch ließ politischer Druck dann die Berufung geraten erscheinen. Ein Brief Mackensens vom 3. Mai 1934 an den „lieben Herrn Kollegen" Horn läßt jedoch vermuten, daß Mackensen sich nicht allzusehr gegen die Berufung Horns sträubte. Sie erfolgte am 10. Mai 1934.   10. Mai 1934

Weitere Lehrer der Hochschule waren: Ottomar Anton aus Hamburg für Graphik, der Kunstmaler Ernst Müller-Scheeßel als ehrenamtlicher Professor für den kunstgeschichtlichen Unterricht (er starb schon im Dezember 1936). Zudem wurden verpflichtet die Kunstmaler Tegtmeier und Schultz-Walbaum.

Museen, wissenschaftliche Vereine

Das „Städtische Museum für Natur-, Völker- und Handelskunde" wurde, um die Benennung an die Staatsbibliothek und das Staatstheater anzugleichen, am
28. Okt. 1933   28. Oktober 1933 zum „Staatlichen Museum für Natur-, Völker- und Handelskunde". Der Direktor Prof. Dr. Hugo Schauinsland war am 30. Mai 1933 76 Jahre alt und kaum noch in der Lage, sein Amt ordnungsgemäß zu versehen. Er wurde veranlaßt, ein Pensionierungsgesuch einzureichen, das genehmigt
30. Sept. 1933   wurde und am 30. September in Kraft trat. Sein Nachfolger wurde Dr. Carl Friedrich Roewer, Studienrat an der Oberrealschule. Er war ein hervorragender Fachmann auf einem Teilgebiet der Zoologie, nämlich der Spinnen und besonders der Weberknechte. 1931 war er in die NSDAP eingetreten, wohl aus persönlichem Ehrgeiz (Roewer selbst sprach später von „Gutgläubigkeit"); die Aktivitäten der Partei blieben ihm fremd. Im April 1933 hatte er eine Denkschrift im übelsten Parteistil verfaßt, in der er seine eigenen wissenschaftlichen Leistungen pries, sich als Direktor anbot und sich auch bereit erklärte, auf

Prof. Dr. Carl Friedrich Roewer

einen Teil seines Gehalts zu verzichten. Dr. Seidler schrieb am 26. April 1933
einen Bericht, in dem er die Mißwirtschaft im Museum, die nachlässige Tätigkeit
des vergreisten Direktors und die „geringen wissenschaftlichen Leistungen" des
„Juden" Dr. Cohn und des Freimaurers Dr. Weißenborn scharf kritisierte. Aber
gerade diese beiden waren dann eine Stütze Roewers. Dr. Johannes Weißenborn
war ein tüchtiger Völkerkundler, Dr. Cohn ein fleißiger Zoologe. Doch machte
sich auch Prof. Dr. Roewer selbst sehr bald mit der Museumsarbeit vertraut,
wobei ihm ein gewisser Sinn für systematische Ordnung zustatten kam. Er
förderte die wissenschaftliche Arbeit so gut er konnte. Den Forderungen der
Partei entsprach er vor allem mit dem Aufbau einer Abteilung „Stammesge-
schichte und Rassen der Menschen", mit dem er den hervorragenden Zoologen
und Völkerkundler Dr. Ludwig Cohn beauftragte. Dieser war Jude und hatte
am 1. Weltkrieg als Soldat teilgenommen, blieb daher zunächst von der Entlassung verschont. Da er schon am 15. Juni 1935 nach langem Leiden verstarb,
blieben ihm die Brutalitäten des NS-Staates erspart.

Das Focke-Museum wurde von Eingriffen der Partei völlig verschont. Der
Leiter, Dr. Ernst Grohne, ein vielseitiger Wissenschaftler und hervorragender
Organisator, kam insofern einem Trend der Zeit entgegen, als er sich sehr intensiv vorgeschichtlicher und volkskundlicher Forschung widmete. Der Par-
teipolitik stand Grohne völlig gleichgültig und mit einer gewissen Ironie
gegenüber.

Die „Bremer Wissenschaftliche Gesellschaft" hatte sich weitgehend von Par-
tei-Einflüssen freigehalten, obwohl einzelne Mitglieder dieser und jener Partei, vor allem aber bürgerlichen und konservativen Gruppierungen, zuneigten.
Das Veröffentlichungs- und Vortragswesen litt vor allem unter den Folgen der
Wirtschaftskrise. Noch am 28. Februar 1933 waren der bedeutende Mediziner   28. Febr. 1933
Prof. Dr. Hans Meyer zum Präsidenten und der Archivdirektor Prof. Dr. Hermann Entholt zum Vizepräsidenten wiedergewählt worden. Doch dann arbeitete der Vorstand im Einvernehmen mit dem Senator für das Bildungswesen
neue Statuten aus, nach denen der Senator den Präsidenten ernannte, der sei-
nerseits den Vertreter, Schrift- und Rechnungsführer einsetzte. Ein fünftes
Mitglied des Vorstandes wurde vom Senator ernannt. Die angeschlossenen
Mitgliedsvereine waren in einem Beirat vertreten. Der Senator ernannte über-
raschenderweise Prof. Dr. Entholt, der kein Parteimitglied war, zum Präsiden-
ten. Vertreter des Senators wurde der ehemalige Studienrat, jetzt Leiter der
Behörde für Kunst, Wissenschaft und kirchliche Angelegenheiten, Dr. Adolf
Seidler, ein ehrgeiziger Parteigenosse. Im großen und ganzen änderte sich die
Tätigkeit der „Bremer Wissenschaftlichen Gesellschaft" nicht, wenn auch die
Zahl der Vorträge aus finanziellen Gründen erheblich zurückging. Es wurde

nun aber ins Auge gefaßt, engere Kontakte mit Universitäten und auswärtigen wissenschaftlichen Instituten aufzunehmen.

Alle wissenschaftlichen Vereine mußten ihre Satzungen auf das Führerprinzip umstellen. In der Historischen Gesellschaft wurde der bisherige Vorsitzende, Prof. Dr. Hermann Entholt, zum Vereinsführer. Es änderte sich daher kaum etwas, zumal Entholt auch vorher den Verein recht autoritär geleitet hatte. Sieht man sich die Vorträge 1933/34 an, so tragen sie überhaupt keine Anzeichen einer politisierten Wissenschaft. Dasselbe gilt für die Veröffentlichungen des Bremischen Jahrbuchs 1935, das wie eh und je die Geschichte der neuesten Zeit völlig ausschloß. Die „Veröffentlichungen aus dem Staatsarchiv der Freien Hansestadt Bremen" mußten 1934 aussetzen, die beiden Hefte von 1935 sind nicht direkt politisch oder ideologisch beeinflußt.

Ganz unpolitisch verlief die Tätigkeit bremischer Historiker nun freilich nicht. Da war zunächst einmal die 4. Auflage von Buchenaus „Die Freie Hansestadt Bremen". Die Schriftleitung übernahm der rührige Lehrer und Volkskundler Diedrich Steilen. Das Werk wurde ganz neu gestaltet, und eine große Zahl von Mitarbeitern lieferte Beiträge; dabei handelte es sich durchweg um altbewährte Wissenschaftler, nur ganz vereinzelt findet man Namen, die mit dem politischen Leben jener Zeit in direkte Verbindung gebracht werden können. Was den Inhalt anbetraf, so wurde zwar die letzte politische Entwicklung berücksichtigt, doch da bei Redaktionsschluß der Endpunkt der Entwicklung noch nicht abzusehen war, treten diese Teile im Verhältnis zu den ausgesprochen historischen, geographischen und naturwissenschaftlichen Abschnitten stark zurück. Es ist aber doch überraschend, daß die NSDAP mit ihren Gliederungen und die Deutsche Arbeitsfront in dem 1934 erschienenen Buch nicht dargestellt wurden. So ist der „Buchenau" keineswegs eine ausgesprochene NS-Publikation geworden.

In Arbeit war in dieser Zeit auch ein Werk von Georg Bessell, das unter dem Titel „Bremen, die Geschichte einer deutschen Stadt" veröffentlicht wurde. Es handelt sich nicht um eine Darstellung, der eingehende Quellenstudien zugrunde liegen, sondern um eine Zusammenstellung von Bekanntem unter einem besonderen Gesichtspunkt: der „deutschen Sendung" Bremens. Seine besondere Rolle in der Geschichte des „Reiches" sollte hervorgehoben werden; das war eine Tendenz, die der zentralistischen Staatsideologie der NSDAP entsprach, und so endet das Buch folgerichtig mit der Hoffnung, daß Bremen im neuen Staat einen „ehrenvollen Platz" erhalten möge.

Die Geographische Gesellschaft hatte einen Vorsitzenden, der durch seine Tätigkeit für die DDP bzw. die Deutsche Staatspartei politisch angeschlagen war, Hermann Wenhold. Die Gesellschaft hatte ihren Sitz im Städtischen Museum am Bahnhofsplatz, dessen Forschungsapparat ihr auch zur Verfügung stand. Neuer Vorsitzer wurde nun Hans Meineke, Direktor der Unterweser Reederei AG, der bis 1933 der Deutschen Volkspartei nahegestanden, aber sich politisch nicht besonders hervorgetan hatte. Er war Freimaurer und kein Mitglied der NSDAP. Neue Impulse konnte der tatkräftige und vielseitig beschäftigte Mann der Gesellschaft angesichts geringer finanzieller Spielräume nicht geben.

An der Spitze des Naturwissenschaftlichen Vereins stand seit 1929 der angesehene Mediziner Prof. Dr. Hans Meyer, der 1933 die Satzungsänderung des **1933** Vereins hinnahm, aber seine „Führerstellung" keineswegs voll ausnutzte. Zwar zeigten die Vortragsreihen von 1933 „Zum Problem der Verhütung unwerten Lebens" (sechs Vorträge) und über „Moderne Naturphilosophie" eine gewisse „Aufgeschlossenheit für die durch die großen politischen Geschehnisse in den Vordergrund getretenen Tagesfragen"; doch im allgemeinen war der naturwissenschaftliche Bereich nicht besonders anfällig für nationalsozialistische Einseitigkeiten, so laut auch die Bekenntnisse zur neuen Zeit in Festschriften und Festreden gelegentlich waren.

Am 2. Juni 1933 inszenierte Ludwig Roselius, Eigentümer der Böttcherstraße, **2. Juni 1933** das „Erste Nordische Thing", das vor allem die Eröffnung des „Väterkunde-Museums" im Haus Atlantis feiern sollte. Schwärmerische Bewunderung für das nordische Wesen war es, wenn Roselius in seiner Eröffnungsrede ausrief: „Wer spricht jetzt noch vom Untergang des Abendlandes? Wir sind erwacht und folgen den Spuren unserer starken Ahnen. Heute rufe ich Sie zum Thing, damit wir zurückforschend aus Steinen die Geschichte unseres nordischen Volkes lesen, um stolz und frei uns dem Kampf zu stellen." Was die Vor- und Frühgeschichtsprofessoren dann vortrugen, hörte sich freilich sehr viel nüchterner an, so daß die Veranstaltung doch noch, trotz Roselius, zu einem bedeutenden wissenschaftlichen Ereignis wurde.

Bibliotheken, Volksbildung

Das Bibliothekswesen hatte in Bremen seit langem hohen Rang, doch 1933 traten einige Veränderungen ein: Die Gewerkschaftsbibliothek (Arbeiter-Zentralbibliothek) im Volkshaus wurde von der Deutschen Arbeitsfront übernommen und im nationalsozialistischen Sinne „gesäubert". Die Lesehalle (Volksbücherei) am Ansgariikirchhof ging am 1. Juli 1933 in die Staatsbiblio- **1. Juli 1933** thek auf, blieb in ihr aber eine besondere Abteilung mit Filialen in einigen Stadtteilen. Sie wurde am 2. Oktober 1933 mit der Arbeiter-Zentralbibliothek **2. Okt. 1933** und der Bücherei des Kulturausschusses der Winterhilfe zur „Arbeitsgemeinschaft Volksbücherei" zusammengefaßt. Das Gebäude der Lesehalle wurde aufgegeben und der „Bank der Deutschen Arbeit AG" überlassen. Die Staatsbibliothek hatte etwa 250000 Bände. Die „Machtergreifung" zog sogleich eine „Säuberung" der Bestände nach sich; marxistische, jüdische und andere „zersetzende" Literatur wurde zwar nur in geringem Umfang vernichtet, wohl aber gekennzeichnet und unter besonderem Verschluß gehalten. Der Direktor Dr. Hinrich Knittermeyer war ein gelehrter, religiöser Philosoph und seit 1923 im Amt. Er trat im Mai 1933 der NSDAP bei und konnte sich durch gelegentliche regimefreundliche Äußerungen, die keineswegs seinem Wesen entsprachen, im Amt halten. Ihm ist es zu verdanken, daß die Bibliothek, vor allem im geisteswissenschaftlichen Sektor, ihr hohes Niveau halten konnte.

Ob auch auf den Dampfern des Norddeutschen Lloyd, auf denen sich viele ausländische Passagiere befanden, Eingriffe erfolgen sollten, war offenbar zunächst noch unklar; doch seit April 1933 wurden dann Bücher jüdischer Schriftsteller entfernt und durch solche echt-deutscher Autoren ersetzt; auch Hitlers „Mein Kampf", Moeller van den Brucks „Das Dritte Reich" sowie das Parteiprogramm der NSDAP wurden in deutscher und englischer Sprache angeschafft und in den Schiffsbüchereien aufgestellt.

Die Volkshochschule bestand nach der „Machtergreifung" weiter, erfuhr sogar durch ihren bisherigen Leiter und jetzigen Senator Dr. Richard von Hoff eine besondere Förderung. Doch setzten bereits im Oktober 1933 Bemühungen des Reichsministers des Innern ein, die Volkshochschulen des Reiches gleichzuschalten. Es wurden Pläne entwickelt, ein „Deutsches Volksbildungswerk" im Rahmen der Deutschen Arbeitsfromt zu schaffen, wobei das Reichsschulungsamt der NSDAP die Berufung der Funktionäre beeinflussen sollte. Die Eingliederung der Volkshochschule in das Deutsche Volksbildungswerk 1934/35 wurde im Winterhalbjahr 1934/35 vollzogen. Der neue Name lautete: „Schule der NSDAP für Volkstum und Heimat, Bremen (Bremer Volkshochschule)". Doch kann man nicht von einem Fortbestand der alten Volkshochschule sprechen. Die weltanschauliche Überwachung übernahm das Kreisschulungsamt der NSDAP, dem der neue Leiter, Schulrat Ernst Castens, unterstellt wurde.

Nach und nach übernahm die Deutsche Arbeitsfront, die sich bisher auf die berufliche Fortbildung beschränkt hatte, in der Abteilung „Kraft durch Freude" das gesamte Deutsche Volksbildungswerk, das seit 1934 immer intensiver versuchte, Arbeiter und Angestellte ebenso wie das Bürgertum anzuziehen. In der „Kaufmannsschule" gab es 3700 Einschreibungen, bei der „Werkschule" 3100 Hörer. Die im großen und ganzen wissenschaftlich ausgerichteten Kurse der alten Volkshochschule wurden als „bürgerliche" Einrichtungen angesehen und kamen zum Erliegen. Volksbildung wurde nun weitgehend zur Betriebs- und Parteischulung, während die populärwissenschaftliche Fortbildung in einigen Vereinen erfolgte, die sich der totalen Politisierung entziehen konnten.

Die Kirchen

Bei wissenschaftlichen und anderen Vereinen vollzog sich die Auflösung oder Gleichschaltung fast widerstandslos. Schwierigkeiten ergaben sich bei den Kirchen, der katholischen ebenso wie der evangelischen.

Die evangelische Kirche hatte bisher mit Kirchentag und Kirchenausschuß demokratische sowie mit der Selbständigkeit der einzelnen Gemeinden föderalistische Elemente. So war schon durch die Kirchenverfassung ein Ärgernis für die neuen Machthaber gegeben. Die Kirche feierte von Anfang an durch Hissen von Fahnen, Glockenläuten und Gottesdiensten die neue Zeit. Wer das im einzelnen veranlaßte oder zuließ, muß offenbleiben. Sicher ist jedenfalls, daß der greise Präsident des Kirchenausschusses, Dr. Emil Quidde, dem NS-Bürgermeister Dr. Markert in einem Glückwunsch erklärte, daß die Kirche „voll und ganz hinter den Bestrebungen unserer regierenden Männer, unser Volk zur Einigung zu führen", stehe. Zum Sonntag Rogate (21. Mai 1933) sollte ein Bettag stattfinden in der Hoffnung, „daß der Gedanke unseres Reichskanzlers Adolf Hitler verwirklicht und in den werdenden Neubau unseres Staates die Ewigkeitskräfte unseres Glaubens hineingebaut werden". An sich sollte dies alles kein Bekenntnis zur NSDAP sondern zum nationalen Aufbruch, vielleicht auch nur ein Ausdruck von Hoffnung auf eine bessere Zukunft sein. 21. Mai 1933

Die Gründung einer Bremer Ortsgruppe der „Deutschen Christen", die eine Arisierung des Christentums, Einführung des Führenprinzips und eine enge Anlehnung an die NSDAP anstrebte, war schwierig. Vielen Pastoren widerstrebte es, sich politisch für die NSDAP einzusetzen. Auch der Dompastor Lic. Dr. Heinz Weidemann, ein ehrgeiziger und beredter Theologe, zierte sich zunächst etwas, dann aber nahm er im April 1933 Kontakt mit der Berliner Führung der Bewegung auf, die am 25. April ihre erste Kundgebung im Casino abhielt. Senator Heider und NS-Kreisleiter Paul Wegener hielten Propagandareden, Hauptreferent aber war Weidemann, der aufforderte, die Kirche von allem Jüdischen zu befreien. Kirchenfahnen, schwarz-weiß-rote und Hakenkreuzfahnen flankierten das Rednerpult. 25. April 1933

Schon am 28. April 1933 trat die Gegenseite auf den Plan: 36 von 51 Pastoren unterzeichneten einen Aufruf, der zwar die „neue Zeit" begrüßte und eine 28. April 1933

215

Reichskirche befürwortete, aber eine Vermengung von Religion und Politik ablehnte; Bibel und Bekenntnisschriften müßten die Grundlage der Kirche bleiben. Doch waren sich diese Pastoren nur im Grundsätzlichen einig; die meisten glaubten, daß sich eine Konfrontation mit den politischen Machthabern vermeiden lasse und diese sich nicht auf die Seite der Deutschen Christen stellen würden. Pastor Greiffenhagen von St. Stephani, der sich schon Ostern 1933 von der Kanzel weigerte, Gott für den Sieg des Nationalsozialismus zu danken, war mehr oder weniger ein Einzelgänger. Die wenigen Pastoren, die sich auf Weidemanns Seite stellten, hatten unterschiedliche Motive: Einige waren deutschnational und lehnten die bisherige „demokratische" Kirchenverfassung ab; alle aber waren Gegner des kirchenfeindlichen Marxismus, eigentliche Nazis gab es unter ihnen nicht.

Auch der Kirchenausschuß, der im Januar 1933 gewählt worden war, versuchte zu taktieren, war aber in der Mehrheit für eine Trennung von Kirche und Politik. Er begrüßte jedoch die Bildung einer „Reichskirche", freilich unter Wahrung „bremischer Eigenart". Um die Eingliederung vorzubereiten, wurde ein Aktionsausschuß gebildet. Bürgermeister Dr. Markert verlangte nun aber, daß der Kirchenpräsident Quidde seinen Vorsitz in diesem Ausschuß an den alten Pastor Boche überließ und daß Pastor Thyssen und ein NS-Betriebszellenobmann aufgenommen werden sollten; das geschah dann ohne Widerspruch. Man sah darin einen tragfähigen Kompromiß. Am 28. April 1933 zur Eröffnungssitzung der Bürgerschaft und am 1. Mai 1933 hielt Pastor Weidemann im Dom Festpredigten.

1. Mai 1933

Was man zu vermeiden versucht hatte, trat dann aber sehr bald ein: Die neuen Machthaber stellten sich massiv auf die Seite der Deutschen Christen. Am 27. Juni 1933 wurde auf Betreiben Weidemanns nach preußischem Vorbild ein Senatskommissar für kirchliche Angelegenheiten eingesetzt, nämlich Senator Otto Heider, der zu kirchlichen Fragen überhaupt kein inneres Verhältnis hatte. Dieser erklärte schon am 30. Juni 1933 Kirchentag und Kirchenausschuß für aufgelöst und berief am 6. Juli einen neuen Kirchenausschuß, der eine Mehrheit von Deutschen Christen hatte. Heider ernannte Weidemann zu seinem Stellvertreter, Pastor Refer übernahm die Schriftleitung der „Bremer Kirchenzeitung". Am gleichen Tage wurde auch zum erstenmal ein Pastor seines Amts enthoben: der sozialistische Pastor Emil Felden an St. Martini.

27. Juni 1933

30. Juni 1933
6. Juli 1933

Am 14. Juli 1933 wurde eine Verfassung der Deutschen Evangelischen Kirche erlassen, an deren Spitze nun ein Reichsbischof stehen sollte. Die einzelnen Landeskirchen sollten im Bereich von Bekenntnis und Kultus selbständig bleiben. In Bremen gab nun Senator Heider sein Amt als Kirchenkommissar auf, der Kirchenausschuß trat erneut in Funktion und bereitete die Kirchenwahlen

14. Juli 1933

vor. In den Gemeinden wurden fünfköpfige Wahlausschüsse eingesetzt, die nach einer Forderung des Reichsinnenministeriums mindestens zwei Deutsche Christen aufnehmen mußten. Die mit staatlicher Hilfe betriebene Propaganda und die relative Geschlossenheit der Deutschen Christen bewirkten, daß diese unter den Gemeindevertretern auf dem Kirchentag stark vertreten waren, abgesehen von der Liebfrauengemeinde, in der nur ein Deutscher Christ auf die Liste kam. Pastor Weidemann, der Kreisleiter der Deutschen Christen, legte die Mitglieder auf ein bestimmtes Wahlverhalten fest.

Die Wahlen auf dem Kirchentag am 30. August 1933 verliefen wie geplant: 30. Aug. 1933
Senator Heider wurde zum Kirchenpräsidenten, Weidemann zum Schriftführer gewählt; neun von 11 Mitgliedern des neuen Kirchenausschusses waren Deutsche Christen. Die Eingliederung der Bremischen Evangelischen Kirche in die unter dem am 27. September gewählten Reichsbischof Ludwig Müller 27. Sept. 1933 stehende Reichskirche konnte dann reibungslos erfolgen.

Doch diese Entwicklung war es dann, die bei den bekenntnistreuen evangelischen Christen die Skepsis erheblich verstärkte, wobei vor allem der Theologe Karl Barth die Richtschnur bot. Die Haltung dieser kirchlichen Opposition ist sehr unterschiedlich beurteilt worden: Oft wurde sie heroisiert, bisweilen aber auch hart kritisiert. Die Kritik bezog sich auf den Versuch, den Widerstand auf theologische Fragen zu beschränken und den politischen Bereich auszuklammern. Man darf zumindest vermuten, daß dieses der einzige Weg war, sich gegen die Deutschen Christen zu wehren und die letzten Reste der Evangelischen Kirche zu retten. Mit Märtyrertum ließ sich wahrscheinlich nichts bewahren; andererseits waren die Aussichten, gegenüber einer ausgesprochen politischen Bewegung mit rein theologischen Argumenten erfolgreich zu sein, doch sehr gering. Freilich konnte nur in diesem relativ unpolitischen Bereich ein einigermaßen breiter Konsens evangelischer Pastoren hergestellt werden. Zum „Pfarrernotbund" bekannten sich alle jene Pastoren, die ihr Amt nur an Bibel und Bekenntnis ausrichten wollten.

In Bremen protestierte zunächst die Stephanigemeinde gegen das deutschchristliche Kirchenregiment; im September 1933 hatten sich 11 weitere Gemeinden angeschlossen, wobei vor allem St. Wilhadi und Immanuel (Pastor Denkhaus) besonders aktiv waren. Das Führerprinzip wurde für die Kirche rundweg abgelehnt, damit auch der Anspruch Weidemanns. Es fehlte bei den NS-Kundgebungen dieser Zeit nicht an Bekenntnissen zum Christentum, freilich auch nicht an Erklärungen, daß man einen Versuch politischer Einflußnahme der Kirchen unterdrücken werde. Viele schlossen daraus, daß man im theologischen Bereich frei sein werde und sich auch gegen die Deutschen Christen wehren dürfe, während diese aber glaubten, sie seien die „Soldaten" einer

217

NS-Lutherfeier vor dem Domportal am 19. November 1933

NS-Volkskirche. Rein äußerlich ließ sich die evangelische Kirche vor den politischen Propagandakarren spannen: Glockengeläut und Festgottesdienste bei „nationalen" Ereignissen wurden fast zur Selbstverständlichkeit. Selbst Luthers 450. Geburtstag wurde am 19. November 1933 im NS-Stil gefeiert. Andererseits wurden die Streitigkeiten um das Führerprinzip in der Kirche immer schärfer. Eine Welle von opportunistischen Kircheneintritten war zu verzeichnen.

19. Nov. 1933

Die Innere Mission, die die Wohltätigkeit der evangelischen Kirche koordinierte, wurde der Deutschen Evangelischen Kirche unterstellt, ließ sich aber nicht deutsch-christlicher Herrschaft unterwerfen. Präsident des Centralausschusses in Berlin wurde der ehemalige Volksparteiler Pastor Constantin Frick von Liebfrauen in Bremen; Leiter des bremischen Landesverbandes war Pastor Bodo Heyne, der sich aus dem innerkirchlichen Konflikt heraushielt. Doch nach und nach verdrängte die NS-Volkswohlfahrt die Innere Mission aus dem

218

Landesbischof
Lic. Dr. Weidemann

Wohlfahrtswesen, zumal dieser öffentliche Sammlungen untersagt und Zuschüsse aus der Zentralkasse der bremischen Landeskirche 1934 gesperrt wurden. Dennoch setzte die Innere Mission ihre Tätigkeit, so gut es ging, fort. Gegen den Plan, Weidemann am 24. Januar 1934 auf einem außerordentlichen Kirchentag zum Landesbischof zu proklamieren, gab es in einigen Gemeinden erheblichen Widerstand. Fünf von ihnen schlossen sich zum „Bund bekenntnistreuer Gemeinden" zusammen. Aus Berlin kamen zwar beruhigende Hinweise, daß die Bedenken verfrüht seien, und auf dem Kirchentag vom 24. Januar 1934 ließ sich dann auch keine Mehrheit für die Wahl des Landesbischofs finden. Doch da erklärte Senator Heider, daß er mit Ermächtigung des Reichsbischofs alle Gemeindeordnungen und Kirchenorgane außer Kraft setze und die verwaltenden Bauherren – mit Ausnahme von Stephani und Liebfrauen –

24. Jan. 1934

zu Gemeindeführern ernenne. Der Kirchentag wurde aufgelöst, der Kirchenausschuß blieb als beratendes Organ bestehen. Das Ganze war ein rechtswidriger Akt. Große Erregung brach auf, ein Bauherr und ein Pastor wurden am nächsten Tag in Schutzhaft genommen.

27./31.Jan. 1934   Am 27.Januar wurde Weidemann dann zum Landesbischof ernannt; am 31.Januar setzte Reichsbischof Ludwig Müller den Senator und „Kirchenpräsidenten" Heider zum Bevollmächtigten der Deutschen Evangelischen Kirche in Bremen ein. Gleichschaltung und Führerprinzip waren damit durchgesetzt. 12 Gemeinden protestierten beim Reichsbischof, Rechtsgutachten wurden in Auftrag gegeben; einen Erfolg hatte das nicht: Hier und da gab es Konflikte zwischen den „Gemeindeführern" und den Pastoren bzw. den Gemeinden. Einige Pastoren ließen sich in den Ruhestand versetzen, deutsch-christliche Pastoren wurden neu eingesetzt. Am 31.Januar sollten sich alle Pastoren durch Senator Heider mit „Handschlag" zur Zusammenarbeit auf der Grundlage der Reichskirchenverfassung verpflichten.

Die Eingliederung in die Deutsche Evangelische Kirche sollte durch den „Rechtswalter" August Jäger, einen preußischen Landgerichtsrat, in eine ak-
13.Juni 1934   zeptable Form gebracht werden, und am 13.Juni 1934 erließ Senator Heider das Landeskirchengesetz, zwei Tage später erfolgte die endgültige Eingliederung in die Deutsche Evangelische Kirche und die Bildung einer neuen Landessynode, die aus dem Präsidenten, dem Landesbischof und 18 Mitgliedern bestehen sollte. Von diesen waren 12 von den Führern der Kirchengemeinden zu wählen und 6 vom Präsidenten im Einvernehmen mit dem Landesbischof zu ernennen. Konnten die Gemeindeführer sich nicht einigen, wurden alle Mitglieder der Landessynode vom Kirchenpräsidenten bestimmt. Es war auch vorgesehen, daß die Hälfte der „Synodalen" aus Laien bestehen sollte.

Die Eingliederung der Bremischen in die Deutsche Evangelische Kirche wurde
15.Juni 1934   am 15.Juni im Konventsaal der Börse feierlich vollzogen. Reichsbischof Müller hielt die Festansprache. Am 26.Juni wählten die Gemeindeführer die von ihnen in die Landessynode zu entsendenden Mitglieder; es gab einzelne Verzichte und einen Protest; doch das konnte die Entwicklung nicht aufhalten. Zudem hatte die Synode ohnehin nur beratende Funktion, und auch der Kirchenausschuß wurde mehr und mehr zu einem Instrument Weidemannscher Willkür. Am
30.Juni 1934   30.Juni wurde Dr. Weidemann durch den Reichsbischof im Dom als Landesbischof eingeführt. Alle Feierlichkeiten vollzogen sich mit Fahnen, Uniformen, Musik und zeitgemäßen Reden. Es gab hier und da Kritik und Widerspruch; doch konnte von organisiertem Widerstand noch nicht die Rede sein.

29./31.Mai 1934   Inzwischen hatte sich auch in Bremen die Bekennende Gemeinde formiert. An der Synode in Barmen (29.–31.Mai 1934) nahm Pastor Lic. Greiffenhagen teil.

Er berichtete darüber am 4. Juni in einem Privathaus. Einige Tage später bildete sich ein „Bruderrat", und am 11. Juni fand in der „Union" in einem mit **11. Juni 1934** 1000 Personen gefüllten Saal eine große Versammlung statt. Eine Geschäftsstelle entstand im Hause des Kaufmanns Dr. Gustav Meyer. Es gab Bibelarbeit in acht Kirchengemeinden und mehrere Rundbriefe. An neun Kirchen bildeten sich Bekenntnisgemeinden, an anderen gab es kleine Kreise ohne Unterstützung der Pastoren. Überall wurden Bibelstunden im Sinne der Bekennenden Kirche abgehalten; Rundbriefe verschickt, Kontakte zu anderen Landeskirchen aufgenommen.

Die evangelische Kirche zerfiel in mehrere Gruppen. Da gab es zunächst die Deutschen Christen um Weidemann, die sich auch dem Reichsbischof unterstellten. Da war weiterhin die Gruppe derer, die vor der Gewalt zurückschreckten, den Reichsbischof zwar anerkannten, aber bei ihrem bisherigen Glauben bleiben wollten, und nun kam die Gruppe der Bekennenden Kirche hinzu, die den Reichsbischof, Weidemann und die Theologie der Deutschen Christen ablehnte und sich in christlicher Gemeindearbeit betätigen wollte.

Zweifellos war in dieser Zeit Pastor Greiffenhagen der konsequenteste Opponent des Landesbischofs. Er lehnte jeden Kompromiß ab. Am 7. Juni 1934 **7. Juni 1934** wurde ihm die Ausübung des Amtes untersagt und ein Disziplinarverfahren eingeleitet. 12 bremische Pastoren und 200 Gemeindemitglieder von St. Stephani erklärten sich mit ihm solidarisch, und Greiffenhagen versah auch weiterhin sein Amt. Da er „Hausverbot" erhielt, fanden seine Gottesdienste in einem Privathaus statt. Am 27. September gab es eine erregte Aussprache zwischen Weidemann und Greiffenhagen, in der dieser erklärte, „ob derjenige, der das Unrecht und die Gewalt in der Kirche handhabt, Reichsbischof Ludwig Müller oder Landesbischof Weidemann oder Adolf Hitler oder Meyer oder Schulze heißt, spielt keine Rolle". Greiffenhagen sah sich von Weidemann als Kommunist und Saboteur hingestellt. Die Kontrahenten schieden in tiefem Haß voneinander. Es hat auch sonst nicht an weiteren Eingriffen der Kirchendiktatoren gefehlt. So wurde am 20. Oktober 1934 ein Gottesdienst des hanno- **Okt. / Nov.** verschen Landesbischofs Marahrens verboten, andererseits konnte der Theo- **1934** loge Karl Barth am 24. November 1934 in der überfüllten Liebfrauenkirche predigen.

Die Partei machte im Sommer 1934 deutlich, daß sie sich aus dem Kirchenstreit heraushalten wollte. Es wurde untersagt, Versammlungen der „Deutschen Christen" durch die Partei zu organisieren. Vertreter der „Deutschen Christen" durften auch nicht auf Parteiversammlungen sprechen, andererseits sollte freilich auch nicht zugelassen werden, daß Pastoren gegen die NSDAP „hetzten".

Die konfessionellen Jugendverbände begrüßten zunächst die „Machtergreifung" und hatten einen erheblichen Mitgliederzuwachs. Es gab zwar einige Zusammenstöße mit der Hitlerjugend, man versuchte sich aber zu arrangieren.

Juli 1933 Ende Juli/Anfang August 1933 kam es zum Zusammenschluß im „Evangelischen Jugendwerk". Am 30. August wurde Pastor Rahm vom neuen Kirchenausschuß zum Bevollmächtigten der Bremer Evangelischen Kirche in Jugendfragen und zum „Landesführer der evangelischen Jugend" ernannt. Die von ihm betriebene „Gleichschaltung" der Jugendverbände gelang zunächst noch nicht, vor allem ließ sich auch der CVJM nicht bändigen.

Okt. 1933 Im Oktober 1933 wurde den Jugendverbänden der Wehrsport, Uniformen, Abzeichen, Wimpel usw. untersagt. Es wurde Druck ausgeübt, um den Übergang in die Hitler-Jugend zu beschleunigen. Im Dezember wurde angeordnet,

März 1934 daß sämtliche Vereine und Verbände bis März 1934 in die HJ zu überführen seien; die Jugendarbeit der Kirche hatte sich auf Bibelarbeit zu beschränken. Es gab starke Empörung, vor allem auch beim Pfarrernotbund. Die aktivsten Jugendführer traten aus den Verbänden aus, um einen Übergang in die Hitler-Jugend zu vermeiden; sie verstärkten nun die Jugendarbeit in den Gemeinden.

Kleinere religiöse Gruppierungen, deren Integrierung in den NS-Staat unmög-

30. Juni 1933 lich erschien, wurden verboten, so am 30. Juni 1933 die „Internationale Bibelforscher-Vereinigung", die ihren Sitz in Magdeburg hatte, aber auch in Bremen viele Anhänger besaß. Diese Gruppe setzte ihre Arbeit dennoch fort, und so wurden am 27. Juli die ersten beiden Mitglieder verhaftet, weil sie die Verteilung von Broschüren vorbereitet hatten.

Was die katholische Kirche anbetrifft, so war mit der Abspaltung eines NS-freundlichen Flügels nicht zu rechnen, zumal sich die theologisch entscheidende Zentrale nicht in Berlin oder München, sondern in Rom befand. Wenn die NSDAP aus taktischen Gründen den Katholizismus nicht allgemein bekämpfen wollte, so war ein Kompromiß zu erwarten, der von seiten der Partei in einer Art wohlwollender Neutralität gegenüber der Kirche bestand. Doch war vorauszusehen, daß der NS-Staat der katholischen Schule, den katholischen Vereinen und den christlichen Gewerkschaften keinen größeren Wirkungsbereich zubilligen werde. Die NSDAP konnte es auch nicht vergessen, daß die Kirche offen die Zentrumspartei unterstützt hatte. Die Bischofskonfe-

28. März 1933 renz in Fulda erkannte die Regierung am 28. März 1933 als „rechtmäßige

22. Sept. 1933 Obrigkeit" an, und das Reichskonkordat vom 22. September 1933 schien die Grenzen zwischen Staat und Kirche auf längere Zeit abzustecken.

Die „katholische Gemeinde zu Bremen" war eine Körperschaft des öffentlichen Rechts. Sie hatte einen Kirchenvorstand aus gewählten Vertretern und den ersten Geistlichen der einzelnen Pfarrgemeinden. Den Vorsitz hatte der Pastor Primarius Dechant Hardinghaus, sein Vertreter war Pastor Thiemann. Hauptgemeinde war St. Johann mit einer Seelsorgestation am Buntentor (seit 1937 die Kuratie Herz-Jesu); zudem gab es die drei Kuratien St. Marien, St. Josef und St. Elisabeth. Von großer Bedeutung waren zudem soziale Einrichtungen: das St. Josephsstift, das St. Elisabethhaus und das St. Theresienhaus.

Zunächst konnte sich die katholische Kirche in Bremen nicht über Behinderungen beklagen. Beim Maiumzug 1933 zogen katholische Arbeitnehmer im **1. Mai 1933** Rahmen der Christlichen Gewerkschaften mit, auch eine Abteilung „katholischer Jugendbünde" war dabei. In einem Katholikenblatt wurde der Umzug sogar mit katholischen Prozessionen verglichen.

Am 24. Juni 1933 fand in Bremen ein „Fest der Jugend" statt, an dem alle **24. Juni 1933** katholischen Jugendverbände teilnehmen. „In geschlossener Front", mit den Führern an der Spitze marschierte man vom Kolpinghaus zum Weserstadion, wo dann eine Sonnenwendfeier stattfand. Zum „Heil Hitler" als Gruß konnte man sich noch nicht bequemen; man fand statt dessen die Formel „Treu Volk". Die ersten Schwierigkeiten hatte die „Deutsche Jugendkraft", eine Sportorganisation im katholischen Jungmännerverband, die in Bremen 200 Mitglieder hatte; doch gingen die Anfeindungen vorüber.

Die katholischen Schulen wurden seit 1922 vom bremischen Staat sehr großzügig unterstützt: die Lehrmittel wurden zu 100 %, die Gehälter zu 95 %, die anderen Ausgaben zu 80 % bezuschußt. Eine vertragliche Absicherung dieses Zustandes gab es jedoch zunächst nicht. Der „nationale Senat" strebte sie dann aber an, und so wurde am 8. Juli 1933 zwischen der katholischen Gemeinde **8. Juli 1933** und dem bremischen Staat, vertreten durch den Senatskommissar für das Unterrichtswesen, Senator Dr. von Hoff, ein Vertrag geschlossen. Die Zuschüsse sollten wie bisher gezahlt werden; für den Fall, daß die katholischen Schulen auf den Staat übertragen werden sollten, mußten die Einrichtungen solange kostenlos überlassen werden, wie in ihnen eine katholische Schule betrieben wurde. Das Reichskonkordat vom 12. September 1933 gewährleistete im Arti- **12. Sept. 1933** kel 23 die Beibehaltung und Neueinrichtung katholischer Bekenntnisschulen, wenn die Erziehungsberechtigten es beantragten und die örtlichen Gegebenheiten einen geordneten Schulbetrieb zuließen.

Auch die karitativen Einrichtungen hatten die Gnade der neuen Herren. Nur die Christlichen Gewerkschaften fanden ihr Ende, indem sie im Juni 1933 in die Deutsche Arbeitsfront eingegliedert wurden.

Am 24. September 1933 fand ein Katholikentag statt, zu dem der für Bremen **24. Sept. 1933** zuständige Bischof von Osnabrück, Dr. Wilhelm Berning, eine Rede hielt. Er verglich Gemeinsamkeiten des neuen Staates und der Kirche wie das Führerprinzip, die Einstellung zur Ehe und die Zusammenführung von Arbeitgebern und Arbeitnehmern zu einer Gemeinschaft. Der Bischof sah offenbar nicht, daß hierin der Anlaß zu mancherlei Streitigkeiten lag, denn sonst hätte er wohl kaum ausgerufen: „Wir deutschen Katholiken lieben unsern neuen Staat und stehen in Treue zu ihm!" Noch war das wohl seine Überzeugung und nicht taktisch gemeint, um sich das Wohlwollen der Machthaber zu erhalten.Grußtelegramme wurden an den Papst, an Hindenburg und an Hitler geschickt. Der bremische Staat aber ging in dieser Zeit schon auf Distanz: Bürgermeister Dr. Markert nahm an der Festversammlung des Katholikentages nicht teil; auch fand kein Senatsempfang statt; die Begrüßung erfolgte nur durch den Bürgermeister. Zunehmend wirkte sich dann aber eine gewisse „inoffizielle" Kirchenfeindlichkeit aus, die vor allem bei den Führern der SA, SS und Hitler-Jugend verbreitet war. Es entwickelte sich eine Vorliebe für den Sonntagvormittag als „Dienststunden", und es fiel auch so manche feindselige Bemerkung gegen das Christentum im allgemeinen und die katholische Kirche im besonderen. Doch je lauter diese Töne wurden, desto häufiger kamen die Loyalitätserklärungen von kirchlichen Stellen. Die am 22. Januar 1934 stattfindende Generalversammlung der „Arbeitsgemeinschaft katholischer Vereine" beschloß – wie viele andere Vereine – das Führerprinzip zu übernehmen, also dem Vorstand und den Arbeitsausschüssen die Entscheidungen zu überlassen. Das aber verhinderte nicht, daß die Kirchenfeindlichkeit anstieg, und so reimte denn ein NS-Poet im Oktober 1934:

Die alte Judenschande ist endlich ausgefegt,
Die schwarze Lügenbande wühlt weiter unentwegt,
Du deutsches Volk, sag, muß das sein,
Daß dich bespeit das schwarze Schwein?

Es gab nun auch Zusammenstöße zwischen Hitlerjugend und katholischen Jugendgruppen. Es sollte nicht mehr lange dauern, bis die Auseinandersetzungen auf einigen wesentlichen Gebieten voll entbrannten.

2. Die Zeit der NS-Diktatur und die Aufrüstung 1935–1939

Der Tod des Reichspräsidenten Paul von Hindenburg am 2. August 1934 und die Proklamation Hitlers zum „Führer und Reichskanzler" waren nur äußere Zeichen für die Erringung der totalen Staatsmacht durch Hitler, wobei bedacht werden muß, daß komplizierte Apparate der Partei, der SS (mit Polizei und Gestapo) sowie die Reichswehr eine erhebliche Eigenmacht entwickelten, die freilich nie gegen den Willen Hitlers ausgeübt wurde. Seit 1935 konnte das Regime bedeutende außenpolitische Erfolge verbuchen: die Rückkehr des Saargebietes (1935), die ungestörte Besetzung des bisher entmilitarisierten Rheinlandes (1936), die eindrucksvolle Inszenierung der Olympischen Spiele in Berlin (1936), der Anschluß Österreichs (1938), des Sudetenlandes (1938) und des Memelgebietes (1939). Innenpolitisch zeigte sich eine immer brutalere Unterdrückung bürgerlicher Freiheiten. Die Aufrüstung brachte die Wiedereinführung der allgemeinen Wehrpflicht (1935) und die Priorität der Rüstungsindustrie in der Wirtschaft. Ständig neue außenpolitische Forderungen wie der Einmarsch in „Böhmen-Mähren" (März 1939) und schließlich der Konflikt mit Polen machten deutlich, daß das Regime einen Krieg riskieren wollte, wobei der Hitler-Stalinpakt (August 1939) die Position Deutschlands zunächst erheblich zu verbessern schien. Die aggressive deutsche Politik beeinflußte auch Bewegungen in anderen Regionen, vor allem auf dem Balkan und in Spanien. In Polen gab es nach dem Tode Marschall Pisudskis (1935) innere Schwierigkeiten, in Litauen und Lettland festigten sich diktatorische Regime; die skandinavischen Staaten hielten sich strikt neutral. In Großbritannien hielt die konservative Regierung eine Appeasementpolitik für realistisch, Frankreich zeigte sich innenpolitisch sehr labil. In einigen westeuropäischen Staaten gab es spektakuläre faschistische Organisationen. In Italien schien das Regime Mussolinis gefestigt, wenn es auch in der österreichischen Frage zu Konflikten mit Deutschland kam. Die Eroberung Abessiniens konnte durch Völkerbund-Sanktionen gegen Italien nicht verhindert werden. Die Unterstützung General Francos in Spanien führte Hitler und Mussolini zusammen, sah Frankreich und Rußland auf der Gegenseite. Die USA betrieben eine eindeutige Neutralitätspolitik, kämpften auch mit anhaltenden wirtschaftlichen Schwierigkeiten und sozialen Spannungen. Die Sowjetunion wurde durch die „Säuberungen" (1935–1938) innen- und außenpolitisch sehr geschwächt. In Ostasien war China gespalten, die Mandschurei von den Japanern besetzt. Seit 1937 drangen diese tief in China ein.
Die Entwicklung der Weltwirtschaft bot kein einheitliches Bild: die Krise hatte in fast allen Industriestaaten zu planwirtschaftlichen Maßnahmen, vor allem auch zu einer strengen Devisenkontrolle geführt, die erst nach einer Besserung der Binnenwirtschaft hier und da gelockert wurde.
Im Ausland waren die Auffassungen über das „Dritte Reich" geteilt. Es gab viel Skepsis, vor allem auch wegen der rigorosen Judenfeindlichkeit. Ein Zeichen kritischer Einstellung war u. a. 1936 die Verleihung des Friedensnobelpreises für 1935 an den Pazifisten Carl von Ossietzky. Andererseits führten die vielen Konflikte in der Welt zu einer Unterschätzung der vom NS-Deutschland ausgehenden Gefahren. Auch übersah man angesichts der in vielen Staaten vorhandenen diktatorischen Elemente und der brutalen Unterdrückung von Oppositionsgrup-

*pen und Minderheiten den Unrechtsgehalt der NS-Herrschaft in Deutschland, ja,
man war vielfach geneigt, die deutsche Disziplin, das Organisationstalent der
Partei und den anscheinenden wirtschaftlichen Aufschwung Deutschlands zu
bewundern.*

a. Die Wirtschaft

Wirtschaftspolitik

Bei Untersuchungen über die NS-Wirtschaftspolitik ist immer zu berücksichtigen, daß die Veröffentlichungen jener Zeit propagandistisch verfälscht sind;
doch hat sich eine Fülle von vertraulichem Material erhalten, das uns gestattet,
die Lage realistisch einzuschätzen. Wie der Propagandadruck wirkte, zeigt
sich etwa am Beispiel der Rolandmühle: Als diese im April 1935 ihren Geschäftsbericht für 1934 vorlegte, las man, daß die „Regierungsmaßnahmen ab
August jede Ausfuhr (von Weizenmehl) unmöglich machten". Sofort wies
Gauwirtschaftsberater Fromm darauf hin, daß solche Bemerkungen unerträglich seien. Man müsse die Regierungsmaßnahmen grundsätzlich so erläutern,
daß „Verständnis (für sie) in den Leserkreisen Ihres Geschäftsberichts" erreicht werde. Der Geschäftsbericht solle zurückgezogen und die entsprechende Bemerkung abgeändert werden; die Durchführung sei innerhalb von
10 Tagen zu melden.
Entscheidend für das Urteil über die Wirtschaftsentwicklung können nur Erfolg oder Mißerfolg sein, die aber nach dem Endergebnis, nicht nach einem
Zwischenzustand beurteilt werden müssen. Macht man den Einschnitt etwa
im Jahre 1935, so wird man von einer deutlichen Dämpfung der Schwierigkeiten, ja sogar von einer gewissen Stabilisierung sprechen dürfen. Das gilt für den
Arbeitsmarkt, den Index der Industrieproduktion, den allgemeinen Lebensstandard, die Einschätzung der kommenden Entwicklung usw. Die negativen
Seiten, von denen an anderer Stelle zu sprechen ist, liegen vor allem auf politischem Gebiet. Seit 1935 entzog die Aufrüstung der Wirtschaft viele Arbeitskräfte, wichtiges Rohmaterial und hochwertige Maschinen. Das mußte – sieht
man einmal von der erheblichen Absenkung des Lebensstandards ab – zu einer
immer schärfer reglementierten Zwangswirtschaft führen.
Die wirtschaftliche Erholung der Jahre seit 1933 war weitgehend binnenwirt-
schaftlicher Natur, so daß auch in Bremen die Industrie und der Binnenhandel
zufriedener sein konnten als der Außenhandel. Den Handelsfirmen fehlte es
oft an Kapital, um im Ausland zu werben, Kontore zu unterhalten und Markt-
forschung zu treiben. Der binnenwirtschaftliche Aufschwung führte aber
doch dazu, daß sich im Arbeitsamtsbezirk Bremen die Zahl der Beschäftigten

von 112000 Anfang 1933 auf 220000 Ende November 1937 fast verdoppelte. Die Zahl der Arbeitslosen sank im gleichen Zeitraum von fast 62000 auf 1824. Man konnte also zu dieser Zeit von einer Vollbeschäftigung sprechen. Es ist bezeichnend, daß es 1936 nicht mehr als Katastrophe empfunden wurde, daß die Wollkämmerei in Blumenthal 600 Arbeitskräfte entließ, denn die Unterbringung in anderen Betrieben bereitete keine Schwierigkeiten. Von den Hansa-Lloyd-Werken und von der Norddeutschen Hütte hieß es, daß sie Neu-Einstellungen vornahmen. Auch im Außenhandel zeichnete sich eine günstige Entwicklung ab, obwohl andererseits bemerkt wurde, daß sie nicht das Ausmaß des Aufschwungs der Binnenwirtschaft hatte. Vor allem wurde die hohe Besteuerung des Handels beklagt.

Der Wandel im Wirtschaftsgefüge forderte eine Umschulung vieler Beschäftigter. Die Zahl der umgeschulten Arbeitskräfte wurde im Bezirk Bremen auf 12000 geschätzt. Man mußte aber auch noch 4000 Arbeitskräfte, insbesondere Facharbeiter, von auswärts nach Bremen ziehen, um den Bedarf einigermaßen zu befriedigen. 1938 gab es bereits einen Mangel an Arbeitskräften, nicht nur an besonders qualifizierten, sondern vor allem auch an weiblichen in der Haus- und Landwirtschaft sowie in pflegerischen Berufen. Die Partei wurde beauftragt, die in Frage kommenden Personen aufzuspüren, sich mit den DAF- und NSV-Warten in Verbindung zu setzen und schließlich die Unterlagen „zur Auswertung für den Arbeitseinsatz" an das Arbeitsamt abzugeben.

Die Industrie ging vielfach dazu über, Aufträge, etwa Reparaturen, dem Handwerk zu überlassen, so daß nun einige seiner Zweige überbeschäftigt waren. Bei der Lehrlingsausbildung gab es staatliche Versuche, die Schulentlassenen in Mangelberufe zu lenken. Das war nicht einfach, denn die persönlichen Wünsche gingen bisweilen andere Wege. Im Frühjahr 1939 wünschten sich 1712 Jugendliche Metallberufe – bei 900 Lehrstellen. Für kaufmännische Berufe meldeten sich 606 Jugendliche – bei einem Bedarf von 900. Eine Verkürzung der Lehrzeit um ein Jahr sollte der Wirtschaft vorzeitig Facharbeiter zur Verfügung stellen. Einer Verschlechterung der Ausbildung sollte durch schärfere Kontrollen entgegengewirkt werden.

Die Lage barg mancherlei Gefahren: Ein großer Teil der Produktion ging seit 1935 in die Rüstung und war damit unproduktiv; andererseits stieg die Lohnsumme erheblich an und drängte in den Konsum. Auch gab es wachsende Schwierigkeiten bei der Rohstoffbeschaffung, die immer deutlicher werden ließen, wie wenig autark sich Deutschland im Rahmen einer friedlichen Entwicklung machen konnte. Diese Erkenntnis gab der aggressiven Lebensraum-Ideologie Auftrieb. Vorerst versuchte man mit Binnenkolonisation, Ersatzstoffen und verfeinerter Technik die Defizite zu mindern.

1937 wurde bereits sehr deutlich, daß die Anforderungen der Rüstung auf mehreren Gebieten eine Verknappung bewirkte. So stieg der Pro-Kopfverbrauch an Eisen von 60 kg (1932) auf 248 kg (1936). Der größte Teil der Erzeugung wurde von der zuständigen Überwachungsstelle kontingentiert. Für den privaten Konsum standen keine ausreichenden Mengen mehr zur Verfügung. Bei den Textilien lagen die Verhältnisse etwas günstiger. Zwar forderte die Wehrmacht erhebliche Mengen, aber hier ließen sich die Lücken teilweise durch Gewebe aus Kunstfasern schließen: es war vor allem die verarbeitende Industrie, die den Anforderungen nicht voll nachkommen konnte. Die Nahrungsmittelversorgung war durch die Aufrüstung nicht so sehr belastet; hier war es die Drosselung des Imports, die gelegentlich Engpässe entstehen ließ. Für Bremen war es durchaus eine Lebensfrage, ob die neuen Machthaber ihr Autarkieprogramm ernst nehmen würden oder nicht. 1933/34 war noch keine eindeutige Entscheidung in dieser Frage sichtbar. Dann aber erkannte man, daß eine Belebung der Binnenwirtschaft, vor allem auch eine Versorgung der Rüstungsindustrie, nicht ohne Import möglich war, daß dieser aber wiederum nur finanziert werden konnte, wenn durch den Export Devisen gewonnen werden konnten. Ganz allgemein wurde deutlich, daß im allgemeinen nur dann eingeführt wurde, wenn entsprechende Mengen deutscher Produkte ausgeführt wurden. Viele Waren mußten aber aus binnenwirtschaftlichen Gründen im Lande bleiben; andere stießen auf hohe Zollschranken und eine hemmende Devisenbewirtschaftung. Zudem ergaben sich bei anhaltender Krise in vielen Ländern Finanzierungsschwierigkeiten. Die Kompensation, die den Markt immer mehr bestimmte, brachte eine Fülle von Problemen, auch von betrügerischen Mißbräuchen. Der Staat richtete Prüfstellen ein, die sehr bald eine schwerfällige Bürokratie entwickelten.

Der Wert der deutschen Ausfuhr nahm 1934–1936 im ganzen langsam, aber stetig ab. Der Überseehandel für sich genommen stieg freilich erheblich an. Doch waren die Zahlen keineswegs befriedigend (¾ des Standes von 1929). Früher war es der deutschen Industrie gelungen, ein Fünftel bis ein Viertel der Produktion zu exportieren, jetzt waren es nur noch etwa 11%. Der Außenhandel, der 1934 und 1935 ein Passivsaldo aufgewiesen hatte, zeigte dann aber 1936 zum erstenmal einen geringen Ausfuhrüberschuß; doch konnte die Einfuhr keineswegs in wünschenswertem Maße gesteigert werden. Da sich die Präferenzen in steigendem Maße zugunsten der Rüstung verlagerten, mußte der Konsum, soweit er auf Einfuhren angewiesen war, zurückstehen.

Es gab schon im Sommer 1934 Gerüchte über eine bevorstehende Verknappung von Rohstoffen und Artikeln des täglichen Bedarfs, so daß Angstkäufe einsetzten. Die NS-Propaganda hatte Mühe, dem entgegenzusteuern. Im großen und ganzen war die Konsumbeschränkung jedoch psychologisch erträglich, da die Durststrecke der Weltwirtschaftskrise noch in frischer Erinnerung war, die Deutschen auch sonst seit Jahren nicht durch ein Wirtschaftswunder verwöhnt worden waren und vor allem der deutlich sichtbare binnenwirtschaftliche Aufschwung mit einer Vollbeschäftigung manche Nachteile vergessen ließ.

Auch 1937 ließ sich die Ausfuhr – vor allem durch Kompensationsgeschäfte – mäßig erhöhen, wobei der Anteil der überseeischen Länder gegenüber den europäischen immer mehr stieg. Die Einfuhr lag wiederum unter der Ausfuhr. Die staatliche Kontrolle des Außenhandels wurde immer schärfer, die Handelskammer klagte, daß der Spielraum des Unternehmers sehr stark eingeengt werde, daß der Sachverstand gegenüber der staatlichen Bürokratie nur noch wenig gelte und daß auf manchen Gebieten der Staat sogar selbst als Unternehmer auftrete. Zur Steuerung von Staatsaufträgen für die Wirtschaft wurden am 1. April 1936 vom Reichswirtschaftsminister „Bezirksausgleichsstellen für öffentliche Aufträge" eingerichtet. Eine entstand in Bremen, deren Geschäftsführung die Industrie- und Handelskammer übernahm. Bei der Bezirksausgleichsstelle wurde ein Beirat eingesetzt, der einen Interessenausgleich innerhalb der Wirtschaft herbeiführen sollte, während Leiter und Geschäftsführer vor allem für eine Durchsetzung der Ministerialerlasse zu sorgen und eine Koordination herbeizuführen hatten. Geschäftsführer Wurmb und der „Beauftragte des Reichswirtschaftsministers bei der Bezirksausgleichsstelle", Ingenieur Friedrich Ludwig, hatten die praktische Leitung dieser Einrichtung. Die Zuständigkeit ging weit über Bremen hinaus und schloß sogar die Marinewerft Wilhelmshaven ein.

1. April 1936

1938 ging das Außenhandelsvolumen mengen- und wertmäßig nach mehrjährigem Anstieg erheblich zurück, was auch einen Rückgang der Importe beinhaltete. Nur mit Ost- und Südosteuropa, den USA und Lateinamerika liefen die Geschäfte noch einigermaßen, in anderen Ländern aber gab es sehr starke Rückschläge. Die bremische Handelskammer begründete das mit wirtschaftlichen Schwierigkeiten in den Importländern; aber es gab auch politische Gründe, vor allem seit die NS-Judenpolitik immer brutaler und daher deutlicher wurde und – besonders seit der Sudetenkrise – die imperialistische Außenpolitik Hitler-Deutschlands das Mißtrauen erhöhte. Die Handelskammer sprach von „Wühlarbeit gewisser Kreise im Auslande".

Wirtschaftliche Impulse kamen auch noch von den staatlich geförderten „Notstandsarbeiten", die freilich mit zunehmender Konjunktur gebremst werden mußten. Sie wurden von den Kreisen und Städten bezuschußt. Der Aufwand für den Arbeitgeber betrug 1,00 bis 1,40 RM, für den Kreis zunächst 55, dann

15 Pf am Tag; die Städte zahlten 5 RM, das Reich 3 RM wöchentlich. Die Kosten der Unterbringung in einem Lager schätzte man auf monatlich 40 RM; der Stundenlohn für den Arbeiter betrug 40 bis 55 Pf. Bei einer 5-Tagewoche konnte er also 16 bis 22 RM verdienen. Die Geldbeschaffung blieb immer schwierig, die Kalkulation sehr knapp, z. T. mußten von Städten und Kreisen Kredite aufgenommen werden. Es gab auch sonst mancherlei Schwierigkeiten: Die „Arbeitsscheuen" ließen sich nur mit Mühe in Notstandsarbeiten hineinbringen. Als dann mit zunehmender Konsolidierung der Wirtschaft Landarbeiter und Handwerker herausgenommen werden sollten, war auch das wieder schwierig. Immerhin gelang es jetzt auch den Arbeitslosen ländlicher Gebiete, Arbeit in der Industrie zu finden, so daß der Arbeitsbedarf in der Landwirtschaft nicht immer gedeckt werden konnte. Notstandsarbeiter waren aber nur wenig geneigt, „Bauernarbeit" zu übernehmen. Um diesen Engpaß zu überwinden, wurde im Frühjahr 1935 das Landjahr eingeführt, das die „schulentlassene Stadtjugend" mit dem „völkischen Wert gesunden Bauerntums" vertraut machen sollte. Zu diesem Landjahr konnte „einberufen" werden; die Betroffenen wurden in Heimen untergebracht, die Kosten trug der bremische Staat. Auch der Reichsarbeitsdienst wurde in der Erntehilfe eingesetzt.

1935

Nach einer Übersicht von Ende 1937 gab es in Bremen 59 Objekte, die mit fast 13 Mill. RM aus verschiedenen Programmen bezuschußt wurden. Die größten Unternehmen waren der Bau der Westbrücke (1,8 Mill. RM) und der Umbau der Südseite des Hafens I (2 Mill. RM). Kleinere Beträge flossen in die Ochtumregulierung, den Wegebau, den Bau von Abwasserkanälen, in die Verlegung elektrischer Kabel usw.

In Bremen bestand seit 1933 der „Kampfbund des gewerblichen Mittelstandes" unter dem Vorsitz von Gerhard vom Hagel. Dabei handelte es sich um einen NS-gesteuerten wirtschaftlichen Interessenverband. 1934 wurde dann nach Auflösung des „Kampfbundes" die „NS-Hago" (NS-Handwerk, Handel und Gewerbe-Organisation) gegründet, die 1935 von der Deutschen Arbeitsfront übernommen wurde. Gerhard vom Hagel überwarf sich 1938 mit der DAF und ging als Angestellter zur Sparkasse in Bremen, war aber weiter im Genossenschaftswesen des gewerblichen Mittelstandes tätig. Die NS-Hago war an der Organisation von Messen beteiligt, engagierte sich bei der Preisüberwachung, der Berufsausbildung und vor allem auch bei Geschäftsübernahmen und -eröffnungen im Zusammenhang mit der „Arisierung" jüdischer Unternehmen. Sie war auch an der Propaganda gegen die Warenhäuser beteiligt. Der Boykott gegen sie wurde in der Propaganda nur noch sehr gedämpft aufrechterhalten und gelegentlich (1937) mit Entrüstung festgestellt, daß sogar Offiziere der Wehrmacht dort einkauften.

1934

1935

Manche Außenhandelsfirmen litten nun aber unter der zunehmenden Deutschlandfeindlichkeit im Ausland. Einige von ihnen, wie etwa die Baumwollfirma Albrecht, Müller-Pearse & Co., beriefen sich auf ihre nationale Gesinnung und drängten die Regierung, vor allem mit den Schweden, Amerikanern und Franzosen gut auszukommen (1936) und die Bemühungen deutscher Unternehmen im Ausland nicht unnötig zu stören. Der Wirtschaftssenator stellte zudem im März 1936 eindeutig fest, daß der Außenhandel erheblich unter der brutalen Judenpolitik in Deutschland litt. Andererseits liefen die Wirtschaftsbeziehungen mit der Sowjetunion trotz aller politischer Gegensätze ungestört weiter, wenn sie auch von Mißtrauen belastet waren. Im September 1935 wollte eine russische Handelsdelegation die Francke-Werke, einen Rüstungsbetrieb, besichtigen. Das Auswärtige Amt hatte keine Bedenken, wenn es sich lediglich um wirtschaftliche Kontakte handelte. Es wurde aber sogleich angeordnet, daß die Delegation durch die Gestapo zu überwachen sei.

Die durch den Boom verursachte erhöhte Nachfrage nach Rohstoffen trieb deren Preis nach oben. Die Begünstigung der Landwirtschaft und die Mängel in der Versorgung mit industriellen Konsumgütern wirkten ebenfalls preistreibend. Um eine Inflation zu verhindern, mußte eine komplizierte Preiskontrolle aufgebaut werden. Im November 1936 wurde ein Preiserhöhungsverbot **Nov. 1936** erlassen, wobei ein Stichtag-Preis festgesetzt wurde, der nicht über- und unterschritten werden durfte, es sei denn, der Preiskommissar ließ Ausnahmen zu. Anfangs wurden nur Verbraucherhöchstpreise, dann aber auch Begrenzungen der Erzeugerpreise verfügt, d. h. die Handelsspanne wurde vom Staat bestimmt. Da die Löhne die Erzeugerpreise mitbestimmten, übte der „Reichskommissar für die Preisbildung" auch auf sie Einfluß aus. Die Handelskammer meinte, das sei „ein Wagnis, das nur in einem autoritären Staate gelingen konnte"; eine solche Maßnahme führte aber zwangsläufig dazu, daß manche Waren vom offenen in einen schwarzen Markt flossen. Um das weitgehend zu verhindern, mußten wiederum scharfe Strafen angedroht werden.

Völlig unmöglich war es natürlich, die eingeführten Produkte einer Erzeugerpreiskontrolle zu unterwerfen; man konnte sie eben nur zu den angebotenen bzw. ausgehandelten Konditionen annehmen oder nicht. In der Tat verschwanden nun einige ausländische Waren, die der Preiskommissar für zu teuer hielt, vom Markt.

Andererseits war der Staat auch auf andere Weise bemüht, einer Inflation entgegenzuwirken, zugleich aber Mittel für seine kostspieligen Ziele zu gewinnen: Er betrieb eine rücksichtslose Abschöpfung von Kaufkraft durch Steuererhöhungen. Allein im Rechnungsjahr 1936/37 bis zum Rechnungsjahr

1937/38 stiegen die Steuereinnahmen des Reiches um 3 Milliarden RM (bei Gesamteinnahmen von 14 Milliarden RM). Davon profitierten die Länder und Kommunen nur in geringem Maße, denn die Rücküberweisungen aus den Reichssteuern wurden begrenzt, so daß Bremen nunmehr die Mittel für den weiteren Ausbau der Häfen fehlten. Es war natürlich die Frage, ob ein Ausbau sich angesichts des stagnierenden Außenhandels überhaupt noch lohnte. Die Beschränkung des Konsums angesichts eines nominal steigenden Volkseinkommens führte zu einer Erhöhung der Spareinlagen, die blühende Binnenwirtschaft zur Rückzahlung von Schulden an die Banken, die dadurch Mittel gewannen, die Expansion der Wirtschaft und vor allem auch die „nationalen Staatsaufgaben" (sprich Rüstung) zu finanzieren. Immerhin hatten die drei Reichsanleihen von 1937 ein Volumen von 2,350 Milliarden RM, die Industrieanleihen von 0,3 Milliarden RM. Der Kurs von Industrieaktien stieg leicht an, obgleich Dividenden und Zinsen im Durchschnitt nur etwa 4,6 % betrugen. Durch Spekulation verursachte Schwankungen gab es nicht.

Die Banken wurden nun zunehmend durch Kreditforderungen des Staates in Anspruch genommen, so daß weniger Mittel für den privaten Kreditmarkt zur Verfügung standen, der allerdings wegen der Stagnation der Außenwirtschaft und wegen eigener Kapitalbildung vieler Unternehmen zu schrumpfen begann. Aus der Rückschau ist es erstaunlich, wie sehr man den vielen langfristigen Schatzanweisungen, Pfandbriefen, Kommunalanleihen usw. traute. Die Konzentrationsbewegung führte dazu, daß die bremische Wertpapierbörse 1935 in die „Hanseatische Wertpapier-Börse" in Hamburg übergeleitet wurde, also ihre Selbständigkeit verlor.

Die Eingliederung Österreichs und des Sudetenlandes hatte für Bremen nur geringe unmittelbare Folgen, da der Handel der Hansestadt mehr nach Übersee, zur Oberweser und zum Ruhrgebiet ausgerichtet war; dennoch hoffte man, die überseeischen Kontakte der neu eingegliederten Gebiete nach Bremen zu ziehen. Die Handelskammer nahm daher an der Wiener Herbstmesse 1937 teil und war in der „Hanseatischen Ausfuhrvermittlungsstelle" in Wien integriert. Im übrigen erkannte man auch in der Bremer Handelskammer, daß die bisher vor allem kommerziell bestimmten Beziehungen zu einzelnen Staaten immer mehr von politischen Überlegungen durchsetzt wurden.

Zur Wirtschaftspolitik der NS-Zeit gehörte auch das Ausstellungswesen. In Bremen gab es 1934 die „Braune Hansamesse". Bekannter aber wurde eine zweite Ausstellung, die vom 25. Mai bis zum 19. Juni 1938 auf der Bürgerweide stattfand: „Bremen – Schlüssel zur Welt". Veranstalter war das „Institut für Deutsche Kultur- und Wirtschaftspropaganda", eine Abteilung des Reichspropagandaministeriums. Die Schirmherrschaft übernahm Gauleiter und

Mai/Juni 1938

Die Ausstellung „Bremen – Schlüssel zur Welt", 1938

Reichsstatthalter Carl Röver. Es ging eindeutig um außenwirtschaftliche Werbung.

Der Aufwand war enorm. Werbematerial ging in alle Welt. Es gab 18 Hallen, auf dem Freigelände fanden täglich Vorführungen der NS-Gemeinschaft „Kraft durch Freude" und Standkonzerte mehrerer Kapellen statt. Ein Reichskolonialtag und das 400jährige Jubiläum des Schütting waren mit der Ausstellung verbunden. Zwar zeigte der Deckel des Katalogs neben dem bremischen Schlüssel und dem Roland aus guten Gründen kein Hakenkreuz; doch gab es dennoch intensive Sympathiewerbung für das NS-Regime: eine Ehrenhalle war der NSDAP gewidmet; 16 große Gemälde zeigten den „deutschen Menschen" in Familie, Betrieb, Partei, Arbeitsdienst und Wehrmacht; Fotomontagen demonstrierten die Arbeit der Partei für den Menschen. Hinzu kam ein Modell von „Stedingsehre" auf dem Bookholzberg. Überall präsentierte sich die Partei als eine die Friedenswirtschaft und eine „saubere" Kultur fördernde Organisation. In einer Halle setzte sich Bremen mit seiner historischen Bedeutung ins rechte Licht, angefangen mit der angeblichen Nordpolfahrt bremischer Schiffe 1041 bis zu den KdF-Schiffen der Deutschen Arbeitsfront. Als Heroen besonderer Art stellten sich die Bürgermeister Smidt und Arnold Duckwitz, Lüderitz und Franzius in Marmorbüsten vor.

Die Schattenseiten – wie Konzentrationslager – sah man nicht, auch ein Hinweis auf die Gefahren der Rüstungsindustrie fehlte. Doch hat eben jede Ausstellung Merkmale eines Potemkinschen Dorfes. Unbestritten ist aber, daß in dieser Zeit die bremische Wirtschaft tatsächlich auf Hochtouren lief. Natürlich versuchten viele Unternehmen ihre alten und guten Beziehungen zur NSDAP

233

bei allen Gelegenheiten ins Spiel zu bringen. So beschwerte sich 1935 ein Bäckermeister in Wesermünde, daß nicht ihm, einem alten PG, sondern einem „Freimaurer", die Brotlieferung für eine Marineabteilung übertragen wurde. Auch ließ mancher Betrieb der Partei kleinere und größere Geschenke zukommen, so ein renommierter Bremer Teppichhändler einen Teppich „für Rednertribünen und sonstige Dekorationen". Die Norddeutsche Creditbank spendete jährlich 1000 RM für Carl Rövers „Stedingehre" auf dem Bookholzberg, aus anderen „Stiftungen" wurden Funktionärsgelage, Führerbilder, Kohl- und Pinkelfahrten der Kreisleitung usw. finanziert. 1936 kamen 1000 RM aus Kreisen der Kaufmannschaft, 1939 1000 RM von der Sparkasse in Bremen für die SS-Stammabteilung. Manche Firmen verfolgten eben mit politischer Konformität bestimmte wirtschaftliche Vorteile, etwa den Handel mit NS-Uniformen. Als sich die Firma Leffers 1936 um den Verkauf von BDM-Kleidung bewarb, wurde zunächst einmal ermittelt, wie die Einstellung zur NSDAP und ob jüdisches Kapital beteiligt war, ob es nicht-arische Angestellte gab usw. In diesem Falle wurde von der NSDAP und der DAF erklärt, der Leffers-Betriebsführer habe die richtige Einstellung zur Partei, und man könne das Gesuch auch sonst befürworten. Doch wurde wenigstens bemerkt, daß es sich um ein katholisches Unternehmen handle, „was an sich kein Ablehnungsgrund wäre".

Immer wieder wurde auch versucht, große Unternehmen durch das Einschleusen linientreuer Parteigenossen in die Führungsspitze in die Hand zu bekommen. Über die Einsetzung Dr. Firles als Vorstandsvorsitzender beim Norddeutschen Lloyd wurde schon berichtet; dieser war nicht geneigt, das Geschäftsinteresse dem der Partei zu opfern, und so gab es Konflikte mit dem Freiherrn von Hodenberg, einem PG von 1930, der Generalsekretär des Generaldirektors war. Dr. Firle schränkte dessen Wirkungsmöglichkeit ein, 1938 mußte von Hodenberg ausscheiden. 1935 forderte die Kreisleitung der NSDAP, daß der bisherige Personalchef durch einen Parteigenossen ersetzt werden müsse. Das geschah auch, doch Dr. Firle warf diesem sehr bald vor, er störe den Betriebsfrieden und entließ ihn. Reibereien gab es zudem, als die Partei ein Mitspracherecht der Betriebszellenobmänner auf den Schiffen forderte, Dr. Firle aber die Kapitäne als entscheidende Instanz an Bord ansah, sie freilich aufforderte, in die Partei einzutreten, um politisch besser abgesichert zu sein.

Die Partei war mit Dr. Firles Amtsführung rundweg unzufrieden, und so veranlaßte Gauleiter Röver 1938 eine Untersuchung der Personalpolitik des Unternehmens durch den Gau-Inspektor Kurt Thiele, der früher selbst einmal Angestellter beim Norddeutschen Lloyd gewesen war. Das Ergebnis lag 1939

1938

vor. Auf vielen Seiten wurden Mängel in der nationalsozialistischen Einstellung führender Männer geübt. So sollte ein Kapitän die Hakenkreuzflagge als „Scheißding" bezeichnet haben, ohne daß gegen ihn eingeschritten wurde; ein anderer habe die Überflüssigkeit der Wahlen im Dritten Reich betont. Dr. Firle habe sogar angeordnet, daß die Schiffsbesatzungen kein Parteiabzeichen tragen durften, um die ausländischen Gäste nicht zu verärgern.

1937 versuchte der Regierende Bürgermeister Böhmcker stärkeren Einfluß auf die Sparkasse zu gewinnen, indem er ihre Kommunalisierung betrieb. Offenbar fand er Unterstützung im Reichsinnen- und -wirtschaftsministerium. Die Akten zeigen, daß der Vorstand der Sparkasse sich dagegen sträubte. In diesen Zusammenhang gehört die Übernahme Gerhard vom Hagels, des ehemaligen Leiters der NS-Hago, als stellvertretenden Direktor. Es ist behauptet worden, daß dadurch die Besetzung der Stelle durch eine Kreatur Böhmckers verhindert werden sollte. Sicher ist aber doch, daß man dem Trend der Zeit folgen und einen einflußreichen NS-Vertreter des handwerklichen Mittelstandes als Alibi für politisches Wohlverhalten in den Vorstand aufnehmen wollte. 1937

Die Bremer Landesbank, die unter der Leitung von Dr. Gustav Adolf Salander, der weiterhin auch Direktor der Staatshauptkasse war, zunächst im Haus des Reichs untergebracht war, bezog Anfang 1937 das alte Gebäude der Danatbank am Liebfrauenkirchhof. Dr. Salander, der kein Mitglied der NSDAP war, wurde immer wieder von der Partei, besonders von Kreisleiter Blanke und Gauleiter Röver angegriffen, fand aber zunächst die Unterstützung Bürgermeister Böhmckers. Schon im April 1937 fanden in Bremen Gespräche über eine Fusion der Bremer Landesbank und der Staatlichen Kreditanstalt Oldenburg statt. Ziel war die Stärkung des Wirtschaftsraums Weser-Ems. Es war in den zähen Verhandlungen schwierig, die beiderseitigen Interessen auszugleichen, und schließlich mußte auch der Reichswirtschaftsminister seine Zustimmung geben. Das Oldenburgische Staatsministerium und der Bremer Senat waren sich im Mai 1937 einig, wobei auch die Niedersächsische Landesbank Girozentrale in die Überlegungen einbezogen war. Sitz der neuen Großbank sollte Bremen sein. Der Reichswirtschaftsminister verfügte dann am 28. Dezember 1937 rückwirkend zum 1. Dezember, daß die bisherige Bremer Landesbank in der Staatlichen Kreditanstalt Oldenburg aufgehen solle. Der neue Name war nun „Staatliche Kreditanstalt Oldenburg-Bremen". Diese hatte die Aufgabe, der öffentlichen und privaten Wirtschaft langfristige Kredite zuzuführen. Das Girogeschäft wurde ausgegliedert und am 1. Januar 1938 auf eine neue „Bremer Landesbank" übertragen, die kurzfristige Gelder „flüssig anzulegen und zu verwalten" hatte. In sie wurde nun noch die Girozentrale der Niedersächsischen Landesbank in Hannover überführt. Das Geschäftsgebiet April 1937 1. Dez. 1937 1. Jan. 1938 dieser Bank umfaßte die Länder Oldenburg und Bremen sowie Teile der Provinz Hannover. Beide Banken erhielten ihren Sitz in Bremen.

Dr. Gustav Adolf Salander, der bisherige Leiter der Bremer Landesbank und der Staatshauptkasse, war zunächst im Vorstand der neuen Staatlichen Kreditanstalt Oldenburg-Bremen als Vertreter Bremens vorgesehen, doch erhoben Kreisleiter Blanke und die „Deutsche Arbeitsfront" Einspruch, da Dr. Salander nicht Mitglied der NSDAP war und sie einen alten Parteigenossen für den einflußreichen Posten vorgesehen hatten. Im Dezember 1937 wurde Dr. Salander als Leiter der Hypothekenabteilung abgefunden. Er nahm dann als Soldat am Polenfeldzug 1939 teil, und nun setzte sich Gauleiter Röver für ihn ein, so daß Dr. Salander im Frühjahr 1941 in den gemeinsamen Vorstand der Banken berufen werden konnte.

Ohne die Rüstungsausgaben hätte eine wirtschaftliche Gesundung durchaus eine solide Basis erhalten können: die Außenwirtschaft war auf niedrigem Niveau ausgeglichen, Kreditschöpfung hatte die Binnenwirtschaft belebt, die Steuereinnahmen stiegen, die Ausgaben für Unterstützung sanken; die Verschuldung hätte sich langfristig verringern oder sogar tilgen lassen. Hinzu kam, daß die Konsumansprüche der Bevölkerung relativ gering waren und daß nach einer Zeit der Arbeitslosigkeit mit großem Fleiß der Beschäftigten gerechnet werden konnte. Es war freilich die Frage, ob eine straffe Wirtschaftslenkung nicht zu hemmendem Leerlauf einer übersetzten Bürokratie führen würde.

Wirtschaftskammern – Wirtschaftsgruppen

Die Industrie- und Handelskammer Bremen ebenso wie die Kleinhandels- und Gewerbekammer bestanden auch 1935/36 weiter. Die Gewerbekammer betreute zunächst – wie seit langen Jahren – auch die Industrie. Als Wilhelm Rinau 1935 gestorben war, wurde Dipl.-Ing. Georg Rogge sein Nachfolger, doch nur bis zur Überführung der Industrieabteilung in die „Industrie- und 1936/1937 Handelskammer" zu Beginn des Jahres 1936. Anfang 1937 wurde die Gewerbekammer in die „Handwerkskammer" übergeleitet, und zwar aufgrund einer Anordnung des Reichswirtschaftsministers. Alle Wahlen mußten vom Senat bestätigt werden. Die Satzung der neuen Handwerkskammer vom 18. Dezember 1936 wurde vom Reichswirtschaftsminister erlassen und entsprach einem allgemeinen Muster. Zum Vorsitzenden wurde – ebenfalls vom Reichswirtschaftsminister – der bisherige Präses der Gewerbekammer, Maurermeister Hans Ehlers, ernannt. Die Kammer erwarb für ihre Büroräume das Haus Contrescarpe 20 („Haus des Handwerks").

236

Die Kleinhandelskammer wurde am 20. Juli 1937 als „Einzelhandelsabteilung" in die Industrie und Handelskammer Bremen eingegliedert. Durch die „erste Verordnung zur Durchführung des Gesetzes zur Vorbereitung des organischen Aufbaus der deutschen Wirtschaft" 1934 wurde die gesamte deutsche Wirtschaft in „Wirtschaftsbezirke" eingeteilt. In ihnen waren Wirtschaftskammern als Dachorganisationen für die einzelnen „Fachgruppen", Industrie- und Handelskammern sowie Handwerkskammern vorgesehen. Es wurde erwogen, die Wirtschaftsbezirke mit den Treuhänderbezirken in Deckung zu bringen; das hätte zu einer Eingliederung Bremens in eine Wirtschaftskammer Niedersachsen geführt. In Bremen wurden Bedenken angemeldet, und man vertrat hier die Zusammenfassung des Küstengebietes (Bremen, Oldenburg, Osnabrück, Aurich und Stade), schlug auch eine Aufteilung des Treuhänderbezirks Niedersachsen und, damit verbunden, die Einrichtung eines eigenen Treuhänderbezirks Weser-Ems mit Sitz in Bremen vor. Zu dieser Teilung kam es nicht, zumal auch die Kompetenzen des Treuhänders durch zentralistische Regelungen immer mehr abnahmen. Andererseits blieb das Problem der Gebietseinteilung für Wirtschaftskammern durchaus in der Diskussion.

1934

1935 wurde eine Wirtschaftskammer Bremen als Dachverband für alle Kammern gebildet. Leiter wurde der Handelskammerpräses Karl Bollmeyer; seine beiden Stellvertreter waren Franz Stapelfeldt (Deschimag) als Vertreter der Industrie und der Landeshandwerksmeister Niedersachsen Willy Michel als Vertreter des Handwerks. Im Beirat war auch der „Reichsnährstand" mit dem Landesbauernführer Hobbie aus Oldenburg vertreten. Die meisten Wirtschaftszweige aber wurden von Bremern repräsentiert. Die bisherigen „Einheiten" blieben erhalten: die Industrie- und Handelskammer sowie die Handwerkskammer. Es gab zudem in Bremen für einige Bezirks- und Fachgruppen Repräsentanten, die in die Wirtschaftskammer einbezogen wurden: für Einfuhrhandel, Ausfuhrhandel, Einzelhandel, Handelsvertreter und -makler, Tabakhandel, Gaststätten- und Beherbungsgewerbe und eine ganze Reihe spezieller Wirtschaftszweige, die weitgehend im 20köpfigen Beirat vertreten waren.

1935

Anstößig war in Bremen vor allem, daß in der Handwerksabteilung der Landeshandwerksmeister in Hannover den Vorsitz übernehmen und den Vizepräsidenten stellen sollte. Von der Bremer Industrie- und Handelskammer aber wurde der Präsident der Bremer Handwerkskammer als Vorsitzender vorgeschlagen.

Die Wirtschaftskammer Bremen erhielt endlich nach etwa 2 ½ Jahren Planung im Juli 1937 ihre Satzung. Es blieb dabei, daß der Landeshandwerksmeister in

Juli 1937

Niedersachsen Stellvertreter des Leiters der Wirtschaftskammer blieb, sein
1939 Amt aber durchweg durch einen bremischen Vertreter wahrnehmen ließ. 1939
schied Bremerhaven aus dem Bereich der Wirtschaftskammer Bremen aus.
Die Schaffung eines Großraums Hamburg 1937 wurde in Bremen als eine Gefahr angesehen, und man entwarf neue Pläne für eine Erweiterung und Stär-
Juni 1937 kung des Wirtschaftsraums Bremen. Im Juni 1937 dachte man vor allem an eine
Vereinigung der Staatsbanken von Bremen und Oldenburg mit Zentrale in
Bremen sowie an eine Bezirkswirtschaftskammer in Bremen, die für den Gau
Weser-Ems zuständig sein sollte. Damit wurde eine Diskussion neu belebt, die
1934 begonnen hatte. Die Bezirkswirtschaftskammer lag auch Gauleiter Röver
sehr am Herzen, und dieser setzte sich in Gesprächen mit dem Reichsbankprä-
sidenten Schacht und einigen Berliner Ministerien für sie ein. Seit dem 1. April
1937 gab es bereits eine Landesbauernschaft für den ganzen Gau Weser-Ems,
diese aber mit Sitz in Oldenburg.
Mai 1937 Am 26. Mai 1937 formulierte der Reichsstatthalter seinen Antrag an den
Reichsinnenminister: Die Zuständigkeit der Bezirkswirtschaftskammer Bremen solle sich auf Oldenburg und die preußischen Regierungsbezirke Aurich
und Osnabrück erstrecken. Ließe sich die Einbeziehung dieser Regierungsbezirke nicht ermöglichen, sei eine Begrenzung auf Bremen und Oldenburg vor-
zusehen. Der Reichswirtschaftsminister war abgeneigt und empfahl eine Verzögerung des Problems, da sich dieses zunächst nicht einvernehmlich klären
ließ.
Die Frage der Bezirkswirtschaftskammer wurde auch im August 1937 weiterverfolgt; doch meinte das Reichsinnenministerium, Osnabrück und Aurich
könnten nicht einbezogen werden, so daß eine Begrenzung auf Oldenburg und
Bremen erfolgen müsse; immerhin erwog man nach Osten eine Einbeziehung
der Kreise Cuxhaven, Land Hadeln, Stade und Harburg zusammen mit weiteren Gebieten des Regierungsbezirks Stade. Rövers Pläne liefen zwar zunächst
auf eine Erweiterung der Wirtschaftskammer Oldenburg zu einer Bezirkswirtschaftskammer hinaus, doch fand er sich sehr bald mit einem Sitz in Bremen
ab. Alles aber zog sich hin, da die Reichsreform auf sich warten ließ und vor
allem von Hannover heftiger Widerstand gegen die Bezirkswirtschaftskammer
Bremen geleistet wurde. Von dort und auch aus Wesermünde kam sogar der
Vorschlag, die „überflüssige, lebensunfähige Wirtschaftskammer Bremen auf-
zuheben und den Bezirk Bremen entsprechend der Abgrenzung im Treuhänderbezirk in der Wirtschaftskammer Niedersachsen aufgehen zu lassen". Und
es wurde sogar die Auffassung artikuliert, man möge die Eigenständigkeit Bremens ebenfalls aufheben.
Im übrigen war und blieb die Wirtschaft „vertikal" in zahlreiche „Gruppen"

238

eingeteilt: So gab es die Reichsgruppen Handel, Banken, Versicherungen, Energiewirtschaft, Verkehr und Fremdenverkehr, die in Wirtschaftsgruppen mit mehreren Fachabteilungen unterteilt waren. Die Reichsgruppe Industrie hatte sieben Hauptgruppen, die wiederum Wirtschafts- und Fachgruppen besaßen. In der Börse befand sich eine Außenhandelsstelle für das Weser-Ems-Gebiet, die für die Bezirke der Industrie- und Handelskammern Bremen, Emden, Oldenburg, Osnabrück und Wesermünde zuständig war.

Die einzelnen Wirtschaftszweige

Der Schiffsverkehr in den bremischen Häfen stieg seit 1933 nur minimal; es war und blieb schwierig, sich gegen Rotterdam, Antwerpen und Hamburg durchzusetzen, die mehr als das doppelte Schiffsvolumen abfertigten als Bremen und auch höhere Zuwachsraten hatten. Von Bremen aus wurde immer wieder erwartet, daß deutsche Firmen dazu angehalten werden sollten, Waren und Schiffe über deutsche Häfen zu leiten. Überraschend ist 1935 eine deutliche Zunahme der über Bremen gehenden Ausfuhr bei einer Abnahme der Einfuhr. Das gilt freilich nur für die Warenmengen, nicht aber für deren Wert, der bei Ein- und Ausfuhr abnahm. Die deutsche Ausfuhr konnte 1937 um 20% gesteigert werden, ein deutliches Zeichen für eine allgemeine Verbesserung der Weltwirtschaftslage. Doch waren der deutschen Wirtschaft durch den Eigenbedarf enge Grenzen gezogen. 1937/38 zeigte der Seeschiffs- und Seegüterverkehr in Bremen nur eine geringe Zunahme, während vor allem Rotterdam bis 1937 enorme Zuwachsraten zu verzeichnen hatte. Es war kaum damit zu rechnen, daß sich der Verkehr, auch der auf deutsche Rechnung laufende, von der Rheinmündung in deutsche Häfen ziehen ließ.

Eine – wenn auch geringe – Förderung hätte sicher die Kanalisierung der Weser und Werra gebracht. Die Binnenschiffahrt klagte immer wieder über Wassermangel auf der Weser und in den Kanälen. Sie wies eindringlich auf den notwendigen Ausbau der Mittelweser hin. 1936 war die Lage etwas besser. Ende September 1935 wurde der Küstenkanal seiner Bestimmung übergeben, doch Sept. 1935 sogleich darüber geklagt, daß diese neue Verbindung zum Ruhrgebiet zu niedrige Wasserstände aufwies. Die Kanalisierung der Mittelweser ging nur langsam voran: Die Staustufen Petershagen und Langwedel wurden 1936 in 1936–1938 Angriff genommen, die Staustufe Drakenburg wurde fortgeführt, die Kanalisation der Werra Ende 1937 begonnen. An der Mittelweser waren die Staustufen immer noch nicht fertig. Die Stufen Schlüsselburg und Landesbergen sollten 1938 in Angriff genommen werden. 1938 wurde dann der Anschluß des Mittellandkanals an die Elbe vollzogen – eine Tatsache, die für Bremen nur geringe

Bedeutung hatte, zumal die Kanalisierung der Mittelweser nicht vorankam. 1938 wurde aber auch das Problem des „Hansakanals" wieder aufgegriffen; er sollte nun für 1500-Tonnen-Schiffe befahrbar sein.

Die Binnenschiffahrt auf der Weser war im Sommer 1937 und 1938 durch Niedrigwasser stark behindert und wich zum Teil auf den Küstenkanal aus. Im ganzen war das Ladungsangebot für die Binnenschiffahrt jedoch befriedigend.

Für die Modernisierung der Bremer Häfen wurde manches getan: Seit 1933 wurden im Hafen I (Europahafen) an einem Teil der Südkaje die Umschlaganlagen verbessert; 1936 erhielten die Arbeiten neue Impulse, kamen aber doch nur langsam voran. Die Industriehafenschleuse wurde überholt, die Kalianlage erhielt eine bessere Zufahrt, die Anlagen für den Massenumschlag wurden verbessert, Eisenbahnanlagen ergänzt. In den bremischen Häfen konnten die Bauarbeiten 1937 in begrenztem Umfang weitergeführt, die an der Südkaje des Hafens I 1937 vollendet werden; der Hafen II erhielt 22 neue 3-Tonnen-Wippkräne. Auch 1938 gab es zahlreiche kleinere Bauarbeiten, zumal die Massengutanlagen erweitert werden mußten.

25. Juni 1934 Im Hafen gab es seit dem 25. Juni 1934 den Gesamthafenbetrieb, der den Firmen für die Umschlagarbeiten täglich die nötigen Arbeitskräfte vermittelte. Die Verwaltungsarbeit des Gesamthafenbetriebes wurde vom Hafenbetriebsverein erledigt. 1936 wurde die Arbeitskarte eingeführt, die zur Arbeit im Hafen berechtigte. Während jeder Arbeiter zunächst nur die Chance hatte, wöchentlich 3,74 Schichten zu arbeiten, waren es 1936 schon 4,15. Das Maximum wurde auf 6 Schichten festgelegt.

1934 Die Finanzen des Norddeutschen Lloyd blieben belastet. 1934 wurden der „Hapag-Lloyd-Konzern" aufgelöst, Norddeutscher Lloyd und Hapag verselbständigt und einige kleinere Reedereien wieder ausgegliedert. Der Schuldenstand wurde dadurch verringert, daß Unternehmer und Banken Aktien übernahmen. 1942 waren die Tabakfirmen Reemtsma und Brinkmann (Hermann Ritter) mit je 12 Mill. RM am Norddeutschen Lloyd beteiligt; alle anderen Aktionäre dämpften ihre Beteiligung, hielten aber doch zum Teil Millionenbeträge.

1935 1935 kam die Neuorganisation der deutschen Seeschiffahrt zum Abschluß. Die Levantedienste wurden aus den Großreedereien herausgenommen, in Bremen und Hamburg zwei Gesellschaften gebildet, die in einer gemeinsamen Betriebsgesellschaft zusammenarbeiteten. Der New-York-Dienst wurde unter der Flagge des Norddeutschen Lloyd in Bremen und der Hapag in Hamburg weitergeführt.

Die Seeschiffahrt litt aber 1935/36 unter der anhaltenden Schwäche der Au-

Überseehafen 1938

ßenwirtschaft; nur mit der Fahrt nach Lateinamerika war man zufrieden, und auch der Passagierverkehr nach Nordamerika lief gut, wovon vor allem der Norddeutsche Lloyd profitierte. Die Lage besserte sich 1937 etwas; der Nordatlantikverkehr blieb nach wie vor befriedigend, während der von großem Propagandaaufwand begleitete Ostasienverkehr Sorgen bereitete. Es begannen auch die Probleme bei der Modernisierung der Zivilschiffahrt, da die Kriegsmarine immer größere Werftkapazitäten für sich in Anspruch nahm. 1938 gab es in der Seeschiffahrt einen deutlichen Rückschlag, für den man vor allem politische Verwicklungen verantwortlich machte. Auch im Nordatlantikverkehr ging das Passagieraufkommen zurück, wordurch der Norddeutsche Lloyd getroffen wurde.

Beim Import von Baumwolle kostete es 1935 viel Mühe, die nötigen Mengen zu beschaffen; doch ließ der Bedarf langsam nach, weil die Spinnereien zunehmend mit Zellwolle („Kunstspinnfasern") versorgt wurden (1935: 15 000 Tonnen, die 75 000 Ballen Baumwolle entsprachen). 1936 wurde der Import weiter gedrosselt, der Anteil an Zellwolle erhöht. In Bremen entstand eine „Fachuntergruppe Zellwolle und Kunstseidenabfälle". Der Anteil ostindischer Baumwolle blieb groß und wurde 1936 noch gesteigert; die USA und Brasilien blieben aber die wichtigsten Lieferländer. Baumwollhandel und -industrie unterlagen 1937 weiterhin einer scharfen Überwachung; der Zellstoffanteil an den Geweben wurde vermehrt, dennoch blieb der Baumwollinport über Bremen auch 1938 beträchtlich; die Lieferungen aus Ägypten und Brasilien konnten 1937/38 gesteigert werden.

Günstiger entwickelte sich bei schwankenden Preisen 1935 der Wollhandel, obwohl auch hier ein deutlicher Rückgang spürbar wurde, der 1936 wegen stark gestiegener Preise noch größer wurde. Bevorzugte Importländer waren Südafrika und Argentinien. Bei der Wollindustrie zeichnete sich 1935 bereits die Wehrmacht als belebender Faktor ab, doch machte sich auch in ihr 1936 ein Rohstoffmangel bemerkbar. Anfang 1937 verursachten japanische Käufe einen starken Preisanstieg, und auch später blieben die Preise zunächst hoch; aber im Herbst 1937 gab es eine Baisse, die 1938 anhielt. Bemerkenswert ist die Zunahme deutscher Wollerzeugung. Am 9. Juli 1937 fand in Bremen eine erfolgreiche Auktion deutscher Wolle statt. Die Wollindustrie blieb gut beschäftigt.

9. Juli 1937

Seit 1936 beteiligten sich bremische Baumwoll- und Wollfirmen am Handel mit Zellwolle; doch gab es erfolgreiche Bestrebungen der Industrie, den Vertrieb unter Ausschaltung des Handels selbst in die Hand zu nehmen.

Sehr groß war die Nachfrage nach Juteerzeugnissen, die in der Landwirtschaft (Säcke) und Linoleumindustrie benötigt wurde. 1936 konnte der Bedarf nicht mehr befriedigt werden.

Tabak wurde immer stärker direkt in den Erzeugerländern im Rahmen von Kompensationsgeschäften beschafft, was dem bremischen Handel zustatten kam. Der Rohtabakhandel schrumpfte dann 1937/38 erheblich, weitgehend aus Devisenmangel. Auch die Bremer Firmen versorgten sich verstärkt mit deutschem Tabak, konnten aber auch auf dem Balkan Kompensationsgeschäfte tätigen.

Bei den Zigaretten überwogen noch die billigen Sorten, doch allmählich wurde wieder auf Qualität geachtet und die 4-Pfennigzigarette immer mehr bevorzugt. In der Zigarettenindustrie bewirkte der Konkurrenzdruck Konzentrationsbewegungen, doch wurden durch staatliche Maßnahmen Mittelbetriebe besonders gefördert, so daß es nicht zu einer totalen Konzentration kam. Die Rauchergewohnheiten verlagerten sich immer mehr vom Tabak auf die Zigarette. Für die Zigarettenindustrie gab es seit 1937 wieder ein Zwangskartell. Beim Rauchtabak wuchs der Anteil deutscher Erzeugnisse, doch die hohe Besteuerung bremste den Konsum.

1937

Überraschend ist, daß auch noch 1935/36 erhebliche Mengen Kaffee importiert wurden, freilich im wesentlichen aus Ländern, bei denen Kompensationsmöglichkeiten bestanden. So waren die bremischen Röstereien gut beschäftigt. Kaffee HAG, die auch das Plantagengetränk KABA vertrieb, konnte 1935/36 ihre Belegschaft erheblich vergrößern. Der Kaffeekonsum nahm auch 1937/38 erheblich zu, und der Bedarf konnte vor allem durch Einfuhren aus Südamerika befriedigt werden, nachdem mit den Haupterzeugerländern günstige Verträge abgeschlossen worden waren.

Tee konnte nur in geringem Umfang eingeführt werden.

Beim Wein gab es in Deutschland 1933–1936 sehr gute Ernten, doch stiegen die Preise sehr stark; der Import wurde trotz reger Nachfrage gedrosselt. Nur aus Ungarn und Chile kamen größere Mengen als bisher. Der Import französischer Weine nahm sehr stark ab. Die Nachfrage nach Wein nahm dann angesichts steigender Massenkaufkraft stark zu. Die deutsche Ernte 1936 war mäßig, die von 1937 zwar von guter Qualität, aber knapp, die von 1938 wieder mittelmäßig. Der Weinimport konnte die Nachfrage nicht voll befriedigen.

Der Getreidehandel schrumpfte 1935/36 stark, so daß in der Landwirtschaft nicht genügend Futtergetreide zur Verfügung stand, zumal aus dem deutschen Osten keine ausreichenden Mengen geliefert wurden. Die Folge war ein Engpaß in der Fleischversorgung, der zum Teil durch Importe überbrückt werden konnte. Die Einfuhr von Futtergetreide wurde 1937/38 wieder erheblich gelockert, um den Roggen, der durch eine schlechte Ernte knapp und teuer war, für die Brotherstellung zu reservieren. Auf dem Getreidemarkt wurde der freie Handel durch die „Reichsstelle für Getreide" fast ausgeschaltet und die Handelsspanne sehr niedrig angesetzt. Die Brotversorgung konnte sichergestellt werden, zumal die Getreideernte 1938 sehr gut war. Der Weizen wurde jedoch stark ausgemahlen; zudem mußten dem Weizenmehl, seit März 1937 auch dem Roggen größere Mengen „Maisbackmehl" beigemischt werden. Seit Oktober 1937 war ein Kartoffelmehlzusatz zum Roggenmehl vorgeschrieben. Für Roggen und Weizen wurde ein Verfütterungsverbot erlassen.

Im Bereich der Mühlen und des Mehlhandels gab es straffe Planwirtschaft. Die sehr bedeutende Rolandmühle war bis 1937 eine Aktiengesellschaft mit einem Kapital von 5 Mill. RM. Die Mehrheit lag bei der Familie Erling und bei einigen Bremer Firmen und Kaufleuten. Im September 1937 erfolgte die Umwandlung in die Kommanditgesellschaft „Bremer Rolandmühle Erling und Co." mit zwei persönlich haftenden Gesellschaftern (Hans Erling und Dr. Friedrich Rangen) und einem Gesamtkapital von 6,337 Mill. RM, das weiterhin zum größten Teil von der Familie Erling gehalten wurde. Der Umsatz, der 1933 auf 29 Mill. RM gesunken war, stieg schon 1934 wieder auf 38 Mill. RM an, um 1936 den Höhepunkt bis 50,5 Mill. RM zu erreichen. In den folgenden

Sept. 1937

Jahren hielt sich der Umsatz bis 1944 auf 40–46 Mill. RM. Die Betriebsgewinne pendelten sich bei 1,3 bis 1,8 Mill. RM ein.

Die Hansamühle Gercke und Deppen war eine Aktiengesellschaft mit einem Kapital von 2 Mill. RM, das sich fast ganz in den Händen der Rolandmühle

1938 befand. 1938 wurden Grundstücke und Gebäude ans Reich verkauft; das Unternehmen betrieb jetzt nur noch Mehlgroßhandel. 1941 wurde die Aktiengesellschaft in eine GmbH umgewandelt.

Öle und Fette waren streng kontingentiert. Da 1936 die Tranbeimischung in der Margarine verringert wurde, mußte der Import von Ölsaaten und -früchten erhöht werden; ein Ausgleich konnte durch zunehmenden Anbau von Raps und Rübsen in Deutschland erreicht werden. Die Einfuhr von Ölfrüchten wurde gedrosselt.

Beim Reis nahmen die Einfuhren bei hohen Preisen und Devisenmangel 1935/36 ab; sie beschränkten sich auf jene Länder, die im Austausch deutsche Waren abnahmen. Die Reiseinfuhr nahm 1937 wieder zu.

Das Geschäft mit eingeführtem Obst – außer Bananen – lief zunächst noch recht gut, wurde aber seit 1936 erheblich eingeschränkt und der Verbraucher auf deutsches Obst und Gemüse verwiesen. Eine schlechte deutsche Ernte 1938 wurde durch erhöhte Importe einigermaßen ausgeglichen.

Die Hochseefischerei hatte 1935 ihre Krise endgültig überwunden. Dazu hatte vor allem eine intensive Werbung für deutschen Seefisch, aber auch die Verwendung in den Küchen des Winterhilfswerkes, bei der Wehrmacht und beim Reichsarbeitsdienst beigetragen. Der Fisch war in dieser Zeit der Engpässe auf dem Fleischmarkt ein wichtiger Bestandteil der Eiweißversorgung der Deutschen, zumal auch ein großes Angebot die Preise niedrig hielt. Im Mai 1935 gingen 169 Schiffe mit Treibnetz auf Heringsfang; im Herbst waren es noch einmal 160 Logger, 1936 stieg die Zahl auf 171. Die Fischanlandungen überstiegen den Bedarf, und so mußten zeitweilig Schiffe aufgelegt und ein großer Teil der Fänge in die Fischmehlfabriken gegeben werden. Seit dem 1. Oktober

Okt. 1935 1935 gab es in Bremerhaven keine Auktionen mehr; sie fanden nur noch in
1936 Wesermünde (Geestemünde) statt. 1936 feierte man mit großem Aufwand unter der Schirmherrschaft Görings das 50-jährige Jubiläum der „Deutschen Hochseefischerei" und das 40-jährige Bestehen des Geestemünder Fischereihafens. Das Denkmal für Friedrich Busse wurde enthüllt, zudem der Grundstein für ein Hochseefischerei-Ehrenmal gelegt. Die Leistungen der Hochseefischerei konnten 1937 noch einmal gesteigert werden. 30 neue Fischdampfer wurden in Dienst gestellt, zu einer Auflage von Tonnage kam es nicht mehr. 1937 wurden 173, 1938 dann 170 Logger für die Heringsfischerei mit Treibnetz eingesetzt. Große Fischmengen konnten nun nicht mehr abgesetzt werden

und gingen in die Fischmehlfabriken. Die Preise blieben niedrig. Immer größere Fischmengen wurden auch zu Konserven verarbeitet oder in Kühlhäusern
eingelagert. Trotz allem klagten die Reedereien über zu geringe Gewinne und
sogar über Verluste, und am 22. Juni 1938 wurden dann Festpreise mit jahres- 22. Juni 1938
zeitlicher Staffelung festgesetzt, so daß nunmehr auch die Gewinne staatlich
reguliert waren. Nur für wenige Sorten gab es noch Auktionen. Da Fische in
ausreichender Menge angelandet wurden, trat auch keine Verknappung auf.
Die Fischindustrie war 1937/38 gut beschäftigt.
Durch die Zunahme der arbeitenden Bevölkerung und der nur langsam voran-
schreitenden Motorisierung blieben die öffentlichen Nahverkehrsmittel von
großer Bedeutung. Die Konzentration des Verkehrs auf bestimmte Zeiten
brachte erhebliche Probleme, so daß eine Staffelung der Arbeitszeit ins Gespräch kam. 1938 bestellte die Bremer Straßenbahn fünf moderne Lenkachs-
wagen; die Zahl der Nahverkehrszüge wurde vermehrt, im übrigen gab es in
den Vororten ein dichtes Netz von Omnibuslinien.
Die Luftfahrt erhielt seit 1933 hohe Priorität. Mit Arbeitsbeschaffungsmaß-
nahmen wurde das Rollfeld des Flughafens verbessert. 1934 entstand eine 1934/1938
Nahbefeuerungsanlage, die 1938 durch ein UKW-Landefeuer ergänzt wurde,
und 1935 ein massives Abfertigungsgebäude, das an die Stelle des bisherigen 1935
Barackenbaus trat. Das Flughafengelände war jetzt mit Gaststätte und Terrasse
sowie den neuen Abfertigungseinrichtungen, Grünanlagen und Parkplätzen
recht attraktiv ausgestattet. Bremen hatte eine Luftlinie nach Amsterdam mit
Anschluß nach Paris und London sowie nach Hamburg mit Verbindungen in
die skandinavischen Länder. Eine weitere Linie ging nach Hannover und
Frankfurt sowie nach Berlin. Im Sommer gab es Luftverkehr zu den ostfriesischen Inseln; eine Linie führte nach Bremerhaven, wo ein Zubringerdienst zu
den ostfriesischen Inseln erreicht wurde. Der Luftverkehr auf dem Flughafen
Bremen wurde 1935/36 in den Wintermonaten wie immer stark reduziert,
doch in den Sommermonaten herrschte reger Betrieb, der auch durch zahlreiche Sportflieger bereichert wurde. 1935 fand ein vom Deutschen Luftsportverband veranstalteter Deutschlandflug statt, der u. a. Bremen berührte. Zur
Erleichterung des Luftverkehrs nach Übersee wurden die in Bremen behei-
mateten schwimmenden Flugstützpunkte „Westfalen", „Schwabenland" und
„Friesenland" im Atlantik stationiert.
Der Postverkehr nahm mit der Erholung der Wirtschaft nach 1933 erheblich
zu. Der Verkauf zahlreicher Sondermarken wurde zu einem einträglichen Geschäft. Bei der Vermehrung und Modernisierung des Fahrzeugparks gab es
jedoch Schwierigkeiten. Ein Teil des Postverkehrs wurde durch das 1937 auf 1937
dem Flugplatz eingerichtete Zweigpostamt abgewickelt (1937: 19,8 Tonnen

Post). Es gab eine Luftpostlinie nach Chemnitz, zudem wurde Bremen durch die Linien Köln–Bremen–Hamburg und London–Bremen–Malmö erfaßt, auch gab es Zubringerverkehr nach Bremerhaven zu den Linien nach Helgoland und Wangerooge. 1939 wurde Bremen durch die Luftpostlinien Berlin–Bremen, Mannheim–Frankfurt–Bremen–Seebäder und Kopenhagen–Hamburg–Bremen–Köln–Amsterdam–London berührt. Mit Kriegsbeginn entfiel dann der Luftpostdienst. Kurz vor Kriegsbeginn wurde am 2. Januar 1939 der Postsparkassendienst eingeführt.

2. Jan. 1939

Trotz aller Schwierigkeiten der Material- und Benzinbeschaffung wurde die Motorisierung zunächst im zivilen Bereich, dann aber vor allem in der Rüstung gefördert. Das ergab starke Impulse für viele Zweige der Industrie und für den Straßenbau. Auch die Flugzeugindustrie erhielt in Bremen ein bedeutendes Zentrum.

Die Focke-Wulf-Flugzeugbau GmbH am Flughafen Bremen stand unter der kaufmännischen Leitung von Dr. rer. pol. Werner Naumann, während die technische Entwicklung fest in der Hand von Dipl. Ing. Kurt Tank lag, der die Flugzeuge auch selbst erprobte. 1934 begann durch die Förderung des Luftfahrtministeriums der Aufstieg. Die Focke-Wulf-Werke bauten zunächst vor allem Schulflugzeuge, die auch von der jungen Luftwaffe seit 1935 benötigt wurden. Dazu gehörte die FW 56 „Stößer", die FW 44 „Stieglitz" und die FW 59 „Weihe". Die Flugzeuge wurden in Großserien hergestellt und bei Kunstflügen auch im Ausland viel bewundert. Sie wurden ein großer Exporterfolg und Devisenbringer. Einige Staaten erwarben Nachbaurechte. So entstand in Rio de Janeiro unter deutscher Leitung eine eigene „Stieglitz-Fabrik". Der Stolz der Focke-Wulf-Werke war aber das viermotorige Großverkehrsflugzeug „Condor", das auch serienmäßig hergestellt wurde und ein Exportschlager zu werden versprach. Das Flugzeug hatte eine Spitzengeschwindigkeit von 430 Stundenkilometern, hatte vier Mann Besatzung und konnte 26 Fluggäste befördern. Am 22. Dezember 1936 wurde die Aktiengesellschaft in eine GmbH umgewandelt, am 7. Juli 1937 ein Zweigwerk in Hemelingen übernommen. Das Interesse der Luftwaffe kam in einem Besuch Görings am 22. Juli 1939 zum Ausdruck.

1935

22. Dez. 1936

Schon seit dem Sommer 1933 wurde ins Auge gefaßt, auf der AG Weser Flugzeugteile herzustellen. Das Unternehmen zeigte sich bereit, da es an einer Verbesserung der Beschäftigungs- und Produktionslage interessiert war. Es fanden Besprechungen mit den Firmen Junkers und Dornier sowie im Reichsluftfahrtministerium statt, und es kam nun zu einem Auftrag zur Herstellung von Leitwerken. Am 14. April 1934 wurde im Rahmen der Deschimag eine „Weser-Flugzeugbau-Gesellschaft" gegründet, die für Dornier und dann auch für

14. April 1934

Das Focke-Wulf-Großraumflugzeug „Condor", 1937/38

Junkers arbeitete. Zur Herstellung von Leitwerken kam der Bau von Rümpfen für die Do 23. Dann erfolgte eine Fusion mit der verschuldeten „Rohrbach Metallflugzeuge GmbH" in Berlin. Technischer Direktor wurde Dr. Rohrbach, Vertreter der Deschimag im Vorstand Dipl.-Ing. Fritz Feilcke. Im Aufsichtsrat befanden sich einige angesehene Persönlichkeiten des deutschen Wirtschaftslebens, u. a. auch der Vetter Görings, Herbert L. W. Göring. 1935/1936 wurden bei der AG Weser Schiff- und Flugzeugbau getrennt. Dieser fand nun im Industriehafen und in Delmenhorst statt; später wurde auch die Frerichswerft in Einswarden als Produktionsstätte einbezogen. Die Rohrbach-Gesellschaft wurde von Berlin nach Lemwerder verlegt. Seit 1936 entstanden **1936** beim „Weser-Flugzeugbau" auch ganze Flugzeuge wie die Ju 87 und Do 18. Die Entwicklung wurde vom Reichsluftfahrtministerium veranlaßt. Ein weiteres Werk in Nordenham ergab sich aus einer Verlegung des Seeflugzeugreparaturwerkes Kiel in die Anlagen des Seeflugparks Nordenham, der seinerseits nach Kiel verlegt wurde.

Es stellte sich sehr bald die Frage, wie der mit der zunehmenden Motorisierung steigende Brennstoffbedarf langfristig befriedigt werden konnte. Das führte zu manchen Provisorien, aber auch zu wegweisenden Neuerungen: zu Holzgas- und Generatorenbetrieb ebenso wie später zur Herstellung von Benzin aus Kohle.

Die Ernennung eines Obersten im Allgemeinen Heeresamt zum „Generalbevollmächtigten für das Kraftfahrwesen" im November 1938 deutete dann auch äußerlich an, daß die Motorisierung in den Dienst zur Aufrüstung gestellt war; vor allem ging es um eine Standardisierung bzw. Normung, die eine Massenproduktion erleichtern sollte.

Alle Motorisierungspropaganda konnte nicht darüber hinwegtäuschen, daß der deutsche Kraftfahrzeugbestand hinter den Erwartungen zurückblieb. Er kam hinter dem in anderen europäischen Ländern, etwa in Frankreich (in Frankreich: 1 Kraftwagen auf 19 Einwohner; in Deutschland 1938: 1 Kraftwagen auf 44 Einwohner). Das war vor allem ein deutliches Zeichen dafür, daß sich der Lebensstandard in Deutschland keineswegs gehoben hatte und daß die Automobilindustrie nicht in der Lage war, neben den steigenden Anforderungen der Rüstung und einem anhaltenden Zwang zum Export auch noch wachsende Sehnsüchte der Bürger nach einem eigenen Kraftwagen voll zu befriedigen. Es gab für sie vor allem langfristige Kaufverträge, die Kaufkraft abschöpften; doch wuchsen auch jene Fabriken, die nicht nur Kleinwagen produzierten, sondern auch sehr schnell auf den Bau von Kriegsgerät umgestellt werden konnten.

So stieg etwa die Belegschaft der Borgwardwerke, die 1934 2110 betragen hatte, 1935 auf 3390, 1936 auf 4575, 1937 auf 5233 und schließlich 1938 auf 6070 Mitglieder. Die Produktion, die 1932 bei 4200 Fahrzeugen gelegen hatte, stieg 1938 auf 20000 Wagen. Der Export konnte von 1935 bis 1937 auf mehr als das Sechsfache gesteigert werden. Der Betrieb war also auch ein bedeutender Devisenbringer. Im Durchschnitt verdiente jedes Belegschaftsmitglied 1932 monatlich 160 RM, 1938 etwa 164 RM. Die Löhne stiegen also im ganzen nominal geringfügig, ähnlich wie der Kaufwert der Reichsmark (Lebenshaltungsindex bei 1938 = 100, 1936 = 96). Der Gesamterlös der Werke Hastedt und Sebaldsbrück stieg 1939 auf fast 90 Mill. RM.

Der Betrieb war für die NS-Zeit typisch: Der Betriebsführer Borgward hatte alle Fäden in der Hand. Er war an sich ein unpolitischer Geschäftsmann und Techniker, wurde aber Parteigenosse und Ehrenführer des NSKK. Es gab eine uniformierte Werkschar, einen NSKK-Werksturm, eine Sportabteilung sowie

Borgward-Werke in Sebaldsbrück, 1938

eine Musikkapelle und einen Spielmannszug. Wöchentlich organisierte die Deutsche Arbeitsfront politischen Schulungsunterricht.

In Bremen gab es neben den Flugzeug- und den Borgward-Werken eine ganze Reihe größerer von der Wehrmacht „betreuter" Betriebe: die Francke Werke AG, die Atlas-Werke, die Deschimag (AG „Weser"), den Bremer „Vulkan" in Vegesack, die Bremer Silberwarenfabrik AG, Koch & Bergfeld, Gustav Panhorst, J. H. Schäfer & Co., die Lloyd Dynamowerke, Gustav F. Gerdts, Haagen & Rinau, die Norddeutsche Steingutfabrik in Grohn usw. Hinzu kam eine Fülle mittlerer und kleiner Betriebe, die Zulieferer für die Rüstungsindustrie waren.

Erstaunlich ist die Tatsache, daß die bremischen Werften 1935/36 trotz der Flaute bei den deutschen Reedereien gut beschäftigt waren, weil sie sich als äußerst wendig und durchaus preisgünstig zeigten. So entstanden zwei große Ostasiendampfer für den Passagierverkehr, Fruchttransportschiffe, Fischdampfer, Walfangschiffe, Tanker usw., und das nicht nur für deutsche, son-

dern auch für zahlreiche ausländische Reedereien. Die Werften waren auch
1937/38 voll ausgelastet, z. T. durch Aufträge der Kriegsmarine; immer noch
entstanden zahlreiche Schiffe für ausländische Auftraggeber. Es gab aber Engpässe bei der Versorgung mit Facharbeitern und Material.

Der Materialmangel ergab bisweilen kritische Phasen. So mußte die Seebeck-
Werft im Sommer 1937 den Antrag auf Entlassung von 150 Gefolgschaftsmitgliedern stellen; doch der Reichstreuhänder lehnte ihn ab, weil die Entlassung
sozial nicht zu rechtfertigen und auch betrieblich überhaupt nicht erforderlich
sei.

Auf der AG „Weser"-Werft begann der Kriegsschiffbau; die Zahl der benötigten Arbeitskräfte stieg immer mehr an. Es handelte sich seit 1938 zunehmend
um Dienstverpflichtete aus Süd- und Westdeutschland, die zum größten Teil
mit ihrer Lage sehr unzufrieden waren. Der überwiegende Teil der Aktien des
Bremer „Vulkan" war in der Hand des ungarischen Staatsangehörigen Baron
Heinrich Thyssen-Bornemisza. Die Werft stellte zunächst nur Handelsschiffe
1938 her, nahm dann aber 1938 den U-Boot-Bau auf. Für die Umstellung wurden
1938–1942 etwa 9 Millionen RM investiert.

Eine entscheidende Rolle bei der Industrialisierung der bremischen Wirtschaft
spielte die Energie- und Wasserversorgung. Die Stadtwerke wurden den steigenden Anforderungen durchaus gerecht. Die Querelen in diesem Bereich waren vor allem organisatorischer und politischer Art. Direktor der Gas- und
Wasserwerke war seit 1934 Dr. Ing. Friedrich Hopf, ein Mann mit langer Berufserfahrung, PG von 1931 und SA-Obersturmführer; er war ein autoritärer
Vorgesetzter, der keinen Widerspruch duldete. Das E-Werk behielt mit Werner Matthias seinen eigenen Direktor. Bei der Amtsübernahme Böhmckers
1937 1937 hatte dieser Gauleiter Röver zugesichert, daß das Bremer E-Werk mit
einem Kabelnetz im Wert von 50 Mill. Goldmark an die „Landes-Elektrizitäts-
versorgung Oldenburg" ausgeliefert werden solle. Der Präsident der Finanzverwaltung in Bremen, Dr. Richard Duckwitz, veranlaßte, daß der Rechnungshof des Deutschen Reiches einschritt, der eine Genehmigung des Über-
lassungsvertrages durch den Reichsfinanzminister forderte. Dr. Duckwitz
bewirkte hinter dem Rücken Böhmckers und Rövers, daß der Vertrag nicht
vollzogen wurde. Röver erfuhr dennoch von diesen Vorgängen, Dr. Duckwitz
fand aber an Böhmcker eine Stütze, so daß weitere Folgen ausblieben.

Die Bauindustrie lief auf Hochtouren, wobei Wehrmachtanlagen eine große
Rolle spielten. Aber auch die Arbeiten in den Häfen, an der Autobahn und an
der Westbrücke forderten den Einsatz vieler Arbeitskräfte. Hinzu kamen der
Siedlungsbau („Volkswohnungen" in Oslebshausen, Grambke und Oster-
holz-Tenever) und die Beschaffung von Werkswohnungen der großen Indu-

striebetriebe (etwa an der Hohwisch, in Gröpelingen und in St. Magnus). Es entstand ein starker Mangel an Facharbeitern und Material auf dem Bausektor, und es wurde „dringend erforderlich, daß noch alle irgendwo vorhandenen Reserven an Arbeitskräften herangezogen werden".

Das Baugewerbe verdoppelte seit 1933 bis 1936 seine Beschäftigten. Der Ausbau der Autobahn Bremen–Hamburg beschäftigte 1100 Personen, vorübergehend waren es sogar 4000. Hinzu kamen Hafen-, Straßen- und Kanalisationsbauten sowie seit 1936 die Vorbereitungen für den Bau der Westbrücke.

Die immer schärfere Reglementierung aller Wirtschaftszweige erfaßte auch das Handwerk. Da mancher Streit durch das Machtwort staatlicher oder anderer Stellen erledigt wurde, nahm die Zahl der Verfahren vor dem Handwerksgericht (wie auch vor dem Arbeitsgericht allgemein) erheblich ab. Das Handwerk war voll in die Wirtschaftspropaganda eingegliedert: Es trug zu einem großen Teil die „Braune Hansa-Messe" von 1934 und die Ausstellung „Bremen, Schlüssel zur Welt" 1938; es gab Reichshandwerkswochen, Kampf gegen die „Borgwirtschaft" usw.

Die wirtschaftliche Lage der einzelnen Zweige war unterschiedlich. Beim Wohnungsbau machte sich Materialmangel bemerkbar; nur der Siedlungsbau konnte in größerem Umfang weitergeführt werden. Besonders hemmend wirkte der Mangel an Bauholz. Im Straßenbau fehlte es an Arbeitskräften. Beim Metallgewerbe wirkte sich der Rohstoffmangel ebenfalls vor allem bei Privataufträgen aus. Die Umstellung auf Ersatzstoffe war nicht überall möglich, vollzog sich aber auch sonst recht zögernd. Das Kraftfahrzeughandwerk war gut beschäftigt, ebenso das Bekleidungsgewerbe, das sich verhältnismäßig schnell auf Ersatzstoffe umstellte. Im Nahrungsmittelgewerbe gab es hin und wieder Versorgungsengpässe. Im ganzen wurde immer deutlicher, daß die durch eine Vollbeschäftigung erhöhten Konsumwünsche der Bevölkerung auch im handwerklichen Bereich an die durch den Staats- und Rüstungsbedarf immer enger werdenden Grenzen stieß.

Es wurde 1936 festgestellt, daß beim Handwerk Unzufriedenheit darüber herrschte, daß vor allem die Industrie vom Aufschwung profitierte. Aber mit zunehmendem Volumen sah sich die Industrie immer mehr gezwungen, Aufträge an Handwerksbetriebe zu vergeben. Um vor allem auch größere öffentliche Aufträge bewältigen zu können, wurden für das Wirtschaftsgebiet Niedersachsen, zu dem auch Bremen zählte, „Landeslieferungsgesellschaften" gebildet, die allerdings durch Lohnunterschiede in den Regionen mit Schwierigkeiten zu kämpfen hatten. Probleme zeigten sich sehr bald auch bei der Rohstoffbeschaffung.

In Bremen gab es 1936 fast 7000 Handwerkslehrlinge; Angebot und Nachfrage waren ausgeglichen. 1938 aber war der Bedarf erheblich größer als das Angebot. Vor allem im Bau-, Nahrungsmittel- und Textilgewerbe konnte er nicht befriedigt werden. Das war vor allem auf eine Bevorzugung der Metallberufe zurückzuführen (1200 von 2000 Schulentlassenen wählten diesen Bereich!). Überall gab es eine 4-jährige Lehrzeit, und ebensolange sollte auch die Berufsschule besucht werden.

Gefolgschaften der Betriebe – Deutsche Arbeitsfront (DAF)

Die Zusammenfassung in der DAF wurde von der Masse der Arbeiterschaft ebenso hingenommen wie der Verzicht auf Lohnkämpfe – „bis auf einen gewissen Prozentsatz unentwegter Nörgler und Marxisten" (so am 31. Juli 1934 von der DAF-Führung in Bremen). Bei den Wirtschaftsführern verzeichnete man viel Skepsis; eine „innere Gemeinschaft" zwischen „Führer und Gefolgschaft" war in den Betrieben noch nicht hergestellt.

Die Deutsche Arbeitsfront hatte einen zentralen Stab unter der Leitung von Dr. Robert Ley und 18 Fachämter, die den ehemaligen Gewerkschaften entsprachen. Angeschlossen waren zudem u. a. die NS-Gemeinschaft „Kraft durch Freude" und das Amt „Schönheit der Arbeit". Eine entsprechende Einteilung findet sich auch in den Gauwaltungen, u. a. der von Weser-Ems unter Bruno Dieckelmann, die ihren Sitz in Oldenburg hatte. Die Kreiswaltung im „Wilhelm-Decker-Haus" unterstand dem Kreisobmann Otto Schwenk. Zur Kreiswaltung Bremen gehörten 1936/37 zudem 18 Reichsbetriebsgemeinschaften für die einzelnen Berufszweige, die NS-Gemeinschaft „Kraft durch Freude", eine Schule der DAF (Reinhold Muchow-Schule), eine Sachwaltung Seeschiffahrt, eine Verwaltungsstelle Binnenschiffahrt, ein Heimstättenwerk

März 1938 und die Organisation „Arbeitsdank". Anfang März 1938 erfolgte eine Umorganisation: Die 18 Reichsbetriebsgemeinschaften wurden jetzt zu 11 „Fachabteilungen" zusammengefaßt. Einige zentrale Abteilungen „bearbeiteten" die Organisation, Presse und Propaganda, Verwaltung, Frauen, Jugend, Berufswettkampf, Soziales, Heimstättenwerk „Haus und Heim", „Kraft durch Freude", „Schönheit der Arbeit", die Reinhold-Muchow-Schule und die Bücherei im Wilhelm-Decker-Haus.

1935 1935 wurden die Ortsgruppen der DAF denen der NSDAP angepaßt. Es gab seit Juni 1938 53 Ortswaltungen, davon allein vier in Gröpelingen. Diese Ortswaltungen hatten ähnliche Sachbereiche wie die Kreiswaltung. Ihr unterstanden wie bisher je etwa 9 Straßenzellen und einige Betriebszellen (ihre Zahl richtete sich nach den im Bereich der Ortswaltung liegenden Betrieben). Im ganzen hatte eine einzige Ortswaltung etwa 60 DAF-Funktionäre. Eine Straßenzelle hatte einen Obmann, einen Organisations-, Propaganda- und Sachwalter. Unterstellt waren Straßenblocks mit je etwa sieben Blocks. Es gab zudem Betriebsobleute in den Betrieben ab sechs Beschäftigten. Bei kleineren Betrieben war der Ortsobmann der DAF, der Ortswalter des Handels oder der Ortshandwerksmeister für die Betreuung zuständig.

Der Betriebsobmann mußte ein zuverlässiger Parteigenosse sein und wurde auf Vorschlag des Ortsobmanns der DAF bzw. des Ortswalters des Handels oder des Ortshandwerksmeisters von dem für den Betrieb zuständigen Ortsgruppenleiter der NSDAP berufen. Das Einvernehmen mit dem Betriebsführer war ebenfalls herbeizuführen, ebenso eine Bestätigung durch den Kreisobmann der DAF. Die Tätigkeit des Betriebsobmanns unterlag der ständigen Überwachung durch den Ortsobmann bzw. den Ortswalter des Handels oder der Ortshandwerksmeister. Er war zugleich Beauftragter der NSDAP bzw. der NSBO im Betrieb. Ihm standen in kleinen Betrieben Walter für Arbeitsschutz, Jugend, Frauen und Sport, in größeren Walter für eine große Zahl von weiteren Sachgebieten zur Seite.

Bei der Aufnahme in die DAF war man an sich sehr großzügig. Die alten Gewerkschaftsmitglieder waren 1933 fast automatisch in die DAF überführt worden. Anders stand es bei der Neuaufnahme von politisch „Belasteten". Für zwei prominente Politiker, deren politische Oppositionsgesinnung außer Frage steht, liegen Unterlagen vor: Der Sozialdemokrat Gustav Böhrnsen war 1938 wegen Vorbereitung zum Hochverrat zu vier Jahren Zuchthaus verurteilt worden. Sein Aufnahmeantrag wurde befürwortet, da er sich „in letzter Zeit durchaus verständig in bezug auf politische Einstellung als auch in Kameradschaft gezeigt" hat. Beim Kommunisten Johannes Koschnick, der auch „politisch vorbestraft" war, äußerte der Kreisobmann sich skeptisch; jedenfalls „können wir dem Aufnahmegesuch nicht so ohne weiteres stattgeben". Die Ortswaltung Gröpelingen stellte fest, Koschnik sei „sehr zurückhaltend" gewesen; „eine politische Tätigkeit liegt nicht vor". Auch bei Funktionären der DAF gab es nicht immer eine vorbildliche Haltung. So war der für die Seebeckwerft in Wesermünde vorgesehene Betriebszellenleiter 1937 „Alkoholiker und vernachlässigt seine Familie; er ist politisch hin- und hergeschwankt". Bei einem anderen hatte man auch Bedenken: „Sein Gruß ist der Tageszeit angepaßt: Morgen, Mahlzeit usw." (d.h. er grüßte nicht mit „Heil Hitler!") Die Zahl der DAF-Mitglieder im Kreis IV, Bremen, des DAF-Gaues Weser-Ems, betrug in dieser Zeit etwa 100000, die monatlichen Einnahmen beliefen sich auf 200000 RM. Von den 750 Betrieben, in denen die DAF vertreten war, waren 216 100prozentig organisiert.

Die Aufgaben der „Deutschen Arbeitsfront" bestanden weiterhin vornehmlich darin, den „Betriebsfrieden" dadurch zu sichern, daß bei den Betriebsführern Verständnis für die Gefolgschaft, bei dieser aber Interesse an der Leistung des Betriebes geweckt wurde. Das war ein weites Feld, in dem nicht nur reine Parteipropaganda und -schulung, sondern auch kulturelle Betreuung, Freizeitgestaltung, betriebliche Fortbildung, Rechtsbelehrung, Arbeitsschutz usw. erfaßt wurden. Jahr für Jahr wurden auch große Maifeiern organisiert. Es

1. Mai 1935 gab 1935 einen Maibaum auf dem Domshof, einen Zapfenstreich der Wehrmacht, einen Umzug und eine große Kundgebung, an der 90 000 Menschen teilnahmen; 1936 waren es 100 000; diesmal stand die Feier unter dem Motto „Deutschland ist schöner geworden". Abends gab es in 13 Sälen Veranstaltungen mit dem Generalthema „Freut euch des Lebens". Die letzte Maifeier fand

1. Mai 1939 1939 statt; im Bürgerpark wurde bei strömendem Regen die Hitlerrede in Berlin durch Lautsprecher übertragen. Die Einstellung der Arbeitnehmer zum „Tag der Arbeit" war sehr gemischt.

Die Teilnahme an Maifeiern wurde zwar für die Belegschaften zur Pflicht erklärt; aber diese wurde nicht immer ernstgenommen. So heißt es denn in einer DAF-Beschwerde von 1937, „daß verschiedene Arbeitskameraden schon während des Marsches aus dem Festzug ausgetreten waren und sich so von der ganzen Veranstaltung gedrückt haben, daß verschiedene vor der Führerrede … verschwanden und sich dann in die nächstgelegenen Wirtschaften begaben". Es wurden strenge Kontrollen vorgeschlagen. Viele nahmen mit Überzeugung teil, manche aber sträubten sich gegen die Zwangsteilnahme, andere begrüßten den „arbeitsfreien Tag", genossen wohl auch die vielfach ausbrechende alkoholisierte Heiterkeit.

Ein ganz großer Teil der Aktivitäten der DAF bezog sich auf politische und betriebliche Schulung, durch die vor allem auch Betriebsobmänner geformt wurden, die ihre Erfahrungen dann an die Belegschaft weitergeben konnten. Die Betriebsobleute hatten es oft schwer, zwischen der Betriebsführung und der „Gefolgschaft" zu vermitteln. Ein Einzelfall im Fischereihafen Wesermünde/Bremerhaven gibt die Möglichkeit des Einblicks. Vor Weihnachten 1936 hatten einige Angestellte während der Dienstzeit Grog getrunken und erhielten einen Lohnabzug von zwei Stunden. Dem Betriebsobmann wurde vorgeworfen, er habe die Sache gemeldet, was dieser aber bestritt. Der Betriebsführer deckte den Obmann nicht, so daß dieser sein Amt am 27. Februar 1937 niederlegte, zumal er ohnehin den Eindruck hatte, „daß man mich dauernd in meiner Eigenschaft als politischen Hoheitsträger des Betriebes vor der Gefolgschaft herabwürdigt". Er sah sich in allen Angelegenheiten des Betriebes übergangen. Es gab eine Untersuchung, und schließlich wurde der Betriebsobmann doch wieder in sein Amt eingewiesen. Es fehlte also an der letzten Konsequenz.

Die von der DAF in einzelnen Betrieben eingesetzten „Kommissare" erwiesen sich bisweilen als ungeeignet: Im Hafenbetrieb gab es einen, der sich früher als wilder Kommunist gebärdet hatte und oft betrunken war, im Transportarbeiterverband einen, dem man Zuhälterei vorwarf.

Der direkte Einfluß der DAF auf die Wirtschaft war jedoch gering, es blieb vor allem die „Erziehungsarbeit", die in einer zentral gelenkten Wirtschaft von großer Bedeutung war. Etwa 90 % der Arbeitnehmer waren Mitglieder der DAF; es gab Großbetriebe, die nur DAF-Mitglieder einstellten. Insofern war die Mitgliedschaft eben doch nicht „freiwillig", wie immer erklärt wurde. Der Mitgliedsbeitrag betrug etwa 1 % des Lohns, so daß die Einkünfte der Organisation enorm waren. Der Betrag wurde in den großen Betrieben direkt vom Lohn abgezogen. Es gab Beitragsmarken, die in die Mitgliedsbücher eingeklebt wurden. Auch die Betriebsführer und leitenden Angestellten wurden im allgemeinen Mitglieder der DAF, um sich vor deren Kritik etwas abzuschirmen. Die unangefochtene Autorität der Betriebsführer war aber von den politischen Machthabern durchaus gewollt, stand jedoch bisweilen in einem heiklen Widerspruch zum sozialen Gehabe der DAF.

Werkschar der Tabakfabrik Brunkmann

1936 Ab 1936 wurden im Rahmen des Reichsberufswettkampfes vorbildliche Betriebe mit einem Gaudiplom oder einer „Goldenen Fahne der DAF" ausgezeichnet und damit zum „Musterbetrieb" erklärt. Die erste „Goldene Fahne" erhielt am 1. Mai 1937 die Reismühle der Gebrüder Nielsen; Gaudiplome erhielten in Bremen 1938 10 Betriebe; 1939 waren es 24; „Goldene Fahnen" wurden 1938 zweimal verteilt.

27. Sept. 1934 Am 27. September 1934 wurde im Haus Am Wall 179/180 die „Berufsschule der Deutschen Arbeitsfront" mit einer Werk- und Kaufmannsschule eröffnet. Hier wurde berufliche Fortbildung betrieben, die aber zugleich auch politische Schulung war. Es gab Überschneidungen und Konflikte mit der Berufsschule; am 30. Oktober 1935 wurde dann aber zwischen DAF und Senator Dr. von Hoff eine Vereinbarung über eine Abgrenzung der Aufgaben getroffen, wobei der DAF vor allem die Erwachsenenbildung zufiel. 1936 erfolgte die Umbenennung der „Berufsschule der DAF" in „Reinhold-Muchow-Schule".

Die NS-Gemeinschaft „Kraft durch Freude" nahm seit 1934 einen enormen Aufschwung, zumal sie auf das gesamte Vereins- und Vortragswesen Einfluß auszuüben verstand. Die Kreiswarte Uhde (bis 1935) und Heinz Greiber waren tüchtige Organisatoren. Freilich war das Verhältnis zum Bremer Senat nicht besonders gut. Als die Forderung nach bevorzugter Behandlung der KdF-Schiffe in Bremer Häfen abgelehnt wurde, wich die Masse der Urlauberschiffe 1936 nach Hamburg aus.

Mai 1934 Zur NS-Gemeinschaft „Kraft durch Freude" gehörte seit Mai 1934 das Amt „Schönheit der Arbeit", das sich zum Ziel setzte, den Arbeitsplatz menschenwürdig und nach Möglichkeit sogar ästhetisch ansprechend zu gestalten. Der erste Betrieb in Bremen, der im Dezember 1934 ausgezeichnet wurde, war die Martin Brinkmann AG, die einen attraktiven Gemeinschaftsraum und eine vorbildliche Gemeinschaftsküche eingerichtet hatte. Überall wurden die Betriebe überprüft und Verbesserungsvorschläge vorgebracht. Es gab eine enge Zusammenarbeit mit dem Gewerbeaufsichtsamt.

30. Nov. 1935 Eine weitere Organisation im Rahmen der DAF war seit dem 30. November 1935 der „Arbeitsdank", der sich die Betreuung ausgeschiedener Angehöriger des Freiwilligen Arbeitsdienstes zur Aufgabe machte. Eine Stellenvermittlung suchte vor allem bewährte DAF- und Parteimitglieder in Betrieben unterzubringen.

1935 1935 konstituierte sich unter Federführung der DAF auch in Bremen eine „Arbeitskammer", die als „Ersatz" für die aufgelöste Arbeiter- und Angestelltenkammer dienen sollte. Zur konstituierenden Versammlung im Wilhelm-Decker-Haus kam auch Reichsorganisationsleiter Dr. Ley, der den Kreisobmann der DAF Otto Schwenk zum Leiter der Bremer Arbeitskammer ernannte. Diese setzte sich aus Amtswaltern der DAF, Vertretern der „Gefolgschaften" der Betriebe, der SA, SS und HJ zusammen und sollte im Bereich der Sozialpolitik eine beratende Funktion ausüben. Die tatsächliche Bedeutung dieser Kammer war so gering, daß sie hier nicht weiter beschrieben werden muß.

1935 wurden in den Betrieben uniformierte Werkscharen aufgestellt, die vor allem bei Betriebsfeiern und Werkappellen in Erscheinung traten.

Die DAF unterhielt ein „Sozialwerk", das eine Werkküche zur Versorgung mehrerer Betriebe, eine Speisehalle am Brill, kleinere Büchereien und eine Flickstube sowie eine Sportgemeinschaft unterhielt, Theater- und Kinokarten für Betriebe besorgte und später auch einige Kriegsgefangenenlager betreute. Eine „Gewerke-Frauenwalterin" sorgte vor allem für die Beschaffung weiblicher Aushilfskräfte.

Im ganzen war die DAF keine Kampforganisation, die Arbeitnehmerforderungen gegenüber den Arbeitgebern durchzusetzen versuchte, sondern ein Instrument der Partei, mit dem eine leistungsbereite Arbeiterschaft und ein friedliches Betriebsklima erzeugt werden sollte. Bei allen Mängeln, die hier und da sichtbar wurden, war die Arbeit in diesem Sinne durchaus erfolgreich, eine Tatsache, die durch den schnellen Rückgang der Arbeitslosigkeit und die Erlahmung politischen Widerstandes bei der Arbeiterschaft begünstigt wurde.

Der „Treuhänder der Arbeit"

Das Amt des „Treuhänders der Arbeit", das 1933 geschaffen wurde, um in den Arbeitsamtsbezirken bzw. Wirtschaftsgebieten einen Interessenausgleich zwischen den Arbeitnehmern, Arbeitgebern und den wirtschaftspolitischen Zielen des Staates herzustellen und damit die Gewerkschaften überflüssig zu machen, geriet sehr schnell in den Schatten der Deutschen Arbeitsfront sowie der komplizierten Organisationen der Wirtschaft. Bürgermeister Dr. Markert, der das Amt im Wirtschaftsgebiet Niedersachsen versehen hatte, entschied sich im März 1934, als er vor die Wahl gestellt wurde, sich für eines der beiden Ämter zu entscheiden, für das des Bürgermeisters. Nach manchem Hin und Her, in dem auch der abgesetzte Bürgermeister Dr. Markert noch einmal eine Interimsrolle spielte, blieb das Amt im März 1935 beim Treuhänder des Wirtschaftsgebietes Südwest, Dr. Kimmich, hängen, der seinen Dienstsitz in Hannover nahm. Bremen erhob Einspruch und forderte einen Treuhänderbezirk Weser-Ems, aber vergeblich. Es erhielt jedoch eine Zweigstelle des Treuhänders. 1936 folgte auf Dr. Kimmich der bisherige Stellvertretende Treuhänder des Wirtschaftsgebietes des Rheinlandes, Dr. Curt von Maerken, der das Amt

März 1934

März 1935

1936

bis in den Krieg hinein wahrnahm. Es gelang diesem nicht immer, sich gegen widerstreitende politische Interessen, etwa im Raum Wesermünde oder in der Frage der Seeschiffahrtstarife, durchzusetzen. Die Tätigkeit beschränkte sich auf die Formulierung von Tarifordnungen, die sich in einem vom Reich vorgegebenen Rahmen hielten, auf die Bestätigung von Vertrauensmännern in den Betrieben und die Durchführung von „sozialen Ehrengerichtsverfahren", die immer dann erfolgten, wenn die Schlichtungsversuche der Deutschen Arbeitsfront gescheitert waren, was sehr selten der Fall war. Der Treuhänder verfaßte auch – wie andere Wirtschaftsorganisationen – „geheim" eingestufte Berichte über die wirtschaftliche Entwicklung und die soziale Lage. Besondere Aufmerksamkeit widmete der Treuhänder der Lohnpolitik; Unternehmer- und Arbeitnehmerinteressen konnten, wenn man ihnen folgte, das Lohn-Preisgefüge nachhaltig stören, Maximal- und Mindestlöhne das Leistungsprinzip erschüttern; mit variablen Löhnen sollten Anreize gegeben werden, meinte der Treuhänder. Um aber eine Inflation zu vermeiden und um vor allem angesichts des Mangels an Konsumgütern die Kaufkraft zu

1. Dez. 1938 beschränken, kam man nicht umhin, am 1. Dezember 1938 einen Lohnstopp zu verfügen. Alle Lohnerhöhungsanträge wurden vom Treuhänder rigoros abgelehnt, um einen Dammbruch zu vermeiden. Der Treuhänder trug also im Rahmen seiner begrenzten Möglichkeiten mit dazu bei, die Ansprüche der Arbeitnehmer zu zügeln und den staatlichen Wirtschaftsinteressen unterzuordnen.

b. Soziales

Nimmt man nur die absoluten Zahlen, so ergibt sich, daß das Land Bremen im Januar 1933 fast 46 000 Arbeitslose hatte, daß die Zahl im Januar 1937 auf 8200 gesunken war und daß es Ende 1937 nur noch 3400 Arbeitslose gab. Verglichen mit den Zahlen auf Reichsebene (Jan. 1933: 7 Mill.; Jan. 1937: 1,8 Mill.; Ende 1937: 1 Mill.) stand Bremen besonders gut da. Das hing damit zusammen, daß gerade jene in Bremen vertretenen Wirtschaftszweige, die unter der Krise seit 1929 stark gelitten hatten, durch die NS-Planwirtschaft, besonders auch durch die Aufrüstung, große Vorteile hatten. Man wird nun aber die Abnahme der Arbeitslosenzahlen, die bereits 1934 halbiert werden konnten, keineswegs nur auf die Rüstung und die allgemeine Wehrpflicht zurückführen können, sondern teilweise (bis 1935 sogar weitgehend) auf die mit öffentlichen Krediten geförderten Arbeitsbeschaffungsmaßnahmen, die zunächst nicht primär in Rüstungsaufträgen bestanden.

Die Abnahme der Arbeitslosigkeit mußte nicht unbedingt zu steigendem Wohlstand führen; es fragt sich, welche Entwicklung die Kaufkraft der Löhne nahm. Dabei ist der Lebenshaltungsindex zu berücksichtigen: Er betrug (bei 1913/14 = 100) im Januar 1933: 117, stieg 1935 auf 122, 1936 auf 124 und im Sommer 1938 auf 127. Das bedeutet ein Ansteigen um fast 11 %. Bei der Lohnentwicklung sieht der Index anders aus. Bei 1928 = 100 betrug er im Januar 1933 nur 84,2; schon im Sommer 1933 sank er auf 83,5 und hielt sich bis 1938 in dieser Höhe. Stagnierenden Löhnen standen also steigende Lebenshaltungskosten gegenüber; doch war die Entwicklung keineswegs alarmierend, zumal man ja die schnelle Abnahme der Arbeitslosenzahl als eine den allgemeinen Lebensstandard hebende Erscheinung bewerten mußte.

Die Gehälter der bremischen Beamten und Angestellten wurden an die des Reiches angeglichen; das wirkte sich unterschiedlich aus, und es wurde vielfach kritisch bemerkt, daß die niedrigen Gehaltsgruppen Abzüge, die höheren aber Zuschläge erhielten. Die Verfügung war ab 1. April 1936 gültig, und es mußten zum Teil erhebliche Beträge zurückgezahlt werden. **1. April 1936**

Das Regime versuchte mit allen Mitteln – mit Zuckerbrot und Peitsche –, die Arbeiter der Industrie zu Höchstleistungen zu veranlassen. Zum Zuckerbrot gehörte es, daß einige Berufsgruppen erhebliche Lohnerhöhungen bekamen (in der Maschinenbauindustrie bis zu 30 %!). Es kam hinzu, daß es hier und da möglich war, die Löhne durch Überstunden oder Akkordarbeit erheblich zu verbessern. Mit zunehmendem Facharbeitermangel versuchten viele große Betriebe mit „unerlaubt" hohen Lohnangeboten Anreize zu bieten. Eine Höchstlohnverfügung versuchte das zwar zu verhindern; doch nun entwickelte sich ein kompliziertes Zulagenwesen, das die Lohnerhöhungen dann doch legalisierte. Zu berücksichtigen ist auch noch, daß die Lohnsumme durch die Zunahme der Arbeitszeit hochgetrieben wurde: Hatte es nach 1933 zunächst noch viel Kurzarbeit gegeben, so stieg die durchschnittliche Arbeitszeit bis 1939 auf 49 Stunden, 1943 auf 52, dann sogar auf 60 Stunden. Das hatte auch negative Folgen: Der Leistungsdruck erhöhte die Zahl der Unfälle und der Krankmeldungen (nicht die Zahl der Krankheitstage!). Seit Juni 1938 konnten die Arbeiter „industriell einberufen" werden. Überflüssig erscheinende Gewerbe wurden ausgedünnt, z. T. auch ganz ausgeschaltet. **Juni 1938**

Schwierigkeiten ergaben sich bei Versuchen, fehlende Arbeitskräfte durch Dienstverpflichtungen aus anderen Regionen zu beschaffen. Das galt vor allem im Baugewerbe, das durch Wehrmachtbauten und die Reichsautobahn großen Personalbedarf hatte. Zwar gab es in Bremen verhältnismäßig hohe Löhne, doch reichten sie nicht aus, „zwei Haushalte" zu führen. Auch war es schwierig, die auswärtigen Arbeiter angemessen unterzubringen. Man mußte bei den größeren Firmen Barackenlager einrichten.

Auch das Rentenniveau, das in der Wirtschaftskrise gesunken war, blieb nach 1933 niedrig und sank angesichts steigender Preise noch weiter ab. Das wurde in der Partei und von den mit der Sozialpolitik befaßten Stellen durchaus erkannt.

Das Schwergewicht des bremischen Wohlfahrtswesen verlagerte sich nach und nach. 1933 galt es, die Massen von „Wohlfahrtserwerbslosen" zu versorgen. Sie stellten den größten Teil der 32 000 Fürsorgeempfänger. Die Situation war damals trostlos. Die „Behörde für das Wohlfahrtswesen" war ein Kollegialorgan, das aus Vertretern des Senats, der Bürgerschaft und anderen Bürgervertretern zusammengesetzt war. Seit dem 11. April 1933 gab es für das Wohlfahrtswesen einen verantwortlichen Senator (zunächst der Senatskommissar für das Wohlfahrtswesen, dann der Senator für Arbeit, Technik und Wohlfahrt), dem die „Deputation für das Wohlfahrtswesen" zur Seite stand. Die bisherige „Behörde für das Wohlfahrtswesen" wurde abgeschafft.

Die NS-Behörde für Wohlfahrt und Versorgungswesen unter ihrem Präsidenten Wilhelm Kayser traf manche unpopuläre und die bürgerlichen Freiheiten verletzenden Maßnahmen. Sie schaltete sich aktiv in die „Arbeitsbeschaffung" ein, indem sie durch ihre „Arbeitsfürsorge" Erwerbslose zwang, innerhalb und außerhalb von Bremen nützliche Arbeiten zu übernehmen. Dabei handelte es sich um Straßen-, Brücken- und Deichbauten, Flußregulierungen, Kanalbau, Erdarbeiten, Moorkultivierung usw. Das Problem löste sich nach und nach von selbst, da die Zahl von 21 000 Wohlfahrtserwerblosen (Arbeitsfähige, die lange erwerbslos waren) bis 1938 auf etwa 200 zurückging.

Dei Wohlfahrtstätigkeit richtete sich daher verstärkt auf Erwerbsgeminderte, für die am Buntentor Arbeitsstätten betrieben wurden; zum Teil mußten sie ihre Unterstützung „abarbeiten", teilweise aber standen sie in einem regulären Arbeitsverhältnis, freilich bei recht geringem Lohn.

Großzügiger war man bei Unterstützungen aus „bevölkerungspolitischen" Gründen. 1933 wurde die „Bremer Müttererholung" gegründet, die mehrere Heime betrieb; Ehestandsdarlehen und Beihilfen für Kinderreiche wurden gewährt; im Rahmen der „Fürsorge für Kinder und Jugendliche" wurden Kinderheime betrieben.

Eine oft kritisierte Maßnahme war die Behandlung „aller asozial erscheinenden, arbeitsscheuen oder verantwortungslosen Elemente". Für sie wurde im Mai 1934 im Teufelsmoor ein Arbeitslager gegründet. Dieses nahm zunächst 50, dann 120 Insassen auf, übrigens nicht nur Bremer. Sie mußten größtenteils bei der „Turba-Torfindustrie" arbeiten. Bis 1937 waren hier etwa 200 Männer

Mai 1934

untergebracht. Die Zustände waren miserabel: unzulänglich gekleidet und genährt mußten die Insassen schwere Arbeit leisten. Eine weitere Abteilung für „erziehungs- und bewahrungsbedürftige" Männer wurde 1934 in den Arbeitsstätten am Buntentorsteinweg eingerichtet. „Sittlich gefährdete Mädchen" wies man in Anstalten ein. Andererseits wurde das Pflegeheim Hartmannshof für gefährdete Mädchen und Frauen aufgelöst.

1933 wurden vom Pflegeamt etwa 1000 Fälle betreut; 1938 war die Zahl vor allem durch Zwangsmaßnahmen für halbwegs Arbeitsfähige auf etwa 260 reduziert. Bei etwa 150 „Pflegeamtsfällen" wurde bis 1938 auch die Sterilisation durchgeführt, in vielen Fällen die Entmündigung ausgesprochen. Diese Personen wurden zum größten Teil in „Landpflegestellen" untergebracht, wodurch die teuren Pflegeheime in der Stadt entlastet wurden.

Finanziell gesehen verminderten sich die Ausgaben für die „Wirtschaftliche Fürsorge" von 20,4 Mill. RM 1932/33 auf 4,4 Mill. RM 1937/38.

Es stellt sich die Frage, ob im Rahmen des Wohlfahrtswesens bis zum Kriegsbeginn unmenschliche Maßnahmen getroffen wurden. Der Präsident der Wohlfahrtsverwaltung, Wilhelm Kayser, war ein Alter Kämpfer, der bis 1933 kaufmännischer Angestellter gewesen war, dann Direktor der AOK wurde und für die „Säuberung" des Personals verantwortlich war; von 1934 bis 1945 leitete er dann die Wohlfahrtsbehörde. Nach dem Kriege wurde ihm vor allem die Einrichtung der „Arbeitsanstalten" am Heimweg und im Teufelsmoor zum Vorwurf gemacht, doch konnten ihm keine verbrecherischen Handlungen nachgewiesen werden. Vielfach bescheinigte man ihm sogar soziales Gefühl. Hier war wohl kein wilder Nazi am Werk, sondern allenfalls ein Karrierist, der wenigstens versuchte, den Anforderungen seines Amtes gerecht zu werden.

Das Problem der Übergriffe im NS-Wohlfahrtswesen hat in Bremen nach 1945 nur eine sehr untergeordnete Rolle gespielt, da vieles aufgrund von Gesetzen und Verordnungen geschah, die von Reichsbehörden erlassen wurden. Freilich scheiden sich die Geister bei der Frage, in welchem Maße und in welchen Fällen der Staat überhaupt Zwangsmaßnahmen ergreifen darf, um die Wohlfahrtslasten auf jene konzentrieren zu können, die durch Krankheit und Alter hilfsbedürftig sind. Doch was ist Krankheit? Sind Alkoholismus und Arbeitsscheu Krankheiten? In der NS-Zeit wurde das verneint. Die Machthaber jener Zeit sahen in ihnen Charakterschwächen, die unterdrückt werden mußten, weil sie dem Staat erhebliche Kosten verursachten. Eine generelle Antwort wird auch heute niemand geben können; sicher ist, daß in diesem Zusammenhang in einem Rechtsstaat nicht alle Mittel zulässig sind, ebenso sicher ist auch, daß sich der Staat nicht von Nichtsnutzen ausbeuten lassen darf.

Zu den umstrittenen Maßnahmen der NS-Zeit gehört die Zwangssterilisierung, die auch in Bremen praktiziert wurde. Die Kernfrage ist an sich, ob mit schweren Erbkrankheiten belastete Menschen ihre Zeugungsfähigkeit behalten sollten oder nicht. Die Einstellung zu dieser Frage läßt nicht den Schluß zu, daß jemand einer bestimmten politischen Richtung angehört, vor allem auch nicht, daß er ein Nazi ist. Dennoch ist das Problem politisiert worden, was man bedauern muß. In einer kürzlich zu diesem Thema erschienenen Schrift wird die Sterilisationspraxis seit 1933 in die Nähe von „menschenverachtendem Rassismus" gerückt und damit der Eindruck erweckt, man habe „minderwertige Rassen" „ausmerzen" wollen; zudem wird das Problem zusammen mit Abtreibung, medizinischen Experimenten an Menschen und Euthanasie genannt. Es handelt sich um eine jener Arbeiten, die heute in großer Zahl entstehen, die eine aktuelle Gegenmeinung dadurch zu disqualifizieren suchen, daß sie auf (zweifellos vorhandene) NS-Mißbräuche hinweisen und dann den Standpunkt im ganzen als Auswuchs einer weiterwuchernden Nazi-Ideologie abstempeln. Diese denunziatorische Art erschwert eine Diskussion über das Kernproblem, das überhaupt nicht von den Nazis erfunden wurde. Wer nun das von den Verfassern ausgeschüttete Material ordnet und kritisch wertet, der kommt zu der Erkenntnis, daß hier ein Problem vorliegt, das im Kern diskussionswürdig ist, aber durch Mißbrauch in der NS-Zeit in Mißkredit geraten ist. Die NS-Vorstellungen waren aus dem Darwinismus abgeleitet, wonach unter natürlichen Verhältnissen nur der „Tüchtigste" überlebt. Da der Mensch im Kulturzustand diesen Grundsatz weitgehend aufgehoben hatte, kam es für die Bevölkerungspolitiker der NSDAP darauf an, durch staatliche Maßnahmen zu verhindern, daß die „Minderwertigen" Nachkommen bekamen. Sterilisation und schließlich Euthanasie waren die Folgerungen aus dieser Prämisse.

In wenigen Fällen stellte der Betroffene selbst, am häufigsten ein Vormund, eine Anstalt oder ein Arzt den Antrag auf Sterilisierung. Bis Anfang 1935 waren 1025 Anträge eingegangen, fast alle wegen Geisteskrankheit; 287 Operationen waren bis zu dieser Zeit erfolgt, davon nur 26 auf eigenen Antrag. Bis 1942 gab es 2677 Verfahren; belegt sind 1520 Sterilisierungen (die tatsächliche Zahl dürfte erheblich höher gewesen sein). Auffallend ist, daß in zunehmendem Maße nur die Krankheit, nicht aber die Vererbbarkeit die entscheidende Rolle spielte.

Die Sterilisierung war bei sachgemäßer Durchführung bei Männern ein leichter Eingriff, bei Frauen jedoch gefährlicher. In der bremischen Frauenklinik gab es seit 1934 mehrere Todesfälle (bis Juli 1935 waren es 16), so daß sich das Reichsgesundheitsamt einschaltete. Verantwortlich dafür war vor allem eine

1934

262

altersbedingte Schwäche des operierenden Arztes (er wurde am 1. August 1935 pensioniert). Doch riß die Kette der Todesfälle dann keineswegs ab.

Es bleibt noch nachzutragen, daß das „Gesetz zur Verhütung erbkranken Nachwuchses" im Nürnberger Prozeß nicht zu den NS-Verbrechen gerechnet wurde und daß es auch in Bremen und in der Bundesrepublik nach 1945 Befürworter eines Sterilisierungsgesetzes gab. Über die Modalitäten gab es jedoch heftige Diskussionen.

Diskussionswürdig ist natürlich die Frage, ob es aus humanitären Gründen notwendig sei, die Zeugung von schwerkranken Kindern einzudämmen oder nicht. Da es sich hierbei um kontrovers diskutierte medizinische Probleme handelt, kann sich der Historiker kein endgültiges Urteil erlauben. Er weiß nicht, ob sich schwere Erbkrankheiten eindeutig bestimmen lassen, wie gefährlich eine Sterilisierung ist, ob sie in jedem Falle rückgängig gemacht werden kann oder nicht. In das Gesetz zur Verhütung erbkranken Nachwuchses vom 14. Juli 1933, dessen Text vor der „Machtergreifung" entstand, gingen keineswegs nur verbrecherische nationalsozialistische Gedanken ein; es wurde in seinem Kern auch von vielen Ärzten gebilligt, die keine Nationalsozialisten waren. Abweichungen und Verschärfungen gab es dann vor allem durch mehrere Ausführungsbestimmungen und durch eine brutale Praxis, die auch von einer inhumanen Terminologie begleitet wurde („Ausmerzen von Minderwertigen").

In Bremen wurde 1933 ein Erbgesundheitsgericht und eine Sterilisierungskommission eingesetzt, die als Gutachterausschuß wirkte, wobei es sich vor allem um die Feststellung der „Minderwertigkeit" im Sinne des Gesetzes vom 14. Juli 1933 handelte. Es wurde zudem eine „erbbiologische Kartei" angelegt, die Ende 1936 mehr als 20 000 Karten mit Angaben über Erb- und Rassenmerkmale enthielt – keineswegs nur über erbkranke Personen. Das Material sollte nicht primär als Unterlage für Sterilisationen, sondern für die „Rassen- und Vererbungsforschung" dienen. Anders war es bei den Erfassungen in Hilfsschulen und in bremischen Heil- und Pflegeanstalten, wo sich ja vor allem jene Personen befanden, die für eine Sterilisierung in Frage kamen. Es wurde in jedem Falle, in dem diese überhaupt erwogen wurde, eine „Zustimmung" des Betroffenen angestrebt; wenn es nicht gelang, wurde Zwang angewandt. In Zweifelsfällen entschied das Erbgesundheitsgericht.

In Bremen wurden Sterilisierungen seit Anfang 1934 durchgeführt. Die Ver- Anf. 1934 fahren liefen so „reibungslos", daß zwar Einsprüche erfolgten, aber nur sehr selten polizeilicher Zwang angewandt werden mußte. Deutlich wird auch, daß die Maßnahmen in der Bevölkerung, etwa auch in kirchlichen Kreisen, nur wenig kritisiert wurden.

Besonders schwierig blieb die Versorgung von Problempersonen mit angemessenem Wohnraum – ein Gebiet, das der „Wohnungsfürsorge" zufiel. Für den Ausbau von Dachgeschossen, Umbauten und Wohnungssanierungen wurden zinslose Darlehen bereitgestellt; in staatlicher Regie entstanden „Behelfs- bzw. Volkswohnungen"; auch wurden Kleinhäuser in Gartengebieten gefördert. Etwa 750 hilfsbedürftige und minderbemittelte Familien suchten aber auch 1938 noch dringend eine Wohnung. 1936 entstand eine „Wohnungsfürsorgeanstalt" für 84 gesundheitlich, wirtschaftlich oder sozial gefährdete Familien mit 320 Kindern. Wohnungsbau und -instandsetzung wurden weiterhin stark gefördert: 20 % der Baukosten wurden vom Reich als Beihilfe gewährt. Von den restlichen 80 % wurde etwa ein Viertel in 6-Jahres-Zinsgutscheinen zu 4 % Zinsen zur Verfügung gestellt, so daß nur ⅔ der Gesamtsumme als sofortige Unkosten anfielen. Zusätzliche Hilfen gab es bei der Erstellung neuer Wohnungen. Mit zunehmender Lohnsumme der Arbeitnehmer stiegen aber die allgemeinen Ansprüche an den Wohnkomfort; zudem fand eine erhebliche Zuwanderung in die großen Industriezentren, zu denen auch Bremen gehörte, statt. Andererseits verminderten sich die Kapazitäten des Wohnungsbaus durch die Ansprüche der Staatsbauten und der Rüstung. Es gab 1938 einen erheblichen Mangel an Bauarbeitern. Der Wohnungsbau konzentrierte sich

„Asozialensiedlung" Hashude, 1936

264

daher zunehmend auf Bereiche, in denen das Staatsinteresse besonders groß war: auf die Schaffung von Siedlungen für „Gefolgschaftsmitglieder" größerer Betriebe. Es war nicht immer leicht, dafür die notwendigen Grundstücke zu beschaffen. In einem Stimmungsbericht der Ortsgruppe Findorff aus dieser Zeit wurden Beispiele für Wohnungsprobleme genannt, u. a. ist von zwei Brautpaaren die Rede, die eine kleine Wohnung (2 Zimmer, Küche, Bad) suchten und 45 RM monatlich „verwohnen" konnten, aber nur Angebote über 65 RM fanden. Es wurde vorgeschlagen, Höchstmieten aufgrund einer amtlichen Einschätzung festzusetzen.

Auch Anfang 1939 gab es in Bremen angesichts allgemeiner Wohnungsnot Obdachlosigkeit, und so wurde dann am 20. März ein „Familienasyl" eröffnet, das nur Mütter und Kinder aufnahm. Es hatte Einzelzimmer für „gute Familien" und „Gemeinschaftssäle" für „weniger wertvolle Familien". Die Verpflegung erfolgte aus einer Gemeinschaftsküche. Die Unkosten mußten vom Arbeitsertrag des Familienvaters, der gezwungen war, sich irgendwo außerhalb in einem Logierzimmer einzumieten, beglichen werden. 20. März 1939

Ein großer Teil der Sozialarbeit lag in der Hand der NSV. Sie war eine eigenständige Organisation, aber eng mit der Partei verbunden. So war das Amt für Volkswohlfahrt in der Gauleitung der NSDAP in Personalunion mit dem Gaubeauftragten für das Winterhilfswerk (WHW) verbunden, in Weser-Ems in der Person von Otto Denker aus Vegesack. Die Kreisverwaltung war zunächst im Hause Schüsselkorb 3, dann Papenstraße 26, untergebracht; Kreiswalter war Heinrich Rinne.

Das Gauamt in Oldenburg hatte die Abteilungen Organisation, Finanzen, Wohlfahrt und Jugendhilfe, Volksgesundheit, Werbung und Propaganda; das Kreisamt in Bremen besaß die gleichen Abteilungen. In jeder der NS-Ortsgruppen gab es dann einen für die NSV zuständigen Ortsgruppen-Amtsleiter bzw. -Walter. Die Organisation unterhielt 1939 ein NSV-Packhaus an der Großen Fischerstraße Nr. 11 im Stephaniviertel und eine NSV-Küche Bei den drei Pfählen in Hastedt. Auf den Bahnhöfen gab es Versorgungsstellen für „Mutter und Kind"; durch eine „Kinderlandverschickung" wurde Stadtkindern die Möglichkeit gegeben, sich auf dem Lande zu erholen. Im Kriege unterhielt die NSV einen Bahnhofsdienst und eine Unterkunft im Bahnhofsbunker.

Hier und da kam es zu Vorwürfen gegen NSV-Funktionäre wegen Unterschlagung, Schlampigkeit und Saufereien. Vor allem in Bremerhaven gab es 1934 Betrugs- und Unterschlagungsfälle, die gerichtlich verfolgt wurden. Im großen und ganzen wurde aber doch nützliche Sozialarbeit geleistet.

Über das Winterhilfswerk gab es im Herbst 1934 geteilte Auffassungen; vor allem wurde die Sammeltätigkeit als Bettelei und nicht als Ehrendienst aufgefaßt und daher vielfach nur widerwillig ausgeführt. Es wurden Gerüchte laut, daß einige Funktionäre die Erträge verjubelten oder diese in die Rüstung gesteckt würden. Überall gab es bei den „Spendern" Ausreden: Man habe selbst unter der schlechten Zeit zu leiden, zahle Mitgliedsbeiträge für viele Organisationen usw. In einzelnen Fällen wurden über Spendenunwillige Berichte verfaßt und an sie Schreiben der Partei geschickt, in denen darauf hingewiesen wurde, daß die „Spende ... nicht mit dem tatsächlichen Opfervermögen übereinstimme". Es gab WHW-Lotterien, Eintopfessen, Pfundspenden, Verkauf von Abzeichen usw.

Offenbar versuchte der Gauamtsleiter Otto Denker um 1938 auch, auf die privaten Stiftungen, etwa auf die Friedrich-Mißler-Stiftung, das Katharinen- und das Rembertistift Einfluß zu gewinnen. Um das zu verhindern, bewirkte der Präsident Dr. Duckwitz mit Zustimmung Bürgermeisters Böhmckers zur Wahrung der bremischen Interessen eine Kommunalisierung.

Eine gerechte Beurteilung der Sozialpolitik und Sozialarbeit der Jahre 1934– 1939 ist schwierig. Eine Entspannung ergab sich aus der sinkenden Arbeitslosigkeit, und das war eine Frage der Wirtschafts- und nicht der Sozialpolitik. Der Kaufwert der Löhne sank zwar, drückte aber den Arbeiter keineswegs unter das Existenzminimum. Umstritten ist aber vor allem die Behandlung der tatsächlichen Problemfälle, der Kleinrentner, Alten, Kranken und jener, die man als „Asoziale" ansah. Hier wurde rigoros selektiert: Wer „selbstverschuldet" in Not geraten war, wurde einem Arbeitszwang unterworfen; die anderen mit Sozialmaßnahmen über dem Existenzminimum gehalten. In jedem Fall aber wurden die Maßnahmen den Interessen des NS-Staates untergeordnet und damit auch der gesamte Sozialbereich politisiert.

Was die Sozialarbeit selbst anbetrifft, so litt sie – wie auch in anderen politischen Systemen – unter einer Bürokratisierung und zahlreichen Kompetenzüberschneidungen, was nun aber nicht ausschloß, daß auch in der NS-Zeit von Fürsorgern, Pflegern, NSV-Funktionären und -Helfern durchaus zweckmäßige und wirkungsvolle Wohlfahrtsarbeit geleistet wurde.

c. Staat und Politik

Skandalöser Bürgermeisterwechsel Heider – Böhmcker;
Senatoren für die Innere Verwaltung: Laue und Dr. Fischer

Das Verhältnis zwischen Senat und Kreisleitung war auch schon in der letzten
Zeit Bürgermeister Dr. Markerts denkbar schlecht gewesen. Die beschränkte
und zugleich arrogante Art des Kreisleiters Blanke wirkte auf viele abstoßend,
und vor allem Dr. Markert war nicht gewillt, der Kreisleitung Einfluß auf die
Regierungsgeschäfte zuzubilligen. Blanke intrigierte daher hinter dem Rücken
Dr. Markerts gegen diesen beim Gauleiter Röver.
Bürgermeister Heider hatte es dann nicht leicht, die gegen Bremen gerichtete
Stimmung in Berlin zu zerstreuen. Goebbels und Hitler gegenüber versuchte

Bürgermeister Heider

19. Aug. 1934 er, das schlechte Wahlergebnis Bremens vom 19. August 1934 mit der „konservativen Rasseneigentümlichkeit der Niedersachsen" und mit der Tatsache zu begründen, daß „die Kreisleitung der Partei den Regierungsmitgliedern das Auftreten im Wahlkampf nicht gestattet habe".

Auch die Harmonie im Senat blieb immer brüchig. Einige Senatoren gingen eigene Wege, ohne ihre Kollegen zu unterrichten. Das galt vor allem für Theodor Laue mit seinem subjektiven Rechtsempfinden und seinem ausgeprägten Machtbewußtsein. Als Bürgermeister Heider sein Amt antrat, suchte er mit Laue auszukommen. Dieser begleitete den Bürgermeister sogar, als er in Berlin seine Antrittsvisiten machte. Sehr bald gab es jedoch Reibereien. Laue versuchte immer wieder, Kontakt mit Reichsstellen aufzunehmen, sehr zum Ärger Bürgermeister Heiders, der sich übergangen fühlte.

Juni 1936 Senator Laue begann schon im Juni 1936 belastendes Material gegen Bürgermeister Heider zu sammeln, sprach auch gelegentlich mit anderen Senatoren und dem Leiter der Gestapo über dessen Unfähigkeit. Anlaß war die Angelegenheit des Oberregierungsrats der Polizeidirektion Dr. Georg Pott. Dieser war zum Mitglied der Disziplinarkammer ernannt worden, doch auf Druck des Personalamtes legte er seine neue Stellung nieder; er fand aber die energische Befürwortung des Senators Laue, dessen „rechte Hand" er Jahre hindurch gewesen war. Als Laue erkannte, daß Heider hinter der Sache steckte, war der Bruch endgültig, und Laue wollte zunächst zurücktreten. Dann lenkte Heider ein, aber die Feindschaft blieb. Laue erklärte, er verabscheue das gesinnungslose Taktieren des Senats, vor allem auch Heiders, der seine Einstellung jeweils nach der Frage ausrichte, wer gerade der „starke Mann" in der Umgebung

22. Juli 1936 Hitlers sei. In der Senatssitzung vom 22. Juli 1936 wurden in Abwesenheit von Haltermann und von Hoff in leidenschaftlicher Weise gegenseitige Vorwürfe ausgetauscht, und dabei wurde auch deutlich, daß Heider die Übersicht verloren hatte.

Es ist eigenartig, daß selbst ein Mann wie Heider seine Anhänger und Befürworter fand. Er galt als sozial eingestellter Parteivertreter, hatte ein gewisses Ansehen bei den „Alten Kämpfern" und schließlich auch bei der SS. Es gab aber wohl niemanden, der ihm große geistige Leistungen zutraute. Er hatte zwei zeitraubende Hobbys: Fotografieren und Briefmarkensammeln. Im Rathaus ließ er sich im allgemeinen nur vormittags sehen und erklärte: „Ich habe ja meine Leute." Er hatte eine etwas kleinliche Affinität zum Geld, und diese sollte ihm u. a. zum Verderben gereichen. Als Regierender Bürgermeister nahm er mit Gehalt, Aufwandentschädigung und sogar mit der Vergütung als Kirchenpräsident (Heider war absolut unkirchlich!) alle materiellen Vorteile wahr, die ihm „zustanden". Er war zudem innerhalb der Partei ein Opportunist, der sich immer im Gefolge der Mächtigsten zu halten suchte. So verließ er die SA am 9. November 1935 und trat als Obersturmbannführer, später Oberführer, in die SS ein.

Was dann den Anlaß zum Fall gab, war eine der dienstlichen Schlampereien, wie sie von den meisten überforderten Partei-Karrieristen begangen wurden. Es gab in Bremen die „Wilhelm-Wolters-Stiftung", die von einem am 15. Dezember 1918 in Honolulu verstorbenen Kaufmann begründet wurde. Nach einem Prozeß mit dem Bruder des Stifters war ein Vergleich zustande gekommen, der fast eine Million RM in der 1928 begründeten Wilhelm-Wolters-Stiftung beließ. Mit den Erträgen sollten wohltätige Stiftungen sowie auch Wissenschaft und Kunst gefördert werden. Zunächst wurden die Gelder vom Wohlfahrtssenator (Wilhelm Kaisen) verwaltet, dann bis März 1935 von Senator und Bürgermeister Heider, darauf von diesem zusammen mit Senator Haltermann. Oberstaatsanwalt Dr. Eduard Loose erhielt nun durch Senator Laue Hinweise auf Unregelmäßigkeiten. Der Generalstaatsanwalt Dr. Erich Drescher beim Oberlandesgericht in Hamburg wurde eingeschaltet. Dieser schlug aber die Sache zunächst nieder.

Im Senat, in der Partei und SS herrschte ungeheure Erregung. Am 4. August 1936 wurde der Führer des SS-Abschnitts XIV eingeschaltet. Die Kontrahenten Heider und Laue, die beide Mitglieder der SS waren, gelobten sich gegenseitig mit Handschlag, alle strittigen Fragen durch Gespräche zu klären. 4. Aug. 1936

Laue geriet dann Ende September 1936 in eine schwierige Lage, als die Polizei dem Reich unterstellt wurde. Er weigerte sich, als Polizeipräsident in den Reichsdienst einzutreten, war aber durch den „Verlust" der Polizei als Senator nicht mehr „voll beschäftigt". Heider sah nun vor, ihm die Fürsorgeangelegenheiten zu übergeben, die bisher dem Ressort Senator Haltermanns zugeordnet waren. Zudem sollte die Behörde für Kunst und Wissenschaft aufgelöst werden, um Dr. von Hoff zu entlasten. Heider wollte die Aufsicht über Staatstheater und Staatsorchester selbst übernehmen. Doch daraus wurde nichts, zumal nun skandalöse Vorgänge den Senat voll in Anspruch nahmen.

Am 1. Oktober 1936 beantragte der Senator für die Finanzen das Rechnungsamt mit einer Buch- und Kassenprüfung bei der Wilhelm-Wolters-Stiftung. 1. Okt. 1936 Doch es hatte dort keine ordentliche Buchführung gegeben, und als man sie zu rekonstruieren versuchte, ergaben sich erhebliche Unterschlagungen durch den Kassenführer, der zunächst flüchtete, dann aber verhaftet wurde. Am 17. Oktober wurden die Bücher und Belege beschlagnahmt. Es wurde nun auch ganz deutlich, daß Bürgermeister Heider seine Aufsichtspflicht grob vernachlässigt hatte; auch ergab sich der Verdacht, daß er selbst Stiftungsgelder für persönliche Zwecke verbraucht hatte.

12.Jan. 1937 Heider wurde am 12.Januar 1937 von der Staatsanwaltschaft vernommen, dann ein Ermittlungsverfahren wegen Verdachts der Untreue und des Betrugs gegen ihn eingeleitet. Es zeigte sich, daß Gelder für ein ungesichertes Darlehen, für Anwaltsgebühren usw. verwandt worden waren. Schließlich kam hinzu, daß einige Reisekostenabrechnungen des Bürgermeisters nicht stimmten. Auch von einer anderen Stiftung waren Gelder satzungswidrig, etwa als Parteispenden, für Blumen und Kränze, Hochzeitsgeschenke usw. ausgegeben worden. Sicher ist, daß eine unglaubliche Schlamperei im Umgang mit Staats- und Stiftungsgeldern aufgedeckt wurde; doch ein Machtwort „von oben" hätte alles unterdrücken können.

15.Jan. 1937 Am 15.Januar 1937 lud Laue die Senatoren Bernhard und Dr. von Hoff zu einer Besprechung ins Polizeihaus, am Tage darauf gab es eine Aussprache mit Senator Flohr und Oberstaatsanwalt Dr. Loose. Auch Gauleiter Röver wurde informiert. Offenbar trugen sich die Senatoren mit dem Gedanken eines Rücktritts, wenn Heider im Amt bleiben werde. Am 18.Januar tagte der Senat unter Vorsitz Rövers, dabei wurden u. a. Mitteilungen über Unregelmäßigkeiten bei der Abrechnung von Reisespesen Heiders gemacht.

Heider fühlte sich zu dieser Zeit von Senator Laue hintergangen und denun-
10.Febr. 1937 ziert, und so beantragte er am 10.Februar bei Himmler ein Schiedsgerichtsverfahren gegen Laue, der auch SS-Führer war. Laue beteuerte, er habe nicht die Absicht, Heider zu stürzen, zumal er selbst überhaupt nicht erwarten könne, von Gauleiter Röver zum Bürgermeister ernannt zu werden.

Auch Laue fühlte sich durch diese Entwicklung gefährdet, setzte sich wieder mit dem Führer des für Bremen zuständigen SS-Abschnitts XIV in Verbindung und legte ihm das Heider belastende Aktenmaterial vor, wobei er zugleich Stimmung gegen Gauleiter Röver zu machen suchte. Hier kamen auch bereits die Charakterschwächen des vorgesehenen neuen Bürgermeisters Böhmcker zur Sprache. Was Laue nicht erfuhr, das war die abschließende schriftliche Stellungnahme seines Gesprächspartners gegenüber seinem Vorgesetzten, dem SS-Gruppenführer Prützmann: Er hielt Laue für unkameradschaftlich, für „einen übersteigerten Gerechtigkeitsfanatiker, der von einem ungezügelten Ehrgeiz besessen ist". Die Bremer SS-Führung zeigte sich abgeneigt, sich um den „Stunk" im Senat zu kümmern.

Inzwischen waren Gerüchte in die Öffentlichkeit gedrungen. Um sie zu zerstreuen, erklärte Gauleiter Röver Mitte Februar 1937 öffentlich: „Ich stehe voll und ganz für meinen alten Freund Heider ein. Niemand hat silberne Löffel gestohlen. Niemand hat sich persönlich bereichert. Damit aber auch Schluß, einfach aus! Und es wird ab heute nicht mehr geschwätzt!" Er erhielt zwar stürmischen Beifall, doch die Gerüchte verstummten nicht. Man spottete u. a., im Bremer Wappen solle der Schlüssel durch einen silbernen Löffel ersetzt werden. Zudem wurde nun immer deutlicher, daß es vor allem in der SA und im Senat einflußreiche Personen gab, die den Bürgermeister loswerden wollten. Dieser weigerte sich aber, ein Entlassungsgesuch einzureichen und forderte eine Entscheidung durch die SS-Führung. Gauleiter Röver geriet nun immer mehr in die Abhängigkeit der SA und stellte sich gegen Heider. Sein Kandidat als Nachfolger war der Führer der SA-Gruppe Nordsee, Johann Heinrich Böhmcker. Dieser war ein Mann, den niemand so beurteilen kann, daß jeder zustimmt. Vorweg aber sei gesagt, daß er eine starke Persönlichkeit war, die sich durchaus sachverständig beraten ließ und auch willens war, das Beste für Bremen zu tun, wie er es sah. Man hätte sich einen charakterfesteren, fleißigeren und sachverständigeren Bürgermeister vorstellen können; doch was hätten alle diese nützlichen, ja notwendigen Eigenschaften bewirkt, wenn sie nicht mit einer großen Machtfülle innerhalb der Partei-Hierarchie verbunden gewesen wären?

Johann Heinrich Böhmcker, geboren am 22. Juli 1896, stammte aus einer holsteinischen Bauernfamilie. Er besuchte ein humanistisches Gymnasium, war im Ersten Weltkrieg Soldat, studierte dann Jura und bestand im Januar 1927 nach zwei vergeblichen Anläufen das Assessorexamen. Seit 1925 war er in der SA, seit 1926 in der NSDAP. Er unterhielt dann mit einem Sozius eine Rechtsanwaltspraxis in Eutin. In der „Kampfzeit" tat er sich als „schlagkräftiger" SA-Führer hervor (Spitzname „Latten-Heini") und führte sich, z. T. in alkoholisiertem Zustand, bisweilen so rüpelhaft auf, daß er zum negativen Tagesgespräch wurde und sich auch weitere Spitznamen zuzog.

Am 15. Juli 1932 wurde er Regierungspräsident im oldenburgischen Landesteil Eutin. Als solcher richtete er ein von SA-Leuten bewachtes Konzentrationslager ein, in das er auch widersätzliche Parteigenossen einwies. Er entließ sie, wenn sie der SA größere Geldbeträge „stifteten". Sein Verhalten in Eutin war Gegenstand von Ermittlungen des Obersten SA-Gerichts und der Staatsanwaltschaft; vor allem geriet er im Sommer 1934 auch in den Verdacht, ein Anhänger Röhms zu sein. Dennoch wurde er nach dem Sturz von Schorlemers am 10. Juli 1934 Führer der SA-Gruppe Nordsee. Die Verfahren gegen ihn zogen sich lange hin und wurden niedergeschlagen. Böhmcker erhielt freilich eine Verwarnung durch das SA-Gericht.

Die Verfehlungen waren auch in Bremen – u. a. dem Senator Laue und anderen Parteiführern – bekannt. Als man dann hörte, Gauleiter Röver wolle Böhmcker zum Regierenden Bürgermeister machen, da war man entsetzt. Der amtierende Bürgermeister Flohr, ein Deutschnationaler, fühlte sich einer Auseinandersetzung freilich nicht gewachsen; wahrscheinlich erklärte er dem Gauleiter

Röver, er werde die Ernennung Böhmckers hinnehmen, und auch die anderen Senatoren waren – außer Theodor Laue – zu schwach, um den Kampf mit Röver und Böhmcker aufzunehmen.

April 1937 Senator Laue hatte Anfang 1937 ein Gespräch unter vier Augen mit Gauleiter Röver. Dabei wurde klar, daß das Ansehen Bremens bei den Machthabern in Berlin durch die Bürgermeisterskandale schwer gelitten hatte und daß auch das Vertrauen weiter Kreise der Bevölkerung längst nicht mehr vorhanden war. Röver rechtfertigte die Ernennung von Nicht-Bremern (Dr. Markert, dann Böhmcker) zu Bürgermeistern damit, daß die Stadt selbst eben keine „Köpfe" habe. Laue bestritt das unter Hinweis auf die Tatsache, daß Bremen eine bedeutende Seehafenstadt geworden, daß aber der vorgesehene neue Bürgermeister ohne die nötige Sachkunde und Vertrautheit mit den bremischen Verhältnissen sei. Da Bremen ab 1. April 1938 der „Deutschen Gemeindeordnung" unterstehen werde und dann die Bürgermeisterstelle auszuschreiben sei, sollte man sich – so meinte Laue – schon jetzt auf diese Entwicklung einstellen. Er schlug vor, bis dahin Senator Flohr mit der Wahrnehmung der Geschäfte zu beauftragen, im übrigen auch auf den Rat des Präses der Handelskammer zu hören und später nach der Gemeindeordnung zu verfahren. Andererseits machte Röver deutlich, daß für ihn ein bremischer Senator als Bürgermeister überhaupt nicht in Frage komme, zumal „die bremische Verwaltung ... die schlechteste im ganzen Reiche" sei.

Röver stellte Anfang April 1937 beim Reichsinnenminister den Antrag, Heider zu entlassen und SA-Gruppenführer Böhmcker zum Nachfolger zu bestellen. Nun wurden zunächst vom Reichsjustizministerium die Ermittlungsakten zum Fall Heider angefordert, auch sollte die Frage der Versorgungsbezüge für Heider geklärt werden. Der Reichsführer SS, Himmler, der immer noch auf der Seite Heiders stand, forderte, daß „vorläufig nichts zu unternehmen sei", auch Stabsleiter Bormann wünschte, daß bis zur Klärung die Angelegenheit ruhen solle.

Senator Laue aber fuhr nach Berlin, um dort in letzter Minute Böhmckers Ernennung zu verhindern. Er fand bei Reichsinnenminister Dr. Frick und Heß durchaus Verständnis; doch Röver schuf in Bremen vollendete Tatsachen. Er forderte Böhmcker am 15. April 1937 auf, am nächsten Vormittag nach Bre-
16. April 1937 men zu kommen. Er behauptete, für die Ernennung sowohl vom Reichsinnenminister Dr. Frick als auch vom „Stellvertreter des Führers", Rudolf Heß, eine mündliche Genehmigung zu haben. In Bremen angekommen, fuhr Böhmcker mit Röver zur SA-Gruppe, wo die Lage besprochen wurde. Für 12 Uhr wurde eine Senatssitzung anberaumt. In einem Vorgespräch mit Senator Flohr äußerte dieser erhebliche Bedenken gegen die Ernennung Böhmckers und emp-

Bürgermeister Böhmcker (links)

fahl, einen „anerkannten Wirtschaftler" als Bürgermeister einzusetzen, zumal schwierige Entscheidungen über Bremen zu erwarten waren. Röver aber bestand auf Böhmcker und vertrat dessen Einsetzung auch in der Senatssitzung. Senator Flohr erklärte, er stehe weiter zur Verfügung; Senator Bernhard forderte die Verlegung des Gausitzes nach Bremen, worüber Röver sehr verärgert war. Senator Haltermann beklagte die Gegensätze zwischen Partei und Senat sowie innerhalb des Senats, erklärte sich aber zur Mitarbeit bereit. Senator Laue war nicht anwesend, er befand sich auf einer Dienstreise und hätte sich ganz sicher eindeutig gegen Böhmckers Ernennung geäußert. Röver fügte hinzu, er werde nach Berlin fahren, um Reichsinnenminister Dr. Frick und Hitler zu veranlassen, Böhmcker endgültig zu ernennen. Böhmcker setzte sofort den Leiter des Staatsamtes, einen SS-Führer, ab und ernannte an seiner Stelle den SA-Sturmbannführer Joachim Lüth, einen eindeutigen Gegner Heiders. Dem Fahrer Heiders wurde die Stelle eines Müllkutschers angeboten. In Berlin beschäftigte man sich zu dieser Zeit bereits mit dem Problem der „Versorgung" Heiders, die aber nur noch für 50 Tage möglich war.

Röver fuhr dann sogleich nach Berlin, um Böhmckers Bestätigung zu erlangen. Dr. Frick zeigte sich weiterhin abgeneigt, ging dann aber mit Röver zu Hitler. Bei einem Gartenspaziergang wurde die Sache besprochen, und Röver bot für den Fall, daß Böhmcker nicht bestätigt werde, seinen Rücktritt an, und Hitler gab nun nach.

Senator Laue zog aus der Entwicklung, die über ihn hinweggegangen war, die
17. April 1937   Konsequenz: Er reichte am 17. April sein Entlassungsgesuch ein. Am 7. Mai
7. Mai 1937   wurde die Entlassungsurkunde von Dr. Frick unterschrieben. Die Sache eilte,
denn Dr. Frick wollte, daß Laue „als wohlhabender Kaufmann" keine Pension
erhielt. Das aber war nur möglich, wenn die Urkunde bis zum 12. Mai zugestellt wurde. Hitler unterschrieb am 11. Mai; die Urkunde wurde sogleich
durch Eilkurier nach Bremen gebracht und am gleichen Tage abends um
20 Uhr zugestellt. Laue war sehr verärgert, erklärte in einem Schreiben vom
2. September 1937 an Hitler, er sei nicht in der Lage, in seine alte wirtschaftliche Stellung zurückzukehren und sehe sich durch die Vorgänge bei seiner
Entlassung ungerecht bestraft. Er bat um eine angemessene Versorgung für
sich und seine Familie. Der Chef der Reichskanzlei teilte ihm jedoch mit, die
Formalitäten der Entlassung seien den Wünschen Hitlers entsprechend erfolgt;
die Angelegenheit könne diesem daher nicht erneut vorgetragen werden. Die
21. April 1937   Rechtslage sei eindeutig. Himmler bestimmte am 21. April 1937, daß das
Schiedsverfahren gegen Laue stattfinden solle. Es wurde im August 1937
durchgeführt, verlief aber im Sande.

Vor dem Senat erklärte Böhmcker am 21. April 1937, daß er das ganze Gewicht
des Gaues Weser-Ems benötige, um Bremen gegen Hamburg zu stützen; eine
Politik Bremens gegen den Gau könne aus diesem Grunde nicht in Frage kommen.

Heider fühlte sich Ende April 1937 in „Acht und Bann" getan; niemand habe
sich für ihn eingesetzt. Er erklärte immer noch, daß er nicht bereit sei, freiwillig zurückzutreten, obwohl Gauleiter Röver ihm am 28. April offiziell
mitteilte, er habe mit Hitlers Einwilligung Böhmcker zum kommissarischen
Bürgermeister ernannt. Der Leiter des Personalamtes ersuchte Heider am
30. April noch einmal, ein Entlassungsgesuch einzureichen, dieser weigerte
sich beharrlich. Seine Entlassungsurkunde wurde aber vom Reichsinnenminister am 8. Juni 1937 an Hitler zur Unterschrift weitergereicht; dieser unter-
22. Juni 1937   zeichnete am 22. Juni. Am gleichen Tage wurde auch die Ernennungsurkunde
für Böhmcker durch Hitler unterschrieben. Die Urkunden gingen an den
Reichsstatthalter Röver, der sie dann an Heider und Böhmcker persönlich
überreichte.

15. Juni 1937   Am 15. Juni 1937 führte Böhmcker im Casino einen Standortappell der SA
durch. Er nahm zur Lage in Bremen Stellung und betonte u. a.: „Die Bedeutung eines SA-Gruppenführers ist zehnmal so groß wie die eines Regierenden
Bürgermeisters. Regierende Bürgermeister können verschiedene Leute von
einiger Vorbildung werden; SA-Gruppenführer können nur Männer sein auf
Grund von Kenntnissen und Erfahrungen, die sie sich in der Kampfzeit erwor-

ben haben." Er wolle Bremen „zur Stadt der SA" machen, sich in Wirtschaft und Verwaltung für eine Besserung einsetzen. „Ich bin auch verwaltungsmäßig keine Niete", man könne auf ihn zählen. Er wolle dafür sorgen, daß Bremen neben Hamburg bestehen könne. Breiten Raum nahmen Ausfälle gegen eine politische Betätigung der Kirchen ein. Vom Konflikt um Heider aber war nicht die Rede.

Die Umstände der Ernennung zum Regierenden Bürgermeister gaben Böhmcker auch gegenüber Reichsstatthalter Röver eine sehr starke Stellung, die er vor allem bei der Verteidigung der Eigenständigkeit Bremens durchaus nutzte, wobei er durch so tüchtige Männer wie Präsident Dr. Duckwitz, Regierungsrat Philipp Behrens und schließlich Senator Dr. Fischer beraten wurde. Er hatte aber vor allem in der SS-Führung seine schärfsten Gegner; oft genug geriet er auch in Konflikt mit dem Gauleiter Röver und dem unbedeutenden Kreisleiter Bernhard Blanke. Nach außen blieb er freilich der eigenwillige und trinkfreudige SA-Führer, der dann auch die Hauptschuld an den Vorgängen der „Kristallnacht" vom 9./10. November 1938 trug.

Der gestürzte Bürgermeister Heider behielt trotz eines „förmlichen Verweises" durch das Oberste SS-Gericht weiterhin die Gnade der SS. Am 24. Juni 1937 bat er Himmler um eine Führungsaufgabe. Er wurde Stabsleiter des SS-Oberabschnitts West und dann Polizeipräsident von Münster, schließlich am 1. Februar 1942 Amtschef des Heiratsamtes im Rasse- und Siedlungsamt der SS.

Die Beziehungen zwischen dem Gauleiter und Böhmcker blieben jedoch nicht ohne Reibungen. Dieser zeigte sich sehr bald den Ratschlägen seiner Bremer Berater gegenüber zugänglich. Andererseits mußte er sich von Röver am 16. März 1938 bei einer Aussprache in Ahlhorn mancherlei Willkür vorwerfen lassen; so sollte er alten Schulkameraden und Kampfgenossen Ämter verschafft und einen „politisch zuverlässigen, aber charakterlich schwachen" Schulleiter ernannt, andererseits einen tüchtigen Fachmann als Leiter der Seefahrtsschule abgelehnt haben, weil er auf einer SA-Schule durchgefallen war. Böhmcker zeigte in der Tat die Allüren eines selbstherrlichen Barockfürsten, inszenierte Saufgelage im Rathaus und neigte zu Verschwendung. So wurde 1938 vom Rechnungshof die Anschaffung eines 120-PS-Autos für mehr als 20000 RM moniert; für das kleine bremische Staatsgebiet hätte auch ein Mittelklasse-Wagen genügt, und für die Dienstfahrten nach Berlin könne Böhmcker die Eisenbahn benutzen, wurde betont.

Die Stelle des Senators für innere Verwaltung war seit der Entlassung Theodor Laues im Mai 1937 unbesetzt. Die Dienstgeschäfte wurden zunächst schlecht und recht vom Regierenden Bürgermeister mitverwaltet. Bürgermeister

16. März 1938

Vereidigung des Senators Dr. Fischer durch Gauleiter Röver am 13. April 1939,
links Kreisleiter Blanke

Böhmcker wollte zwar die Stelle des Polizeipräsidenten wieder besetzen, doch auf den Senator für die innere Verwaltung verzichten. Das ließ sich jedoch angesichts der immer komplizierter werdenden Verwaltungspraxis nicht durchhalten. Dann wurde das Amt eines Präsidenten für die innere Verwal-
6. Juli 1938   tung neu geschaffen und am 6. Juli 1938 vom lübeckischen Regierungsdirektor Dr. Kurt Beuthien besetzt. Dieser aber wurde kurz darauf durch Krankheit dienstunfähig, und der Regierende Bürgermeister mußte die Geschäfte wieder selbst erledigen. Das war ein untragbarer Zustand, und so wurde vorgeschlagen, die Senatorenstelle wieder zu besetzen. Im Herbst 1938 fanden Gespräche zwischen Bürgermeister Böhmcker und dem ihm gut bekannten Dr. Hans Jochen Fischer über eine Ernennung zum Senator statt. Dieser stammte aus Varel in Oldenburg und kannte Böhmcker aus seiner Tätigkeit als Assessor und Regierungsrat in Eutin 1934–1935; dann war er Landesrat der Provinz Westfalen geworden. Politisch hatte er sich zunächst in der Bismarckjugend und im Bund Wiking betätigt, war aber schon 1929 in die NSDAP eingetreten. Er war ein

sehr befähigter und energischer Verwaltungsjurist, zugleich aber ein kompromißloser Nationalsozialist und SA-Führer. Böhmcker und Dr. Fischer unterhielten sich auch über einen künftigen Präsidenten des Personalamts in Bremen. Dr. Fischer schlug den ihm aus der Verwaltungspraxis bekannten Dr. Wilhelm Dannasch vor. Damit waren die Weichen gestellt: Dr. Dannasch übernahm das Amt im Januar 1939. Die Ernennung Dr. Fischers zum bremischen Senator für die innere Verwaltung erfolgte durch Unterschrift Hitlers am 25. März 1939.

Jan. 1939

25. März 1939

Verwaltung, Beamte, Finanzen

An der Spitze der Verwaltungszweige standen neben den Senatoren Präsidenten, die meistens hervorragende Sachkenner waren, denen es jedoch bisweilen schwer fiel, sich gegenüber unqualifizierten Einmischungen der Partei zu behaupten.

Die Präsidenten leiteten die Behörden für Schiffahrt, Handel und Gewerbe (Dr. Carl Völckers), für Verkehr (Eduard Grunow), für Finanzen (Dr. Richard Duckwitz), für Wohlfahrt und Versicherungswesen (Wilhelm Kayser), Gesundheitswesen (Dr. Hermann Brauneck) und das Personalamt in der Regierungskanzlei (Dr. Wilhelm Meyer). Vergleichbare Stellungen hatten der Landesschulrat (Dr. Karl Kurz), der ständige Vertreter des für die Polizei zuständigen Senators Laue (Dr. Georg Pott), der Baudirektor für Hoch- und Tiefbau in der Bauverwaltung (Gerhard Offenberg), der Hafenbaudirektor im Hafenbauamt (Anton Hacker) und der Landherr (Erich Vagts). Hinzu kamen Präsidenten von Reichsbehörden: Für die Finanzverwaltung (Dr. Friedrich Carl) und die Reichspostdirektion (Dr. Karl Schneider).

Die bremische Beamtenpolitik der NS-Zeit ist im ganzen schwer einzuschätzen. Es gab zwar Reichsgesetze zu dieser Frage, doch entstand daneben ein Spielraum für Willkür, in dem sich Parteigrößen und Personalreferenten betätigten. Mit Abnahme der Arbeitslosigkeit ließ der Kampf um die kleinen Posten allmählich nach; die besser dotierten und vor allem die Beamtenstellen waren noch immer heiß umkämpft. Wer in der Partei tätig war, hatte bessere Chancen. Bürgermeister Böhmcker ordnete 1937 sogar an, daß für einfache und mittlere Beamte „Parteidienst" als „Alter Kämpfer" bis zu vier Jahren angerechnet werden konnte.

Personalreferent für die Verwaltung war bis Ende 1938 Dr. Wilhelm Meyer. Von ihm wird behauptet, er sei gespalten gewesen zwischen der Pedanterie des Beamten und einer sklavischen Unterwerfung unter den Parteiwillen. Er selbst

Jan. 1939

war nicht Parteimitglied, bemühte sich aber im April 1933 um eine Aufnahme, gegen die die Partei Bedenken hatte. Sein Nachfolger Dr. Wilhelm Dannasch, der aus der westfälischen Verwaltung kam, soll politisch farblos gewesen sein; er hatte aber gegenüber der Partei eine etwas festere Stellung, da er ihr Mitglied war und wichtige Entscheidungen zunächst einmal mit Bürgermeister Böhmcker absprach, der freilich immer wieder die Bevorzugung von SA-Führern betrieb und auch den Parteieintritt von Beamten forderte.

Bei Ernennungen und Beförderungen war entscheidend, ob der Bewerber sich im NS-Sinne bewährt hatte. 1936 wurde nachgeprüft, welche Beamte „ihrer Wahlpflicht" nicht nachgekommen waren. In der negativen Beurteilung durch Ortsgruppen hieß es etwa: „F. gilt als politisch unzuverlässig ... Kleine Fehler, die im Dritten Reich vorkommen, versteht er hervorzukehren und auszuschlachten ... Er soll nationalsozialistisch eingestellte Geschäfte absichtlich meiden ... Den Deutschen Gruß erwidert er mit Guten Tag."

Die historische Wirklichkeit gebietet den Hinweis darauf, daß es auch in der NSDAP unterschiedliche Nuancen in der Beamtenpolitik gab. Senator Laue kritisierte in einem Brief an Bürgermeister Heider vom 12. April 1935 die Tätigkeit des Amtes für Beamte bei der NS-Kreisleitung. Sie müsse sich auf „eine Prüfung der politischen Zuverlässigkeit" beschränken, die Dienstleistungen seien nur von den Vorgesetzten zu bewerten. Es sei untragbar, daß diese von der Partei bespitzelt und daß Erkundigungen über den Lebenswandel bei Nachbarn eingezogen würden. Durch das von der Partei praktizierte Verfahren werde „dem Denunzianten- und Intrigantentum ... Tür und Tor geöffnet."

Eine andere Frage war die der Schulung der Beamten, die seit Mai 1935 vom NS-Gauschulungsleiter Buscher organisiert wurde. Bürgermeister Heider machte die Teilnahme zur Pflicht. Dabei handelte es sich vor allem um Schulungsabende.

Die bremischen Staatsfinanzen hatten sich noch 1933/34 in einer sehr kritischen Lage befunden, konnten aber doch verhältnismäßig schnell stabilisiert werden. Der Senator für die Finanzen war nicht zugleich der Chef des Landesfinanzamtes, das eine Reichsbehörde war und bis zum 1. April 1938 auch die kommunalen Steuern mitverwaltete. Ihm unterstand die Verwaltung von Vermögen und Schulden des Landes Bremen, er hatte den Haushaltsplan aufzustellen und durchzuführen. Das Haushaltsvolumen betrug 1938 etwa 160 Millionen RM. Seit 1938 kam die Verwaltung der Kommunalsteuern im Steueramt hinzu.

1. April 1938

Leiter der bremischen Finanzverwaltung war Präsident Dr. Richard Duckwitz, ein sehr tüchtiger und konservativ eingestellter Beamter; sein Vertreter war Oberregierungsrat Dr. Heinrich Hagens, der zugleich eine umfangreiche Abteilung der senatorischen Dienststelle leitete.

Die Stellung der Länder in der Finanzverwaltung wurde nach der Machtergreifung immer schwächer; sie verloren die Finanzhoheit, wurden von der Beteiligung an den Mehreinnahmen des Reiches ausgeschlossen (1936), der langfristige Kapitalmarkt wurde ihnen gesperrt, der Landeshaushalt der Kontrolle des Rechnungshofes unterworfen; nicht ausgeglichene Haushalte der Länder wurden grundsätzlich abgelehnt.

Das alles ergab bei der bremischen Haushaltsgestaltung erhebliche Schwierigkeiten, zumal aus den Jahren 1931/33 ein großer Schuldenberg übernommen werden mußte. Da der Außenhandel zunächst schwach war, blieb auch das Steueraufkommen relativ gering; außerordentliche Ausgaben waren zudem für die Arbeitsbeschaffung bereitzustellen (etwa 59 Mill. RM in fünf Jahren). Ein günstiges Element der Haushaltsentwicklung war die Verminderung der Fürsorgeausgaben von 23 Mill. RM (1933) auf 6,8 Mill. RM (1938). 1933 hatte der bremische Staat 253 Mill. RM Schulden, die 1934 auf 295 Mill. RM anstiegen, dennoch war die Staatskasse durchaus noch liquide. Neue Kassenkredite mußten nicht aufgenommen, doch konnten auch keine Reserven aufgebaut werden. Die Gefahren verringerten sich dadurch, daß 63 % der Schulden langfristig waren. Das Vermögen des Landes Bremen (einschl. Häfen) wurde immerhin auf 690 Mill. RM geschätzt. Seit 1936 übertrafen die Einnahmen dann sogar die Ausgaben. Seit dieser Zeit war die Reichshaushaltsordnung auch für die Länder verbindlich; eine vollständige Angleichung erfolgte in Bremen freilich erst 1938/39. Am 1. Oktober 1936 war die Staatsschuld auf 220 Mill. RM gesunken, 1938 auf 200 Mill. RM.

Kurz vor Ausbruch des Krieges betrug die Pro-Kopf-Verschuldung etwa 490 RM. Das entsprach etwa einem Kaufwert von 2500 DM des Jahres 1984 und war etwa nur ein Fünftel der heutigen Pro-Kopf-Verschuldung (1984). Der Zinsfuß, der 1933 durchschnittlich bei 6,5 % gelegen hatte, ermäßigte sich bis 1938 auf 4,5 %.

Am 1. April 1938 übernahm das Bremische Steueramt, eine senatorische Dienststelle, die Verwaltung der kommunalen Steuern vom Landesfinanzamt, mußte aber auch die Kosten für ihre Verwaltung selbst übernehmen.

Im großen und ganzen darf man die von Senator Flohr und Präsident Dr. Duckwitz getragene Finanzpolitik als sehr erfolgreich bezeichnen. Das Sparprogramm ließ es zwar nicht zu, daß dringende Aufgaben wie der Hafenausbau und die Altstadtsanierung im gewünschten Umfang stattfinden konnten, es war aber auch wieder nicht so restriktiv, daß die Wirtschaft dadurch ruiniert wurde.

Es ist ganz aufschlußreich, wie der Rechnungshof des Deutschen Reiches die Ausgabenpolitik der bremischen Behörden einschätzte: Im Bauwesen gab es erhebliche Haushaltsüberschreitungen; im Polizeietat entstanden 1936 wegen der Unterordnung unter das Reich einige Unsicherheiten; im Bildungswesen wurde eine Entlastung der Landesschulbehörde vorgeschlagen. Bemängelt wurde die grundsätzliche Befreiung begabter Schüler vom Schulgeld, von der

1. April 1938 auch Kinder reicher Eltern profitierten. (Erst am 1. April 1938 übernahm Bremen die Reichsschulgeldordnung.) Die Aufwendungen für soziale Fürsorge waren im Vergleich zu anderen Ländern recht hoch. Asozialengettos, wie sie in Bremen eingerichtet worden waren, wurden angesichts geringer Erfolge abgelehnt.

Die NSDAP und ihre Organisationen

Die Gauleitung befand sich auch 1937 unter Gauleiter Carl Röver in Oldenburg. Alle Mitglieder waren eifrige, zum Teil auch fanatische Nationalsozialisten, einige von ihnen beschränkte Kreaturen Rövers; es gab aber auch tüchtige Parteiverwalter, hier und da konnte man etwas Sozialgefühl und eigenständiges Denken spüren. Stellvertretender Gauleiter war Georg Joel, ein ehemaliger mittlerer Eisenbahnbeamter und farbloser Mann, der sich Röver völlig unterordnete. Ent-

1. Jan. 1935 scheidender denkender „Kopf" war Organisationsleiter und (seit dem 1. Jan. 1935) auch Geschäftsführer Heinrich Walkenhorst, der einst Angestellter in der Textilindustrie gewesen war und seit 1934 in der Gauleitung beschäftigt wurde. Er war fleißig und entwickelte durchaus eigene Gedanken, mit denen er sogar Gauleiter Röver beeindrucken konnte. Von ihm hieß es 1939, er mische sich überall ein und gebärde sich als eine Art „Stab im Stabe". Der Reichspropaganda-Amtsleiter im Gau Ernst Schulze sah sich schikaniert, als Röver sich mit dem Reichspropagandaminister Dr. Goebbels anlegte.

11. Juni 1936 Am 11. Juni 1936 wurde in der Gauleitung ein Büro „Kanzlei des Gauleiters" eingerichtet, dessen Leitung der Gau-Organisationsleiter Walkenhorst übernahm. Über dessen Tisch liefen alle an Röver und seinen Stellvertreter Joel gerichteten Schreiben, und hier wurden auch die Schriften der Parteileitung, die Stimmungs- und Lageberichte bearbeitet. Propagandaleiter war Ernst Schulze, ein ehemaliger Buchhalter. Er war ein aufgeblasener Mann, der in völliger Abhängigkeit von Röver stand. NSBO und Deutsche Arbeitsfront leitete Bruno Dieckelmann, ein Alter Kämpfer, der mit einem kleinen Papierwarengeschäft falliert hatte und dem ein allzu großer Hang zum Alkohol nachgesagt wurde, der aber – gerade deswegen – von der Gunst Rövers getragen

wurde. Zur Gauleitung gehörten auch noch einige Sachreferate bzw. Hauptstellen und Gauämter: Schulung und Propaganda, Schatzmeister und Presse (W. Aßling von der „Bremer Zeitung"), NS-Frauenschaft und Deutsches Frauenwerk, Gauwirtschaftsberater, Kommunalpolitik und Deutscher Gemeindetag, Beamte und Erzieher.

Der Gau Weser-Ems hatte Ende 1933 28 Kreise, darunter auch Bremen und seit 1939 Bremen-Lesum.

Die Interessen der Gauleitung wurden in den Regionen von vier Inspekteuren wahrgenommen, in Bremen von Kurt Thiele, dem Reichstagsabgeordneten und ehemaligen Ortsgruppenleiter, der sich als Horchposten Rövers in Bremen verstand. Er war ein Mann ohne jegliche Ausstrahlung.

Weser-Ems war nicht gerade ein Mustergau. Hier kam 1935 auf 29,8 Volksgenossen ein Parteigenosse; das war bei 32 Gauen die 24. Stelle. Ost-Hannover (Lüneburg) stand an 14., Hamburg an 15. Stelle. Andererseits war der Prozentsatz der Alten Kämpfer (Eintritt vor dem 14. September 1930) mit 6,6 % ziemlich hoch. Über die Parteianwärter im Gau Weser-Ems wurde am 20. September 1937 eine aufschlußreiche Berufsstatistik angelegt. Es gab mehr als 45 000 Anwärter. Den größten Anteil hatten die Angestellten mit 21,5 %, unmittelbar gefolgt von den gelernten Handwerkern mit 16,7 %; ungelernte Arbeiter (mit Landarbeitern) kamen auf 10,3 %. Groß waren auch die Anteile der Beamten (mit Lehrern) mit 12,5 %, der Bauern mit 10 %, der selbständigen Handwerker mit 7,7 % und der selbständigen Kaufleute mit 5,3 %; Hausfrauen waren mit 7,8 % vertreten. Da der Anteil der einzelnen Berufsgruppen an der Gesamtzahl der Erwerbstätigen nicht angegeben wird, läßt sich über die relativen Zahlen nichts Genaues sagen. Geht man davon aus, daß gelernte Handwerker und ungelernte Arbeiter etwa 46 % der Erwerbstätigen (Parteianwärter 27 %) ausmachten, so kann man sagen, daß diese Schicht erheblich unterrepräsentiert war. Selbständige machten 9,6 % der Erwerbsperspnen aus, aber 13 % der Parteianwärter, Angestellte hatten einen Anteil von 12 % der Erwerbspersonen und 21,5 % der Parteianwärter, Beamte 4,5 % der Erwerbspersonen und 12,5 % der Parteianwärter. Alle diese Berufsgruppen waren unter den Parteianwärtern also überrepräsentiert. Bei den Bauern waren die Anteile identisch, nämlich 10 %.

Die Kreisleitung Bremen befand sich im Haus Holler Allee 79 (heute Standesamt); Kreisleiter war der primitiv-überhebliche Bernhard Blanke. Die Kreiswaltung der Deutschen Arbeitsfront (mit KdF) hatte ihr Quartier im „Wilhelm Decker-Haus", dem ehemaligen Gewerkschaftshaus, an der Nordstraße und wurde vom tüchtigen Kreisobmann Otto Schwenk geleitet. Kreiswalter der NSV (Nationalsozialistische Volkswohlfahrt) war Jahre hindurch Heinrich

NS-Kreisleitung, Holler Allee 79

Rinne, Leiter des Amtes für Kommunalpolitik Johann Heinrich Röpke, ein Alter Kämpfer, der seit 1933 mit Direktorenposten bei der Allgemeinen Ortskrankenkasse und der Bremer Straßenbahn versorgt worden war; das Amt für Erzieher lag in der Hand des ehemaligen Lehrers Walter Kreikemeyer, das Amt für Beamte in der von Georg Heuer. Kreispropagandaleiter war Robert Tretow, Kreisfrauenschaftsleiterin Sophie Winkelmann, die zwar als zuverlässige Nationalsozialistin geschätzt wurde, aber wegen einer „unglücklichen Veranlagung" 1936 von Frieda Schomburg abgelöst wurde. Ab 1. April 1934 erfolgte eine Neuaufteilung des Kreises Bremen. Er wurde in vier Inspektionen eingeteilt; an der Spitze einer jeden stand ein Inspekteur, der immer einer der Ortsgruppenleiter war. Es gab im ganzen 29 Ortsgruppen und Stützpunkte. Nach einer Umorganisation im Oktober 1938 gehörten zum Kreis Bremen 53 Ortsgruppen; seit 1939 waren es 56. Eine Musterortsgruppe sollte folgende Ämter haben: Organisation, Propaganda, Schulung, Kasse, Presseamt, Funk-, Film- und Bildwart, Amt für Altmaterial, Luftschutzbeauftragter, Amt für die NSV, Obmann der DAF, NS-Frauenschaft und Personalamt. Es war äußerst schwierig, zum Teil auch unmöglich, alle Ämter mit geeigneten Personen zu besetzen.

Es ist aufgrund der erhaltenen Unterlagen schwer, die Sozialstruktur der Partei in Bremen zu ermitteln. Nur für die Ortsgruppe (nicht Stadtteil!) Walle läßt sich für 1938 eine einigermaßen zuverlässige Statistik erstellen. Walle war ein Wohnviertel der Unter- und Mittelschicht, bes. von Handwerkern und Angestellten. Es gab bei mehr als 4000 Einwohnern 250 Parteigenossen, von denen 11 bis 1930, 29 aber 1931/32 in die Partei eingetreten waren. Das waren etwa 16%. 1933 waren 105, 1934/36 nur 16 und 1937 89 Mitglieder eingetreten. Versucht man die Berufsangaben zu ordnen, so ergibt sich etwa Folgendes (die Zahlen in Klammern die von 1932):

Akademiker	5 (1)
Führende kaufm. Angestellte, Großkaufleute, Bankbeamte	9 (-)
Kaufm. und andere Angestellte	60 (8)
Selbst. und kleinere Kaufleute, Händler	23 (7)
Höhere technische Berufe	18 (3)
Lehrer	7 (1)
Mittlere Beamte, Polizisten	16 (-)
Untere Beamte	8 (1)
Dentisten	4 (1)
Handwerker	60 (11)
Arbeiter, Staatsarbeiter	18 (4)
Landwirte, Gärtner	4 (2)
Hausfrauen, Witwen	11 (1)
Verschiedene	7 (1)

Eindeutig überwogen hier, wie es in Walle nicht anders zu erwarten war, die Angestellten und Handwerker bzw. Arbeiter. Die hohe Zahl dieser Berufe zeigt doch, daß dieser Personenkreis keineswegs „immun" gegenüber Zwang und Verlockung der NSDAP war.

Neben den Mitgliedern gab es 1938 noch 248 Parteianwärter. Bei ihnen fällt ebenfalls die große Zahl der Angestellten (57), Handwerker (61) sowie der mittleren und unteren Beamten (56) auf. Anfang 1945 hatte die Ortsgruppe Walle 511 Parteigenossen (= ¼ der Einwohner). Das war ein recht hoher Anteil, der nur den überraschen wird, der davon ausgeht, daß der „kleine Mann" dem Nationalsozialismus überhaupt nicht erlegen sei.

Auch für einige andere Ortsgruppen des Bremer Westens liegen für 1938 Zahlen über Parteimitglieder und -anwärter vor:

Neptun	73 + 59
Wilhelm Decker (Nordstraße)	174 + 183
Wasserturm (Elisabethstraße)	218 + 225
Osterfeuerberg	159 + 205

Die Gesamtzahl der Parteimitglieder in Bremen ist unbekannt. Man wird sie auf etwa 8000 schätzen können. Hier kam auf 40 Volksgenossen ein Parteigenosse. Im Gau war das Verhältnis 1:29, im Reich 1:34. Nimmt man die mittelständlerische Ortsgruppe Steintor, so ergaben sich folgende Zahlen: 17000 Einwohner, 6760 Haushaltungen, 784 Parteigenossen, davon aber nur 200 aktiv. Hinzu kamen noch 1162 Parteianwärter, 3639 Mitglieder der DAF, 2619 der NSV, 700 der NS-Frauenschaft. Das Verhältnis der Parteigenossen zu den Einwohnern war hier etwa 1:24. Nimmt man einen Arbeitervorort wie Gröpelingen, so war das Verhältnis mit 1:60 erheblich ungünstiger. In einem Wohngebiet der Oberschicht wie Schwachhausen betrug es dagegen 1:21.

1939 Als durch die Gebietsreform 1939 Gebiete nördlich der Lesum, die bisher zum Kreis Osterholz des Gaues Ost-Hannover gehört hatten, zum NS-Gau Weser-Ems kamen, beschloß man, einen neuen Kreis Bremen-Lesum zu etablieren. Mit den Geschäften des Kreisleiters wurde der frühere Angestellte des Bremer Vulkans und Ortsgruppenleiter von Vegesack, Otto Denker, beauftragt. Zum Kreis gehörten nur 14 Ortsgruppen zwischen Burg (einschließlich) und Farge.

Die Neuorganisation mit der Neugründung des Kreises Lesum wurde im November 1939 von Kreisleiter Blanke kritisiert. Er beklagte sich darüber, daß er zu diesem Problem nicht gefragt worden sei und vermutete, daß Gauamtsleiter Denker und der bremische Senat dabei die Hand im Spiel gehabt hätten. Blanke war auch gegen eine Verkleinerung der Ortsgruppen seines Kreises, hatte jedoch nichts dagegen, daß die neuen Gebiete im Osten mit fünf Ortsgruppen seinem Kreis zugeschlagen wurden.

An der Unterweser gab es zunächst den Landkreis Wesermünde, in dem Hans Misselhorn ehrenamtlicher Leiter war, den Stadtkreis Wesermünde unter Hugo Kühn sowie den Kreis Bremerhaven mit dem Kreisleiter und Oberbürgermeister Julius Lorenzen. Alle drei Kreise gehörten zum Gau Ost-Hannover mit Sitz in Harburg, dann in Lüneburg (Gauleiter Otto Telschow). Im

Nov. 1934 November 1934 wurden die Kreise zusammengefaßt. Es entstand der Kreis Wesermünde unter Hugo Kühn, der sein Amt jetzt hauptamtlich versah. Misselhorn wurde mit der Stellung eines Gauinspektors im Gau Ost-Hannover abgefunden; Bremerhaven war in dem neuen Kreis nur noch eine Ortsgruppe. Der bisherige Kreisleiter von Bremerhaven, Lorenzen, blieb jedoch noch Oberbürgermeister, bis Bremerhaven 1939 in der Stadt Wesermünde aufging.

Als Kreisleiter Kühn sein Amt in Stadt- und Landkreis Wesermünde am 10. November 1934 antrat, erklärte er zu den Verhältnissen im bisherigen Kreis Bremerhaven, Lorenzen habe die Arbeit vernachlässigt, ebenso andere Partei-

funktionäre. „Es bildete sich bald ein System der Verleumdungen und Verdächtigungen" heraus, das Denunziantentum sei gefördert worden.
1936 erfolgte eine „Block- und Zellen-Neuordnung der NSDAP", die den 1936
Aufbau eines „Haushalts-, Block- und Zellensystems" zum Ziel hatte. Ein
Block sollte aus 40 bis 60 Haushaltungen bestehen; der Blockleiter war „der
unterste Hoheitsträger der NSDAP", die Ernennung erfolgte durch den Ortsgruppenleiter. Die Aufgaben waren bis ins kleinste Detail in einer Dienstanweisung festgelegt. Innerhalb des Blocks sollte es mehrere Hauswarte bzw.
Blockhelfer geben, die in den „Hausgruppen" (8 bis 15 Haushaltungen) tätig
waren. Die Blockhelfer wurden auch vom Ortsgruppenleiter ernannt, mußten
nicht Parteigenossen, wohl aber Mitglieder der DAF sein.
Die Zelle wurde aus 4 bis 8 Blocks gebildet; an der Spitze stand der vom Ortsgruppenleiter berufene Zellenleiter. Ihn unterstützten Zellenwalter für NS-
Frauenschaft, DAF und NSV.
Die Ortsgruppe wurde jetzt nicht mehr vom Vorhandensein von 50 Parteimit-
gliedern abhängig gemacht, sondern von der Zahl der Haushaltungen, die 1500
nicht übersteigen sollte. Ortsgruppen mit mehr als 3000 Haushaltungen sollten bis zum 16. Oktober 1938 geteilt werden.
So begann bereits im Februar 1936 eine hektische Aktivität in der Kreisleitung,
um zunächst eine statistische Basis für die Neuordnung zu bekommen. Dabei
stellte sich heraus, daß es schwer war, alle Funktionärsstellen mit geeigneten
Personen zu besetzen. Am 12. Dezember 1936 kam der Gau-Organisationsleiter Walkenhorst in die Kreisleitung, um alle anfallenden Probleme zu besprechen, zugleich wurde der Kreis-Organisationsleiter aufgefordert, bis zum
6. Januar 1937 einen Bericht über die Durchführung der Neuorganisation einzureichen. Dieser Bericht ergab, daß sie bereits erfolgt war, daß der Kreis Bremen nun 2150 Blocks und 326 Zellen hatte. Die personelle Frage war jedoch
keineswegs geklärt und in den meisten Ortsgruppen noch offen. Es fehlte auch
an NSV-Waltern. Alle Versuche, die inaktiven Parteigenossen heranzuziehen,
waren erfolglos. Die Stimmung war ausgesprochen schlecht, es sollte mit Par-
teiausschlüssen gedroht werden.
Monatlich erhielt die Gau-Propagandaleitung von der Reichspropagandaleitung Aufklärungs- und Rede-Informationsmaterial, in dem genau festgelegt
war, welche Sprachregelung und Einstellung zu den einzelnen Problemen der
Zeit die „richtigen" waren. Vor allem wurden auch „Wirtschaftszahlen" angegeben, die ein rosiges Bild vermittelten und die Sorgen verschwiegen. Das Material sollte in der Kreisleitung und in den Ortsgruppen „durchgearbeitet"
werden, womit natürlich nicht gemeint war, daß Kritik formuliert werden
sollte.

Für die Schulungen wurden von der Kreisleitung Anfang 1934 Richtlinien herausgegeben. Sie sollten scharf überwacht werden und vor allem in den Ortsgruppen stattfinden. An jedem Dienstag sollte ein Schulungsabend mit einem Vortrag sein. Eine Aussprache war bezeichnenderweise „nicht zulässig", es sei denn, sie war vorher vom Kreisschulungsamt genehmigt. Einige Themen waren ausgeschlossen: Rassen-, Kirchen- und Wirtschaftspolitik.

1936 kaufte die NSDAP Bremen den Landsitz des Kaufmanns Carl Eduard

28. April 1936   Meyer in Leuchtenburg und richtete dort am 28. April eine „Kreisschule" ein, in der Parteifunktionäre ausgerichtet wurden.

So sehr von der Partei auch darauf gedrängt wurde, daß alle Funktionäre laufend geschult wurden, mußte der zuständige Propagandaleiter der Partei für jede Versammlung vorweg seine Genehmigung erteilen. Dabei wurde alles wohl dosiert. So ordnete die Landesstelle Weser-Ems des Propagandaministeriums im Juli 1936 an, daß alle „aggressiven oder herausfordernden antisemitischen Parolen" in „Stürmerkästen" sowie auf Spruchtafeln und Transparenten während der Olympischen Spiele zu entfernen seien. Immer wieder erschienen Schlagworte für die Propaganda, so im März 1936: „Der Ärmste in Deutschland kann alles werden, wenn er etwas geleistet hat"; „Wir erfüllen, was die andern versprechen"; „Ein Reich – ein Volk – ein Führer" usw. Sieht man sich die Stichwortzettel von Rednern dieser Zeit an, so finden sich Schlagworte – weiter nichts: „Leben = Kampf. Natur, Bauer, deutsches Volk. Platz an der Sonne" usw. usw. Immer wieder wurde auch der Besuch bestimmter Filme dringend empfohlen, so im Sommer 1936 „Hans im Glück" (ein Film der Reichspropagandaleitung) und „Jugend der Welt" (über die olympischen Winterspiele).

Die Blockleiter wurden auch beauftragt, Haushaltslisten anzufertigen und Formulare auszufüllen. Es war für sie oft eine undankbare Aufgabe, die entsprechenden Angaben zu erfragen. Häufig gab es unfreundliche Ablehnung, die zu Wortwechseln und Denunziationen führten. Die Ortsgruppen wurden 1936 auch aufgefordert, eine Liste der Querulanten und Meckerer einzureichen. Die Partei erklärte dann aber, man wolle nicht jene erfassen, die „einmal dumme Redensarten" führten, sondern jene, die „sich dauernd mit Gesuchen und Beschwerden an Partei und Regierungsstellen wandten" und „zu einer Art Landplage geworden sind".

Die NSDAP drang mit ihrem politischen Einfluß bis in die Haushaltungen hinein; sie kontrollierte, denunzierte, organisierte so gut sie konnte. Die Ortsgruppenfragebogen vom Dezember 1937 zeigen, daß sie auch politische Gegenbewegungen zu beobachten und zu melden hatte. So schrieb die Ortsgruppe Altstadt am 20. Dezember 1937 über die Tätigkeit „bekenntnistreuer

*„Feierraum" des NS-Gemeinschaftshauses Oslebshausen
1939*

Gemeindemitglieder der St. Stephanigemeinde unter Führung des Pastors Greiffenhagen". Andererseits wird über zu niedrige Löhne der Arbeiter in den städtischen Betrieben geklagt. In anderen Ortsgruppen wird über eine schlechte Zusammenarbeit zwischen Partei und NSV sowie zwischen Partei und Gemeindeverwaltungen, über unzumutbare Geschäftsräume der Ortsgruppen usw. geklagt.

Lästig war sicher auch, daß die Ortsgruppen unter Beratung durch die Blockwalter Auskünfte über Beamte und Staatsangestellte zu geben hatten: Es wurden Angaben verlangt zur politischen Zuverlässigkeit, charakterlichen Eignung, rassischen Reinheit, Logenzugehörigkeit, Zugehörigkeit zur DAF und NSV, über Spenden für das WHW usw. Im allgemeinen waren die Angaben in den Formularen knapp und nichtssagend, bisweilen aber auch gehässig-denunziatorisch.

Die Parteigenossen wurden 1938 vom Gauorganisationsleiter angehalten, alle Wahrnehmungen politischer Art an die Ortsgruppenleitungen weiterzugeben. Diese hatten der Kreisleitung monatlich schriftlich Bericht zu erstatten. Von dort mußten Angelegenheiten umfassenden Interesses an die Gauleitung weitergemeldet werden, in dringenden Fällen war ein Sonderbericht zu verfassen. Der erste Bericht wurde in der Kreisleitung vom Kreispropagandaleiter verfaßt; er ging an den Kreisleiter, der den Text ergänzte bzw. bearbeitete. Es stellte sich dann freilich immer wieder heraus, daß die Meldungen einer „Nachprüfung" nicht standhielten.

Es hatten regelmäßige Ortsgruppenabende stattzufinden, wobei der Saal zeitgemäß auszugestalten war. An der Stirnwand sollten Hakenkreuzfahnen angebracht werden; Papierfähnchen in Tischvasen und Hitlerbilder über der Theke wurden abgelehnt. Auf der Bühne sollten die Fahnen der Gliederungen aufgestellt werden. Nach Möglichkeit sollte jeder Teilnehmer Uniform tragen, das Verhalten hatte zwar kameradschaftlich, aber doch korrekt zu sein. Rauchen und Trinken war auf ein geringes Maß zu begrenzen. Zu Beginn wurde ein „Führerwort" verlesen, dann ein „Lied der Bewegung" gesungen. Es folgte die Ansprache eines Gliederungsführers oder eines konzessionierten Redners; dann wurde es bunter: je nach Plan konnten Gesang, Volkstänze, Stegreifspiele usw. geboten werden. Am Schluß kam noch einmal eine Ansprache, diesmal des Ortsgruppenleiters, gefolgt vom „Führergruß" und den gemeinsam gesungenen Nationalhymnen. Es gab zudem Schulungsabende und „politische Leitersitzungen". Wer dieses und alles andere im Rahmen der Partei mitmachen wollte, mußte einen erheblichen Teil seiner Freizeit opfern. Die intelligenteren Genossen machten das nach bestimmten Schemata ablaufende phrasenreiche und geistlose Gehabe nur widerstrebend mit und suchten sich zu drücken, so gut es ging. Andere wieder sorgten dafür, daß die Parteiabende zum Biertischpalaver wurden, bei dem sich eine bestimmte Art Schwätzer wohlfühlte. So hieß es denn vielfach, die Ortsgruppenabende seien „zu wenig revolutionär", „zu verspießert und verbürgerlicht".

Ende 1935 wurde ermittelt, daß im Kreis Bremen 46, 49 % der Parteigenossen inaktiv waren, d. h. kein Amt bekleideten oder eine Tätigkeit für die NSDAP ausübten. Das sollte unbedingt anders werden.

Auf den Versammlungen erschien im allgemeinen nur ein kleiner Teil der Mitglieder. Viele von ihnen trugen nicht das Parteiabzeichen und erwiesen nicht den „Deutschen Gruß" („Heil Hitler"!). Es wurde auch immer schwerer, Redner zu gewinnen. In manchen Ortsgruppen versuchten die Leiter, alle Amtsträger wöchentlich zu versammeln, um ihnen Verfügungen und „weltanschauliche Fragen" vorzutragen.

Immer wieder gab es freilich auch „Höhepunkte" der Parteiarbeit: Besuche hoher Führer mit Großveranstaltungen und Vorbeimärschen, „Werbefeldzüge", „Wahlkämpfe", Gedenkfeiern usw. Doch auch hierbei hatte man mit der Trägheit der Parteigenossen zu kämpfen und mußte sich oft genug mit halb leeren Sälen abfinden.

Die SA-Gruppe Nordsee hatte ihren Stab im Hause Holler Allee 75. Zu ihr gehörten 1935 auch ein Nachrichtensturm sowie drei Hilfswerklager in Varel, Malgarten und Blankenburg.

SA-Gruppenführer von Schorlemer mußte 1934 seine Stellung im Zusammenhang mit der Röhm-Affäre aufgeben; Nachfolger wurde der Brigadeführer, dann Gruppenführer und Rechtsanwalt in Eutin, Johann Heinrich Böhmcker, ein rauher Landsknechttyp.

Sein Stabsführer war Oberführer Brugger, später Oberführer Römpagel, sein Adjutant Standartenführer Valsechi, der später die SA-Brigade 62 (Unterweser) übernahm.

Die Gruppe hatte 1937 in Bremen eine Brigade 62 (Unterweser), zunächst Kohlhökerstraße 61, dann Holler Allee 81, und eine Marinebrigade 2, Caprivistraße 19. Die Brigade 62 unterstand zunächst dem SA-Oberführer Gellert, dann einem Kampfgefährten Böhmckers, SA-Oberführer Valsechi, der 1940 fiel und dessen Witwe Gruppenführer Böhmcker heiratete. Der Marinebrigade 2 in Bremen unterstanden Standarten in Bremen (Hafen), Wilhelmshaven und Wesermünde-Cuxhaven.

Etliche Honoratioren Bremens fanden sich in der Reiter-Standarte 62 mit ihren 8 Stürmen unter dem Standartenführer Wilhelm Eicke. Der Stab befand sich im Haus Holler Allee 81. Sie benutzte die Reithalle im Fedelhören, hielt engen Kontakt mit mehreren Reitervereinen und dem Bremer Pferdezucht-Verein. 1939 wurde die Reiterstandarte wegen Pferdemangels aufgelöst.

Es handelte sich bei der SA-Gruppe Nordsee um eine quantitativ imponierende Organisation, die auf den autoritären Gruppenführer Böhmcker zugeschnitten war, der dann seit 1937 auch noch das Amt des Regierenden Bürgermeisters in Bremen innehatte.

Die SA entsprach in ihrer Sozialstruktur annähernd der der Partei, wahrscheinlich waren Mittel- und Unterschicht etwas stärker vertreten. Vor allem aber blieb der Anteil jüngerer Leute größer. Aus einer Statistik von 1935 ergibt sich, daß nur 14 % der SA-Leute älter als 45 Jahre waren, 60 % aber unter 35. Was die Parteimitgliedschaft anbetrifft, so war nur etwa ein Viertel der SA-Leute Mitglied der NSDAP, von dem freilich etwa ein Drittel bereits 1932 in der Partei war.

Die SA verursachte auch nach der Röhm-Affäre mancherlei Unruhe. Jedes Vorgehen gegen Übergriffe von SA-Führern und -männern ergab für die Staatsanwaltschaft Schwierigkeiten. Es handelte sich dabei um Betrügereien, Körperverletzung usw. Noch schwieriger war es, gegen Unregelmäßigkeiten in der SA-Kasse vorzugehen, so etwa, als 1936 aus den Erträgen einer Straßensammlung Uniformen, der Wilhelm-Decker-Gedenkstein und Weihnachtszuschüsse für die SA finanziert wurden.

Auch in Bremerhaven war das Verhältnis zwischen Partei und SA nicht ohne Konflikte. Diese übte starken politischen Einfluß aus. Kreisleiter Kühn war jedoch ebenfalls ehrgeizig und erklärte am 22. Januar 1935 offen: „Bisher hat die SA in den Unterweserorten Politik gemacht. Das muß und wird in Zukunft grundsätzlich anders werden!"

Zum SS-Abschnitt XIV gehörten Ende 1934 fast 6800 SS-Leute. Der Stab hatte
1936 sich im Haus Rembertistraße 18, dann seit dem 6. Oktober 1936 im Gut Riensberg, Schwachhauser Heerstraße 240 (heute Focke-Museum) einquartiert. Die Führer wechselten häufig: Oberführer Hermann Harm (1934), Heinrich Jürs
1937 (1936) und seit Oktober 1937 Curt Ludwig. Vorgesetzter war der Führer des Oberabschnitts Nordsee in Hamburg.

Dem Abschnitt unterstanden die Standarten 88 in Bremen, Bahnhofstraße, dann Kaiser-Friedrich-Straße 11, unter SS-Sturmbannführer Alex Piorkowski, später unter Standartenführer Wilhelm Goecke, 24 in Oldenburg/Ostfriesland und 55 in Minden; im Kriege änderte sich die Einteilung. Auch eine Motorstandarte 14 in Bremen gehörte zum Abschnitt, ebenso die 9. SS-Reiterstandarte unter SS-Hauptsturmführer Hans von Salviati, seit Ende 1939 unter SS-Obersturmführer Bernhard Massury in Oldenburg.

Aus der Altersstatistik ergibt sich, daß 1934 nur etwa 1,5% der SS-Leute älter als 39 Jahre und fast 80% jünger als 29 Jahre waren. Bis Kriegsausbruch verschob sich die Alterspyramide zugunsten der älteren Jahrgänge: etwa 16% waren älter als 39, etwa 50% jünger als 28.

Die SS hatte auch in Bremen einen Förderkreis, zu dem – aus welchen Gründen auch immer – einige angesehene Personen des Wirtschafts-, Rechts- und Kulturlebens gehörten (die Jahreszahlungen bewegten sich zwischen 1,50 und 100,– RM).

Zwischen SS und SA gab es in Bremen manche Konflikte. Bezeichnend war ein
1. Mai 1934 Vorfall am 1. Mai 1934: An einem Tor des Weser-Stadions, wo die Hauptveranstaltung des „Tages der Arbeit" stattfand, hatte SS den Absperrdienst. Da es sehr warm war, die Ansprachen schlecht übertragen wurden und die Feier sehr lange dauerte, strebten zahlreiche Teilnehmer zum Ausgang, wo die SS sie aufzuhalten suchte; es gab erregte Auseinandersetzungen, bei denen auch Stahlhelmer beteiligt waren. Im Durcheinander kamen dann SA-Leute hinzu, die von der SS als „Schorlemerknechte" tituliert wurden. Es kam zu einem Handgemenge. Der Polizeisenator und der Führer des SS-Abschnitts XIV wurden mit der Sache befaßt; doch es fanden sich bezeichnenderweise keine Zeugen, die etwas gesehen oder gehört hatten, und so verlief denn alles im Sande.

Nachdem die SA ihre Bedeutung verloren hatte, gab es dann Konflikte zwischen der Polizei und der SS, die immer wieder versuchte, sich polizeiliche Funktionen anzumaßen und vor allem auch jede Polizeikontrolle über sich selbst ablehnte. Am 20. Oktober 1936 erließ der Führer des SS-Abschnitts 20. Okt. 1936 XIV, Oberführer Jürs, Richtlinien über die Zusammenarbeit mit der Polizei. Beide Seiten wollten kameradschaftlich miteinander verkehren. Auch innerhalb der SS stand es mit der Disziplin nicht zum besten, es fiel manchem schwer, absolut gehorsam zu sein. Und so gab es denn auch Ausschlüsse und Degradierungen. Auf dem Dienstplan standen für die Abendstunden vor allem Sport und Wehrübungen (Gepäckmarsch, Schießen usw.). Das Verhältnis der SS zur politischen Leitung wurde in Bremen als „korrekt" bezeichnet. Kreisleiter Blanke zeigte sich sehr reserviert.

Schon seit dem Juni 1934 liefen umfangreiche Vorbereitungen für den Alarmfall, der beim Ausbruch innerer Unruhen eingetreten wäre. Anfang 1938 mußte der SS-Abschnitt XIV für den Mob-Fall 70 Mann im Alter von 25 bis 35 Jahren zu den SS-Totenkopfverbänden stellen, die als „Polizeiverstärkung" bezeichnet wurden. Im September 1938 wurde die Zahl auf 300 Mann festgelegt, die sich am 6. Mobilmachungstag in der SS-Kaserne Oranienburg bei Berlin einzufinden hatten. Weiterhin mußten etliche über 45 Jahre alten SS-Männer für die Bewachung von Konzentrationslagern gemeldet werden.

Wem die SA zu sehr als primitiver Biertischklub und die SS zu geistlos-stramm erschien, wer aber dennoch aus beruflichen Gründen – etwa als Beamter oder Staatsangestellter – irgendeiner Parteigliederung angehören „mußte", der trat in die Reiter-SA, das Nationalsozialistische Fliegerkorps (NSFK), das sich nach 1937 aus dem Deutschen Luftsportverband entwickelte (Standort Bre- 1937 men unter dem Handelsstudienrat Sturmführer Karl Richter, Wachmannstraße 129), oder in das Nationalsozialistische Kraftfahrkorps (NSKK) ein, das seit 1931 eine selbständige Formation der Partei war. Am 23. August 1934 wur- 1934 den auch die SA-Motorformationen aufgelöst und in das NSKK eingegliedert.

Das NSKK Bremen gehörte zunächst zur Inspektion Nord in Kiel, dann zur Obergruppe Nord in Hamburg. Die Motorbrigade Nordsee, die ihren Stab in Bremen hatte, zählte 1935 immerhin etwa 10000 Mitglieder. Der Stab befand sich im Hause Delbrückstraße 18. Brigadeführer Wilhelm Uhde war ein PG von 1929, war zunächst Berufsoffizier und wurde dann in den mittleren Verwaltungsdienst übernommen, in dem er als Parteibuchbeamter bis 1941 zum Regierungsrat aufstieg. Er war seit 1934 für den NSKK-Dienst beurlaubt, 1937 kehrte er auf seinen Beamtenposten zurück und wurde durch den NSKK-Gruppenführer Jürgensen ersetzt. In Bremen gab es zudem die Motorstandarte 62 in der General-Ludendorff-Straße 132/138, deren Führer zugleich

NSKK-Sturm der Borgwardwerke, 1938

NSKK-Standortführer war. Weitere Standarten der Brigade befanden sich in Oldenburg (Nr. 63) und Osnabrück (Nr. 64).

Die Hitlerjugend in Bremen gehörte zum Gebiet 7 (Nordsee) mit Lühr Hogrefe als Gebietsführer; dem entsprach der Obergau 7 des BdM (mit Jungmädeln), beide mit Sitz in Oldenburg.

In Bremen gab es den HJ-Bann 75 mit Karl Jung an der Spitze; ihm unterstand auch der Jungbann 75 des Deutschen Jungvolks (DJ) mit seinem Führer Rolf Redeker. Beide waren eigenwillige, ehrgeizige und fanatische Nationalsozialisten, die auch vom patriotischen Wert der von ihnen betriebenen Ausrichtung der Jugend voll überzeugt waren. An der Unterweser gab es den HJ-Bann 285 in Wesermünde, der nicht zum Gebiet Nordsee gehörte.

Wenn es nach dem Kriege vielfach hieß, die HJ sei eine Art Pfadfinderklub gewesen, so war das eine Schutzbehauptung, die den Tatsachen nicht entsprach. Welches Ziel man verfolgte, äußerte Redeker im April 1937 mit aller Deutlichkeit: Gehorsam und Kameradschaft sollten die Grundlage der Erziehung sein. „Jungvolkjungen sind hart, schweigsam und treu." „In der Jungmädelschaft wird das Mädel zu einem straffen und frohen Menschen erzogen." Für viele Jugendliche mochte zwar erreichbar sein, daß sie „freiwillig Dienst tun und aus eigenem Entschluß die Forderung unserer Gemeinschaft" erfüllten. Wer dazu nicht bereit war, wurde eben doch gezwungen, und es ist in den Richtlinien denn auch sehr viel von „Dienst" und überhaupt nicht von Freiräumen der Lebensgestaltung die Rede. Weltanschaulich einseitige Ausrichtung und vormilitärische Erziehung bei der HJ waren eine Selbstverständlichkeit. Was nun das Prinzip, Jugend müsse durch Jugend geführt werden, anbetrifft, so wurde es so interpretiert, daß es sich um Führer handeln müsse, die „innerlich jung" seien, und dabei spiele das Lebensalter dann eine untergeordnete Rolle.

Die Anmaßungen der HJ gegenüber anderen Personen hielten mit Duldung der Bannführung an: Passanten wurden gezwungen, die Hakenkreuzfahne zu grüßen, Kleidungsstücke wurden ihnen entwendet, die als Uniformteile angesehen wurden. Immer wieder inspizierte der „Streifendienst" der HJ Lokale und nahm in ihnen „Verhaftungen" vor. Gestapo und Kripo kritisierten diese Übergriffe.

Hier und da rissen in den einzelnen Jungvolk- und Hitlerjugendgruppen auch andere Disziplinlosigkeiten ein, die sich bis zu Raufereien und Mißhandlungen durch Führer steigerten. Sie wurden vielfach Führern angelastet, denen es nicht gelang, sich durchzusetzen. So wurde die Führung von HJ und DJ zunehmend von Erwachsenen, vor allem jungen Lehrern, durchsetzt.

Das Verhältnis zwischen Schule und HJ blieb kritisch. Oft wurden Lehrer wegen einzelner Äußerungen und unzeitgemäßer Darbietung des Unterrichts-

stoffes denunziert. Einige „Führer" verhielten sich Lehrern gegenüber sehr anmaßend. Auch die Schullandheime und das Schulwandern blieben ein Ärgernis für die HJ. Schließlich wurde ein Staatsjugendtag eingeführt, an dem alle Mitglieder der Jugendorganisationen schulfrei hatten, um ihren „Dienst" abzuleisten. Der kleine Rest der Schüler, die nicht organisiert waren, sollten in der Schule weltanschaulichen bzw. „staatspolitischen" Unterricht erhalten. Ganz allgemein ließen die Leistungen – vor allem in der Höheren Schule – erheblich nach. Die HJ hatte 1939 an jedem Sonntag teils bis 13, teils bis 16 Uhr Dienst. Wer fehlte, wurde an seine Pflicht im Rahmen der „deutschen Volks- und Lebensgemeinschaft" erinnert und aufgefordert, sich zu rechtfertigen. Aus der Schule hörte man Stimmen, die von einer Überforderung sprachen und eine Beschränkung wollten.

13./15. August 1937 Vom 13. bis 15. August 1937 fand in Bremen ein Gebietsaufmarsch der Hitlerjugend auf dem Festplatz in der „Pauliner Marsch" statt. Die Straßen wurden mit Girlanden, Fahnen und Transparenten geschmückt. An den Wettkämpfen nahmen 6–8000 Jugendliche teil, die in Zelten untergebracht waren; im Weserstadion wurden die Nordsee-Kampfspiele ausgetragen; in der Stadt gab es Platzkonzerte. Dann fand am Sonntag, dem 15. August in der Pauliner Marsch ein Aufmarsch von 120000 Teilnehmern statt. Es redeten die Gauleiter Röver und Telschow sowie der Reichsjugendführer Baldur von Schirach. 2000 neue Fahnen wurden geweiht, vor der Börse gab es einen Vorbeimarsch der Jungen.

In jedem Frühjahr fand eine „Verpflichtung der Jugend" statt, die letzte am 25. März 1945. Dabei handelte es sich um die Überführung der 14-jährigen Pimpfe und Jungmädel in die Hitlerjugend und in den Bund Deutscher Mädel, womit zugleich für viele auch ein Übertritt ins Berufsleben verbunden war. Die Verpflichtung wurde als große Feierstunde mit Musik, Gesang, Reden von Parteigrößen und „Führerworten" gestaltet. Unverhohlen wollte man die Konfirmationsfeier verdrängen.

Stimmung, „Wahlen" 1936

Es ist aus den erhalten gebliebenen Akten nur sehr schwer zu entnehmen, wie die „Stimmung" in der Bevölkerung war, obwohl Gestapo, SD und Partei gehalten waren, sie zu erforschen und über sie zu berichten. Es wird noch lange dauern, bis aus Tagebüchern, Briefen usw. ein deutlicheres Bild entwickelt werden kann, wobei freilich kein quantitatives Ergebnis zu erwarten ist. Vor

Erinnerungsberichten ist sehr zu warnen; sie enthalten in der Regel ein unrealistisches Bild, das die Berichterstatter sich im Laufe der Jahre zurechtgelegt haben. Hier können nur einige Bemerkungen über die politische Stimmung mitgeteilt werden; wie sie in den Betrieben und bei den politischen Gegnern aussah, wird an anderer Stelle zu berichten sein.

Anfang Dezember 1934 kennzeichnete Kreisleiter Kühn von Wesermünde / Bremerhaven die Stimmung als ziemlich bedenklich: Die Wirtschaftslage sei schlecht, die Partei undiszipliniert, die einzelnen Organisationen arbeiteten gegeneinander, persönlicher Zwist von Funktionären mache einen fatalen Eindruck. Der bisherige Kreisleiter von Bremerhaven, Lorenzen, habe eine üble Günstlingswirtschaft betrieben. Im November 1935 wurde von einer NS-Ortsgruppe in Geestemünde festgestellt, daß viele Leute den Hitlergruß verweigerten; Parteifunktionären werde viel Mißtrauen entgegengebracht, ein Stürmerkasten sei eingeschlagen worden, auf der Seebeck-Werft würden Parteigenossen verspottet.

Bei den Behörden fiel 1936 auf, daß die Bevölkerung bei ihrer Meinungsäußerung sehr zurückhaltend war, weil man befürchtete, „als Meckerer oder Kritikaster oder als bewegungsfeindlich angeprangert zu werden". Man hatte den Eindruck, daß die Einschränkungen, die der Bevölkerung auferlegt waren, ohne Murren getragen wurden, während andererseits die Kritik an der politischen Führung wuchs und vor allem die Nicht-PGs den parteiinternen Querelen sehr kritisch gegenüberstanden. Den Zeitungen wurde kaum noch Glauben geschenkt, ihre Propagandaphrasen waren durchschaut. Hier und da klagte man über steigende Preise, die nicht durch entsprechende Lohnerhöhungen aufgefangen wurden.

Über die Wahlen vom 29. März 1936 läßt sich aus bremischem Material ab- | 29. März 1936
lesen, daß die propagandistische Vorbereitung durch die NSDAP mit großem Aufwand betrieben wurde. Ob damit vertuscht werden sollte, daß das Ergebnis bereits feststand, muß offen bleiben. Sicher ist nur, daß starker Zwang auf die Wähler ausgeübt wurde, tatsächlich zu wählen. Die Ortsgruppenleiter der NSDAP erhielten Wahllisten in doppelter Ausfertigung. Die eine wurde im Stimmlokal, die andere im „Wahlbüro" der Ortsgruppe geführt, um die Grundlage für einen „Schleppdienst" zu bieten. Von ihm wurden Aufforderungszettel verteilt; schließlich wurde in einem Formular eingetragen, warum der Wahlberechtigte gegebenenfalls nicht erschienen war. Wer irgendwie transportabel erschien, wurde zum Wahllokal gebracht. Eine schwerkranke Frau starb unmittelbar, nachdem sie ihre Stimme abgegeben hatte und in ihre Wohnung zurückgefahren worden war. So kam denn eine Wahlbeteiligung von 98 % zustande. Die Einschätzung des Wahlergebnisses muß offen bleiben: In

Bremen wurden nur 2,5 % ungültige Stimmen abgegeben, die als Oppositions-stimmen zu werten waren. Im Reich waren die Zahlen noch „günstiger": 98,8 % der Stimmberechtigten wählte, der Anteil der ungültigen Stimmen betrug 1,2 %. Die politische Führung der Hansestadt machte verschiedene widrige Umstände, u. a. die Querelen in der Partei, für das schlechte Abschneiden verantwortlich; doch solange nicht geklärt ist, wie die Wahlergebnisse zustande kamen, sind aus einem 98-Prozent-Ergebnis überhaupt keine Schlüsse zu ziehen. Als die „Wahlen" stattfanden, war die allgemeine Stimmung freilich angesichts der außenpolitischen Erfolge selbst bei der Arbeiterschaft „gut". Kaum waren die Wahlen vorüber, da kamen Sorgen über die künftige außenpolitische Entwicklung auf.

Schutzhaft und Konzentrationslager

Ganz eindeutig diente die Schutzhaft von Anfang an einer Umgehung des rechtsstaatlichen Verfahrens bei einer Verhaftung. Senator Laue schrieb sogar am 18. Oktober 1935 an den Reichsinnenminister, er wolle den Rechtsanwälten der Schutzhäftlinge weder Akteneinsicht noch Sprecherlaubnis erteilen. Nach Aufhebung der Bremer Konzentrationslager (Mai/Juli 1934) wurden die Schutzhaftgefangenen ins Gefangenenhaus am Ostertor überwiesen; das Wachkommando bestand dort aus 10 Mann. Bei den Gefangenen handelte es sich 1935 um Personen, gegen die ein Verfahren wegen Hochverrat eingeleitet war und die zur Vernehmung am Ort bleiben mußten. Ende 1934 gab es in Bremen 50 Schutzhäftlinge; die Zahl der Gefangenen vermehrte sich bis Ende Januar 1935 auf 79 und sank dann wieder.

Immer gab es auch eine größere Zahl von Überweisungen von Bremen in Konzentrationslager außerhalb, ohne daß ein gerichtliches Urteil vorlag. Dafür ein gut belegtes Beispiel: Ein etwa 45jähriger Mann wurde im März 1937 wegen seines „unsittlichen Lebenswandels" (wegen Alkoholismus und Arbeitsscheu) ins KZ Oranienburg eingewiesen. Die Mutter und einige Bekannte setzten sich vergebens für seine Freilassung ein, indem sie auf die Reue hinwiesen, die der Gefangene in Briefen geäußert hatte. Die Ablehnung der Entlassung wurde damit begründet, daß „der mit der polizeilichen Maßnahme angestrebte Zweck noch nicht erreicht" sei. 1940 ließ sich die Frau des Gefangenen von ihm scheiden. 1942 starb der Schutzhäftling im KZ Auschwitz angeblich eines natürlichen Todes. Die Urne wurde auf Kosten der Familie übersandt. Es handelte sich hierbei zwar nicht um einen „politischen" Fall; doch selbst wenn man davon ausgehen will, daß jeder Mensch auch der Gesellschaft gegenüber Pflichten hat, so kann Alkoholismus und Arbeitsscheu das Verhalten der NS-

KZ-Häftlinge in Sachsenhausen beim Zählappell

Behörden in keiner Weise rechtfertigen. Es handelte sich um eine staatlich organisierte Freiheitsberaubung und letzten Endes wohl auch um Mord.

Neben den großen Konzentrationslagern und ihren Außenlagern gab es die Emslandlager, bes. das bei Esterwegen. Es nahm 1934 etwa 200 bis 250 Häftlinge auf, die ausschließlich aus politischen Gründen eingewiesen wurden; Anfang 1935 kamen 600 „Berufsverbrecher" hinzu, so daß der Eindruck verstärkt wurde, es handle sich um ein Strafvollzugslager. Der Betrieb war militärisch, doch es gab Mißhandlungen; auch wurden bei Verstößen gegen die Lagerordnung schwere Körperstrafen verhängt und vollstreckt. Seit 1935 wurde das Wachpersonal von der SS gestellt („Wachtruppe Ostfriesland"). Es gab einige Erschießungen, die als Folgen von Fluchtversuchen vertuscht wurden.

Gestapo und Sicherheitsdienst (SD)

Okt. 1934   Die Referate der Gestapo in Bremen waren seit Oktober 1934: I. Registratur und Kartei (Verwaltung); II. Politische Exekutive; III. Abwehr. Im Referat II gab es Sachbearbeiter für Kommunismus (seit 1938 für Linksopposition mit den Unterabteilungen IIa1 für Kommunismus und IIa2 für SPD), Rechtsopposition und die N-Stelle (Nachrichtendienst).

Leiter der Bremer Gestapo war 1934 bis 1939 Polizeihauptmann, dann SS-Obersturmbannführer und Regierungsrat Erwin Schulz, der lange Berufserfahrungen in Bremen hatte. Er war ein verhältnismäßig korrekter Offizier, der über den Polizeidienst zur Gestapo gekommen war und dem später von führenden Sozialdemokraten „hochanständiges" Verhalten bescheinigt wurde. Was man ihm vorwerfen konnte, war die Tatsache, daß er ein Amt bekleidete, dessen Tätigkeit dem NS-Regime in hohem Maße diente. Er wurde 1939 ins Sudetenland, später nach Rußland kommandiert, wo er eine Einsatzgruppe befehligte, jedoch sehr bald mit Erfolg um Versetzung in ein anderes Amt nachsuchte. In einem Nürnberger Prozeß wurde er zu 20 Jahren Gefängnis verurteilt, dann aber auf bremisches Ersuchen („Schulz war als sympathischer und korrekter Vorgesetzter sehr geschätzt") 1952 begnadigt.

13. Juli 1935   Seit dem 13. Juli 1935 war die Gestapo direkt dem Senator für innere Verwaltung zugeordnet. Um eine einheitliche Leitung im Reichsmaßstab zu erreichen, hatte sie den Weisungen Himmlers als Politischem Polizeikommandeur

7. Okt. 1935   zu folgen. Seit dem 7. Oktober 1935 galt die Bezeichnung „Geheime Staatspolizei Bremen".

Der Leiter der Staatspolizei war zugleich auch Sachbearbeiter für politische Polizeiangelegenheiten, die beim Senator für innere Verwaltung angesiedelt waren. Der Leiter hatte den Anweisungen des Senators zu folgen, soweit nicht Anordnungen des Gestapo-Amtes in Berlin entgegenstanden.

17. Juni 1936   Am 17. Juni 1936 wurde das Amt des Reichsführers SS mit dem neu geschaffenen des Chefs der Deutschen Polizei im Reichsinnenministerium verbunden; damit wurde die Polizei unter Einschluß der Gestapo Himmler unterstellt, der auch vorher schon entscheidenden Einfluß auf die Gestapo ausgeübt hatte. Das bisherige „Staatspolizeiamt Bremen" wurde nun in „Staatspolizeistelle Bremen" umbenannt. In der personellen Besetzung gab es keine Veränderung; in der Dienststelle waren 46 Beamte und Angestellte beschäftigt. Außenstellen waren den bremischen Ämtern in Bremerhaven und Vegesack zugeordnet. Am 19. Oktober 1936 wurde noch eine Außenstelle im Hafen eingerichtet. Mit der Gebietsreform 1939 bekam die Staatspolizeistelle Bremen eine weitere Außenstelle in Blumenthal, während die in Bremerhaven schon 1937 verlorenging

(hier gab es dann eine eigene Staatspolizeistelle Wesermünde-Bremerhaven). Die Zuständigkeit der Staatspolizeistelle Bremen beschränkte sich in dieser Zeit immer noch auf das Land Bremen ohne Bremerhaven. Was die Unterstellung anbetraf, so war sie seit 1936 äußerst kompliziert und auch strittig. Sie war dienstlich dem Geheimen Staatspolizeiamt in Berlin unterstellt. Der Leiter der Stelle in Bremen aber blieb andererseits auch Referent beim Regierenden Bürgermeister und mußte dessen Weisungen befolgen. Bisher hatte zudem eine Abhängigkeit vom Senator für Innere Verwaltung, dem die Polizei zugeordnet war, bestanden. Diese wurde nun aber vom Leiter der Staatspolizeistelle, Hauptmann Erwin Schulz, angefochten. Bürgermeister Böhmcker bestritt diese Auffassung und erklärte, auch mit Hinweis auf preußische Verhältnisse, die Staatspolizeistelle sei der inneren Verwaltung zugeordnet, wenn auch zugleich „in bezug auf die Gliederung" ein gewisses Maß an Abhängigkeit vom Geheimen Staatspolizeiamt in Berlin bestand. Er forderte daher, daß über alle „politischen Angelegenheiten von Bedeutung" der Regierende Bürgermeister und der Senator für innere Verwaltung zu unterrichten sei. Dieser Auffassung stimmte sogar die Dienststelle des Reichsführers SS und Chefs der Deutschen Polizei im wesentlichen zu.

Das Ausmaß der Tätigkeit der Staatspolizeistelle Bremen ist nur teilweise zu erfassen, da die meisten Unterlagen am Kriegsende vernichtet wurden. Über Festnahmen hat sich eine Statistik von Oktober 1935 bsi März 1936 erhalten: In der Bremer Gestapostelle waren es monatlich 4 bis 7, in Wesermünde 0 bis 9; in Bremerhaven erfolgten nur im März 1936 10 Festnahmen. In Hamburg bewegten sich die Zahlen zwischen 16 und 153, waren also sehr viel höher, freilich auch bedingt durch die größere Einwohnerzahl. Die Gesamtzahl der Festnahmen betrug im angegebenen Zeitraum in Bremen, Wesermünde und Bremerhaven 63 (in Hamburg 473, in Berlin 1184!). Durch Aussagen wissen wir auch, daß die Gestapo 1936 die Wahlunterlagen durchsah und vor allem die Nichtwähler auf Karteien erfaßte. 1937 bearbeitete die Bremer Gestapo monatlich 4 bis 13 Heimtückefälle. Verglichen mit anderen Staatspolizeistellen war das eine geringe Zahl (Hamburg: 23–90 Fälle monatlich!).

Das für die Zeit vom 10. Dezember 1938 bis zum 14. April 1939 erhaltene Brieftagebuch der Bremer Staatspolizeidienststelle enthält täglich 10 bis 20 Eingänge sowie 7 bis 20 Ausgänge. Die Eingänge kamen vor allem vom Gestapo-Amt in Berlin, aber auch von bremischen Staats- und Parteistellen sowie von Privatleuten. Die Ausgänge waren zu einem großen Teil an das Berliner Gestapoamt gerichtet, enthalten aber auch Mitteilungen an Dienststellen, sehr selten Schreiben an Privatleute. Im ganzen enthält das Buch 1709 Nummern, die zum Teil Ein- und Ausgänge enthalten (etwa 1370 Eingangs- und etwa 1540

Ausgangsbearbeitungen, im Durchschnitt täglich 14 Eingangs- und 15 Ausgangsbearbeitungen). Sieht man einmal vom üblichen Behördenbriefwechsel ab, so zeigt sich, daß eine Fülle von Denunziationen bzw. Anzeigen durch Partei- und Staatsstellen, Betrieben und Privatpersonen eingingen, deren Aufzeichnungen hervorragendes Material für die Naziverfolgung nach 1945 dargestellt hätte, wenn das Buch nicht ungeprüft im Gewahrsam der Amerikaner in einer Kiste gelegen hätte. Man erkennt sehr deutlich, mit welchem Fleiß sich die Staatspolizeistelle kirchlichen Problemen (Bekennende Kirche, Heilsarmee, katholische und neuapostolische Kirche usw.), mit Vorgängen in Betrieben, mit den Juden, mit Schutzhaftfragen, Haftentlassungen, verdächtigen Ausländern, mit verschiedenen Vereinen und dem Abhören ausländischer Sender beschäftigt hat.

Der SD blieb weiterhin unabhängig von der Gestapo. Nach und nach wurde ein verzweigter Apparat von V-Leuten und Informanten aufgebaut; aber erst **1935** Mitte 1935 kann man von einer im Sinne der Machthaber gut funktionierenden SD-Außenstelle in Bremen sprechen, die mit einigem Erfolg Stimmungs-, Kultur- und Wirtschaftsanalysen verfaßte. Sie unterstand dem SD-Oberabschnitt Hannover. In Bremen wurde 1935 der SD-Abschnitt XIV, seit 1935 in der Graf-Moltke-Straße 60 (Deckadresse „Hermann Hertel"), etabliert, dem auch die bereits bestehende Außenstelle in der Hohenlohestraße, dann in der **1937** Sögestraße 48 II, unterstellt wurde. Leiter des SD-Abschnitts war seit 1937 der SS-Hauptsturmführer Krohn; es gab manchen Personalwechsel.

Die Außenstelle unter SS-Oberscharführer (später Hauptsturmführer) Hans Rosenbusch war zunächst auf die Nachrichtenbeschaffung in den Bereichen Wirtschaft und Kultur spezialisiert, dann aber mußte immer stärker die Stimmung in der Bevölkerung erforscht werden, vor allem in der Kriegszeit. Zur Materialgewinnung waren zahlreiche Verbindungsmänner eingesetzt. Im Büro waren zwei SS-Führer und zwei Stenotypistinnen angestellt.

Polizei

Was die Polizei anbetrifft, so nahm sie zum größten Teil Aufgaben wahr, die nicht politischer Natur waren und in jedem Staatswesen zur Herstellung und Wahrung der inneren Sicherheit und Ordnung üblich sind; dennoch zeigte sich vor allem in der Personalpolitik eine verhängnisvolle Politisierung.

1935 stand an der Spitze der Polizeiverwaltung in Bremen die Polizeidirektion, deren Leitung zwar formal beim Senator für innere Verwaltung (Theodor Laue) lag, doch dieser überließ die Geschäftsführung weitgehend seinem „ständigen Vertreter" Dr. jur. Georg Pott, der erst am 1. Mai 1933 in die Partei eingetreten war; er galt als tüchtiger Fachmann, aber auch als arrogant. Als enger Vertrauter Senator Laues wurde er wie dieser von der SA und der Partei immer wieder heftig kritisiert. Bürgermeister Heider sah im Sommer 1936 seine Versetzung ins Oberversicherungsamt vor, mußte aber auf den Druck Laues hin die Absicht aufgeben.

Die Landeskriminalpolizei unterstand dem früheren Richter Dr. jur. Conrad Parey, der vom Stahlhelm in die SA gelangt war und sich politisch anpaßte, ohne jemals zu einem typischen „Parteibeamten" zu werden. Auch er erfreute sich der Gunst Senator Laues.

Im Sommer 1936 kam Dr. Parey als Leiter der Kriminalpolizei in Gefahr. Er wurde als Richter an das Landgericht versetzt. Als dann die Polizei seit dem 1. April 1937 dem Reich unterstellt wurde, erfolgte eine Erweiterung der Zuständigkeit der Bremer Kriminalpolizei auf die Regierungsbezirke Stade und Aurich. Es entstand eine Kriminalpolizeileitstelle, der in Bremen zwei Kriminal-Inspektionen unterstanden. 1936

1. April 1937

Am 1. Januar 1935 trat an die Stelle von Oberst Potel der Oberst Wittke als Kommandeur der Landespolizei. Schon am 30. September wurde im Kommando der Schutzpolizei der Oberstleutnant Stichert durch Oberstleutnant Dr. Heinrich Lankenau aus Oldenburg ersetzt, der am 9. November 1936 zum Oberst befördert wurde. Dieser war ein altgedienter Polizeioffizier, der am 1. Mai 1933 in die NSDAP eingetreten war. Er kam 1935 auf Wunsch von 1. Jan. 1935

*Polizei-Oberstleutnant
Dr. Lankenau*

301

Gauleiter Röver gegen den Protest von Senator Laue nach Bremen und ließ keinen Zweifel an seiner politischen Linientreue.

An diesen vielen Veränderungen wird deutlich, daß es in der Polizei viel Un-
April 1936 ruhe und manche Querelen gab. Vom 17. bis 29. April 1936 versuchte diese durch eine Aufklärungswoche mit einer Polizeiausstellung ihr Ansehen aufzupolieren.

1. Mai 1936 Kurz darauf, am 1. Mai 1936, wurde eine „Polizei-Hundertschaft" zur Ausbildung von Wachtmeistern für die Schutzpolizei aufgestellt. Sie war zunächst im Hafen untergebracht und bezog dann die „Polizeikaserne" Oberneuland im
Aug./Sept. 1936 bisherigen Kinderheim Holdheim. Am 1. August 1936 wurde auch die berittene Polizeistaffel reaktiviert und in Hastedt stationiert. Die Einteilung der Polizei-Abschnitte und -Reviere wurde am 1. September verändert.

Oberst Dr. Lankenau war als Kommandeur der Schutzpolizei sowie als Inspekteur der Ordnungspolizei in Bremen und Oldenburg eine Kreatur Gauleiter Rövers und daher ein Intimfeind Senator Laues. Vor allem nach der Unterstellung unter das Reich 1937 ergab sich immer wieder die Frage nach den Weisungsbefugnissen des Senats und des Reichsstatthalters über die Polizei. Laue wandte sich nun an den Reichsinnenminister, doch blieb die Frage bis
Okt. 1937 zum Rücktritt Laues ungeklärt. Am 1. Oktober dieses Jahres wurde Oberst Dr. Lankenau nach München versetzt; er erhielt in Oberstleutnant Curt Pohlmeyer aus Berlin einen Nachfolger.

28. März 1938 Am 28. März 1938 beschloß der Senat für das Land Bremen ein Polizeigesetz, durch das dem Polizeipräsidenten die bisherigen Befugnisse der Polizeidirektion übertragen wurden, wobei allerdings die Staatspolizeistelle (Gestapo) ausgeschlossen blieb. Oberste „Landespolizeibehörde" blieb der Regierende Bürgermeister, doch war es in dieser Zeit bereits der Reichsführer SS und Chef der deutschen Polizei, Heinrich Himmler, der den gesamten Polizeiapparat im Griff hatte.

5. Mai 1938 So wurde am 5. Mai 1938 SS-Oberführer Kurt Ludwig als Polizeipräsident eingesetzt. Er stammte aus einer thüringischen Bauernfamilie, war Parteigenosse von 1925 und hatte in der SS Karriere gemacht; im Oktober 1937 wurde er Führer des SS-Abschnitts XIV. Er kam also nicht von der Polizei und war ein primitiver Mann, der Verwaltungsarbeit verabscheute. Kurz nach seinem Amtsantritt, am 10. Mai 1938, übernahm Oberst Johannes Schroers das Kommando der Schutzpolizei in Bremen. Er war Rheinländer und altgedienter Polizeioffizier mit viel Energie und organisatorischen Fähigkeiten. Er gab sich auch sehr selbstbewußt und eigenwillig. Parteigenosse war er seit dem 31. Juli 1932 und seit Dezember 1935 Mitglied des Volksgerichtshofes. Bevor er nach Bremen kam, war er Kommandeur der Schutzpolizei in Köln gewesen. Er

hatte von Anfang an großen Einfluß auf die gesamte bremische Polizei, zumal der Polizeipräsident Kurt Ludwig unfähig war, sein Amt ordnungsgemäß zu verwalten.

Sondergericht

Für politische „Straftaten" waren seit 1933 das Sondergericht beim Oberlandesgericht in Hamburg und der Volksgerichtshof in Berlin zuständig. Seit dem 19. November 1934 hatte das Sondergericht nur noch eine Kammer. Den Vorsitz führte der Landgerichtsdirektor Dr. Karl Rüther, ein ehrgeiziger Jurist und fanatischer Nationalsozialist, der später Präsident des Landgerichts in Bremen wurde. Am 1. Mai 1936 folgte ihm Landgerichtsdirektor Dr. Schwarz; Stellvertreter war Landgerichtsdirektor von Bargen. Weiter gehörten zwei rechtunkundige Beisitzer und ihre Vertreter zum Gericht. Bis zum 23. Februar 1935 vertrat Dr. Waldemar Seidel, Staatsanwalt beim Landgericht, die Anklage bei den Bremer Fällen; ihm folgte Staatsanwalt Dr. Bodo Meier, der von Staatsanwalt Johann A. Albrecht vertreten wurde. Aber auch Dr. Seidel übernahm noch weiterhin einzelne Fälle.

Eine Neuerung bedeutete es, daß seit dem 11. April 1935 die Bremer Sondergerichtssachen nur noch durch die Staatsanwaltschaft nach Hamburg weitergereicht, nicht aber bearbeitet wurden. Erst nach Abschluß des Verfahrens sollte die Oberstaatsanwaltschaft beim Landgericht Bremen Akteneinsicht erhalten, um die Verfahren zu beschleunigen und zu vereinheitlichen. **11. April 1935**

War das Gericht zunächst vorwiegend mit den „leichteren" Hochverratsfällen befaßt worden, so kam nach dem 20. Dezember 1934 (Gesetz gegen heimtückische Angriffe auf Staat und Partei und zum Schutz der Parteiuniformen) eine Flug von „Heimtückefällen" hinzu; seit dem 24. September 1935 folgte das Delikt der Beschimpfung der NSDAP. In der Folgezeit wurde die Zuständigkeit immer mehr erweitert, wobei auch unpolitische Fälle, die beschleunigt werden sollten, an das Sondergericht abgegeben wurden. Das Eröffnungsverfahren entfiel ebenso wie die Möglichkeit von Rechtsmitteln gegen das Urteil. **20. Dez. 1934** **24. Sept. 1935**

Die Vielfalt der Delikte machte es immer schwerer, sie zu bewerten, so war etwa die Grenze zwischen mißbräuchlicher Benutzung nationaler Embleme, Sprüche und Lieder sowie Heimtücke fließend. 1936 hatte sich die Kreisleitung Wesermünde mit dem „Fall" eines Parteigenossen zu befassen, der bei der Kastrierung von Schafböcken diesen einen Kranz mit Hakenkreuzfahne umgehängt hatte, „weil die Hakenkreuzfahne ja heute überall dabei sein müsse". Und das war sogar ernst gemeint, wurde aber von der Partei als mißbräuchliche Benutzung nationaler Symbole aufgefaßt; doch fehlte hier eindeutig der Vorsatz, und so blieb es denn bei einer Verwarnung.

Widerstand und Verfolgung politischer Gegner

Es wurde u. a. behauptet, „daß der Widerstand in Bremen vor allem von der organisierten Arbeiterschaft, von den Gewerkschaften, von Kommunisten und Sozialdemokraten getragen" worden sei. Diese Wahrheit sei „weitgehend aus dem öffentlichen Bewußtsein verdrängt" worden. Es stellt sich natürlich die Frage, warum es trotz vieler Veröffentlichungen nicht gelungen ist, diesen Sachverhalt erfolgreich ins Bewußtsein zu rücken, vor allem aber auch, ob das nicht am Mißtrauen liegt, das vielen der bisherigen Darstellungen entgegengebracht wurde. Sogar die skeptische Frage wurde gestellt, ob es denn während der ganzen NS-Zeit oder auch nur vorübergehend eine „organisierte Arbeiterschaft" gegeben habe und wie ihre politische und historische Wirksamkeit, wenn es sie schon gegeben hat, überhaupt gewesen sei. Könnte es nicht sein, daß viele Veröffentlichungen einen Zustand widerspiegeln, den bestimmte Gruppen sich aus guten Gründen gewünscht haben mögen? Man kann nur hoffen, daß die mit dem Einsatz von fast einer halben Million DM öffentlicher Gelder geförderte Untersuchung über Widerstand und Verfolgung in Bremen überzeugender ist als die bisherigen Veröffentlichungen. Vielleicht zeigt sich dann aber auch, daß es mehr Verfolgung als aktiven Widerstand gegeben hat. Die Lage in den Betrieben wurde gelegentlich so gesehen, daß „ein großer Teil der Arbeiter sich der Gleichschaltung gegenüber desinteressiert oder ablehnend" verhielt und daß „die Interessengegensätze zwischen Betriebsführung und Arbeitnehmerschaft" bestehen blieben. Das mag richtig gesehen sein, obwohl genauere Analysen unmöglich sind. Dennoch waren die Voraussetzungen für einen breiten aktiven Widerstand gegenüber den neuen Machthabern durchaus nicht günstig. Der politische Druck bewirkte eine Einschüchterung, und es gab auch die weit verbreitete Auffassung, daß die offensichtliche Besserung der wirtschaftlichen Lage auch dem einzelnen Arbeiter mehr Sicherheit und auf lange Sicht der breiten Masse eine Anhebung des Lebensstandards zu versprechen schien. Politische Kontakte Oppositioneller gab es in Bremen auf verschiedene Weise. Einige Funktionäre der Parteien und Gewerkschaften gingen als Vertreter für bestimmte Firmen und Waren einer ambulanten Beschäftigung nach und suchten vor allem die alten Genossen auf, wobei es immer wieder zu politischen Gesprächen kam. Auch die alten persönlichen Kontakte wurden keineswegs abrupt abgebrochen; sie wurden unter Nachbarn, Vereinsfreunden und Arbeitskollegen weiter gepflegt. Es mag sein, daß es bei den Kommunisten hier und da Dreier- oder Fünfergruppen, Instrukteure, Kuriere, Deckadressen usw. gab, wie in Prozessen von der Anklage und später von Widerstandskämpfern immer wieder behauptet wurde. Bei der SPD gab es derartiges offenbar nicht. Während es zunächst noch gelang, Flugblätter und Ersatzzeitungen in verborgenen Druckereien und auf eigenen Abzugsapparaten herzustellen, kamen seit 1935 vor allem im Ausland gedruckte und meistens durch Schiffe hereingeschmuggelte Drucksachen nach Bremen. Was hier gelegentlich noch hergestellt wurde, waren kleine Handzettel und Wandmalereien.

Im Herbst 1934 denunzierte eine Frau ihren illegal für die KPD tätigen Mann. Es kam zu Haussuchungen und Verhören, die die gesamte Organisation aufdeckten und zur großen Aktion gegen „Waldheim und Genossen" mit mehr als 120 Verhaftungen führte. Darunter war auch die Bezirksleitung der illegalen KPD. Im November 1934 wurden noch einmal 50 Funktionäre verhaftet, und es ergab sich bei den Vernehmungen, „daß die KPD ganz fest organisiert" war und vor allem auch Kontakte nach Holland unterhielt. Der Waldheim-Prozeß mit 75 Angeklagten fand Ende 1935 statt und endete mit der Verhängung hoher Zuchthaus- und Gefängnisstrafen.

Seit dem 5. November 1934 wurden zahlreiche Sozialdemokraten und Reichsbannerleute verhaftet. Sie wurden ins Polizei- und Gerichtsgefängnis eingewiesen und in entwürdigender Weise verhört. Seit dem Sommer 1935 ermittelte und verhandelte dann das Hanseatische Oberlandesgericht wegen „Vorbereitung zum Hochverrat" und „Verbrechens gegen das Gesetz gegen die Neubildung von Parteien" gegen 88 SPD- und Reichsbannermitglieder, darunter Hermann Osterloh, Willy Dehnkamp, Hans Hackmack und Anna Stiegler. Das Verfahren gegen Jazdziewski und Genossen wegen Hoch- und Landesverrats wurde abgetrennt und vom Volksgerichtshof in Berlin übernommen.

Die Tätigkeit der Angeklagten wurde durchaus unterschiedlich dargestellt und eingeschätzt. Die Emigrantenpresse jener Zeit tat so, als ob den Angeklagten nur läppische Dinge vorgeworfen werden könnten; so hieß es von einem, er habe eine Schreibmaschine transportiert, ohne zu wissen, wofür diese benutzt werden sollte; ein anderer habe nur einen Hetzzettel geklebt, ein weiterer ein (erpreßtes) Loyalitätsversprechen gebrochen. Im ganzen wurde die Beweislage als äußerst mager angesehen. Nach 1945 wurde die illegale Tätigkeit dann aber als äußerst konsequent und mutig bezeichnet.

Die Gestapoberichte, die sich erhalten haben, zeigen, daß die Beweislage des Gerichts gar nicht so schlecht war, was die Betroffenen nach Kenntnisnahme der Gestapo-Unterlagen bestätigten. Seit 1935 wurde der Versuch gemacht,

Nov. 1934

Ende 1935

5. Nov. 1934

1935

Kontakte unter den Genossen zu fördern: Ausflüge wurden unternommen, Emigrantenzeitungen verteilt, Zusammenkünfte abgehalten, Beiträge und Unterstützungsgelder gesammelt. Dabei profilierten sich Anna Stiegler, Hermann Osterloh, Hans Hackmack und Paul Ernemann als Führungspersonen. Auch Kontakte mit Hamburger Genossen und sogar mit Emigranten in Holland wurden aufgenommen. Im Prozeß gegen Jazdziewski und Genossen wurde im Volksgerichtshof eine konspirative Tätigkeit von Reichsbannergruppen aufgedeckt: Es sollten die beiden Abteilungen Süd und West mit Kameradschaften und Gruppen erneuert, doch nur zuverlässige Leute aufgenommen werden (man zählte etwa 100 Mitglieder). Es war – nach kommunistischem Vorbild – an den Aufbau von Fünfergruppen gedacht. Kreis- und Bezirksleiter sollte Heinrich Kröplin werden, sein Stellvertreter und Abteilungsleiter Süd Jazdziewski, Abteilungsleiter West aber der Arbeiter Friedrich Braams. Waldemar Pötsch war als Verbindungsmann zum Ausland vorgesehen; er ging im September 1933 nach Antwerpen, von wo aus er die Bremer Genossen mit Propagandamaterial versorgte. Im Februar 1934 wurde Jazdziewski Kreisleiter. Ende Januar hatte bereits bei Braams eine Haussuchung stattgefunden und dieser hatte alle seine Ämter niedergelegt. Die Abteilung West wurde von Erich Prenzel übernommen. Die Zusammenarbeit war durchaus konspirativer Art, wobei der Nachrichtenleiter Alfred Göbel von besonderem Gewicht war. Er nahm auch Kontakte mit Hamburger Genossen auf.

1. Aug. 1935 Am 1. August 1935 begannen die großen „Reichsbannerprozesse" gegen
19. Nov. 1935 „Willy Dehnkamp und Genossen", seit dem 19. November folgte der Prozeß gegen SPD-Mitglieder „Osterloh und Genossen", wobei zahlreiche Zuchthaus- und Gefängnisstrafen verhängt wurden.

Zu jenen aufrechten Sozialdemokraten, die 1935 im Dezember wegen illegaler Tätigkeit verurteilt wurden, gehörte auch Karl Stiegler. Zwar war seine zweijährige Gefängnisstrafe vergleichsweise milde, doch er wurde nach der Strafverbüßung in das KZ Sachsenhausen überführt, wo er 1945 bei der Räumung des Lagers als nicht transportfähig ermordet wurde. Sein Mitstreiter Johann Kühn erhielt am 28. November 1935 3 ½ Jahre Zuchthaus, wurde dann nach Verbüßung der Strafe ins KZ eingewiesen und starb nach der Räumungsaktion auf dem Marsch von Oranienburg nach Bergen-Belsen im Februar 1945. Das Urteil gegen den Maurer Theophil Johannes Jazdziewski und Genossen (im

21. Aug. 1935 ganzen fünf Personen), wurde am 21. August 1935 durch den Volksgerichtshof in Berlin gesprochen. Jazdziewski und Alfred Göbel erhielten 4½ Jahre Zuchthaus; drei weitere 3½ Jahre und 2 Jahre Zuchthaus sowie ein Jahr Gefängnis. Die Angeklagten waren voll geständig. Als Jazdziewski und Göbel am 21. September 1938 ihre Strafe abgebüßt hatten, wurden sie sogleich in ein Konzentra-

tionslager eingewiesen, weil man annahm, daß sie ihre alten Kontakte wieder aufnehmen würden. Jazdziewski starb im KZ Dachau am 3. Juni 1941. Nach diesen Prozessen war die Resignation bei den SPD-Genossen weit verbreitet. Ein engerer Kreis unterhielt auch weiterhin Kontakte, freilich mehr in der Form von Kameradschaft als in der Absicht einer Konspiration. Dabei spielten karitative Probleme eine große Rolle: Man sammelte Gelder, um die Familien der Inhaftierten zu unterstützen. Es gab freilich auch einige Verbindungen zu Kommunisten, doch keine Teilnahme an deren Aktivitäten. Andere ehemalige Genossen stellten sich völlig abseits und waren bestrebt, in keiner Weise aufzufallen; viele aber biederten sich sogar bei den neuen Machthabern an, um zum eigenen Vorteil die „Flecken" in der politischen Vergangenheit vergessen zu machen.

Die Bremer Gestapo sah in den ehemaligen Sozialdemokraten nach 1935 im ganzen keine Gefahr. Nur wenn einer von ihnen denunziert wurde oder anderweitig auffiel, war seine ehemalige Zugehörigkeit zur SPD von Bedeutung. So konnten selbst Männer wie Alfred Faust und die ehemaligen Senatoren Kaisen, Klemann, Sommer, Deichmann und Rhein, zudem die meisten Bürgerschaftsmitglieder, unbehelligt in Bremen leben und einem Beruf nachgehen. Die Einschätzung der Bremer Gestapo im Februar 1936: „Die SPD ist als illegale Organisation nicht zu bewerten. Einzelne Teile sind nahezu tatenlos. Infolgedessen wird von den rührigen Elementen versucht, den Zusammenschluß mit der KPD aufzunehmen." Die Gestapo interessierte sich auch für die berufliche Tätigkeit und finanzielle Lage ehemaliger Sozialdemokraten. Einige ehemalige Beamte und Senatoren bezogen Ruhegehalt; andere gingen einer Berufstätigkeit nach. Mehrere aktive Sozialdemokraten blieben in jenen Industrie- und Handwerksbetrieben, in denen sie bisher tätig waren; einige waren lange Zeit arbeitslos.

Für bedenklich wurden freilich die Kontakte von Mitgliedern des „Arbeiter-Sängerchors" und der SAJ gehalten. Sie unternahmen Wanderungen und Fahrten, auf denen marxistische Schulung betrieben wurde. 25 Personen seien besonders aktiv, aber aus taktischen Gründen noch nicht verhaftet worden. Der „Arbeiter-Sängerchor", der durchweg aus Sozialdemokraten bestand, veranstaltete am 10. März 1935 sogar ein Konzert mit Festball im Casino. Gestapo-   **März 1935** Beamte beschatteten die Veranstaltung, wobei sie freilich von Teilnehmern erkannt wurden; zum Eingreifen ergab sich kein Anlaß.

Gelegentlich wurde in Schiffsfrachten illegale Literatur gefunden, die aus dem Ausland eingeschmuggelt werden sollte. Andererseits gelangten aber auch manche Informationen, etwa über die Prozesse von 1935, ins Ausland, wo in der Presse kritische Berichte erschienen.

Bei den Kommunisten ging die illegale Arbeit trotz der vielen Verhaftungen Ende 1934 weiter. Will man einigen Veröffentlichungen glauben, so gab es auf der AG „Weser" 1934/35 eine „kommunistische Betriebszelle", die den „Kampf für die Beseitugung der faschistischen Diktatur und für die Errichtung eines demokratischen und sozialistischen Staates der Werktätigen fortsetzte". Es ist hier nicht zu untersuchen, wie weit die von ihnen angestrebte Diktatur des Proletariats demokratische Züge getragen hätte, sicher ist jedenfalls, daß es 1936 bei den Werftarbeitern Verhaftungen gab, u. a. von Leo Drabent, der zu drei Jahren Zuchthaus verurteilt wurde, und von Ernst Nowak, der am 8. Dezember 1936 nach Gestapoverhören angeblich durch Freitod endete. Als weiterer aktiver Kommunist auf der AG „Weser" wird der Elektroschweißer Robert Saevecke genannt, der 1943 verhaftet wurde und später (1945) wahrscheinlich in einem Lager in Holland umkam. Auch auf dem Bremer „Vulkan" in Vegesack soll es eine organisierte Widerstandsgruppe gegeben haben, zu der Hans Neumann gehörte, der 1936 verhaftet wurde, ebenso wie der kommunistische Schlosser Hermann Cornelius in Grohn. Dieser erhielt wegen Vorbereitung zum Hochverrat drei Jahre Zuchthaus.

Bezeichnend ist, was der NS-Ortsgruppenleiter von Vegesack, Otto Denker, 1935 am 12. Juli 1935 an die Gestapo schrieb: Der Bremer Vulkan habe von jeher eine marxistisch eingestellte Belegschaft gehabt. Die Einstellung habe sich bisher nicht geändert. In Latrinen finde man immer wieder „Inschriften" wie „Rot Front lebt" usw. Viele marxistische Funktionäre seien weiterhin auf der Werft beschäftigt und hätten z. T. „noch führende Posten". So hätten einige Meister geäußert: „Wir brauchen keine SA, sondern I A-Leute." Die Vertrauensleutewahl sei gescheitert, und so habe der Treuhänder der Arbeit einen Vertrauensrat einsetzen müssen. Ähnliches ist von der Seebeck-Werft in Bremerhaven Ende 1935 überliefert. Hier wurden Parteigenossen verspottet, die dann die „Täter" verhaften ließen. Die DAF-Kreisleitung war der Auffassung, daß man die Belegschaft von 2000 Mann, von denen 1200 jahrelang arbeitslos gewesen waren, erst einmal schulen müsse, bevor man so scharf vorgehe.

Selbst im Zuchthaus Oslebshausen gab es politische Diskussionen; zu denen, die auf diesem Gebiet besonders aktiv waren, gehörte der kommunistische Pfälzer Matthias Thesen, der im Februar 1935 ins Zuchthaus Brandenburg verlegt wurde. Später (1944) wurde er im KZ Sachsenhausen erschossen.

Der illegale Leiter des KP-Bezirks Nordwest war in dieser Zeit offenbar der Berliner Conrad Blenkle, der 1941 in Dänemark verhaftet und am 20. Januar 1943 hingerichtet wurde.

Auch der kommunistische Jugendverband wurde 1935/36 wieder aufgebaut. Man vereinbarte Treffs, fertigte Flugblätter und unterhielt Kontakte mit Emi-

granten im Ausland. 1936 wurde die Organisation aufgedeckt, fast 70 Perso- 1936
nen wurden verhaftet, die dann auch zu einem Geständnis gebracht werden
konnten. Im gleichen Jahre wurden im Rahmen der Aktion gegen „Lührs und
Genossen" im ganzen mehr als 130 Verhaftungen vorgenommen. So hatte
denn das Sondergericht beim Oberlandesgericht in den Jahren 1936–1937
zahlreiche Prozesse wegen Vorbereitung zum Hochverrat abzuwickeln. Zu
den besonders „schweren Fällen" von „Vorbereitung zum Hochverrat", die
vor dem Volksgerichtshof in Berlin verhandelt wurden, gehörte der des ehemaligen kommunistischen Pol-Leiters in Bremen, Robert Stamm, der am
7. März 1937 verhaftet, im Juli desselben Jahres zum Tode verurteilt und am 7. März 1937
4. November hingerichtet wurde, und der von Käte Lübeck (Popall), die zu
zwölf Jahren Zuchthaus verurteilt wurde. Andere starben ohne Todesurteil, so
der kommunistische Schauspieler Walter von Perlstein, der 1936 durch das
Sondergericht in Hamburg zu 5 Jahren Zuchthaus verurteilt und der dann in
das KZ Mauthausen überführt wurde, wo man ihn am 6. Dezember 1941
umbrachte.
Genauere Kenntnisse über manche Vorgänge des Widerstandes fehlen, da viele
Akten vernichtet wurden und die Oral History der Nachkriegsjahre mancherlei Desinformation brachte. Von Ende 1935 bis 1936 sind einige Fälle von Verfolgung näher bekannt. Ein polnischer Jude hatte sich darüber ausgelassen,
daß die Frau Görings in erster Ehe mit einem Juden verheiratet gewesen sei.
Die Strafe betrug 1 ½ Jahre Gefängnis durch das Sondergericht in Hamburg.
Ein Betrunkener, der die Mitglieder des Senats als „A...löcher" bezeichnet
hatte, wurde nach einer Verwarnung durch die Gestapo wieder freigelassen.
Und ein Friseur, der in seinem Geschäft Behauptungen über Mord bei der
Kripo und im Lager Esterwegen aufgestellt hatte und zur „Schwarzen Front"
Otto Strassers gehörte, wurde ins Konzentrationslager eingewiesen.
Aus den Jahren 1936 bis 1938 haben sich in den Akten des Volksgerichtshofes
einige Bremer Fälle erhalten. Auf der AG „Weser" war 1936 ein Mann erwischt
worden, der in einem Abort „Wandmalereien" anbrachte. Da er „geistig nicht
auf der Höhe" war, wurde der Tatbestand des „Hochverrats" als nicht gegeben
angesehen. Ein anderer Mann hatte sich auf einer Familienfeier geweigert, das
„Deutschland- und Horst-Wessel-Lied" anzuhören. Der Vorwurf beschränkte sich dann auf „Volltrunkenheit". Etwas gefährlicher war die Lage
von Johann Onasch, von dem im August 1935 kritische Bemerkungen über die
politische Lage gemeldet wurden. Die Gestapo beobachtete ihn nun. Im Oktober 1935 hielt Onasch bei einer Trauerfeier eine Art Propagandarede, und
nun fand eine Haussuchung statt. Onasch wurde verhaftet und im Juli 1936
beim Oberlandesgericht in Hamburg angeklagt, aber freigesprochen. Aus den

Jahren 1937 bis 1942 haben sich zudem einige Begnadigungssachen aus dem Reichsjustizministerium erhalten. Alle betroffenen Personen waren wegen Wiederaufbaus kommunistischer Organisationen zu Gefängnis- und Zuchthausstrafen verurteilt worden. Einigen wurde wegen guter Führung bzw. „politischer Umkehr" der Rest der Strafe erlassen. In anderen Fällen wurde die Begnadigung abgelehnt.

Die Einschätzung der Bremer SPD und des Reichsbanners durch die Gestapo im Sommer und Herbst 1938, also während der Sudetenkrise, ist auch in den Lageberichten überliefert. Offenbar wurde durch Genossen von Bremen aus Juli 1938 im Juli versucht, Kontakte mit Gesinnungsfreunden in Hamburg, Leipzig und Berlin aufzunehmen. Ein V-Mann beschattete dieses Unternehmen, das dann ein völliger Fehlschlag war, da keine Kontaktpersonen gewonnen werden konnten. Der früher in Antwerpen so aktive Emigrant Waldemar Pötsch hatte Anfang 1938 seine Tätigkeit eingestellt, dann aber im Sommer wieder aufgenommen. Ein V-Mann wurde für diesen Fall eingesetzt. Mit Verhaftungen hielt man sich zurück, um die Ermittlungen nicht zu gefährden. Als dann die Sudetenkrise dem Höhepunkt zueilte, waren die meisten Sozialdemokraten zwar für eine Eingliederung des Sudentenlandes in Deutschland; doch gab es einige, die im Kriegsfall „den Staat von innen heraus angreifen" wollten; „die große Masse (der Sozialdemokraten) schweigt". Es wurde festgestellt, daß sich viele „Marxisten" in Lokalen trafen, „wo die Nachrichten" abgehört und diskutiert wurden.

1937/38 gab es auf einigen Schiffen Explosionen und Brände, die auf Sabotageakte zurückgeführt wurden. Im Sommer 1938 kam eine Expertenkommission nach Bremen, um Untersuchungen durchzuführen. Es kam zwar zu einigen Verhaftungen in Bremen und Bremerhaven, doch ließ sich nichts Sicheres ermitteln. Schließlich wurden zwei Personen in ein Konzentrationslager eingewiesen. 1936 bis 1938 wurden zudem an Bord mehrerer Schiffe kommunistische Schriften entdeckt, die aus dem Ausland hereingeschmuggelt werden sollten.

Okt. 1938 Im Oktober 1938 entspannte sich die außenpolitische Lage, und „die Maßnahmen des Führers und Reichskanzlers bezüglich des sudetendeutschen Gebietes sind (von den Sozialdemokraten) günstig aufgenommen worden". Kameradschaftliche Zusammenkünfte der ehemaligen Genossen fanden auch weiterhin statt, wurden aber von der Bremer Gestapo nicht als gefährlich eingestuft.

Die Gesamtzahl der aus der sozialistischen Bewegung Bremens bis 1939 angeklagten Personen wird auf etwa 400 geschätzt.

Den auf Reichsebene durchaus vorhandenen und vor allem durch das Attentat auf Hitler am 20. Juli 1944 so spektakulär zutage getretenen Widerstand konservativer Kreise, gab es in Bremen vor Kriegsausbruch nicht, was freilich nicht ausschließt, daß man viele Maßnahmen im „Dritten Reich" und auch die Partei und ihre Gliederungen kritisch beobachtete und beurteilte. Eine Bereitschaft zu „Aktionen" bestand erst am Ende des Krieges und das auch nur in einem kleinen Kreise. Bürgerliche Gruppen taten sich in Bremen immer schwer bei konspirativer Tätigkeit, zumal in einem Staat, der durchaus bereit war, hohe SA-Führer, Minister und Generäle zu erschießen oder aufzuhängen.

Von den konservativen Gruppierungen überlebte offenbar der „Alldeutsche Verband", der aber zu einem politisierenden Altherrenklub degenerierte. Was auf einem Vortragsabend des Verbandes am 8. Oktober 1936 in Bremerhaven **8. Okt. 1936** beobachtet wurde, dürfte bezeichnend sein: Es erschienen dreißig Besucher, die fast alle über 60 Jahre alt waren. Ein Redner aus Berlin meinte, es habe nach Bismarck keinen „Staatsmann" mehr gegeben (von Hitler war überhaupt nicht die Rede!). Die Spitzel der Gestapo hatten den Eindruck, „daß die Leute Außenpolitik spielen, wie Kinder Soldaten oder Indianer spielen".

Auch der Rotary-Club bestand weiter, doch wurden die Mitglieder der Partei aufgefordert, ihn bis Ende 1937 zu verlassen, da „die Doppelmitgliedschaft als den Bestrebungen der Partei zuwiderlaufend angesehen und verfolgt" wird. Dasselbe galt für die Freimaurerlogen. Diese wurden in der NS-Propaganda oft zusammen mit Juden genannt, wenn auch bei den Freimaurern keine rassische Diskriminierung möglich war und sie dadurch etwas milder beurteilt wurden. Einige Logen hatten 1933 die „nationale Erhebung" begrüßt und gehofft, dadurch überleben zu können. Doch schon im April 1933 beschlossen zwei bremische Logen ihre Auflösung. Es galt in der folgenden Zeit die Bestimmung, daß Freimaurer, die erst nach dem 30. Januar 1933 aus der Loge ausgetreten waren, nicht in die NSDAP aufgenommen werden konnten. Immerhin wurden in Bremen etwa 1300 Personen wegen ihrer Logenzugehörigkeit nicht in die Partei aufgenommen. Am 17. Januar 1934 erließ der Senator für **17. Jan. 1934** Justiz und Inneres eine Verordnung, die die Auflösung der Logen erleichtern sollte: sie sollte durch einfache Mehrheit in der Mitgliederversammlung erfolgen können; diese mußte bereits einberufen werden, wenn nur ein Mitglied es forderte. 1935 gab es acht ehemalige Logen, die 1933 unter dem Druck der **1935** Verhältnisse in „Deutschchristliche Orden oder Bünde" umgewandelt worden waren. Nur die „Loge zum Ölzweig" blieb zunächst noch als Freimaurerloge erhalten. Die Mitglieder waren vor allem Kaufleute und Akademiker.

Judenpolitik

Von den zunächst etwa 1300 in Bremen lebenden „Glaubensjuden" waren nur etwa 220 in der Israelitischen Gemeinde organisiert; doch war darüber hinaus durch die gleichen schwierigen Lebensumstände der Zusammenhalt sehr groß, wobei die Gemeinde immer mehr zum helfenden und beratenden Mittelpunkt aller Juden wurde. An der Spitze stand ein elfköpfiger Gemeinderat; ausführendes Organ war der Vorstand mit drei Vorstehern. Jährlich schieden ein Vorsteher und vier Gemeinderäte aus und wurden durch Neuwahl ersetzt. Wiederwahl war durchaus üblich. 1. Vorsteher war bis 1938 der Kaufmann Max Markreich. Seit dem 28. März 1938 war die Gemeinde keine öffentlich-rechtliche Körperschaft mehr, sondern ein Verein, der völlig der staatlichen Kontrolle unterworfen war. Die Aufgaben wurden auf den religiösen und sozialen Bereich beschränkt.

Der Central-Verein deutscher Staatsbürger jüdischen Glaubens bestand zunächst weiter, doch seitdem der Vorsitzende Julius Bamberger im April 1937 in die Schweiz geflohen war, fehlte der Kopf. Die jüdische „Kaiser-Friedrich-Loge" wurde 1937 aufgelöst, der Logenpräsident Wilhelm Goldschmidt am 19. April 1937 verhaftet.

Nach dem Judenboykott 1933 gab es zunächst eine verhältnismäßig ruhige Zeit, in der die offizielle Politik im Bereich der Wirtschaft gegenüber den Juden eine gewisse Toleranz anstrebte, was nun freilich auf anderen Gebieten Übergriffe gegen Juden und eine widerwärtige antisemitische Propaganda nicht ausschloß. In der Partei und ihren Organisationen wurde der Judenhaß weiter geschürt; man konnte es nicht verstehen, daß man so tat, als ob die Juden gleichberechtigte Bürger seien. Im Frühjahr und Sommer 1935 ließen sich die antisemitischen Forderungen kaum noch zügeln, und die Machthaber hielten nun die Zeit für gekommen, ihnen nachzukommen. Mitte September wurden die diskriminierenden „Nürnberger Gesetze" verkündet.

Die weit verbreitete gedämpfte Abneigung gegen Juden wurde zunächst nur bei einer kleinen Gruppe von Fanatikern zum Antisemitismus. Dieser wurde bei der NSDAP zum Dogma, ohne daß nun aber alle Parteimitglieder Antisemiten waren. Es gab andererseits auch nur wenig konsequente Opposition gegen die Judenpolitik, zumal jedes Eintreten für Juden zur eigenen Diskriminierung führte. Hier und da gab es Skepsis wegen der allzu großen Schärfe, gelegentlich auch Mitleid. Senator Laue wandte sich 1935 gegen die „Stürmer-Kästen", in denen die primitiv-schlüpfrige antisemitische Zeitschrift angeschlagen war, und im März 1936 wurde bei einer Sitzung in der Kreisleitung betont, „daß die Erledigung der Judenfrage bis nach der Olympiade zurückge-

28. März 1938

April 1937

1935

stellt werden muß, damit die Propagandawirkung der Olympiade in keiner
Weise beeinträchtigt wird".

Im Bereich der Wirtschaft ergaben sich auch jetzt noch keine grundlegenden
Entscheidungen, obgleich die Boykotthetze mit wechselnder Intensität anhielt. So wurden von den Zeitungen jüdische Geschäftsanzeigen abgelehnt;
manche Unternehmen beteiligten sich an der Hetze, um die jüdische Konkurrenz loszuwerden. Beamte wurden aufgefordert, nicht in jüdischen Geschäften zu kaufen; im Herbst 1935 wurden jüdische Händler vom Freimarkt
ausgeschlossen. Andererseits wurde deutlich, daß man einige jüdische Außenhandelsfirmen noch schonen wollte, so etwa 1934/35 die bedeutende Baumwollfirma S. L. Cohn & Sohn.

1935 erschien dann die üble Broschüre unter dem Titel „... auch Dich geht es
an!". Sie enthielt in denunziatorischer Absicht Listen jüdischer Geschäfte,
Ärzte, Rechtsanwälte usw., die boykottiert werden sollten. Dieses Machwerk
wurde dann aber zur Einzelaktion erklärt und vor allem auch von der Wirtschaft kritisiert, die auf den Schaden für den Außenhandel hinwies. Dennoch
tat diese vom Kreispropagandaleiter Robert Tretow herausgegebene Schrift
ihre verhängnisvolle Wirkung.

Der Druck auf die jüdischen Geschäftsleute nahm zu: 1936 wurde die Zahl der
Auslandsreisen begrenzt. Vor allem die jüdischen Warenhäuser litten unter der
Boykottbewegung ganz erheblich. Im November 1936 meldete das Kaufhaus Nov. 1936
Bamberger am Doventor „Totalausverkauf" an. Pläne für eine Nutzung des
Gebäudes durch Einzelhandelsgeschäfte zerschlugen sich; im Sommer 1939
kam es zur Zwangsversteigerung. Das Warenhaus Heymann & Neumann an
der Obernstraße (neben Karstadt) wurde im Februar 1934 von der Firma Gu-
stav Cords übernommen; doch gab es aus der Partei Kritik, da man vermutete,
daß der jüdische Einfluß bestehen geblieben sei; doch konnte Cords sich im
Herbst 1935 durchsetzen.

Nach und nach wurde den Juden die Benutzung öffentlicher Einrichtungen
beschränkt oder untersagt, so etwa von Badeanstalten. An manchen Geschäften und Lokalen stand „Juden unerwünscht". Bedrückend war die Lage jüdischer Kinder in den öffentlichen Schulen, wo bisweilen HJ-Fanatiker mit ihren
antisemitischen Sprüchen und Sticheleien ihr Unwesen trieben. Jüdische Schüler waren seit dem 2. Juli 1937 von Gemeinschaftsveranstaltungen ausgeschlossen. Seit Juli 1938 waren Juden mit einer besonderen „Kennkarte" ausgestattet, Juli/Aug. 1938
seit August 1938 mußten sie die zusätzlichen Vornamen Israel oder Sara annehmen, um sie sogleich als Juden kenntlich zu machen.

Von großen Problemen waren auch Halb- und Vierteljuden sowie jüdisch Ver-
heiratete belastet. Die Gesetzgebung entwickelte ein ausgeklügeltes System

der Diskriminierung, das nicht in Bremen, sondern in Berlin erfunden wurde. Im allgemeinen ergab sich für diesen Personenkreis eine halbwegs erträgliche Lage im Wirtschaftsleben, da sie sich weiter betätigen durften. Doch gab es viele Fälle, in denen auf Nichtjuden Druck ausgeübt wurde mit dem Ziel einer Scheidung vom jüdischen Ehepartner. Bisweilen wurde einem „Mischling" die Eheschließung mit einer (oder einem) „Deutschblütigen" untersagt. Während Halbjuden zunächst noch Wehrdienst leisten mußten, wurden sie am 20. April 1940 für wehrunwürdig erklärt.

Die Boykotthetze der Partei hielt während dieser Zeit an und erfuhr dann im April 1938 eine erhebliche Steigerung, zumal Göring als Beauftragter für den Vierjahresplan und Walther Funk als Wirtschaftsminister erklärte Antisemiten waren. Es erfolgte nun eine Erfassung jüdischen Eigentums im Wert von mehr als 5000 RM, wobei bereits eine Beschlagnahme anvisiert wurde. Verkauf und Verpachtung von Betrieben, die besonders gekennzeichnet werden mußten, wurden genehmigungspflichtig gemacht. Eine ganze Reihe von Wirtschaftszweigen wurde für Juden gesperrt. Viele Betriebe mußten schließen, einige wurden „arisiert". Dabei wirkte eine hemmungslose Begünstigung von Parteigenossen mit.

Das Abschieben der nach dem Ersten Weltkrieg eingewanderten „polnischen Juden" begann bereits Ende Oktober 1938. Sie wurden gewaltsam an die polnische Grenze gebracht; es handelte sich in Bremen um etwa 80 Personen.

Es gibt einige Themen der bremischen Geschichte, deren Darstellung dem Historiker schwerfällt, weil sie sich auf Verhaltensweisen beziehen, die außerhalb der menschlichen Normen stehen; dazu gehören auch die Ereignisse in der „Kristallnacht" vom 9. zum 10. November 1938. Dennoch waren diese nicht völlig absurd, sondern eigentlich eine konsequente Folge primitiver antisemitischer Verhetzung, wie sie seit Jahren betrieben wurde. Voreingenommenheiten gegen abweichende religiöse und politische Auffassungen, gegen Minderheiten also, mögen zur menschlichen Natur gehören, sie können aber Verbrechen hervorbringen, wenn sie in blanken Haß umschlagen. Beim weit verbreiteten gedämpften Antisemitismus bewirkten einige wenige politische Kriminelle, daß er immer mehr mit perversen Emotionen beladen wurde.

Am 7. November 1938 wurde der deutsche Botschaftsbeamte vom Rath in Paris von einem 17-jährigen Juden ermordet; dieser hatte die Welt auf das Judenproblem in Deutschland aufmerksam machen wollen. Die Tat läßt sich keineswegs rechtfertigen, ebensowenig aber die Tatsache, daß sie von der Nazi-Führung zum Vorwand für ein Pogrom benutzt wurde.

Am 9. November traf sich die NS-Prominenz – wie alljährlich – in München.

Dr. Goebbels erklärte in einer Ansprache, es habe nach dem Pariser Mord judenfeindliche Kundgebungen in Deutschland gegeben; jüdische Geschäfte seien zerstört, Synagogen in Brand gesteckt worden. Die Partei solle derartiges nicht organisieren, aber auch spontanen Aktionen nicht entgegentreten. Die meisten Parteiführer sahen darin eine Aufforderung, „spontane" Aktionen in Gang zu setzen. Der vom SA-Gruppenführer und Bremer Bürgermeister Böhmcker durchgegebene Befehl lautete u. a.: „Sämtliche jüdische Geschäfte sind sofort zu zerstören. Nach der Zerstörung hat eine SA-Wache aufzuziehen, die dafür zu sorgen hat, daß keinerlei Wertgegenstände entwendet werden können ... Jüdische Synagogen sind sofort in Brand zu stecken ... Die Feuerwehr darf nicht eingreifen ... Der Führer wünscht, daß die Polizei nicht eingreift ... Bei Widerstand sofort über den Haufen schießen."

Es kann nicht bezweifelt werden, daß dieser Befehl zu kriminellen Handlungen anregte, die bis zur Aufforderung zur Brandstiftung und Mord gingen; denn der Widerstand von Juden gegen rechtswidrige Gewalt, der mit Erschießen bedroht wurde, muß als berechtigte Notwehr angesehen werden. Strikt eingehalten und ohne (berechtigte!) Notwehr hätte es bei Einhaltung des Befehls von Böhmcker freilich „nur" zu Brandstiftung und Sachbeschädigung, nicht aber zu Mord kommen dürfen.

In Bremen hatte es am 9. November hier und da ebenfalls Feiern von SA-Verbänden gegeben. Viele SA-Leute waren alkoholisiert. Als Böhmckers Befehl aus München eingetroffen war, wurden die einzelnen SA-Stürme und -Trupps alarmiert und zu bestimmten Orten zum Befehlsempfang dirigiert. Hier kam es zu unterschiedlichen Interpretationen des Böhmcker-Befehls.

Die Aktion gegen die Synagoge in der Gartenstraße (heute Kolpingstraße) unter Leitung des Stabsführers der SA-Gruppe Nordsee, SA-Oberführer Werner Römpagel, deckte sich durchaus mit den Anordnungen Böhmckers. Im Gebäude wurde Feuer gelegt, und es brannte total aus. Die Feuerwehr verhinderte ein Ausbreiten des Brandes in der Nachbarschaft. Das Rosenakhaus neben der Synagoge, das der jüdischen Gemeindearbeit diente, wurde verwüstet und geplündert; die SA nahm einige Wertgegenstände an sich. Das ganze war ein Akt primitiver Barbarei. Dasselbe gilt für die Zerstörung jüdischer Geschäfte in der Stadtmitte: Fensterscheiben wurden eingeschlagen, das Inventar wurde durcheinandergeworfen, auch wurde geplündert. In viele Wohnungen drangen SA-Leute ein und verwüsteten sie.

Ein zweiter Komplex von Untaten bezog sich auf das Zusammentreiben der Juden; das war nun eine „Zutat", die durch den Böhmcker-Befehl nicht gedeckt war und erhebliche Probleme bereitete. Offenbar ging etwas später vom Gestapo-Amt in Berlin tatsächlich ein Befehl über die Verhaftung von Juden

*Brand der Synagoge
in der Gartenstraße*

aus. Die Bremer Juden wurden nachts aus den Häusern getrieben und zunächst auf dem Hof des Alten Gymnasiums versammelt. Die Jüdinnen wurden wieder nach Hause geschickt, 160 Männer aber morgens ins Zuchthaus Oslebshausen gebracht, dann von dort aus ins Konzentrationslager Sachsenhausen abtransportiert. Hier wurden sie militärischer Disziplin unterworfen, nach und nach aber wieder entlassen.

Besonders schlimm war es, daß im Laufe der Nacht im Raum Bremen fünf jüdische Mitbürger ermordet wurden. Wie kam es dazu? Es trafen mehrere Voraussetzungen zusammen: Zunächst einmal herrschte bei der SA eine Art Alarm-Nervosität, die die ohnehin vorhandene Neigung zu Gewalttaten verstärkte. Hinzu kam eine geradezu chaotische Befehlsgebung. Vor allem aber

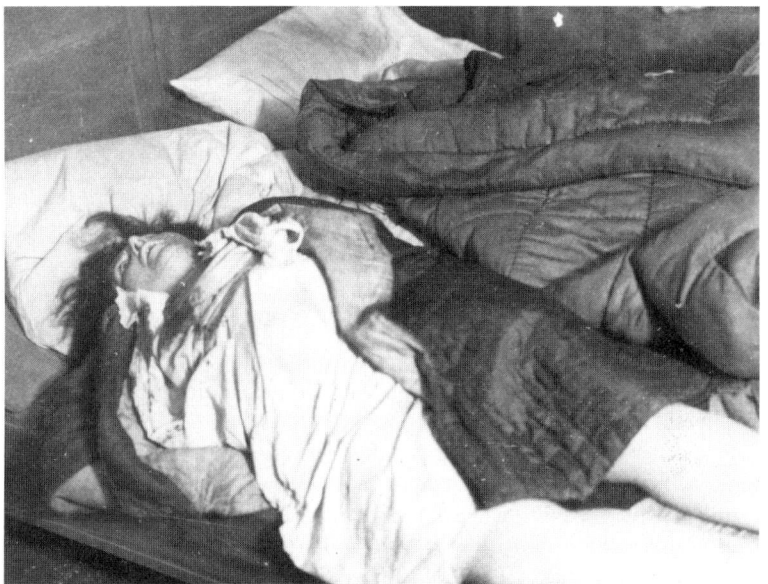

Von SA-Leuten erschossen: Selma Zwienicki

fanden sich einige primitive SA-Männer, die – wenn auch nach einigem Zögern – bereit waren, auf Befehl zu morden und damit eine „Mutprobe" abzulegen.

Der SA-Sturmhauptführer und Bürgermeister von Lesum erhielt von seiner Standarte u. a. die Mitteilung: „Wenn der Abend kommt, darf es keinen Juden mehr in Deutschland geben." Die Juden seien zu „vernichten". Der Befehl wurde weitergegeben; doch man rief dann zunächst noch bei der SA-Gruppe in Bremen an und erhielt von dort die Antwort: „In Bremen ist schon die Nacht der langen Messer im Gange." Man faßte das als eine Bestätigung des Befehls zum „Vernichten" der Juden auf. Entsprechend wurden einige Trupps losgeschickt. Eine Judenfamilie wurde in die Hammemündung getrieben, dort aber nur mit Schreckschüssen eingeschüchtert. In Platjenwerbe wurde der 67jährige Obermonteur Leopold Sinasohn in seiner Wohnung erschossen, die Leiche auf ein Feld gefahren und dort eingescharrt. In Burgdamm erschoß ein SA-Trupp den greisen und sehr angesehenen Sanitätsrat Dr. Goldberg und seine Frau in ihrem Schlafzimmer. Das geschah mit unvorstellbarer Gefühlskälte. Die Leichen wurden am Abend des 10. November gefunden.

Zwei weitere Tote gab es in der Bremer Neustadt: Hier waren es zwei Brüder, SA-Truppführer und Bäckermeister, die von ihrem Sturmführer den Befehl erhielten, den Juden Heinrich Rosenblum in der Thedinghauser Straße, der sich als „Produktenhändler" durchschlug und in keiner Weise auffällig gewesen war, zu erschießen. Das geschah nicht ganz ohne Skrupel. In ihrer Dienststelle erfuhren die Täter, daß kurz vorher der Befehl zum Töten von Juden zurückgenommen worden sei. Ein SA-Obersturmführer erschoß in der Hohentorstraße die Frau des Fahrradhändlers Zwienicki, nachdem deren Mann rechtzeitig entkommen war.

Diese Morde erfolgten alle, ohne daß sich die Opfer in irgendeiner Weise den Zorn der Partei oder der SA zugezogen hätten. Es waren mehr oder weniger Zufall und Willkür im Spiel, die freilich nur zum Zuge kommen konnten, weil ein antisemitisches Haßklima erzeugt worden war. in dem „die Juden" als „Weltpest" dastanden. Zufall ist es aber nicht, daß die SA-Leute, die sich als Judenmörder mißbrauchen ließen, in ihrer geistigen Unbeweglichkeit zu keiner kritischen Bewertung der Situation fähig waren; keiner von ihnen war der Typ des „Killers". Nach einer Verbüßung der nach dem Kriege verhängten Strafe, führten sie ein unauffälliges Leben. Partei- und SA-Führung wollten diese Morde nicht, schufen aber doch das Klima für sie und tragen damit die Hauptschuld.

In Bremen stellte die Kriminalpolizei die Ermittlungen über den Mord an Heinrich Rosenblum und Selma Zwienicki ein; doch dann übernahm die Gestapo die Fälle. Die Staatsanwaltschaft schlug das Ermittlungsverfahren nieder und gab die Angelegenheit an das Oberste Parteigericht ab. Hier aber ging man davon aus, daß in den Fällen Goldberg, Sinasohn und Rosenblum ein „Erschießungsbefehl" vorgelegen habe, wodurch die Schuld auf den Befehlsgeber verlagert wurde. Im Falle Zwienicke sei ein „Befehl" falsch verstanden worden. Grundsätzlich aber ließ man den Gesichtspunkt gelten, die Täter seien der Auffassung gewesen, „daß nach dem Willen des Führers Rache genommen werden sollte für den Tod des PG vom Rath". Es erfolgte daher weder ein Parteiausschluß noch eine gerichtliche Strafe. Die Sühne erfolgte erst ab 1946 in einer Reihe von Prozessen. Die beiden Neustädter Bäcker erhielten zwölf bzw. acht Jahre Zuchthaus und wurden 1951 begnadigt. Das Ende der Prozesse wegen der Morde an Dr. Goldberg und Sinasohn ergab für den Befehlsgeber, den Lesumer Bürgermeister und SA-Hauptsturmführer, eine 15-jährige Zuchthausstrafe; auch andere Angeklagte erhielten hohe Zuchthaus- und Gefängnisstrafen.

Auch am 10. November wurden die Aktionen gegen die Juden noch fortgesetzt. Es kam trotz der aufgestellten SA-Wachen zu weiteren Plünderungen;

am Nachmittag wurden der jüdische Friedhof an der Deichbruchstraße verwüstet und die Synagoge in Aumund niedergebrannt, wobei zahlreiche Neugierige zuschauten. Auch in Bremerhaven gab es eine Welle von Gewalttaten. Am 9. November 1938 fanden im Stadttheater, in den Spiegelsälen usw. Feiern statt. Dann trafen sich anschließend einige Partei- und SA-Führer im Hanseatenkaffee. Hier wurde kurz nach Mitternacht der Befehl der SA-Gruppe Nordsee in Bremen verbreitet, der zu einer „Judenaktion" aufforderte. Kreisleiter Kühn und SA-Standartenführer Löber gaben nun mehrere Befehle, u. a. sollten die Synagoge in Geestemünde verbrannt, jüdische Geschäfte zerstört und Juden verhaftet werden. Nach dem Alarmplan wurden SA-Abteilungen auf die Sammelplätze befohlen (u. a. Gastwirtschaft Tonne, Gesellschaftshaus Union). Dort erfolgten Einzelbefehle, wobei aber betont wurde, alles solle als eine „Kundgebung des Volkes" erscheinen. Die Aktionen wurden von SA-Standartenführer Löber und Kreisleiter Kühn geleitet; dieser war vor allem auch bei der Brandstiftung in der Synagoge anwesend. Es wurden erhebliche Verwüstungen angerichtet, den Brand in der Synagoge löschte die Feuerwehr. Schließlich wurde die Aktion abgeblasen, und gegen 9 Uhr ersetzte man die SA-Posten durch Polizisten. Tote hatte es in Bremerhaven nicht gegeben. 1948 fanden Prozesse wegen der Ausstreitungen statt, und es wurden zahlreiche Zuchthaus- und Gefängnisstrafen verhängt.

Offener Protest gegen die Aktionen wurde im November 1938 nicht laut; es ist zuverlässig überliefert, daß die Masse der Bürger sie gleichgültig hinnahm, daß es aber doch bis in die Spitze der Partei und Staatsführung einige Bremer gab, die sie sehr skeptisch beurteilten; dafür hatten sie zum Teil humanitäre Gründe; aber es wurde vor allem auch die unkontrollierte Zerstörungswut kritisiert. Viele Kaufleute bedachten die Wirkung im Ausland, die negativ für den Handel sein konnte.

Nach der „Kristallnacht" sah niemand deutlich, wie sich die Judenpolitik weiter entwickeln würde. Zunächst einmal war nur erkennbar, daß sie auf Diskriminierung, Verarmung und gelegentliche gewaltsame Übergriffe eingestellt war. Am 12. November 1938 wurde von den Juden verlangt, sie sollten alle 12. Nov. 1938 Schäden an Wohnungen und Gewerbebetrieben auf ihre Kosten beseitigen; die jüdische Gemeinde mußte allein für das Abräumen des Bauschutts der Synagoge 5000 RM zahlen. Hinzu kam die „Sühneleistung", die das Reich den Juden auferlegte. Es klang zynisch, wenn zugleich jedes gewaltsame Vorgehen gegen Personen und Eigentum der Juden verboten wurde. Bei einigen volkswirtschaftlich wichtigen Betrieben bestand die Handelskammer auf Weiterbestehen, freilich unter „arischer" Leitung.

Alle Wirtschaftsorganisationen und viele „arische" Geschäftsleute wirkten bei dieser „Abwicklung" mit, wobei vor allem entschieden wurde, ob ein Betrieb in „arische" Hand überführt werden sollte oder nicht. Viele Juden versanken nun in Mittellosigkeit, und dennoch wurde die Auswanderung ärmerer Juden, die zum Teil durch eine Auswanderungsabgabe einiger vermögender Juden an die jüdische Gemeinde finanziert werden sollte, gefördert. Juden sollten auch zu untergeordneten Arbeiten, etwa bei Erdbewegungen, eingesetzt werden; andere betätigten sich noch als Handwerker, freilich nicht als Meister.

Was die jüdischen Vermögen im November 1938 anbetrifft, so zeigt sich bei den 327 überlieferten Angaben, daß 97 zwischen 5000 und 10000 RM lagen und nur noch 35 über 100000 RM, wobei es sich nicht nur um Bankkonten, sondern vor allem um Grundvermögen und Wertgegenstände handelte. Die Zahl derer, die unter 5000 RM besaßen, also nicht meldepflichtig waren, läßt sich nicht genau ermitteln, dürfte aber etwa 600 betragen haben. Von den Vermögenden konnte etwa die Hälfte „rechtzeitig" das Deutsche Reich verlassen. Die mittellosen Juden hatten geringere Chancen, sie wurden zum größten Teil Opfer der „Endlösung".

Febr. 1939 Seit Februar 1939 mußten die Juden alle Schmuck- und Kunstgegenstände bei einer „Ankaufsstelle" abgeben, wobei unglaubliche Mißstände auftraten; zum Teil wurden die Gegenstände zu einem Unterpreis verschleudert. Viele Juden sahen sich in dieser Zeit gezwungen, zur Sicherung ihres Lebensunterhalts und zur Finanzierung ihrer Ausreise, ihren Grund- und Hausbesitz zu verkaufen, oftmals zu sehr ungünstigen Bedingungen, immer aber nur mit behördlicher Genehmigung. Die Juden wurden nun gezwungen, in bestimmten Häusern zusammenzuziehen.

Seit der „Kristallnacht" am 9./10. November 1938 waren jüdische Schüler zunächst auch vom Unterricht dispensiert, seit dem Sommer 1939 mußten sie eine Gemeindeschule im Haus Kohlhökerstraße 6 besuchen, bis dann die meisten von ihnen im November 1941 deportiert wurden. Am 1. Juli 1942 wurden alle jüdischen Schulen geschlossen.

Es fragt sich natürlich, warum unter diesen bedrückenden Verhältnissen nicht alle Juden das Deutsche Reich verließen, selbst wenn es ihnen noch so schwer sein mochte, ihren bisherigen Lebenskreis aufzugeben. Sie stellten sich natürlich die bange Frage, ob man bei der Auswanderung sein Vermögen mitnehmen könne, ob man im Ausland überhaupt eine Existenzgrundlage finden werde oder gar, woher man überhaupt die Mittel für die Auswanderung nehmen solle. Schon 1933 wanderten 97 Personen aus, 15 nach Palästina, 41 in die Niederlande, die übrigen in andere europäische Länder und nach Amerika. Vielen Juden gelang es zunächst auch, größere Geldbeträge und Sachwerte

mitzunehmen. Die Auswandererberatungsstelle in Bremen ebnete vielfach den dornenvollen Weg ins Ausland. Ihre Tätigkeit war aber doch sehr umstritten. Ab 1934 nahm die Auswanderung zunächst ab, die meisten Juden wollten die weitere Entwicklung erst einmal „abwarten". Vor allem ging auch das Interesse an Palästina 1936 sehr stark zurück, während die USA immer mehr bevor- 1936 zugt wurden. Die jährliche Auswanderung aus Bremen betrug in dieser Zeit 80–90 Personen. Anfang 1936 wurde in Bremen eine Zweigstelle des „Hilfsvereins der Juden in Deutschland" eingerichtet, um bei der Auswanderung zu beraten. Zwei jüdische Rechtsanwälte hatten nacheinander die Leitung; auch private Makler schalteten sich ins „Auswanderergeschäft" ein. Als der Druck im Jahre 1938 erheblich zunahm, verließen zahlreiche bremische Juden das Reich, nämlich 278. Von den 1300 Juden war zu dieser Zeit fast die Hälfte ausgewandert. Im Juli 1939 entstand dann die „Reichszentrale für die jüdische Auswanderung" unter dem Chef der Sicherheitspolizei Reinhard Heydrich, die vor allem auch die Auswanderung ärmerer Juden organisieren sollte.
Seit der großen Auswanderungswelle 1938 gab es einen raschen Wechsel unter den Vorstehern der jüdischen Gemeinde. Der 1. Vorsteher Max Markreich wanderte Mitte Dezember aus; es war schwer, einen Nachfolger zu finden, der Dez. 1938 bereit war, die schwierige Last des Amtes auf sich zu nehmen, bis die Gemeinde dann am 30. Januar 1939 Joseph Platzer wählte. Jan. 1939

Von der Reichswehr zur Wehrmacht

Sofort nach der „Machtergreifung" faßte die neue Reichsregierung die Wiederaufrüstung Deutschlands ins Auge, wenn auch zunächst wichtigere Aufgaben im Vordergrund standen. Auch in Bremen spielte das Militär eine zunehmende Bedeutung.
Im November 1934 begann man mit dem Bau neuer Kasernen in der Huckel- Nov. 1934 riede, und an der Duckwitzstraße übernahmen das Heeresverpflegungsamt und die Heeresstandortverwaltung einen großen Gebäudekomplex der Konsumgenossenschaft „Vorwärts". 1935 war Generalleutnant Wilhelm Keitel, der spätere Chef des Oberkommandos der Wehrmacht, Infanterieführer VI und Standortältester in Bremen, bis er am 1. Oktober 1935 Chef des Wehrmachtamtes im Reichsinnenministerium wurde.
Am 16. März 1935 wurde die Einführung der allgemeinen Wehrpflicht verkün- 16. März 1935 det. Schon im April wurde die Landespolizeigruppe Bremen in die neue Wehrmacht eingegliedert, in den Kasernen am Neustadtwall wurde die bisherige „Reichswehr-Zentralwerbestelle" im Mai zur Wehrersatzinspektion Bremen

Das neue Beobachtungsregiment marschiert auf dem Domhof, 1938

umgebildet. Am 17. Juni begannen die Musterungen im Rahmen der allgemeinen Wehrpflicht.

In der folgenden Zeit gab es mancherlei organisatorische Veränderungen: Am
Okt. 1935 2. Oktober 1935 wurde das I. Bataillon des Infanterieregiments 16, das die Tradition des alten Infanterieregiments Bremen fortgeführt hatte, aus der Kaserne am Neustadtswall nach Delmenhorst verlegt, andererseits bezog das I. Landespolizei-Infanterieregiment die bremische Kaserne. Beide Truppenteile gingen im Infanterieregiment 65 auf, dessen I. Bataillon in Delmenhorst blieb, während das II. und III. Bataillon die Kasernen in Bremen an der Stader Straße bezogen. Das III. Bataillon wurde im September nach Verden, das II. nach Delmenhorst verlegt. Seither war in Bremen keine Infanterie mehr.

Der Stab einer neuen 22. Division unter Generalmajor (seit 1937 Generalleutnant) Adolf Strauß wurde in Bremen stationiert; ihm unterstanden drei Infanterieregimenter in Oldenburg, Delmenhorst und Hamburg; hinzu kamen Spezialformationen wie etwa die Nebelabteilung 2 in Bremen-Huckelriede, die Panzerabteilung 22, die Nebelabteilung 22 und später (Juni 1939) ein schweres MG-Bataillon.

322

Am 7. November 1935 fand in Bremen im Weser-Stadion zum erstenmal eine 7. Nov. 1935
feierliche Rekrutenvereidigung statt, und am 24. August 1936 wurde die zweijährige Wehrpflicht verkündet.
Die Kriegsmarine richtete eine Kriegsmarinedienststelle ein; doch wurde
Bremen nicht zum Kriegshafen, obwohl die Werften zahlreiche Kriegsschiffe
bauten. Auf dem „Fliegerhorst" Bremen gab es eine 1936/37 eingerichtete
Flieger-Übungsstelle, in der zivile Fluglehrer mit mehreren Übungsflug-
zeugen Luftwaffensoldaten Unterricht erteilten.
Im November 1937 wurden die Kasernen-Neubauten in der Vahr gerichtet 1937/1938
und am 30. Mai 1938 von der Beobachtungsabteilung 22 bezogen.
Am 1. November 1938 löste Generalmajor Graf von Sponeck den Generalleutnant Strauß im Kommando der 22. Infanteriedivision ab.

Luftschutz

Der Reichsluftschutzbund wurde 1933 gegründet; er sollte für den Luftschutz 1933
werben und den Selbstschutz organisieren, freilich unter staatlicher Aufsicht.
Auch in Bremen war er tätig.
Gleich nach der „Machtergreifung" wurde aber auch der Staat aktiv und am
31. März 1933 in Bremen ein „Kommissariat für Flugwachen, Luft- und Gas-
schutz" eingerichtet. Auch die SA-Gruppe Nordsee benannte schon 1933 den
Sturmbannführer Godt zum Luftschutzreferenten. Dieser erhielt den Auftrag,
im Lande Bremen den Luftschutz zu organisieren. Doch strebte Godt sogleich
nach einer staatlichen Absicherung und schlug vor, man möge ihn zum Chef
eines „Luftamtes" ernennen. Es ergaben sich aber Konflikte mit Senator Laue,
der davon ausging, daß Godt sich um den „passiven" Luftschutz, also den
zivilen Schutz gegen Luftkriegsschäden, wenig gekümmert habe, statt dessen
den „aktiven" Luftschutz bevorzuge und das vom Staat bereitgestellte Geld für
die Förderung der Sportfliegerei ausgegeben habe. Am 15. März 1934 wurde 1934
dann aber ein staatliches „Luftamt" in Bremen eingerichtet, das seit dem
25. Mai 1934 „Behörde für Luftschutz" hieß. Diese wurde dem Major der
Schutzpolizei Kloppenburg anvertraut, dem auch die zivilen Luftschutzmaßnahmen unterstanden. Unterstützung fand er durch einen Arbeitsausschuß
aus Behördenvertretern, dem Ortsgruppenleiter des Reichsluftschutzbundes,
der Technischen Nothilfe, einem Chemiker und dem Leiter der Luftschutz-
schule. Die „Behörde für Luftschutz" wurde am 16. November 1936 aufge- 16. Nov. 1936
löst; der bisherige Leiter wurde Sachbearbeiter für zivilen Luftschutz bei der
Inneren Verwaltung (Polizei). 1937 trat an Kloppenburgs Stelle der Polizei-
major Thomas aus Berlin.

Luftschutzausstellung 1937

Seit 1934 entstand ein lockeres Gerüst aus Sicherheits- und Hilfsdienst, Werkluftschutz, Selbstschutz, erweitertem Selbstschutz und Luftschutzwarndienst. Die erste große „Vollübung" fand am 23. April 1934 statt; sie war Teil einer Luftschutzübung für das ganze Reich. Weitere Übungen folgten. Schon

13. Sept. 1934 am 13. September 1934 wurde vom Senator für Inners und Justiz angeordnet, daß leicht brennbare Gegenstände auf Dachböden nicht offen gelagert werden dürften; zudem wurden Luftschutzhauswarte verpflichtet. Am 12. Oktober

12. Okt. 1934 1934 fand eine Luftschutzverdunkelungsübung in Bremen und Hemelingen statt. Für den zivilen Luftschutz wurden immer wieder Lehrgänge veranstaltet.

Eine reichseinheitliche Regelung erfolgte durch das Luftschutzgesetz vom

26. Juni 1935 26. Juni 1935. Jeder Einwohner konnte zum Luftschutzdienst „einberufen" werden und hatte die Weisungen des örtlichen Luftschutzleiters, der für den Luftschutzwarndienst und den Sicherheits- und Hilfsdient zuständig war, sowie – im Bereich des Selbstschutzes – die Anordnungen des Ortsgruppenleiters des Reichsluftschutzbundes zu befolgen. Auch der Werkluftschutz größerer Betriebe wurde in das System eingebaut. Zur Beratung über Fragen des Luftschutzes wurden Luftschutzbeauftragte eingesetzt. Bei Luftschutzübungen

hatte sich jeder vorschriftsmäßig zu verhalten. Zuständig war nun der Reichsminister der Luftfahrt. Mehrere Verordnungen bestimmten in der Folgezeit
die Einzelheiten, die Zuständigkeit, die Aufgaben und Maßnahmen (Entrümpeln der Dachböden, Beschaffung von Gerät, Verdunkelung, Anlage von
Schutzräumen usw.), vor allem auch die Regelungen über die allgemeine Luft-
schutzpflicht.

In Bremen und Bremerhaven gab es Flugwachkommandos, denen 30 Flugwachen angeschlossen waren. Der Flugmelde- und Luftschutzwarndienst war
seit 1937 dem zivilen Luftschutz angegliedert, dann wurde der Flugmelde-   1937
dienst der Wehrmacht zugeordnet, der Luftschutzwarndienst aber dem örtlichen Luftschutzleiter. Größere Industriebetriebe mußten einen eigenen
Werkluftschutz unterhalten, übernahmen diese Aufgabe zunächst jedoch sehr
ungern. Bremen wurde als „Luftschutzort I. Ordnung" eingestuft, der örtliche Polizeiverwalter zum Luftschutzleiter, dem im Falle von Luftangriffen der
Luftschutzwarndienst, der Sicherheits- und Hilfsdienst, der Selbstschutz und
der Erweiterte Selbstschutz sowie der Werkluftschutz unterstanden.

Die Ortsgruppe Bremen des Reichsluftschutzbundes wurde 1938 in drei Orts-   1938
gruppen aufgeteilt. Die Aktivitäten nahmen erheblich zu; sie bezogen sich auf
Organisation und Ausbildung des gesamten Selbstschutzes. Da im Kriege damit zu rechnen war, daß die meisten jungen Männer zur Wehrmacht eingezogen sein würden, war man bestrebt, möglichst viele Frauen zur Mitarbeit
heranzuziehen. Zu diesem Zweck wurden mit der Partei und der NS-
Frauenschaft enge Beziehungen aufgenommen.

Luftschutzbauten ga es in dieser Zeit nur in sehr geringem Umfang. Der Ausbau von „Sammelschutzräumen" befand sich weitgehend in der Planung,
einige waren bereits fertig; sie konnten fast 3000 Personen aufnehmen, waren
aber keineswegs „bombensicher".

Reichsreform – Gemeindeordnung – Gebietsneuordnung

Für die Zukunft Bremens im Rahmen der Reichsreform und Gemeindeordnung spielte es eine große Rolle, wie Land und Stadt sich gegenüber dem Reich
darzustellen verstanden. Von Hitler hatte man den Eindruck, daß er Bremen
gegenüber voreingenommen sei. 1933 bzw. April 1934 war er weder zur Ent-
gegennahme des Ehrenbürgerbriefes noch zur Eröffnung der „Nordischen
Kunsthochschule" erschienen. 1934 betrachtete Hitler den Streit zwischen
Gauleiter Röver und Bürgermeister Dr. Markert mit Widerwillen. Im Dezem-
Dez. 1934 ber 1934 ergab sich dann eine Einladung zum Stapellauf des Ostasiendampfers
„Scharnhorst" auf der AG „Weser"; sie wurde angenommen, und der Hitler-
Besuch nun von einem großen Propaganda-Aufwand begleitet. Auf dem
Bahnhof waren Gauleiter Röver, Kreisleiter Blanke sowie Vertreter der Partei-
gliederungen, der Reichswehr und der Polizei zum Empfang erschienen. Dann
kam das übliche Ritual: der Blumenstrauß eines kleinen Mädchens, das Ab-

Hitler beim Stapellauf der „Scharnhorst" auf der AG „Weser".
Rechts von ihm Hjalmar Schacht, Generaldirektor Stapelfeldt und
General von Blomberg

Dekoration am Herdentor zum (ausgefallenen) Hitlerbesuch am 1. Juli 1939

schreiten der Ehrenkompanie usw. Die Fahrt zur Werft glich einem Triumphzug. Die Taufrede wurde vom Reichsverkehrsminister Eltz von Rübenach gehalten; dann glitt das Schiff ins Wasser. Hitler kehrte zum Bahnhof zurück. Im ganzen war es ein sehr kurzer Besuch. Am 4. Mai 1935 nahm Hitler dann mit   4. Mai 1935 Heß, Goebbels und Gauleiter Röver von Bremerhaven aus an der Probefahrt der „Scharnhorst" teil.

Am 24. Januar 1936 lud das Haus Seefahrt Hitler zur Schaffermahlzeit am 14. Februar ein; doch jetzt kam eine Absage „infolge ...starker amtlicher In-   14. Febr. 1936 anspruchnahme".

Am 11. Juni 1936 hatte Bürgermeister Heider Gelegenheit, Hitler bei einer   11. Juni 1936 Marineparade in Wilhelmshaven zu bitten, „einmal Bremen zu besuchen". Er habe den Eindruck, „der Führer" sei gegen Bremen eingenommen. Hitler wies darauf hin, daß er ja beim Stapellauf der „Scharnhorst" gewesen sei: zur Besichtigung der Stadt habe er ohnehin keine Möglichkeit, da überall Menschen seien. Heider schlug nun vor, die Altstadt während eines Besuchs abzusperren; doch Hitler wollte die Besichtigung lieber in den frühen Morgenstunden durchführen. Mit dem Generalfeldmarschall v. Blomberg vereinbarte Heider dann, Hitler solle zum in Dienst stellen von U-Booten nach Bremen eingeladen werden.

327

1. April 1939   Am 1. April 1939 bekamen einige Bremer den „Führer" noch einmal kurz zu Gesicht, als er auf dem Hauptbahnhof aus dem Sonderzug schaute; er fuhr zum Stapellauf der „Tirpitz" in Wilhelmshaven. Ein Staatsbesuch Hitlers war

1. Juli 1939   dann für den 1. Juli 1939 zur Einweihung der „Westbrücke" und zum Stapellauf der Kreuzers L („Lützow") vorgesehen, wurde aber kurzfristig abgesagt, weil der „Führer" es vorzog, an der Trauerfeier für den Kommandierenden General des X. Armeekorps in Hamburg, Wilhelm Knochenhauer, teilzunehmen.

Ein großer Teil der Kontakte Bremens mit den Ministerien in Berlin lief über die dortige bremische Vertretung. Deren Gewicht nahm jedoch immer mehr ab, zumal der Reichsrat aufgehoben wurde und der Reichsstatthalter direkte Verbindungen Bremens mit Reichsbehörden zu unterbinden suchte. Nach der Absetzung Burandts, der ein Gefolgsmann Bürgermeister Dr. Markerts gewe-

15. Dez. 1934   sen war, übernahm Senator Erich Vagts am 15. Dezember 1934 das Amt, bis

1. Okt. 1937   dieses am 1. Oktober 1937 mit der oldenburgischen Vertretung unter dem oldenburgischen Ministerialdirektor Wilhelms Rodenberg vereinigt wurde. Vagts wurde Präsident der Gemeindeaufsichtsbehörde in Bremen. Rodenberg schied dann am 18. August 1938 aus, als er kommissarischer Regierungspräsident in Osnabrück wurde. Nun kehrte Vagts wieder als Leiter der Vertretung von Oldenburg und Bremen nach Berlin zurück.

10. Nov. 1934   Am 10. November 1934 hatte der Präsident der Gemeindeaufsichtsbehörde, Erich Vagts, im Auftrag Bürgermeister Heiders eine lange Unterredung mit Gauleiter Röver. Dieser vertrat den Standpunkt, die Neuordnung des Reiches sei eine politische und keine wirtschaftliche Frage. Damit wurde vor allem die Basis der bisherigen bremischen Denkschriften angegriffen. Röver war für einen Reichsgau Weser-Ems, in dem Bremen auf wirtschaftlichem Gebiet ein hohes Maß an Selbständigkeit haben sollte; politisch aber hatte es sich unterzu-

Dez. 1934   ordnen. Eine Senatsdenkschrift von Dezember 1934 hielt nach wie vor einen eigenen Reichsgau Bremen für wünschenswert; die „zweite Wahl" hatte eine Eingliederung in einen Reichsgau Weser-Ems, wobei dann aber alle Häfen an der Unterweser unter gemeinsamer Verwaltung stehen müßten; es sei dafür eine Reichsbehörde unter der Leitung des Bürgermeisters der Stadt Bremen zu schaffen. Immer wieder wurde auch auf die Notwendigkeit einer Gleichbehandlung mit Hamburg hingewiesen. Ende Januar 1935 wurde dem Bremer Senat bekannt, daß Bremen im „Reichsgau Weser-Ems" verbleiben und im Unterschied zu Hamburg keinen eigenen Reichsstatthalter bekommen solle.

Nach 1935 kamen auch andere Ideen ins Gespräch. In einem Entwurf vom 23. April 1935 über die Neugliederung des Reiches waren eine Angliederung

Lübecks an Preußen, eine Vereinigung Altonas und Wandsbecks mit Hamburg sowie das Aufgehen eines Regierungsbezirks Oldenburg mit Aurich in einer großen preußischen Provinz Hannover vorgesehen. Das Amt des Reichsstatthalters von Oldenburg und Bremen sollte dann erlöschen.

Der Entwurf der neuen „Deutschen Gemeindeordnung" stieß in den Hansestädten und auch bei „machthungrigen Gauleitern", die die Selbstverwaltungskompetenzen der Gemeinden mißtrauisch betrachteten, auf Widerstand. In Bremen wurden Schwierigkeiten befürchtet, da in Zukunft Landes- und Stadthaushalt getrennt werden sollten. Besonders gravierend war zudem die Tatsache, daß die Häfen von Bremerhaven zum Gemeindebereich von Bremerhaven gehörten und durch dessen Verselbständigung oder gar Abtrennung vom Lande Bremen ihre wirtschaftliche Verflechtung mit den bremischen Häfen verlieren konnten. Da für Hamburg der Verlust von Cuxhaven drohte, meldeten beide Hansestädte gegen den Entwurf der Gemeindeordnung Bedenken an und verlangten eine Sonderregelung. Auffallend ist, daß Oberbürgermeister Lorenzen in Bremerhaven die Gemeindeordnung begrüßte, da sie seine Kompetenzen zu vermehren versprach; er erkannte noch nicht, daß die Entwicklung später zum Verlust seines Amtes führen würde. Der Protest Bremens und Hamburgs verhinderte zwar nicht die Einführung der Gemeindeordnung, bewirkte aber doch für beide Länder einen Aufschub.

Die Deutsche Gemeindeordnung, die lange in der Diskussion gewesen war, wurde am 30. Januar 1935 verkündet und trat zum 1. April 1935 in Kraft. Sie hätte auch auf die Stadt Bremen angewandt werden müssen; doch strebte der Senat immer noch eine Sonderregelung an, nach der man sich mit einer Trennung von Stadt und Land Zeit lassen könne. Vom Reichsinnenministerium wurde aber deutlich gemacht, daß sich für Bremen wesentliche Änderungen nicht vermeiden ließen: Regierender Bürgermeister und Senat würden zu Oberbürgermeister und Beigeordneten; in dieses Verwaltungsgremium müsse ein Jurist aufgenommen werden; es sei dann auch nicht mehr Aufsichtsbehörde für das Land Bremen, das es als solches nicht mehr geben werde. Eine Verzögerung des Inkrafttretens für die Hansestädte wurde freilich in Aussicht gestellt. Die Einführung der Gemeindeordnung für Bremen war dann für den 1. April 1937 vorgesehen. Bremen, Bremerhaven und Vegesack sollten „Stadtkreise", der Regierende Bürgermeister zum hauptamtlichen Bürgermeister in Bremen, die Senatoren (bis auf den für die innere Verwaltung) zu Beigeordneten werden; der Bremische Staatsrat war aufzulösen; der Senator für die innere Verwaltung avancierte zur Aufsichtsbehörde für die Stadtkreise; ihm war auch die Wahrnehmung der an das Reich übergegangenen Hoheitsrechte des Landes Bremen übertragen. Doch das alles bleib zunächst noch Theorie, und die

1. April 1935

1. April 1937

Hoffnungen auf ein Weiterbestehen des Landes Bremen blieben durchaus
lebendig.

Doch ergab die Anwendung der Gemeindeordnung auf Bremerhaven vor
allem dadurch Probleme, daß der bisherige Bürgermeister Lorenzen, der zugleich Kreisleiter der NSDAP war, sehr umstritten blieb und die Stadt nicht
zum NS-Gau Weser-Ems, sondern zu Ost-Hannover unter Gauleiter Telschow gehörte. Dieser verweigerte dem Regierenden Bürgermeister Heider in
Bremen jeglichen Einfluß auf eine Bestätigung des Oberbürgermeisters Lorenzen; doch als dieser sein Kreisleiteramt zur Verfügung stellte, ließ sich die
Abhängigkeit von Bremen doch nicht mehr abschütteln. Es blieb aber eine
offene Frage, ob Lorenzen weiterhin im Amt bleiben solle oder nicht. Als
Hitler in Bremerhaven war, unterhielt sich Bürgermeister Heider mit Gauleiter Telschow darüber, und dieser erklärte, „daß er großen Wert darauf lege,
Lorenzen zu entfernen", daß er ihn aber nicht wirtschaftlich vernichten wolle";
das entsprach auch ganz den Wünschen Heiders. Doch verknüpfte sich diese
Frage sehr bald mit dem Schicksal der Stadt Bremerhaven überhaupt.

Die Bürgermeister Heider in Bremen und Lorenzen in Bremerhaven waren sich
gegen Bürgermeister Dr. Delius in Wesermünde weitgehend einig, zumal dieser
ein konsequenter Feind bremischer Interessen war. Er hatte der Deutschen
Volkspartei angehört und war durchaus ein national eingestellter Mann, der sein
Amt autoritär und auch souverän führte. Es hatte zu den Überraschungen von
1933 gehört, daß Dr. Delius im Amt blieb, obwohl gerade in Bremerhaven und
Wesermünde die Nationalsozialisten sich auf ihn eingeschossen hatten. Er fand
höheren Orts – im Regierungsbezirk Stade – seine Befürworter, vor allem wegen
seiner Einstellung gegen Bremen und Bremerhaven. Dr. Delius war zudem in
Fragen der politischen Macht sehr anpassungsfähig. Er schlug in einer Denk-
12. März 1935 schrift an den Reichsinnenminister vom 12. März 1935 vor, die beiden Unterwe-
serstädte im Zusammenhang mit der Einführung der neuen Gemeindeordnung
zu vereinigen. Dabei schien es für ihn selbstverständlich zu sein, daß er Oberbürgermeister der Großgemeinde sein werde.

25. Okt. 1936 Am 25. Oktober 1936 wurde das 50jährige Bestehen der Hochseefischerei Wesermünde gefeiert. Wichtigster Gast war der preußische Ministerpräsident
Hermann Göring. Dieser erklärte im Rathaussaal, daß die Frage Bremerha-
ven/Wesermünde dringend der Bereinigung bedürfe, eine Vereinigung müsse
stattfinden. Dr. Delius war begeistert und sprach von einer „Krönung seines
Lebenswerkes". Göring erklärte anhand einer Karte die neu zu schaffenden
Verhältnisse, die im wirtschaftlichen Interesse erforderlich seien. Bürgermeister Heider brachte in einem Gespräch mit Göring in moderaten Worten sein
Mißfallen zum Ausdruck. Er wies mit einem gewissen Recht darauf hin, daß

sich Lehe und Geestendorf erst durch die von Bremen und Bremerhaven ausgehenden Impulse zu höherer Bedeutung entwickelt hätten. Göring gab das
auch zu und meinte sogar, Bremerhaven sei in der ganzen Welt bekannt, während Wesermünde „kein Schwein" kenne. Er betonte auch, daß die Häfen von
Bremerhaven bei Bremen bleiben müßten. Mit einem gewissen Recht wies
Heider darauf hin, daß die von Wesermünde umklammerten Häfen keine Entwicklungsmöglichkeiten hätten. Es kam noch zu einem gehässigen Wortwechsel zwischen Heider und Gauleiter Telschow. Göring erklärte, Bremen müsse
sich mit dem Verlust Bremerhavens abfinden, solle aber territorial entschädigt
werden. Zudem wies er darauf hin, daß das Land Bremen seine Selbständigkeit
verlieren werde. Telschow sprach auch von Entschädigungen für Bremen und
bot Hemelingen an; Heider stimmte „widerwillig" und zögernd zu, blieb aber
so verärgert, daß er sich nicht ins Goldene Buch der Stadt Wesermünde eintra-
gen wollte.

Auf dem Flughafen stellte Heider noch Oberbürgermeister Lorenzen von Bremerhaven vor, lobte ihn als alten Parteigenossen, während Dr. Delius ein alter
Volksparteiler sei. Danach habe er auch ausgesehen, meinte Göring.

Heider glaubte in den nächsten Wochen noch, die Bremerhavenfrage werde
erst im Zusammenhang mit der Reichsreform ihre Lösung finden. Oberbürgermeister Lorenzen von Bremerhaven, dessen Fähigkeiten denen des Dr. Delius weit unterlegen waren, erklärte sich nun vor allem deshalb gegen eine Ein-
verleibung Bremerhavens durch Wesermünde, da diese für ihn den Verlust
seines Amtes bedeuten mußte. Er wandte sich am 29. Oktober 1936 in einem 29. Okt. 1936
Brief an Göring als preußischen Ministerpräsidenten und Beauftragten für den
Vierjahresplan und schlug vor, man möge die Vereinigung der beiden Städte
erst mit der Reichsreform vollziehen. Er versuchte unter Hinweis auf die geographische Lage und die wirtschaftlichen Gegebenheiten deutlich zu machen,
daß Bremerhaven einer Weiterentwicklung Wesermündes überhaupt nicht im
Wege stehe.

Die 1936 angestrebte Eingemeindung der Häfen von Bremerhaven in die Stadt
Bremen stieß weder beim Gauleiter Röver noch in Preußen auf Widerstand, da
deren territoriale Interessen nicht betroffen waren. Der unfähige Bürgermeister Heider war in diesen komplizierten Fragen zwar hilflos; doch hatte er im
Präsidenten Dr. Richard Duckwitz, im Präsidenten Erich Vagts und im Oberregierungsrat Philipp Behrens sachkundige und geschickte Berater, denen er
im allgemeinen folgte. Sie waren es vor allem, die die Verhandlungen im
Reichsinnenministerium führten. Der Entwurf des „Reichsgesetzes über
Groß-Hamburg und andere Gebietsbereinigungen" vom 26. Januar 1937 sah 26. Jan. 1937
eine Vereinigung Bremerhavens mit Wesermünde vor, ohne daß die Häfen be-

sonders genannt wurden. In einem Glückwunsch an Hitler zum Jahrestag der
30. Jan. 1937 Machtergreifung, am 30. Januar 1937 schrieb Senator Flohr als Vertreter des
Bürgermeisters an Hitler, daß die Häfen in Bremen und Bremerhaven eine
Einheit seien und Bestandteil der künftigen Stadtgemeinde Bremen bleiben
müßten. Gegen die Vereinigung der Städte Wesermünde und Bremerhaven
wurden dagegen keine Bedenken mehr geäußert; begrüßt wurde jedoch, daß
die Neuordnung an der Unterweser zunächst einmal vertagt worden sei.
Febr. 1937 Schon am 2. Februar sprachen die Senatoren Vagts und Laue in der Reichskanzlei vor und vertraten nachdrücklich denselben Standpunkt. Die Angelegenheit wurde Hitler vorgetragen, und die Bremer erhielten am 12. Februar
1937 die Mitteilung, daß „der Führer" ihre Auffassung teile. Senator Laue stieß
jedoch bei einer Besprechung in Oldenburg zunächst auf Ablehnung. Gauleiter Röver trug sich mit dem Gedanken, die Häfen von Bremerhaven an Oldenburg bzw. an die Reichsstatthalterschaft Weser-Ems anzugliedern oder auch
auf das Reich bei einer treuhänderischen Verwaltung durch Bremen zu übertragen. Finanzpräsident Dr. Duckwitz hintertrieb diese Pläne mit Unterstützung Laues im Reichsinnenministerium. Selbst der Rat der ehemaligen Senatoren Dr. Spitta und Dr. Apelt wurde in dieser wichtigen Frage eingeholt.
Ein Konflikt zwischen dem Bremer Senat und Röver schien sich anzubahnen.
Die Handelskammer und der Norddeutsche Lloyd wurden eingeschaltet, und
am 28. Februar 1937 fuhren einige Senatoren unter Führung von Dr. von Hoff
zu Röver nach Ahlhorn; fast gleichzeitig war Dr. Duckwitz in Berlin, um im
Reichsinnenministerium den bremischen Standpunkt darzulegen. Schon am
2. März 1937 2. März 1937 erhielt der Senat die Nachricht, daß sich auch Röver dieser Auffassung angeschlossen habe.
Juni 1937 Ein Entwurf des Reichsinnenministers vom Juni 1937 sah bereits die Einführung der Deutschen Gemeindeordnung in Bremerhaven und Vegesack unter
„Ausgemeindung" des Hafengebietes in Bremerhaven vor. Die Vertretungen
der Länder Oldenburgs und Bremens in Berlin sollten zusammengelegt werden, gegebenenfalls beide ganz entfallen; die Zuordnung Bremens zum Oberlandesgericht und zur Landesversicherungsanstalt in Oldenburg sollte geprüft
werden. Weitere Eingliederungen in den Raum Weser-Ems waren im Bereich
der landwirtschaftlichen Berufsgenossenschaften, der Wirtschaftskammern
1. April 1938 und des Vermessungswesens vorgesehen. Die Verordnung vom 1. April 1938
besagte dann: „Die bremischen Häfen nördlich der Geeste mit Ausnahme des
Alten Hafens, ihre Hafen- und Schiffahrtszwecken dienende Umgebung sowie das für künftige Hafenerweiterungen bestimmte Gelände gehören als Teil
des Seehafens Bremen zum Gemeindebezirk Bremen". Gleichzeitig wurde die
Einführung der Deutschen Gemeindeordnung in den bremischen Landge-

meinden, der Stadt Vegesack sowie im bremischen Stadtkreis Bremerhaven verfügt.

Bei der Diskussion über das Schicksal Bremerhavens gab es auch mancherlei Reibereien zwischen dem Reichsinnenministerium und dem Gauleiter Telschow von Ost-Hannover. Dabei fielen von diesem im Juni 1938 grobe Worte, so daß Telschow aufgefordert wurde, sich umgehend zu entschuldigen; doch wurde dem Gauleiter zugestanden, daß er in der strittigen Sache gehört werden solle, bevor Entscheidungen fielen. Staatssekretär Pfundtner beschloß, Anfang August nach Bremen zu fahren, um dort die Zukunft Bremerhavens mit Röver, Telschow, Böhmcker usw. zu erörtern. In der nächsten Zeit fanden Verhandlungen über die Abgrenzung des bei Bremen verbleibenden Hafengebietes in Bremerhaven statt, wobei Bremen sich im allgemeinen durchsetzen konnte. Das Gebiet erhielt zunächst den Namen „Bremen-Bremerhaven". Als die Stadt Bremerhaven mit Wesermünde vereinigt wurde, beschränkte man sich auf die Bezeichnung „Bremerhaven".

Das Groß-Hamburg-Gesetz vom 26. Januar 1937 gab nun auch der Diskussion über die Eingemeindung bremischer Landgemeinden und einiger preußischer Gemeinden der Umgebung in das Stadtgebiet neuen Auftrieb. Gauleiter Röver stand zunächst den bremischen Wünschen skeptisch gegenüber, auch auf preußischer Seite war man ablehnend. Doch wurden die bremischen Interessen nun nicht mehr vom schwachen Bürgermeister Heider, sondern vom SA-Gruppenführer und Bürgermeister Böhmcker vertreten, der sich für sie energisch einsetzte. Präsident Dr. Duckwitz und Oberregierungsrat Behrens verhandelten im Reichsinnenministerium über die Eingemeindung von Mahndorf und Hemelingen, über die Orte von Lesum bis Farge, Grambkermoor und Lesumbrok ins Stadtgebiet. Zur Begründung wurden siedlungsgeographische und wirtschaftliche Argumente vorgebracht, die im Innenministerium durchaus mit Sympathie aufgenommen wurden.

Auch die Diskussion um die Reichsreform ging 1937 weiter. Unmittelbar nach der Einsetzung von Bürgermeister Böhmcker wurde zwischen diesem und dem Reichsstatthalter Röver eine Vereinbarung getroffen, die am 26. Mai 1937 dem Reichsinnenminister mitgeteilt wurde: Man empfahl einen Reichsgau im Küstengebiet von der Ems bis zur Elbe. Bremen sollte die Wirtschafts- und Verwaltungsbehörden unter einem Regierungspräsidenten aufnehmen.

1938 kam man dann in der Frage einer Anwendung der Gemeindeordnung auf das Land Bremen einen Schritt weiter. Am 2. März ging vom Reichsinnenministerium der Entwurf einer „Verordnung über die Einführung der Deutschen Gemeindeordnung" nach Bremen. Er sah vor, daß in Bremerhaven und Vegesack zum 1. April 1938 die Deutsche Gemeindeordnung eingeführt werde,

26. Jan. 1937

26. Mai 1937

2. März 1938

1. April 1938

während die „Hansestadt Bremen" bis auf weiteres im bisherigen Rechtszustand bleiben solle. Für Bremerhaven war ein eigener Stadtkreis vorgesehen, Vegesack und die bremischen Landgemeinden aber sollten kreisangehörige Gemeinden sein, deren Aufsichtsbehörde der Landherr, oberste Aufsichtsbehörde aber der Regierende Bürgermeister war. Die bremischen Häfen nördlich der Geeste – mit Ausnahme des „Alten Hafens" – sollten künftig als Teil des Seehafens Bremen beim Gemeindebezirk Bremen bleiben.

Die Stellung Bremens war damit noch nicht abschließend geregelt, ebensowenig wie die Zuordnung Bremerhavens und die Abrundung des „Stadtgebietes Bremen", obwohl die Vereinigung Bremerhavens mit Wesermünde bereits als unerläßlich angesehen wurde. Die umgekehrte Möglichkeit, nämlich die Eingliederung Wesermündes in ein bremisches Bremerhaven, wurde abgelehnt. Die Probleme wurden vor allem im Reichsinnenministerium sehr sorgfältig durchdacht. die Verordnung über die Einführung der deutschen Gemeinde-

30. März 1938 ordnung wurde am 30. März 1938 im Sinne des Entwurfs erlassen und im Reichsgesetzblatt veröffentlicht.

Im Zusammenhang mit der Bremerhaven-Frage stand in dieser Zeit auch das Problem der Gebietsneuordnung.

10. Juni 1938 Eine lange, von Bürgermeister Böhmcker am 10. Juni 1938 unterzeichnete „Denkschrift über die Erweiterung des Stadtgebiets Bremen" zeichnete zunächst einmal die geographische und vor allem die wirtschaftsgeographische Situation der Stadt mit ihrem historischen Hintergrund. Daraus wurden mehrere Schlüsse gezogen: Zunächst einmal wurde darauf hingewiesen, daß einige Bremer Landgemeinden durch Industrie und Siedlung so sehr verstädtert seien, daß sie in die Stadtgemeinde integriert werden sollten. Das galt für Osterholz, einen Teil von Lehesterdeich, Grambkermoor, Arsten, Habenhausen und Huchting. Andere Gemarkungen waren Bauerwartungsland, wie Borgfeld, oder Planungsgebiet für die Hafenentwicklung, wie das Werderland sowie Teile von Strom, Seehausen und Hasenbüren; Oberneuland und Rockwinkel wurden als Villenvororte Bremens einbezogen. Was hinter diesen Eingemeindungswünschen stand, war der Versuch, bei der Anwendung der Gemeindeordnung auf Bremen fast das gesamte bisherige Land bei der neuen Stadtgemeinde zu halten. Darüber hinaus gab es Bestrebungen, Bremen durch preußische Gemeinden, die eigentlich zum Siedlungs- und Wirtschaftsraum Bremen gehörten, in deren Verwaltungsbereich einzubeziehen. Dazu gehörten im Osten Hemelingen, Mahndorf und ein Teil von Uphusen, im Nordwesten die Gemeinden Lesum, Grohn, Aumund, Schönebeck, Blumenthal und Farge (hier wurden vor allem die auf bremischem Kapital basierenden Industrien und die in Bremen beschäftigten Einwohner genannt).

Schon am 30. Juni 1938 kam Gauleiter Telschow selbst nach Berlin, um die Entwicklung in seinem Sinne zu beeinflussen. Er zögerte jedoch mit der von ihm abverlangten Entschuldigung wegen seiner Entgleisungen gegenüber dem Reichsinnenministerium und geriet dadurch in eine ungünstige Lage. Die große Besprechung in Bremen verzögerte sich ebenfalls bis zum 3. November. 3. Nov. 1938 Dann aber kamen Reichsinnenminister Dr. Frick, die Staatssekretäre Pfundtner und Dr. Stuckart sowie mehrere hohe Beamte in die Stadt. Der Minister traf mittags auf dem Hauptbahnhof ein, wo er von Gauleiter Röver, Bürgermeister Böhmcker und Kreisleiter Blanke begrüßte wurde. Im Wartesaal des Lloydbahnhofs wurden ihm die Spitzen der Verwaltung und Wirtschaft vorgestellt. Auf dem Bahnhofsplatz schritt er die Front einer Hundertschaft der Polizei ab. Mit großem Gefolge fuhr Dr. Frick dann in das Gebiet jenseits der Lesum. In Burgdamm, also an der Landesgrenze, kamen der Oberpräsident der Provinz Hannover und Stabschef der SA, Viktor Lutze, sowie der Gauleiter Telschow und andere hinzu. Es ging durch Lesum zum Vegesacker Hafen, dann nach Blumenthal und Farge. Die Rückfahrt führte durch Gramkermoor und auf dem Blocklander Deich nach Kuhsiel; auf dem Kuhgrabenweg gelangte man zurück nach Bremen, wo im Rathaus eine große Besprechung stattfand. Hier gab Bürgermeister Böhmcker die bekannte Begründung für die Eingemeindungswünsche bekannt. Er begrüßte auch, daß die Bremerhavener Häfen bei der Stadtgemeinde Bremen bleiben sollten. Die Erweiterungswünsche im Osten und jenseits der Lesum wurden zum Teil mit einer Entschädigung für den Verlust der Stadt Bremerhaven begründet, zum Teil aber auch mit der Herstellung eines geschlossenen Siedlungs- und Wirtschaftsgebietes.
Die Gegner opponierten in ziemlich gehässiger Weise: Lutze warf den Bremern vor, sie wollten den Minister irreführen; Bremen benötige überhaupt kein zusätzliches Siedlungsland. Sein wissenschaftlicher Zeuge war dann kein geringerer als der bedeutende Geograph Prof. Dr. Kurt Brüning. Dieser fügte hinzu, daß das Gebiet nördlich der Lesum beginne, ein Eigenleben ohne Bremen zu entwickeln. Sachkundiger Vertreter bremischer Interessen war dann Baurat Wortmann vom Amt für Stadtentwicklung; er widersprach Prof. Brüning in einigen wichtigen Einzelheiten. Bremen benötige besonders im Westen Siedlungs- und Ausdehnungsmöglichkeiten, die vor allem jenseits der Lesum gegeben seien. Bremische und hannoversche Argumente standen sich unversöhnlich gegenüber. Es war dann Gauleiter Röver, der das Problem auf den richtigen Nenner brachte: Entweder wolle man Bremen als Welthafen erhalten, dann müsse man den nötigen Lebens- und Wirtschaftsraum für die Stadt schaffen; oder man wolle es nicht, dann solle man die „Hafenanlagen zuschütten". Gauleiter Telschow nahm einen mittleren Standpunkt ein: Hemelingen

und Mahndorf sollten bremisch werden, das Gebiet nördlich der Lesum aber preußisch bleiben und Vegesack sogar werden. Reichsinnenminister Dr. Frick erkannte die besonderen wirtschaftlichen Aufgaben Bremens an. Er habe auf der Besichtigungsfahrt den Eindruck gewonnen, daß die Gemeinden nördlich der Lesum in Bremen eingemeindet werden sollten. Für ihn sei nun die Frage, ob auch Farge dazugehören müsse. Die preußischen Gegenargumente wollte er nicht anerkennen; doch regte er an, Bremen solle sich überlegen, ob es nicht preußisch werden wolle; dann ließen sich die Eingemeindungen leichter vollziehen. Doch der Antrag dazu müsse von Bremen selbst kommen. Telschow und Lutze redeten dann auf den Minister ein, doch verließ dieser „lächelnd den Saal".

In Bremen gab es nun mancherlei taktische Überlegungen, die u. a. dazu
20. Nov. 1938 führten, daß Bürgermeister Böhmcker am 20. November 1938 beim Reichsinnenminister beantragte, daß Bremen in den preußischen Staatsverband aufgenommen werde, doch politisch im Gau Weser-Ems bleibe. Allerdings wurde vorausgesetzt, daß die Stadt keiner binnenländischen Provinzialverwaltung unterstellt werde. Böhmcker behauptete fälschlich, Gauleiter Röver habe diesem Antrag zugestimmt. Dieser hatte inzwischen einen Erholungsurlaub angetreten, und so wurde sein Stellvertreter Joel mit der Sache befaßt. Dieser schrieb am 21. November 1938 an den Reichsinnenminister, daß man zwar nichts gegen die Bildung einer preußischen Provinz habe, doch sollten in sie neben Bremen auch Oldenburg, die Regierungsbezirke Aurich und Osnabrück sowie ein Streifen am rechten Ufer der Unterweser einbezogen werden. Als Alternative wurde eine Vereinigung von Bremen und Oldenburg zu einem gemeinsamen Land unter Röver als Regierungschef vorgeschlagen. Es wurde ausdrücklich auf eine Meinungsverschiedenheit mit Böhmcker hingewiesen, der eine Provinz Bremen anstrebte. Röver fühlte sich, wie er später betonte, überrumpelt. Der Reichsinnenminister ließ den Plan einer preußischen Provinz sehr bald fallen, wie überhaupt der Vollzug einer Reichsreform an der Unterweser vertagt wurde. Man beschränkte sich nun auf die Teilfrage der Gebietsneuordnung.

Jan. 1939 Im Januar 1939 war im Reichsinnenministerium grundsätzlich entschieden, daß Bremerhaven mit Wesermünde vereinigt und dem Regierungsbezirk Stade zugeordnet werden solle, Mahndorf und Lesum würden dann an Bremen fal-
17. Febr. 1939 len. Auch die Besprechung im Innenministerium am 17. Februar 1939 ging davon aus, daß der Anschluß Bremerhavens an Wesermünde unabwendbar war. Alles andere war noch offen, zumal auch der preußische Ministerpräsident Göring nicht übergangen werden konnte. Dieser und der Oberpräsident der Provinz Hannover und Stabschef der SA, Viktor Lutze, gingen von der

Ansicht aus, daß alle Gemeinden von Grohn bis Farge mit dem bremischen Vegesack zu einer preußischen Stadt „Lesummünde" oder „Groß-Vegesack" vereinigt werden sollten. Bremen unterlief sehr vorsichtig diese Pläne. An sich sollten die Verhandlungen bis zum geplanten Hitlerbesuch in Bremen am 1. Juli 1939 abgeschlossen sein. Doch das erwies sich als Illusion; aber auch der Hitlerbesuch fand nicht statt, so daß es keinen Zwang zur Eile gab.

Der preußische Ministerpräsident Göring stimmte zunächst nur der Abtretung von Hemelingen und Mahndorf sowie der Gemeinde Lesum zu, nicht aber der anderen Gemeinden nördlich der Lesum. Der Entwurf der „Vierten Verordnung über den Neuaufbau des Reiches" von Juni 1939 entsprach diesem **Juni 1939** Stand der Verhandlungen, zugleich sollten die Gemeinden Büren, Grambkermoor und Lesumbrok in das bremische Stadtgebiet eingegliedert werden. Der preußische Ministerpräsident Göring forderte erneut, daß das bisher bremische Vegesack mit Grohn, Schönebeck und Aumund zu einer preußischen Großgemeinde vereinigt werden sollte und am 27. Juni 1939 zog er sogar seine bisherige Zustimmung zum Übergang, von Lesum an Bremen wieder zurück.

Unter dem Vorsitz des Landrats von Osterholz-Scharmbeck hatte sich inzwischen Ende 1938 ein „Zweckverband Unterweser-Lesum" gebildet, der einen **Ende 1938** Entwicklungsplan für das Gebiet von Lesum bis Ritterhude und Farge entwarf. Neue Industrie- und Siedlungsflächen wurden ausgewiesen. Industrieflächen waren vorgesehen: am Weserufer in Farge (mit einem Kai für Überseeschiffe), in Rönnebeck, in Vegesack östlich des Bahnhofs, in Lesum zwischen der Reichsstraße 74, der Reichsautobahn und der Bahnlinie Lesum-Osterholz sowie in Ritterhude an mehreren Stellen. In Blumenthal und Aumund sollten Abbauflächen für Steine und Erde bereitgestellt werden. Dazwischen sollten Wohngebiete, Grünflächen und sogar Naturschutzgebiete liegen. Im ganzen war daran gedacht, die Bevölkerungszahl in diesem Raum von etwa 55 000 auf etwa 110 – 140 000 zu vermehren. Hinzu kam eine Verkehrsplanung, die eine Erschließung erst möglich machte. Die „Erläuterungen zum Wirtschaftsplan … des Zweckverbandes Unterweser-Lesum" erschienen am 1. März 1939 gedruckt. Die Planung sah einen eigenständigen Wirtschaftsraum nördlich der Lesum vor, der in mancher Hinsicht in Konkurrenz zu Bremen gestanden hätte, letzten Endes aber auch eine Übertragung der Lesum-Gemeinden an Bremen ausschloß.

In Bremen war man anderer Auffassung, wies auf die großzügige Behandlung Hamburgs, auf den Verlust Bremerhavens und auf die geringen räumlichen Entwicklungsmöglichkeiten hin. Der Reichsinnenminister stellte sich auf die Seite Bremens und befürwortete nun nicht nur die Angliederung von Lesum,

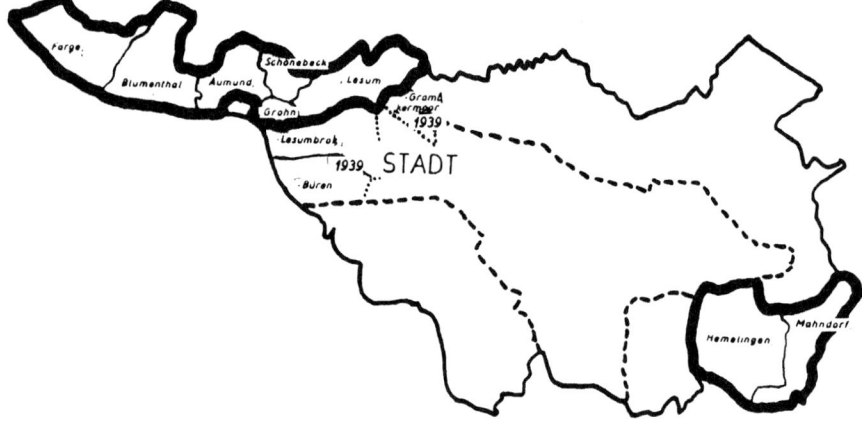

sondern auch von Grohn, Schönebeck, Aumund, Blumenthal und Farge an Bremen. Er begründete diese Lösung mit wirtschaftlichen und siedlungsgeographischen Gründen.

Ein neuer Entwurf der Verordnung trug dieser Auffassung Rechnung; im übrigen blieb es bei der Fassung des ersten Entwurfs. Am 10. August 1939 ging der revidierte Entwurf an die Reichskanzlei zur Unterschrift durch Hitler. Die Gegner ließen jedoch nicht locker: Gauleiter Telschow von Ost-Hannover lehnte die Abtretung der Gemeinden jenseits der Lesum ab, weil Bremen diesen Gebietszuwachs nicht benötige. Auch der preußische Ministerpräsident Göring setzte seinen Widerstand fort, kümmerte sich jedoch nicht intensiv um die Angelegenheit; denn er hatte sich in dieser Zeit mit wichtigeren Fragen zu befassen. So legte Dr. Frick am 30. September 1939 den Entwurf Hitler vor, der auch unterschrieb, obwohl er auf Görings Einwände hingewiesen wurde. Wohl vor allem auf Drängen des Landkreises Osterholz und des Oberpräsidenten Lutze in Hannover beharrte die preußische Regierung auf der Meinung, daß die Abtretung der Lesumgemeinden niemanden nützen könne; es werde von Dr. Frick mit falschen Zahlen operiert, in Bremen gebe es genug freies Siedlungsland. Andererseits gab es in den betroffenen Gemeinden und selbst darüber hinaus – etwa in Lilienthal – Einwohner, die einen Anschluß an Bremen wünschten. Trotz allem erklärte sich Göring Mitte Oktober 1939 bereit, die Verordnung mitzuunterzeichnen. Sie wurde auf den 8. September datiert und das Inkrafttreten auf den 1. November festgelegt. Sie ensprach voll

10. Aug. 1939

30. Sept. 1939

1. Nov. 1939

den bremischen Wünschen: Bremerhaven wurde in Wesermünde eingemeindet; die bisher preußischen Gemeinden Lesum, Grohn, Schönebeck, Aumund, Blumenthal, Farge, Hemelingen und Mahndorf kamen an die Stadt Bremen, ebenso die bisher selbständige bremische Stadt Vegesack und die bremischen Landgemeinden Büren, Grambkermoor und Lesumbrok. Die Gebietsneuordnung wurde auf einem Festakt in der Oberen Halle des Rathauses am 1. November 1939 vollzogen.

Das Ergebnis war für Bremen recht günstig: Es gewann für die weitere Ausdehnung große Gebiete; die Einwohnerzahl vermehrte sich um 61 000, wogegen nur 27 500 Einwohner in Bremerhaven verlorengingen. Als Finanzausgleich mußten freilich 3,5 Mill. RM an den Landkreis Osterholz überwiesen werden; die Übernahme des Kreiskrankenhauses Blumenthal kostete weitere 0,9 Mill. RM. An den Landkreis wurden fast 0,5 Mill. RM gezahlt. Die Hochseefischerei an der Unterweser mußte von Bremen aufgegeben werden; diese erhielt aber von Preußen die Stammeinlage von 75 000 RM aus der 1930 gegründeten „Fischereihafen Wesermünde-Bremerhaven GmbH" zurück. Mit den übernommenen preußischen Gemeinden mußte Bremen auch eine Schuldenlast von 11 Mill. RM übernehmen; dieses erhielt nun aber wegen der größeren Bevölkerungszahl einen um 1,02 Mill. RM erhöhten jährlichen Anteil an den Reichssteuern. Der Alte Hafen in Bremerhaven ging für 0,5 Mill. RM an Wesermünde, ebenfalls der Anteil an der Bremerhavener Straßenbahn AG für 0,344 Mill. RM. Auch auf anderen Gebieten gab es einen Finanzausgleich zwischen Bremerhaven und Wesermünde.

Schon am 30. Oktober 1939 hatte eine Besprechung unter Leitung von Bürgermeister Böhmcker und Senator Fischer stattgefunden, auf der die Verwendung der Bürgermeister in den ehemals preußischen und nun in der Stadt Bremen aufgehenden Gemeinden besprochen wurde. Da es sich um „verdiente" Parteigenossen handelte, konnten sie nicht einfach abgesetzt werden. Die Übernahme in die bremische Verwaltung war schwierig, die Versetzung in den Ruhestand schien nur bei höherem Alter möglich. Wünschenswert war die Rückkehr in den ehemaligen Beruf oder die Verwendung in der Verwaltung besetzter Ostgebiete. Für den Einsatz im Osten wurden vorgeschlagen: Schneider / Hemelingen, Kühlke / Farge, Löffler / Blumenthal, Hillmann / Aumund und Klatte / Grohn. Doch wurden 1940 Schneider, Hillmann und Klatte in den „Wartestand" versetzt und nicht in den Osten geschickt. 30. Okt. 1939

Als die Gemeinden nördlich der Lesum am 1. November 1939 in Bremen eingegliedert wurden, kam dieses Gebiet auch zum NS-Gau Weser-Ems. Ungewöhnlich und durch die Probleme der Kriegszeit bedingt war es, daß ein eigener NS-Kreis Lesum gegründet wurde, mit dessen Aufbau Gauleiter Röver 1. Nov. 1939

Otto Denker aus Vegesack beauftragte. Die Organisation blieb dann freilich sehr unzulänglich und provisorisch, zumal Denker durch die Tätigkeit als Gauamtsleiter der NSV stark beansprucht wurde.

Die Umstellung der Verwaltung in den von Preußen übernommenen Gemein-

1. April 1940   den wurde bis zum 1. April 1940 verschoben. Von dieser Zeit an gab es in diesem Gebiet und den bremischen Randzonen vier bremische „Dienststellen":

Blumenthal für Blumenthal und Farge,

Burg Lesum für Lesum, Lesumbrok, Büren, Burg, Wasserhorst und einen Teil von Grambke,

Vegesack für Vegesack, Schönebeck, Grohn und Aumund,

Hemelingen für Hemelingen, Mahndorf, Hastedt und Sebaldsbrück.

d) Kultur

Presse

Die Presse war und blieb in ihrem politischen Teil unter dem Druck des Reichspropagandaministeriums. Da sich Gauleiter Röver seinen eigenen Einfluß auf die Zeitungen erhalten wollte, gab es Konflikte mit Goebbels, wobei Ernst Schulze, der Gaupropagandaleiter und Leiter des Reichspropaganda-

1939   amtes Weser-Ems zwischen die Stühle geriet und im Frühjahr 1939 einen Antrag auf Beurlaubung stellte. Röver lehnte ihn ab und deckte Schulze auch weiterhin; anders sein Nachfolger Wegener, der ihn als Kreatur Rövers fallenließ und ihm am 31. Dezember 1942 das Amt nahm.

1934   1934 wurde der Verlagsdirektor der „Oldenburgischen Staatszeitung", Hugo Köhler, zum Verlagsdirektor des neuen NS-Gauverlages Weser-Ems ernannt und hatte bis 1943 großen Einfluß auf die Gestaltung der „Bremer Zeitung". Im November 1934 wurde auch über die Neubesetzung der Stelle des Hauptschriftleiters debattiert. Dr. Borttscheller, der zunächst vorgesehen war, wurde vor allem von der SA-Führung abgelehnt. Chefredakteur war dann vom

1935   17. Januar 1935 bis Februar 1944 Johann Baptist Dietrich. Sein Vertreter war zunächst Rudolf Müller, dann aber Wilhelm Aßling, der auch Gau-Presseamtsleiter war, einen täglichen „NS-Gaudienst" herausgab und dadurch auf den politischen Inhalt der „Bremer Zeitung" entscheidenden Einfluß ausübte.

Trotz aller Förderung durch Partei und Staat fiel es der „Bremer Zeitung" immer noch schwer, gegenüber den „Bremer Nachrichten" an Boden zu ge-

Jan. 1936   winnen. Im Januar 1936 gab es eine „Woche der NS-Presse" in Bremen, bei der

Die „Bremer Zeitung"
im Gebäude der früheren
„Bremer Volkszeitung"
am Geeren, 1939

ein Musikkorps der Schutzpolizei vor der Börse musizierte, SA- und SS-Leute die BZ in jedes Haus trugen, Werbeschilder aufgestellt wurden und Lautsprecherpropaganda in allen Straßen ertönte. Die Auflage der Bremer Zeitung betrug 1937 nur 35 000, die der Bremer Nachrichten aber immer noch 63 000. Rövers „Oldenburgische Staatszeitung" brachte es auch nur auf 32 000 Exemplare.

Die beiden Zeitungen des Schünemann-Verlages, „Bremer Nachrichten" und „Weser-Zeitung", trugen schwer unter dem traditionellen Haß der NSDAP, so sehr sie sich auch an die neue Zeit anzupassen suchten. Vor allem der Gau-Presseamtsleiter Wilhelm Aßling deckte immer wieder neue politische Fehltritte der Zeitung auf. Die traditionsreiche „Weser-Zeitung" war ein überregionales Handelsblatt und stellte ihr Erscheinen am 30. September 1934 ein. Sie 30. Sept. 1934 hatte sich nicht recht auf den neuen Kurs einstellen können. Die durch erheblichen politischen Druck „gleichgeschalteten" „Bremer Nachrichten" erschienen jedoch weiter. Sie hatten freilich verstärkt unter der parteiamtlichen Werbung für die „Bremer Zeitung" zu leiden; doch die Firma Schünemann war vielseitig und besaß vor allem auch eine technisch gut ausgestattete Druckerei. Durch das Schriftleitergesetz war den Verlegern, den Brüdern Carl und Walther Schünemann, jeder Einfluß auf Gestaltung und Inhalt der Zeitung genommen; immer entscheidender wurden Richtlinien des Reichspropagandaministeriums. Die Brüder Walther und Carl Schünemann wurden dann am 13. Juli 1936 wegen politischer Unzuverlässigkeit aus der Reichspressekammer durch deren Präsidenten Max Amann ausgeschlossen. Ihnen wurde nahegelegt, den Betrieb innerhalb von 14 Tagen zu „verwerten". Walther Schünemann übernahm nun den Buchverlag; der Zeitungsverlag und die graphischen Werkstätten gingen in die neue Firma „Carl Eduard Schünemann KG" ein, an der seit dem 1. Oktober 1936 die Vera-Verlagsanstalt GmbH, ein Zweig des Eher-Verlages, mit 1,9 Mill. RM (= 51%) ausschlaggebend beteiligt war. Carl Schünemann blieb als Druckexperte und technischer Leitung an der KG beteiligt. Seine Stellung wurde etwas sicherer, als er am 1. Mai 1937 in die NSDAP aufgenommen wurde.

Die Vera setzte einen ihr genehmen Verlagsdirektor ein: zunächst Werner Georg Schmidt, dann den aus Stettin stammenden Walter Böttcher. Auch in die Redaktion wurde gravierend eingegriffen: An die Stelle des bisherigen Hauptschriftleiters Fritz Reineck trat 1937 ein Günstling des Reichspropagandaministeriums, Erich Beck; der Stellvertreter Dr. Wolfard wurde durch einen alten Kämpfer (Hans Neuhaus) ersetzt, blieb aber in der Redaktion. Die Auflage der „Bremer Nachrichten" stabilisierte sich bei etwa 60–65000 Exemplaren. Die Carl Eduard Schünemann KG beschäftigte immerhin 600 Personen.

Kino und Rundfunk

Der Film spielte während der ganzen NS-Zeit eine große Rolle für die Bevölkerung. Zum Lichtspielgesetz vom 16. Februar 1934 gab es eine bremische Ausführungsverordnung vom 4. Mai, wonach die „Vorführung von Bildstreifen" der Polizei 24 Stunden vorher angemeldet werden mußte. Für das bremische Staatsgebiet bestimmte der Regierende Bürgermeister am 17. August 1938 sogar, daß Filme, die in Vereinen und anderen geschlossenen Gesellschaften vorgeführt werden sollten, unter Angabe des Titels dem Polizeipräsidenten anzu-

342

Marginal dates:
13. Juli 1936
1. Okt. 1936
1937
16. Febr. 1934
4. Mai 1934

geben seien. Wenn Tagesereignisse und Landschaften dargestellt wurden, mußte der Film sogar vorgeführt werden.

Daß der Film für politische Propaganda mißbraucht wurde, ist bekannt. Es gab politisch einseitige, aber wegen bedeutender schauspielerischer Leistungen äußert wirkunsvolle Filme, die auch in Bremer Kinos aufgeführt wurden. Die meisten Filme aber waren seichte Machwerke, die vor allem im Kriege die schlimme Zeit für einige Stunden vergessen ließen. 1938 gab es in Bremen 23 Kinos mit mehr als 14000 Plätzen; am Stadtrand kamen weitere neun mit fast 4300 Plätzen hinzu. Heute sind es 13 Kinos mit etwa 6300 Plätzen.

Ein gewisses Kino-Monopol hatten zunächst die Firmen Luedtke & Heiligers sowie Hagen & Sander. Die Zuteilung von Filmen war jedoch vom Reichspropagandaministerium zentral gesteuert; die UFA übernahm 1937 mit dem „Europa" ein eigenes Kino. **1937**

Der Radio-Nebensender Bremen befand sich weiterhin in enger Abhängigkeit von der Reichsrundfunk GmbH mit ihrem Hamburger Hauptsender; und nachdem am 15. Juni 1936 der Bremer Sendeleiter PG Hermann Jacobs gestorben war, übten bei der Neubesetzung der Stelle die Landesstelle Weser-Ems **15. Juni 1936**

Propagandalautsprecher an dem Dorfplatz in Huchting, 1935

des Reichsministeriums für Volksaufklärung und Propaganda und der Intendant des Hamburger Senders erheblichen Einfluß aus. Zwar wurden beim Sendeleiter künstlerische Fähigkeiten und fachliche Vorbildung vorausgesetzt; doch war es selbstverständlich, daß alte Parteigenossen bevorzugt wurden. Im übrigen war das Angebot von einem Monatsgehalt bis zu 500 RM damals noch recht bescheiden.

Der Bremer Anteil an den Hamburger Sendungen betrug wöchentlich nur etwa zehn Stunden; aktuelle lokale Mitteilungen mußten telefonisch nach Hamburg durchgegeben werden und wurden an die dort redigierten Nachrichten angehängt. Große Bremer Sendungen wurden nur noch selten übernommen.

Zu den technischen Verbesserungen gehörte es, daß der markante hölzerne
Mai 1939 Funkturm beim Postamt an der Utbremer Straße im Mai 1939 abgebrochen
Nov. 1939 und durch einen neuen Sendemast aus Rundstahl ersetzt wurde. Im November 1939 wurde ein neuer Sender „Bremen" in Betrieb genommen, der bisherige Ortssender „Bremen" erhielt den Namen „Unterweser".

Kirchenpolitik

Anhaltende Konflikte gab es in der Evangelischen Kirche, die durch die Aktivitäten der Deutschen Christen und der Bekennenden Kirche gespalten war.
19./20. Okt. Am 19. und 20. Oktober 1934 fand die 2. Synode der Bekennenden Kirche in
1934 Berlin-Dahlem statt. Hier erfolgte nun eine Trennung von der Reichskirche, und es wurde ein Anspruch auf die Alleinvertretung im Rahmen der evangelischen Kirche formuliert, wobei freilich den Landesbruderräten Spielraum bei der Verwirklichung gegeben wurde.

Es gehört zu den Merkwürdigkeiten des Dritten Reiches, daß die Machthaber jetzt aus taktischen Gründen einen Zurückzieher versuchten: Reichsbischof
20. Nov. 1934 Ludwig Müller sah sich veranlaßt, am 20. November 1934 alle Eingliederungsmaßnahmen zurückzuziehen. Das schwächte die Position des aktiven Flügels der Bekennenden Kirche und ließ Kompromisse und einen gewissen Freiraum der Landeskirchen erwarten.

Auch in Bremen ergab sich aus den Dahlemer Beschlüssen bei der Bekennenden Kirche Uneinigkeiten. Nur einzelne Gemeinden bekannten sich im ganzen zu ihr, so Immanuel unter Pastor Denkhaus. Andere teilten sich; offener politisch verstandener Widerstand, wie er von Pastor Lic. Gustav Greiffenhagen an St. Stephani geleistet wurde, war selten. Die meisten Pastoren strebten Breitenwirkung an und hatten daher eine Meinungsvielfalt zu berücksichtigen.

Es wurde viel taktiert. Immerhin konnten die großen Theologen der Bekennenden Kirche in Bremen predigen, so im Herbst 1934 der Landesbischof Marahrens (Hannover) und Karl Barth in der Liebfrauenkirche.

Ende 1934 hatte die von Präsident Heider eingesetzte Verfassungskommission ihren Entwurf fertig. Ein Gegengutachten von sieben angesehenen Juristen sowie die Bekennende Gemeinde lehnten ihn vor allem wegen des „Führerprinzips" ab. Es zeigte sich bereits deutlich, daß die Machthaber an einer Verfassung wenig Interesse hatten und eher darauf setzten, daß „Landesbischof" Weidemann mit den Deutschen Christen die Gegner niederhalten und aus der Kirche hinausmanövrieren würden. Das führte zu Unsicherheit und Spaltung in fast allen Gemeinden.

Es war aber bereits in dieser Zeit für Weidemann und seine Genossen enttäuschend, daß es ihnen nicht recht gelingen wollte, die Partei für ihre Theologie zu erwärmen. Die Kirchenfeindlichkeit nahm zu, und sie unterschied kaum noch zwischen Katholiken, Protestanten und Deutschen Christen. Wenn die großen „Staatsakte" anfangs noch von Gottesdiensten begleitet waren, wurde diese Kulisse sehr bald nicht mehr gefragt. Und Weidemann als Festredner – das war schließlich für viele ein Ärgernis und keine Erbauung mehr.

Am 4. Februar 1935 trat die 1. Bremische Bekenntnissynode zusammen, die sich als legitime Vertretung der evangelischen Landeskirche ansah; zu organisatorischen Beschlüssen kam man jedoch nicht. Der kompromißlose Pastor Greiffenhagen sah sich – auch in der Stephanigemeinde – zunehmend isoliert. Er wurde – ebenso wie Dr. Stoevesandt, Bauherr an Liebfrauen – vorübergehend in „Schutzhaft" genommen. Trotz allem blieb die Uneinigkeit in der Bekennenden Kirche sehr groß, wobei die Kompromißlosen mit Greiffenhagen den Taktierenden schroff gegenüberstanden. Im ganzen bekannten sich neun bremische Pastoren zur Bekennenden Kirche. **4. Febr. 1935**

Auch auf der anderen Seite veränderte sich einiges: Weidemann war mit der unsicheren Politik der deutsch-christlichen Reichsführung nicht einverstanden und erklärte am 11. September 1935 die Unabhängigkeit des von ihm geführten Gaues der Deutschen Christen. Hier und da stieß er aber auch auf Widerstand der Machthaber. Als er Himmler vorschlug, den Bremer Dom – wie den von Quedlinburg und von Speyer – zur nationalen Weihestätte unter der Schirmherrschaft der SS zu erheben, da zeigte man ihm die kalte Schulter. Das einzige, was geschah, war 1935 die Niederlegung einer Bronzetafel auf dem vermeintlichen Grabe des Erzbischofs Adalbert in der Ostkrypta. **11. Sept. 1935**

In Berlin war am 16. Juli 1935 ein Ministerium für Kirchenangelegenheiten unter Hanns Kerrl gebildet worden. Bei der Bekennenden Kirche verstärkte sich die Hoffnung auf einen Kompromiß; das aber förderte die Uneinigkeit. **16. Juli 1935**

Minister Kerrls Bestreben war es, Frieden in die Kirche zu bringen, und er vermied daher zunächst jede Einseitigkeit; in theologische Streitigkeiten mischte er sich nicht ein, eine Staatskirche wollte er nicht erzwingen, ein Reichskirchenausschuß sollte Vorschläge für eine neue Rechtsordnung erarbeiten. Die Aufgabe war undankbar, da die kirchenfeindlichen Kreise der Partei immer mehr an Einfluß gewannen; zudem fürchteten deutsch-christliche Führer den Verlust ihres Einflusses.

Weidemann stellte sich von Anfang an gegen den Kirchenminister Kerrl. Sehr bald sah dieser sich veranlaßt, gegen die kompromißlosen Kreise der Bekennenden Kirche Stellung zu nehmen. Greiffenhagen sah sich in seiner Stephani-

Febr. 1936 Teilgemeinde zunehmend isoliert. Ende Februar 1936 erschienen Abgeordnete des Reichskirchenausschusses in Bremen, um zu schlichten. Am

11. Mai 1936 11. Mai 1936 trat Greiffenhagen mit seiner Gemeinde aus dem Landesbruderrat der Bekennenden Kirche aus. Viele Bürger wandten sich angewidert von der Kirche mit ihrem Theologengezänk ab.

Okt. 1935 Ende Oktober 1935 bildete die „Mitte" eine „kirchliche Arbeitsgemeinschaft" unter der Leitung des ehemaligen Bürgermeisters Dr. Spitta, um zu retten, was noch zu retten war, und setzte einen kleinen „Vertrauensausschuß" mit seinem Sprecher Dr. Otto Leist ein. Sie stellte sich sowohl gegen Weidemann und seine Deutschen Christen als auch gegen die zerstrittene Bekennende Kirche. Gefordert wurde die Wiederherstellung der föderalistischen Kirchenverfassung von 1920. Man nahm Kontakt zum Reichskirchenausschuß auf, der nun erneut in Bremen zu vermitteln suchte.

Es hat sich eine Notiz des bremischen Staatsamtes zur Kirchenpolitik vom 8. August 1935 erhalten, aus der hervorgeht, daß man dem „Kirchenstreit in der Evangelischen Kirche" keine Bedeutung beimaß. Gelegentliche Verstöße (verbotene Kanzelabkündigung und Verweigern eines „Demissionale" für SA-Führer) wurden mit Schutzhaft geahndet.

Minister Kerrl hielt die Entfernung Weidemanns schon jetzt für notwendig; doch erkrankte er für längere Zeit, und so gab es keine Entscheidung. Da Bürgermeister Heider sich als SS-Führer seit Anfang 1936 immer mehr vom Amt des Kirchenpräsidenten zurückzog, verlor Weidemann dessen Unterstützung.

1. Nov. 1936 Heider gab sein Amt am 1. November 1936 ganz auf. Er trat aus der Kirche aus und übertrug seine bisherigen Befugnisse auf Weidemann. Dieser pflegte engen Kontakt mit dem neuen Stellvertreter des Ministers Kerrl, Staatssekretär und SS-Hauptsturmführer Dr. Hermann Muhs, um seine Stellung zu festigen.

5. April 1937 Die Lage war unklarer als je zuvor, bis Weidemann am 5. April 1937 vom Reichskirchenminister in seinem Amt bestätigt wurde und angesichts der Uneinigkeit seiner Gegner freie Bahn zu haben schien. Seine „Verordnung zur Wiederherstellung der Ordnung in der Bremer Evangelischen Kirche" vom 27. Dezember 1937 machte die Gemeindeführer völlig vom „Landeskirchen- führer" Weidemann abhängig. Dieser zog alle Befugnisse des früheren Kir- chentages und des Kirchenausschusses an sich. 27. Dez. 1937

Weidemann war in dieser Zeit organisatorisch und theologisch sehr aktiv, was ihm dadurch erleichtert wurde, daß er über erhebliche Finanzmittel der Kirche verfügte. Es gab 1935 landeskirchliche „Aufbauwochen", 1935–1938 jährlich große Kirchentagungen mit deutsch-christlichen Referenten. Der Landes- bischof nannte seine Bewegung seit Ende 1936 die „Kommende Kirche"; den- selben Titel trug ein von ihm herausgegebenes Wochenblatt, das eine Auflage von 15000 Exemplaren erreichte. 1936 erschien das „Johannes-Evangelium deutsch", das die „Entjudung" dieser biblischen Schrift in Angriff nahm. 1937 wurde eine „Bibelschule" mit zahlreichen Vorträgen begründet, 1938 kam die Sammlung „Lieder der Kommenden Kirche" heraus; im Gottesdienst führte Weidemann Nazi-Riten ein (so den Hitlergruß, auch den Vortrag von Hitler- Zitaten). Er wollte damit nicht etwa eine eigene Kirche aufbauen, sondern die bestehende in seinem Sinne erneuern. Seine Wirkung ging weit über Bremen hinaus; nur fünf bremische Pastoren gehörten zu seiner engeren Gefolgschaft, etwa zehn weitere sympathisierten mit den Deutschen Christen bzw. gehörten dieser Bewegung an. Durch Neubesetzung vorhandener Stellen mit jungen Pastoren konnte Weidemann die Zahl seiner Gefolgsleute auf etwa 22 (von insgesamt 53 bremischen Pastoren) erhöhen. Der deutsch-christliche Anteil an der bremischen Pastorenschaft betrug jedoch immer weniger als die Hälfte. Anhänger der Bewegung gab es vor allem in den Gemeinden der Arbeitervier- tel und am Dom. Der Anteil an Frauen übertraf den der Männer um das Vier- fache. Es gelang aber nicht, in den Gemeinden zu regelmäßiger Arbeit auf breiter Basis zu kommen, zumal die NSDAP, vor allem unter dem Einfluß der SS, immer kirchenfeindlicher wurde. 1936

Die Zerstrittenheit und Gleichgültigkeit in den Gemeinden erleichterte das diktatorische Gehabe Weidemanns. Er setzte deutsch-christliche Pastoren ein, löste Gemeindeführer und Bauherren ab, betrieb auch sonst eine rigorose Per- sonalpolitik. Es fehlte nicht an Kritik der Gegenseite, doch bewirkte sie nichts Entscheidendes. Andererseits wurde Weidemanns Herrschaft seit 1938 doch brüchiger, wobei die Kirchenfeindlichkeit Bürgermeister Böhmckers eine ent- scheidende Rolle spielte. Zudem gab es Gerüchte über eine unrechtmäßige Verwendung von Kirchengeldern für Propagandazwecke der Deutschen Chri- sten. Das gab Senator Dr. von Hoff Veranlassung, sich an das Reichskirchen- ministerium zu wenden. Es wurde angestrebt, daß in Bremen eine Finanzabteilung bei der Landeskirche eingerichtet wurde; das aber wurde von Weidemann in Berlin hintertrieben.

In einem anderen Fall erhielt der Landesbischof eine deutliche Ohrfeige: Er plante im Herbst 1937 in Osterholz und Sebaldsbrück die Errichtung von zwei kleinen Kirchen, die Hindenburg- und Horst-Wessel-Gedächtniskirche heißen sollten. Kreisleiter Blanke und Bürgermeister Böhmcker sahen darin einen Mißbrauch „nationaler Symbole" und beschwerten sich in Berlin. Weidemann erhielt die Anweisung, auf die von ihm vorgesehenen Kirchennamen zu verzichten, befolgte die Anweisung aber nicht. So wurde er im März 1938 im Einvernehmen mit Gauleiter Röver aus dem Bremer Staatsrat und sogar aus der Partei ausgeschlossen. Gauleiter Rövers Ratschlag war, man möge die neuen Gotteshäuser „Davids- oder Josephskirche" nennen, und er ergänzte (nach Weidemann) als seine theologische Auffassung, das Christentum sei ohnehin „aus der Sch.. geboren".

Weidemann beschwerte sich in der Reichskanzlei; Hitler entschied, daß die Namensgebung der Kirchen unterbleiben müsse, daß aber die Maßnahmen gegen Weidemann zurückzunehmen seien. Die Kirchen wurden dann im November als „Dankeskirchen" eingeweiht – „aus Dankbarkeit gegen Gott für die wunderbare Errettung unseres Volkes vom Abgrund des jüdisch-materialistischen Bolschewismus".

In dieser Zeit begannen die Machthaber, mit rigorosen Maßnahmen gegen die

Die „Dankeskirche" in Osterholz

Bekennende Kirche vorzugehen. Im Reich gab es eine Verhaftungswelle. In Bremen wurde freilich nur Dr. Stoevesandt für eine Woche in Schutzhaft genommen; die Gestapo verschärfte aber ihre Kontrollen gegenüber kirchlichen Kreisen. Am 20. April 1937 ordnete die Deutsche Evangelische Kirche an, sämtliche Pfarrer sollten auf die „Treue zum Führer" vereidigt werden. Weidemann drohte im Falle der Verweigerung mit Entlassung aus dem Dienst. Die Pastoren der Bekennenden Kirche kamen am 3. Mai 1938 nicht zur „Vereidigung". Die Sache blieb zunächst in der Schwebe; schließlich teilte die Parteikanzlei den Gauleitern mit, daß man auf eine Vereidigung der Pastoren überhaupt keinen Wert lege. Lehrerinnen, die der Bekennenden Kirche angehörten, wurden in den Ruhestand versetzt und mit Disziplinarmaßnahmen bedroht. Einige Schriften und Veranstaltungen der Bekennenden Kirche wurden verboten. Auf Jugendliche, die in kirchlichen Gruppen tätig waren, wurde Druck ausgeübt; in den Schulen begann man, den Religionsunterricht zum nationalsozialistischen Weltanschauungsunterricht umzufunktionieren. Die „Entkonfessionalisierung" des öffentlichen Lebens traf nicht nur die „Bekennende Kirche", sondern auch zunehmend die Deutschen Christen, die nun ebenfalls als lästiger Störfaktor angesehen wurden. Die Kirchenaustritte nahmen erheblich zu, die Zahl der Amtshandlungen ging zurück.

In dieser Zeit gebärdete sich Weidemann immer diktatorischer, so daß sich auch viele deutsch-christliche Pastoren und Laien von ihm zurückzogen.

Was die katholische Kirche anbetrifft, so war ihre innere Geschlossenheit ungebrochen, die Zurückhaltung des Staates war ihr gegenüber aus taktischen Gründen größer, zumal das Verhältnis formal durch das Konkordat von 1933 geregelt schien. Auch die katholische Kirche hielt sich von jeder Kritik zurück, die als „staatsfeindlich" angesehen werden konnte.

Probleme sah man im Unterricht der katholischen Schulen und in der Kontrolle des Theologennachwuchses für die katholische Kirche. Eingeschritten werden sollte nur bei eindeutigen Angriffen gegen die Staatsautorität. „(Ein) Bruch mit (der) katholischen Kirche, den diese will, (sollte man) möglichst vermeiden". So konnte denn im April 1934 ein Artikel Pastor Moschners im „Ansgarius", dem katholischen Gemeindeblatt, gegen Alfred Rosenbergs „Mythos" unbehindert erscheinen. Im Juni 1935 erschien dann ein zweiter kritischer Artikel, in dem Rosenberg zum Skarabäus wurde, der aus Mist Pillen dreht. Diese Nummer der Zeitschrift wurde verboten, Rosenberg erstattete Anzeige. Staatsanwalt Dr. Waldemar Seidel war nicht geneigt, den prekären Fall zu bearbeiten, und so übernahm ihn denn Oberstaatsanwalt Dr. Loose, der zwar einen Strafantrag stellen mußte, aber durchaus für „Milde" war. So erhielt Pastor Moschner wegen Beleidigung „nur" zwei Mo-

20. April 1937

3. Mai 1938

1935

nate Gefängnis, die aber zur Bewährung ausgesetzt wurden. Es hätte durchaus schlimmer kommen können.

Die Fronleichnamsprozessionen konnten bis 1934 in Hastedt ungestört stattfinden. 1935 aber ließ Pfarrer Ohrmann sie ausfallen, weil er Störungen befürchtete. Bis 1935 fanden auch Gemeindefeste im Parkhaus statt, dann wurden sie verboten. Es gab zudem ein Redeverbot für den Jesuitenpater Dehne in St. Johann. Wallfahrten katholischer Gruppen wurden dagegen nicht behindert. 1937 konnte sogar wieder eine Fronleichnamsprozession von Hastedt zur Stader Straße stattfinden, an der 1600 Personen teilnahmen.

1937

Im gleichen Jahr erschien zu Ostern die päpstliche Enzyklia „Mit brennender Sorge", die sogleich verboten, aber dennoch im Pfarrbüro von St. Johann vervielfältigt wurde. Eine Angestellte wurde verhaftet, ein Teil der Auflage von der Gräfin Plettenberg in ihrer Wohnung verwahrt, dort aber am 11. Mai von der Gestapo beschlagnahmt. Graf und Gräfin Plettenberg kamen in Schutzhaft, wurden jedoch nach einigen Tagen mit einer Verwarnung entlassen.

11. Mai 1937

Probleme gab es auch bei katholischen Vereinen. Beim katholischen Jungmännerbund fanden 1937/38 Haussuchungen statt; am 9. Januar 1939 wurde der Gesamtverband verboten. Akten der Deutschen Pfadfinderschaft St. Georg wurden auf dem Boden der Sakristei von St. Johann versteckt und dort bei einer Durchsuchung nicht gefunden. Besondere Schwierigkeiten gab es mit der „Sturmschar", die ihren Schwerpunkt in St. Marien hatte. Hier wurde das versiegelte Vereinslokal durch eine Hintertür ausgeräumt. Der Kolping-Verein wurde auf religiöse Tätigkeit beschränkt, die Mitgliederliste mußte bei der Gestapo eingereicht werden. Viele Mitglieder sprangen ab. Der katholische Gesellenverein e. V. nannte sich seit dem 4. Dezember 1933 „Kolpingfamilie". Diese hatte mit ihren verschiedenen Untergruppen in Bremen immerhin 400 Mitglieder, darunter 45 Meister. Die religiöse Betreuung erfolgte weiterhin durch Geistliche, die fachliche Fortbildung durch Handwerksmeister. An der Spitze des Vereins standen ein Senior (ein Laie), und ein Präses (ein Kaplan); Vizepräses war ein Vikar.

4. Dez. 1933

Über die Schwierigkeiten der katholischen Schulen wird an anderer Stelle zu sprechen sein.

Das Schulwesen

Zur Ausrichtung der Lehrer wurden seit 1933 zehntägige Schulungslehrgänge in Schullandheimen und Jugendherbergen durchgeführt. Zudem wurden die Lehrer mit ideologisch einseitigen Vorträgen bearbeitet, wobei sich vor allem der Senator Dr. von Hoff mit einer Verbreitung des Rassegedankens hervortat. In Vorbereitung auf die wehrtechnische Entwicklung wurde im November 1934 der Modellflugzeugbau an allen Knabenschulen eingeführt.

Manches andere war – gut durchgeführt – recht vernünftig, so etwa auch die Einführung des Landjahres für schulentlassene Jugendliche, soweit sie keinen Arbeitsplatz gefunden hatten (1935), die Förderung der Schullandheime (1934), die Erweiterung der Berufsschulpflicht auf das 4. Lehrjahr (1936) und der Ausbau der staatlichen Fachschule für Frauenberufe.

Fragwürdig war die Einrichtung von „Hochschulen für Lehrerbildung", u. a. in Hamburg und Oldenburg, mit dem Ziel, in zweijähriger Ausbildung die angehenden Lehrer im Sinne der NS-Pädagogik auszurichten.

Schulungslehrgang für Bremer Lehrer im Verdener Brunnen 1936

351

1935 Im Frühjahr 1935 wurde für das Deutsche Jungvolk der „Staatsjugendtag" eingeführt. Die Pimpfe waren am Sonnabend vom Unterricht befreit, um die Teilnahme am DJ-Dienst zu ermöglichen. Schüler, die dem Jungvolk nicht angehörten, sollten statt dessen zwei Turnstunden, zwei Stunden vaterländischen
Unterricht und zwei Stunden Werken haben. Die älteren Schüler hatten am
Sonnabend normalen Unterricht mit Ausnahme der Jungvolkführer, die dadurch erhebliche schulische Nachteile hatten. Schließlich wurde auch für die
Hitler-Jugend der „Staatsjugendtag" eingeführt. Die Schüler, die nicht der HJ
angehörten, erhielten von Lehrern staatsbürgerlichen Unterricht.
Eine große Rolle spielten im Schulleben die Gemeinschaftsveranstaltungen.
Rundfunkgeräte wurden angeschafft, „vor denen sich die Schulgemeinde zu-
sammenfindet, um bedeutsame Reden des Führers und seiner Mitarbeiter zu
hören". Beginn und Ende des Schuljahres und der Ferien waren durch eine
„Flaggenehrung" markiert, an der Lehrer und Schüler teilnehmen mußten; ein
„Wochenspruch der Bewegung" wurde im Schulgebäude aufgehängt, und
viermal im Jahr mußten sich alle Schulen „große nationalpolitische Filme" wie
„Hitlerjunge Quex" und „SA-Mann Brandt" ansehen.
Die Schule bemängelte immer wieder, daß „Sammlungen, außerschulische
Veranstaltungen und dergleichen" den Unterricht erheblich störten. Im Au-
gust 1939 wurde zwar bestimmt, daß diese Aktivitäten in die Zeit nach dem
Unterricht zu verlegen seien. Lehrgänge und Lageraufenthalte der Lehrer soll-
ten möglichst in den Ferien stattfinden; doch das alles stand weitgehend nur
auf dem Papier. Im Lehrplan erschien nun „Lebenskunde" (Biologie) mit zwei
Stunden in den oberen Klassen. Dabei ging es vor allem um „Rassenkunde",
„Vererbungslehre" und „Bevölkerungspolitik". Die Schüler wurden in diesem
Rahmen auch veranlaßt, „Familienforschung" zu betreiben, die dann „nach
den verschiedensten bevölkerungspolitischen Gesichtspunkten" ausgewertet
wurde und die Grundlage für die Aufstellung eines „Ahnenpasses" abgab. Er-
freulicher, aber letzten Endes nicht sehr erfolgreich war die Einrichtung von
„Schulgärten"; in den Außenbezirken wurden sogar Maulbeerbäume ge-
pflanzt, um die Schüler zum Züchten von Seidenraupen zu veranlassen. Zu
begrüßen war auch die konsequente Förderung von allmonatlichen Schulwan-
derungen sowie von Dampferfahrten.
Die Schullandheime blieben erhalten, waren jedoch oft ein Ärgernis für die
Hitlerjugend, die in ihnen eine Konkurrenz zu eigenen „Lagern" sah. Der
Schulsenator sorgte dafür, daß HJ-Führer in den Landheimen einen Teil der
Gemeinschaftsarbeit und der Disziplinierung übernahmen; er sprach davon,
daß die Schule diese „Verbindung mit der deutschen Muttererde" nicht aufgeben dürfe. 1935 wurde unter dem gleichen Motto das „Landjahr" eingeführt,

das 60 schulentlassene Volksschüler und -schülerinnen für neun Monate zu landwirtschaftlicher Arbeit, Heimleben, Sport und weltanschaulicher Schulung zusammenführte. Auch die Stedinger-Festspiele in Bookholzberg, ein Lieblingsprojekt von Gauleiter Röver, wurden von vielen Schulklassen besucht. Immer wieder wurde die Pflege der plattdeutschen Sprache empfohlen und vor „überflüssigen Fremdworten" gewarnt. Durch Verfügung vom 30. November 1937 gab es im 3., 6. und 8. bzw. 9. Schuljahr eine Wochenstunde plattdeutschen Unterricht. Im Zeugnis sollte gegebenenfalls vermerkt werden: „Beherrscht die plattdeutsche Sprache". Die Nutzung der Tageszeitungen für den Unterricht wurde dringend empfohlen; dagegen wäre an sich nichts einzuwenden gewesen, wenn das in kritischer Sicht geschehen wäre. 1938 ordnete der Reichserziehungsminister an, daß an jeder Schule ein „Vertrauenslehrer" eingesetzt werden sollte, zu dessen Hauptaufgabe die Beseitigung von Reibungen zwischen der Schule und der NSDAP, bes. der Hitler-Jugend, gehörte.

Treibende Kraft bei der Politisierung der Schule blieb der Nationalsozialistische Lehrerbund (NSLB). Er hatte eine Reihe von Zentralabteilungen für einzelne Sachgebiete. Die Gauwaltung Weser-Ems unterstand 1939 Alfred Kemnitz, die Bremer Kreiswaltung im Hause Domshof 21 a immer noch Walter Kreikemeyer.

Nach und nach fand vor allem im Bereich des bisher stark differenzierten Höheren Schulwesens eine Vereinheitlichung statt. 1936 wurde Englisch allgemein erste Fremdsprache. Seit 1937 gab es nur noch „Oberschulen" für Jungen und Mädchen, nicht mehr Gymnasien, Oberrealschulen und Realschulen. Nur das „Alte Gymnasium" blieb als solches mit seinem humanistischen bzw. altsprachlichen Schwerpunkt erhalten. Als die zweijährige Wehrpflicht eingeführt wurde, fiel das 9. Schuljahr der Oberschulen fort, so daß seit 1937 das Abitur nach 12 Schuljahren abgelegt wurde.

Am 15. Oktober 1938 erhielten alle Oberschulen außer dem Alten Gymnasium einen besonderen „Patron". Dabei handelte es sich um „nationale" Persönlichkeiten wie Horst Wessel und Karl Peters, Personen, die in Bremen gelebt hatten, wie Lettow Vorbeck, Lüderitz, Kapitän König, Olbers, Gerhard Rohlfs und Bürgermeister Smidt oder auch die Gründer Höherer Mädchenschulen wie Kippenberg, Vietor, Janson, Schomburg und Roselius.

Auch die Privatschulen blieben in ihrer Unterrichtsgestaltung nicht frei. Der Senat bestimmte am 20. Dezember 1934, daß Leiter und Lehrer in solchen Anstalten nur dann tätig sein durften wenn es „im Geiste nationalsozialistischer Weltanschauung" geschah. Über die Zulassung entschied der Senator für das Bildungswesen.

1937

1938

1937

15. Okt. 1938

Die letzten Schulen, die von Kirchengemeinden betrieben wurden, waren eine evangelische (St. Stephani) und zwei katholische. Die Krise der katholischen Schulen war zunächst nicht abzusehen, da sie durch das Konkordat gesichert schienen. In den katholischen Schulen gab es seit dem Frühjahr 1937 Schwierigkeiten: Die Schulbehörde verfügte ein Verbot des Unterrichts in den „Katechismuswahrheiten"; im August wurde angeordnet, daß die Schwestern in weltlicher Tracht zu unterrichten hätten; im November mußte der Religionsunterricht, der bisher vielfach von Geistlichen gegeben wurde, von weltlichen Lehrern übernommen werden.

Sehr bald setzten in vielen deutschen Städten Bemühungen ein, Bekenntnisschulen in Gemeinschaftsschulen umzuwandeln. Die außenpolitischen Erfolge der NS-Machthaber verstärkten die Vorstellung, man müsse nun keine Rücksicht mehr auf die katholische Kirche nehmen; es kam hinzu, daß der **4. Febr. 1938** neue Bürgermeister Böhmcker kirchenfeindlich eingestellt war. Am 4. Februar 1938 erklärte er die Vereinbarung vom 8. Juli 1933, die eine Unterstützung der katholischen Schulen mit Staatsmitteln bestätigt hatte, als hinfällig, da der „Vertrag" entgegen der Verfassung der katholischen Gemeinde nur vom Vorsitzenden nicht aber von einem zusätzlichen Mitglied des Vorstandes unterzeichnet worden war. Das war sicher nur ein Vorwand, jedenfalls wurden nun keine Zuschüsse mehr gezahlt. Auf eine gerichtliche Klage verzichtete die Gemeinde. Es gab eine Besprechung des Kirchenvorstandes und eine Rücksprache mit dem Bischof von Osnabrück. Eine Eingabe an Böhmcker vom 13. Februar 1938 wies auf die weitere Gültigkeit der Verträge von 1901, 1909 und 1929 hin. Die Abmachung vom 8. Juli 1933 habe diese nur bestätigt, sei aber **März 1938** kein neuer Vertrag gewesen. Eine Antwort erfolgte nicht. Am 8. März 1938 schlug man Böhmcker unter Berufung auf den Artikel 23 des Konkordats vor, die katholischen Gemeindeschulen in staatliche Konfessionsschulen umzuwandeln. Wiederum gab es keine Antwort. Regierungsrat Behrens und Oberschulrat Dr. Dehning nahmen nun Verhandlungen mit dem Kirchenvorstand auf. Sie wiesen darauf hin, daß der Regierende Bürgermeister Anordnungen treffen könne, ohne Senat und Bürgerschaft zu unterrichten. Die Anordnung betr. die katholischen Schulen sei nicht korrigierbar.

Eine Gauamtsleiterbesprechung in Ahlhorn am 16. März 1938, an der auch Gauleiter Röver sowie sein Stellvertreter Joel und Bürgermeister Böhmcker teilnahmen, zeigte die ganze Feindseligkeit der Partei gegen die katholische Schule. Man war mit der Aufhebung dieser „Privatschulen" sehr zufrieden. Der Staatszuschuß wurde noch für Februar und März 1938 bezahlt, dann war es vorbei.

1. April 1938 15 männliche Lehrkräfte hatten zum 1. April ihre Kündigung erhalten und

Böhmcker erwartete nun, daß die katholische Kirche sich dazu äußere, wie sie zu einer Übernahme in den Staatsdienst stehe. Er forderte die Zahlung eines Betrages an den Staat, „denn (die Lehrer) seien ja Angestellte der katholischen Kirche gewesen". Die katholischen Gemeinden überließen den größten Teil der Schulgebäude mit Inventar unentgeltlich und erhielten dafür die Zusage, daß die bisherigen festangestellten Lehrer in den Staatsdienst übernommen wurden, freilich nicht unbedingt in den bisherigen Schulen. Am 1. April 1938 wurde darüber ein Vertrag geschlossen, der von Böhmcker, Dechant Harding-haus und Klempnermeister Josef Kelm als Mitglied des Kirchenvorstandes unterschrieben wurde. Es war ein Vertrag, den die katholische Gemeinde nur abschloß, weil sie keinen anderen Ausweg sah. Böhmcker konnte zufrieden sein, denn nach außen hatte alles den Anschein der Freiwilligkeit und des Rechts. Es gab Gemeindemitglieder, die den Vertrag scharf kritisierten und meinten, man hätte die Schulen aus eigenen Mitteln weiter betreiben sollen. Die Schulen kosteten aber jährlich 220000 RM, und es war ganz unwahrscheinlich, daß dieser Betrag durch die Gemeinde für längere Zeit aufgebracht werden konnte. Sicher hätte Böhmcker so oder so Wege gefunden, die Schulen zu beseitigen, doch hätte er sich dann deutlich ins Unrecht gesetzt und den Zusammenhalt der katholischen Gemeinde erheblich gestärkt.

Museen, Bibliotheken, wissenschaftliche Vereine

Das „Staatliche Museum für Natur-, Völker- und Handelskunde", das 1933 einen NS-Direktor erhalten hatte und in dem 1934 eine rassenkundliche Abtei- 1934 lung eingerichtet wurde, bekam durch Beschluß des Senats im Januar 1935 den Jan. 1935 Namen „Deutsches Kolonial- und Übersee-Museum". Damit war ein hoher, aber vor allem auch ein politischer Anspruch erhoben. Der Personalbestand, besonders im völkerkundlichen Bereich, wurde aufgestockt. Das neue Konzept des Direktors Prof. Dr. Roewer sah vor, daß die ehemaligen deutschen Kolonien einen besonderen Schwerpunkt bilden sollten. In diesem Bereich konnten auch beträchtliche Neuanschaffungen erfolgen, wogegen Sammelreisen wegen Devisenknappheit nicht möglich waren. Die neue Afrikaabteilung wurde 1937 eröffnet, in der naturkundlichen Abteilung wurde manches neu 1937 gestaltet. Auch sonst wurde in dieser Zeit vieles geschaffen, wobei der Direktor und seine Mitarbeiter viel Fleiß und Geschick entwickelten, so daß ein Museum von hohem Rang entstand, dessen Besucherzahl von 92000 (1933) auf 196000 (1938) stieg.

Auch das Focke-Museum im früheren Altenheim an der Großenstraße hatte unter der Leitung des tüchtigen Volkskundlers und Prähistorikers Dr. Ernst

Grohne eine Blütezeit, obwohl der Gesamtaufbau trotz einer Anreicherung des Bestandes und der Einrichtung einer vorgeschichtlichen Abteilung bis Kriegsausbruch unverändert blieb. 1938 und 1939 konnten Jahresschriften des Focke-Museums erscheinen. Dr. Grohnes bedeutendste Tat dieser Zeit aber war die Bergung des frühgeschichtlichen Friedhofs auf einer Mahndorfer Düne 1936–1939. Die zugehörige große Monographie konnte erst 1953 erscheinen.

Die Staatsbibliothek am Breitenweg, der auch die „Volksbücherei" als eigene Abteilung angehörte, stand unter der Leitung von Dr. Hinrich Knittermeyer (seit 30. Januar 1939 Professor), der sich zwar immer wieder zum Nationalsozialismus bekannte und sich auch den „Deutschen Christen" anschloß, der aber doch als philosophisch orientierte Persönlichkeit die ideologiefreie Wissenschaft zu schätzen wußte. Bei der Anschaffung von Büchern lag der Schwerpunkt weiterhin auf den Geisteswissenschaften; die Zahl der Bände stieg auf etwa 275 000. Die Bibliothek zählte vor Kriegsausbruch 36 000 Benutzer, die jährlich etwa 40 000 Bände entliehen. Es wurden 1164 Zeitschriften gehalten, der Lesesaal bot hervorragende Arbeitsmöglichkeiten.

Die „Bremer Wissenschaftliche Gesellschaft" unter ihrem Präsidenten Prof. Dr. Hermann Entholt und mit dem Leiter der Behörde für Kunst und Wissenschaft, Dr. Adolf Seidler, als Senatsvertreter im Vorstand, feierte am 22. Februar 1935 im großen Saal der „Glocke" ihr zehnjähriges Bestehen. Es erschien auch eine umfangreiche Festschrift. Am 1. Oktober 1936 trat – nach einigem Zögern – der Direktor der Staatsbibliothek, Dr. Hinrich Knittermeyer, an die Spitze der Wissenschaftlichen Gesellschaft; Schriftführer wurde der Direktor des Alten Gymnasiums, Dr. Hans Schaal. Im großen und ganzen blieb das Vortragswesen frei von Politik, doch ließ sich die bevorzugte Behandlung zeitgemäßer Wissenschaftszweige – wie der von Senator Dr. von Hoff favorisierten Rassenkunde – nicht ganz vermeiden. Die Kosten für die Vorträge stiegen an und konnten nicht mehr durch die Eintrittsgelder abgedeckt werden, so daß Dr. Knittermeyer an einen verstärkten Einbau in die staatliche Kulturorganisation dachte. Im Juli 1937 schlug er die Gründung einer „Bremer Akademie für das staatliche wissenschaftliche Vortragswesen" vor. Zwar wurde der Plan zunächst noch nicht verwirklicht; doch wurden nun 14 000 RM Haushaltsmittel für die „Bremer Wissenschaftliche Gesellschaft" freigegeben.

Die Historische Gesellschaft unter dem Vorsitz von Prof. Dr. Hermann Entholt blieb eng mit dem Staatsarchiv verbunden und konnte ihr Vortragswesen in alter Weise forsetzen. Auch das „Bremische Jahrbuch" erschien (mit Ausnahme des Jahres 1938) jährlich und enthielt thematisch breitgestreute Beiträge

22. Febr. 1935
1. Okt. 1936

Juli 1937

356

Lesesaal der Staatsbibliothek 1937

zur bremischen Geschichte von hoher Qualität. Nach NS-Gedankengut sucht man vergebens.

Das Staatsarchiv an der Tiefer unter seinen Direktoren Prof. Dr. Hermann Entholt (bis 1936) und Dr. Friedrich Prüser trug viel zur Förderung der bremischen Geschichtsschreibung bei, wobei auch die zeitgemäße Familienforschung ein besonderes Gewicht erhielt. In den Jahren 1935 bis 1939 konnten fünf Hefte der Veröffentlichungen des Archivs der freien Hansestadt Bremen herausgegeben werden, wobei neben sozialgeschichtlichen Themen (Bauerntum, Metallgewerbe) auch die Verflechtung der bremischen mit der deutschen Geschichte behandelt wurde.

Der Naturwissenschaftliche Verein verzeichnete bis zum Ausbruch des Krieges einen enormen Mitgliederzuwachs auf etwa 950, wovon etwa ein Drittel Lehrer waren. 1936 gab Prof. Dr. Hans Meyer, ein bedeutender Röntgenarzt, 1936 den Vorsitz an den Landesschulrat und Physiker Dr. Karl Kurz ab. Ihm gelang vor allem im Vortragswesen eine Popularisierung, wobei freilich auch eine Anpassung an die Zeitverhältnisse nicht zu übersehen ist, so etwa beim „Leitgedanken" der Vortragsreihe 1937/38: „Naturwissenschaften – Vierjahresplan –

Deutsche Weltgeltung". Sieht man sich die einzelnen Vortragsthemen und Vortragenden näher an, so mildert sich die plakative Kundgebung des Rahmenthemas doch zugunsten einer ideologiefreien Wissenschaft.

Sport

Die Sportvereine blieben, soweit sie nicht politisch orientiert gewesen waren, auch in der NS-Zeit erhalten. Hier und da fand zwar eine straffe „Gleichschaltung" und auch eine Politisierung statt; dennoch kann man feststellen, daß sowohl der Leistungs- als auch der Breitensport in Vereinen, Schulen und NS-Verbänden (hier verbunden mit „Wehrsport") eine erhebliche Förderung erfuhr.

Als Dachverband gab es den NS-Reichsbund für Leibesübungen, dessen Kreis 3 (Bremen) dem Gau VIII zugeordnet war. Das Kreisamt, das dem Kreisführer und SA-Oberführer Ernst Köwing unterstand, befand sich in der „Bremer Kampfbahn" (früher „Weser-Stadion"). Es gab im Kreis einen Sport-, Kassen-, Presse- und Frauenwart, dazu für die einzelnen Sparten Kreisfachwarte. Dem Kreis Bremen war dann noch ein „Unterkreis Bremen" mit einer Geschäftsstelle im Philosophenweg und einem Unterkreisführer unterstellt. Diesem waren die einzelnen Vereine und die „Werkkampfgemeinschaften der Betriebssport-Gemeinschaften" in den größeren Unternehmen zugeordnet. Selbst die Verbände, Vereine und Klubs der Segler und sonstigen Wassersportler, der Wanderer, Radfahrer, Kegler, Schützen, Billard-, Skat- und Schachspieler, der Fischer, Jäger und Hundefreunde unterlagen der Kontrolle durch den NS-Reichsbund für Leibesübungen.

Das Weserstadion, das man nun „Bremer Kampfbahn" nannte, wurde in der NS-Zeit weiter ausgebaut, wie überhaupt in dieser Zeit der Sport eine vorrangige Stellung bei der Erziehung der männlichen und weiblichen Jugend einnahm. Das „Hauptkampffeld" war von großen Zuschauertribünen und einer Vierhundertmeter-Laufbahn umgeben. Daneben lag die größte Tennisanlage Nordwestdeutschlands, dahinter ein großes Schwimmbad. Alle diese Anlagen bestanden bereits vor 1933, wurden aber weiter ausgebaut und mit großem Aufwand unterhalten. Auch in einigen Stadtteilen sollten große Sportanlagen entstehen; doch konnten die Pläne wegen des Kriegsausbruches 1939 nicht voll realisiert werden, abgesehen vom Sportfeld auf dem Stadtwerder, 1938 das im Sommer 1938 fertiggestellt wurde und zu dem 16 Sportplätze, zwei 400-Meter-Aschenbahnen, Tennisplätze und Kleinkaliber-Schießplätze gehörten.

Straßenschmuck am Wall zu den Nacholympischen Spielen 1936

Eine große Zeit gab es 1936 durch die XI. Olympischen Spiele, die zwar in 1936
Berlin stattfanden, doch auch in Bremen Aktivitäten bewirkten. Bremen trieb
großen Aufwand, als es darum ging, die Stadt zu schmücken, da hier und in
Hamburg „der Strom der Fremden auf deutschem Boden zuerst begrüßt"
wurde. Dabei kam es u. a. darauf an, den Bremer Schlüssel in dekorativer
Form in Verbindung mit den olympischen Ringen zu bringen, während das
Hakenkreuz zurückzutreten hatte. Die Schaufenster blieben vom 23. Juni bis
23. August geschmückt. Alles unterlag einer zentralen Planung. Vom 17. bis
23. August fanden dann in Bremen „Nacholympische Spiele" statt. Auf ihnen
gab es viele eindrucksvolle Veranstaltungen: Japanische Meisterschwimmer
traten gegen die deutsche Olympia-Mannschaft an; finnische und deutsche
Turner gaben eine Leistungsschau, eine amerikanische Handballmannschaft
spielte gegen eine niedersächsische; zudem fanden internationale Leichtathle-
tikwettkämpfe statt. Wie die Olympiade waren auch die nacholympischen
Spiele in Bremen gut organisiert und ein voller Propagandaerfolg.
Die Bremer Segelflieger unterhielten schon seit 1932 eine Gleitfluganlage in der
Garlstedter Heide; dann entstand durch die „Segelfluggruppe Unterweser"
(Vegesack-Blumenthal) ein Lager mit Schuppen und Unterkünften. Bei den

Bauten wurde auch der Freiwillige Arbeitsdienst eingesetzt. Der Luftsport war dann in Bremen wie anderwärts weitgehend eine Domäne des Nationalsozialistischen Fliegerkorps (NSFK), der Modellbau und Modellflug betrieb, auch Motorflugzeuge und Freiballons starten ließ. Auch die Anlagen in der Garlstedter Heide wurden vom NSFK übernommen. 1938 befanden sich hier fünf Schulgleitflugzeuge und ein Leistungssegelflugplatz. Die Zahl wurde dann noch vermehrt. Für die Motorfliegerei besaß das NSFK Bremen drei Maschinen, die auch für den Segelflugschlepp dienten. Das Vereinsheim war 1938 das „Hauptmann-Bölcke-Haus" am Flughafen. 1938 nahmen am Deutschlandflug zwei bremische Maschinen teil.

Einen Freiballon „Hansest" gab es in Bremen seit 1925; die Starts erfolgten bei 13. Mai 1934 der Norddeutschen Hütte. Er existierte bis Ende 1933. Am 13. Mai 1934 trat der Nachfolger, der „Roland" seine erste Fahrt vom Gaswerk in Woltmershausen aus an. Später erfolgten die Starts auf der Bürgerweide und der Pauliner Marsch.

Bildende Kunst

Die „Nordische Kunsthochschule" wurde gleich zu Beginn von einem heftigen Personalkonflikt erschüttert, der zwischen dem Leiter Prof. Fritz Makkensen und dem Maler und Dozenten Prof. Karl Horn ausbrach. Horn war als Schwiegervater von Rudolf Heß eher eine politische, nicht so sehr eine künstlerische Hoffnung des Instituts. Ende September 1934 erschien in der „Bremer Zeitung" ein von Mackensen inspirierter Artikel über die Nordische Kunsthochschule und ihre Professoren. Von Prof. Horn hieß es in maßloser Übertreibung, er sei der „beste Porträtmaler Deutschlands", und es wurde in Klammern hinzugefügt: „Der Schwiegervater des Reichsministers Heß". Horn sah sich verächtlich gemacht, zumal Mackensen in Gesprächen, auch gegenüber Studenten, immer wieder auf die Mittelmäßigkeit des „Künstlers" Horn hin-31. März 1935 wies. Mackensen erhielt Ende Dezember 1934 seine Kündigung zum 31. März 1935; offenbar wurde Horn dann einstimmig vom Lehrerkollegium zum neuen Leiter vorgeschlagen und am 28. Februar 1935 zum Direktor der Nordischen Kunsthochschule ernannt. Damit erreichte das Zerwürfnis unter den beiden Künstlern einen Höhepunkt. Mackensen wurde vom Präsidenten der Reichskammer für Bildende Künste gemaßregelt.

Seit Professor Horn die Leitung der „Nordischen Kunsthochschule" übernommen hatte, gab es keine Trennung mehr zwischen dieser und der „Höheren Fachschule für das Handwerk", wie überhaupt das Kunsthandwerk immer mehr zum Hauptbestandteil der Ausbildung wurde. So wurden auch enge Beziehungen zur Handwerkskammer und zur Berufsschule unterhalten. Das war ganz im Sinne des Reichserziehungsministers, der am 8. Dezember 1936 die offizielle Anerkennung der „Nordischen Kunsthochschule und Handwerkerschule Bremen" verfügte. Schon 1935 wurden eine Weberei – und eine Kera- 1935 mikabteilung eingerichtet. Die Tischlerei, die Stein- und Kupferdruckerei sowie die Buchdruckerei, Buchbinderei usw. wurden mit modernen Maschinen ausgestattet.

Die Hochschule wurde nach und nach vor allem auch mit nebenamtlichen Lehrkräften ausgestattet. die lange Berufserfahrung hatten. Im ganzen waren die meisten Lehrer tüchtige Fachleute, doch gab es auch einige wenige Scharlatane. Der ideologische Rahmen, der in Festreden eine so große Rolle spielte, trat in der praktischen Arbeit stark zurück. Seit 1937/1938 wurden Abendkurse für berufstätige Handwerker eingerichtet.

1938 hatte die Hochschule acht Abteilungen: eine allgemeine Abteilung diente der Einführung, dann erfolgte eine Aufteilung der Studenten an die Fachabteilungen, die von 16 haupt- und nebenamtlichen Lehrkräften betreut wurden.

Die Stellung Waldmanns als Leiter der Kunsthalle war seit 1933 sehr schwierig. Ihm wurde die Vorliebe für „entartete" Kunst vorgeworfen, und es wurde auch behauptet, Waldmann sei Jude. Dieser wehrte sich gegen mancherlei Angriffe, so gut er konnte.

Die Kunsthallte konnte auch in diesen schweren Jahren ihre Sammlungen erheblich vermehren, so im November 1937 durch ein Legat von Gemälden, Nov. 1937 Zeichnungen und Graphiken des in Bremen geborenen Johann Friedrich Lahmann. Die Aktion „entartete Kunst" im August 1937 brachte der Kunsthalle Aug. 1937 den Verlust von einem Dutzend Bildern. Dann aber kam eine ruhigere Zeit, zumal Bürgermeister Böhmcker Interesse für die Kunsthalle zeigte und eine gewisse Zuneigung zu Waldmann faßte. Beide reisten sogar zusammen nach Holland, um Bilder zu kaufen.

Über die Krise, in die die Paula-Becker- Modersohn-Ausstellung in der Böttcherstraße 1935 geriet, wird an anderer Stelle berichtet. Dadurch, daß Hitler anordnete, die Böttcherstraße solle in ihrer Gesamtheit als Beispiel für „entartete Kunst" erhalten bleiben, wurden die Gemälde der Worpsweder Künstlerin gerettet.

Theater

Es fand durchaus die Anerkennung der Machthaber, daß im Stadttheater „die junge nationalsozialistische Dichtung" zum Zuge kam. Von 98 Schauspielvorstellungen der Spielzeit 1935/1936 wurden 45 dieser Kategorie zugeordnet. Doch fällt auf, daß auch die deutschen Klassiker mit vielen guten Aufführungen vertreten waren. Man kann nicht sagen, daß die NS-Gemeinschaft „Kraft 1935 durch Freude", die 1935 eine feste Platzmiete übernahm, die Politisierung des Spielplans weiter vorantrieb. Sie war im Bereich der Oper und Operette ohnehin kaum möglich, ergab sich beim Schauspiel vor allem aus dem Bedürfnis oder auch der Zwangsvorstellung der Theaterleitung, die hohe Subventionierung den Machthabern gegenüber zu rechtfertigen. Mit Stolz wurde 1938 sogar vermerkt, daß jährlich 6600 bremische Arbeiter und Angestellte „mit einem Monatseinkommen bis zu 200 RM" regelmäßig das Theater besuchten. Dieses litt als Provinzbühne weiterhin darunter, daß viele qualifizierte Schauspieler, die sich in Bremen bewährt hatten, sehr schnell von größeren Theatern angezogen wurden.

In der Spielzeit 1938/39 gab es 400 Vorstellungen von 18 Opern, 7 Operetten und 14 Schauspielen. Das war eine enorme Leistung. Kleists „Prinz Friedrich von Homburg" erlebte 13 Aufführungen; ebenso beliebt aber waren einige Lustspiele; bei der Oper dominierten Lortzing, Weber, Puccini und Wagner. Nur wenige Stücke kann man als eindeutige Konzessionen an die Reichstheaterkammer bezeichnen, so etwa Dramen von Hanns Johst, Eckart, Kolbenheyer, Steguweit und Edgar Kahn.

Auch das Schauspielhaus konnte sich nicht ganz der „neuen Zeit" entziehen, gab es doch mancherlei Sondervorstellungen für die SA, Hitler-Jugend, den Arbeitsdienst und die Wehrmacht. Im Schauspielhaus fanden auch zahlreiche Arbeitsfront-Aufführungen statt. Das Theater hatte 6000 Abonnenten eines KdF-Anrechts, das nicht kostendeckend war. Jede dieser Vorstellungen brachte bei Gesamtkosten von 1500 RM ein Defizit von 500 RM. Die Intendanz erbat eine Beihilfe, um dem kulturpolitischen Auftrag ohne Verluste gerecht zu werden. Sie strebte auch allgemein eine Sicherheit für riskante Uraufführungen an. Andere „gemeinnützige" Veranstaltungen gab es für Rentner, Wehrmacht, Polizei, Hitlerjugend, Reichsarbeitsdienst, Kriegsbeschädigte usw. Selbst ein bescheidener Zuschußantrag an den Senat wurde umgehend abgelehnt: Die Organisationen, die das Theater in Anspruch nahmen, sollten den Zuschuß selbst bezahlen. Sicher war der Senat überhaupt nicht bereit, 1939 Lebenshilfe für eine Privatbühne zu leisten. 1939 scheiterte auch der Versuch des Schauspielhauses, Zuschüsse für die Soldatenbetreuung zu erhalten.

Bei Theateraufführungen lauerten immer wieder Gefahren, weil manchem der Inhalt der Stücke, der politische Ruf des Stückeschreibers oder die Aufführung zu einem bestimmten Zeitpunkt nicht gefiel. So entdeckten Führer des HJ-Bannes 285 (Unterweser) im Januar 1939, daß ausgerechnet am „Gedenktag Jan. 1939 für die Machtübernahme" im Stadttheater Bremerhaven die Oper „Der Bajazzo" aufgeführt wurde. Man meinte, daß Schillers „Fiesko", der zu dieser Zeit ebenfalls einstudiert wurde, „zum Sinn des Tages" besser gepaßt hätte. Bei genauerem Hinschauen, hätte man freilich auch gegenteiliger Meinung sein können.

Eine Theaterbühne besonderer Art war „Stedingsehre" am Bookholzberg. Das Freilichttheater wurde 1934 zur 700-Jahrfeier des Stedingerkrieges mit 1934 einer Aufführung des Schauspiels „De Stedinge" von August Hinrichs eröffnet. Mit der Bühne war eine Parteischulungsstätte verbunden. Das Ganze war ein Lieblingsunternehmen Gauleiter Rövers, doch schon 1937 begannen Bau- 1937 material und Finanzmittel knapp zu werden, und in dieser Zeit betrieb Röver dann den Verkauf von „Bausteinen", wobei auch der Kreisleiter in Bremen aufgefordert wurde, sich energisch für deren Verkauf einzusetzen. Die Eröffnungsfeier der Saison 1937 fand am 30. Mai anläßlich eines Gautages Weser-

Stedinger-Festspiele Bookholzberg

363

Ems mit Wagnermusik sowie Reden von Reichsleiter Rosenberg und Gauleiter Röver statt. Die Aufführung des großen „Volksschauspiels" „De Stedinge" wurde von der Niederdeutschen Bühne am Landestheater Oldenburg und der Spielgemeinschaft „Stedingsehre" Bookholzberg aufgeführt. Es handelte sich um ein typisches Blut-und-Boden-Stück jener Zeit, das vor allem aber auch penetrant antiklerikal war. Eine historisch einwandfreie Bearbeitung des Stoffes lag dem Verfasser, dem Spielleiter Rudolf Sellner und auch dem Initiator Röver gänzlich fern. Auch von Bremen aus wurden Massenbesuche der Aufführungen in Bookholzberg organisiert.

Selbst nach Kriegsausbruch wurde versucht, Kreise und Gemeinden zu Beiträgen für den weiteren Ausbau und für eine Reparatur nach einem größeren Brand zu veranlassen. Der Reichsinnenminister aber untersagte das mit dem Hinweis, daß Maßnahmen, die nicht unbedingt der Landesverteidigung dienten, zurückzustehen hätten. Auch an große Industrieunternehmen wandte sich der Gauleiter, um Beiträge zu erlangen; doch auch sie zögerten. Dennoch gelang es, noch 1941 die Arbeiten in beschränktem Umfang fortzusetzen.

Literatur

10. Mai 1933 Schon am 10. Mai 1933 hatte in Bremen eine „Aktion wider den undeutschen Geist" stattgefunden, der von NS-Studentenbund organisiert wurde. Auf dem Spielplatz an der Nordstraße wurde ein Stapel „unsittlicher und undeutscher Schriften" verbrannt. Die üblichen Phrasen zu diesem Thema hörte man aus dem Munde von Vertretern der Hitler-Jugend, des „Kampfbundes für deutsche Kultur" (Dr. Adolf Seidler) und der NSDAP. Auch die Säuberung der öffentlichen und der Schulbibliotheken wurde in der nächsten Zeit weiter vorangetrieben.

Wie bei Film, Theater und Rundfunk wurde zwar die Literatur von „jüdischen" und „marxistischen" Einflüssen „gesäubert", doch gelang es nicht, bedeutende literarische Werke hervorzubringen. Auch Bremen, das noch nie eine Stadt der Dichter gewesen war, bildete keine Ausnahme. Rudolf Alexander Schröder zog 1935 aus politischen und persönlichen Gründen nach Bayern in die „innere Emigration"; Manfred Hausmann lebte in Worpswede und hatte mit seiner Lyrik und verinnerlichten Prosa keine Schwierigkeiten; Wilhelm Scharrelmann, der auch ein still-zurückgezogenes Leben in Worpswede führte, fand wegen der Förderung des „Heimatschrifttums" sogar Anklang bei **1936** den Kulturpolitikern der „neuen Zeit", so daß ihm 1936 der Literaturpreis der Provinz Hannover verliehen wurde.

Was das Verlagswesen in Bremen anbetrifft, so wurde politisches Schrifttum vielfach vom NS-Gauverlag und vom Verlag der „Deutschen Arbeitsfront" herausgegeben. Zudem bestand eine Reihe kleiner Verlage, die z. T. mit Buch- und Papierhandlungen zusammenhingen. Das Schrifttum der Böttcherstraße erschien im Angelsachsenverlag.

Das einzige größere Unternehmen war der Schünemann Buchverlag, der durch den rührigen Leiter Max Ostertag sein altes Niveau behielt. 1933 war der Nachwuchsautor Ernst F. Löhndorff die große Entdeckung. Eine Fülle von Erfolgsautoren blieb dem Verlag treu. Billige Volksausgaben erschienen in großen Auflagen und waren ein beachtlicher geschäftlicher Erfolg. Die „niederdeutsche Welle" des Verlages war freilich ausgelaufen. Vor allem skandinavische Autoren und die Holländerin Jo van Ammers-Küller blieben Schwerpunkte des Programms. 1937 wurde Dr. Werner Wien als Cheflektor angestellt. Ein komplizierter Vertriebsapparat versorgte ganz Europa mit Schünemann-Büchern, von denen viele in Auflagen von 20 000 Exemplaren erschienen und die dennoch in wenigen Monaten vergriffen waren. Mit der Übernahme des Ralph A. Höger Verlages in Wien 1939 kamen 26 Titel von Verfassern aus dem südeuropäischen Raum, Österreich und Italien hinzu. Als der Krieg ausbrach, mußten einige Autoren, wie die Engländer Warwick Deeping und D. H. Lawrence, aus dem Programm genommen werden. Material- und Personalknappheit sowie Bombenschäden behinderten dann zunehmend die Tätigkeit des Buchverlages.

1937

Musik

Im Musikleben, das seit eh und je in mehreren Vereinen organisiert war, gab es zunächst nur eine milde Gleichschaltung. Das Staatsorchester und die Philharmonische Gesellschaft mit ihrem Vorsitzenden Erich Vagts blieben aufeinander angewiesen, und das erleichterte letzten Endes den staatlichen Zugriff. Sowohl der Deutschnationale Vagts als auch der vom Staat eingesetzte Berater und Gutachter Dr. Fritz Piersig waren selbst Musiker und um gute Qualität besorgt. Das bisherige „Städtische Orchester" erhielt am 5. September 1933 die Bezeichnung „Staatsorchester". Die Musiker wurden am 1. November Beamte, wodurch ihre Nebentätigkeiten eingeschränkt wurden. Schwierigkeiten hatte anfangs das „Sinfonie-Orchester", das von der „Bremer Konzertvereinigung", die aufgelöst wurde, getragen gewesen war. Das Orchester wurde zunächst noch im Rundfunk, u. a. in den Rathauskonzerten und dann auch zur Entlastung des Staatsorchesters eingesetzt. Die künstlerische Leitung wurde dem I. Kapellmeister des Staatsorchesters zugewiesen. Die

1934 entstandene „Bremer Kammermusikvereinigung" wurde vor allem von Mitgliedern des Sinfonie-Orchesters gebildet.

Auch die Musik machte hier und da Zugeständnisse an die neue Zeit. So wurde der Huldigungsmarsch von Richard Wagner, der auf einer Abschlußkundge-

26. April 1934 bung des Winterhilfswerks am 26. April 1934 vom Sinfonie-Orchester und vom Philharmonischen Chor unter Leitung von Generalmusikdirektor Prof. Wendel dargeboten wurde, „mit einer textlichen Umdeutung des Schlußgesangs als Huldigung für unseren Führer" versehen.

Juli 1934 Seit Juli 1934 war dann der ehemalige Studienrat Dr. Adolf Seidler „Städtischer Musikbeauftragter"; er hatte unter Aufsicht des zuständigen Senators Dr. von Hoff mit der Reichsmusikkammer das gesamte Konzertwesen in Bremen zu organisieren. Bis Ende Mai 1935 war er auch noch Musikbeauftragter der NS-Gemeinschaft „Kraft durch Freude". Dr. Seidler versuchte sogleich, das Mitspracherecht der Philharmonischen Gesellschaft bei der Einstellung des Generalmusikdirektors auszuschalten, stieß aber auf den Widerstand des Vor-

22. April 1936 sitzenden Erich Vagts. Am 22. April 1936 trat dieser dann sogar als Musikbeauftragter an die Stelle Dr. Seidlers, so daß nunmehr die Verbindung von Staatsorchester und Philharmonischer Gesellschaft wieder sehr eng war.

Ende 1936 Ende 1936 wurde dann die Philharmonische Gesellschaft neu organisiert: Aus einer Gesellschaft, deren Mitglieder mit Garantiesummen hafteten, wurde ein gemeinnütziger Verein, in dem jeder mit einem Jahresbeitrag von 10 Mark Mitglied werden konnte. Der Regierende Bürgermeister ernannte den Vorsitzenden, dieser einen Arbeitsausschuß, der zusammen mit neun Personen, die von der Mitgliederversammlung gewählt wurden, einen Beirat bildete, in dem u. a. die NS-Kulturorganisationen vertreten sein sollten. Der Vorsitzende Erich Vagts stand sogleich vor der schwierigen Aufgabe, für Prof. Ernst Wen-

1935 del einen Nachfolger zu finden. Dieser erkrankte 1935, legte sein Amt nieder und mußte durch Gastdirigenten ersetzt werden.

Große Namen wie Hermann Abendroth kamen für das Amt des Generalmusikdirektors ins Gespräch. Dr. Goebbels versuchte seinen Einfluß auszuspie-

17. März 1937 len. Erich Vagts schlug dann am 17. März 1937 vor, man möge Hellmut Schnackenburg ernennen. Dieser stammte aus Sachsen, war erst 34 Jahre alt und leitete seit 1922 die Elberfelder Konzertgesellschaft. Er war ein hervorragender Chordirigent, auch dem Orchester gegenüber weniger autokratisch als Prof. Wendel. Er galt als verinnerlichter Dirigent, der die malerische Geste verabscheute. Zweifellos hat er dem bremischen Konzertleben einen großen Aufschwung beschert. Dennoch blieb er nicht frei von politischen Anfechtungen: Man warf ihm vor, daß er zum Katholizismus konvertiert sei und einen Halbjuden zum Lehrer gehabt habe. Gauleiter Röver, der überhaupt keinen

Generalmusikdirektor
Schnakenburg, 1938

Zugang zur Kunst hatte, sah nur diese Fakten und lehnte Schnackenburg rundweg ab, ebenso der SA-hörige Musikbeauftragte Hoffmann.

Der Theaterkapellmeister Walther Beck, ein Nicht-PG, war 1934 vom Intendanten Dr. Willi Becker nach rein fachlichen Gesichtspunkten berufen und vom Reichspropagandaminister auch bestätigt worden. Im Februar 1937 **Febr. 1937** wurde Beck „Musikalischer Oberleiter" des Staatstheaters; doch der am 23. April 1938 berufene neue Intendant Curt Gerdes drängte Beck mit Unter- **23. April 1938** stützung des Musikbeauftragten Hoffmann in den Hintergrund; Becks Vertrag wurde 1941 nicht erneuert.

Als Organist und Leiter des Domchors wirkte in dieser Zeit weiterhin Richard Liesche, der 1934 die Motetten wieder belebte und die Organistin Käthe van Tricht an den Dom holte. 1934 fand das 21., 1939 das 26. Deutsche Bachfest **1934/1939** der „Neuen Bachgesellschaft" in Bremen statt.

Erich Vagts berief 1938 für die Philharmonische Gesellschaft einen „Konzert- **1938**

367

beirat", in dem verschiedene Sparten des Musiklebens, auch die NS-Kulturge-
meinde, die NS-Gemeinschaft „Kraft durch Freude", der Reichsarbeitsdienst
usw. vertreten waren. Am 1. April 1938 wurde dann aber der Oberregierungsrat und SA-Standartenführer Günter Hoffmann, ein Günstling Bürgermeister
Böhmckers, Musikbeauftragter für Bremen.

Vagts, der als Bremens Vertreter in Berlin häufig abwesend war, blieb bis 1939
Vorsitzender der Philharmonischen Gesellschaft; seine Stellung wurde jedoch
immer schwieriger. Zunächst war der Musikbeauftragte Hoffmann als sein
Nachfolger vorgesehen; doch wurde dieser Mitte August zur Wehrmacht eingezogen. Finanzsenator Otto Flohr schlug nun den Kaufmann Eduard
30. Sept. 1939   Schmitz vor, der dann auch durch Senator Dr. Richard von Hoff am 30. September 1939 ernannt wurde. Doch in dieser Zeit geriet das bremische Musikleben durch den Kriegsausbruch ohnehin in eine schwere Krise.

e) Stadtplanung, Städtebau

Der 36jährige Gerd Offenberg war politisch konservativ und (bis 1937) nicht
1. April 1934   Mitglied der NSDAP, als er am 1. April 1934 von Stuttgart, wo er Hochschul-
lehrer für Architektur war, nach Bremen berufen wurde und nun als Baudirektor für den gesamten Hoch- und Tiefbau zuständig war. Er war ein Mann
voller Pläne, aber ohne Neigung zur Verwaltungsarbeit und unfähig zu politischen Intrigen, wie sie damals in allen Ämtern üblich waren. Er fand zunächst
weitgehende Unterstützung durch den Senator für Arbeit, Technik und Wohlfahrt, Hans Haltermann. Offenberg setzte im Hochbau einige bemerkens-
werte Schwerpunkte, deren Verwirklichung das Stadtbild im Laufe der Jahre
wesentlich verändert hätte. Dabei fand er aber vor allem in Baurat Wilhelm
Wortmann beim Stadtplanungsamt einen kritischen Gegner, dessen Sinnen vor
allem auf das Bewahren des alten Stadtbildes gerichtet zu sein schien, obwohl
auch er gerade in der Altstadt erhebliche Veränderungen vorsah. Einen ersten
Streit gab es bereits, als die Straße Am Wall zur Durchgangsstraße weiter ausgebaut wurde, hier große Lindenbäume geschlagen werden mußten und die
alte Biedermeier-Idylle weitgehend zerstört wurde.
30. Nov. 1934   Am 30. November 1934 wurde ein Gesetz zum Schutz von Baudenkmälern
sowie Straßen- und Landschaftsbildern erlassen, das der Baupolizeibehörde
sehr weitgehende Vollmachten einräumte, die vor allem die Erhaltung der
Schönheit und Eigenart der Stadt zum Ziel hatte. Der Senat stellte Listen von
Plätzen, Straßen und Gebäuden auf, bei denen eine wesentliche Veränderung
untersagt war. Bei anderen Objekten waren Abbrucharbeiten ohne baupoli-
zeiliche Genehmigung untersagt. Es ist bezeichnend, daß von der Böttcher-

Ludwig Roselius

straße nur das Haus Nr. 6 (Roseliushaus) auf der Liste stand. Das aber wurde
am 7. Mai 1937 korrigiert: Jetzt wurden alle „an der Böttcherstraße gelegenen   7. Mai 1937
Bauten" in die Liste aufgenommen; das hatte eine längere Vorgeschichte.
Die „Seehandels AG", die „Bremer Werkschau GmbH" und andere Firmen
des Roselius-Unternehmens trugen die Böttcherstraße, die ein „Herzensanlie-
gen" von Ludwig Roselius war. Geschäftsführer war Heinz Puvogel, der zur
Absicherung seiner Stellung 1937 in die NSDAP eintrat. Die Böttcherstraße
entsprach in vielen ihrer künstlerischen Aktivitäten nicht den Erwartungen der
NS-Kulturpolitiker, so sehr auch Roselius seine Begeisterung für nordisches
Wesen hervorkehrte. Um die nordischen Akzente zu verstärken, wurde am

369

18. Aug. 1935   18. August 1935 der „Lichtbringer" Hoetgers über dem Eingang zur Böttcherstraße angebracht.

21. Aug. 1935   Den schärfsten Angriff gegen die Straße führte am 21. August 1935 die SS-
Zeitung „Das Schwarze Korps". Gelobt wurden nur die Gebäude der Architekten Runge und Scotland sowie das Roseliushaus. Die Hoetger-Architektur
aber wurde als „Machwerk" und „bewußte Verrücktheit" rundweg abgelehnt.
Abgelehnt wurde auch die „neuseeländische Götzengestalt am Weltenrad" des
Atlantishauses. Die Werke der Malerin Paula Becker-Modersohn wurden als
„ein grauenhaftes Gemisch von Farben, idiotischen Gestalten, die als Bauern
bezeichnet werden, kranken Kindern, Entarteten, Auswurf der Menschheit"
bezeichnet. Es wurden Parallelen zu Käthe Kollwitz, George Grosz und Otto
Dix gezogen. Am 27. August 1935 griff die „Bremer Zeitung" das Thema
„Böttcherstraße" auf. Diese Ausführungen fanden auch in Bremen starke
Beachtung und beunruhigten Ludwig Roselius ungemein. Schon am 5. September 1935 schrieb er an Bürgermeister Heider. Er berief sich auf die allgemein bekannte Hilfsbereitschaft für die Partei und beurteilte den Angriff im
„Schwarzen Korps" als „unkameradschaftlich". Die Kunst der Böttcherstraße
hielt er für „rein arisch" und wies darauf hin, daß radikale Aktionen gegen sie
die Kaffee HAG und auch Bremen schädigen könnten. Er bat Heider, die Angriffe zu verbieten und eine Aussprache herbeizuführen. Diese wurde abgelehnt. Es ist bemerkenswert, daß selbst Emil Waldmann, der Leiter der Kunsthalle und bedeutende Kunsthistoriker, sich am 8. September 1935 vernichtend
über die Böttcherstraße äußerte (sie sei ein „Greuel"); er meinte zudem, Paula
Becker-Modersohn sei erheblich überschätzt worden; nur etwa „zwei Dutzend ihrer Werke, richtig ausgewählt", seien wert, ausgestellt zu werden.

Der Senat wandte sich im Oktober 1935 an die Reichskanzlei, um eine Entscheidung Hitlers herbeizuführen. Man sah zwei Möglichkeiten: Entweder
wurde die linke Seite umgebaut oder sie blieb unverändert als „Denkmal des
Kulturbolschewismus" erhalten. Heider bat in dieser Frage um eine Audienz

23. Okt. 1935   bei Hitler. Am 23. Oktober 1935 konnte der Vertreter Bremens beim Reich,
Erich Vagts, dem Staatssekretär in der Reichskanzlei, Dr. Lammers, die Angelegenheit vortragen. Er hörte, daß die Böttcherstraße als Denkmal der Kultur-
schande stehenbleiben müsse und nicht umgebaut werden dürfe. Aus einer
Audienz bei Hitler wurde nichts.

11. Juni 1936   Am 11. Juni 1936 war Bürgermeister Heider dann auf einer Parade der Marine-
garnison in Wilhelmshaven und hatte dort Gelegenheit mit Hitler über die
Böttcherstraße zu sprechen. Heider erklärte den Sachverhalt: Er sei informiert, daß Hitler keine Veränderung für die Straße wolle, und dieser bestätigte
auch, daß die Bauwerke „als ein abschreckendes Beispiel" dafür, was in der

Zeit vor der Machtübernahme als Kultur und Baukunst ausgegeben worden sei, zu erhalten seien. Als dann von den hohen Aufwendungen Ludwig Roselius für die Böttcherstraße gesprochen wurde, erklärte Hitler temperamentvoll, „diese Millionen hätte Herr Roselius lieber ihm zur Verfügung stellen sollen, als er mit ihm darüber gesprochen habe; die Machtübernahme wäre dadurch bestimmt zwei Jahre früher eingetreten".

NS-Gauinspekteur Kurt Thiele wurde nun von Gauleiter Röver beauftragt darüber zu wachen, daß die Böttcherstraße entsprechend dem Wunsch Hitlers erhalten bleibe.

Nachdem Hitler am 9. September 1936 in einer „Kulturrede" auf dem Nürnberger Parteitag die „Böttcherstraßen-Kultur" öffentlich abgelehnt hatte, wurde die Paula-Becker-Modersohn-Ausstellung geschlossen, und es gab keine Führungen durch die Böttcherstraße mehr. Der Verkauf von Schriften über die Straße wurde eingestellt. 9. Sept. 1936

Roselius, der nun die Böttcherstraße als Belastung für das Ansehen seiner Firma empfand, wollte einen Umbau vornehmen lassen, für den er sich die Zustimmung Bürgermeister Heiders einholte. Am 11. Oktober entfernte man Hoetgers Odinsgestalt und die Sonnenscheibe vom Atlantishaus, weil sie besonders „anstößig" waren; da intervenierte Kurt Thiele, so daß die Veränderungen auf höhere Weisungen unterblieben. Die Plastik wurde neu vergoldet und einige Tage später wieder angebracht. Selbst die Paula-Becker-Modersohn-Ausstellung wurde wieder geöffnet. 11. Okt. 1936

Anfang 1937 versuchte Roselius noch einmal, den Senat für einen Umbau zu gewinnen; er fand sogar in Bürgermeister Heider und Senator Haltermann Bundesgenossen. Senator Laue aber war dagegen und verwies auf den Willen des „Führers". Entwürfe für den Umbau wurden zunächst an die Reichskanzlei übersandt, und Staatssekretär Lammers erklärte, der Wunsch des „Führers" sei nicht wörtlich zu nehmen.

Erst im März 1937 kam es zu einer Rücksprache mit dem Generalbauinspekteur Albert Speer und zu einem offiziellen Vortrag bei Hitler. Der Senat erhielt über den Vertreter Bremens beim Reich, Erich Vagts, am 23. März 1937 die Mitteilung, daß Hitler jegliche bauliche Veränderung, auch im Innern, ablehne. Am 7. Mai wurde die Böttcherstraße dann – wie erwähnt – offiziell unter Denkmalschutz gestellt. März 1937 7. Mai 1937

So erregend der Streit um die Böttcherstraße auch war, für die Stadtplaner war dieses Problem damals zweitrangig, sie hatten sich mit größeren Objekten zu befassen.

Vor allem der Bau der Westbrücke war für den Hafenverkehr von großer Bedeutung und lange Jahre im Gespräch. Schon 1934 war ein Stadium erreicht,

15. Sept. 1934   das eine baldige Verwirklichung erwarten ließ. Am 15. September übersandte die Behörde für Technik dem Generalinspekteur für das deutsche Straßenwesen, Dr. Todt, die Unterlagen. Man hielt den Bau in Bremen für sehr dringlich. Die Gesamtkosten schätze man auf 3,5 Mill. RM, wobei man auf einen Kredit von 0,5 bis 1 Mill. RM von der bauausführenden Firma hoffte, im übrigen aber ein Darlehen von der Öffa (Deutsche Gesellschaft für öffentliche Arbeiten AG) erwartete, die dann freilich nur 1,5 Mill. RM in Aussicht stellte. Die Ostbrücke auf der Höhe der Mozartstraße hielt man für nicht so wichtig. Doch kamen die Dinge nicht so schnell voran. Im September 1934 gab die Behörde für Technik dem Generalinspekteur für das deutsche Straßenwesen noch einmal eine ausführliche Begründung für die Bedeutung des Vorhabens, und im

Dez. 1934   Dezember fand dann eine Besprechung zwischen Direktoren der Öffa und Dr. Todt statt, auf der deutlich wurde, daß dieser keine Mittel zur Verfügung stellen werde und jene nur dann, wenn genaue Angaben über Zeitplan und Einzelkosten vorgelegt worden seien. Eine Rolle spielten auch die Auswirkungen auf den Arbeitsmarkt, wobei das Urteil des Präsidenten des Landesarbeitsamtes Niedersachsen eingeholt werden sollte. Von der Ostbrücke ist wie-

1935/36   derum nicht die Rede, obwohl das Militär sie 1935 für besonders wichtig erklärte. 1936 konnten die Arbeiten beginnen, die Westbrücke wurde mit

1. Juli 1939   großzügigen Auffahrten ausgestattet. Am 1. Juli 1939 sollte sie von Hitler eingeweiht werden, und entsprechend üppig waren die Dekoration der Straßen und der allgemeine Aufwand; doch sagte Hitler kurzfristig ab, und an seiner Stelle erschien der Großadmiral Raeder; abends war im Rathaus ein großes Bankett.

Ein weiteres Vorhaben war der Ausbau eines großen Sportzentrums auf dem Stadtwerder 1934–1938. Darüber hinaus wurde das Weser-Stadion zur Olympiade (mit den nacholympischen Spielen in Bremen) 1936 weiter ausgebaut, aus dem gleichen Anlaß vor dem Bahnhof eine große Plattenfläche geschaffen und der Durchgangsverkehr vom Portal verbannt. Es entstanden zudem auf dem Bahnhofsplatz großzügige Park- und Haltestellen für Autos, Omnibusse und Straßenbahnen.

11. Juni 1936   Als Bürgermeister Otto Heider am 11. Juni 1936 Gelegenheit hatte, sich bei einer Marineparade in Wilhelmshaven mit Hitler zu unterhalten, entwickelte er den Plan, die Börse am Markt abreißen zu lassen und statt dessen die alten Giebelhäuser wieder zu errichten. Hitler meinte, man solle besser den Marktplatz in der bestehenden Form belassen und an anderer Stelle „etwas Neues" bauen. Das gab Heider Gelegenheit, von der geplanten „Niedersachsenhalle" zu berichten. Hitler zeigte Interesse und bat darum, ihm ein Modell zu schikken.

Einweihung der „Westbrücke" durch Generaladmiral Raeder am 1. Juli 1939

In den ersten Jahren nach der „Machtergreifung" herrschte immer noch ein erheblicher Mangel an Kleinwohnungen, vor allem für Kinderreiche. Der Fehlbedarf wurde 1935 auf 3000 geschätzt. Viele Wohnungen waren hygienisch völlig unzulänglich. Zunächst einmal war die Herstellung von 500 Kleinwohnungen vorgesehen.

Ein Problem blieben die „Asozialen". Für sie entstand die große „Asozialensiedlung" Hashude auf der Neustadtseite. Sie wurde 1936 begonnen, und 1936 schon im gleichen Jahr konnten die ersten Familien einziehen. 1937 wurde 1937 zudem in einem „Versuch" die „Wohnungsfürsorgeanstalt" geschaffen, in der „die strenge Zucht ihre Wirkung ... nicht verfehlte"; doch nach der Entlassung verfielen die Insassen im allgemeinen wieder ihrem bisherigen Leben, so daß der Rechnungshof des Deutschen Reiches eine Schließung empfahl. Sie erfolgte erst 1940. Inzwischen gab es andere Einrichtungen zur „Erziehung" von „Asozialen": Sie verschwanden aus den Wohngebieten der Stadt Bremen und wurden in Lager überführt, z. T. auch zur Wehrmacht eingezogen und dort diszipliniert.

Ein besonderes Anliegen Baudirektor Offenbergs war der Siedlungsbau, wo-

Einweihung des Ehrenmals auf der Altmannshöhe

bei es sich vor allem um kleine Einfamilienhäuser, nicht aber um Mietskaser-
1935 nen handelte. 1935 wurde auf 85 Hektar die Siedlung Grolland begonnen. Das
gesamte Gelände wurde eingedeicht, jedes Häuschen erhielt ein Grundstück
von etwa 1000 Quadratmetern und kostete etwa 7000 RM. Im ganzen war es
ein Werk, das nicht nur städtebaulich, sondern auch sozialpolitisch eine er-
freuliche Erscheinung war. Heutigen Ansprüchen an Wohnqualität hätten die
Häuser z. T. nicht genügt. Auch an anderen Stellen entstanden kleinere Siedlungen. In diesem Bereich tat das Amt für Wohnung und Siedlung unter Baurat
Karl Kummer gute Arbeit.

Der Wohnungs- und Siedlungsbau geriet erst durch den raschen Aufstieg der
Industrie, besonders der Rüstungsindustrie in eine Krise. Innerhalb von fünf
Jahren wuchs Bremen um etwa 100 000 Einwohner. Es mußten nun – entgegen
den ursprünglichen Absichten – Mehrfamilienhäuser mit sehr einfachen Wohnungen gebaut werden. Jährlich konnten etwa 3000 Wohnungen, davon 2000
gemeinnützig und 1000 privat, gebaut werden. Zwar wuchs der Etat des
Hochbauamtes zwischen 1934 und 1938 von 5,5 auf 17,9 Mill. RM, doch stand
davon immer weniger für den Wohnungsbau zur Verfügung, zudem mußte
man sehr sparsam sein, wenn man die vordringlichsten Anforderungen befriedigen wollte. So wurde denn auch in acht Jahren nur eine Schule gebaut.

Eine nicht so bedeutende – aber dennoch spektakuläre – Tat war die Rettung
1938 des Rolands. Er drohte umzustürzen, wurde 1938 ganz abgetragen und dann

auf erneuertem Fundament wieder aufgebaut. Einige Teile wurden auch erneuert. Bürgermeister Böhmcker war für eine auffällige Bemalung, doch wurde diese dann vom Maler Georg Rohde sehr zurückhaltend ausgeführt. Nur kurze Zeit war die Statue noch frei zu sehen, dann verschwand sie bei Kriegsbeginn unter einer mit Sand gefüllten hölzernen, später steinernen Verschalung. Das einzige große Denkmal der NS-Zeit war das für die im Weltkrieg gefallenen Bremer, die Gefallenen der Division Gerstenberg und des Freikorps Caspari sowie für drei „Märtyrer" der NSDAP. Dieses Monument war Jahre hindurch in der Diskussion, wurde vom Architekten Wiepking als Ringmauer auf der Altmannshöhe geplant und von Ernst Gorsemann mit plastischem Schmuck versehen. In die Wand wurden etwa 10 000 Steine mit den Namen der Gefallenen eingemauert. Eigentlich heroische oder gar nationalsozialistische Symbole fehlen zwar, doch handelt es sich im ganzen doch um eine Gedenkstätte im Geschmack der Zeit. Die Einweihung erfolgte am 13. Oktober 1935 | 13. Okt. 1935
und war ein NS-Staatsakt. Prominentester Gast war der Oberbefehlshaber des Heeres, General von Fritsch; die Reden wurden von Bürgermeister Heider und Landesbischof Weidemann gehalten. Das Denkmal war seit 1945 für viele anstößig: Die Namen der getöteten Nationalsozialisten wurden 1945 entfernt, einige Namenssteine durch Bombensplitter beschädigt und nicht wiederhergestellt; Streit entstand über die Namen der gefallenen Gerstenberger und Caspari-Leute und schließlich auch über die weitere Existenz der Gedenkstätte überhaupt. Die Einstellung der Nachwelt zu den Toten der Kriege ist eine variable Größe zwischen Heroisierung einerseits, Vergessen und Verteufeln andererseits. Blut und Tränen der Opfer werden dabei zur Belanglosigkeit.

Bürgermeister Böhmckers Allüren eines kleinen Barockfürsten wirkten sich auch auf die Bauplanung aus, und dabei ergab sich eine gewisse Übereinstimmung mit den Plänen des Baudirektors Gerd Offenberg. Das Gesetz zur Neugestaltung deutscher Städte vom 4. Oktober 1937 gab zusätzliche Impulse für | 4. Okt. 1937
die bremische Stadtplanung. Diese war freilich sehr schwierig und durch zahlreiche Interessen behindert. Zunächst entstanden ein großer Verkehrsplan und ein Modell der Innenstadt sowie einige Vogelschaubilder. Es war ein großer Ring um die Altstadt vorgesehen, der an einer Ostbrücke bei der Mozartstraße begann, zum Bahnhofsplatz und dann weiter zu einer neuen Brücke im Westen über den Hafenkopf des Europahafens führen sollte. Hier sollte am Brückenkopf ein Aussichtsturm mit einem Restaurant entstehen, von dem aus man die Häfen übersehen konnte. Der zu einer Hauptverkehrsstraße ausgebaute Wall sollte auf eine weitere Weserbrücke führen, die über den Werder in die Neustadt führte. Die ersten Pläne wurden zur Einweihung der Westbrücke im Juli 1939 aufgestellt und fanden großes Interesse. | Juli 1939

Was besonders auffällt, ist die völlige Neugestaltung des Bereichs zwischen Dom und Stadtgraben. Auf dem heutigen Domshof war ein großer Aufmarschplatz vorgesehen, dahinter lagen an einer Hauptverkehrsstraße große Gebäude (Banken, Geschäftshäuser usw.) mit einem gewaltigen Turm in der Form eines Bergfrieds. Am Marktplatz sollte die Börse durch einen Neubau ersetzt werden. Auf dem Stadtwerder waren ein großes „Gaugebäude" und ein Bootshafen vorgesehen. Am Ostertor sollte ein Kulturzentrum mit Opernhaus, Ausstellungsräumen, Vortragssälen und einer neuen Staatsbibliothek entstehen. Alle diese Anlagen wurden durch die Brücke an der Mozartstraße, die „Ostbrücke", erschlossen. Auch für das Bahnhofsgebiet war eine Neugestaltung vorgesehen; dem Überseemuseum sollte eine große Pfeilerhalle vorgelagert werden. Der Schnoor war jedoch als „Freimuseum" zu erhalten.

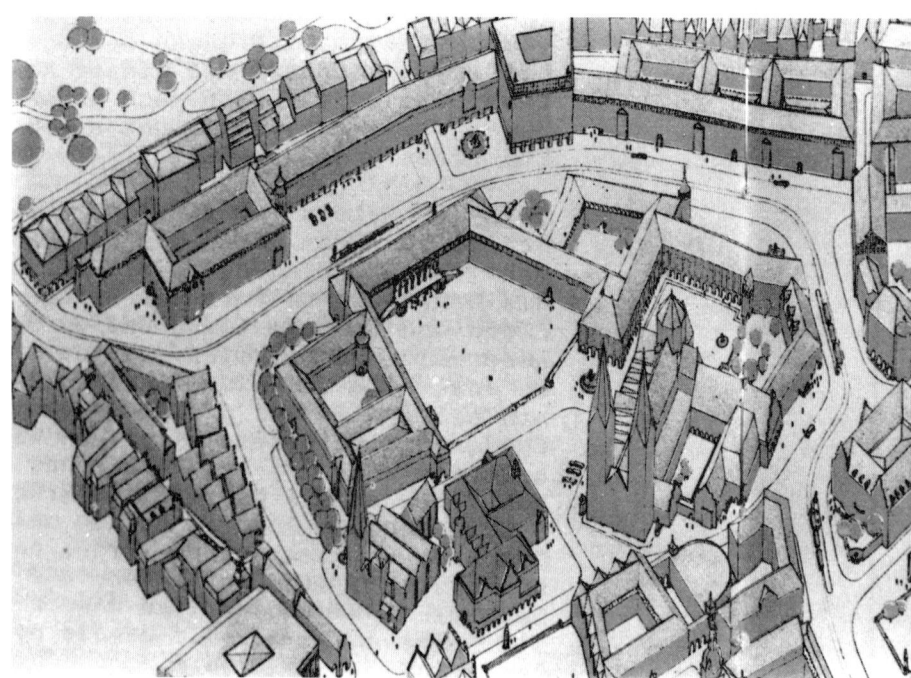

Die Bremer Innenstadt nach den Plänen Offenbergs

3. Bremen im Zweiten Weltkrieg

Die NS-Außenpolitik lief Jahre hindurch auf eine Erweiterung des „Großdeutschen Reiches" hinaus und ließ für die Nachbarstaaten große Gefahren deutlich werden. An der Innenpolitik schockierte manches, doch gab es auch viel Bewunderung für die Integrationskraft des NS-Regimes. 1939 überspannte Hitler den Bogen in seinen Forderungen an Polen; es gelang ihm aber das bisher als unmöglich Erscheinende: eine Übereinkunft mit Rußland über eine Teilung der Beute. Andererseits blieb Italien zunächst neutral. Die militärischen Erfolge der deutschen Wehrmacht waren bis zum Frühjahr 1941 erstaunlich, wenn es auch einige Schatten gab: Die Luftangriffe auf England waren verlustreich, die Invasion auf der Insel schien zu riskant, die Verzettelung der Kräfte durch den Krieg in Nordafrika und auf dem Balkan ließen Schlimmes befürchten. Dann marschierten deutsche Truppen am 22. Juni 1941 in die Sowjetunion ein, die USA unterstützten Großbritannien immer massiver. Die Anfangserfolge in Rußland und der U-Bootwaffe nährten in Deutschland weiterhin einen unberechtigten Optimismus. Den ersten deutlichen Rückschlag brachte der Winter 1941/1942 in Rußland. Die Kriegserklärung an die USA am 11. Dezember 1941 bedeutete zunächst keine zusätzliche Gefahr, da die amerikanische Wirtschaft noch nicht auf einen größeren Kriegseinsatz gegen Deutschland und Japan eingestellt war. Rückschläge zeigten sich Ende 1942 in Rußland und Nordafrika, vor allem auch bei der Abwehr von Luftangriffen auf deutsche Städte. Die Material- und Menschenreserven des von deutschen Truppen besetzten Gebietes gestatten zunächst noch eine ausreichende Versorgung der deutschen Bevölkerung und eine hohe Produktivität der Rüstungsindustrie. Das Jahr 1943 brachte den endgültigen Wendepunkt, der mit dem Ende der 6. Armee in Stalingrad eingeläutet wurde. Die U-Bootoffensive scheiterte, die US-Bomber beteiligten sich an den verheerenden Luftangriffen auf deutsche Städte, Nordafrika ging verloren, in Italien wurde Mussolini gestürzt, die Alliierten landeten in Süditalien. Mit vermehrten Rückschlägen wuchs die innenpolitische Brutalität des NS-Regimes: Die Konzentrationslager füllten sich immer mehr und betrieben eine Massenvernichtung von Menschenleben, die „Endlösung" der Judenfrage wurde in Angriff genommen, der totale Krieg ausgerufen; die letzten Menschenreserven wurden der Rüstungsindustrie und der Wehrmacht zugeführt. Seit Mitte 1943 war der Krieg nur noch eine sinnlose Agonie, die kein Ende fand, weil es dem Regime gelang, seinen Unterdrückungsmechanismus intakt zu halten. Im Osten drangen die Russen auf breiter Front vor, in Italien rückten die Alliierten am 4. Juli 1944 in Rom ein, am 6. Juni begann die Invasion in Nordfrankreich. Es folgten noch einige Monate verlustreicher Kämpfe und schwerer Luftangriffe, von Versorgungsschwierigkeiten und hartem Druck auf die in der Rüstungsindustrie eingesetzten Menschen, von furchtbarem Elend in Konzentrations- und Kriegsgefangenenlagern, von Zerstörungen deutscher Städte, bis dann der Einmarsch ins Reichsgebiet von Osten und Westen das Ende brachte. Inzwischen hatten die Alliierten immer wieder die bedingungslose Kapitulation gefordert und in mehreren Konferenzen u. a. über die Aufteilung Deutschlands in Besatzungszonen entschieden. Der 5. Mai 1945 brachte den Waffenstillstand im Nordwesten, der 7./8. Mai die Gesamtkapitulation der deutschen Wehrmacht. Das Blutvergießen des Krieges hatte ein Ende, die Probleme der Zukunft aber blieben offen; zunächst einmal gab es eine Phase der Besatzungsdiktatur sowie wirtschaftlichen und sozialen Elends, aus dem ein Ausweg noch nicht abzusehen war.

a. Staat und Verwaltung

Bremen in seiner Stellung zum Reich

Die Reichsreform, die die Auflösung der Länder zugunsten neuer Einheiten anstrebte, war bei Kriegsausbruch noch nicht abgeschlossen. Am 1. April 1939 wurde in Bremerhaven und Vegesack die Deutsche Gemeindeordnung eingeführt, das Gebiet des Landes Bremen im gleichen Jahr wesentlich verändert und das Stadtgebiet durch Eingemeindungen erweitert; doch blieb die Frage über die Zukunft des Landes Bremen noch offen. Angestrebt war die Trennung in einen „staatlichen" und einen „kommunalen" Bereich. An der Spitze des staatlichen Bereichs war ein Regierungspräsident vorgesehen; Bürgermeister und Senat (bzw. Oberbürgermeister und Beigeordnete) sollten auf Gemeindefunktionen beschränkt werden. Der Krieg brachte einen Aufschub der endgültigen Entscheidung. So gab es also weiterhin den Regierenden Bürgermeister und Senatoren, die für Land und Stadtgemeinde Bremen zuständig waren. Hitler erklärte im Frühjahr 1940, daß während des Krieges darüber keine Diskussionen mehr stattfinden dürften. 1941 war vorgesehen, ein neues Landesarbeitsamt zu errichten, dessen Sitz nach den Absichten Gauleiter Rövers in Oldenburg sein sollte. Die Industrie- und Handelskammer Bremen meldete Bedenken an, während Bürgermeister Böhmcker zwar ebenfalls kritisch, aber doch fast geneigt war, diese Entwicklung als zwangsläufig hinzunehmen. Er wies darauf hin, daß alles im Zusammenhang mit der noch völlig offenen Reichsreform gesehen werden müsse.

Im August 1941 äußerte Böhmcker dem Gauleiter Röver gegenüber eindeutige Vorbehalte bei den Bemühungen, Oldenburg auch zum Wirtschaftsmittelpunkt des Gaues zu machen. Er betonte, es müsse dabei bleiben: Oldenburg sei Sitz des NS-Gaues, Bremen werde später Residenz des Reichsstatthalters und bleibe Wirtschaftsmittelpunkt. Böhmcker warnte eindringlich davor, die Reichsstatthalterschaften als kompetent für alle Verwaltungsbereiche anzusehen, etwa für die Wasserstraßen, die Post, das Landesarbeitsamt, die Elektrizitätsversorgung sowie einige Polizei- und Parteiorganisationen, zumal sich deren Zuständigkeitsbereiche nicht immer mit den Gaugrenzen deckten.

Mitglieder der Reichsregierung waren ziemlich selten in Bremen. Während einer Inspektionsreise hielt sich vom 28. bis 29. April 1941 Dr. Frick mit dem

Staatssekretär Dr. Stuckart und einigen Referenten hier auf. Es wurden Bunker, besonders der Tiefbunker auf dem Domshof, Schadenstellen und der Hafen besichtigt; im Rathaus fanden einige Besprechungen mit Spitzen der Verwaltung, der Partei und des Militärs statt. Auch Gauleiter Röver war anwesend. Fortschritte in Richtung Reichsreform wurden nicht sichtbar. Auch zur Einführung von Reichsstatthalter Wegener war Dr. Frick in Bremen. (3. Juni 1942) Im Oktober 1944 kam der Reichsfinanzminister, um sich die schweren Schäden auf einer Rundfahrt anzusehen, einige Dienststellen aufzusuchen usw. In der Glocke fand ein Gefolgschaftsappell der Finanzverwaltung statt, zu der auch der Gauleiter, die Senatoren Dr. Duckwitz und Dr. Fischer erschienen. Alles hatte einen schlichten Rahmen – ohne Uniformen, Fahnen, Musik und Presse. 3. Juni 1942 Okt. 1944

Am 24. November 1944 erschien Dr. Goebbels in Bremen, ließ sich vom Stellvertretenden Bürgermeister Dr. Duckwitz, Polizeipräsident Schroers und Kreisleiter Schümann Vortrag halten, „besichtigte" die verwüstete Stadt und fuhr dann nach Oldenburg weiter. Am 1. Dezember folgte der Besuch des Reichsernährungsministers Backe. 24. Nov. 1944 1. Dez. 1944

In Bremen gab es seit 1942 einen Ausschuß, der sich mit den Folgen der bevorstehenden Reichsreform zu befassen hatte. Ihm gehörten an: Senator Dr. Fischer und die Präsidenten Grunow, Dr. Platz und Dr. Duckwitz. Das Gremium hielt es für zweckmäßig, staatliche und kommunale Verwaltung für das ehemalige Land Bremen weiterhin in einer Hand zu belassen, wobei die Seehafenbedeutung ein entscheidendes Argument war. Es wurde nicht nur die Personalunion von Regierungspräsident und Oberbürgermeister empfohlen, sondern auch die Ausdehnung des „Regierungsbezirks" Bremen auf den gesamten Unterweserraum. 1942

1944 entstand im Reichsinnenministerium der Entwurf für eine „Fünfte Verordnung über den Neuaufbau des Reiches", die am 1. Oktober in Kraft treten sollte. Die Hansestadt Bremen sollte einen staatlichen Verwaltungsbezirk (eine Provinz) und eine Selbstverwaltungskörperschaft bilden, daher auch eine staatliche und eine Gemeindeverwaltung erhalten. Im staatlichen Bereich waren höhere Verwaltungsaufgaben wahrzunehmen, und zwar im Auftrag des Reiches durch den Reichsstatthalter; dieser sollte aber zur Erfüllung der staatlichen Aufgaben einen Regierungspräsidenten einsetzen. Eine eigene Landesgesetzgebung konnte es nicht mehr geben. An ihre Stelle traten Verordnungen des Reichsstatthalters mit Zustimmung des Reichsinnenministers. Die Gemeindeverwaltung sollte nach der Gemeindeordnung von 1935 organisiert sein. Es würde also einen Oberbürgermeister, Beiräte und Gemeinderäte geben. Hauptamtliche Beigeordnete auf Lebenszeit konnten die Amtsbezeich- 1. Okt. 1944 nung „Senator" tragen. Verwirklicht wurde diese Verordnung nicht mehr. Die oldenburgisch-bremische Vertretung in Berlin unter Senator Vagts, wurde bis Anfang Februar 1945 in Berlin unterhalten, dann aber „vorübergehend … wegen Zerstörung der Telefonverbindung" nach Bremen zurückgenommen.

Febr. 1945

Bürgermeister und Senat

An der Spitze des bremischen Staatswesens stand seit 1937 als Regierender Bürgermeister der SA-Obergruppenführer Johann Heinrich Böhmcker. Im Krieg zeigte sich sehr schnell, daß die vielfältigen Probleme mit großspurigem Auftreten und feucht-fröhlichem SA-Betrieb nicht zu lösen waren. In dieser Zeit entwickelte Böhmcker jedoch eine gute Seite: Er mischte sich immer weniger in die Verwaltung ein und überließ diese tüchtigen Fachleuten; politisch war in Bremen ohnehin nicht mehr viel zu entscheiden; auch nahm Böhmckers Einfluß in Berlin sehr schnell ab. Die senatorischen Bereiche wurden in ihrer Entscheidungsmöglichkeit immer mehr eingeschränkt durch Vorschriften von zentralen Stellen und durch die Tätigkeit des Reichsverteidigungskommissars. Nur Verwaltungsfunktionen und die technische Durchführung zentraler Anordnungen waren übriggeblieben.

Senator Haltermann, der für das Bauwesen und die städtischen Werke zuständig war, wurde nach Kriegsbeginn zur Wehrmacht einberufen, dann zum Polizeidienst im Osten bestimmt. Sein Senatorenamt sollte auf Anweisung des Reichsinnenministers eingespart werden. Das Bauwesen wurde nun von einem Baudirektor verwaltet. Böhmcker setzte sich 1941 dafür ein, daß Haltermann ein Verwaltungsamt in den besetzten Gebieten bekam und lobte ihn in hohen Tönen; doch es war angeblich keine geeignete Stelle frei, und so zog Haltermann denn eine SS-Karriere vor: Seit dem 1. Januar 1942 war er Generalmajor der SS, legte aber Wert darauf, den Titel „Senator" zu behalten. Gauleiter Wegener schlug Hitler am 14. Juli 1943 die Entlassung von Hans Haltermann als Senator für das Bauwesen vor. Am 15. August 1943 unterschrieb Hitler die Entlassungsurkunde.

1939

15. Aug. 1943

Der große Glanz der vielen Festakte der ersten NS-Zeit war vorbei, der Krieg warf seinen Schatten auch auf die barocke Hofhaltung des Regierenden Bürgermeisters. Nur hin und wieder versuchte man den alten Glanz etwas aufzupolieren, so als Böhmcker am 29. August 1941 die Witwe eines gefallenen SA-Führers heiratete. Die Feier fand mit großem Pomp im Rathaus statt – und das zu Beginn des Rußlandkrieges!! Musik aus Wagners „Lohengrin" und von Mozart umrahmte das Geschehen. Hauptredner war Gauleiter Röver. Seine Anfangsworte sind von einem Augenzeugen überliefert: „Endlich ist es so

29. Aug. 1941

weit, lieber Heinrich. Du hast Dir ein herrliches Weib erkoren. Ihr gefallener Mann ist ein Held, er schaut aus Walhall auf Euch herab und sagt: Recht so!... Nun, lieber Heinrich, zeig mal, was Du kannst!" Und auch die Schlußworte Rövers sind bekannt. Er schlug Böhmcker auf die Schulter und rief: „Nun mach's gut, alter Knochen!" Das war immer noch die Tonart in den Kreisen der braunen Landsknechte dieser Zeit.

Am 26. Juli 1942 starb der Senator für Finanzen, Otto Flohr, der sein Amt ehrenamtlich versehen hatte. Die Partei schlug den „Ehrenzeichenträger" und Präsidenten Mohr und den „Alten Kämpfer" Johann Heinrich Röpke vor. Bürgermeister Böhmcker und Gauleiter Wegener waren sich einig, daß ein tüchtiger Fachmann der Nachfolger werden solle, und dafür kam nur der bisherige Präsident der Finanzverwaltung, Dr. Richard Duckwitz in Frage, der nun allerdings überhaupt keinen Rückhalt bei der Partei hatte. Durch Behördennachlässigkeit verzögerte sich zunächst der Fortgang der Angelegenheit. Gauleiter Wegener pries dann in einem Schreiben an Hitler vom 15. Dezember 1942 die politische Zuverlässigkeit von Dr. Duckwitz; doch es blieb der Makel des Partei-Eintritts am 1. Mai 1933 und die Tatsache, daß der Präsident es in

26. Juli 1942

Finanzsenator Otto Flohr (links) und Präsident (später stellvertr. Reg. Bürgermeister) Dr. Richard Duckwitz, 1940

der Reiter-SA nur zum Truppenführer gebracht hatte. Bedenken gab es dann noch, weil an sich keine Länderminister mehr ernannt werden sollten; doch fand man einen Ausweg: Ein Senator war nicht so sehr ein Länderminister als vielmehr ein Kommunalbeamter. So unterschrieb Hitler denn die Ernen-

4. März 1943 nungsurkunde am 4. März 1943.

An der Spitze der inneren Verwaltung stand Senator Dr. Fischer. Als dieser am

1. Juli 1944 1. Juli 1944 Regierungspräsident in Osnabrück geworden war, nahm er als Stellvertretender Reichsverteidigungskommissar des Gaus Weser-Ems weiterhin an den Senatssitzungen teil, doch war der kommissarische Ressortchef nunmehr der Präsident Wilhelm Kayser.

16. Juni 1944 Nachdem Böhmcker am 16. Juni 1944 ganz plötzlich auf einer Dienstreise in einem Eisenbahnabteil bei Hannover gestorben und das ‚pompöse Staatsbegräbnis vollzogen war, da wurde in recht auffälliger Weise deutlich, welche Meinung man an entscheidender Stelle über das freigewordene Amt hatte. Es

Bürgermeister Böhmckers Sarg auf einer Lafette vor dem Rathaus am 21. Juni 1944

standen mehrere Kandidaten zur Debatte. Senator Dr. Fischer lehnte ab, da er bereits als Regierungspräsident in Osnabrück vorgesehen und als Stellvertretender Reichsverteidigungskommissar ohnehin voll ausgelastet war; die dienstältesten Senatoren Dr. von Hoff und Otto Bernhard hatten zwar Hoffnungen, wurden aber vom Gauleiter für ungeeignet gehalten, ebenso wie der ehemalige Bürgermeister von Bremerhaven Julius Lorenzen, der Bürgermeister von Gnesen geworden war und nun von seinem Gauleiter Greiser weggelobt wurde. Kreisleiter Schümann, ein fanatischer Nazi, versuchte den „Ehrenzeichenträger" und Präsidenten Mohr als künftigen Senator ins Gespräch zu bringen, doch vergebens. Reichsstatthalter Wegener entschied sich, beraten von Dr. Fischer und gegen die Bedenken des Reichsinnenministers, für Dr. Richard Duckwitz, den Senator für die Finanzen, der den Titel „Stellvertretender Regierender Bürgermeister" erhielt. Was für diesen sprach, war sein Sachkönnen, seine untadelige Persönlichkeit und sein Name, der in Bremen einen guten Klang hatte. Nach drei skandalösen Bürgermeistern endlich ein Mann, der nicht enttäuschen würde! Freilich, in der Partei gab es Unzufriedenheit, denn Dr. Duckwitz wurde in ihr als Fremdkörper empfunden.

Am 1. April 1919 war er Syndikus des Senats und am 1. Oktober Staatsrat geworden. Im Dritten Reich war er zunächst Präsident der Finanzverwaltung. Über die Verdienste seiner Amtsführung gibt es keine Zweifel, doch von der Parteiarbeit hat er nie viel gehalten. 1919/20 war er vorübergehend Mitglied der DDP gewesen, und, um nach der „Machtergreifung" im Amt bleiben zu können, vollzog er am 1. Mai 1933 den Eintritt in die NSDAP, dann am 1. September 1933 in die Reiter-SA. Er kam seinen Verpflichtungen in diesen Organisationen korrekt nach, aber ein NS-Senator urteilte über ihn: „Ein Kämpfer der Bewegung wird er nach meiner Auffassung nie werden." Auch sein kommissarisches Bürgermeisteramt hat er dann so gewissenhaft ausgefüllt, wie ihm das in der chaotischen Zeit überhaupt möglich war. Er opponierte gegen manches, was von ihm erwartet wurde, und versuchte es mit Gesprächen und diplomatischen Mitteln zu hintertreiben. Ein Widerstandskämpfer war er jedoch nicht.

Der Senat war in der letzten Kriegszeit sehr stark zusammengeschmolzen. Nachdem der Senator für die innere Verwaltung Dr. Fischer, am 1. Juli 1944 als Regierungspräsident nach Osnabrück gegangen war, blieben nur noch zwei Senatoren. Senator Dr. von Hoff, SS-Oberführer, beschränkte sich ganz und gar auf das Bildungswesen. Abgesehen von Vorträgen über Rassenkunde, trat er in der letzten Kriegszeit kaum noch in Erscheinung. Beim Luftangriff vom 22. April 1945 wurde er schwer verletzt und starb am 7. Mai 1945. Außer ihm war noch Senator Otto Bernhard im Amt, der als NS-Kreisleiter bis 1933 eine große Zeit gehabt hatte, seither aber von politischen Entscheidungen ausgeschaltet war. Den Glauben an den „Endsieg" verlor er sehr schnell, und am Schluß des Krieges hoffte er sogar, daß er wegen seiner englischen Sprachkenntnisse und seiner Handelsverbindungen als Tabakkaufmann für die Besatzungsmächte ein interessanter Mann sein werde. Kränklich und geistig unbeweglich wie er war, hielt er sich aus dem Geschehen am Schluß des Krieges heraus.

An der Spitze des Senatsressorts standen nunmehr – mit Ausnahme des Bildungswesens – Fachleute im Range von Präsidenten. Die Teilnehmer der letzten Senatsbesprechungen waren neben den Senatoren Dr. Duckwitz, Dr. von Hoff und Bernhard: als bremischer Vertreter in Berlin der ehemalige Senator Erich Vagts, der in Bremen kein Ressort verwaltete; Präsident Dr. Bernhard Platz für die Verwaltung für Häfen und Verkehr, die immer mehr durch Anordnungen der Reichsbehörden und der Wehrmacht eingeschränkt war; Baudirektor Wilhelm Wortmann für das immer noch sehr wichtige, aber sehr behinderte Bauwesen; Präsident Dr. Hellmut Wex für das Gesundheitswesen, Präsident Wilhelm Kayser (kein Fachmann, sondern „Alter Kämpfer") für das Wohlfahrtswesen, Polizeipräsident Johannes Schroers für die Polizei. Auch andere höhere Beamte erschienen, um bestimmte Verwaltungszweige zu repräsentieren: der Landesschulrat Dr. Karl Kurz, die Oberregierungsräte Philipp Behrens (für das Innenressort), Fritz Köster (für Versorgungs- und Räumungsmaßnahmen) und Arno Jüdefeind (für die Regierungskanzlei), Pressereferent des Senats Dr. Hanns Meyer, der Direktor der Stadtwerke Dr. Dettmar, die Bauräte Wilhelm Scholvin und Karl Kummer.

Zeigt schon diese Personenzusammenstellung, bei der die Senatoren stark zurücktraten, daß es sich bei den Senatorenbesprechungen um reine Sach- und Verwaltungskonferenzen handelte, so finden wir diesen Eindruck bei der Betrachtung der Beratungspunkte bestätigt. Weitreichende politische Entscheidungen waren nicht mehr möglich; die wurden an anderen Stellen getroffen und konnten in den Senatsbesprechungen nur noch zur Kenntnis genommen werden, freilich oft genug mit Besorgnis.

Die bremische Verwaltung im Kriege

Bei Kriegsausbruch hatte Bremen trotz aller Politisierung immer noch eine einigermaßen intakte Verwaltung, deren Spitzen durchweg von tüchtigen Fachleuten besetzt waren. Das war besonders deutlich in der bremischen Finanzverwaltung, die vom Präsidenten Dr. Richard Duckwitz geleitet wurde. Er war ein hartnäckiger und geschickter Verteidiger Bremer Interessen, und es gelang ihm auch, bei einer so ganz anders gearteten Persönlichkeit wie Bürgermeister Böhmcker viel Unterstützung zu erhalten und den Schuldenstand der 1934 eine Höhe von 263 Mill. RM erreicht hatte, bis 1942 auf 150 Mill. RM zu senken. Die Rücklagen hatten zudem eine Höhe von 54 Mill. RM. Dennoch blieb die Finanzlage schwierig. Das Reich forderte seit Kriegsbeginn von den Kommunen einen „Kriegsbeitrag", der in Bremen etwa 10 Mill. RM betrug und durch Einsparungen im Haushalt, bes. durch einen Verzicht auf Erträge aus der Gewerbesteuer, aufgebracht werden mußte. 1943 betrug der bremische Kriegsbeitrag fast 19 Mill. RM. In dieser Zeit machten es die Verhältnisse bereits schwierig, überhaupt einen geordneten Haushalt aufzustellen. Der Reichsfinanzminister dekretierte daher, daß der Haushalt von 1943 auch 1944 gelten solle. Wichtige Veränderungen sollten in einem Nachtragshaushalt berücksichtigt werden.

Ein besonderes Problem während des Krieges bestand in der Versorgung der Verwaltung mit kompetentem Personal. Schon im Juli 1938 wurden Pläne über die Personalbesetzung bei den Behörden im „Mobfall" entwickelt und seit Mitte August dieses Jahres Personallisten aufgestellt, wobei vor allem auch Unabkömmlichkeitsanträge berücksichtigt wurden und ein Ausgleich zwischen den Behörden ins Auge gefaßt war. Der mit diesen Problemen befaßte „Reichsverteidigungsreferent des Landes Bremen" war damals der Brigadeführer Uhde. Im übrigen war aber das Staatliche Personalamt federführend. In vielen Behörden machte die Aufstellung des „Mob-Kalenders" große Schwierigkeiten. Man sah die Reaktivisierung von Pensionären vor. Eine „Notdienstverordnung" des Reiches vom 15. Oktober 1938 bestimmte dann, daß jeder „Bewohner des Reichsgebietes für eine begrenzte Zeit zu Notdienstleistungen herangezogen werden" konnte. Das galt auch für Personen, die bereits in einem Beschäftigungsverhältnis standen, also nicht etwa nur für Arbeitslose. Während des Krieges wurde dann von der Notdienstverordnung Gebrauch gemacht.

Das Land Bremen beschäftigte 1939 fast 6000 Beamte und Angestellte; von ihnen wurden bei Kriegsausbruch etwa 1150 zur Wehrmacht eingezogen. Um die Lücke zu füllen, wurde die Wiederverwendung von Ruhestandsbeamten

Juli 1938

15. Okt. 1938

1939

unter 70 Jahren angeordnet; doch viele von ihnen waren nicht mehr arbeitsfähig.

Die Regierungskanzlei unter der Leitung eines Präsidenten, die die Geschäfte des Regierenden Bürgermeisters zu erledigen hatte, bestand aus sechs Abteilungen: der Hauptabteilung für die eigentlichen Regierungsangelegenheiten und die zentrale Registratur; der Personal-, Organisations-, Rechts-, Beschaffungs- und Presseabteilung. Leiter der Regierungskanzlei und des Personalamtes war Präsident Dr. Wilhelm Dannasch. Er war für den nicht besonders fleißigen Bürgermeister unentbehrlich, hatte aber das Bedürfnis, sich an der Front zu bewähren. 1940 war er Soldat im Frankreichfeldzug, dann übernahm **1942** er in Bremen wieder seine Verwaltungsaufgaben. 1942 drängte er erneut auf Einberufung zur Wehrmacht. Er fiel als Unteroffizier der Infanterie vor Sewastopol.

Ähnlich große Apparate wie in der Regierungskanzlei wurden bei den einzelnen senatorischen Dienststellen und Behörden aufgezogen. Es gab eine Fülle tüchtiger Fachleute, aber ebensoviele Parteibuchbeamte, die eher zu großen Worten und Intrigen als zu sachgerechter Arbeit aufgelegt waren.

Die Abteilung I des Senators für die Innere Verwaltung führte Oberregierungsrat Philipp Behrens; in diesen Bereich fielen auch das Ernährungs- und Wirtschaftsamt; Behrens war nach dem Abgang von Senator Fischer auch Reichsverteidigungsreferent für Bremen. Die Abteilung II für Gesundheitswesen unterstand Präsident Dr. Helmut Wex und die Abteilung III für Volkspflege (Soziales) dem Präsidenten Wilhelm Kayser. Zunächst gab es noch eine Abteilung IV für die Kriegswirtschaftsverwaltung unter der Leitung von Direktor Dr. Felix Walpurger, doch wurden deren Sachgebiete am 1. Januar 1942 **1. Jan. 1942** von der Abteilung I übernommen. Auch das Stadtamt war dem Senator für Inneres unterstellt und beschäftigte im Herbst 1943 314 Mitarbeiter, die meisten im Angestelltenverhältnis, von denen 300 ausschließlich mit der Bearbeitung von Fliegerschäden beschäftigt waren.

Ein Problem das die Behörden bewegte und das eine zwangsläufige Folge der verzweifelten Kriegslage war, bestand im zunehmenden Personalmangel. **Aug. 1944** Nach dem großen Luftangriff vom 18./19. August 1944 begann eine große „Auskämmaktion" in den bremischen Behörden. 635 Personen wurden für die Rüstung und Wehrmacht namhaft gemacht.

Bei einigen Behörden, dem Ernährungsamt und dem Wirtschaftsamt, aber auch beim Quartier- und Stadtamt, handelte es sich um junge Institutionen, die erst mit den zunehmenden Problemen des Krieges große Bedeutung gewannen. Sie mußten zunächst durchweg mit unerfahrenem Personal auskommen, darunter vielen dienstverpflichteten Frauen. Am Ende des Krieges wurde das Personal immer mehr eingeschränkt, obwohl der Arbeitsanfall wuchs. Das führte selbst bei gutem Willen und aufopferndem Fleiß zu Unzuträglichkeiten, die viele Bürger mehr erregten als der katastrophale Verlauf des Krieges, der die eigentliche Ursache war. Die Bearbeitungszeit der Anträge verlängerte sich immer mehr. Versuche, den Geschäftgang zu vereinfachen, scheiterten vielfach an den immer mehr perfektionierten Vorschriften übergeordneter Behörden. Viel Kraft mußte aufgewandt werden, um wichtige Akten und Ansprüche von Antragstellern nach dem Verlust der Originale zu rekonstruieren.

Im großen und ganzen waren die Behörden jedoch in der Lage, ihre schwierigen Aufgaben zu bewältigen, z. T. allerdings unter Konflikten mit den Ansprüchen der Parteigliederungen und -funktionäre. Vor allem Dr. Fischer war ein Mann, der auf Leistung achtete, wobei ihm auch gelegentlich Schroffheit gegenüber den „Untergebenen" vorgeworfen wurde. Vieles in dem komplizierten Verwaltungsapparat entzog sich freilich trotz allem seiner Kontrolle.

Die „Kriegsverwaltung" in Bremen faßte vor allem einige Referate der Inneren Verwaltung (Reichsverteidigungsreferent, Abwehrbeauftragter, Wehrmachtsangelegenheiten, Kriegswirtschaftsverwaltung, Ernährungsamt, Bezirks- und Außenstellen) und der Bauverwaltung (Arbeitskräfte, Aufräumung, Lager, Fahrzeuge und Treibstoffe) zusammen. Direkt beim Regierenden Bürgermeister wurde jedoch der „Leiter der Sofortmaßnahmen" und „Räumungsreferent" Oberregierungsrat Fritz Köster, angesiedelt. Im Februar 1945 wurde Febr. 1945 vorgeschlagen, die einzelnen Abteilungen der Kriegsverwaltung aus den senatorischen Dienststellen ganz zu lösen und einem „Reichsverteidigungsreferenten" beim Regierenden Bürgermeister zuzuordnen. Es entstanden Denkschriften von erstaunlichem Umfang, deren Verwirklichung eine totale Neuordnung der Verwaltung bedeutet hätte. Es gab mancherlei Widerstände, doch ordnete der Stellvertretende Regierende Bürgermeister Dr. Duckwitz dennoch für den 1. April 1945 die Einrichtung eines „Kriegsreferats" unter 1. April 1945 Leitung des Oberregierungsrats und ehemaligen Bürgermeisters von Lesum, Fritz Köster, an. Ihm unterstand die Aufsicht über das Wohnungs- und Quartieramt sowie über die Außenstellen, über die Fahrbereitschaft, den Einsatz von Arbeitskräften beim Aufräumen, über Lager, Fahrzeuge und Treibstoffbeschaffung, Sonderzuteilungen, Vorbereitungen für den Fall der Feindbesetzung. Köster entwickelte in den letzten Wochen des Krieges eine enorme Aktivität, die jedoch oftmals an den fatalen Gegebenheiten scheiterte.

Reichsstatthalter und Reichsverteidigungskommissar

1. Sept. 1939 Mit einer Verordnung vom 1. September 1939 wurden zur „einheitlichen Steuerung der Reichsverteidigung" in den Wehrkreisen Reichsverteidigungskommissare (RVK) eingesetzt. Im Wehrkreis X, zu dem auch Bremen gehörte, wurde der Gauleiter Karl Kaufmann in Hamburg mit dieser Aufgabe beauftragt. Kaufmann betraute sogleich die Gauleiter Röver (Weser-Ems), Telschow (Ost-Hannover) und Lohse (Schleswig-Holstein) mit der Überwachung der Maßnahmen in ihren Gauen. Er ernannte zudem für einzelne Verwaltungsbereiche Sonderbeauftragte. Die Geschäftsführung des Bereichs Verwaltung und Wirtschaft übernahm als Reichsverteidigungsreferent im Wehrkreis X Staatssekretär Ahrens in Hamburg, die für „Polizei und Schutzgliederungen" der Höhere SS- und Polizeiführer Nordwest, SS-Gruppenführer Prützmann, dem der Inspekteur der Ordnungspolizei, Generalmajor Querner, und der Inspekteur der Sicherheitspolizei, Regierungsrat Eichmann, unterstanden. Zur Beratung des Reichsverteidigungskommissars wurde ein Verteidigungsausschuß eingesetzt. Verteidigungsreferent im Gau Weser-Ems wurde der Stellvertretende Gauleiter Joel; auch wurden im Gau „Mitarbeiter" für die einzelnen Bereiche genannt: es waren die zuständigen Gauamtsleiter. Für Bremen wurde Senator Dr. Fischer mit den Aufgaben des Reichsverteidigungsreferenten beauftragt. In Hamburg fanden hin und wieder Sitzungen des Verteidigungsausschusses statt, auf denen die breite Palette der Probleme recht offen behandelt wurde.

16. Nov. 1942 Seit dem 16. November 1942 gab es dann Reichsverteidigungsbezirke, die sich mit den Amtsbereichen der Reichsstatthalter bzw. – in Preußen – mit den Provinzen und Regierungsbezirken deckten. Einer von ihnen bestand aus Bremen, Oldenburg und den Regierungsbezirken Aurich und Osnabrück, bezog sich also auf den Reichsstatthalterbereich.

Der RVK war weisungsberechtigt für folgende Dienstbereiche:
Landeswirtschaftsamt Weser-Ems,
Landesernährungsamt Weser-Ems,
Amt für Wohnung und Siedlung Weser-Ems,
Baubeauftragter Weser-Ems,
Holz- und Forstwirtschafts-Unterbeauftragter,
Nahverkehrsbevollmächtigter Weser-Ems,
Preisbildungsstelle Weser-Ems,
Statistisches Amt Weser-Ems,
Ziviler Luftschutz (etwa Bunkerbau, Obdachlosenbetreuung).
Zwar unterstanden alle diese Dienststellen einem Reichsministerium bzw.

einer Reichsstelle, aber der RVK hatte dafür zu sorgen, daß die Reichs-Interessen im Sinne der Kriegsführung gewahrt wurden. Die Finanzbehörden waren aus dem Weisungsbereich des RVK ausgeschlossen. Die Anordnungen des RVK bezogen sich auf vielseitige Details, etwa auf die Ausstattung der großen Städte mit Luftschutzbunkern und auf Räumungsmaßnahmen vor dem Einmarsch der Engländer; bisweilen griffen sie auch in den Behördenalltag ein, wenn sie die Einhaltung bestimmter Dienststunden bei der Post oder die Vereinfachung von Formularen zu erreichen suchten. Der RVK hatte diktatorische Vollmachten, die nur an den Ansprüchen der Reichsspitze und des Militärs ihre Grenzen und oft genug auch Einschränkung erfuhren. Es blieb zudem auch immer von der Energie und dem Sachverstand des RVK abhängig, in wieweit er es verstand, sich die Staats- und Wirtschaftsverwaltung seines Bereiches unterzuordnen. Widerstände gab es da genug. Dem RVK stand seit März 1943 ein Arbeitsausschuß zur Seite, der aus den Verwaltungsspitzen und aus Fachleuten, Vertretern von Polizei und Partei bestand.

An sich war der Sitz des RVK Oldenburg. Das wirtschaftliche Übergewicht und die günstigere Verkehrslage Bremens forderten jedoch, daß in dieser Stadt eine besondere RVK-Dienststelle aufgebaut wurde, die unmittelbaren Kontakt mit den am Ort befindlichen Verwaltungsstellen unterhalten konnte. Der Reichsstatthalter hatte schon seit längerer Zeit im Haus des Reichs eine Zweigstelle, und diese war es nun, die auch die Wahrnehmung der Aufgaben des RVK übernahm. Am Ende des Krieges wurde noch eine Ausweichstelle in einem Bunker an der Parkallee eingerichtet.

Der einflußreichste Mann im staatlichen und politischen Leben Nordwestdeutschlands war seit 1942 der Gauleiter Weser-Ems und Reichsstatthalter von Oldenburg und Bremen, Paul Wegener. Er folgte im Mai 1942 seinem ganz Mai 1942 anders gearteten verstorbenen Vorgänger Carl Röver und war nicht der Typ des primitiven „Alten Kämpfers", sondern intelligent und energisch. Er wurde 1908 als Sohn eines Arztes in Varel / Oldenburg geboren und verließ das Gymnasium mit der Mittleren Reife. Da er später als Farmer oder Kaufmann ins Ausland gehen wollte, studierte er an der Deutschen Kolonialschule in Witzenhausen, wo er seine Dimplomprüfung (Dipl.-Kolonialwirt) ablegte. Dann war er in Bremen in einer Im- und Exportfirma, bei Daimler-Benz und bei der „Nordwolle" tätig. 1930 trat er der NSDAP, 1931 der SA bei. Aus einer Ausreise nach Argentinien wurde 1931 nichts, da die Nordwolle in Konkurs ging. Da aber überredete ihn Hitler bei einer Kundgebung in Oldenburg zum Übertritt in die hauptamtliche SA-Laufbahn. Er stieg schnell zu höheren Rängen auf. Schon im Mai 1932 übernahm er die SA-Standarte 75 in Bremen, wurde hier im März 1933 Kreisleiter und Kommissar für Volksaufklärung und Propa-

Einführung des Gauleiters Paul Wegener als Reichsstatthalter durch Reichsinnenminister Dr. Frick in der oberen Halle des Rathauses am 21. Juni 1944

ganda. Sehr bald eröffnete sich der Aufstieg in die Reichsspitze der Partei. Im Juli 1934 wurde er in Berlin Adjutant von Rudolf Heß in dessen Funktion als „Stellvertreter des Führers". Zwei Jahre später wurde er Stellvertretender Gauleiter der Kurmark (Brandenburg) mit Sitz in Berlin. Wehrdienst leistete er nur kurze Zeit bei der Luftwaffe (Griechenland-Feldzug); dann wurde er in die Zivilverwaltung nach Norwegen geschickt, wo er seit Juni 1940 Gebietskommissar von Drontheim und politischer Berater des von Deutschland abhängigen Ministerpräsidenten Vidkun Quisling war. Im gleichen Jahr trat er von der SA zur SS über, in der er es (1944) bis zum Obergruppenführer brachte. 1942 wurde er Gauleiter und Reichsverteidigungskommissar Weser-Ems und Reichsstatthalter von Oldenburg und Bremen. Zur Einführung des neuen Gauleiters Paul Wegener erschien Reichsinnenminister Dr. Frick in Bremen, wobei dieser von Staatssekretär Pfundtner, dem Generalmajor der Polizei v. Grolmann sowie von einigen SS-Führern und Polizeibeamten begleitet war. Neben dem Festakt blieb noch Zeit für eine Führung durch den Rhododendronpark, der in voller Blüte stand.

Wegener war ein Mann, der mit einer gewissen Distanz und Schärfe Gehorsam forderte und der sich aus persönlichem Ehrgeiz und ideologischem Fanatismus voll und ganz dem Nationalsozialismus verschrieben hatte. Zugleich war er aber auch ein Politiker, der Sachverstand – etwa in der Wirtschaft und Verwaltung – zu würdigen wußte und der auch in der Parteiarbeit auf Energie und Leistung sah. So ersetzte er sogleich in der Führungsschicht des Gaues einige unfähige Günstlinge Rövers, die dieser aus einem gewissen Kameradschaftsgefühl gefördert hatte. Auch in Bremen trat 1943 an die Stelle des unfähigen 1943 Kreisleiters Bernhard Blanke der ungemein rührige Max Schümann. In der Verwaltungsspitze begnügte sich Wegener manchmal, wo eindeutiger Sachverstand vorlag, mit Loyalität gegenüber dem NS-Staat, ohne daß er aktiven politischen Einsatz forderte. So ließ er gegen den Widerstand in Parteikreisen das einfache und späte Parteimitglied Dr. Richard Duckwitz die kommissarische Nachfolge des Regierenden Bürgermeisters Böhmcker antreten. Auch hatte Wegener nicht die Abneigung Rövers gegenüber Kaufleuten und Akademikern, und er war auch nicht wie sein Vorgänger ein Gegenspieler bremischer Interessen.

Senator Dr. Fischer (rechts) und Polizeipräsident Schroers

Der wichtigste Mitarbeiter Wegeners in der Schlußphase des Krieges war kein Parteifunktionär, sondern ein tüchtiger Verwaltungsfachmann: Dr. Hans-Joachim Fischer. Er war vier Jahre älter als der Gauleiter und wie dieser in Varel / Oldenburg geboren. Beide kannten sich aus ihrer Kindheit. Schon als junger Referendar knüpfte Fischer 1928 Verbindungen zum SA-Führer und späteren Regierenden Bürgermeister von Bremen, Böhmcker, in dessen Eutiner Rechtsanwaltspraxis er eintrat. Böhmckers Förderung verdankte Dr. Fischer neben seiner Tüchtigkeit den schnellen Aufstieg, der sich nicht so sehr in der Partei und SA (er brachte es bis zum SA-Oberführer), sondern in der Verwaltung vollzog. 1939 holte Böhmcker ihn aus der westfälischen Provinzialverwaltung nach Bremen, wo er die Stelle des Senators für die innere Verwaltung übernahm.

Mai 1943   Als Wegener im Mai 1943 einen Stellvertretenden Reichsverteidigungskommissar suchte, der als Fachmann die verschiedenen Verwaltungszweige zu koordinieren und im Sinne der totalen Kriegsanstrengungen zu aktivieren hatte, da lehnte er den Stellvertretenden Gauleiter Joel ab. Der Bremer Bürgermeister Böhmcker erhob ebenfalls keine Ansprüche und erklärte, daß er sich in Verteidigungsfragen loyal verhalten werde. Im Reichsinnenministerium war man darüber froh, denn „Böhmckers Stellung in Bremen sei ... sehr umstritten, so daß er auch aus diesem Grunde als Stellvertreter nicht in Frage käme". Gauleiter Wegener bestand auf der Ernennung Dr. Fischers, obwohl das den Vorstellungen und Wünschen des Reichsinnenministeriums widersprach. Und als dann im Sommer 1944 das wichtige Amt des Regierungspräsidenten in Osnabrück zu besetzen war, da war es wiederum Dr. Fischer, dem der Gauleiter es übertrug. Durch Dr. Fischers Tätigkeit als Stellvertretender Reichsverteidigungskommissar blieb er mit dem gesamten Gaubereich und auch mit Bremen bis zum Kriegsende eng verbunden.

Da nun weder der Gauleiter als RVK noch sein Stellvertreter Dr. Fischer in dieser Dienststelle ständig anwesend sein konnten, wurde ein höherer Beamter gesucht, der die RVK-Interessen in Bremen wahrnehmen konnte. Die Wahl Dr. Fischers fiel auf den 33jährigen Regierungsrat Hans-Otto Nonnenmühlen, der seit kurzer Zeit in Potsdam tätig war. Nonnenmühlen war zwar PG von 1932 und NSKK-Truppführer, jedoch bedeutete ihm die Parteiarbeit nie sehr viel. Zweifellos war er ein tüchtiger Verwaltungsbeamter mit sicherem Auftreten und guten Umgangsformen. Seine Abordnung zur Dienststelle des

22. Febr. 1943   Reichsstatthalters und RVK im Haus des Reichs am 22. Februar 1943 wurde am 1. Oktober 1943 in eine Versetzung umgewandelt. Seither versah er sein wichtiges Amt und blieb auf dem Posten, bis die Engländer einmarschierten. In die an sich ganz klare regionale Gliederung der Reichsverteidigungskom-

missariate kam etwas Verwirrung, als nach der Invasion im Sommer 1944 die zivilen Verteidigungsanstrengungen im ganzen norddeutschen Küstenraum – etwa bei der Anlage von Befestigungen oder bei der Abwehr eines Landeunternehmens – koordiniert werden mußten. So ernannte denn Hitler Gauleiter Kaufmann, Hamburg, am 24. August 1944 „für den Fall", daß die deutsche Küste der Nordsee Operationsgebiet wird, zum Reichsverteidigungskommissar für dieses Operationsgebiet". Zugleich wurde Kaufmann ermächtigt, „alle notwendigen Vorbereitungen für die zivilen Reichsverteidigungsmaßnahmen in diesem Gebiet" schon jetzt zu treffen. Doch gelang es den anderen norddeutschen Gauleitern, diese Sonderrechte Kaufmanns sogleich wieder zu beschneiden und ihn auf eine „Federführung" gegenüber dem Wehrkreis X zu beschränken. 24. Aug. 1944

Immerhin wuchsen dem RVK in dieser Zeit halbmilitärische Aufgaben zu, die mit der Invasionsgefahr und dem Vorrücken der feindlichen Streitkräfte gegen das Reichsgebiet zusammenhingen. Diese Entwicklung erfuhr ihren ersten grundsätzlichen Ausdruck im „Erlaß des Führers über die Befehlsgewalt in einem Operationsgebiet innerhalb des Reiches" vom 13. Juli 1944. In der unmittelbaren Kampfzone (in einer Tiefe von 20 km) waren alle zivilen Dienststellen der militärischen Befehlsgebung unmittelbar untergeordnet. Anders lagen die Verhältnisse in dem dahinterliegenden Operationsraum. Hier fanden die Verteidigungsanstrengungen in einer Zusammenarbeit zwischen Militärbefehlshaber und RVK ihren Ausdruck. 13. Juli 1944

Die Wehrmacht in Bremen

Zum Standort Bremen gehörten der Stab der 22. Infanterie-Division und des Infanterieregiments 65, die Nebelabteilung 2, die Nachrichten- und Panzerabwehr-Abteilung 22, die Kriegsmarine-Dienststelle, das Standortlazarett, die Wehrersatzinspektion und die Wehrbezirkskommandos I und II. Bremen war zu dieser Zeit und auch später keine bedeutende Garnisonstadt und auch kein Kriegshafen.

Rückgrat der Wehrmacht war in Bremen während des Krieges bis zuletzt die Flak. Die Flakgruppe Bremen, dann Flakgruppe Ostfriesland (später 8. Flakdivision) unter Generalmajor Hans Jürgen von Witzendorff, dann Generalmajor Kurt Wagner, hatte ihren Gefechtsstand bis Juni 1940 in der Flakkaserne Grohn, verlegte ihn dann aber in die Villa Osterdeich 29. Als 1941 mit einer Verschärfung des Luftkrieges gerechnet wurde, plante das Flakkommando einen Bunker im Bürgerpark bei der Emmastraße, der dann auch gegen den anfänglichen Widerstand von Parkdirektor Hugo Riggers und des Senators 1941

Gefechtsstand der Flakgruppe Ostfriesland in Bremen, Osterdeich 27/29

Dr. Fischer bis Ende 1941 gebaut wurde. Es handelte sich um ein Bauwerk aus Beton, mit verhältnismäßig schwacher Decke und einer Verkleidung aus Backsteinen. Auf dem Bunker waren Holzbaracken errichtet und rundherum standen Steinbaracken. Diese Anlage diente dann am Kriegsschluß dem Kampfkommandanten von Bremen als letzte Unterkunft.

Generalmajor (dann Generalleutnant) Kurt Wagner war ein impulsiver Mann mit buschigen Augenbrauen, der unbedingten Gehorsam forderte und bei dem polternde Jovialität und rauher Ton auf eigenartige Weise gemischt waren. Der

General war trotz mancher Mißerfolge der Flak in Bremen eine sehr populäre Persönlichkeit. Im November 1944 wurde er nach Wien versetzt, und am 5. Dezember trat an seine Stelle Generalmajor Max Schaller. Während Wagner mehr der Typ des rauhen soldatischen Führers war, lag Schallers Stärke auf der Stabsarbeit. Der spätere Generalfeldmarschall von Manstein war sein Taktik- und Kriegsgeschichtslehrer gewesen; er hatte im Ministerialdienst an der Entwicklung der Flakwaffe mitgewirkt und im Luftwaffenpersonalamt Fragen der Flak, der Nachrichtentruppe und des Sanitätswesens bearbeitet. Im Zweiten Weltkrieg hatte er Flakkommandos in Ost und West von der Abteilung bis zur

Nov. / Dez. 1944

*Generalmajor
Max Schaller*

Division geführt. Bevor er nach Bremen kam, war er im Flakschutz von Berlin eingesetzt. Auch in Bremen hat Schaller sich von Anfang an sehr stark mit taktischen Fragen beschäftigt; vor allem war er auch bei Planspielen ganz in seinem Element.

Zur 8. Flakdivision gehörten in der letzten Kriegszeit Batterien zum Schutz der Flugplätze und Städte bis an die holländische Grenze. Die Marinestützpunkte an der Küste wurden freilich durch Marineflak geschützt, die der Luftwaffenflak nicht unterstand. In Bremen gab es zwei Flakgruppen: Bremen-Nord (in der Grohner Kaserne) und Bremen-Süd mit dem Gefechtsstand im Hause Osterdeich 56, Ecke Sielwall, dann in einem Bunkersystem, das in die Autobahnauffahrt beim Achterdiekbad eingebaut war. Zur Flakgruppe Bremen-Nord (Oberst von Sandrart) gehörten zwei schwere und eine leichte Untergruppe. Im ganzen waren es zwei 12,8 cm-Eisenbahnbatterien, eine feste 12,8 cm-Batterie, drei 10,5 cm-Batterien und 11 8,8 cm-Batterien. Hinzu kamen drei leichte (3,67 und 2-cm-)Batterien als unmittelbarer Objektschutz. Zur Flakgruppe Bremen-Süd (Oberst Müller) gehörten drei oder vier Untergruppen mit etwa 27 schweren, durchweg zu Dreifachbatterien zusammengefaßten und drei leichten Batterien. Die beiden Bremer Flakgruppen hatten eine Mannschaftsstärke von etwa 5000 Soldaten; hinzu kamen etwa 1000 Flakhelfer und Russen. Es überwogen die ganz jungen und die älteren Jahrgänge; aber immerhin war die Flak durch ihre Masse, straffe Organisation, Disziplin und Bewaffnung eine imposante Gruppe.

Während des Krieges wurden auch die Abteilungen des Reichsarbeitsdienstes in der Bremer Umgebung vielfach in Flakbatterien eingesetzt. Der Stab des Arbeitsgaues XVII, Niedersachsen, hatte sein Quartier auf der Werderhöhe; 24. Nov. 1944 dieses wurde aber am 24. November 1944 nach Osterholz-Scharmbeck verlegt, um bei der Verbindung mit den einzelnen Abteilungen mehr Bewegungsfreiheit zu haben.

Eine weitere starke, aber nicht so geschlossene Militärgruppe stellte die Marine. Da gab es im Haus des Reichs die Kriegsmarine-Dienststelle (KMD) Bremen. Ihre Hauptaufgabe bestand in der Wahrnehmung der Interessen der Kriegsmarine gegenüber der Handelsschiffahrt und den zivilen Hafenbehörden. Die KMD hatte Zweigstellen in Wesermünde (bis 1943) und Koblenz; sie hatte weiterhin einen Bevollmächtigten in Wilhelmshaven, eine Zweigstelle in Emden (Seetransportverkehrsstellen in Leer und Papenburg), einen Stabszug in Bremen, eine Magnetische Meßstelle sowie die Wohnschiffe „Oceana" und „Hanseat". Chefs der KMD Bremen waren während des Krieges Kapitän z. S. 1944 Feldbausch, Konteradmiral Kehrhahn und dann seit 1944 Kapitän z. S. Schottky, ein 52jähriger gebürtiger Breslauer, der lange Jahre (1938–1944) im

Ministerialdienst (Marine-Rüstung) gestanden und dann in der Seekriegsleitung eine Schreibtischtätigkeit ausgeübt hatte, bevor er nach Bremen kam. Er wird als ein Mann mit groben Komiß-Manieren geschildert.

Die Marinestandortverwaltung in Bremen war eine reine Bürostelle, die für die Besoldung und Unterkunft der Marinedienststellen zuständig war. Rangmäßig am höchsten stand das Höhere Kommando der Kriegsschiffbaulehrabteilungen (Chef war ein Konteradmiral), durch die die technische Ausbildung von Marinepersonal, vor allem auch für U-Boote erfolgte. Es gab noch zwei Kompanien einer Marine-Bordflakabteilung, und zahlenmäßig war noch die 34. Marine-Ersatz- und Ausbildungsabteilung von Gewicht. Die große Bedeutung der Marineverwaltung in Bremen zeigte sich auch an der Besetzung der Wehrinspektion im Wehrkreis X. Die Leitung wurde 1940 bis April 1943 durch Vizeadmiral von Heimburg, dann von Konteradmiral Kynast wahrgenommen. Sie unterstanden dem Stellvertr. Kommandierenden General des X. Armeekorps und Befehlshaber im Wehrkreis X in Hamburg. Es gab in Bremen, Bremen-Nord, in den oldenburgischen Unterweserorten und in Wesermünde noch weitere Marinedienststellen mit recht unterschiedlichen Unterstellungsverhältnissen.

In Bremen bestanden zudem zahlreiche Ersatz- und Verwaltungsdienststellen der Wehrmacht. An der Spitze dieses Apparates stand der Wehrmachtskommandant, der zugleich Standortältester war: Generalmajor Werner Siber, an den dann Anfang April 1945 überraschend die Aufgabe herantrat, die Verteidigung Bremens zu organisieren. Er war 53 Jahre alt, etwas schwerfällig, aber – soweit wir das aus seinen Äußerungen und Ansprachen schließen können – ein fanatischer NS-Offizier. Man traute ihm jedoch kein energisches Handeln zu, und so wurde er dann in seinen Verteidigungsaufgaben durch einen anderen Kampfkommandanten ersetzt.

b. Ordnungs- und Unterdrückungseinrichtungen

Die Polizei

Im Polizeibereich gab es im Kriege komplizierte Unterstellungsverhältnisse und Kompetenzüberschneidungen, wobei viel vom Durchsetzungsvermögen des jeweiligen Amtsinhabers abhing. Die Tendenz lief auf eine immer stärkere Zentralisierung der gesamten Polizei beim Reichsführer SS und Chef der Deutschen Polizei, Heinrich Himmler, sowie bei seinen Dienststellen, besonders dem Reichssicherheitshauptamt (RSHA) für die Sicherheitspolizei (Gestapo,

Kripo) und den Sicherheitsdienst (SD), hinaus. Als regionale Kommandeure **1942** der SS und der Polizei wurden 1942 in den Wehrkreisen die Höheren SS- und Polizeiführer eingesetzt, denen Inspekteure, dann Befehlshaber, der Ordnungs- und Sicherheitspolizei unterstanden. Alle diese Institutionen und „Kommandeure" bzw. „Inspekteure" unterhielten umfangreiche und komplizierte Apparate und Stäbe, die bis in die lokalen Polizeiverhältnisse hineinwirkten. Die große Zahl der Anordnungen, Befehle und Rundschreiben ist dafür ein beredtes Zeugnis.

Bei diesem Kompetenzwirrwar zogen der Senator für die Innere Verwaltung, der formal immer noch „Polizeiaufsichtsbehörde" war, und der Polizeipräsident, der Dienstvorgesetzte der bremischen Verwaltungs-, Kriminal- und Schutzpolizei, eindeutig den Kürzeren, wenn auch nicht in allen Bereichen in gleichem Maße. Solange Dr. Fischer Senator für die Innere Verwaltung war (bis zum 1. Juli 1944), konnte von dieser Seite noch eine spürbare Aufsichtsfunktion gegenüber der Ordnungspolizei durchgeführt werden; denn Dr. Fischer fand Rückhalt beim Gauleiter und Reichsstatthalter Wegener, der seinerseits als SS-Obergruppenführer erhebliches Gewicht hatte. Nachdem Dr. Fischer dann Regierungspräsident in Osnabrück geworden war, übernahm der Stellvertretende Regierende Bürgermeister Dr. Richard Duckwitz zusätzlich das Innenressort, ließ es aber praktisch von Oberregierungsrat Philipp Behrens verwalten. Von entscheidender Einwirkung auf den Polizeibereich war nun nichts mehr zu spüren.

Anders sah es beim Polizeipräsidenten aus, der vom Reichsführer SS und Chef der Deutschen Polizei eingesetzt wurde. Bei Kriegsausbruch war SS-Oberführer Kurt Ludwig Polizeipräsident und damit Leiter des bremischen Polizeiwesens. Er erwies sich als unfähig, mit den Schwierigkeiten zu Beginn des Krieges, vor allem mit den Aufgaben des Luftschutzes, fertigzuwerden. **3. Jan. 1940** Schon am 3. Januar 1940 wurde er durch die Ernennung des Kommandeurs der Schutzpolizei, Johannes Schroers, zu seinem Stellvertreter völlig kaltgestellt, **28. März 1941** dann am 28. März 1941 abgesetzt und durch den SS-Oberführer Oberg ersetzt. Dieser hatte eine sehr forsche Art, wurde aber gleich zu Beginn seiner Amts**April 1941** zeit im April 1941 in einen Skandel verwickelt. Im Café Atlantic in der Knochenhauerstraße, das mit einem Tanzboden und einer kleinen Kabarett-Bühne ausgestattet war, hielten sich oft „zweifelhafte Damen" auf. Hin und wieder gab es polizeiliche Kontrollen. Im April genehmigte der Leiter der Kripo, Oberregierungsrat König, eine größere Razzia, die durch einen Kriminalkommissar durchgeführt wurde. Der neue Polizeipräsident Oberg wünschte selbst daran teilzunehmen; er riß dann aber die Führung des ganzen Unternehmens an sich. Zahlreiche Frauen wurden ins Polizeihaus befördert, dort einer ärztlichen Zwangsuntersuchung ausgesetzt. Viele Betroffene und ihre Angehörigen protestierten umgehend, darunter auch eine nahe Verwandte von Rudolf Heß. Staats- und Parteistellen befaßten sich mit der Angelegenheit. Oberregierungsrat König wurde beurlaubt. Am 20. April 1941 traf der Chef der Reichskriminalpolizei, Artur Nebe, in Bremen ein; König und ein Kriminalkommissar wurden nach Berlin transportiert und dort verhört, beide aus Bremen versetzt.

Polizeipräsident Oberg wurde ebenfalls abgesetzt, das Amt nun zunächst kommissarisch, dann endgültig dem Kommandeur der Schutzpolizei, Schroers, übertragen. Das Kommando der Schutzpolizei übernahm Oberstleutnant Herbst, doch konnte Schroers seinen Einfluß auf den gesamten Polizeibereich voll wahren. Er fand seine Grenzen an keiner bremischen Behörde mehr, sondern praktisch nur noch am Höheren SS- und Polizeiführer im Wehrkreis X (Hamburg). Das war seit 1942 der Generalleutnant der Polizei 1942/1943 und SS-Gruppenführer Rudolf Querner, dann seit 1943 bis zum Kriegsende der Generalmajor der Polizei und SS-Brigadeführer Georg Graf von Bassewitz-Behr, mit dem Schroers, unterstützt vom Regierenden Bürgermeister, bisweilen Konflikte in Fragen des örtlichen Luftschutzes hatte.

Schroers war Zeit seines Lebens ein unbequemer Mann, der mit Vorgesetzten und Untergebenen manchen Zusammenstoß hatte. 1938 (im Alter von 53 Jahren) kam er als Kommandeur der Schutzpolizei nach Bremen. Vor allem in der Organisation des Luftschutzes erwarb er sich große Verdienste. Er war wohl weniger aus Idealismus, sondern eher aus Ehrgeiz Nationalsozialist geworden (Parteigenosse von 1932), hatte eine Neigung zu alkoholisierter Geselligkeit und forderte in oft grober Weise absoluten Gehorsam. Seine Residenz war das Polizeihaus, für das er schon 1944 umfassende Verteidigungspläne entwik- 1944 kelte. Dort saß die Polizeiverwaltung, an der Schroers wenig Interesse hatte, und dort befand sich auch das Kommando der Schutzpolizei und die zivile Luftschutzzentrale. Hier war Schroers ganz in seinem Element. Wenn ihm jemand dreinredete, von welcher Seite auch immer, dann gab es Krach. Schroers verstand es, durch sein forsches Auftreten vielfach den Eindruck zu vermitteln, als ob er mit der Polizei eine schlagkräftige Ordnungstruppe in der Hand habe, die ihm unbedingt ergeben war.

Die Stärke der Polizei in Bremen betrug im Frühjahr 1944 einschließlich Offiziere:

Schutzpolizei	400 Mann
Schutzpolizei-Reserve	315 Mann
Luftschutzpolizei	3200 Mann
Stadtwacht	1780 Mann

Werkschutz	710 Mann
Feuerschutzpolizei	210 Mann
Freiwillige Feuerwehren in	
Stadt und Land Bremen	850 Mann

Im April 1945 hatte sich die Stärke etwas verringert.

Als die Luftangriffe zunahmen, ordnete der Befehlshaber der Ordnungspo-

22. April 1943 lizei beim Höheren SS- und Polizeiführer im Wehrkreis X am 22. April 1943 an, daß die Ordnungspolizei vor allem in den Großstädten kaserniert werden müsse, um sofort einsatzbereit zu sein. Die Verwirklichung dieses Befehls wurde in Bremen sofort in Angriff genommen, obwohl der Raummangel Schwierigkeiten machte.

Auch für die Kriminalpolizei gab es während des Krieges ein weites Betätigungsfeld. Sie war dem Reichskriminalpolizei-Amt (RKPA) unterstellt, dann in den Bereich des Reichssicherheitshauptamtes (Amt V) eingegliedert und gehörte nun – wie die Gestapo – zur „Sicherheitspolizei". Die Berliner Zentrale übte auch starken Einfluß auf die personelle Zusammensetzung aus. Nach Kriegsausbruch gab es durch Einberufungen zur Wehrmacht erhebliche Engpässe. Die Beamten erhielten größtenteils Angleichungsdienstgrade der SS und eine intensive politische Schulung. Der Leiter der Kripo, der Regierungsrat und SS-Obersturmführer Schmitz-Voigt, wurde im August 1939 nach Prag

1940 versetzt. Leiter wurde im Januar 1940 Oberregierungs- und Kriminalrat König, der aus Breslau kam.

Im Verlauf des Krieges mußte die Kripo weiteres Personal abgeben, erhielt aber Ersatz durch Pensionäre und „Hilfkräfte", die freilich keine Berufserfahrung hatten, und durch verstärkten Einsatz der weiblichen Kriminalpolizei. Der Personalwechsel erschwerte jedoch die Arbeit sehr.

1941 Kriminalrat König mußte – wie bereits erwähnt – 1941 gehen, als die allzu forsche Razzia im Café Atlantic zu einem Skandal geworden war. Neuer Leiter wurde der 62jährige Kriminaldirektor Hahn, sein Vertreter Kriminaldirektor Carl Krämer, ein Bremer. Hahn, der enge Bindungen zur Kirche hatte, fand bei der SS keine Gnade, und so erhielt er in einem jüngeren wendigen Regierungsassessor und SS-Hauptsturmführer einen Aufpasser, der auch die

1944 politische Schulung der Beamten durchführte. Im August 1944 wurde dieser nach Berlin beordert, um an der Aufklärung des Attentats auf Hitler mitzuwirken.

Ende Dezember 1942 meldete die Kriminalpolizei erhebliche Erfolge: Die Korruption wurde bekämpft, fahnenflüchtige Soldaten, „vertragsbrüchige" ausländische Arbeiter und geflohene Kriegsgefangene wurden aufgespürt, „umhertreibende weibliche geschlechtskranke Personen usw. in verstärktem

Maße gefaßt" und an „den durch Fliegerbomben angerichteten Schadensstellen konnten mehrere Plünderer festgenommen und den Gerichten zugeführt werden". Unter ihnen befanden sich mehrere Ausländer und an den Schadensstellen eingesetzte Zuchthäusler. Noch wurde gegen sie keine Todesstrafe, sondern nur Zuchthaus- und Gefängnisstrafe verhängt. Besonders scharf wurde auch gegen Wirtschaftsdelikte wie Schwarzschlachten und Fälschung von Lebensmittelkarten ermittelt. In einer Großschlachterei hatte es zudem Diebstähle von Fleischmarken gegeben. Beim verbotenen Tauschhandel mit bezugsbeschränkten Waren zwischen Kaufleuten blieb eine große Grauzone. Betrügerische Schadensmeldungen Bombengeschädigter nahmen stark zu; in einem Falle wurde ein verlorener „Besitz" im Wert von 9000 RM ermittelt, während ein Schaden von 110 000 RM angemeldet wurde. In diesem Falle wurde der Betrüger als „Volksschädling" angeklagt. Befehle von Anfang 1944 zeigen, daß die Kriminalpolizei im Rahmen der Fahndungsanordnung „verstärkte Kriegsfahndung" auf Wasserstraßen, Fähren, Brücken, Straßenkreuzungen und Bahnhöfen scharfe Kontrollen durchführte.

Die Amerikaner haben in ihren Untersuchungen nach dem Kriege versucht, die Einwirkungen der Kriegsmoral auf die Kriminalität zu durchleuchten. Es wurde nach deutschen Unterlagen festgestellt, daß sie im Kriege recht hoch gewesen, am Kriegsende erheblich gestiegen sei. Die Fälle von Plünderung und Diebstahl hatten einen Anteil wie nie zuvor (79 %). Es wurde aber nicht bedacht, daß während des Krieges vieles zum Verbrechen gestempelt wurde, was diese Bezeichnung nach der allgemeinen Rechtsauffassung nicht verdient. Vor allem aber verleiteten die chaotischen Verhältnisse der letzten Kriegszeit trotz schwerer Strafen in erhöhtem Maße zu Eigentumsdelikten.

Der Polizeiapparat schuf in dieser Zeit den Begriff der „Berufs- und Gewohnheitsverbrecher, Asozialen und Gemeingefährlichen", wobei es sich vor allem auch um Wiederholungstäter handelte. Für sie galt die Möglichkeit der unbegrenzten „Vorbeugungshaft", die nur nach einer „Besserung" beendet wurde; sie wurden in unterschiedliche Lager eingewiesen. Auch nach der Freilassung wurde der betr. Personenkreis von der Kriminalpolizei überwacht. Die Einschätzung der Maßnahmen ist schwierig. Gegen eine „Vorbeugungshaft" lassen sich keine grundsätzlichen Einwände vorbringen. Berechtigte Kritik aber richtet sich gegen die Definition der Begriffe „Gewohnheitsverbrecher" und „Asoziale" sowie die Einschätzung der damaligen Verbrechenskategorien, vor allem aber auch gegen die Art des Haftvollzuges, der von mancherlei Brutalitäten begleitet war.

Bremen war seit 1944 Sitz einer Kriminalpolizei-Leitstelle. Die vorgesetzte Dienststelle war der Inspekteur der Sicherheitspolizei und des SD in Hamburg. Zum Zuständigkeitsbereich der Leitstelle gehörten neben Bremen der Regierungsbezirk Osnabrück, vom Regierungsbezirk Stade die Kreise Bremervörde, Osterholz, Rotenburg und Verden, vom Regierungsbezirk Hannover der Kreis Grafschaft Hoya, vom Land Braunschweig die Enklave Thedinghausen, vom Lande Oldenburg die Kreise Oldenburg, Vechta und Wesermarsch. Unterstellt war auch die Kriminalpolizeistelle Wilhelmshaven, die Kriminalabteilung Wesermünde sowie die Gemeindekriminalpolizei in Delmenhorst, Oldenburg und Verden.

Das polizeiliche Kontrollnetz wurde während des Krieges immer enger gezo-
Febr. 1944 gen. Im Februar 1944 wurde die „Verstärkte Kriegsfahndung" angeordnet. Wagen- und Personenfähren über die Weser waren mit Polizeiposten zu besetzen, Eisenbahnknotenpunkte und Umsteigebahnhöfe mußten „schärfstens" überwacht werden, die Wartesäle waren laufend zu kontrollieren. Im Falle der Anordnung „Verstärkter Kriegsfahndung" waren alle Straßenkreuzungen durch Streifen zu überwachen. Federführend war die Kriminalpolizei, die aber örtliche Polizeikräfte heranziehen konnte. Immer wieder wurden überraschend Razzien angesetzt.

Jan. 1945 Der Leiter der Kripo-Leitstelle, Hahn, ließ sich im Januar 1945 pensionieren. Er erhielt im Oberregierungsrat und SS-Obersturmführer Dr. Barth, einem Juristen, der vorher in Polen eingesetzt gewesen war, einen Nachfolger. Die Beamten wurden täglich mit Durchhalteparolen traktiert und nun weitgehend zu Aufgaben herangezogen, die mit der Kriminalität nur noch wenig zu tun hatten, u. a. wurde eine Einsatztruppe für den militärischen Einsatz aufgestellt. Dr. Barth setzte sich am 22. April nach Hamburg ab.

Die Spitze der Ordnungspolizei in Bremen erwies sich seit 1941 als ziemlich stabil: Polizeipräsident war und blieb Generalmajor der Polizei und SS-Brigadeführer Johannes Schroers, Kommandeur der Schutzpolizei Oberstleutnant
9. Mai 1944 Karl Herbst, der am 9. Mai 1944 vom Höheren SS- und Polizeiführer Nordsee
Ende 1944 zum „Kommandeur im Führungsbereich" ernannt wurde, Ende 1944 hatte Schroers diese Aufgabe. Zum Vertreter wurde Oberst der Schutzpolizei und SS-Standartenführer Petsch bestimmt. Sie residierten mit ihrem Stab im Polizeihaus am Wall. Ihnen unterstellt waren der Kommandeur der Feuerschutzpolizei, am Ende des Krieges auch die Leiter der Gestapo und der Kriminalpolizei, der Kommandeur der Kriegsgefangenen, der Kommandeur der Allgemeinen SS, SS-Oberführer Weinert, während des ganzen Krieges die Technische Nothilfe bzw. die Luftschutzpolizei und verschiedene Verwaltungsabteilungen. Es gab vier Schutzpolizei-Abschnittskommandos: Ost (mit der Stadtmitte), Süd (links der Weser), Nord (mit der westlichen Vorstadt und Walle) und West (mit Bremen-Nord). In ihnen waren insgesamt 12 Stütz-

punkte einzurichten. Hinzu kam der Luftschutzabschnitt Delmenhorst. Die Stützpunkte waren auf besonderen Befehl auszubauen und zu besetzen. Ein Stützpunkt besonderer Art war die Polizeikaserne Oberneuland. Hier waren Anfang 1945 zwei Kompanien des SS-Polizeiregiments z. b. V. sowie der Lehrgang des Kommandos der Schutzpolizei, im ganzen etwa 400 bis 500 Mann, untergebracht. Zudem wurden in Baracken und Gasthöfen „Sammelstellen" vorgehalten. Es handelte sich um eine Art Ausweich-Kommandostelle der Bremer Schutzpolizei mit umfangreichem Waffenlager.

Die Gestapo

Der Personalapparat der Gestapo 1939 war beträchtlich. An der Spitze standen ein Leiter (damals Hauptmann Erwin Schulz) und sein Vertreter (Regierungsassessor Kelbling). Ihnen unterstanden drei Abteilungen mit Sachbearbeitern, Fernschreibern, Amtsgehilfen, Kanzlisten, Stenotypistinnen, Kraftfahrern usw. Im ganzen waren es etwa 100 Personen. Nachdem Hauptmann Erwin Schulz als Leiter der Staatspolizeistelle Bremen 1939 ins Sudetenland versetzt 1939 worden war, trat der SS-Sturmbannführer und Regierungsrat Hans Blomberg, der aus Westfalen stammte und das Amt in Bremen nur bis 1940 versah, weil er nach Norwegen abgeordnet wurde, an seine Stelle. Am Ende des Krieges war Blomberg Chef der Gestapoleitstelle in Hamburg.
Im September 1939 brach der Konflikt zwischen dem Regierenden Bürgermeister und der Staatspolizeistelle erneut auf, als Böhmcker den Leiter der Stelle aufforderte, Halbmonatsberichte über deren Tätigkeit einzureichen. Blomberg erklärte, dazu sei er nicht verpflichtet, da er dem Bürgermeister nicht unterstehe. Er gab dann zunächst nach und lieferte die Berichte ab. Er hatte aber noch nicht endgültig kapituliert, sondern veranlaßte den Reichsführer SS und Chef der Deutschen Polizei zur Erklärung, daß die Staatspolizeistelle eine Reichsbehörde sei und nur Himmler und dem Geheimen Staatspolizeiamt in Berlin unterstehe. Dennoch wurde sie angewiesen, „um die erforderliche Zusammenarbeit mit der inneren Verwaltung zu gewährleisten", die Weisungen der Landesregierung „in bestimmtem Umfang" zu befolgen und auch die Aufgaben eines „politisch-polizeilichen Sachbearbeiters der bremischen Landesregierung" zu erfüllen. Der Senator für die Innere Verwaltung, Dr. Fischer, gab sich damit aber nicht zufrieden, sondern veranlaßte am 24. November 1939 den Reichsstatthalter und Gauleiter Carl Röver, sich wegen einer Klarstellung an den Reichsinnenminister zu wenden. Dr. Fischer entwarf das ausführliche Schreiben, das Röver ohne weiteres unterzeichnete.
Mit Blomberg ergab sich ein neuer Konflikt, als dieser sich in bremische Kon-

sularangelegenheiten einmischte. Im Dezember 1939 wurde Böhmcker sogar persönlich im Reichsinnenministerium vorstellig. Als er in Bremen zurück war, schickte er ergänzend zur Klärung des Sachverhalts einen von Senator Dr. Fischer entworfenen Brief an den Reichsinnenminister. Die Angelegenheit war zu einem sehr heiklen Prestigekampf zwischen Dr. Fischer und Regierungsrat Blomberg geworden.

5. Jan. 1940 Am 5. Januar 1940 fand in Hamburg beim Reichsverteidigungskommissar im Wehrkreis X, Gauleiter Kaufmann, eine Besprechung in der Angelegenheit statt, in der u. a. Böhmcker und Dr. Fischer die Interessen der Landesregierung vertraten. Kaufmann entschied, daß der Regierende Bürgermeister „zwar nicht Dienstvorgesetzter, wohl aber Vorgesetzter der Staatspolizeistelle Bremen" sei. Deren Leiter sei auch „Sachbearbeiter (des Landes Bremen) in politisch-polizeilichen Angelegenheiten", die Staatspolizeistelle habe eine Berichtspflicht gegenüber dem Regierenden Bürgermeister. Dieser könne sich in seiner Vorgesetztenstellung von Dr. Fischer vertreten lassen. Hier wurde also eine gespaltene Vorgesetztenfunktion konstruiert: eine die sich auf den Dienstbetrieb bezog und beim Gestapoamt lag, und eine, die ein Weisungsrecht des Regierenden Bürgermeisters und eine Informationspflicht der Staatspolizeistelle bedeutete. Regierungsrat Blomberg gab endlich nach.

Nun aber waren auch durch den Brief Rövers an den Reichsinnenminister immer noch dieser und Himmler mit der Sache befaßt; Himmler lehnte es verärgert ab, sich mit ihr zu beschäftigen, „da er zur Zeit andere Sorgen habe". Aber auch der Chef der Sicherheitspolizei und des SD, Heydrich, fand sich mit dem Hamburger Kompromiß ab. Doch wandte sich Gauleiter Röver im März 1940 noch einmal an den Reichsinnenminister, um eine endgültige Klärung zu erreichen. Himmler war über diese Hartnäckigkeit zornig, blieb aber passiv, so daß das gespaltene Vorgesetztenverhältnis gültig blieb.

Mitte 1940 Mitte 1940 erfolgte auch eine Neuorganisation der Bremer Gestapo: Jetzt war die Abt. I für Personal und die Abt. II für Wirtschaftsangelegenheiten zuständig. Die Abteilung IV war die Exekutive, die in mehrere Referate eingeteilt war: IV A Gegner, Sabotage, Schutzdienst; IV B Kirchen, Sekten, Juden; IV D Einflußgebiete (Ausländer) IV E Spionageabwehr; IV F Grenz- und Ausländerpolizei.

14. Nov. 1940 Am 14. November 1940 übernahm der SS-Sturmbannführer und Regierungsrat Dr. Herbert Zimmermann die Staatspolizeistelle in Bremen und blieb hier bis 1943. Er war das, was man von ihm erwartete: ein harter Gestapo-Chef. Im August 1943 wurde er als Kommandeut der Sicherheitspolizei nach Bialystok versetzt und leitete dort auch die Gestapo und den SD. Am Schluß des Krieges war er noch im Westen eingesetzt, wo er im Schwarzwald eine Wehrwolf-

gruppe aufzubauen suchte. Nach dem Krieg war er in verschiedenen Lagern, floh aber Anfang 1946 und lebte unter fremdem Namen; dann profitierte er von einer Amnestie und wurde Rechtsanwalt in Bielefeld. Als er mit einer Mordanklage zu rechnen hatte, beging er 1959 Selbstmord.

Die Staatspolizeistelle für den Regierungsbezirk Stade residierte in Wesermünde. Die Leiter waren zunächst noch Regierungsassessoren, dann seit 1940 SS-Sturmbannführer und Regierungsräte. Regional waren sie auch für Cuxhaven und für Bremerhaven zuständig. In Bremerhaven gab es ein Grenzkommissariat.

Mit dem 1. Juli 1941 trat in der Zuständigkeit der Staatspolizeistelle Bremen eine Änderung ein: Die Staatspolizeistelle Wesermünde wurde aufgehoben und ihre Aufgaben gingen an die Staatspolizeistelle in Bremen, womit dieser nun alle staatspolizeilichen Angelegenheiten im Regierungsbezirk Stade und im Lande Bremen aufgetragen waren. Außenstellen befanden sich in Wesermünde, Cuxhaven, Stade und Verden; hinzu kam ein Grenzpolizeikommissariat Bremen-Hafen. 1. Juli 1941

Leiter der Außenstelle Wesermünde war der Kriminalrat Hilmer, der als ein sehr verschwiegener und eigenwilliger Mann charakterisiert wurde. Er hat später behauptet, daß er ohne Spitzel ausgekommen und mit Anzeigen „überschwemmt" worden sei; wenn er eine Auskunft bei Beamten oder Obmännern der Werften benötigt habe, sei sie ihm „ohne Einwände" gegeben worden.

Es kann nicht bestritten werden, und ist durch zuverlässige Quellen belegt, daß während des Krieges eine Fülle von Anzeigen aus der Bevölkerung direkt oder über Partei-Dienststellen an die Gestapo gingen. Ihre Anzahl soll unter Kreisleiter Blanke noch verhältnismäßig gering gewesen, unter Kreisleiter Schümann aber stark angestiegen sein. Die Gesamtzahl der von der Kreisleitung kommenden Anzeigen wurde für die Kriegszeit mit 90 angegeben. Darüber hinaus wurden viele „kleinere" Fälle mündlich oder telefonisch abgeklärt. Die Gestapo recherchierte nach Eingang der Meldung weiter und schrieb dann Berichte, die im Durchschlag auch an die NS-Kreisleitung gingen. In vielen Fällen setzte die Gestapo Spitzel ein, wobei es sich bisweilen um politisch Belastete handelte, die unter Druck ihre ehemaligen Gesinnungsgenossen unterwanderten und denunzierten, z. T. auch dafür bezahlt wurden. Über jeden Fall wurde eine Karteikarte angelegt, deren Doppel nach Berlin ins Gestapo-Amt geschickt wurde. Die Eintragungen in diesen Karten waren entscheidend bei der Verhängung von Schutzhaft oder einer Übergabe des Falles an die zuständigen Gerichte.

Auch für die Kriegszeit ist es angesichts der fragmentarischen Überlieferung schwer, das Ausmaß der Tätigkeit der Gestapo korrekt einzuschätzen. Für

August 1941 haben sich einige Angaben beim Reichssicherheitshauptamt erhalten. Dabei handelt es sich um Einzelmaßnahmen wegen „marxistischer" Tätigkeit und wegen „Heimtücke".

Eine besonders schwierige und wichtige Aufgabe oblag während des Krieges dem N-(Nachrichten-)Referat bei der Beschaffung von Auslandsinformationen. Die N-Stelle versuchte vor allem auch von Bremer Kaufleuten, die Auslandsreisen – etwa in die Schweiz oder auf den Balkan – unternahmen, Informationen zu erlangen. Es ist für die Kriegszeit von jeweils etwa 30 Agenten die Rede, von denen der Bremer Gestapo Informationen zugingen. Man arbeitete auch mit der Abteilung Abwehr und Spionagestellen der Wehrmacht zusammen und versuchte von Bremen aus vor allem Informationen über Schiffbau und Elektro-Industrie im Ausland zu erlangen. Die Nachrichten wurden in der Registratur und Gesamtkartei festgehalten, zudem aber auch der zuständigen Exekutivstelle der Gestapo und gegebenenfalls dem SD oder der militärischen Abwehr zugeleitet. Die Gesamtkartei speiste sich aus allen Abteilungen der Gestapo und diente ihnen zugleich als Nachschlagequelle.

Wichtig war auch die „Abwehrpolizei", die unter der Leitung eines Kriminalkommissars stand. Sie hatte fast in allen Referaten Wehrmachtoffiziere als Leiter, so bei der Spionage- und Sabotageabwehr in der Industrie, bei der Aufdeckung von Landesverrat und sogar bei der Stelle, die Pässe und den Grenzverkehr überprüfte. Während des Krieges setzte die Gestapo in den Betrieben „Abwehrbeauftragte" ein, die die Aufgabe hatten, Fälle von Spionage und Sabotage aufzudecken. Dabei handelte es sich immer um leitende Angestellte, die über gute Personalkenntnisse im Betrieb verfügten. Die Abwehrpolizei betrieb die Ermittlungen, führte aber auch Verhaftungen durch; die Anklage und Verurteilung erfolgte dann in den zuständigen Gerichten, wenn nicht eine Einweisung in ein Konzentrationslager angeordnet wurde.

1942 Die Bremer Gestapoleitstelle unterstand seit 1942 dem Inspekteur (später Befehlshaber) der Sicherheitspolizei und des SD im Wehrkreis X, Hamburg, der für den gesamten nordwestdeutschen Bereich zuständig war. Ihm unterstanden in Bremen die Gestapoleitstelle, die Kriminalpolizeileitstelle und der SD-Leitabschnitt.

Die Gestapoleitstelle war für das Land Bremen, das Land Oldenburg und die Regierungsbezirke Stade, Aurich und Osnabrück sowie für die Insel Helgoland zuständig. Außendienststellen waren in Cloppenburg, Delmenhorst, Meppen, Oldenburg, Osnabrück, Stade, Wesermünde und Wilhelmshaven; Grenzpolizei-Kommissariate in Bentheim, Bremen-Hafen, Cuxhaven, Emden und Nordenham; Grenzpolizei-Posten im Bahnhof Bentheim, in Nordhorn, Springbiel, Bunderneuland, Emde-Außenhafen und Weener. Eine Außendienststelle befand sich auch im Arbeitserziehungslager Farge. Hin und wieder gab es Verschiebungen, doch im großen und ganzen blieb diese Organisation bis zum Kriegsende erhalten.

Die Leitung der Gestapoleitstelle in Bremen übernahm 1943 der SS-Sturmbannführer und Regierungsrat Dr. Erwin Dörnte, der aus Sachsen stammte; auch in seiner Zeit war die Gestapo in Bremen auf hartem Verfolgungskurs. Das Personal am 1. Januar 1943 betrug 116 festangestellte Personen, 50 Ersatz- und Ergänzungskräfte sowie 11 Reinmachefrauen.

Bis 1944 hatte die Bremer Gestapo drei Abteilungen:

    I. Verwaltung und Personal

    II. Kartei und innenpolitische Gegner

    III. Abwehr

Am wichtigsten war die Abteilung III, die politische Exekutive mit den Referenten III A bis S (Stand vom 1. Februar 1944). An der Spitze stand ein Kriminalkommissar als Abteilungsleiter. Schwerpunkte des Referats III A waren Landesverrat, Spionage, Widerstandsbewegung usw.

Referat III B: Wehrmacht, Fremdenlegion, Deserteure, Kriegsgefangene

    III C: Industrieschutz, Abwehr

    III D: Pässe

    III E: Aktenverwaltung, Karteien;

    III F: fehlt

    III G: Sonderüberprüfungen, Grenzpolizei

    III H: Hafen

    III I und J: fehlen

    III K: Kanzlei

    III L--Q: fehlen

    III R: Registratur

    III S: Sabotage, Feindeinwirkung

Ende 1944 hatte sich die Gliederung geändert; es gab für die Exekutive jetzt die **1944** Kommissariate L/I, Innenpolitik, L/A, Abwehr, und L/N, Nachrichten, denen eine Anzahl Referate zugeordnet waren:

Zu L/I gehörten

IV 1 a: Linksbewegung, Kriegsdelikte, Rundfunkverbrechen

IV 1 b: Rechtsbewegung, Heimtücke, Homosexuelle, Abtreibungen

IV 1 c: Arbeitsbummelei, Kriegsgefangene, Wirtschaftssabotage, Fahndungen, Lager

IV 4 a: Kirchen, Sekten, Freimaurer

IV 4 b: Juden, Emigranten

IV 6 a: Kartei, allgemeine Fahndung

IV 6 b: Schutzhaft, Arbeitserziehungslager

Zu L / A gehörten

IV 2 a: Sabotage, Waffen, Sprengstoffe

IV 2 b: Gegenabwehr, Fallschirmagenten, Feindeinwirkung

IV 3 a: Spionage-Abwehr, Gegenspionage

IV 3 b: Wirtschaft, Werkschutz

IV 3 c: Grenzpolizei, Pässe

Die Abteilung IV, die „Exekutive", unterstand einem Kriminalrat und SS-Sturmbannführer, der zugleich Stellvertretender Leiter der Staatspolizeistelle war.

Zu L / N gehörten

IV 5:   Presse, Partei, Sonderfälle

Nachrichtendienst

Zudem gab es in Bremen eine Wehrmachtabwehrstelle unter der Führung eines Majors.

Das Material erhielt die Gestapo direkt von Denunzianten und von ihren Beamten oder aber vom SD und von Parteidienststellen; aber auch von zahlreichen Agenten, Spitzeln usw. Gestapo-Beamte in Bremen sagten aus, daß etwa 10 Spitzel in Bremer Werften, Häfen und Fabriken unterhalten wurden (Gesamtkosten monatlich 200 bis 300 RM) und daß sich auch unter den Fremdarbeitern sehr „produktive" Agenten befunden hätten (Ausgaben monatlich 7 bis 8000 RM).

Jan. 1945   Der Bremer Gestapo-Chef, Dr. Dörnte, wurde im Januar 1945 nach Polen abkommandiert, wo er in Gefangenschaft geraten oder getötet worden sein soll. Nachfolger wurde SS-Sturmbannführer und Oberregierungsrat Dr. Georg Kießel, der vorher in Jugoslawien eingesetzt gewesen war. In seine Amtszeit fiel im Hinblick auf das Kriegsende eine Milderung der Gestapotätigkeit, doch stand die Dienststelle durch die Kriegsverhältnisse vor Aufgaben, die kaum noch bewältigt werden konnten.

Die Sicherheitspolizei in Bremen war am Ende des Krieges 1945 zusammengefaßt und so organisiert, daß dem Chef Dr. Kießel vier Abteilungen unterstanden: die Personalabteilung (I), die Verwaltung (II) unter einem Kriminalrat, die Staatspolizei (IV) unter einem Oberregierungsrat und SS-Obersturmbannführer und die Kriminalpolizei (V) unter einem Kriminaldirektor. Hinzu kam ein Sonderdezernat als Nachrichtensammelstelle (N), das auch die V-Männer beschäftigte, unter einem Polizeikommissar. Die entscheidene staatspolizeiliche Exekutive hatte zwei Hauptreferate, das politische und das Spionagereferat. Das politische Referat hatte Sachbearbeiter für Kommunismus, Ausländer und Arbeitsbummelei, für Heimtücke und Abhören ausländischer Sender, für

Schutzhaftanträge; im Spionagereferat gab es Bearbeiter für Spionage, Sabotage, Werkschutz und Abwehrbeauftragte in den Betrieben. Im ganzen waren in der Dienststelle immer noch mehr als 20 Referenten und Sachbearbeiter („Beamte") beschäftigt. Zuletzt wurden die Akten der Gestapoleitstelle vernichtet, der Leiter Kießel verließ Bremen, befand sich am Kriegsende auf einem Elbkutter und tauchte mit einigen Beamten in Schleswig-Holstein unter, geriet dann aber in Gefangenschaft und wurde nach Jugoslawien ausgeliefert, wo er hingerichtet wurde. Es wird deutlich, daß die Leiter der Gestapoleitstelle durchweg Juristen waren, die das Recht im NS-Sinne praktizierten, nicht lange am Ort blieben, um nicht allzu „seßhaft" zu werden.

Auch während des Krieges war die Gestapo nicht so sehr durch direkte körperliche Mißhandlungen gefürchtet (sie waren Ausnahmen, die nur von wenigen Chefs der Dienststelle geduldet wurden); Angst hatte man vor allem vor ihren Arbeitsmethoden: Verhören unter Bedrohung, Haussuchungen, Einsatz von Spitzeln und Agenten, Verhaftungen bei Nacht usw. Die Furcht verknüpfte sich weiterhin mit den Folgen, die ja oft genug in Konzentrations- und Arbeitserziehunglager, Zuchthaus, Galgen oder Fallbeil bestanden. Die Beamten wuchsen in der Vorstellung vieler Deutscher zu dämonischen Übermenschen, die allwissend waren und über Leben und Tod zu entscheiden hatten. Doch die Beamten waren von sehr gemischter Art. Die meisten kamen aus der Kriminal- und Schutzpolizei und brachten ihre Methoden mit; nur wenige kamen vom SD und von der SS. Die Agenten, Informanten usw. boten einen Querschnitt durch die gesamte Bevölkerung: Es waren darunter wohlsituierte Arbeiter, Parteigenossen und NichtPGs. In der Liste derer, die in irgendeiner Weise der Gestapo dienten, finden sich viele unbekannte Namen, aber auch einige recht angesehene Persönlichkeiten. Die Institution als ganze wirkte jedoch im Sinne des NS-Staates unbestreitbar mit rücksichtsloser Härte.

Nach dem Kriege wurden die Gestapo-Beamten in Spruchgerichtsverfahren wegen ihrer Zugehörigkeit zu einer verbrecherischen Organisation verurteilt, einige auch wegen individueller Verbrechen von ordentlichen Gerichten bestraft.

Der Sicherheitsdienst (SD)

Der Sicherheitsdienst (SD), der zunächst als eine Partei- bzw. SS-Organisation gegolten hatte, wurde dann dem Reichssicherheitshauptamt als Amt III zugeordnet. Er hatte Nachrichten aus verschiedenen Sachgebieten zu beschaffen und zu Berichten zu verarbeiten.

In Bremen gab es im 2. Stock des Hauses Sögestraße 38 eine Außenstelle unter

Hans Rosenbusch, die als „Einmannbetrieb" mit zwei Stenotypistinnen, dann mit zwei weiteren „Kriegsergänzungskräften" aufgezogen war. Während des Krieges wurde die Dienststelle ausgebombt und richtete sich dann in der Kohlhökerstraße ein. Die Haupttätigkeit bestand darin, sich durch einen großen Kreis von Agenten und Informanten Nachrichten zu beschaffen und zur Herstellung von „Stimmungsberichten" aus dem Wirtschafts- und Kulturleben zu verarbeiten, die dann an die vorgesetzte Dienststelle, den SD-Abschnitt XIV, weitergegeben wurden. Im Kriege mußten vor allem Beobachtungen über die Einstellung der Bevölkerung zu den Kriegsereignissen gesammelt und verarbeitet werden. Der SD unterhielt Agenten, die in Kinos, Luftschutzbunkern und überall dort saßen, wo sich Menschen unterhielten oder, ohne besonderen Verdacht zu erregen, angesprochen werden konnten. Unter den Agenten waren angesehene Bremer, etwa Kaufleute und Akademiker, aber auch völlig unbekannte Leute. Wahrscheinlich wurden auch Briefe geöffnet und gelesen. Die ganze Tätigkeit unterlag strenger Geheimhaltung.

Wenn von SD-Männern bisweilen behauptet wurde, sie hätten nicht zur Bekämpfung von politischen Gegnern und „Meckerern" beigetragen, so ist das eine Schutzbehauptung. SD-Meldungen gingen planmäßig an die Gestapo und lösten auch – vor allem im Kriege – gelegentlich Prozesse aus. Freilich blieb die polizeiliche Exekutive im politischen Bereich ein Monopol der Gestapo.

1935 Seit 1935 war zwischen die Außenstelle Bremen und den SD-Oberabschnitt in Hannover der SD-Abschnitt XIV eingeschaltet, der sein Büro im Hause Graf Moltke-Straße 60 eingerichtet hatte. Diese Dienststelle war nicht nur für Bremen, sondern für ein Gebiet zuständig, das im großen und ganzen dem Gau Weser-Ems entsprach; zuletzt kam auch noch der Regierungsbezirk Stade hinzu (Wehrkreis X). Die Besetzung der Abschnittsleitung zeigt sehr deutlich, welche Akzente die nachrichtendienstliche Arbeit im Bremer Raum haben sollte. Seit März 1943 (bis 1945) stand SS-Sturmbannführer Heinz Kröger an der Spitze, ein 36jähriger Diplom-Volkswirt aus Westfalen, der längere Zeit Referent für Finanzwissenschaft im Reichssicherheits-Hauptamt gewesen war. Er wird als großschnäuziger Angeber charakterisiert. Die drei Hauptthemen, die dem Abschnitt Bremen im Kriege zugewiesen wurden, waren:

1. Allgemeine Stimmung
2. Rüstungswirtschaftliche Probleme
3. Ernährungsfragen

Abschnittsleiter Kröger hat berichtet, welche Einzelfragen in diesem Bereich bevorzugt untersucht wurden, nämlich: landwirtschaftliche Produktion (auch Beschaffung von Kunstdünger, Saatgut usw.), Fischfang, Industrieproduktion (mit Rohstoffbeschaffung), Folgen der Bombenangriffe, Verkehrsschwierigkeiten, Kompetenzstreitigkeiten, Evakuierung und Versorgung der Bevölkerung. Die Beschaffung und Auswertung von Auslandsnachrichten scheint für den Bremer SD-Abschnitt keine wichtige Aufgabe gewesen zu sein. Für diese Tätigkeit gab es am Ort Nachrichten- und Abwehrstellen der Gestapo und Wehrmacht (diese im Haus des Reichs).

Der SD-Abschnitt erhielt Berichte von 8 Außenstellen (darunter die oben genannte in Bremen unter Rosenbusch) und wertete sie auch aus. Er gab zusammenfassende ungeschminkte Berichte an den Oberabschnitt in Hannover weiter, der nun seinerseits mit den SD-Ämtern des Reichssicherheits-Hauptamtes in Verbindung stand, nämlich mit dem Amt III (Inlandnachrichtendienst), Amt VI (Auslandsnachrichtendienst), Amt VII (Forschung). Das wichtige Amt III hatte folgende Bereiche:

A. Allgemeine Stimmung, Verwaltung und Recht

B. Volkssturm und Volksgesundheit

C. Kultur und Erziehung

D. Wirtschaft

Aus den Berichten ergibt sich, daß dem SD der Pessimismus weiter Kreise der Bevölkerung, vor allem auch die Skepsis gegenüber Propagandaphrasen, in der letzten Kriegszeit bekannt war. Die vorgesetzten Dienststellen erhielten darüber realistische Berichte.

Seit 1942 unterstand der SD-Abschnitt Bremen dem Inspekteur der Sicher- **1942** heitspolizei und des SD im Wehrkreis X (Hamburg).

Konzentrations- und „Arbeitserziehungslager"

Eng verbunden mit der Gestapo war eines der wirkungsvollsten Gewaltmittel des Dritten Reiches, das Konzentrationslagerwesen.

Als der Krieg ausbrach, wurde vom Berliner Gestapo-Amt der Staatspolizeistelle in Bremen eine Liste von 31 Bremern und 2 Bremerhavenern durchgegeben, die auf ein Stichwort hin verhaftet werden sollten. Dabei handelte es sich um Sozialdemokraten (wie Emil Theil und Hans Hackmack), Kommunisten (wie Oscar Eichentopf), Bibelforscher und angeblich auch um Spionageverdächtige. Von den meisten Bremern wurden diese Verhaftungen in der Unruhe des Kriegsausbruchs nicht beachtet; doch es findet sich in einigen Briefen auch Kritik. Am 8. September liest man: „Sehr viele politische Gegner, die (wegen **Sept. 1939** politischer Delikte) vorbestraft waren, sind wieder in Schutzhaft gekommen, auch Herr H.; er ist doch ein so feiner Mensch, ich kann nicht verstehen, warum sie so etwas machen." Die Gefangenen wurden zunächst in das Zuchthaus Oslebshausen eingewiesen, dann am 10. September nach Sachsenhausen transportiert. Dort wurden sie von SS-Leuten empfangen. In einem Erlebnisbericht heißt es: „Neben uns fiel einer um, es knallte; hier wurde getreten, und dort bekam einer einen Schlag ... Gleich bei der Ankunft hieß es: ‚Los, los, ihr Mistbienen! Raus, raus! Speckdeckel runter‘." Einige von diesen Häftlingen wurden Ende 1939 / Anfang 1940 wieder entlassen, nachdem sie sich unter Bedrohung verpflichtet hatten, nicht mehr politisch zu opponieren. Einer von ihnen schrieb: „Stell Dir vor, daß morgens im Lager rund 11 000 Menschen zum Appell antreten, von denen ganze vier zur Entlassung beordert werden – und Du selbst bist unter diesen vier Glücklichen!" Sicher hing die Entlassung mit einer guten Laune über den Sieg in Frankreich zusammen. Die Befreiten waren, nachdem Sie das KL kennengelernt hatten, sehr vorsichtig.

Während der folgenden Kriegszeit waren die Verhaftungen durch die Bremer Gestapo im Vergleich mit anderen Städten nicht übermäßig zahlreich: etwa 20 bis 30 Personen monatlich; aber gelegentlich waren es auch erheblich mehr oder weniger. Als Grund wurden nun vor allem „Heimtücke" sowie kommunistische und marxistische Einstellung bzw. „Mundpropaganda" angegeben. Der Weg der Verhafteten führte nicht nur ins KL, sondern oft auch vor die Gerichte. Die Einweisung ins Konzentrationslager erfolgte im allgemeinen aufgrund der Angaben lokaler Gestapo-Dienststellen durch das Schutzhaftreferat IV C 2 des Reichssicherheits-Hauptamtes. Die Lager dienten zunächst vor allem zur Durchführung einer Vorbeugungshaft und Sicherungsverwahrung, und zwar nicht nur für den politischen Bereich, sondern für alle Gebiete, auf denen der **1938** Bürger straffällig werden konnte. 1938 kamen „Arbeitsscheue" hinzu und nach der Kristallnacht (9. / 10. November 1938) wurden zahlreiche Juden eingewiesen. Die durch farbige Stoffdreiecke gekennzeichneten Häftlingskategorien lebten in den einzelnen Abteilungen gemeinsam. Die Einweisungsgründe vermehrten sich während des Krieges und wurden schließlich zur reinen Formsache. Seit 1940 wurde im allgemeinen durch Fernschreiber-Anordnung des Schutzhaftreferats IV C 2 im RSHA die Schutzhaft verhängt, und zwar auf Antrag der zuständigen Gestapo-Dienststelle; daraus ergab sich dann ein „Schnell- und Routineverfahren". Der Chef der Sicherheitspolizei und des SD **24. Oktober** bestimmte am 24. Oktober 1939, daß es während des Krieges in der Regel – **1939** besonders bei politischen Häftlingen – keine Entlassung geben solle. Das wurde jedoch nicht strikt durchgeführt. Die Verlängerung der Schutzhaft erfolgte automatisch, wenn keine besonderen Anlässe zu einer Entlassung **1943** vorlagen. Seit 1943 konnten die „Staatspolizei-Leitstellen" und Kommandeure der Sicherheitspolizei in den meisten Fällen in eigener Zuständigkeit die Einweisung vornehmen.

Naturgemäß stellte jeder Häftling einen Sonderfall dar. Es haben sich Unterlagen über viele bremische Häftlinge erhalten. Darunter sind „Arbeitsscheue", Bibelforscher, Homosexuelle, Gewohnheitsverbrecher und politisch Oppositionelle. Einige waren nur kurze Zeit im Lager, andere bis zum Ende des Krieges, viele starben in den Lagern. Die Urnen mit der Asche der Verstorbenen wurden auf Wunsch der Angehörigen gegen eine Kostenerstattung übersandt. Auf den Sterbeurkunden ist in der Regel irgendeine Krankheit angegeben.

Man mag nun die Rechtsgrundlage einer Sicherungsverwahrung und vielleicht auch in einzelnen Fällen einer Vorbeugehaft anerkennen, keinen Zweifel gibt es am Mißbrauch der „Schutzhaft" in der NS-Zeit und daran, daß die Konzentrationslager durch nichts zu rechtfertigen sind, sondern ein gigantisches Verbrechen darstellen, an dem viele Hände und Köpfe beteiligt waren.

Für die Bevölkerung waren die Konzentrationslager zwar rätselhafte Einrichtungen, über die man nichts Genaues wußte; doch vermutete man allgemein, daß es den Insassen sehr schlecht ergehe und daß es für die meisten keine Rückkehr in die Freiheit gebe. Nach dem Kriege haben selbst hohe NS-Parteiführer immer wieder behauptet, sie hätten von der Existenz der Lager nichts gewußt. Das sind unglaubwürdige Schutzbehauptungen, denn die Lager spielten in der NS-Propaganda als Drohung eine bedeutende Rolle. Der Leiter der SD-Nebenstelle in Bremen hatte Recht, wenn er sagte: „Das KZ wurde in der Bevölkerung allgemein als Terrormaßnahme angesehen."

Vor dem Kriegsausbruch mit Rußland ordnete der Bremer Gestapo-Chef Dr. **Juni 1941** Herbert Zimmermann an, daß eine Liste von Kommunisten zusammengestellt werde, die im „Sonderfall" verhaftet werden sollten.

Seit 1942 gab es im Gebiet Bremen einige Außenkommandos des Konzentra- **1942** tionslagers Neuengamme (bei Hamburg), das im Juni 1940 eingerichtet worden und vor allem mit Häftlingen aus Holland, Belgien, Frankreich und Norwegen besetzt war. Das Internationale Rote Kreuz schätzte, daß Anfang April 1945 im Gesamtlager 13 500 Gefangene lebten, daß aber außerdem noch 10 300 weibliche und 2500 männliche Häftlinge in Außenkommandos hinzukamen. Im Oktober 1942 wurde vorgesehen, Häftlinge der II. SS-Baubrigade, die zum **Okt. 1942** KZ Neuengamme gehörten, in Bremen einzusetzen. In Bremen und Wilhelmshaven sollten zusammen 1000 Schutzhäftlinge (700 für Bremen und 300 für Wilhelmshaven) Aufräumungsarbeiten durchführen und beim Bunkerbau eingesetzt werden. Sie durften auf der Baustelle nicht zusammen mit anderen Arbeitern eingesetzt werden, der Arbeitsplatz war abzusperren. Die Arbeitszeit betrug 12 Stunden. Als Unterkunft war ein Barackenlager an der Warturmer Heerstraße (Francke-Werke) vorgesehen. Ende 1942 war die Zahl der KZ-Häftlinge in Bremen auf 1000 angestiegen. Im Februar 1943 wurden 455 von **Febr. 1943** ihnen zu Befestigungsarbeiten an der Kanalküste abgezogen. Es blieben etwa

500 Häftlinge in Bremen. Sie hatten schwer zu arbeiten und waren einer harten Disziplin unterworfen, bei der Mißhandlungen eine große Rolle spielten. Eins der Außenlager befand sich eine Zeitlang neben dem Arbeitserziehungs- und Marinelager bei Farge; seine Insassen – vorübergehend sollen es 1500 gewesen sein – waren bei den Arbeiten am U-Bootbunker „Valentin" und an den Marine-Ölbunkern in der Schwaneweder Heide eingesetzt. Die Unterkünfte befanden sich in den tief in die Erde eingelassenen unfertigen Öltanks sowie in den darüber aufgebauten Holzbaracken. Die anderen Außenkommandos waren kleiner; in Vegesack waren 500 weibliche Häftlinge in der Munitionsherstellung beschäftigt. Drei weitere Außenkommandos in Blumenthal (Wollkämmerei), Gröpelingen (Schützenhof) und Riespott mit zusammen etwa 2500 Häftlingen waren in der U-Bootproduktion und beim Bau des U-Bootbunkers „Hornisse" auf der AG „Weser" eingesetzt. Es gab bei den Außenkommandos des KL Neuengamme zahlreiche Tote durch Unterernährung und Krankheiten, die oft das Ausmaß von Seuchen annahmen. Auch eine ganze Reihe von „Erschießungen auf der Flucht" sind nachweisbar. Bezeichnend ist auch eine öffentliche Hinrichtung, die etwas genauer überliefert ist. Ein Häftling hatte aus einem Gummitransportriemen ein Stück herausgeschnitten, um damit seine Schuhe zu besohlen. Die KL-Häftlinge unterstanden der Polizeigerichtsbarkeit des Reichssicherheitshauptamtes; das Urteil lautete auf Tod durch Erhängen, offenbar wegen Sabotage. Auf dem Lagerplatz wurde der auf einem Tisch stehende Häftling vor versammelter Mannschaft am Galgen aufgeknüpft und dann der Tisch umgestoßen.

Über die Zahl der Toten in den Außenlagern des KL Neuengamme sind wir nur mangelhaft unterrichtet. Eine Auszählung von Standesamtsregistern ergab 1942/1945 für das Außenlager bei Neuenkirchen 112 und für das Außenlager Blumenthal 35 Tote. Für die anderen Außenlager fehlen die Zahlen.

15. April 1944 Am 15. April 1944 wurde die II. SS-Baubrigade ganz abgezogen; am 2. August 1944 kamen dann aber wieder KZ-Häftlinge aus Neuengamme nach Bremen. Es handelte sich um 500, später 800 Frauen, die beim Behelfswohnungsbau und bei Aufräumungsarbeiten eingesetzt wurden und im Lager „Hindenburg-Kaserne" in der Huckelriede untergebracht waren. Sie wurden in Betonwerken in Mahndorf und Sebaldsbrück beschäftigt. Ein Teil der Häftlinge war

26. Sept. 1944 krank und zu schwerer Arbeit unfähig. Das Lager wurde am 26. September 1944 zerstört, die Insassen mußten nun im Lager Obernheide bei Brinkum einquartiert werden, so daß der Transport zur Arbeitsstelle schwierig war. 200 Häftlinge konnten dann aber eine Barackenunterkunft beim Betonwerk Rodieck in Uphusen beziehen, während die anderen in Obernheide blieben.

20. Juli 1944 Der 20. Juli 1944 löste wiederum eine Verhaftungswelle aus, die auch viele

414

Häftlinge beim Aufräumen in der Obernstraße am 20. Dezember 1944

Menschen erfaßte, die mit dem Attentat selbst nichts zu tun hatten. Sie bezog sich in Bremen offenbar auf zwei Komplexe: Einmal war es die Sippenhaft, die hier angeblich etwa 100 Personen traf; darunter waren die Frau und die älteste Tochter des Stalingradgenerals Walter von Seidlitz-Kurzbach. Sie blieben etwa drei Monate im Bremer Polizeigefängnis, eine Überführung ins KL unterblieb. Zum anderen handelte es sich um die Verhaftung zahlreicher Personen der Linksopposition bis 1933, die listenmäßig erfaßt waren, u. a. Bürgerschafts-mitglieder, Senatoren, Reichstagsabgeordnete, Partei- und Gewerkschaftssekretäre. Diese „Aktion Gewitter" wurde im ganzen Reichsgebiet gleichzeitig (am 22. August 1944) ausgelöst. In Bremen wurden etwa 50 Personen erfaßt. Auch der spätere Bürgermeister Wilhelm Kaisen war darunter; er wurde am 28. August bei der Erntearbeit festgenommen und in die Gestapo-Dienststelle überführt. Schon am Abend des gleichen Tages wurde er wieder entlassen. Er verdankte das drei Gründen: Die Gestapo wußte, daß er zurückgezogen auf seiner Siedlerstelle in Borgfeld lebte und alle Kontakte zu seinen ehemaligen Genossen abgebrochen hatte, daß er für die Erntearbeit dringend benötigt wurde (ein Gestapobeamter hatte sich das vom Ortsbauernführer bestätigen lassen) und daß man sicher war, daß er nicht fliehen werde. Andere Verhaftete, die keine solchen Gründe aufzuweisen hatten, wie Emil Theil, Josef Böhm und Oskar Eichentopf, wurden in das der Bremer Gestapo unterstehende Lager Farge gebracht. Sie wurden dort nach und nach entlassen, wenn gegen sie außer ihrer früheren Zugehörigkeit zu Organisationen der Linken nichts Belastendes vorlag. Für den Rest sollte die Gestapo-Dienststelle Einweisungsanträge für das KL einreichen. Offenbar hat sich dann jedoch alles verzögert, und es erfolgten noch weitere Entlassungen.

Wie viele Bremer aus politischen Gründen im Konzentrationslager waren und wie viele dort starben, wird sich kaum genau ermitteln lassen. Wahrscheinlich auf Ermittlungen der VVN beruht die Angabe, daß aus Bremen, Vegesack und Bremerhaven aus politischen, religiösen und rassischen Gründen 965 Menschen den Tod fanden (nicht nur in Konzentrationslagern). Es wird jedoch betont, die Zahl sei unvollständig; sehr viel höher aber war sie wahrscheinlich nicht. Soviel steht jedenfalls fest: die Juden brachten den größten Blutzoll: sie hatten alleine 915 Todesopfer zu beklagen. Ein ähnlicher Schluß ergibt sich aus anderen Zahlen: Eine im Bereich der KL-Betreuungsstelle Vegesack (von Farge bis Gramke) 1947 durchgeführte Erhebung ergab, daß von 62 Personen, die aus politischen, rassischen und religiösen Gründen im Konzentrationslager, Zuchthaus, Gefängnis usw. umkamen, 42 Juden waren.

Die Zahl der KL- und sonstigen Lagerhäftlingen aus Bremen geht sicher in die Tausende. Sehr hoch war auch die Zahl der Untersuchungshäftlinge, die aufgrund irgendeines politischen Delikts – besonders in der Kriegszeit – verhaftet worden waren. Mit welchen Größenordnungen am Schluß des Krieges gerechnet werden muß, mag man daraus ersehen, daß der neue Leiter der Gestapo im Jan. 1945 Januar 1945 etwa 200 Häftlinge dem Referat IV C 2 des RSHA zur Entlassung vorschlagen konnte. Darunter waren viele Insassen des Arbeitserziehungslagers Farge. Wie viele Bremer aber am Kriegsende aus politischen Gründen in auswärtigen KL und anderen Straflagern saßen, ist unbekannt. Man wird wiederum mit einigen hundert rechnen müssen.

416

Enge Beziehungen zur Bremer Gestapo hatte das „Arbeitserziehungslager"
(AEL) in Farge – ein Lagertyp, der nach einem Erlaß Himmlers vom 28. Mai   28. Mai 1941
1941 entstand. Für die Einrichtung waren die Inspekteure bzw. Befehlshaber
der Sicherheitspolizei und des SD zuständig. Die Lager sollten den Charakter
eines „Polizeigewahrsams" haben und der Aufsicht der Gestapo unterstehen.
Der Erlaß von 1941 sah eine Höchstzeit der „Erziehung" von acht Wochen bei
„strenger Arbeit" bis zu 12 Stunden täglich vor. Der Lohn wurde auf täglich
50 Pfennige festgesetzt, davon sollten wöchentlich 2 RM in der Kantine ausgegeben werden; der Rest wurde „gutgeschrieben" und bei der Entlassung ausgezahlt. Es handelte sich also um eine Institution, die dem KL sehr ähnlich war,
nur daß die Haftzeit beschränkt blieb.
Zunächst erstreckte sich die Zuständigkeit nur auf Fälle von „Arbeitsbummelei". Aber sehr bald dienten diese Lager den Gestapostellen auch als Verwah-
rungsort für manche Häftlinge, über deren Schicksal das Reichssicherheits-
Hauptamt noch nicht endgültig entschieden hatte. Sicher kamen diese Lager
einem Bedürfnis der NS-Machthaber entgegen, vor allem um die ausländischen Arbeiter zu maximaler Arbeitsleistung zu zwingen.
Die Fremdarbeiter hatten unter mehr oder weniger starkem Druck einen Arbeitsvertrag unterzeichnet, und so wurde denn „Arbeitsbummelei" zunächst
vielfach als Vertragsbruch gerichtlich verfolgt; die Strafen betrugen mindestens
drei Monate Gefängnis. Oft genug wurde darin aber gar keine Strafe gesehen,
weil das Leben in den Gefängnissen angenehmer war als das in den Lagern der
ausländischen Arbeiter. Auch wurden die Gerichte durch die Vielzahl der wegen Arbeitsvertragsbruchs in Gang gesetzten Verfahren überfordert; die Angeklagten saßen daher lange im Untersuchungsgefängnis und wurden dadurch
dem Arbeitsprozeß entzogen, zudem erfolgte die Bestrafung oft erst Monate
nach der „Tat". So trat denn seit 1941 die Gestapo an die Stelle der Gerichte; sie
übernahm die Aufklärung des Falles und die „Erziehung" der „Bummelanten"
zu disziplinierter Arbeit.
Der Arbeitszwang war zweifellos eine der wichtigsten Grundlagen totaler
Kriegsführung, und so wurde ihm mit allen Mitteln Nachdruck verliehen: mit
Appellen an die vaterländische Gesinnung, mit „Anpfiffen" des Betriebsführers oder des Betriebsobmannes der DAF, mit der Androhung einer Einberufung zur Wehrmacht (Aufhebung der Uk-Stellung), einer Meldung an die Gestapo usw. Die „Arbeitsbummelei" hatte aber besonders in den Städten oft
Gründe, die in den Kriegsverhältnissen und nicht in der „Faulheit" der Arbeiter lagen: Bombenschaden, schlaflose Nächte durch Fliegeralarm, mangelnde
Versorgung mit allem Lebensnotwendigen und der Zwang zu bestimmten ver-
abscheuten, wenn auch vielleicht kriegsnotwendigen Arbeiten minderten die

Arbeitskraft und -lust. Der Leiter des Gau-Arbeitsamtes berichtete: „Wir bekamen von den Arbeitgebern Beschwerden über Beschwerden. Wir hatten z. B. viele, die bis zu 24mal vorbestraft waren und nicht arbeiten wollten. Sie wurden verwarnt, von uns mehrfach verwarnt, dann mit Geldbußen belegt; und es gab welche, die zeigten mit dem Zeigefinger zur Stirn, wenn die aus einer Verhandlung kamen ... Auf der andern Seite stand die Anweisung, keine Arbeitslosen zu melden."

So war denn die Arbeitsbummelei oder -niederlegung häufiger als jedes andere Vergehen Anlaß zu Verhaftungen: Im Oktober 1941 waren in Deutschland 7729 Personen wegen „Arbeitsniederlegung" verhaftet. Die Gesamtzahl der aus „staatspolitischen Gründen" Verhafteten betrug 10776 Personen. Die Zahl nahm dann immer mehr zu. Die überwiegende Mehrzahl der Verhafteten waren Fremdarbeiter. In Bremen wurden der Gestapo monatlich 120 bis 150 Fälle von Arbeitsbummelei gemeldet. Allein aus einer mittleren Firma mit wenigen hundert Betriebsangehörigen wurden im Verlauf des Krieges 11 Arbeiter wegen dieses Deliktes ins AEL eingewiesen. Im ganzen waren es in Bremen einige tausend. Die Einweisung erfolgte durch die Bremer Gestapo nach einer Meldung durch die Betriebsführer, die Obleute der DAF und die Arbeitsämter. Die Bestrafung wurde durch Anschlag am schwarzen Brett den Belegschaften der Betriebe bekanntgegeben.

1940 Ein Lager wurde bereits 1940 unter dem Namen „Lager Tesch" auf dem Wifo-Gelände bei Farge von der Gestapo Bremen eingerichtet. Zunächst war es noch sehr klein und enthielt etwa 30 Häftlinge. Durch den Himmler-Erlaß vom 28. Mai 1941 über die Verfolgung von Arbeitsbummelei durch die Gestapostellen war die Grundlage für eine neue Entwicklung gegeben. Im Juli 1941 äu-
Juli 1941 ßerte der Regierende Bürgermeister in Bremen Kritik an der Arbeitsleistung von Ausländern. Der Bericht ging auch an das Arbeitsamt, das die Gestapo bat, ein Zwangsarbeitslager einzurichten. Es erfolgten sogleich die ersten Einweisungen. Die bremischen Behörden erklärten sich mit dem Verfahren einverstanden. Die Unterbringung erfolgte im Herbst 1941 im Marinelager Neuenkirchen in vier Baracken, in denen auch einige „freie" Arbeiter einquartiert waren. Die Insassen arbeiteten vor allem an den Ölbunkern der Kriegsmarine. Die Zahl der Häftlinge betrug jetzt etwa 100. Als der Bau des U-Bootbunkers
1942 „Valentin" 1942 begonnen wurde, mußte das AEL die Marinebaracken räumen und bezog nun im Herbst 1943 einen Barackenkomplex in 500 m Entfernung. Die Zahl der Häftlinge war nun auf 200 angestiegen. Als 1944 auch politische Gefangene und Halbjuden in dieses Lager eingewiesen wurden, stieg die Belegschaft zeitweilig auf etwa 500. Das Lager bestand 1944/45 aus zwei hölzernen Wohnbaracken und einer steinernen Wirtschaftsbaracke.

Nach dem 20. Juli 1944 diente das AEL Farge auch als Auffang- und Durchgangslager der Bremer Gestapo, so für „Rotspanier" und arbeitsunwillige Iren, für „Meckerer" und für die im August verhafteten Politiker der Opposition vor 1933, sowie schließlich für die „jüdischen Mischlinge 1. Grades" („IMI-s"). Angeblich wurde dieser gemischte Personenkreis nur deshalb in Farge untergebracht, weil das Polizeigefängnis in Bremen ausgebombt war.

Die Halbjuden galten – ebenso wie Personen, denen die bürgerlichen Ehrenrecht aberkannt worden waren – als „wehrunwürdig". Um daraus im Kriege keinen Vorteil werden zu lassen, wurde der größte Teil von ihnen zur Organisation Todt (OT) eingezogen. Anfangs (im Frühjahr 1944) führte der Weg im allgemeinen von Bremen aus direkt in die OT-Lager an der Kanalküste, dann aber erfolgte im Oktober 1944 die Zusammenführung einer größeren Gruppe Okt. 1944 von IMI-s im AEL Farge. Einige von ihnen wurden noch im gleichen Monat in OT-Lager überwiesen, andere gingen diesen Weg erst im November, mußten also einige Wochen in AEL zubringen.

Es waren etwa 230 Bremer Halbjuden, die Anfang Oktober 1944 durch die „Sonderaktion J" erfaßt wurden, darunter Knaben von 16 ebenso wie alte Männer von 60 Jahren. Sie wurden ins Gestapo-Gebäude am Wall bestellt und dann mit dem fahrplanmäßigen Zug nach Farge gebracht. Hier schuf die Überfüllung katastrophale Zustände; „Politische" und Halbjuden wurden gegenüber den „Arbeitsbummelanten", insbesondere auch gegenüber Russen und Polen, noch bevorzugt behandelt. Es war ein merkwürdiges Gemisch, das in den „Prominentenstuben" zusammenkam. Der spätere Senator Nolting-Hauff zählte seine Stubengenossen auf: Zwei Halbjuden, ein SPD-Landtagsabgeordneter, ein Bürgerschaftsmitglied der gleichen Partei, ein „bewußter Christ", ein ehemaliger SA-Brigadeführer mit jüdischem Großvater, drei „Meckerer" und ein „Querulant".

Im Bereich der Gestapo Bremen gab es AEL in Farge, Oldenburg, Wilhelmshaven, Emden und Osnabrück.

Die Lebensverhältnisse der Häftlinge waren nicht nur primitiv, sondern auch gekennzeichnet durch brutale Behandlung, Schikane und Hunger. Die Gefangenen trugen blau-weiß gestreifte Drillichanzüge, teilweise aber auch irgendwelche zerlumpte Kleidung, die Köpfe waren kahlgeschoren, Wecken war zwischen 4 und 5 Uhr mit Trillerpfeife und Gebrüll des Wachpersonals. Dann wurden die Häftlinge nach Waschen und kargem Frühstück in Gruppen zu den Arbeitsstellen geführt. Viele Bremer erinnern sich noch mit Grauen und Mitleid an diese Elendskolonnen. Arbeitszeit war von 6 oder 7 Uhr morgens bis 17 oder 18 Uhr abends, also 10 bis 12 Stunden. Die technischen Anweisungen wurden auf der Arbeitsstelle von Beauftragten des Betriebes, etwa von Meistern oder Gesellen, gegeben. Die Arbeitsdisziplin wurde jedoch von Personen überwacht, die von der Gestapo eingesetzt wurden. Darunter waren Kapos aus Zuchthäuslerkreisen wie auch Ausländer, die sich zur SS gemeldet hatten. Vor allem wird über die Brutalität holländischer „Mussert-Leute" berichtet. Schläge mit Stahltrossen, Fußtritte und Gebrüll waren an der Tagesordnung. Auch Mißhandlungen, die zum Tode führten, und willkürliche „Erschießungen auf der Flucht" sind überliefert.

Trotz der schweren Arbeit war die Ernährung ganz unzulänglich: Morgens gab es im Lager eine Kohlrabisuppe und eine Schnitte Brot, mittags erhielten die Häftlinge zwei Scheiben Brot mit etwas Margarine und einen Becher Kaffee-Ersatz, abends wurde dann im Lager Kohlrabigemüse ausgegeben. Nur sonntags gab es etwas andere Kost, und auch die Gemüsesorte wechselte gelegentlich. Fleisch gab es nur in sehr geringen Mengen. Zweifellos war das Essen sehr knapp und wenig gehaltvoll – eine Hungerration, die unter der Zuteilung für freie „Normalverbraucher" lag. Das bewirkte, daß „die Häftlinge ... die unglaublichsten Dinge in sich hineinschlangen". Das Mißverhältnis zwischen schlechter Ernährung, Kleidung und Unterkunft einerseits und übermäßiger Arbeitsbeanspruchung andererseits blieb eine ständige Klage des durchaus menschlich denkenden Lagerarztes. Von 1942 bis 1944 haben sich einige seiner Berichte erhalten: Schon 1942 gab es Seuchen mit mehreren Todesfällen. 1943 wurden schwer Kranke ins Krankenhaus eingewiesen, andere aber im Lager behandelt. Der Gesundheitszustand war zeitweilig so schlecht, daß ein Achtel der Insassen bettlägerig war. Die schweren Außenarbeiten bedeuteten für viele angesichts der schlechten Ernährung eine Qual. Die Holzschuhe verursachten Eiterungen und Blutvergiftungen. Es gab auch Fälle von Selbstverstümmelung sowie „Erschießungen auf der Flucht", ein Insasse wurde in einem Wasserloch ertränkt. Epidemien hatten katastrophale Folgen: Es gab viele Todesfälle durch Fleckfieber und Ruhr. Über deren Zahl liefen Gerüchte um, es war von 1000 Toten im Lagerkomplex Farge die Rede, die dann zu eingehenden Untersuchungen der Staatsanwaltschaft beim Landgericht führten. Die Zahl dürfte einigermaßen zutreffen. Die Eintragungen ins Sterberegister der Standesämter Neuenkirchen und Blumenthal vom 8. März 1942 bis Anfang 1945 wurden überprüft: Im Arbeitserziehungslager (mit Lager Tesch) waren es 148 Tote.

Zum Lagerleben gehörten neben Schikane und Gewalttat aller Art auch Korruption und Schwarzhandel. Lebensmittel verdarben durch unsachgemäße Lagerung und wurden auch unterschlagen. Eine Portion Kohlrabi hatte einen Kurs von 20 Mark, eine Scheibe Brot kostete zwischen 50 und 100 RM. Es blieb ein Geheimnis, woher die Gefangenen überhaupt das Geld hatten. Die Aufenthaltszeit betrug drei bis acht Wochen; gegen Kriegsende blieben jedoch einige Russen und Polen bis zu 10 Wochen. Die Entlassenen wurden von Gestapo-Beamten mit brutalen Drohungen noch einmal verwarnt. Es gab auch Überweisungen in die großen Konzentrationslager.

In den letzten Kriegswochen kam es im AEL Farge noch zu dramatischen Vorkommnissen. Seit dem Herbst 1944 war der SS-Unterstumführer Schauwacker Lagerführer. Er machte zunächst auf alle einen verhältnismäßig menschlichen Eindruck; dann aber erfolgten in der ersten Hälfte des Februar zehn „Erschießungen auf der Flucht", während es vorher zwei bis drei im Jahr gewesen waren; auch gab es andere rätselhafte Todesursachen. Der Leiter der Bremer Gestapo erhielt vom Befehlshaber der Sicherheitspolizei und des SD Vollmachten für ein Eingreifen im Lager. Dort ließ er sich durch den etwas verängstigten Lagerarzt informieren und besichtigte das Lager. Er fand es in einem schmutzigen Zustand, die Hälfte der Häftlinge war nicht arbeitsfähig. Die „Erschießungen auf der Flucht" wurden untersucht, und es ergab sich, daß es sich in „12 bis 16 Fällen" um den Tatbestand des Mordens handelte. Lagerführer Schauwacker und zwei Wachleute wurden als Täter verhaftet und nach Hamburg gebracht. Sie wurden aber sehr bald freigelassen, so daß die Strafverfolgung abgebrochen wurde. Schauwacker wurde nach Kriegsende von ausländischen Arbeitern erschlagen; andere Gestapo-Beamte und vor allem auch Angehörige des Lagerpersonals, insgesamt 22 Personen, mußten sich 1947 in einem Prozeß in Hamburg verantworten und einige von ihnen wurden wegen ihrer Taten im AEL Farge zu hohen Strafen verurteilt. Ein weiterer Prozeß gegen 13 Angeklagte fand 1948 im Bremer Landgericht statt. Auch hier wurden wegen Totschlag und Mißhandlung hohe Gefängnisstrafen verhängt.

Vor allem durch die Lager bei den militärischen Großbaustellen im Raum Farge wird deutlich, wie vielseitig das Lagersystem während des Krieges war. Von Außenlagern des KL Neuengamme und vom Arbeitserziehungslager war bereits die Rede. Es gab dort aber auch noch Arbeiterwohnlager bei der Wifo (Wissenschaftliche Forschungsanstalt, Bau von Ölbunkern), ein Marine-Gemeinschaftslager (dieses allein mit einer Belegschaft von 7000 Mann!), ein russisches Kriegsgefangenenlager und Fremdarbeiterlager verschiedener Rüstungsfirmen. Die Zahl der Lagerinsassen ist schwer abzuschätzen und war schwankend. Für Ende 1943 kann man von 10 000 „freien" Arbeitern (deutschen und Fremdarbeitern), 3000 KL-Häftlingen, 300 AEL-Insassen und 1000 kriegsgefangenen Russen ausgehen.

Die Zahl der Todesfälle, die hier vorkamen, wurde auf 1000 geschätzt; eine genaue Überprüfung ist nicht möglich. Bei Auszählung der Standesamtslisten ergaben sich für das Außenlager des KL Neuengamme bei Neuenkirchen 112, für das in Blumenthal 35, im Marinelager 47, im Fremdarbeiterlager Bahrs

Plate 22, im AEL 148 Tote. Das waren 362 Todesfälle. Für das AEL und in den Außenlagern des KL Neuengamme sind 17 Erschießungen auf der Flucht überliefert. Man nahm an, daß die Zahl der Toten etwas höher sei, da einige Kranke nach Bremen transportiert wurden und dort starben und da die Anmeldungen der letzten Kriegswochen fehlen. Vor allem dürften die Evakuierungsversuche in den letzten Kriegswochen erhebliche Verluste gebracht haben. Groß war die Zahl der Seuchenopfer; doch vereinzelt wird auch Gewaltanwendung als Todesursache vermerkt (Schädelzertrümmerung usw.);

Todesbescheinigung.

Jahr 194 4   Nr. des Sterberegisters ....

Eingetragen beim Standesamt Nr. ...11..

1. Vor- und Zuname: (Bei Kindern ohne Namen, Name des Vaters, ev. bei unehelichen Name der Mutter.)	Walter G
2. Datum der Geburt: (Bei totgeborenen Kindern das Alter der Frucht.)	Jahr 1902 Monat 5. Tag 24.
3. Geschlecht:	männlich
4. Stand, Geschäft:	
5. Wohnung, Strasse, Nr. (eventl. Angabe des Stockwerkes, Hofes od. Kellers)	Köln
6. Ort des Todes:	KL. Neuengamme Arbeitslager Bremen-Farge
7. Tag u. Stunde d. Todes:	4.1.44 11 1/2 Uhr
8. Krankheit:	Auf der Flucht erschossen

Feuerbestattung unbedenklich

Daß ich Obengenannte seit .... ärztlich behandelt, die Leiche gesehen und untersucht und an ihr Zeichen der eingetretenen Verwesung und keine Spur einer unnatürlichen Veranlassung des Todes gefunden habe, bescheinige ich.

Farge ...., den 4. Jan. 194

KL/36/4.43 500.000

dabei wird es sich durchweg um Opfer von Luftangriffen gehandelt haben. Im allgemeinen wurde eine „natürliche Todesursache" bescheinigt, die freilich in fast allen Fällen bedingt war durch die katastrophalen Lebensverhältnisse im Lager. Obwohl die Staatsanwaltschaft die Zahl von 1000 Toten im Lagerkomplex für viel zu hoch annahm, dürfte sie doch wohl einigermaßen zutreffen. Konkrete Zahlen ergaben sich auch durch Exhumierungen. Nach dem Kriege wurden aus Massengräbern 783 Leichen dazu Leichenteile von einer unbestimmten Anzahl Toten auf den Friedhof Osterholz überführt. Auch hierbei war der Anteil der Luftkriegsopfer wahrscheinlich sehr groß.

Das Sondergericht in Bremen

Es war davon auszugehen, daß die Kriegsverhältnisse manche Verbrechensformen begünstigen würden. Zunächst war es die Verdunkelung, die ausgenutzt wurde. Trotz sehr scharfer Strafen für Verbrechen, die unter Ausnutzung der Verdunkelung begangen wurden, war die Zahl der Raubüberfälle ziemlich hoch. Vom 6. November bis 7. Dezember 1939 zählte man in Bremen 20. Zwei wurden aufgeklärt und vom Sondergericht in Hamburg abgeurteilt.

Mit Kriegsausbruch wuchs auch die Zahl der Verfahren vor dem Sondergericht lawinenartig an. Die Liste der Abgaben von Bremen an die Anklagebehörde beim Sondergericht in Hamburg von September bis November 1939 hat sich erhalten. Es handelte sich um 30 Fälle, von denen sich die meisten auf „Heimtücke" bezogen; alle anderen Delikte traten stark zurück: Beamten- und Soldatenbeleidigung, Abhören ausländischer Sender, Vergehen gegen das Treibstoffgesetz, Bestechung, Wehrmittelbeschädigung, Sittlichkeitsverbrechen unter Ausnutzung der Verdunkelung usw. Seit dem 25. November 1939 war 25. Nov. 1939 das Sondergericht zuständig für Wehrmittelbeschädigung, Störung eines wichtigen Betriebes, Teilnahme an einer wehrfeindlichen Verbindung, verbotenen Umgang mit Kriegsgefangenen, „Rundfunkverbrechen", Straßenraub, Kriegswirtschafts-, Volksschädlings- und Gewaltverbrechen.

Sieht man sich die erhaltenen Akten der politischen Prozesse der ersten Kriegszeit an, so vermißt man noch die spätere brutale Schärfe. 1940 wurde ein ehemaliger Kommunist, der im September 1939 ausländische Nachrichten abgehört und einen baldigen Sturz der Regierung prophezeit und sich zudem über die schlechte Versorgungslage beschwert hatte, von der Anklage wegen Vorbereitung zum Hochverrat freigesprochen, weil das Gericht sogar Verständnis für seinen persönlichen Mißmut aufbrachte. Ein anderer, der mehrmals vorbestraft und in den „Arbeitsstätten" am Buntentorsteinweg untergebracht war, hatte 1939/40 die deutschen Nachrichten als Schwindel bezeichnet, sich über die schlechte Versorgungslage beklagt, einen baldigen Umsturz vorhergesagt und sich sehr abfällig über Bürgermeister Böhmcker geäußert. Er erhielt wegen „Heimtücke" „nur" sechs Monate Gefängnis. Das Strafmaß für derartige Delikte sollte sich sehr bald verschärfen.

Vom Präsidenten des Oberlandesgerichts wurde schon Anfang 1940 bemängelt, daß vor allem die Todesurteile zu lange in der Gnadeninstanz verblieben und daher bisweilen erst nach Wochen vollstreckt werden konnten. Bemängelt wurde auch, daß in den Konzentrationslagern Hinrichtungen vollzogen wurden, ohne daß die Justiz mit den Fällen befaßt worden sei. Bemerkenswert ist auch, daß sich der Präsident gegen ein Überhandnehmen von Todesurteilen wandte; diese sollten nur für besonders schwerwiegende Fälle vorbehalten bleiben. Immer wieder wurden die Scharfmacher der SS kritisiert, „die von den Aufgaben eines Richters keine Ahnung" haben. Was die Spannungen zwischen Gestapo und Justiz über den Mißbrauch der Schutzhaft anbetrifft, so vereinbarte der Präsident mit dem Höheren SS- und Polizeiführer in Hamburg, daß die KZ-Lager „von Richtern, die in der politischen Strafjustiz tätig sind, besichtigt werden". Eine Änderung des Verfahrens ergab das nicht. Mit Besorgnis wurde im Herbst die Zunahme der Verstöße gegen Dienstpflichtverordnungen und Wirtschaftsvergehen beobachtet.

Die große Zahl der Verfahren legte es nun nahe, auch in Bremen selbst ein Sondergericht einzusetzen. Der Reichsverteidigungskommissar beim X. Armeekorps in Hamburg, Gauleiter Kaufmann, war sich darüber schon im September 1939 mit dem Regierenden Bürgermeister Böhmcker einig. Der Präsident des Hanseatischen Oberlandesgerichts, Dr. Curt Rothenberger, gab die

15. März 1940 Anregung an den Reichsjustizminister weiter. Seit dem 15. März 1940 gab es dann ein Sondergerichtsbezirk Bremen, in dem der Oberstaatsanwalt beim Landgericht, Dr. Eduard Loose, die Funktion einer Anklagebehörde übernahm. Ihm arbeiteten zwei bremische Staatsanwälte zu. Den Vorsitz des Gerichts übernahm der Landgerichtspräsident Dr. Karl Rüther, der Hamburger Erfahrungen einbringen konnte und sein Amt mit aller Härte wahrnahm. Landgerichtsdirektor Dr. Emil Warneken war sein Vertreter.

In jedem Falle konnte der Volksgerichtshof oder das Oberlandesgericht den
21. Febr. 1940 Fall an sich ziehen. Am 21. Februar 1940 wurde die Gerichtsprozedur deutlich umrissen: Es gab keine Voruntersuchung; der Beschluß über eine Eröffnung des Hauptverfahrens entfiel; die Staatsanwaltschaft entschied über die Anordnung der Hauptverhandlung; die Aburteilung erfolgte nach einem abgekürzten Verfahren; gegen das Urteil gab es keine Rechtsmittel. Nur eine Wiederaufnahme des Verfahrens war möglich, wenn gute Gründe für eine Korrektur des Urteils vorlagen. Auch konnte der Oberreichsanwalt Nichtigkeitsbe-

schwerde erheben, durchweg mit dem Ziel einer Strafverschärfung. Der Reichsjustizminister forderte laufende Berichterstattung über alle Fälle, die folgende Bereiche betrafen: Kriegswirtschaftsordnung, Volksschädlingsverordnung, Verordnung gegen Gewaltverbrechen, Verordnung zum Schutz der Metallsammlung, Heimtücke und Rundfunkvergehen.

Um den Gesamtumfang der Tätigkeit des Bremer Sondergerichts zu umreißen, mögen einige Zahlen genannt werden. Das Gericht bestand von April 1940 bis April 1945, also genau 5 Jahre. Es sprach in 562 Fällen ein Urteil gegen 918 Personen. Darunter waren 49 Todesurteile, von denen 42 vollstreckt wurden. Vier Todeskandidaten wurden begnadigt, drei verdankten ihre Rettung dem Kriegsende. „Schwere" politische Fälle wurden in Bremen nicht verhandelt.

1940 bis 1942 vermehrte sich die Arbeit des Sondergerichts, weil immer mehr Fälle von der ordentlichen Gerichtsbarkeit übernommen wurden; dann nahm die Zahl der Fälle bis 1945 geringfügig ab. Der Anteil der „kleineren" politischen Straftaten, zu denen man Heimtücke und Rundfunkverbrechen zählen muß, betrug noch 1940 mehr als die Hälfte, nahm dann aber ab und sank 1944 auf 10 % (die absolute Höhe brachte das Jahr 1942). Unter den unpolitischen Straftaten standen Volksschädlingsverbrechen – also Eigentumsdelikte, die Kriegsverhältnisse ausgenutzt hatten – an der Spitze, gefolgt von Kriegswirtschaftsverbrechen. Die meisten Todesurteile fielen gegen „Volksschädlinge" – durchweg Diebe und Plünderer – und „gefährliche Gewohnheitsverbrecher", also Wiederholungstäter und Gewaltverbrecher. Die große Welle der Todesurteile begann erst 1942, die jährliche Zahl stieg bis 1944 an (1944 waren es 19); 1945 wurden noch zwei Todesurteile verhängt.

Die Zusammensetzung des Sondergerichts unterschied sich von der des Volksgerichtshofes, in dem die „Laien" überwogen: Der Vorsitzer, die beiden Beisitzer und der Anklagevertreter waren Juristen. Vorsitzer war der jeweilige Landgerichtspräsident, die Beisitzer waren zugleich Richter beim Landgericht. Sie sollten jedoch nach ihrer politischen Gesinnung ausgesucht werden. Alte Kämpfer gab es unter ihnen nicht, die meisten waren konservativ eingestellte „Mitläufer" der NSDAP. Sie praktizierten die Abschreckungsjustiz teils aus Überzeugung, teils aber auch wohl nur, weil die Anwendung von Gesetz und formalem Recht von ihnen verlangt wurde. Es gab kein hysterisches Gebrüll in den Verhandlungen wie etwa das Roland Freislers im Volksgerichtshof; auch wurde für eine sorgfältige Erforschung des Tatbestandes Sorge getragen.

Das Verfahren war gegenüber der ordentlichen Gerichtsbarkeit erheblich verkürzt, nahm aber im allgemeinen immer noch etwa zwei Monate in Anspruch.

Man gab sich viel Mühe, das Urteil gegen jede Kritik von oben abzusichern. Immer wieder wurden die Sondergerichte zur Beschleunigung der Verfahren ermahnt und der „standgerichtliche Charakter" betont. Vor allem nach Luft-
30. Juni 1942 angriffen erhoffte man sich eine abschreckende Wirkung: Am 30. Juni 1942 wurde angeordnet, daß sofort nach einem Luftangriff rote Plakate aufzuhängen seien mit der Aufschrift „Wer plündert, wird erschossen!". Täter waren sofort von einem Sondergericht abzuurteilen.

Ein Verfahren konnte auf verschiedene Weise ausgelöst werden: durch Denunziation, Ertappen auf frischer Tat, Haussuchung usw. Je nach Ort und Art des Delikts wurden die ersten Ermittlungen von verschiedenen Stellen geführt: vom Fahndungsdienst der Reichsbahn oder -post – etwa bei Eisenbahndiebstählen oder bei Diebstählen von Feldpostpäckchen; vom Abwehrbeauftragten eines Betriebes – etwa bei Sabotage; von der Revier- und Kriminalpolizei bei Einbrüchen usw.; von der Geheimen Staatspolizei bei allen politischen Delikten. Im allgemeinen wurden die Betroffenen gleich im Anfang in „Schutzhaft" genommen.

Das Material – Verhörprotokolle, beschlagnahmte Gegenstände usw. – wurden an die Staatsanwaltschaft übergeben und gegebenenfalls Haftbefehl erwirkt. Nun erfolgte die Überführung ins Untersuchungsgefängnis. Der Beschuldigte konnte einen Verteidiger beauftragen, oder es wurde ihm ein Pflichtverteidiger zugewiesen. Dieser wurde in seiner Tätigkeit im allgemeinen nicht behindert, doch machte die Kürze des Verfahrens gelegentlich sorgfältige Arbeit unmöglich. Zudem hatten manche Verteidiger Hemmungen, ihre Mandanten mit großer Energie zu verteidigen, weil sie mit Recht persönliche Schwierigkeiten befürchten mußten.

Die Staatsanwaltschaft übernahm die weiteren Ermittlungen: vernahm Täter und Zeugen, beauftragte gelegentlich auch Sachverständige, etwa Gerichtsmediziner, mit der Abfassung von Gutachten. Bedenklich war aber, daß bei politisch gefärbten Delikten ein Leumundszeugnis der NSDAP angefordert wurde. Die Fragen waren dieselben, die bei der Ernennung oder Beförderung eines Beamten gestellt wurden. Der nächste Schritt war dann, daß die Staatsanwaltschaft sich für eine Anklage vor dem ordentlichen oder vor dem Sondergericht entschied. Und nun folgten höchst bedenkliche Akte: Der Staatsanwalt schickte bei allen Sachen von „größerer Bedeutung" die Anklageschrift an das Reichsjustizministerium und teilte mit, welchen Strafantrag sie zu stellen gedenke. Das Ministerium äußerte sich nun zustimmend oder ablehnend. Dafür ein Beispiel: 1943 hatte ein 21jähriger seine Arbeitsstelle verlassen, war aus dem Arbeitserziehungslager entwichen und hatte dann Diebstähle, u. a. von Luftschutzgepäck, begangen. Er wurde als gefährlicher Gewohnheitsverbrecher und Volksschädling angesehen, doch der Staatsanwalt schlug wegen der Jugend des Täters „nur" eine „langjährige Zuchthausstrafe" vor. Der Reichsjustizminister meinte aber, man möge überprüfen, ob nicht die Todesstrafe angemessen sei. Die Prüfung fiel dann in diesem Sinne aus, und da der Reichsjustizminister sich vorher ebenso geäußert hatte, fiel er auch als Gnadeninstanz aus. Es folgte ein Todesurteil und am 16. Oktober 1944 auch die Hinrichtung in Hamburg.

Ebenso bedenklich war die sogenannte „Vor- und Nachschau" des Falles beim Oberlandesgerichtspräsidenten in Hamburg, die sich aus einer akuten Zwangslage der Gerichte ergab.

Die schweren Angriffe Hitlers gegen die Justiz am 26. April 1942 wirkten auf die Richter „geradezu niederschmetternd" und lösten beim Oberlandesgericht hektische Aktivitäten aus. Es kam zu einer scharfen Kontrolle der Urteile durch den Präsidenten. NSDAP, Polizei, Gestapo und SD wurden aufgefordert, ihre Kritik direkt und rechtzeitig an das Gericht heranzutragen. Eine entsprechende Abmachung traf der Präsident auch mit dem Regierenden Bürgermeister, dem Kreisleiter, Polizeipräsidenten, Leiter der Gestapo und dem Leiter des SD-Abschnitts in Bremen. Der Präsident hielt nun jede Woche eine Besprechung für die Präsidenten der Landgerichte Hamburg und Bremen sowie des Amtsgerichts Hamburg und die Sachbearbeiter des Oberlandesgerichts ab. Die Staatsanwaltschaften wurden eingeladen, daran teilzunehmen. Hier wurden die wichtigsten anstehenden Entscheidungen durchgesprochen. Auch die Vorsitzenden der Sondergerichtskammern wurden wöchentlich zu einer Aussprache befohlen.

Es muß noch darauf hingewiesen werden, daß die Sondergerichtsbarkeit auch unter dem Druck der öffentlichen Meinung und von Parteifunktionären stand. Als einmal Zuchthäusler bei Aufräumungsarbeiten Lebensmittel „organisiert" hatten, wurde für alle ein Todesurteil verlangt, und als 12 Angestellte einer Fleischwarenfabrik wegen Kriegswirtschaftsverbrechen angeklagt waren, wurde öffentlich erwartet, „daß mehrere Köpfe rollen". In allen diesen Fällen entschied sich das Sondergericht jedoch für Freiheitsstrafen. Oberlandesgerichtspräsident Rothenberger in Hamburg kritisierte Himmler wegen mancher rechtswidriger Anordnung, auch daß die SS gewisse mild urteilende Richter mit Volksschädlingen gleichstellte, daß immer wieder Schutzhäftlinge „auf der Flucht erschossen" wurden, ohne daß eine gerichtliche Überprüfung stattfinden konnte. Es wurde als Unrecht bezeichnet, wenn die im Sondergericht Freigesprochenen am Gerichtsportal von der Gestapo in Schutzhaft genommen wurden; doch war alle Kritik letzten Endes vergebens. Viele Richter, auch der Oberlandesgerichtspräsident Dr. Rothenberger in Hamburg sträubten

26. April 1942

427

sich zwar gegen willkürliche Eingriffe politischer Instanzen in die Gerichtsbarkeit; doch wollten sie keine Konfrontation riskieren, weil sie ohnehin den kürzeren gezogen und sich auch persönlich gefährdet hätten. Angesichts der Zunahme von Wirtschaftsvergehen und von Straftaten in Verbindung mit Luftangriffen hatte die Angstpsychose in der Richterschaft doch verheerende Folgen für die Höhe der verhängten Strafen, was durchaus nicht allgemein gebilligt wurde. In den Lageberichten des Präsidenten des Oberlandesgerichts kann man manche Kritik dagegen ablesen. Andererseits wurde von ihm an der Propaganda jener Zeit manches bemängelt, vor allem, daß sie die tatsächliche Lage beschönige und dadurch die Rückschläge (wie im Fall von Stalingrad) umso bedrohlicher erscheinen lasse. Kritisiert wurde auch die aufwendige Lebensführung führender Politiker. Man beobachtete u. a. „daß Kraftwagen auch in solchen Fällen benützt werden, in denen öffentliche Verkehrsmittel in ausreichendem Maße zur Verfügung stehen". Immer wieder wurde auch auf die Verwahrlosung der Jugend und auf die ständig steigende Zahl der Ehescheidungen hingewiesen. Die Zahl der Justizgefangenen betrug am 31. März 1943 im Bereich des Oberlandesgerichts Hamburg mit 10 000 fast die doppelte des Friedensbestandes. Viele von ihnen waren in Arbeitslagern untergebracht. Die allgemeine Stimmung wurde als sehr negativ beurteilt, woraus der Generalstaatsanwalt schloß, daß „die Heimtücke- und Wehrkraftzersetzungssachen in nächster Zukunft erhöhte Aufmerksamkeit" beanspruchten (so am 27. Mai 1943). Er ging auch davon aus, daß „feindliche Sender" in steigendem Maße abgehört würden und die Dunkelziffer sehr groß sei. Nach den großen Luftangriffen war dann die Verfolgung und Aburteilung der Plünderer vorrangig.

1942 zeigte sich einerseits, daß man im Reichsjustizministerium gelegentlich ein offenes Wort schätzte; denn der Präsident des Oberlandesgerichts, Dr. Curt Rothenberger, wurde im August 1942 Staatssekretär; andererseits lebten Juristen bisweilen auch gefährlich, denn der Generalstaatsanwalt Dr. Erich Drescher wurde durch die Gestapo auf offener Straße verhaftet. Ein zunehmendes Ärgernis war und blieb die Schutzhaftpraxis der Gestapo, die auch Personen traf, die gerichtlich freigesprochen wurden. Überraschend ist die Auffassung des Generalstaatsanwalts, daß „die Härte der Urteile des Strafsenats ... in weiten Kreisen nicht verstanden und nicht als notwendig anerkannt wird". Man schieße „mit Kanonen nach Spatzen"; „gelegentlich Entgleiste" solle man „auf die rechte Bahn" bringen, statt sie mit „lebens- oder existenzvernichtender Strafe zu belegen". Vorsichtshalber wurde aber betont, die Schärfe sei aus Gründen der Staatsraison natürlich geboten.
Immer noch blieben die Gerichtsverhandlungen öffentlich; oft wurden sogar

die Betriebskollegen des Angeklagten aus erzieherischen Gründen veranlaßt, sie zu besuchen. Die Sitzungen waren verhältnismäßig kurz; durchweg wurde jeder Fall in wenigen Stunden abgeschlossen. Nach der Beweisaufnahme folgten der Strafantrag des Staatsanwalts und der des Verteidigers. Dann wurde das durchweg vorher bestimmte Urteil gesprochen. Die später verfertigte schriftliche Urteilsbegründung war im allgemeinen sehr detailliert und unterschied sich in ihrer Gründlichkeit kaum von Verfahren in ordentlichen Gerichten.

Die Urteile waren oft sehr hart; sie orientierten sich am geltenden Strafrecht und am erklärten Willen der Reichsführung. Rachedurst, Sadismus und blanke Willkür beseelte die Richter nicht, wohl aber waren sie eingeschüchtert oder zumindest bereit, formaljuristischen Richtlinien der Zeit zu folgen. Vielleicht wurde dadurch verhindert, daß die Sondergerichtsbarkeit beseitigt und nicht durch eine SS-„Gerichtsbarkeit", Standgerichte usw. ersetzt wurde. Diese Entwicklung schien sich schon 1942 anzubahnen, als der Reichsjustizminister und Himmler eine Vereinbarung trafen, nach der „milde Strafurteile durch polizeiliche Sonderbehandlung" ausgeglichen werden sollten; das aber war im wesentlichen eine „Vernichtung der Strafgefangenen durch Arbeit". Angesichts dieser Entwicklung schien es dann ganz gleich, welches Urteil im Gericht gesprochen wurde; nach einer Verbüßung der Strafe, verschwanden die Freigelassenen in einem Lager.

Gegen die Urteile im Sondergericht gab es weiterhin keine Rechtsmittel, sondern nur eine Wiederaufnahme, wenn Tatbestände bekannt wurden, die ein anderes Urteil erwarten ließen. Das kam aber selten vor. Im Januar 1944 gab es ein Todesurteil, weil ein Mann bei der Räumung eines bombenzerstörten Hauses einen Klappstuhl und einen Baby-Stubenwagen mitgenommen hatte. Die Frau des Verurteilten gab dann aber zu Protokoll, sie selbst und nicht der Mann habe die Gegenstände benutzt. Als dann Mann und Frau sich durch Selbstbeschuldigung gegenseitig zu entlasten suchten, erregte das Verwirrung und Mitgefühl. Nach Wiederaufnahme des Verfahrens erhielt der Mann ein Jahr Gefängnis wegen Unterschlagung, da offenbar nur an eine vorübergehende Benutzung, nicht aber an eine dauernde Aneignung gedacht gewesen sei. So eng konnten Todesstrafe und eine kurze Gefängnisstrafe beieinander liegen – je nach Interpretation des Falles. Viele Anträge auf Wiederaufnahme des Verfahrens durch die Verteidigung wurden vom Sondergericht abgelehnt.

Eine andere Aufhebung des Urteils konnte durch Nichtigkeitsbeschwerde des Staatsanwalts mit dem Ziel der Strafverschärfung erfolgen. Auch das geschah selten, da die Urteile im allgemeinen mit der vorgesetzten Dienststelle abgestimmt waren.

Für die zum Tode Verurteilten gab es noch eine kleine Chance durch das Begnadigungsrecht, das Hitler an den Reichsjustizminister delegiert hatte. Natürlich wurde nach jedem Todesurteil ein Gnadengesuch geschrieben; diese Schriftstücke der Todgeweihten gehören mit den in Angst und Verzweiflung geäußerten Bitten und Besserungsgelöbnissen zum Erschütterndsten, was der Historiker in der Hand gehalten hat. Ein 26jähriger, der als Landstreicher und Gewohnheitsdieb verurteilt worden war, schrieb: „Ich bin noch jung und heute erst zur Vernunft gekommen. Darum melde ich mich für das allergefährlichste Kommando und bitte das hohe Gericht, mich als deutschen Menschen und nicht als Zuchthäusler sterben zu lassen. Mit deutschem Gruß!" Was muß das für eine Qual gewesen sein, die diese Selbsterniedrigung bewirkte! Von den 49 Todesurteilen zwischen 1940 und 1945 wurden nur vier durch einen Gnadenakt in eine Zuchthausstrafe umgewandelt. Es gibt Fälle, in denen Richter und Staatsanwalt in Bremen eine Begnadigung mit vielen guten Gründen befürworteten, und schließlich am Nein des Reichsjustizministers scheiterten. In einem Falle entstand darüber ein äußerst mutiger Briefwechsel, der bis unmittelbar vor der Hinrichtung anhielt. Staatsanwalt und Verteidigung fanden es unerträglich, an diesem letzten Akt in Hamburg – wie es üblich war – teilzunehmen. Sie ließen sich entschuldigen; doch verhinderte das die Hinrichtung nicht.

Die Hinrichtungen aufgrund eines Sondergerichtsurteils erschüttern uns vor allem, weil die Todgeweihten im allgemeinen keine Gewaltverbrecher waren, sondern in den Wirren der Kriegszeit zu Handlungen veranlaßt wurden, die damals als besonders schwerwiegend angesehen wurden. Der Verurteilte wurde von der Schutzpolizei gefesselt nach Hamburg überführt, wo die Vollstreckungsanordnung des Reichsjustizministers abgewartet wurde. Der Scharfrichter kam zum bestimmten Termin aus Hannover nach Hamburg, wo er nun mehrere Hinrichtungen hintereinander durchführte. Sie fanden durch Fallbeil in einem geschlossenen Raum im Untersuchungsgefängnis Hamburg-Stadt, Holstenglacis 3, statt. Nur nachdem Ende 1944 der Hinrichtungsapparat durch Bomben zerstört worden war, schickte man die Verurteilten nach Wolfenbüttel und Dreibergen bei Bützow in Mecklenburg.

Über jede Hinrichtung wurde ein Protokoll angefertigt. Im allgemeinen wurden die Hinrichtungen durch die Presse und rote Plakate bekanntgegeben, damit sie auch abschreckend wirken konnten. In einem Falle wurde die Bekanntmachung der Urteilsvollstreckung an einem Franzosen vom Reichsjustizminister untersagt. Der Vorsitzende des Sondergerichts merkte kritisch an: „Diese Anordnung ist nicht verständlich. Anerkanntermaßen ist der Hauptzweck, der mit … der Vollstreckung derartiger Urteile verfolgt werden muß,

1944

```
)er Oberstaatsanwalt                    Hamburg 36, den  9. Juni 1944.
  bei dem Landgericht                    Strafjustizgebäude, Sievekingplatz.
       Hamburg

┌─────────────────────────┐
│ Es wird gebeten, in allen Ein-
│ gaben in dieser Sache nachste-
│ hendes Aktenzeichen und ' den
│ Namen der Sache anzugeben.
└─────────────────────────┘

enzeichen:
3ond. KLs. 51/44 SfA. Bremen.


            N i e d e r s c h r i f t .
      ------------------------------------

    Geschehen in der Untersuchungshaftanstalt Hamburg- Stadt
            um 16 Uhr 21 Min.

            --------

    Zugegen waren:
            1.) als Beamter der Staatsanwaltschaft:
                Staatsanwalt (b) Dr. Sielck,
            2.) als Beamter der Geschäftsstelle der Staatsanwaltschaft:
                Justizinspektor Gerke,
            3.) als Gefängnisbeamter:
                Verwaltungsoberinspektor Flett,
            4.) der Gefängnisarzt:
                Reg. Med. Rat Prof. Dr. Callsen.

    Der Scharfrichter Friedrich Hehr, dem der schriftliche Voll-
    streckungsauftrag übergeben worden war, meldete, daß das Hin-
    richtungsgerät in Ordnung sei.
    Der am 20. 4. 44 vom Sondergericht Bremen
    zum Tode verurteilte ▓▓▓▓▓▓▓         wurde um 16 Uhr 21 Min.
    im Hinrichtungsraum vorgeführt.
    Der Vollstreckungsleiter Staatsanwalt Sielck stellte die Per-
    sonengleichheit des Vorgeführten mit dem Verurteilten fest
    und beauftragte den Scharfrichter mit der Vollstreckung des
    Urteils. Der Scharfrichter meldete nach 7 Sekunden, daß das
    Urteil vollstreckt sei.
```

die Abschreckung gleichgesinnter Elemente von ähnlichen Straftaten. Dieser Zweck kann nur erreicht werden durch die weitestmögliche Verbreitung der durchgeführten Vollstreckung gerade in den beteiligten Kreisen." Dem Kritiker wurde dann jedoch deutlich gemacht, daß das Verbot der Bekanntgabe politische Gründe habe; man fürchtete sich bereits vor Racheakten der französischen Untergrundbewegung.

Es gab sogar Kritik an der Härte mancher Urteile; so betonte die Spitze des Oberlandesgerichts in Hamburg gegenüber dem Reichsjustizminister im April 1944, daß die Härte der Strafen von der Öffentlichkeit nicht immer für not-

Bekanntmachung

Am 5. Juni 1944 ist der 54 Jahre alte

Wilhelm H

aus Nienburg hingerichtet worden, den das Sondergericht in Bremen als Volksschädling und gefährlichen Gewohnheitsverbrecher zum Tode verurteilt hat.

Harmening, der sehr oft vorbestraft ist, hat sich fortgesetzt bei Aufräumungsarbeiten aus bombengeschädigten Häusern geborgene, zum Teil wertvolle Gegenstände angeeignet.

Bremen, den 14. Juni 1944.

Der Oberstaatsanwalt als Leiter der Anklagebehörde bei dem Sondergericht.

Wendt & Kohlmann, Buchdr. 33

wendig gehalten werde. Oft könne man es bei einem Denkzettel belassen. Die Todesstrafe gegen Plünderer, die durch Gesetz zwingend vorgeschrieben sei, könne zur Ungerechtigkeit werden; denn in Wirklichkeit handle es sich bisweilen um „kleinste Bagatellsachen". Das Volk verstehe es nicht, daß derartige Kleinigkeiten mit der Todesstrafe belegt werden müßten. Die Weigerung der Richter, Todesstrafen auszusprechen, wo sie für ungerecht gehalten wurden, wäre eine mutige Tat gewesen; letzten Endes unterblieb sie aber.

Man stand im Herbst 1944 trotz allem vor der schlimmen Tatsache, daß die Zahl der Diebstähle „unheimlich" anwuchs. Die Täter waren oftmals Ausländer. Da man die Verhältnisse, die den Nährboden für die Kriminalität bildeten, in Bremen nicht ändern konnte, blieben nach Auffassung der Polizei nur scharfe Strafen, von denen man sich eine abschreckende Wirkung erhoffte. Die Polizei sollte gegen Diebe mit „rücksichtslosem Gebrauch der Schußwaffe" vorgehen und führte „schlagartig einsetzende nächtliche Razzien" durch.

Zu den „Verbrechen" mit politischem Einschlag gehörte das Abhören ausländischer Sender. Es geschah keineswegs immer aus einer Widerstandshaltung heraus, sondern aus natürlicher Neugier. Dabei stellt sich natürlich die Frage,

432

ob ein Staat in Kriegszeiten seine Bürger gegenüber feindlicher Propaganda abschirmen darf. Bejaht man es, dürfte allenfalls die Einziehung des Radioapparates und eine geringfügige Strafe zu rechtfertigen sein; Zuchthaus und Todesstrafe waren brutale Maßnahmen der Abschreckungsjustiz. Die meisten Verfahren begannen durch Denunziation und wurden mit hohen Zuchthausstrafen abgeschlossen, wobei die politische Einstellung des Angeklagten strafverschärfend oder -mildernd ins Gewicht fiel. Todesstrafen waren nur für Fälle vorgesehen, in denen die Nachrichten propagandistisch weiterverbreitet wurden. Es muß aber betont werden, daß in Einzelfällen die Zuchthausstrafe den Tod hinter Zuchthausmauern oder im Lager bedeutete.

Die Akten der Heimtücke-Fälle mußten zunächst dem Reichsjustizminister übersandt werden. Er prüfte, ob es sich tatsächlich um Heimtücke und nicht vielmehr um Vorbereitung zum Hochverrat bzw. Wehrkraftzersetzung handelte. Diese Straftaten zog zunächst der Volksgerichtshof an sich, der dann die weniger spektakulären Fälle an den politischen Strafsenat des Oberlandesgerichts abgab. Bei Heimtücke handelte es sich um Beschimpfung und Verächtlichmachung von Reich, Ländern, Verfassung, Flaggen, Wehrmacht, Partei und leitenden Persönlichkeiten. Die Verhandlung von Heimtückefällen wurde den Sondergerichten überlassen, die in der Regel Gefängnisstrafen aussprachen. Richtete sich die „Heimtücke" gegen die NSDAP, mußte auch noch der Stellvertreter des Führers, also Rudolf Heß, später der Leiter der Parteikanzlei, Martin Bormann, zustimmen, daß der Fall „nur" im Sondergericht behandelt wurde. Die Ermittlungen waren immer schwierig. Sie begannen fast in allen Fällen nach einer gehässigen Denunziation. Bei den Zeugenaussagen gab es Widersprüche, Zurückzieher und Zweifel über die Tonart der Äußerung. Immer spielte dabei die politische Grundhaltung des Angeklagten eine wesentliche Rolle. Es hieß dann, daß die fragliche Äußerung dem Angeklagten zuzutrauen sei und sein Leugnen das Gericht nicht überzeugen könne. In keinem Komplex der Sondergerichtsbarkeit waren die Freisprüche zudem so häufig wie bei der „Heimtücke".

Im Dezember 1944 meldete der Präsident des Oberlandesgerichts, daß sich die Fälle von „Wehrkraftzersetzung" verdreifacht hätten. Besonders drastisch war der letzte erhaltene Lagebericht des Generalstaatsanwalts in Hamburg vom 30. Januar 1945. Die Flüchtlinge hatten über die katastrophalen Zustände in den Trecks berichtet; hier und da hätten Partei- und NSV-Stellen als erste „mit Sack und Pack" die Flucht ergriffen, die Parteifunktionäre seien vielerorts in der Masse untergetaucht. Die optimistischen Berichte der Presse würden nicht mehr geglaubt; Luftangriffe und eine schlechte Versorgungslage wirkten deprimierend.

Was die Sondergerichtsbarkeit im Kriege anbetrifft, so ist immer wieder betont worden, sie sei unmenschlich grausam gewesen, habe nur abschrecken, Rache üben bzw. „kaltblütig ausmerzen", nicht aber sühnen oder bessern wollen; die Richter seien gewissenlos, grausam und sadistisch gewesen. Hier ist einiges schief gesehen, wenn man auch der Kritik an der Sondergerichtsbarkeit grundsätzlich zustimmen muß. Sieht man einmal von der besonderen Problematik politischer Justiz ab, die im Sondergericht nur eine untergeordnete Rolle spielte, so wogen in der Notzeit des Krieges das Plündern nach Luftangriffen und erhebliche Verstöße gegen Wirtschaftsgesetze schwerer, als wir sie bei einer Rückschau einschätzen würden. Man kann nur darüber streiten, wie hoch die Strafen sein sollten und ob etwa die Todesstrafe angebracht war bzw. tatsächlich abschreckend wirkte. Es ist zumindest bemerkenswert, daß sozialistische bzw. kommunistische Staaten selbst in Friedenszeiten auf dem Gebiet der Wirtschaftskriminalität die Todesstrafe praktizieren.

Der Vorsitzende des Bremer Sondergerichts hat nach dem Kriege betont, daß alle Richter „lediglich ihre dienstliche Pflicht" getan hätten. Pflicht sei es gewesen, nach den damals bestehenden Gesetzen Recht zu sprechen. Dieser Gesichtspunkt läßt sich nicht ganz von der Hand weisen, und man könnte auch noch hinzufügen, daß die Richter bei ihrer Tätigkeit unter erheblichem Druck standen. Es bleibt jedoch auch die Tatsache, daß die befolgten „Gesetze" mit ihrer Berufung auf das „gesunde Volksempfinden" außerhalb der Gerechtigkeit lagen. Ein Bekenntnis zu dieser Tatsache, zu einem Eingeständnis, daß die Staatsführung die Gerichte für politische Zwecke mißbrauchte, vermißt man bei den Richtern im allgemeinen.

Man darf freilich auch nicht übersehen, daß der Sondergerichtsbereich nicht nur von Richtern und Staatsanwälten zu verantworten war, sondern auch von vielen anderen: von den leitenden Juristen, die die Gesetze machten, von Gestapo und Kripo, die ermittelten, von Denunzianten und Zeugen, die belasteten, von vielen Bürgern, die strenge Strafen für bestimmte Vergehen forderten oder guthießen, vom Henker, der die Hinrichtung vollzog. Wer wollte da den einzelnen Gruppen und Instanzen ihren Schuldanteil gerecht zumessen. Die Hauptschuld wird man gewiß bei jenen zu suchen haben, die Verhältnisse schufen, in der der Staat von Sondergerichten gestützt werden mußte und bei denen, die das brutale Strafrecht schufen, das zur Anwendung kam. Bei der Beschäftigung mit dieser Frage, verläßt der Historiker freilich das ihm zugewiesene Gebiet und versucht sich in politischen Urteilen, die so oder so kontrovers bleiben werden.

Die Frage nach der Effektivität der Sondergerichtsbarkeit, ist ebenfalls nicht zuverlässig zu beantworten. Zweifellos hatte die Kriminalität im Kriege ein beträchtliches Ausmaß, und die Justiz klagte immer wieder, daß sie trotz der abschreckenden Strafen nicht abnehmen wolle. Man kann daraus aber nicht unbedingt schließen, daß die Strafen wirkungslos geblieben seien. Die Versuchung, Rechtsbrüche zu begehen, war in Notzeiten eben doch besonders groß. Es gab eine Reihe von Straftatsbeständen, die es überhaupt nur im Kriege gab.

Die Urteile der Bremer Sondergerichte wurden nach 1945 überprüft; soweit politische Tatbestände zugrunde lagen, wurden sie aufgehoben; in allen anderen Fällen wurde der Straftatsbestand bejaht, die Strafhöhe teils bestätigt, teils ermäßigt. Die Todesurteile, von denen keins in einer politischen Sache verhängt wurde, konnten zwar aufgehoben, die Vollstreckung aber nicht rückgängig gemacht werden. Es ist immer wieder gefordert worden, daß die Richter und Staatsanwälte für ihre Beteiligung an den Urteilen bestraft werden sollten. Doch es fehlen strafbare Tatbestände, solange nicht nachträglich die Beteiligung an der Sondergerichtsbarkeit unter Strafe gestellt wird. Das aber ist bisher nicht geschehen.

Die vom Volksgerichtshof in Berlin abgeurteilten Bremer Fälle lassen sich nur selten genauer überprüfen. Sie nahmen seit 1943 erheblich zu. Soweit es zu übersehen ist, spielte beim Verlauf des Verfahrens der Zufall eine große Rolle. Ganz ähnlich gelagerte Tatbestände konnten sowohl mit einer Verwarnung durch einen NS-Ortsgruppenleiter als auch mit einem Todesurteil im Volksgerichtshof enden. Louis Cordelair, der nach dem Attentat vom 20. Juli 1944 bei einem Gespräch in der Latrine der Unterweserwerft in Wesermünde bedauert hatte, „daß die Bombe Hitler nicht getroffen hat", wurde über einen Zellenleiter und Betriebsobmann bei der Gestapo denunziert, am 12. Oktober zum Tode verurteilt und gehängt. Ein ganz ähnlicher Fall im Reichsbahn-Ausbesserungswerk Sebaldsbrück führte zwar auch zur Schutzhaft bei der Gestapo, doch veranlaßte ein günstiges Leumundszeugnis des Betriebes eine baldige Freilassung. Besonders tragisch war ein ganz anderer Fall: Ein Mädchen, das kurz vor der Heirat mit einem Soldaten stand und in einem Kosmetikgeschäft Am Wall am 11. September 1943 Einkäufe machte, kam ins Gespräch mit einer Verkäuferin, die meinte, es gehöre Mut dazu, in einer Zeit zu heiraten, in der Deutschland vor dem Zusammenbruch stehe, nach dem dann die Männer nach Sibirien deportiert würden. Die Sache wurde weitererzählt und von dritter Seite über den SD bei der Gestapo denunziert. Es folgte am 9. Dezember 1943 ein Todesurteil im Volksgerichtshof und kurz darauf eine Hinrichtung. Politischer waren drei weitere Fälle: Der Maler Wilhelm Dierks hatte sich einem Soldaten gegenüber sehr kritisch über die Kriegslage geäußert und wurde im Januar 1944 zum Tode verurteilt, ähnlich der Kommunist Konrad Rieder am

1943

20. Juli 1944

5. Mai 1944. Der Tischler Karl Metz hatte im Kreis bessarabischer Umsiedler kommunistische Propaganda betrieben; auch gegen ihn wurde im Oktober 1943 ein Todesurteil verhängt und kurz darauf vollstreckt. Nur über wenige weitere Fälle ist Genaueres bekannt; doch es sieht im Widerspruch zu einigen bisherigen Schriften über den Widerstand so aus, als ob ein Teil der Bremer, die im Volksgerichtshof verurteilt wurden, keiner sozialdemokratischen oder kommunistischen Widerstandsgruppe angehörten. Oft ging es um „Wehrkraftzersetzung" bzw. „Defätismus", die Personen aller Schichten vorgeworfen wurde. Was als „Vorbereitung zum Hochverrat" hochstilisiert wurde, bedeutete oft nicht mehr als ein Gespräch gleichgesinnter Oppositioneller über die schlechte militärische Lage und über die nach dem Kriege anzustrebende Staatsordnung. Hochverräterische Ziele setzten „Gewalt oder Drohung von Gewalt" gegen die „Verfassung" oder gegen die Regierung voraus; davon kann aber in vielen Fällen überhaupt nicht die Rede sein.

c. Die Partei und ihre Gliederungen

Gauleiter Rövers Einvernehmen mit der Partei im Kriege war durchaus nicht so eindeutig, wie es sich nach außen darstellte. Es haben sich die Fragmente einer Denkschrift erhalten, die Anfang 1942 wohl unter Mitarbeit von Stabsführer Walkenhorst zustandekam. Röver kritisierte in ihr, mit aller Schärfe die Zurückdrängung der Parteiorganisation durch den Staat, die zahllosen Kompetenzüberschneidungen, die mangelhafte Führerauslese, die Verwässerung der Partei durch die große Zahl ihrer – durchweg opportunistischen – Mitglieder, die Bürokratisierung der Parteiführung usw. Die Idealgesellschaft, wie Röver sie sich vorstellte, sollte dem totalen Zugriff einer fanatischen Partei ausgeliefert sein; so forderte er etwa den „totalen Einfluß der Partei auf das Schulwesen", kostenlose Höhere Schulen und Universitäten, in denen die „Auslese" unter „Mitwirken der Partei" stattfinden sollte.

Als Gauleiter Wegener 1942 die Gauleitung übernahm, fand er neben einigen tüchtigen Veranstaltungsfachleuten und Organisatoren viele unfähige Kreaturen Rövers vor. Die „Spitze" war seit Jahren unverändert: Stellvertretender Gauleiter war der farblose Georg Joel; das Gaustabsamt und das Gauorganisationsamt leitete der tüchtige Heinrich Walkenhorst, der in dieser Zeit bereits ein scharfer Kritiker der Parteibürokratie geworden war. Gaupropagandamt (E. Schulze), Gauschulungsamt (H. Buscher), Gauschatzamt (H. Pfeffermann), Gaugericht (G. Bertram) und die verschiedenen Fachreferate waren seit längerem in der gleichen Hand. Als Leiter der NSV erscheint der Kreisleiter von Bremen-Lesum, Otto Denker, der früher Angestellter beim „Bremer

Vulkan" gewesen war; die Leitung der NS-Frauenschaft war Anfang 1942 von Friedel Klausing an Maria Möhring übergegangen.

Wegener war nicht gewillt, sich mit den Günstlingen Rövers abzufinden, auch nicht unbedingt mit dem Sitz der Gauleitung in Oldenburg. Schon vorher hatten einige regionale NS-Organisationen ihren Sitz in Bremen: Die SA-Gruppe Nordsee und die SA-Standarte 75, der SS-Abschnitt XIV, die Motorgruppe Nordsee des NSKK, auch der HJ-Bann 75.

Nach Wegeners Dienstantritt 1942 verlor der allmächtige Stabsleiter Walkenhorst das Gau-Organisationsamt, mit dem Anfang 1943 Otto Denker kommissarisch betraut wurde. Dieser hatte bisher den Kreis Bremen-Lesum und die NSV im Gau geleitet. Zu den Aufgaben des Gauorganisationsamtes gehörte in dieser Zeit die Mitwirkung beim Luftschutz, der an sich von anderen Stellen organisiert wurde. Denker aber blieben im Zusammenhang mit seinem NSV-Amt vor allem Verpflegungs- und Unterbringungsaufgaben nach Luftangriffen. Gaustabsamtsleiter Walkenhorst wurde dann am 1. Oktober 1942 zur Parteikanzlei nach München abkommandiert. Im April 1944 übernahm Ernst Hagemann, der früher Sparkassenangestellter gewesen war, das Amt. Im Februar 1945 wurde dieser zur Wehrmacht eingezogen, und nun trat auf Ersuchen Gauleiter Wegeners Kurt Koltermann aus Pommern an seine Stelle, der dann auch Gaustabsführer des Volkssturms wurde und eine hektische Tätigkeit entwickelte. Koltermann war ein fanatischer Nationalsozialist.

Sehr viel augenfälliger und unmittelbarer als die Wirksamkeit des Gauleiters und Reichsverteidigungskommesars war für den einzelnen Bürger die der NSDAP-Kreisleitungen in Bremen und Bremen-Lesum. Der Bremer Kreisleiter Bernhard Blanke erwies sich sehr bald als unfähig, mit den vielfältigen Aufgaben der Partei im Kriege fertigzuwerden. Gauleiter Röver nahm das hin, wie er überhaupt Funktionäre vorzog, denen gegenüber er sich überlegen fühlen konnte. Gauleiter Wegener war jedoch nicht geneigt, einen solchen unbeweglichen und dennoch arroganten Kreisleiter weiter hinzunehmen. Als Kreisleiter Blanke am 1. Juli 1943 abgelöst wurde, gab es dafür in der Presse keine öffentliche Begründung.

Sein Nachfolger Max Schümann war erst 33 Jahre alt und bereits seit 1926 SA-Mann und seit 1928 Parteigenosse. Von Beruf war er Schlosser und ging dann zur Reichsbahn; aber schon 1934 wechselte er hauptberuflich zur Partei über. Er bekleidete verschiedene Ämter in Wilhelmshaven, Jever und Leer, wo er Kreisleiter wurde. Seit Anfang 1941 nahm er Parteiaufgaben in den Niederlanden, in Belgien und Nordfrankreich wahr und war dann einige Zeit Soldat, bis er schwer verwundet wurde. Gauleiter Wegener wurde auf ihn aufmerksam und erkannte seine Fähigkeiten, die sich in dem kleinen ostfriesischen Kreise

Anf. 1943

April 1944

1. Juli 1943

nicht voll entwickeln konnten. Schümann bediente sich seines Amtes mit Energie, Fleiß und – wenn er es für nötig hielt – auch mit Härte. Als er versuchte, in die Verwaltung hereinzureden und den amtierenden Regierenden Bürgermeister Dr. Duckwitz zu überspielen, fand dieser Unterstützung bei Gauleiter Wegener, der Schümann in seine Grenzen verwies. Das Verhältnis zwischen den Spitzen der Partei und Verwaltung blieb unter Schümann ebenso schlecht, wie es unter Blanke gewesen war: nur war Schümanns Aktivität von größerem Gewicht.

Der Kreisleiter war ein ehrgeiziger und fanatischer Nationalsozialist. Auch wo ihn seine Intelligenz innerlich skeptisch werden ließ, blieb er nach außen der engstirnige Parteifunktionär. Er hatte offenbar ein nicht ideologisch, sondern gefühlsmäßig begründetes Sozialgefühl und besaß an sich gewandte und freundliche Umgangsformen, hörte sich bis zu einem gewissen Grade die abweichende Meinung anderer geduldig an. Wurde dieser Grad jedoch überschritten, konnte er ausfallend werden und schreckte vor Drohungen nicht zurück. In der Schlußphase des Krieges war er nervös und bedrückt, auch verstärkte sich der scharfe Ton. Ohne Zweifel litt Schümann in dieser Zeit stärker als je zuvor unter den Minderwertigkeitskomplexen des Emporkömmlings und mancherlei Depressionen, die er durch besondere Forschheit zu überdecken suchte. Er wußte, daß er mit seiner ganzen Existenz dem Dritten Reich verfallen war; ohne den Nationalsozialismus war er gar nichts.

Es ist schwer, Max Schümann zu charakterisieren, weil er wie kein anderer von weiten Kreisen der Bevölkerung gehaßt wurde; man behauptete, er habe ein „unnatürlich bestialisches Gewissen", er sei ein „Sadist", ein „unmenschlicher Tyrann" usw. Das dürfte in dieser Überspitzung und Pauschalisierung nicht zutreffen.

Schümanns Mitarbeiter in der Kreisleitung und die unteren Parteifunktionäre in den Ortsgruppen waren sehr gemischt. Der Kreisleiter konnte sie sich in der Kriegszeit nicht mehr aussuchen. Es waren darunter viele ältere Männer, die für den Wehrdienst nicht mehr in Frage kamen. Einige jüngere Leute waren für ihr Partei-Amt vom Wehrdienst freigestellt worden, darunter einige, die als Soldaten verwundet waren. Im Stab der Kreisleitung gab es häufigen Personenwechsel, und auch sonst wurde die Arbeit der Kreisleitung durch die Zeitverhältnisse sehr erschwert. Es gab einige undankbare Ämter, etwa das des Kreiswohnungsreferenten der NSV (Koch) und des Stellvertretenden Kreisobmanns der DAF (Grommé); abnehmenden Einfluß hatte angesichts des immer stärker werdenden staatlichen Dirigismus der Kreiswirtschaftsberater Karl Schmidt. Die Kreisleitung war zunächst im Haus Holler Allee 79 untergebracht (heute Standesamt Bremen-Mitte). Als das Gebäude im August 1944

Aug. 1944

Kreisleiter Schümann, Generalmajor Wagner (Flakkommandeur),
Polizeipräsident Schroers (von links nach rechts)

beschädigt wurde, blieb dort nur die Verwaltungsabteilung, während der
Kreisleiter mit der Geschäftsführung und Personalabteilung in ein Haus an der
Schillerstraße zog. Am 6. Oktober wurde dieses Gebäude total zerstört. Die
Kreisleitung verlor dabei die gesamte Büroeinrichtung und einen großen Teil
der Akten. Schümann und sein engerer Stab nahmen nun Quartier in drei Räumen des 1. Stocks im Neuen Rathaus. Nebenher wurde seit dem 23. Juni 1944   23. Juni 1944
noch eine Ausweichstelle im Bunker 32 an der Parkallee gegenüber der Bulthauptstraße unterhalten, so daß die Kreisleitung nun auf drei Stellen verteilt
war. Im 2. Stock des genannten Bunkers war eine Sprechanlage mit Telefonan-
schluß zur 8. Flakdivision und vier weitere Fernsprecher zur Aufnahme von
Schadensmeldungen aus dem Stadtgebiet. Eine Funkanlage wurde in den letzten Wochen zwar installiert, aber nicht mehr in Betrieb genommen. Diese
Ausweichstelle war zunächst nur bei Fliegeralarm und nachts besetzt, in den
letzten Tagen vor dem Einmarsch der Engländer hielten sich hier jedoch der
Kreisleiter und ein Teil seines Stabes längere Zeit auf. Sie wurde zur eigentlichen Zentrale der Kreisleitung.

Im bremischen Staatsgebiet gab es noch einen zweiten Kreis der NSDAP, der freilich sehr viel kleiner war und nur wenige Jahre existierte. Er entstand nach **1939** der Gebietsneuordnung im Raum zwischen Lesum und Farge 1939, aber auch Burg und Grambke wurden hinzugefügt. Kommissarischer Kreisleiter war zunächst der aus Vegesack stammende Gauamtsleiter für die NSV, Otto Denker. Zwar handelte es sich um einen Kreis von geringer Bedeutung (es gehörten dazu 14 Ortsgruppen); doch gab es besonders im Kriege auch hier viel Arbeit. Denker aber war durch seine vielseitigen NSV-Arbeiten so sehr belastet, daß es Gauleiter Wegener geraten erschien, einen hauptamtlichen Kreisleiter einzusetzen.

Seine Wahl fiel auf den Ortsgruppenleiter von Burg, Karl Busch, der wegen eines Herzfehlers nicht wehrdienstfähig war und daher der Partei auch im Kriege voll zur Verfügung stand. Busch war 39 Jahre alt und schon seit 1932 Leiter der Ortsgruppe Bremen-Burg, die er aufgebaut hatte. Nach dem Besuch des Realgymnasiums bis zur Obersekunda, war er in eine kaufmännische Lehre gegangen und übernahm dann das väterliche Geschäft in Burg, das mit **1. Nov. 1942** einem Kolonialwarenhandel eine Gastwirtschaft verband. Am 1. November 1942 wurde er nun Leiter des NS-Kreises. Bremen-Lesum, das Geschäft verpachtete er. Busch war ein Mann der in keiner Weise das Mittelmaß der unteren Parteifunktionäre überragte, der sein Amt jedoch sehr wichtig nahm und bis zuletzt ganz im Sinne der Partei-Interessen verwaltete. Zu eigenem kritischen Denken war er nicht fähig. Der Gauleiter, der Leute dieser Art eigentlich nicht schätzte, sah in ihm wie überhaupt in der Existenz des unwichtigen Kreises nur ein Provisorium für die Kriegszeit.

Wenn ein Rundschreiben der Gauleitung vom 2. Juli 1938 eine Aufgabentrennung von Partei und Staat für den lokalen Bereich konstruierte, so war das auch damals schon eine Fiktion. Es wurde behauptet, der Staat sei für die „ordnungsmäßige Verwaltung" und für die „ordnungsmäßige Beachtung und Durchführung der Gesetze im Sinne des Gesetzgebers" zuständig, während es Aufgabe der Partei sei, „für die weltanschauliche Durchdringung aller deutschen Menschen Sorge" zu tragen. Freilich sei eine „enge Zusammenarbeit zwischen Partei und Staat ... ein dringendes Erfordernis", dennoch seien eben die Aufgaben verschieden.

Die Partei bestimmte aber auch im örtlichen Rahmen in vielfältiger Weise – durch Eingriffe in die Personalpolitik, durch Schulung und Propaganda sowie durch ganz konkrete Forderungen – nicht nur den Geist aller staatlichen Organe, sondern übernahm auch in steigendem Maße – vor allem im Kriege – Funktionen, die eigentlich in den staatlichen Bereich gehörten: sie überwachte das politische Verhalten der Bürger und bescheinigte die Zuverlässigkeit oder

Unzuverlässigkeit der zur Beförderung oder Ernennung vorgeschlagenen Beamten, brachte in vielen Fällen Prozesse in Gang und schrieb Gutachten über Angeklagte in Sondergerichtsverfahren; sie organisierte die Luftwarnung, die Evakuierung aus feindbedrohten Gebieten, sie übernahm die Disziplinierung des Selbstschutzes und stellte den Volkssturm auf; sie benachrichtigte die Angehörigen, wenn ein Soldat gefallen oder vermißt war; sie tat darüber hinaus aber noch manches andere, was über den normalen Rahmen einer politischen Partei hinausging: Sie beobachtete den Gruß der Bürger und den Unterricht der Lehrer.

Ein Bremer Ortsgruppenleiter hat seine Aufgaben im Kriege soweit sie „harmlosen" Charakter trugen, folgendermaßen umrissen: „Unterstützung und Hilfe bei Kriegsschäden, Sammlungen usw. ... Weiterhin aber auch Mitarbeiter-Versammlungen einzuberufen und zu leiten, die Berichte der Block- und Zellenleiter weiterzuleiten ... Auf Anweisungen der Kreisleitung waren wir verpflichtet, Stimmungsberichte in Abständen einzureichen; zum Teil wurde nach vorhergehender Amtsleitersitzung die Stimmung der Bevölkerung besprochen." Im Kriege kam die NS-Schulung zunächst fast zum Erliegen: sie wurde von anderen und wichtigeren Aufgaben verdrängt. Nach und nach wurde das von der Partei als großer Mangel empfunden.

Im Januar 1941 wurde die Versammlungsaktion „Die Front spricht zur Heimat" durchgeführt. Soldaten sollten über ihre Fronterlebnisse berichten. Die Rednerzuweisung erfolgte durchweg zentral. Im Februar 1941 gab es eine „Versammlungs-Stoßaktion", bei der „Kreisredner" zu Worte kamen. Im August desselben Jahres fand für Weser-Ems eine Gau-Schulungswoche in Bremen statt, wobei die Planung nicht voll verwirklicht werden konnte. Aber immerhin dauerten die Veranstaltungen eine Woche; sie begannen mit einer Ansprache des Gauleiters und endeten mit einer Großkundgebung im Weser-Stadion, auf der Alfred Rosenberg sprach. Dazwischen lagen Veranstaltungen mit Vorträgen in der Glocke über Welt- und Kolonialpolitik, über das Deutschtum der Welt und Rassenpolitik, ein Konzertabend im Staatstheater und eine ausgedehnte Arbeitstagung im Rathaus. Alle Veranstaltungen waren von Marschmusik eingerahmt.

Vor allem der Krieg bot dann den unwilligen und zermürbten Mitgliedern viele Gründe, nicht zu erscheinen. So wird denn der Stoßseufzer eines Ortsgruppenleiters von 1941 verständlich: „Ein sehr großer Teil der Parteigenossenschaft arbeitet sehr arbeitsfreudig und unermüdlich mit. Ein großer Teil faulenzt auf Kosten der übrigen Parteigenossen."

Hin und wieder gab es auch große „Stoßaktionen", so im Kreis Wesermünde im November 1941, wobei nur „Reichs-, Gau- und Stoßtruppenredner" auf-

Jan. 1941

Febr. 1941

Nov. 1941

traten. Einige Kundgebungen waren jedoch schlecht besucht und von Fliegeralarm gestört. In drei Rüstungsbetrieben wurden mehr als 6000 Betriebsangehörige veranlaßt teilzunehmen. Andere Versammlungen wurden von mehr als

15. Febr. 1942 5000 Personen besucht. Überwältigend war das nicht. Am 15. Februar 1942
fand die Arbeitstagung für alle Ortsgruppen- und Kreisamtsleiter im Parkhaus
statt. Hier wurde auf die Probleme der Zeit hingewiesen. Fast alle Repräsentanten der lokalen Partei- und Staatsorganisation hielten halbstündige Referate. Mittags gab es Eintopfessen, dann eine Kaffeetafel; Fleisch- und Kuchen-
marken waren bereits bei der Anmeldung abzugeben.

Besonders problematisch waren in der kritischer werdenden Zeit Versammlungen, auf denen programmatische Reden gehalten wurden. Es wurde festgestellt, daß sich viele Redner „trotz der ihnen zugestellten Rednerinformatio-

Jan. 1943 nen nicht an die … herausgegebenen Parolen halten." Am 7. Januar 1943
ordnete das Gaustabsamt Weser-Ems dann an, daß die Redemanuskripte
spätens eine Woche vorher dem Gauleiter vorzulegen seien. Ende Januar
1943 fand dann eine „Stoßaktion für Freiheit, Recht und Brot" statt, für die es
im Kreise Wesermünde (Gau Ost-Hannover) 32 Versammlungen für 6500 Zu-

*Gauleiter Wegener bei einem Betriebsappell in den Borgwardwerken
am 3. Februar 1943*

442

hörer geben sollte. Die Großkundgebung in der Stadthalle wurde jedoch nach 10 Minuten wegen Fliegeralarm abgebrochen.

Hektisch wurde die Propaganda dann nach dem Fall von Stalingrad. Anfang 1943 wurden Sprechabende für Funktionäre eingerichtet, auf denen diese mit propagandistischen Argumenten vertraut gemacht wurden. Im Juli 1943 fand eine Arbeitstagung für Kreis- und Gauschulungsleiter auf Borkum statt; andere Lehrgänge gab es in Ahlhorn und auf Norderney. Im August 1943 fand wieder ein „Kreisappell" in Bremen statt, der nun allerdings nur von NS-Funktionären der mittleren Ebene bestritten wurde. Im Oktober gab es nochmals eine große Propagandawelle unter dem Motto: „Führer befiehl – wir folgen" und „Der Sieg wird unser sein!" Dabei gab es am 12. Oktober eine zentrale Kundgebung in der Glocke, auf der der Stabsleiter der Reichspropagandaleitung Eugen Hadamovsky, sprach. Wegen der Luftgefahr war es nötig, alle Veranstaltungen kurz zu halten. Vor allem gab es eine Reihe von Betriebsappellen in der Rolandmühle, im Lloydgebäude usw., auf denen Gau- und Reichsredner ihre Phrasen loswerden konnten. Am 9. November 1943 fanden in den Ortsgruppen wieder „Feierstunden" zum Gedenken an den Hitlerputsch 1923 statt.

Als die militärische Lage in Ost und West 1944 immer bedrohlicher wurde, wuchsen der Partei weitere Aufgaben zu. Vor allem hatte sie Durchhaltungspropaganda zu treiben und kritische Meinungen zu unterdrücken. 1944/45 standen im Vordergrund aller Arbeiten der Luftschutz, die Beseitigung der Fliegerschäden, die Evakuierung von Frauen und Kindern, die Förderung der kriegswichtigen Industrie, die Mobilisierung aller Kräfte für den „Totalen Krieg", die Aufstellung des „Volkssturms" sowie die Aufgaben der Verteidigung. Wenn auch hier und da andere Stellen beteiligt waren, immer war auch die Partei dabei. Vom Kreisleiter Max Schümann heißt es: Er „war täglich von morgens um 8 Uhr bis tief in die Nacht tätig. Er führte Besprechungen mit Behörden, Betriebsführern, Ortsgruppenleitern, Dienststellen der Wehrmacht, der Gauleitung usw. Täglich wurden eine große Anzahl von Fragen, Klagen, Bittgesuchen und Anträgen an die Kreisleitung und besonders an Schümann persönlich herangetragen." Ohne Zweifel schaltete sich der Kreisleiter stark in die staatlichen und politischen Angelegenheiten Bremens ein; nur in der Schlußphase des Krieges – im April 1945 – ging sein Einfluß stark zurück, weil das Militär in den Vordergrund rückte und Schümanns Vorgesetzter, Gauleiter Wegener, selbst in Bremen in wichtigen politischen Fragen eingriff.

Die SA war während des Krieges nur noch ein schwacher Abglanz der einst so mächtigen Organisation. Vor allem waren die meisten jüngeren Mitglieder eingezogen, die zurückgebliebenen aber durch schwere Berufsarbeit, Luftangriffe und andere Sorgen so beansprucht und zermürbt, daß sie den SA-Dienst eher lustlos versahen.

Die SA-Gruppe Nordsee unter ihrem Obergruppenführer Böhmcker, der zugleich das Amt des Regierenden Bürgermeisters zu versehen hatte, unterhielt weiterhin im Haus Holler Allee 75 einen Stab, desgleichen existierten weiterhin die SA-Brigade 62, Holler Allee 81, und die Standarte 75, Kohlhökerstraße 61. Es gab in Bremen immer noch vier Sturmbanne, eine Marinestandarte 53 mit zwei Sturmbannen und eine Reiterstandarte 62. In Lesum hatte die SA-Standarte 29 ihren Standort. Obgleich die SA unter personeller Auszehrung litt, versuchten die SA-Stürme ihren Dienstbetrieb aufrecht zu erhalten: Er bestand in Wehrertüchtigung, Geländedienst, Schießdienst, Leibesübungen, Exerzieren, Ausmärschen und politischer Schulung. Auch auf den großen Veranstaltungen erschienen die Reste der uniformierten SA-Stürme. Ein stolzes Aufgebot war das nicht mehr.

Die Allgemeine SS war immer noch mit ihrem Abschnitt XIV im Haus Riensberg vertreten. Von der SS-Standarte 88 war nur ein Sturmbann in Bremen stationiert; in Vegesack hatte der Sturm 5/55 einen Stützpunkt. Während des Krieges waren viele SS-Männer eingezogen oder in der Heimat im kriegswichtigen Einsatz, so daß die Tätigkeit in der SS fast zum Erliegen kam. Die Stürme bestanden jetzt vielfach nur noch aus 10–50 Mann (vor dem Kriege 90–200 Mann).

Trotz des Krieges und des Mangels an Kraftfahrzeugen und Benzin suchte sich das NSKK zunächst weiterhin zu profilieren. Die Mitglieder mußten an weltanschaulicher Schulung teilnehmen und wurden militärisch, vor allem aber als Kraftfahrer ausgebildet. Viele Mitglieder wurden bei der Betreuung und Überwachung motorisierter Transporte der Kriegswirtschaft eingesetzt und leisteten Verkehrshilfe auf den Fernstraßen. Es gab monatliche Führerappelle, und man unterhielt im Raum des Gaues Weser-Ems einen Kurierdienst.

Zur NSKK-Motorgruppe Nordsee (Stellvertretender Führer war der NSKK-Oberführer Lehmann) umfaßte den Gau Weser-Ems. Zu ihr gehörten 1943 in Bremen die Standarte M 62 mit zwei Motorstaffeln und mehreren Stürmen.

Die Luftangriffe auf Bremen gaben Veranlassung, die NSKK-Gruppe Nordsee im Herbst 1944 nach Oldenburg zu verlegen; sie hieß nun „Gruppe Weser-Ems". Die Standarte M 62 blieb in Bremen.

1944

Da das Personal schließlich durch Einberufungen dezimiert war und kaum noch Autos und Benzin zur Verfügung standen, spielte das NSKK schließlich nur noch eine unbedeutende Rolle. Vorübergehend war Ende 1942 daran gedacht, NSKK-Männer als Kraftfahrer bei einem Schnellkommando der Polizei einzusetzen; aber es standen nicht genügend Männer zur Verfügung, und der Dienst wurde nur nachlässig versehen, so daß man die Pläne begrub.

Es war vor allem die Hitler-Jugend mit ihren Gliederungen, die während des Krieges einigermaßen intakt blieb und manche Aufgaben, wie etwa die Wehrertüchtigung, eine Beteiligung an der Kinderlandverschickung und schließlich am Volkssturm übernahm. Schon im Oktober 1939 stellte die Hitler- Okt. 1939 jugend auch Sonderwachen in der Kreisleitung.

Bei Schulentlassungsfeiern konkurrierten zunächst Schule und Hitlerjugend. Für den 22. März 1942 aber ordnete die Parteikanzlei an, daß die HJ unbedingt 22. März 1942 den Vorrang habe. In der Schule dürfe es allenfalls eine kleine interne Abschiedsfeier für die abgehenden Schüler geben; der Lehrer möge sich von seinen Schülern verabschieden, solle aber auf die „Verpflichtung der Jugend" für alle 14jährigen, die vom Deutschen Jungvolk (DJ) in die HJ übernommen wurden, hinweisen. Hoheitsträger der Partei sollten Ansprachen halten, Musik und Sprechchöre die Feier einrahmen, Erinnerungsblätter ausgegeben werden. Die Teilnehmer sollten möglichst Uniform tragen. Die Feiern fanden in der

Hitlerjungen beim Aufräumen am 13. Juni 1943

445

Stadtmitte jeweils für mehrere Ortsgruppen in großen Sälen (Glocke, Central-hallen), in den Vororten im Rahmen der einzelnen Ortsgruppen statt. Der Raum war feierlich auszustatten.

Die „Erziehungsarbeit" in der Hitler-Jugend wurde 1943 sehr negativ beur-teilt. Die Führer wechselten zu häufig und waren im allgemeinen zu jung. Der wenig jugendmäßige militärische Drill überwog nun. Die Flak- und Marine-helfer entglitten weitgehend dem Einfluß der Hitler-Jugend. Kontakte zur Partei gab es kaum noch. Die weltanschauliche Schulung versagte völlig, und es wurde beklagt, daß nicht einmal die „einfachsten Fragen" beantwortet wer-den konnten, etwa: „Was ist die Fahne?" „Was bedeutet das Hakenkreuz und das Braunhemd?" „Was versteht man unter Ehre und Treue?" usw.

Typisch war das Selbstbewußtsein bei der mittleren Führerschaft, das sich etwa im Vorschlag eines 16jährigen ausdrückte, als Führer einen „Katastro-phendienst" aufzubauen, der im Büro- und Außendienst eingesetzt werden könne. Auf der Behördenseite war man skeptisch und glaubte, der Antragstel-ler habe es vor allem auf eine „bezahlte Tätigkeit im öffentlichen Dienst" abge-sehen; es handelte sich aber doch wohl eher um jugendliche Wichtigtuerei. Daß ihm der politische „Instinkt" nicht fehlte, zeigte er dann auch in wortge-waltigen Artikeln in der NS-Presse und einer späteren, politisch ganz anders gerichteten Karriere. Viele Anweisungen der HJ-Führung an die Jugendlichen wurden von Eltern als unverschämte Anmaßung empfunden.

1939 Gebietsführer Lühr Hogrefe wurde 1939 zur Wehrmacht eingezogen und fiel an der Front. Seit 1939 war der kommissarische Führer des Gebiets 7 (Nord-
1943 see) Hauptbannführer Herbert Finkentey. An dessen Stelle trat im April 1943 der 33jährige Hauptbannführer Willi Lohel. In Bremen gab es den HJ-Bann 75 mit seinem „Stab" im Hause Bornstraße 16: kommissarischer Führer war im Kriege der Stammführer Goosmann, ein Studienrat. Der Bann 75 (Bremen) hatte vier Unterbanne, die ihrerseits in 13 „Standorte" aufgeteilt wurden, die in sich HJ, DJ, BDM und Jungmädel vereinigten.

446

d. Die Stimmung der Bevölkerung, Widerstand und Verfolgung

Die Stimmung

In den ersten Kriegstagen herrschte alles andere als Hochstimmung. Nur wenige Deutsche waren „sicher", daß man einen Sieg erringen werde. Das Verbot, „feindliche Sender" abzuhören, wurde vielfach als mangelndes Selbstvertrauen der Führung empfunden, und das Markensystem erinnerte die älteren Bürger fatal an die Zeit des Ersten Weltkrieges.

Schwierig war schon zu Beginn des Krieges die Entscheidung darüber, ob im Kriege öffentliche Tanzveranstaltungen stattfinden dürften oder nicht. Viele waren für ein totales Verbot, andere Parteigenossen meinten im November 1939, es sei „unmöglich, daß ein Volk ständig in Hochspannung und Heroismus lebt" und daß Tanzen in beschränktem Umfang möglich sein solle. Das absolute Tanzverbot wurde in dieser Zeit nach dem Polenkrieg tatsächlich (vorübergehend) aufgehoben. **Nov. 1939**

Aus dem Kriege liegt eine ganze Reihe von Stimmungsberichten der Gestapo und der NSDAP in Bremen vor, wobei freilich nicht immer ganz sicher ist, ob die Angaben auf Zufallsbeobachtungen oder auf der Ermittlung eines repräsentativen Querschnitts bei größeren Bevölkerungsteilen beruhten. Nach dem Ende des Polenfeldzuges soll die Rede Hitlers vom 6. Oktober 1939 „sogar in Kreisen der ehemaligen KPD und SPD ungeteilte Zustimmung" gefunden haben. Man darf ja nicht übersehen, daß der Hitler-Stalin-Pakt, der alle Kommunisten irritieren mußte, ungebrochen war. Seit Oktober 1939 trat eine Beunruhigung ein, da größere kriegerische Aktionen im Westen ausblieben. Sogar „Kriegsmüdigkeit" wurde registriert; man erwartete vielfach einen Sonderfrieden mit Frankreich, während andererseits ein „großer Schlag" gegen England erwartet wurde. Entscheidend aber war es, daß die Bevölkerung sich nur sehr schwer auf die mangelhafte Versorgung einstellen konnte.

Der Abwurf englischer Flugblätter war Anfang 1940 recht intensiv. Mehrfach wurden Exemplare des „Wolkigen Beobachters", seit März auch zahlreiche andere Flugblätter aufgesammelt. Großen Einfluß hatten sie in dieser Zeit nicht.

Schon im Februar 1940 liefen Gerüchte über einen bevorstehenden Einmarsch in Holland und Belgien um. Im März vermutete man ein Unternehmen in Norwegen und Dänemark sowie den Kriegseintritt Italiens. In den Rundfunksendungen kritisierten viele Bremer den unglaubwürdigen Propagandaton. Durch die Erfolge in Skandinavien und im Westen nahm der Optimismus im April/Mai 1940 erheblich zu. **Febr. 1940**

April / Mai 1940

Stellt man die Frage: In welcher Stimmung befand sich die Bevölkerung im Verlauf des Krieges, wie trug sie die Lasten und Leiden, und wie dachte sie über Staat und Führung?, so ist eine allgemein verbindliche Antwort nicht zu finden, zumal es über diesen Bereich keine breite und gesicherte Quellenbasis gibt. Für das Ansehen der Diktaturen sind fortlaufende Erfolge unerläßlich. Niederlagen erschüttern den Glauben an die Unfehlbarkeit der Führung. Dennoch kann die Diktatur gerade bei äußerer Gefahr durch das Verhalten des Feindes eine Stütze erhalten, wenn dieser seinen Racheschwur nicht nur gegen die Diktatoren und ihre wichtigsten Gehilfen, sondern gegen ein ganzes Volk schleudert und dieses durch die Forderung einer bedingungslosen Kapitulation einer ungewissen Zukunft ausgeliefert wird. Zudem kann sich auch die durch Mißerfolge erschütterte Diktatur eines vielseitigen Terrorapparates bedienen und ein ganzes Volk weit über das erträgliche Maß hinaus zum Durchhalten zwingen.

Selbst in Tagebüchern und Briefen waren die Gedanken durchaus nicht frei. Jedes Schriftstück konnte beschlagnahmt werden und als Beweismittel in Hochverratsprozessen dienen. Unter dieser Selbstbeschränkung litten auch alle Oppositionellen, so ein angesehener Bremer Sozialdemokrat, der schrieb: „Zeitgenosse der größten revolutionären Entwicklung der Menschheit zu sein (gemeint war die Unterdrückung des Geisteslebens im Kriege) und stumm bleiben zu müssen, das ist nicht jedermanns Sache" oder „Wie vieles läßt sich in Briefen nicht sagen, und man möchte es doch mit Dir besprechen". Politische Gegnerschaft wurde oft genug durch besonders eifriges „Wohlverhalten" überdeckt. Das will auch ein Witz darstellen, der sich im Tagebuch eines Bremers findet (1942): Eine politische Stimmungsinspektion überholt ein Werk. Sie fragt einen Vorarbeiter: „Na, wie sieht's denn bei Ihnen aus? Haben Sie Kommunisten unter sich? Und wie viele?" Antwort: „Och, 50 %." „Und Sozialdemokraten?" Antwort: „Na, 40 %." „Aber hören Sie mal, und wie viele Nationalsozialisten sind unter der Belegschaft?" Antwort: „Wat denn, Nationalsozialisten sind wir doch alle!"

Die große Masse der überlieferten Unmutsäußerungen bezog sich während des ganzen Krieges auf Entbehrungen, Leiden und Ungerechtigkeit, die der Krieg mit sich brachte; sie waren nicht eigentlich politischer Natur. Auch in Bremen hatten viele Menschen sogar oft das Vertrauen, daß die Staatsführung gewisse Mängel abstellen werde, wenn sie davon Kenntnis erhielte. „Wenn das der Führer wüßte ...", war eine oft gehörte Redensart. So schrieb denn eine einfache Frau vertrauensvoll an Bürgermeister Böhmcker: „Wir sind alle da, um das Vaterland zu unterstützen. (Aber:) Kein Fisch, keine Eier usw. Die Marken sind eben zu wenig, wenn man den Männern zur Arbeit was mitgeben will ...

Hoffe, daß Sie als Vater der Stadt für diese Abhilfe schaffen." Daß das Vertrauen zu den führenden Persönlichkeiten in Parteien und Staat während des Krieges schwer erschüttert wurde, zeigen die vielen Fälle von Heimtücke. Solch ein Delikt lag etwa vor, wenn behauptet wurde, „leitende Persönlichkeiten" bekämen bessere Verpflegung, würden vom Wehrdienst freigestellt, ihre Wohnungen würden nicht bewirtschaftet, sie bekämen Mangelwaren ohne Bezugsscheine usw.

Im Kriege wurden immer wieder Beschwerden laut über das komplizierte Bezugsscheinsystem, über Versorgungsengpässe, steigende Preise und das Schlangestehen. Viele klagten über den schroffen Ton in den Dienststellen und über die Einschränkungen bei den öffentlichen Verkehrsmitteln.

Kritik richtete sich dann auch gegen die erfolglose Luftverteidigung. Schon nach dem ersten Angriff auf Bremen konnte man in einem Brief aus Bremen lesen: „Im Mittelpunkt der Erörterungen der Bremer Bevölkerung stand in den nächsten Tagen das vollständige Versagen der Flak", dann aber wurde die Hoffnung ausgesprochen: „Ein Fehler wird in der deutschen Wehrmacht aber höchstens nur einmal gemacht!" Sehr bald aber merkte man, daß es sich nicht um einen einmaligen Unglücksfall gehandelt hatte. Das gab den Anlaß zu manchen Gerüchten; vor allem sprach man auch von „Verrat" durch ausländische Arbeitskräfte in den Rüstungsbetrieben und „Sabotage" bei der Verdunkelung, die den feindlichen Flugzeugen den Bombenabwurf erleichterte.

Zunächst war die Bevölkerung noch nicht ausreichend mit Schutzräumen versorgt, das Vertrauen auf die eilig hergerichteten öffentlichen Schutzräume war gering. Man sprach sogar davon, daß die Bevölkerung demnächst Bremen verlassen müsse. Nun erwartete man ständig eine Invasion in England, durch die dann die Luftangriffe ein Ende haben würden. Es gingen aber auch Gerüchte über bevorstehende britische Großangriffe und den Abwurf von Giftgasbomben um. Der Mißerfolg der Flakartillerie wurde immer deutlicher.

1940 war die Lage aber nicht so, daß es Grund zum allgemeinen Pessimismus zu geben schien. Filme, Varietés usw. boten heitere Stunden, „leichtlebige Soldatenfrauen bevölkerten die Kaffeehäuser", und nach einer Razzia im Brill-Café am 25. September 1940 wurden 29 „weibliche Personen vorgeführt"; das geschah in einer Zeit, in der zahlreiche Frauen zur Arbeit in Rüstungsbetrieben angehalten wurden. **1940**

Als im Herbst 1940 deutlich wurde, daß die Invasion in England sobald nicht stattfinden werde, schlug die Stimmung um: sie war gedrückt, zumal man mit einer Zunahme der nächtlichen Luftangriffe rechnen mußte und die italienischen Mißerfolge auf dem Balkan und in Nordafrika zeigten, daß dieser Bundesgenosse eher eine Last als eine Hilfe war. Anfang Januar 1941 wuchs die **Jan. 1941**

Furcht vor schweren britischen Luftangriffen, und es waren viele Gerüchte im Umlauf, u. a. wurde vermutet, daß Fremdarbeiter den feindlichen Flugzeugen bei ihren Angriffen auf Bremen Zeichen gaben. Viele Mütter verließen mit ihren Kindern Bremen. Es hieß in einem Brief: „Es wird soviel geredet, daß die Kinder verschickt werden sollen ...; danach scheint es wohl noch tüchtig was zu geben." Sogar von bevorstehenden Giftgasangriffen war die Rede. Auch rechnete man bereits mit einem baldigen Kriegseintritt der USA. Es ist eigenartig, daß Rußland in den Stimmungsberichten erst im Zusammenhang mit dem Balkankrieg im Frühjahr 1941 auftrat.

Im Frühjahr 1941 verstärkten sich die Erwartungen auf eine Invasion gegen England zeitweilig wieder; doch erkannte man dann, daß das Engagement auf dem Balkan eine Verzögerung bringen mußte; man hatte daher auch mit weiteren britischen Luftangriffen zu rechnen. Diese Befürchtung wurde durch die großen Bunkerbauten, die in Angriff genommen wurden, erheblich verstärkt. Als sich im Mai 1941 auf dem Balkan und in Nordafrika Erfolge einstellten und die Russen offenbar „stillhielten", waren die meisten Bremer in guter Stimmung. Sie ahnten noch nichts von den Gewitterwolken, die im Osten aufzogen. Noch im gleichen Monat verschlechterte sich aber doch die Stimmung angesichts der Luftangriffe auf Bremen. Über den Flug von Rudolf Heß nach England gingen mancherlei Gerüchte um; die wahren Hintergründe konnte man nicht einmal ahnen. Noch Mitte Juni 1941 nahmen viele Bremer an, die Invasion in England werde bald beginnen.

Mai 1941

Juni 1941

Der Beginn des Krieges gegen Rußland kam überraschend. In einem bremischen Gestapobericht hieß es, „... daß man zunächst von einer direkten Lähmung sprechen konnte". Die Niedergeschlagenheit war um so stärker, als jedermann nun wußte, daß die Briten ihre Luftangriffe nicht nur fortsetzen, sondern noch verstärken konnten. Die Kommunisten fühlten sich über den Bruch zwischen Hitler und Stalin zwar erleichtert, sie waren aber über die Tatsache beunruhigt, daß Sowjetrußland nun in ein Bündnis mit dem „plutokratischen" Großbritannien eingetreten war. Die ersten militärischen Erfolge in Rußland ließen dann zunächst wieder etwas allgemeinen Optimismus aufkommen; man rechnete schon im Juli vielfach mit einem baldigen Zusammenbruch Rußlands; aber schon Mitte Juli begann ein Umschwung in der Stimmung: die Bevölkerung wurde apathisch und erwartete nun einen weiteren Kriegswinter sowie auch den Kriegseintritt der USA. Die Zahl der Personen, die wegen „staatsfeindlicher Äußerungen" verhaftet wurden, nahm vor allem auch bei Ausländern zu, zudem wuchs die Unzufriedenheit über die schlechter werdende Versorgungslage. Es hielten sich trotz allem im August 1941 unrealistische Gerüchte über eine bevorstehende Invasion in England.

August 1941

Sammlung von Wintersachen im Dezember 1941

Im Dezember 1941 kam der Kriegseintritt Japans und der USA, über den sich   Dez. 1941
verschiedene Meinungen herausbildeten. Optimisten meinten, daß die Amerikaner nun die Unterstützung für die Engländer verringern mußten.
Die Schwierigkeiten in Rußland während des Winters 1941/42 wurden offen-   1941/1942
bar nicht in vollem Maße erkannt, obwohl die Entlassung des Oberkomman-
dierenden des Heeres, von Brauchitsch, Anlaß zu manchen Gerüchten gab,
und auch die „Wollaktion" ließ auf eine mangelhafte Versorgung der Truppen
in Rußland schließen. Dennoch hoffte man durchweg auf entscheidende Erfolge im Frühjahr 1942.
Im großen und ganzen traten nun aber immer stärker die persönlichen Sorgen
in den Vordergrund: Die schlechte Versorgungslage, die Fliegeralarme und
Luftangriffe, die zunehmende Zahl der Gefallenen im Bekannten- und Ver-
wandtenkreis, die Überforderung an der Arbeitsstelle. In allen Berichten dieser Zeit ist von einer „ersten Stimmung" die Rede. Auch als sich dann im Frühjahr und Sommer 1942 einige militärische Erfolge einstellten, glaubten viele   1942

451

Bürger, daß der Krieg noch lange dauern werde. Der Pessimismus wurde durch die schweren Luftangriffe verstärkt. Vielfach hörte man nun auch die Auffassung, es sei egal, ob man den Krieg gewinne oder verliere, wenn er nur möglichst bald ein Ende finde. Den Äußerungen Hitlers, dessen Prognosen immer weniger eintrafen, wurde immer seltener Glauben geschenkt. Im allgemeinen soll die Skepsis bei der „Intelligenz" größer gewesen sein als bei den Arbeitern.

Und so heißt es im Sommer 1942 in einem Tagebuch: „Hitler sagte doch unlängst, daß er die englischen Städte ausradieren werde ... Alles Worte und große Klappe." Und noch am gleichen Tage: „Der Roland erhält jetzt eine dicke Mauer. Mir würde ein Stück vom Herzen gerissen, wenn unser Rathaus und unser Roland durch Bomben zerstört werden würde. Der Roland ist mir lieber als Hitler." (Der das schrieb, war ein intellektueller Parteigenosse von 1937!) Man darf über solche oppositionellen Bemerkungen aber nicht vergessen, daß es in allen Kreisen der Bevölkerung bis zuletzt Menschen gab, die sich in voller Überzeugung und zum Teil auch mit Fanatismus hinter die Staatsführung stellten. Dummheit, Ehrgeiz sowie blindes Treue- und Nationalgefühl waren die Hauptmotive dafür. Es gab aber auch Personen, die ohne jede Sympathie für den Nationalsozialismus zu haben einen harten Einsatz im Kriege forderten, weil sie meinten, man müsse einen ehrenhaften Untergang einer schmählichen Kapitulation vorziehen.

Anf. 1943 Einen schweren Schock brachte dann der Fall von Stalingrad Anfang 1943. Jetzt wurde auch bereits eine anglo-amerikanische Invasion in Südosteuropa für möglich gehalten. Besonders bedrückend wirkten dann die schweren Luftangriffe dieses Jahres. Der Glaube an eine „Vergeltung", von der in der Propaganda immer wieder die Rede war, ging verloren. Man wunderte sich immer mehr, woher denn die Russen nach all den Meldungen über ihre Verluste die Angriffskräfte nahmen.

Die Untersuchungen der Amerikaner über die Kriegsmoral der Deutschen, waren vielfach sehr oberflächlich, bieten aber doch für Bremen einige wichtige Anhaltspunkte. Sie überschätzten jedoch in ihrer Kritik an der britischen Luftkriegsstrategie die Festigkeit der deutschen Kriegsmoral. Eigene Erlebnisse und eine Fülle brieflicher Äußerungen zeigen, daß die Bevölkerung in Bremen seelisch und körperlich zerrieben wurde. Zusammenfassend heißt es in einem Brief: „Der Mensch als Einzelwesen ist doch wahrlich durch diesen Krieg zu einem Haufen Dreck zusammengestaucht. Je mehr ich über all das nachdenke, umso höher steigt mir der Ekel im Halse hoch!" Oder aber: „Das Leben ist eine einzige Quälerei. Und wenn diese Qualen enden, was dann?" Die große Menge der Klagen beziehen sich auf Versorgungsprobleme: „Bei uns ist es sehr knapp, satt werden wir gar nicht mehr; aber es nützt alles nichts, wir müssen ja durch." Und immer wieder ist dann von der katastrophalen Kriegslage die Rede: „Es muß doch in Rußland furchtbar hergehen. Hätte es doch bald ein Ende. Die armen Soldaten, und dann noch diese Kälte!" (Der Adressat war Soldat in Rußland.) Einmal heißt es bitter-gallig: „Ja, wir leben in großen Zeiten – aber die kleinen sind mir lieber!"

Man möchte annehmen, daß sich diese Verzweiflung auch in einer starken Zunahme der Selbstmorde niedergeschlagen habe, aber es zeigte sich doch, daß gerade der ständige Kampf ums Dasein viele Menschen zwar verzweifeln ließ, aber offenbar auch den Lebenswillen stärkte, und die Selbstmorde sich daher in Grenzen hielten. Die Menschen lebten nur selten in quälender Einsamkeit und hatten wenig Zeit zum Grübeln. Nach amerikanischen Untersuchungen soll die Selbstmordrate in Bremen von 25,8 je 100 000 Einwohner im Jahre 1939 auf 18 im Jahre 1941 gefallen sein, um dann aber 1944 auf 34,6 zu steigen. Dabei ergibt sich die Frage, ob die tatsächliche oder die statistische Einwohnerzahl zugrunde gelegt wurde. Eine Auszählung der Selbstmorde in den letzten Kriegswochen 1945 ergab bei einer Umrechnung auf den Jahresdurchschnitt etwa 76 Tote auf 100 000 Einwohner. Erst nach der Besetzung Bremens schnellte die Zahl steil nach oben. In diesen nüchternen Zahlen spiegeln sich erschütternde Einzelschicksale. Vor allem ältere Menschen waren oftmals nicht mehr der körperlichen und seelischen Belastung gewachsen. Viele Selbstmorde während des Einmarsches der Engländer wurden von Personen begangen, für die mit dem Zusammenbruch des Dritten Reiches eine Welt unterging oder die sich vor einer erwarteten harten Verfolgung durch die Besatzungsmächte bzw. ihre politischen Gegner fürchteten.

In Briefen und Tagebüchern der Zeit vermischten sich sehr oft Anklagen gegen die Bestialität der feindlichen Luftwaffe mit Vorwürfen gegen die NS-Führer, die Deutschland in diese Katastrophe hineingeführt hatten. Ein weltanschaulicher Lagebericht des Gaues Weser-Ems von August 1943 registrierte das Zunehmen „offener und versteckter Angriffe gegen den Führer". Faule Witze und Anspielungen kursierten. Mit einer größeren Verbreitung des Abhörens feindlicher Sender wurde gerechnet. Vor allem nahmen viele Hermann Göring aufs Korn, der einmal versprochen hatte, daß kein feindliches Flugzeug das Reichsgebiet überfliegen werde. Einzelne Bürger meinten, als Mussolini (im Juli 1943) verhaftet wurde, es wäre gut gewesen, wenn Hitler das geschehen Juli 1943 wäre. Schon 1943 kann man in einem Brief lesen: „Wir wünschen sehnlichst die Engländer als Befreier, weil dieser Bombenkrieg nicht auszuhalten ist." Viele Besorgnisse richteten sich auf Verwandte und Freunde, die irgendwo in Lebensgefahr schwebten und von denen man oft nur recht unregelmäßig Le-

benszeichen erhielt; es handelte sich um Soldaten an den vielen und weiten
Fronten, um Einwohner von luftgefährdeten Städten und um Kinder, die in
Gebiete verschickt worden waren, von denen man angenommen hatte, daß sie
vor feindlichen Bomben sicher seien und die nun 1944 immer mehr in Front-
nähe rückten.

In dem bereits genannten Stimmungsbericht der Gauleitung Weser-Ems vom
16. August 1943 ist von „einem regelrechten Hunger nach politischer Aufklärung" die Rede. Man stoße freilich, vor allem auch bei Soldaten, immer wieder
auf eine sehr kritische Einstellung, der nicht mit Phrasendrescherei beizukommen sei. Man müsse mit großer Vorsicht verfahren. Über den Bolschewismus
könnten am besten Soldaten aufklären, die in Rußland eingesetzt gewesen
seien. Trotz allem hatten viele Hemmungen, in der großen Not der Zeit der
Führung in den Rücken zu fallen oder aber auch in den Rüstungsfabriken Sabotage zu treiben. Viele, die im Herzen Kommunisten oder Sozialdemokraten
geblieben waren, arbeiteten bis zum Kriegsende treu und brav in Rüstungsfabriken. Die abnehmende Arbeitsmoral war durchweg keine Folge oppositioneller Gesinnung, sondern einer Überbeanspruchung (60stündige Wochenar-
beitszeit), schlechter Verpflegung, durchwachter Nächte usw. Hinter allem
aber stand die Drohung mit Arbeitserziehungslager, Einberufung in die Wehrmacht usw. In einigen Betrieben tauchten allerdings auch Flugblätter auf, und
es gab bei den Arbeitern immer wieder Fälle von „Zersetzung". Die ungebro-
chene Arbeitsleistung erklärte sich immer weniger aus der Überzeugung, sich
für eine „gute Sache" einzusetzen, als vielmehr als ein Ausweichen vor allen
jenen Schwierigkeiten und Gefahren, die das herrschende Regime dem unge-
horsamen Bürger bis zuletzt zu bieten hatte.

Die Frage: Kann der Krieg gewonnen werden?

Eine wichtige Frage ist die nach der Einstellung der Deutschen zur Chance,
den Krieg zu gewinnen. Sicher gab es nur wenige, die hofften, daß er verloren
ginge; der Glaube, ob er gewonnen werden könne, war Schwankungen unter-
1940 worfen. 1940 erfüllte viele Siegeszuversicht, doch war die von Anfang an vorhandene Skepsis nicht ganz verdrängt, besonders nicht bei jenen Deutschen,
die zum „Dritten Reich" grundsätzlich oppositionell eingestellt waren. Der
Pessimismus wuchs, als die Invasion nicht stattfand und die Bombenangriffe
auf deutsche Städte nicht abgewehrt werden konnten. Schon Weihnachten
1940 konnte Bürgermeister Böhmcker in einem anonym zugesandten Brief
lesen: „Wie Sie auch wohl schon wissen, ist in der Bevölkerung die Stimmung
nicht besonders. Ich gebe Ihnen den Rat, in Berlin darauf hinzuwirken, daß

der Krieg beendet wird. An einen Sieg glaubt trotz der Propaganda kein Mensch. Es gibt nur ein beiderseitiges Zerfleischen." Eine Kanzleinotiz vermerkte „Weglegen, 27.12." Es ist fraglich, ob Böhmcker den Brief überhaupt las, der die Stimmung in dieser Zeit nicht genügend differenzierte. Richtiger sind die Urteile in Briefen zur gleichen Zeit: „Alle hoffen sie auf das Ende des Krieges, doch glauben sie nicht, daß wir England niederwerfen werden." Andere meinten, der Krieg werde noch eine Zeit dauern, etwa bis 1942. Der Glaube an einen Blitzsieg war zu dieser Zeit jedenfalls begraben. Die Skepsis nahm nach dem Einmarsch in Rußland erheblich zu. Es ist zuverlässig überliefert, daß selbst ein so fanatischer Nationalsozialist wie Gauleiter Röver mit großem Interesse ausländische Sender abhörte und in den Monaten vor seinem Tode (15. Mai 1942) sehr skeptisch über den Kriegsverlauf dachte. Es ist von ihm zuverlässig überliefert, daß er im Winter 1941/42 einem Vertrauten sagte: 1941/1942 „Den Krieg verlieren wir mit Pauken und Trompeten. Wenn Sie das irgendwo erzählen, werde ich das mit tausend Eiden bestreiten!" Er wagte es sogar Hitler und Himmler seine Auffassung mitzuteilen, der Krieg müsse unbedingt auf politischem Wege beendet werden. So konnte die Auffassung entstehen, daß diese Offenheit das Lebensende Rövers beschleunigt habe.

Die Propaganda bewirkte freilich bei vielen, daß sie die anfänglichen militärischen Erfolge in Rußland überschätzten, und so heißt es in einem Brief vom 21. August 1942: „Was meinst Du, geht der Krieg wieder durch den Winter? Viele sind ja voller Hoffnung, ich glaube an gar nichts mehr." Viele dachten noch sehr viel skeptischer, wie aus überlieferten Tagebüchern hervorgeht. So hieß es: „Ich habe das Gefühl, daß wir langsam aber sicher abgewürgt werden." Hoffnungslosigkeit stellte sich dann nach dem Fall von Stalingrad ein, zumal nun auch die Luftangriffe auf Bremen immer unerbittlicher wurden. Der Bremer Gestapobericht vom April 1943 spricht von einer sehr ernsten Stimmung; es werde oft geäußert, daß man „an einen Endsieg kaum noch zu glauben vermöge", eine Invasion in Südeuropa „wird für wahrscheinlich und erfolgreich gehalten". Die Luftangriffe, vor allem die am Tage, „verursachten große Unruhe". Propagandaäußerungen über neue Abwehrmittel wurden nicht mehr ernst genommen. Es ist eigenartig, daß nun die Klagen über die schlechte Versorgungslage zurücktraten. Das schloß aber nicht aus, daß man sich über jede „Sonderzuteilung" freute. Bei allem Pessimismus glaubte die Mehrheit der Bevölkerung noch, man müsse den Krieg doch gewinnen. Während des Sommers 1943 nahm die pessimistische Stimmung angesichts der 1943 schweren Luftangriffe zu. Die Bremer Gestapo berichtete im Juni von einer „starken Hoffnungslosigkeit" und von „erheblichen Zweifeln über den (guten) Ausgang des Krieges". An die von Goebbels angekündigte „Vergeltung" glaubte kaum noch jemand. Die Gestapo nannte Stimmen aus der Bevölkerung, die eine sofortige Beendigung des Krieges forderten. Im Oktober 1943 hieß es dann, daß die Stimmung immer schlechter werde, wenn man auch bei den Äußerungen „aus Furcht vor Strafe" sehr vorsichtig sei. Im Sommer 1943 sagte ein Maschinenschlosser aus St. Magnus: „Sizilien fällt, die Italiener sind erledigt. Was kommt dann? Die Demokratie! Der Krieg ist in ein paar Monaten aus." Diese Bemerkung führte im Oktober zu einem Todesurteil im Volksgerichtshof, doch eine Begnadigung rettete den Schlosser vor dem Galgen. Zur gleichen Zeit sagte in der Sparkasse ein Angestellter, als er mit „Heil Hitler!" begrüßt wurde: „Es hat sich bald ausgehitlert!" Hier wurde die Sache mit einem Rüffel erledigt („Sie müßten links und rechts einen in die Fresse kriegen!") Es sind mehrere Äußerungen über die bevorstehende Niederlage überliefert, einige von ihnen führten zu Todesurteilen und Hinrichtungen.

Jan. 1944 Im Januar 1944 wurde deutlich gesagt, daß viele „Volksgenossen" den Glauben an einen deutschen Sieg verloren hätten, eine Niederlage aber wäre eine Katastrophe für Deutschland. Die Meinung, daß diese „dem deutschen Volke nicht jede würdige Lebensmöglichkeit nehmen würde" war ziemlich selten. Die Stimmung verschlechterte sich dadurch, daß es mit der Versorgung rapide abwärts ging.

Im Tagebuch eines Bremer Soldaten liest man dann unter dem 9. Februar 1945: „Wo aber soll ein halbwegs vernünftiger Mensch denn noch Hoffnung schöpfen? Die Propaganda versteigt sich in phantastischen Bildern. Wenn doch die Führer den Mut hätten, sich eine Kugel durch den Kopf zu jagen! Dadurch bliebe manches Opfer erspart, und es würde leichter fallen, das wieder aufzubauen, was an inneren und äußeren Werten zertrümmert wurde. Mut und Tapferkeit reißen die Karre trotz des historischen Beispiels Friedrichs des Großen nicht aus dem Dreck. Ich gebe dem Krieg noch zwei bis drei Monate." Dies war eine Auffassung, die damals stark verbreitet war – eine Tatsache, die den Fanatismus der Durchhalter nur noch steigerte.

Der politische Widerstand und seine Unterdrückung

Wenn man über „Widerstand" im Kriege spricht, so hat man es mit einem sehr schillernden Begriff zu tun. Es hat sich in den Jahren nach dem Kriege gezeigt, daß viele „harmlose" politisch Oppositionelle ihr Verhalten zu heroischer Größe hochstilisierten. Das wurde aus verschiedenen Gründen stark gefördert: einerseits kam es darauf an, den Besatzungsmächten deutlich zu machen, daß nicht alle Deutschen Nazis, viele sogar aktive Gegner gewesen seien; andererseits wollten einige Parteien zeigen, daß sie im „Dritten Reich" nicht nur eine „reine Weste" behielten, sondern auch in großem Umfang Kraft und Opfer einsetzten, um die NS-Machthaber zu stürzen. Wer dieser Linie folgt, dann aber alle zur Verfügung stehenden Unterlagen aus dem Kriege sorgfältig sichtet, muß sich darüber wundern, daß es zwar Verfolgung und Vernichtung menschlichen Lebens in unvorstellbarem Maße gab, sich aber wenig zeigt, was man als aktiven Widerstand bezeichnen könnte. Wenn er erkennbar wird, war er von sehr kleinen Gruppen getragen, die nicht in die Breite wirken konnten und von den meisten Bürgern überhaupt nicht wahrgenommen wurden, bevor die Bestrafung ihrer Mitglieder in Presse und Rundfunk bekanntgegeben wurde. Das mindert nicht die moralische Qualität eines Verhaltens, das darin bestand, daß der Nationalsozialismus eindeutig abgelehnt wurde, daß man diese Ablehnung mit Gesinnungsgenossen teilte, aber letzten Endes doch nicht den Mut zu organisierten Aktionen aufbrachte. Es gab viele konsequente Sozialdemokraten und Kommunisten, die ihrer Gesinnung während des Krieges treu blieben, aber ihr berufliches Können voll in die Rüstungsindustrie oder die Kriegsverwaltung einbrachten, ohne negativ aufzufallen oder gar jemals Sabotage zu treiben. Die ganz überwiegende Zahl der Verhaftungen und Urteile aus politischen Gründen betrafen das weite Feld der „Heimtücke", die freilich sehr leicht zur „Wehrkraftzersetzung" und „Vorbereitung zum Hochverrat" werden konnten, wenn dem Beschuldigten eine sozialdemokratische oder kommunistische Vergangenheit nachgewiesen werden konnte. Als der Krieg 1939 ausbrach, wurden durch die Gestapo nach einer vorher angelegten Sept. 1939 Kartei etwa 30 Personen verhaftet. Es handelte sich um Sozialdemokraten, Kommunisten, Bibelforscher und Spionageverdächtige. Das wurde bereits an anderer Stelle erwähnt. Sie wurden ins Zuchthaus Oslebshausen überführt; einige Tage später erfolgte der Transport ins KZ Sachsenhausen. Die meisten von ihnen wurden wenige Wochen später wieder entlassen. Es handelte sich hierbei nicht um eine Verhaftung wegen einer Widerstandtätigkeit, sondern um eine „automatische" Vorbeugungshaft mit politischem Hintergrund.

Die Reaktion einer größeren „Gefolgschaft" auf den Ausbruch des Krieges mit Polen 1939 während einer Betriebsversammlung mit Rundfunkübertragung beschreibt der Sozialist Karl Grobe: „Da standen die Proleten, ließen die Köpfe hängen, als spürten sie erst jetzt die Faust im Nacken. Langsam schlichen sie zurück zum Arbeitsplatz." Es gab keinen patriotischen Jubel, aber auch kein Protestgeschrei und auch keinen Streik.

Viele Denunziationen über politisches „Fehlverhalten" gingen in der nächsten Zeit an die Kreisleitung der Partei und wurden dort gesichtet. Vielfach waren persönliche Streitigkeiten der Hintergrund. Ein Sachbearbeiter schätzte die Zahl der 1940–1945 eingegangenen Denunziationen auf 80 bis 90, von denen mehr als die Hälfte an die Gestapo weitergegeben wurde. Diese Zahlen sind eher zu niedrig als zu hoch angegeben. Der weitere Verlauf der einzelnen „Fälle" war dann sehr unterschiedlich. Oft blieb es bei einer Ermahnung und Androhung von „Folgen" im Wiederholungsfalle; in vielen Fällen aber folgte ein Gerichtsverfahren mit Strafen von einigen Monaten Gefängnis bis zum Todesurteil. Es haben sich schriftliche Denunziationen erhalten, die z. T. nur abfällige Bemerkungen über die Partei im allgemeinen und Parteifunktionäre im besonderen sowie Skepsis über die politische und militärische Lage melden. Da wurde von einer Frau über Hitler gesagt, dieser habe „ja immer zum Kriege gehetzt"; einige Arbeiter der AG „Weser" hatten behauptet, die von deutscher Seite angegebenen Zahlen der Toten und Verwundeten im Polenkrieg „stimmten absolut nicht"; von einem Gastwirt wurde behauptet, er unterhalte Kontakte mit Juden. In keinem Falle war durch die Sache selbst auch deren Behandlung im Behördenapparat vorgegeben. Die Einstellung und Laune von Parteifunktionären und Gestapobeamten konnten den Verlauf sehr unterschiedlich, ja, willkürlich gestalten. War der Fall erst in einem offiziellen Kreis oder in die Öffentlichkeit geraten, so wurde es schwer, ihn noch zu unterdrükken, weil Nachsicht im „Dienst" erhebliche Probleme schaffen konnte.

Im Kriege war dann alle illegale Arbeit stark behindert: Viele aktive Kommunisten wurden zum Wehrdienst eingezogen, auch wirkten die schärfer werdenden Strafen abschreckend; man wurde vorsichtiger und hinterließ keine Spuren, die der Polizei auffielen und schließlich auch dem Historiker eine sichere Grundlage für eine Darstellung der Widerstandstätigkeit hinterlassen hätten. Die Zahl der Verhaftungen von Kommunisten war im Anfang des Krieges noch verhältnismäßig gering. Die Bremer Gestapo meldete im Oktober 1939 fünf, im Februar 1941 zwei; in vielen Monaten gab es eine Fehlmeldung. Zur gleichen Zeit wurden in anderen Städten, etwa Berlin und Hamburg monatlich 5 bis 20 Kommunisten verhaftet. Durchweg handelte es sich um Fälle kommunistischer „Mundpropaganda", die dann im weiteren Verlauf des Krieges vielfach zur „Wehrkraftzersetzung" hochstilisiert wurde. Oft wurden auch Flugschriften gefunden und „Wandmalereien" entdeckt.

Anf. 1940   Anfang 1940 soll keine bedeutende „marxistische und kommunistische" Tätigkeit feststellbar gewesen sein. Auf dem Arbeitsplatz wurde weniger als bisher kontrovers diskutiert. Die ehemaligen Sozialdemokraten und Kommunisten trafen sich freilich immer noch in privatem Rahmen; sie glaubten, „daß die Zeit für ihre Ziele arbeite". Hier und da gab es kommunistische Parolen an den Wänden von Bedürfnisanstalten sowie importierte Flugblätter. Im Januar 1940 wurden wegen Arbeitsverweigerung, Störung des Arbeitsfriedens, Abhörens ausländischer Sender, Vorbereitung zum Hoch- und Landesverrat immerhin

42 Personen festgenommen; im Februar 1940 waren es 26, im März 17; der Anteil „politischer" Fälle war gering.

Erst seit dem Ausbruch des Rußlandkrieges und der zunehmenden Verschlechterung der militärischen Lage seit dem Winter 1941/42 fanden vor allem manche Kommunisten den Mut, sich um die Bildung einer illegalen Organisation zu bemühen; andererseits wurde die Neigung der Gestapo, irgendwelche Unmutsäußerungen, die früher der „Heimtücke" zugeordnet wurden, zum Widerstand (Wehrkraftzersetzung, Vorbereitung zum Hochverrat usw.) zu stempeln, immer größer. Es ist eine ungeklärte, nicht einmal gestellte Frage, wie groß der Anteil eines tatsächlichen Wachsens der Widerstandstätigkeit einerseits und einer Verschärfung der Verfolgung politischer Opposition andererseits an der Zunahme von Todes- und hohen Zuchthausstrafen eigentlich war.

Für Mitte 1941 bis Mitte 1942 liegen die Wochenmeldungen der Bremer Gestapo über Festnahmen vor. Im Juni 1941 wurden allein 30 Mitglieder der Christlichen Wissenschaft verhaftet, hinzu kamen 17 Astrologen, 12 Kartenlegerinnen und 3 Graphologen; die Zahl der wegen hochverräterischer Betätigung und wegen Arbeitsvergehen verhafteten war in diesem Monat gering, zu anderer Zeit waren aber die Arbeitsvergehen erheblich, während die politischen Gründe gering blieben. Die Zahl der Verhaftungen wegen „Heimtücke" betrug in Bremen wöchentlich 0–5, war aber durchweg 1–2 und hielt sich im Durchschnitt ranggleicher Städte. Die Zahl der Verhaftungen wegen Abhörens feindlicher Sender war ebenfalls verhältnismäßig gering. 1941 wurden mehrfach staatsfeindliche Wandmalereien festgestellt, hier und da tauchte Propagandamaterial auf. Im Juli 1941 wurden vier Personen wegen kommunistischer Aktivitäten festgenommen.

Es ist ganz aufschlußreich, in welchem Umfang während des Krieges die einzelnen Vergehen an den Verhaftungsgründen beteiligt waren. Im Dezember 1941 gab es durch die Gestapo 131 Verhaftungen; darunter waren nur zwei wegen kommunistisch-marxistischer Betätigung, drei wegen anderer Opposition, einer aus der evangelischen Kirchenbewegung, ein Jude. Den weitaus größten Anteil hatten andere Gründe: 13 Personen wurden wegen wirtschaftlicher Vergehen festgenommen, 108 wegen „Arbeitsniederlegung" (darunter 31 Deutsche, 25 Polen, 7 Belgier und 14 Holländer); diese Personen wurden durchweg in Arbeitserziehungslager eingewiesen. Drei Personen wurden wegen verbotenen Umgangs mit Polen und Kriegsgefangenen festgenommen. Ähnliche Zahlen sind für Oktober 1941 überliefert.

Die Aushebung der kommunistischen Bästlein-Gruppe in Hamburg im Oktober/November 1942 hatte auch in Bremen Folgen. Hier wurden u. a. die Leh-

1941/1942

Okt./Nov. 1942

rer Hermann Böse und Hermann Rumpf sowie der Schmied Heinrich Andreas Enderling und Frau Maria Krüger verhaftet, nach Hamburg-Fuhlsbüttel gebracht und von der Gestapo verhört. Die Anklage lautete auf Hochverrat bzw. Unterlassung der Anzeige von Hochverrat. Es wurde ermittelt, daß die Bästlein-Gruppe eine kommunistische Organisation aufgebaut hatte, die vor allem auch in Rüstungsbetriebe hineinwirken sollte. Die Verbindung von Hamburg nach Bremen wurde von Richard Heller übernommen, der hier 1930–1934 KP-Funktionär gewesen war und 1936 bis 1939 eine Zuchthausstrafe wegen Vorbereitung zum Hochverrat abgesessen hatte. Enderling und Böse wurden eingeweiht; Rumpf wurde hinzugezogen. Man unterhielt sich vor allem über die Lage Rußlands und die militärische Entwicklung, studierte auch illegale Schriften. Dann wurde die Inhaberin einer Leihbücherei, Maria Krüger, eingeweiht, die aber – nach der Anklageschrift – erklärt haben soll, „daß sie mit

Hermann Böse

solchen Dingen nichts zu tun haben wolle ... Sie selbst habe sich vom Kommunismus abgewandt". Diese Schutzbehauptung wurde ihr geglaubt, so daß ihr nun vorgeworfen wurde, daß sie die Sache nicht angezeigt habe.
Die Prozesse fanden durchweg erst 1944 statt. Einige Fälle zog der Volksge- 1944 richtshof in Berlin an sich, andere kamen vor das Sondergericht des Oberlandesgerichts in Hamburg.
Hermann Böse wurde schon im Juli 1943 schwer krank aus dem Polizeigefäng- Juli 1943 nis in Hamburg-Fuhlsbüttel entlassen und starb zwei Tage später in Bremen.
Richard Heller wurde am 6. Juli 1944 in Hamburg hingerichtet. Auch Franz 1944 Jacob hatte 1933 bei der illegalen KPD in Bremen gewirkt, dann drei Jahre im Zuchthaus Oslebshausen verbracht und war während des Krieges einer der führenden Köpfe der KPD in Hamburg; er wurde am 18. September 1944 in Brandenburg hingerichtet.
Im Juni 1943 wurden dann von der Bremer Gestapo elf ehemalige Kommuni- Juni 1943 sten festgenommen, die zusammengekommen waren, um die politische Lage zu besprechen und ausländische Nachrichtensendungen abzuhören. Im allgemeinen aber traten wie immer politische Gründe bei den Festnahmen zurück.
Der Bremer Kommunist Konrad Rieder, der 1940 wegen gefälschter Papiere und wegen Verstoßes gegen das Heimtückegesetz zu acht Monaten Gefängnis verurteilt worden war, wurde am 5. Mai 1944 vom Volksgerichtshof zum Tode verurteilt, weil er erklärt hatte, „daß wir wegen des Luftterrors nicht mehr lange aushalten könnten und daß wir in vier Wochen Frieden hätten, wenn der Führer nicht mehr da wäre."
Andere Oppositionelle, die lange in Zuchthäusern und Konzentrationslagern inhaftiert gewesen waren, wurden zur berüchtigten Strafbrigade 999 eingezogen und zu besonders gefährlichen Einsätzen, etwa zum Minenräumen, abkommandiert. Zu diesem Personenkreis gehörten der Kommunist Georg Bauer aus St. Magnus und Willy Voß aus Oslebshausen, die beide in Jugoslawien fielen, sowie der Arbeiter Wilhelm Kulla, der ebenfalls bei einem Einsatz der Strafabteilung umkam.
Viele von denen, die schon 1933–1936 zu hohen Zuchthaus- und Gefängnisstrafen verurteilt worden waren, ließen auch nach ihrer Entlassung nicht locker, so Leo Drabent auf der AG „Weser", der während des Krieges bei den Werftarbeitern „ein Netz von Dreier- und Fünfergruppen" organisierte und mit der Hamburger Parteiorganisation Verbindung aufgenommen haben soll, schließlich zum Tode verurteilt und am 20. November 1944 hingerichtet wurde, und Robert Saevecke, der 1943 verhaftet wurde und wahrscheinlich 1945 in einem Lager in Holland umkam. Auch der Schlosser Hermann Cornelius in Grohn gehörte zu den Verurteilten von 1936; während des Krieges

(1943) erhielt er erneut eine Zuchthausstrafe und starb im Januar 1945 im Gefängnis in Celle. Zu den unermüdlichen Kommunisten gehörte zudem der illegale Leiter des KP-Bezirks Nordwest von 1936 Conrad Blenkle; während des Krieges wirkte er von Dänemark aus nach Norddeutschland, wurde aber verhaftet und am 20. Januar 1943 in Plötzensee hingerichtet. Einer der prominentesten und konsequentesten Bremer Kommunisten war sicher Meyer-Buer, der lange Zeit im Konzentrationslager gesessen hatte, aber dennoch 1940 in einer großen Bremer Uhren- und Schmuckfirma als Buchhalter eingestellt wurde, dann 1944 vom Inhaber als unentbehrlich gemeldet und damit vor einem Arbeitseinsatz im Frontgebiet bewahrt wurde.

1944   1944 beobachteten SD und Gestapo von Bremen aus auch den Künstlerkreis in Worpswede. Im März gab es Denunziationen und das Einschleusen eines Gestapo-Spitzels. Belastendes wurde jedoch nicht beobachtet.

Die Beurteilung der Widerstandsgruppen durch den Generalstaatsanwalt beim Oberlandesgericht in Hamburg lautete am 1. Juni 1944: „Diejenigen alten Kommunisten, die strafrechtlich gefaßt werden, betreiben als Einzelgänger kommunistische Mundpropaganda. Organisatorische Vorbereitung des Hochverrats kommt – abgesehen von der Sache Bästlein und anderen – kaum noch vor. Die SPD scheint völlig tot zu sein."

Was nun die von den Kriegsgefangenen und ausländischen Arbeitern ausgehenden Gefahren angeht, so wurden sie zunächst gering eingeschätzt. Beunruhigung gab es aber seit 1944. Es erschienen Presseberichte, nach denen Wehrmachtsangehörigen durch einen Überfall Schußwaffen abgenommen wurden. Es gingen zudem Gerüchte um, daß sich ausländische Arbeiter bereits Waffen besorgt hätten und auf das Losschlagen warteten. Der Generalstaatsanwalt in Hamburg meinte jedoch, „die Gestapo (habe) durch Lager-Überwachung und sonstige geeignete Vorkehrungen (Bewaffnung von zuverlässigen Werkschutzleuten usw.) in Betrieben ... das Erforderliche getan."

20. Juli 1944   Nach dem 20. Juli 1944 wurde – wie bereits dargestellt – die Aktion „Gewitter" in Bremen ausgelöst: Bürgerschaftsmitglieder und Senatoren der SPD und KPD sowie Gewerkschaftssekretäre wurden verhaftet, wie sie im Adreßbuch von 1933 gestanden hatten. Es handelte sich um etwa 50 Personen. Auch Wilhelm Kaisen war darunter; er wies darauf hin, daß er bei der Erntearbeit dringend benötigt werde und wurde wieder entlassen, doch mit der Auflage, sich auf seinem Hof in Borgfeld aufzuhalten. Die anderen Personen wurden ins Arbeitserziehungslager Farge überführt, die meisten von ihnen jedoch bald wieder entlassen. Im Herbst 1944 hieß es dann auch, daß „gelegentliche Schmierereien mit kommunistischer Tendenz ... wieder zu verzeichnen" seien. Aufsässigkeit bei politischen Justizgefangenen gebe es nicht.

Die Fälle, in denen pessimistische Äußerungen über den Kriegsverlauf und abfällige Bemerkungen über NS-Größen als Wehrkraftzersetzung oder Vorbereitung zum Hochverrat bewertet wurden und zu Todesstrafen bzw. hohen Zuchthausstrafen führten, nahmen in dieser Zeit stark zu.

Das Ende der bremischen Juden und anderer „Minderheiten"

Durch Verordnung vom 4. Juli 1939 wurde die „Reichsvereinigung der Juden in Deutschland" geschaffen, um die jüdische Auswanderung zu fördern. In Bremen standen ihr nicht unerhebliche Vermögensmittel zur Verfügung, 1942 etwa eine halbe Million RM, wogegen die Mittel der Israelitischen Gemeinde in dieser Zeit nur noch gering waren. Alle jüdischen Konten wurden dann im Juli 1943 eingezogen. Nach Kriegsausbruch nahmen die Chancen für eine Auswanderung der Juden ab; vielfach gelang sie aber doch noch, und zwar über Holland, Italien und die Schweiz. Bis zum Sommer 1941 waren 930 Bremer Juden ausgewandert, im Oktober 1941 wurde die Auswanderung dann untersagt, die Deportation und Vernichtung begann.
In dieser Zeit wurde die Brutalität der Judenpolitik auf die Spitze getrieben. Seit Mitte September 1941 hatten alle Juden vom 7. Lebensjahr ab in der Öffentlichkeit einen gelben „Judenstern" zu tragen, sie wurden bei der Zuteilung von Lebensmitteln, Kleidung usw. stark benachteiligt. Vor allem wurden sie von „Sonderzuteilungen" (von Lebens- und Genußmitteln) ausgeschlossen. Ihre Lebensmittelkarten bekamen den Stempel „J"; sie erhielten besondere Einkaufszeiten und Verteilungsstellen zugewiesen. Seit September 1942 wurden Juden vom Bezug der meisten eiweishaltigen Nahrungsmittel (Fleisch, Eier, Milch) ausgeschlossen; doch zu dieser Zeit gab es nur noch wenige Juden in Bremen.
Am 18. November 1941 wurde der größte Teil der in Bremen verbliebenen Juden unter dem Vorwand eines Arbeitseinsatzes im Osten nach Minsk deportiert. Ältere und Gebrechliche blieben zunächst zurück. Es gab mancherlei Anträge von Firmen, die ihre jüdischen Arbeitskräfte behalten wollten, doch ohne Erfolg. Auch in manchen kirchlichen Kreisen wurde die Deportation aus humanitären Gründen kritisiert, und es wurden Hilfsmaßnahmen organisiert. In der Bekennenden Gemeinde Stephani-Süd gab es deswegen einige Verhaftungen und Geldstrafen.
Die Abfahrt erfolgte vom Bremer Hauptbahnhof; die Juden durften in bestimmtem Umfang Gepäck und Arbeitsgerät mitnehmen. Der Transport umfaßte 570 Personen (darunter 63 Kinder unter 14 Jahren), 440 aus Bremen. 254 Juden blieben dann noch in Bremen zurück; von ihnen lebten 99 in Mischehe,

4. Juli 1939

1941

18. Nov. 1941

andere waren über 65 Jahre alt. In Minsk nahm ein Arbeitslager die Juden auf;
28./29. Juli 1942 der größte Teil überlebte den Winter 1941/1942; doch erfolgte dann am 28. und 29. Juli 1942 eine „Liquidierung" großen Ausmaßes: etwa 10 000 Juden, darunter auch die aus Bremen stammenden, wurden umgebracht.

Für die noch in Bremen lebenden 250 Juden war das Leben hart und bitter; der Zusammenhalt lockerte sich, es gab viel Streit und Hader, zumal sich der Selbsterhaltungstrieb mit mancherlei Egoismus immer mehr breitmachte. Es
23. Juli 1942 gab Anbiederungsversuche bei der Gestapo und Spitzeldienste. Am 23. Juli 1942 ging dann ein Transport älterer Juden ins Getto Theresienstadt, das sich im Festungsgelände befand. Das jüdische Altersheim in Gröpelingen war bis Juli 1942 mit 130 bis 140 Personen überbelegt gewesen. Alle Insassen wurden nun deportiert, das Gebäude ging an das 18. Polizeirevier und an die Deschimag (AG „Weser"). Von Theresienstadt erfolgten Überweisungen ins Vernichtungslager Auschwitz, aber auch in Theresienstadt selbst war die Todesrate sehr hoch. Die Zahl der hier umgekommenen Bremer Juden wird auf 140 geschätzt. Nur die in Mischehe verheirateten Juden blieben in Bremen zurück. Zum Gemeindeführer wurde Karl Bruck berufen. Seine Tätigkeit, die er in Zusammenarbeit mit der Gestapo erledigte, war sehr heikel und konnte das Leben der wenigen in Bremen verbliebenen Juden nicht erleichtern.

Diese so nüchtern dargestellten Ereignisse waren die Folge einer mit kalter Brutalität geplanten und betriebenen Vernichtungspolitik. Die damit verbundene Tragik für die Einzelmenschen übertrifft unser Vorstellungsvermögen und läßt sich nicht angemessen darstellen. Gewiß, das letzte Kapitel des Leidens wurde in Minsk, Theresienstadt und Auschwitz geschrieben und die Voraussetzungen wurden in Berlin geschaffen; doch war Bremen für die hier ansässigen Juden die Heimat, aus der sie brutal verstoßen wurden. Sicher ist den Bremern damals nicht beußt gewesen, was mit ihren jüdischen Mitbürgern am Ende geschah; viele empfanden die Deportation, deren Zeuge sie ja waren, als himmelschreiendes Unrecht, doch die meisten nahmen es in einer Zeit so vieler Leiden, die jeder ertragen mußte, gleichgültig hin – als Wille des Führers, als unabwendbares Geschick oder aber auch als Verbrechen eines Staates, dem nicht beizukommen war. Das alles ist schier unbegreiflich, und das erklärt wohl auch zum Teil, daß wir schon wenige Jahrzehnte nach dem Ereignis wieder vor einer Diskussion über die „Auschwitz-, Minsk- oder Theresienstadt-Lüge" stehen, die eben keine Lüge ist, sondern eine bittere Wahrheit, die vielleicht nur noch jene halbwegs begreifen können, die in jener Zeit gigantischer Verbrechen auf allen Seiten (nicht nur der Deutschen) gelebt haben.

1937 Einer Vernichtungsaktion waren auch die „Zigeuner" ausgesetzt. 1937 wurde beim Reichskriminalamt in Berlin eine „Reichszentrale zur Bekämpfung des

Zigeunerunwesens" eingerichtet. Die Kripo-Leitstelle Bremen erhielt den Auftrag, die in ihrem Bereich befindlichen Zigeuner erkennungsdienstlich zu erfassen. Dabei erfolgte auch eine rassenmäßige Zuordnung. An mehrere (nicht alle!) Zigeuner erfolgte die Aufforderung, sich in den Städtischen Krankenanstalten sterilisieren zu lassen. Wer sich weigerte, wurde in ein Konzentrationslager eingewiesen. Die Zahl der in Bremen sterilisierten oder ins KZ eingewiesenen Zigeuner ist unbekannt; Kenner des Problems halten sie für gering. Ende April 1940 wurden Zigeuner, die sich in ländlichen Gebieten April 1940 aufhielten, festgenommen und nach Bremen gebracht, wo sie im Sammellager Schützenhof in Gröpelingen untergebracht wurden. Dann wurden sie am 16. Mai 1940 nach Hamburg transportiert, angeblich um sie nach Polen auszu- Mai 1940 siedeln. Dort wurden sie aber nicht seßhaft und von der Bevölkerung nicht akzeptiert. Die Wehrmacht schickte sie zum größten Teil wieder nach Deutschland zurück. Im März 1943 gab es eine weitere Aktion, bei der nun alle März 1943 Zigeuner in Bremen festgenommen wurden; Bremen war auch Sammelplatz der nordwestdeutschen Zigeuner. Sie wurden in einem Schuppen des Schlachthofes untergebracht. Nachdem ihnen ein Teil ihrer Habe abgenommen worden war, erfolgte die Überführung nach Auschwitz durch einen Beamten der Kriminalpolizei. Dort wurden die meisten von ihnen umgebracht.

Auch manche „Bibelforscher" gaben ihr Leben für ihre Überzeugung, ohne daß sie zu politischen Aktionen bereit gewesen wären. Sie verweigerten den Dienst mit der Waffe, wie etwa der 21jährige Schweißer bei den Atlas-Werken, Alfred Bostelmann, der 1942 zur Heimatflak einberufen wurde und den ein Kriegsgericht zum Tode verurteilte. Er wurde am 26. März 1943 in Brandenburg hingerichtet.

e. Die bremische Wirtschaft im Kriege

Wirtschaft allgemein

Dem Senator für die Wirtschaft, Otto Bernhard, unterstanden im Kriege drei Abteilungen: I für Schiffahrt, Handel und Gewerbe unter dem Präsidenten Dr. Werner Mohr, der den zum Reichskommissar in Holland abgeordneten Präsidenten Dr. Carl Völckers vertrat; II für Häfen und Verkehr unter dem Präsidenten Eduard Grunow; III für Preisbildung und Preisüberwachung, ebenfalls unter Dr. Mohr.

Senator Otto Bernhard, ein Kaufmann, war eine schwache Persönlichkeit und überließ die Arbeit durchweg seinen Abteilungsleitern. Die Eigenständigkeit der Wirtschaftsverwaltung war ohnehin durch zahlreiche zentrale Verfügungen und die Tätigkeit von Reichskommissaren und Bevollmächtigten für einzelne Wirtschaftszweige erheblich eingeschränkt, so daß es sich bei den Aufgaben des Wirtschaftssenators im wesentlichen um den Vollzug staatlicher Wirtschaftspolitik handelte. Dabei blieb es noch eine offene Frage, wieweit man sich in Bremen bei deren Interpretation nach den Vorstellungen des Reichsstatthalters, des Gau- und Kreiswirtschaftsberaters sowie anderen Parteistellen zu richten hatte, die sich ebenfalls, z. T. recht laienhaft und voreingenommen, mit wirtschaftspolitischen Fragen beschäftigten. Auch die Landeswirtschaftskammer und die Gauwirtschaftskammer (Nachfolgerin der Industrie- und Handelskammer) äußerten sich oft mehr oder weniger maßgeblich über die Wirtschaft. Es bleibt erstaunlich, daß das Wirtschafts- und Ernährungsamt keineswegs dem Senator für die Wirtschaft, sondern dem Senator für die Innere Verwaltung unterstand. Keine Frage: im ganzen war der „Wirtschaftssenator" ein sehr schwaches Ressort; das war ein Zustand, der keinesfalls ganz ohne Kritik hingenommen wurde, während des Krieges jedoch auch nicht mehr geändert werden konnte, selbst wenn Gauleiter Wegener den guten Willen dazu gehabt hätte.

Es ist ganz aufschlußreich, wie man beim Senator für die Wirtschaft die Lage Bremens bei Kriegsausbruch beurteilte. Ein fanatischer Nazi entnahm den

Sept. 1939

bremischen Akten am 19. September 1939 ein Schriftstück, das einen sehr kritischen Standpunkt vertrat, und übersandte es der Reichskanzlei, in deren Akten es sich heute noch befindet. Der Verfasser beklagte sich darüber, „daß alles getan werde, Bremen als ‚Stütze deutscher Außenwirtschaft' zu zertrümmern und gegenüber Hamburg zu benachteiligen." „Man scheint nicht zu verstehen und nicht beurteilen zu können, daß das, was man Bremen nimmt, nicht etwa der Schwesterstadt Hamburg, sondern den westlichen Hafenplätzen Antwerpen, Rotterdam und Amsterdam zugute kommt." Da der Hamburger Gauleiter Kaufmann 1939 Reichskommissar für die Seeschiffahrt wurde, schien in der Tat die Bevorzugung Hamburgs gegenüber Bremen dem Willen der Machthaber zu entsprechen. Doch ergaben dann die Kriegsverhältnisse immer mehr, daß beide Häfen dringend benötigt wurden, um den Bedürfnissen der Schiffahrt, vor allem dem Import von Massengütern, gerecht zu werden. Gleich im Anfang des Krieges, im September 1939, bemühte sich der Präses der Industrie- und Handelskammer, Bollmeyer, mit Hamburg zu Wirtschaftsabsprachen zu kommen, wobei es vor allem um eine Kredithilfe für den Export ging. Die Firmen, die in Übersee nachweisbar Forderungen hatten, sollten von den Banken mit staatlicher Bürgschaft Vorschüsse erhalten. Exportfirmen ohne Reserven sollten durch Kredite in die Lage versetzt werden, ihre Auslandsbeziehungen aufrecht zu erhalten, soweit das überhaupt noch

möglich war. Der Zinssatz sollte unter 3 % liegen. Die von den Kammerpräsidenten in Bremen und Hamburg erarbeiteten Vorschläge gingen an die Reichsstatthalter in Hamburg und Oldenburg sowie an das Reichswirtschaftsministerium.

Ein Schreiben des Kreiswirtschaftsberaters der NSDAP an seinen Vorgesetzten im Gau vom 10. November 1939 zeichnete ebenfalls ein düsteres Bild von
der Auswirkung der Kriegsverhältnisse auf den Handel. Einer Ausweitung im
Norden und Südosten standen viele bürokratische Hindernisse im Wege, vor
allem aber erschien ein Neuaufbau des Exportgeschäfts sehr riskant und nur in
Verbindung mit einem Anteil an der einträglichen Einfuhr zu rechtfertigen.
Auf keinen Fall aber ließen sich die verlorenen Märkte des Außenhandels voll
ersetzen. Der Textil- und Einzelhandel mußte im Rahmen der Kriegswirtschaft ohnehin erhebliche Einschränkungen erwarten.

Die Versorgung der Rüstungsindustrie war während der gesamten Kriegszeit
ein vordringliches Problem. Zum 21. März 1940 lud der Kommandeur des Rü-   21. März 1940
stungsbezirks Bremen zu einer Besprechung im Schütting ein. Hier ergab sich,
daß die bisher beschlossenen Betriebsstillegungen nur etwa 1500 Personen für
die Rüstung freigesetzt hatten. Das entsprach bei weitem nicht dem Bedarf. Im
Februar 1943 mußten dann aufgrund von Führer-Erlassen weitere erhebliche   Febr. 1943
Beschränkungen in der Wirtschaft erfolgen. Zahlreiche Einzelhandelsgeschäfte sollte geschlossen werden, doch die Auswahl war schwierig. Erhalten
bleiben sollten vor allem Läden mit gemischtem (also vielseitigem) Angebot.
Großhandelsbetriebe waren durch Zusammenschluß und Schließung auf das
unbedingt erforderliche Maß zu reduzieren. Handwerksbetriebe waren zu
einem großen Teil zu schließen, bei den Gaststätten sollten vor allem Betriebe
mit hohem Aufwand schlagartig aufgegeben werden. Vertreter und Makler
wurden „zu 70 %" für überflüssig erklärt. Alle Maßnahmen sollten in kurzer
Zeit durchgeführt werden.

Deutsche Waren hätten noch im Krieg in großem Umfang in europäische Länder ausgeführt werden können; doch konnten sie von der Industrie nicht in
genügendem Umfang bereitgestellt werden. Der Absatz deutscher Textilien in
Schweden stieß dort auf die englische Konkurrenz; in Finnland, wo die
Engländer ausgeschaltet waren, liefen die Geschäfte besser. In vielen anderen
Ländern war man wählerisch und sehr preisbewußt. Es waren starke Schwankungen und Unsicherheiten zu verzeichnen. Die Exportkontingente der deutschen Wirtschaft wurden immer begrenzter, vor allem nachdem rigorose
Betriebsschließungen stattgefunden hatten und die Rohstoffe knapper wurden. Der Handel litt auch unter der Unsicherheit zahlreicher Währungen und
durch die Einschränkung der Transport- und Liefermöglichkeiten. Schließlich

gingen dann durch die Kriegslage immer mehr Rohstoff- und Absatzmärkte verloren. Eines der Grundprobleme der Kriegswirtschaft war die Bereitstellung von Arbeitskräften für die Rüstungsindustrie, deren Bedarf immer größer wurde und nur durch den Einsatz ausländischer Arbeitskräfte einigermaßen befriedigt werden konnte. Entsprechend der Einrichtung der Gauwirtschaftskammer **1943** Weser-Ems gab es seit 1943 ein Gau-Arbeitsamt mit Sitz in Bremen. Als Präsident wurde der Regierungsdirektor Dr. Alfred Gerber aus Braunschweig berufen. Er war für die Steuerung des gesamten Arbeitseinsatzes im Gau Weser-Ems zuständig und hatte dabei eng mit dem Reichsverteidigungskommissar, der Gauwirtschaftskammer und mit den Wehrmachtstellen zusammenzuarbeiten. Es kam sogleich zu Kompetenz-Konflikten mit dem Gauobmann der Deutschen Arbeitsfront und mit dem Gauwirtschaftsberater, die nun Dr. Ger- **1944** bers Absetzung betrieben. Sie erfolgte Ende 1944.

Die Gauwirtschaftskammer

Die seit 1934 andauernde Diskussion über die Einrichtung einer Bezirkswirtschaftskammer ging auch im Kriege weiter. Immer wahrscheinlicher wurde dann eine Begrenzung auf den Gau Weser-Ems, also die Gründung einer „Gauwirtschaftskammer". Die Diskussion wurde durch die Frage belastet, ob nun der Sitz in Oldenburg oder in Bremen sein solle. Gauleiter Röver wollte die Industrie- und Handelskammer in Bremen auflösen und eine Gauwirtschaftskammer in Oldenburg bilden. Es bestand die Gefahr, daß Röver den Reichswirtschaftsminister zum Verbündeten gewinnen werde. Auf einer Besprechung in Oldenburg Anfang Mai 1942 begleitete der Gauleiter seine Pläne mit unflätigen Ausfällen gegen die bremische Kaufmannschaft. Vor allem aus der Rüstungsindustrie wurde ihm jedoch massiver Widerstand entgegengesetzt. Auch Röver selbst bekam nun Bedenken, und Bürgermeister Böhmcker wurde vom Präsidenten Dr. Duckwitz und bremischen Wirtschaftskreisen veranlaßt, einen Brief an Röver zu schreiben, in dem die Gauwirtschaftskammer in Oldenburg heftig kritisiert wurde. Die Entwicklung wurde dann durch den plötzlichen Tod Rövers unterbrochen, die Entscheidung über die Gauwirtschaftskammer Weser-Ems verzögerte sich um einige Monate.
Der neue Gauleiter Wegener war durchaus bestrebt, der Stadt Bremen ein größeres Gewicht im Gau zu verschaffen. Das Landeswirtschaftsamt befand sich dort bereits, ebenso das Landesfinanzamt, die Außenhandelsstelle Weser-Ems **April/Juni 1942** und das Rüstungskommando. Es bestanden Chancen, auch die seit April 1942 vorgesehene Gauwirtschaftskammer in Bremen zu etablieren. Noch am

468

25. Juni 1942 wollte Hitler das jedoch nicht zulassen, obwohl Gauleiter Paul
Wegener diesen Wunsch aus wirtschaftlichen Gründen geäußert hatte. Hitler
war für Oldenburg, weil es „Gauhauptstadt" sei und „hier die erste nationalsozialistische Regierung gebildet wurde." Unter diesen Umständen wünschte
Wegener nun, daß Bremen unter dem Dach der Gauwirtschaftskammer eine
eigene Wirtschaftskammer behalte. Weitere Kammern schlug er für Osnabrück und Emden vor.

Was den Präsidenten der neuen Gauwirtschaftskammer anbetraf, so hielt
Wegener den Gauwirtschaftsberater Fromm, einen ehemaligen Bettfedern-
fabrikanten, für ungeeignet; er dachte an eine „führende Persönlichkeit der
bremischen Wirtschaft". Noch im Juni 1942 war keineswegs klar, wer diese
Persönlichkeit sein würde. Wegener schlug sogar vor, mit der Einrichtung der
Gauwirtschaftskammer zu warten, bis sie gefunden sei.

Über den Sitz der Gauwirtschaftskammer war Hitlers Entscheidung für Oldenburg keineswegs endgültig. Es gab auch andere gewichtige Meinungen: So
wollte das Oberkommando der Wehrmacht aus wehrwirtschaftlichen Gründen, daß der Sitz nach Bremen komme, wobei die Frage einer Störung der
Arbeit durch Luftangriffe in dieser Zeit noch nicht einkalkuliert wurde. Erst
im November 1942 war dann ganz klar, die Gauwirtschaftskammer werde Nov. 1942
nach Bremen kommen.

Schon am 17. Juli 1942 forderte der Reichswirtschaftsminister Gauleiter Wegener auf, eine Persönlichkeit als Präsidenten zu benennen. In der Regel sollte es
sich um den Präsidenten einer bereits bestehenden Industrie- und Handelskammer bzw. Wirtschaftskammer handeln. Der oldenburgische Kammerpräsident Heuer war von seinem Amt entbunden worden, und so kam nur der
Bremer Karl Bollmeyer in Frage. Dieser setzte sich im September 1942 mit
großer Energie dafür ein, daß der Sitz nach Bremen kam, wobei er auf die
überragende wirtschaftliche Bedeutung dieser Stadt hinwies und auch vorschlug, in Osnabrück und Emden eigene Wirtschaftskammern zu belassen,
sowie in Oldenburg eine Zweigstelle der Gauwirtschaftskammer einzurichten.
Doch zogen sich die endgültigen Personalentscheidungen hin und erfolgten
Ende 1942 zunächst einmal kommissarisch.

Die Satzung der neuen Gauwirtschaftskammer wurde am 1. Januar 1943 von 1. Jan. 1943
Präses Bollmeyer unterzeichnet und am 8. Februar vom Reichswirtschaftsmi- 8. Febr. 1943
nister genehmigt. Damit hörten die Wirtschaftskammer, die Industrie- und
Handelskammer sowie die Handwerkskammer Bremen auf, als eigenständige
Institutionen zu bestehen. Die feierliche Eröffnungsveranstaltung fand am
2. April 1943 statt. 2. April 1943
Der Präsident wurde auf Vorschlag des Beirats vom Reichswirtschaftsminister

*Der Präsident der
Gauwirtschaftskammer
Karl Bollmeyer*

im Einvernehmen mit dem Gauleiter ernannt. Dem Präsidium mußten je ein Unternehmer aus Industrie, Handel und Handwerk angehören. Der Beirat bestand aus höchstens 50 Personen, die vom Präsidenten berufen wurden; in ihm sollten alle Wirtschaftszweige und Regionen vertreten sein. Es gab eine Zwangsmitgliedschaft aller Personen, Unternehmen und Institutionen, die im Gau einen wirtschaftlichen Betrieb unterhielten. Präsident wurde Karl Bollmeyer, Hauptgeschäftsführer Arthur Ulrich (sein Vertreter: Dr. Karl Kohl), freilich nur bis zur Rückkehr von Dr. Bärmann aus dem Felde. Es gab acht Vizepräsidenten als Vertreter der Hauptwirtschaftszweige. Gleichgeordnet waren mit ihnen die Präsidenten der Wirtschaftskammern in Oldenburg und Emden. Im Beirat waren die einzelnen Sachdezernate (Verkehr, Berufsbildung, Zölle, Steuern, Außenhandel, Einzelhandel, bremische Angelegenheiten usw.) vertreten, weiterhin fünf Abteilungen mit ihren Leitern und Geschäftsführern: Industrie (Franz Stapelfeldt), Handwerk (Hans Ehlers), Handel (C. A. Merkel, dann Otto Willich), Fremdenverkehr (Hugo Jahn) und öffentliche Aufträge (Geschäftsführer: Dr. J. E. Noltenius). Offen war auch im Frühjahr 1943 noch die Frage, ob die Häfen von Bremerhaven zur Gauwirtschaftskammer Weser-Ems gehörten oder nicht.

Die Gliederung der Kammer war äußerst kompliziert. Es gab Wirtschaftsgruppen (wie Druck und Papier), die auf das Staatsgebiet Bremen beschränkt
waren und deren Ausdehnung auf den Gau angestrebt wurde. Andere Wirtschaftsgruppen waren durch eine Zweigstelle der Bezirksgruppe Niedersachsen vertreten, so etwa die Bauindustrie; hier wünschte man die Umwandlung
in eine eigene Bezirksgruppe für den Gau. Die Wirtschaftsgruppe Lebens-
mittelindustrie hatte eine Fachuntergruppe Zigarrenindustrie, deren Bezirksgruppe in Bremen den Gau Weser-Ems und einen Teil von Süd-Hannover
umfaßte. Hier war eine Begrenzung auf den Gau Weser-Ems angestrebt. Die
Bezirksgruppe Brauerei umfaßte ganz Niedersachsen und hatte ihren Sitz in
Bremen; das sollte auch so bleiben. Es gab aber auch Bezirksgruppen, die ihren
Sitz zwar im Gau, doch nicht in Bremen hatten. Andere wieder behielten ihren
Sitz außerhalb des Gaues, so die holzverarbeitende Industrie in Hameln, die
Textilindustrie sowie der Zentralheizungs- und Lüftungsbau in Hannover.
Das Gestrüpp von Wirtschaftsinteressen und bürokratischem Perfektionismus
hatte zu einem Organisationsschema geführt, das kaum noch zu durchschauen
war und aus dem es keinen Ausweg gab. So wurden etwa die Bemühungen, aus
der Bezirksgruppe Binnenschiffahrt mit Sitz in Dortmund eine eigene Bezirksgruppe im Gau Weser-Ems auszugliedern, vom Reichsverkehrsminister abgelehnt. Es ist doch erstaunlich, wie man sich mitten im Kriege mit diesem kräf-
teverzehrendem Problem auseinandersetzte, muß man doch daran erinnern,
daß in Stalingrad die 6. Armee aufgerieben wurde, als man sich die letzten
Gefechte in Fragen der Gauwirtschaftskammer lieferte.
Was nun die bisherige bremische „Industrie- und Handelskammer" anbetrifft,
so blieb sie innerhalb der Gauwirtschaftskammer als „Bremer Ausschuß für
Handel, Schiffahrt und Industrie" erhalten und erfüllte ihre bisherigen Aufgaben bei der Vertretung der bremischen Wirtschaftsinteressen weiter.
Deutlich war auch das Durcheinander bei den Handwerkerinnungen, die sich
ja ebenfalls unter dem Dach der Wirtschaftskammer befanden: 44 Innungen
hatten ihren Sitz in Bremen; davon erstreckten sich nur fünf auf den ganzen
Gau und Teile Hannovers, 20 auf Teile des Gaus und Teile Hannovers; drei
hatten ihren Sitz außerhalb Bremens, aber im Gau Weser-Ems, zwei außerhalb
des Gaus mit Zuständigkeit für den ganzen Reichstreuhänderbezirk Niedersachsen.

Häfen und Schiffahrt

1939 Die Hafenfrage an der Unterweser war durch die Gebietsneuordnung 1939 keineswegs grundsätzlich geklärt, zumal die Häfen in Bremerhaven und Geestemünde weiterhin in einem Konkurrenzverhältnis zueinander standen. Im Okt. 1940 Oktober 1940 veranlaßte der Finanzpräsident Dr. Duckwitz den Regierenden Bürgermeister Böhmcker, einen Brief an Gauleiter Röver zu schreiben, in dem vorgeschlagen wurde, die Spezialisierung Wesermündes auf den Fischfang zu fördern. Der Hafen in Nordenham gehörte der Firma Hugo Stinnes, die ihn für den eigenen Bedarf nutzte. Brake trat auf dem Getreidesektor zu Bremen in ein Konkurrenzverhältnis. Bremen wehrte sich nun aber gegen eine Steuerung durch Ausschüsse des Reichs oder Gaues, die die Führungsrolle Bremens in der Hafenwirtschaft an der Unterweser stören konnte. Bremen bot an, den Braker Hafen von Oldenburg zu kaufen und angemessen zu fördern. Ein übergeordneter Ausschuß sollte dann die Verkehrsverhältnisse des gesamten Unterwesergebietes in den Rahmen gesamtwirtschaftlicher Bedürfnisse einfügen. Röver ging auf diesen Vorschlag nicht ein, da er Oldenburger Interessen zu widersprechen schien.

An sich war Bremerhaven kein Kriegshafen, wenn es auch hin und wieder von Kriegsschiffen angelaufen wurde. Bei Kriegsausbruch wurden jedoch nach dem Reichsleistungsgesetz einige Räume in den Maschinenhäusern an der Nordschleuse in Anspruch genommen; hinzu kam ein Kajeplatz südlich der Einfahrt zum alten Lloyddock. Die Kriegsmarine nahm dann aber immer mehr Anlagen in Anspruch: Hafenbecken, Schuppen, Kräne, Plätze für Flakstände usw. Im Sommer 1942 zahlte sie dafür monatlich 200 000 RM. Unterhaltung, Verzinsung und Tilgung des Anlagekapitals von 50 Mill. RM forderten jedoch aus dem bremischen Haushalt jährlich immerhin mehr als 5 Mill. RM. Die Kriegsmarine verweigerte jede Auskunft darüber, auf welche Teile des Hafens sie Anspruch erheben wolle. Bremen strebte an, daß der Kaiserhafen III, der Verbindungshafen, das Wendebecken, die große Kaiserschleuse und die Columbuskaje dem Zivilverkehr vorbehalten bleiben sollten. Man trug sich sogar mit dem Gedanken, die von der Kriegsmarine beanspruchten Hafenteile an diese zu verkaufen, was allerdings einen Verzicht auf die bisherige Stellung im Seehandel bedeutet hätte. So warnte vor allem Präsident Dr. Duckwitz vor diesem Verkauf. Die Diskussion schwächte sich etwas ab, als der Warenhandel geringer wurde und vor allem die Hafenanlagen durch Bomben schwer beschädigt wurden. Große Sorge bereitete aber die Entwicklung in der Zukunft, weil die Stellung Bremens im Wettbewerb mit Hamburg immer schwächer zu werden drohte.

Sehr empfindlich war man in Bremen auch, als das Hafengebiet von Bremerhaven während des Krieges von Kontrollstellen außerhalb des Gaus Weser-Ems
überwacht werden sollte; denn seit 1942 waren die Häfen dem Gaubeauftrag-   1942
ten Weser-Ems des Reichskommissars für die Seeschiffahrt, Direktor Dr. Eggers, entzogen und dem Gaubeauftragten Ost-Hannover, dem Präsidenten der
Industrie- und Handelskammer Wesermünde, Kohnert, zugeordnet. Ebenso
wurden die Häfen dem Reichsverteidigungskommissar Ost-Hannover unterstellt. Gauleiter Wegener (Weser-Ems) forderte im Dezember 1942, daß diese
Entscheidung rückgängig gemacht werden solle. Da er das mit großem Nachdruck tat, hatte er Erfolg: Die Häfen von Bremerhaven wurden nun dem
Reichsverteidigungskommissar Weser-Ems, also Gauleiter Wegener, unterstellt.
Der Hafenverkehr in Bremen ging nach Kriegsausbruch zunächst von 10 500
(1938) auf etwa 7 500 (1940) Schiffe zurück; trotzdem hielt sich die Gütermenge bei der Einfuhr auf etwa 2,5 Mill. Tonnen; bei der Ausfuhr stieg sie
sogar von 0,8 Mill. auf 1,5 Mill. Tonnen. Der Rückgang in Bremerhaven war
freilich sehr stark: die Zahl der Schiffe sank fast auf ein Viertel, der Güterum-
schlag halbierte sich. Das hing damit zusammen, daß Bremen verkehrsmäßig
besser an das Hinterland angebunden war. Während der Überseeverkehr bei
Kriegsausbruch entfiel, konnte der Schiffsverkehr in die Ostsee und zu den
nordischen Ländern größtenteils aufrechterhalten werden. Das schwer geschädigte Überseegeschäft suchte durch ihn nach einem Ausgleich im Osten.
In Polen hatte man Erfolge, im Baltikum gab es durch die russische Besetzung
Schwierigkeiten. Der Zellwollexport wurde allgemein gedrosselt, da Eigenbedarf bestand, die Schiffahrt in der Ostsee war im Winter 1940/41 durch star-   1940/1941
ken Frost behindert. Die Luftangriffe auf die Häfen waren die ersten, die Bremen überhaupt erlebte. Jedoch ist nicht klar zu erkennen, ob nicht die Angriffe
den Hafen-nahen Industrien galten, etwa der Vacuum-Öl-Raffinerie oder den
„Weser"-Flug-Werken. Die britischen Nachtangriffe brachten den Häfen 1940
zwar einzelne Schäden, doch sie beeinträchtigten den Betrieb nur wenig. Erst
im Winter 1940/41 ergaben die Flächenbombardierungen erhebliche Brand-
schäden: einige Schuppen gingen verloren.
Im Frühjahr 1941 erfolgte ein starker Rückgang im Erz- und Kohleumschlag in   1941
Bremen; auch nach Ausbruch des Rußlandkrieges setzte sich die Entwicklung
fort, da viele Erzdampfer das Massengut zur Entlastung der Reichsbahn von
Rotterdam aus in den Osten brachten. Im ganzen stieg der Kajebetrieb von
1940 auf 1941 jedoch an, während der Lagerbetrieb und der Getreideumschlag
erheblich zurückgingen.
Die Situation der bremischen Häfen unter Aufsicht des Hafenkapitäns

W. Mülder wurde im Herbst 1941 recht negativ eingeschätzt. Der Ausbruch des Krieges mit Rußland störte den Skandinavien- und beendete den Rußlandhandel. Die Seeschiffahrt war durch die britischen Seeunternehmungen gefährdet, der Getreidehandel zurückgegangen, die Mühlen waren dadurch nicht mehr ausgelastet. Nur der Massengutverkehr – Erze, Kohle, Holz – hielt sich einigermaßen und wurde durch den vorübergehenden Ausfall von Rotterdam sogar noch gefördert. Doch 1941 verlor der Umschlag durch die stärkere Berücksichtigung von Rotterdam und Hamburg erheblich.

Eine Funktion verlor der Hafen allerdings schon seit 1941 weitgehend: die als Warenlager. Die entladenen und zu verladenden Güter blieben nur sehr kurze Zeit in Speichern und Schuppen, so daß auch deren Verlust die Hafenfunktion nur wenig beeinträchtigte. Nur die Getreideverkehrsanlage war von der Räumung ausgeschlossen, und sie blieb ohne erhebliche Schäden erhalten. Freilich wurde der Zu- und Abtransport bisweilen durch den Mangel an Schiffsraum und durch eine Unterbrechung der Eisenbahnlinien und Binnenschiffahrtswege erschwert, so daß die Lagerung sich länger hinauszog als geplant war. Auch war es ja selbstverständlich, daß sich die Schiffe nur möglichst kurze Zeit im Hafen aufhielten, wodurch der benötigte Liegeplatz verringert wurde. Auch dieser Vorsatz konnte nicht immer in geplanter Weise verwirklicht werden, weil oft genug die Kräne ausfielen und die Schiffe mit eigenem Ladegeschirr oder Schwimmkränen gelöscht werden mußten. Zudem stand für das direkte Umladen auf Eisenbahn und Binnenschiffe nicht immer der nötige Transportraum sofort bereit, und es fehlte an erfahrenen Arbeitskräften.

Es stellt sich in diesem Zusammenhang die Frage, ob denn die Bremischen Häfen während des Krieges überhaupt noch eine wirtschaftliche Bedeutung hatten, da Bremen ja von seinen überseeischen Verbindungen abgeschnitten war und als Kriegsmarinehafen nicht in Frage kam. Man möchte auf den ersten Blick meinen, daß nur die Binnenschiffahrt und der Reparaturdienst für Kriegs- und Handelsschiffe noch eine gewisse Rolle spielten. Das ist jedoch nicht der Fall. Natürlich wurden Schiffahrt und Hafenbetrieb im Kriege den Bedürfnissen der Zeit und damit einer zentralen Steuerung unterworfen. Der Umschlag wurde zwar nach wie vor von privaten Firmen – Lagerhausgesellschaft, einigen Spediteuren und Industrieunternehmen – betrieben. Doch schon seit 1938 versuchte ein „Seeschiffahrtsbevollmächtigter" im Bezirk Ems-Jade-Weser im Auftrage des Reichsverkehrsministeriums nach zentralen Weisungen den Schiffsverkehr, technische Maßnahmen und Arbeitseinsatz in 5. Aug. 1943 den Häfen in milder Form zu lenken. Er unterzeichnete u. a. noch am 5. August 1943 die Seehafenumschlagordnung für Bremen, die den technischen Hafenbetrieb regelte und unter seiner Aufsicht einen „Hafenrat" aus Bremer

Der Eingang zum Hafen nach dem Luftangriff vom 2./3. Januar 1941

Fachleuten vorschrieb. Von tiefgreifender Bedeutung war es, daß Gauleiter Karl Kaufmann, Hamburg, am 30. Mai 1942 zum „Reichskommissar für die Seeschiffahrt" ernannt wurde, der die gesamte Bereederung von See- und Küstenschiffen, d. h. die Zuteilung von Schiffsraum der Handelsmarine, für militärische und zivile Bedürfnisse zentral regelte. Gaubeauftragter des Reichskommissars wurde Dr. Franziskus Eggers, Vorstandsmitglied der Bremer Lagerhausgesellschaft. Er nahm die Vermittlungsstellung zwischen der Behörde des Reichskommissars in Hamburg und den Firmen bzw. Behörden des Hafenbetriebes sowie dem Seeschiffahrtsbevollmächtigten des Reichsverkehrsministers ein. Gaubeauftragter Ost-Hannover und damit zuständig für den Hafen in Bremerhaven wurde Präsident Kohnert. Überall in den Häfen der besetzten Gebiete wurden Agenturen des Reichskommissars eingesetzt. Für die Binnenschiffahrt gab es ebenfalls einen „Wasserstraßenbevollmächtigten des Reichsverkehrsministeriums", dessen Beauftragter (Leiter der Schiffahrtsleitstelle der Binnenschiffahrt) in Bremen der Direktor der Unterweser-Reederei, Hermann Michelau war; aber es gab Kompetenzüberschneidungen

30. Mai 1942

475

mit dem Präsidenten der Verwaltung für Häfen und Verkehr (beim Senator für die Wirtschaft) sowie der Wasserstraßendirektion. Schließlich wurde Dr.

1943 Bernhard Platz, der Präsident der Verwaltung für Häfen und Verkehr, 1943 zum Binnenschiffahrtsbevollmächtigten in Bremen ernannt.

Einer strengen Reglementierung wurde auch der Arbeitseinsatz im Hafen unterworfen. Nach und nach wurden immer mehr ausländische Arbeitskräfte in den Hafenbetrieb eingebaut. Die Vermittlung übernahm das Arbeitsamt auf Anforderung des Gesamthafenbetriebes. Auch der Seeschiffahrtsbevollmächtigte und später der Reichskommissar für die Seeschiffahrt und der Generalbevollmächtigte für den Arbeitseinsatz waren an der Lösung des Problems beteiligt. Die Arbeiter wurden durchweg in Lagern, u. a. auf dem Wohnschiff „Admiral Brommy" im Holzhafen, untergebracht. Zeitweilig wurden auch Luftschutzpolizisten und Soldaten eingesetzt. Aber der Arbeitermangel bewirkte bisweilen, daß Schiffe nicht schnell genug gelöscht werden konnten, obwohl das wegen der Luftgefahr dringend geboten war. 1941 waren 3310 Arbeiter im Hafen eingesetzt, davon 390 Belgier, 220 Holländer und 400 Kriegsgefangene.

1942 Seit 1942 kamen dann Ostarbeiter und vor allem auch russische Kriegsgefangene hinzu. Schließlich waren nur noch die meisten Facharbeiter (Kranführer, Stauer, Handwerker usw.) Deutsche.

Organisation, Wiederherstellungsarbeiten und Bereitstellung von Kriegsgefangenen zeigen, daß man den Hafen im Rahmen der Kriegswirtschaft für sehr wichtig hielt. Freilich war der Umschlag einem erheblichen Wandel unterworfen, der sich freilich nicht in der Gütermenge ausdrückte; der Umschlag hielt

1943/1944 sich im Jahresdurchschnitt bis 1943 auf der gleichen Höhe wie in den letzten Vorkriegsjahren; ja, er hatte noch bis 1944 keine wesentliche Abnahme zu verzeichnen. Freilich gab es in einigen Monaten – bedingt durch Luftangriffe – ein Absinken der umgeschlagenen Warenmenge; aber das war weder erheblich noch von längerer Dauer. Tiefstände gab es 1940 in den Monaten Februar bis März; das dürfte mit dem in Winter gestörten Binnenschiffsverkehr zusammenhängen. Einige Güter gingen stark zurück, weil sie in Friedenszeiten aus Übersee kamen, so etwa Getreide und Düngemittel. Dafür nahm der Erzumschlag im Kriege zu und erreichte 1943 sogar einen Höhepunkt, ebenso war es mit der Zellulose. Andere Kategorien wie Holz, Kohle, Eisen hielten sich bis 1943 bzw. 1944 auf Friedenshöhe.

Juni 1942 Die Zeit der Katastrophen begann im Hafen im Juni 1942. Am 4. Juni entstanden schwere Schäden am Pier der Getreideverkehrsanlage, an Schuppen und an einem Liegeplatz der AG „Weser".

Herbst 1942 Im Herbst 1942 war der Hafenverkehr „wechselvoll"; die Erzankünfte aus Schweden befriedigten, die Holzeinfuhr ging zurück und der Kohleumschlag

war gering, vor allem wegen der zurückgegangenen Förderleistung der Zechen. Drei zerstörte Hafenschuppen sollten wieder aufgebaut werden: denn es
bestand erheblicher Mangel an Lagerkapazität. Andererseits wurde angesichts
wachsender Luftkriegsgefahren immer noch angestrebt, die Lager im Hafen
möglichst schnell zu räumen. Die Binnenschiffahrt war gut beschäftigt.
Der Zustand der bremischen Häfen war Anfang 1943 noch zufriedenstellend,   Anf. 1943
kleinere Schäden konnten schnell behoben, hier und da durch einen Ausbau
die Lade- und Lagereinrichtungen – vor allem beim Massengutverkehr – an die
neuen Bedürfnisse angepaßt werden. Die Kriegsverhältnisse störten den Hafenverkehr dennoch erheblich, vor allem auch durch die Beschädigung der
Eisenbahnanlagen. Der Seeverkehr war trotzdem im Frühjahr 1943 recht lebhaft, vor allem wurden große Mengen Erz importiert; im Juni waren es immerhin 263 000 Tonnen. Auch die Holzeinfuhr (bes. für die Herstellung von Zellulose) dauerte unvermindert an. Beim Export nahm der von Kohle ab. Einen
großen Anteil am Umschlag hatte der „Wehrmachtverkehr". In den Häfen
fehlte es jedoch an Lagerraum, und auch das Umschlaggerät reichte nicht aus.
Im Frühjahr 1943 traten dann erhebliche Verkehrsschwierigkeiten auf, die den
Abtransport der Einfuhrgüter erschwerten. Der seewärtige Hafenverkehr
blieb jedoch lebhaft: Im Juni wurden 363 000 Tonnen Erz eingeführt, und auch
der Holzimport lief gut. Selbst Kohlen- und Eisenexport nach Schweden be-
lebten sich wieder.
Ein erster Höhepunkt der Schäden wurde seit Juni 1943 durch den Wechsel   Juni 1943
von amerikanischen Tag- und britischen Nachtangriffen erreicht: Versenkte
Schiffe, zerstörte Kräne und Gleisanlagen erschwerten den Hafenbetrieb ganz
erheblich.
Die Luftangriffe auf Hamburg im Juli 1943 brachten freilich noch mehr Schiffe   Juli 1943
nach Bremen, so daß es hier zeitweilig einen „Stau" gab. Im Herbst lief der
Hafenverkehr wieder flüssig, während die Schwierigkeiten beim Abtransport
größer wurden. Dann aber trafen die Luftangriffe auf Bremen auch die Häfen
immer mehr; doch gelang es zunächst noch, den Betrieb in alter Höhe aufrechtzuerhalten. Für die Instandsetzung fehlte es jetzt vor allem an Arbeitskräften. Die benötigte Zahl von Bauarbeitern wurde mit 215 angegeben, es
standen aber immer nur kleine Kolonnen bereit, die vom Bauhof zugeteilt
wurden. Jedenfalls gestattete der Zustand des Hafens im Sommer 1943 nicht,
daß die vielen Schiffe zügig gelöscht, die Waggons schnell beladen und abtransportiert werden konnten. Es kam hinzu, daß auch der Lagerhausgesellschaft
300 Hafenarbeiter fehlten. Die Engpässe konnten nicht überwunden werden,
so daß die Schwierigkeiten anhielten. Sie steigerten sich noch mit der Zunahme
der Luftkriegsschäden. Im September 1943 wurde dann im Hafen Militär zum

Aufräumen eingesetzt, zudem 200 Ostarbeiter. Dadurch entschärfte sich die Lage etwas; doch immer wieder gab es neue Schäden, die nicht einmal notdürftig beseitigt werden konnten, da auch im Stadtgebiet selbst überall schwere Verwüstungen aufgetreten waren, die den Einsatz von Menschen und Material erforderlich machten. Zudem wurde in dieser Zeit auch der Bunkerbau vorangetrieben. Das Heben mehrerer versenkter Schiffe bereitete Schwierigkeiten.

Nicht so katastrophal sah es beim Einsatz von Hafenarbeitern aus. Sie wurden 1943 sowohl von Deutschen als auch von Franzosen, Italienern und Ostarbeitern gestellt. Die Zahl der Kriegsgefangenen und Ostarbeiter betrug Ende 1943 etwa 1800. Beim Luftangriff im Dezember 1943 flüchtete ein Teil der Russen, konnte aber wieder eingefangen werden. Die bisher im Hafengebiet untergebrachten Ausländer mußten wegen der Zerstörung ihres Lagers in weit entfernten Baracken (in der Huckelriede und auf dem Stadtwerder) einquartiert werden. Es waren in dieser Zeit etwa 1900 Kriegsgefangene und Ostarbeiter im Hafen eingesetzt. Die Zahl der deutschen Hafenarbeiter betrug etwa 700. Anfang 1944 waren 2150 Ostarbeiter einschließlich russische Kriegsgefangene im Hafen tätig.

Im Winter 1943/44 blieb Bremen von Luftangriffen verschont; die Aufräumungsarbeiten konnten daher fortgesetzt werden, und der Hafenverkehr ließ sich in alter Höhe aufrechterhalten. 1944 ging er stark zurück; doch genügten selbst für ihn die erhalten gebliebenen Lade- und Lagermöglichkeiten nicht mehr; alle Pläne für ein „Bauprogramm" mußten scheitern. Es fehlte an Arbeitern und Baumaterial. Seit Juni 1944 wurden die bremischen Hafen so schwer verwüstet, daß man selbst einen provisorischen Betrieb kaum noch aufrechterhalten konnte. Der Tagangriff vom 4. August traf den „Weser"-Flugzeugbau, die Vacuum-Öl-Raffinerie, auch die Roland- und Hansamühle sowie die Norddeutsche Hütte. Und nun rissen die schweren Schäden nicht ab. Im Herbst waren im Europahafen alle Schuppen, Speicher und Kräne zerstört oder unbrauchbar. Im Holzhafen waren alle Läger ein Raub der Flammen geworden. In den Hafenbecken lagen versenkte oder gekenterte Schiffe. Im Überseehafen blieben in einigen Schuppen noch einzelne Abteilungen benutzbar. Die Unterbrechung der Stromzufuhr lähmte den Betrieb überall. Nur Teile des Industriehafens waren noch einigermaßen benutzbar. Im Sommer 1944 klagte man auch über eine Zunahme der Diebstähle im Hafen, dessen Schuppen nicht mehr verschlossen werden konnte. Im Herbst 1944 zeigte der Hafen nur „noch geringes Leben"; auch der Umschlag von Kali und Getreide hatte stark abgenommen.

Da der Hafenverkehr 1944 ohnehin abnahm, genügte die Zahl der zur Verfü-

Gekentertes Schiff im Freihafen 1945

gung gestellten Arbeiter. Im September 1944 wurde die 60-Stundenwoche angeordnet, was vor allem für die schlecht versorgten Kriegsgefangenen und Ostarbeiter unerträglich war. Im Lager „Admiral Brommy" im Holzhafen waren im Oktober 1944 etwa 1200 Ostarbeiter, 200 Italiener und 300 Kriegsgefangene untergebracht. Luftschutzräume standen für sie nicht zur Verfügung. Sie gingen bei Alarm durchweg in Splittergräben oder ins freie Feld. Erst Ende 1944 konnten sie einen Erdbunker am Waller Friedhof benutzen. Das Lager war bis Ende 1944 aber nicht eingezäunt.

In der Zeit vom 1. September 1944 bis 17. Februar 1945 konnten unter Einsatz großer Trupps von Luftschutzpolizisten, Fremdarbeitern, Kriegsgefangenen, Strafgefangenen und KZ-Häftlingen die Aufräumungsarbeiten soweit vorangetrieben werden, daß an einigen Stellen im Hafen der Betrieb wieder aufgenommen werden konnte, sogar einige versenkte Schiffe gehoben wurden; einige Schuppen waren jetzt ganz oder teilweise wieder benutzbar, 55 Kräne konnten eingesetzt werden, und 1520 m Kaje waren frei zum Anlagen.

Es ist ganz aufschlußreich, wie sich der wichtige Erzimport aus Schweden und Norwegen in dieser Zeit entwickelte: Im Januar 1944 wurden noch

137000 Tonnen umgeschlagen; die Menge sank bis April 1944 auf 87000 Tonnen, stieg dann aber im Juni 1944 noch einmal auf 166000 Tonnen und im August sogar auf 231000; dann aber kam der Abstieg auf 112000 Tonnen im September, 53000 Tonnen im Oktober, 31000 Tonnen im November und 11000 Tonnen im Dezember. In dieser Zeit riß der Verkehr mit Skandinavien praktisch ab, die Ostsee ging als deutscher Handelsraum verloren, und die Schiffsverbindung nach Norwegen konnte nur noch mühsam aufrechterhalten werden.

Jan./Febr. 1945 Im Januar 1945 wurden in den Häfen noch fast 100000 t Güter umgeschlagen, während es sonst etwa 500 bis 700000 t waren. Ende Februar 1945 war der Zustand der bremischen Anlagen „trostlos". Nur die Eisenbahnstrecken und einige Schuppen konnten in Betrieb gehalten werden. In den letzten Kriegswochen trafen dann noch einmal einige Angriffe die Häfen schwer; wobei auch mehrere Schiffe und Kräne versenkt wurden.

1943 In Bremerhaven, wo die Häfen weitgehend von der Kriegsmarine beansprucht wurden, gab es auch 1943 kaum noch einen Seegüterverkehr. Unter den Umschlaggütern standen Kohlen, Kies (für Bunkerbauten) und Wehrmachtgüter im Vordergrund.

Der Zweite Weltkrieg brachte auch einen starken Rückgang der Fischauktionen und damit Verluste für den Gesamtbetrieb. Den privaten Aktionären der „Seefischmarkt AG" wurde angeboten, daß sie ihre Anteile zum Kurs von 50 % des Nennwertes an den Staat Preußen verkaufen könnten. Das wurde angenommen, so daß Preußen nunmehr einziger Aktionär der „Seefischmarkt AG" war. Gleichzeitig (1941) verzichtete Bremen auf seine Anteile an der „Fischereihafen Wesermünde/Bremerhaven GmbH" zugunsten von Preußen, so daß nunmehr eine Fusion mit der „Seefischmarkt AG" erfolgen konnte, eine Tatsache, die während des Krieges keine große Bedeutung hatte, doch nach dem Kriege nach Zerschlagung des preußischen Staates im Zusammenhang mit dem Wiederaufbau der Fischmarktwirtschaft zu mancherlei Streitigkeiten

Anf. 1942 führte. Anfang 1942 schloß die so entstandene „Seefischmarkt Wesermünde GmbH" mit Preußen einen Betriebsüberlassungsvertrag, wobei die Kajemauern, Hafenbecken und Schleusenanlagen in staatlicher Verwaltung blieben.

Die Industrie, vor allem die Rüstungsindustrie

Das Land Bremen hatte 1939 einige große Betriebe. An der Spitze stand die AG 1939 „Weser" mit mehr als 13000 Beschäftigten. Es folgten: der Focke-Wulf-Flug-zeugbau (9800), Carl F. W. Borgward (6500), „Weser"-Flugzeugbau (5000), Bremer „Vulkan" in Vegesack (4200), die Bremer Wollkämmerei (4000), die Atlaswerke (2600). Etwa 1000 Beschäftigte hatten auch die Norddeutsche Hütte, die Gußstahlfabrik von Krupp, die Francke-Werke, die Lloyd-Dy-namo-Werke und die Martin Brinkmann AG. Fast alle Betriebe wurden wäh-rend des Krieges durch Bomben schwer getroffen, einige von ihnen total zer-stört.

Vom Landeswirtschaftsamt wurden die Betriebe schon im Anfang des Krieges dringend aufgefordert, daß sie „Waren, Materialien und Maschinen" wegen der Bombengefahr auslagern sollten, soweit sie nicht unbedingt am Ort ge-braucht würden. Einige Betriebsführer entschuldigten sich mit dem Mangel an Waggons und Treibstoff für den Transport. Wenn Betriebe zerstört oder stark beschädigt worden waren, ließen sich die Eigentümer eine Entschädigung auszahlen und versuchten, sich dann aus guten Gründen im Binnenland an-zusiedeln. Bremen wollte dem entgegensteuern, indem es Gelände und Aus-dehnungsmöglichkeiten anbot – in den meisten Fällen ohne Erfolg; denn die Luftgefahren wirkten trotz mancher Standortvorteile doch abschreckend. Noch Anfang 1943 hieß es aber in den Lageberichten der Gauwirtschaftskam-mer Bremen, daß die durch Luftangriff „obdachlos" gewordenen Betriebe durchweg in Notquartieren untergekommen seien und weiterproduzierten. Lagerraum war freilich nicht in genügendem Umfang vorhanden. Kriegswich-tige Vorräte wurden daher zu einem großen Teil ausgelagert. Aber gerade die Rüstungsindustrie hatte ihr Material noch vorwiegend im Stadtgebiet gela-gert.

Erst die Luftangriffe im November und Dezember 1943 beeinträchtigten die Nov./Dez. 1943 bremische Industrie in starkem Maße: Die Jutespinnerei, Atlaswerke, Borg-ward- und Franckewerke wurden schwer getroffen, die Versorgungsleitungen und Verkehrsverbindungen in Mitleidenschaft gezogen. Auch viele wichtige Zulieferfirmen wurden schwer getroffen. Doch konnte in den meisten Betrie-ben nach kurzer Unterbrechung die Produktion ganz oder teilweise wieder aufgenommen werden. Störungen ergaben sich auch durch die vielen Flieger-alarme.

Das wichtigste Industriewerk im Hafen war die AG „Weser" mit einer Beleg-schaft von 12 bis 18 000, davon einem Viertel Ausländer (Zivilarbeiter und Kriegsgefangene) und einem Fünftel Frauen. Die Werft gehörte zusammen mit dem „Bremer Vulkan" in Vegesack wegen des U-Bootbaus überhaupt zu den wichtigsten deutschen Industriewerken der Kriegszeit. Die AG „Weser" baute bereits seit 1936 U-Boote (Typ I A, 712 Tonnen), aber auch Kreuzer, Zerstörer, Torpedoboote und Frachtschiffe. Seit 1939 wurden fast nur noch U-Boote gebaut: 119 vom Typ IX (A, C, D, D-1 und D-2, die 740 bis 1200 Tonnen groß waren) und 43 vom Typ XXI (1600 Tonnen). Das waren etwa 30 bis 40 % der deutschen U-Boot-Produktion. Der Typ XXI wurde auf der AG „Weser" aus Sektionen zusammengebaut, die anderwärts, u. a. auch auf dem „Bremer Vulkan" in Vegesack, hergestellt wurden. Für 1945 war geplant, daß die Werft nur Sektionen bauen sollte, die dann auf anderen Werften, bes. im Bunker „Valentin" bei Farge zusammengesetzt werden sollten. Da die Werft und damit die U-Boote bzw. U-Boot-Sektionen durch Luftangriffe sehr verwundbar waren, wurde mit dem Bau des großen Bunkers „Hornisse" begonnen, bei dem zahlreiche Fremdarbeiter und Gefangene eingesetzt wurden.

Die AG „Weser" gehörte zusammen mit der Seebeck-Werft in Wesermünde und dem „Weser"-Flugzeugbau mit mehreren Zweigwerken im Industriehafen, Delmenhorst und Einswarden zur „Deschimag" (Deutsche Schiffs- und 1944 Maschinenbau AG). Seit 1944 besaß die Firma Krupp 60 % der Aktien und beherrschte die Firma vollkommen. Die AG „Weser" unterlag, wie jede andere Werft, einer scharfen Kontrolle des Hauptausschusses Schiffbau, der das Produktionssoll bestimmte, die Materialzuweisung regelte und die Ablieferung an die Kriegsmarine überwachte. Auf die Betriebsführung wurde schwerer Druck ausgeübt, damit das Ablieferungssoll trotz aller Schwierigkeiten erfüllt wurde. Klappte das einmal nicht, war von einem „Saustall" und von „Sabotage", auch von „Konsequenzen" die Rede. 1944 geriet die AG „Weser" in eine Führungskrise. Bisher war der erfolgreiche Manager Franz Stapelfeldt unangefochtener Betriebsführer. Als die Produktion durch Luftangriffe behindert wurde, erschien im Juli 1944 als Vertreter des Rüstungsstabes Dipl. Ing. Karl Otto Saur auf der Werft, besichtigte sie und machte Stapelfeldt heftige Vorwürfe. In dieser Zeit baute die AG „Weser" auch die Einmann-U-Boote „Molch" und „Biber". Nun wurde der Klöckner-Direktor Heemeyer als Kommissar in die Werft gesetzt, der im Schiffbau nicht bewandert war. Der technische Leiter der Werft war Prof. Dr. Gust. Bauer. Als Stapelfeldt nun wegen seiner Kontakte zu einer Widerstandsgruppe am 3. Oktober von der Gestapo verhaftet wurde, setzte der Hauptausschuß Schiffbau den Leiter des Werkes „Krupp Stahlbau Rheinhausen", Dr. Hans Hermann, am 4. Oktober als seinen Nachfolger ein, der ebenfalls keine Erfahrungen im Schiffbau hatte, aber harten Druck auf die Belegschaft ausübte. Er brachte den Beauftragten des Rüstungsministers in Rumänien, Dr. Reiter, mit, der das Amt eines Direk-

Helling der AG „Weser" mit U-Boot

tors übernahm, aber auch Dr. Hermann bespitzelte und über die Werft nach Berlin berichtete. Im Aufsichtsrat fand man einige führende Bremer Kaufleute.

Auf die AG „Weser" fielen bei 30 Luftangriffen Bomben, doch wurden nur bei 12 größere Schäden angerichtet, und zwar zwischen dem 8. Oktober 1943 und dem 30. März 1945. Es wurde geschätzt, daß etwa 30 % der Werft-Bauten zerstört bzw. schwer beschädigt wurden.

1941 begann die Überführung von Teilen der zur Deschimag gehörenden „Weser-Flugzeugbau-GmbH" ins Sudetenland, nach Berlin Tempelhof und nach Bunzlau in Schlesien. Das Kapital, das 1934 nur 100 000 RM betragen hatte, stieg später auf 12 Mill. RM. Bei der Werft selbst waren größere Verlegungen nicht möglich; doch sollte die Produktion in den großen Bunker „Hornisse" verlegt werden, der jedoch während des Krieges nicht mehr fertig wurde. | 1941

Schon im Dezember 1941 sank ein Schwimmdock, am 29. Juli 1944 ein 100 Tonnen-Schwimmkran, und bei den Angriffen im Februar/März 1945 | Febr./März wurde nicht nur den Gebäuden sondern auch U-Booten, Trockendocks, | 1945 Schwimmdocks und Kränen schwerer Schaden zugefügt. Ein 25 Tonnen- und ein 100 Tonnen-Schwimmkran wurden beschädigt, ein Schlepper und die Schwimmdocks III und V versenkt. Den Verlust an U-Booten während des

Krieges schätzte man auf 18; vier wurden auf dem Helgen getroffen, vier versenkt. Die Produktionsverzögerung durch Fliegeralarm und den Einsatz von Facharbeitern bei Wiederherstellungsarbeiten hatte einen Wert von 10 weiteren U-Booten (für ein U-Boot vom Typ XXI wurden der Zusammensetzwerft

1944/1945 AG „Weser" 120000 Arbeitsstunden berechnet!) 1944 wurden zeitweilig mehr als 3000 Arbeiter für Aufräumungsarbeiten eingesetzt. Großer Produktionsverlust trat vor allem auch dadurch ein, daß die Arbeiter bei Luftgefahr die Bunker aufsuchten. Allein im März 1945 mußte die Arbeit für 109 Stunden eingestellt werden. Es wurde geschätzt, daß während der Produktionsperiode des Typs XXI, also seit Juli 1944, 550000 Arbeitsstunden durch Fliegeralarm verloren gingen. Vermutlich war der tatsächliche Verlust noch erheblich höher. Die Sachschäden wurden auf etwa 30 Mill. RM geschätzt (ohne Schiffe).

Weniger zu leiden hatten der „Bremer Vulkan" in Vegesack. Der Betrieb war zunächst ganz auf den Bau von Handelsschiffen eingestellt. Die Firma „Vegesacker Werft GmbH" gehörte zu den Vereinigten Stahlwerken des Thyssen-Konzerns. Baron Dr. Heinrich Thyssen war auch Mitglied des Aufsichtsrats beim „Bremer Vulkan". Seele des Betriebes aber war der Leiter der Maschinenbau-Abteilung, Dipl.-Ing. Robert Kabelac. Dieser war ein Beispiel dafür, daß das Rüstungsministerium gelegentlich tüchtige Fachleute in wichtigen Stellungen duldete, auch wenn sie den Idealvorstellungen des Nationalsozialismus widersprachen. Kabelac wurde in Wien geboren und hatte erst 1935 die deutsche Staatsbürgerschaft angenommen. Er wurde nie Mitglied der NSDAP, und die phrasenhafte Forschheit der Machthaber war ihm ganz zuwider. Wäh-

1943 rend des Krieges spezialisierte sich die Werft auf U-Boote und stellte bis 1943 74 Boote her. Im Herbst 1943 wurde der „Bremer Vulkan" als Produktionsstätte einiger Sektionen des U-Boot-Typs XXI bestimmt, die dann auf die Zusammensetz-Werften AG „Weser" sowie Blohm & Voß in Hamburg gingen. Bis 1945 wurden Sektionen für 65 bis 79 U-Boote hergestellt. Die letzte Sektion wurde noch am 15. März abgeliefert.

Immer wieder gab es Reibereien mit dem Hauptausschuß Schiffbau, der bemängelte, daß das Soll nicht erfüllt worden sei. Schließlich wurde für die Schweißer sogar eine Arbeitszeit von 72-Wochenstunden gefordert, um den Ausstoß an U-Bootsektionen zu erhöhen. Doch nahm die Qualität der Arbeiter ab, die Zahl und die Länge der Fliegeralarme zu. 1940 wurden 189000, 1944 aber 285000 Arbeitsstunden durch Fliegeralarm verloren. Auch die Zahl der Krankheitsfälle stieg durch die übermäßige Beanspruchung der Arbeiter erheblich an.

Im ganzen wurde die Werft achtmal angegriffen. Die ersten fünf Angriffe wurden seit 1940 von der britischen RAF geflogen. Zwar wurden einige Schäden angerichtet, aber es gab weder Menschenverluste noch eine Beeinträchtigung der Produktion. Der Tiefangriff eines Einzelflugzeuges in der Dämmerung des 27. August 1942 brachte Schäden, die die Produktion um einige Tage verzöger- 27. Aug. 1942 ten. Gefährlicher wurden die Angriffe erst, als die Amerikaner mit ihren Tagangriffen begannen. Der Angriff am 18. März 1943 gehört zur ersten Phase 18. März 1943 dieser Taktik. Er wurde aus 7000 m Höhe zwischen 15.00 und 16.10 Uhr mit 17 Flugzeugen geflogen. Es wurden 268 Spreng- und keine Brandbomben abgeworfen (von deutscher Seite schätzte man 133 Spreng- und 100 Phosphorbomben). Über die Zahl der Treffer (50, 74, 76) und der Toten (108, 133) gibt es verschiedene Angaben. Die Schäden im Werk waren erheblich; sie wurden auf 7 Mill. RM geschätzt. Eine schnelle Wiederherstellung lag im Interesse der Rüstungsindustrie; doch glaubte man, daß die Mittel durchaus vom Unternehmen selbst aufgebracht werden könnten. Es war aber zugleich eine Modernisierung angestrebt, für die Reichsmittel zur Verfügung gestellt werden mußten. Die Arbeit an den U-Booten konnte in beschränktem Umfang schon nach

Nach dem Luftangriff auf den Bremer „Vulkan" am 18. März 1943

einigen Tagen wieder aufgenommen werden; nach sechs Wochen war der Betrieb in vollem Gang. Ein Gutachten empfahl am 16. Oktober 1943 sogar, daß das Unternehmen auch von den Aufwendungen für die Schadensbeseitigung befreit werden müsse.

8. Okt. 1943 Im weiteren Verlauf des Krieges wurde nur noch einmal (am 8. Oktober 1943) ein kleiner Tagesangriff gegen die Werft gerichtet, aber nur eine Bombe richtete geringen Schaden an. Es ist unerfindlich, warum diese leistungsfähige Werft nicht häufiger und wirkungsvoller bombardiert wurde. Die Werft hatte 1945 über 5000 Beschäftigte, davon etwa die Hälfte gelernte deutsche Arbeitskräfte. Je etwa 10 % waren Fremdarbeiter aus westlichen Staaten, Ostarbeiter und Kriegsgefangene. Es kamen offenbar noch etwa 600 Marinesoldaten hinzu.

Für 1945 war geplant, den Bau von Sektionen des U-Boot-Typs XXI in den Bunker „Hornisse" bei der AG „Weser" zu verlegen, wogegen das Zusammensetzen im Bunker „Valentin" bei Farge erfolgen sollte. Das waren Pläne, die gewaltige Baumaßnahmen erforderten. Schon 1941 trugen sich die Rüstungsexperten mit dem Gedanken, den U-Boot-Bau durch große Betonbunker zu

1942 sichern; 1942 nahm diese Absicht angesichts der zunehmenden Luftgefahr feste Formen an. Für Bremen waren solche Bunker für die AG „Weser" und den „Bremer Vulkan" in Vegesack vorgesehen. Sie trugen die Decknamen „Hor-

1943 nisse" und „Valentin". Der Baubeginn war Anfang 1943. Der „Hornisse"-Bunker sollte in unmittelbarer Nähe der AG „Weser" auf der Halbinsel zwischen Weser und Industriehafen liegen (heute „Kap-Horn-Straße"). Der Bunker „Valentin" wurde jedoch nicht in unmittelbarer Nähe des „Bremer Vulkan" geplant. Das hatte seine Gründe u. a. in Platzmangel; vor allem aber wollte die Werft ihre spätere räumliche Entfaltung und eine Rückkehr zum Bau von Handelsschiffen nicht durch riesige Betonbauten versperren und erschweren. Zudem wurde bedacht, daß diese Anlage in Vegesack selbst Wohnviertel gefährdet hätte. Die Anlage in Farge fügte sich in einen riesigen Marinekomplex ein, der sich seit einiger Zeit immer mehr ausweitete: Es entstanden in der Schwaneweder Heide durch die „Wifo" unterirdische Öltanks für U-Boottreibstoff, und überall in jenem Gebiet wurden Lager für Fremdarbeiter, Strafgefangene, Arbeitserziehungs- und Konzentrationslagerhäftlinge sowie für Marinesoldaten gebaut. Mehr als 10 000 Menschen waren hier untergebracht, von denen die meisten beim Bau der Öltanks und des Bunkers „Valentin" eingesetzt waren.

1944 Die im Herbst 1944 entwickelten Pläne des Rüstungsministeriums sahen dann vor, daß im Bunker „Valentin" eine Zusammensetzwerft für den U-Boot-Typ XXI eingerichtet werden solle, während in „Hornisse" Einzelsektionen vorfabriziert werden sollten. Beide Bunker standen also in Beziehung zueinan-

Baustelle des Bunkers „Valentin" in Farge

der. Als Terminplan wurde festgelegt: Produktionsaufnahme in „Valentin" im
März 1945; volle Produktion von 14 U-Booten monatlich um August 1945. 1945
Die Maße des Bunkers waren: 420 m lang, 96 m breit, 29 m hoch, 12,5 m tief.
Die Seitenwände waren 4,30 m dick; die Decke war auf 7 m Stärke geplant und
am Kriegsende zu zwei Dritteln fertig. Das restliche Drittel hatte eine nur
4,30 m starke Decke. Das Bauwerk umfaßte einen Raum von 1,3 Mill cbm und
enthielt etwa 0,6 Mill cbm Beton.

Den Alliierten waren die riesigen Baustellen der Bunker durch Luftaufklärung
bekannt. Sie hielten sie offenbar für U-Boothäfen, nicht für Werften. „Hornisse" war ohne weiteres als unfertig erkennbar; da „Valentin" schon abgedeckt war, wurde vermutet, daß er bereits in Benutzung genommen sei. Auf
diesen Bunker wurden daher am 27. und 30. März zwei direkte Angriffe geflo- 27./30. März
gen, die für die Luftkriegsgeschichte von Bedeutung sind, weil sie den Versuch 1945
unternahmen, einen für bombensicher gehaltenen Bunker zu brechen. Der
Angriff am 27. März wurde von der RAF mittags um 13.00 Uhr geflogen. 18
Flugzeuge warfen aus 5000 m Höhe 173 Tonnen Bomben. Im ganzen waren es
nur 29 Bomben, darunter aber 13 „Grand Slams" von je 10 Tonnen. Zwei die-

487

ser schwersten Bomben trafen die Bunkerdecke an Stellen, wo diese erst 4,30 m stark war. Die Bomben schlugen etwa 2 m in den Beton ein, explodierten dann und brachen die Decke nach innen auf. Dabei entstanden Löcher von etwa 9 m Durchmesser, und etwa 800 Tonnen Beton fielen bei jedem Treffer herab. Die übrigen Bomben bildeten in der Umgebung des Bunkers Krater unterschiedlicher Größe im Erdboden. Der Angriff löste auf der deutschen Seite Besorgnis aus: Er zeigte, daß die bisher geplante Stärke der Decke des Bunkers von 4,30 m – wie man bereits vermutet hatte – den neuen britischen 10-Tonnen-Bomben nicht gewachsen war. Erst recht hätte ihnen keiner der bisher gebauten Luftschutzbunker standgehalten. Diese Tatsache konnte bei der Bevölkerung, die sich in den Hochbunkern sicher wähnte, erhebliche Beunruhigung auslösen. Daß man diese Entwicklung auf deutscher Seite vorausgesehen hatte, erkennt man an der Verstärkung der Decke von „Valentin" auf 7 m. Ob diese Stärke gegen die 10-Tonnen-Bomben einen sicheren Schutz bedeutet hätte, blieb bis zum Kriegsende eine offene Frage. Amerikanische Fachleute nahmen an, daß eine 7 m starke Decke standgehalten hätte.

Der zweite Angriff auf „Valentin" wurde am 30. März 1945 von 31 amerikanischen Flugzeugen aus 6000 m Höhe geflogen. Sie warfen 139,5 Tonnen Bomben. Es waren darunter 62 Sprengbomben von je 2 Tonnen (4500 lbs), sogenannte RA/SP-Bomben („Rocket Assisted/Special Purpose"), deren Durchschlagskraft durch Raketenantrieb unterstützt wurde. Sie wurden auch „Disney"-Bomben genannt. Es wurde von deutscher Seite angenommen, daß eine dieser Bomben die Bunkerdecke traf. Der Zünder ließ die Bombe jedoch offenbar zu früh explodieren, und so entstand nur ein kleiner Krater im Beton von 2,50 m im Durchmesser und 0,7 m tief. Die Decke wurde dabei also nicht durchschlagen. Die übrigen amerikanischen Disney-Bomben vermehrten die Trichter im Erdboden der Baustelle und zerstörten Gebäude und Geräte.

Die Focke-Wulf-Werke sind ein gutes Beispiel dafür, wie Industrie-Unternehmen sich durch Teilung in Einzelwerke und Verlegung in weniger luftgefährdete Gebiete vor den Bomben zu schützen suchten, freilich auf die Dauer ohne durchschlagenden Erfolg.

Direktor war der äußerst bewegliche Dr.-Ing. Kurt Tank. Die Belegschaft umfaßte für den Gesamtbetrieb 30 000 Personen, davon 2070 in Hemelingen, 900 in Hastedt, 2650 auf dem Flugplatz Bremen, 1630 in Adelheide bei Delmenhorst. Der Fremdarbeiteranteil stieg auf etwa 50 % an. Es wurde in drei Achtstundenschichten gearbeitet. Auf die Gesamtwerke wurden zwischen 1940 und 1945 61 RAF- und amerikanische Angriffe geflogen, davon 34 auf die drei Bremer Werke.

Mai 1940 Als die Briten im Mai 1940 ihre Nachtangriffe begannen, standen auch die

Flugzeugwerke auf der Prioritätenliste. Der erste Angriff auf die Focke-Wulf-
Werke im Neuenlander Feld erfolgte am 22. Juni 1940 mit 24 Spreng- und 14   22. Juni 1940
Brandbomben. Alle weiteren Angriffe bis September 1942 waren ohne erhebliche Wirkung auf die Produktion. Die Flugzeugwerke weiteten sich in diesen
Jahren erheblich aus. Beim Angriff vom 12. März 1941 sollten 54 Wellington-   12. März 1941
Bomber die Focke-Wulf-Werke bombardieren. 33 Bomber meinten das Ziel
gefunden und mit 132 Spreng- und 840 Brandbomben belegt zu haben. Die
fotografischen Luftaufnahmen zeigten jedoch, daß nur 12 Bomben getroffen
hatten. Am 3. Januar 1941 wurden allerdings zwei Flugzeuge zerstört und auch
sonst gab es begrenzten Schaden.
Obwohl die Angriffe also keineswegs eine Katastrophe bedeuteten, war die
Betriebsführung über die weitere Entwicklung des Luftkrieges skeptisch. Sie
fühlte sich bestätigt durch die 1000-Bomber-Angriffe 1942, von denen der auf
Bremen in der Nacht vom 25. zum 26. Juni 1942 durchgeführt wurde. Die   25./26. Juni
5. Gruppe des britischen Bomberkommandos sollte die Flugzeugwerke mit je   1942
50 % Spreng- und Brandbomben angreifen. Das geschah bei ungünstigen Ziel-
verhältnissen. Fotografische Luftaufklärung ergab am nächsten Tage die Zerstörung und Beschädigung einiger Gebäude. Die Produktion wurde nur unwesentlich eingeschränkt. Der große Flächenangriff in der Nacht vom 13. zum   13./14. Sept.
14. September 1942 zog auch die Flugzeugwerke in Mitleidenschaft: Sowohl   1942
im Werk Neuenlander Feld als auch in Hemelingen ging die Produktion vorübergehend auf 50 % zurück, erreichte aber nach Wiederherstellungsarbeiten
sehr bald wieder die alte Höhe.
Jetzt wurden Verlegungspläne ernsthaft in Angriff genommen und 1943 im   1943
wesentlichen verwirklicht. Produktionsanlagen waren nun außer den drei Bremer Fabriken: die Werke von Cottbus, Sorau, Posen und Marienburg; andere
Abteilungen (bes. Planungsbüros) befanden sich in verschiedenen kleineren
Orten; Versuchsflugplätze waren Adelheide bei Delmenhorst, Langenhagen
bei Hannover und Detmold. Wichtigstes von den Focke-Wulf-Werken gebau-
tes Flugzeug war der Jäger FW 190; aber es wurden auch in Lizenz Flugzeuge
von Arado, Fieseler, Dornier, Messerschmidt und Heinkel gebaut.
Mit dem 17. April 1943, als die Verlegung zum größten Teil abgeschlossen war,   17. April 1943
begannen die Amerikaner ihre Präzisionsangriffe bei Tage. Einige von ihnen
richteten sich auch gegen die Zweigwerke von Focke-Wulf im Osten. Der erste
amerikanische Angriff am 17. April 1943 wurde zwischen 12.30 und 13.45 Uhr
von 105 Flugzeugen auf das Werk im Neuenlander Feld geflogen; dabei wurden 524 Sprengbomben je 1000 Pfund abgeworfen. 50 % der Fabrikanlagen
und 10 Jäger vom Typ FW 190 wurden zerstört, 10 Flugzeuge beschädigt.
Beim amerikanischen Tagangriff vom 13. Juni 1943 auf Bremen waren 28 Flug-   Juni/Okt. 1943

zeuge beauftragt, die Focke-Wulf-Werke zu bombardieren; beim Angriff am
1944 8. Oktober 1943 waren es 187 Flugzeuge. Die Angriffe wurden auch 1944 bei
Tag und Nacht fortgesetzt. Alle drei Werke in Bremen wurden schwer getroffen.
Noch 1944 erzeugte das Unternehmen 13,2% aller einmotorigen deutschen
Jäger, 24,9% der FW 190. Das Produktionssoll war 1944 4125 Flugzeuge, die
tatsächliche Produktion lag aber nur bei 3020.

Ende 1944 / Anfang 1945 mußten manche in den Osten verlagerten Rüstungsbetriebe aufgegeben werden; darunter war auch ein großes Zweigwerk von
„Focke-Wulf" in Posen, das gesprengt wurde; die dort eingesetzten Beleg-
Jan. 1945 schaftsmitglieder wurden im Januar 1945 nach Bremen zurückgeführt, und
ihre Unterbringung bereitete zu dieser Zeit große Schwierigkeiten.

Das Endergebnis der Luftangriffe waren in Bremen Anfang 1945 gigantische
Gerippe von Gebäuden und Trümmerhaufen, in denen kaum noch eine Produktion möglich war. Da auch die Zweigwerke schwer gelitten hatten und
schließlich auch durch den russischen Vormarsch verloren gingen, nahm die
Produktion sehr schnell ab. Hatte die Fertigstellung im Oktober / Dezember
1944 noch 37% unter dem Soll gelegen, waren es im Januar bis März 1945
66%.

Wie erging es nun den Borgward-Werken im Kriege? Die Entwicklung des
Brutto-Einkommens weist von 1938 (6,5 Mill. RM) ab eine erhebliche Steigerung auf etwa 10 Mill. RM jährlich (so 1940 und 1943) auf. Das steuerpflichtige
Vermögen des Eigentümers stieg von 9 Mill. RM (1938) auf 24 Mill. RM
(1943). Die große Bedeutung der Borgwardgruppe für die Kriegswirtschaft
schlug sich in der Ernennung des Eigentümers zum Leiter des Spezial-Sonder-
ausschusses für Generatoren, zum Bezirksobmann der Rüstungsinspektion im
Wehrkreis X (1943) und zum Vizepräses der Gauwirtschaftskammer Weser-
Ems (1944) nieder. 1943/44 hatten die Borgward-Werke etwa 6500 deutsche
und 2–3000 Fremdarbeiter. Es war also auch von der Größe der Belegschaft
her gesehen im Kriege ein wichtiger Industriebetrieb.

1939 Bis 1939 stand die Pkw- und Lkw-Produktion im Vordergrund (1938 fast
20000, 1939 mehr als 16000 Fahrzeuge). 1940 wurden im Werk Hastedt neben
Fahrzeugen insbesondere Zugkraftwagen und Torpedos hergestellt, im Werk
Sebaldsbrück neben Lkws und Pkws Bombenhüllen. Die Herstellung von
Fahrzeugen blieb aber in beiden Werken erhalten (1943 und 1944 jährlich etwa
10000 Fahrzeuge). Daneben lief die Torpedo-Produktion weiter, zunächst bis
1941 in Hastedt, dann auch in Sebaldsbrück (jährlich etwa 3000 Torpedos,
1944 nur noch 1708).

Da die beiden Werke Borgwards mitten im Industriegebiet des Bremer Ostens lagen, waren sie nicht nur bei Präzisions- sondern auch bei Flächenangriffen sehr gefährdet. Der Angriff vom 1. Januar 1941 brachte erste Schäden, weitere 1. Jan. 1941 gab es bei späteren Bombenwürfen; jedoch konnte die Produktion bis 1944 im wesentlichen gehalten werden. Erst der große amerikanische Tagangriff vom 12. Oktober 1944, der auch dem Werk Hastedt der Focke-Wulf-Werke 12. Okt. 1944 schwere Schäden brachte, zerstörte die Borgward-Werke in Hastedt und Sebaldsbrück fast vollständig. Ein Beauftragter des Rüstungsministeriums erschien in Bremen, um das Problem des Wiederaufbaus oder der Verlegung zu prüfen. Borgward selbst war nun weitgehend ausgeschaltet und zog sich in dieser Zeit grollend und typhuskrank aus dem Werk auf sein Landhaus zurück. Aufräumungsarbeiten führten zwar zu bescheidener Wiederaufnahme der Produktion; jedoch brachte dann der Angriff vom 22. April 1945 dem Bremer 22. April 1945 Osten mit seinen Industriewerken den völligen Ruin.

Die Borgwardwerke am 12. Oktober 1944

491

Eisenbahn und Post

1940 Die Verkehrseinrichtungen standen schon seit 1940 an bevorzugter Stelle der Bomberdirektiven, und so blieb es bis zum Kriegsende. Ziel waren Eisenbahnanlagen, Kraftfahrzeuge, Schiffe, Brücken und Straßen. Die Folge waren: Unterbrechung von Eisenbahnstrecken, Beunruhigung von Reisenden, Verzögerung von Transporten.

1943 Was den Eisenbahnverkehrs anbetrifft, so hatte er auch 1943 trotz aller Störungen durch Bombenangriffe immer noch ein erhebliches Ausmaß. Beim Transport gab es seit Beginn des Krieges Prioritäten: Wehrmacht- und

Anf. 1944 Rüstungsgüter standen an der Spitze. Beim Stückgutverkehr lag Anfang 1944 der Hauptbahnhof mit 3 bis 4000 Tonnen monatlich an der Spitze. Es kamen hier noch etwa 20 bis 30000 Tonnen Güter in Waggons hinzu. Die im Inlandhafen in Wagenladungen transportierten Güter hatten mit 150 bis 200000 Tonnen ein sehr viel größeres Ausmaß. Zudem blieben 40 bis 60000 Tonnen im Zollausschluß. In Bremerhaven war der Stückkguttransport gering, der in Wagenladungen umfaßte in allen Bremerhavener und Wesermünder Häfen etwa 30 bis 60000 Tonnen. Aber auch in Brake trafen 40 bis 70000 Tonnen und in Nordenham 80 bis 120000 Tonnen Massengut in Waggons ein. Wichtige Verladebahnhöfe waren zudem Hemelingen und Bremen-Neustadt.

Aug. 1944 Nach dem Luftangriff im August 1944 ging der Güterverkehr auf dem Hauptbahnhof und im Hafen erheblich zurück, wie allerdings in dieser Zeit der gesamte Güterverkehr rückläufig war. Nur in Bremerhaven/Wesermünde sowie in Nordenham hielt sich das Verkehrsvolumen einigermaßen. Bis Fe-

Febr./ bruar 1945 erholte sich der Güterverkehr in Bremen wieder etwas, behielt aber

März 1945 doch nur ein sehr niedriges Niveau (etwa ein Drittel des Volumens von Anfang 1944). Umleitungen und fieberhafte Wiederherstellungsarbeiten unter Einsatz von zahlreichen Arbeitern, u.a. von Ausländern und Strafgefangenen, erreichten, daß der Verkehr bis Ende März 1945 einigermaßen aufrechterhalten werden konnte. Allerdings behinderte auch der Mangel an Lokomotiven und Wagen sowie die Kohlenknappheit den Personen- und Güterverkehr ganz allgemein. Die wenigen noch verkehrenden Personenzüge waren überfüllt; selbst auf den Trittbrettern und Puffern standen die Menschen. Fahrpläne hatten keine Gültigkeit mehr. Es blieb dem Zufall überlassen, ob man überhaupt einen Zug erwischte. Militärtransporte hatten bis zuletzt absoluten Vorrang. Wichtig war, daß alle Züge nur kurze Zeit auf den Bahnhöfen bzw. im Hafen standen. Um das zu erreichen, mußten Kraftwagen und Ladepersonal durch die Fahrbereitschaft bereitgehalten werden. Das gelang oft nur unter großen Schwierigkeiten. Kriegsgefangene wurden zur Entladung herangezogen. Am

Getarnter Hauptbahnhof 1944

23. März griffen nochmals 120 Lancaster-Bomber die Verkehrsanlagen an, wobei auch nahegelegene Wohngebiete getroffen wurden. Die Eisenbahnbrücke wurde durch Minenbomben so sehr beschädigt, daß sie nicht mehr befahrbar war.

Die Post verband jeden einzelnen mit seinen Verwandten und Freunden in der Ferne, mit Soldaten an den Fronten mit Bürgern in zerbombten Städten und mit bäuerlichen Verwandten, von denen man sich kalorienreiche Pakete erhoffte. Die Post erfüllte ihre Aufgabe mit erstaunlicher Energie, wenn auch – ohne ihre Schuld – mit abnehmender Zuverlässigkeit.

Während des Krieges entfiel der Luft- und Seepostdienst. Es mußten andere Wege der Transporte ins Ausland erschlossen werden. Die gewöhnlichen Briefsendungen nahmen zunächst ab, dagegen stieg aber die Zahl der Feldpostsendungen stark an. Am 15. Oktober 1939 wurde beim Postamt 5 eine Feld- **15. Okt. 1939** postsammelstelle eingerichtet, die dann in die Langenstraße verlegt werden mußte, im Dezember 1942 wurden dort täglich etwa 2300 Sack Feldpost bearbeitet. Im Kriege wurde von Privatpersonen sehr viel mehr geschrieben als in Friedenszeiten. Seit dem 1. Dezember 1943 gab es einen Eilnachrichtendienst, **1. Dez. 1943** durch den jeder Bremer nach einem schweren Luftangriff seinen Verwandten und Freunden ein Lebenszeichen zukommen lassen konnte.

Hinter diesen nackten Tatsachen verbergen sich die Sorgen all jener, die auf die Post als Vermittlerin zwischenmenschlicher Beziehungen angewiesen waren. Die Briefe enthielten oft genug wichtige Lebenszeichen, auch die Mitteilung persönlicher Katastrophen; die Päckchen und Pakete waren gefüllt mit den Schätzen jener Zeit: Rauchwaren, Süßigkeiten, Kaffee, Gebäck und Kleidungsstücken. Jeder Verlust, ja, jede Verzögerung traf den Absender und den enttäuschten Empfänger schwer. Andererseits verminderte sich die Firmenpost; Wirtschaftswerbung gab es im Kriege ohnehin kaum noch.

Seit Kriegsbeginn gab es Pläne über eine Einschränkung des Postverkehrs, manche von ihnen wurden auch verwirklicht. Zunächst wurde seit 1943 zeitweilig die Paketannahme nach schweren Luftangriffen beschränkt. Schließlich **1944** wurden Pakete seit September 1944 nur noch angenommen, wenn ihr kriegswichtiger Inhalt deklariert wurde. Seit August 1944 wurden keine Päckchen und Postgüter mehr angenommen. Eine Ausnahme bildeten Feldpostpäckchen, die durch Ausgabe besonderer Marken beschränkt wurden. Weiter wurden Eilzustellungen nicht mehr ausgeführt. Die Post wurde nur noch einmal täglich ausgetragen usw. Schließlich wurden auch Drucksachen, Geschäftspapiere, Warenproben und Mischsendungen nicht mehr zugelassen. Es wäre aber dem NS-Regime nicht ohne große Gefahren für die Stimmung der Bevölkerung möglich gewesen, den privaten Brief- und Postkartenverkehr erheblich einzuschränken. So blieb in diesem Bereich bis an die Schwelle des Zusammenbruchs fast völlige Freiheit, sogar für „schwere Briefe", die oft als „Päckchen-Ersatz" dienten.

Trotz Androhung schwerer Strafen wurden immer wieder Päckchen gestohlen; nur in Ausnahmefällen wurde der Täter erwischt und gegen ihn eine Zuchthaus- oder Todesstrafe ausgesprochen. 1943 wurde ein Postfacharbeiter am Postamt 5 hingerichtet. Noch kurz vor Kriegsende gab es im Bremer Sondergericht solche Fälle: Eine Postfacharbeiterin erhielt drei Jahre Zuchthaus, weil sie mehrere Briefe, darunter Feldpostbriefe unterschlagen hatte, die Zigaretten enthielten. Eine andere Postfacharbeiterin kam mit neun Monaten Gefängnis davon, weil sie Feldpostpäckchen an sich genommen hatte.

Um wenigstens die wichtigsten Aufträge zu erfüllen, mußte die Post improvisieren, rationalisieren und einschränken. Auch sie beschäftigte ausländische Arbeitskräfte, so holländische, französische und tschechische Postbeamte (im August waren es beim Postamt 5 immerhin 237), hinzu kamen zahlreiche Ukrainerinnen, die in Massenquartieren untergebracht waren. Der Kraftwagenpark verminderte sich; die verbliebenen Fahrzeuge waren abgenutzt und wurden dennoch im Übermaß eingesetzt.

Vor allem die Versorgung ländlicher Gebiete durch Briefträger und Kraftposten wurde immer schwieriger. Schon 1941 sprangen Milchfuhrwerke und „Botenposten" mit Fahrrädern ein. 1943 wurde die Lage ernster, denn auch Fahrräder und Pferdefuhrwerke wurden knapp. Überall gab es Notbehelfe. Im Raum Bederkesa wurde die Post in einem PKW transportiert, der von einem Pferd gezogen wurde; Wertsendungen waren in einer Kiste unter der Motorhaube untergebracht. 1941 1943

Zu den Rationalisierungsmaßnahmen gehörte auch die Einführung von Postleitzahlen Anfang 1944. Beim Postamt 5 An der Weide wurden eine Brief-sammel- und eine Briefleitstelle eingerichtet. In der Sammelstelle wurden die eingelieferten Sendungen aus der weiteren Umgebung Bremens zusammengeführt und dann an die verschiedenen Leitgebiete und an die Feldpost weitergeschickt. In der Leitstelle erfolgte die Bearbeitung aller Sendungen für Empfänger im damaligen Leitgebiet 23, in dem auch Bremen lag; es gelang jedoch nicht immer, mit der anschwellenden Flut der Sendungen fertigzuwerden. Es kam besonders vor Weihnachten und nach Luftangriffen zu Stauungen. 1944 passierten etwa 270000 Sendungen die Sammel- und 250000 die Leitstelle. Anf. 1944

Störungen des Postbetriebes von außen sollten Postschutz und Postluftschutz verhindern. Während der Postschutz seine Bewachungsaufgaben trotz des schlecht bewaffneten und überalterten Personals einigermaßen erfüllen

495

konnte, war der Postluftschutz schließlich in der gleichen hoffnungslosen Lage wie der Luftschutz in anderen Betrieben. Während des Krieges wurden zahlreiche Postämter mit ihren Einrichtungen und der bei ihnen lagernden Post zerstört. Das für den bremischen Postdienst so wichtige Postamt 5 aber

6. Okt. 1944 blieb in seinem Kern erhalten. Am 6. Oktober 1944 wurde die Feldpostpäck-chensammelstelle in der Langenstraße zerstört und nunmehr wieder ins Postamt 5 am Bahnhofsplatz verlegt.

Ende 1944 Schließlich wurden aber seit Ende 1944 alle Sendungen in jene Gebiete ge-sperrt, die von alliierten Truppen besetzt oder die zum Kriegsschauplatz ge-worden waren. Dennoch war nicht zu verhindern, daß sich die unzustellbaren Sendungen, vor allem für die Feldpost, in den Sammelstellen häuften. Auch Verkehrsunterbrechungen führten immer wieder zu Störungen. Die Sendun-gen in besonders luftgefährdete Gebiete wurden vorübergehend einge-schränkt. Bei Kriegsende lagerten im Postamt 5 etwa 70 000 unzustellbare Durchgangspakete der Feldpost, sie wurden später durch Fremdarbeiter geplündert.

Die Deutsche Arbeitsfront (DAF)

Die Kreisverwaltung Bremen der DAF befand sich Anfang 1942 immer noch im „Wilhelm-Decker-Haus" an der Nordstraße, dem ehemaligen Volkshaus.

Jan. 1942 Der Kreisobmann Carl Höpfner wurde im Januar 1942 zum Wehrdienst einbe-rufen und nun durch Johannes Grommé vertreten, dem zugleich die Abteilung „Schulung, Presse und Propaganda" unterstand. Es gab weiter die Abteilun-gen Organisation und Personal, Werkscharen, Sachwaltung (mit Kasse und Unterstützungssachen), Kartei, Rechtberatung, Sozialversicherung und Ar-beitsopfer, Arbeitseinsatz, Leistungswetkampf, Frauen, Jugend, Landwirt-schaft, zudem eine Reihe von Fachabteilungen der einzelnen Berufsgruppen. Angegliedert war die NS-Gemeinschaft „Kraft durch Freude".

Als Hauptaufgaben der DAF in Kriege wurden bestimmt: Soziale Betreuung, Sicherung des Arbeitsfriedens, Erhöhung der Arbeitsleistung, Freizeitgestal-tung, „Betreuung der Umsetzung von Arbeitskräften auf die Kriegswirt-schaft". Die bisherige politische Schulung der Arbeiter und die Bemühungen um die Erhaltung des „Betriebsfriedens" liefen während des Krieges mit ande-ren Akzenten weiter. Hinzu kam nun aber vor allem die Betreuung von deut-schen Dienstverpflichteten und von Fremdarbeitern.

22. Nov. 1939 Am 22. November 1939 erschien Reichsleiter Dr. Robert Ley in Bremen. Er sprach auf einer Betriebsführer-Kundgebung in der Glocke, und hier war nun von der „Heimatfront", an deren Spitze die DAF stehen solle, die Rede.

Dr. Ley besuchte dann einige Betriebe und sprach dort auch vor Arbeitern. Später kam er mehrfach nach Bremen, so am 6. Dezember 1939 und am 22. Januar 1942. Im allgemeinen hielt er seine Rede nur noch vor DAF-Funktionären. Auch andere Parteiführer sprachen in den Betrieben gelegentlich vor Arbeitern, freilich im allgemeinen in den Pausen, um die Arbeitszeit voll einzuhalten. Die letzte DAF-Veranstaltung fand am 18. Januar 1945 in der Glocke 18. Jan. 1945 statt. Kreisobmann Höpfner hielt hier vor den Ortswaltern eine Durchhalterede, in der vor allem auch zu größerer Arbeitsleistung aufgefordert wurde. Große Maifeiern fanden während des Krieges nicht statt, wohl aber wurden am 1. Mai jeweils Betriebe ausgezeichnet und einige kurze Betriebsfeiern abgehalten, sonst aber voll gearbeitet. 1942 verlegte man den „Tag der nationalen Arbeit" auf den 2. Mai, einen Sonnabend. Die Arbeit sollte ruhen, und so hat- 2. Mai 1942 ten die Arbeiter zwei freie Tage. Der 1. Mai 1944 wurde dann zum „Gedenktag 1. Mai 1944 des Kriegsziels" erklärt; es herrschte Arbeitsruhe. Hier und da gab es kleine Betriebsfeiern. Auch während des Krieges blieb das Auszeichnungswesen erhalten. Mehrere Betriebe erhielten „Gaudiplome", einzelne auch die „Goldene

Dr. Ley in Bremen, neben ihm Kreisleiter Blanke

1942 Fahne" (so 1942 Daimler-Benz). Seit 1942 wurde dann die Bezeichnung „Kriegsmusterbetrieb" verliehen. Ausgezeichnete Betriebe durften die DAF-Fahne mit dem Eisernen Kreuz führen. Einzelpersonen erhielten besondere Titel wie „Pioniere der Arbeit" oder wurden mit dem Kriegsverdienstkreuz ausgezeichnet. Zunächst fanden auch während des Krieges eine große Zahl von Betriebsappellen statt; es waren in jedem Jahr hunderte. Auf ihnen wurde immer wieder ein Zusammenstehen der Gefolgschaft beschworen und zu Mehrleistungen aufgefordert. Es mußte auch begründet werden, warum die Arbeitszeit bis auf wöchentlich 60 Stunden heraufgeschraubt wurde. Schulungen für Funktionäre gab es während des Krieges in großer Zahl.

Viel Kraft mußte die DAF auf die Betreuung dienstverpflichteter deutscher und ausländischer Arbeiter verwenden, die durchweg in Lagern untergebracht waren und vielfach mit Lastwagen oder öffentlichen Verkehrsmitteln zu den Betrieben gebracht wurden, wenn nicht diese selbst auf ihrem Gelände Lager unterhielten. Das alles ging nicht reibungslos vonstatten, zumal die Versorgung mit Lebensmitteln und Bekleidung immer schwieriger wurde und vor allem die Unzufriedenheit der Ausländer zunahm. Auch in den Betrieben wurde es immer aussichtsloser, einen Ausgleich zwischen den Forderungen der Betriebsführung und den unterschiedlichen Wünschen der „Gefolgschaft" herzustellen. Die Betriebsarbeit der DAF wurde durch einen Mangel an geeigneten Funktionären sehr erschwert.

Die Werkscharen, die nicht so sehr auf die DAF-Obmänner angewiesen waren, gewannen an Bedeutung. Sie wurden seit 1935 in den größeren Betrieben gebildet, förderten vor allem die politische Mobilisierung der Belegschaften und mußten dann auch Luftschutzaufgaben wahrnehmen. Die Aufstellung wurde im Kriege zwar vorangetrieben, bereitete aber zunehmend Schwierigkeiten, da die Arbeitsbelastung wuchs und die Betriebe bei der Beschaffung von Uniformen zögerten.

Dez. 1939 Im Dezember 1939 entstand ein „Sozialgewerk" der DAF zur Betreuung der Kriegsgefangenenlager und von Frauen in den Betrieben; auch wurde das Flikken von Arbeitskleidung organisiert; Feldpostbriefe an eingezogene Betriebsangehörige wurden geschrieben. Am Brill unterhielt das Sozialgewerk eine Großküche und eine Speisehalle, in den Betrieben entstanden Kantinen, die die Belegschaft mit warmem Essen versorgten. 1944 betreute das „Sozialgewerk" der DAF mehrere „Gemeinschaftslager für fremdvölkische Arbeitskräfte" wie auch Kriegsgefangenenlager auf dem Teerhof, in der Schule Talstraße, auf dem Stadtwerder und an der Hemmstraße. Im ganzen wurden 500 Kriegsgefangene, die in Handwerksbetrieben arbeiteten, betreut. Die Wehrmacht übernahm die Unkosten.

Schon vor dem Kriege begann die NS-Gemeinschaft „Kraft durch Freude" die Betreuung von Soldatenheimen, eine Tätigkeit, die dann seit 1939 steigende 1939 Bedeutung gewann. Die Betreuung der Arbeiter verlagerte sich: Die KdF-Schiffe wurden zu Truppentransportern und Lazarettschiffen, Auslandsreisen kamen nun ohnehin nicht mehr in Frage; auch in Deutschland selbst wurden die Urlaubsreisen sehr stark eingeschränkt. An deren Stelle traten organisierte Fußwanderungen in der engeren Umgebung; Sport-, Theater- und Musikveranstaltungen erhielten ihre Bedeutung. Es gab politische Vorträge, „bunte Abende", Kammermusik, Varieté, Experimentalvorträge. Man zählte 1940 1940 immerhin 263 Veranstaltungen und fast 46000 Teilnehmer. Seit im August 1940 das Luftschutzbunker-Bauprogramm anlief, kam die Betreuung auswärtiger Bauarbeiter hinzu. Auch die „Deutsche Volksbildungsstätte", früher „Volkshochschule", wurde im Rahmen der NS-Gemeinschaft „Kraft durch Freude" wiederbelebt. Die Gründungsversammlung fand am 5. Juli 1941 5. Juli 1941 statt.

Deutsche Arbeiter

Industrie war während des Krieges weitgehend Rüstungsindustrie. Diese hatte von Anfang an unter Arbeitskräftemangel zu leiden. Neue dienstverpflichtete Kräfte mußten erst eingewiesen werden, waren z. T. auch arbeitsunwillig oder -unfähig. Eigentliche Widersätzlichkeit war selten, doch die „Bummelei" wuchs erheblich an. Oft gab es Verwarnungen durch die Gestapo, bei Aufsässigkeit erfolgte eine kurze Festnahme, bei besonderer Hartnäckigkeit erfolgte eine Einweisung ins Konzentrationslager. So konnte das Fehlen von Betriebsangehörigen erheblich gedrückt werden. Im März 1940 wurden 45 Personen wegen Arbeitsversäumnis festgenommen, 80 wurden verwarnt. Die Einweisungen in Untersuchungshaft und Konzentrationslager hielt sich in dieser Zeit noch in engen Grenzen.

Mit erstaunlicher Offenheit berichtete die Gestapo über die schlechte Stimmung bei den Arbeitern vieler Großbetriebe, vor allem bei den Dienstverpflichteten. Im Winter 1940/41 gab es auf der Deschimag (AG „Weser") bei den 15000 Betriebsangehörigen große Schwierigkeiten. Vor allem die Außenarbeiter litten unter der Kälte, da es an angemessener Bekleidung fehlte. Es gab viele Krankmeldungen und häufiges unentschuldigtes Fernbleiben von der Arbeitsstelle. Überall fanden auch erregte Diskussionen statt. Die zur Arbeit in der Werft dienstverpflichteten Süd- und Westdeutschen waren besonders unzufrieden.

Seit dem 15. Juni 1940 war der bisherige Leiter der DAF in Bremen, Otto 15. Juni 1940

Schwenk, als Leiter der Abteilung „Arbeit, Einsatz und Menschenführung" angestellt. Er war zuständig für Einstellungen und Entlassungen, für den Sicherheitsdienst und die Abwehr. Schwenk sah sich sehr bald in seinen Kompetenzen eingeengt und konnte seine Pläne nicht verwirklichen, so daß er resignierte. Die Lage besserte sich nicht wesentlich. Die Meldepflicht für eine zivile Dienstpflicht in der Rüstungswirtschaft erfaßte im Arbeitsamtsbezirk Bremen (mit Bremen, Blumenthal, Delmenhorst und Rotenburg) etwa 17 000 Frauen und 1700 Männer. Ende Februar waren davon aber erst 2900 Personen, durchweg Frauen, eingesetzt. Die Betriebe waren mit ihren Anforderungen sehr zurückhaltend, denn sie mißtrauten der Arbeitsleistung der Dienstverpflichteten. Es wurde zudem immer wieder betont, es fehle zwar nicht an Aufträgen und auch nicht an Arbeitskräften, sondern vor allem an Material. Die Leistungen der Dienstverpflichteten seien gering, die Unkosten bei der Einarbeitung zu hoch. Das Arbeitsamt klagte über die zu große Fülle an Aufgaben, die nicht befriedigend bewältigt werden könnten. In der gesamten Wirtschaft wurde jedoch der Personalmangel immer größer. Zwar versuchte man viele Frauen und Ausländer einzusetzen, doch blieb deren Beschäfti-

1941 gungsmöglichkeit begrenzt, so daß 1941 vor allem der Facharbeitermangel anhielt.

Überall mußten in den Betrieben Überstunden geleistet werden, zumal die Fliegeralarme immer wieder die Arbeit unterbrachen. Es ergab sich, daß bei Fliegeralarm Hunderte von Gefolgschaftsmitgliedern der großen Industriebetriebe nicht in die werkseigenen Luftschutzräume gingen, sondern in Bunker oder Stollen, die als besonders sicher galten. Appelle, das zu unterlassen, fruchteten nicht. So wurde denn die Arbeit nach dem Alarm immer nur sehr schleppend wieder aufgenommen. Bei der Reichsbahn mußte die Arbeitszeit zeitwillig von 9 auf 10 Stunden täglich erhöht werden.

Die Zahl der offenen Stellen wurde in Bremen im Februar 1941 mit etwa 16 000 angegeben (12 000 Männer und 4000 Frauen). An der Spitze standen das Metall- und das Baugewerbe. Im Rahmen des „totalen Krieges" wurden vor

1943 allem seit Anfang 1943 die letzten Arbeitsreserven aus weniger wichtigen Behörden ausgekämmt. Die Eingliederung der freigesetzten Arbeitskräfte in den Rüstungsbetrieben verlief durchaus nicht reibungslos. Im ganzen wurden bis März 1943 vom Landeswirtschaftsamt 4000 Schließungsbescheide ausgestellt, aber 600 – 700 wieder zurückgenommen.

Die meisten Schließungen bezogen sich auf Gaststätten, gefolgt von Einzelhandels- und Handwerksbetrieben. Man schätzte, daß durch die Aktion nur 3000 Arbeitskräfte freigesetzt wurden, von denen wiederum nur ein geringer Teil in der Rüstungsindustrie eingestellt werden konnte. Man ging nun zu weiteren „Betriebsauskämmungen" über, wobei überflüssiges Personal aus den Unternehmen herausgezogen wurde. Große Anlern- und Umschulungsaktionen wurden in Gang gesetzt. Die Behörden mußten zur Ergänzung ihres Personals immer mehr auf Frauen und ältere Jahrgänge zurückgreifen. Dasselbe galt aber auch für die Rüstungsindustrie, die zudem zahlreiche ausländische Arbeiter und Kriegsgefangene beschäftigen mußte. Weiterhin wurde das Auskämmen von Wehrpflichtigen für die Wehrmacht in den Betrieben von der Wehrinspektion Bremen auf höhere Weisung mit aller Härte betrieben, wobei eine Abstimmung mit den Behörden (u. a. des Reichsverteidigungskommissars) und den Wirtschaftskammern erfolgte. Dabei war das Augenmerk auf alle Jahrgänge ab 1901 gerichtet. Monatlich wurde aus den einzelnen Verwaltungs- und Wirtschaftszweigen eine vorgegebene Zahl von Wehrpflichtigen eingezogen, an deren Stelle durchweg Frauen und Ausländer traten. Die Zahl der vom Landesarbeitsamt Niedersachsen bis Ende Mai 1943 bereitgestellten Ersatzkräfte betrug 158000 Frauen und 18000 Männer; man zählte zudem 500000 Ausländer (einschl. Kriegsgefangene), die in den Arbeitsprozeß eingegliedert worden waren. Deren Zahl stieg immer mehr an.

Im September 1943 gab es dann bereits geheime Erlasse, die eine Musterung Sept./Okt. 1943 der Jahrgänge ab 1884 vorsahen; sie sollten den „Landsturm" bilden; später wurde daraus der „Volkssturm". Die Musterung der Jahrgänge 1889–1893 begann am 4. Oktober 1943. In der Industrie gab es immer mehr Probleme durch eine Reduzierung des männlichen Personals und den Ersatz durch Frauen, die zunächst angelernt werden mußten.

Über den Arbeitseinsatz in dieser Zeit sind wir durch einzelne Berichte des Arbeitsamtes Bremen gut unterrichtet. In der Gesamtbedarfsdeckung im Februar 1943 war der Rüstungssektor mit 82 % beteiligt (im Monat vorher waren es nur etwa 55 %). Im ganzen (mit Kriegsgefangenen) wurden den Betrieben mehr als 3000 Arbeitskräfte neu zugewiesen; hinzu kamen 3000 Frauen für Aufgaben der „Reichsverteidigung". Gegenüber dem Vormonat wurde die Gesamtvermittlung um 82 % gesteigert. Im Februar 1943 wurden etwa 1540 ausländische Arbeitskräfte hereingeholt (davon nur 62 Ostarbeiter). Die Zahl konnte in den nächsten Monaten vermehrt werden, im Vormonat waren es nur 1480. Es wurden zudem 230 Kriegsgefangene in Arbeitsstellen eingewiesen. Insgesamt waren 8530 Kriegsgefangene beschäftigt. Im Baugewerbe wurden für die Beseitigung von Fliegerschäden 1000 Baufach- und -hilfsarbeiter eingesetzt; die Zahl wurde dann durch Ausländer stark erhöht. Schwierigkeiten entstanden durch den Abgang der Italiener. Einen Fehlbestand gab es vor allem im Verkehrsgewerbe. Bei den Schulentlassenen blieb eine Steuerung in Mangelberufe wie Landwirtschaft, Baugewerbe und das Handwerk des Formers schwierig. Arbeitsbummelei wurde seit Anfang des Krieges als Arbeitsvertragsbruch empfindlich bestraft: mit Verwarnung, Geldbuße, Gefängnis oder durch Versetzung auf einen anderen, oft schlechter bezahlten Arbeitsplatz, seit 1942 auch durch Einweisung ins Arbeitserziehungslager.

8. Sept. 1944   Am 8. September 1944 wurde die 60-Stundenwoche verkündet und in der Presse umfangreich kommentiert. Für Frauen und Jugendliche von 16 bis 18 Jahren galt eine Arbeitszeit von 56 Stunden. Hatten die Frauen einen eigenen Haushalt, stand ihnen der monatliche „Hausarbeitstag" zu. Sonderregelungen gab es zudem für Jugendliche unter 16 Jahren.

1944 nahm die Zufuhr von Ausländern in die Wirtschaft erheblich ab, so daß der „Kräftebedarf" vor allem im Bau- und Verkehrsgewerbe, der Rüstungsindustrie und zeitweilig auch in der Landwirtschaft nicht mehr befriedigt werden konnte. Überall machte man sich Gedanken darüber, ob nicht in der Verwaltung noch mehr Personal eingespart werden könne; dasselbe galt auch für die Museen, die Tiergrotten in Wesermünde, die Schulen, das Theater usw. Als seit Januar 1945 etwa 3000 Betriebsangehörige der in den Osten ausgelagerten Fock-Wulf-Flugzeugwerke nach Bremen zurückkehrten, wurde sogleich geprüft, ob man sie nicht zur Wehrmacht einziehen oder anderweitig einsetzen könne.

„Fremdarbeiter" und Kriegsgefangene

Das Lagersystem während des Krieges war sehr kompliziert. Es gab KZ-Außenlager, Arbeitserziehungslager, Kriegsgefangenenlager, Lager für zivile Fremdarbeiter, wobei die Lager für Ost- und Westarbeiter von sehr unterschiedlicher Qualität waren, und Lager dienstverpflichteter deutscher Arbeiter.

Fremdarbeiter spielten im Arbeitsprozeß, besonders der Rüstungsindustrie, aber auch in der Landwirtschaft, im Hafen und bei der Aufräumung nach Luftangriffen eine wachsende Rolle, seitdem die Anfangserfolge der deutschen Wehrmacht in Ost und West große Menschenreserven erschlossen hatten. Viele kamen aufgrund einer freiwilligen Entscheidung nach Deutschland, andere wurden mit mehr oder weniger starkem Druck „dienstverpflichtet". Hinzu kamen noch Kriegsgefangene und Konzentrationslagerhäftlinge.

1940   Im Bremischen Staatsgebiet waren im Januar 1940 1100 Polen beschäftigt. Sie waren auf ihrer Kleidung durch den Buchstaben „P" gekennzeichnet und im Besitz einer „Arbeitskarte". Sie galten als „feindliche Ausländer" und durften ihren Aufenthaltsort nicht verlassen; die Benutzung öffentlicher Verkehrsmittel, Teilnahme an Gottesdiensten und der Besuch von Gaststätten waren von besonderen Konzessionen abhängig. Die Ausgangssperre galt von 20 bzw. 21 Uhr abends bis 5 bzw. 6 Uhr morgens. Geschlechtsverkehr mit einem oder einer Deutschen wurde mit der Todesstrafe bedroht. Nachlässige Arbeit, aufrührerische Reden usw. mußten der Gestapo gemeldet werden. Der Arbeitslohn hatte grundsätzlich geringer als der eines gleichwertigen deutschen Arbeiters zu sein; andererseits unterlagen die Polen der Kranken- und Unfallversicherungspflicht wie deutsche Arbeitnehmer. Auch in die Arbeitslosen- und Invalidenversicherung waren sie eingegliedert (in der Landwirtschaft freilich in eingeschränktem Maße). Dies alles brachte den Polen im allgemeinen keine Vorteile, da sie aus der Versicherung nichts erhielten, sondern nur in sie einzahlen mußten. Wie man sich gegenüber polnischen Fremdarbeitern zu verhalten hatte, sagte 1941 mit aller Deutlichkeit ein Merkblatt des Gaupropagandaamtes Weser-Ems. Der Einsatz erfolgte vorwiegend in der Landwirtschaft, wo die „Gefahr" der menschlichen Kontakte besonders groß war. So wurden denn die Deutschen aufgefordert, zu dem Polen Distanz zu halten, u. a. sollten sie nicht mit am Familientisch essen, bei Feiern ausgeschlossen sein. Bestimmte Gasthäuser wurden einmal wöchentlich ausschließlich den Polen zur Verfügung gestellt. Auf keinen Fall durfte es zu „intimen Beziehungen" mit Polen und Polinnen kommen. Auch sollte immer an eine Spionagegefahr gedacht werden. Die Aufforderung zur Distanz war kein voller Erfolg. Schon 1941 klagte man über eine Zunahme von Geschlechtskrankheiten bei ausländischen Arbeitern, die wiederum deutsche Frauen infizierten. Immer wieder stellten eifrige Parteigenossen fest, daß es zu freundschaftlichen Kontakten von Ausländern, auch von Kriegsgefangenen, mit Deutschen kam; selbst Wachsoldaten waren dabei nicht ausgenommen. Die Arbeitgeber waren nicht immer geneigt, die Verstöße polnischer Arbeiter an die Gestapo zu melden und wurden wiederholt ermahnt, es zu tun.

Schon Anfang 1940 gab es bei den Tschechen auf der Norddeutschen Hütte erhebliche Schwierigkeiten: Sie behaupteten, daß sie weniger Lohn erhielten als vereinbart sei. Das erwies sich als falsch, allerdings wurden andere Versprechungen des Betriebes nicht eingehalten. Einige Tschechen wurden dann wegen Arbeitsversäumnis bzw. wegen Vertragsbruch in Schutzhaft genommen. Reibereien gab es auch bei der „Wifo", einem Öl- und Munitionslager, und bei Ziegeleien.

Die Probleme wuchsen während des Krieges, als viele ausländische Arbeitskräfte nach Bremen kamen. Im Februar 1941 betrieben einige Firmen Barackenlager; andere Lager, vor allem in Schulen, Turnhallen, Tanzsälen usw. wurden von der DAF betreut (insgesamt waren hier 1500 Personen unterge-

1941

bracht). Es kamen immer weitere Barackenkomplexe hinzu. Die Insassen wurden teils aus Großküchen der Lager, teils aber auch aus Krankenhausküchen verpflegt.

Die Qualität der ausländischen Zivilarbeiter wurde sehr unterschiedlich eingeschätzt. In einem DAF-Bericht heißt es: „Die holländischen Arbeiter benehmen sich sehr ungehörig, sie sind frech, faul und gefräßig. Ein viel besseres Umgehen ist mit den Belgiern (meist Flamen); diese sind anständig und bescheiden im Auftreten und auch arbeitsam". Im Februar 1941 wurden 616 Belgier, 565 Dänen, 197 Franzosen und 121 Niederländer nach Bremen vermittelt. Alle anderen Nationen traten stark zurück. Insgesamt waren im Arbeitsamtsbezirk 16 000 zivile Ausländer und 5000 Kriegsgefangene beschäftigt. Im Sommer waren es dann etwa 21 000 Fremdarbeiter und 3600 Kriegsgefangene, davon 7300 Polen, 3700 Belgier, 3100 Niederländer, 2300 Dänen, 2400 Italiener usw.

Die ausländischen Arbeiter übernahmen ihre Arbeit mehr oder weniger „freiwillig" und unterschrieben in ihrem Heimatland Arbeitsverträge. Es gab dann aber in Bremen mancherlei Reibereien. Vor allem wurden überhöhte Leistungen und Trennungszulagen versprochen, doch in Bremen nicht gezahlt, weil

Weihnachtsfeier im Ausländerlager Grohn

dadurch der Lohn eine Höhe erreicht hätte, die über dem der deutschen Facharbeiter gelegen hätte. Oft war die Vertragsdauer verhältnismäßig kurz, nämlich nur auf sechs Monate angesetzt, wovon dann fast die Hälfte für das An- bzw. Umlernen benötigt wurde. Nach Ablauf der Vertragsdauer kehrten die Arbeiter in der Regel in ihre Heimat zurück, wo dann viele von ihnen bald neue Verträge abschlossen.

Der Einsatz der russischen Arbeitskräfte („Ostarbeiter") wurde in Deutschland Anfang 1942 angeordnet. Diese wurden durch Anwerbeaktionen gewonnen; vorgesehen war eine Million. Einige große Betriebe warben selbst die Ostarbeiter an. So ging ein Beauftragter der AG „Weser" nach Rußland, um eine günstige Zusammensetzung der Dienstverpflichteten zu erreichen. Auf der Bahrs Plate wurde ein Lager für 2000 Arbeiter eingerichtet. Die Insassen lebten hier z. T. mit ihren Familien; die Versorgung war dürftig, die Disziplin streng. Einige Ostarbeiter wurden dann in ein kleineres Lager in unmittelbarer Nähe der Werft verlegt. Die Sterblichkeit bei den etwa 2000 Zivil- und 1000 KZ-Arbeitern war zunächst gering. Die Statistik für September / Oktober 1944 zeigte keine Verluste, im November und Dezember 1944 verzeichnete man je 16 Tote. Seit Herbst 1941 arbeiteten auch französische Kriegsgefangene für die Werft. Es handelte sich um etwa 200 Facharbeiter, die im Lager Sandbostel untergebracht und täglich von deutschen Soldaten zur Arbeit gebracht wurden. Sie bewährten sich, wurden später als Zivilarbeiter beschäftigt und in offenen Gemeinschaftslagern untergebracht.

Über den Arbeitseinsatz der zivilen Fremdarbeiter verfügte das Gau-Arbeitsamt in Bremen, freilich in enger Zusammenarbeit mit den Dienststellen des Rüstungsministeriums und des Reichsverteidigungskommissars. Die westeuropäischen Arbeiter erhielten normalen Lohn, mußen allerdings einen Beitrag für soziale Fürsorge, Verpflegung und Unterkunft leisten, soweit sie in einem Lager untergebracht waren. Ostarbeitern wurden 20 % vom Lohn abgezogen; sie mußten dafür aber keine Sozialbeiträge leisten. Die westeuropäischen Arbeiter hatten im allgemeinen außerhalb ihres Arbeitsbereiches Bewegungsfreiheit, nicht so die Ostarbeiter, die manchen demütigenden Bestimmungen unterworfen waren. Sie erhielten einen Wochenlohn, von dem Kosten für Verpflegung und Unterkunft sowie verschiedene Beiträge abgezogen wurden, so daß nur noch ein „geringes Taschengeld" blieb. Die Verpflegung wurde an die der deutschen Arbeiter angeglichen; die Fleisch und Fettportionen waren jedoch kleiner. Das Brot war geringerer Qualität, wurde aber in größeren Mengen zugeteilt. Die Lager sollten nicht von einem Stacheldraht umgeben sein, bei Bewährung erfolgte Ausgang „in geschlossener Kolonne unter deutscher Aufsicht". In den Lagern wurden Kantinen eingerichtet; Gottesdienste waren

1942

nicht vorgesehen; die Post wurde kontrolliert. Die Kleidung erhielt ein Abzeichen mit der Aufschrift „Ost". Die Deutschen wurden aufgefordert, unbedingt Distanz zu den Ostarbeitern zu wahren. Es sei aber doch vermerkt, daß einige amtliche Erlasse einen gewissen physischen Schutz für die Arbeiter darstellten: Es wurde darauf hingewiesen, daß der Einsatz der Ostarbeiter kriegsnotwendig sei, daß sie so behandelt werden müßten, daß „bei denkbar sparsamsten Einsatz die größtmögliche Leistung" hervorgebracht werde. Die Ostarbeiter seien durch Anwerbung und auf Arbeitsvertrag nach Deutschland gekommen, ihre Entlohnung erfolge „nach besonders festgelegten Tarifen". Sie wurden dennoch schlechter behandelt als andere Fremdarbeiter. So waren sie im allgemeinen von der Benutzung der öffentlichen Verkehrsmittel ausgeschlossen, durften durchweg bei Fliegeralarm nicht die Luftschutzbunker aufsuchen (für die waren Splittergräben vorgesehen), und sie durften keinen persönlichen Umgang mit Deutschen, vor allem die Männer nicht mit deutschen Frauen, haben. Auch waren sie der ordentlichen Gerichtsbarkeit entzogen und unterstanden der Polizeigerichtsbarkeit des Reichssicherheitshauptamtes, die durch die Gestapo praktiziert wurde. Die gegen sie verhängten Strafen waren oft sehr schwer. Es ist nicht ganz sicher, wie viele Fremdarbeiter hingerichtet wurden; auch sind die Gründe für die Exekutionen nicht bekannt, soweit es keine Verfahren vor dem Sondergericht wegen Plündern oder Diebstahl unter Ausnutzung der Verdunkelung waren. Zeugenaussagen sprechen von drei Erhängungen, die durch die Gestapo in erzwungener Anwesenheit von Fremdarbeitern durchgeführt wurden.

Mit dem Einsatz von Fremdarbeitern waren mancherlei Probleme verbunden, die z. T. durch die schlechte Versorgung und die Diskriminierung verursacht wurden. So kam es denn vor, daß Kriegsgefangene Heimaturlaub bekamen und nicht zurückkehrten, in anderen Fällen verschwanden Fremdarbeiter ohne Abmeldung vom Arbeitsplatz, was vor allem für kleinere Betriebe große Schwierigkeiten verursachen konnte.

Um den Sittlichkeitsdelikten der Fremdarbeiter zu steuern, wurden für sie Bordelle eingerichtet. Die Deutsche Arbeitsfront stattete die Baracken mit geeignetem Mobiliar aus; die Betriebe, die Fremdarbeiter beschäftigten, gaben einen finanziellen Zuschuß. Die bremische B-Baracke entstand 1942 in der Vahrerstraße bei der Zeppelinstraße. Sie war mit einem Empfangsraum und einer Gemeinschaftsküche ausgestattet; es gab Räume für etwa 20 Prostituierte, von denen acht aus Polen und 10 aus Paris stammten. Das Etablissement wurde in der nächsten Zeit stark frequentiert, und es gab keinerlei Probleme.

Es kam durchaus vor, daß über allgemeine Äußerungen von Unzufriedenheit

1942

hinaus in den Lagern organisierte politische Oppositionsarbeit betrieben wurde. So wurden im Bereich der Stapoleitstelle Bremen 1944 in neun Mona- 1943/1944 ten 29 sowjetische Kriegsgefangene und Ostarbeiter wegen solcher Tätigkeit festgenommen. Es gab auch mehrere Fluchtversuche. So konnten im Februar 1943 12 Ostarbeiter aufgegriffen werden, die sich in einem Güterwagen versteckt hatten. Zahlreiche Beschwerden zeigen auch, daß die Fremdarbeiter keineswegs allgemein eingeschüchtert waren. Viele von ihnen bewegten sich ungezwungen und oft auch selbstbewußt in der Öffentlichkeit, tanzten in Gaststätten, hatten Beziehungen zu deutschen Mädchen, lärmten in Straßenbahnen usw. Auch kam es oft vor, daß Ostarbeiter ihr diskriminierendes Kennzeichen ablegten oder verdeckten. Als die Luftangriffe auf Bremen einsetzten, versuchten manche Fremdarbeiter in ihre Heimat zurückzukehren; sie wurden z. T. von der Gestapo zum Bleiben veranlaßt. Von den niederländischen und dänischen Arbeitern hieß es, daß die meisten von ihnen anglophil seien und gelegentlich Konflikte mit einer nationalsozialistisch eingestellten Minderheit entstanden.

Die Zahl der Ausländerlager in Bremen wird mit 150 angegeben. Sie waren unterschiedlich groß und keineswegs alle von Stacheldraht umgeben; sie hatten auch nicht alle eine Wachmannschaft, wohl aber Lagerführer aus dem Kreis der Insassen. Der Versuch der Propaganda, die Ausländer als Fremde hinzustellen, zu denen Distanz zu wahren sei, hatte nur teilweise Erfolg. Kontakte auf der Arbeitsstelle ließen sich überhaupt nicht vermeiden, mußten aber nicht unbedingt freundschaftlicher Art sein. Sexuelle Kontakte mit Deutschen zogen diskriminierende Strafen für beide Partner nach sich. Gegen Polen und Russen wurden bisweilen Todesstrafen verhängt, den deutschen Mädchen öffentlich die Haare geschoren. Schlimm war es auch, daß Kriegsgefangene, Ostarbeiter und Polen sich nicht zusammen mit Deutschen in Luftschutzbunkern aufhalten durften; andere Ausländer durften nur eingelassen werden, wenn Platz für sie vorhanden war; sie mußten dann abgesondert untergebracht werden.

Es kann nicht bestritten werden, daß vor allem die Behandlung der russischen und polnischen Arbeiter unmenschlich war; sie wurden mit Verpflegung und Kleidung nur sehr unzureichend versorgt, mit aller Härte diszipliniert und in schlechten überfüllten Unterkünften untergebracht, wo sich Seuchen verheerend auswirken konnten. Für die Betreuung der Fremdarbeiter waren verschiedene Institutionen zuständig: einige Lager wurden von den Betrieben selbst unterhalten, andere wieder von der Deutschen Arbeitsfront.

Es gab in Bremen eine Fülle von kleineren Lagern für Deutsche und Ausländer, die vor allem in Rüstungsfabriken arbeiteten. Einige Lager enthielten nur einzelne Nationalitäten wie Deutsche, Italiener, Niederländer, Russen, Polen usw. Es gab aber auch gemischte Lager für Franzosen, Belgier, Niederländer, Griechen, Kroaten usw. Die Qualität der Lager war unterschiedlich; die Versorgung im allgemeinen mangelhaft und bei den Ostarbeitern (Polen, Russen) besonders schlecht, wobei allerdings zu bedenken ist, daß auch die Versorgung der deutschen Bevölkerung immer schlechter wurde. Die Einhaltung von Disziplin und Arbeitsleitung wurde z. T. mit barbarischen Mitteln erzwungen, die Betreuung der Kranken zeigte erhebliche Mängel; vor allem Seuchen gegenüber war man ziemlich hilflos. Es gab aber auch Lager, in denen es ein reges kulturelles Leben („bunte Abende", Konzerte, Theatervorführungen usw.) gab. Es hing viel von Initiativen der Lagerführung ab, die durchweg von den Fremdarbeitern selbst gestellt werden mußte, während deutsche DAF-Funktionäre die Oberaufsicht hatten. Das Sozialgewerk der DAF gab für einen Ausländer täglich 1,50 RM aus; auch erfolgten Zuwendungen der Betriebe.

Im März 1942 gab es 83 Lager für ausländische Arbeitskräfte, davon 58 mit ausländischen sowie 18 mit deutschen und ausländischen Arbeitern. Die vier Lager mit kriegsgefangenen Russen hatten nur 567, ein Lager mit „freien" russischen Arbeitern 200–300 Insassen. Ein Russenlager für 2000 Arbeitskräfte war in Vorbereitung. Die Lager der Deschimag faßten bis zu 8000 Arbeiter. Sie sollen recht sauber gewesen sein; die Verpflegung war der Zeit entsprechend, und es gab auch Ansätze zu kultureller Betreuung.

Die Zahl der Fremdarbeiter war am Schluß des Krieges beträchtlich. Der Gaubeauftragte der DAF für die Lagerbetreuung schätzte die Zahl der „freien" ausländischen Arbeiter im Gau Weser-Ems für 1943 auf 100 000. Sie waren in etwa 300 bis 400 Lagern untergebracht. Die Zahl in Bremen dürfte am Ende des Krieges etwa 30 000 betragen haben, die in etwa 40 bis 50 Lagern unterschiedlicher Größe lebten. Auch über einzelne Betriebe sind Zahlen der von ihnen beschäftigten Fremdarbeiter überliefert: Die Borgward-Werke erhielten im April 1943 etwa 2000 West- und 1000 Ostarbeiter; der Betrieb hatte damals etwa 6500 deutsche Arbeiter. Die AG „Weser" hatte 12 bis 17 000 Beschäftigte, davon seit 1944 etwa 3 bis 4000 Ausländer. Der Bremer Vulkan in Vegesack (ohne den Bunker „Valentin") hatte 1945 6000 Beschäftigte, davon etwa 1000 Fremdarbeiter und 400 Kriegsgefangene. Bei den großen Industriebetrieben waren im allgemeinen 20–25 % der Beschäftigten Fremdarbeiter. Bei Erd- und Aufräumungsarbeiten sowie in der Landwirtschaft und im Hafen war der Prozentanteil höher, weil hier nur wenige deutsche Facharbeiter und Aufseher benötigt wurden.

Seit Anfang 1943 gab es mehrfach Aussprachen zwischen Betriebsführern, Betriebsobmännern und Lagerführern über die Ostarbeiter (Russen), wobei es vor allem um die Versorgung ging. Es wurde eindeutig klargemacht, daß diese ihre Rolle in der Kriegswirtschaft zu spielen hatten. Sie waren auf ihrer Kleidung besonders gekennzeichnet. Der „Ausgang" hatte einmal wöchentlich in Gruppen zu erfolgen; die Krankenversorgung mußte der Betrieb tragen, im Lager sollten deutsche Filme mit russischen Untertiteln vorgeführt werden. Die Lager waren laufend zu desinfizieren. Beauftragte des Arbeitsamtes und der Deutschen Arbeitsfront inspizierten sie. Die Verpflegung sollte „artgemäß" sein. Bei Gewichtsüberprüfungen Anfang 1943 wurde eine Zunahme des Gewichts ermittelt. Die Schwerstarbeiterzulage ermöglichte auf der AG „Weser" „hundertprozentige Leistungen". In einigen Lagern gab es jedoch Schwierigkeiten, da die Verpflegung zu einseitig auf Rüben und Kohl abgestellt war und nicht genügend Freibankfleisch zugeteilt wurde. Einige Bedarfsartikel konnten in der Kantine gekauft werden, selbst der Einkauf in Geschäften kam vor. Die Stacheldrahtzäune, die manche Lager umgaben, mußten entfernt werden. Für die Ostarbeiter waren drei Zeitungen in ihrer Landessprache zugelassen. Bewährte Ostarbeiter konnten nach zwei Jahren einen einwöchigen Aufenthalt in einem Urlaubslager, im dritten Jahr auch einen zweiwöchigen Heimaturlaub erhalten, ein Versprechen, das ab 1943 nicht mehr realisiert werden konnte.

Anfang 1943 war abzusehen, daß die Zahl der ausländischen Arbeiter noch zunehmen würde und neue Lager geschaffen werden müßten. Man sprach von 7000 neuen Ausländern. Der Weser-Flugzeugbau sollte 2000, die AG „Weser"-Werft 1000 erhalten. Als Lager waren Plätze hinter der Norddeutschen Hütte und an der Kurfürstenallee vorgesehen.

Die Maßnahmen gegen Arbeitsbummelei wurden seit Anfang 1943 verschärft. Leichte Fälle konnte die Polizei mit „Erziehungshaft" bis zu 3 Tagen bestrafen. In schweren Fällen war die Gestapo zuständig (Arbeitserziehungslager und Konzentrationslager).

Schon Anfang 1944 begannen die Planungen über die Behandlung der Fremd- Anf. 1944 arbeiter im Angriffsfall, und zwar bei einer Invasion an der norddeutschen Küste. In den Gemeinschaftslagern sollte Marschverpflegung für vier Tage bereitgehalten werden. Die Formalitäten wurden in zahlreichen Papieren und Besprechungen behandelt, vor allem mußte zunächst einmal das Ernährungsamt Lebensmittelkarten zur Verfügung stellen. Beteiligt werden mußten auch die Betriebe und die Deutsche Arbeitsfront, die viele Lager unterhielten, und die Gestapo, die die polizeiliche Überwachung sicherzustellen hatte. Alles blieb zunächst als Geheime Reichssache auf einen kleinen Kreis von Eingeweihten beschränkt; die Öffentlichkeit erfuhr nichts davon. Es war zunächst ein Sammellager bei Nienburg vorgesehen, zu dem die 130 000 ausländischen Arbeiter der Gaue Ost-Hannover und Weser-Ems, soweit sie zum Bereich der Staatspolizeistelle Bremen gehörten, in Marsch gesetzt werden sollten. Am 30. März 1944 fand bei der Gestapo Bremen eine eingehende Besprechung darüber statt, an der auch Vertreter der Deutschen Arbeitsfront und des Landesernährungsamtes teilnahmen. Es wurde u. a. festgelegt, daß täglich ein halbes Brot von 750 Gramm, 30 Gramm Margarine und Kaffee-Ersatz auszugeben seien. Die Bereitstellung von warmem Essen während des Marsches war nicht möglich, nur Trinkwasser war an den Rastplätzen zu beschaffen.

In Bremen waren 12 Sammellager vorgesehen, von denen aus die Marschkolonnen am zweiten Tage in dem neu vorgesehenen Hauptsammellager Klein Hutbergen bei Verden eintreffen sollten. Soweit die Ausländer in Schlüsselindustrien, u. a. bei der Reichsbahn, beschäftigt waren, wurden sie vom Abtransport ausgenommen.

April 1944 Im April 1944 wurden beim Höheren SS- und Polizeiführer Nordsee in Hamburg auch Ausländerunruhen für möglich gehalten. Ihre Bekämpfung oblag dem staatlichen Polizeiverwalter in Bremen, dem Polizeipräsidenten Johannes Schroers, der zum Kommandeur im Führungsbereich Bremen ernannt wurde, zu dem auch Delmenhorst gehörte. Anfang Mai wurde der Plan verfeinert. Bei der ersten Alarmstufe (Stichwort „Adler") wurden die in der Landwirtschaft arbeitenden Ausländer in geschlossenen Lagern untergebracht; in den Städten waren statt der vielen kleinen einige große Gemeinschaftslager einzurichten. In der zweiten Stufe (Stichwort „Nachteule") waren die Ausländer in große Hauptsammellager abzutransportieren, die am Süd- und Ostrand des Befehlshabers der Ordnungspolizei liegen sollten (gemeint war vor allem Klein Hutbergen bei Verden).

In der folgenden Zeit gab es u. a. auch in Bremen Planspiele, bei denen davon ausgegangen wurde, daß Landungen in der Deutschen Bucht, etwa bei Wilhelmshaven und Cuxhaven stattfanden. Dabei wurde sowohl der Abtransport der Ausländer als auch die Niederschlagung von Unruhen eingeplant. In diesem Zusammenhang erfahren wir aufschlußreiche Zahlen: Es gab im Staatsgebiet Bremen fast 26 000 Ausländer in Lagern, dazu 3000 in Privatquartieren. Darunter waren 3500 Frauen und mehr als 400 Kinder. Bei den Nationen standen Russen und Polen mit 11 500 an der Spitze, dann kamen Franzosen (5800), Niederländer (3000), Belgier (2400) usw. Für besonders gefährlich hielt man die Polen und Holländer. Weniger problematisch waren die Russen, wenn sie keine Führung hatten, und die Franzosen, die unbedingt nach Hause wollten. In Bremen gab es 170 Ausländerlager (ohne die Lager der Reichsbahn), von denen 74 mehr als 50 Insassen hatten. Im Alarmfall war eine Zusammenfassung in 65 größeren Gemeinschaftslagern vorgesehen (durchschnittliche Belegstärke 400). Als Bewachung standen etwa 1100 Mann zur Verfügung; hinzu kamen im Notfall 1300 Mann Stadtwacht. Im Februar waren als Bewachung vorgesehen: 370 Mann Polizei und 2400 Mann Volkssturm. Die Begleitkommandos erhielten für die Überführung in die großen Hauptsammellager im Juni 1944 eine Dienstanweisung, in der festgelegt war, daß die Marschkolonnen diszipliniert an den Bestimmungsort zu bringen seien. Widersetzlichkeit ist „mit Waffengewalt zu unterbinden". Kranke sollten unterwegs den Bürgermeistern der Orte zur Betreuung übergeben werden.

Als Folge der Nachrichten über die kritische militärische Lage, der Luftangriffe und der schlechten Versorgung gab es bei Fremdarbeitern und Kriegsgefangenen im Herbst 1944 einen erheblichen Rückgang der Arbeitsleistung, die z. T. als „Arbeitssabotage" ausgelegt wurde. Insbesondere gab es eine Arbeitsverweigerung bei französischen Kriegsgefangenen, die das Dach der „Karl-Peters-Schule" decken sollten. Dem deutschen Aufsichtspersonal wurde „Versagen" vorgeworfen, dem Höheren SS- und Polizeiführer Nordsee Meldung gemacht. Als am 14. Januar 1945 1200 deutsche Volkssturmmänner beim Aufräumen eingesetzt gewesen waren, stellte man fest, daß sie doppelt soviel geleistet hatten wie ausländische Arbeiter. *Herbst 1944*

Die Verhältnisse im März/April 1945 gestatteten dann überhaupt keine Rückführung von Ausländern im großen Stil. Am 21. April wohnten im Stadtgebiet Bremen sogar noch 4700 Ausländer in Privatquartieren, davon 1200 Niederländer, 900 Belgier, 500 Polen, 500 Ostarbeiter, 600 Franzosen usw. Am 17. April schlug der Kreisleiter in Bremen vor, die für besonders gefährlich gehaltenen Polen in Gemeinschaftslager, die bisher Kriegsgefangenen als Unterkunft gedient hatte, zu überführen: Die Männer zur Grambker Heerstraße, Frauen und Kinder in den „Riespott" bei der Norddeutschen Hütte. Dieser Plan wurde bereits am 18. April verwirklicht. Am 21. April gab es im Bereich der Staatspolizei Bremen immer noch 98000 Ausländer, davon 25000 in Bremen und 16000 in Wesermünde. Daran änderte sich bis zum Ende des Krieges kaum etwas. *März/April 1945*

In der Erinnerung von Kriegsgefangenen stellt sich deren Leben recht düster dar. Zunächst einmal erlitten sie alles, was auch die deutschen Einwohner Bremens zu ertragen hatten: den allgemeinen Mangel und die Luftangriffe. Darüber hinaus drückte die Unfreiheit mit ihrer Trennung von der Zivilbevölkerung, die militärische Disziplinierung des Lebens. Bedrückend aber war vor allem, daß viele von ihnen die schmutzigste, schwerste und gefährlichste Arbeit zu leisten hatten, wobei dann freilich vielfach übersehen wurde, daß auch die deutschen Arbeiter bis an die Grenzen ihrer körperlichen Möglichkeiten beansprucht wurden und ebenfalls unter erheblichem Zwang lebten. In den Lagern war das Essen schlecht, viele Unterkünfte waren miserabel, es gab Hunger und Seuchen, mancherlei Unzufriedenheiten, Befehls- und Arbeitsverweigerung, worauf von deutscher Seite mit harten Strafen geantwortet wurde. Zweifellos war die Lage der Kriegsgefangenen nach Nationalitäten und Einsatz sehr unterschiedlich. Am schlechtesten wurden die Russen behandelt; Gefangenen westlicher Nationalität ging es z. t. vergleichsweise gut. Wer etwa in der Landwirtschaft bei einem Bauern arbeitete, hatte eine Chance, Teil der Familie zu werden. Vieles von dem, was die Kriegsgefangenen später erzählten, entspricht fast genau dem, was auch deutsche Soldaten in der Kriegsgefangenschaft erlebten.

Okt. 1941 Vom 22. bis 24. Oktober 1941 kamen 600 russische Kriegsgefangene zum Arbeitseinsatz nach Bremen; doch war ihre körperliche Verfassung so schlecht, daß sie nicht arbeiten konnten. Ihre Kleidung bestand aus Lumpen, sie hatten keine Schuhe. Am 28. Oktober wurden die 350 kräftigsten ausgesucht und eingesetzt, die übrigen 250 blieben im Lager. Einige Gefangene starben in Bremen. Auf dem jüdischen Friedhof in Hastedt wurde 15 von ihnen in „einfachen hölzernen Kisten" beerdigt. Auch in den nächsten Wochen gab es Todesfälle. Die Toten wurden seit Ende November 1941 ohne Särge an der Grambker Heerstraße beerdigt. Die Überlebenden erholten sich nach und nach; ein Teil von ihnen wurde auf dem Müllplatz an der Duckwitzstraße eingesetzt. Dann aber brach Anfang Dezember im Lager Fleckfieber aus, an dem in kurzer Zeit 330 (von 600) Gefangene starben. Von der bremischen Bauverwaltung wurde nun der Rücktransport der Überlebenden ins Lager Wietzendorf be-

Dez. 1941 trieben. Die Abfahrt erfolgte am 13./14. Dezember auf gedeckten Lastwagen. Während des Transports der 240 Gefangenen starben 20 von ihnen. Der Kommandeur des Kriegsgefangenenlagers machte den Bremer Behörden Vorwürfe über die unmenschliche Art des Transports. Von Bremen aus wurde dann erklärt, die Gefangenen hätten „warm und weich" auf Stroh gesessen; ähnlich würden auch deutsche Soldaten befördert. Das Lager in Grambke wurde zunächst gesperrt und „entwest"; im ganzen waren hier 371 russische Kriegsgefangene gestorben.

1942 Bei französischen Kriegsgefangenen im Lager Neuenlanderfeld und Grambke gab es 1942 vor allem auf Bunker-Baustellen große Schwierigkeiten: Maschinen wurden beschädigt; es wurde bewußt langsam gearbeitet, auch kam es zu offenen Arbeitsverweigerungen, wobei die Wachmannschaften hilflos waren. Heftige Beschwerden gingen an das Kriegsgefangenenlager und die Gestapo sowie an die Abwehrstelle des Wehrkreises X. Die Folgen waren nur geringe Strafen.

Kriegsgefangene Franzosen beim Aufräumen am 13. Dezember 1943

So sehr die Lage der Kriegsgefangenen und vor allem die schlechte Versorgung der Russen zu beklagen ist, so sehr gebietet doch die Wahrheit, auch darauf hinzuweisen, daß sich Willkür, Schikane und brutale Behandlung in Bremen nicht allgemein ausbreiteten. Eine direkte Vernichtungsabsicht gab es nicht. Wir finden manche Beschwerden darüber, daß die Gefangenen wenig arbeiteten, ohne daß die Wachmannschaften eingriffen, daß man zuviel Rücksicht auf die Bedürfnisse der Gefangenen nehme. Als im Juli 1942 100 russische Kriegsgefangene zu Entladungsarbeiten nach Bremen kommen sollten, gab es Verzögerungen, weil man die Zustände in dem vorgesehenen Lager am Buntentorsteinweg als mangelhaft befand; u. a. hatten die Einlegebretter unter den Strohsäcken zu große Zwischenräume, die Zahl der Kessel in der Küche genügten nicht; für die Nahrungsmittel wurden Mengen gefordert, die nicht geliefert werden konnten. Die Übersendung der Gefangenen wurde daher zunächst verweigert, dann kamen sie aber doch. Als Kostenpauschale für Verpflegung und Unterkunft wurde übrigens auf jeden Kriegsgefangenen täglich eine RM verrechnet.

Im Sommer 1942 waren 1550 Kriegsgefangene in Bremen untergebracht, davon 400 Russen (wiederum im Lager an der Grambker Heerstraße). Anfang 1943 verschlechterte sich der Gesundheitszustand der russichen Gefangenen sehr schnell. Als Ursache wurde festgestellt, daß sie die ihnen zustehende Verpflegung nicht erhalten hatten und daß sie durch die schwere Arbeit überanstrengt worden waren. Wiederholt wurde von verschiedenen Dienststellen betont, daß die Arbeitskraft der Gefangenen unbedingt zu erhalten sei. Dabei spielten Vergünstigungen bei guten Leistungen und Strafen bei Widersetzlichkeit und „Faulheit" eine große Rolle. Die Leistungen der französischen Kriegsgefangenen blieben in dieser Zeit besonders schlecht. Sie betrugen etwa ein Drittel der Leistung deutscher Arbeiter.

1. Juni 1943 Am 1. Juni 1943 trat für die im Bunkerbau beschäftigten Kriegsgefangenen ein Leistungslohn in Kraft, der sich am Lohn der zivilen Bauarbeiter orientierte. Diese Regelung galt aber nicht für die bei der Fliegerschadenbeseitigung eingesetzten Kriegsgefangenen, die sich also mit Recht benachteiligt fühlten.

f. Versorgungsprobleme

Ernährung, Kleidung, Haushaltsbedarf

Als der Krieg begann, wurden in Bremen ein Ernährungs- und ein Wirtschaftsamt eingerichtet, die dem Landesernährungsamt in Oldenburg bzw. dem Bezirkswirtschaftsamt in Hamburg unterstanden. Das Ernährungsamt in Bremen wurde Ende August 1939 auf Anweisung des Senators für die Innere Verwaltung vom Kreisbauernführer Lür Tietjen aufgebaut. Dieser wurde Leiter der Abteilung A (Erzeugung) des Amtes. Die Abteilung B (Verteilung) sowie das Wirtschaftsamt wurden dem Leiter des Statistischen Amtes, Dr. Felix Walpurger unterstellt. Ihm wurde der Verwaltungsdirektor Hartmann als Organisationsreferent zugeteilt. Nach mancherlei Schwierigkeiten wurde beim Senator für die Innere Verwaltung die Abteilung IV, Kriegswirtschaftsverwaltung, unter Dr. Walpurger eingerichtet. Ihr unterstand das Ernährungsamt (Tietjen) mit den Abteilungen A (Erzeugung, Tietjen) und B (Verteilung, Regierungsrat Dr. Georg-Lambert Heeschen) sowie das Wirtschaftsamt (Regierungsrat Walther Mayer vom Statistischen Amt, sein Vertreter Dr. Viktor Spreine) mit Abteilungen für Kohlen, Bekleidung, Treibstoffe usw. Ernährungsamt Abt. B und Wirtschaftsamt hatten ihre Zentrale im Bahnhofshotel. In den Stadtteilen und im Landgebiet wurden zahlreiche Außenstellen eröffnet. Die Sachbear-

Aug. 1939

beiter dieser Ämter und Stellen (allein das Ernährungsamt Abt. B beschäftigte 350 Personen, davon 260 Frauen, das Wirtschaftsamt 1943 sogar 583 Personen) mußten aus den Behörden abgezogen und durch Dienstverpflichtete, vor allem Frauen, ergänzt werden; sie mußten sich erst mit ihren neuen Aufgaben vertraut machen. Bei der Abfertigung in den Außenstellen gab es viele Schwierigkeiten und Beschwerden, die die Stimmungsberichte der Ortsgruppen der NSDAP und der Gestapo füllen. Das Warten und Schlangestehen, gereizte Wortwechsel usw. nahmen kein Ende.

Das Sozialamt unter Staatsrat Dr. jur. Schultz unterstand während des Krieges dem Senator für die Innere Verwaltung und hatte neben der Hauptabteilung drei weitere Abteilungen: das Wohlfahrtsamt (I), das Jugendamt (II) und das Amt für Familienunterhalt (III).

Das System der Marken und Bezugsscheine wurde am 27. August 1939 bekanntgegeben. Der Rationierung unterlagen fast alle Nahrungs-, Genuß- und Haushaltmittel. Die Mengen waren für einzelne Altersgruppen unterschiedlich. Die Mengen, die man auf einzelne Abschnitte bekommen konnte, wurden jeweils bekanntgegeben, oder sie waren bereits auf den Abschnitten eingedruckt. Diese mußten vom Einzelhändler selbst abgetrennt werden. Bezugsscheine besonderer Art gab es für Kleidungsstücke, Waschmittel usw. Lebensmittelkarten wurden jeweils für eine „Zuteilungsperiode" von vier Wochen ausgegeben. Beim Verteilen an die Haushalte waren Amtsträger der Partei eingesetzt.

Während des Krieges wurde das Marken- und Bezugsschein-System immer mehr verfeinert. Die Rationen für „Normalverbraucher" in den ersten vier Wochen waren: 2800 g Fleischwaren, 1120 g Zucker, 440 g Marmelade oder weitere 220 g Zucker, 600 g Nährmittel, ½ Pfd. Kaffee oder Kaffeersatz, 20 g Tee, 1680 g Milcherzeugnisse, Öle und Fette, 6,6 Liter Milch. Brot, Kartoffeln und Eier waren noch frei. In der zweiten Zuteilungsperiode verringerte sich die Fleischration auf 2000 g; jetzt war auch das Brot rationiert: Es gab 9600 g, bzw. 7600 g Brot und 1500 g Mehl. Es wurden jetzt 1080 g Fett und 250 g Käse zugeteilt. Auf ähnlicher Höhe blieben die Mengen auch in den nächsten Monaten. Wer in Gaststätten oder Werkkantinen essen wollte, mußte dort seine Markenabschnitte abgeben. Wer verreisen wollte, konnte seine Lebensmittelabschnitte gegen „Reisemarken" umtauschen. Für Kleidung mußten „Punkte" abgegeben werden, für Seife Abschnitte. Für den Bezug vieler Waren, auch der Nahrungsmittel, war die Eintragung in eine Kundenliste eines Einzelhandelsgeschäfts erforderlich, um die Verteilung zu erleichtern. Bei Fisch, Geflügel usw. bekamen die Kunden Nummern, die der Reihe nach aufgerufen wurden,

27. Aug. 1939

wenn Ware eingetroffen war. Überhaupt spielte es eine große Rolle „Stammkunde" in Läden der verschiedenen Warengattungen zu sein. Da es immer wieder Engpässe gab, war es wichtig, rechtzeitig zur Stelle zu sein, vor allem auch, wenn es Pferdefleisch oder Wurstbrühe ohne Marken gab, und so gehörte nun das „Schlangestehen" zum Leben des Bürgers.

Um die mengenmäßige Versorgung zu sichern, wurden für manche Waren Lager angelegt, die sich bei Verschärfung des Luftkrieges außerhalb Bremens befanden. Am schwierigsten war die Vorratshaltung für Fleisch und verderbliche Fette, die in Kühlhäusern eingelagert werden mußten. Was die Kartoffeln anbetraf, so wurde die Bevölkerung aufgefordert, sie selbst, so gut es ging, einzukellern.

Im großen und ganzen war die Lebensmittellage zu Beginn des Krieges nicht schlecht, zumal es Importe aus den Niederlanden und Dänemark, zunächst auch noch aus der Sowjetunion gab; viele Lebensmittel kamen auch aus Polen. Da die Verteilung zentral erfolgte, hielt sich die Versorgung Bremens auf dem üblichen Niveau. Die Engpässe entstanden vor allem durch Transportprobleme, wenn im Winter die Binnenwasserstraßen eine Zeitlang zugefroren waren, wenn die Wehrmacht im Übermaß Transportraum beanspruchte oder Verkehrswege durch Bombenschäden unterbrochen waren. Nach und nach verschlechterte sich die Transportlage allgemein und das trug dazu bei, daß die Versorgungsschwierigkeiten sich vermehrten. Hinzu kam, daß Personalmangel und Fliegeralarm Stockungen beim Entladen bewirkten.

Wenn auch das ungemein schwierige Versorgungswesen im großen und ganzen befriedigend geregelt werden konnte, so gab es doch mancherlei Reibungen, unter denen vor allem jene zu leiden hatten, die nicht ständig unterwegs sein konnten, um rechtzeitig dort zu sein, wo es „etwas gab". Das waren vor allem Berufstätige und ältere Menschen. Immer wieder richtete sich der Zorn gegen die Einzelhändler, denen vorgeworfen wurde, sie hätten Waren „unter dem Tisch", hätten sich nicht rechtzeitig eingedeckt, bevorzugten bestimmte Kunden usw. Dabei ist zu bedenken, daß das Markensystem und die schwierige Beschaffung der Waren auch die Einzelhändler bisweilen überforderte.

Schon im Oktober 1939 wurden Beschwerden über zu geringe Brot- und Fleischmengen laut, zumal die Arbeitsbedingungen in den großen Betrieben härter wurden. Aber auch sonst wurden Versorgungslücken sichtbar, über die Klage geführt wurde, wie überhaupt die Versorgungslage ein allgemeines Diskussionsthema war. Oktober 1939 gab es auch bereits Klagen über eine mangelhafte Versorgung mit Kohlen, im gleichen Monat über das knappe Angebot an Textilien und Schuhwaren. Im Dezember 1939 schien dann aber eine gewisse Gewöhnung eingetreten zu sein. Die Tranportlage verschlechterte sich

Okt. 1939

Dez. 1939

Schlange vor einer Milchausgabestelle in Hastedt 1943

im Winter, was sich vor allem auf die Kohlenversorgung nachteilig auswirkte. Sehr bald begannen dann die Klagen über unfreundliches Verhalten von Angestellten im Ernährungs- und Wirtschaftsamt sowie von Verkäufern. Zu Weihnachten war der Umsatz von Waren, die nicht rationiert waren, sehr hoch, so daß die Lager bald geleert waren und die Preise enorm stiegen. Über den Niederschlag der Kriegswirtschaft im täglichen Leben sind wir aus realistischen Monatsberichten der Kreisleitung und der Ortsgruppe der NSDAP gut unterrichtet.

Die Kohlenversorgung blieb sehr stark von den Transportmöglichkeiten abhängig und daher Schwankungen unterworfen. Da die Ansprüche der Rüstungsindustrie und Wehrmacht vorrangig befriedigt werden mußten, war die Versorgung der Haushalte weiterhin angespannt. Das gleiche gilt für die von Kohlen abhängige Gas- und Stromversorgung, bei der es immer wieder Abschaltungen gab. Die Einstellung von Leuchtreklamen und die Verdunkelung ergaben nur geringe Einsparungen. Der Winter 1939/40 war lang, und so 1939/1940 mußten die Schulen zeitweilig wegen Kohlenmangel geschlossen; auch Bäder,

517

Kinos und Theater konnten nicht beheizt werden, Einzelhandelsgeschäfte verkürzten ihre Öffnungszeiten. Auch in den folgenden Jahren gelang es nie, während der Sommermonate eine ausreichende Kohlenbevorratung sicherzustellen.

Von Anfang an waren die Ortsgruppen der Partei voll in die Versorgungsmaßnahmen, die sich ja nicht auf das Rationalisierungssystem beschränkten, eingespannt. Der Bericht aus einer kleinen Ortsgruppe (Borgfeld) vom Winter 1939/40 zeigt, was alles getan werden mußte: Sammlung für das Rote Kreuz und für das WHW (Opfersonntag und Pfundspende), Ausgabe von Wert- und Kohlegutscheinen. Einsammeln nicht benutzter Brotmarken und von Altpapier, Einsatz für die Kinderlandverschickung, für das Müttererholungswerk und die Wohnfürsorge, Verteilen von Säuglingswäsche, Ausgabe von Lebensmittelkarten, Unterhaltung eines Hilfskindergartens, Betreuung der Frauen von Wehrmachtsangehörigen, Verteilung von Propagandamaterial, Ausgabe von Volksgasmasken usw. Später kamen in steigendem Umfang Hilfsmaßnahmen für Bombengeschädigte hinzu. Eine Zusammenstellung über „den Einsatz von Frauen" in 32 Ortsgruppen des NS-Kreises Bremen aus dem Januar 1941 zeigt, wie vielseitig auch ihre Tätigkeit war. An der Spitze standen die Hilfen in Großküchen, der Einsatz in verschiedenen Bereichen der NSV, das Verteilen von Lebensmittelmarken und Bezugsscheinen, der Einsatz beim Luftschutz, das Sammeln von Zeitschriften und Schallplatten für Lazarette und Wehrmachtstellen. Vom 1. bis 15. Juni 1942 gab es die „Reichsspinnstoffsammlung". Vor allem waren alte Kleidungsstücke gefragt, um damit „die völlig abgerissen ins Reich kommenden ausländischen Arbeiter" zu kleiden. Die vielseitige Sammeltätigkeit hielt bis zum Kriegsende an. Noch für den 8. bis 28. Januar 1945 wurde das „Volksopfer" verkündet unter dem Hinweis auf den enormen Bedarf an Bekleidungsstücken für Volksgrenadierdivisionen, Volkssturm und Bombenopfer. Die Sammlung sei von „kriegsentscheidender Bedeutung", wurde erklärt. Die Aktion war von lautstarker Propaganda begleitet. Gesammelt wurden Lumpen, Bekleidung, Gardinen, Ausrüstungsgegenstände für die Soldaten usw.

Immer wieder wird bei der Lektüre von Briefen, Tagebüchern und Zeitungen deutlich, daß jeder Bürger immer mehr Kraft auf die Befriedigung der notwendigsten Lebensbedürfnisse – Nahrung, Kleidung und Wohnung – verwenden mußte. Vieles gab es nur auf Bezugsschein; oft war man auf Tausch angewiesen. Die Zeitungsanzeigen sind auf diesem Gebiet ausnahmsweise einmal eine objektive Quelle. Es werden gesucht: Möbel, Kleidungsstücke, Kinderwagen, Krückstöcke und sehr oft Küchenherde. Andererseits gab die Zeitung auch eine Anleitung, wie man aus 26 Mauersteinen eine provisorische Herdstelle

1941

Juni 1942

Jan. 1945

bauen konnte. Engpässe wurden vor allem durch die Ansprüche der Wehrmacht veranlaßt, Ersatzstoffe konnten nur in beschränktem Maße Abhilfe schaffen.

Für den freien Markt blieben im Lebensmittelbereich vor allem Obst und Gemüse, die durch „Einmachen" konserviert werden konnten, auch Geflügel und Wild, auf das dann 50% Fleischmarken angerechnet wurden. Die schlechte Versorgungslage förderte mancherlei Mißstimmung. Bei nüchterner Betrachtung hätte man zwischen den Folgen der allgemein schlechter werdenden Wirtschaftslage Deutschlands, den Organisationsmängeln im Behördenapparat und den Auswirkungen menschlicher Unzulänglichkeit unterscheiden müssen. Der Durchschnittsbürger übersah jedoch nicht immer die Ursachen der abnehmenden Menge und „ungerechten Verteilung" von Nahrungsmitteln und Gebrauchsgütern; so richtete sich die Unzufriedenheit im allgemeinen direkt gegen die Behörden und ihre Angestellten, vor allem gegen jene, die in den Außenstellen des Ernährungs- und Wirtschaftsamtes und den Bezirksstellen (die Vertreter des Quartier, Stadt- und Wirtschaftsamtes vereinigten) unmittelbar mit dem Publikum Verbindung hatten. Auch an der Teuerung bei manchen Waren, etwa bei Obst und Gemüse, wurde heftig Kritik geübt. Manche Waren wurden schon im Anfang des Krieges knapp, so etwa Kurzwaren, Stopfgarn usw.; deren Preise zogen erheblich an.

Obwohl es weniger zu kaufen gab als in Friedenszeiten, war bei vielen Menschen das Geld recht knapp. Im Lagebericht einer bremischen Ortsgruppe hieß es Anfang 1941 ganz offen, „daß die gekürzten Rentenbeträge ... selbst zu einem bescheidenen Leben ... nicht ausreichen. Die Rentenempfänger sind daher auf Unterstützung durch die NSV, Verwandter usw. angewiesen. Viele sind aber zum Almosennehmen zu stolz und schränken sich lieber aufs äußerste ein".

Die Brotmenge von etwa 9 kg je Zuteilungsperiode konnte bis Frühjahr 1942 **1942** gehalten, mußte dann aber auf 8 kg gekürzt werden. Die Unzufriedenheit war groß, eine Sonderzuteilung für Bremen wurde aber verweigert. Da die Ernte im Herbst gut war und Getreide aus dem Ausland importiert werden konnte, stieg die Brotzuteilung wieder auf 9 kg, 1943 sogar auf 9,7 kg; zugleich wurden **1943** aber andere Lebensmittel, u. a. Fleisch, erheblich gekürzt. Da die Getreideernte im Herbst 1944 schlecht war, mußte auch die Brotration auf 8,9 kg verringert werden. Die Eiweißversorgung war anfangs nicht schlecht: Es gab 2 kg Fleisch in der Zuteilungsperiode; Pferdefleisch war ohne Marken zu haben, doch es gab beim Pferdeschlachter lange Schlangen. Fisch wurde zugeteilt und war nicht reichlich vorhanden. Die Fleischration wurde allgemein als zu gering empfunden, zumal sie ja auch Wurst einschloß. Dennoch mußte sie im

1941/1943 Juni 1941 auf 1,6 kg gesenkt werden, zudem verschlechterte sich die Qualität. Später wurden die Rationen immer kleiner: April 1942: 1,2 kg; Mai 1943: 1 kg. Besonders schlecht war auch die Fettversorgung. Schon seit dem Frühjahr 1941 sank die Menge unter 1 kg je Zuteilungsperiode. Besser war die Milch- und Käseversorgung, doch war die Qualität wegen des geringen Fettgehalts mäßig. Zwar gab es bisweilen alle vier Tage ein Ei, doch war die Belieferung sehr unregelmäßig.

Die Kartoffelversorgung war im allgemeinen für jene Familien einigermaßen gesichert, die selber einkellern konnten; sonst aber gab es vor allem bei starkem Frost Schwierigkeiten, da die Mieten nicht geöffnet werden konnten. Das ergab zahlreiche Proteste. Auch hingen die ausgegebenen Mengen stark von den Ernte-Ergebnissen und den Importmöglichkeiten ab. Zunächst blieb trotz aller Probleme die Kartoffelzuteilung „frei", dann gab es in der Zuteilungsperiode etwa 12 kg Kartoffeln, im Herbst 1944 wurden 3 Zentner für die Einkellerung freigegeben.

1944

Obst und Gemüse blieben zwar „frei", doch zogen die Preise an, und die Versorgung war von der Jahreszeit abhängig. Vor allem bessere Qualitäten blieben sehr knapp. Vor den Gemüsegeschäften gab es immer wieder lange Schlangen. Die Regulierung erfolgte weitgehend durch die Händler über Kundenlisten. Viel Gemüse versickerte jedoch im „Schleichhandel".

Für die Fischversorgung war von Bedeutung, daß zu Beginn des Krieges die Hochseefischerei entfiel; doch wurde die Küsten- und Binnenfischerei verstärkt. Der Fischhandel gab die Ware nach Vorlage des Haushaltsausweises ab. Beim Einzelhändler wurden Kundenlisten geführt; Gaststätten bekamen besondere Zuteilungen. Im großen und ganzen verschlechterte sich die Fischversorgung während des Krieges, da die Zahl der Schiffe abnahm und der Kraftstoff knapp wurde. Hin und wieder wurde Bremen bei Sonderzuteilungen berücksichtigt.

Während des Krieges gab es mancherlei „Sonderzuteilungen": Die Zahl der Schwerstarbeiter, die Fleisch- und Fettzulagen erhielten, war gering und lag immer unter 1000; dagegen gab es 30–50000 Schwerarbeiter; es kamen weiterhin etwa 50000 Lang- und Nachtarbeiter hinzu, die auch Zulagen erhielten. Auch Fremdarbeiter wurden in diese Kategorie eingeordnet. Juden wurden zunächst wie Normalverbraucher behandelt (nur von Sonderzuteilungen wurden sie ausgeschlossen), der Ausschluß von der Versorgung mit Eiern, Fleisch und Milch seit 1942 traf nur noch wenige in Bremen zurückgebliebene Juden. Bei bestimmten Gelegenheiten gab es aus besonderen Anlässen Sonderzuteilungen, die für die Stimmung der Bevölkerung eine große Rolle spielten: Zu Weihnachten gab es Bohnenkaffee, Schokolade und anderes wie Äpfel und

Fischkonserven, auch andere Nahrungsmittel, die etwa für das Backen von Kuchen benötigt wurden. 1944 war dann das Weihnachtsgeschenk auf 250 g Fleisch, 250 g Weizenmehl und zwei Eiern zusammengeschmolzen. Kinder und Jugendliche erhielten noch 125 g Schokolade. Auch nach größeren Luftangriffen gab es Sonderzuteilungen von Bohnenkaffee, Süßwaren und Spirituosen, auch von Brot und Fleisch. Zudem wurden größere Mengen Lebensmittel für eine Massenspeisung von Obdachlosen bereitgestellt. Um der Wahrheit willen muß festgestellt werden, daß bei den Zulageempfängern auch die Ausländer vertreten waren. Ende 1943 gab es unter den 22 000 Schwerarbeitern 1742 Ostarbeiter und von 33 000 Langarbeitern 2600 Ostarbeiter, die Zulagen erhielten. Mitte 1944 erhielten auch etwa 2000 Kriegsgefangene Schwer- und Langarbeiterzulagen.

Abgesehen vom geringen Eiweißgehalt der Nahrungsmittel, zeigte der Kaloriengehalt deutlich, wie schwierig die Lebensmittelversorgung im Laufe des Krieges wurde, vor allem nachdem die Verkehrslage sich verschlechterte und die deutschen Besatzungsgebiete immer mehr zusammenschmolzen. Als Existenzminimum wurden 1800 Kalorien angenommen. Vor dem Krieg lag der Verbrauch bei 3000 Kalorien, 1939/40 betrug er mehr als 2400 Kalorien. Bis 1944 konnte er bei 2000 Kalorien gehalten werden, am Ende des Krieges aber sank er auf etwa 1500 Kalorien ab.

Es ist nicht so, daß die Machthaber diese Probleme übersahen. So hieß es Anfang 1944 in einem Gestapobericht, es sei heute so, „daß nicht einmal mehr die notwendigsten Gebrauchsgegenstände zu haben seien, auch nicht bei Fliegerschaden ... Für die Ernährungslage befürchtet man nach dem Verlust der Ostgebiete das Schlimmste. Die Bevölkerung ist der Meinung, daß ein baldiges Kriegsende dringend notwendig ist". Immer wieder gab es böses Blut durch den weit verbreiteten Eindruck, daß führende Persönlichkeiten versorgungsmäßig besser gestellt waren als der durchschnittliche Volksgenosse. Es war von feudal eingerichteten Wohnungen (etwa des Gauleiters Wegener in Oldenburg), von Gelagen usw. die Rede. Sicher waren es vielfach Gerüchte, und es ist überliefert, daß selbst die Teilnehmer an Tagungen ihre Brot-, Fleisch- und Fettmarken mitbringen mußten. Andererseits hat sich die Speisekarte für Schmausereien im Rathaus im Zusammenhang mit dem Festakt zur Beisetzung des Regierenden Bürgermeisters und SA-Obergruppenführers Böhmcker am 10. Februar 1944 im Bremer Rathaus erhalten: Vorweg gab es Mockturtlesuppe, dazu Sherry; dann folgten Steinbutt mit holländischer Sauce. Das Getränk war 1937er Piesporter Grafenberg vom Weingut des Reichsgrafen von Kesselstadt. Weiter wurden Mastenten mit Erbsen und Bohnen serviert. Getränk dazu war 1926er Château St. Hilaire Portets. Und als Nachtisch gab es

521

Weingelée, Kaffee und Likör. Weiteres Getränk am Schluß war Keßler Cabinet. Hinweise auf Schmausereien und andere unzeitgemäße Genüsse in der Führungsschicht spielten in der alliierten Propaganda (Rundfunksendungen und Flugblättern) eine sehr große Rolle: Dr. Ley habe ein Schloß (Waldbröl) mit Kunstschätzen sowie „schwarzen Marmorbadewannen mit Wasserhähnen aus Gold und Onyx" und einen riesigen Kühlschrank voller Würstchen und Schinken. Andererseits wurde dann auf die schlechte Lage der Normalverbraucher hingewiesen. In der Suppe für Ostflüchtlinge solle sich das Fleisch einer in Hagenbecks Tierpark verendeten 46jährigen Elefantenkuh befunden haben. Es wurde in ironischer Weise an das gesunde Volksempfinden appelliert und verboten, Straßenasphalt zu verheizen; es wurde auch empfohlen, in Blumentöpfen und sonstigen Behältern Schnittlauch, Bohnen und Tomaten zu züchten. Soweit nachprüfbar, ist hierbei Wahres und Falsches gemischt, manches aber auch nur einfach übertrieben.

Bei den geringen Verpflegungsmengen versuchte jeder, seine Versorgung in irgendeiner Weise aufzubessern. Man stand stundenlang an, um beim Schlachter einen Liter dünner „Wurstbrühe" zu erhalten. Ebensolche Schlangen gab es überall, wo es etwas „ohne Marken" zu kaufen gab. Der Schwarzhandel blühte; es wurde zudem viel getauscht, aber auch zu Überpreisen gekauft und verkauft. Bei einem Bauern, der wegen Schwarzschlachtung angeklagt war, wurden als Tauschobjekte gegen Butter und Kalbfleisch gefunden: Ledertaschen, Teppiche, Kaffee, Rauchwaren, Spirituosen, Schokolade, Armbanduhren usw. Der Schwarzmarkt war kompliziert, aber auch nicht ganz ungefährlich, vor allem, wenn er sich aus Diebstählen, Schwarzschlachtung usw. versorgte. Zeittypisch ist der Brief einer französischen Prostituierten in Nordenham an einen Landsmann, der sich in einem Bremer Lager befand. Er wurde aufgefordert, Lebensmittelmarken zu kaufen. „Der Preis ist für mich Nebensache." Für die Vermittlung wurde eine Provision angeboten; im Briefumschlag lagen 60 RM als Vorschuß. Mehrfach tauchten in dieser Zeit auch gefälschte und in Druckereien der Ernährungsämter unterschlagene Lebensmittelkarten auf. Aus gerichtlichen Unterlagen jener letzten Kriegszeit ergaben sich für Nahrungsmittel etwa folgende Schwarzhandelspreise: Ein Ei 5 RM, ein Kaninchen 25 RM, ein Brot 40 bis 50 RM. Auch Genußmittel standen hoch im Kurs: Eine Flasche Schnaps kostete 100 RM, ein Pfund Kaffee 500 RM, 50 g Tabak 10 RM usw.

Wie groß trotz aller Gegenmaßnahmen der „Schwarze Markt" war, ist nicht zu ermitteln. Soweit es sich um heimliche Tauschgeschäfte, etwa von Rauchwaren gegen Lebensmittel, und den Verkauf kleiner Mengen zu überhöhten Preisen handelte, war er sicher weit verbreitet. Oft kam es auch vor, daß Bauern Lebensmittel zu Schwarzmarktpreisen verkauften oder gegen Sachwerte eintauschten. Der Schwarze Markt war aber nicht so groß, daß er das staatlich verordnete Verteilungssystem ernsthaft gefährdete. Dieses stand und fiel mit der Fähigkeit des Staates, es konsequent durchzusetzen. Das gelang nicht ohne scharfe Strafen bei Verstößen gegen die „Kriegswirtschaftsordnung". Es war jetzt immer wieder von „Volksschädlingen" die Rede, die ausgemerzt werden müßten. In schweren Fällen wurde das Sondergericht beim Landgericht in Bremen tätig und verhängte hohe Gefängnis- und Zuchthausstrafen. Die Propaganda kriminalisierte die Wirtschaftsvergehen in hohem Maße und bezog dabei auch das „Hamstern" ein, wobei es sich um eine private Bevorratung bzw. illegale Beschaffung von größeren Mengen rationierter Waren handelte. Vor allem die Funktionäre der Partei sollten auf solche Fälle achten und sie melden. Das geschah auch, und die Zeitungen prangerten dann Einzelfälle an, bevor überhaupt die Ermittlungen abgeschlossen waren. Auf Bahnhöfen und Landstraßen fanden Kontrollen statt, um Personen zu greifen, die auf den Dörfern „gehamstert" hatten. Die Vergehen im Rahmen der Kriegswirtschaft waren abgestuft: Es gab Verstöße gegen die Verbrauchsregelung, also gegen die Vorschriften auf dem Gebiet der Bewirtschaftung. Die Ahndung erfolgte durch das Wirtschafts- und Ernährungsamt mit Ordnungsstrafen. Grobe Verstöße gegen die Kriegswirtschaftsordnung bestanden im Beiseiteschaffen, Vernichten und Zurückhalten von Waren des lebenswichtigen Bedarfs; sie waren mit Zuchthaus- und Todesstrafen bedroht. Als „Volksschädling" galt, wer in geräumten Gebäuden plünderte oder Straftaten unter Ausnutzung der Kriegsverhältnisse (etwa der Verdunkelung) beging. Gegen ihn wurde eine Zuchthausstrafe über 15 Jahre oder die Todesstrafe verhängt.

Während des Krieges gab es in Bremen 92 Verfahren wegen Kriegswirtschaftsverbrechen und 301 Verfahren gegen Volksschädlinge.

Es stellt sich nun immer wieder die Frage, ob die Strafen nicht zu hoch waren. 1941 wurden vom Sondergericht zwei Personen zu je 1 Jahr Gefängnis verurteilt, weil sie als Angestellte des Ernährungsamtes Lebensmittelkarten unterschlagen hatten. Das war keine ungewöhnliche hohe Strafe. Selbst die Strafen gegen zahlreiche Angestellte einer Fleischwarenfirma, die große Mengen Fleischwaren und Fleischmarken unterschlagen hatten, betrugen 2 bis 3½ Jahre Gefängnis. In der Zeitung war freilich immer wieder auch von Todesstrafen gegen Kriegswirtschaftsverbrecher und Volksschädlinge in anderen Städten die Rede. In Bremen wurden seit 1943 mehrere Todesurteile wegen Einbruchs unter Ausnutzung der Verdunkelung und wegen Plünderns verhängt und vollstreckt. Andererseits wurden Verstöße gegen die Kriegswirtschaftsordnung immer noch verhältnismäßig milde bestraft: 1943 wurden in

1941/1943

523

Bergen von Eingemachtem am 6. Oktober 1944

der Druckerei der Bremer Zeitung zahlreiche Lebensmittelmarken unterschlagen und in Umlauf gebracht. Hier erhielt nur ein Angeklagter 3 Jahre Zuchthaus, während die Strafen für die anderen Beteiligten sehr viel geringer waren. Die Luftangriffe brachten auch organisatorische Probleme. Viele Einwohner verloren ihre Karten und Marken; sie mußten zunächst mit Essen, dann auch mit neuen Marken ausgestattet werden. In den Ämtern und Außenstellen wurden viele Unterlagen zerstört und mußten mühsam rekonstruiert werden. Auch erhebliche Lebensmittelvorräte gingen durch Bomben verloren, obwohl sich die größeren Vorratslager außerhalb der Stadt befanden. Eine enorme Last trug seit 1943 das Stadtamt unter Oberregierungsrat Dr. Rudolf Wedemeyer, denn es enthielt die Fliegerschädenabteilung mit ihren 10 Unterabteilungen. Um den Bombengeschädigten lange Wege zu unterschiedlichen Ämtern zu ersparen, wurden im Frühjahr 1944 die Außenstellen des Quartieramtes, des Stadtamtes und des Wirtschaftsamts – das waren die sogen. Fliegerschadenbehörden – zu Bezirksstellen (im Stadtgebiet gab es 12) vereinigt, wobei sie freilich weiterhin der Fachaufsicht der drei Ämter unterworfen blieben. Die Außenstellen des Ernährungsamtes blieben noch ganz selbständig. Trotz dieser Vereinfachung blieb die Abfertigung kompliziert und schleppend, zumal eine Fülle von Formularen ausgefüllt werden mußte und die Zahl der Anträge immer mehr wuchs.

In den letzten Kriegsmonaten zeichnete sich eine große Kohlenknappheit ab, denn die Luftangriffe hatten die Zechen des Ruhrgebietes schwer getroffen,

zudem auch die Verkehrswege immer wieder unterbrochen, so daß der Transport von Massengütern erschwert war. Am 18. November 1944, einem Sonntag, wurde eine große Aktion zur Nutzbarmachung von Kohlen aus ausgebombten Häusern" organisiert. Die geborgenen Vorräte blieben zwar Eigentum der Haus- und Wohnungsinhaber; doch konnte das Wirtschaftsamt eine Beschlagnahme verfügen. Auf drei Sammelplätzen sollten je etwa 130–200 Arbeiter erscheinen. Doch nur ein geringer Teil von ihnen kam tatsächlich, zudem fehlten Transportmöglichkeiten. Viele Hauseigentümer leisteten der „Bergungsaktion" Widerstand. Es wurden zwar einige hundert Zentner Kohlen geborgen, im ganzen war das Ergebnis jedoch enttäuschend.
Schon Ende November war durch die Schäden an Kanälen und Eisenbahnlinien eine weitere erhebliche Verschlechterung in der Kohlenversorgung eingetreten, so daß scharfe Sparmaßnahmen verfügt werden mußten. Anfang Dezember 1944 wurden vom Rüstungskommando aus den Betrieben ausländische Arbeiter zum Aufräumen in der Stadt abgeordnet. Im ganzen standen 6000 Arbeiter auf der Liste, nur wenige erschienen an den Sammelplätzen. Auch hierbei ging es neben der Räumung von Schutt und Trümmern vor allem um das Bergen von Kohlen. Doch auch jetzt war die Leistung sehr gering. Man

Essenausgabe der NSV auf dem Bahnhofsplatz am 17. September 1944

525

beschritt nun einen anderen Weg: Die Ortsgruppenleiter wurden ermächtigt, „einzelnen Volksgenossen" die Schadenstellen zur Gewinnung von Brennholz zu überlassen. Auch einige Betriebe erhielten solche Konzessionen.

April/Mai 1945 In der 75. Lebensmittelperiode vom 30. April bis zum 27. Mai 1945 sank die Zuteilung für „Normalverbraucher" auf 5800 g Brot (also etwa 200 g am Tag), 200 g Nährmittel (etwa 11 g am Tag), 1000 g Fleisch (36 g am Tag), 500 g Fett (18 g am Tag), 375 g Zucker (13 g am Tag) und 20 Pfund Kartoffeln (375 g am Tag).

In den letzten Wochen des Krieges wurde dann die Ernährungslage durch „Bevorratung" aus aufgelösten Lagern etwas günstiger.

Elektrizität, Gas und Wasser

Bürgermeister Böhmcker faßte Anfang 1941 den Plan, die Stadtwerke in eine   Anf. 1941
Aktiengesellschaft zu überführen, weil dadurch die finanzielle Lage übersicht-
licher werde und weil man dann „eine freiere Gehalts- und Lohnpolitik treiben" könne. Er sah auch vor, daß für das Gesamtunternehmen ein
Direktor bestellt werden solle. Die Aktiengesellschaft wurde dann am 1. September 1941 verwirklicht; sie erhielt einen gemeinsamen Vorstand. Als der
Direktor des Elektrizitätswerkes, Werner Matthias, im März 1941 Vertreter
des Senators für Arbeit und Technik für die Stadtwerke werden sollte, kam
sogleich ein Protest des Kreisleiters Blanke, Matthias sei ein ehemaliger Freimaurer, während der – zurückgesetzte – Direktor des Gas- und Wasserwerkes
Dr. Friedrich Hopf, Parteigenosse und aktiver SA-Führer sei. Vorsitzender
des Vorstandes der Stadtwerke AG aber wurde nicht er, sondern Werner
Matthias.
Elektrizität wurde im Kraftwerk Hastedt, am Weserwehr und in den Städtischen Krankenanstalten erzeugt. Zudem war das Stadtnetz an die Überlandlei-
tung der Nordwestdeutschen Kraftwerke AG angeschlossen, die ein Werk in
Farge unterhielt. Alle Werke lagen in der Nähe von Industrieanlagen bzw. in
der Nähe des U-Bootbunkers „Valentin" in Farge und wurden daher häufig
von Bomben getroffen.
Das Gaswerk in Woltmershausen und das auf der Norddeutschen Hütte erlitten manchen Schaden, zudem war das Rohrleitungssystem sehr empfindlich,
so daß immer wieder große Mengen Gas entwichen. Dasselbe gilt für die Wasserversorgung mit ihrem komplizierten Rohrsystem. Vor allem mußten die
großen Versorgungsleitungen auch die Weser überqueren und waren z. T. an
die stark gefährdeten Brücken angehängt. Bei der Wasserversorgung konnte
man am leichtesten, bei der Elektrizitätsversorgung am schwersten improvisieren; auf die Versorgung mit Gas konnte die Bevölkerung am ehesten ganz
verzichten.
In der letzten Phase des Krieges waren in den Straßen der Stadt etwa 470 Hand-
pumpen installiert, zudem standen einige Kesselwagen, etwa von Brauereien,
zur Verfügung. Größer war der Aufwand zur Herstellung einer „unabhängi-
gen Löschwasserversorgung". Es wurden 511 Feuerlöschbrunnen gegraben,
104 Löschwasserbecken (Zisternen) und 38 Saugschächte gebaut. An der Weser, am Stadtgraben, an Teichen sowie am Hafen entstanden 370 Anlegestellen,
Rampen und Niedergänge, die die Wasserentnahme erleichterten. Am Wasserwerk traten schon 1941 die ersten Schäden auf, konnten aber schnell behoben
werden. In den nächsten Jahren entstanden schwere Schäden an Klärbecken

An der Wasserpumpe am 26. November 1943

und Leitungen, die Entnahme aus dem Netz mußte eingeschränkt werden.
27. Juli 1944   Eine Verordnung vom 27. Juli 1944 gestattete nur einen Verbrauch für Trinkzwecke und zum Bereiten von Speisen. Alles andere Wasser mußte den Pumpen entnommen werden. Besonders schwer waren die Schäden am 24. Februar und 11. März 1945; auch die Harzwasserleitung erhielt vier Bombentreffer. Für ganz Bremen fiel daher die Versorgung mit Leitungswasser aus. Das war vor allem für die Luftschutzbunker verhängnisvoll, da in ihnen nun die sanitären Anlagen versagten, und das Leitungswasser wegen des Ausfalls der Elektrizitätsversorgung nicht mehr abgekocht werden konnte.

Im September/Oktober 1944 wurde bereits damit gerechnet, daß Teile des Reichsgebietes vom Feind besetzt würden. Für die zurückbleibende Bevölkerung sollte die Versorgung mit Nahrungsmitteln, Gas, Wasser und elektrischem Strom sichergestellt werden. Es war auch eine „Notverwaltung" vorgesehen, die allerdings nur aus Personen bestehen durfte, die älter als 51 Jahre bzw. nicht kriegsverwendungsfähig waren.

1944/1945   Die Kohlenzufuhr war katastrophal, besserte sich aber Mitte November 1944

528

etwas, so daß das Kraftwerk für 5 Tage und das Gaswerk für 10 Tage bevorratet werden konnten. Alle Sparmaßnahmen konnten aber die Lage nicht wesentlich bessern. Schon seit November 1944 sah man sich gezwungen, aus Gründen der Energieersparnis die Arbeitszeit in großen Betrieben einzuschränken. Nur in ganz besonders wichtigen Unternehmen wurde voll weitergearbeitet. Mit 11 000 Tonnen Kohle, die Ende Januar 1945 von Nordenham kamen, konnten nur die dringendsten Bedürfnisse befriedigt werden. Schulen und manche Verwaltungsstellen wurden nicht mehr beheizt, auch der Stromverbrauch mußte weiter gekürzt werden. Doch dann wurde der weitere Kohlenmangel für die E-Werke verhängnisvoll. Im Winter war der Transport durch zugefrorene Kanäle behindert, es fehlte an Transportraum, und die Tieffliegerangriffe machten dem Verkehr allgemein zu schaffen. Der Stromverbrauch wurde durch Abschaltungen drastisch eingeschränkt, und schließlich wurde sogar die Leichenverbrennung im Krematorium verboten. Schwierigkeiten gab es auch in Bäckereien, Gaststätten und Gemeinschaftsküchen. Der Luftangriff am 24. Februar 1945 schädigte die Versorgung mit elektischem Strom, mit Gas und Wasser weiter. In einem Luftschutzraum des Wasserwerkes wurden 15 Belegschaftmitglieder getötet. Im Februar 1945 brauchten die Stadtwerke trotz aller Drosselung des Betriebes 9000 Tonnen Kohle; der Vorrat betrug Anfang März aber nur noch 3000 Tonnen. Das Kraftwerk in Hastedt konnte Mitte April 1945 immer noch täglich 250 000 Kilowattstunden erzeugen (Durchschnitt 1941/43: 680 000 KWST). Am 22. April 1945 wurde es total zerstört.

Als der Krieg zu Ende ging, waren das Kraftwerk Hastedt und das Wasserkraftwerk am Weserwehr nicht mehr funktionsfähig. Die Wiederherstellung des Wasserkraftwerkes dauerte Monate. In Bremen wurde nur noch im Heizkraftwerk der Nordeutschen Hütte und in den Krankenanstalten Strom erzeugt. Das Kraftwerk Farge war zwar unbeschädigt, doch fehlten hier die Kohlen; auch war die Hochspannungsleitung nach Bremen unterbrochen. Die Reparatur dauerte einige Wochen. Das Gaswerk und die Norddeutsche Hütte konnten noch Gas erzeugen, doch fehlte auch hier die Kohle, und zudem war das Rohrsystem stark beschädigt. Harzwasser gelangte bis in die Neustadt, und erst am 7. Mai 1945 wurde eine Rohrleitung an der Lüderitzbrücke fertiggestellt, so daß nun auch Wasser auf die Altstadtseite gelangen konnte. Das Bremer Wasserwerk aber war schwer beschädigt.

Febr. 1945

22. April 1945

7. Mai 1945

Das Bauwesen und die Wohnungsprobleme

Senator für Arbeit und Technik, damit für das Bauwesen, war 1939 Hans Haltermann, ein „Alter Kämpfer", der sich in seinem Amtsbereich gut eingearbeitet hatte. Sein Vertreter war Präsident Dr. Kurt Beuthien, ein aus Lübeck stammender Jurist, dem jedes Gefühl für Architektur abging. Senator Haltermann verließ bei Kriegsausbruch Bremen; Präsident Dr. Beuthien versah nun kommissarisch das Amt des Senators, hatte viele Konflikte mit den Baufachleuten und ging 1941 nach Stettin. Nun übernahm zunächst der Senator für die Innere Verwaltung, Dr. Fischer, auch die Aufsicht über das Bauressort. Als dieser dann anfing, die Verwaltung zu disziplinieren, zahlreiche Organisationspläne zu entwickeln und den Bunkerbau immer mehr voranzutreiben, kam es zu Konflikten mit Baudirektor Offenberg. Dieser verließ im April 1942 Bremen.

1. Juli 1942 Am 1. Juli 1942 übernahm der 73jährige Präsident Eduard Grunow, der bis 1939 an der Spitze der Behörde für Verkehr gestanden hatte, die Geschäfte des Senators für das Bauwesen.

Die Bauabteilung (Abt. II) unterstand nun dem Oberbaurat Karl Kummer sowie seinem Vertreter Oberbaurat Wilhelm Wortmann; sie war u. a. für Stadtplanung, Hoch- und Tiefbau zuständig. Die Abt. III unter Oberregierungsrat Fritz Köster betreute den „kriegswichtigen Einsatz" (Einsatz von Arbeitskräften, Einrichtungen von Lagern, Beschaffung von Fahrzeugen, Treibstoff usw.). Die Abt. IV unter Oberbaurat Wortmann hatte Sofortmaßnahmen nach Luftangriffen zu organisieren. Zum gleichen senatorischen Bereich gehörten einige nachgeordnete Dienststellen wie die Ämter für Kanalisation und Abfuhrwesen sowie für Straßen- und Brückenbau, Hochbau, Luftschutzbau und Stadtplanung sowie das Bauamt Bremen-Nord und das Gartenbauamt. Alle Dienststellen waren in ihrer Entfaltung durch die Luftangriffe sowie durch Arbeitskräfte- und Materialmangel stark behindert. Die Haupttätigkeit bezog sich immer mehr auf ein Mindestmaß an Schadensbeseitigung, hier und da gelang es bis 1943, noch einige Behelfsheime zu bauen. Die Protokolle der

1943/1944 Amtsleitersitzungen 1943/44 zeigen, mit welcher Mühe es verbunden war, auch die kleinste Baumaßnahme zu verwirklichen. Bis Januar 1943 waren immerhin 2842 Gebäude mit 4028 Wohnungen zerstört worden, zudem hatten 8392 Gebäude größere Schäden erlitten. Bei den Aufräumungsarbeiten wurden im Januar 1943 mehr als 2000 Arbeitskräfte eingesetzt. Im ganzen gab es im Bausektor 8200 Arbeitskräfte. Die meisten waren bei der Beseitigung von Fliegerschäden eingesetzt, 1390 aber beim Bunkerbau. Die Zahl der Arbeitskräfte ging dann im Juni auf 6900 zurück, weil viele in andere Städte abgezogen und die Italiener ohnehin in ihre Heimat zurückgeführt wurden. Der „Sonderwohnungsbau" kam Anfang 1943 fast ganz zum Erliegen. Beim Aufräumen wurde es dann immer wichtiger, wertvolle Baustoffe zu bergen. Nach dem Luftangriff vom 13. Juni 1943 wurden zahlreiche Bauarbeiter nach Bremen gebracht, auch 500 KZ-Häftlinge und 103 Ostarbeiter, die beim Aufräumen eingesetzt wurden. Im September 1943 waren im Bunkerbau noch 1700 und bei Aufräumungs- sowie Abbrucharbeiten nur 350 Personen eingesetzt. In dieser Zeit nahm vor allem Hamburg große Kapazitäten der Bauwirtschaft in Anspruch. Zudem mußten umfangreiche Bauarbeiten in den Auffang- und Durchgangslagern durchgeführt werden. `13. Juni 1943`

Große Bevölkerungsbewegungen und Zerstörungen des Luftkrieges bedingten gerade während des Krieges erhebliche Anstrengungen für den Wohnungsbau, wenn auch die Einberufungen zur Wehrmacht die Lage etwas milderten. Es gab viele provisorische Lösungen durch Baracken. Statistisch wurden seit Kriegsausbruch bis Ende 1944 gemeldet: 3069 Neubauwohnungen (einschließlich 500 Behelfsheime) des „Sonderwohnungsbauprogramms Nordmark", die z. T. außerhalb der Stadt lagen, und 2093 sonstige Neubauwohnungen (einschließlich 218 Ausweichwohnungen). Dadurch konnte der Bedarf keineswegs befriedigt, vor allem aber konnten auch die Kriegszerstörungen nicht ausgeglichen werden.

Besonders schwierige Aufgaben hatte unter diesen Umständen das Quartieramt zu lösen. Es war auch in mehreren „Bezirksinnenstellen" und Außenstellen vertreten. Es hatte sowohl den Wohnraum zu erfassen als auch Obdachlose und auswärtige Arbeiter unterzubringen, was angesichts der Bombenzerstörungen immer schwieriger wurde. Bei der Dringlichkeit galt folgende Reihenfolge: Obdachlose durch Luftangriffe, Rückwanderer aus den „Feindstaaten", Obdachlose durch Vollstreckungsvorgänge, kinderreiche Familien, Familien von Schwerkriegsbeschädigten und Frontkämpfern. Bei den Entscheidungen gab es manche Härten und sicher auch Ungerechtigkeiten; doch war die Wohnraumsituation eben fatal, die Akten nahmen ein unüberschaubares Ausmaß an.

Im Frühjahr 1943 wurden zahlreiche Turnhallen von Schulen und Säle als Sammellager für Obdachlose beschlagnahmt. Im ganzen waren es mehr als 1000 Betten, einige tausend Strohsäcke, Strohballen usw., die hier zur Verfügung standen. Im Herbst 1943 konnten in den Sammelstellen 8 bis 9000 Menschen untergebracht werden. Nach jedem Angriff wurden Hunderte und Tausende deprimierter Menschen in diesen Sammelstellen aufgenommen, versorgt und dann irgendwo untergebracht. `1943`

Eine Bestandsaufnahme im Juni 1944 ergab, daß es in Bremen 55310 Gebäude mit 111970 Wohnungen gegeben hatte, von denen mehr als 12000 Gebäude `Juni 1944` total zerstört, 4400 beschädigt und geräumt, 16400 beschädigt und noch bewohnt waren. Dabei waren die Schäden der drei Juniangriffe noch nicht berücksichtigt.

18./19. Aug. 1944 Nach dem Luftangriff vom 18./19. August 1944, der den Bremer Westen vernichtete, war es nicht mehr möglich, die Obdachlosen in Bremen unterzubringen, sie mußten aus der Stadt in ländliche Gebiete evakuiert werden. Von den Maßnahmen für den Katastrophenfall und von den Unterbringungsbemühungen ist im Abschnitt über die Luftangriffe auf Bremen, vom Lagerwesen, das ja zur Entspannung des Wohungsproblem beitragen sollte, in den Kapiteln über die deutschen und ausländischen Arbeiter die Rede. Es ist auch zu bedenken,

Jan./Febr. 1945 daß trotz aller Not im Verlauf eines Monats (Ende Januar bis Ende Februar 1945) etwa 40000 Flüchtlinge über den Bremer Bahnhof geschleust und 600 Rückkehrer in Bremen untergebracht wurden; auch kamen 2000 Arbeitskräfte der Focke-Wulf-Werke aus dem Osten zurück. Ende März 1945 zählte man im Gau Weser-Ems 400000 Flüchtlinge aus Pommern, von denen 15000 im Kreis Bremen-Lesum (heute Bremen-Nord) untergebracht werden mußten. Damit gingen letzte Wohnraumreserven für Ausgebombte verloren.

g. Stadtplanung im Kriege: Bremen als „Aufbaustadt"

Die städtebaulichen Maßnahmen bei der „Neugestaltung deutscher Städte",

4. Okt. 1937 die durch Gesetz vom 4. Oktober 1937 vorgesehen waren, wurden in Bremen auch während des Krieges vom Baudirektor Gerd Offenberg weiterverfolgt. Albert Speer kam nach Bremen und war von den Plänen angetan.

Eine Maßnahme der Altmaterialerfassung griff schon 1940 stark in das bremische Stadtbild ein: Der Senator für Arbeit und Technik verfügte am 28. April

28. April 1940 den Abbau eiserner Vorgartengitter. Die Ausführung sollte durch die Technische Nothilfe erfolgen. Diese Anordnung wurde dann doch nur teilweise durchgeführt.

Sept. 1940 Im September 1940 gab es bei Speer in Berlin eine große Besprechung, an der auch Gauleiter Röver und Bürgermeister Böhmcker teilnahmen. Baudirektor Offenberg hatte eine Reihe von Plänen aufgehängt. Speer wunderte sich über das Ausmaß der vorgesehenen Veränderungen, war vor allem wegen der hohen Kosten skeptisch und riet dringend, die Pläne nur Zug um Zug zu verwirklichen. Böhmcker meinte, man könne zunächst einmal 25 Mill. RM einsetzen, dann seien jährlich etwa 20 Mill. RM vorgesehen.

20. Dez. 1940 Am 20. Dezember 1940 wurde Bremen dann durch Hitler zur „Aufbaustadt" erklärt, obwohl es nicht Sitz der Gauleitung war. Doch begann in dieser Zeit der Bunkerbau, der die Realisierung der Verkehrsplanung und die Errichtung von Repräsentationsbauten in weite Ferne rückte. Der phantasiereiche Baudirektor Offenberg verlor sehr bald die Freude an seiner Arbeit. Durch den Abgang des Senators Haltermann 1939 wurde ihm eine wichtige Stütze genommen. Sein Vertreter, Präsident Dr. Kurt Beuthien, war ein Jurist, dem jedes Gefühl für eine großzügige Planung abging. Kritik kam immer wieder auch von Baurat Wilhelm Wortmann vom Stadtplanungsamt, der die Zerstörung alter Bausubstanz durch die Offenbergschen Pläne heftig kritisierte. Bürgermeister Böhmcker, der zunächst Offenbergs Pläne unterstützt hatte, konzentrierte sein Interesse immer mehr auf den Bunkerbau. Auch Speer zog sich aus der Planung zurück und empfahl Gauleiter Röver im April 1941, einen Architekten mit einer Überarbeitung der Entwürfe zu beauftragen. April 1941

Doch kam man angesichts der Kriegsprobleme nicht voran. Im August 1941 lag dann eine „Verordnung über die Neugestaltung der Hansestadt Bremen" vor, die jedoch nurrechtliche und organisatorische Fragen regelte. Aug. 1941

Die Spannungen in der Bauverwaltung wuchsen. Bürgermeister Böhmcker ließ sich stark von Dr. Fischer beeinflussen. Als sich Oberbaurat Hermann Gildemeister vom Hochbauamt auf Offenbergs Seite schlug, wurde er sofort in den Ruhestand versetzt, und als Offenberg die Maßnahme kritisierte, erreichte der Konflikt einen Höhepunkt. Dennoch arbeitete Offenberg weiter an seinen Plänen: die Sögestraße sollte Fußgängerzone werden, ein durchgehender Straßenzug wurde vom Herdentor über den Liebfrauenkirchhof an die Weser geführt, Markt und Domshof sollten vom Autoverkehr befreit werden. Die alte Weserbrücke an der Wachtstraße war abzubrechen und durch eine neue an der Balgebrückstraße zu ersetzen. Der Zugang war aus der Violenstraße über die Domsheide vorgesehen. Noch waren das alles Entwürfe ohne eine Chance auf Verwirklichung; 1942 war der größte Teil der Altstadt noch intakt, so daß Offenberg von einem Abbruch zahlreicher Häuser ausging. Nach den Vorstellungen von Oberbaurat Wortmann, 1941, sollte die Altstadt 1941 Mittelpunkt des Wirtschaftslebens bleiben und nicht zu einer Art Museum werden; sie sollte durch leistungsfähige Straßenzüge mit den Vorstädten und dem Durchgangsverkehr verbunden, das historische Bild des Marktplatzes erhalten bzw. wiederhergestellt werden. So sollte die neugotische Börse verschwinden und durch eine Reihe von Giebelhäusern ersetzt werden. Die Straßenbahn hatte vom Marktplatz zu weichen. Große Straßendurchbrüche sollten aus der Stadtmitte nach Osten und nach Westen zu großen Nord-Süd-Straßen führen: Im Westen war es die zu verbreiternde Kaiserstraße-Georgstraße, im Osten ein neuer Durchbruch zwischen dem Bahnhof durch den Stavendamm über eine Tieferbrücke zur Neustadt. Diese Straße sollte den Wall mit einem Tunnel durchqueren. Unter den Straßen sollten unterirdische

Parkplätze angelegt werden. Eine weitere Weserbrücke war im Verlauf der Staderstraße vorgesehen. Die bisherige Weserbrücke („Lüderitzbrücke") sollte aufgegeben bzw. auf den Fußgängerverkehr beschränkt werden. Die Nord-Süd-Straße im Osten führte über den Stadtwerder, und an ihr waren große repräsentative Gebäude wie eine Feierhalle sowie das Kreishaus der NSDAP vorgesehen. Daneben lagen „Gemeinschaftsanlagen, Wasser- und Wiesenflächen", die vom Osterdeich und Werderdeich begleitet wurden. Auf der Bürgerweide war eine weitere große Halle für Massenveranstaltungen vorgesehen, daneben aber Ausstellungsbauten und ein Freigelände. Um den Bahnhofsplatz zu erweitern, mußte die Badeanstalt am Breitenweg verschwinden. Am Rande des Platzes waren ein Großkino, ein KdF-Hotel und ein großes Bürohaus vorgesehen. Alle Gebäude sollten im Erdgeschoß Läden haben. Auf einem Grünplatz sollte ein Kaffeehaus stehen. Als weitere Neubauten dachte Wortmann an ein Theater bei der Kohlhökerstraße und eine Bibliothek.

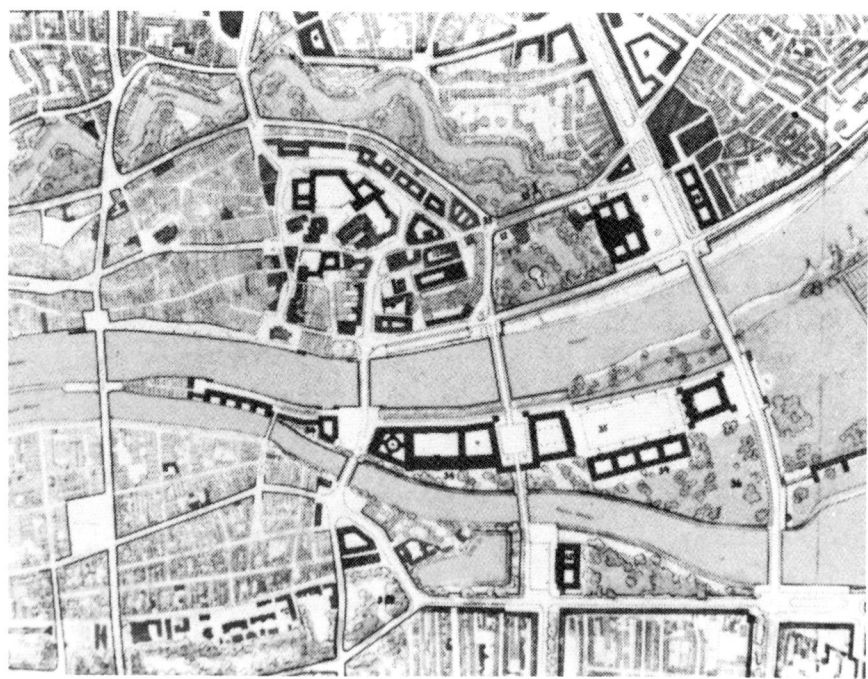

Offenbergs „große Planung" (Ausschnitt), 1942

Abbau des Kaiser-Wilhelm-Denkmals auf dem Liebfrauenkirchhof

Diese Pläne bewahrten zwar den Kern der Altstadt und wiesen ihm eine bedeutende Funktion zu; doch gab es tiefe Eingriffe ins Stadtbild und neue Akzente im Sinne nationalsozialistischer Repräsentation.

Auf eigenen Wunsch wurde Offenberg nun weitgehend von der Verwaltungsarbeit befreit und konnte sich voll der Stadtplanung widmen. Auch der aus Bremen stammende Architekt Fritz Schumacher wurde mit den Plänen befaßt und nahm eine sehr schwankende Stellung ein, stellte sich dann aber voll auf die Seite Wortmanns, ohne sich freilich mit den Entwürfen im einzelnen zu befassen. Es wurde jetzt der Ruf nach weiteren Gutachten laut.

Offenberg bemühte sich nun um eine Stellung außerhalb Bremens, um allem Ärger zu entgehen. So übernahm er denn im April 1942 die Leitung der Kunsthochschule in Weimar. In Bremen wurde Wilhelm Wortmann sein Nachfolger. Auch er mußte sehr bald das Gefühl haben, daß sich die Planungen im luftleeren Raum bewegten und daß alle Kräfte auf den Bunkerbau sowie die Beseitigung der Luftkriegsschäden gerichtet werden mußten. Auch das war ein Gebiet, auf dem die Hilflosigkeit angesichts des Mangels an Material und Arbeitskräften sowie der wachsenden Schäden immer größer wurde.

Zerstörende Eingriffe in das Stadtbild erfolgten in dieser Zeit nicht nur durch
Mai 1942 die Bomben. Im Mai 1942 wurden die Gemeinden angewiesen, bis zum 31. Mai alle Denkmäler abzubauen, die aus Kupfer und Bronze bestanden sowie auf öffentlichen Straßen und Plätzen standen. Es wurde empfohlen, nach dem Abbau von den Denkmälern Abdrucke herzustellen. Ausgenommen waren nur die vom Reichminister für Wissenschaft, Erziehung und Volksbildung ermittelten Denkmäler von besonderer historischer und geschichtlicher Bedeutung. Es wurde darauf hingewiesen, daß nach dem Sieg für „würdige Gedächtnisstätten" gesorgt werde.

29. Juli 1943 Noch am 29. Juli 1943 ordnete Gauleiter Wegener an, daß die Neugestaltungspläne weiterverfolgt werden sollten, doch wurde jetzt den Wiederherstellungsmaßnahmen eine höhere Priorität zugebilligt. Ausgerechnet in der
Anf. 1944 schwierigen Zeit Anfang 1944 erneuerte man beim Bausenator aufgrund eines „Führererlasses betr. den Wiederaufbau zerstörter Städte" die Planungsarbeiten. Bremen war als „Aufbaustadt" anerkannt worden. Das führte zu Planungen der Oberbauräte Wortmann und Gildemeister sowie der Architekten Bartmann und Heuer, wobei vor allem an eine Auflockerung der Wohngebiete gedacht war. Man erhoffte sich eine erhebliche Finanzhilfe des Reiches. Der Finanzbedarf für den erforderlichen Landerwerb sowie die Erschließung und Auflockerung war auf mehr als 9 Mill. RM angesetzt, und was man jetzt theoretisch plante, war das „Stadtgerippe" mit Hauptverkehrswegen, Wohn- und Gewerbeflächen, die nach dem Krieg verwirklicht werden sollten.

In dieser Zeit, in der in Bremen große Teile der Stadt verwüstet wurden, verschwand eins der markantesten Bauwerde aus dem Stadtbild: Die Ansgariikirche. Schon Mitte August 1944 erkannte man die Gefahr für den Ansgarii-Kirchturm. Am 16. August erklärte der Stellvertretende Bürgermeister Dr. Duckwitz im Senat, daß Sicherheitsvorkehrungen und „Maßnahmen zur Erhaltung dieses historischen Bauwerks" eingeleitet worden seien. Das war eher zur Beruhigung gesagt, hatte aber angesichts des bedrohlichen Zustands keine praktische Bedeutung. Nur die Räumungsbefehle für die nächstgelegenen Häuser konnten als zweckmäßig angesehen werden. Die Verstärkungen im Turm, die für die nächsten drei Monate vorgesehen waren, konnten keine
1. Sept. 1944 Rettung bringen. Am 1. September 1944 um 12.25 Uhr stürzten die gewaltigen Steinmassen des Turmes in das Kirchenschiff und zerstörten auch dieses.

536

Einsturz des St. Ansgarii-Turms am 1. September 1944

h. Kultur

Schule – Kinderlandverschickung – Flakhelfer

Der Krieg traf das Schulwesen schwer. Zahlreiche jüngere Lehrer wurden eingezogen, Schüler der Oberklassen machten ein „Notabitur" und wurden dann Soldaten.

Auch während des Krieges mußten der Mittwoch- und der Sonnabendnachmittag vom Unterricht und von Schulaufgaben freigehalten werden. Große Schwierigkeiten ergaben sich aber, da einige Schulen auf den Nachmittagsunterricht nicht verzichten konnten; viele Schulgebäude waren zweckentfremdet und schließlich zerstört worden, so daß Schichtunterricht stattfinden mußte.

Sogleich nach Kriegsausbruch beanspruchte die HJ viele Schüler für Wach- und Botendienste bei Partei, Polizei und Wehrmacht; Senator von Hoff erhob Sept. 1939

537

Einspruch, konnte sich aber der Kreisleitung gegenüber auf die Dauer nicht durchsetzen. Vielfältiger außerschulischer Einsatz von Kindern und Jugendlichen, in steigendem Maße zum Zweck der „Wehrertüchtigung", mußte hingenommen werden. Vor allem wurden die Schüler auch in den Ferien zum vaterländischen Dienst herangezogen. 1940 wurde festgestellt, daß die Hitlerjungen jeden zweiten Sonnabend theoretischen Wehrunterricht, jeden ersten und dritten Sonntag im Monat Schieß- und Geländeausbildung erhalten sollten. Auch waren dreiwöchige Lager vorgesehen. Das alles störte den Schulunterricht ebenso wie es die häufigen Fliegeralarme taten.

1941   Eine organisatorische Maßnahme war es, daß seit 1941 der Schuljahresbeginn auf die Zeit nach den Sommerferien verlegt wurde. Im gleichen Jahr wurden die Hochschulen für Lehrerbildung aufgehoben und die Lehrerbildungsanstalten eingerichtet, für die eine 5jährige Ausbildungszeit vorgesehen war. Das Übergewicht weiblicher Junglehrer wurde in dieser Zeit, als die Wehrmacht die „letzten Reserven" ausschöpfte, immer größer. Die Aufgaben der Lehrer waren im Kriege sehr schwierig. Von 4235 männlichen Erziehern im Gau We-

1943   ser-Ems waren 1943 immerhin 1700 (= 40 %) eingezogen, 123 bereits gefallen. Die daheimgebliebenen Lehrerinnen und die durchwegs älteren Lehrer hatten eine hohe Unterrichtsbelastung zu tragen. Zudem brachte die KLV, später auch der Unterricht für Flak- und Marinehelfer viele Entbehrungen. Hinzu kamen Schulungen, Tagungen, mancherlei Sammlungen usw. Der Unterrichtsausfall durch Fliegeralarm war erheblich, zumal der Unterrichtsbeginn sich um zwei Stunden verschob, wenn in der Nacht vorher nach 22 Uhr Alarm gegeben worden war. Im ganzen schätzte man den Unterrichtsausfall auf ein Drittel der Gesamtstunden. Natürlich beeinträchtigte auch die Zerstörung vieler Wohnungen der Schüler und Lehrer den Unterrichtsrhythmus. Seit 1943 stieg der Unterrichtsausfall enorm an (auf etwa 50 bis 75 %). Am meisten litten die jüngeren Schüler unter den Alarmen; die Konzentrations- und Lernfähigkeit der Kinder nahm erheblich ab, nervöse Erkrankungen stellten sich ein. Selbst während des Krieges blieb der Rassenfanatismus des Senators Dr. von Hoff ungebrochen. Im Januar 1943 sprach er an vier Nachmittagen zur gesamten bremischen Lehrerschaft über „rassenhygienische Kräfte und Werte nordischen Volkstums". Zudem traten immer wieder hoch dekorierte Kriegshelden auf, um über ihren Fronteinsatz Vorträge vor Schülern zu halten. Die „Verwahrlosung der Jugend" war zwar wesentlich geringer als heute, aber doch so groß, daß die damit befaßten Stellen sehr besorgt waren. Besonders häufig waren Verstöße gegen die Verordnung zum Schutz der Jugend, u. a. unerlaubte Kino-, Gaststätten- und Kaffeehausbesuche; aber auch Eigentums- und Sittlichkeitsdelikte nahmen zu, ganz zu schweigen vom Herumtreiben

und von Schulversäumnissen. Es wurde 1942 eine Arbeitsgemeinschaft gebil- 1942
det, die dem entgegenwirken sollte. Federführend waren Hitlerjugend und
Sozialamt. Ein positives Ergebnis war jedoch nicht feststellbar. Die Verwahrlosung stieg bis zum Ende des Krieges sogar noch an.

Nach einer Verordnung Hitlers vom 28. September 1940 sollten die Kinder 28. Sept. 1940
und Jugendlichen aus bombardierten Städten in weniger gefährdete Gebiete
evakuiert werden. Für die 6 bis 11jährigen Kinder waren Familienpflegestel-
len, für die älteren Gemeinschaftslager der Hitler-Jugend vorgesehen. Aufnahmegebiete waren für die Bremer Kinder einige Gaue in Österreich und
Thüringen. Die Organisation lag bei der HJ., die schulische Betreuung zunächst beim NSLB, dann beim Reichserziehungsministerium. Die Teilnahme
sollte freiwillig sein, die Aussendung nach Möglichkeit klassen- bzw. schul-
weise mit Sonderzügen durchgeführt werden, wobei die Betreuung durch die
NSV zu erfolgen hatte. Die Dauer des Aufenthalts in den Evakuierungsgebie-
ten war für die Zeit des Krieges bzw. der Luftgefährdung vorgesehen. Die
Beschulung erfolgte in den Aufnahmeorten, gegebenenfalls sollte Lehrperso-
nal aus Bremen zur Verfügung gestellt werden. Eine vorzeitige Rückkehr der
Kinder konnte nur auf Kosten und Gefahr der Eltern erfolgen, ein Besuch in
den Aufnahmegebieten war untersagt.

In Bremen wurde seit Anfang 1941 für die KLV geworben; viele Eltern waren Anf. 1941
zurückhaltend, vor allem weil sie schulische Nachteile für ihre Kinder befürchteten. Am 29. Januar 1941 verließ der erste Sonderzug mit 500 Jungen und Mädchen die Stadt. Die ersten beiden Transporte führten in die Gaue Salzburg und
Oberbayern und waren von Erziehern und Erzieherinnen begleitet. Weitere
Verschickungen wurden vorbereitet, Ende Februar zogen neun Erzieher und 12
Erzieherinnen mit Kindern nach Oberbayern, im März folgten drei Transporte
mit 65 Lehrkräften. Schule, NSV und HJ wirkten zusammen.

Der Aufenthalt in den Aufnahmegebieten gestaltete sich sehr unterschiedlich.
Hier und da gab es guten und geordneten Unterricht und auch relativ viel
persönliche Freiheit, anderwärts überwog der geistlose militärisch bestimmte
HJ-Drill. Es gab auch viele Konflikte zwischen Lehrern und HJ-Führern. Im
allgemeinen dauerte der Aufenthalt im KLV-Lager ½ Jahr, dann kehrten
die Schüler zu ihren „Stammesschulen" in Bremen zurück. So herrschte denn
in den Bremer Schulen 1941 bis 1943 ein ständiges Kommen und Gehen.
Die Kinderlandverschickung wurde angesichts der schweren Luftangriffe Anfang 1941 sehr begrüßt; doch gab es Gerüchte, wonach die Mütter der
verschickten Kinder in der Rüstungsindustrie arbeiten müßten und daß die
Evakuierung von Müttern mit ihren Kleinkindern die Beschlagnahme der
Wohnung nach sich zöge. So überrascht es nicht, daß von den vorgesehenen

10 000 Kindern nur 4500 „zur Verschickung gelangten", manche Mutter und auch Kinder kehrten sehr bald wieder nach Bremen zurück, weil sie sich in der fremden Umgebung unwohl fühlten; auch ergaben sich Schwierigkeiten bei der Beschaffung von „Pflegestellen".

19. Jan. 1943 Am 19. Januar 1943 erließ der Reichsinnenminister eine Verordnung über den Kriegshilfeinsatz von Schülern bei der Luftwaffe. Herangezogen wurden die Geburtsjahrgänge 1926 und 1927, später auch der Jahrgang 1928, in den Klassen 6 und 7, später auch noch der Klasse 5. Federführend waren die jeweiligen Kreisleiter, die die Jugendlichen der Luftwaffe (bes. der Flak) zur Verfügung stellten. Eigentlicher Organisator war in Bremen Dr. Friedrich Hackenberg von der Dienststelle des Senators für das Bildungswesen. Das ganze Unternehmen wurde von einer Fülle von Verordnungen begleitet. Im ganzen waren es in Bremen 570 Schüler, die für den Dienst bei der Flak in Frage kamen. 74 Schüler aus mehreren Heimschulen und aus „Adolf-Hitler-Schulen" kamen als Verstärkung hinzu. Der Einsatz sollte in der Nähe des Schulortes erfolgen. Die Unterbringung erfolgte in den Flakbatterien der Bremer Umgebung. Auch fand dort an 5 Wochentagen mit 18–20 Stunden der Schulunterricht

29. März 1943 statt. Am 29. März 1943 begann der Unterricht durch 73 Lehrkräfte, die auch in den Schulen selbst noch unterrichten mußten. Die 6. Klassen der Mittelschulen hatten keinen Unterricht mehr. Es wurde zunächst im vorgesehenen Umfang erteilt, nahm dann aber ab. Den Lehrern gelang es nicht immer, mit dem Fahrrad und zu Fuß die Flakbatterien zu erreichen (sie hatten oft einen Anmarschweg von zwei Stunden!), zudem fiel bisweilen ein Fliegeralarm in die Unterrichtszeit. An sich sollten die ausgefallenen Stunden nachgeholt werden; doch geschah das nicht immer. Die Flakhelfer fühlten sich zunehmend als Soldaten und nicht mehr als Schüler, so daß der Unterricht als lästig und überflüssig betrachtet wurde.

Die Jugendlichen wurden durchweg nicht an den Geschützen, sondern im Flugmeldedienst und an den Feuerleitgeräten eingesetzt. Die Batterien lagen in Stedingen, bei Brinkum und Leeste, im Ober- und Niedervieland, in Huchting, Ritterhude, Bremen-Nord, im Blockland und im Hollerland. Einige Schulen verschickten auch Flakhelfer nach Schlesien und Pommern. Im

1944 Mai 1944 waren bereits 1150 Jungen als Luftwaffenhelfer eingesetzt, andere wurden zu Einsatztrupps bei der Polizei, Feuerwehr, in der Partei und in einem Kurierdienst im Gau Weser-Ems bestimmt.

Nachdem die 7. Klassen 1944 ein Jahr Flakdienst geleistet hatten, erhielten sie im Zeugnis einen „Reifevermerk" und wurden dann zum Reichsarbeitsdienst bzw. zur Wehrmacht einberufen. Die neuen 6., bisherigen 5. Klassen, wurden aus den KLV-Lagern nach Bremen entlassen, wo sie nun ihren Flakhelferdienst

Flakhelfer in einer Batterie im Blockland, 1943

antraten. Bisweilen wurden aber auch Flakhelfer mit den Batterien in den Osten verlegt, wo sie einen harten militärischen Einsatz erlebten. Seit dem Herbst 1943 gab es auch Marinehelfer.

Die zweite Phase der Kinderlandverschickung begann nach den schweren Luftangriffen auf Hamburg im Juli/August 1943. Turnrat Hans Jansen und Schulrat Friedrich Gronau nahmen Kontakte mit sächsischen Behörden auf, um die zwangsweise Evakuierung ganzer Schulen in die Wege zu leiten. Die erste Aussendung erfolgte Anfang August 1943 in aller Eile. In Bremen blieben nur die Klassenstufen 6–8 der Jungen (diese waren durchweg Flakhelfer) sowie 7 und 8 der Höheren Mädchenschulen (ihr Einsatz im Kriegsdienst war vorgesehen). 26 Sonderzüge brachten die Kinder nach Sachsen, Kurhessen und in ländliche Gebiete des Gaus Weser-Ems. Die Zusammenarbeit der Schulbe-

Aug. 1943

541

hörde mit NSV und HJ funktionierte einigermaßen. Die Kinder wurden nach Möglichkeit in Familienpflege gegeben und in örtlichen Schulräumen von den eigenen Lehrern unterrichtet. In Sachsen gelang es erst nach und nach, bei Familien Unterkünfte zu besorgen und die Mitbenutzung von Schulräumen zu organisieren. Im großen und ganzen war aber die KLV ein voller Erfolg; Reibungen ergaben sich aus Konflikten zwischen Lehrern und Hitlerjugendführern sowie aus fortwährenden Versuchen einzelner Eltern, ihre Kinder wieder nach Bremen zu holen. Schwierig war die Lage der Lehrer gegenüber den „geschlossenen" KLV-Lagern, in denen HJ-Führer den Ton angaben und sich gegen den Einfluß der Schule wehrten. Be sonders heftige Auseinandersetzungen gab es mit dem Gaubeauftragten der KLV in Dresden, einem HJ-Bannführer, der darauf drängte, daß alle Bremer Schüler aus den Familien herausgenommen und in geschlossenen Lagern untergebracht wurden. Am Ende des Jahres 1943 gab es viele Elternbesuchsfahrten in die Aufnahmegebiete. Einige Eltern holten ihre Kinder – sehr zum Ärger der Schulverwaltung und der HJ-Führer – wieder nach Bremen zurück. Immer wieder wurden die Eltern nach den großen Luftangriffen ermahnt, die Kinder in den Aussendungsgebieten zu belassen, und mehrere Presseartikel schilderten das harmonische Leben mit dem ungestörten Unterricht für die verschickten Kinder.

Okt. 1944   Im Oktober 1944 kamen dann für die in Bremen zurückgebliebenen Jugendlichen die Schanzarbeiten an der Küste und in der Wesermarsch hinzu, die von

Dez. 1944   einem enormen Propagandaaufwand begleitet waren. Als im Dezember 1944 der Volkssturm aufgestellt wurde, erhob dieser Anspruch auf die Jahrgänge 1925 bis 1928, so daß die aus dem Dienst als Flakhelfer ausscheiden mußten. Einige Schüler blieben aber in den Batterien und wurden dort als Soldaten eingesetzt.

Die Lage der KLV-Schüler in Sachsen wurde schwierig, als die russische Of-

Jan. 1945   fensive im Januar 1945 losbrach und Sachsen zum Frontgebiet zu werden drohte. Trotz der Luftgefahr in Bremen wollten viel Eltern, daß ihre Kinder zurückkehrten. Es fehlten aber die Transportmittel, und politische Stellen fürchteten, daß die Heimführung der Kinder als ein Eingeständnis des Zusammenbruchs gewertet werden könne. Vor allem wollte die sächsische HJ-Führung nicht einsehen, warum die Bremer Kinder nicht den gleichen Gefahren der Zeit ausgesetzt werden sollten wie die sächsischen, die ja in ihren von den Russen bedrohten Heimatorten bleiben mußten. Es war aber auch bekannt, daß jeder Transport wegen der Tieffliegerangriffe sehr gefährlich war. Schließlich ließen sich die Eltern aber nicht mehr länger hinhalten; sie verlangten immer dringlicher, teils verzweifelt, teils recht energisch, die Heimkehr der Kinder. Nun beschlossen der Stellvertretende Regierende Bürgermeister,

Dr. Duckwitz, und der Senator für das Bildungswesen, Dr. von Hoff, ohne Einverständnis der Hitlerjugend zu handeln. Doch sogleich kam heftige Opposition vom KLV-Gebietsbeauftragten, Oberstammführer Hinrichs in Oldenburg; er bestritt die bremische Kompetenz in dieser Frage. Eine Rückführung könne den Eindruck erwecken, als ob Sachsen bereits abgeschrieben sei. Der Streit wurde mit großer Schärfe geführt. Inzwischen entwickelte die sächsische Hitlerjugend Pläne, die Bremer Kinder in Wehrertüchtigungslager zu stecken, um sie auf den Endkampf vorzubereiten. Dagegen setzten sich die (bremischen) Lehrer heftig zur Wehr und sahen sich dann zahlreichen Schikanen ausgesetzt. Schließlich waren es die Bremer Lagerleiter, die auf eigene Faust handelten und die Rückreise organisierten. Ein Mißlingen ihres Unternehmens konnte sie zweifellos Kopf und Kragen kosten.

Dann gelang es aber von Bremen aus, auch die Zustimmung der Reichsjugendführung zur Rückführung der Kinder aus besonders gefährdeten Lagern zu erreichen. Das war aber in einer Zeit, als die meisten Schulklassen schon wieder in Bremen waren, nachdem sie abenteuerliche und gefährliche Transporte überstanden hatten. Die Schüler wurden z. T. in Güterwagen befördert, Umwege und Tieffliegerangriffe mußten hingenommen werden. Anfang März 1945 waren dann mehr als 4000 Kinder wieder in Bremen, etwa 700 noch in Sachsen. Im Laufe der nächsten Wochen kamen weitere Kinder zurück. In Hessen befanden sich Ende März 1945 noch 5 KLV-Lager, deren Rückführung dann in die Wege geleitet wurde.

Nach Rückführung der KLV-Kinder 1945 begann für diese in Bremen wieder *Febr. 1945* der Unterricht, allerdings mit vielen Behinderungen. Immer wieder wurde der Unterricht durch Fliegeralarm unterbrochen. Viele Schulgebäude waren zerstört oder zweckentfremdet und von ausländischen Arbeitern, Luftschutzpolizei oder kriegswichtigen Dienststellen belegt, so daß die räumlichen Bedingungen denkbar schlecht waren. Einige Klassen der Oberschulen waren in den Flakbatterien als Flakhelfer eingesetzt oder mußten an Wehrertüchtigungslagern bzw. am Volkssturmdienst teilnehmen. Am 28. März begannen die Osterferien. Vom 4. April ab sollten die Schüler wieder in Vor- und Nachmit- *April 1945* tagsschichten unterrichtet werden; am Mittwoch und Sonnabend war der Nachmittag für den HJ-Dienst freizuhalten. Dazu kam es aber nicht. Die Ferien wurden bis zum 9. April verlängert und dann weiterlaufend bis auf weiteres. Es brach eine Zeit an, in der die Musen völlig schwiegen und jeder mit der Sorge ums nackte Überleben beschäftigt war.

Erwachsenenbildung; Volksbildungsstätte

1941 1941 kam man auf den Gedanken, die Erwachsenenbildung zu vereinheitlichen und örtliche Arbeitsgemeinschaften unter dem Vorsitz zuverlässiger
Parteigenossen zu gründen. In Bremen wurde ein solcher Plan am 5. Juli 1941
auf einer Sitzung in der Kreisleitung auf den Weg gebracht, wobei die Erfahrungen der von Dr. Richard von Hoff 1919 gegründeten „Volkshochschule"
aufgenommen wurden. Den Vorsitz dieser Planungssitzung hatte der Kreis-
schulungsleiter der NSDAP, Gerdts. Anwesend war auch der Senator für das
Bildungswesen, Dr. Richard von Hoff. Viele Vereine wie die „Wittheit" der
Goethebund, die „Union", die „Maus" usw. waren durch ihre Vorsitzenden
vertreten; auch die NS-Gemeinschaft „Kraft durch Freude" sowie die „Reinhold-Muchow-Schule" hatten Abgeordnete geschickt. Erklärtes Ziel der zu
gründenden Arbeitsgemeinschaft sollte sein, die gesamte Erwachsenenbildung
auf die Kriegsbedürfnisse und das NS-Gedankengut auszurichten. Vor allem
sollte auch eine „Rangfolge" für die einzelnen Aufgabengebiete bestimmt werden und eine „Volksbildungsstätte, früher Volkshochschule Bremen" entstehen. Als „wissenschaftlichen" Leiter hatte man den SA-Standardführer und
Oberregierungsrat beim Senator für das Bildungswesen, Hoffmann vorgesehen, der aber gegenwärtig Soldat war. Bis zu seiner Rückkehr sollte das Amt
durch den Präsidenten der Wittheit, Prof. Dr. Hinrich Knittermeyer, wahrgenommen werden. Im Winter 1941/42 sollte die Arbeit beginnen, der Ge-
samtplan unter dem Thema „Das neue Europa" stehen. Es waren auch schon
mehrere bestimmte Themen wie „Rasse und Volksgesundheit", „Volk in Waffen – Volk an der Arbeit", „Kulturschaffendes Volk" usw. vorgesehen. In diesem Rahmen wurden den Vereinen einzelne zeitgemäße Aufgaben zugewiesen, wobei freilich offenblieb, wieweit diese im Kriege überhaupt fähig waren,
sie zu bewältigen.

15. Juli 1941 Am 15. Juli fand dann die erste Sitzung in der Kreisleitung unter Vorsitz von
Prof. Dr. Knittermeyer statt, dessen Einführungsrede die zeitgemäße Aufgabe
der neuen Einrichtung beschrieb. Bildungssenator Dr. von Hoff hatte große
Pläne: er meinte, man könne die Arbeit nicht an zwei „Arbeitsplätzen" im
Zentrum und in Vegesack bewältigen, sondern man müsse auch in Hemelingen, Gröpelingen, Oslebshausen und Blumenthal Mittelpunkte einrichten, für
die Schulräume zur Verfügung gestellt werden sollten. Prof. Knittermeyer
schlug die Konstituierung eines Beirats aus Vertretern der Gemeinden, Partei,
KdF und des Lehrkörpers, gegebenenfalls auch der einzelnen „Volksbildungs-
gruppen" vor. Dabei blieb der entscheidende Einfluß der Partei auf jeden Fall
gesichert. Stellvertretender Leiter war der Kreis-Volksbildungswart, Ge-

schäftsführer der Kreishauptstellenleiter der NSDAP. Die Dienststelle befand sich im „Wilhelm-Decker-Haus" an der Nordstraße, also am Sitz der Deutschen Arbeitsfront, die ja auch das „Deutsche Volksbildungswerk" beherrschte. Alles schien von Anfang an im Kompetenzwirrwarr zu erstikken.

Es fanden jedoch zahlreiche Vorträge und Arbeitsgemeinschaften statt; die Teilnehmerkarten für Vorträge kosteten 0,40 bis 3 RM, für Arbeitsgemeinschaften 10 RM. Die Themen waren nicht nur berufsbezogen und politisch, sondern erfaßten den gesamten Bildungsbereich. Ein großer Teil der Referenten gehörte zur Gattung der NS-Propagandisten, andere waren anerkannte Wissenschaftler. Der Krieg erschwerte die Arbeit personell und materiell; dennoch bestand die „Volksbildungsstätte" bis 1944.

Sport

Es ist erstaunlich, daß der Sportbetrieb in Bremen auch während des Krieges weiterging. Die Sporthallen der Schulen wurden z. T. für Lagerzwecke und für die Unterbringung von Obdachlosen nach Luftangriffen in Anspruch genommen, aber es gab mancherlei Ausweichmöglichkeiten. Vor allem die Parteigliederungen organisierten sportliche Betätigung, die freilich z. T. Wehrsportcharakter trug. Aber auch in den Betrieben gab es Sport, wobei die ausländischen Arbeiter nicht ausgeschlossen waren. Massensport war freilich wegen der Luftkriegsgefahr nur zu bestimmten Zeiten möglich. Da die „Bremer Kampfbahn", das Weser Stadion, noch voll intakt war, konzentrierte sich hier der Sportbereich; selbst die Tennisplätze waren im Sommer 1943 bespielbar. Im Hauptstadion konnten auch noch große Veranstaltungen stattfinden. Am Ende des Jahres veränderte sich die Lage aber, da viele Sporthallen zerstört, Sportplätze durch Bombentrichter beschädigt waren; diese konnten aber im allgemeinen behelfsmäßig wiederhergestellt werden. Sport gehörte weiterhin zu den von jungen Leuten am liebsten betriebenen Beschäftigungen, die von der Not der Zeit vorübergehend ablenken konnten. Der Vereinsfußball trat jetzt freilich zurück.

Bibliotheken, Wissenschaft

Als der Krieg ausbrach, stand die Staatsbibliothek, zu der auch die „Volksbücherei" (seit 1940 Breitenweg 46) gehörte, unter der Leitung von Prof. Dr. Hinrich Knittermeyer. Die „Volksbücherei" wurde durch Dr. Kurd Schulz verwaltet. Beide waren durchaus eigenständige Köpfe, der eine philosophisch, 1939 der andere mehr literarisch ausgerichtet. Sie fanden aber auch den Weg zur Partei, teils aus Überzeugung, teils aus taktischen Gründen. Es blieb ihnen aber trotz allem ein großes Maß an liberaler Toleranz.

Die Staatsbibliothek (ohne Volksbücherei) umfaßte 1939 267 000 Bände, dazu 600 Manuskripte, 175 Inkunabeln, 2000 Blatt Ansichten, Porträts und Grundrisse sowie etwa 1200 Karten. Es wurden 1164 Zeitschriften gehalten. Bei Ausbruch des Krieges wurden 12 000 Bremensien in den Keller gebracht, dann kamen wertvolle Bestände in einen Luftschutzbunker, später in den Keller der Krankenanstalt in Rotenburg / Hannover. Einige Kostbarkeiten gelangten in den Safe des Katasteramtes, im August aber in den Keller des Schlosses Wernigerode im Harz. Schon seit dem Herbst 1942 wurden auch größere Buchbestände und Graphik in ein Kalibergwerk bei Bernburg / Saale und in ein Bergwerk zu Grasleben bei Helmstedt ausgelagert. Etwa 150 000 Bände, also etwa die Hälfte des Gesamtbestandes, blieben in Bremen. Die Volksbücherei wurde

4. Sept. 1942 schon am 4. September 1942 total zerstört. Ausleihe und Lesesaal der Staatsbibliothek blieben aber geöffnet. Nur vom 7. Oktober bis 5. Dezember 1944 wurde die Bibliothek ganz geschlossen, weil der Dachstuhl abgebrannt und der Lesesaal zerstört war und daher einige Bestände ausgeräumt und umgela-

Staatsbibliothek am 5. September 1942; rechts die zerstörte Volksbücherei

gert werden mußten. Der Betrieb wurde dann – freilich unter großen Schwierigkeiten – bis zur Besetzung Bremens durch die Engländer aufrecht erhalten. Die Entleihe hielt sich sogar auf gleicher Höhe (40 bis 50000 Bände im Jahr!). Der Einsatz des Bibliothekpersonals verdient hohe Anerkennung, wenn auch ein großer Teil der ausgelagerten Bestände später nicht wieder nach Bremen zurückkehrte.

Das „Deutsche Kolonial- und Überseemuseum" litt zunächst unter einer kriegsbedingten Auszehrung des Personals. Im übrigen wurde viel Mühe auf die Sicherung der Sammlungen verwandt. Die Keller des Gebäudes am Bahnhofsplatz wurden mit Balken abgestützt und als Sicherungslager eingerichtet. Der verheerende Bombenangriff in der Nacht vom 17. zum 18. März 1941 traf vor allem die in den oberen Stockwerken verbliebenen Schausammlungen. Der Direktor, Prof. Dr. Roewer, ließ nun die Lichthöfe räumen, doch konnten größere Objekte nur zur Seite geschoben werden, kleinere Gegenstände wurden in den Keller gebracht. Seit 1943 wurden Teile der Sammlung und die Bibliothek in den Raum Thedinghausen, aber auch nach Sachsen und Thüringen gebracht. Vieles aber mußte zurückbleiben und wurde im Gebäude teils schwer beschädigt, teils aber auch ganz vernichtet. Am 20. Dezember 1943 fiel eine Sprengbombe in den vorderen Lichthof. Große Verluste gab es auch durch Witterungseinflüsse im schwer beschädigten Gebäude. Das ausgelagerte Gut wurde am Kriegsende z. T. geplündert oder auch vernichtet. _17./18. März 1941_ _20. Dez. 1943_

Das „Archiv der Hansestadt Bremen" (so seit 1938) unter der Leitung von Dr. Friedrich Prüser befand sich zusammen mit dem Standesamt in einem Gebäude an der Tiefer. Es war das Bestreben, die Bestände auch nach der zu erwartenden Auflösung des Landes Bremen im Rahmen der Reichsreform bei der Gemeinde Bremen zu halten. Doch zunächst einmal begann Anfang 1941 die Auslagerung der Bestände. Der Reichskommissar für den Archivschutz bestimmte die Kellerräume des Staatsarchivs in Königsberg i. Pr. als Ausweichlager. Dieses wurde dann aber 1943 geräumt und in das Steinsalzbergwerk Grasleben bei Helmstedt überführt; andere Bestände ruhten in einem Bergwerk bei Bernburg/Saale sowie in Gebäuden der Bremer Umgebung. Dadurch kam die wissenschaftliche Arbeit im Archiv zum Erliegen. Das Gebäude wurde durch Bomben mehrfach beschädigt und am 24. Februar 1945 total zerstört. Es kostete viel Mühe, die Restbestände aus der Ruine zu bergen und dann nach dem Kriege mit den zurückgeführten Archivalien wieder zu vereinigen. Große und besonders wertvolle Teile des Bremer Archivs blieben in Rußland und der DDR oder gingen verloren. _Anf. 1941_ _1943_ _24. Febr. 1945_

Die „Bremer Wissenschaftliche Gesellschaft", deren Vorsitzender seit 1936 der Direktor der Staatsbibliothek, Prof. Dr. Hinrich Knittermeyer, war, blieb auch im Kriege tätig. Knittermeyer entwickelte schon 1937 den Plan einer „Bremer Akademie für das staatliche wissenschaftliche Vortragswesen", die als eine Art „Ersatzuniversität" gedacht war und vom Staat finanziert werden sollte. Sie hatte die wissenschaftliche Fortbildung von Akademikern zu betreiben, zugleich aber neue Erkenntnisse allgemein bekanntzumachen, wobei auch die wissenschaftlichen Vereine einbezogen werden mußten. Von den Staatsjuristen und der Finanzverwaltung kamen Einwände; es wurden aber doch Staatsmittel zur Förderung des wissenschaftlichen Vortragswesens bereitgestellt. Um den Plan überhaupt noch gegenüber den Parteiansprüchen auf ein Bildungsmonopol zu retten, schlug der Senator für das Bildungswesen am

8. Juni 1939 8. Juni 1939 vor, das wissenschaftliche Vortragswesen auf die Gemeinde Bremen zu übertragen. Federführend sollte die Staatsbibliothek sein, ein jährlicher Zuschuß von 14000 RM das Unternehmen wirtschaftlich absichern. Damit waren die Ansprüche der Partei noch nicht endgültig abgeblockt, doch nun wurde der Plan einer staatlichen Akademie, in die auch die Vereine einzugliedern waren, wiederbelebt. Treibende Kraft war Prof. Dr. Knittermeyer. So

7. Juni 1941 kam es am 7. Juni 1941 zur Gründung einer Institution unter dem Namen „Die Wittheit zu Bremen – Wissenschaftliches Amt der Hansestadt Bremen" unter dem Vorsitz Knittermeyers; seine Stellvertreter wurden Prof. Dr. Erich Gabbe und Landesschulrat Dr. Karl Kurz, Beigeordneter war Finanzpräsident Dr. Richard Duckwitz. Diese Persönlichkeiten boten die Gewähr dafür, daß eine totale Politisierung der Wissenschaft unterblieb. Da die wissenschaftlichen Vereine der Wittheit angegliedert wurden, blieb auch ihnen erspart, ins

27. Aug. 1941 „Volksbildungswerk" der DAF eingegliedert zu werden. Am 27. August 1941 hielt Prof. Dr. Knittermeyer in der Oberen Halle des Alten Rathauses den Eröffnungsvortrag über das Thema „Die Einheit der Wissenschaft". Für das Vortrags- und Veröffentlichungswesen der angeschlossenen Vereine war nun auch die Wittheit federführend, die weitgehend die Kosten übernahm. Die Schwierigkeiten der Wittheit ergaben sich aus den Kriegsverhältnissen: Jüngere Wissenschaftler standen für die Vorträge kaum noch zur Verfügung; dennoch standen allein im Winterhalbjahr 1942/43 139 Vorlesungen auf dem Programm, die von mehr als 20000 Personen besucht wurden. 1943/44 waren es 107 Vorlesungen und fast 14000 Zuhörer. Sogar im letzten Kriegswinter 1944/45 fanden noch 13 Vorlesungen statt, die letzte am 26. März 1945. Sieht man sich die Referenten und die Vortragsthemen an, so wird deutlich, daß NS-Gedankengut und typische Nazi-Referenten kaum vertreten waren. Freilich ging es nicht ganz ohne Taktieren ab.

Das Veröffentlichungswesen stagnierte nun aber, die Vereine konnten ihre Schriften nur noch bis 1942 herausbringen. Nur die Historische Gesellschaft und die Wittheit selbst konnten noch 1944 bzw. 1945 veröffentlichen; zuletzt erfolgte eine Ausgabe von Schriftstücken aus dem Nachlaß von Adolf Lüderitz.

Die Historische Gesellschaft war zwar auch von Personen durchsetzt, die vom NS-Gedankengut beeinflußt waren; doch bot der Vorsitzende Prof. Dr. Hermann Entholt in seiner bestimmenden Art doch eine Garantie dafür, daß die bremische Geschichtsforschung nicht im politisierten Einheitsbrei versank und ihre Qualität im großen und ganzen halten konnte. Die Auslagerung von Archivbeständen und die Einberufung jüngerer Historiker brachte eine gewisse Stagnation; doch konnte 1944 ein umfangreicher 43. Band des Bremi- **1944** schen Jahrbuchs erscheinen, dessen Beiträge freilich nicht alle in diesem Jahr oder auch nur während des Krieges geschrieben worden waren.

Der Naturwissenschaftliche Verein organisierte auch im Kriege von Oktober bis April an jedem zweiten Montag allgemeinverständliche Vorträge und im Sommer Exkursionen. Auf einem Gebiet machte der Verein deutliche Zugeständnisse an die „neue Zeit" und besonders auch an die Wünsche des Senators für das Bildungswesen, Dr. Richard von Hoff: auf dem der „Rassenhygiene", wobei die Erbbiologie eine bevorzugte Stellung einnahm. Der Vorsitzende, Landesschulrat Dr. Karl Kurz (1936 – 1946), war durchaus liberalen Sinnes und selbst ein reputierter Physiker; seine Vereinsführung entsprach durchaus dem Willen der meisten Mitglieder, die keine Politisierung der Naturwissenschaften wollten.

Die evangelische Kirche

Im Anfang des Krieges ordnete Hitler einen kirchenpolitischen Burgfrieden **1939** an. Die gespaltene evangelische Kirche dankte in allen ihren Richtungen mit patriotischen Worten; eine eindeutige Verurteilung des Krieges blieb zunächst die Ausnahme.

Der CVJM hatte sich im November 1939 zwar freiwillig aufgelöst, doch blieben die ehemaligen Mitglieder in einem „Freundes- und Förderkreis" vereinigt, um übergemeindliche Laienmission zu betreiben. Die Heilsarmee wurde in ihrer Tätigkeit stark behindert. Die Internationale Bibelforschervereinigung verteilte in Schwachhausen immer noch ihre Schriften. In der Reichsaktion gegen „Geheimwissenschaften" wurden auch die „Erste Kirche Christi Wissenschaft" in der Kohlhökerstraße und die „Christengemeinde Bremen", Am Dobben 111, aufgelöst und verboten. Die führenden Persönlichkeiten, zudem alle bekannten Astrologen, Graphologen, Kartenleger, Antroposophen und

9.Juni 1941 Theosophen wurden am 9.Juni 1941 „überholt", 71 Personen festgenommen und verhört.

Auch während des Krieges blieb die „Bekennende Kirche" durchaus aktiv. Als Ersatz für den fortgefallenen Religionsunterricht in den Schulen, wurden in Febr. 1940 einigen Gemeinden die „Kinderlehren" ausgebaut. Vom 11. bis 18.Februar 1940 sollte der Landesbischof Marahrens aus Hannover in der Liebfrauenkirche „Tage der christlichen Unterweisung" abhalten. Die Veranstaltung fiel jedoch wegen Kohlenknappheit aus.

Die Bekennenden Gemeinden Stephani-Süd und Stephani-Nord hatten ihre Gottesdienste im Gebäude des „Bundes für entschiedenes Christentum" abge-März 1940 halten. Dieses wurde im März 1940 vom Quartieramt beschlagnahmt, wodurch der Gottesdienstraum verlorenging. Als Pastor Urban in der Friedenskirche in einer Predigt am 21.Januar 1940 erklärt hatte, „Christus sei aus den Krankenhäusern, Schulen und dem Rathaus verbannt", wurde er verwarnt.

Der militante Flügel der Bekennenden Kirche Bremens verlor seinen Hauptvertreter, Pastor Greiffenhagen, der im September 1939 zur Wehrmacht eingezogen wurde. Seine Gemeinde wählte den jungen Hilfsprediger Rudolf Brock zum Nachfolger; dieser konnte Amtshandlungen und Bibelstunden nur in einem Privathaus abhalten. Im März wurde er wegen Verstoßes gegen das Sammlungsgesetz und wegen Kanzelmißbrauchs (er hatte u. a. eine Fürbitte für die Inhaftierten im Gottesdienst verlesen) verhaftet, doch wurde er vom Sondergericht beim Landgericht Bremen nur wegen Kanzelmißbrauchs zu drei Monaten Gefängnis verurteilt, die durch die Untersuchungshaft verbüßt waren. Brock wurde nun als Bürohilfe im Rathaus dienstverpflichtet; Pastor Greiffenhagen, der sich als Soldat in Hamburg befand, kam oft zur Betreuung seiner Gemeinde nach Bremen.

Zur Judenpolitik schwieg auch die Bekennende Kirche; nur für getaufte Juden setzte sie sich hier und da seelsorgerisch ein. Sicher hatte mancher Pastor und Laie durchaus Mitgefühl, einige mögen auch voll Ablehnung und Kritik gewesen sein. Alle aber waren eingeschüchtert und fürchteten eine Verschärfung der Kirchenverfolgung. In Bremen gab es in Verbindung mit der Inneren Mission eine „kirchliche Hilfsstelle für evangelische Nichtarier", die bei der Auswanderung behilflich war. In Stephani-Süd setzten sich Pastor Greiffenhagen, der an sich durchaus antisemitisch eingestellt war, und mit ihm einige Laien für Herbst 1941 juden-christliche Familien ein, selbst als diese im Herbst 1941 deportiert werden sollten. Pastor Greiffenhagen gab ihnen einen Abschiedsgottesdienst, und in der Gemeinde fand eine Kollekte für die Deportierten statt. Die Denunziation bei der Gestapo erfolgte durch einen deutsch-christlichen Pastor an St. Stephani. Pastor Greiffenhagen sollte zur Strafe an die Ostfront abkom-

550

mandiert werden, doch wurde das durch den militärischen Vorgesetzten verhindert; sein Amt in Bremen durfte er jedoch auch in Wehrmachtsuniform nicht mehr ausüben. Zehn Gemeindemitglieder wurden vorübergehend verhaftet. Dennoch gingen Beschwerdeschreiben aus der Gemeinde an das Reichskirchenministerium, an einige Landesbischöfe und an Bürgermeister Böhmcker. Drei Personen, darunter die Studienrätin Elisabeth Forck und die pensionierte Studienrätin Magdalene Timme, mußten sich bei einer Vorladung von Bürgermeister Böhmcker und Senator Dr. Fischer als Landesverräter beschimpfen lassen; Elisabeth Forck erhielt zudem eine empfindliche Geldstrafe und die Aufforderung, aus der Gemeindeleitung auszutreten. Gegen vier weitere Frauen der Gemeinde, darunter drei Lehrerinnen, wurde im März 1942 **März 1942** ein Disziplinarverfahren angestrengt. Es gab eine Geldstrafe und drei Dienstentlassungen. In der Revision beim Reichsverwaltungsgericht wurde eine Milderung des Urteils erreicht: die drei Lehrerinnen konnten ihren Dienst weiter versehen, mußten aber eine mehrjährige Gehaltskürzung hinnehmen. Dieser Fall, der nach den Gesetzen und Verordnungen der Zeit behandelt wurde, zeigt in geradezu abstoßender Weise, wie leicht die – im politischen Leben ohnehin immer gefährdeten – Regeln der Humanität und des Rechts außer Kraft gesetzt waren.

Weidemann setzte seine diktatorische Kirchenherrschaft fort; Beschwerden in Berlin beim Reichskirchenminister brachten keine Abhilfe, da der Minister Kerrl und sein Staatssekretär Muhs gegeneinander arbeiteten und dieser – ein Freund Weidemanns – der stärkere war. Minister Kerrl dagegen hielt den Landesbischof für einen Geistesgestörten, der sich in übler Weise überschätzte. Er versuchte Bürgermeister Böhmcker als Verbündeten zu gewinnen, doch dieser wollte mit der Kirche nichts zu tun haben. Doch Weidemanns Rechthaberei und Arroganz entfernten ihn immer mehr von den eigenen Anhängern; nur noch wenige Pastoren und eine kleine Gemeinde von Fanatikern, darunter manche Frauen, standen weiterhin zu ihm. Auf die Unterstützung der Partei und des Bürgermeisters konnte er längst nicht mehr zählen. Seine Finanzpolitik, bei der er sich im Übermaß auch eigene Vorteile verschaffte, blieb ein dauerndes Ärgernis.

Was dann kam, wäre bei weniger Haß gegen ihn vielleicht im Sande verlaufen. Weidemann beging Ehebruch durch ein Verhältnis mit seiner Sekretärin und strebte eine Scheidung von seiner Frau an; diese aber erhob Widerklage. Weidemann verlor zudem 1941 zwei Beleidigungsprozesse. Dann wurde gegen ihn **1941** Anzeige wegen Betruges und Veruntreuung von Kirchengeldern erstattet. Die SS und andere kirchenfeindliche Kreise sammelten dieses Material sehr begierig. Am 8. Oktober 1941 setzte der Kirchenminister eine Finanzabteilung für **8. Okt. 1941** die bremische Kirche ein. Weidemann wurde vorläufig seines Amtes enthoben und ein Disziplinarverfahren gegen ihn eingeleitet. Er leistete allen erdenklichen Widerstand und verdächtigte seine Gegner der politischen Unzuverlässigkeit. Hitler wollte mit der Sache nichts zu tun haben, der Reichsjustizminister bemühte sich um eine Aufdeckung der Verfehlungen, Reichskirchenminister Kerrl und Bürgermeister Böhmcker waren Weidemanns Gegner. Dieser versuchte weiter zu amtieren und ließ eine Domtür aufbrechen; da die Kanzeltür abgeschlossen war, kletterte er außen an der Brüstung hoch und beschädigte den Arm eines geschnitzten Evangelisten, wodurch sich Weidemann eine weitere Anzeige wegen Sachbeschädigung zuzog. Nur fünf Pastoren standen noch zu ihm, alle anderen forderten ihn zum Rücktritt auf.

14. Dez. 1941 Doch am 14. Dezember 1941 starb Reichkirchenminister Kerrl, und nun übernahm Weidemanns Freund, Staatssekretär Muhs, die Geschäfte. Er entließ die Finanzabteilung der Bremer Kirche, die die Verfehlungen des Landesbischofs aufdecken sollte. An ihre Stelle trat ein strammer Deutscher Christ, Dr. Georg Cölle. Dieser schien sich zunächst gut mit Weidemann zu verstehen, doch die Suspension des Landesbischofs blieb bestehen. Weidemann beschwerte sich erneut in der Reichskanzlei und bei Hitler selbst; aber vergebens. Er wollte eine „Deutsche Volkskirche" gründen und ihr Führer werden; doch Weidemann war „abgeschrieben". Er wurde veranlaßt, sich zunächst einmal in Heidelberg aufzuhalten. Der einzige, der sich in dieser Zeit noch für ihn einsetzte, war Staatssekretär Muhs. Andererseits aber gab es hier und da die Auffassung, man müsse die Angelegenheit ohne viel Aufhebens bereinigen, Weidemann müsse jedoch auf jeden Fall Bremen verlassen.

Inzwischen konsolidierte Dr. Cölle den bremischen Kirchenhaushalt, indem er die Mittel für Weidemanns Unternehmungen strich; er unterdrückte aber auch rigoros die Gegner des Kirchenregiments und griff in die Finanzverwaltung der Gemeinden ein.

Nov. 1942 Am 13. November 1942 wurde Weidemann von seiner Frau schuldig geschieden, am 23. November aus dem Bremer Staatsrat ausgeschlossen und ihm nahegelegt, Bremen zu meiden; doch er weigerte sich, eine Zusage zu machen. In einer langatmigen Schrift „Mein Wollen und Mühen, das religiöse Leben in der Kirche zu erneuern" versuchte er, sich zu rechfertigen. Bei den Führungsstellen war nur noch die Frage, ob er in den Ruhestand versetzt oder wegen Betruges angeklagt werden solle. Er kehrte im April 1943 nach Bremen zurück und

April 1943 tat so, als ob er noch Landesbischof sei. Am 6. Juli wurde er unter Hausarrest gestellt und zur Untersuchung seines Geisteszustandes nach Berlin gebracht. Eine Krankheit konnte nicht festgestellt werden; doch wurde Weidemann stillschweigend aus der NSDAP ausgeschlossen.

Er schuf dann selbst die Gründe für seinen endgültigen und sehr tiefen Sturz. Er bedrohte seine ehemalige Sekretärin und Geliebte mit einer Anzeige wegen Meineids im Ehescheidungsprozeß, wenn sie eine belastende Aussage nicht zurücknehme. Diese erstattete nun Anzeige gegen sich selbst. Das Landgericht in Hamburg befand dann Weidemann selbst schuldig der Nötigung, des Meineides und der Anstiftung zum Meineid. Er erhielt am 13. Oktober 1944 **13. Okt. 1944** 2 ½ Jahre Zuchthaus. Damit verschwand ein Mann mit hoher Intelligenz und mit bedeutenden „Führungsqualitäten", aber einem schwachen und durch das Dritte Reich total korrumpierten Charakter hinter Zuchthausmauern in Oslebshausen.

Seit Februar 1943 war ein altpreußischer Konsistorialrat, Johannes Schultz, **Febr. 1943** kommissarischer Landeskirchenführer und Kirchenpräsident. Dr. Cölle ließ ihm freie Hand. Bürgermeister Böhmcker lehnte ihn zwar ab, doch gelang es ihm, die Wogen zu glätten. Grundsätzliche Entscheidungen wurden ohnehin bis zum Kriegsende vertagt.

Information: Presse und Rundfunk

Im Kriege gab es in der Stadt Bremen zunächst noch zwei Tageszeitungen, die längst gleichgeschalteten „Bremer Nachrichten", einst ein liberales Blatt mit hohem Informationsgehalt, und die „Bremer Zeitung", die von Anfang an ein NS-Blatt gewesen war. Weitere lokale Blätter mußten ihr Erscheinen wegen Papier- und Personalmangels einstellen, so 1941 der (Hemelinger) „Anzeiger" **1941** und die 1849 gegründete „Norddeutsche Volkszeitung" in Vegesack, deren Abonnenten die „Bremer Zeitung" übernahm.

Der Geschäftsführer des NS-Gauverlages Weser-Ems, Hugo Köhler, hatte 1934 bis 1943 großen Einfluß auf die Gestaltung der „Bremer Zeitung". Er genoß das volle Vertrauen Rövers, der auch die großspurige Art und die alkoholisierten Exzesse des „Betriebsführers" billigte. Doch gab es dann 1943 **1943** Konflikte mit dem neuen Gauleiter Wegener. Als im November dieses Jahres in der Druckerei der „Bremer Zeitung" größere Mengen Lebensmittelkarten gestohlen und viele Schlampereien im Betrieb aufgedeckt wurden, mußte er die Verlagsleitung aufgeben. Als Köhler Wegener mit dem „Götz-Zitat" belegte, kam es noch im Februar 1945 zu einem Beleidigungsprozeß, der aber nicht mehr abgeschlossen wurde.

Rationalisierungsmaßnahmen im Zeitungswesen führten nach dem schweren Luftangriff vom 18./19. August 1944 zu einer erheblichen Einschränkung des Umfangs beider Tageszeitungen. Mit dem 31. August 1944 mußten die „Bre- **31. Aug. 1944** mer Nachrichten" ihr Erscheinen einstellen. Es gab jetzt nur noch die „Bremer

Bremer Zeitung

Bremer Nachrichten

Parteiamtliche Tageszeitung der Nationalsozialisten Bremens

Das Amtsblatt des Regierenden Bürgermeisters der Freien Hansestadt Bremen

Amtliches Verkündungsblatt des Reichsstatthalters in Oldenburg und Bremen

Sonnabend, 28. April 1945

Aus den Wehrmachtberichten von Donnerstag und Freitag

Der Feind konnte in Bremen eindringen und seine Einbrüche in das Stadtgebiet erweitern

Der Bericht des Oberkommandos der Wehrmacht vom 26. April meldet u. a. folgendes:

In Nordwestdeutschland wiesen unsere Truppen beiderseits der unteren Ems alle Angriffe des Kanadiers ab. Nach heftiger Artilleriefeuer drang der Feind in die südlichen und südöstlichen Vorstädte von Bremen ein, wo erbittert gekämpft wird.

In der für die Zukunft des Reiches und das Schicksal Europas entscheidenden Schlacht um die Reichshauptstadt wurden von beiden Seiten Reserven in den Kampf geworfen. Im Südteil sind Straßenkämpfe in Zehlendorf und Steglitz sowie am Südrand des Tempelhofer Feldes entbrannt. Im Osten und Norden der Stadt stoßen die Sowjets am Schlesischen und Görlitzer Bahnhof, in Tegel und Siemensstadt auf erbitterten Widerstand. In Charlottenburg wurden in wechselvollen Kämpfen zahlreiche sowjetische Panzer vernichtet. Die von Ketzin vorgestoßenen Bolschewisten sind in Brandenburg eingedrungen.

Bei Rathenow wurde der Feind durch Gegenangriffe aufgefangen. Südlich Fehrbellin blieben sowjetische Angriffe ohne Erfolg. An der Oderfront zwischen Garz und Stettin wurden feindliche Angriffe unter hohen blutigen Verlusten aufgefangen. Auch am Zubrauch von Stettin erlitt der Feind hohe blutige Verluste. Jagd- und Schlachtflugzeuge griffen in die Abwehrschlacht ein und vernichteten zahlreiche Panzer, motorisierte Fahrzeuge und Geschütze.

Im Kampf gegen den feindlichen Nachschubverkehr versenkten

In Kurland lebte die Kampftätigkeit bei Frauenburg wieder auf.

Vorpostenboote haben vor der niederländischen Küste ein britisches Schnellboot versenkt und ein weiteres schwer beschädigt.

Die Feindbewegungen im Gau Weser-Ems

Am Freitagmittag um 13.30 Uhr wurde folgende Erdlagemeldung herausgegeben: Westlich der Ems konnte der Gegner aus Bunde heraus durch das Rheiderland nach Norden vorstoßen. Kämpfe um den dortigen Brückenkopf sind noch im Gange. Nordwestlich Leer steht der Feind bei Ihgum, südlich Leer ist die Lage unverändert. Über Botshausen konnte der Gegner in nordöstlicher Richtung bis vor Stickhausen vordringen. Während der Angriff auf seinen Brückenkopf Ebewechterdamm nach Westen nicht wesentlich erweitern konnte, gelang ihm nach Norden ein Stoß von 1—2½ Kilometer südlich Z w i s c h e n a h n. Der Gegner versuchte, auf der Straße E b e w e c h t — O l d e n b u r g weiter Raum zu gewinnen. Im Raume N e u s t a d t keine wesentlichen Veränderungen der Lage. B o o t - h o l z d e r p unter starkem Artilleriebeschuß. Feindbruck auf Bremen - R a b l i n g h a u s e n in Richtung S t r o m und S e e - h a u s e n, jenseits der Weser in Richtung G r a m b k e. H a s - b e r g e n noch feindfrei.

Die letzte Nummer der „Bremer Zeitung", die in Osterholz-Scharmbeck gedruckt wurde

Zeitung", die bis zum Schluß des Krieges in begrenztem Umfang und verminderter Auflage herausgegeben werden konnte: Da die Rotationsmaschinen der
6. Okt. 1944   Firma Schünemann am 6. Oktober 1944 beschädigt wurden, mußte die Zeitung 10 Tage lang in Oldenburg gedruckt werden, wurde dann aber wieder in
25./28. April   Bremen hergestellt. Die letzten Ausgaben seit dem 25. April 1945 entstanden
1945   in der Druckerei Saade/Osterholz-Scharmbeck (letzte Ausgabe am 28. April 1945).

Der Rundfunk war im Kriege ein wichtiges Propaganda-Instrument. Aus ihm ertönten Hitler- und Goebbelsreden ebenso wie Wehrmachtsberichte, Sondermeldungen und – auf der anderen Seite – die Nachrichten „feindlicher Sender", deren Abhören mit Zuchthausstrafen bedroht wurde. Ebenso gab es aber auch Hörspiele und viel Musik von klassischen Symphonien über die Operette bis hin zum volkstümlichen „Wunschkonzert" und zur flotten Marschmusik. Während des Krieges bestand weiterhin die Hamburger Gleichwelle („Reichssender Hamburg"), deren Programm weitgehend aus Berlin kam; Bremer Sendungen wurden nur noch selten übernommen, so seit dem 15. August 1942 im ganzen sechs Rathauskonzerte des Bremer Staatsorchesters. Am 22. Dezember 1942 brachte der Deutschlandsender eine Opernsendung mit Künstlern des Bremer Staatstheaters.

Die Anlagen des Bremer Senders waren 1933 eingerichtet worden. Auf dem Gelände des Postamtes 8 in Utbremen entstand ein hölzerner Funkturm. Im übrigen wurden alte Anlagen des Frankfurter und Breslauer Senders von 1924 wiederverwandt. Anfang 1939 erschien der Zustand des Senders desolat. Der 1939 hölzerne Turm sollte durch einen Sendemast aus Stahl ersetzt werden, der am Stadtrand (im Blockland) zu errichten war. Im Reichspostministerium wurde dann aber erklärt, die Verlegung des Senders komme nicht in Frage, zumal sein Schicksal ohnehin ungewiß sei.

Im Laufe des Krieges mußte der Sender während der Luftangriffe abgeschaltet und die Luftlage mit Drahtfunk durchgegeben werden. Seit dem 20. Oktober 20. Okt. 1943 1943 wurde die Luftlage mit Lautsprechern in den Bunkern durch Drahtfunk übertragen. Es wurden aber auch Anweisungen an die Bevölkerung und die Einsatztruppen durchgegeben.

Theater, Musik, Kino

Es erstaunt immer wieder, daß die heiteren Seiten des Lebens auch bis zum Kriegsschluß keineswegs völlig ausgelöscht wurden. Es gab „200prozentige" Parteigenossen, die sie aus dem Leben der Deutschen verbannt wissen wollten. Die offizielle Auffassung aber war, daß das Leben des Volkes nicht zu „calvinisieren" sei und aus Deutschland nicht ein Kloster gemacht werden solle. Es sei alles „auszumerzen, was dem Sieg im Wege steht"; doch müsse nicht „alles zerstört werden, was an den Frieden erinnert." „Die Herstellung von Damenhüten verhindert nicht den Sieg". Kinos und Theater mußten weiter bespielt werden, Kaffees und Vergnügungsstätten geöffnet bleiben. Das war ganz im Sinne des Reichspropagandaministers, denn jeder anhaltende „Realismus" hätte in dieser Zeit die Stimmung verschlechtert. Das wurde durchaus nicht allgemein gebilligt. Ein weltanschaulicher Lagebericht der Gauleitung Weser-Ems vom 16. August 1943 meinte: „Es fehlen lebensnahe Romane. Nicht nur im Schrifttum, vor allen Dingen in der darstellenden Kunst wird ein allzu weicher billiger Liebeskitsch geboten. Es braucht gar nicht jede Woche ein neuer Film gezeigt zu werden, und eine Varieté-Vorstellung braucht nicht gleich die andere abzulösen."

Der Krieg wirkte sich anfangs noch nicht auf die Bühne aus, denn die meisten Schauspieler waren freigestellt. Auch im Spielplan änderte sich nicht viel, nur wurden die Aufführungen immer häufiger durch Fliegeralarm unterbrochen. Freilich wurden in der Spielzeit 1939/40 einige „Heldenstücke" geboten und in der Presse hochgelobt, doch spielten sie im ganzen nur eine geringe Rolle. Je „totaler" der Krieg wurde, desto mehr stellte sich freilich die Frage nach der Existenzberechtigung eines aufwendigen und vor allem personalintensiven Theaters. Doch wurde es nun vielfach als „Kraft- und Energiequelle für den Einsatz im Endkampf" dargestellt, wobei man vor allem – aber nicht nur – an eine Betreuung von Soldaten, Verwundeten und Rüstungsarbeitern dachte. Die Theater waren in der Tat gut besucht und boten bedeutende Aufführungen aller drei Sparten. Bisweilen fuhren bremische Ensembles auch zu Gastspielen in die besetzten Gebiete, wo sie vor allem in der Soldaten- und Lazarettbetreuung eingesetzt wurden. Andererseits kamen Ensembles aus Italien und Prag nach Bremen. Es gab Ur- und Erstaufführungen, wie etwa während einer Gau-

Mai 1943 Kulturwoche von 23. bis 30. Mai 1943 die einer Oper und eines Schauspiels von Herbert Reinecker, der Jahrzehnte später ein bekannter Autor von Fernsehfilmen wurde. Gastspiele wie die der Volksbühne Berlin (Grillparzers „Medea") oder Puccinis „Tosca", in der Einstudierung von Philipp Kraus, waren Höhepunkte in einer Zeit, als nach der Kapitulation von Stalingrad die Stimmung auf einem Tiefpunkt angelangt war. Mehrere Opern und Schauspiele wurden vom unermüdlichen Richard Dornseiff inszeniert.

16. Okt. 1943 Am 16. Oktober 1943 konnte das Staatstheater sein 100jähriges Jubiläum feiern; unter den vielen Glückwünschen war auch einer von Goebbels. Aufgeführt wurden Wageners „Meistersinger". In dieser Zeit waren das Theaterpersonal und das Orchester schon erheblich dezimiert; doch wurde immer noch weiter Theater gespielt, und die Vorstellungen waren gut besucht. Die Anfangszeiten wurden vorverlegt, um sie möglichst um 19 Uhr – vor dem oft zu

März 1944 dieser Zeit gegebenen Fliegeralarm – zu beenden. Noch im März 1944 gab es einen „Theaterzug Weser-Ems", der Künstler und Requisiten in Kleinstädte
26. Sept. 1944 und Dörfer brachte. Am 26. September 1944 wurde der Intendant des Staats-
6. Okt. 1944 theaters, Curt Gerdes, durch Bomben getötet, und am 6. Oktober des gleichen Jahres ging das Theater in Trümmer.

Auch das Schauspielhaus hielt seinen Betrieb zunächst noch aufrecht; vor allem spielte man Klassiker und Lustspiele. Viele Vorstellungen wurden von der NS-Gemeinschaft „Kraft durch Freude" abonniert; vermutlich besuchten vor- und nachher nie soviele Arbeiter die bremischen Theater wie zu dieser Zeit. Wichtig blieb auch die Wehrmachtsbetreuung. Das 30jährige Jubiläum

Jan. 1940 des Schauspielhauses wurde im Januar 1940 gefeiert, doch kurz darauf, am
7. Febr. 1940 7. Februar, starb einer der beiden Eigentümer, Johannes Wiegand; die Leitung lag nunmehr bei seinem Weggenossen, Dr. Eduard Ichon. Auch er hatte wie

Das Staatstheater brennt

sein Chefdramaturg, Dr. Walter Koch, eine Abneigung gegenüber einer politischen Aktualisierung, die sich freilich nicht ganz vermeiden ließ. Das Schauspielhaus brachte Klassisches von Hebbel und Lope de Vega ebenso wie moderne Lustspiele.

Als Dr. Ichon am 19. Januar 1943 gestorben war, ordnete Dr. Goebbels „die 19. Jan. 1943
Übertragung des Schauspielhauses auf die Stadt Bremen" an. Mit dem 1. August 1943 übernahm der Intendant des Staatstheaters Curt Gerdes auch die
künstlerische Leitung des Schauspielhauses. Am 18. August 1944 brannte es Aug. 1944
dann fast völlig aus, am 6. Oktober kamen weitere Schäden hinzu.
Damit waren beide bremische Theater zerstört. Die Aufführungen fanden nun
in anderen Sälen statt.
Auch die „Niederdeutsche Bühne" in Walle konnte während des Krieges weiterspielen. Zu ihr gehörte auch die „Rablinghauser Späldäl", die aber 1941 1941
ausschied, und nun nahm die Waller Bühne wieder ihren alten Namen „Waller
Späldäl" an. Am 12. Dezember 1943 aber nannte sie sich wieder „Niederdeut- 1943
sche Bühne der Hansestadt Bremen". Der Luftkrieg bereitete diesem sehr lebendigen Theater jedoch sehr bald ein vorläufiges Ende. Noch am 21. Mai 1944 21. Mai 1944
wurde das „Theater des Westens" durch Umbau des Saales in Kaffee Lehmkuhl

Theater des Westens im Mai 1944, Zeitungsbild

an der Waller Heerstraße eröffnet, das von der „Niederdeutschen Bühen" bespielt wurde.

1941 Das Musikleben Bremens war vor allem im Frühjahr 1941 äußerst rege. Es gab Großkonzerte mit den Dirigenten Furtwängler und Abendroth; die Philharmonische Gesellschaft feierte ihr 100jähriges Bestehen mit dem Requiem von Brahms, einige Wochen später folgte das Requiem von Verdi. Daneben gab es Kammerkonzerte und zahlreiche Vorträge. Die Breitenwirkung dieser Veranstaltungen war größer als je zuvor.

Die Philharmonische Gesellschaft gab bis 1943 / 1944 in der Glocke Kammermusikabende und große Konzerte wie eh und je unter der Leitung von Generalmusikdirektor Hellmut Schnackenburg.

Dez. 1942 Schon Ende Dezember 1942 erhielt Schnackenburg freilich die Mitteilung, daß man seinen Vertrag nicht verlängern werde. An seiner Stelle sollte Operndirektor Rieger vom Staatstheater auch die musikalische Leitung der Philharmonie übernehmen. Schnackenburg dirigierte sein letztes Philharmonisches Konzert

18. April 1944 am 18. April 1944.

1943 Die „Nordische Musikschule" setzte ihre öffentlichen Konzerte auch 1943 fort. Es gab Kammermusikabende, Hausmusikstunden usw., wobei klassische deutsche und italienische Komponisten bevorzugt wurden. Auch fanden im Dom immer noch Motetten unter Richard Liesches Leitung statt, in denen der Bremer Domchor und das Bremer Kammerorchester mitwirkten. Der Domchor veranstaltete auch regelmäßig „Liederstunden". Im November 1943 gastierte der Domchor sogar in Wien.

Auch sonst blieb das Konzertleben in dieser Zeit sehr rege, auswärtige Orchester gastierten in Bremen, im Theater am Wall wurden bis zur Zerstörung große Opern aufgeführt.

In der zermürbenden Kriegszeit gab es vor allem im Kino manche Zerstreuung; denn die flimmernden Bilder auf der Leinwand führten wenigstens für einige Stunden – wenn kein Fliegeralarm dazwischen kam – in eine heitere Welt, die es schon längst nicht mehr gab. Ausgesprochen politische Filme, die man für diese Zeit vermuten möchte, waren selten (in Bremen wurde im März 1945 kein ausgesprochen politischer Film gezeigt). Nur die Wochen- **März 1945** schau führte in die rauhe kämpferische Welt der Gegenwart, freilich auch in eine, aus der manches Deprimierende herausgeschnitten war. Die Spielfilme aber zeigten Bilder aus der „guten alten Zeit" („Seiner Zeit zu meiner Zeit", „Wiener Blut", „Wien 1910"), aus der gehobenen Muse („Wen die Götter lieben", ein Mozartfilm, „Philharmoniker") und von Liebesromanzen („Schweigen im Walde", „Hab mich lieb!", „Frieder und Catherlieschen"). Und ganz vereinzelt gab es Szenen aus einem lustigen Soldatenleben („Musketier Meier III").

Während des Krieges gab es eine Entwicklung zum Kinomonopol der Ufa, die 1937 bereits das „Europa" übernommen hatte. 1942 folgten „Tivoli" und **1942/1944** „Modernes", 1944 wurden dann bis auf das „Decla" in Walle alle Filmtheater der Innenstadt zerstört; es gab nun Kino in anderen Sälen bis zum Ende des Krieges.

Bildende Kunst

Die Sammlungen der Kunsthalle blieben auch im Kriege Eigentum des Kunstvereins, dessen Vorsitzender der NS-Schulrat Ernst Castens und dessen Rechnungsführer der ehemalige Senator Dr. Hermann Apelt war. Direktor war weiterhin Prof. Dr. Emil Waldmann. Zwar hatte die Kunsthalle 1937 ihre „entartete" Kunst abgeben müssen, doch andererseits keine Neigung zur NS-Kunst entwickelt.

Zu Beginn des Krieges stellte sich sogleich die Frage nach einer Sicherung der **1939** Kunstwerke. Dr. Waldmann war gegen eine Auslagerung außerhalb Bremens. Einige Bilder wurden in den Keller des Gebäudes, andere in die Safes der Landesbank gebracht. Das große Bild von Leutze „Washingtons Übergang über den Delaware" blieb wegen des großen Formats hängen und verbrannte später.

Waldmann litt unter Depressionen, verließ Bremen und hielt sich bei Salzburg
1942 und dann in Würzburg auf. Sein Vertreter Wilken v. Alten stimmte 1942 zu,
daß die Kunstwerke an drei Stellen ausgelagert wurden. Am 25. August wurden die meisten Gemälde und 80 Mappen mit den wertvollsten Graphiken
fortgeschafft. Im Keller der Kunsthalle und in der Bremer Landesbank waren
noch 90 Bilder, Bücher und weniger wertvolle Graphik deponiert.

Die drei Auslagerungsorte waren: Das Schloß Neumühlen des Grafen von der
Schulenburg und die Fürstengruft in Bückeburg; die dort befindlichen Stücke
kehrten nach dem Kriege wohlbehalten zurück. Der dritte Auslagerungsort
war das Schloß des Grafen Königsmarck Karnzow. Von dort kamen nach dem
Kriege einige Kunstwerke auf Umwegen nach Bremen zurück, andere – wie
die Handzeichnungen Dürers – gingen verloren. Im Kriege erlitt die Kunsthalle selbst mancherlei Schäden.

Aug. 1944 Der Kustos v. Alten fiel im August 1944 im Kellerraum seiner Wohnung den
1. Jan. 1945 Bomben zum Opfer; Dr. Günter Busch übernahm dessen Aufgaben am 1. Januar 1945, während sich Emil Waldmann in Salzburg, dann in Würzburg auf-
17. März 1945 hielt, wo er sich am 17. März 1945 nach einem schweren Bombenangriff mit
seiner Frau das Leben nahm. Es sollte auch nach dem Kriege noch einige Zeit
dauern, bis es Günter Busch gelang, das Chaos zu ordnen und die Kunsthalle
wieder zu einem sehenswerten Museum zu machen.

Prof. Horn, der Schwiegervater von Rudolf Heß, war seit 1935 Direktor der
Nordischen Kunsthochschule, an der einige tüchtiger Künstler, aber auch politisierte Scharlatane tätig waren. Horns politisches Renommee litt durch die
Dez. 1941 Flucht von Heß nach England 1941. Im Dezember dieses Jahres wurde ihm
von Senator von Hoff nahegelegt, seinen Abschied zu beantragen, widrigenfalls er ohne Pension fristlos entlassen werde. Horn zog es vor zu gehen. Während des Krieges mußte sich die Nordische Kunsthochschule immer stärker
1943 auf die Bedürfnisse der Machthaber einstellen. Im Frühjahr 1943 gab es Sonderaufträge für Fayence-Schalen, die sich die Gauleitung und die Hitler-Jugend gewünscht hatten; zudem wurde ein großer Wandteppich für eine Ausstellung der SS hergestellt.

Am 1. Dezember 1943 wurde Prof. Rudolf Hengstenberg als neuer Direktor
Sept. 1944 der Nordischen Kunsthochschule eingeführt, aber schon im September 1944
verfügte der Reichserziehungsminister die Stillegung aller Kunsthochschulen;
das bedeutete auch das Ende der Nordischen Kunsthochschule in Bremen.

i. Bremen im Luftkrieg

Ziviler und militärischer Luftschutz am Kriegsbeginn

Als der Krieg ausbrach, verstärkte der Reichsluftschutzbund (RLB) seine Pro- 1939
paganda und gab vor allem auch Ratschläge für das Verhalten bei Luftangriffen
heraus, obgleich andererseits betont wurde, daß man feindliche Flugzeuge
grundsätzlich daran hindern könne, ins Reichsgebiet einzufliegen. Es wurde
auch davor gewarnt, allzusehr auf unzureichend abgestützte Keller zu vertrauen. Übereifrige Luftschutzwarte stimmten oft ein lautes Geschrei an,
wenn ein Lichtspalt an einem „verdunkelten" Fenster sichtbar wurde. Das
wurde vielfach als unnötiges Hochspielen von geringen Gefahren angesehen.

Man war bei Kriegsbeginn auf dem Gebiete des zivilen Luftschutzes noch
nicht allzu weit. Man begann zunächst in Gebäuden öffentliche Luftschutzräume einzurichten, die bei größeren Angriffen völlig unzureichend waren.
Hinzu kamen splittersichere Luftschutzbunker, vor allem Erdbunker, von de-

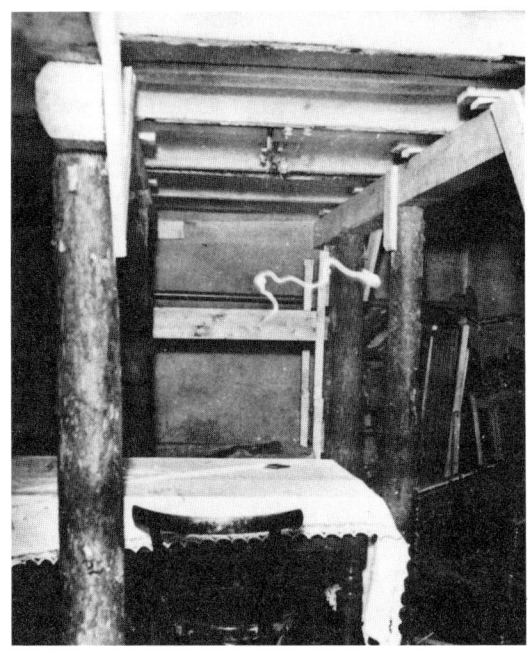

Muster-
Luftschutzkeller
in der Rheinstraße

nen es Ende 1940 140 für 16000 Personen gab, während 150 für 17000 in Bau waren. Die meisten Einwohner waren zu dieser Zeit aber noch völlig „ungeschützt".

Schon 1939 erwies sich der Prolizeipräisent, SS-Oberführer Kurt Ludwig, als unfähig, seine Aufgaben als öffentlicher Luftschutzleiter wahrzunehmen, und so wurde am 3. Februar 1940 der Kommandeur der Schutzpolizei, Oberst Johannes Schroers, zum Stellvertreter ernannt, der nun der eigentliche Luftschutzleiter war. Er erwies sich als energisch und wendig, so daß er seiner schwierigen Aufgabe durchaus gerecht wurde. Bremen wurde in die Luftschutzabschnitte Ost, Süd, Nord, West und Hafen eingeteilt. Zu jedem Abschnitt gehörten Reviere, die den Polizeirevieren entsprachen.

Der Luftschutzwarndienst wurde von der Luftwaffe und – im zivilen Bereich – durch den örtlichen Luftschutzleiter aufgebaut. Die großräumige Erkundung lag bei der Luftwaffe. In Bremen gab es eigene Turmbeobachter und Meldeposten, die Alarmauslösung und Entwarnung erfolgte durch Sirenen und war Sache des zivilen Luftschutzes. Auch Flakschießen galt als Alarmzeichen.

Der Sicherheits- und Hilfsdienst (SHD) wurde durch die Ordnungspolizei aufgebaut und hatte bei Personen- und Sachschäden Hilfe zuleisten, auch bei Luftangriffen die öffentliche Sicherheit und Ordnung zu bewahren bzw. herzustellen. Zum SHD gehörten die Feuerwehr, der Instandsetzungsdienst (I-Dienst), der aus der technischen Nothilfe hervorging, Sanitäts- und Entgiftungsdienst usw. In den größeren Betrieben wurde ein „Werkluftschutz" aufgestellt.

Die Bevölkerung wurde zum „Selbstschutz" verpflichtet, der durch den Reichsluftschutzbund mit seiner Landesgruppe Niedersachsen, Bezirk Bremen, und zahlreichen Ortsgruppen, Revieren, Block- und Hausgemeinschaften organisiert wurde. Die Bevölkerung wurde ausgebildet und angehalten, behelfsmäßige Schutzräume anzulegen und die Verdunkelung durchzuführen. Die Belegschaften der Dienststellen, öffentlichen Einrichtungen usw. wurden in einen „Erweiterten Luftschutz" einbezogen und als Brandwachen, Melder usw. eingesetzt.

Was in der ersten Kriegszeit an Luftschutzmaßnahmen von vielen als lästig empfunden wurde, war doch recht zweckmäßig, wenn es auch angesichts der Verschärfung des Luftkrieges keinen eigentlichen Schutz mehr darstellte: Das Entrümpeln, das Anstreichen der Dachbalken mit Kalk, das Aufstellen von Sand- und Wassereimern, das Bereithalten von Schaufeln und Luftschutzpumpen, das -Abstützen der Keller, der Splitterschutz vor Kellerfenstern und die Verdunkelung.

Die militärische Luftabwehr sollte die gegnerischen Flugzeuge nach Möglichkeit davon abhalten, zu den Bombenzielen vorzudringen. In Nordwestdeutschland nahm diese Aufgabe das Luftgaukommando XI wahr. Seit Mitte 1940 wurde die zentrale Führung gestrafft und Anfang 1941 die Stelle des „Luftwaffenbefehlshabers Mitte" geschaffen. Zunächst waren nur wenige Jagdflugzeuge defensiv eingesetzt; sie sollten die britischen Bomber bereits im Küstengebiet abfangen. Das gelang im allgemeinen auch, solange die Angriffe am Tage stattfanden. Die Nachtjäger, die seit Ende 1940 eingesetzt wurden, **1940** waren nicht so erfolgreich, weil sie im allgemeinen darauf angewiesen waren, daß die britischen Bomber von Scheinwerfern erfaßt wurden. Das konnte nur bei wolkenarmem Himmel geschehen. Erst Ende 1941 wurden Radargeräte entwickelt, die die Scheinwerfer und auch die Flakgeschütze steuerten. Die Schwäche der Jagdwaffe ließ die Flakartillerie bedeutender erscheinen, als sie in Wirklichkeit war. Auch sie konnte die Bomber nicht daran hindern, daß sie zu ihren Zielen vordrangen, obwohl sie eine beträchtliche Zahl von Abschüssen erzielte. Bremen lag im Bereich der Flakgruppe Ostfriesland mit 20 Geschützabteilungen mit je 5 Batterien und 3 Scheinwerferabteilungen.

Die ersten Luftangriffe von 1940 bis Anfang 1941

Am 24. März 1940 warfen britische Bomber zum erstenmal Flugblätter über **24. März 1940** Bremen ab; am 18. Mai 1940 fand der erste Bombenangriff statt, wobei etwa 6 **18. Mai 1940** bis 8 Bomber eingesetzt waren. Zunächst wurden Leuchtbomben abgeworfen, dann folgten Sprengbomben, die einige Schäden im Hafengebiet und in der Stadt anrichteten. Immerhin waren bereits 16 Tote zu beklagen. Es folgten dann einige kleinere Angriffe.
Nach der britischen Direktive vom 4. Juni 1940 sollten vorrangig Ölraffinerien **Juni 1940** und Flugzeugwerke angegriffen werden. Die Bombenwürfe im Juni 1940 verursachten nur geringe Schäden, die Zahl der eingesetzten Flugzeuge war noch klein. Zunächst versuchten die Bomber militärische Ziele bzw. Ziele von militärwirtschaftlicher Bedeutung zu treffen; die Abwürfe über der Stadt waren an sich unbeabsichtigt. Als seit Juli 1940 eine Invasion in England zu drohen **Juli 1940** schien, kamen Werften auf die erste Stelle der britischen Prioritätenliste, gefolgt von Flugzeugwerken und Ölraffinerien. Die Angriffe blieben aber schwach, die Abwürfe ungenau und verstreut; nur selten kann man eine Konzentration bei der Vacuum-Öl-Raffinerie oder beim Flugplatz feststellen. Auch daß einige Bomben Verkehrsanlagen galten, läßt sich nur vermuten.
Im August 1940 erschienen keine britischen Flugzeuge. Erst seit dem **Sept. 1940** 9./10. September begannen dann die nächtlichen Angriffe wieder, bei denen im Hafen, u. a. beim „Weser"-Flugzeugbau, Treffer erzielt wurden, aber auch

Schäden in der Stadt entstanden. In dieser Zeit wurde jedem deutlich, daß die britischen Flugzeuge nicht mehr daran gehindert werden konnten, nach Norddeutschland einzufliegen; nur eine Invasion in England, mit der damals noch allgemein gerechnet wurde, konnte den Luftangriffen ein Ende bereiten.

Okt. / Nov. 1940 Seit der britischen Direktive vom 30. Oktober 1940 rückte dann die Demoralisierung der deutschen Zivilbevölkerung an eine bevorzugte Stelle der Prioritätenlisten, d. h. die Flächenangriffe auf die großen Städte sollten vorangetrieben werden. Um die eigenen Verluste gering zu halten, mußten die Angriffe nachts stattfinden. Die erste Angriffswelle hatte Brände zu entfachen, die folgenden Bomber konzentrierten dann ihre Abwürfe auf das erleuchtete Gebiet. Für eine solche Strategie fehlte es aber zunächst noch an Flugzeugen, so daß die Angriffe auf Bremen im November 1940 nur geringe Wirkung hatten. Erst bei den Nachtangriffen vom 1. bis 3. Januar 1941 wurde das anders.

Am 1. Januar abends fielen die ersten Brandbomben im Raum Hemelingen; sie entfachten heftige Brände, wobei die Löscharbeiten durch die Kälte von −12 °C und durch die folgenden Abwürfe von Sprengbomben behindert wurden. Erst um Mitternacht war der Angriff beendet. Es waren 145 Spreng- und etwa 4000 Brandbomben auf Hemelingen (Borgward- und Lloyd-Dynamo-Werke), die Neustadt (Focke-Wulf-Werke) und die Häfen gefallen. Einige Industriebetriebe wurden beschädigt, 14 Wohnhäuser zerstört; 11 Tote waren zu beklagen. Am späten Abend des 2. Januar folgte ein ähnlicher Angriff, dessen Zentrum der Hafen und das Industriegebiet der Neustadt war. 7 Wohnhäuser wurden zerstört, Hafenanlagen beschädigt, 8 Tote gezählt. Einen Tag später folgte der dritte Abendangriff, der sich gegen Häfen und Neustadt richtete. Frostklarer Himmel und Mondschein begünstigten die Bomber. Erneut waren die Schäden erheblich: 78 Wohnhäuser wurden zerstört, 8 Einwohner getötet. Die Angriffsserie war der erste Höhepunkt des Luftkrieges; der völlige Fehlschlag der Abwehr verursachte neben den Schäden an Gebäuden und Industrieanlagen einen schweren psychologischen Schock bei der Bevölkerung, der freilich dadurch gemildert wurde, daß sich die Angriffsserie nicht fortsetzte.

Nach der Einschätzung der Schäden bei den einzelnen Luftangriffen überstie-
1.–3. Jan. 1941 gen zunächst nur die vom 11./12. September 1940, 1./2. Januar 1941 und 3. Januar 1941 die Millionengrenze.

Das „Führerbauprogramm" 1940/41

Die Machthaber hatten seit Ende 1940 keine Illusion mehr über die Verschärfung des Luftkrieges, wenn sie auch das volle Ausmaß des kommenden Bom-
benkrieges noch nicht abschätzen konnten. Das „Führerbauprogramm" vom
Oktober 1940 sah eine größere Zahl von „bombensicheren" Bunkern vor. Se-   Okt. 1940
nator Dr. Fischer wurde vom Reichsstatthalter zum „Bevollmächtigten für die
Durchführung des ‚Führerbauprogramms'" eingesetzt.
1940 entstand auch ein Luftschutzbauamt unter Baurat Assmann mit fünf Abteilungen, das den Auftrag erhielt, 150 „bombensichere" Bunker, 30 bis 50
Meter Deckungsgräben, 10000 Mauerdurchbrüche sowie Splitterschutz für
25000 Keller herzustellen und 25000 Luftschutzräume in Privathäusern zu
verbessern. Der Arbeits- und Materialbedarf war enorm, das technische Personal aber seiner Aufgabe nicht voll gewachsen. Die Vorstellung ging dahin,
daß für 150000 Personen „bombensichere" und für weitere 150000 splittersichere Schutzbauten geschaffen werden sollten. Sie waren alle mit Liegeprit-
schen, Heizung und Aborten auszustatten. Die für Luftschutzbauten benötigten Grundstücke konnten durch Kauf, Pacht und Enteignung beschafft werden. Der Bau von Hochbunkern nach dem „Frührerprogramm" begann am
6. November 1940 mit dem an der Zwickauer Straße im Weidedammviertel.
Die Bautätigkeit der folgenden Zeit war überstürzt, da das notwendige Fach-
personal fehlte. Es waren zunächst etwa 3000 Mann in diesem Betrieb eingesetzt; täglich wurden 1960 Tonnen Zement und 360 Tonnen Eisen benötigt.
Oberbaurat Karl Kummer, der die Bauten betreuen sollte, war Architekt und
erklärte sich außerstande, die Verantwortung für die Sicherheit zu übernehmen. Senator Dr. Fischer suchte nach einem Spezialisten für den Bunkerbau,
jedoch vergebens.
Beim Bau von Luftschutzbunkern im Rahmen des „Frührerprogramms" wa-
ren dann im Frühjahr 1941 etwa 5300 Personen eingesetzt, davon nur 500 orts-   Anf. 1941
ansässige. 2280 waren ausländische Arbeitskräfte, 630 Strafgefangene, 750
Kriegsgefangene und 1140 Soldaten. Die meisten von ihnen – 3600 Personen –
waren in Lagern untergebracht. Die zu dieser Zeit in Bau befindlichen „bombensicheren" Luftschutzbauten boten Aufenthalt für mehr als 28100 Personen
(21500 Liege- und 6600 Sitzplätze). Zunächst entstanden vor allem große Tiefbunker, so der auf dem Domshof und Bahnhofsvorplatz, dann nur noch
Hochbunker.
Auch andere Maßnahmen zeigten, was man erwartete: Die Säulen und Arka-
den des Rathauses wurden durch Mauerwerk abgestützt, die gotischen Figu-

565

Bau des Tiefbunkers auf dem Domshof 1940/41

ren eingemauert; der Roland erhielt eine sandgefüllte Verschalung, die später durch Mauerwerk ersetzt wurde.

Die Luftangriffe vom März 1941 bis Juni 1942

März 1941   In der Nacht vom 12. zum 13. März 1941 sollte bei Mondlicht ein „Präzisions-angriff" auf die Focke-Wulf-Werke geflogen werden. Dabei wurden 54 Bom-ber eingesetzt, während 22 weitere Flugzeuge ihre Bomben auf die Stadt wer-fen sollten. Doch konnten einige Bomber die Flugzeugwerke nicht finden und wurden daher auch auf die Stadt angesetzt. Die Focke-Wulf-Werke erhielten Treffer von 40 Spreng- und einigen Brandbomben. In einer Halle wurden einige Flugzeuge beschädigt; doch nach wenigen Tagen konnte die Produk-tion ohne Einschränkung weiterlaufen. In der Stadt gab es Schäden, die aber in keinem Verhältnis zum Einsatz standen. Der Angriff war ein totaler Fehl-schlag.

*Rathaus und Roland
im Kriege,
Bild von 1945*

Ein Angriff von 39 Flugzeugen am 18. März 1941 sollte die AG „Weser" treffen, doch fielen die Bomben verstreut im Hafen- und Stadtgebiet. 17 Personen wurden getötet. Immer noch verirrten sich viele Flugzeuge, die Bomben fielen weit ab vom Zielgebiet. Hier und da gab es Schäden und mehrere Tote. Die Rüstungsbetriebe arbeiteten allesamt auf Hochtouren, Schäden konnten sehr schnell beseitigt werden. Der geringe Erfolg solcher „Präszisionsangriffe" bei Nacht führten zur Aufgabe dieser Taktik und zum Übergang zu Flächenangriffen.

Die Bomber-Direktiven 1941/42 zeigen, daß man vor allem die Produktion von Jagdflugzeugen und U-Booten treffen wollte, wobei die Focke-Wulf-Werke und die Bremer Werften ein wichtiges Angriffsziel waren. Dabei sollten die britischen Flächenangriffe bei Nacht vor allem auch jene Städte treffen, in denen sich solche Werke befanden.

Beim Ausbruch des Rußlandkrieges hatten die britischen Bombenangriffe ihr

Ziel nicht erreicht. Weder die Rüstung noch die „Kriegsmoral" der Bevölkerung war wesentlich beeinträchtigt. Die Menschen waren beunruhigt und hatten das Vertrauen in die Luftabwehr verloren; sie waren durch die nächtlichen Alarme auch zermürbt, vor allem ältere Menschen litten unter den Nachtwachen und dem erregenden Erlebnis der Angriffe; doch der allgemeine Zorn richtete sich nicht so sehr gegen die deutschen Machthaber, sondern gegen die Briten, die die Zivilbevölkerung terrorisierten. Die NS-Propaganda förderte diese Stimmung.

Es ist schwer, die Sach- und Gebäudeschäden der Luftangriffe in Bremen zu bewerten. Sie wurden für 1940 auf 15½ Mill., für 1941 auf mehr als 48 Mill. RM beziffert. Es wurde schon damals kritisiert, daß die Schadensermittlung unzulänglich sei; hinzu kommt, daß selbst bei einer Auszahlung dieser Summe die zerstörten Sachen und Gebäude nicht wiederbeschafft werden konnten.

Zunächst zeigte die britische Angriffstaktik weiter die alten Schwächen. Nur ein Angriff von 10 tieffliegenden Bombern am frühen Morgen des 4. Juli 1941 richtete im Hafengebiet größere Schäden an; aber die häufigen Fliegeralarme und die Unsicherheit über die künftige Entwicklung zermürbte die Einwohner Bremens.

4. Juli 1941

Anfang 1942 wurde die militärische Lage für Deutschland immer kritischer: Der Winter setzte den Truppen in Rußland zu, und der Kriegseintritt der USA ließ im Luftkrieg Schlimmes befürchten. In Großbritannien kam Optimismus auf; die Royal Air-Force war nun sehr bald in der Lage, mit wirkungsvollen Flächenbombardierungen der deutschen Städte zu beginnen, die freilich zunächst vor allem gegen das Ruhrgebiet gerichtet waren.

18. April 1942

Bremen erlebte am 18. April 1942 einen Angriff, bei dem neben 80 Sprengbomben zahlreiche Brandbomben abgeworfen wurden. Im Rembertiviertel (die Rembertikirche wurde zerstört) und in der westlichen Vorstadt und im Hafen entstanden erhebliche Schäden. Es gab 83 Tote.

26. Juni 1942

Die Stadt Bremen war dann am 26. Juni 1942 – nach Köln und Essen – das dritte Ziel eines 1000-Bomber-Angriffs. Im ganzen wurden 904 Bomber, z. T. bereits veraltete Maschinen – eingesetzt. Der Angriff sollte in drei Wellen erfolgen: die erste gegen die Stadtmitte; die zweite gegen den Südosten der Häfen und die AG „Weser" und erneut gegen die Stadtmitte sowie die südöstlichen Teile der Stadt; die dritte gegen das gesamte Stadtgebiet. Die Wetterbedingungen über Bremen waren für den Angriff nicht günstig: es war bewölkt und stark windig, Bodensicht war nicht möglich, so daß nach Funkanweisung bombardiert werden mußte.

Die Einwohner Bremens waren bereits durch den Angriff vom 18. April stark eingeschüchtert worden und gingen zum größten Teil in die Bunker, nachdem

Tote britische Flieger
am 26. Juni 1942

die Alarmsirenen sie um 0.41 Uhr rechtzeitig geweckt hatten. Der Angriff begann morgens um 1.18 Uhr und dauerte etwas über eine Stunde. Die Brandbomben trafen gleich zu Beginn die südlichen und östlichen Teile der Stadt. Überall wurden erhebliche Schäden verursacht, fast 600 Häuser zerstört. Es gab 2500 Obdachlose und 85 Tote. Die Brandbekämpfung war stellenweise unmöglich. Zwar wurden auch viele Industriebetriebe u. a. die Focker-Wulf-Werke und die AG „Weser" beschädigt, doch die Produktion konnte fast ohne Verzögerung fortgesetzt werden. Auch die britische Bomberflotte hatte hohe Verluste: 49 Bomber wurden abgeschossen, 65 beschädigt. Von deutscher Seite wurden – annähernd zutreffend – 52 Abschüsse gemeldet.

Deutsche Stellen schätzten, daß der Angriff von 80 Flugzeugen durchgeführt worden sei und daß 236 Sprengbomben und 3 Luftminen sowie mehr als 20 000 Brandbomben abgeworfen wurden. Diese Unterschätzung des Angriffs ergab sich aus der Tatsache, daß viele Flugzeuge wegen der schlechten Witterung das

Ziel überhaupt nicht fanden und die Bomben irgendwo außerhalb der Stadt abwarfen.

Im großen und ganzen war der Angriff – gemessen am riesigen Einsatz – ein Fehlschlag. Die Erfahrung dieses z. T. mit schlecht ausgebildeten Mannschaften durchgeführten Angriffs hatten zur Folge, daß die 1000-Bomberangriffe nicht fortgesetzt wurden. So wurden selbst die Großangriffe gegen Hamburg im Juli 1943 nachts mit 740 bis 790, am Tage mit 230 Flugzeugen durchgeführt.

Luftschutzmaßnahmen 1942 und 1943

Der Luftschutz erfuhr 1942 eine organisatorische Veränderung, die freilich nicht von grundsätzlicher Bedeutung war. Während der „Sicherheits- und Hilfsdienst" (SDH) zunächst ein hohes Maß an lokaler Eigenständigkeit hatte und eng an die Befehlsgebung der örtlichen Luftschutzleitung unter Oberst Johannes Schroers gebunden war, wurde er nun in den Polizeiapparat des Reiches eingebaut: Der SDH wurde zur „Luftschutzpolizei" und unterstand auf oberster Ebene dem Reichsführer SS und Chef der deutschen Polizei, Heinrich Himmler. Sie wurde dem Bereich der Ordnungspolizei zugeordnet, und das erleichterte auch die überregionale Steuerung des Einsatzes. Zunächst änderte **3. Aug. 1942** sich in Bremen jedoch nicht viel. Am 3. Aug. 1942 wurden der „Luftschutzort Delmenhorst" sowie die Gemeinden Hasbergen und die Bauerschaft Hoykenkamp dem Luftschutzort Bremen angegliedert.

Längst war deutlich geworden, daß die Luftschutzräume in Wohnhäusern und öffentlichen Gebäuden zwar gegen Splitter, nicht aber gegen Sprengbombentreffer Schutz boten und bei Großbränden sogar zur Todesfalle werden konnten. Die kleineren Erdbunker wurden mehrfach getroffen und galten dann als sehr unsicher und gefährlich. Vertrauen aber hatte man zu den Hochbunkern mit ihrer starken Betondecke. Sie waren sehr bald angesichts der Verschärfung des Luftkrieges stark überbelegt. Ende Mai 1942 waren 4 Bunker für 1544 Personen fertig, weitere 63 für 13 000 Personen bereits benutzbar. Anfang August waren 12 Bunker für 3844 Personen fertig, 115 für fast 40 000 benutzbar. Darüber hinaus gab es 285 „splittersichere Erdbunker". Am schwierigsten war und blieb die Versorgung der Ausgebombten mit Wohnraum und Möbeln. Bis Ende 1942 waren bereits 2834 Gebäude mit 4017 Wohnungen total zerstört.

Es wurde auch manches für den Feuerschutz getan; doch war und blieb eben doch vieles in den Gebäuden brennbar. Eine wichtige Schutzmaßnahme war die Tarnung hervorstechender Gebäude durch Anstrich und große Strohmattenbahnen; selbst der Holler See wurde mit ihnen abgedeckt, und über den

Hochbunker der Diakonissenanstalt, 1943

Bahnhof eine Tarnstraße gelegt. Auf den Straßen standen seit Juni 1943 Ton- 1943
nen, aus denen künstlicher Nebel abgelassen werden konnte, der als Neben-
wirkung der Vegetation großen Schaden zufügte. Vernebelung und natürliche
Wolken boten den angreifenden Bombern freilich nur noch geringe Hindernisse, da sie ihre Angriffe oft nach Radar-Zielgeräten flogen.

Um die Gewinnung von Löschwasser im Innenstadtbereich zu erleichtern,
wurde vor der Schlachtemauer aus Bauschutt eine Rampe aufgeschüttet. Sie
bewährte sich im Dezember 1943 bei einem Nachtangriff zum erstenmal.

Ende 1942 Im Herbst 1942 begann auch die Verlegung mehrerer Industriebetriebe, so von zwei Werkstätten der „Weser" Flugzeugbau GmbH, einiger Magazine der „Deschimag" (nach Salzkotten bei Paderborn), eines Zweigbetriebes der Kistenfabrik Schäding (nach Minden), der Tiefdruckerei der Firma Schünemann (nach Leipzig), der Nahrungsmittelfabrik Alb. Lohmann (nach Barnstorf). Die Focke-Wolf-Flugzeugbau GmbH gab ihre Werke in Hastedt und Hemelingen auf und verlagerte wichtige Teile des Betriebes in den Osten. Die Martin Brinkmann KG verlegte einen Teil der Rauchtabakfabrikation nach Graudenz, die Zigarettenerzeugung teilweise ins Sudetenland.

1943 Das Ausweichkrankenhaus in Unterstedt bei Rotenburg nahm Mitte 1943 seine Arbeit auf, ebenso konnte eine chirurgische Station in einem Bunker der Städtischen Krankenanstalten fertiggestellt werden.

Seit Anfang 1943 gab es Bemühungen, kunstgeschichtlich wichtige Objekte in historischen Bauten sicherzustellen. Mitglieder des mit dieser Frage in Preußen befaßten Arbeitsstabes Keibel kamen nach Bremen, um einige Gebäude zu besichtigen. Vor allem war an ein „Abformen, Aufmessen und Photographieren" der Gegenstände gedacht, um eine spätere Wiederherstellung zu ermöglichen. Zudem faßte man einen Ausbau der Orgelprospekte in St. Martini und St. Pauli sowie der Kanzel in der Liebfrauenkirche ins Auge. Die Kosten sollten von Bremen übernommen werden. Schließlich wurden alle bedeutsamen Bauteile an zerstörten Gebäuden registriert sowie zeichnerisch und fotografisch aufgenommen. Abgebaute Stücke kamen auf den Buschplatz in Mittelsbüren und einen Lagerplatz an der Neuenlander Straße. Über die Auslagerung der Schätze der Kunsthalle wurde bereits an anderer Stelle berichtet. Es gab auch Pläne, die Güldenkammer aus dem Rathaus auszubauen. Das war sehr schwierig, zumal Bürgermeister Böhmcker das Rathaus in einem repräsentativen Zustand erhalten wollte. Doch der Denkmalspfleger Dr. Ernst Grohne nutzte eine längere Abwesenheit Böhmckers für eine Auslagerung der Güldenkammer, was dann auch vom Bürgermeister hingenommen wurde. Der Roland erhielt statt der Bretterverschalung eine Ummauerung, das Bismarckdenkmal und das Vasmerkreuz wurden im und am Dom „sichergestellt". 1942 begann auch die „erweiterte Kinderlandverschickung".

Was den militärischen Luftschutz in dieser Zeit betrifft, so gab es auch jetzt keine Alternative zur Jagdwaffe und Flak, die sich aber beide als immer unfähiger zu wirkungsvoller Abwehr erwiesen, zumal sie wegen des weltweiten Engagements der deutschen Wehrmacht auch nicht verstärkt werden konnten.

Ein Nachtjagdgeschwader 3 war in Norddeutschland stationiert; Tagjäger lagen auf den Flugplätzen bei Jever, Leeuwarden, Oldenburg und Nordholz.

Während sie zunächst den Auftrag hatten, die feindlichen Geschwader im Küstenbereich, an der „Kammhuberlinie", abzufangen, waren sie nun gezwungen, in der Tiefe des Raums zu operieren, die Bomberströme, gewissermaßen permanent angreifend, zu begleiten. Die Nachtjäger wurden auf „freie Jagd" umgestellt, da die Radargeräte als Steuerung versagten. Die Jagdwaffe im norddeutschen Bereich unterstand dem „Luftwaffenbefehlshaber Mitte", ab Ende 1943 dem „Luftflottenkommando Reich". Der Angriff auf die amerikanischen Bomber wurde immer schwieriger, da diese mit zahlreichen beweglichen Bordkanonen ausgestattet waren und in geschlossenen, nach allen Seiten zu verteidigenden Formationen flogen. Seit dem Sommer 1943 warfen dann die deutschen Jäger aus großen Höhen Splitterbomben in die Verbände, und schließlich wurden auch Raketen entwickelt, die aus Flugzeugen abgeschossen werden konnten. Die zeitweiligen Erfolge der deutschen Jagdwaffe wurden schließlich dadurch gemindert, daß die Amerikaner ihre Bomberverbände durch eigene Jäger begleiten ließen. Auch gelang es dann, durch die Radar-Zielgeräte HX2 Präzisionsangriffe ohne Erdsicht, also auch bei Nacht und

8,8 cm-Flak schießt

573

starker Bewölkung, zu fliegen. Die deutsche Seite entwickelte freilich schon 1943 ein Störgerät.

Was nun die Flak betraf, so war das Vertrauen der Bremer in sie längst erschüttert. In der Stadt lag der Stab der 8. Flakdivision unter Generalleutnant Wagner in einem Bunker an der Parkallee beim Aussichtsturm.

Die Luftangriffe auf Bremen von Juli 1942 bis Juli 1943

Nach dem 1000-Bomben-Angriff vom 26. Juni 1942 wurden die Einsätze mit einer geringeren Zahl von Flugzeugen und in größeren Abständen geflogen. In einigen Stadtteilen gab es Schäden; auch Industriewerke wurden getroffen. Es verstärkte sich der Eindruck: Wenn das so weitergeht, ist die Stadt sehr bald ein

Sept. 1942   Trümmerhaufen. Am 5. September 1942 zerstörte ein Angriff 460 Wohnhäuser und manche Industrieanlagen, 124 Einwohner starben im Bombenhagel. Die Aufräumungsarbeiten waren noch in vollem Gange, als am 14. September ein neuer Angriff stattfand, bei dem nach deutschen Schätzungen 191 Sprengbomben, 10 Luftminen und mehr als 20 000 Brandbomben abgeworfen wurden. Sie zerstörten 850 Wohnhäuser total, beschädigten die Focke-Wulf-Werke erheblich und töteten 70 Menschen.

Die Strategie der von Luftmarschall Harris vertretenen Flächenbombardierungen zeigte katastrophale Wirkungen; ob jedoch eine Demoralisierung der Bevölkerung eintrat, wie es beabsichtigt war, ist schwer zu sagen. Sicher ist, daß die politische, rüstungswirtschaftliche und militärische Wirkung der Angriffe sehr viel geringer war, als die Briten es sich vorstellten. Sicher ist aber auch, daß viele Menschen körperlich und seelisch unter den Angriffen litten, daß andererseits enorme Energien freigesetzt wurden, die auf eine Meisterung der vielen Schwierigkeiten gerichtet waren. Während der schweren Angriffe schien zunächst totales Chaos zu herrschen; kurze Zeit danach gelang es trotz aller Verluste von Sachwerten und Menschenleben, die Verhältnisse wieder zu ordnen, freilich u. a. durch Anwendung brutaler Maßnahmen, wie etwa der Bedrohung von Plünderein mit der Todesstrafe. Die Nerven aller blieben freilich in hohem Maße angespannt, das Leben schien im allgemeinen nur noch Kümmernisse zu bieten. Vor allem aber war damit zu rechnen, daß es eher schlimmer als besser wurde.

Anf. 1943   Anfang 1943 beschlossen die Alliierten ein Eingreifen der 8. US Air Force in Deutschland. Man einigte sich auf eine gemeinsame Strategie, nach der die Amerikaner die Bombardierungen von Anlagen der Rüstungsindustrie durchführen sollten, während die Briten bei ihren bisherigen nächtlichen Flächenbombardierungen blieben.

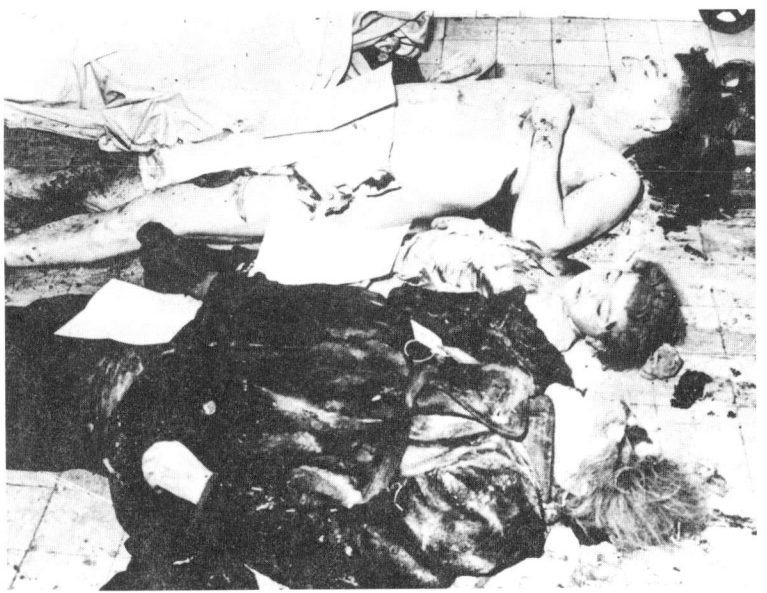

Opfer des Luftkrieges in der Vahr, 1941

Auf der Prioritätenliste der amerikanischen Luftangriffe standen seit November 1942 u. a. die U-Bootwerft AG „Weser" und der Bremer „Vulkan" in Vegesack. Die US-Luftwaffe (8th Air Force) begann ihre Präzisionsangriffe bei Tage auf die deutsche Rüstungsindustrie am 3. Januar 1943. Die Zahl der angreifenden Flugzeuge lag dabei im allgemeinen zunächst unter 100.

Am 18. März 1943 erschienen 97 viermotorige „fliegende Festungen" über dem Bremer „Vulkan" in Vegesack und warfen 268 Bomben. 74 Sprengbomben trafen die Werft, und auch die Bremer Wollkämmerei in Blumenthal erhielt Treffer. Die Schäden auf der Werft waren erheblich, 7 U-Boote wurden beschädigt; doch konnte die Produktion bald wieder aufgenommen werden. 100 Tote waren zu beklagen. Am 17. April griffen 115 US-Bomber die Focke-Wulf-Werke auf dem Flughafen an. Einige Hallen wurden zerstört, 10 Flugzeuge vernichtet, 12 beschädigt. Auch einige Wohnhäuser bis nach Habenhausen und Kattenturm fielen den Bomben zum Opfer, 69 Menschen verloren ihr Leben. 16 amerikanische Flugzeuge wurden abgeschossen, 44 beschädigt.

18. März 1943

17. April 1943

575

Auch zahlreiche deutsche Jäger, die die „fliegenden Festungen" angriffen, gingen verloren.

13. Juni 1943 Ein dritter amerikanischer Angriff mit 102 Bombern am 13. Juni galt vor allem der AG „Weser" und den „Atlas-Werken". Diesmal wurden mehrere Erdbunker getroffen, im ganzen 238 Menschen getötet. Der SHD hatte die schwere und deprimierende Aufgabe, die verstümmelten Leichen zu bergen. Das Hafengebiet wurde schwer verwüstet.

Bis Ende Juni 1943 hatten 112 Luftangriffe stattgefunden, 2800 Häuser waren zerstört, 32 000 beschädigt; 1081 Menschen verloren ihr Leben, 2600 wurden verletzt.

Kriegsgeschichtlich gesehen leiteten die Angriffe 1943 zunächst noch keine neue Phase der Bombardierungen ein, denn das britische Bomberkommando hatte schon lange vorher mit Flächenangriffen – oder wie man sie mit Recht bezeichnete – Terrorangriffen auf deutsche Großstädte begonnen. Zwar hatten in den Bomber-Direktiven Kriegsziele wie das Transportsystem, U-Boot-Werften, Flugzeugwerke, Ölraffinierien usw. hohe Priorität; aber schon am 14. Februar 1942 war die „Moral" der Bevölkerung als wichtigstes „Angriffsziel" genannt. Am 3. November 1942 nahm der britische Chief of the Air Staff,

Warnung vor Plünderern in der Findorffstraße, 1942

Portal, an, daß 1944 mit 4–6000 Bombern eine Zerstörung von 6 Millionen deutscher Wohnungen, 25 Millionen Obdachlose und 900000 Ziviltote sowie die Vernichtung eines Drittels der deutschen Industrie zu erreichen seien. Das stärkere Engagement der Amerikaner, die sich von Anfang an für „Präzisionsangriffe" entschieden, ergab, daß in den alliierten Direktiven seit Januar 1943 die Rüstungsziele wieder stärker in den Vordergrund traten; dennoch fuhr das britische Bomberkommando mit den Flächenangriffen fort und steigerte sie immer mehr. Nach der britischen und amerikanischen Auffassung waren die Städte mit ihrem Reservoir an Arbeitskräften für die Rüstungsindustrie durchaus ein legitimes Angriffsziel für Bomber. Die Combined Chiefs of Staff legten am 14. Mai 1943 sechs Industriegruppen mit 76 Zielen fest, die vorrangig zu vernichten seien. Darunter waren Produktionsstätten für U-Boote, Flugzeuge, Kugellager, Benzin, synthetisches Gummi, Militärfahrzeuge usw. In derselben Direktive bekamen Hamburg und Bremen eine vorrangige Stellung; es erschienen aber auch Wilhelmshaven und Bremerhaven. 14. Mai 1943

Die Vernichtungsangriffe gegen Hamburg und ihre Folgen für Bremen seit Juli 1943

Einen Einschnitt in der Entwicklung schienen im Juli / August 1943 die schweren Angriffe auf Hamburg zu bilden. Sie verursachten in allen deutschen Großstädten erhebliche Befürchtungen und Nervosität, waren doch 48000 Tote zu beklagen; 250000 Wohnungen wurden vollständig zerstört. Es gingen in dieser Zeit wilde Gerüchte um, u. a. daß Hitler sich erschossen habe, Göring in die Schweiz geflüchtet sei usw. In zahlreichen Briefen aus Bremen wird deutlich, daß man für diese Stadt ein ähnliches Schicksal erwartete; auch haben sich Unterlagen verschiedener bremischer Behörden gefunden, die zeigen, wie man die Hamburger Katastrophe einschätzte. Juli / Aug. 1943
Der erste Angriff wurde in der Bremer Kreisleitung noch heruntergespielt, die pessimistische Einschätzung des Hamburger Gauleiters Kaufmann fand harte Kritik; man hatte ihn in Verdacht, er übertreibe, um für seine Stadt stärkeren Flakschutz zu erhalten. Kreisleiter Schümann fuhr noch vor dem letzten Angriff nach Hamburg, um sich selbst einen Überblick zu verschaffen. Er kam deprimiert zurück und veröffentlichte dennoch trostreiche Worte: Die Hochbunker hätten standgehalten, die Haltung der Hamburger Bevölkerung sei „ganz ausgezeichnet", ruhig und gefaßt. Es folgten dann die üblichen Durchhaltephrasen.
In Bremen erschienen einige Rundschreiben und Zeitungsartikel über das zweckmäßige Verhalten im K-Fall (Katastrophen-Fall). Das alles konnte die

Bremer nicht beruhigen, denn die Hamburger Katastrophe war offenkundig.

Auch die Partei und staatliche Stellen waren realistisch genug, um zutiefst beunruhigt zu sein und über geeignete Maßnahmen nachzudenken. Kreisleitung und Ortsgruppen sollten zu gegenseitiger Unterstützung organisiert, mehrere Ortsgruppen zu Bezirken zusammengefaßt, Hinweistafeln für Essensausgabe, Sammelstellen usw. hergestellt werden. Die Kreisleitung sollte eindeutig als Zentrale des zivilen Selbstschutzes aktiv werden. Nachrichtenverbindungen zum Regierenden Bürgermeister, Polizeipräsidenten (als örtlichem Luftschutzleiter) und zum Flakgefechtsstand müßten sichergestellt werden. Für die Kreisleitung seien Ausweichstellen einzurichten. Vieles davon wurde nicht verwirklicht.

28. Juli 1943 Reichsgesundheitsführer Dr. Conti kam am 28. Juli nach Bremen und beriet mit den Verwaltungsspitzen die Versorgung von Verletzten im Katastrophenfall. Bremen hatte 3300 Krankenhausbetten, davon 1550 außerhalb (u. a. in Rotenburg und Bassum). Im K-Fall sollten zunächst einmal alle Verletzten aufgenommen, dann aber durch Lazarettzüge abtransportiert werden. Ein solcher Zug war auf Abruf bei Verden oder Nienburg zu stationieren. Die Krankenhäuser sollten schon jetzt weitgehend geräumt und für den K-Fall reserviert werden. Die Große Krankenanstalt, das St. Josephstift und das Diakonissenhaus hatten auch Bunker, in denen sich Operationseinrichtungen befanden. Die Arzneimittelversorgung war für drei Monate gesichert. Sieche sollten durch das Gesundheitsamt und die NSV evakuiert werden, u. a. nach Hessen.

Zunächst setzte seit Juli 1943 eine ziemlich ungeregelte Flucht aus Bremen in die nähere Umgebung ein; dabei gab es unlösbare Quartierschwierigkeiten, da viele Unterkünfte bereits vorher für einen Katastrophenfall reserviert worden waren. Einen Selbstschutz hielt man in dieser Zeit bei einem größeren Angriff für aussichtslos; es kam darauf an, möglichst viele Menschen aus den zerstörten Vierteln herauszubringen und dann zu versorgen.

29. Juli 1943 Am 29. Juli fand bei der Inneren Verwaltung an der Contrescarpe 22/23 eine Sitzung bremischer Behördenleiter statt, um über Folgerungen aus der Hamburger Katastrophe zu beraten und Richtlinien zu entwickeln, die dann dem Regierenden Bürgermeister vorzuschlagen waren. Den Bombengeschädigten sollte sofort ein Ausweis ausgehändigt werden, der die Versorgung am neuen Aufenthaltsort sicherstellte. Sie sollten in Sammellager in der Umgebung Bremens überführt werden. Die wichtigsten bremischen Behörden sollten eine Zentralstelle in einem Bunker (es war der an der Parkallee vorgesehen) und außerdem noch Ausweichstellen außerhalb der Stadt einrichten.

Ausgebombte auf der Neuenlander Straße am 15. September 1942

Ein Punkt wurde bereits am 2. August vom Regierenden Bürgermeister ver- 2. Aug. 1943
wirklicht: Im Bunker B 31 an der Parkallee wurde eine „Zentrale Meldestelle"
für alle Veränderungen bremischer Behörden durch Luftangriffe eingerichtet;
hier sollten sich auch Beamte, Angestellte und Arbeiter der bremischen Verwaltung melden, wenn ihre Dienststelle vollständig ausgefallen war.
Am 5. August fand dann im Rathaus die entscheidende Fachkonferenz unter 5. Aug. 1943
der Leitung Bürgermeister Böhmckers statt. Jede bremische Dienststelle hatte
zwei Ausweichstellen einzurichten, eine in der Stadt und eine außerhalb. Bei
Zerstörung des Rathauses war die Innere Verwaltung an der Contrescarpe als
Ausweichquartier für die Regierungskanzlei vorgesehen; an der Meldestelle im
Bunker B 31 gegenüber der Benquestraße wurde festgehalten. Ausführlich
wurde über die Lösch- und Trinkwasserversorgung und über eine Verbesserung der Luftschutzmaßnahmen gesprochen. Der Hauptpunkt aber betraf die
Versorgung von Obdachlosen nach Großkatastrophen. Man rechnete mit
einer Evakuierung der gesamten Bevölkerung. Der Regierende Bürgermeister
entwickelte einen Plan, der der neuen Entwicklung gerecht werden sollte. Bisher wurden die Obdachlosen nach Luftangriffen, soweit sie sich nicht selbst
bei Bekannten Quartiere verschaffen konnten, in Sammelstellen (Auffangstel-
len) mit Notunterkünften versorgt. Diese Sammelstellen lagen in Schulen,

Gastwirtschaften, Gemeindehäusern usw. und waren für die Aufnahme von 25 bis 200 Obdachlosen eingerichtet. Hier erfolgte die erste Versorgung und die Einweisung in Wohnungen. Jedes Stadtviertel hatte solche Sammelstellen, im ganzen waren es 79. Nun mußte man aber bei Großkatastrophen davon ausgehen, daß die Aufnahmekapazität zu gering war und vor allem auch, daß die Gebäude, in denen sich die Sammelstellen befanden, zerstört wurden. Die Flüchtlingsströme mußten also gegebenenfalls aus den Katastrophengebieten, ja, überhaupt aus der Stadt herausgeleitet werden. Der Plan, den der Regierende Bürgermeister am 5. August 1943 im Rathaus entwickelte, sah den Transport der Obdachlosen in drei Etappen vor: An den Ausfallstraßen der Stadt waren „Sammel-Auffangplätze" einzurichten, die als Zwischenstationen gedacht waren. Die Partei sollte einen „Platzkommandanten" stellen. Sobald wie möglich sollte ein Abtransport in „Stützpunkte" (Durchgangslager) in einer Entfernung von 15 bis 20 km in der Nähe von Eisenbahnstationen erfolgen. Es handelte sich um große Lager, von denen aus der Abtransport in die Auffanggebiete erfolgen sollte. Auch hier stellte die Partei den Platzkommandanten.

Sowohl in Sammel-Auffangplätzen als auch in Stützpunkten waren Versorgungsstäbe einzurichten, die etwa die ärztliche Versorgung, die Bereitstellung von Verpflegung, Kleidung, Unterkünften, den Abtransport sowie die Ausstellung der notwendigen Bescheinigungen sicherstellen sollten. Die gesamte Organisation sollte von der Partei getragen sein, deren Politische Leiter in brauner Uniform die deutlich erkennbaren Autoritätsträger zu sein hatten. Neben diesen Lagern für Deutsche waren besondere Auffangplätze für Ausländer einzurichten, die leicht Herde des Aufruhrs werden konnten und daher nach Böhmckers Auffassung von der Wehrmacht zu bewachen waren. Später ergab sich daraus ein sehr schwieriger Zuständigkeitsbereich für die Polizei.

6. Aug. 1943 Die Ergebnisse dieser Besprechung wurden am 6. August vom „Räumungsreferenten" des Regierenden Bürgermeisters, Fritz Köster, in einem Rundschreiben zusammengefaßt und in technischen Einzelheiten weiter ausgeführt. Bezeichnenderweise trägt das Dokument die Überschrift „Ausquartierung der bremischen Bevölkerung im Falle eines Großangriffs auf Bremen". In den Durchgangslagern wurden Fremdarbeiter und Deutsche, die „durch den Beruf ortsgebunden" waren, ausgesondert und in die Stadt zurückgeschickt; die übrigen Obdachlosen wurden in die endgültigen Aufnahmegebiete transportiert. Die Organisation der Durchgangslager war in allen Einzelheiten durchgeplant.

Zugleich beschäftigten sich auch andere Stellen mit dieser Frage, so etwa die Gestapo, Staatspolizeistelle Bremen, die in jedes Durchgangslager einen Beamten schickte, der sich vor allem mit den Ausländern beschäftigen sollte, der Einsatzstab für den Handel, der Fragen der Versorgung zu klären hatte, das Arbeitsamt, um alle arbeitsfähigen Flüchtlinge zu erfassen und wieder der Produktion zuzuführen, die Partei, die ja Platz- und Lagerkommandanten stellte, sowie die NSV, die die Versorgung in den Lagern selbst organisierte. Es wurde immer deutlicher, daß die Partei das ganze Unternehmen an sich reißen wollte. Sie trat damit in Konkurrenz zur örtlichen Luftschutzleitung, die von der Polizei gestellt wurde. Die Vorstellung ging nun dahin, daß dieser die technische Seite des zivilen Luftschutzes überlassen bleiben möge, daß aber bei Großkatastrophen die wichtige Aufgabe der „Menschenführung" nur von der Partei betrieben werden könne.

Immer noch unter dem Eindruck der Luftangriffe auf Hamburg entstand in der Parteikanzlei in München am 13. August ein Rundschreiben, daß die Vorstellungen zusammenfaßte. Es wird darauf hingewiesen, daß die alten Sammelplätze für Obdachlose in den Städten ungeeignet seien, da diese selbst in der Gefahrenzone lägen; es wird daher aufgefordert, daß außerhalb der Städte „Auffangplätze" und Notunterkünfte festgelegt werden sollten, daß alle Dienststellen ihre Einrichtungsgegenstände und Vorräte weitgehend auszulagern hätten, daß die Partei Ausweichunterkünfte einrichten müsse, daß die Parteiorganisation der die Städte umgebenden Gebiete in die Versorgungsmaßnahmen für die Flüchtlinge eingebaut werde (darüber enthält das Schreiben besonders viele Einzelheiten) und daß die notwendigen Verkehrsmittel bereitgestellt werden sollten usw.

Mitte August stand das Lagersystem für Bremen einigermaßen fest:

Östliche Vororte:
   Auffangplatz Arberger Windmühle; Durchgangslager Achim.
Vororte zwischen Fedelhören und Oberneuland-Osterholz (einschl. Horn-Schwachhausen):
   Auffangplätze Osterholzer Schule und Achterdiekbad; Durchgangslager Oyten-Sagehorn.
Altstadt, Findorff, der Westen und Borgfeld:
   Auffangplätze Horne-Lehe (Gasthaus Laube) und Kuhgrabenweg (Haus Wieseneck); Durchgangslager Lilienthal.
Walle, Gröpelingen, Oslebshausen, Hafengebiet:
   Auffangplätze Verlängerte Hemmstraße (Gasthaus Harjes) und Dammsiel; Durchgangslager Ritterhude / Osterholz-Scharmbeck.
Zwischen Woltmershausen und Strom bzw. Hasenbühren:
   Auffangplatz Villa Strom; Durchgangslager Hasbergen und Bookholzberg.

Zwischen Neustadt-Neuenlande-Hohentor und Huchting:
Auffangplatz und Durchgangslager Huchting.

Zwischen Neustadt und Habenhausen-Arsten:
Auffangplatz Kattenturm (Gasthaus Drücker), Brinkum / Schule und Arsten (Gasthaus Rupprecht); Durchgangslager Heiligenrode, Sudweyhe und Syke.

In späteren Listen finden sich noch weitere Auffangplätze: Twistringen, Bassum, Heiligenfelde, Fahrenhorst, Riede, Angelse, Gr. Ippener, Barrien, Schlutter, Ganderkese, Stenum, Schierbrok, Deichhausen, Heidkrug, Stickgras sowie in Bremen Nord Lesumblick, Osterhagen-Ihlpohl und Löhnhorst; weitere Durchgangslager sollten in Schwanewede, Berne, Bookholzberg und Hasbergen eingerichtet werden. Die größeren Auffangplätze dienten zur Aufnahme von 5 bis 30 000 Personen, die kleineren nahmen 100 bis 600 Personen auf. Insgesamt faßten sie 135 000 Obdachlose; das war etwa die Hälfte der damaligen deutschen Einwohner Bremens. Die Durchgangslager hatten zwischen 15 und 30 000 Flüchtlinge aufzunehmen, einige kleinere nur 2 bis 5000. Die Bevölkerung erhielt Merkblätter, in denen die Auffangplätze und Sammellager mitgeteilt wurden. Offenbar gab es stellenweise noch Verwirrung, weil Polizei und Reichsluftschutzbund abweichende Anweisungen gaben, daß man sich im Falle der Großkatastrophe nicht direkt zu den Auffangplätzen, sondern auf die nächste größere Grünfläche begeben solle. So sollten die Bewohner von Sebaldsbrück und Hastedt auf die Pauliner Marsch oder den Rennplatz in der Vahr zu entkommen suchen, die beide nicht als Auffangplätze vorgesehen waren, weil sie zu nahe an der Stadt und dadurch im Gefahrenbereich lagen. Diskussionen gab es auch über deutsche Rüstungsarbeiter. Schließlich setzte sich die Rüstungskommission durch: Die Rüstungsarbeiter hatten auch in Katastrophenfällen in Bremen zu bleiben und sich innerhalb von 48 Stunden beim Betriebsführer zu melden. Der Kreiswirtschaftsberater glaubte, diese Anordnung lasse sich kaum durchsetzen, da die Arbeiter nicht daran gehindert werden könnten, mit ihren Angehörigen die Stadt zu verlassen. Dennoch gab es Betriebe, die auf ein Verbleiben ihrer Arbeiter beharrten, so das Reichsbahnausbesserungswerk in Sebaldsbrück, das vom Personal verlangte, daß es sich auch bei eigenem Bombenschaden innerhalb von 48 Stunden zur Verfügung stelle, widrigenfalls die Lebensmittelversorgung gesperrt werden solle. Der Regierende Bürgermeister wollte die Frist auf 5 Tage ausdehnen.

Im Rahmen des Katastrophenschutzes sollte auch die Wehrmacht eine Rolle spielen. Darüber erfolgte eine Vereinbarung zwischen dem NS-Gauleiter, dem Regierenden Bürgermeister und dem Kommandeur der 8. Flakdivision, Generalmajor Wagner. Der Stadtbereich wurde in fünf Abschnitte eingeteilt, in die sich nach Entwarnung je ein Kommando von drei Offizieren und etwa 300 Mann begeben sollten. Vier der Kommandos sollten vom Nebelregiment 1 und das fünfte von der Marine gestellt werden. Ihre Hauptaufgabe war die Öffnung der Straßen und Plätze für Löschzüge und Transporter von Flak-Munition sowie für die Rettung eingeschlossener Menschenmassen, die Steuerung der Flüchtlingsströme zu den Auffangplätzen und die Überwachung der ausländischen Arbeiter und Kriegsgefangenen.

Immer deutlicher traten einige Sonderprobleme in den Vordergrund. Da war zunächst einmal die Zügelung des Chaos in der Stadt selbst. Man konnte davon ausgehen, daß die Masse der Bevölkerung sich während des Angriffs in Hochbunkern aufhielt. Man mußte, um nicht von vornherein das Durcheinander zu fördern, bei allen Maßnahmen so tun, als ob diese Bunker absolut sicher seien. Die Ordnung im Bunker ergab sich aus einer längeren Praxis der vorangehenden Zeit. Probleme entstanden vor allem im Fall der Großkatastrophe beim Transport der Menschen in die Auffangplätze. Man konnte vorher noch soviel organisieren, im Ernstfall war damit zu rechnen, daß diese ganze Organisation selbst ein Opfer der Katastrophe wurde. Als einigermaßen sicher war nur anzusehen, daß alle Menschen, die die Katastrophe überleben würden, die Stadt verlassen mußten, um außerhalb in Lagern zusammengefaßt zu werden, wo sie versorgt wurden und wo über ihr künftiges Schicksal entschieden wurde. In den Durchgangslagern entstanden nur nach und nach Notunterkünfte und Vorratsläger, was angesichts der schwierigen Versorgungslage nicht einfach war. Vor allem war die Versorgung mit Trinkwasser und verderblichen Lebensmitteln wie Brot nicht ganz einfach.

Schwierig würde es auch sein, die erregten Menschenmassen überhaupt unter Kontrolle zu bringen. Man erkannte sehr bald, daß man mit den Politischen Leitern der Partei als Ordnungsmacht nicht auskam; man brauchte die Hilfe der uniformierten Polizei und der Wehrmacht. Die Funktionen der Polizei wurden in den Meldungen der Gendarmerie-Kreise, in denen sich die Durchgangslager befanden, ausführlich dargestellt. Sie bestanden in einer Absperrung der Straßen, Überwachung und Leitung des Verkehrs, Kontrolle der Bahnhöfe, Festnahme Verdächtiger, Ordnungsdienst bei der Erfassung und Versorgung der Flüchtlinge. Insbesondere sollte sich die Aufmerksamkeit auch auf die Ausländer richten, die ein Problem besonderer Art darstellten. Sie mußten oft genug gegen ihren Willen in kriegswichtige Betriebe zurückgeführt werden. Ihre Erfassung nach den Luftangriffen war geregelt durch Erlasse Himmlers vom 17. August 1943 und vom Reichssicherheitshauptamt vom 22. August. Die Gestapo Bremen erhielt darüber vom Inspekteur der Sicherheitspolizei und des SD in Hamburg am 31. August Mitteilung. Es wurde

Aug. 1943

583

durch zentrale Erlasse bestimmt, daß ein äußerer und ein innerer „Sperring" um die luftgefährdete Stadt gelegt werden solle. Über Einzelheiten sollte zwischen Schutzpolizei, Gestapo, Arbeitsämtern Einvernehmen erzielt werden. Es geht aus den Akten hervor, daß die Absperrung nicht recht funktionierte. Für dichte Absperringe fehlte das Personal und schließlich waren auch die Polizei- und Gestapobeamten Menschen, für die bei Großkatastrophen die eigene Existenz im Vordergrund stand. Zudem erlaubten die Verkehrsverhältnisse nach den Luftangriffen nicht immer, daß die Beamten die Absperrpunkte rechtzeitig erreichten, und die Gendarmen der Umgebung waren der schweren Aufgabe kaum gewachsen. Dennoch entwickelten die ländlichen Gendarmerie-Kreise Einsatzpläne zur Erfassung flüchtiger Fremdarbeiter sowie von Kriegs- und Strafgefangenen bei der Alarmstufe „Großfahndung" mit Zusatz „Katastrophe Bremen". Bei diesem Alarm sollten bestimmte Brücken und Straßenkreuzungen sowie Bahnhöfe besetzt werden, und zwar durch Gendarmerie und Landwacht (als Hilfspolizisten eingesetzte Angehörige von Parteigliederungen) und sogar von Freiwilliger Feuerwehr. Die Absperrkommandos hatten die Fremdarbeiter in Höfen, Scheunen usw. festzuhalten, bis Beauftragte der Arbeitsämter sie in neue Arbeitsstellen eingewiesen hatten oder bis sie in große Lager bzw. Strafanstalten abtransportiert werden konnten. So war etwa ein großes Sammellager in Oldenburg-Ohmstedte (Rennplatz) vorgesehen. Auffanglager für Fremdarbeiter aus Bremen befanden sich in Schwanewede, Osterholz-Scharmbeck, Ritterhude und Lilienthal, Gr. Hutbergen, Kirchlinteln, Dauelsen, Werder, Achim, Oyten und Ottersberg.

Okt. 1943 Neben den Plänen für den Katastrophenfall wurde auch der Bunkerbau vorangetrieben. Bis Oktober 1943 waren 122 „bombensichere" Bunker für etwa 45 000 Insassen betonfertig. Bei einer zur Not möglichen 3- bis 4fachen Überbelegung hatten 170 000 Personen in ihnen Platz. In 85 Bunkern waren auch die Belüftungsanlagen fertiggestellt. Fünf neue Bunkerplätze waren vom Regierenden Bürgermeister genehmigt worden. Bei Vegesack wurde mit dem Bau „bombensicherer" Tiefstollen begonnen. Weiterhin gab es im Raum Bremen-Delmenhorst 128 „massive Deckungsgräben". Auch die „Selbstschutzräume" in Gebäuden sowie private „Kleinbauwerke", die „splitter- und trümmersicher" waren, wurden weiter gefördert.

Eine Großkatastrophe im Hamburger Stil blieb für Bremen aus. So waren die kleinerenSammelunterkünfte in den Stadtteilen weiterhin von größerer Bedeutung als die Auffangplätze und Durchgangslager außerhalb.

Wie vollzog sich nun das Schicksal derer, die ihre Wohnung sowie Hab und Gut verloren hatten? Sie begaben sich zu einer Obdachlosen-Sammelstelle, wo sie mit Lebensmitteln und Ausweispapieren versehen wurden. Dann erfolgte die Einweisung in eine Ersatzunterkunft, oft eine „Sammelunterkunft", wenn es nicht gelang, bei Verwandten oder Bekannten unterzukommen. Wer in einem Bremer Betrieb benötigt wurde, mußte in der Stadt bleiben, sonst aber kam es oft zur Evakuierung in ländliche Gebiete. Um eine Unterbringung der Ausgebombten zu ermöglichen, wurde der noch vorhandene Wohnraum streng bewirtschaftet, u. a. auch auf Räume zurückgegriffen, die von einberufenen und durch Dienstverpflichtung abwesenden Personen beansprucht wurden. In diesen Angelegenheiten war auch die NSV eingeschaltet.

1943 wurde ein „unbedingt erforderlicher Eigenbedarf des Wohnungsinhabers" als Höchstgrenze festgelegt. Einer Einzelperson und einem Ehepaar standen je eine Küche sowie ein Wohn- und ein Schlafzimmer zu. Bei größeren Kindern kamen weitere Räume hinzu. Dabei wurden aber nur Räume über 10 qm voll gezählt. Anfang 1944 wurde ermittelt, daß noch in erheblichem Umfang freier oder unterbelegter Wohnraum vorhanden sei: in unbenutzten Wohnungen für 5285 Personen, in unterbelegten aber für 5083 Personen und in „Not- und Bürgerquartieren" für 6263 Personen. Katastrophal war die Lage erst seit den großen Luftangriffen im August 1944. Jetzt konnten nur noch jene Obdachlose untergebracht werden, deren Arbeitskraft in Bremen dringend benötigt wurde. Alle anderen wurden evakuiert.

Außerordentliche Anstrengungen waren erforderlich, um im Katastrophenfall die Ernährung der Obdachlosen durch Großküchen und die Wasserversorgung durch Kesselwagen und Pumpen auf den Straßen sicherzustellen. Viele Einwohner brachten überzähligen Hausrat, vor allem auch Kleidung, Wäsche und Wertsachen aufs Land, wo sie in Sammellagern oder auch bei Bekannten deponiert wurden.

Was die Berechnungsgrundlage für eine Entschädigung von Luftkriegsschäden anbetrifft, so wurden diese nach dem Mietwert berechnet. Bei Eigenheimen wurde der Mietwert nach einem Prozentsatz des (sehr niedrigen) „Einheitswertes" berechnet, wobei dann nur die Hälfte der Summe herauskam, wie sie für Miethäuser errechnet wurde. Dabei wurden dann sogar noch 12–15 % als „Reparaturersparnis" abgezogen. Mit der Zunahme der Schäden hatten alle diese Berechnungen ohnehin nur noch theoretische Bedeutung, zumal die Ersatzanträge nur mit erheblichen Verzögerungen bearbeitet werden konnten. Anfang Juni 1944 lagen 175000 Sachentschädigungsanträge vor, von denen nur   Juni 1944 89000 bearbeitet worden waren. Bei den Nutzungsschäden gab es fast 24000 Anträge, von denen nur etwa 8500 bearbeitet worden waren.

44600 Anträge wegen Gebäudeschäden waren zu überprüfen, wobei es erhebliche Verzögerungen gab. Wiederbeschaffung war ohnehin kaum noch mög-

585

lich, so daß auch die Genehmigungen von Entschädigungsansprüchen immer fragwürdiger wurden. Bis zum 11. Oktober 1943 wurden fast 250 Mill. RM ausgezahlt, im Juni 1944 waren es mehr als 300 Mill. RM.

Luftangriffe von August 1943 bis August 1944

Aug./Sept. 1943   Hier können nicht alle Luftangriffe auf Bremen seit August 1943 dargestellt werden. Unmittelbar im Anschluß an die Hamburger Angriffsserie erlebte Bremen am 3. August 1943 einen kleineren Angriff, dann blieb die Stadt länger als einen Monat verschont, bis am 22. September ein Nebenangriff auf Bremen geflogen wurde (der Hauptangriff galt Hannover). Erst am 8. Oktober 1943 begann wieder eine Reihe großer Angriffe auf die Stadt. Am 8. Oktober wurden 357 US-Bomber eingesetzt, die vor allem die Flugzeugwerke und die Werften treffen sollten. Der Flug war nicht ohne Probleme; denn es wurden etwa 30 Bomber abgeschossen und 150 beschädigt. Bremen wurde künstlich vernebelt, der erste Bombenwurf erfolgte 15.09 Uhr. Im ganzen zählte man 710 Spreng- und mehr als 2000 neuartige Flüssigkeitsbomben. Das gesamte Stadtgebiet wurde in Mitleidenschaft gezogen, vorwiegend die Umgebung von Industriewerken und das Hafengebiet. 284 Wohngebäude wurden zerstört, 48 Einwohner getötet.

9. Okt. 1943   Es folgte schon am 9. Oktober ein Angriff der Briten mit 60 bis 80 Maschinen in sternklarer Nacht, der vor allem die Neustadt und die östliche Vorstadt traf. Über diesen Angriff liegt die Aktennotiz einer Besprechung vor, die unter dem Vorsitz des Regierenden Bürgermeisters Böhmcker stand. Der Einsatz des Selbstschutzes hatte teilweise nicht geklappt, die Leute waren einfach in den Bunkern geblieben, anstatt sich um das Löschen von Bränden zu kümmern. Zudem hatten Rohrbrüche die Versorgung mit Löschwasser erschwert. Die künstliche Vernebelung hatte stellenweise die Arbeit gestört, die Drahtfunkanlage war immer noch nicht fertiggestellt, Wiederherstellungsarbeiten wurden durch den Mangel an Facharbeitern (etwa Glasern) verzögert. In der Stadt nahmen 16 Sammelstellen 5000 Obdachlose auf, einige Sammelstellen (bes. Turnhallen) dienten aber inzwischen anderen Zwecken, besonders der Lagerung von Getreide. Es war also manches nicht so gelaufen, wie es geplant war, und dabei hatte es sich keineswegs um eine „Großkatastrophe" gehandelt, sondern um einen der Luftangriffe, wie sie Bremen schon oft erlebt hatte.

26. Nov. 1943   Nach einer Pause von 1½ Monaten gab es am 26. November mittags einen amerikanischen Großangriff von 427 Bombern mit einem Begleitschutz von 180 Jägern. Eine tiefliegende Wolkendecke behinderte sowohl die Bomber als

auch die Abwehr. Der Angriff galt vor allem dem Hafengebiet, aber auch einigen Industrieanlagen; doch wurde der gesamte Bremer Westen schwer getroffen. Hier wurden die Erdbunker bei Kahrwegs Asyl (102 Tote), am Syndikushof (92 Tote) und am Bohnenkamp (28 Tote) zerstört. Im ganzen wurden fast 300 Tote gezählt; 5000 Menschen wurden obdachlos. Eine Großkatastrophe brachte dieser Angriff ebensowenig wie der vom 29. November und die amerikanischen Tagesangriffe vom 13., 16. und 20. Dezember, bei denen zahlreiche   Dez. 1943 große Flüssigkeitsbomben geworfen wurden. Es handelte sich im Gegensatz zur amerikanischen Luftkriegstheorie nicht um Präzisionsangriffe, sondern um Terrorangriffe, bei denen Brandbomben einen sehr großen Anteil an den Abwurfmitteln hatten. Die Zahl der Toten blieb verhältnismäßig gering (bei den drei Luftangriffen 185), die der Obdachlosen war aber erheblich (am 20. Dezember allein 10000). Die Zahl der angreifenden Flugzeuge betrug jeweils 182 bis 620; doch war die Zielgenauigkeit noch recht gering. Die Verluste der Amerikaner waren zunächst groß, nahmen aber ab, als die Bomber von immer mehr Jagdflugzeugen begleitet wurden. Die amerikanischen Strategen

Strafgefangene bergen Blindgänger am 13. Dezember 1943

587

schienen es darauf angelegt zu haben, Bremen als Produktionsstätte in kurzer Zeit völlig auszulöschen.

Am Jahresende waren Resignation und Verzweiflung bei der Bevölkerung sehr groß, wobei freilich die Lethargie immer mehr überwog. Man nahm das, was kam, für unvermeidlich. Jeder wünschte sich ein Ende dieses Schreckens herbei, doch niemand sah für die nächste Zeit eine Verwirklichung der Friedenswünsche, wenn auch gelegentlich der Gedanke an einen Umsturz der politischen Verhältnisse in Deutschland auftauchte.

Der US-Generalstab ließ 1944 einen Stadtplan von Bremen drucken, der offenbar auf deutschen Stadtplänen, Luftaufnahmen und Spionageinformationen beruhte. Er enthält 194 besonders bezeichnete und numerierte Bauwerke und Anlagen, die durch schwarzen Druck gekennzeichnet sind. Die Registernummern eines Generalindex lassen annehmen, daß über jedes Objekt nähere Angaben vorhanden waren. Zu ihnen gehörten nicht nur die markanten Bauwerke der Stadtmitte, sondern auch Polizeiwachen, Kasernen, Postämter, Feuerwachen, Hotels, Schulen, Theater, Badeanstalten, Krankenhäuser, Straßenbahndepots, Großgaragen und Bahnhöfe. Vor allem aber wurden alle wichtigen Industrieanlagen sorgfältig registriert und eingezeichnet. Es wird deutlich: Den Alliierten war die hohe strategische Bedeutung Bremens durchaus bewußt. Am Stadtplan überrascht nur, daß die Luftschutzbunker, etwa auch die im Bürgerpark, nicht eingezeichnet sind.

In den Bomberdirektiven Anfang 1944 fanden sich als vorrangige Ziele die deutschen Flugzeugfabriken, wobei die Städte, in denen sie lagen, eingeschlossen waren. Vom 20. bis 25. Februar flogen die Amerikaner 44 Großangriffe mit 3800 Bombereinsätzen. Die Verlustquote war mit 6 % immer noch recht hoch. Die Engländer unterstützten das Unternehmen mit fünf Nachtangriffen. Die Flugzeugproduktion wurde durch die Angriffe um zwei Monate zurückgeworfen. Bremen war in dieser Zeit nicht das Ziel eines Großangriffes, da die Flugzeugindustrie hier bereits vorher immer wieder bombardiert worden war.

Seit April 1944 bereiteten sich die Alliierten auf die Invasion in Frankreich vor, und dafür benötigten sie auch einen großen Teil ihrer Bomber. Größere Angriffe auf Bremen fanden jedoch nicht statt, so daß die Bevölkerung aufzuatmen begann. Dennoch war sie sich des Ernstes der allgemeinen Lage bewußt, und zahlreiche Fliegeralarme riefen immer wieder in Erinnerung, daß der Luftkrieg noch nicht zu Ende war. Kleinere gezielte Angriffe galten dem Flugplatz und den Focke-Wulf-Werken. Am 18. Juni 1944 versuchten die Amerikaner mit 336 Flugzeugen wieder einen Großangriff. Er traf Oslebshausen und Grambke (21 Tote, 37 zerstörte Wohnhäuser); doch fiel der größte Teil der Bomben ins Werderland. Ein überraschender Nachtangriff am 24. Juni galt

Febr. 1944

18. Juni 1944

24. Juni 1944

den Verkehrsanlagen, doch forderten die Bomben in benachbarten Wohngebieten etwa 120 Tote. Am gleichen Tage folgte mittags noch ein Angriff von etwa 400 amerikanischen Bombern. Das eigentliche Ziel war die Vacuum-Öl-Raffinerie; doch wurde diese nicht getroffen, dafür aber die Häfen und die AG „Weser", 22 Schiffe wurden versenkt. Manche Bomben fielen auf Wohngebiete in Oslebshausen; aber auch andere Viertel wurden getroffen. Das Wasserwerk war schwer beschädigt, doch konnte die Stadt weiter mit Harzwasser versorgt werden. An diesem Tage fielen mehr als 3000 Sprengbomben, 56 Menschen wurden getötet.

Im Juli 1944 gab es zunächst nur kleinere Mosquito-Angriffe. Seit Ende Juli hatte Bremen dann eine ganze Serie von großen Angriffen zu bestehen, die die Stadt zeitweise an den Rand der Großkatastrophe brachten. Der Großangriff am 29. Juli 1944, der von 444 Bombern durchgeführt wurde, traf vor allem die 29. Juli 1944 westlichen Vororte; eigentliches Ziel aber war die Vacuum-Öl-Raffinerie. Es gab wieder einmal zahlreiche Tote in Erdbunkern (im ganzen etwa 160 Tote, davon etwa 40 Kinder). Unter den versenkten Schiffen befanden sich ein Zerstörer, zwei Torpedoboote und zwei U-Boote. Am 4. August gelang es bei

Angriff auf die Vacuum-Öl-Raffinerie am 4. August 1944

589

4./5. Aug. 1944 einem amerikanischen Präzisionsangriff, die Vacuum-Öl-Raffinerie weitgehend zu zerstören; am 5. August wurden auf dem Flugplatz drei Hallen getroffen.

18./19. Aug. 1944 Der für die bremische Zivilbevölkerung folgenschwerste Angriff war der in der Nacht vom 18. zum 19. August. Er wurde von 273 britischen Bombern durchgeführt. Sie flogen in fünf Wellen gegen Bremen; ein „Masterbomber" markierte das Ziel, und um 20.58 Uhr begann der Angriff. Es wurden Staniolfolien abgeworfen, um die Radargeräte zu stören, dann fielen 863 Tonnen Bomben, u. a. 420000 Thermit-Brandbomben. Von deutscher Seite wurde die Zahl der Sprengbomben über-, deren Gewicht aber unterschätzt, die Zahl der Brandbomben etwas unterschätzt. Der Flächenangriff sollte das ganze Stadtgebiet treffen. Für die westliche Vorstadt brachte er in einem Feuersturm die totale Vernichtung. Dieser Vorgang ähnelte dem Untergang Hamburgs ein Jahr zuvor, nur in einem begrenzteren Rahmen. Die Feuerwehr war hilflos und mußte sich darauf beschränken, die in den Bunkern und Kellern durch ein Flammenmeer umgebenen Menschen herauszulotsen. Viele Menschen verbrannten bei dem Versuch, der Hölle zu entkommen, andere erstickten und verbrannten in den Kellern. Man zählte mehr als 49000 Obdachlose, die größtenteils nach dem Verlust ihrer ganzen Habe in Sammelstellen und Durchgangslagern versorgt werden mußten. Die Zahl der Toten wurde mit 1058 ermittelt; doch gab es darüber hinaus noch zahlreiche Vermißte. Eine große Zahl öffentlicher Gebäude, Schulen, Kirchen, das Focke-Museum, das Diakonissenhaus wurden total zerstört. Bei diesem Angriff gingen 25000 Wohnungen verloren – ein Viertel des gesamten Wohnungsbestandes der Stadt und mehr als im ganzen vorangehenden Luftkrieg bisher verloren gegangen war. Nur zwei britische Bomber wurden bei dem Angriff abgeschossen.

Die Zusammenkunft des Senats am Nachmittag des 19. August, in der der Reichsstatthalter und Gauleiter Paul Wegener präsidierte, hatte die Form einer Krisensitzung. Zahlreiche öffentliche Gebäude mit den Registraturen der Dienststellen waren total zerstört oder schwer beschädigt. 40 bis 50000 Obdachlose mußten versorgt werden und wurden z. T. in die Durchgangslager Lilienthal, Ritterhude, Hasbergen und Osterholz-Scharmbeck geleitet oder auch anderwärts notdürftig untergebracht. Ihre Versorgung mit dem Lebensnotwendigsten war äußerst schwierig, eine Unterbringung in der Stadt selbst unmöglich; doch war es andererseits erforderlich, die unbedingt benötigten Arbeitskräfte zurückzuhalten.

Vor dem 18. August 1944 war es immer noch möglich gewesen, die Toten der Luftangriffe in Einzelgräbern zu bestatten; die Toten des Angriffs jener Nacht aber – es waren bis zum 23. August 756 geborgen – mußten bei brütender Hitze

Im Bremer Westen nach dem Angriff vom 19. August 1944

in Massengräbern bestattet werden; zudem wurden 60 Tote im Krematorium
eingeäschert. Eine „feierliche Gesamtbestattung" fand am 27. August 1944 auf   27. Aug. 1944
dem Osterholzer Friedhof statt.
In den Briefen von Bremern ist in dieser Zeit immer wieder von durchwachten
Nächten, vom Grauen der Bombardierungen, von überfüllten Bunkern, in
denen die Temperaturen auf 40 °C stieg und vom „Überleben" die Rede. Da
heißt es dann am 20. August 1944: „Ich kann Dir nur sagen: es war schrecklich;
die ganze Stadt brannte ... Wir haben kein Gas, kein Licht, kein Wasser ...
Papa (beim I-Dienst) ist auch zu bedauern bei der Hitze ... Die Schule an der
Herbertstraße ist total zerstört, dort mußte er Verschüttete bergen ..." Und
zwei Tage später hieß es: „Papa war gestern bis zur Berliner Straße, um sich die
Stadt anzusehen ... Er hat manchmal gedacht, er träume, so entsetzlich sieht es
aus ... Das Wasser holen wir von der Pumpe" und am 24. August: „Die Leichen
kommen alle in Gemeinschaftsgräber". Dann am 31. August: „Nun muß ich Dir
schon wieder von einem Angriff berichten ... Der Krieg strebt mit Riesenschrit-
ten einem Ende zu; dies kann man auch nicht mehr lange ertragen."

591

Luftschutz 1944 bis Anfang 1945

12. Jan. 1944   Am 12. Januar 1944 fand beim Befehlshaber der Ordnungspolizei in Hamburg eine Kommandeurbesprechung statt, in der die praktischen Lehren aus den letzten Luftangriffen gezogen wurden. Vor allem die Selbtschutztrupps waren technisch mangelhaft ausgerüstet, Brandwachen des Werkluftschutzes mußten unbedingt im Betrieb bleiben und durften nicht in die Bunker gehen; der gesamte Luftschutz lag in der Verantwortung des örtlichen Luftschutzleiters; Einberufungen zur Wehrmacht hatten die Selbstschutzkräfte stark geschwächt und diese wurden z. T. durch Ukrainer ergänzt, die scharf zu überwachen waren. Der Einsatz der Wehrmachtabteilungen war zu fördern. Besprechungen über den Einsatz von Luftschutzpolizei und Polizei zur Bekämpfung von Banden und Fallschirmagenten waren durchzuführen. Da durch den Ausbau der Küstenbefestigungen und des Westwalls Zementmangel herrschte, konnte der Bunkerbau nur noch beschränkt weitergeführt werden. Für die Blindgängerbeseitigung fehlte der Treibstoff, Holzgasautos waren rar und störanfällig. Gasabwehrgeräte wurden nicht geliefert.

Seit Anfang 1944 stagnierte auch der Luftschutzbau wegen Arbeiter- und Materialmangel, doch nahm die Einwohnerzahl ab, so daß weniger Schutzräume benötigt wurden. Die Fliegerschädenbeseitigung gewann nun eine immer größere Bedeutung. Schon bis Ende 1943 wurden fast 6400 Gebäude bzw. 11 000 Wohnungen total zerstört, mehr als 10 000 Wohnungen bzw. fast 18 000 Gebäude beschädigt. 1944 verdreifachten sich Wohnungsverluste.

Besonders schwer war nach den Luftangriffen von 1944 die Versorgung der Bevölkerung mit Wasser und Gas, da die Bomben im Rohrleitungssystem schwere Schäden angerichtet hatten; das Zerstörungswerk wurde dann beim Sprengen und Einreißen von Ruinen fortgesetzt. Auch die Sicherung von Kunst- und Kulturgut und von wichtigen Akten wurde 1934/44 weiter betrieben. Ein Teil der Fassade des zerstörten Essighauses an der Langenstraße wurde abgebaut.

Neue Großbunker wurden nun nicht mehr begonnen. Im Juli 1944 war der 128. „bombensichere" Bunker betonfertig. Von den 13 noch im Bau befindlichen Großbunkern mußten 7 stillgelegt werden. Die „bombensicheren" Hochbunker wurden 1944 teilweise 8- bis 10fach überbelegt. Dieses brachte vor allem für die Belüftung und die sanitären Anlagen heillose Schwierigkeiten mit sich.

Am Steilufer der Lesum waren inzwischen 15 Stollen von 296 Metern Länge für etwa 2000 Personen fertiggestellt worden; doch auch hier fehlten Stollenrahmen für die weitere Arbeit. Immerhin gab es im April 1944 bereits 765

Meter Stollen für etwa 5000 Personen. Bei den anderen Schutzeinrichtungen kam man – z. T. durch Selbsthilfe – besser voran. Dabei handelte es sich um massive Deckungsgräben, Beobachtungsstellen für Einsatztrupps sowie Selbstschutzräume und -unterstände.

Im Rahmen der Abteilung „kriegswichtiger Einsatz" waren Ende 1943 5430 Personen eingesetzt, im März 1944 nur noch 4900; von ihnen waren 3300 beim Aufräumen und 800 beim Bunkerbau eingesetzt. Alles andere – wie Ersatzwohnungsbau – mußte zurückstehen. Mitte 1944 war die Zahl der Arbeitskräfte auf 3700 gesunken. Nach den Luftangriffen vom 23. und 24. Juni wurden mehr als 1000 weitere Personen herangezogen. Im Oktober 1944 befanden sich mehr als 4300 Arbeitskräfte im „kriegswichtigen Einsatz", davon 500 im Bunkerbau.

Anfang 1945 waren 2900 deutsche und 5500 ausländische Bau-Arbeitskräfte eingesetzt, davon 83 % für die Rüstung und nur 17 % für den zivilen Sektor bestimmt. Das zeigt deutlich die Prioritäten, die in der Schlußphase gesetzt wurden und dem Bürger enorme Opfer abverlangten.

Anfang 1944 richtete die NSDAP an den bremischen Ausfallstraßen fünf Leitstellen ein, die als eine Art Auskunftstelle für Bombenflüchtlinge gedacht waren: an der Kurfürstenallee, im Feldschlößchen / Huchting, in der Polizeiwache an der Kattenturmer Heerstraße, in Mahndorf und Osterholz. Im Juni 1944 wurde im Luftschutzbunker 32 im Bürgerpark gegenüber der Bulthauptstraße im 3. Stock auch eine „Befehlsstelle" der Kreisleitung mit einem Fernsprech- und Senderaum sowie einem Funkgerät eingerichtet. Sie umfaßte im ganzen 6 bis 7 Räume, in denen Vertreter der NSV, DAF und NS-Frauenschaft sowie ein Bereitschaftsdienst, Kuriere usw. untergebracht wurden. Der Regierende Bürgermeister richtete hier ebenfalls eine „Befehlsstelle" ein. Im 2. Stock wurde eine Ausweichstelle für den Polizeipräsidenten vorgesehen; sonst aber stand der Bunker der Zivilbevölkerung zur Verfügung.

Als Aufnahmegebiete für Ausgebombte kamen zunächst die Gaue Weser-Ems, Sachsen und Kurhessen sowie die preußischen Landkreise in der Umgebung Bremens in Frage. Da dann aber zunehmend auch mitteldeutsche Städte bombardiert wurden, fielen 1944 Sachsen und Kurhessen aus. Man hoffte nun, im Gau Weser-Ems 50 000, in den stadtnahen Kreisen der Gaue Ost-Hannover und Südhannover-Braunschweig 40 000 und in den niederländischen Provinzen Drenthe und Groningen 5000 Menschen unterbringen zu können. Doch der Gauleiter von Südhannover-Braunschweig erhob im Frühjahr 1944 Einspruch und meldete Eigenbedarf an; immerhin wurden den Bremern die Kreise Hoya und Diepholz als Aufnahmegebiete zugestanden.

Der Leiter der „Sofortmaßnahmen" war 1944 an sich Präsident Grunow. In

„verwaltungstechnischen", d. h. organisatorischen Angelegenheiten vertrat ihn Oberregierungsrat Fritz Köster, der auch die Abteilung „kriegswichtiger Einsatz" leitete, die die Beschaffung von Arbeitskräften und Transportmitteln zu regeln hatte. Der technische Bereich unterstand Oberbaurat Wortmann, der auch an der Spitze der Abteilung zur Erfassung der Fliegerschäden stand, die für eine Schadensbeseitigung und Aufräumung zu sorgen hatte, wobei das Baupolizei- und das Hochbauamt Hilfestellung zu leisten hatten. Köster hatte als „Räumungsreferenten" die Organisation der Evakuierung und Unterhaltung von Durchgangslagern sowie die Versorgung mit dem Notwendigsten zu betreiben. Er war bis 1939 Bürgermeister von Lesum gewesen und zeigte sich als kompromißloser Nationalsozialist und äußerst fähiger Organisator, der seiner schwierigen Aufgabe im ganzen durchaus gewachsen war. Eine ebensoschwere Last lag auf dem Ernährungs- und Wirtschaftsamt, das für die Versorgung der Ausgebombten zuständig war. An der Spitze stand Oberregierungsrat Philipp Behrens, ein eher unpolitischer, ungemein sachverständiger und fleißiger Beamter.

Auch andere Dienststellen standen vor schwierigen Aufgaben, ihren Betrieb in provisorischen Unterkünften ganz neu aufzubauen und die verlorenen Akten zu rekonstruieren. Zudem kam es nach den Erfahrungen des letzten Luftangriffs darauf an, Maßnahmen zur Sicherung der großen Bunker zu treffen: „Feuergassen" für die Insassen waren festzulegen, Schutzwände vor dem Eingang aufzuziehen, die Ventilation zu verbessern. Der gesamte Bremer Westen wurde zunächst einmal bis auf die Hauptverkehrsstraßen abgesperrt, denn an eine flächendeckende Aufräumung war nicht zu denken. Aus dem SD-Bericht vom 21. Dezember 1944 geht hervor, daß für die Aufräumungsarbeiten nach Luftangriffen bei weitem nicht genügend Arbeitskräfte zur Verfügung standen und daß der Einsatz nicht immer auf zweckmäßige Weise erfolgte.

Anf. 1944 Die Bekanntgabe der Luftlagemeldungen über Drahtfunk erfolgte seit Anfang 1944 nicht mehr durch den örtlichen Luftschutzleiter, sondern im Auftrag des Gauleiters durch die Kreisleitung. Diese hatte im Bunker an der Parkallee gegenüber der Bulthauptstraße eine Sprechstelle, die eine Fernsprechverbindung mit der 8. Flakdivision hatte, wo sich ein Mitarbeiter der Kreisleitung befand.

5. Dez. 1944 Seit dem 5. Dezember 1944 führte Generalmajor Schaller diese Division. Die Verteidigung Bremens wurde von den Flakgruppen Bremen-Nord (Flakkaserne Grohn; Oberst von Sandrart) und Bremen-Süd (Osterdeich 56, dann Bunker beim Achterdiekbad; Oberst Müller) wahrgenommen. Jede Flakgruppe hatte drei Untergruppen mit je etwa 20–27 schweren und leichten Bat-

Blick auf den Europahafen am 1. September 1944

terien. Die Gruppe Nord hatte ihren Einsatzraum nordwestlich von Bremen beiderseits der Weser; die Batterien der Flakgruppe Süd lagen im Blockland, Hollerland, Obervieland und weseraufwärts bis Bollen. Etwa 5000 Soldaten waren bei der Flakverteidigung Bremens eingesetzt; hinzu kamen Flakhelferinnen, Flakhelfer und andere Hilfskräfte (u. a. auch Russen). Mißt man die Erfolge der Flak an den Abschüssen, so könnte man noch an einen Erfolg glauben. Der Luftgau XI rechnete 759 Abschüsse der Flak ihres Bereiches zu; in vielen anderen Fällen war man nicht ganz sicher. Hinzu kommt natürlich, daß die dichten Bomberverbände durch den Flakbeschuß irritiert wurden. Doch alle Erfolge können nicht darüber hinwegtäuschen, daß auch die Flak beim Objektschutz im ganzen versagte.

595

Luftangriffe von August 1944 bis März 1945

30. Aug. 1944 Am 30. August 1944 flogen 500 amerikanische Bomber gegen Bremen. Ihr Ziel waren wohl vor allem die Verkehrsanlagen; aber auch 441 Wohnhäuser wurden zerstört und die Städtischen Krankenanstalten getroffen. In den nächsten Wochen gab es noch einige kleinere Angriffe.

Die Bomberdirektive vom September 1944 setzte die Petroleumindustrie nochmals an die Spitze der Angriffsziele, gefolgt von Verkehrsanlagen und den Panzer-, Geschütz- und Kraftwagenfabriken; die Flächenangriffe sollten 18./19. Sept. zurücktreten. Eine schwere Katastrophe gab es in der Nacht vom 18. zum 1944 19. September 1944 in Wesermünde/Bremerhaven, bei der ganze Wohnviertel und der Fischereihafen zerstört, die bremischen Hafenanlagen in Bremerhaven aber nur wenig in Mitleidenschaft gezogen wurden.

Schon am 26. September traf ein amerikanischer Angriff mit 381 Bombern Ha-26. Sept. 1944 stedt und Hemelingen; er war vor allem gegen Zweigwerke von Focke-Wulf und gegen Kraftfahrzeugfabriken gerichtet. Die Borgwardwerke wurden fast völlig zerstört. Auch in der Umgebung des Flugplatzes fielen Bomben. Die Schäden waren beträchtlich, 136 Tote, darunter 48 ausländische Arbeiter und 20 Kriegsgefangene waren zu beklagen, die meisten in Erdbunkern, die von Bomben getroffen wurden. Mehr als 1000 Wohnhäuser wurden zerstört.

Ein geradezu katastrophaler britischer Flächenangriff war der am Abend des 6. Okt. 1944 6. Oktober 1944. Er wurde von 246 Bombern durchgeführt, die 153 Tonnen Sprengbomben und 735 000 Brandbomben abwarfen. Die Erdsicht war ausgezeichnet, innerhalb einer halben Stunde entwickelten sich von Hastedt bis Gröpelingen und Woltmershausen zahlreiche Feuerherde, wobei die in den vorangegangenen Angriffen entstandenen Trümmerfelder einen großen Flächenbrand verhinderten. Es wurden 4400 Wohnhäuser zerstört, 38 000 Personen obdachlos. Die Zahl der vernichteten öffentlichen Gebäude, darunter zahlreiche Baudenkmale, war sehr groß. Zu den Verlusten dieser Nacht gehörten: die Gröpelinger, die Hohentors-, St. Pauli-, Liebfrauen- und Martinikirche, das Gewerbehaus, die Stadtwaage, das Kornhaus, der Schütting, das Staatstheater, die Bau- und Ingenieurschule, das Staatsarchiv, zahlreiche Schulen usw. Die Zahl der Toten war mit 62 verhältnismäßig gering.

Das alles geschah in einer Zeit, als die Planungen für den Fall einer Invasion in der Deutschen Bucht liefen. Trotz allem wurde versucht, einige öffentliche Bauten wie Schulen und Krankenhäuser notdürftig wiederherzustellen; die Staatsbibliothek mußte ein Notdach erhalten, wenn die Buchbestände nicht völlig verderben sollten. Doch es fehlte an Arbeitskräften und Baumaterial. Die Rüstung verschlang die letzten Reserven.

Die Obernstraße nach dem Angriff vom 6. Oktober 1944

Am 12. Oktober folgte noch ein amerikanischer Angriff von 328 Bombern auf die Industriegebiete von Hemelingen bis Sebaldsbrück. Da besetzte Erdbunker getroffen wurden, war die Zahl der Toten mit 79 etwas höher als am 6. Oktober. Viele Industriebetriebe wurden schwer beschädigt. 12. Okt. 1944
Die Direktive vom 1. November setzte die Treibstoffinustrie wieder an die erste Stelle der Bombenziele. Was Bremen in den nächsten Monaten erlebte, waren weitgehend Störangriffe. Die Alliierten benötigten ihre Bomber vor allem für ihre Operationen gegen Westdeutschland. Die Direktive vom 19. Januar 1945 setzte dann noch einmal neue Akzente: U-Boot- und Düsenjägerproduktion kamen an bevorzugte Stelle. So fielen denn am 9. Februar 1945 mittags einige Bomben auf die Baustelle des U-Boot-Bunkers „Valentin" in Farge; in den folgenden Tagen richteten die Alliierten vor allem Luftangriffe gegen Dresden. Bremen war aber noch mehrfach das Ziel kleinerer Überraschungsangriffe von Mosquito-Bombern, bei denen auch einige große Minen- Febr. 1945

597

bomben abgeworfen wurden. Die AG „Weser" war mehrfach das eigentliche Bombenziel; hier wurden mehrere U-Boote beschädigt. Am 24. Februar gab es wieder einen größeren amerikanischen Angriff, der vornehmlich gegen Verkehrsanlagen gerichtet war, bei dem aber auch das Hafengebiet erneut verwüstet wurde und im Stadtgebiet Schäden entstanden, u. a. das Gerichtsgebäude einen Treffer erhielt.

Schon am 25. Februar 1945 wurde die Angriffsserie fortgesetzt. Die Abwürfe von Bomben und Luftminen konzentrierten sich auf die AG „Weser". Ein Schwimmdock sank und einige U-Boote wurden beschädigt. Am 27. Februar folgte ein weiterer Angriff von Mosquito-Bombern auf die Werft. In der folgenden Zeit gab es mehrere kleine Angriffe, bis dann am 11. März 403 amerikanische Bomber 6000 Spreng- und 3000 Brandbomben abwarfen. Mittelpunkt waren die AG „Weser", die Häfen und Verkehrsanlagen. Viele Bomben fielen in Trümmerfelder; einen Volltreffer erlitt ein Erdbunker in der Friedhofstraße (16 Tote), getroffen wurde auch das Lager „Admiral Brommy" im Holzhafen, das von Ostarbeitern belegt war (17 Tote); im ganzen waren 68 Tote zu beklagen.

März 1945

In den nächsten Tagen gab es zunächst nur kleine Überraschungsangriffe, die vor allem Unruhe verbreiten sollten. Doch dann begann am 21. März wieder eine Serie von Großangriffen. Am 21. März traf in den Morgenstunden noch einmal ein britischer Angriff das Hafengebiet, wobei vor allem die Industriehäfen schwer verwüstet wurden. Ein Zerstörer sank, mehrere Schiffe wurden beschädigt. Am 22. wurden mittags innerhalb von 20 Minuten von britischen Flugzeugen 640 Sprengbomben, teilweise mit Langzeitzündern, auf Verkehrsanlagen abgeworfen; dabei wurden die Eisenbahnbrücke und die „Adolf-Hitler-Brücke" (Stephanibrücke) schwer beschädigt. Einige Bomben fielen auch in der Neustadt und in Walle. 18 Tote waren zu beklagen. Die Angriffe dieser Tage waren bereits Begleitoperationen im Zusammenhang mit dem Vorstoß der 21. Armeegruppe Montgomerys nach Nordwestdeutschland.

Bremen war mit seinen wichtigen Anlagen der Rüstungsindustrie, den Häfen, Brücken usw. ein wichtiges Angriffsziel des Luftkrieges. Allein die Royal Airforce flog zwischen dem 3./4. Juni 1942 bis zum 22. April 1945 12 Hauptangriffe auf die Stadt, von der 60% der Gebäude zerstört wurden. Fast 10000 Tonnen Bomben wurden über ihr abgeworfen (zum Vergleich: Hamburg 16000 t, Frankfurt am Main 23000 t, Köln 29000 t, Hannover 15000 t). Seit 1942 verursachten alle größeren Angriffe Schäden, die sich zwischen 13 und 210 Mill. RM bewegten. Die Spitze der Schadenshöhe hielten die Angriffe vom 18./19. August und 6. Oktober 1944. Die Gesamtschäden wurden nach dem Krieg auf 403 Mill. RM Sachschäden, 236 Mill. RM Gebäudeschäden, 8 Mill.

RM Ausgaben für Aufräumungsarbeiten und 51,3 Mill. RM für Nutzungsschäden geschätzt. Man ging von einem Gesamtschaden von 1,5 Mrd. RM aus. Andere Schätzungen nahmen allein Gebäudeschäden in einer Höhe von 2,5 Mrd. RM an. In allen Zahlen waren die Schiffahrtsschäden nicht enthalten. Die Industrie hatte an den Schäden einen Anteil von 20,7 %, Einzelpersonen aber von 66 %. Von 60 000 Wohnhäusern wurden durch die Luftangriffe 22 000 im Wert von 622 Mill. RM zerstört. Durch die letzten Kriegshandlungen und durch Witterungseinflüsse kamen weitere Schäden hinzu. Die Stadt verlor 51 % ihres Wohnungsbestandes, die Trümmermenge betrug 8,7 Mill. Kubikmeter; auf jeden Einwohner kamen 15,5 Kubikmeter Schutt.

West- und Eisenbahnbrücke am Kriegsende

k. Bremen am Kriegsende (seit dem Herbst 1944)

Küstenbefestigung im Herbst 1944

Die gelungene Invasion der Westalliierten in Frankreich ließ im Sommer 1944 befürchten, daß zur Entlastung eine Landung an der Nordseeküste mit einem Vorstoß auf die Häfen stattfinden könne. Derartige Planungen mag es gegeben haben; doch machte der Fortgang der Operationen in Frankreich das schwierige und riskante Unternehmen offenbar überflüssig. Von deutscher Seite wurde jedenfalls eine Landung auf den Inseln und in den Flußmündungen noch im Herbst 1944 für möglich gehalten. Die Aufforderung zur Anlage von Küstenbefestigungen ging zunächst vom federführenden Reichsverteidigungs-
28. Aug. 1944 kommissar Karl Kaufmann, Hamburg, aus; es folgte am 28. August 1944 ein „Führerbefehl", nach dem u. a. der Küstenbereich mit den Inseln zu befestigen und in 10 km Tiefe eine zweite Linie anzulegen war. Gedacht war an Panzerhindernisse, ein gegliedertes Stellungssystem und an eine Überschwemmung von Niederungsgebieten. Riesige Mengen Beton sollten verbaut werden, doch die weitgesteckten Pläne scheiterten dann schließlich am Materialmangel.

Die norddeutschen Gauleiter wurden mit dem Ausbau in ihren Gauen beauftragt, doch in Zusammenarbeit mit dem Stellvertretenden Generalkommando X in Hamburg. Zur Koordinierung aller Verteidigungsmaßnahmen wurde ein „Führungsstab Nordküste" geschaffen, an dessen Spitze zunächst Himmler
Dez. 1944 als Oberbefehlshaber des Ersatzheeres stand; dessen Stabschef war seit Dezember 1944 der Generalmajor Hans Joachim von Stoltzmann. Seit dem
16. März 1945 16. März 1945 war dann Generalfeldmarschall Ernst Busch der Oberbefehlshaber Nordwest und übernahm auch die bisherigen Aufgaben des „Führungsstabes Nordküste". Er war ein Mann mit Rußlanderfahrungen und bis zuletzt ein gehorsamer Vasall Hitlers. Die Befestigungsarbeiten an der Küste wurden im September von der Wehrmacht und von der Organisation Todt (OT) technisch betreut. Die NSDAP organisierte den „Menscheneinsatz". Man sprach jetzt von einem „Friesenwall".

Tausende von Schanzarbeitern im Alter von 14 bis 60 Jahren wurden dienstverpflichtet. In Bremen mußten 300 Angehörige Bremer Behörden abgegeben werden, zudem wurden die Hitlerjugend und der Bund Deutscher Mädel mo-
21. Sept. 1944 bilisiert. Schon am 21. September wurden 500 Jungen und 50 Mädel an die Küste gebracht und beim Schanzen eingesetzt. Sie führten ein anstrengendes Lagerleben, leisteten schwere körperliche Arbeit und waren größtenteils mit
Nov. / Dez. 1944 Begeisterung bei der Sache. Der Einsatz dauerte bis November / Dezember 1944, dann setzte Frost ein und machte Erdarbeiten unmöglich. Das Ergebnis

waren Feldstellungen und Panzergräben, deren Verteidigungswert im Ernstfall gering gewesen wäre. Für den weiteren Ausbau im Frühjahr 1945 fehlten dann Material und Arbeitskräfte, auch an schwerer Artillerie und einsatzfähigen Truppen herrschte Mangel. Da kein Landungsversuch stattfand, konnte sich der „Friesenwall" auch nicht bewähren.

Alarmpläne seit 1944

Parallel zu den Befestigungsarbeiten wurden Alarmpläne entwickelt. Schon seit dem 5. Mai 1944 gab es einen „Organisationsbefehl für den SS-Fall", der 5. Mai 1944 sich auf die Bekämpfung von Luftlandeunternehmen und von Ausländerunruhen bezog. Ein Führungsstab unter dem Befehl des Höheren SS- und Polizeiführers Georg Graf von Bassewitz-Behr, Hamburg, wurde gebildet. Ihm unterstanden „Führungsbereiche", u. a. der im Bremer Gebiet unter dem Polizeipräsidenten Johannes Schroers, dem im Ernstfall alle Formationen der SS, der Gestapo und der Polizei unterstanden. Es gab drei Alarmstufen: I, „Falke", mit einer Mobilisierung der Einsatzkräfte und Verhaftung gefährlicher Elemente in der Bevölkerung; II, „Adler", mit einer Zusammenfassung aller Fremdarbeiter und KZ-Häftlinge in großen Lagern sowie verstärktem Objektschutz; III, „Nachteule", mit einer Räumung bestimmter Gebiete von Ausländern. Alle Widerstände waren mit Waffengebrauch zu brechen. Eine Fülle von Zusatzbefehlen regelte die Einzelheiten, in Planspielen wurden auch alle Möglichkeiten durchgeprobt. Im Bremer Raum sollten bei Alarmstufe III 13 500 Ausländer in ein Sammellager bei Verden überführt werden. Im Führungsbereich Bremen waren 12 Stützpunkte, vor allem Polizeiwachen und das Polizeihaus, mit allen Mitteln zu verteidigen. Eine besonders wichtige Aufgabe hatte der Werkschutz in den größeren Rüstungsbetrieben, weil er gegebenenfalls Ausländerunruhen in der Belegschaft zu unterdrücken hatte.
Seit September 1944 unterschied man dann zwischen dem SS-Fall bei einer Invasion und dem U-Fall bei „inneren Unruhen", bei denen keine Evakuierung der Ausländer erfolgen sollte. Über den U-Fall fand am 18. Oktober 1944 in Hamburg-Altona eine zentrale Besprechung statt. Den einzelnen Alarmkompanien wurden bestimmte Aufgaben zugewiesen. Besonders gefährdete Objekte wurden zusammengestellt; darunter waren in Bremen das Weserwehr, das Wasserwerk, einige große Industriewerke, der Bunker „Valentin" in Farge, die Dreyer Eisenbahnbrücke usw. Überall ergaben sich aus der großen Konzentration von Ausländern in Lagern besondere Gefahren. Ein

Teil der Objekte wurde daher nicht nur durch den Werkschutz und die Polizei, sondern auch durch die Wehrmacht gesichert.

Im Verteidigungsfall sollten nach den Plänen vom Februar 1945 eingesetzt werden: im SS-Fall 2407 Einberufene, im U-Fall 1014 Einberufene; hinzu kamen 479 Mann für die Revierverstärkung und 3900 Mann Volkssturm, aus der Polizei im SS- und U-Fall 374 Mann. Das waren mehr als 8000 Mann. Die Stärkemeldung für die Polizei vom 16. Februar 1945 enthielt folgende Zahlen (in Klammern die Stärke vom 25. April): Aktive Schutzpolizei 426 (416), Schutzpolizei-Reserve 577 (1023), Feuerschutzpolizei 168 (274), Luftschutzpolizei 2567 (2058) und Ukrainer 355. Eine Verteidigungsübersicht für den SS-Fall vom 26. März 1945 zeigte die Gefahr, die mit dem Aufenthalt von 25 000 Ausländern im Führungsbereich Bremen verbunden war: auf deren Kontrolle waren im SS-Fall 114 Polizisten und 1339 Volkssturmleute angesetzt, während für den Objektschutz 230 Polizisten und 788 Mann Volkssturm sowie für die „Hausverteidigung" des Polizeikommandos 227 Mann vorgesehen waren. Für die Revierverstärkung waren je Revier 20 Mann eingeplant. Das gesamte Kommando der Schutzpolizei verfügte über 2270 Gewehre, 2000 Handgranaten und 112 Panzerfäuste.

Auch die Wehrmacht entwickelte Alarmpläne, die nicht ganz mit denen des Höheren SS- und Polizeiführers übereinstimmten und in den letzten Stufen („Alarm Küste" und „Habicht") die Besetzung von Stützpunkten und die Rückführung von Zivilisten vorsah.

Da es keine Luftlandung oder Invasion an der Küste, auch keine Ausländerunruhen gab, traten die Alarmpläne zunächst gar nicht, dann aber, als die britischen Divisionen Ende März 1945 auf Nordwestdeutschland vorrückten, in anderer Form in Kraft.

Seit November 1944 wurde auch die „Bevorratung" der „Festungen", „Verteidigungsbereiche", „Stützpunktgruppen" und „Stützpunkte" an der Nordseeküste geplant. Als „Festungen", die auch im Falle der Einschließung zu verteidigen waren, wurden vorgesehen: Emden / Delfzijl, Wilhelmshaven, Wesermünde, Cuxhaven, Brunsbüttel, Borkum, Norderney, Wangerooge, Helgoland und Sylt.

Der Volkssturm seit Oktober 1944

Als amerikanische Truppen am 13. September 1944 bei Aachen die Reichsgren- 13. Sept. 1944
zen überschritten, sah Hitler den Moment für gekommen, die allgemeine
Volksbewaffnung mit großem Propagandaaufwand zu verkünden. Der Erlaß
zur Bildung des Deutschen Volkssturms war zwar auf den 25. September datiert, durfte aber erst am Jahrestag der „Völkerschlacht" von Leipzig, am
18. Oktober, verkündet werden. Alle „waffenfähigen deutschen Männer" im 18. Okt. 1944
Alter von 16 bis 60 wurden nun zum „Kampfeinsatz" aufgerufen. Himmler als
Befehlshaber des Ersatzheeres sollte die militärische Organisation leiten, im
übrigen aber war der Volkssturm eine Sache der Partei. Auch in Bremen erschienen nun zahlreiche Erlasse, die die Einzelheiten regelten. Schon am
17. Oktober verlangte die Kreisleitung von den Ortsgruppenleitern bis zum
25. Oktober eine zahlenmäßige Meldung; die Unterführer bis zum Kompa- 25. Okt. 1944
nieführer sollten vom Ortsgruppenleiter bestimmt werden, wobei neben
„Treue zum Führer" „soldatisches Können" den Ausschlag geben sollte. Es
erfolgte eine Zuordnung zu vier Aufgeboten:
1. Alle zum Kampfeinsatz Tauglichen der Jahrgänge 1884 bis 1924, deren zeitlich begrenzte Verwendung ohne Gefährdung lebenswichtiger Funktionen
   der Heimat möglich war.
2. Alle zum Kampfeinsatz Tauglichen derselben Jahrgänge, die wegen ihrer
   Tätigkeit in lebenswichtigen Aufgaben nicht zum 1. Aufgebot herangezogen wurden.
3. Die Hitlerjugend (16- bis 19jährige).
4. Bedingt Taugliche, die für Sicherungs- und Bewachungsaufgaben verwend-
   bar waren.
Die Zuweisung zu den einzelnen Aufgeboten war in vielen Fällen strittig und
schuf viel Verwirrung. Am wenigsten Schwierigkeiten bereitete die Hitlerjugend im 3. Aufgebot, sie wurde in besonderen Formationen zusammengefaßt.
Seit dem 25. Oktober 1944 fanden dann in Bremen Erfassungsappelle statt, auf
denen auch die Einteilung in Kompanien, Zügen und Gruppen, zudem die
Ernennung von Unterführern erfolgte. Die Stärke blieb unklar, und auch
heute kann man sie nur schätzen: Im 1. Aufgebot gab es 8400 Mann, im 2.
14250 Mann, im 4. 2550 Mann; hinzu kamen etwa 500 Hitler-Jungen des
3. Aufgebotes. Das waren zwar imponierende Zahlen, die aber über die
Kampfkraft, die ja vom Einsatzwillen und von der Bewaffnung abhing, nichts
aussagen. Sicher ist nur, daß im Februar 1945 nur 3550 Volkssturmmänner
zum unmittelbaren Einsatz verfügbar waren. Der große Anteil des 2. Aufge-

Volkssturm auf dem Domshof am 28. Januar 1945

botes ergab sich aus der Tatsache, daß die meisten in Bremen verbliebenen Männer in kriegswichtigen Betrieben beschäftigt oder bei der Luftschutzpolizei eingesetzt waren. Das 3. Aufgebot (Hitler-Jugend) war recht klein, da die Jungen der Jahrgänge 1925 bis 1928 bereits in anderem „kriegswichtigen Einsatz" standen, etwa als Lehrlinge in Rüstungsbetrieben, als Flakhelfer, als Soldaten in der Wehrmacht oder als Führer in KLV-Lagern.

Okt./Nov. 1944 In Oktober/November 1944 wurde auch ein großer Führungsstab des Volkssturms aufgebaut, an dessen Spitze der SA-Brigadeführer Franz Escher, seit dem 16. November der SA-Sturmbannführer Schultze-Dieckhoff stand. Die Bataillonsführer versuchten nun in ihrem Bereich eine Art Wehrmachtbetrieb aufzuziehen, was ihnen aber nur sehr unzulänglich gelang. Die laute Propaganda, zu der auch mehrere Großappelle gehörten, hatte im allgemeinen wenig Erfolg, da die meisten Volkssturmmänner ihrer eigenen „Kraft" nicht trauten. Nur viele Hitler-Jungen sahen sich als künftiger Retter des Vaterlandes.

12. Nov. 1944 Am 12. November wurde in Bremen an sechs Stellen die Vereidigung der Volkssturmsoldaten vollzogen. Die Hauptveranstaltung fand im Glockensaal statt, wo auch die Mitglieder des Senats, die „Generalität" und die Parteispitze Bremens erschienen waren. Operndirektor Fritz Rieger dirigierte die Ouvertüre zu Glucks „Iphigenie in Aulis" und Beethovens „Egmont-Ouvertüre", und ein Chor sang „Heilig Vaterland in Gefahren". Hauptredner war Gauleiter Paul Wegener. Was er von sich gab, waren die üblichen Durchhalte-Sprü-

che, von deren Wirkung auf die Volkssturmsoldaten nichts Zuverlässiges überliefert ist.
In den nächsten Wochen versuchte man dann eine militärische Ausbildung des
Volkssturms an der Waffe und im Gelände. Was sich dem Auge darbot, war
nicht gerade ermutigend. Da Ausrüstung und Bekleidung von jedem einzelnen
gestellt werden mußten, kannten die Variationen kaum eine Grenze; Zivil- und
Militärkleidung waren gemischt, nur eine Volkssturmbinde war für alle gleich.
Für die politische Schulung wurden Parteiredner herangezogen, von denen
aber nur die zeitgemäßen Sprüche geboten wurden, die nur noch mit Gleich-
gültigkeit und Murren angehört wurden. Unterführer wurden gelegentlich zu
Lehrgängen bei der Wehrmacht zusammengezogen.
Die Wehrmacht stand dem Volkssturm sehr skeptisch gegenüber; ob die politische Führung tatsächlich Vertrauen in seine Kampfkraft setzte, läßt sich nicht
mit Sicherheit entscheiden. Sicher ist nur, daß der Volkssturm im April bei der
Verteidigung Bremens keine Rolle spielte. Die vom Volkssturm errichteten
Straßensperren boten den Briten kein nennenswertes Hindernis, die „Panzer-
nahbekämpfungstrupps" waren ohne große Bedeutung.

Die Verteidigungskräfte in Bremen

Was nun die in Bremen und seiner engeren Umgebung stationierten regulären
Truppen anbetrifft, so kann man ihre Zahl für Ende 1944 auf 8000 schätzen.
Etwa die Hälfte waren Flaksoldaten; bei den übrigen handelte es sich um An-
gehörige von technischen Truppenteilen, Verwaltungsstellen, um Ersatz- und
Landesschützenabteilungen. Im Dezember 1944 gab es noch einmal eine groß   Dez. 1944
angelegte Aktion zur Freimachung von Soldaten für die Front („Fronthilfe
1945"). Es wurden paritätisch von der Partei und der Wehrmacht zusammen-
gesetzte Überprüfungskommissionen eingesetzt. Im allgemeinen sollten alle
Angehörigen von Jahrgängen 1897 und jünger herausgezogen werden. Seit
Anfang Februar 1945 traten die Kommissionen in Aktion, stießen aber so-   Febr. 1945
gleich auf viele Widerstände. Es wurden einige Soldaten abgezogen, und dadurch wurde zugleich der Kampfwert der verbleibenden Truppe vermindert.
Im April 1945 war aber mit einer Verstärkung durch zurückweichende Truppenteile zu rechnen. Die einsatzfähigen Männer des engeren Stadtgebietes waren am 7. April 1945: 2000 Mann Kriegsmarine, 300 Mann Flaksoldaten (wohl
nur der leichten Batterien), 600 Mann Reichsarbeitsdienst, 1400 Mann Volkssturm an den Panzersperren, 500 bis 1000 Mann Polizei, 5000 bis 6000 Mann
unbewaffnete Arbeitsurlauber.
Dem Kampfkommandanten standen dann am 21. April nur etwa 2000 Soldaten

zur Verfügung, wobei die etwa 3000 Flaksoldaten und wohl auch die Marinesoldaten nicht mitgerechnet waren. Im Raum Bremen dürfte es also im ganzen 5 bis 6000 reguläre Soldaten gegeben haben. Es fehlten Panzer, und die Artillerie bestand im wesentlichen aus den Flakbatterien, die aber zum größten Teil außerhalb des engeren Verteidigungsbezirks fest eingebaut waren.

Verteidigungsmaßnahmen des Kampfkommandanten Werner Siber

Febr. 1945 Seit Mitte Februar war Generalmajor Werner Siber Wehrmachtkommandant in Bremen. Sein Gefechtsstand sollte bei Beginn der Kampfhandlungen in den Bunker der 8. Flakdivision an der Parkallee gegenüber der Emmastraße verlegt werden; es wurden aber auch einige Räume im Bunker B 31 gegenüber der Benquestraße belegt. Silber war 53 Jahre alt, etwas schwerfällig und engstirnig, hatte nur kurze Zeit ein Truppenkommando an der Front in Rußland gehabt, war aber sonst nur auf Lehrgängen und in Stäben gewesen. Er wurde zum „Kampfkommandanten" für eine Rundumverteidigung Bremens ernannt. Man nahm zunächst zwei Vorstöße auf die Stadt an: einen aus Richtung Delmenhorst-Brinkum und einen von Wesermünde aus gegen das Gebiet nördlich der Lesum (dieser fand dann nicht statt); ein Vorstoß von Verden wurde nicht erwogen und mußte dann später sehr kurzfristig berücksichtigt werden.

März 1945 Der Bereich des „Kampfkommandanten" wurde Mitte März in drei regionale Verteidigungsabschnitte eingeteilt; Nordwest (A), Nordost (B) und Südwest (C). Rückgrat der gesamten Verteidigung war die Flak in ihren Stellungen. Es entstanden aber auch Feldstellungen und Straßensperren; bewegliche Panzerjagdkommandos wurden bereitgehalten, wobei auch der Volkssturm seine Rolle spielen sollte. Überall waren Brückensprengungen vorgesehen, militärisch verwendbare Geräte und Anlagen sollten rechtzeitig zur Zerstörung vorbereitet werden. Als sich Mitte April ein britischer Vorstoß aus dem Raum Verden abzeichnete, mußten auch im östlichen Vorgelände der Stadt die Verteidigungsmaßnahmen vorangetrieben werden. Um den Befestigungsring zu verstärken, wurden einige schwere Flakbatterien stadtwärts verlegt.
Die wichtigste und wirkungsvollste Verteidigungsmaßnahme bestand in einer Überflutung von Niederungsgebieten in der Umgebung der Stadt. Die Planungen dafür liefen seit Oktober 1944, wobei man mit Recht davon ausging, daß sich auf diese Weise das Vordringen von Panzern und schweren Geschützen erheblich erschweren lasse. Die Öffnung der Deiche erfolgte Anfang April

8./20. April und war am 8. April einigermaßen abgeschlossen. Am 20. April kam dann
1945 noch die Überschwemmung der Niederung oberhalb des Weserwehrs hinzu.

Zerstörungen und Lähmungen

Zu den Vorbereitungen auf den „Endkampf" gehörte auch die „Lähmung" und Zerstörung von bestimmten Anlagen vor einer Feindbesetzung. Man sprach von ALRZ-Maßnahmen (Auflockerung – Lähmung – Räumung – Zerstörung). Als Zerstörungsobjekte galten Verkehrsanlagen, Häfen, Rüstungsfabriken, Versorgungsbetriebe, militärische Anlagen, Ölraffinerien usw. Seit dem Herbst 1944 gab es in der Staats- und Wehrmachtsspitze heftige Diskussionen darüber, wie weit die Zerstörungen zu gehen hatten. Betriebe und Dienststellen mußten Lähmungstrupps aufstellen, die die Zerstörung vorzubereiten hatten. Schiffahrtswege und Häfen waren zu verminen und mit versenkten Schiffen zu sperren.

Rüstungsminister Speer vertrat sehr bald eine gemäßigte Haltung, die darauf hinauslief, daß in den Industriewerken lebenswichtige Teile ausgebaut und abtransportiert wurden, was nach einer Rückeroberung eine schnelle Wiederinbetriebnahme gestattet hätte. Doch waren solche „Lähmungen" nicht bei allen Objekten, etwa bei Verkehrsanlagen, anwendbar.

Verschiedene Verordnungen regelten die Zuständigkeit für die einzelnen Maßnahmen. In manchen Fällen sollten höchste Stellen, etwa das Oberkommando der Wehrmacht, entscheiden. Hitlers Vorstellung ging zunächst offenbar dahin, daß die aufgegebenen Gebiete von der Zivilbevölkerung geräumt und eine totale „Zivilisationswüste" hinterlassen werden solle. Auch zivile Gebäude waren zu zerstören. Doch je größer die Gebiete des Deutschen Reiches waren, die verlorengingen, desto schwieriger wurde auch die Durchführung. In Bremen setzten die Diskussionen im Oktober 1944 ein, in einer Zeit also, als eine Besetzung Nordwestdeutschlands noch nicht abzusehen war.

Die ersten Anweisungen über Lähmungen erreichten Bremen im Dezember 1944 und Januar 1945; sie kamen vom Wehrkreisbeauftragten und Vorsitzenden der Rüstungskommission im Wehrkreis X in Hamburg: Lähmungsvorbereitungen waren für Industrieanlagen, u. a. auch für die Werften und Versorgungsbetriebe zu treffen. Es war daran gedacht, die Anlagen für ein halbes Jahr funktionsunfähig zu machen. Hintergrund war in dieser Zeit die Möglichkeit einer Invasion an der Nordseeküste und von Luftlandungen. Dez. 1944
Jan. 1945

Nachdem die Offensive am Niederrhein begonnen hatte, gewann das Problem dann auch für Bremen wieder an Aktualität. Hier erfuhr man nichts von den heftigen Auseinandersetzungen zwischen Hitler und Rüstungsminister Speer über das Ausmaß von Lähmung und Zerstörung; in Bremen ging es um die Zukunft der Industrien, Häfen, Verkehrsanlagen usw. Soviel wurde deutlich: es konnte dazu kommen, daß die Häfen durch Sprengung der Kajeanlagen und

Kräne für Jahre unbenutzbar würden und daß die Elektrizitäts-, Gas- und Wasserversorgung für lange Zeit ausfallen würde. Einige Dienststellen und Betriebe glaubten nicht, sich den Zerstörungsbefehlen entziehen zu können, andere Betriebsführer wurden in schwere Gewissenskonflikte gestürzt; sie hofften auf eine Milderung oder sogar auf eine Verhinderung der Zerstörung.

30. März 1945 Am 30. März 1945 wurde ein Erlaß Hitlers bekannt, nach dem die Industrie bis zuletzt produzieren, dann aber zerstört werden müsse; Verkehrsanlagen sollten total zerstört, Versorgungsbetriebe aber in der Regel „gelähmt" werden. Bei der Durchführung der Maßnahmen waren Vertreter des Rüstungsministeriums einzuschalten. Partei, staatliche Dienststellen und Wehrmacht hatten Hilfe zu leisten. Bei militärischen Anlagen blieb nach wie vor die Wehrmacht zuständig.

Schon am 29. März verhandelten die Spitzenfunktionäre des Gaus Weser-Ems in Oldenburg, um die Auswirkungen zu beraten, wobei von einigen Teilnehmern ein erschreckender Vernichtungswille entwickelt wurde. Sicher ist, daß der Gauleiter sich als Reichsverteidigungskommissar in vielen Fällen die Entscheidung vorbehielt, in Eilfällen aber sollte der Betriebsführer Zerstörungen oder Lähmungen vornehmen dürfen. Die ersten – verfrühten – Zerstörungsmaßnahmen wurden im Gaswerk auf Veranlassung des Direktors Dr. Hopf durchgeführt, im übrigen aber wurde die Diskussion in hektischer Weise fortgeführt, wobei der Stellvertretende Regierende Bürgermeister Dr. Duckwitz wenigstens die Versorgungsbetriebe vor zerstörerischen Maßnahmen bewahren wollte. Im übrigen konnte er auch darauf hinweisen, daß die Häfen und Verkehrsanlagen ohnehin durch die Bomben bereits schwer beschädigt worden seien. Heftiger Streit entstand auch um eine Sprengung der Rolandmühle, die von den Eigentümern im letzten Augenblick verhindert wurde.

Ein besonderes Problem stellten die Brücken dar, die ja im Falle kriegerischer Operationen zu den militärischen Objekten zu zählen hatten. Die Exekutionen wegen einer unterlassenen Sprengung der Rheinbrücke von Remagen zeigten, was geschehen konnte, wenn angeordnete Zerstörungen nicht durchgeführt wurden. In Bremen wurden Brückenkommandos eingesetzt und 11 Brücken mit Sprengladungen versehen. Die Sprengung selbst war dem taktischen Urteil des Kampfkommandanten überlassen, falls die Entscheidung der vorgesetzten Stelle (des Korps Ems) nicht rechtzeitig eingeholt werden konnte.

Über die Häfen behielt sich der Oberkommandierende der Kriegsmarine, Großadmiral Dönitz, die Entscheidung vor. Sie konnten durch versenkte Schiffe verblockt, vermint oder auch zerstört werden. In Bremen blieb die **2. April 1945** Frage zunächst offen. Am 2. April entschied Großadmiral Dönitz als Oberbe-

Bomben als Sprengladung an der Kaiserbrücke, 1945

fehlshaber der Kriegsmarine, daß die Anlagen u. a. in Wesermünde und Bremerhaven zu zerstören, die Weser und die Bremer Häfen zu verminen und zu verblocken seien; die Kräne aber sollten zerstört werden, von einer Sprengung der Kajemauern war abzusehen. Für die Durchführung wurde der Leiter der Kriegsmarinedienststelle, Kapitän z. S. Hans Schottky, und in Bremerhaven der Kommandant im Abschnitt, Kapitän z. S. Werner Peters, verantwortlich gemacht. Schottky war ein gehorsamer und engstirniger Offizier, der die Maßnahmen unbedingt durchführen wollte.

Die Pläne beunruhigten die Spitzen von Verwaltung und Wirtschaft in Bremen, weil sie die Zukunft der Stadt in hohem Maße erschwerten. Der Präsident der Verwaltung für Häfen und Verkehr, Dr. Bernhard Platz, wies nachdrücklich darauf hin, daß die Häfen ohnehin für ein halbes Jahr nicht benutzbar seien. Der Stellvertretende Regierende Bürgermeister Dr. Duckwitz gewann in Gauleiter Kaufmann, Hamburg, dem Reichskommissar für die Seeschifffahrt, einen Bundesgenossen gegen die Zerstörungen im Hafen; man wies darauf hin, daß alle Maßnahmen den Gegner nicht daran hindern könnten, den

Hafen in kürzester Zeit wieder zu benutzen; er benötige die Kräne überhaupt nicht für das Entladen. Nur Verblocken, Verminen und eine Lähmung der Schleusentore seien geeignete Maßnahmen.

16. April 1945 Am 16. April reiste Kaufmann selbst ins Hauptquartier von Dönitz in Bernau bei Berlin; Minister Speer kam nach Hamburg, wo nun eine Besprechung von Fachleuten stattfand. Das Ergebnis war u. a.: Zerstörungen in Wesermünde und Bremerhaven sollten unterbleiben, hier war nur zu verblocken und zu verminen; die Werften, u. a. in Bremen, waren zu lähmen. In Bremen blieben die bisherigen Befehle für die Häfen bestehen, die ja u. a. die Sprengung der Kräne vorsahen. Am 18. April fuhr dann Lloyddirektor Bertram, der im Reichskommissariat für die Seeschiffahrt tätig war, im Auftrag von Gauleiter Kaufmann wiederum ins Hauptquartier von Großadmiral Dönitz, um eine Schonung der Häfen zu erreichen. Dieser ließ die Frage noch offen, gab dann

19. April 1945 aber in der Nacht vom 18. zum 19. April telefonisch den Befehl durch, daß von Zerstörungen in den Häfen abzusehen sei. Man solle sich auf eine Lähmung beschränken. Damit blieben die Häfen praktisch bis zur Besetzung in dem Zustand, der durch die Bombenangriffe verursacht worden war.

Evakuierung der Einwohner und Fremdarbeiter?

Eine andere Frage im Zusammenhang mit den ALRZ-Maßnahmen war die nach dem Schicksal der Zivilbevölkerung im Falle einer Feindbesetzung. Zunächst einmal ging man davon aus, daß sie aus dem Kampfgebiet evakuiert werden müsse; vor allem die arbeits- und wehrfähige Bevölkerung war dem Zugriff des Feindes zu entziehen, also zurückzuführen. Je größere Gebiete des Deutschen Reiches verloren gingen, desto schwieriger war eine Durchführung der Pläne, so daß schließlich, abgesehen von einer Zurückführung von Fremdarbeitern und KZ-Häftlingen, nicht mehr an eine Evakuierung in großem Stil zu denken war. So kam denn der Gedanke auf, eine „Restverwaltung" und „Restwirtschaft" zu etablieren, die im Falle einer Besetzung an Ort und Stelle bleiben und die vor allem von älteren und nicht durch eine Parteimitgliedschaft belasteten Personen gestellt werden solle.
Ende März 1945 gewannen dann die Pläne über eine Not- und Restverwaltung feste Gestalt: Sie sollte aus älteren Personen (möglichst Jahrgang 1883 und älter), Wehruntauglichen, parteipolitisch nicht Exponierten bestehen. Die Notverwaltung war bis zur Besetzung tätig, dann blieben nur noch die „Restverwaltung" und „Restwirtschaft".
Ein schwieriges Problem stellten auch die Fremdarbeiter dar, von denen in einer Zeit drohender Feindbesetzung Unruhen zu erwarten waren. Schon die

Pläne im Frühjahr 1944 hatten eine Rückführung aus dem Operationsgebiet Anf. 1944
vorgesehen. Es war damals ein Hauptsammellager bei Klein Hutbergen bei
Verden, später auch der KZ-Komplex Bergen-Belsen vorgesehen. Damals ging
man freilich noch von einer feindlichen Landung an der Nordseeküste aus, so
daß eine Rückführung in südöstlicher Richtung einen Sinn hatte. Die Zahl der
im Stadt- und Landgebiet Bremen untergebrachten Fremdarbeiter betrug etwa
29 000, davon lebten etwa 3000 in Privatquartieren. Etwa 12 000 waren Ostarbeiter (Russen) und Polen. Es gab 160 Lager, die bei einer Rückführung geräumt werden mußten. Als Bewachung standen mehr als 1100 Polizisten und
1300 Mann „Stadtwacht" (eine Art Hilfspolizei), später auch 2400 Mann
Volkssturm und 374 Polizisten zur Verfügung. Andererseits bestand von der
Rüstungswirtschaft aber auch die Anordnung, daß „bis zuletzt" gearbeitet
werden müsse, so daß eine Rückführung nur in aller Eile durchgeführt werden
konnte.

Anfang April gab es im Senat und bei der Polizei sorgenvolle Beratungen, als April 1945
der Höhere SS- und Polizeiführer Graf von Bassewitz-Behr im Einverständnis
mit Gauleiter Wegener angeordnet hatte, daß 42 000 Fremdarbeiter nördlich
über die Lesum in den Lagerkomplex Farge zu bringen seien. Der Kreisleiter
von Bremen-Lesum, Karl Busch, protestierte heftig, da er in seinem Gebiet ein
Chaos befürchtete; die Polizei sah sich ihrer Aufgabe nicht gewachsen. Kreisleiter Schümann drängte darauf, daß wenigstens die als besonders gefährlich
gehaltenen Polen in einem Sammellager zusammengefaßt wurden. Das geschah am 18. April im Lager „Riespott" (für Frauen und Kinder) und an der
Grambker Heerstraße (für Männer). Die anderen Fremdarbeiter blieben dann
bis Kriegsende in ihren bisherigen Lagern; wider Erwarten kam es vor der
Besetzung durch die Briten nicht zu einem Aufstand, nicht einmal zu kleineren
Unruhen.

Sicherungsmaßnahmen für Behörden und Einwohner, Aktenvernichtung

Die „Befehlsstellen" von Staat, Partei und Wehrmacht wurden zuletzt in Bunker verlegt: Die NS-Kreisleitung beanspruchte im 2. Stock des Bunkers B 32 an
der Parkallee gegenüber der Bulthauptstraße sieben Räume, der Stellvertretende Regierende Bürgermeister richtete sich im 3. Stock des gleichen Bunkers
ein, ebenso der Vertreter des Reichsverteidigungskommissars, der sonst sein
Büro im Haus des Reichs hatte, und der SD-Abschnittsführer Kröger. Die
Polizeizentrale, die zugleich den Luftschutz leitete, hatte im Polizeihaus eigene feste Schutzräume. Der Wehrmachtkommandant, Generalmajor Siber,
richtete sich im Bunker B 31 an der Parkallee gegenüber der Benquestraße ein.

Der Stab der 8. Flakdivision, später der Kampfkommandant und die Flakgruppe Süd, saßen im Bunker gegenüber der Emmastraße. Im übrigen richteten einige Ämter Zweigstellen außerhalb Bremens ein, um nach einer Rückeroberung sofort wieder in die Stadt zurückkehren zu können, so der Reichsverteidigungskommissar in Rotenburg, das aber bereits am 22. April, also vor Bremen, besetzt wurde. Die Gestapo hatte eine Ausweichstelle in Osterholz-Scharmbeck, die Briefleitstelle der Reichspost eine in Oldenburg.

Zugleich aber begannen viele Behörden einen Teil ihrer Akten zu vernichten, so das Landgericht am 10. April die Akten politischer Prozesse (nicht die Sondergerichtsakten!) und die Polizei ihre Geheimakten (nicht die Luftschutzakten). Die Gestapo verbrannte einen Teil der Akten Anfang April, ein anderer Teil wurde am 17./18. April abtransportiert und in der Lüneburger Heide vergraben. Die Dienststelle des Reichsverteidigungskommissars vernichtete die Geheimakten am 7./8. April, später wurden weitere Unterlagen verbrannt. Auch die Wehrmachtdienststellen, die Senatsregistratur, viele NS-Dienststellen, Rüstungs- und Versorgungsbetriebe beseitigten Geheimunterlagen, so das Gaswerk am 4. April die Rohrpläne. Dennoch blieb vieles, darunter „sehr Geheimes", erhalten.

(Randnotiz: 10. April 1945)

(Randnotiz: 7./8. April 1945)

Zum Schutz der Zivilbevölkerung standen 138 Hochbunker und „bombensichere" Tiefbunker sowie Luftschutzstollen am Lesumufer für etwa 11000 Menschen zur Verfügung. Hinzu kamen splittersichere Bunker, Deckungsgräben usw. Bei den Bunkern rechnete man mit einem Fassungsvermögen von 60 bis 70000 Personen, bei drei- bis vierfacher Überbelegung von etwa 200000 Personen. Geht man davon aus, daß Bremen in dieser Zeit etwa 300000 Einwohner hatte, muß man zugeben, daß die Bevölkerung recht gut geschützt war, so daß dann auch die Verluste der Zivilbevölkerung in den letzten Kämpfen verhältnismäßig gering blieben. Probleme traten in den Bunkern vor allem durch das Versagen der Elektrizitäts- und Wasserversorgung auf, so daß die Belüftung und die Funktion der sanitären Anlagen katastrophal waren.

Die letzten großen Luftangriffe

Im Zusammenhang mit der Offensive am Niederrhein und dem Vordringen britischer Truppen nach Nordwestdeutschland wurden die Luftangriffe vorwiegend gegen Verkehrsanlagen, aber auch noch gegen einige Werke der Rüstungsindustrie, wie die Werften, gerichtet. Flächenbombardierungen sollte es nach der Prioritätenliste nur noch in Ausnahmefällen geben.

Auch Objekte in Bremen waren in dieser Zeit das Ziel mehrerer Angriffe. Der Angriff am Mittag des 22. März 1945 galt vor allem den Verkehrsverbindun-

(Randnotiz: 22. März 1945)

gen. Er wurde von 80 britischen Flugzeugen durchgeführt. Bei dieser Gelegenheit wurden auch 10-Tonnen-Bomben, „Grand-Slams", und Langzeitzünderbomben auf die Brücken geworfen. Es entstanden riesige Trichter, z.T. in Ruinengebieten, Eisenbahnlinien wurden zerstört, die Adolf-Hitler-Brücke (Stephanibrücke) erhielt schwere Schäden. Am 23.März vormittags wurde das Bombardement fortgesetzt. Auch das nördliche Seitenschiff des Doms erhielt einen Treffer, der das Gewölbe durchschlug, die Eisenbahnbrücke wurde so sehr beschädigt, daß sie nicht mehr zu befahren war. Am 24.März wurde damit begonnen, die Eisenbahnschienen auf die Adolf-Hitler-Brücke zu verlegen. Am 27.März wurde der U-Bootbunker „Valentin" mit 10- und 5-Tonnen-Bomben angegriffen. Am 30.März flogen dann amerikanische Bomber Präzisionsangriffe auf Verkehrsverbindungen. Dabei wurde die Adolf-Hitler-Brücke von 4500-lbs-RA/SP-Bomben (= Rocket Assistedt Special Purpose) getroffen und total zerstört. Es blieben jetzt bis zum 25.April noch die Weser- und die Kaiserbrücke benutzbar; die Eisenbahnverbindung zwischen Bremen und Oldenburg war jedoch unterbrochen. Alle diese Angriffe gehörten bereits zur Vorbereitung auf den „Endkampf", dem Bremen nun sehr bald ausgesetzt wurde. 24./30.März 1945

Der Vorstoß gegen Nordwestdeutschland beginnt

Am 23.März ging die 2. britische Armee unter General Dempsey über den Niederrhein. Die Operationen wurden großräumig vom Oberbefehlshaber der 21.Alliierten Heeresgruppe, Feldmarschall Montgomery, geleitet. Der Vorstoß wurde durch Bombenangriffe und Luftlandungen unterstützt, stellenweise kam es zu verlustreichen Kämpfen. Sehr bald war abzusehen, daß der Vormarsch nach Nordwestdeutschland unmittelbar bevorstand. Zunächst hielt man auch noch eine Landung an der Küste für möglich, so daß am 24.März das Stichwort „Bereitschaft Küste" ausgegeben wurde. Da man die Emsmündung für besonders gefährdet hielt, wurde zu ihrer Verteidigung in aller Eile das Korps Ems unter General Siegfried Rasp aufgestellt; später wurde dann noch eine Landung in der Elbe- und Wesermündung befürchtet. Diese falschen Einschätzungen bewirkten eine Fehlleitung erheblicher Verteidigungskräfte. 23.März 1945 24.März 1945

Als Nordwestdeutschland zum Operationsfeld wurde, war Generalfeldmarschall Busch Chef des „Führungsstabes Nordküste", dann seit dem 2.April „Oberbefehlshaber Nordwest"; er war ein Mann, der Hitler absoluten Gehorsam zu leisten bereit war. Am 4.April gab er die rückwärtige Kampflinie bekannt. Sie sollte folgenden Verlauf haben: Ems–Küstenkanal bis Oldenburg– 4.April 1945

Hunte bis Elsfleth–Weser bis Nienburg. Es wurde auch bereits vermutet, daß ein Hauptstoß auf Bremen zielen werde, so daß hier die Truppen verstärkt werden mußten. Doch standen nur noch unbedeutende Reserven zur Verfügung. Am 4. April waren die nordwestdeutschen Gauleiter bei Busch in Hamburg-Reinbeck und ließen sich über die Lage informieren. Am 5. April wurde dann begonnen, das Korps Ems unter General Rasp, das an der unteren Ems gelegen hatte, hinter die Weser zu verlegen. Von diesem Korps hingen später auch die Operationen um Bremen ab.

5. April 1945

Generalleutnant Fritz Becker wird Kampfkommandant

Am gleichen Tage (5. April) erhielt Bremen einen neuen Kampfkommandanten, der an die Stelle des bisherigen, des unbeweglichen Generalmajors Siber, trat: Generalleutnant Fritz Becker. Dieser war Divisionskommandant in Rußland gewesen, dann im Raum Danzig eingeschlossen und am 29. März aus dem Kessel herausgeflogen worden. Das Flugzeug stürzte in die See, Becker wurde nach 11 Stunden aus dem Wasser geborgen und kam in ein Lazarett, aus dem er am 2. April entlassen wurde. Drei Tage später wurde er zum Kampfkommandant von Bremen eingesetzt und traf dort am 6. April ein. Am Tage darauf suchten ihn Generalfeldmarschall Busch und General Rasp (Korps Ems) auf und verpflichteten ihn auf eine „Rundumverteidigung". Am 11. April erhielt Becker einen auf dem 10. April datierten und von Busch unterschriebenen Kampfauftrag. Er wurde zum „Kommandanten des Verteidigungsbereiches Bremen" ernannt und verpflichtet, ihn „unter Ausschöpfung aller zur Verfügung stehenden Mittel und unter bedingungslosem Einsatz" der „eigenen Person mit der … unterstellten Besatzung bis zum letzten Blutstropfen und zur letzten Patrone, auch bei völliger Einschließung durch den Feind, zu verteidigen und zu halten". Von diesem Auftrag konnte Becker nur von Busch mit Genehmigung Hitlers entbunden werden. Becker war bis zuletzt bestrebt, diesen Auftrag zu erfüllen – eine Tatsache, die für die Stadt Bremen verhängnisvoll war. Pflicht des „Kommandanten" war es nun, Straßensperren, Sprengungen von Brücken usw. vorzubereiten, Alarmeinheiten aufzustellen und alles zu tun, was die Verteidigungskraft erhöhen konnte.

6. April 1945

10./11. April 1945

Generalleutnant Becker war zunächst im Hause des Werftdirektors Stapelfeldt, Parkallee Nr. 95, einquartiert. Zu Beginn der Kämpfe wollte er in den Bunker der 8. Flakdivision an der Parkallee bei der Emmastraße umziehen. Er war durchaus kein Optimist und glaubte nicht, daß sich Bremen lange verteidigen lasse, andererseits war er auch kein Mann, der sich über den Sinn eines ihm gegebenen Befehls viele Gedanken machte. Er tröstete sich damit, daß es wohl

Generalleutnant
Fritz Becker

einen Sinn geben müssen, den er in seinem beschränkten Gesichtskreis nicht erfassen könne. Unermüdlich inspizierte er in den nächsten Tagen die Verteidigungsmaßnahmen, zeigte sich energisch und schroff.

Stimmung und politischer Druck

Trotz oder wegen der fatalen Lage entwickelte die Partei eine geräuschvolle Durchhaltepropaganda, in deren Rahmen Hoffnungen auf Wunderwaffen und einen Sonderfrieden mit dem Westen (Geheimverhandlungen unter Vermittlung von Schweden) geweckt und gefördert wurden. Es war die große Stunde sowohl der blinden Fanatiker als auch tiefer Resignation weiter Teile der Bevölkerung. Immer lauter wurde auch die Drohung mit Standgerichten, in de-

615

nen alle Defätisten abgeurteilt werden sollten. In der Tat wurde in Bremen Anfang April ein Standgericht unter dem Vorsitz des Landgerichtspräsidenten Dr. Albert Schmidt gebildet, in dem die Anklage von Oberstaatsanwalt Dr. Waldemar Seidel vertreten wurde. Beisitzer waren Vertreter der Partei und der Wehrmacht. Es gab zwar einige Verfahren vor diesem Gericht, vor allem wegen abfälliger Bemerkungen über politische Führer und wegen des Hissens weißer Fahnen; doch es kam zu keiner abschließenden Verhandlung mehr, zumal nun auch die NS-Juristen angesichts der militärischen Lage sehr viel vorsichtiger wurden. Dennoch verfehlte die Drohung mit dem Standgericht, das ja in anderen Städten durchaus Blutjusitz übte, nicht ganz ihre Wirkung und ließ die Bevölkerung bei aller Skepsis sehr vorsichtig werden.

Schwierig ist es auch, die Einstellung der Soldaten zu ergründen. Die meisten waren sicher der Auffassung, daß der Krieg sehr bald zu Ende sein werde; sie sahen aber die Gefahr, die von Fanatikern ausging, wenn sie den Einsatz verweigerten oder sich auch nur widersätzlich zeigten. Bei Offizieren spielte sicher das mit dem „Fahneneid" verbundene Pflichtgefühl immer noch eine Rolle.

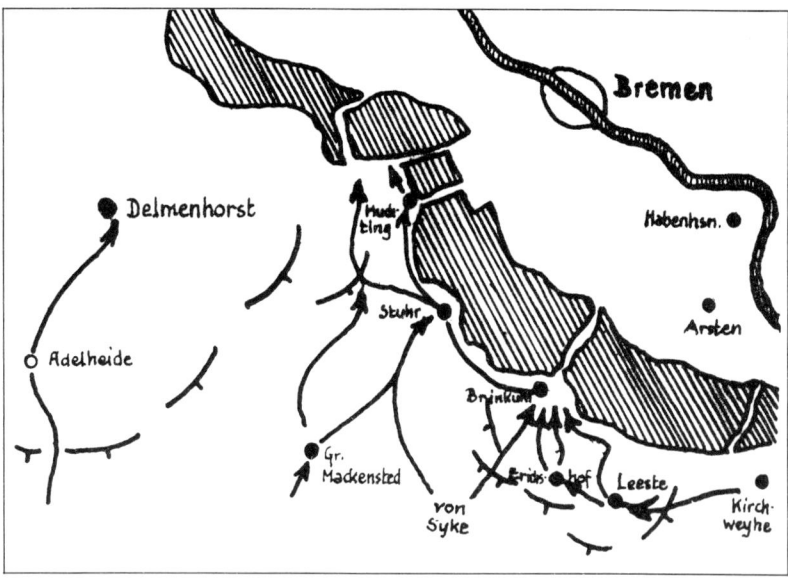

Die britischen Angriffsspitzen vor Bremen

Inzwischen waren die britischen Angriffsspitzen bis in die Nähe Bremens vorgedrungen. Schon am 6. April stießen Teile der 7. Panzerdivision bis Hoya vor, dann ging es weiter in das Weserknie westlich von Verden. Ebenfalls am 6. April rollten Panzer der 8. Hussars mit Infanterie in Schützenpanzern gegen die Weserbrücke bei Uesen vor, überqueren den Fluß aber noch nicht. Die Operationsbasis im Raum Thedinghausen-Riede wurde gesichert, dann erfolgte ein Vorstoß auf Kirchweyhe und Sudweyhe, wo die Briten in heftige Kämpfe mit dem SS-Panzergrenadier-Ausbildungsbataillon 18 verwickelt wurden; ein Vorstoß bis Leeste erreichte die Überschwemmungszone. Die vorsichtig operierenden Briten hielten in diesem Raum am 9. April an. Die motorisierte Infanteriebrigade 131 drang hinter Panzern aus dem Raum Diepholz-Sulingen nach Norden vor, gelangte am 7. April nach Bassum, das nach kleineren Kämpfen am Abend des 8. April besetzt wurde. Am gleichen Tage wurde auch Syke besetzt, dann dessen Umgebung gesäubert.

Inzwischen war die Lage für die Briten schwieriger geworden, denn die Reste der deutschen 15. Panzergrenadier-Division gelangten inzwischen in den Raum Wildeshausen, wo es einige Schießereien gab. Es zeigte sich, daß die Panzerspitzen der 7. britischen Panzerdivision zu schwach waren, um einen größeren Raum zu besetzen. Bevor der Vormarsch fortgesetzt wurde, mußte Infanterie nachgezogen werden. Dieses Zögern verschaffte auch der „Verteidigung" Bremens eine Atempause.

Die Briten vor Bremen – Kapitulation im Nordwesten?

Die Briten verstärkten nun zunächst ihre Angriffskräfte vor Bremen. Die 3. Infanteriedivision übernahm am 9. April den Raum etwa südlich der Linie Wildeshausen–Syke–Kirchweyhe–Thedinghausen. Sie verharrte hier bis zur Säuberung des Raums zwischen Oldenburg und Delmenhorst und bis zum Vorstoß britischer Divisionen in den Raum um Rotenburg. Es war von vornherein beabsichtigt, den Verteidigungsbereich Bremen auf beiden Seiten der Weser anzugreifen.

Die Bevölkerung wurde über die Lage einigermaßen zutreffend unterrichtet; doch die Entwicklung in den nächsten Tagen blieb noch offen. Inzwischen wurden die Lebensmittelbestände aus den Lagern außerhalb Bremens in die Stadt geholt und dort zur „Bevorratung" verteilt. Vereinzelt kam es zu Betrügereien und Plünderungen. Seit dem 9. April fielen auch die ersten Artilleriegeschosse in die Stadt. Für die zurückgehenden deutschen Truppen wurden im

Randspalten:
6. April 1945

9. April 1945

7. / 8. April 1945

9. April 1945

südlichen Vorgelände Auffanglinien eingerichtet, die aufgegriffenen Soldaten sofort unter die Verteidigungstruppen eingereiht.

Am 9. April erschien der Hamburger Gauleiter Karl Kaufmann in Bremen, um sich wahrscheinlich über die Möglichkeiten einer längeren Verteidigung Bremens, die Hamburg eine Atempause verschafft hätte, zu informieren. Es mag auch sein, daß er Gauleiter Wegener, der ebenfalls nach Bremen kam, für eine Kapitulation des Nordwestbereichs gewinnen wollte. An der Besprechung nahmen u. a. auch der Höhere SS- und Polizeiführer Graf von Bassewitz-Behr und der Bremer Kreisleiter Schümann teil. In der Tendenz war man sich darüber einig, daß eine Einstellung des Kampfes im Westen anzustreben sei, um Kräfte im Kampf gegen die Russen zu gewinnen, wobei aber offenblieb, wie die Militärs dazu stehen würden und vor allem wie Hitler entscheiden werde. Gerade in diesem Punkt war Gauleiter Wegener skeptisch und war wohl auch nicht bereit, selbständig eine Kapitulation im Nordwesten mitzumachen. Die Besprechung der beiden Gauleiter fand im Bunker der 8. Flakdivision an der Parkallee gegenüber der Emmastraße statt. Am Nachmittag fuhr die ganze Gesellschaft von dort zum Ratskeller, um ein Mittagessen einzunehmen. Man hörte in der Ferne die ersten Granaten im Stadtgebiet krachen, hatte aber im Kaiserzimmer die Gelegenheit zu einer lockeren Unterhaltung. Man sprach auch über den General Yorck, der 1813 gegen den Befehl seines Königs gegenüber den Russen kapituliert hatte. Wegener besaß keinen Mut zum Ungehorsam, und Kreisleiter Schümann verharrte in düsterem Schweigen. Kaufmann sah in Bormann das Haupthindernis; er bezeichnete ihn als „krummbeinigen Reichsverbrecher". Der Stellvertretende Regierende Bürgermeister Dr. Duckwitz erklärte, die Bremer seien durchweg bereit, noch weitere Opfer zu bringen, wenn diese „einen vaterländischen Sinn hätten"; diesen Sinn vermöchten aber weder er (Duckwitz) noch andere zu erkennen. Sicher ist, daß jeder vom anderen wußte, wie er dachte, daß man aber zu keiner eindeutigen Entscheidung kam. Kaufmann war jetzt entschlossen, im geeigneten Augenblick einen Alleingang ohne Gauleiter Wegener zu wagen.

11. April 1945   Auch Wegener blieb nicht ganz untätig. Er schickte am 11. April den Gaustabsamtsleiter Koltermann, einen ehrgeizigen NS-Fanatiker, ins Führerhauptquartier in Berlin, um sich nach den Plänen für Nordwestdeutschland zu erkundigen. Koltermann bekam keine führende Persönlichkeit zu Gesicht und fuhr am 14. April wieder zurück. Ein Gespräch Gauleiter Wegeners mit Generalleutnant Becker ergab, daß dieser jede Einmischung in militärische Entscheidungen ablehnte.

Deutsche Verteidigung – britische Angriffe seit dem 9. April

Auf deutscher Seite wurde nun zwischen Verden und Hemelingen eine „Weserfront" aufgebaut. Hier formierte sich eine sehr schwache Division z. b. V. 172. Nordwestlich von Bremen – im Raum Vegesack-Lesum – übernahmen die 480. Division und seit dem 14. April auch die Division Gilbert Verteidigungsaufgaben. Dazwischen lag der Bereich des Kampfkommandanten von Bremen. An sich war diese Verteidigungslinie durch Wasserläufe, Überschwemmungsgebiete und steile Ufer recht günstig, doch blieben die Verteidigungskräfte zu schwach, und es fehlten ihnen – abgesehen von Flakbatterien – schwere Waffen. Zudem wurde der Luftraum von der alliierten Luftwaffe beherrscht. Hinter der deutschen Verteidigungslinie lagen weitere Truppen des Korps Ems, dessen Stab die gesamten Verteidigungsmaßnahmen zwischen Weser und Elbe zu leiten hatte.

Am 9. April gelang es den Briten in Hoya einen Brückenkopf über die Weser zu bilden, aus dem sie an die Aller vorstießen. Bei Rethem begegneten sie hartnäckigem Widerstand von Teilen der deutschen 2. Marine-Infanterie-Division und von SS-Truppen. Es gelang den Briten beim Dorf Westen über die Aller zu gehen, und nun stand einem Vorstoß auf Verden nichts mehr im Wege. Die Stadt wurde am 17. April besetzt.   17. April 1945

9. April 1945 (Randnotiz)

Jetzt gruppierten die Briten ihre Truppen zum Schlußangriff auf Bremen. Das ganze XXX. Korps unter General Horrocks mit vier Divisionen wurde hier eingesetzt:
Die 51. (Highland) Division im Raum Delmenhorst,
die 3. Infanterie-Division im Süden von Bremen,
die 52. (Lowland) Division am Nordufer der Weser
die 43. (Wessex) Division nördlich davon.
Die 3. Division stand bereits vor Bremen, wartete aber mit dem Angriff, bis die anderen Divisionen vorgerückt waren. Britische Panzer der 52. Division erreichten nach Kämpfen im Raum Langwedel und Etelsen am 22. April Achim.   22. April 1945
Um den weiteren Angriff vorzubereiten, wurden an diesem Tage die östlichen Teile der Stadt bombardiert, wobei das Kraftwerk und die Industrieanlagen in Hemelingen und Hastedt schwer getroffen wurden. Der weitere Vormarsch nach Mahndorf und nach Oyten bereitete kaum noch Schwierigkeiten. Überall kam es zu örtlichen Schießereien, hier und da traf auch eine Panzerfaust auf einen Panzer, doch waren die Verluste der vorsichtig operierenden Briten sehr gering, während auf deutscher Seite hohe Opfer gebracht wurden und auch manches Haus in Flammen aufging.
Der deutsche „Brückenkopf Bremen" wurde nach Süden vor allem durch die

15. Panzergrenadier-Division im Raum Delmenhorst und bei Kirchweyhe/ Brinkum vom 18. SS-Panzergrenadier-Ersatz- und Ausbildungsbataillon gedeckt, das freilich nur mit Handfeuerwaffen und Granatwerfern ausgestattet war. Hinter dieser Linie lag eine breite Überschwemmungszone, hinter der kaum noch Verteidigungskräfte standen. Als Teile der 3. britischen Division von Syke auf Brinkum vorzustoßen suchten, gerieten sie in heftige Kämpfe mit den SS-Truppen, die zum größten Teil aus sehr jungen und stark fanatisierten Soldaten bestanden. Die Briten setzten hier Panzer und Flammenwerfer ein. Die Verluste auf deutscher Seite waren erheblich (60 Soldaten und 11 Zivilisten getötet, 300–400 Gefangene). Zahlreiche Häuser gingen in Flammen auf. Die Einwohner wurden aus ihren Häusern getrieben, überall wurde geplündert. In Brinkum war nun die Überschwemmungszone erreicht, die nicht mit schweren Waffen zu überqueren war; es fehlte auch an Amphibienfahrzeugen, besonders an Sturmbooten.

19. April 1945 Am 19. April kam Generalfeldmarschall Montgomery in den Raum Syke, um in einem Kartenwagen mit dem Kommandierenden General des XXX. Korps, Generalleutnant Horrocks, den Schlußangriff auf Bremen zu besprechen. In Leeste hielt Montgomery eine kleine Ansprache vor Soldaten. Die Planung bestand darin, daß die 52. und die 43. Division rechts der Wester, die 3. Division aber von Süden über die Überschwemmungszone angreifen sollten.

Südlich von Bremen mußte zunächst die Angriffsbasis verbreitert werden. Am 18./19. April wurde Stuhr gegen den heftigen Widerstand von SS-Truppen 19./20. April eingenommen. Hier fielen 53 deutsche Soldaten. Am 19./20. April wurde der 1945 Vorstoß gegen Kirch- und Mittelshuchting fortgesetzt, wo vor allem der Volkssturm einige „Widerstandsnester" vorbereitet hatte; zu Kämpfen kam es jedoch nicht, da die deutschen Soldaten und Volkssturmmänner sich vorher zurückzogen; nicht einmal alle Flakgeschütze konnten abgefahren werden. In Huchting wurden einige Häuser durch Flammenwerfer in Brand gesetzt, auch plünderten die Briten. 30 deutsche Soldaten wurden hier getötet, 250 gingen in Gefangenschaft, die Briten verloren 10 Tote. Am 19. April wurde auch Delmenhorst kampflos besetzt.

Während dieser Tage wurde die Bremer Bevölkerung immer wieder durch kleinere Luftangriffe, durch einen größeren Bombenangriff auf Hemelingen und Hastedt am 22. April sowie durch fortwährenden Artilleriebeschuß beunruhigt. Der größte Teil der Bevölkerung ging in Erwartung des unmittelbar bevorstehenden Endkampfes in die Luftschutzbunker. In der Tat hatten die 20./22. April Briten am 20./22. April jene Stellungen erreicht, aus denen heraus der Schluß-1945 angriff begonnen werden konnte. Ihr Zögern erklärt sich aus der Absicht, das Ziel ohne erhebliche Verluste zu erreichen.

Montgomery in Leeste bei Bremen, April 1945

Die Diskussion über die kampflose Übergabe der Stadt seit dem 20. April

Am 20. April wurden 400 Granaten mit britischen Flugblättern nach Bremen 20. April 1945
hereingeschossen. Sie enthielten ein Ultimatum, das nach 24 Stunden ablaufen
sollte. Die Bevölkerung wurde vor die Wahl gestellt: entweder eine verlustrei-
che Eroberung hinzunehmen oder die Stadt bedingungslos zu übergeben. Die
Briten forderten dazu auf, Unterhändler unter dem Schutz der weißen Fahne
zu schicken. An sich bezeichnete der Text einen Tatbestand, den jeder kannte:
Wenn es keine baldige Kapitulation gab, würde es zu einer Eroberung unter
dem Einsatz aller Waffen kommen. Dennoch verbreiteten die Flugblätter in
der gegebenen Situation erhebliche Unruhe, auch bei den Spitzen von Staat,
Partei und Wehrmacht. Es fanden mehrere Telefonate statt. Der Polizeipräsident, Generalmajor Schroers, empfahl sogleich eine Senatsbesprechung zur
Klärung der Lage. Diese wurde zum 21. April 9 Uhr im Bunker B 32, dem 21. April 1945

IHR HABT DIE WAHL!

Die britische Armee steht vor Bremen. Unterstützt von der britischen Luftwaffe ist sie im Begriffe, die Stadt einzunehmen. – Zwei Möglichkeiten der Einnahme bestehen:

entweder

unter Einsatz sämtlicher dem Heer und der Luftwaffe zur Verfügung stehenden Mittel. Ihr habt nichts, womit Ihr auf die Dauer widerstehen könnt

oder

durch die Besetzung der Stadt nach bedingungsloser Uebergabe.

Ihr habt die Wahl

zwischen diesen zwei Möglichkeiten.

Auf Euch lastet die Verantwortung

für den daraus entstehenden unnötigen Blutverlust, falls Ihr den ersten Weg wählt.

Andernfalls

schickt einen Unterhändler unter dem Schutze der weißen Fahne in die britischen Stellungen.

Wir geben Euch 24 Stunden Zeit zur Entscheidung.

„Regierungsbunker" an der Parkallee, einberufen und zu ihr auch Gauleiter Wegener eingeladen. Auch die Kreisleiter Schümann und Busch (Bremen-Lesum) nahmen teil. Der Stellvertretende Regierende Bürgermeister erklärte mit aller Offenheit, weitere Opfer seien nur zu rechtfertigen, wenn der Widerstand überhaupt noch einen Sinn habe. Er selbst sehe diesen Sinn nicht mehr. Der Stellvertretende Reichsverteidigungskommissar und ehemalige Senator Dr. Fischer stimmte ihm zu, während Kreisleiter Schümann die Notwendigkeit einer Verteidigung betonte. Gauleiter Wegener erklärte, die allgemeine Kriegslage forderte ein weiteres Durchhalten, wobei er auf die Kämpfe um Berlin und auf den bevorstehenden Einsatz eines neuen U-Bootes hinwies.

Gauleiter Wegener, dahinter Dr. Fischer

Auch machte er Ausführungen über Verhandlungen mit den Westmächten, die unter schwedischer Vermittlung stattfänden. Die beiden Senatoren Bernhard und Dr. von Hoff schwiegen.

Gauleiter Wegener wurde nun aufgefordert, die Gründe, die für eine Verteidigung Bremens sprächen, im Rundfunk darzulegen. Er sagte sofort zu. Die Gesellschaft ging dann zunächst noch zu Generalleutnant Becker im Bunker der 8. Flakdivision. Dieser erklärte, er werde „die Ohren steifhalten"; ein einleuchtendes Verteidigungskonzept konnte er nicht vorlegen. Als nun eine Ablehnung der Rolandmühle erschien und gegen die beabsichtigte Verminung des Holzhafens intervenierte, rief Gauleiter Wegener sogleich den Befehlshaber des Marine-Oberkommandos Nordsee in Wilhelmshaven, Admiral Foerste, an und erreichte, daß der Verminungsbefehl aufgehoben wurde, um eine Beschädigung der Rolandmühle zu vermeiden.

Um 15 Uhr wurde dann die Ansprache Gauleiter Wegeners in Drahtfunk übertragen. Er erklärte, Bremen müsse aus strategischen Gründen verteidigt werden, selbst jeder Gedanke an eine Kapitulation sei Verrat und Feigheit. Er schilderte auch die Greuel, die eine Besetzung mit sich bringen werde. Die Standhaftigkeit Bremens könne das Schicksal des Reiches entscheiden. Überzeugung konnte er niemandem vermitteln, der ohnehin skeptisch war. Es handelte sich eben nur um eine der Durchhaltereden, die in dieser Zeit in so großer Zahl gehalten wurden. Die Bremer Zeitung brachte die Rede auf der ersten Seite in großer Aufmachung.

Versuche, die Kreisleitung und den Kampfkommandanten auszuschalten

Gab es bei Dr. Duckwitz und Dr. Fischer eindeutige Skepsis, so fehlte es auch nicht an Versuchen, die kampflose Übergabe Bremens mit Gewalt zu erzwingen. Dr. Duckwitz und Dr. Fischer lehnten zwar jede Gewaltaktion ab, waren aber beide durch ihre Äußerungen in hohem Maße gefährdet. Kreisleiter Schümann und der Führer des SD-Abschnittes sprachen von Erschießen und „machten Meldung", so daß die Möglichkeit eines Standgerichtsverfahrens näherrückte. Dr. Duckwitz verließ den Regierungsbunker und kehrte ins Rathaus zurück, wo ihm Polizeipräsident Schroers eine Sicherheitswache zur Verfügung stellte.

Schroers war ein impulsiver Mann und hatte Kontakte mit einer bürgerlichen Oppositionsgruppe, zu der der Präses, Syndikus und Stellvertretende Hauptgeschäftsführer der Gauwirtschaftskammer Karl Bollmeyer, Dr. Eberhard Jules Noltenius und Dr. Karl Kohl, sowie der Kaufmann Arnold Duckwitz gehörten. Schroers wollte einen Stoßtrupp aus Polizisten aufstellen und die Kreisleitung verhaften. General Becker, von dem man Widerstand erwartete, sollte ohne Formalitäten erschossen werden. Schroers bekam seinen Stoßtrupp jedoch nicht zusammen und zweifelte wohl auch selbst an einem Erfolg. Gegen Mitternacht vom 20. zum 21. April gingen Karl Bollmeyer und Dr. Eberhard Jules Noltenius in die Wohnung von Dr. Duckwitz, um ihn für eine Aktion zu bewegen. Dr. Duckwitz wies das empört zurück; er wolle nicht zum „Mörder" werden. Es ist natürlich eine offene Frage, ob eine Beseitigung des Kampfkommandanten überhaupt den erhofften Erfolg gebracht hätte; sicher wäre vom Korps Ems sogleich ein Nachfolger ernannt worden. Offenbar konzentrierten sich in dieser Zeit die Gedanken der Widerstandsgruppe sehr stark auf den Generalleutnant Becker, so daß sich nun Präses Bollmeyer 23. April 1945 für einen Alleingang entschied. Am Vormittag des 23. April, wohl unter dem Eindruck des schweren Bombenangriffs auf den Bremer Osten am Tage zuvor, begab er sich ins Stapelfeldtsche Haus, Parkallee Nr. 95, wo Generalleutnant Becker sein Quartier hatte, um diesen zu erschießen. Er wurde von Frau Stapelfeldt und einigen Bediensteten aufgehalten; sie wollten den Mord nicht in ihrem Hause. Bollmeyer verließ das Gebäude, und der Generalleutnant begab sich noch am gleichen Tage in den Bunker der 8. Flakdivision, wo er den „Endkampf" zu leiten gedachte. Dort war ihm nicht mehr ohne weiteres beizukommen.

Im übrigen geschah manches, um die Militärs, vor allem auch den Leiter der Kriegsmarinedienststelle, Kapitän z. S. Schottky, von Zerstörungen in den Häfen abzuhalten. Generalleutnant Becker wurde sogar, falls er Bremen kampflos übergebe, nach dem Kriege ein guter Posten in der bremischen Wirtschaft versprochen. Die Militärs aber blieben „hart".

Noch ein weiteres Unternehmen ging von Generalmajor Schroers, dem Polizeipräsidenten, aus. Er schickte den Wachtmeister Dietrich Röper zu einem englischen Stab in Thedinghausen, um eine kampflose Übergabe der Stadt anzubieten. Die Briten dürften das Angebot realistisch eingeschätzt haben: Es kam von der falschen Stelle. Röper konnte aber über die Stimmung in Bremen berichten, und es mag zutreffen, daß nun die geplanten Luftangriffe auf die Stadt in letzter Minute abgeblasen wurden.

Die linke Widerstandsgruppe: „Kampfgemeinschaft gegen den Faschismus"

Die bürgerliche Widerstandsgruppe unterhielt auch Kontakte zu einigen Kommunisten der „Kampfgemeinschaft gegen den Faschismus" unter Führung von Adolf Ehlers und Hermann Wolters, die beide in Rüstungsfabriken beschäftigt waren und dort mit einigen oppositionellen Arbeiten Verbindung unterhielten. Sie hatten zudem zwei Verbündete, die äußerlich einem ganz anderen Lager angehörten: August Hogrefe, einst Weggenosse von Ehlers in der SAP, der von dieser Partei als Spitzel in die NSDAP geschickt worden war, es zum Ortsgruppenleiter und Syndikus der Arbeiterkammer gebracht hatte und nun in der letzten Kriegszeit wieder Anschluß an seine einstigen politischen Freunde suchte, sowie den Adjutanten der Wehrersatzinspektion, Oberstleutnant Albert Raspe, der Mitglieder der „Kampfgemeinschaft" mit fingierten Einberufungsbefehlen versah, um sie vor dem Volkssturmdienst zu bewahren, und auch bereitwillig Informationen aus dem militärischen Sektor gab; man wollte ihn überreden, an der Spitze von 100 bis 200 Werftarbeitern die Kreisleitung zu verhaften. Oberstleutnant Raspe war dazu jedoch nicht bereit, und es bereitete auch Schwierigkeiten, genügend Werftarbeiter für ein solches Unternehmen zu gewinnen.

Alle diese Pläne scheiterten schließlich nicht nur an der Halbherzigkeit der Widerständler, sondern vor allem an den in dieser Zeit tatsächlich bestehenden Machtverhältnissen. Offiziers- und Unteroffizierskorps sowie Nazi-Fanatiker waren eben doch noch einigermaßen geschlossene Gruppen, die durch ihre Entschlossenheit einen erheblichen Faktor darstellten.

Der Schlußangriff links der Weser am 25./26. April

Es ist bei den folgenden Operationen merkwürdig, daß Generalleutnant Bekker den Hauptangriff aus dem Raum Delmenhorst/Huchting vermutete; für die Briten waren die rechts der Weser von Osten her mit zwei Divisionen (der 52. und 43.) vorgetragenen Angriffe die entscheidenden. Der Kampfkommandant versuchte immer wieder vom Korps Ems Verstärkungen zu erhalten, bekam sie aber nicht; denn im Zusammenhang mit den großräumigen Operationen war Bremen durch die Führungsstäbe bereits „abgeschrieben". Seine Verteidigung hatte nur noch dadurch einen Sinn, daß hier vier britische Divisionen eine Zeitlang festgehalten wurden, was dann den Aufbau von Verteidigungslinien zwischen Weser und Elbe ermöglichte. Generalleutnant Becker übersah diese Rolle, die ihm zugedacht war, überhaupt nicht; er hatte seinen **24. April 1945** Kampfauftrag, den er zu erfüllen hatte. Zwar wurden ihm am 24. April einige Truppenteile neu unterstellt – im ganzen etwa 2400 Mann –, doch es handelte sich dabei vor allem um Ersatztruppen von geringer Kampfkraft. Er verfügte in dieser Zeit also über etwa 8000 Soldaten, aber weder über Panzer noch über schwere Artillerie.

24./25. April Der Schlußangriff begann in der Nacht vom 24. zum 25. April von Brinkum **1945** aus. Er traf auf den Verteidigungsabschnitt C (Südwest) unter dem Flak-Major Schrock in Habenhausen. Rückgrat der Verteidigung waren in diesem Abschnitt einige Flakbatterien außerhalb der Überschwemmungszone. Die Straßen waren unterbrochen und durch Straßensperren blockiert. Von Kirchweyhe aus drangen die Briten gegen Dreye vor, wo die Eisenbahnbrücke seit dem 22. April zerstört war. In Dreye wurden 200 deutsche Soldaten gefangengenommen. Von hier aus gingen Schwimmpanzer über die Überschwemmungszone nach Arsten vor; der hier eingesetzte Volkssturm verschwand im **25. April 1945** Schutze der Nacht. Am Mittag des 25. April war auch Habenhausen erreicht, ein Teil der deutschen Soldaten entkam in Richtung Huckelriede, die meisten gingen in Gefangenschaft.

Die schwierigste Aufgabe hatte in der Nacht vom 24. zum 25. April die 9. britische Brigade, die mit Schwimmpanzern von Brinkum aus über die Wasserfläche nach Kattenturm transportiert wurde. Sie landete am Ochtumdeich, wo

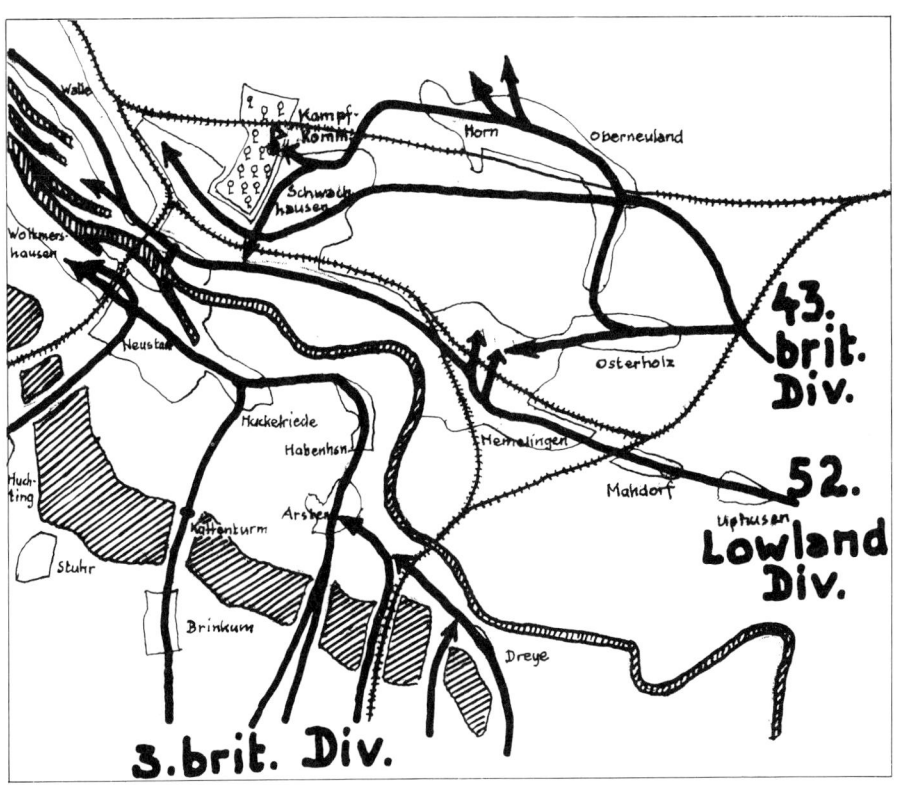

sie zwei leichte Flakgeschütze eroberte. Die Ochtumbrücke wurde im Handstreich genommen, bevor sie gesprengt werden konnte, die Straßensperren auf der Kattenturmer Heerstraße wurden geräumt, und nun drangen starke britische Kräfte zur Huckelriede vor, wo es bei den Kasernen zu Schießereien kam. Am Mittag des 25. April wurde der Flugplatz erreicht, am Abend gelangten die Briten bis zur heutigen Friedrich-Ebert-Straße. Am Vormittag des 26. April **26. April 1945** wurde die gesamte Neustadt besetzt; nur beim Neustadtsbahnhof kam es zu einem kurzen Gefecht. Patrouillen drangen bis Strom und Hasenbüren vor, ohne daß ihnen Widerstand geleistet wurde.

Britische Soldaten im Neustadtsbahnhof am 26. April 1945

Der Schlußangriff rechts der Weser vom 24.–27. April

Inzwischen hatten auch die Operationen auf der rechten Weserseite Fortschritte gemacht. Der deutsche Verteidigungsabschnitt B stand hier unter dem Kommando des Flakmajors Höfter in der Schule Horn. Es gab keine geschlossene Frontlinie, sondern nur hier und da kleinere Stützpunkte und einige Flakbatterien. Der Volkssturm, der auch in diesem Bereich mobilisiert wurde, blieb ohne Bedeutung, so daß viele Straßensperren ungedeckt blieben. Die 52. schottische Division begann ihren Vormarsch aus dem Raum Mahndorf am

24. April 1945 Nachmittag des 24. April. Am späten Abend wurde das Industriegebiet in Hemelingen erreicht, wo es beim Reichsbahnausbesserungswerk zu einer verlustreichen Schießerei mit etwa 100 Jugendlichen einer „Fliegertechnischen

25. April 1945 Vorschule" kam. Am Vormittag des 25. April erfolgte der Vorstoß nach Osterholz, kleinere Truppenteile besetzten von hier aus Teile von Oberneuland und Horn. Am gleichen Tage gelang es den Briten, ohne nennenswerten Wider-

stand bis zum Dobben und Bahnhof vorzustoßen. Am Vormittag des 26. April 26. April 1945
wurden auf dem Bahnhofsvorplatz etwa 1500 gefangene Soldaten und Polizisten zusammengeführt. Zugleich erfolgte ein Vorstoß zur Stadtmitte und zum Hafen.

Die 43. (Wessex) Division hatte ihre Bereitstellung im Raum Oyten und sollte die nördlichen Teile Bremens besetzen. Der Vorstoß ging am 25. April entlang 25. April 1945 der Hamburger Bahn nach Rockwinkel. Hier wurden 1000 Gefangene gemacht und zahlreiche Flakgeschütze erbeutet. Zu Kämpfen kam es nicht. Die 129. britische Brigade sollte über Horn und Schwachhausen zum Bürgerpark vorrücken, wo sich ja der Bunker des Kampfkommandanten und der Regierungsbunker befanden. In seiner Umgebung gab es etwa 1000 deutsche Soldaten, Infanteriestellungen und Munitionslager. Die Bunker waren für den Luftschutz gedacht, hatten keine Sicht- oder Schußmöglichkeiten, waren also für Verteidigungskämpfe durchaus ungeeignet. Am Abend des 26. April gelangte 26. April 1945

Britische Soldaten im Hafen am 27. April 1945

629

britische Infanterie mit Panzerunterstützung in die Nähe des Bürgerparks und wurde dort in der Dunkelheit sogleich beschossen. Die Briten zogen sich zunächst zurück, um Verluste zu vermeiden. Es gelang aber britischen Patrouillen, bis zum „Stern" und zur Holler Allee vorzudringen, wobei gegen einige Widerstandsnester auch Flammenwerfer eingesetzt wurden. Im Bunker gegenüber der Benquestraße ergab sich der Wehrmachtkommandant Generalmajor Siber mit etwa 25 bis 30 Offizieren seines Stabes.

Das Ende des Kampfkommandanten am 26./27. April

26./27. April 1945 Die Lage im Bunker des Kampfkommandanten in der Nacht vom 26. zum 27. April war absurd. Die Angehörigen des Stabes waren total übermüdet und über die Lage außerhalb des Bunkers nur unzureichend orientiert. Ein infanteristischer Einsatz der Stabsangehörigen bis zum „letzten Blutstropfen", wie ihn der Kampfauftrag in dieser Lage gefordert hätte, wurde nicht ins Auge gefaßt, andererseits war der Generalleutnant auch nicht bereit, die Kapitulation hinzunehmen. Die Briten hätten den Bunker ausräuchern oder aushungern, vielleicht auch sprengen können.

Es herrschte im Stabe des Kampfkommandanten eine unvorstellbare Nervosität, die zeitweilig den Plan entstehen ließ, man möge Generalleutnant Becker erschießen und dann kapitulieren. Wortführer dieser Auffassung war Oberst Müller, der Kommandeur der Flakgruppe Süd, der sich mit seinem Stabe ebenfalls im Bunker befand (der Kommandeur der 8. Flakdivision, Generalmajor Schaller, hatte den Bunker bereits einige Tage vorher verlassen, um sein Stabsquartier nördlich von Bremen einzurichten). In einigen Schutzgräben in der Umgebung des Bunkers befanden sich noch deutsche Soldaten, doch als drei Soldaten aus dem Bunker zur Erkundung hinausgingen, stießen sie sogleich auf britische Infanterie; der Bunker war umzingelt. Generalleutnant Becker traf keine Entscheidung, doch Oberst Müller regte nun an, man möge einen Parlamentär hinausschicken, was dann auch geschah: es waren ein deutscher Major der Infanterie und ein britischer Kriegsgefangener als Dometscher. Bekker ging mit Zorn und dem Hitler-Gruß in Gefangenschaft. Die meisten Mitglieder seines Stabes waren froh, daß für sie der Krieg nunmehr vorüber war.

Britische Soldaten vor dem Bunker des Kampfkommandanten im Bürgerpark am 27. April 1945

Das Schicksal der NS-Prominenz: Flucht und Internierung

In der ersten Zeit der Besatzung wurden viele prominente Nazis verhaftet und in ein Lager überführt. Andere konnten die Stadt rechtzeitig verlassen. Kreisleiter Max Schümann, der ein Stabsquartier im Bunker an der Parkallee gegenüber der Bulthauptstraße unterhielt, war deprimiert, fiel jedoch nicht im Endkampf mit der Waffe in der Hand. Am 25. April verließ er den Bunker, 25. April 1945 angeblich, weil die Telefonverbindung zur Gauleitung abgerissen sei. Er begab sich zum Blocklander Deich und dann nach Bremen Nord, verließ also den Bereich seines Kreises. Später hielt er sich in Oldenburg und Ostfriesland auf. Nach der Kapitulation „tauchte" er unter und vergiftete sich am 26. Juni 1945.

Gauleiter Wagner, der immer wieder betont hatte, er werde Bremen in einer Notlage nicht im Stich lassen, blieb nur bis zum 23. April in Oldenburg, dann 23. April 1945 fuhr er zum Großadmiral Dönitz nach Plön, dessen Berater und späterer

631

Staatssekretär er bis zur Gefangennahme am 23. Mai 1945 war. In Bremen ließ
er sich nicht mehr sehen.

8. April 1945 Die Gestapo löste sich in Bremen schon seit dem 8. April auf; sie unterhielt
aber eine Ausweichstelle in Osterholz-Scharmbeck. Das in Bremen verblie-

25. April 1945 bene Restkommando verschwand am 25. April. Der Leiter des SD-Abschnittes, Kröger, ging rechtzeitig nach Schleswig-Holstein und wurde Sachbearbeiter des Reichswirtschafts- und Produktionsministers Albert Speer in der
Regierung Dönitz. Am 23. Mai wurde er interniert.

Der Stellvertretende Bürgermeister Dr. Duckwitz hielt sich am 26. April im
Rathaus auf, wo er um 10 Uhr einige britische Offiziere empfing. Auf Kapitulationsverhandlungen ließ er sich nicht ein und verwies auf den dafür zuständigen Kampfkommandanten; im übrigen aber zeigte er sich den Engländern ge-

26. April 1945 genüber kooperationsbereit. Am 26. April wurde er gegen 13 Uhr im Polizeihaus abgesetzt, und nun wurde Polizeipräsident Schroers, dessen politische
Vergangenheit den Briten offenbar nicht bekannt war, zum Bürgermeister ernannt. Man vertraute auf dessen Kooperationsbereitschaft und Durchsetzungsvermögen. Als seine politische Belastung bekannt wurde, erfolgte am

30. April 1945 30. April seine Absetzung und Internierung.

Die Bilanz für Bremen: Tod und Zerstörung

Die Bilanz der sinnlosen Kämpfe um Bremen ist niederschmetternd: Etwa 220
Soldaten und 540 Zivilisten waren vom 22. bis 27. April gefallen und wurden in
provisorischen Einzelgräbern und Massengräbern bestattet. Etwa 8000 Soldaten und 3800 Polizisten kamen in Gefangenschaft. Der Volkssturm war kaum
noch in Erscheinung getreten und konnte sich durchweg der allgemeinen Gefangennahme entziehen. Die Einwohner, die vier bis fünf Tage in überfüllten
Bunkern ohne ausreichende Belüftung verbracht hatten, kamen heraus. Sie
waren froh, überlebt zu haben, sahen aber eine unsichere Zukunft vor sich.
Hunger, zerstörte Wohnungen, plündernde Horden von Fremdarbeitern, das
Kriegsrecht der Besatzung waren Dinge, die sie hinnehmen mußten. Die Stadt
befand sich in einem Zustand, der bei vielen Engländern den Eindruck weckte,
sie könne am alten Ort nicht wieder aufgebaut werden. Was die Lage ver-
schlimmerte, waren die Zerstörungen an Verkehrs- und Versorgungsanlagen.
Die Sprengung der Weser- und Kaiserbrücke war auf Befehl des Kampfkom-

25. April 1945 mandanten am Mittag des 25. April erfolgt. Sie war sinnlos, weil die Briten auf
beiden Seiten der Weser auf die Stadt vorrückten und den Strom durchaus auch
mit Pioniergerät überbrücken konnten. Die Häfen waren in einem so desola-
ten Zustand, auch blockiert von versenkten Schiffen und Minen, daß an eine

Die Bremer verlassen die Luftschutzbunker nach der Besetzung der Stadt durch die Briten

Wiederaufnahme des Betriebes zunächst nicht zu denken war. Die Schleuse zum Industriehafen war geschlossen, der Antriebsmechanismus zerstört. „Gelähmt" waren auf Befehl der Kriegsmarinedienststelle auch alle Verladeeinrichtungen in den Häfen.

Die Lage in Bremen-Nord

Bremen war nun zwar von britischen Truppen besetzt, doch der Krieg noch nicht beendet. Die Briten waren noch am 26. April in die westlichen Vororte 26. April 1945 eingedrungen, mittags wurden von deutschen Pionieren die Lesumbrücken gesprengt. Doch jenseits der Lesum wurde von der deutschen Division 172 (Ritterhude / Lesum) und der Division Gilbert (Vegesack / Blumenthal) eine neue Verteidigungslinie aufgebaut, die durch einige Flakbatterien verstärkt wurde. Die britischen Truppen drangen bis zum Bahndamm in Grambke vor, schickten einen Spähtrupp bis Burg, der sich aber wieder zurückzog. Das Hauptgewicht der Operationen lag nun in der Lüneburger Heide. Von hier aus wurde der Vorstoß an die Elbe und an die Unterweser ermöglicht. Die einzigen nicht besetzten Teile des bremischen Staatsgebietes waren nördlich der Lesum und der Hafen von Bremerhaven. Abgesehen von Artilleriebeschuß und deutschen Spähtruppenunternehmen kam es in Bremen-Nord bis zum Kriegsende zu keinen Kämpfen mehr.

Am Hochufer der Lesum und Hamme wurde eine Verteidigungsstellung ausgebaut. Die hier eingesetzte Division Gilbert hatte nur etwa 2000 Mann, die Division z. b. V. 172 2200 Mann. Die Zahl der Flaksoldaten betrug etwa 1000. Es fehlten, abgesehen von den Flakbatterien, schwere Waffen. Es gab aber Feldartillerie und Werfer. Niemand wußte, wie die Briten sich verhalten würden; es herrschte allgemein die Befürchtung, sie würden versuchen, einen Brückenkopf über die Lesum zu gewinnen. Doch es geschah nichts. Nur die Artillerie schoß gelegentlich über den Fluß.

Kreisleiter Busch, herzkrank und geistig unbeweglich, wie er war, zeigte sich der Lage nicht gewachsen; wohl und übel ließ er den Militärs völlig freie Hand und hielt mit seiner Auffassung zurück. Sehr viel aktiver war Fritz Köster, der in Bremen das „Amt für kriegswichtigen Einsatz" geleitet hatte und in Bremen-Nord Stabsführer des Volkssturms war. Er erkannte durchaus die Hoffnungslosigkeit der Lage und widersetzte sich auch nicht, als er von führenden Industriellen in ihre Pläne zu einer „Neutralisierung" des Gebietes nördlich der Lesum eingespannt wurde. Wortführer des Unternehmens waren Fritz Tecklenburg (Tauwerkfabrik) und Robert Kabelac (Bremer Vulkan). Sie wandten sich zunächst an Kreisleiter Busch, der aber nur die Argumente Gauleiter Wegeners wiederholte, indem er auf die Notwendigkeit einer Verteidigung im Rahmen der politischen Gesamtlage hinweis; Nordwestdeutschland müsse bei den Waffenstillstandsverhandlungen als eine Art „Faustpfand" dienen. Am 29. April versuchten Tecklenburg und Direktor Gies (Blumenthal) den Kommandeur der Flakgruppe Nord zu bewegen, die Truppen zurückzuziehen. Dieser erklärte sich für nicht zuständig, war aber bereit, einige Eisenbahn-Flakgeschütze aus Wohngebieten herauszunehmen. Als Fritz Köster nun aufgefordert wurde, sich zu den Engländern zu begeben, um die Kapitulation der nordbremischen Gebiete anzubieten, lehnte er ab, da er über das Militär nicht verfüge könne. Er begab sich aber mit Kreisleiter Busch und dem HJ-Bannführer Dr. Heinrich Segelken zum Korps Ems in Hambergen. Der Kommandierende General Siegfried Rasp gab ihnen keine Zusagen. Dennoch wurde das nordbremische Gebiet am 2./3. Mai geräumt, freilich aus taktischen Gründen; denn die Briten waren inzwischen im Vormarsch in Richtung We-

2./3. Mai 1945

sermünde und drohten die Truppen im Raum Vegesack abzuschneiden. Am Mittag des 3. Mai wurde Vegesack noch einmal durch Artillerie beschossen. Die Briten rückten nicht über die Lesum, so daß die Besetzung erst nach dem Waffenstillstand in Nordwestdeutschland am 5. Mai 1945 erfolgte. Daher war Bremen-Nord für drei Tage „neutralisiert".

5. Mai 1945

Die Lage in Bremerhaven

Das letzte von deutschen Truppen gehaltene bremische Gebiet waren die Häfen von Bremerhaven, das in dieser Zeit eine funktionale Einheit mit dem preußischen Wesermünde bildete, zu dem seit 1939 auch die Stadt Bremerhaven gehörte. Die Handelsschiffahrt war hier längst zum Erliegen gekommen, für die Kriegsmarine jedoch spielten die Häfen immer noch eine begrenzte Rolle. Mit der Annahme, die Häfen könnten durch eine Invasion in der Deutschen Bucht unversehrt in die Hand der Alliierten geraten, waren schon 1944 Räumungs- und Zerstörungsaktionen im Gespräch. Auch als der Vormarsch der Briten nach Nordwestdeutschland begann, war vor einer Feindbesetzung eine Totalzerstörung der Häfen beabsichtigt. Erst am 18. April 1945 erfolgte eine Abmilderung der ALRZ-Maßnahmen. Es sollte nur noch eine „Lähmung" der Ladeeinrichtungen und Schleusen durchgeführt werden; die Hafenbecken waren zu verblocken und zu verminen. Verantwortlich für diese Maßnahmen war der „Kommandant im Abschnitt Wesermünde", Kapitän z. S. Werner Peters.

18. April 1945

Eine andere Frage war die der Verteidigung von Wesermünde unter Einschluß der Häfen von Bremerhaven. Ende März beantragte der Führungsstab Nordküste beim Oberkommando der Wehrmacht, u. a. Wesermünde zur „Marinefestung" zu erklären, was eine Verteidigung „bis zur letzten Patrone und bis zum letzten Blutstropfen", auch bei völliger Einschließung, bedeutet hätte. Dem Ersuchen wurde durch einen Befehl Hitlers stattgegeben, und am 7. April wurde Kapitän z. S. Peters zum Festungskommandanten ernannt. Dieser hatte keine Fronterfahrung und sah sich seiner neuen Aufgabe nicht gewachsen. Er hatte zudem kein Vertrauen zu den Verteidigungsmöglichkeiten der „Festung". Dennoch mußte er mit dem Druck von Fanatikern und von entscheidenden Führungsstellen in Partei, Staat und Wehrmacht rechnen. Was Peters zur Verfügung stand, waren etwa 4 bis 5000 Marinesoldaten, von denen aber nur die Hälfte infanteristisch eingesetzt werden konnte. Hinzu kamen 40 bis 50 schwere und 80 leichte Flakgeschütze mit etwa 1000 Marine-Flaksoldaten. Zudem war vorgesehen, die Straßensperren und einige Infanteriestellungen im Vorgelände mit Volkssturmmännern zu besetzen. Beim Vorrücken der Briten

7. April 1945

konnten dann die Verteidigungskräfte noch durch zurückweichende deutsche Soldaten und Artillerie verstärkt werden.

Kreisleiter Harry Greuel von Wesermünde war ein Mann der hohlen Phrase und gab sich als fanatischer Durchhalter, war jedoch in dieser schwierigen Zeit total überfordert. Eine viel stärkere Persönlichkeit war der Oberbürgermeister Dr. Walter Delius, ein erfahrener Verwaltungsfachmann und geschickter Taktierer, der die Hoffnungslosigkeit der allgemeinen sowie der besonderen Lage Wesermündes klar erkannte, sich jedoch nicht durch offene Meinungsäußerungen gefährden wollte. Für ihn und die Kreisleitung der Partei stellte sich zunächst vor allem die Frage einer Evakuierung der Zivilbevölkerung vor einer Einschließung Wesermündes. Größere Luftangriffe auf die Häfen erfolgten in dieser Zeit nicht mehr, da die Alliierten sie möglichst unversehrt in die Hand bekommen wollten, um sie zu nutzen.

2. Mai 1945   Am 2. Mai 1945 erklärte Festungskommandant Peters, er sehe keine Möglichkeit, Wesermünde wirkungsvoll zu verteidigen. Er ging nun zu seinem Vorgesetzten, dem Seekommandanten Elbe-Weser, Konteradmiral Rolf Johannesson, um ihm das mitzuteilen. Dieser gab den „Fall" weiter an den Admiral Deutsche Bucht, Vizeadmiral Kleikamp in Cuxhaven. Peters wurde sofort als Festungskommandant abgesetzt und durch Konteradmiral Johannesson ersetzt, der sich nun auf den „letzten Kampf" in Wesermünde einstellte, ohne an einen Erfolg zu glauben. Peters blieb ungeschoren.

3. Mai 1945   Bereits am Tage danach, am 3. Mai, wurden jedoch vom Korps Ems (General Rasp) und von der Heeresgruppe Nordwest (Generalfeldmarschall Busch) Kapitulationsverhandlungen eingeleitet, in die dann auch der Festungskommandant in Wesermünde eingeschlossen war. Die Versuche von Persönlichkeiten der Wirtschaft und auch des Oberbürgermeisters Dr. Delius, Konteradmiral Johannesson um Schonung für die Stadt zu veranlassen, stießen daher ins Leere. Es kam zu keinem Kampf mehr.

4. Mai 1945   Zu dieser Zeit waren die Briten bereits bis Bederkesa vorgedrungen. Am 4. Mai kapitulierte der gesamte Nordbereich vor Montgomery, und nun hörte das Schießen auch im Raum Bederkesa auf; die Briten konnten in Wesermünde einrücken.

General Horrocks (rechts) nimmt die Kapitulation des Korps Ems entgegen
(2. am Tisch: General Rasp)

Ausblick

Mit der Besetzung Bremens durch britische Truppen endete die fatalste Periode bremischer Geschichte, die die blühende und malerische Stadt zu einem politischen, kulturellen und architektonischen Trümmerhaufen verformte, in dem sich die Einwohner ganz neu einrichten mußten. Diese Bemühungen um die Gestaltung neuen Lebens zutreffend darzustellen, könnte für manchen Historiker eine reizvolle Aufgabe sein; fraglich ist jedoch, ob er dafür Dank und Anerkennung ernten würde. Es ginge dabei um viele heikle Themen: die „Leistungen" der Militärregierung, die Rolle der politischen Parteien und einzelner Personen, Demontagen, Schul- und Sozialpolitik, auch die Stimmung und Interessenlage der Bevölkerung. Notgedrungen wird man aus der Rückschau manches ungerecht beurteilen, wofür einige Kundgebungen und Veröffentlichungen um den 8. Mai 1985 zur Erinnerung an das Kriegsende vor 40 Jahren mit ihren schrillen Tönen ein deutliches Zeichen gegeben haben. Es hat sich gezeigt, daß differenziertes Nachdenken über die zahlreichen Probleme in letzter Zeit eher schwerer als leichter geworden ist. „Die Deutschen" werden vielfach immer noch mit „den Nazis" gleichgesetzt, die alle Greueltaten gewollt, bewirkt, geduldet und damit letzten Endes auch zu verantworten haben. Es wurde auch schon gar nicht mehr unterschieden zwischen Himmlers SS-Schergen und sehr jungen, irregeleiteten gefallenen Angehörigen der Waffen-SS auf einem Soldatenfriedhof. SS war eben SS.

Andererseits sucht man vergebens nach Hinweisen darauf, daß der Nazi-Rausch überhaupt nur möglich wurde, weil er im Ausland vielfach nicht ernst genug genommen wurde und es auch den deutschen Parteien nicht gelang, in der Weimarer Republik überzeugende Arbeit zu leisten – ganz zu schweigen vom Versagen des Widerstandes, der es nicht fertigbrachte, die NS-Herrschaft vor der totalen militärischen Niederlage zu beenden, in Bremen ebensowenig wie anderwärts.

1985 wurde auch die griffige Formel geprägt, die bedingungslose Kapitulation am 8./9. Mai 1945 sei ein Tag der „Befreiung" gewesen. Die meisten Bremer sahen das damals anders. Gewiß, man war nun frei vom Terror des totalen NS-Staates, von den Luftangriffen und dem Kampf an den Fronten; aber das Morden und Plündern ging weiter. Auch in Bremen gab es mancherlei Gewalttat, die sich durch nichts rechtfertigen läßt. Anderwärts blieben sogar die Konzentrationslager in Benutzung, und die neuen Insassen bestanden nicht nur aus Nazis. Es gab Verhöre, die denen im Gosselhaus durch die SA 1933 in fataler Weise ähnelten. Tausende von Bremern waren zudem noch Jahre nach der Kapitulation in Kriegsgefangenschaft und mußten harte Zwangsarbeit leisten, z. T. unter Bedingungen, die denen in den NS-Konzentrationslagern glichen. Wenn diese Gefangenen dann ausgemergelt nach Bremen zurückkehrten, erhielten sie zwar eine Aufenthaltserlaubnis, jedoch nur unter der Bedingung, daß sie keinen Wohnraum beanspruchten.

Es wird leicht vergessen, daß damals nicht nur Care-Pakete aus Amerika kamen, sondern auch Nachrichten über den „Morgenthau-Plan" und Anordnungen über Reparationen, ganz zu schweigen von der Zustimmung zur Teilung Deutschlands und zur unmenschlichen, durch nichts zu rechtfertigenden „Vertreibung", die auch viele neue Bürger ins kriegszerstörte Bremen brachte und die Not erhöhte. Der Verfasser dieser bremischen Geschichte war Ohren- und Augenzeuge von manchen Kriegs- und Nachkriegsgreueln, über die kein Gericht urteilte, und er war auch selbst Leidtragender von Zuständen und Ereignissen, die damals kaum das Gefühl aufkommen ließen, Deutschland sei nun „befreit". Dieses Gefühl stellte sich nur sehr langsam ein.

Plünderung eines Textilgeschäfts, Mai 1945

Keineswegs „befreit" fühlten sich vor allem die vielen Nazis – führende Funktionäre ebenso wie kleine Mitläufer. Manche von ihnen kamen in Internierungslager, in denen sie bisweilen mißhandelt wurden; die meisten aber lebten mit einem Gefühl der Ungewißheit über ihre Zukunft; denn es gingen zahlreiche Gerüchte und Pauschalurteile um. Nun begann die Zeit der langen Fragebogen sowie der Entnazifierungs- und Spruchgerichtsverfahren, deren Ergebnis bisweilen überraschend, ja, enttäuschend war.

Die Beurteilung der einzelnen „Fälle" war angesichts heftiger Emotionen schwierig. So hat es nicht an Versuchen gefehlt, Bürgermeister Böhmcker, Gauleiter Röver, Polizeisenator Laue usw. als Opfer der Nazi-Herrschaft, Polizeipräsident Schroers, Arbeiterkammer-Präsident Hogrefe und Handelskammer-Präses Bollmeyer zu Widerständlern zu machen, und es mag sogar Gründe geben, die dafür sprechen, daß sie es wirklich (zeitweilig) waren. Doch weder KZ-Haft noch die Verabreichung einer Giftampulle oder ein Ge-

639

nickschuß in einem Lager, auch nicht eine spektakuläre Amtsenthebung beweisen in jedem Falle eine standhafte und konsequente „antifaschistische" Gesinnung oder gar Haltung. Viele Akten der Entnazifizierung sind unerfreuliche Zeugnisse politischer Unaufrichtigkeit, von gehässiger Denunziation oder verlogener Rechtfertigung. Man kann natürlich verstehen, daß die Bremer „Kampfgemeinschaft gegen den Faschismus" forderte, es möchte eine Polizei, Kontrollausschüsse für die Verteilung der Lebensmittel und Arbeitsämter aus zuverlässigen Antifaschisten gebildet, Wohnraum von Amtsträgern der NSDAP beschlagnahmt werden; doch wer garantierte dafür, daß die dafür vorgesehenen Antifaschisten tatsächlich solche waren und diese sich auch als fähig erwiesen, die schwierigen Aufgaben zu versehen, die ihnen zugedacht waren. Zudem war zu erwarten, daß vieles von dem, was die Antifaschisten wollten, am Veto der Militärregierung scheitern würde. Wer konnte sich da schon „frei" fühlen?

Die Soldaten, die in Bremen einmarschierten und sich dann als Besatzung einrichteten, fühlten sich keineswegs als „Befreier", sondern als Sieger. Dem entsprach auch ihr Verhalten. Es wurde viel geplündert, Armband- und Taschenuhren wurden den Gefangenen abgenommen, und bei Haussuchungen wurde manches „beschlagnahmt" – von Weinflaschen bis zum Familienschmuck. Dabei wurde kein Unterschied zwischen Nazis und Antifaschisten gemacht. Andererseits war „Fraternisieren" streng verboten. Wer sollte sich da „befreit" fühlen?

Nicht einmal der Glaube an einen dauerhaften „Frieden" wollte aufkommen, zumal ja der Krieg in Fernost noch weiterging und der Abwurf von Atombomben auf japanische Städte kaum eine „bessere Zukunft" verhieß. Im Tagebuch des Verfassers finden sich schon am 11. Mai 1945 Aufzeichnungen über Konflikte zwischen den Westalliierten und den Russen über die polnische Frage. Skepsis spricht auch aus den Worten (13. Mai 1945): „Gewiß, all das (die Erlebnisse der Kriegszeit) hätte in uns Abscheu vor dem Kriege wecken müssen; doch erst die Zukunft wird lehren, ob wir aus diesem Kriege gelernt haben." Bei künftigen „Feiern" sollte man vom hohlen Pathos abrücken und auch bedenken, daß alle „Siegermächte" nach 1945 Kriege führten, deren „Berechtigung" – um es milde auszudrücken – umstritten ist und deren Ausgang keinen Anlaß zu Sieges- und Befreiungsfeiern bieten dürfte. Wer andern eine totale Niederlage aufzwingt, der ist zwar in der Lage, die Verbrechen der Gegenseite zu pauschalisieren und zu strafen; doch gehört sehr viel mehr dazu, wenn er mit seiner Friedensmoral und seiner Humanitätsidee auch allgemein überzeugen will. Vor allem steht ihm gut an, auch die eigenen Kriegsverbrechen zu bereuen. „Bomber-Harris" war zwar auch in seinem Lande umstritten, nach-

Bombenopfer-Friedhof in Osterholz

dem er nicht mehr benötigt wurde; doch es gab auch viele, die seine Bomber-
strategie in hohen Tönen priesen; er wurde in Ehren verabschiedet und starb
im Bett, nicht aber am Galgen. Luftangriffe wie die auf Dresden, Hamburg,
Bremen usw. mag der Sieger zur militärischen Notwendigkeit erklären; einem
Bremer aber kann man nicht verübeln, wenn er einiges daran als einen Verstoß
gegen die Menschlichkeit verurteilt. Das gleiche gilt für die Ermordung von
Kriegsgefangenen und Zivilisten an vielen Orten. Das war nicht etwa ein „ge-
rechter Ausgleich" für den Nazi-Terror, sondern es kamen zu den Verbrechen
der einen Seite die der anderen.
So ist denn die Geschichte der NS-Zeit, vor allem aber auch die der Nach-
kriegszeit mit vielen Zweifeln belastet. Das gilt auch für die bremische Geschichtsschreibung für die Zeit nach 1945. Sie müßte zunächst in vielen Einzelfragen gründlich erarbeitet werden, bevor die Gesamtdarstellung möglich
wird. Dabei ist die Quellenlage gar nicht einmal ungünstig. Ein Teil der Mili-
tärregierungsakten steht nunmehr für die Auswertung zur Verfügung; und so-

641

weit die deutsche Seite betroffen ist, dürften die Fakten des politischen, wirtschaftlichen und kulturellen Bereichs trotz mancher Einseitigkeit der Überlieferung klar auf der Hand liegen; doch bleibt die politische Einschätzung in vielen Einzelheiten umstritten. Wer heute in diesem Bereich arbeiten will, muß entweder mit der herrschenden Meinung schwimmen oder aber – wenn er seinen eigenen Weg gehen will – gute Nerven, Durchstehvermögen sowie finanzkräftige Mäzene haben.

„Trümmerfrauen" bei den Aufräumungsarbeiten

LITERATURÜBERSICHT

Die Werke sind im allgemeinen nur einmal aufgeführt und nach ihrem inhaltlichen Schwerpunkt eingeordnet. Die Auswahl bestimmte sich nicht durch die Qualität, die ohnehin nicht sicher zu bestimmen ist, sondern durch das Gewicht für die Behandlung einer bestimmten historischen Thematik. Die bibliographischen Angaben sind gelegentlich verkürzt; so wurden längere Untertitel fortgelassen. Die Angaben genügen aber immer für weitere Ermittlungen in Bibliotheken.

Abkürzungen:

Abh.	=	Abhandlungen
Bd.	=	Band
BN	=	Bremer Nachrichten
BrJb	=	Bremisches Jahrbuch
dt.	=	deutsch
H.	=	Heft
HGBll	=	Hansische Geschichtsblätter
HPH	=	Hausarbeit der Pädagogischen Hochschule in Bremen (Exemplare im allgemeinen im StA)
Hrsg., hrsg.	=	Herausgeber, herausgegeben
Hzgt.	=	Herzogtum
Jb.	=	Jahrbuch
Jg.	=	Jahrgang
MA	=	Mittelalter
Masch.schr.	=	Maschinenschrift
MG	=	Monumenta Historica
NF	=	Neue Folge
SS	=	Scriptores
StA	=	Staatsarchiv der Freien Hansestadt Bremen
StUB	=	Staats- und Universitätsbibliothek Bremen
VadStA	=	Veröffentlichungen aus dem Staatsarchiv der Freien Hansestadt Bremen
VSWG	=	Vierteljahrsschrift f. Sozial- und Wirtschaftsgesch.
Witth.	=	Wittheit
Ztg.	=	Zeitung

Systematik

A. Historische Wissenschaft, Hilfswissenschaften

1. Wissenschaftliche Institute

Bibliothek des Bremer Ausschusses für Wirtschaftsforschung, Bahnhofsplatz 29 / 32 A
Bibliothek der Brem. Bürgerschaft, Bürgerschaftsgebäude, Am Markt
Bibliothek der Bremischen Evangelischen Kirche, Haus der Kirche, Franziuseck 2 / 4
Bibliothek der Handelskammer Bremen, Haus Schütting, Am Markt 13
Bibliothek des Statistischen Landesamtes, Bremen, An der Weide 14 / 16
Bücherei der Justizbehörden, Gerichtshaus Domsheide
Bundesarchiv Koblenz, Am Wöllershof
Deutsches Schiffahrtsmuseum Bremerhaven, Van Ronzelenstraße
Bremer Landesmuseum für Kunst- und Kulturgeschichte (Focke-Museum), Schwachhauser Heerstraße 240
Heimatmuseum Vegesack, Schloß Schönebeck
Institut für Seeverkehrswirtschaft – Bibliothek; Bremen, Am Dom 5 a
Katholische Gemeinde zu Bremen – Zentralbibliothek; Bremen, Balgebrückstraße 22
Kunsthalle Bremen, Am Wall 207
Ludwig-Roselius-Museum für Frühgeschichte, Worpswede
Morgenstern-Museum Bremerhaven, Kaistraße 5 / 6
Nieders. Landesamt für Bodenforschung – Bibliothek; Bremen, Friedrich-Missler-Straße 46–48

Niedersächs. Staatsarchive in Hannover, Am Archive 1, Oldenburg, Damm 43,
   Stade, Am Sande
Roselius-Haus, Böttcherstraße
Staatsarchiv der Freien Hansestadt Bremen, Am Staatsarchiv 1
Staats- und Universitätsbibliothek, Bibliothekstraße
Stadtarchiv Bremerhaven, Stadthaus
Stadtbibliothek Bremen, Knochenhauerstraße 20/25; Schüsselkorb 14

2. Bestandsübersichten

Übersicht über die Bestände des Staatsarchivs der Freien Hansestadt Bremen,
   bearb. von Klaus Schwarz = VadStA 48, 1982
Übersicht über die Bestände des Nieders. Staatsarchivs in Hannover, Göttingen I
   1965; II 1968; III, 1 1983; III, 2 1983
Lübbing, Herm., Die Bestände des Staatsarchivs Oldenburg, Oldenburg, 1943
Weise, Erich, Gesch. des Nieders. Staatsarchivs in Stade nebst Übersicht seiner
   Bestände, Göttingen 1964

3. Bibliographien

Arbeiter-Zentral-Bibliothek Bremen, Bücherverzeichnis Ausgabe Februar 1925,
   Bremen 1925
Bibliographien der nieders. Geschichte (und Bremens) Hrsg. Friedr. Busch und
   Reinhard Oberschelp
1908–1932: Hildesheim 1962
1933–1955: Hildesheim 1973/74
1956–1957: Hildesheim 1959
1958–1960: Hildesheim 1971
1961–1965: Hildesheim 1972
1966–1970: Hildesheim 1974
1971 ff.   : Hildesheim 1974 ff.
Bremen im Buch, hrsg. v. den Volksbüchereien der Freien Hansestadt Bremen,
   1965
Hadamitzky, Wolfgang, Verzeichnis bremischer Zeitschriften von den Anfängen
   bis 1960, Prüfungsarbeit der hamb. Bibliotheksschule, 1965 (Masch.schr.)
Heye, Heike, Bibliographie der Bremer Zeitungen von 1844–1965, Prüfungsarbeit der hamb. Bibliotheksschule 1967 (Masch.schr.)
Niedersachsen-Bibliographie, Berichtsjahre 1908–1970; systematisches Gesamtverzeichnis, bearb. von Reinhard Oberschelp, 5 Bde., Mainz-Kastel
   1985.
Runge, Karl, Bremische Bibliographie
1954/1955: im Jb. d. brem. Wiss. I, 1955
1956/1957: im Jb. d. Witth. II., 1958
1957/1958: im Jb. d. Witth. III., 1959
1958/1959: im Jb. d. Witth. IV., 1960
1959/1960: im Jb. d. Witth. V., 1961
1960/1961: im Jb. d. Witth. VI., 1962
1961/1962: im Jb. d. Witth. VII., 1963

1962/1963: im Jb. d. Witth. VIII., 1964
1963/1964: im Jb. d. Witth. IX., 1965
1964/1965: im Jb. d. Witth. X., 1966
1965/1966: im Jb. d. Witth. XI., 1967
1966/1968: im Jb. d. Witth. XIII., 1969
1968/1969: im Jb. d. Witth. XV., 1971
1969/1971: im Jb. d. Witth. XVII., 1973
Scheper, Burchard, Bibliographie zur Geschichte der Stadt Bremerhaven, Bremerhaven 1973
Das Schrifttum zur brem. Geschichte; Überblick über die Erscheinungen der letzten dreißig Jahre. = BrJb 40, 1941
Schrifttum d. Wittheit zu Bremen, Bibliogr. der Veröff. 1924 bis 1974 = Schriften d. Witth. NF Bd. 6, Bremen 1977
Verzeichnis sämtlicher Bremensien der Bremischen öffentlichen Bibliothek, Bremen 1834
Wania, Hubert, Verzeichnis der in Bremen erschienenen Zeitungen und Zeitschriften, in: BrJb. 27, 1919, S. 140–152

4. Zeitschriften und Reihen mit hist. Arbeiten

Abhandlungen und Vorträge (Hrsg. Bremer Wiss. Ges.; seit 1941: Wittheit), Bd. 1–21, 1926–1956 und eine Sondernummer 1944
Archiv des Vereins f. Gesch. u. Alterthümer der Herzogthümer Bremen und Verden und des Landes Hadeln zu Stade, 1 ff. 1862 ff; Stader Archiv NF, H. 1–32, 1911–42; Stader Jb. 1947 ff.
Jahrbuch f. die Gesch. des Hzgt. Oldenburg 1 ff. 1892 ff.; Oldenburger Jb. f. Altert. kde u. Landesgesch., Kunst u. Kunstgewerbe 1918 ff.; Old. Jb. d. Ver. f. Landesgesch. u. Altert. kde. 1933 ff; Old. Jb. des Landesvereins für Gesch. u. Heimatkunde 46/47, 1942/43; Old. Jb. (des old. Landesvereins f. Gesch., Natur- und Heimatkunde) 1948 ff.
Blätter der Maus, 1–10, Bremen 1925–1935; 11, Bremen 1985
Bremer Archäologische Blätter 1 ff., Bremen 1960 ff.
Bremer Veröff. zur Zeitgesch. 1–7, Bremen 1966–1974
Bremisches Jahrbuch (BrJb) (Hrsg. Hist. Gesellsch.) 1 ff. 1864 ff.
Bremische Weihnachtsblätter (Hrsg. Hist. Ges.) 1 ff., 1928 ff.
Hefte des Focke-Museums Bremen 1 ff., 1963 ff.
Heimat und Volkstum (Hrsg. Ver. f. Nieders. Volkstum) 1 ff., 1954 ff.
Hospitium Ecclesiae (Hrsg. Komm. f. brem. Kirchengesch.) 1 ff., 1954 ff.
Jahrbuch der brem. Sammlungen 1–5, 1908–1912
Jahrbuch der Bremischen Wissenschaft 1, 1955; Jahrbuch der Wittheit 1 ff., 1957 ff.
Jahrbuch der Männer vom Morgenstern 1 ff., 1898 ff.
Jahresschriften des Focke-Museums 1929 ff.
Niederdeutsches Jb. f. Volkskunde 1 ff., 1911 ff.
Vaterländisches Archiv ... des Königreichs Hannover 1819–1821; Neues Vaterländisches Archiv des Königreichs Hannover 1822–1825; Vaterländisches Archiv für Hannoversche und Braunschweigische Geschichte 1833–1834; Vaterländisches Archiv des Historischen Vereins für Niedersachsen 1835–1844; Ar-

chiv des Historischen Vereins für Niedersachsen NF 1845–1849; Zeitschrift des
Historischen Vereins für Niedersachsen 1854–1919; Niedersächsisches Jahr-
buch 1 ff., 1924 ff.
Veröff. a. d. Staatsarchiv der Freien Hansestadt Bremen (VadStA) 1 ff., 1928 ff.

5. Nachschlagewerke, Chroniken

Handbuch hist. Stätten Deutschlands II. Niedersachsen / Bremen, Stuttgart 1969
Deutsches Städtebuch, hrsg. von Erich Kayser, III / 1: Niedersachsen und
Bremen, Stuttgart 1952
Kloos, Werner, Bremer Lexikon, Bremen 1977
Müller, H. A., Gedenkbuch der Freien Hansestadt Bremen sowie der Hafenstädte
Bremerhaven und Vegesack für das Vierteljahrhundert 1851–1875, Bremen
1876
Patemann, Reinhard, Bremische Chronik 1957–1970, VadStA 41, 1973
Ders., Bremische Chronik 1971–1975, VadStA 54, 1979
Peters, Fritz, Zwölf Jahre Bremen 1921–1932, Bremen 1938
Ders., Zwölf Jahre Bremen 1933–1945, Bremen 1951
Ders., Bremische Chronik 1945–1956, Bremen 1976
Schomburg, Dietrich, Geschichtliches Ortsverzeichnis des Landes Bremen, Hil-
desheim 1964 = Gesch. Ortsverzeichnis von Nieders. 1
Versuch eines bremisch-niedersächsischen Wörterbuchs, 5 Bde., Bremen 1767 bis
1771; Nachtrag Bremen 1869; Nachdruck Osnabrück 1975
Wania, Hubert, Dreißig Jahre Bremen 1876–1905, Bremen 1906
Ders., Fünfzehn Jahre Bremen 1906–1920, Bremen 1930

6. Urkundensammlungen, Inschriften u. a.

Börtzler, Adolf, Lateinische Inschriften Bremens, Bremen 1952 = Schriften der
Witth., Reihe D, Abh. v. Vortr., Bd. 20, H. 1
Bremisches Urkundenbuch, hrsg. v. B. R. Ehmck, W. v. Bippen und H. Entholt,
I–VI, 2 (VI, 3 und VII in Vorbereitung), Bremen 1873–1940
Cassel, Johan Philipp, Bremensia, Bremische historische Nachrichten und Ur-
kunden, 2 Bde., Bremen 1766 / 67
Ders., Sammlung ungedruckter Urkunden, welche die Geschichte in vorigen Zei-
ten aufklären, Bremen 1768
Hamburgisches Urkundenbuch I–IV, Hamburg 1842 ff.
Hansisches Urkundenbuch Bd. I ff., Halle 1876 ff.
v. Hodenberg, Wilh., Die Diöcese Bremen und deren Gaue in Sachsen und Fries-
land ..., 3 Teile, Celle 1858–1859
Oldenburgisches Urkundenbuch, hrsg. von Dietrich Kohl (1. Bd.) und Gustav
Rüthning (2.–8. Bd.), Bd. 1–8, Oldenburg 1914–1935
Regesten der Erzbischöfe von Bremen, Bd. 1, bearb. von O. H. May, Bremen
1937; Bd. II, 1, bearb. v. G. Möhlmann, Hannover 1953, Bd. II / 2, bearb. v. J.
König, Hannover 1971
Regula Capituli S. Willehadi, Hs. StUB, Mscr. 44
Die Rezesse und a. Akten der Hansetage, Bd. I ff., Lpz. 1870 ff.
Rode, Johann, Registrum Bonorum et Jurium Ecclesiae Bremensis, hrsg. v. Cap-
pelle, Bremerhaven 1926

Das Stader Kopiar, hrsg. von Wilh. v. Hodenberg, Hannover 1856
Strunk, Hermann, Quellenbuch zur Geschichte des alten Erzstifts Bremen und Niedersachsens bis zum Ausgang des Mittelalters, Halle a. S. 1911
Urkunden zur Geschichte der Stadt Bremerhaven I, Lehe und Vieland im Mittelalter 1072–1500, bearb. von Jürgen Bohmbach und Bernd-Ulrich Hucker = Veröff. Stadtarch. Bremerhaven, Bd. 3, 1982
Die Urkunden Heinrichs des Löwen, bearb. v. Jordan, MG, Weimar 1949
Vogt, Johann, Monumenta inedita rerum Germanicarum praecipue Bremensium, Bremen 1740/63

7. Literatur über Urkunden, Akten usw.

Fricke, Peter, Vorgangsgliederung älterer Sammelsachakten, Formen moderner Aktenführung in bremischen Registraturen vor der Büroreform, in: Jb. d. Witth. 16, 1972, S. 247–305
Hägermann, Dieter, Einige Bemerkungen zu den gefälschten Urkunden Heinrichs V., Wilhelms von Holland und Wenzels für die Stadt Bremen, in: BrJb 56, 1978, S. 15–38
Ders., Bremer Wenzel-Urkunde und Privilegium Maius, in: BrJB 57, S. 1979, 247–254
Lindner, Theodor, Die Privilegien der Könige Wilhelm und Wenzel für die Stadt Bremen und die Zeit der Fälschung (dazu Anhang von W. v. Bippen), in: BrJb 13, 1886, S. 1–37
Müller-Volbehr, Otto, Vom Archivwesen der Bremischen Evangelischen Kirche, in: Hospitium Ecclesiae 5, 1967, S. 132–136
Schumacher, Herm. Alb., Die Bremer Imunitätsprivilegien, in: BrJb 1, 1863, S. 27 ff.

8. Chroniken, Viten u. a. literarische Quellen

Adam von Bremen, Hamburgische Kirchengeschichte = Gesch.schreiber aus deutscher Vorzeit, 2. Gesamtausg. Bd. 44, Lpz. 1920
Annales Bremenses, ed. Jaffé in MG SS, XVII, S. 854 ff.
Annales Stadenses auctore Alberto, ed. Lappenberg, in MG SS XIII, S. 291 ff.
Balleer, Henr., Bremische Chronik –1546, Hs. StUB
v. Büren, Daniel, Denkbuch 1486–1525, Hs. StUB
Chronicon breve Bremse, ed. Lappenberg, in: MG SS XVII, S. 389 ff.
Dilich, Wilh., Urbis Bremae Typus et Chronicon ..., Kassel 1602 und Kassel 1603/1604
Düsing, D., Chronik von Bremen 1700–1757, Hs. StUB
Geschichtsquellen des Erzstifts und der Stadt Bremen, hrsg. v. Johann Martin Lappenberg Bremen 1841, Nachdruck Aalen 1967
Hertzberg, Hugo, Das Tagebuch des bremischen Ratsherrn Salomon (1568 bis 1954), in: BrJb 29, 1924, S. 27–81
Historia archiepiscoporum Bremensium, in: Lappenberg, Geschichtsquellen, Bremen 1841, S. 7 ff.
Heineken, Christian Abraham, Geschichte der Freien Hansestadt Bremen von der Mitte des 18. Jahrhunderts bis zur Franzosenzeit, bearb. von Wilhelm Lührs, Bremen 1983

Kenckel, Detmar, Chronik –1563, Hs. StA

Koster, Peter, Wahrhafte, kurtze und einfältige Beschreibung dessen, was sich von Anno 1600 bishero in der kayserlich Freyen Reichs- und Hanse-Stadt Bremen Merkwürdiges zu Kriegs- und Friedenszeiten, auch in anderen Begebenheiten zugetragen, Hs. StA und StUB

Krantz, Albert, Saxonia, Frankfurt a. M. 1580 und 1621

Lankenau, Joh., Chronica der Römisch-kaiserlichen Freyen Reichs- und Hanse-Stadt Bremen –1775, Hs. StUB

Meyer, Henrich, Diarium von 1641 bis 1683, Hs. StUB

Müller, Herm., Auszüge aus des Ratsherren Hermann Müller Privat-Nachrichten von den wichtigsten Angelegenheiten in Bremen 1612–1627, Ms. StUB

v. Post, Hermann, Bremische Chronik 1585–1756, 1679–1756, Hss. StA, StUB

v. Post, Lib. Diedr., Forts. der Chronik von Hermann v. Post 1754–1811, Hss. StA, StUB

Quellen des 9. und 11. Jhs. zur Gesch. der hamb. Kirche und des Reiches (u. a. Vita Ansgarii, Adam v. Bremen), bearb. v. Rud. Buchner, Darmstadt 1961 und 1978 = Ausgew. Quellen zur Dt. Gesch. d. MA, Bd. 11

Renner, Johann, Chronica der Stadt Bremen –1583 und auch Forts., Hss. StA, StUB

Ders., Chronicon der Stadt Bremen, in teutsche Verse verfaßt, Bremen 1642

Die Bremer Chronik von Rinesberch, Schene und Hemeling, hrsg. von Hermann Meinert = Die Chroniken der dt. Städte 37; die Chroniken der nieders. Städte, Bremen 1968

Rinesberch-Schene, Brem. Chronik Forts., StA, StUB

Röpcke, Andreas, Willehad, das Leben des hl. Willehad, Bischof von Bremen und die Beschreibung der Wunder an seinem Grabe, Bremen 1982

Sächsische Weltchronik, ed. Weiland, in: MG Dt. Chron. I, S. 1 ff.

Sagittarius, Caspar, Chronicon Bremense –1601, Hs. StUB

Salomon, Heinrich, Annotationes Calendariae, 1568–1594 (1600); Hss. StA, StUB

Singhoffen, Major, Diarium von Militär-Sachen 1757–1767, Hs. StUB

Sparenberg, Arnd, Chronicon Bremense –1532 (1541), Hs. StUB

Vita Rimberti, rec. Waitz, in: MG SS in us. schol. LV (1884), S. 80 ff.

Vita Willehadi, ed. Pertz, in: MG SS II, S. 378 ff.

Wolter, Heinrich, Chronicon Bremense, in: Meibom SS rer. germ., Helmstedt 1688, II, S. 44 ff.

9. Literatur zur Geschichtsschreibung

Schwarzwälder, Herbert, Die Chronik von Rinesberch und Schene, in: BrJb 52, 1972, S. 21–37

Bericht über die Bearbeitung der bremischen Geschichtsquellen, in: BrJb 6, 1872, S. XXVII–LXIV

Ehmck, D. R., Von Johann Renners bremischer Chronik, in: BrJb 1, 1863, S. 252–257

Gildemeister, Gertrud, Die Geschichtsschreibung Bremens im ausgehenden Mittelalter, phil. Diss. Leipzig 1920 (Masch.schr.)

Koppmann, Karl, Beiträge zur bremischen Quellenkunde, in: BrJb 6, 1872,

S. 251–256
Niemeyer, Gerhard, Die Herkunft der Vita Willehadi, in: Dt. Arch. 12 (1956), S. 17ff.; ders., Die Vita des ersten Bremer Bischofs Willehad und seine kirchliche Verehrung, phil. Diss. Münster 1953 (Masch.schr.)
Schunke, Ilse, Die Handschriften von Renners Chronik in der Staatsbibliothek Bremen, in: BrJb 33, 1931, S. 158–172

10. *Münzen / Münzrecht*

Cassel, Joh. Phil., Vollständiges bremisches Münzkabinet Teil 1 / 2, Bremen 1772
Jesse, Wilhelm, Zur älteren Münz- und Geldgesch. Bremens, in: BrJb 36, 1936, S. 182–208
Ders., Bremens neuere Münzgeschichte, in: BrJb 38, 1937, S. 158–206
Jungk, Hermann, Die bremischen Münzen, Bremen 1875, Nachdr. Braunschweig 1967
Löning, George Anton, Das Münzrecht im Erzbistum Bremen = Quellen u. Stud. zur Verfass. gesch. d. Deutschen Reiches im Mittelalter u. d. Neuzeit, Bd. VII. H. 3, Weimar 1937
Schneider, Konrad, Die Prägung von Reichsmünzen mit dem bremischen Hoheitszeichen in der Münzstätte Hamburg, in: BrJb 62, 1984, S. 103–121

11. *Zeitungen, Zeitschriften*

Arbeiterpolitik, Wochenschrift für wiss. Sozialismus, 1–4, 1916–1919
Arbeiter-Zeitung (KPD), 1924–1933
Bremer Arbeiter-Zeitung (USPD), 1–6, 1918–1922
Bremer Bürger-Zeitung (SPD), 1890–1918
Courier an der Weser, 1846–1906
Bremer Generalanzeiger, 1894–1899
Bremer Handelsblatt, 1851–1883
Bremer Journal, 1877–1880
Bremer Kirchenblatt, 1865–1922
Bremer Kirchenbote, 1832–1947
Bremer Nachrichten, 1811–1944, 1948ff.
Bremer Tageblatt, 1896–1920
Bremer Volkszeitung (MSPD), 1919–1922
Bremer Volkszeitung (SPD), 1922–1933
Bremer Wöchentl. Nachrichten, 1743–1811
Bremer Zeitung, 1755, 1807–1848
Bremer (Nat.) Zeitung (NSDAP), 1931–1945
Bremischer Beobachter, 1848–1855
(Neuer) bremischer (Haushaltungs)calender für den Bürger und Landmann, Bremen 1814–1840
Bremisches Magazin (Hrsg. F. Donandt), 1830–1834
Bremisches Unterhaltungsblatt, 1820–1857
Der Bürgerfreund, Bremer Bürgerfreund, 1–51, 1816–1866
Hanseatisches Magazin (Hrsg. Joh. Smidt), 1–6, 1799–1804
Der Kommunist (KPD), Bez. Nordwest, 1918–1920
Neue Bremer Zeitung, 1813–1815

Norddt. Rundschau (nat. lib.) 1912–1924; Nat. Rundschau 1924–1926; Neue Bremer Ztg. 1926; Bremer Ztg. 1926–1929

Nordwestdeutsches Echo (KPD), 1921–1923

Die Rote Fahne, Organ der KPD Sektion der III. Internationale, Bez. Nordwest, Bremer Beilage, 1920–1921

Die Union, 1842–1849

Weser-Zeitung, 1844–1934

Zeitung des Departments der Wesermündungen, 1812–1813

12. Literatur über Zeitungen und Zeitschriften, s. a. A 3, Bibliographien

Engelsing, Rolf, Zeitung und Zeitschrift in Nordwestdeutschland 1800–1850; Leser und Journalisten (bes. Bremen), in: Börsenblatt f. d. dt. Buchhandel, Frankfurter Ausg. 19, 1963, S. 1037–1097

Ders., Die Zeitschrift in Nordwestdeutschland, 1850–1914, in: Archiv f. Gesch. des Buchwesens 6, 1965, S. 938–1036

Ders., Massenpublikum und Journalismus im 19. Jh. in Nordwestdeutschland, Berlin 1966 = Schriftenreihe zur Wirtsch.- u. Sozialgesch. 1 (wirtsch.- und sozialwiss. Habil.schrift, FU Berlin)

Ders., Die periodische Presse und ihr Publikum, Zeitungslektüre in Bremen von den Anfängen bis zur Franzosenzeit, in: Börsenblatt f. d. dt. Buchhandel 18, 1962, S. 1790–1816

Entholt, Herm., Die „Bremer Wöchentlichen Nachrichten" als Quelle der bremischen Kulturgesch., in: BrJb 41, 1944, S. 184–218

Gebhardt, Hartwig, Zeitung und Journalismus in Bremen in der ersten Hälfte des 20. Jahrhunderts, in: BrJb 57, 1970, S. 183–246

Glöckner, Paul, Die Bremer Volkszeitung 1925–1933, HPH 1963

Die Entwicklung der Bremer Presse, eine Ausstellung der Staatsbibliothek Bremen, Bremen 1965

Hagelweide, Gert, Die „Deutsche Presseforschung" an der Staatsbibliothek Bremen, in: Jb. d. Wittheit 12, 1968, S. 7–30

Hesemann, Fritz, Die völkische Presse in Bremen am Beispiel des Niedersachsen-Herold, HPH 1966

Meyer, Dora Henny, Die Weserzeitung von 1844 bis zur Reichsgründung, Bremen 1932

Nollmann, Waltraut, Kommunistische Propagandablätter in Bremen (von 1919 bis 1924), HPH 1965

Ohlhoff, Bärbel, Die KP-Presse in Bremen 1918–1923, HPH 1965

Pelger, Hans / Knieriem Michael, Friedrich Engels als Bremer Korrespondent des Stuttgarter Morgenblatts für gebildete Leser und der Augsburger „Allgemeinen Zeitung" = Schriften des Karl-Marx-Hauses, H. 15, Trier 1975

Pütz, Rosemarie, Die Kommunistische Presse in Bremen 1924–1933, HPH 1970

Sasse, Gustav, Bremisches Zeitungswesen bis 1848, phil. Diss. Leipzig 1932

Siemer, Anita, SPD-Presse 1919–1925, HPH 1966

Vogt, Werner, Politische Karikaturen aus 120 Jahren deutscher und bremischer Geschichte = Studien zur Publizistik, Bremer Reihe, Bd. 8, Münster 1967

Zeitungen und zeitungsähnliche Periodika, Original- und Mikrofilmbestände 1. Dez. 1982, bearb. Wilbert Ubbens, StUB, Bremen 1982

B. Landeskunde

1. Landeskunde angrenzender Gebiete

Abel, Herbert, Die Besiedlung von Geest und Marsch am rechten Weserufer bei Bremen, in: Deutsche Geogr. Bl. 41, 1933, H. 1–2 = Diss. 1932

Beschreibung des alten Sachsenlandes, Hrsg. Joh. Conr. Knauth, Dresden 1727 (Verf. Caspar Schneider?)

Cordes, Rainer, Die Binnenkolonisation auf den Heidegemeinheiten zwischen Hunte und Mittelweser (Grafschaften Hoya und Diepholz), Hildesheim 1981

Deike, Ludwig, Die Entstehung der Grundherrschaft in den Kolonien an der Niederweser, VadStA 27, 1959 = phil. Diss. Hamburg 1956

Gade, H., Historisch-geographisch-statistische Beschreibung der Grafschaften Hoya und Diepholz, Bd. I/II, Nienburg 1901

Heiligenrode, Festschrift zur 800-Jahr-Feier, Stuhr 1982

Hüchting, Cord-Hilmer, 900 Jahre Brinkum 1063–1963, Brinkum 1963

Kohl, Johann Georg, Nordwestdeutsche Skizzen, 2. Aufl. Bremen 1909

von Kobbe, Peter, Geschichte und Landesbeschreibung der Herzogthümer Bremen und Verden, Göttingen 1824

Kühlken, Friedr., Zwischen Niederweser und Niederelbe. Eine Heimatkunde d. Landes Bremen u. d. Nieders. Reg. Bez. Stade, 1. Aufl. Stade 1950; 2. Aufl. Bremen/Osterh.-Scharmbeck 1965

Die Kunstdenkmale des Kreises Wesermünde, I. Der frühere Kreis Lehe, bearb. von Oskar Kiecker und Erich von Lehe; II. Der frühere Kreis Geestemünde, bearb. von Oskar Kiecker und Richard Cappelle = Die Kunstdenkmale der Provinz Hannover V, 2 und 3, Hannover 1939

Lemberg, Erich, Das Buch von Stuhr, 1966

Lilienthal gestern und heute, hrsg. von Wilhelm Dehlwes und Edda Buchwald I/II, 1977/81

Lilienthal, Karl, Jürgen Christian Findorffs Erbe, Osterholz/Scharmbeck 1931

Lüneburger Heimatbuch, hrsg. von Otto und Theodor Benecke, Bd. I/II, Bremen 1914

Müller-Scheeßel, Karsten, Jürgen Christian Findorff und die kurhannoversche Moorkolonisation im 18. Jahrhundert = Veröff. d. Inst. f. Hist. Landesforsch. der Univers. Göttingen, Bd. 7, Hildesheim 1975

Müsegades, Kurt, Schönemoor im Wandel der Zeiten, 1972

Ders., Hasbergen, ein Jahrtausend Gemeindegeschichte, 1974

Heimatkunde des Herzogtums Oldenburg, Bd. I/II, Bremen 1913

Oldenburg, ein heimatkundliches Nachschlagewerk, zusammengestellt von Franz Hellbernd und Heinz Möller, Vechta 1965

Paul, Albert, Syker Heimatbuch für Schule und Haus, Wolfenbüttel 1929

Schacht, W., Heimatbuch der Gemeinde Kirchweyhe, 1961

Segelken, Johann, Osterholz-Scharmbecker Heimatbuch, 3. Aufl. 1967

Heimatkunde des Regierungsbezirks Stade, Bd. 1 (alles Erschienene), hrsg. von Fr. Plettke, Bremen 1909

Der Landkreis Wesermünde, bearb. von Hans Heinrich Seedorf, Bremen-Horn 1968

2. Allgemeine bremische Landeskunde („Heimatkunde")

Album der Haupt- und Residenzstädte Europa's, hrsg. von Eugen Huhn und V. Kleinknecht, II. Section III. Lieferung: Bremen, Schweinfurt 1845

Biehl, Theodor, Bremen, eine landschaftskundliche Stadtuntersuchung, Bremen 1922

Bremen im Wiederaufbau 1945–1957, hrsg. v. Bremer Ausschuß für Wirtschaftsforschung, bearb. v. Gerhard Deissmann, Bremen 1958

Bremen, Lebenskreis einer Hansestadt, hrsg. von Knittermeyer und Steilen, Bremen 1940, 2. Aufl. 1941, 3. Aufl. 1942

Bremen 1900–1927, Bildl. Darst. d. Standes und der Entwicklung der Bevölkerung, des Wirtschaftslebens und der staatlichen Verwaltung seit Anfang des Jahrh., hrsg. Bremisches Stat. Landesamt, Bremen 1929

Buchenau, Franz, Die freie Hansestadt Bremen und ihr Gebiet, Bremen 1862, 1865, 1882, 1900

Ders., Die Freie Hansestadt Bremen; eine Heimatkunde, hrsg. von Diedrich Steilen, Bremen 1934

Entholt, J. A., Kleine bremische Heimatkunde, Bremen 1885

Büsching, Anton Friedrich, Erdbeschreibung, 9. Teil, der den nieders. Kreis ... begreift, 7. Aufl., Hamburg 1792, S. 594–598

Fassmann, David, Der auf Ordre und Kosten Seines Kaysers reisende Chineser ... I. Teil, 26. Stück, Leipzig 1723, S. 1164–1169

Die freie Hansestadt Bremen und Umgegend, Ausg. zur XXV. Allg. Deutschen Lehrervers., Bremen 1883

Die Freie Hansestadt Bremen und ihre Umgebungen, Festgabe den Teilnehmern an der 63. Vers. der Ges. deutscher Naturforscher und Ärzte, Bremen 1890

Gansberg, Fritz, Unsere Heimat, Lebensbilder aus Stadt und Land, 2 Bde., Bremen 1929

Gildemeister, O., Die freie Stadt Bremen in ihrer politischen und kulturgeschichtlichen Entwicklung, in: Die Gegenwart 88, Leipzig 1852

Gläbe, Friedrich, Bremen einst und jetzt; eine Chronik, Bremen 1955

Gude, Heinrich Ludwig, Nachricht von der Stadt Bremen (1709)

Die Hansestädte Lübeck und Bremen, ein Handbuch für Einheimische und Fremde. Beilage zu dem Werk: Die Handlung von Hamburg (Verf. Aug. Schumann), Leipzig und Ronneburg 1807, S. 161–460

Heimatchronik der Freien Hansestadt Bremen, bearb. v. Friedr. Prüser, Köln 1955

Heineken, Philipp, Die freie Hansestadt Bremen und ihr Gebiet in topographischer, medizinischer und naturhistorischer Hinsicht, 2 Bde., Bremen 1836/37

Kohl, Johann Georg, Alte und neue Zeit; Episoden aus der Cultur-Geschichte der freien Reichs-Stadt Bremen, Bremen 1871, Nachdruck Bremen 1975

von Kramer, H., Vollständiges Lehrbuch der Geographie der Staaten des deutschen Bundes, II. Abt., Bremen 1819, S. 736–740

Lee, Heinrich, Deutsche Städtebilder aus dem Anfang des 20. Jahrhunderts, 1907, S. 42–49

Meyer, Hanns, Das Bremer Gesicht, Bremen[3] 1964

Meyer, Joseph (Bremen), in: Meyers Universum, Hildburghausen 1859, Bd. 3, S. 33–41, vgl. Bremen i. d. Erz., S. 200–211

Roller, Christian Nikolaus, Versuch einer Geschichte der Kaiserlichen und Reichsfreyen Stadt Bremen, 4 Teile, Bremen 1799–1803

Roux de Rochelle, Jean Baptiste Gaspard, Villes anseatiques, Paris 1844

Saur, Abraham, Stätte-Buch..., fortgesetzt durch Hermann Adolph Authes, Frankfurt a. M. 1658, S. 207–237

von Schlieben, W. L. A., Neuestes Gemälde der deutschen Bundesstaaten, 1. Teil = Schütz's Allg. Erdkunde, 16. Bd., Wien 1831, S. 371–375

Storck, A., Ansichten der Freien Hansestadt Bremen und ihrer Umgebungen, Frankfurt a. M. 1822; Nachdrucke Frankfurt 1927 / Bremen 1977

Stöver, Johann Hermann (Quintus Aemilius Publicola) Niedersachsen in seinem neuesten politischen civilen und litterarischen Zustande II, Rom 1789, S. 32 bis 83; Nachdruck 1975

Wefing, Carl, Einführung in die bremische Heimatkunde und Geschichte, I. Bremische Heimatkunde, Bremen 1902 (2. Aufl.)

Wolkenhauer, Wilhelm, Landeskunde der freien Hansestadt Bremen und ihres Gebietes, Breslau ³1898, 1. Aufl. 1889, 2. Aufl. 1894

3. Allgemeine Statistik

Berufs- und Betriebszählung vom 12. Juni 1907 im Bremischen Staate, Bremen 1909

Die Entwicklung der Freien Hansestadt Bremen 1900–1927 (Statistik), Bremen 1929

Jahrbuch für die amtliche Statistik des Bremischen Staates, Jg. 1–8, 1867–1874, Bremen 1868–1875

Jahrbuch für Bremische Statistik, Jg. 1875–1917, Bremen 1876ff.

Lindemann, M., Statistische Überblicke über einige Verhältnisse der Stadt Bremen in den letzten Jahrzehnten, Bremen 1861

Monatsberichte und Mitteilungen des Bremischen Statistischen Amtes im Jahre 1902ff., Bremen 1902ff.; ab 1916: Monatsberichte des Brem. Stat. Amtes

Statistisches Handbuch der Freien Hansestadt Bremen 1937

Statistisches Handbuch für das Land Freie Hansestadt Bremen 1950–1960, 1960–1964, 1965–1969

Zur Statistik des Bremischen Staats, hrsg. v. provisor. Bureau für die Statistik, Bremen 1862, 1865, 1867

Statistische Mitteilungen aus Bremen ..., Bremen 1946, S. 1ff.

Statistische Monatsberichte, Land Freie Hansestadt Bremen, Jg. 1ff. 1949ff.

Statistisches Jahrbuch der Freien Hansestadt Bremen, Jg. 1929–1933, Bremen 1929–1933

Verzeichnis der Veröff. des Statistischen Landesamtes Bremen, Bremen 1962

Volkszählung vom 1. Dezember 1900 im Bremischen Staate, Bremen 1902; weitere Zählungen: 1905 (gedr. 1909), 1910 (gedr. 1917), 1925 (gedr. 1929)

Die Volks-, Berufs- und Betriebszählung vom 16. Juni 1933 in Bremen, Bremen 1936

4. Stadt-, Reise- und Wanderführer

Baedeker, Karl, Deutschland und das österreichische Ober-Italien; Handbuch für Reisende, 2. Teil, Koblenz 1857 (7. Aufl.), S. 59–62

Ders., Nordwestdeutschland; Handbuch für Reisende (28. Aufl.), Leipzig 1905

Bremen und seine Ausflugsorte = Lührs gelbe Reise- und Städteführer, Bd. 10, Rastede i. O., ca. 1935

Bremen, ein Führer für Fremde, Bremen 1875

Bremen, Führer durch die freie Hansestadt Bremen, Bremen 1885

Bremen, Plan der Stadt ... nebst einem kurzen Führer durch die Stadt, bearb. von Robert Lindner, 3. Abdruck, Bremen, ca. 1896

Bremen/Bremerhaven, kurzer Stadtführer von Karl Baedeker, Freiburg 1974, 4. Aufl. 1983

Ehlers, Wilh., Bremen und Umgebung = Griebens Reisef. 183, Berlin 1920

Bremen, Wegweiser für Fremde und Einheimische, Bremen 1948, (4. Aufl. 1949; 5. Aufl. 1951)

Burgdorff, Hermann, Der Bremer Wandersmann, Bremen (ca. 1918)

Die Freie Hansestadt Bremen und Umgebung, Bremen 1880 (4. Aufl.)

Führer durch die freie Hansestadt Bremen und deren Umgebung, Bremen 1875 (2. Aufl.)

Geißler, Robert, Bremen; ein Führer durch die Stadt und ihre Umgebungen, Bremen 1865

Gerdes, Johann, Die freie Hansestadt Bremen und Umgebung, Bremen 1911 (2. Aufl. 1920 bearb. von Hermann Burgdorf)

Hahn, F. G., Topographischer Führer durch das nordwestliche Deutschland; ein Wanderbuch ..., Leipzig 1895, S. 155–164

Halenbeck, L., 50 Ausflüge in die Umgebung von Bremen, Bremen 1893

Illustrierter Führer durch Bremen und Umgebung = Woerl's Reisehandbücher, Leipzig 1908 (14. Aufl.)

Joanne, Adolphe, Itinéraire descriptif et historique de l'Allemagne – L'Allemagne du Nord, Paris 1855, S. 266–268

Kleiner Führer in Bremens Umgegend für Fuß-Touristen und Radfahrer, 5. Aufl., Bremen 1911

Kurzer Wegweiser für die zu Bremen versammelten Naturforscher und Ärzte, Bremen 1844

Lindemann, Marie, Stadtführer Bremen, Bremen 1965

Reichard, M., Le Voyageur en Allemagne ..., Berlin 1835, S. 318, 319

Reiseführer Bremen = Miniaturbibliothek 952 (um 1914)

Schellers Stadtführer, 1. Aufl. Bremen 1888, div. Aufl. (29. Aufl. 1928/29)

Steudel, Friedrich, Bremer Wanderbuch, 1. Aufl. Bremen 1904 (2. Aufl. 1905, 3. Aufl. 1910, 4. Aufl. 1924)

Wanderfreuden, 20 illustrierte Wanderungen durch Bremens Umgebung, Bremen 1909

Wegweiser durch Bremen und seine Umgebungen, Bremen 1839; Neuster Wegweiser durch Bremen und seine Umgebungen, Bremen 1848, Nachdr. 1974

Weinhold, Carl, Führer durch Bremen = Miniatur-Bibl. 952, Leipzig ca. 1914

Zeiller, Martin, Itinerarium Germaniae, Continuatio I, darin das Reise-Buch durch Hoch- und Nieder-Teutschlande, Straßburg/Frankfurt a. M. 1674, S. 193–194

5. Reiseberichte

Altmeyer, J.J., Voyage dans les villes hanséatiques et en Danemark, par la Hollande et l'Allemagne, Liège 1842

Beneke, Friedr., Bericht über eine Reise nach Bremen im Jahre 1808, in: BrJb 31, 1928, S. 281–304

Bericht über die Reise des Erbprinzen Cosimo (III.) de Medici, in: Ztschr. f. Hamb. Gesch. 17, 1912, S. 3–23

Beuermann, Eduard, Skizzen aus den Hanse-Städten, Hanau 1836 = Bremen in der Erzählung, S. 106–169

Bremen in der Erzählung, hrsg. von Hans Kasten, Bremen 1946

Engelsing, Rolf, Ein Reisebericht von 1842, Bremen im Urteil eines Anhängers des „Jungen Deutschlands", in: BrJb 48, 1962, S. 395–401

Hauschild-Thiessen, Renate, Ein Hamburger in Bremen 1847, in: BrJb 53, 1975, S. 221–236

Hedemann, Hartwig Johann Christoph, Empfindsame Reise von Oldenburg nach Bremen, Falkenburg (Bremen) 1796

Hoche, Joh. Gottfr., Reise durch Osnabrück u. Niedermünster in. d. Saterland, Ostfriesland und Groningen, Bremen 1800, s. Bremen i. d. Erz., S. 92–105

Thomas Hodgskins Travels in the North of Germany ..., 2 Bde., Edinburgh 1820

van Hogendorp, Gijsbert Karel und Willem, Brieven van Gijsbert Karel van Hogendorp en Willem van Hogendorp, deelgenooten in het Handelshius Gijsbert Karel van Hogendorp en Co. te Amsterdam ... (1798), in: Bijdragen tot de Economische Geschiedenis van Nederland (s' Gravenhage) V, 1929, S. 1–54

v. Knigge, Adolf, Briefe auf der Reise aus Lothringen nach Niedersachsen geschrieben, Hannover 1793; s. Bremen i. d. Erz., S. 61–96

v. Kobbe, Theod./Cornelius, Wilh., Wanderungen an der Nord- und Ostsee, Leipzig (1841), S. 54–82

Kraeger, Heinr., Bremen im Spiegel der Literaturen; ein Engländer auf Besuch in Bremen im Jahre 1725, Bremen 1901

Lediard, Thomas, The German Spy, 1. Aufl. London 1738, 2. Aufl. London 1740

Ders., Der deutsche Kundschafter in Briefen eines durch Westphalen und Niedersachsen reisenden Engländers, aus der 2. Londoner Ausg. von 1740 übersetzt, Lemgo 1764, S. 57–103

Mylius, Christlob, Tagebuch (Reise u. a. nach Bremen), veröff. v. Abraham Gotthelf Kästner, in Bernoulli (Hrsg.), Archiv zur neueren Gesch., Geogr., Natur- u. Menschenkenntnis, 1786

Oelrichs, K. Th./Klostermeyer, H. D., Über die Skizzen aus den Hansestädten von Eduard Beuermann, in Bezug auf Bremen, in: Brem.Bll, 2, Dez. 1835, vgl. Bremen i. d. Erz. S. 170–193

Schecker, Heinz, Bremen in Reisebeschreibungen des 18.Jahrh., in: Abh. u. Vortr., hrsg. v. d. Bremer Wiss. Ges., Jg. 8/9, Bremen 1934, S. 193–211

Schwarzwälder, Herbert und Inge, Reisen und Reisende in Nordwestdeutschland, I: Quellen bis 1620, Hildesheim 1986 (in Satz)

Uffenbach v., Zacharias Conrad, Merkwürdige Reisen durch Niedersachsen, Holland und Engelland, Frankf./Leipzig 1753; II, S. 164–296

Wehrhan, Otto Friedr., Norddeutsche Reise, Dresden 1842, S. 234–320

Wraxall, N. W., A Tour round the Baltic, 1. Aufl. 1774, 4. Aufl. London 1807, S. 440–450

6. Bildbände

Das alte Bremen, hrsg. vom Focke-Museum, Text von Joh. Focke, Leipzig 1922
Bremen, Einf. von Friedrich Prüser, Stuttgart 1962, 2. Aufl.
Bremen, Die Stadt und der Hafen, Bremen (um 1930)
Gallwitz, S. D., Das schöne Bremen, die Lebensgeschichte einer Stadt, Bremen
    1925 (und weitere Auflagen)
Harmssen, Henning, Bremen, so wie es war, Düsseldorf 1974
Kloos, Werner, Das alte Bremen, Bremen 1978
v. Lowtzow, A./Tempeltey, Ansichten von Bremen, Nachdr. Bremen 1974
Lutze, Eberhard, Bremen, 2. Aufl. 1965
Mader, Richard E./Hans-Christoph Hoffmann, Bremen, Stadt am Strom, Hamburg 1981
Meinhardt, Dieter/Jochen Mönch, Freie Hansestadt Bremen, Bremen 1981
Dies., Schönes Bremen, Bremen 1984
Meyer, Hanns/Hans Saebens, Schönes Bremen, Bilder aus einer Hansestadt,
    Bremen 1939 (und weitere Auflagen)
Mönch, Jochen/Karl Krolow, Bremen Color, Bremen 1976
Plagemann, Volker, Bremen und Bremerhaven o.J. (ca. 1980)
Schmidt, Georg, Bremen nach der Stunde Null, Bilddokumente aus den Jahren
    1945–1960, Bremen 1983
Schwarzwälder, Herbert, Gruß aus Bremen, Ansichtskarten um die Jahrhundertwende, Bremen 1975
Vogt, Werner, Bremen, alte Ansichtskarten, Brüssel 1979
Wegener, Hans, Schönes altes Bremen in Stichen und Lithographien, Bremen o.J.
    (ca. 1957)

7. Historische Topographie, Kartographie, Atlanten

Bremer Atlas, Bremen 1976
Bremer Heimatatlas, Bremen, 7. Aufl. 1974
Burgdorff, Hermann, Bremer Heimatatlas, Bremen 1915 ff.
Dörries, Hans, Studien zur älteren bremischen Kartographie, in: BrJb 31, 1928,
    S. 335–357 und 32, 1929, S. 243–270
Dünzelmann, Ernst, Die topographische Entwicklung der Stadt Bremen, in: BrJb
    14 (1888), S. 27–51
Freie Hansestadt Bremen, Werden, Vergehen und Wiederaufbau 1564/1947,
    Bremen 1947
Gildemeister, Joh./Heineken, Christ. Abraham, Das Gebiet der freien Hansestadt Bremen, hrsg. Hans Dörries, Bremen 1928
v. Lehe, Erich, Grenzen und Ämter im Herzogtum Bremen = Stud. u. Vorarb. z.
    Hist. Atlas v. Niedersachsen, H. 8, Göttingen 1926
Schnath, Georg, Geschichtl. Handatlas Niedersachsens = Veröff. d. Hist.
    Komm. f. Hann. usw. XX, Berlin 1939
Schwarzwälder, Harry, Grenzsteine im bremischen Werder- und Blockland; die
    Grenzmarkierung nach dem Zweiten Stader Vergleich von 1741, in: BrJb 58,
    1980, S. 65–91

659

8. Siedlung, Stadtplanung, Deiche, Befestigung, Grünanlagen, Straßen, Plätze, Brücken

Alt-Bremen, mehrere Hefte der Druckerei H. M. Hauschild 1903–1927

Bahnson, K., Stadterweiterung und Kleinhaus in Bremen, in: Heft V des Groß-berliner Vereins für Kleinwohnungswesen, Berlin 1918

Beeck, Hans, Die Boden- und Wohnungsverhältnisse der Freien Hansestadt Bremen im 19. und 20. Jh., phil. Diss. 1924 (Masch.schr.)

Behnken, Joh., Alt-Bremer Bilder, Bremen 1949

Boettcher, Emil, Technischer Führer durch das Staatsgebiet der Freien Hansestadt Bremen, Bremen 1882

Die Böttcherstraße in Bremen, eine Einführung, Hrsg. Manfred Hausmann, Bremen o. J. (um 1927)

Die Böttcherstraße in Bremen. Praktischer Führer, Bremen o. J. (um 1932)

Brandes, Gustav, Aus den Gärten einer alten Hansestadt = Abh. und Vorträge der Bremer Wiss. Ges. 13, H. 1/2, Bremen 1939

Ein Bürgerpark auf unserer Bürgerweide, hrsg. vom Verein für die Bewaldung der Bürgerweide, Bremen 1866

Deneken, Arnold Gerhard, Rückblick auf den ehemaligen Zwinger am Ostertor in Bremen, Bremen 1829

Dillschneider, Karl, Schnoor; neues Leben in Bremens ältestem Stadtteil, Bremen 1972

Fitger, Herm. / Wortmann, Wilh., Die bremischen Wallanlagen, Bremen 1929

Freese, Friedrich, Strukturwandlungen der Freien Hansestadt Bremen, Diss. Hannover, Techn. Hochschule 1953 (Masch.schr.)

Grohne, Ernst, Die älteste Stadtbefestigung Bremens, in: BrJb 43, 1951, S. 125 bis 136

Grundsätze zur Stadtentwicklung, Stand 1975, hrsg. vom Senator für das Bauwesen

Hundert Jahre Bremer Bürgerpark 1866–1966, hrsg. v. Bürgerparkverein, Bremen 1966

Keller, Herbert, Die Entwicklung des öffentlichen Grüns in der Freien Hansestadt Bremen, Diss. TH Hannover (Masch.schr.) 1958

Lührs, Wilhelm, Die Anfänge der Bremer Neustadt, in: Jb. d. Wittheit 17, 1973, S. 7–50

Ders., Ein Verzeichnis der Straßen Bremens aus dem Jahre 1737, in: BrJb 47, 1961, S. 253–258

Ders., Heinekens Park – Zur Geschichte eines Bremer Vorwerks, in: BrJb 59, 1981, S. 17–56

Ders., Der Domshof, Geschichte eines bremischen Platzes, VadStA 46, 1979

Meier, Hans, Fußgängerbrücken in Bremen, Dortmund 1973

Die Neugestaltung Bremens, hrsg. v. Senator f. d. Bauwesen
    1. Heinz G. Wohlgemuth (Bearb.) Das Verkehrsproblem (1948)
    3. Gertrud Harms, Die gesch. Entwicklung des Bremer Marktplatzes (1951)
    4. Heinz Conradis (Bearb.), Grünanlagen (1952)
    11. Franz Rosenberg, Bremen, Wandel des Stadtbildes (1966)

Offenberg, Gerd, Mosaik meines Lebens (u. a. über die Bauplanung 1934–1942), Privatdruck 1967

Pfeifer, Wolfgang, Bremen im Schutz seiner Deiche, Dokumentation zur großen Sturmflut vom 16. und 17. Februar 1962, Bremen 1963

Das neue Postgebäude in Bremen am Bahnhofsplatz, hrsg. von Bartram, 1926

Rose, L. W., Der Bremer Wall, 2. Aufl. Bremen 1865

Schuster, Rudolf, Die Entwicklung der bremischen Vorstädte im dritten Viertel des 19. Jahrhunderts, VadStA 18, 1949

Schwarz, Klaus, Die stadtbremischen Friedhöfe von der Reformation bis zur Franzosenzeit..., in: BrJb 58, 1980, S. 23–63

Schwarzwälder, Harry, Die Verbesserung der Verkehrsverhältnisse zwischen Bremen und Burg zu Anfang des 19. Jhs. Kanalprojekt – Chausseebau, in: BrJb 56, 1978, S. 79–203

Ders., Die Straße von Bremen nach Oberneuland und Lilienthal, Mskr. 1973

Ders., Brückenbau über Große und Kleine Weser 1960, Hrsg. Amt für Straßen- und Brückenbau, 1960

Ders., Die Weserbrücken in Bremen; Schicksal von 1939 bis 1948 = Bremer Veröff. zur Zeitgesch., H. 2, 1968

Schwarzwälder, Herbert, Gesch. der Bremer Bürgerweide, in: BrJb 40, 1962, S. 139–202

Ders., Bremen im Wandel der Zeiten; Die Altstadt: Bremen 1970, 2. Aufl. 1977; Die Neustadt: Bremen 1973

Ders., Blick auf Bremen; Ansichten, Vogelschauen und Stadtpläne 1560–1880, Bremen 1985 (in Druck)

Soenke, Jürgen, Johann van Rijswijck und Johan van Valckenburgh, die Befestigung deutscher Städte und Residenzen durch holländische Ingenieuroffiziere 1600–1625, in: Mindener Heimatbll. 1974, Nr. 1–4

Städtebauliche Aufgaben der Gegenwart mit besonderer Berücksichtigung Bremens, Bremen 1946

Stadt- und Landesplanung 1926–1930, Bremen 1931; Nachdr. 1979

9. Baugeschichte, Bauwerke

Adamietz, Horst, Herz einer Stadt; das Rathaus in Bremen, Bremen 1971

Ders., Das Bremer Rathaus, hrsg. von der Pressestelle des Senats, o. J.

Ein Beitrag zur Baugeschichte des Hauses Schütting aus dem Jahre 1885

von Bippen, Wilhelm, Der Ratskeller zu Bremen, 3. Aufl., Bremen 1922

Böttcher, Emil, Bauten und Denkmale des Staatsgebietes der freien Hansestadt Bremen, Bremen 1887

Ders., Technischer Führer durch das Staatsgebiet der freien und Hansestadt Bremen,- Bremen 1882

Bremen und seine Bauten, Bremen 1900; Bremen 1952

Bremens bauliche Kultur = Groß Berliner Verein für Kleinwohnungen H. 5, Berlin 1918

Das Bremer Haus, hanseatisches Bauen und Wohnen zwischen 1850 und 1914, hrsg. von Hans-Christoph Hoffmann, Bremen 1974

Ehrhardt, Ernst, Das Gewerbehaus in Bremen, Bremen 1915

Ders., Das Neue Rathaus in Bremen, Bremen 1913

Entholt, Hermann, Der Schütting, Bremen 1931

Ders., Der Ratskeller zu Bremen, Bremen 1929

Ders., Der Schütting, das Haus der bremischen Kaufmannschaft, Bremen 1931
Kohl, J. G., Beiträge zur Gesch. des Ratskellers, in: BrJb 2, 1866, S. 254–443
Ders., Der Rathsweinkeller zu Bremen, Bremen 1866
Schumacher, H. A., Zur Geschichte des Schütting, in: BrJb 5, 1870, S. 192–214
Die Sparkasse in Bremen (Haupt- und Nebenstellen), Berlin 1909
Das Volkshaus in Bremen, Bremen 1928

10. Wohnungsverhältnisse

Beek, Hans, Die Boden- und Wohnungsverhältnisse der freien Hansestadt Bremen im 19. und 20. Jh.; phil. Diss. Bonn 1925
Böhmert, Wilh., Die Wohnungen in den Gängen und Höfen der Neustadt, in: Mitt. d. Brem. Statist. Amts 1902, Nr. 2
Frerichs, W., Immobiliar-Verhältnisse der westlichen Vorstadt, Bremen 1885
Gewosie, 75 Jahre fortschrittliches Bauen in Bremen-Nord (1969)
Grohne, Ernst, Das Bauernhaus im Bremer Gebiet = Jahresschr. des Focke-Museums 1941
Hesberg, Thorwald, Der Grundriß des Ein- und Zweifamilienhauses, Bremen 1947
Ders., Das Bremer Haus, Bremen 1946
Hesse, Elisabeth, Wohnungsverhältnisse und Bodenpolitik in Bremen; phil. Diss. Leipzig 1923 (Masch.schr.)
Priester, Karl, Bremische Wohnhäuser um 1800, Bremen 1912
Schwarz, Klaus, Bremer Reihenhäuser in vor- und frühindustrieller Zeit, in: BrJb 57, 1979, S. 125–182
Ders., Wirtschaftliche Grundlagen der Sonderstellung Bremens im deutschen Wohnungsbau des 19. Jahrhunderts – das Beispiel der östlichen Vorstadt, in: BrJb 54, 1976, S. 21–68
Ders., Der Bremer Wohnungsmarkt um die Mitte des 18. Jhs., in: VSWG 55, 1968, S. 93–213
Ders., Der Bremer Wohnungsmarkt während der Handelskonjunktur um 1800, in: Niders. Jb. 43, 1971, S. 122–140
Untersuchung der Wohnungen der minderbemittelten Klassen in Bremen, Bremen 1905
Das Wohnungswesen der Freien Hansestadt Bremen, hrsg. von W. Knop, Bremen 1929

11. Versorgungsbetriebe, Feuerwehr

Feuerpolizeiordnung für das Stadtgebiet der freien Hansestadt Bremen vom 29. Mai 1820
Gassenbeleuchtung der Stadt Bremen, jährliche Berichte aus den Jahren 1822 bis 1848 ff.
Gassenreinigungsordnungen 1710, 1737, 1761 und 1765
100 Jahre Berufsfeuerwehr, Hrsg. Berufsfeuerwehr, Bremen 1970
50 Jahre Bremische Straßenreinigung, (Masch.schr.) 1953
100 Jahre Gasversorgung in Bremen, Hrsg. Stadtwerke Bremen, 1954
10 Jahre Vorort-Verkehrs-Verein Bremen und Umgebung e. V. 1920–1930

Ohl, Alfred, Die Wasserversorgung der Freien Hansestadt Bremen, Bremen 1973
Renovierte Brand- und Feuer-Ordnung de Anno 1716
Schumacher, Wolfgang, 60 Jahre Elektrizitätsversorgung, 1953
Schwarzwälder, Herbert, Technische Sehenswürdigkeiten der Barockzeit, in: BrJb 55, 1977, S. 19–75, (Wasserrad, Weserbrücke, Walkmühle, Wasserkette, Pumpereien)
Straßenpflasterung, Proklam 1735
Wasser-Radts Fundation, Ordnung und Statuta, Bremen 1715

12. Verkehrswesen, Post

Blum (Otto), Das Eisenbahnnetz Niedersachsens, Oldenburg 1933
Bremen im Luftverkehr, Bremen 1932
Bremer Straßenbahn, Geschäftsberichte 1899 ff.
Bremer Straßenbahn AG 1876–1926, Bremen 1926
Bremer Straßenbahn AG Bremen = Industrie und Handel, Bd. 52, Berlin 1928
1876–1976, Bremer Straßenbahn AG., Festschrift
Vom Droschkenwesen aus alter und neuer Zeit 1894–1954, hrsg. vom „Autoruf 22121"
Heineken, Zur Geschichte des bremischen Postwesens, in: BrJb 12, 1883, S. 132 bis 144 (vor 1848)
Herrmann, Konrad, Die Verkehrslage Bremens, Diss. TH Hannover, 1922, Berlin 1923
140 Jahre Eisenbahndirektion Hannover 1843–1983, Hrsg. Bundesbahndirektion Hannover, 1983
Kredel, Ernst, Flughafen Bremen, Bremen 1958
Martens, Rolf, Hundert Jahre Bremer Straßenbahn 1876–1976 = Straßenbahnmagazin 21 (Aug. 1976)
Ders., Bremens öffentlicher Personennahverkehr im 19. Jh., in: BrJb 54, 1976, S. 69–115
Ders., 125 Jahre Eisenbahn in Bremen 1972
Ders., Die bremische Hafenbahn und der Betriebsvertrag von 1930, o. J. (1980)
Ders., Hundert Jahre Eisenbahn Westfalen–Bremen–Hamburg (1874–1974), Schriften zur Eisenbahngesch. Bremens, Folge 3, H. 1, 2
Mausolf, Andreas, Bilder von der Bremer Straßenbahn, Aachen 1985
Piefke, Christ., Vom Reisen der Bremer bis zum Aufkommen der Eisenbahn, in: BrJb 45, 1957, S. 184–203
Ders., Die Geschichte der bremischen Landespost, Bremen 1947
Rasch, Wilh., Die ersten Jahre bremischer Eisenbahnpolitik (1825–1840), jur. Diss. Göttingen 1926, Bremen 1920
Rust, Die Oberpostdirektion Bremen in der Kriegszeit 1939–1945, (Masch.schr.) 1949
Voigt, Ralf, Kleine Bremer Verkehrschronik, Bremen 1951
Weise, Das bremische Postwesen bis zur Gründung des Norddeutschen Bundes, Berlin 1907
Werner, Oskar Erich, Die Privatpost in Bremen bis 1900, in: Postgesch. Bll. aus dem Weser-Ems-Gebiet, Bd. 1, H. 14, 1959
Wollmann, Jutta, Das Fernmeldezeugamt Bremen und seine Geschichte, in: Post-

gesch. Hefte Weser-Ems, Bd. V, H. 2, 1983
Zwölf Jahre BVG (1924–1936), Bremer Vorortbahnen GmbH., Bremen 1936

13. *Dörfer und Stadtteile*

Frese, Hermann, *Arsten*, ein Gang durch seine Geschichte, Bremen 1984
Mahnken, Otto, Arster Heimatbuch, Bremen 1936
Pfannschmidt, Walter, Alte Grabsteine auf dem Kirchhof in Arsten, in: Hospitium Ecclesiae 7, 1971, S. 81–99
Ders., Die Johanniskirche in Bremen-Arsten, in: Hospitium Ecclesiae 8, 1973, S. 151–168
Ders., Arsten; Aufsätze zur Gesch. eines ehem. brem. Dorfes, 1975
Wulff, Hinrich, Die Ritter von *Aumund*, Vegesack-Blumenthal, 1930
Lampe, Hanna, Der *Barkhof*, in: BrJb 41, 1944, S. 241–256
Hoops, Heinrich, Gesch. des Bremer *Blocklandes*, Bremen 1927
Focke, Wilh. Olbers, Zur Kenntnis des Blocklandes bei Bremen, in: BrJb 3, 1868, S. 159–178
Fiedler, Ulf/Bernhard Havighorst, Das alte *Blumenthal* in Bildern, Bremen 1982
Halenbeck, Lüder, Blumenthal und Schönebeck, Bremen 1878
Thorbecke, Marie Pauline, Jugend in Haus Blomendal, Hrsg. Heimatverein Blumenthal 1954
Tietjen, Alfred, Blumenthal – meine Heimat, Blumenthal 1937
Ders., Blumenthal an der Weser, Bremen-Blumenthal 1952
Weingart, Hermann, Aus der Vergangenheit der bremischen Landgemeinde *Borgfeld*, Lilienthal 1908
Schwebel, Karl H., Das bremische Erbgericht Borgfeld, in: I. BrJb 43, 1951, S. 157–324; II. BrJb 44, 1955, S. 77–127
Dehlwes, Wilh. (Hrsg.), Das Dorf Borgfeld und seine Einwohner, 1967
Bodensieck, Gustav, Geschichte der Kirchengemeinde Bremen-Borgfeld, 1965
Faltus, Hermann/Lothar Klimek, Borgfeld, eine alte Landgemeinde Bremens, Hrsg. Wilhelm Dehlwes, Bremen 1984
Behrens, Georg, Geschichte der Stadt Geestemünde (heute *Bremerhaven*), Wesermünde 1928
Bessell, Georg, Geschichte Bremerhavens, Bremerhaven 1927
Bibliographie zur Geschichte der Stadt Bremerhaven, bearb. v. Burchard Scheper, Bremerhaven 1973
von Bippen, Wilhelm, Die Gründung Bremerhavens, in: Johann-Smidt-Gedenkbuch, Bremen 1873, S. 193–253
Eichberg, Henning, Schwedenfestungen in den Herzogtümern Bremen und Verden. Militär und Technik im 17. Jh., phil. Diss. Bochum 1970 (u. a. Carlsburg/Bremerhaven)
Eimer, Gerhard, Die Stadtplanung im schwedischen Ostseebereich (1600–1715), Stockholm 1961 (S. 444–465: Carlsburg/Bremerhaven)
Heimatchronik der Stadt Bremerhaven, hrsg. von Georg Bessell, Köln 1955
Herbig, Rudolf, Nationalsozialismus in den Unterweserorten (u. a. Bremerhaven) = Schriftenreihe der Arbeiterkammer Bremen, 1983
Lutze, Ursula, Bremerhaven. Werdegang und heutige Bedeutung eines Seehafens, phil. Diss. Freiburg i. Br. 1970

Müller, Willy, Kriegswirtschaft und Versorgung in Wesermünde während des Zweiten Weltkrieges, HPH 1969

Kellner-Stoll, Rita, Bremerhaven 1827–1888 = Veröff. d. Stadtarchivs Bremerhaven, Bd. 4, 1982

Meyer, August, Die Eingliederung der Stadt Wesermünde (heute Bremerhaven) in das Land Bremen, in: Jb d. Männer v. Morgenst. 46, 1965, S. 193–220

Ders., Übersicht über die Bestände des Stadtarchivs Bremerhaven, in: Jb. d. Männer v. Morgenst. 41, 1960, S. 155–163

Ders., Zur Gesch. der Stadt Bremerhaven, in: Jb. der Männer v. Morgenst. 44, 1963, 1–22

Sachau, Theodor, Die ältere Geschichte der Stadt Bremerhaven, Bremerhaven 1927

Scheper, Burchard, Die jüngere Geschichte der Stadt Bremerhaven, hrsg. vom Magistrat der Stadt Bremerhaven, 1977

Schleff, Berthold, Das Verhältnis Bremens zu Bremerhaven, Diss. 1948

Schröder, Hermann, Geschichte der Stadt Lehe (heute Bremerhaven), Wesermünde-Lehe 1977

Schwarzwälder, Herbert, Das Ende an der Unterweser 1945 (u. a. Bremerhaven), Veröff. d. Stadtarchiv Bremerhaven 1, 1974

Schwarzwälder, Herbert und Inge, Bremerhaven und seine Vorgängergemeinden – Ansichten, Pläne, Landkarten 1557–1890 = Veröff. a. d. Stadtarchiv Bremerhaven, Bd. 2, 1977

Schwarzwälder, Herbert, Die Carlsburg (heute Bremerhaven) in den Berichten von Zeitgenossen 1672 bis 1676, in: Jb d. Männer v. Morgenst. 61, 1982, S. 145–240

Schwebel, Karl H., Über die Anfänge Bremerhavens, in: Jb. d. Männer v. Morgenst. 47, 1966, S. 9–32

Ders., Bgm. Smidts Kirchenpolitik in Bremerhaven, in: Jb. d. Witth. 18, 1974, S. 407–425

Smidt, Heinrich, Zur Geschichte des Fleckens Lehe, in: BrJb 8, 1876, S. 1–39

Smidt, J. H. W., Über die Anlage von Bremerhaven, in: Brem. Magazin 1830 bis 1834, S. 349–418

Stegmann, Gustav, Wirtschaftskrise und Wahlverhalten in den Unterweserstädten Wesermünde und Bremerhaven sowie in den Kreisen Lehe und Geestemünde vor der nationalsozialistischen Machtübernahme (1929–1932), in: Jb. d. Männer v. Morgenst. 56, 1977, S. 193–249

Thienst, Fritz, Aus der Gesch. der Arbeiterbewegung in den Unterweserorten Wesermünde und Bremerhaven, o. J.

Wippermann, Wolfgang, Aufstieg und Machtergreifung der NSDAP in Bremerhaven-Wesermünde, in: Jb. d. Männer v. Morgenst. 57, 1978, S. 165–199

Büren, s. Mittelsbüren

Burg-Lesumer Heimatbuch, hrsg. vom Heimat- und Verschönerungsverein, Bremen 1985

Cassel, Johann Philipp, Historische Nachrichten von der ehemaligen Kirche zur Burg, Bremen 1776

Lonke, Alwin, Bremen-Burg; von der Schanze zur Siedlung (bis 1803), in: BrJb 41, 1944, S. 257–277

Gut Kleine *Dunge*, Festschrift, Göttingen 1962

Lonke, Alwin, Geschichte von Dunge und Lesumbrok, in: BrJb 42, 1947, S. 203 bis 212

1902–1982, 80 Jahre Bürgerverein *Findorff* e. V., 1982

Geestemünde, s. Bremerhaven

Grohn damals und heute, Bremen-Blumenthal 1981

Müller, Fritz/v. Harten, Joh., Grohn in Vergangenheit und Gegenwart, Vegesack 1926

Baudenkmale in der Freien Hansestadt Bremen 4.4. Stadtteil *Gröpelingen*, bearb. Kurt Lammek, Fischerhude 1982

Ordemann, Elard, Bilder aus Gröpelingens Vergangenheit, Bremen 1926

Hastedt, wie es früher einmal war, hrsg. von Wilhelm D. Rathjen, Bremen 1985

Lampe, Hanna, Die Dörfer Hastedt und Schwachhausen = Monogr. d. Wittheit zu Bremen, Bd. 14, Bremen 1981

Schulz, Kurd, 100 Jahre Hastedter Kirche, Bremen 1962

Heuß, Werner, *Hemelingen* damals und heute, 1983

Wolters, Dierk, Hemelingen, Bremen 1974 (Selbstverlag)

Düwel, Klaus, Die industrielle und kommunale Entwicklung des Fabrikortes Hemelingen, phil. Diss. Göttingen 1959

Meyer, Hans Hermann, Der Ausbau ländlicher Siedlungen im Gebiet der Stadt Bremen um die Wende vom 17. zum 18. Jahrhundert, dargestellt am Beispiel des *Hodenbergs*, in: BrJb 60/61, 1982, S. 149–194; 62, 1984, S. 45–102

Prüser, Friedrich, Der Hodenberg, Bremen 1936

800 Jahre *Horn*-Lehe, vom Dorf zur Vorstadt Bremens, 1985

Grohne, Ernst, Bericht über die Ausgrabungen der *Hove-Warf* in Niedervieland bei Bremen, in: Festschr. zur Feier ... der Brem. Wiss. Gesch. Abh. u. Vortr. 8/9, 1934, S. 119–132

Meyer, Heinz, *Huchting* einst und jetzt, Bremen 1981

Schierenbeck, Ludwig, Das Kirchspiel Huchting, das angrenzende Stadtgebiet und die benachbarten Gemeinden Strom, Hasbergen und Stuhr in Vergangenheit und Gegenwart, Bremen 1930

Lehe, s. Bremerhaven

Lesum, s. Burg

Hoops, Heinrich, Geschichte der Börde Lesum, Bremen 1909

Kühlken, Friedrich, Kirche, Kirchspiel und Dorf Lesum, 1954

Ders., Lesum im vorigen Jahrhundert, Vegesack 1930

Sankt Martini in Lesum 1779–1979, hrsg. von Hans-Martin Schäfer, Bremen 1979

Sprengemann, Friedrich, Altes und Neues aus dem alten *St. Magnus*, Bremen/St. Magnus 1931; 2. Aufl. Bremen-Blumenthal 1957

Stein, Rudolf (Bearb.), Das alte Büren (*Mittelbüren*), Bremen 1957

Bekker, Fr., Gesch. des ehemaligen Gerichtes und heutigen Kirchspiels *Neuenkirchen*, Blumenthal (o. J.)

Ammann, Hartwig, Gestern noch ein Dorf, 800 Jahre Kirchengemeinde *Oberneuland*, Bremen 1980

Ders., 2. Teil: 125 Jahre neue Kirche St. Johann zu Oberneuland 1860–1985, Bremen 1984

Entholt, Kurt, Oberneuland, Bremen 1969, 2. Aufl. 1971

Hollanders, Sophie, Oberneuland, Bilder aus alten Truhen, Bremen 1981

Maßolle, Wilhelm, Blätter zur Gesch. der Kirchengemeinde Oberneuland,

Bremen 1927

Schwarzwälder, Herbert, Postkartenalbum Oberneuland, Horn, Schwachhausen, Parkviertel, Bürgerpark, Bremen, Bremen 1981

Schwebel, Karl H., Zur Siedlungs- und Bevölkerungsgeschichte von Oberneuland-Rockwinkel, 1971

Böttcher, Franz, Zur Geschichte Oslebshausens, 1976

Lonke, Alwin, Gesch. von Oslebshausen, Bremen 1931

Lindemann, Berthold, Osterholz einst und jetzt, Bremen 1968

Ders., Osterholz 1181–1981, Bremen 1981

Baudenkmale in der Freien Hansestadt Bremen 3.7, Stadtteil Osterholz, Bearb. Kurt Lammek, Fischerhude 1982

Güldner, Kurt, Unsere Ostertorsvorstadt, Bremen 1956, 2. Aufl. 1960

Schomburg, Dietrich, Die Bremer Ostertorsvorstadt in ihrer historisch-topographischen Entwicklung, in: BrJb 45, 1957, S. 163–183; 46, 1959, S. 251–266; 47, 1961, S. 227–252

Lampe, Hanna, Die Pagentorner Bauernschaft, in: BrJb 42, 1947, S. 17–153

Grohne, Ernst, Das alte Gut Riensberg, die Heimstätte des Focke-Museums in Bremen, o. J. (1954)

Kleine Geschichte von Schwachhausen, Hrsg. SPD-Bürgerschaftsfraktion, 1967

Segelken, Elisabeth, Eine Fahrt in die Vergangenheit, Geschichte aus dem alten Schwachhausen, Bremen 1959

Schwachhausen, s. a. Hastedt

Kohlmann, Johann Melchior, Denkwürdigkeiten aus der Geschichte der Pfarre Seehausen, Bremen 1846

Seiler, Wilhelm E., Seehausen, Bremen 1974

Prüser, Friedrich, Hinter der Mauer, die Bremer Steffensstadt im Spiegel ihrer alten Straßennamen, Bremen 1960

Escher, Gerhild, Politische Entwicklung der Stadt Vegesack (1933–1934), HPH

Halenbeck, Lüder, Zur Geschichte der Stadt Vegesack, Vegesack 1874; 2. Aufl. 1893; Nachdr. 1979

Hollanders, Sophie, Vegesack, alte Bilder einer Hafenstadt, Bremen 1984

Steilen, Diedrich, Vegesack und die Bremische Schweiz, Vegesack (ca. 1914)

Ders., Gesch. der brem. Hafenstadt Vegesack, Vegesack 1926

Vegesack und Umgebung in alten Ansichten, Bremen 1979

Behnken, Johann, Alt-Walle, Bremen 1922

Müller-Benedict, De Kercke Sunte Michaelis tho Walle, in: BrJb 60/61, 1982, S. 117–148

Hägermann, Johann, Heimatbuch des bremischen Werderlandes, Bremen-Vegesack 1951

Kiecker, Oskar/v. Lehe, Erich/Cappelle, R., Die Kunstdenkmale des Kreises Wesermünde, I. Der ehemalige Kreis Lehe, II. Der frühere Kreise Geestemünde, Hannover 1939 – Kunstdenkmale der Provinz Hannover, Bd. 25/28

Wesermünde, s. Bremerhaven

75 Jahre Christuskirche Woltmershausen, 1981

14. Geologie

Cordes, Hermann, Moorkundliche Untersuchungen zur Entstehung des Blocklandes bei Bremen, in: Abh. des naturwiss. Vereins Bremen 37, 1967, S. 147 bis 196

Hanefeld, Wilhelm, Geologie von Bremen und seiner Umgebung, hrsg. von Heinrich Wildung, Bremen 1948 (nicht ausgedruckt?)

Kruckow, Thorwald, Über die Anfangszeiten der geolog. Wissenschaften in Bremen, in: Jb. d. brem. Wiss. 1955, S. 155–166

Das Moor – seine Nutzung einst und jetzt = Hefte des Focke-Museums, Nr. 49, 1977

Nietsch, Helmuth, Pollenanalytischer Beitrag zur Gesch. der Wesermarsch bei Bremen, in: Die Kunde NF 9, H. 1–2, 1958, S. 72–83

Wilkens, Otto, Geologische Heimatkunde von Bremen, Berlin 1922

C. Der Staat

1. Sammlungen von Gesetzen und Verfassungen, Übersichten über Gesetze

ABC des Bremischen Rechts, Gesamtverzeichnis zum Gesetzblatt der Freien Hansestadt Bremen 1849 bis 1934, Bremen 1955

Amtliche Mitteilungen für die bremischen Behörden, Jg. 1–38, 1925–1964

Amtsblatt der Freien Hansestadt Bremen, 1 ff., 1965 ff.

Bremischer Staat oder Verzeichnis der gegenwärtigen Verfassung in Policey-, Kirchen- und Militär-Sachen daselbst, Jahresbände ab 1741

Cassel, Johann Philipp, Historische Abhandlungen von den Gesetzen der Freien Reichsstadt Bremen, Frankfurt / Lpz. 1764

Ders. (Hrsg.), Historische Nachrichten von der Regimentsverfassung und dem Rath der Kaiserl. freien Reichsstadt Bremen, Bremen 1768

Ders., Nachricht von einigen Freiheits Briefen, welche der Stadt Bremen zur Beförderung ihrer Handlung im XIII. Jahrhundert ertheilet worden, Bremen 1766

Ders., Sammlung ungedruckter Urkunden, welche die Geschichte der freyen Reichsstadt Bremen in vorigen Zeiten aufklären, Bremen 1768

Eckhardt, Karl Aug., Die mittelalterlichen Rechtsquellen der Stadt Bremen = VadStA 5, 1931

Gesetzblatt der Freien Hansestadt Bremen, ab 1849

Gesetzblatt der Freien Hansestadt Bremen, Sonderband Sammlung des bremischen Rechts, Stand vom 31. März 1963, Bremen 1964

Krefting, Heinrich, Statuta reformate, Mss. StA, StUB

Landesverfassung der Freien Hansestadt Bremen vom 21. Oktober 1947

Möller, Peter Carl, Sammlung von Gesetzen und Verordnungen der Freien Hansestadt Bremen, Bremen 1927

Oelrichs, Gerhard (Hrsg.), Vollständige Sammlung alter und neuer Gesetz-Bücher der Kaiserl. und des Heil. Röm. Reichs Freien Stadt Bremen, Bremen 1771

Proklame des Rats, ab 1587 gedruckt, Sammlung in: StA, StUB

Realregister über die Verordnungen und Proclame des Senats der freyen Hansestadt Bremen von 1600 bis 1830, Bremen 1832

Register zu den Verordnungen des Senats und den Bekanntmachungen von Behörden der freien Hansestadt Bremen, Bremen 1854

Roller, Christ. Nicol., Grundgesetze der Kaiserlichen und Reichsfreyen Stadt Bremen, enthaltend die Tafel und die neuesten Statuten, die Neue Eintracht, die kundige Rolle und verschiedene Eidesformeln, Bremen 1798

Sammlung von Verordnungen und Proclamen des Senats der freyen Hansestadt Bremen von 1751–1810, Bremen 1820

Sammlung der Verordnungen und Proclame des Senats der freyen Hansestadt Bremen, 1813–1848

Sammlung verschiedener Verordnungen, welche in Handlungs-, Schiffahrts- und Polizey-Sachen der Kayserl. freyen Reichs-Stadt Bremen etc., Bremen (1751)

Sammlung wichtiger Gesetze und Verordnungen für das bremische Landgebiet, Bremen 1927

Der Stadt Bremen Kundige Rolle, Bremen 1756

Verfassung des Bremischen Staats, 1849

Verfassung der Freien Hansestadt Bremen vom 21. Februar 1854

Verfassung der Freien Hansestadt Bremen vom 18. Mai 1920

2. Allg. Rechts-, Verfassungs- und Verwaltungsgeschichte

Kühtmann, Alfred, Gesch. der bremischen Stadtvogtei = Unters. z. dt. Staats- u. Rechtsgesch. 62, Breslau 1900

Müller, Karl, Die staats- und verfassungsrechtliche Entwicklung in Bremen bis zum Jahre 1848 (Die Zeit der rechtsstädtischen Ratsverfassung) unter Berücksichtigung von Hamburg und Lübeck, jur. Diss. Leipzig, Bremen 1931

Schwebel, Karl H., Die bremische Freiheit, in: Jb. d. brem. Wiss. 1, 1955, S. 307 bis 334

Tidemann, A. D., Rückblick auf die alte Verfassung der freien Hansestadt Bremen, Bremen 1814

Verhandlungen der Bürgerschaft über den Entwurf der Bremischen Verfassung, Bremen 1849

3. Stadtrecht im Mittelalter

Donandt, Ferdinand, Versuch einer Geschichte des Bremischen Stadtrechts, 2 Teile, Bremen 1830

Haase, Carl, Untersuchungen zur Geschichte des Bremer Stadtrechts im Mittelalter = VadStA 21, 1953

Helling, Wilfried, Untersuchungen zur Entwicklung der mittelalterlichen bremischen Stadt- und Gerichtsverfassung, jur. Diss. Kiel 1959 (Masch.schr.)

Maas, Bernhard, Die Bremer Statuten von 1428, Kiel, rechts- und staatswiss. Diss. 1931, Oldenburg 1931

Reinecke, Karl, Studien zur Vogtei und Territorialentwicklung im Erzbistum Bremen (937–1184), phil. Diss. Marburg 1969, Stade 1971

Scheper, Burchard, Anfänge und Formen bürgerl. Institutionen norddeutscher Hansestädte im Mittelalter, phil. Diss. Kiel 1959

Ders., Frühe bürgerliche Institutionen norddt. Hansestädte = Quellen u. Darstell. zur Hans. Gesch. NF 20, Köln / Wien 1975

Varges, W., Verfassungsgesch. der Stadt Bremen im Mittelalter, in: Zeitschr. d. Hist. Ver. f. Nieders. 1895, S. 207–289 und 1897, S. 37–85

4. Neuere Rechts-, Verfassungs- u. Verwaltungsgeschichte

Assertio jurium Archiepiscopalium et Superioritatis, 1639
Assertio Libertatis Reipublicae Bremensis, das ist der Kayserl. und deß Heil. Röm. Reichs Freyen Stadt Bremen Ehren-, Freyheit- und Standts Rettung ..., Bremen 1646 (Verf. Allmers)
Bollmann, Johannes, Bremisches Staats- und Verwaltungsrecht, Bremen 1904
Ders., Verfassung und Verwaltung der Freien Hansestadt Bremen = Bibl. des öff. Recht 13, Hannover 1909
Ders., Das Staatsrecht der Freien Hansestädte Bremen und Lübeck = Das öffentliche Recht der Gegenwart, Tübingen 1914
Conring, H., Gründlicher Bericht von der Landes- Fürstl. Erzbischöfl. Hoch-und Gerechtigkeit über die Stadt, Bremen 1652
Donandt, Ferdinand, Zur Gesch. der Democratie in der bremischen Verfassung mit Berücksichtigung der neuesten Ereignisse, Bremen 1848
Duwe, Horst, Die Bremer Verfassung von 1813–1848, Diss. Kiel 1952 (Masch.schr.)
Esich, Joh., Discursus de Republica Bremensi de anno 1598, Hss. StA, StUB
Fürstl. Ertz-Bischöfflicher Bremischer Nachtrab d. i. zwei von Seiten des Chur.-Fürstl. Collegii dem Kaiser bei dem Reichstage zu Regensburg übergebenen Gutachten, 1642
Gildemeister, J. F., Beiträge zur Kenntniß des vaterländischen Rechts, 2 Bde., Bremen 1806–1808
Grundriß zur deutschen Verwaltungsgesch. 1815–1945, Bd. 17, Hansestädte und Oldenburg, Marburg/Lahn 1978, Teil II Bremen, bearb. von Wilh. Lührs, S. 29–60
Gualdo Priorato, Galeazzo, Relatione della città imperiali & ansiatiche di Colonia, Lubecca, Bremen & Hamburg, Leyden 1668
Ders., Relationi d'governi e stati delle città imperiali & ansiatiche di Colonia, Lubecca, Breme Amburgo ..., Bologna 1674; der Bremen-Teil übersetzt von H. Motz, in: BrJb 6, 1872, S. 5–24
Hanfeld, Karlheinz, Die USPD und die bremische Verfassung 1920, HPH 1972
Hasenkamp, Holger G., Die Freie Hansestadt Bremen und das Reich 1928–1933, eine verfass. gesch. Untersuchung = VadStA 47, 1981
Hohrmann, Friedrich, Die freie Hansestadt Bremen im dritten Reich, ein Vergleich mit der Stadt als Selbstverwaltungskörperschaft, Diss. Leipzig 1936, Würzburg 1936
Jansen, Hans G., Der Kampf um die bremische Verfassung. Verfassungsrecht und Verfassungswirklichkeit in der Hansestadt in den Jahren 1813 bis 1820, phil. Diss. München 1975
Klischies, Waldemar, Die verfassungs- und staatsrechtliche Entwicklung Bremens von einer mittelalterlichen Reichsstadt zu einem modernen Verfassungsstaat. Unter Berücksichtigung d. Verf. von 1849 und 1854, rechts- und staatswiss. Diss. Kiel 1955 (Masch.schr.)
Krefting, Heinrich, Discursus de Republica 1602, Hs. StA, StUB

Kühtmann, Alfred, Die Statuta reformata und der Codex glossatus, in: BrJb 16, 1892, S. 97–130

Lutz, Frank, Die Deutsche Gemeindeordnung von 1935 in der Freien Hansestadt Bremen, jur. Diss. Heidelberg 1976 = Hist. Texte u. Stud.Bd. 3, Hildesheim u. New York 1980

Maas, Heinrich, Geist und Formen des bremischen Staatslebens, in: Schaffendes Bremen, Bremen / Frankfurt a. M. 1952, S. 32–102

Merling, K., Die Deputation in der Bremer Verfassung, Diss. Lpz. 1917

Prodromus oder Vortrab gründtlichen, warhafften Berichts und gegen Remonstration von der Stadt Bremen Beruffung, Session und Voto ..., 1641

Rösing, Johannes, Constitutionelle Verhandlungen zwischen Rath und Bürgerschaft der Freien Hansestadt Bremen, Bremen 1834

Schwarz, Klaus, Kompanien, Kirchspiele und Konvent in Bremen 1605–1814 = VadStA 37, 1969

Sievers, H., Das Staatsrecht der Freien Hansestadt Bremen, Freiburg i. Br. / Tübingen 1884

Smidt, Hans Georg, Die Verfassung der Freien Hansestadt Bremen vom 5. März 1849 im Lichte der Gegenwart, jur. Diss. Leipzig 1922 (Masch.schr.)

Spannhake, Heino, Geltendes bremisches Verfassungsrecht unter vergleichender Berücksichtigung insbes. der Verfassung von 1920, Diss. Hamburg 1951 (Masch.schr.)

Spitta, Theodor, Kommentar zur bremischen Verfassung von 1947, Bremen 1960

Stierling, Eckhard, Das Kommunalverfassungsrecht im Lande Bremen, München 1964 = jur. Diss. Gött. 1964

Thalenhorst, Karl, Bremen im Rahmen einer Neugliederung des Reiches, Bremen 1932

Tidemann, Heinrich, Bremische Verfassungskämpfe von 1830 bis 1837, in: BrJb 37, 1937, S. 172–257

Verhandlungen über die Verfassung der freyen Hansestadt Bremen, Bremen 1818

Verhandlungen über die Verfassung der freien Hansestadt Bremen vom 1. Mai 1818 bis zum 20. Juli 1820, Bremen 1821

de Villers, Charles, Constitutions des Trois Villes Libres Anséatiques Lubeck, Brême et Hambourg, Leipzig 1814

Voget, F. L., Über staatsbürgerliche Anforderungen unserer Zeit, Bremen 1831

Wurm, Chr. F., Verfassungsskizzen der freien und Hansestädte Lübeck, Bremen und Hamburg, Hamburg 1841

5. Staatsgebiet

Allmers, Curt, Geschichte der brem. Herrsch. Bederkesa = VadStA 10, 1933 und BrJb 35, 1935, S. 155–179; BrJb 38 1939, S. 221–238

Dünzelmann, Ernst, zur Gesch. des Brem. Landgebietes, in: BrJb 15, 1889, S. 96–117

Heuer, Klaus-Peter, Die Neuordnung des bremischen Staatsgebietes 1939, HPH 1967

Lentz, Ernst, Die verfassungsrechtliche Stellung der brem. Gebietskörperschaften, insbes. der Stadtgemeinde Bremen in Vergangenheit und Gegenwart, rechts- u. staatswiss. Diss. Kiel 1955, Bremen 1954

Meyer, Hans Hermann, Die vier Gohe um Bremen (16.–18. Jh.), phil. Diss. Hamburg 1975 / 1977

Wilmanns, Manfred, Die Landesgebietspolitik der Stadt Bremen um 1400 unter bes. Berücksichtigung der Burgenpolitik ..., Veröff. d. Inst. f. hist. Landesforsch. 6, Hildesheim 1973

6. Staatssymbole, Orden

v. Bippen, Wilhelm, Die Entwicklung des brem. Wappens, in: Jb. d. brem. Sammlungen IV / 1, 1911, S. 1–10

Ders., Das älteste Sekretsiegel der Stadt Bremen, in: BrJb 10, 1878, S. 170–173

Galperin, Peter, Die Ehrenzeichen der Freien Hansestadt Bremen, Frankfurt a. M. 1979

Grohne, Ernst, Zur Gesch. der deutschen und der bremischen Hoheitszeichen, in: BrJb 46, 1959, S. 26–39

Tardel, Hermann, Der Bremer Schlüssel, Bremen 1946

6a. Münzrecht s. A. 10

7. Senat

Lübcke, Erich, Der Bremer Rat von 1225 bis 1433 und die Ratsherren mit ihren verwandtschaftlichen Beziehungen, Hamburg 1935

Peters, Fritz, Über die Herkunft der bremischen Senatoren von der Verkündung der ersten demokratischen Verfassung bis zur Gegenwart (1849–1955), in: Jb. d. brem. Wiss. 1, 1955, S. 189–240

Verhandlungen zwischen dem Senat und der Bürgerschaft 1848–1918, 1920–1933

Verhandlungen zwischen dem Senate und der Bremischen Nationalversammlung 1919 / 1920

Wolfard, Adolf, Die staatsrechtliche Stellung des bremischen Senats, Bremen 1926

8. Bürgerschaft

Bürger-Convents-Verhandlungen, gedr. 1823–1847

Bremische Bürgerschaft 1946–1971, hrsg. im Auftrag des Vorstandes der Brem. Bürgerschaft, Bremen 1971

110 Jahre Bürgerschaftswahlen im Lande Bremen 1854–1963 = Stat. Ber. d. Statist. Landesamtes Bremen B. III, Sonderheft (1966)

Hansel, Siegbert, Die Rechtsstellung der Mitglieder der brem. Bürgerschaft in Gegenwart und Vergangenheit, Bremen 1955, jur. Diss. Freiburg 1955

90 Jahre Wahlen in Bremen 1871–1961, Statist. Berichte B III, Sonderh. 1965

Kretschmann, Karl-Otto, Verwaltungsbefugnisse des bremischen Landesparlaments, jur. Diss. Heidelberg 1957

Patemann, Reinhard, Die Wahlrechtsfrage in Bremen 1917–1918, in: Jb. d. Witth. 16, 1972, S. 167–199

Schulze, Rolf, Die Bremische Bürgerschaft in den Jahren 1854–1867, jur. Diss. Hamburg 1978

Tideman, Wilh., Die geschichtliche Entwicklung des brem. Wahlrechts zu Senat und Bürgerschaft, jur. Diss. Würzburg 1921 (Masch.schr.)
Verhandlungen der (Bremischen) Bürgerschaft 1848–1918; Verhandlungen der Brem. Nationalvers. 1919–1920; Verhandlungen der Brem. Bürgerschaft 1920–1933, ab 1946
Die Wahlen zur bremischen Nationalversammlung am 9. März 1919, Hrsg. Brem. Statist. Amt, Bremen 1919
Wahlers, Hans, Die bremischen Deputationen, rechts- u. staatswiss. Diss. Kiel 1955, Kiel 1954

9. Finanzen

Albers, Hermann, Die Anleihen der Stadt Bremen vom 14. bis zum 18. Jh. = VadStA 3, 1930, S. 5–164
Besteuerungsordnung vom 29. Dezember 1799
Noltenius, Johann Diedrich, Zur bremischen Finanzgeschichte 965–1965, Bremen 1965
Randermann, Walter, Die bremischen Staatsanleihen im 19. Jh. = VadStA 3, 1930, S. 165–256
Salander, Gustav Adolf, Der Wiederaufbau der bremischen Finanzwirtschaft in den Jahren 1932–1936, als Ms. gedr., Bremen 1936
Schmidtmayer, Alfred, Zur Geschichte der bremischen Akzise, in: BrJb 37, 1937, S. 64–79
Steuernagel, Wilh., Die Geschichte der bremischen Konsumtionssteuer und ihre Stellung im Rahmen des bremischen Steuersystems = VadStA 2, 1929
Waldthausen, Fritz, Der Bremer Vermögensschoß im Rahmen der direkten Besteuerung Bremens im 19. Jh., Stuttgart/Berlin 1911

10. Justiz

Achelis, Johannes, Zur Entwicklung des brem. Zivilprozesses vom 16. bis 18. Jahrhundert, in: BrJb 35, 1935, S. 180–253
Beermann, Oscar/Fritz Treichel, Die Scharfrichter der Stadt Bremen, in: Norddt. Familienkunde, Jg. 20, H. 2, S. 51–57, Neustadt/Aisch 1971
v. Bippen, Wilhelm, Die Gründung des lübeckischen Oberappellationsgerichts, in: HGBll. 1890/91, S. 25–47
Ders., Das franzôs. Handelsgericht und die franzôs. Handelskammer in Bremen 1811–1813, in: BrJb 23, 1911, S. 161–171
Blanke, J., Die Entwicklung der bremischen Justiz und ihre Kontrolle der Verwaltung im 19. Jh., jur. Diss. Kiel 1958 (Masch.schr.)
Bornemann, Walter, Die Entwicklung der Verwaltungsrechtspflege, jur. Diss. Lpz. 1926 (Masch.schr.)
Gerichtsordnung der freien Hansestadt Bremen von 1820, Bremen 1852
Donandt, Ferd., Der bremische Zivilprozeß im 14. Jh., in: BrJb 5, 1870, S. 1–156
Ders., Über die Geschworenen des älteren Brem. Rechts, in: Brem. Magazin 1830–1834, S. 835–856
Grambow, Otto, Das Gefängniswesen Bremens, jur. Diss. Göttingen 1910, Bremen/Lpz. 1910

Greb, Horst, Die Verfassung des Oberappellationsgerichts der vier Freien Städte Deutschlands zu Lübeck, Göttingen, jur. Diss. 1966

Hertzberg, Hugo, Das älteste bremische Nequamsbuch und seine Fortsetzungen, in: BrJb 28, 1922, S. 1–67

Hiemsch, Jan, Die bremische Gerichtsverfassung von der ersten Gerichtsordnung bis zur Reichsjustizgesetzgebung 1751–1879 = VadStA 32, 1964

Hinte, Paul, Die hannoversche Gerichtsbarkeit in der Stadt Bremen 1720–1803, rechts- u. staatswiss. Diss. Göttingen 1957, Göttingen 1957

Kühtmann, Alfred, Die Romanisierung des Civilprocesses in der Stadt Bremen = Unters. zur dt. Staats- u. Rechtsgesch. H. 36, Breslau 1891

Medéer, Kjell Å., Gerichtsbarkeiten der schwedischen Krone im deutschen Reichsterritorium, I Voraussetzungen und Aufbau (1630–1657), Stockholm 1975

Nequamsbuch (Kriminalfälle), HS. StUB, StA

Noltenius, Hans, Die Kriminalität im Gebiet der Freien Hansestadt Bremen; eine kriminalstatist. Studie, jur. Diss. Leipzig 1926 (Masch.schr.)

Pauli, Alfred, Das bremische Strafrecht, ein Handbuch für Geschworene, Bremen 1863

Richelmann, August Wilhelm, Selbstschilderung im Kerker zu Bremen im Jahre 1832, Braunschweig 1833

Rösing, J., Das Criminalgericht in Bremen, Leipzig 1844

Rothenberger, Curt (Hrsg.), Das Hanseatische Oberlandesgericht, Hamburg 1939

Schroeder, Fritz, Das mittelalterliche Strafrecht der Stadt Bremen, Diss. Greifswald 1941 (Masch.schr.)

Schumacher, H. A., Der erste Schwurgerichtshof in Bremen, Bremen 1864

Stöver, Friedrich, Kriminalgeschichte, Hs. StA (ausgelagert)

Thiemann, Harro, Verwaltungsgerichtsbarkeit in Bremen, jur. Diss. 1930, Dresden 1930

Trinkhaus, Hans, Geschichte und Rechtsprechung der bremischen Arbeitsgerichtsbarkeit, Berlin 1967

Zierenberg, S. G., Von der königlichen Stadtvogtei zu Bremen und den dahin gehörigen Juribus und Functionen, Hs. StUB

11. Polizei

Eilers, Hermann, Polizeirecht für das bremische Staatsgebiet, Bremen 1927/33

Krämer, Carl, Die Kriminalpolizei Bremen, in den Jahren 1933–1945, Hs.

Nahrmann, Alfred, Die Bremer Ordnungs- und Sicherheitspolizei von 1919 bis 1927, HPH 1969

Unsere Polizei; eine Dokumentation über die Leistungen und Erfolge der Polizei des Landes Bremen 1945–1965, Hrsg. Der Senator für Inneres

Spier, Johann Georg, Gesch. der bremischen Strom-, Schiffahrts- und Hafenpolizei, Diss. Göttingen 1960

Stoehr, Theod., Bremisches Polizei-Handbuch, Bremen 1914

12. Versch. Behörden, Behördenorganisation

Bremischer Staats-Calender, 1741–1810, 1820–1848, 1850–1851, 1853–1869;
Staatshandbuch d. Fr. Hansestadt Bremen 1870–1915, 1925–1927
Handbuch für das Departement der Wesermündungen für das Jahr 1813 (G. A. v.
Halem), Bremen 1813
Jahrbuch für die hanseatischen Departements (A. C. Wedekind), Hamburg 1812
1835–1985; 150 Jahre Kataster und Vermessung in Bremen, Bremen 1985
Leben aus der Gemeinschaft: Die Ortsämter in Bremen, Hrsg. Senator für Inneres
o. J. (um 1965)
Leist, Manfred, Das Wachstum der brem. Behörden – Organisation in den letzten
hundert Jahren (1850–1950), rechts- u. staatswiss. Diss. Kiel 1955, Bremen
1955
Selk, Henning, Die Entwicklung der Kämmereiverwaltung in Bremen bis zum
Jahre 1810, jur. Diss. Hamburg 1973

13. Militär

Dammann, Hans-Hermann, Militärwesen und Bürgerbewaffnung der freien
Hansestädte in der Zeit des Deutschen Bundes von 1815 bis 1848, phil. Diss.
Hamburg 1959 (Masch.schr.)
Focke, Johannes, Vom bremischen Stadtmilitär, in: BrJb 19, 1900, S. 1–35
Galperin, Peter, Bemerkungen zur Waffensammlung des Focke-Museums in Bre-
men; Privatdruck? (StUB) o. J.
Infanterie-Regiment Bremen im Felde 1914–1918 (Hrsg. Karl Henke), Bremen
1919
Lemelson, F., Die brem. Bürgerwehr 1813–1853, in: BrJb 33, 1931, S. 205–304
Mahnke, Dietrich, Kriegstaten und Schicksal des Res.-Inf. Regiments 75, 1914/
18, Bremen 1932
De Porre, Eugen, Militärgesch. Quellen im Staatsarchiv Bremen, in: Militärgesch.
Mitt. 1971, H. 2, S. 167–174
Ders., Quellen zur Militär- und Kriegsgesch. im Staatsarchiv Bremen, in: Jb. d.
Wittheit 16, 1972, S. 227–246
Schwarz, Klaus, Kompanie, Kirchspiele und Konvent in Bremen 1605–1814 =
VadStA 37, 1969
Stuckenschmidt, Hans, Das bremische Feldbataillon 1813–1867, in: BrJb 35,
1935, S. 325–357; 36, 1936, S. 259–305
Ders., Das Artilleriewesen der Stadt Bremen, in: BrJb 32, 1929, S. 111–192; 33,
1931, S. 173–204
Zipfel, Ernst/Albrecht, O., Geschichte des Infanterie-Regiments Bremen
(1. Hanseatisches) Nr. 75, Bremen 1934

14. Bürgerrecht

Reineke, Karl, Das bremische Bürgerrecht, in: BrJb 32, 1929, S. 195–232

15. Privatrecht

Finger, Richard, Die Rechtsverhältnisse zwischen Herrschaft und Dienstboten nach dem im Bremer Staat geltenden Recht, Bremen 1903
Ders., Das Bremer Ehe- und Erbrecht, Bremen 1911
Ders., Das Bremer Grundstücksrecht, Bremen 1910
Post, Albert Hermann, Die Elemente des gemeinen deutschen und hansestadtbremischen Privatrechts, Bremen 1866
Ders., Das gemeine deutsche und hansestadtbremische universale Vermögensrecht, Bremen 1870
Ders., Das gemeine deutsche und hansestadtbremische Immobiliarrecht und Familienrecht, Bremen 1871
Ders., Über die Heergewette und Niftelgerade nach Bremer Recht, in: BrJb 2, 1866, S. 48 ff.

16. Grundbesitzrecht, Deichrecht

Bartels, Hans, Das Deichrecht der Freien Hansestadt Bremen, Diss. 1930, Osterh.-Scharmbeck 1930
Lonke, Alwin, Das älteste Lassungsbuch von 1434–1558 als Quelle für die Topographie Bremens = VadStA 6, 1931
Rehme, Paul, Über das älteste Bremer Grundbuch 1438–1558 und seine Stellung im Liegenschaftsrecht, Halle 1908
Jaeger, Georg, Die Entwicklung der Eigentumsübertragung der städtischen Grundstücke in Bremen = VadSt 1, 1928, S. 7–110 = Göttingen, rechts- und staatswiss. Diss. 1921

17. Fischerei- und Seerecht

Dannenbring, Fredo E., Geschichte des bremischen Fischereirechts, in: BrJb 47, 1961, S. 143–226 = Diss. Kiel 1952
Rutenberg, Bernhard, Der Glockenstein in Hasenbüren (Fischereirecht), in: Heimat und Volkstum 1955, Nr. 2, S. 9–16
Segger, Heinrich, Entwicklung des Seerechts unter besonderer Berücksichtigung der Schiffahrt Bremens, Diss. Hamburg 1952
Schiffs-Ordnung und See-Recht der ehrbaren Hansestädte, Bremen 1688 und 1731

D. Wirtschaft

1. Allgemeine Wirtschaftsgeschichte / Wirtschaftsstatistik

Die Berufs- und Betriebszählung vom 12. Juni 1907 im bremischen Staate, Bremen 1909
Braune Hansa-Messe … 1934, Bremen 1934
Bremen, Schlüssel zur Welt (Ausstellung 1938)
Bremen im Wiederaufbau 1945–1957, bearb. von Gerhard Deissmann, Bremen o. J. (um 1958)
Bremer Handelshäuser und Industriewerke, Bremen 1955

Bruss, Regina, Die Ausschaltung der Juden aus dem bremischen Wirtschaftsleben, Diplomarbeit PH Bremen 1973

Deissmann, Gerhard, Wachsende Städte an der Unterweser, Bremen-Bremerhaven im Aufbau 1958–1964, 2. Auflage, Bremen 1965

Entholt, Hermann, Bremens Handel, Schiffahrt und Industrie im 19. Jahrhundert = Die deutsche Wirtschaft und ihre Führer, Band 5, Gotha 1928

Fuhse, Georg, Die Freie Hansestadt Bremen in wirtschaftsgeschichtlicher Entwicklung, Bremen 1927

Historisch-biographische Blätter: Der Staat Bremen, Ecksteins Biographischer Verlag, Berlin 1906–1911

Kappe, Gustav, Die Unterweser und ihr Wirtschaftsraum. Formen und Kräfte einer Landschaft am Strom, Bremen 1929

Peters, Fritz, Über bremische Firmengründungen in der ersten Hälfte des 19. Jahrhunderts (1814–1847), in: BrJb 36, 1936, S. 306–361

Schaffendes Bremen, Hrsg. Verkehrsverein/Ges. für Wirtschaftsförderung, Bremen/Frankfurt a. M. 1952

Die schaffende Unterweser, Bremen 1927

Schwebel, K. H., Joh. Smidts Wirtschaftsdenken, in: Jb. d. Witth. 5, 1961, S. 29 bis 35

2. Handel allg., Handelsfirmen

Auswahl handelsrechtlicher Streitfälle, verhandelt vor dem Handelsgericht der Freien Hansestadt Bremen, Bremen 1851

Beutin, Ludwig, Alte bremische Handlungsbücher, in: BrJb 34, 1933, S. 118 bis 130

Bremen-Bremerhaven, Häfen am Strom, Bremen 1960

Bremen als Welthafen, Bremen o. J. (1930)

Bremen im Welthandel, bearbeitet von Alfred Lörner, Bremen 1927

Engelsing, Rolf, Hermann Dauelsberg, Schiffsmakler, Hamburg 1957

Erich, Werner Friedrich, Bremen als Welthafen seit Beginn des Weltkrieges bis zur Gegenwart, Göttinger rechts- und staatswiss. Diss. 1923 (Masch.schr.)

Flügel, Heinrich, Die deutschen Welthäfen Hamburg und Bremen, Würzburg, rechts- und staatswiss. Diss. 1914 (ab 1848), Jena 1914

Ders., Der Seehafen Bremen, Berlin 1931

Fuhse, Georg, Die Entwicklung des Bremer Warenhandels mit bes. Rücksicht auf den Zollanschluß, Diss. Hamburg 1923 (Masch.schr.)

Gehrke, Franz, Bremens Warenhandel und seine Stellung in der Weltwirtschaft, Jena 1910

Gerssmayr, Hans, Die Seehäfen der Unterweser, eine verkehrs- und wirtschaftsgeographische Studie, Berlin 1930

Geschäfte, Teil 1: Der Bremer Kleinhandel um 1900 = Beitr. zur Sozialgeschichte Bremens, H. 4, o. J. (um 1981)

175 Jahre J. H. Bachmann, Bremen 1775–1950, Bremen 1950

10 Jahre Verbraucherzentrale im Lande Bremen, 1971

Kaschner, Hans, Hamburg und Bremen als Standorte der Seeschiffahrt, Diss. München 1937, Bielefeld 1936

Müller, Johanna, Handel und Verkehr Bremens im Mittelalter, in: BrJb, 30, 1926,

S. 204–262; 31, 1928, S. 1–107

Plaß, F./Friedr. Robert Ehlers, Geschichte der Assecuranz und der hanseatischen Seeversicherungs-Börsen Hamburg, Bremen, Lübeck; Hamburg 1902

Prüser, Friedrich, Mit Bandmaß und Meßstock, die beeidigten Gütermeser in Bremen, o. J. (um 1937)

Prüser, Jürgen, Die Handelsverträge der Hansestädte Lübeck, Bremen und Hamburg mit überseeischen Staaten im 19. Jahrhundert, VadStA 30, 1962

Rauers, Friedrich, Geschichte des Bremer Binnenhandels im 19. Jahrhundert, Bremen 1913

Schulz, Wilh., Der Wandel in der Handels- und Transportfunktion des Seehafens Bremen in der Nachkriegszeit, Diss. Münster 1939, Berlin 1939

Smidt, Heinrich, Handels- und Schiffahrtsverträge der freien Hansestädte und Bremens insbesondere, Bremen 1842

Der Spediteur in Bremen, Verein Bremer Spediteure e. V. von 1901 bis 1951, Bremen 1951

(Tabellarische) Übersicht des Bremischen Handels 1850–1866

Ultz, Armand, Bremer Seeschiffahrt und Außenhandel vor und nach dem Weltkrieg, phil. Diss. Erlangen 1922 (Masch.schr.)

Will, Carl, Julius Lübbren, Karl Bormann, Was die Schiffe bringen, Hamburg 1960

v. Witzendorff, Hans-Jürgen, Bremens Handel im 16. und 17. Jahrhundert, in: BrJb, 44, 1955, S. 128–174

Ders., Beiträge zur brem. Handelsgeschichte in der zweiten Hälfte des 18. Jahrhunderts, in: BrJb 43, 1951, S. 342–394

3. Handel mit verschiedenen Ländern

Alberts, W. Jappe, Bremer Beziehungen zu den Niederlanden im Mittelalter, in: BrJb, 51, 1969, S. 51–67

Becker, Felix, Die Hansestädte und Mexiko, Handelspolitik, Verträge und Handel 1821–1867 = Acta Humboldtiana, Nr. 9, Wiesbaden 1984

Beutin, Ludwig, Bremen und Amerika, Bremen 1953

Bremen–Indien–Ostasien, 50 Jahre Ostasiatischer Verein e. V., Bremen 1951

Engelsing, Rolf, Bremen, England und die USA im 19. Jahrhundert, in: Bundesfirmenregister, 7. Ausg.

Ders., England und die USA in der bremischen Sicht des 19. Jahrhunderts, in: Jb. d. Wittheit 1, 1957, S. 33–65

Entholt, Hermann/Ludwig Beutin, Bremen und Nordeuropa, Quellen und Forschungen zur bremischen Handelsgeschichte I., Weimar 1937

Dies., Bremen u. d. Niederlande, Quellen und Forschungen zur bremischen Handelsgeschichte II, Weimar 1939

Föge, Herbert, Bremer Bergenfahrt und Bergenfahrer vom 16.–18. Jahrhundert, phil. Diss. Kiel 1958

Freudenberg, Walther, Von deutscher Arbeit auf Ceylon (Fa. Freudenberg & Co.), Stuttgart 1926

Glade, Dieter, Bremen und der Ferne Osten, Kiel, phil. Diss. 1965 = VadStA 34, 1966

Kerst, Georg, Die Bedeutung Bremens für die frühen deutsch-japanischen Beziehungen, in: BrJb, 50, 1965, S. 303–323

Kohl, Joh. Georg, Spuren einer alten Schiffahrts- und Handelsverbindung Bremens mit dem Norden Europas und mit Amerika, in: BrJb, 4, 1869, S. 436 bis 475

Kossok, M., Preußen, Bremen und die Texasfrage 1835–1845, in: Wiss. Ztschr. d. Karl-Marx-Universität Lpz., Ges.- und Sprachwiss. Reihe 1964, S. 183–198

Krieg, Martin, Der Schiffahrtsstreit zwischen Bremen und Minden, in: HGBll 60, 1935, 66–88

Menke, Ch. Fried., Die wirtschaftlichen und politischen Beziehungen der Hansestädte zu Rußland im 18. und im frühen 19. Jahrhundert, Gött., Diss. (Masch.schr.) 1959

Müller, Hartmut, Bremen und Westafrika ... 1841–1914, in: Jb. d. Witth. I 15, 1971, S. 45–92; II 17, 1973, S. 75–148

Pitsch, Franz Josef, Die wirtschaftlichen Beziehungen Bremens zu den Vereinigten Staaten von Amerika bis zur Mitte des 19. Jahrhunderts: = VadStA 42, 1974

Schwebel, Karl H., Bremens Handelsbeziehungen zum Königreich Frankreich, in: Jb. d. Wittheit 2, 1958, S. 205–224

Struve, Walter, Die Republik Texas, Bremen und das Hildesheimische = Quellen und Darstell. zur Gesch. Nieders., Bd. 96, Hildesheim 1983

Teßmer, Fritz Hartmut, Bremische Handelsbeziehungen mit Australien ..., Bremen 1979

4. Handel mit verschiedenen Waren

Bargmann, Robert, Bremens Wollhandel, Bremen 1941; Bremen, die Tabakstadt Deutschlands, Bremen 1939

Bessell, Georg, Werner Wien, 150 Jahre Carl Schünemann, Bremen 1960

Beutin, Ludwig, Von 3 Ballen zur Weltmacht, Kleine Bremer Baumwollchronik, Bremen 1934

Ders., Drei Jahrhunderte Tabakhandel in Bremen, Stuttgart 1937

v. Bömmel, Jos., Der Handel in Baumwolle, Luiters und Abfällen, insbes. in Bremen, Diss. Frankf. 1922 (Masch.schr.)

Der bremische Fruchthandel und die Fruchthandelsgesellschaft, Berlin o. J.

Cramer, Ulrich, Bremer Baumwollbörse 1872–1922, Bremen 1922

Durlach, Henny, Bremen Sögestraße 36/38, die Gesch. ... der Firma G. A. Dörrbecker, Bremen 1936

Gebhard, Ernst, Bremens Tabakhandel ..., Würzburg, rechts- und staatswiss. Diss. 1920 (Masch.schr.)

Hüsener, Helmut, Baumwollhafen Bremen, Bremen/Frankfurt a. M. 1951

75 Jahre Bremer Baumwollbörse 1842–1947, Bremen 1947

Kalihafen, Bremen, Bremen 1928

Löbe, Karl, Bremens Holzwirtschaft = Abh. und Vorträge, hrsg. von der Wittheit, Bd. 15, H. 4, 1943

Ders., Weinstadt Bremen, Bremen 1981

Müller, Hartmut, Baumwolle via Gdynia, die Autonomiebestrebungen des polnischen Außenhandels und die Ausschaltung des Baumwolltransitverkehrs mit

Polen vor dem Zweiten Weltkrieg, in: BrJb, 55, 1977, S. 243–261

Sasse, Heinrich, Die Kornteuerungspolitik Bremens im 18. und 19. Jahrhundert, Diss. Münster 1922

Scharpenberg, Anneliese, Die Deutsche Südphosphat-Aktiengesellschaft Bremen, in: BrJb, 55, 1977, S. 127–219

Siemer, Hermann, Die Bremer Baumwollbörse als Institution des Baumwollhandels, Diss. Heidelberg 1936

Thurn, Heinrich, Grundlagen, Entwicklung und Struktur der brem. Holzwirtschaft, Diss. Köln 1947 (Masch.schr.)

Tidemann, Heinrich, Gustav Winters Buchhandlung, Franz Quelle Nachf., Bremen 1929

Weber, Wolfhard, Erdölhandel und Erdölverarbeitung an der Unterweser 1860 bis 1895, Bremen 1968 = VadStA 35, 1968

Westphäling, Rudolf, Die Entwicklung des Bremer Baumwollmarktes nach dem Kriege (1919–23), rechts- und staatswiss. Diss. Kiel 1925 (Masch.schr.)

5. Auswanderung

Auf Auswandererseglern; Berichte von Zwischendecks- und Kajütpassagieren, Nr. 5, Führer des Deutschen Schiffahrtsmuseums, Bremerhaven 1976

Auswanderung Bremen – USA, Nr. 4, Führer des Deutschen Schiffahrtsmuseums, Bremerhaven 1976

Engelsing, Rolf, Bremen als Auswandererhafen 1683–1880 = VadStA 29, 1961 = phil. Diss. Gött. 1954

Hespenheide, Georg, Die Einflüsse der Auswanderung auf die wirtschaftliche Entwicklung Bremens; Göttinger rechts- und staatswiss. Diss. 1921, Bremen 1921

6. Schiffahrt, Reedereien, Fischfang

Acht Jahrzehnte Norddeutscher Lloyd Bremen, ein kurzer Rückblick 1857 bis 1937, Bremen 1937

Ahlers, B., Die arktische Fischerei, wie sie von der Weser aus betrieben wird, Vegesack 1911

Baumann, Gisella, Die Entwicklung des Verkehrsnetzes der Bremer Linienreedereien nach dem Weltkrieg bis zum Jahre 1935, Diss. Jena 1940; auch in: Ztschr. f. Verkehrswissenschaft 16, 1939, S. 178–216

Becker-Ferber, G., Fünf Dampfer „Bremen", Berlin 1959

Bessell, Georg, 1857–1957, Norddt. Lloyd, Gesch. einer bremischen Reederei, Bremen 1957

Brückmann, Friedr. Christ., Die Entwicklung der Bremer Schiffahrt in den letzten 100 Jahren unter bes. Berücksichtigung des Auswandererverkehrs, phil. Diss. Marburg 1924 (Masch.schr.)

D. „Columbus", Norddeutscher Lloyd, o. J. (1924)

Deutsche Dampfschiffahrts-Gesellschaft „Hansa" 1881–1956, Bremen 1956

Der erbaren Hanse-Städte-Schiffs-Ordnung, Lübeck 1614; Der Ehrb. Hanse-Städte-Schiffs-Ordnung und See-Recht, von neuem gedruckt, Bremen 1688

Ehlers, Wilhelm, Fünfzig Jahre Norddeutscher Lloyd, Bremen 1907

Ellmers, Detlev, Frühmittelalterliche Handelsschiffahrt in Mittel- und Nordeuropa = Schriften d. Dt. Schiffahrtsmuseums Bd. 3, Neumünster 1972

Focke, Johann, Die Bremer Heringsfischerei-Compagnie von 1806, in: Jb. d. brem. Samml. 4/2, 1901, S. 104–112

Graue, F., Die Gründung der ersten deutsch-amerikanischen Postdampfschiffslinie, Berlin 1903

Hardegen, Friedr., Die Gründung des Norddeutschen Lloyd, Bremen 1913

Höver, Otto, Deutsche Hochseefischerei, Oldenburg 1936

Kindt, G. C., Die erste Dampfschiffahrt auf der Weser und ihr Begründer Friedrich Schröder, Bremen 1868

Koschwitz, Botho, Eckart Oestmann, Fünfundsiebzig Jahre Unterweser Reederei (1890–1965), Bremen 1965

Kühtmann, Alfred, Die Aufhebung des Elsflether Zolls, in: BrJb, 17, 1895, S. 77–99

Lindeman, M., Der Norddeutsche Lloyd, Bremen 1892

Ludolph, Fred, Sozial- und wirtschaftsgeschichtliche Aspekte zur Entwicklung der Werftindustrie bis zum Ausbruch der Weltwirtschaftskrise am Beispiel der AG „Weser", in: Beitr. zur Industrieforschung, Bremen 1890

Meyer, Hans-Rudolf, Die bremische Grönlandfahrt und ihr Einfluß auf die bremische Wirtschaft, in: BrJb, 50, 1965, S. 221–286

Meyer zu Selhausen, Herm., Die Schiffahrt auf der Weser und ihren Nebenflüssen = Tübingen, Staatswiss. Abh. 21, Stuttgart 1911

Müller, Hartmut, Die Fahrtgebiete der Bremer Reederei im Ausgang des 18. Jahrhunderts …, in: BrJb, 56, 1978, S. 39–78

Ders., Untersuchungen zur bremischen Reederei im 17. Jh., in: BrJb, 53, 1975, S. 91–142

Ders., Das Rechnungsbuch des Bremer Schmackschiffers Heinrich Honholt 1704–1707, in: Jb. d. Witth. 16, 1972, S. 9–42

Neubauer, Paul, Der Norddeutsche Lloyd. 50 Jahre der Entwicklung 1857–1907, 2 Bde. und 1 Illustr. Bd., Leipzig 1907

Norddeutscher Lloyd Bremen, o. J. (um 1907)

Norddeutscher Lloyd Bremen 1857–1917, Bremen 1917

Der Ozean-Expreß „Bremen", hrsg. von Prof. Breuhaus de Groot, München 1929

Piefke, Christian, Zur Geschichte der Passagierfahrt auf der Unterweser, in: BrJb, 44, 1955, S. 244–284

Prüser, Friedrich, Aus den Jugendtagen der Dampfschiffahrt auf der Oberweser, in: BrJb, 44, 1955, S. 274–281

Reglement vor die Eichen-Schiffer und Kahnen Führer, Bremen 1749

Reglement für die hierselbst bestellte und beäidigte (!) Lootsen, Bremen 1724

Reinemuth, Rolf, Kaper und Kraweele … Wie es zur Armen Seefahrt kam, Herford 1974

Ders., Segel aus Downeast, Herford 1971

Ders., Bremer „Esel". 50 Windjammer, ihre Fahrten und Schicksale, Herford 1973

Richter, Manfred, Die Anfänge des Elsflether Zolls. Beitr. zur Gesch. von Schiffahrt und Wirtschaft der Unterweser im 17. Jahrhundert, Oldenburg 1967 = Oldenburg Forsch. 17

Rohdenberg, Günther, Hochseefischerei an der Unterweser = VadStA 43, 1975

Ders., Saisonarbeit im Unterweserraum, in: BrJb, 55, 1977, S. 221–241 (Fisch-fang)

Runge, Ernst A., Beiträge zur Geschichte des brem. Heringshandels = Abh. d. Instituts f. Seefischerei, H. 3, Wesermünde 1930

Schick, W., Der Wiederaufbau des Norddeutschen Lloyd, Bremen, in der Nach-kriegszeit und seine Entwicklung bis zur Gegenwart, Tübingen 1937

Schwartje, Rudolf, Die Geschichte der Bremen-Vegesacker Fischerei-Gesell-schaft, Bremen 1984

Aus See nach Bremen-Stadt, Wegweiser für Schiffsführer, 28. Jg., Bremen 1929

Szymanski, Hans, Die Anfänge der Dampfschiffahrt in Niedersachsen und in den angrenzenden Gebieten von 1817 bis 1867, Hannover 1958, Veröff. d. Nieders. Amtes für Landesplanung und Statistik, Reihe A, Bd. 67

Wätjen, Hans, Weißes W im blauen Feld, die bremische Reederei und Übersee-handlung D. H. Wätjen & Co. 1821–1921, Wolfsburg 1983

Wätjen, Hermann, Aus der Frühzeit des Nordatlantikverkehrs, Lpz. 1932

Witthöft, Hans Jürgen, Norddeutscher Lloyd, Herford, 2. Aufl. 1973

7. Weser, Hafenanlagen, Hafenbetrieb

Auszug aus dem ersten Bericht wegen Anlegung eines Kanals zur Verbindung der Weser mit der Lesum, Bremen 1820

Berichte und Gutachten über die Verbesserung des Fahrwassers in der Unterweser innerhalb des Bremischen Gebiets, Bremen 1826

Bremen und Bremerhaven mit einem Auszug aus der Hafenordnung für die stadt-bremischen Häfen und Bremerhaven, 2. Aufl. Hamburg 1930

Bremerhaven, der führende Fischereihafen – Der größte Loggerhafen Bremen-Vegesack, Bremen 1953

Das Buch der bremischen Häfen, Bremen / Wilhelmshaven o. J. (1954)

Bücking, Hermann, Die Korrektion der Unter- und Außenweser, Cassel 1910

Ders., Entwicklung auf dem Gebiete des Hafen- und Strombaues seit 1880, in: Ztschr. d. Vereins dt. Ing. 58, 1914, S. 906–922

Busch, Ludwig, Die Bremer Lagerhaus-Gesellschaft als Faktor in der Entwick-lung von Bremens Handel und Industrie, Bremen 1925, rechts- und staatswiss. Diss. Hamburg 1924

Conradis, Heinz, Der Kampf um die Weservertiefung in alter Zeit, in: BrJb, 41, 1944, S. 219–240

Ders., Versuche zur Weservertiefung in alter Zeit, in: Jb. d. Brem. Wiss. 1, 1955, S. 75–84

Denkschrift über die Entwicklung der bremischen Häfen und Hafenbahnen und die Bremer Hafenbahnfrage, Hannover 1927

Dörfler, Heinrich, Die Anfänge Bremens als Eisenbahnhafen, dargestellt am We-serbahnhof bis 1888, HPH 1978

Ehrhardt, Ernst, Die große Balge und Funde bei Ausgrabungen an der Böttcher-straße, in: BN 18.6.1925

Die Entwicklung der bremischen Hafenanlagen bis 1928, in: Jb. der Hafenbau-techn. Gesellsch. 1928

Erneuerte und verbesserte Schlacht-Ordnung nebst angehängter Krahn- und

Wupper-Rolle, Bremen 1747

Flügel, H., Der Seehafen Bremen = Musterbetriebe deutscher Wirtschaft, Bd. 26, Berlin 1931

Franzius, Ludwig, Die Korrektion der Unterweser, Bremen 1888 und Leipzig 1895

Gläbe, Friedrich, Die Unterweser, Bremen 1963

Die große Balge, betreffend die Zuwerfung derselben und Verwandlung in einen wasserdichten Kanal, Bremen 1873

Gutachten über die Mittel, die Stadt Bremen gegen die nachtheiligen Wirkungen der hohen Anschwellungen der Weser sicher zu stellen, Bremen 1836

Hedde, Peter/Tillmann u. a., Die Entwicklung der bremischen Hafenanlagen bis 1928 = Sonderdruck aus Jb. der Hafenbautechn. Gesellschaft 1926, ergänzt bis 1928

50 Jahre Hafenbetriebsverein in Bremen e. V. 1914/1964, Bremen 1964

John, Ellen, Die Bremer Hafenbetriebe mit bes. Berücksichtigung der Bremer Lagerhaus-Gesellschaft und der bremischen Hafenbahn, jur. Diss. Gött. 1927, Hannover o. J.

Krieg, Martin, Der Schiffahrtsstreit zwischen Bremen und Minden, in: GHBll 60, 1935, S. 66–68

Lagerhaus-Gesellschaft, Geschäftsberichte, Bremen 1894 ff.

Löbe, Karl, Unternehmen Mittelweser, Bremen 1960

Ders., Das Weserbuch, Hameln 1968

Ders., Seehafen Bremen, 100 entscheidende Jahre, Bremen 1977

Mahnken, Manfred, Die stadtbremischen Häfen 1936–1945, HPH 1960

Meyer, H. Horst, Die Unter- und Außenweserkorrektion durch Bremen als Problem des Bundesstaatsrecht; zugleich eine Untersuchung über den räumlichen Umfang der Bundeswasserstraßen, jurist. Diss. Kiel 1963 (vervielf. Masch.schr.) = Sorgen und Schaffen f. d. Weser, H. 5, Bremerhaven 1963, Düsseldorf 1963

Mücke, Erwin, Bremen und die Unterweserhäfen, Diss. TH Hannover 1953 (Masch.schr.)

Nölle, Hansjürgen, Die bremischen Häfen. Eine öffentlich-rechtliche Betrachtung der Häfen in Bremen und Bremerhaven sowie des Westerstroms, jur. Diss. Hamburg 1959

Projekt zur Korrektion der Unterweser, Leipzig 1882

Prüser, Friedrich, Die Balge, Bremens mittelalterlicher Hafen, in: Städtewesen und Bürgertum als gesch. Kräfte (Gedächtnisschrift für Fritz Rörig), Lübeck 1953, S. 477–483

Ders., Die Schlachte, Brmens alter Uferhafen, Bremen 1957 = Schriften zur brem. Firmen- und Wirtschaftsgesch., Bd. 4

Schiffahrt und Häfen; zwischen Freiheit und Dirigismus zum 100jährigen Bestehen der Bremer Lagerhaus-Gesellschaft 1877–1977, Bremen 1977

Schilling, R. E., Nachricht von der Verstopfung des Weser-Stroms im Jahre 1771, Bremen 1772

Spier, Joh. Georg, Geschichte der bremischen Strom-, Schiffahrts- und Hafenpolizei, Diss. Göttingen 1960

Strache, W., Das Weserbuch, Lpz. 1936

de Thierry, G., Die Freie Hansestadt Bremen, ihre Hafenanlagen und Verbindungen mit der See und dem Hinterland, Berlin 1910

Tillmann, Karl Heinr., Die bremischen Häfen in Bremen-Stadt und Bremer-haven, Bremen 1925

Ders., Die Entwicklung der bremischen Hafenanlagen bis 1928, Bremen 1928

Der Wiederaufbau und Ausbau der Häfen in Bremen und Bremerhaven seit 1945, in: Jb. d. Hafenbautechn. Gesellschaft 20/21, 1950/51, S. 143–227

8. Geldwirtschaft, Banken, Sparkassen, Versicherungen

Beutin, Ludwig, Bremisches Bank- und Bürowesen seit dem XVII. Jahrhundert = Abh. und Vorträge hrsg. v. d. Bremer Wiss. Gesellsch., Jg. 10, H. 4, 1937

Bremer Bank, Niederlassung der Dresdner Bank, 1856–1981, Bremen 1981

Claussen, G. H., Die Sparkasse in Bremen, Bremen 1900

De Porre, Eugen, 1828–1978; Carl F. Plump & Co., Chronik einer bremischen Bank, Bremen 1978

Förster, Walter, Das Haus am Wall; aus Bremens Geldgeschichte (Landeszentral-bank), Bremen 1983

Gätjen, Bernhard, Der Rentenkauf in Bremen, Göttingen, rechts- und staatswiss. Diss. 1922 = VadStA 1, 1928, S. 111–195

Huber, Karl, 100 Jahre Hamburg-Bremer-Feuer-Versicherungs-Gesellschaft Hamburg 1854–1954, Hamburg 1954

125 Jahre Bremer Bank. 1856–1981, Bremen 1981

125 Jahre gemeinnützigen Wirkens für die Freie Hansestadt Bremen (Die Spar-kasse in Bremen), 1950

Koopmann, Hinrich Gerhard, Bremens Geldwesen und seine Stützen, Diss. Tü-bingen 1923 (Masch.schr.)

Ropers, Julius W., Vom Geldwechsler zur Großbank (Deutsche Bank und Dis-conto-Gesellschaft), Bremen o. J. (1937)

Die Sparkasse in Bremen, Bremen 1925

Die Sparkasse in Bremen, Das Gesicht einer bremischen Institution, 1970

Ukat, Siegfried, Der Zusammenbruch der Beamtenbank als Folge der Wirt-schaftskrise 1931, HPH 1968

9. Ältere Kaufmannsorganisationen

v. Bippen, Wilh., Die bremischen Gewandschneider, in: BrJb, 27, 1919, S. 62–84

Cassel, J. Ph., Kurzgefaßte Nachricht von der Societät der Tuchhändler in Bre-men, Bremen 1763

Dünzelmann, Ernst, Die Bremische Kaufmannsgilde und ihre Elterleute, in: BrJb, 18, 1896, S. 77–115

Meyer, F. A., Blicke in die Gesch. der Aelterleute, in: Brem. Magazin, Bremen 1830–1834, S. 197–290

Motz, D., Die Verhältnisse des Collegii Seniorum in seiner Beziehung auf Bre-mens Handel und Schiffahrt, Bremen 1848

Noltenius, J. Eberhard, Über die Anfänge der Elterleute des Kaufmanns in Bre-men, Bremen 1977

Prüser, Fr. / K. H. Schwebel / A. Ulrich, De Koopmann tho Bremen, Bremen 1951

Sasse, Heinrich, Das bremische Krameramt, in: BrJb 33, 1931, S. 108–157; 34, 1933, S. 63–102; 35, 1935, S. 254–270

10. Handwerk und Zünfte

Ahnelt, Jutta, Organisation und Brauchtum des heutigen Bremer Handwerks und seine Geschichte, in: Heimat und Volkstum 1961, S. 52–103

Albers, Hermann, Die bremischen Knochenbauer, in: BrJb, 35, 1935, S. 271–324

Ders., Neues zur Gesch. des brem. Schlachtergewerbes, in: BrJb, 38, 1939, s. 60 bis 74

Böhmert, V., Urkundliche Geschichte der bremischen Schusterzunft mit Seitenblicken auf die Geschichte des bremischen Zunftwesens überhaupt, Leipzig 1862

Branding, Ursula, Die Einführung der Gewerbefreiheit in Bremen und ihre Folgen = VadStA 19, 1951

Claussen, Bruno, Die Anfänge der Buchdruckerkunst in Bremen (1525–1625), in: Jb. d. brem. Sammel. 1/1, 1908, S. 51–68

Elstermann, Erika, Die Lederarbeiter in Bremen = VadStA 17, 1941

Entholt, Herm., Vom altbremischen Handwerk, Bremen 1931

Ernewerte Maurer- und Zimmerleute sonderbare und gemeine Ordnung, Bremen 1665

Fatthauer, Hermann, Die bremischen Metallgewerbe vom 16. bis zur Mitte des 19. Jhs. = VadStA 13, 1936

Graff, Kurt, Handwerk, Kunst und Bürgertum zu Hamburg und Bremen um 1700 und 1800, Berlin, Techn. Hochsch., Diss. 1925 (Masch.schr.)

Helm, Karl, Die bremischen Holzarbeiter vom 16. bis zur Mitte des 19. Jhs. = VadStA 8, 1931

Höfinghoff, Elisabeth, Die bremischen Textilgewerbe vom 16. bis zur Mitte des 19. Jhs. = VadStA 9, 1933

Hoyer, Karl, Das Bremer Brauereigewerbe, in: HGBl 19, 1913, S. 193–232, München 1913

Ders., Das Müller- und Bäckergewerbe in Bremen, München/Leipzig 1915

100 Jahre Druckerei G. Hunckel, Bremen 1926

Meyer-Eichel, Eva, Die bremischen Zinngießer = VadStA 7, 1931

Parizot, Adalbert Fr., Das Baugewerbe unter bes. Berücksichtigung bremischer Verhältnisse in geschichtl. Entwicklung bis zur Gegenwart dargestellt, rechts- und staatswiss. Diss. Hamburg 1923 (Masch.schr.)

Peters, Fritz, Chronik der Druckerei H. M. Hauschild Bremen, Bremen 1948

Reißner, Gerd, Die Entwicklung der Druckkunst in Bremen von 1525–1900, Bremen 1955

Strube, Friedrich, Soziale Sicherung bei den Handwerkerzünften in Bremen, rechtswiss. Diss. Kiel 1974

Thikötter, Elisabeth, Die Zünfte Bremens im Mittelalter = VadStA 4, 1930

11. Industrie/Schiffbau

Achtermann, Karl, Der Entwicklungsgang der Bremischen Cigarrenindustrie u. d. soziale Lage der Bremischen Cigarrenindustrie, Göttingen, rechts- und staatswiss. Diss. 1922 (Masch.schr.)

Actiengesellschaft „Weser", Bremen 1906; Bremen 1913; Bremen 1922

AG „Weser" Bremen 1843–1968, Bremen 1968

Bargmann, Robert, 700 Jahre Mühlen, Bremen 1937

v. Bremen, Friedr. Wilh., Der Schiffbau in Bremen, rechts- und staatswiss. Diss. Würzburg 1922 (Masch.schr.)

Die Bremer Hanse-Kogge, Ein Schlüssel zur Schiffahrtsgeschichte. Fund Konservierung, Forschung Hrsg. Wittheit zu Bremen, Bremen 1969 = Monographien d. Wittheit zu Bremen 8

Bremer Vulkan, Schiff- und Maschinenfabrik Vegesack, (Berlin) 1911

Die Bremer Wollkämmerei Blumenthal 1884–1909, Berlin 1909

Deutsche Schiffbau- und Maschinenbau Aktiengesellschaft (Deschimag), Bremen 1930

Evers, Walter, Standortuntersuchungen über die industrielle Entwicklung Bremens im letzten Jahrzehnt vor Ausbruch des Krieges, rechts- und staatswiss. Diss. Breslau 1917

Fliedner, Siegfried, Die Bremer Kogge = Hefte des Focke-Museums Bremen Nr. 2 und 19, 1. Aufl. (um 1963), 2. Aufl. (um 1966)

Flieger, Heinz, Der Weg zur Isabella, Düsseldorf 1959 (Borgward)

Focke, J., Vom älteren bremischen Schiffbau, in: Jb. d. brem. Samml. III, 1, 1910, S. 28–44

Helm, Karl, Bremens Holzschiffbau vom Mittelalter bis zum Ausgang des 19. Jhs., in: BrJb, 44, 1955, S. 175–243

Herms, Doris, Die Anfänge der bremischen Industrie vom 17. Jh. bis zum Zollanschluß (1888) = VadStA 20, 1952

Höver, Otto, Deutsche Schiff- und Maschinenbau Aktiengesellschaft; Gesch. der Actien-Gesellschaft „Weser", Bremen 1943

Hundertfünfzig Jahre Schiffbau in Vegesack, hrsg. v. „Bremer Vulkan"; 1. Georg Besell, Werftgeschichte; 2. Aug. Westermann, Schiffschronik; Bremen 1955 = Schriften zur brem. Firmen- und Wirtschaftsgesch. Bd. 2

100 Jahre Beck's Bier 1873–1973, Bremen 1973

150 Jahre Haake-Beck-Brauerei Bremen, Bremen 1976

Jerchow, Friedrich, 1883–1983. Die Geschichte der Bremer Woll-Kämmerei zu Blumenthal, 1983

Jute-Spinnerei und Weberei Bremen 1888–1913, Berlin 1913

Krawietz, Walter, Die wirtschaftliche Entwicklung des Schiffbaus an der Unterweser von 1800–1960, Diss. der wirtsch.- und sozialwiss. Fak., Erlangen 1966 (Masch.schr. vervielfältigt)

(Lahusen) Der heutige Stand der Sache Lahusen, Juni 1932

Der Stand der Sache Lahusen nach dem Eröffnungsbeschluß der Strafkammer Bremen, Sept. 1932

Lahusen, G. Karl und Friedel, Die Nordwolle unter unserer Leitung, Bremen 1932

Ludolph, Fred, Sozial- und wirtschaftsgeschichtliche Aspekte zur Entwicklung der Werftindustrie in Bremen bis zum Ausbruch der Weltwirtschaftskrise am Beispiel der AG „Weser" Bremen = Schriftenreihe der Hochsch. f. Wirtschaft Bremen, Bd. 16, 1980, S. 1–171

MB-Fibel (Martin Brinkmann), Bremen 1954

Nitzschke, Peter, Die Atlas-Werke AG 1939–1952, HPH 1970

Peters, Dirk, Der Seeschiffbau in Bremerhaven von der Stadtgründung bis zum Ersten Weltkrieg, Staatsex.arb. Hannover 1976

Plambeck, Harald Wolfgang, Die Entwicklungsgrundlagen der bremischen Großindustrie, Diss. Kiel 1938, Dresden 1938

Preuß, Marika, Der Zusammenbruch der Nordwolle in Bremen, HPH 1970

Prüser, Friedrich, Sengstack Söhne Bremen, die zweihundertjährige Gesch. einer Bremer Seifenfabrik, Bremen 1949

Rotes Herz und brauner Trank (Kaffee HAG), Bremen 1956

Schmidt, Georg, Borgward; Carl F. W. Borgward und seine Autos, Stuttgart 1979

100 Jahre – 1000 Schiffe; Seebeckwerft Bremerhaven, Hrsg. AG „Weser", Seebeckwerft, Bremerhaven 1976

Silber aus Bremen; 150 Jahre Tafelbesteck von Koch & Bergfeld, Köln 1979

Surburg, Wilhelm, Bremen als Industriestadt, Diss. Köln 1935, Borna/Leipzig 1935

Thiermann, Agnes, Die Industrie am seetiefen Wasser, Diss. Berlin 1936, Quakenbrück 1936

Wilkens, Heinrich, Das Silber und seine Bearbeitung im Kunstgewerbe, Bremen 1909

12. Wirtschaftskammern

Angestelltenkammer Bremen, Berichte … 1924–1927; Angestelltenkammer, Rechenschaftsberichte 1928–31

Arbeiterkammer Bremen, Berichte … 1924–26

Bericht der Gewerbekammer zu Bremen (bzw. der Bremischen Gewerbekammer) über ihre Tätigkeit 1879–1909; Jahresbericht der Bremischen Gewerbekammer 1910–14

Bors, Hans, Die bremische Arbeiterkammer, Bremen 1962

Fischer, Gerhard, Entstehung und Entwicklung von brem. Kammern als Körperschaften des öffentl. Rechts, jur. Diss. Kiel 1974

Geschichte und Gegenwart der Arbeiterkammern in Bremen, Bremen 1971

Die Gewerbekammer zu Bremen, Bericht … 1914–18; Die Gewerbekammer zu Bremen 1924/26; Geschäftsbericht der Handwerkskammer Bremen 1933–38; Bericht der Handwerkskammer Bremen 1945–1949; Handwerkskammer Bremen, Jahresbericht 1950 ff.

Grassmann, Ruprecht, Die Arbeitnehmerkammer in der Rechtsordnung, Bremen 1962

Jacobi, Johannes, Die bremische Gewerbekammer in den Jahren 1849–1884, Bremen 1884

75 Jahre Gewerbekammer zu Bremen, (Bremen 1924)

100 Jahre Handwerkskammer zu Bremen 1849–1949

Jahresbericht der Handelskammer in Bremen 1856–69 und 1874–76; Bericht der Handelskammer in Bremen 1870–73; Bericht über die Tätigkeit der Handelskammer in Bremen 1877–99; Bericht der Handelskammer in Bremen 1900 bis 1933; Bericht der Industrie- und Handelskammer Bremen 1934–1938

Jahresbericht der Kammer für Kleinhandel zu Bremen, Bremen 1908 ff.

Zum 75jähr. Jubiläum der Gewerbekammer zu Bremen 1849/1924, Bremen 1924

Nachkriegs-Bericht der Handelskammer Bremen 1945–1947; Bericht der Han-

delskammer Bremen 1948–1966; Handelskammer Bremen: Bericht ... 1967 ff.
Rückblick auf die fünfzigjährige Tätigkeit der Bremischen Gewerbekammer von
1849–1899, Bremen 1899
Wirtschaft und Arbeit (Organ der Arbeiterkammer) 1923 ff.

13. *Arbeitsverhältnisse, Gesellenbewegung, Gewerkschaften*

Arbeiter-Sekretariat Bremen und Umgebung, Jahresberichte 1900 ff.
Arbeitsplätze: Schiffahrt, Hafen, Textilindustrie = Beitr. zur Sozialgesch.
Bremens, H. 6, 1983
Barfuß, Karl Marten, „Gastarbeiter" in Nordwestdeutschland 1884–1918 = Vad-
StA 52, 1986 (in Vorbereitung)
Boehlke, Otto-Holger, Die Deutsche Arbeitsfront in Bremen, HPH 1973
Böhmert, W., Die Lage der Seeleute im Wesergebiet, Bremen 1903
Bremische Gewerkschaftsbewegung im Jahre 1911–1915
Burgdorf, Dagmar, Blauer Dunst und rote Fahnen; ökonomische, soziale und
ideologische Entwicklung der Bremer Zigarrenarbeiterschaft im 19. Jahrhun-
dert, Bremen 1984 = Diss. Bremen 1984
Gätsch, Helmut, Die Freien Gewerkschaften in Bremen 1919–1933, Bremen
1969 = Brem. Veröff. zur Zeitgesch. 4
Hafenarbeit in Bremen = Kooperation, Nr. 19, 20, 21, 1977
Jegodtka, Herbert, Arbeitslosigkeit in Bremen während der Weltwirtschaftskrise,
Hausarbeit der Univers. Bremen 1978
Lampe, Hanna, Ein Aufruhr der Schneidergesellen in Bremen (1732/33), in: Hei-
mat und Volkstum, in: Nieders. Jb. 1956, S. 36–43
Niermann, Charlotte, Auswirkungen der Weltwirtschaftskrise a. d. Hafenarbei-
ter in Bremen von 1933, Staatsex.arb. Bremen 1977
Prüser, Helga, Das Problem der Kinderarbeit in Bremen während der Vor- und
Frühindustrialisierungsperiode, Staatsex.arb. Bochum 1973
Reinhold-Muchow-Schule, Arbeitsschule der DAF Bremen, Winter 1936–37
Reinig-Hartz, Elke, Arbeitsbedingungen in der Jutespinnerei und -weberei Bre-
men während der Weimarer Republik, Staatsex.arb. Bremen 1978
Schule der Deutschen Arbeitsfront, Winter 1935–36
Steffen, Heinrich, Die bremische Zimmererbewegung 1868–1904, Bremen 1905
Zwangsarbeit, Rüstung, Widerstand 1931–1945 = Beitr. zur Sozialgesch. Bre-
mens, H. 5: Arbeit Teil 1, Bremen 1982

14. *Arbeitsnachweis, Arbeitsamt*

Caesar, Julius, Bremens Arbeitsnachweis und Stellenvermittlung, Bremen 1911
Raschen, Heinr., Der öffentliche Arbeitsnachweis im Rahmen der allg. Arbeitsvermittlung in Bremen, staatswiss. Diss. Münster 1922 (Masch.schr.)

15. *Konsumgenossenschaften*

Arnoldt, G., Festschrift zum 50jähr. Bestehen der Bremer Konsumvereins AG
1870–1920, Bremen 1920
25 Jahre Konsumgenossenschaft „Vorwärts" ..., 1931

E. Kultur

1. Allg. Kulturgeschichte

Brema literata ab a. 1708–1714 vivens et florens, Bremen 1714; Brema literata, Bremen 1726

Dünzelmann, Ernst, Aus Bremens Zopfzeit, Stilleben in einer Reichs- und Hansestadt, Bremen 1899

Entholt, Herm., Geistige Bewegungen und Zustände Bremens in der ersten Hälfte des 19. Jhs. (1815–1847) = Abh. und Vortr., hrsg. v. d. Brem. Wiss. Gesellsch. 6, H. 3, Bremen 1932

Ders., Geistiges Leben in 40 Jahren, in: Abh. und Vortr., hrsg. v. d. Brem. Wissensch. Ges. 10, 1936/37, H. 1, S. 5–37

Ders., Bremische Kultur gegen Ausgang des Mittelalters, in: Abh. und Vortr. hrsg. v. d. Brem. Wiss. Ges. 8/9, 1934, S. 73–118

Geistiges Bremen, hrsg. v. Alfred Faust, Bremen 1960

Grohne, Ernst, Altbremische Kunstwerke, Schicksal und Verlust, Brem. Weinachtsbll. H. 1, 1928

Ders., Kulturgeschichtliches aus den alten bremischen Bürgerhäusern, in: BrJb 37, 1937, S. 98–124

Ders., Alte Kostbarkeiten aus dem bremischen Kulturbereich, Bremen 1956

Goltermann, Heinrich, Bremer Heimatbilder, Bremen 1883

Ders., Bremen's Volk und seine Heimat, o. J.

Ders., Vom Heimatland am Weserstrand, Bremen o. J. (1885)

Ders., Bremer Volkserinnerungen, Bremen 1890

Ders., Bremische Volks-Klänge, Bremen 1894

Helmers, Heinrich, Bremer Land und Leute, kulturhistorische Bilder, Bremen o. J. (um 1907)

Klage eines echten Bremer Kindes, gedr. bei Friedr. Meier, Bremen 1767

Kohl, Joh. Georg, Episoden aus der Cultur- und Kunstgesch. Bremens = Denkmale der Gesch. und Kunst der Freien Hansestadt Bremen, Bremen 1870

Koster, Peter, Kurze Nachricht von der Stadt Bremen Kirchen, Klöstern, Schulen, Armenhäusern (Ende 17. Jh.), Hss. StUB, StA

Meyer, Hanns, Das Bremer Gesicht, 2. Aufl. 1938; 3. Aufl. 1964

Peters, Irmtrud, Theater, Rundfunk und Musik in Bremen; eine Bibliographie Bremen 1963 = Brem. Bibliographie Bd. 2

Schecker, Heinz, Bremer Barock in Wissenschaft und Dichtung, Nieders. Jb. f. Landesgesch. 12, 1935, S. 80–110

Schmidt-Barrien, Heinrich, Altbremen, von den Tagenbaren und ihrer Umwelt, Bremen 1975

Schmidtmayer, Alfred, Aus einer Blütezeit der Bremer Wissenschaft (1580 bis 1630), in: Abh. und Vorträge, hrsg. v. d. Brem. Wiss. Ges. 8/9, 1934, S. 212 bis 220

Schwarzwälder, Herbert, Der „deutsche Spion" und Bremen; Thomas Lediard, Sekretär des britischen Gesandten Sir Cyrill Wich, in: BrJb, 57, 1979, S. 87 bis 123

2. Wissenschaftliche Vereine

Abel, Herbert, Zur Gesch. der Wittheit 1924 bis 1974, in: Jb. d. Wittheit 18, 1974, S. 9–59

Amtlicher Bericht über die zweiundzwanzigste Versammlung deutscher Naturforscher und Ärzte in Bremen im September 1844, Bremen 1845

Von Bremer Astronomen und Sternfreunden, zur Einweihung der Sternwarte der Olbers-Gesellschaft, Bremen 1958

Entholt, Hermann, Sechzig Jahre Histor. Gesellschaft, in: BrJb, 29, 1924, S. 1–26

100 Jahre Naturwissenschaftlicher Verein zu Bremen 1864–1964, Bremen 1964

75 Jahre VDI (Verein deutscher Ingenieure), Unterweser-Bezirksverein 1903 bis 1978, 1978

Kruckow, Thorwald, 100 Jahre Naturwiss. Verein zu Bremen, in: Abh. hrsg. v. Naturwiss. Ver. zu Bremen 37, 1964, S. 11–47

Kurz, Karl, 75 Jahre Naturwissensch. Verein, Bremen 1939

Lonke, Alwin, Die Historische Gesellschaft als Treuhänder Bremischer Altertümer, in: BrJb, 37, 1937, S. 1–29

Müller-Leist, Johannes, 60 Jahre Naturwiss. Verein Bremen, 1924

Neuling, Ernst, Der Künstlerverein in Bremen 1856–1906, Bremen 1906

Olbersgesellschaft e. V. Bremen: Festschrift anläßlich der Einweihung ihrer Sternwarte, 1924

Prüser, Friedr., Vierzig Jahre Histor. Ges. 1922–1962, in: BrJb 48, 1962, S. 1–24

Die zweite Deutsche Nordpolfahrt in den Jahren 1869 und 1870, hrsg. von dem Verein für die Deutsche Nordpolfahrt in Bremen, Leipzig 1873

3. Bildungs- und Sportvereine, Klubs, Logen

Abriß der Geschichte der Union zu Bremen von 1795–1895, Bremen 1895

Allgemeiner Bremer Turnverein, Gedenkbuch, Bremen 1925

Allgemeiner Bremer Turnverein, Jahresberichte 1896–1916

Amtliche Fest-Schrift zum XIV. Bundestage des Deutschen Radfahrer-Bundes in Bremen, 1897, Leipzig 1897

Arentzen, Th., 150 Jahre Union von 1801 Bremen 1801–1951, Bremen 1951

Bock, Jürgen, Zur Gesch. des brem. Arbeiter-Sportvereins = HPH 1970

Bürger, Wilh., Gerhard Kück, Joh. Grünsch, Gesch. der Johannisloge „Zum Ölzweig" in Bremen von 1913–1963, Bremen 1963

Claussen, G. H., Entstehung und Entwicklung des Allg. Bremer Turnvereins, Bremen 1885

Club zur Vahr, Erinnerungs-Blatt zum 20jährigen Bestehen 1925, Bremen 1925

Club zur Vahr 1905–1980, Bremen 1980

Eiswette 1829–1904, Bremen 1904

Eiswette von 1929, Bremen 1929

Eröffnungs-Festschrift und Jahrbuch des Club zu Bremen 1930–1931, 1931 ff.

Faltus, Hermann, Werner Oelfke, 50 Jahre Bremer Sport-Verein von 1906, Bremen 1956

Festschrift zur 50jährigen Jubelfeier des Allgemeinen Bremer Turnvereins, Bremen 1910

Glöckner, Paul, „Volkshochschule" und „Volksbildungswerk" in Bremen 1919 bis 1945; eine pädagogisch-historische Studie zur Bremer Erwachsenenbildung

in Weimarer Republik und NS-Staat, Hausarbeit für Dipl. Päd. der Univ.
Bremen 1977
150 Jahre Bremer Clubleben, Hrsg. Club zu Bremen, Bremen 1933
20 Jahre Bremer Sportverein 1906–1926, Hemelingen 1926
25 Jahre Männergesangverein 1877–1902, Bremen 1902
Über 100 Jahre Neustädter Bürgerverein, Bremen 1976
50 Jahre 1899–1949 Sportverein „Werder" von 1899 e. V. Bremen, Bremen 1949
150 Jahre Union von 1801 (Kaufm. Verein) Bremen 1801–1951, Bremen 1951
Ein Jahrhundert Turnen und Sport in Bremen 1860. Allgemeiner Turn- und Sport-
verein „Bremen 1860", Bremen 1960
Lührs, Wilh., Das zweite Deutsche Bundesschießen in Bremen, in: Jb. d. Witth.
16, 1972, S. 125–166
Merzdorf, Beiträge zur älteren Logengeschichte Bremens, Bremen 1877
Tidemann, Heinr., Die Gesellschaft „Euphrosyne", in: BrJb, 29, 1924, S. 82–113
Union, Kaufm. Verein, Jahresberichte 1870–1926
Wiehe, Ernst, Gesch. der Freimauerei im Grundriß, Bremen 1947
Wienholt, Arnold, Geschichte des Museums in Bremen, in: Hans. Magazin,
Bd. 2, H. 2, 1799, S. 177–264
Will, Richard A., Abriß der Geschichte der Union zu Bremen von 1795–1895,
Bremen 1895

4. Museen, Institute, Bibliotheken, Bücher

Abel, Herbert, Vom Raritätenkabinett zum Bremer Überseemuseum, die Gesch.
einer hanseatischen Sammlung aus Übersee, Bremen 1970
Apelt, Hermann, Erinnerungen aus 57 Jahren Kunstverein, o. J. (um 1957)
Beiträge zur Geschichte der Staatsbibliothek Bremen, Hrsg. Hans Wegener,
Bremen 1952
Bericht über die Vorarbeiten für eine hist. Sammlung, in: BrJb, 6, 1872, S. LXV
bis CXIII
Die Bremer Kunsthalle, Bremen 1926, Bremen 1933
Bremer Landesmuseum für Kunst- und Kulturgesch. (Focke-Museum) Bremen,
Braunschweig 1982
Bremer Landesmuseum, Haus Riensberg = Schnell, Kunst-Führer Nr. 1220,
1. Aufl. 1980, 2. Aufl. 1983; Haus Mittelsbüren: Tarnstedter Scheune =
Schnell, Kunstführer Nr. 1253, 1981
Bremischer Kulturspiegel: Auswahl aus den Sammlungen des Focke-Museums,
2. Aufl. Bremen 1962
Bruch, Bernhard, Die alte Bremer Dombibliothek, ihre Geschichte und die hoch-
romanische Buchmalerei in Bremen, in: Philobiblon 4, 1960, S. 292–353
Busch, Günter, Horst Keller, Bremer Kunsthalle, Bremen 1954
Busch, Günter, Die Kunsthalle Bremen in vier Jahrzehnten, Bremen 1984
Dettmann, Gerd, Führer durch das Focke-Museum zu Bremen, Bremen 1929
Deutsches Kolonial- und Überseemuseum Bremen, 2. Aufl. o. J. (um 1936)
Deutsches Schiffahrtsmuseum Bremerhaven = Museum Januar 1 / 1977
Engelsing, Rolf, Der Bürger als Leser, Stuttgart 1974
Die Erschließung der Bibliothek des Humanisten Melchior Goldast von Haimins-
feld (1576–1635) in Bremen, in: Wolfenbütteler Notizen zur Buchgesch. 5,
1980, S. 203–223

Das Evangelistar Kaiser Heinrich III., ein Kunstwerk zerfällt, Ausstellungsführer, Bremen 1978

Das Focke-Museum zu Bremen, Bremen 1922

Focke-Museum Bremen, I, Führer durch die Sammlungen im Neubau, 1974

Führer durch das Focke-Museum zu Bremen, Bremen o. J. (1927)

Gerkens, Gerhard, Ursula Heiderich, Katalog der Gemälde des 19. und 20. Jh. in der Kunsthalle Bremen, Bremen 1983

Gnettner, Horst, Heimatmuseum Schloß Schönebeck, Hrsg. Heimat- und Museumsverein für Vegesack und Umgebung e. V., 1982

Handbuch der Kunsthalle Bremen, Hrsg. Kunstverein Bremen 1954

Heimatmuseum Vegesack, Schloß Schönebeck, Hrsg. Heimatverein Vegesack 1967

Institut für Niederdeutsche Sprache, Gründung, Ausgangssituation, Aufgaben, Bremen 1977

Kloos, Werner, Das Focke-Museum in Bremen, Hamburg 1964 = Kulturgesch. Museen in Deutschland 3

Ders., Die Museen der Böttcherstraße, Hamburg 1969

Köcke, Ulrike, Katalog der Medaillen und Plaketten des 19. und 20. Jh. in der Kunsthalle Bremen, Bremen 1975

Meisterwerke der Kunsthalle Bremen, Hrsg. G. Busch / Schultze, Bremen 1973

Miniaturen und Handschriften des Mittelalters, Schätze der Stadt Bremen in der Universitätsbibliothek, Sonderausstellung im Focke-Museum, 1975

Müller-Wulckow, Walter, Bernhard Hoetgers Paula Becker-Modersohn-Haus in der Böttcherstraße in Bremen, Bremen 1927

Museen und Sammlungen in Niedersachsen und Bremen, Hildesheim 1974

Pauli, Gustav, Katalog der Gemälde und Bildhauerwerke in der Kunsthalle zu Bremen, Bremen 1907, 2. Aufl. 1913

Das Roseliushaus in der Böttcherstraße, Bremen; Begleitheft für den Besuch, 1975

Schiffe und Häfen, Bilder aus dem Deutschen Schiffahrtsmuseum, Hrsg. Bremer Landesbank ..., o. J. (um 1980)

Schniedewind, Georg, Geschichte der Volksschullehrer-Bibliothek, pädagog. Abt. der Bremer Staatsbibliothek, Bremen 1929

v. Spreckelsen, Friedr., Zur Gesch. des Focke-Museums und des Gewerbemuseums, in: Abh. und Vortr. d. Wiss. Ges. 2, 1927, S. 1–6

Das Staatsarchiv Bremen 1968, Behörde-Dokument-Geschichte = VadStA 36, 1968

75 Jahre Stadtbibliothek Bremen, Bremen o. J. (1977)

Städtisches Museum für Natur-, Völker- und Handelskunde Bremen, o. J. (um 1932)

Töpfer, A., Das Gewerbemuseum zu Bremen, Bremen 1898

Übersee-Museum Bremen, ein Rundgang, Bremen o. J. (um 1980)

Wegener, Hans, Bremer Bibliotheken der Aufklärungszeit, in: Jb. d. Brem. Wiss. 1, 1955, S. 393–404

Wegweiser durch das Hist. Museum zu Bremen, 2. Ausg. Bremen 1908

Winkler, Friedrich / Otto Plambeck, Das Roselius-Haus in Bremen, Führer und Plan, Bremen 1930

Wurm, W., Beschreibendes Verzeichnis der Gemälde und Bildwerke des Kunstvereins zu Bremen, Bremen 1892

5. Schulen

Ansprachen, gehalten am 24. April 1911 bei Gründung der Ortsgruppe Bremen des Bundes für Schulreform, Bremen 1911

Belke, Werner, Kirche und Schule in Bremen, jur. Diss. Kiel 1953

Berger, Wilh. (Hrsg.), Bremer Schullandheimarbeit, Bremen 1936

Bessell, Georg, 100 Jahre Kippenberg-Schule 1859–1959, Bremen 1959

Bloth, Peter Constantin, Die Bremer Reformpädagogik im Streit um den Religionsunterricht, Dortmund 1961; theol. Diss., Münster 1959 (Titel: Der Bremer Schulstreit als Frage an die Theologie)

Bremer Schulblatt, 1 ff., 1954 ff.

Der Bremer Schulstreit vor der Disziplinarkammer, Bremen 1907

Bremischer Lehrerverein, Jahresberichte 1887–1929

Burger, Jürgen / Rita Kauder, Lesen, Schreiben, Rechnen, zur Gesch. des Elementarunterrichts in Bremen; zur Ausstellung des Projekts „Schulgeschichtliche Sammlung Bremen", 1985

Dietz, Dr. Carl, Aufgabe, Ziele, Berechtigungen der Oberrealschule in Bremen, Bremen 1907

Eisenhardt, W., Aus alten Papieren, ein Beitrag zur Gesch. der bremischen Volksschulen, Vegesack 1883

Entholt, Herm., Geschichte des Bremer Gymnasiums bis zur Mitte des 18. Jhs., Bremen 1899

Ders., Das brem. Gymnasium von 1765–1817, in: BrJb 22, 1909, S. 9–120

Ders., Die brem. Hauptschule von 1817 bis 1858, in: BrJb 23, 1911, S. 1–130

Entholt, Johann Friedr., Bilder aus der Geschichte des bremischen Volksschulwesens, ergänzt und fortges. von Hinrich Wulff, Bremen 1928

Festausgabe zum 50jährigen Jubiläum des Gymnasiums am Waller Ring 1914 bis 1964 = Der Ring, 1964

Festschrift zum 100jährigen Bestehen des Gerhard-Rohlfs-Gymnasiums zu Bremen-Vegesack 1869–1969, Bremen-Blumenthal 1969

Festschrift zur Vierhundertjahrfeier des Alten Gymnasiums zu Bremen 1528 bis 1928, Bremen 1928

Die Fortbildungs- und Fachschulen Bremens 1918–1928, Bericht an die Bürgerschaft, 1928

Fünfzig Jahre Realgymnasium, Lettow-Vorbeck-Schule, Oberschule an der Hermann-Böse-Straße in Bremen, Bremen 1955

Fünfzig Jahre Realschule beim Doventor 1876–1926, Bremen 1926

Fünfzig Jahre Schule an der Nordstraße, Gedenkschrift 1875–1925, Bremen 1925

Goen, Eva-Maria, Die katholische Schule in Bremen 1933–1938, HPH 1968

Gutachten des Bremer Grundschul-Ausschusses, Bremen 1955

Hagener, Dirk, Radikale Schulreform zwischen Programmatik und Realität; die schulpolitischen Kämpfe in Bremen vor dem Ersten Weltkrieg und in der Entstehungsphase der Weimarer Republik = VadStA 39, 1973

Handbuch Bremer Schullandheime, Bremen 1969

Handbuch des bremischen Schulrechts, Bremen 1975

Hippe, Robert, Geschichte der Hauptschule in Bremen 1858–1905, Bremen 1953

Hippe, Robert, Erich Wietig, Geschichte der Oberschule am Barkhof 1905 bis 1955, Bremen 1955

Hufeland, W., Die Turnanstalt der Hauptschule in Bremen, Bremen 1844

450 Jahre Altes Gymnasium in Bremen 1528–1978, Bremen 1978

1905–1975; 70 Jahre Gymnasium a. d. Hermann Bösestraße = Elefant (1975)

40 Jahre „Kleine Helle", Bremen 1956

100 Jahre Remberti-Schulhaus, Bremen 1952

50 Jahre Schule an der Rechtenflether Straße 1905–1955, Bremen 1955

Jahresberichte betreffend das Schulwesen der freien Hansestadt Bremen 1902 ff. (?)

Der Kampf der Bremer Schuldirektoren und Schulvorsteher um ihre Stellung, Bremen 1927

Kindheiten, Teil 1: Anstaltserziehung im 19. Jh. = Beitr. zur Sozialgesch. Bremens H. 1, Bremen 1981; Kindheiten, Teil 2: Schüler, Schule, Kinderarbeit, das. Heft 3

Kleine Helle 50 Jahre, Festschrift, Bremen 1966

Krüger, Gerda, Konflikte an höheren Schulen der Freien Hansestadt Bremen nach 1900, Hausarb. Univ. Bremen 1977

Kuby, Alfred Hans, Pfälzer Studenten am Gymnasium Illustre in Bremen im 17. und 18. Jahrhundert, in: Hospitium Ecclesiae 10, 1976, S. 43–54

Die Lage der Oberlehrer in Bremen, Denkschrift 1903

(Lange, Johann), Morgenröte eines besseren Tages für Deutschlands Schullehrer, Bremen 1802

Lehrplan für die bremischen Realschulen, 1931

Lehrplan für die Volksschulen der Stadt Bremen, Bremen 1916

Die Matrikel des Gymnasiums Illustre zu Bremen 1610–1810, bearb. v. Th. O. Achelis und Adolf Börtzler = BrJb, 2. Serie, 3. Band, Bremen 1968

Müller-Benedict, Otto, Das bremische Bildungswesen zur Zeit Napoleons nach dem Cuvier-Report, in: Jb. des Club zu Bremen 1965/66, S. 15–35

Naupert, Emil, Gesch. der gewerblichen Schulen der Freien Hansestadt Bremen (Masch.schr. vervielf.) (ca. 1966), StUB

Nonnen, Nicolaus, Nachricht von der verbesserten Einrichtung des Stadt-Bremischen Pädagogei, Bremen 1765

Pratje, Johann Hinrich, Geschichte der Schule und das Athenaei zu Bremen, Stade 1771–1774

Programme der Höheren Schulen in Bremen (der Hauptschule seit 1862)

Prüser, Friedrich, Das Bremer Gymnasium illustre in seinen landschaftlichen und personellen Beziehungen T. 3, in: BrJb, 47, 1961, S. 64–98

Reiche, A., Die Entwicklung des Realschulwesens in Bremen, insbes. der Realschule in der Altstadt, Bremen 1905

Ritz, C. W., Geschichte des Bremer Schulwesens, Bremen 1881

Prof. Rollers Privat-Lyzeum, höhere Lehranstalt für Mädchen in Bremen, Am Wall 8, Bremen 1930

Rudolph, Philipp, Schulgesch. der Aufbauschule und des Gymnasiums an der Hamburger Straße 1922–1972, Bremen 1972

Rump, H., Über die veränderte Einrichtung des Pädagogii der freien Reichsstadt Bremen, Bremen 1802

Schneider, Bernhard, Die Geschichte der St. Marienschule in Bremen, Bremen 1949

Schwarzwälder, Herbert/Hans Koch, 50 Jahre Gymnasium am Leibnizplatz Bremen, 1909–1959, Bremen 1959

Seedorf, Heinrich, Der Bremische Prima-Verein 1822–1922, Leipzig 1922

Siemers, Elisabeth, Der NS-Lehrerbund in Bremen, HPH 1966

Übersicht über die bremischen allgemein bildenden Schulen und ihre Sondereinrichtungen, o. J. (um 1926)

Wegener, Ursula, Die lutherische Lateinschule und das Athenaeum am Dom in Bremen in ihrer politischen und kulturellen Bedeutung = VadStA 16, 1941

Wellmann, Friedr., Das Privatinstitut des Dr. phil. Wilhelm Christian Müller in Bremen (1781–1814), in: BrJb, 23, 1911, S. 172–196

Wißmann, Sylvelin, 100 Jahre Schule an der Lessingstraße 1877–1977, Bremen 1977

Wulff, Hinrich, Geschichte und Gesicht der bremischen Lehrerschaft, 2 Bde., Bremen 1950

Ders., Gesch. der brem. Volksschule, Bad Heilbrunn 1967

Ders., Religionsunterricht in den Bremer Schulen; ist die Bremer Landesverfassung zweideutig?, Bremen 1964

6. Universität, Hochschulen

Bremen und seine Ingenieure, Festschrift zur 75-Jahr-Feier der Ingenieur-Akademie, Bremen 1969

Focke, Wilh. Olbers, Die geplante französisch-bremische Universität (1811), Bremen 1909

Fulst, O., Gründung und Entwicklung der Seefahrtschule in Bremen, in: BrJb, 19, 1900, S. 36–93

Die neue Seefahrtschule Bremen, Festschrift 1958

Schmidtmayer, Alfred, Bremische Studenten an den Universitäten des Mittelalters, in: BrJb, 35, 1935, S. 39–91

Ders., Bremische Studenten im Jahrhundert der Reformation, in: BrJb, 36, 1936, S. 110–181

Seefahrtschule – Hochschule für Nautik 1799–1974, Bremen 1974

Die Staatliche Kunstgewerbeschule Bremen = Fachschulführer Bd. 9, o. J. (ca. 1934)

7. Kirche, Religion

Actenmäßige Darstellung der Verhältnisse der St. Petri Domkirche in Bremen 1827

St. Ansgarii-Gemeinde zu Bremen 1229–1979, Bremen 1979

Barton, Peter F., Der erwählte Bremer Superintendent Heshusius und die lutherische Spätreformation, in: Hospitum Ecclesiae 10, 1976, S. 21–36

Beier, Erich, „Wilhadi", die Geschichte einer Kirchengemeinde, Bremen 1955

Berger, Brita, Die kathol. Kirche in Bremen 1933–1945 = HPH 1969

Binder, Heinz-Georg, Überlegungen zur Neuordnung der kirchlichen Verhältnisse in Bremen am Ende des 19. Jhs., in: Hospitium Ecclesiae 10, 1976, S. 135–145

v. Bippen, Wilhelm, Die Anfänge des Anschariikapitels und die bremische Kirchspieleinteilung, in: BrJb, 10, 1878, S. 106–123

Boche, E., Werden und Wachsen der Hohentorsgemeinde in Bremen, Bremen 1949

Der Bremer Dom, Baugeschichte, Ausgrabungen, Kunstschätze, Handbuch und Katalog zur Sonderausstellung 1979

Burger, Friedrich, St. Jakobi zu Bremen, o. J. (1963)

Cassel, Johann Philipp, Historische Nachrichten von Unser Frauen Kirche, in Bremen, 2 Stücke, Bremen 1773, 1775;

Ders., Historische Nachrichten von der Martini Kirche in Bremen, Bremen 1773

Ders., Historische Nachrichten von der Kollegiat Kirche des Heil. Anscharius in Bremen, 3 Stücke, Bremen 1774, 1775, 1776

Ders., Historische Nachrichten von der Kollegiat-Kirche des Heil. Stephanus in Bremen, Bremen 1774

Ders., Historische Nachrichten von der Kirche des Heil. Willehadus in Bremen, Bremen 1775

Ders., Historische Nachrichten vom St. Johannis Kloster in Bremen, 4 Stücke, Bremen 1777, 1778, 1779, 1780

Ders., Historische Nachrichten vom Katharinen Kloster der Prediger-Mönche in Bremen, 4 Stücke, Bremen 1778, 1779, 1780, 1781

Dehio, Georg, Geschichte des Erzbistums Hamburg-Bremen bis zum Ausgang der Mission, 2 Bde., Berlin 1877

Diakonie und Gemeinde, Unser Lieben Frauen Bremen, 1925–1975, Bremen 1975

Dietsch, Walter, Der Dom St. Petri zu Bremen, Bremen 1978

Dillschneider, Karl, St. Johann in Bremen, Bremen 1973

Drögereit, Richard, Hamburg-Bremen, Bardowick-Verden, in: BrJb, 51, 1969, S. 193–208

Engelhardt, Hans, Der Irrlehreprozeß gegen Albert Hardenberg 1547–1561, jur. Diss. Frankf. 1961

Ders., Der Irrlehrestreit zw. Albert Hardenberg und d. Bremer Rat 1547–1561, in: Hospitium Eccl. 4, 1964, S. 29–52

Entholt, Herm., Die evangel. Kirche Bremens, Bremen 1948

Zur Erinnerung an die Anfänge der Wilhadikirche zu Bremen, Bremen 1878

Froriep, Ruth / Ortwin Rudloff, Bibliographie Bremer Gesangbücher, in: Hospitium Ecclesiae 13, 1982, S. 11–99

Führer durch die katholischen Kirchen und Gemeinden von Bremen und Bremerhaven, 3. Aufl. o. J. (um 1934)

Gedenkschrift zur 50-Jahrfeier der St. Mariengemeinde in Bremen, 1948

Gerhold, Wilh., Die Verfassung der Bremischen Evangelischen Kirche = Abh. und Mitt. a. d. Seminar für öff. Recht H. 24, Hamburg 1931

Heinonen, Reijo E., Anpassung und Identität: Theologie und Kirchenpolitik der Bremer Deutschen Christen 1933–1945, Göttingen 1978

Heyne, Bodo, Zur Entstehungsgeschichte der Bremischen Evangelischen Kirche, in: Hospitium Eccl. 4, 1964, S. 7–28

Ders., Die Reformation in Bremen 1522–1524, in: Hospitium Ecclesiae 8, 1973, S. 7–54

Iken, J. Fr., Die erste Epoche der bremischen Reformation, in: BrJb 8, 1876, S. 40–113, 9, 1877, S. 55–59

Ders., Die Wirksamkeit des Chr. Pezelius in Bremen, in: BrJb 9, 1877, S. 1–54

Ders., Die Geschichte der St. Pauli-Kirche und -gemeinde in Bremen, Bremen 1882

Ders., Die Entwicklung der brem. Kirchenverfassung im 16. und 17. Jh., in: BrJb 15, 1889, S. 1–29

Ders., Die früheren Kirchen- und Schulvisitationen des Bremer Rats im Landgebiet, in: BrJb 17, 1895, 100–127

60 Jahre Friedenskirche Bremen 1869–1929, Bremen 1929

Kantzenbach, Friedrich Wilhelm, Kirchliche Zustände in Bremen 1841/1842 nach einem Reisebericht von Otto Friedrich Wehrhan in: Hospitium Ecclesiae 6, 1969, S. 128–144

Kohlmann, Joh. Melchior, Urkundliche Mitteilungen über die ehemaligen Bremischen Collegiatstifter S. Ansgarii und SS. Willehadi & Stephani, Bremen 1844

Ders., Welche Bekenntnisschriften haben in der Bremischen, später Reformierten, Kirche Geltung gehabt? Bremen 1852

(Koster, Peter) Bremische Kirchenhistorie (1522–1690) Hss. StA, StUB

Kuhlmann, Alfred, Die bremische Kirchenordnung von 1534, in: BrJb 8, 1876, S. 114–143

Kühtmann, Alfred, Der Nicolai'sche Kirchenstreit, die Rechte der Domgemeinde betreffend…, in: BrJb 11, 1880, S. 58–95

Mackeben, Michael, Die Auswirkungen des Kirchenkampfes auf die Stephani-Gemeinde in Bremen 1933–1945 = HPH 1968

Mai, Gottfried, Aus der Zeit des Pietismus in Bremen. Der Prozeß gegen Petrus Friedrich Detry, Pastor an St. Martini, in: Hospitium Ecclesiae 10, 1976, S. 55 bis 71

Ders., Die niederdeutsche Reformbewegung; Ursprünge und Verlauf des Pietismus in Bremen bis zur Mitte des 18. Jhs. = Hospitium Ecclesiae 12, 1979

St. Martini zu Bremen, Hrsg. Wolfg. Wehowsky, Bremen 1960

Meyer-Zollitsch, Almuth, Nationalsozialismus und evangelische Kirche in Bremen, VadStA 51, 1985

Michaelsen, Luise, Das Paulskloster vor Bremen, in: BrJb 47, 1961, S. 1–63

Möhlmann, Günther, Der Güterbesitz des Bremer Domkapitels von seinen Anfängen bis zum Beginn des 14. Jhs., Bremen 1933, Diss. Göttingen 1933

Moeller, Bernd, Die Reformation in Bremen, in: Jb. d. Witth. 1973, S. 51–73

Moltmann, Jürgen, Johannes Molanus (1510–1583) und der Übergang Bremens zum Calvinismus, in: Jb. d. Witth. 1, 1957, S. 119–141;

Ders., Christoph Pezel (1539–1604) und der Calvinismus in Bremen = Hospitium Ecclesiae 2, 1958

Müller, Adalbert, Das Bremer Domkapitel im Mittelalter, Diss. Greifswald 1908

Müller-Volbehr, Otto, Die Kirchenkampfbestände des Archivs der Kirchenkanzlei der Bremischen Evangelischen Kirche, in: Hospitium Ecclesiae 10, 1976, S. 181–221

Neuser, Wilh., Hardenberg und Melanchthon, der Hardenbergische Streit (1554 bis 1560), in: Jb. der Ges. f. nieders. Kirchengesch. 65, 1967, S. 142–186

Nottarp, Hermann, Die Bistumserrichtungen in Deutschland im 8. Jh. = Kirchenrechtl. Abh. H. 96, Stuttgart 1920

Paniel, Zur Erinnerung an das sechshundertjährige Jubiläum der St. Ansgariikirche im Jahre 1843, Bremen 1843

Petri, Franziskus, Unser Lieben Frauen Diakonie, Bremen 1925

Pratje, Johann Hinrich, Nachricht von der Domkirche St. Petri in Bremen, Bremen 1758

Prüser, Fr., Die Güterverhältnisse des Willhadi-Stephanikapitels in Bremen, in: BrJb 30, 1926, S. 161–293; 31, 1928, S. 108–180

Ders., Die Güterverhältnisse des Ancharikapitels in Bremen, in: BrJb 33, 1931, S. 37–107; 34, 1933, S. 1–62; 35, 1935, S. 1–38; 36, 1936, S. 1–115

Ders., Bremische Stiftskirchen des Mittelalters in Wirtschaft und Kultur, in: BrJb 37, 1937, S. 30–63

Ders., Achthundert Jahre St. Stephanikirche, Bremen 1940

Quellen zur bremischen Reformationsgeschichte = BrJb, 2. Serie, Bd. 1

St. Remberti, die Geschichte einer bremischen Kirchengemeinde, Bremen 1962

Reumann, Klaus-Peter, Die Grundherrschaft des Bremer Domkapitels, Hausarbeit zur wiss. Prüfung f. d. Lehramt an Gymnasien in Hamburg 1959, in StUB

Rode, Johann, Missale secundum ritum Ecclesiae Bremensis, Straßburg 1511

Rotermund, Heinr. Wilh., Geschichte der Domkirche St. Petri zu Bremen, Bremen 1829

Rudloff, Ortwin, Der St. Petri-Dom in Bremen während der Franzosenzeit 1811–1813; in: Hospitium Ecclesiae 11, 1978, S. 35–78

Ders., Bonae Litterae et Lutherus; Texte und Untersuchungen zu den Anfängen der Theologie des Bremer Reformators Jakob Propst = Hospitium Ecclesiae 14, 1985

Rüthnick, Richard / Kurd Schulz, Die Diakonie der St. Petri Domkirche zu Bremen, Bremen 1963

Schlager, Patricius, Geschichte des Franziskanerordens in Bremen, Düsseldorf 1912

Schmeidler, Bernhard, Hamburg-Bremen und Nordosteuropa vom 9.–11. Jh., Leipzig 1918

Schmidt, Wilhelm, Die Bremer Evangelische Messe 1525, in: Hospitium Ecclesiae 1954, 52–85

Schomburg, Dietrich, Die Dominikaner im Erzbistum Bremen während des 13. Jahrhunderts, Braunschweig 1910

Schoenecke, Walter, Personal- und Amtsdaten der Erzbischöfe von Hamburg-Bremen vom Jahre 831 bis 1511, phil. Diss. Greifswald 1914

Schröder, Richard, Erinnerung an den Bremer Abendmahlsstreit um Albert Hardenberg, in: Hospitium Ecclesiae 11, 1978, S. 13–34

Schulz, Kurd, St. Pauli in Bremen-Neustadt, Bremen 1957

Schumacher, H. A., Älteste Geschichte des bremischen Domkapitels, in: BrJb 1, 1863, S. 109–173

Ders., Zur Gesch. der Ritter deutschen Ordens, in: BrJb 2, 1866, S. 153–253

Schwarzwälder, Herbert, Die Kirchenspiele Bremens im Mittelalter: Die Großpfarre des Doms und ihr Zerfall in Nieders., Jb. 32, 1960, S. 147–191

Schwebel, Karl H., Bremens kirchliche Versorgung im Spiegel der konfessionellen und theologischen Richtungskämpfe 1522–1912, in: Hospitium Ecclesiae 3, 1961, S. 9–40

Ders., Der Bremer kirchliche Liberalismus im 19. Jh., in: Jb. d. Ges. f. Nieders. Kirchengesch. 76, 1978, S. 41–75

Schwentner, Bernhard, Die Rechtslage der kath. Kirche in den Hansestädten Hamburg, Bremen und Lübeck, Hamburg 1931

Stoevesandt, Karl, Bekennende Gemeinden und deutschgläubige Bischofsdik-

tatur. Geschichte des Kirchenkampfes in Bremen 1933–1945, Göttingen 1961
= Arbeiten zur Gesch. des Kirchenkampfes 10

Tillmann, Burchard, Untersuchungen zur Verteilung der Zuständigkeiten auf
Kirchengemeinden und Gesamtkirche in der Bremischen Evangel. Kirche,
Diss. Gött. 1954 (Masch.schr.)

Titius, Arthur, Der Bremer Radikalismus = Samml. gemeinverständlicher Vorträge ... 45, Tübingen 1908

Veeck, Otto, Gedenkblätter für die Michaelisgemeinde zur Einweihung der neuen
Michaeliskirche ... 1900, Bremen 1900

Ders., Gesch. der reformierten Kirche Bremens, Bremen 1909

Ders., Die Reformation in Bremen, Berlin 1917

Weihnacht, Harald, Jus liturgicum in Bremen, in: Hospitium Ecclesiae 7, 1971,
S. 36–45

Weiß, Bruno, Bilder aus der bremischen Kirchengeschichte um die Mitte des
19. Jahrhunderts, Bremen 1896

Wenig, Otto, Rationalismus und Erweckungsbewegung in Bremen. Vorgeschichte, Geschichte und theologischer Gehalt der Bremer Kirchenstreitigkei-
ten von 1830–1852, Bonn 1966 = Sonderveröff. der Kommission f. Bremische
Kirchengesch.

Werra, Otto, Die katholische Kirche in Bremen seit der Kirchenspaltung, Osnabrück 1950

Weygoldt, Eva, Die rechtliche Stellung des Ministeriums der stadtbrem. Pfarrkirchen, jur. Diss. Kiel 1963

Wiek, Peter, Die bürgerliche Verwaltung der Bremer Domfabrik im Mittelalter,
in: BrJb 46, 1959, S. 121–133

Über den Zustand der lutherischen Domgemeinde in der freyen Reichsstadt Bremen, Oldenburg 1803

8. Baukunst

Alte Kirchen in und um Bremen, Kunstschätze im Weserraum, Hrsg. Hans Schei-
dulin, Werner Kloos, Jürgen Wittstock, Bremen 1982

v. Bippen, Wilh., Die Pfarr- und Ordenskirchen, in: Die bremischen Kirchen, II,
Bremen 1879

Ders., Zur bremischen Baugesch., HGBll 24, 1896

Die Böttcherstraße. Idee und Gestaltung, Bremen 1930

Brandt, K. H., u. a., Ausgrabungen im Bremer St. Petri-Dom 1974–1976; ein
Vorbericht, Bremen 1977

Der Bremer Dom, Baugeschichte, Ausgrabungen, Kunstschätze; Handbuch und
Katalog zur Sonderausstellung ... 1979, Bremen 1979

Hoffmann, Hans-Christoph, Das Bremer Haus, Bremen 1974

Die Bremischen Kirchen, Hrsg. Hist. Gesellsch. Bremen 1879

Dehio, Georg, Handbuch der dt. Kunstdenkmäler V Nordwestdeutschland,
2. Aufl. Berlin 1928

Ders., bearb. von Kiesow, Hoffmann: Bremen / Niedersachsen, Darmstadt 1977

Dettmann, Gerd, Die Ansgariikirche zu Bremen, Bremen 1934

Ehrhardt, E., Der Dom zu Bremen, Bremen 1902, 1919 und 1928

Ehmck, D. R. / Schumacher, H. A., Das Rathaus zu Bremen, in: BrJb 2, 1865 / 66,
S. 259–433; auch: Denkmale der Gesch. und Kunst der Freien Hansestadt Bre-

men I, Bremen 1862

Ehrhardt, Ernst, Der Dom in Bremen, Handbuch und Führer, Bremen 1902, 1919, 1928

Ders., Das Palatium der brem. Erzbischöfe in der Stadt Bremen, in: Jb. d. brem. Samml. 3, 1910, S. 73–86

Ders., Das neue Rathaus in Bremen, Bremen 1913

Ders., Das Gewerbehaus in Bremen, Bremen 1915

Fitger, A., Der Dom zu Bremen, in: Die bremischen Kirchen I, Bremen 1879

Fliedner, Siegfried, Zur Baugesch. des Nordseitenschiffes des Bremer Doms, in: BrJb 43, 1951, S. 325–341

Ders., Baugesch. Untersuchungen an der St. Ansgarii-Ruine in Bremen, in: Dt. Kunst und Denkmalspflege 12, 1954, S. 102–113

Ders., Zur Baugesch. der Pfarrkirche St. Stephani in Bremen, in: Jb. d. Brem. Wissenschaft 1, 1955, S. 306–317

Ders., Die alte St. Ansgariikirche zu Bremen, Bremen 1957

Fliedner, Siegfried / Kloos, Werner, Bremer Kirchen, Bremen 1961

Focke, Joh., Die alte Börse und ihre Erbauer, in: BrJb 16, 1892, S. 13 ff.

Gramatzki, Rolf, Untersuchungen zur gotischen Gestalt des Rathauses in Bremen, in: BrJb 59, 1981, S. 129–151

Ders., Bemalte Holzdecken in der Stadt und im ehemaligen Erzstift / Herzogtum Bremen, in: BrJb 63, 1985, S. 33–92

Hesberg, Das Bremer Haus, Bremen 1946, 1947 (2. Aufl.)

König, Arno, Die mittelalterliche Baugesch. des Bremer Doms, Diss. Münster 1934, Bremen 1934

Loschen, S., Die Überreste der bremischen Komtureigebäude, in: BrJb 2, 1866, S. 244–253

Müller, Herm. Alex., Der Dom zu Bremen und seine Kunstdenkmale, Bremen 1861

Das Rathaus zu Bremen = Denkmale der Gesch. und Kunst der Freien Hansestadt Bremen, Bremen 1862

Reclams Kunstführer, Bd. 4: Nieders., Hansestädte, Schleswig-Holstein, Hessen, Stuttgart 1960

Rosenau, Helen, Zur mittelalterlichen Baugesch. des Bremer Doms, in: BrJb 33, 1931, S. 1 ff.

Stein, Rudolf, Forschungen zur Geschichte der Bau- und Kunstdenkmäler in Bremen, I. Das vergangene Bremen; der Stadtplan u. d. Stadtansicht im Wechsel der Jahrhunderte (1961); II. Roman., gotische und Renaissance-Baukunst in Bremen (1962); III. Bremer Barock und Rokoko (1960); IV./V. Klassizismus und Romantik in der Baukunst Bremens (1964/65); VI. Dorfkirchen und Bauernhäuser im Bremer Lande (1967)

Ders., Hundert Jahre Heimat- und Denkmalpflege in Bremen, in: BrJb 48, 1962, S. 98–122;

Ders., Das Bürgerhaus in Bremen = Das dt. Bürgerhaus 13, Tübingen 1970

Ueffing, Werner, Anmerkungen zur Frage nach der ursprünglichen Gestalt der frühromanischen Domes zu Bremen, in: BrJb 59, 1981, S. 109–128

Waldmann, E., Die alte Börse und ihre Erbauer, in: Jb. d. brem. Samml. III, 2, 1920, S. 99–112;

Ders., Das Rathaus zu Bremen, Burg 1931

9. Plastik, Gold- und Silberschmiede, Denkmäler, Roland

Börtzler, Adolf, Die sinnbildlichen Figuren an der Schauseite des Bremer Rathauses = Brem. Weihnachtsbl. H. 13, 1956

Deneken, Arnold Gerhard, Geschichte des Rathauses in Bremen, Bremen 1831

Ders., Die Rolands-Säulen in Bremen, 2. Aug., Bremen 1828

Dettmann, Gerd, Bremens Stellung in der Kunstgeschichte = Brem. Weihnachtsbl. 3, 1930

Ders., Steinepitaphien in den bremischen Kirchen und die brem. Bildhauerkunst der Spätrenaissance und des Barock, in: Jahresschr. d. Focke-Museums 1939, S. 97–168

Ders., Die Urheberschaft des Schnitzwerks an der Güldenkammer des Rathauses, in: BrJb 39, 1940, S. 138–147

Dettmann, Gerd / Schröder, Albert, Die bremischen Gold- und Silberschmiede = VadStA 7, 1931

Deutsche Kunst und Dekoration Bd. 24, 1909, darin: Carl Schaeffer, Neues aus Bremen; Robert Breuer, Stil-Brevier; Paul Westheim, Die Glasmalerei als Architektur-Glied; Emil Utitz, Tote und lebende Schönheit

Fliedner, Siegfried, Johann Blum, ein bremischer Medailleur des 17. Jhs., in: Jb. d. Witth. 2, 1968, S. 113–153

Focke, J., Der Glockengießer Klinge aus Bremen, in: Jb. d. brem. Samml. II, 1, 1909, S. 10–33

Gmelin, Hans Georg, Spätgotische Tafelmalerei in Niedersachsen und Bremen, München / Berlin 1974

Goerlitz, Theod., Der Ursprung und die Bedeutung der Rolandbilder, Weimar 1934

Gramatzki, Rolf, Der Elefant; Denkmal – Kunstwerk – Zeichen, in: Der Elefant, Gymn. Hermann-Bösestraße, 1982, S. 2–11

Grohne, Ernst, Die bremischen Truhen mit reformat. Darstell. und der Ursprung ihrer Motive, in: Abh. und Vortr. d. Wiss. Ges. 10, 1936/37, H. 2

Haase, Heinz-Wilhelm, Bremer Ansichten auf Tassen, Tellern und Dosen, Hrsg. Bremer Landesbank ..., o. J. (um 1975)

Habicht, Victor Curt, Das Chorgestühl des Domes zu Bremen, in: Jb. d. brem. Samml. 5, 1912, S. 81–104

Ders., Der Roland zu Bremen, Bremen 1922

Hartlaub, G. F., Die Beldensnyders in Bremen, in: Jb. d. brem. Samml. V, 2, 1912, S. 105–128

Kunstausstellung Gaukulturtage Weser-Ems im Augusteum zu Oldenburg, 1944

Löhr, Alfred, Das Chorgestühl im Dom zu Bremen, in: Niederdeutsche Beiträge zur Kunstgesch., Bd. 13, München / Berlin 1974, S. 123–180

Ders., Bremer Silber von den Anfängen bis zum Jugendstil, Bremen 1981

Ders., Altes Bremer Silber, Hrsg. Bremer Landesbank ..., o. J. (um 1980)

Lutze, Eberhard, Stifter und Bildwerk in Bremen, in: Jb. d. Brem. Wiss. 1, 1955, S. 167–188

Meyer, Herbert, Freiheitsroland und Gottesfrieden, HGBll. 56, 1931, S. 5–82

Meyne, Willi, Stader Holzplastiken am Ende des 15. und Anfang des 16. Jhs. aus Bremer Werkstätten, in: Stader Archiv NF, H. 29, 1939, S. 47–71

Mielsch, Beate, Denkmäler, Freiplastiken, Brunnen in Bremen 1800–1945,

Bremen 1980

Dies., Kunst im Bremer Stadtbild. Ein Führer zu den öffentlichen Kunstwerken …, Bremen 1984

Müller-Jürgens, Georg, Bremer Silber in oldenb. Kirchen, in: BrJb. 43, 1951, S. 409–415

Pauli, Gustav, Die dekorativen Skulpturen der Renaissance am Bremer Rathause und ihre Vorbilder, in: Jb. d. brem. Samml. I, 2, 1908, S. 26–33

Ders., Die Denkmäler von Bismarck und Moltke in Bremen, in: Jb. d. brem. Samml. 4, 1911, S. 20–34

Prüser, Friedrich, Roland und Rolandia, Bremen 1957

Schütte, A., Die Federzeichnungen von Joh. Daniel Heinbach, in: Jb. d. brem. Samml. III, 1, 1910, S. 13–27

Schwarzwälder, Herbert, Der St-Jakobi-Brunnen in Bremen, in: BrJb 60/61, 1982/83, 195–201

Sello, Georg, (Der) Roland zu Bremen, Bremen 1901, in: BrJb 20, 1902, S. 1–70

v. Spreckelsen, F., Die Peter Wilckens'sche Porträtsammlung, in: Jb. d. brem. Samml. II, 2, 1904, S. 97–109

Vogt, Werner, Die Maler Johann Heinrich Menken (1766–1839) und Gottfried Menken (1799–1838), in: BrJb 53, 1975, S. 143–215

Waldmann, Emil, Die gotischen Skulpturen am Rathaus zu Bremen = Stud. zur dt. Kunstgesch. 96, Straßburg 1908, und Jb. d. brem. Samml. 1/2, 1908, 8–25; vgl. auch v. Bippen im BrJb. 26, 1916, S. 145–153

Wüstefeld, Karl, Die Glockengießerei F. Otto, Hemelingen bei Bremen, Duderstadt 1924

10. Theater

Berner, Wilh., Fritz Peters, Dreiunddreißig Jahre Bremer Schauspielhaus im Spiegel der Zeitkritik, Bremen o. J. (1956)

Büthe, Otfried, Theater- und Schauspielkunst in Bremen seit der Goethezeit, phil. Diss. Mainz 1958 (Masch.schr.)

Zur Erinnerung an das Jubiläum des 75jährigen Bestehens des Bremer Stadttheaters 1843–1918, Bremen 1918

Faltus, Hermann, Vorhang auf. Theater in Bremen 1945 bis 1949, Bremen 1954

Faltus, Sylvia, Das Bremer Theater und die nationalsozialistische Kulturpolitik, HPH 1969

Festschrift zur Eröffnung des Theaters am Goetheplatz 27. August 1950, Bremen 1950

Fricke, Wilhelm (Hrsg. J. H. Behncken), Gesch. des brem. Theaters von 1688 bis auf die gegenwärtige Zeit, Bremen 1856

25 Jahre Bremer Schauspielhaus 1910–1930, Bremen 1930

30 Jahre Bremer Schauspielhaus, Bremen 1939

90 Jahre Bremer Stadttheater 1843–1933, Bremen 1933

Peters, Irmtrud, Theater, Rundfunk und Musik in Bremen, eine Bibliographie, Bremen 1963

Schmidt, Heinrich, 25 Jahre des Bremer Stadt-Theaters, Bremen o. J. (um 1869)

Schütte, Daniel, Über den Vorteil stehender Theater vor reisenden und Vorschläge zur Errichtung eines solchen in Bremen, Bremen 1806

Steiner, Julius, Zur Reorganisation der Theaterverhältnisse, Bremen 1849

Stricker, Käthe, Shakespeare-Aufführungen, in: Abh. und Vorträge d. Witth. 16, 1945, H. 2, S. 53–71

Tardel (Hrsg.), Studien zur bremischen Theatergeschichte = Schriften der Wittheit, Reihe D, Bd. 16, H. 2, Hamburg 1945

Tardel, Hermann, Zur bremischen Theatergeschichte 1563–1796, in: BrJb 30, 1926, S. 263–310; 38, 1939, S. 75–157; 39, 1940, S. 169–204; 42, 1947, S. 154 bis 202

Wilcke, Heinrich Wilhelm, Darlegung der bremischen Theaterverhältnisse, Bremen 1855

Zwanzig Jahre Bremer Schauspielhaus 1910–1930, Bremen 1930

11. Musik

Arnheim, Amalie, Aus dem Bremer Musikleben im 17. Jh.; Sammelbände internat. Musikgesch. XII, 3, 1911, S. 369–416

Blum, Klaus, Musikfreunde und Musici. Musikleben in Bremen seit der Aufklärung, Tutzing 1975

Der Domchor zu Bremen, Bremen 1907

Festbuch für das 59. Sängerfest der Vereinigten Norddeutschen Liedertafeln in Bremen, 1927

125 Jahre Bremer Domchor 1856–1981, Bremen 1981

75 Jahre Bremer Lehrergesangverein 1887–1962, Bremen 1962

50 Jahre Bremer Lehrer-Orchester 1922–1972, Bremen 1972

125 Jahre Philharmonischer Chor Bremen 1815–1940, Bremen 1940

Kissling, Adolf, Die Oper von 1918–1943, in: Abh. und Vortr. der wiss. Gesell. 16, 1945, S. 72–133

Müller, Wilhelm Christian, Versuch einer Gesch. der musikalischen Kultur in Bremen, in: Hanseat. Magazin 3, 1800, S. 111–168

Piersig, Fritz, Bremische Kirchenmusik im Reformationsjahrhundert, in: Hospitium Ecclesiae 1954, S. 44–51

Piersig, Fritz / Richard Liesche, Die Orgeln im Bremer Dom, Bremen 1939

Piersig, Fritz, Die Orgeln der bremischen Stadtkirchen im 17. und 18. Jh., in: BrJb 35, 1935, S. 379–425

Ders., Bremische Kirchenmusik im Reformationsjahrhundert, in: Hospitium Ecclesiae, 1954, S. 44–51

Stephani-Kirchenchor Bremen 1884–1934, Bremen 1934

Wellmann, Friedrich, Entwicklung der Dommusik vom Jahre 1642 bis 1784, in: BrJb 25, 1914, S. 33–53

Ders., Übersicht über die Entwicklung der weltlichen Musik in Bremen bis zum Jahre 1830, in: BrJb 25, 1914, S. 69–99

12. Einzelthemen: Spielzeug, Glückspiel, Gastlichkeit, Sport, Kino, Rundfunk, Mode

Braun, Karl, Landschafts- und Städtebilder (Glogau o. J. [ca. 1880]), darin: S. 225–276, Bremen und die Schaffermahlzeit im Haus Seefahrt

Ein Hauch von Eleganz, 200 Jahre Mode in Bremen, Handbuch zur Sonderausstellung vom 7. Okt. 1984 bis 3. Febr. 1985 im Bremer Landesmuseum für

Kunst- und Kulturgesch. (Focke-Museum), darin: Waltraud Dölp, Die Kleidung in Bremen

40 Jahre Rundfunk in Bremen (1924–1964), Erinnerungen, Berichte, Dokumente, Bremen 1965

Kino in Bremen, Beiträge zu einer Bremer Kinogeschichte, Ausstellung im Staatsarchiv Bremen 1984, Text und Gestaltung: Dorothea Breitenfeldt, Jutta Reinke, hrsg. vom Staatsarchiv Bremen

Kloos, Werner, Bremer Kinder und ihr Spielzeug, Bremen 1969

Ders., Tabak Kollegium, Bremen 1967

Lührs, Wilh., Geschichte des Glücksspiels in Bremen, Bremen 1971

Maas, Heinrich, Das Schlittschuhlaufen in Bremen in Vergangenheit und Gegenwart, Bremen 1981

Meyer, Hanns, Gastliches Bremen; von Gästen und Gastereien, von Gasthöfen und Lustbarkeiten im Wandel der Zeiten, Bremen 1959

Ders., Im guten Ratskeller zu Bremen, Bremen 1959

v. Reinken, Lieselotte, Rundfunk in Bremen. 1924–1974. Eine Dokumentation, Hrsg. Radio Bremen, Bremen 1975

Schwarzwälder, Herbert, Oberstleutnant Johann Georg von Bendeleben und sein großes Feuerwerk in Bremen zur Erinnerung an den Frieden von Habenhausen am 20. Oktober 1668, in: BrJb 58, 1980, S. 9–22

13. Volkskunde, Sitten und Bräuche, Sagen

Ahnelt, Jutta, Organisation und Brauchtum des heutigen Handwerks und seine Geschichte, in: Heimat und Volkstum 1961, S. 52–103

v. Bippen, Wilhelm, Der Bremische Freimarkt, in: Aus Bremens Vorzeit, Bremen 1885, S. 175–185

de Boer, Wilko, Eine Bremer Hexe aus dem Jahre 1565, in: BrJb 33, 1931, S. 368 bis 375

Bremer Kinner-Rimels, Bremen o. J. (um 1940)

Durlach, Henny, Die öffentlichen Feste im alten Bremen, in: Jb. des „Haus der Hanse" 1933/34, Bremen 1934, S. 15–54

Ewich, Joh., De sagarum natura, arte, viribus et factis …, Bremen 1583

Focke, Joh., Die Sitte der Fensterschenkung in Bremen, in: BrJb 18, 1896, S. 49 bis 76

Frahm, Wilhelm, Neustädter Originale, Bremen 1895

Frenzel, Rudolf, Ergebnisse und Aufgaben der volkskundlichen Forsching im Lande Bremen, in: Jb. d. Brem. Wiss. 1, 1955, S. 101–114

Grohne, Ernst, Volkskundliches aus dem alten Bremen, in: Niederdt. Ztsch. f. Volkskunde 11, 1933, S. 68–80

Ders., Beiträge zur Gesch. von Recht und Brauch im alten Bremen, in: Ndt. Ztschr. f. Volkskde. 12, 1934, S. 64–68

Ders., Der Gesche-Gottfried-Stein auf dem Domshof in Bremen in rechtsgesch. und volkskundl. Sicht, in: Heimat und Volkstum 1956, S. 44–51

Koester, Friedrich, Altertümer, Gesch. und Sagen der Herzogtümer Bremen und Verden, Stade 1856

Mindermann, Marie, Plattdeutsche Gedichte in bremischer Mundart nebst einer Sammlung Sprichwörter und Redeweisen, Bremen 1860

Dies., Sagen der alten Brema, Bremen 1867

Niederdeutsche Zeitschrift für Volkskunde, Jg. 1 ff., Bremen 1927 ff.

Norddeutsche Sagen, Schleswig-Holstein, Friesland, Hansestädte, Düsseldorf/ Köln 1976

Peters, Fritz, Freimarkt in Bremen, Geschichte eines Jahrmarktes, Bremen 1962, 2. Aufl. 1985

Peuckert, Will-Erich (Hrsg.), Bremer Sagen, Bremen 1961

Rauers, Friedr., Der alte Bremer Freimarkt, Bremen 1925

Rutenberg, Bernhard, Die Volksüberlieferung (a. d. Niedervierland) und ihre Bedeutung f. d. Heimatforschung, in: Heimat und Volkstum 1964/65, S. 45–75

Schwarzwälder, Herbert, Die Geschichte des Zauber- und Hexenglaubens in Bremen, 1. Teil: BrJb 46, 1959, S. 156–233; 2. Teil: 47, 1961, S. 99–142

Ders., Die Formen des Zauber- und Hexenglaubens in Bremen und seiner weiteren Umgebung, vor allem während des 16. und 17. Jahrhunderts, in: Heimat und Volkstum 1958, S. 3–68

Ders., „Gräfin" Emma von Lesum und der „Bremer Krüppel", in: Jb. d. Witth. 18, 1974, S. 387–406

Steilen, Diedrich, Tagenbaren högt sik, Bremischer Volkshumor, Bremen 1940

Tardel, Herm., Das städtische Volkslied, in: Niederdt. Ztschr. f. Volkskde. 12, 1934, S. 30–66

Ders., Von bremischen Sitten und Festen, in: Niederdt. Ztschr. f. Volkskde. 13, 1935, S. 1–25

Ders., Bremische Sagen nach Kunstwerken (Gluckhenne am Rathaus, Roland), in: Niederdt. Jb. f. Volkskde. 22, 1947, S. 85–110

Ders., Der Bremer Ausruf, in: Niders. Jb. 1911, S. 53–63

Ders., Bremen im Sprichwort, Reim und Volkslied, Bremen 1947, s. a. Brem. Weihnachtsbl. H. 2, 1929, Niederdt. Ztschr. f. Volkskde. 9, 1931, S. 26–67

Wagenfeld, Friedrich, Bremens Volkssagen, Bremen 1845, 1878, 1886; Neudr. Bremen 1947 und 1965

Wellmann, Friedrich, Die Bremer Stadtmusikanten, in: Jb. d. brem. Samml. 4, 1911, S. 79–103

14. Sprache und Literatur

Bunning, Heinrich, Studien zur Gesch. d. bremischen Mundart seit dem Untergang der mittelniederdeutschen Schriftsprache, Hamburg 1933

Ders., Studien zur Gesch. der bremischen Mundart, Nd.Jb. 60/61, 1934/35, S. 63–147, Diss. Hamburg 1935

Hähnel, Franziskus, Die bremischen Dichter und Schriftsteller der Gegenwart, Bremen 1893

Heuser, August, Die neuhochdeutsche Schriftsprache während des XVII. Jhs. zu Bremen, Kieler phil. Diss. 1913, Kiel 1912

Heymann, W., Das bremische Plattdeutsch, Bremen 1909

Schwarzwälder, Herbert, Die Gedichte in der oberen Halle des Bremer Rathauses und ihre ursprüngliche Fassung, in: Jb. des Ver. f. niederdt. Sprachforschung 77, 1954, S. 31–55

Seedorf, Henry, Die Gründung der deutschen Gesellschaft in Bremen, in: Jb. der brem. Samml. I/2, 1908, S. 40–50

Tidemann, Heinrich, Wilh. Hauff in Bremen. Die Entstehung der Phantasien im Bremer Ratskeller, in: Abh. und Vortr. d. Wiss. Ges. 3, 1929, S. 1–100
Versuch eines bremisch-niedersächsischen Wörterbuches, worin nicht nur die in und um Bremen, sondern auch fast in ganz Niedersachsen gebräuchlichen Mundart etc., hrsg. v. d. bremischen deutschen Gesellschaft, 5 Bde., Bremen 1767–1771, Nachtrag 1869

15. Literarisches, Anekdoten

Albert, Ernst, Der Krüppel von Bremen, Bremen 1890 und 1896
Berck, Marga, Aus meiner Kinderzeit. Bremer Erinnerungen 1881–1891, Bremen o. J.
Dies., Die goldene Wolke, Bremen 1954
Dies., Sommer in Lesmona, Hamburg 1951 und rororo 1964
Bertho, Yves, Ingrid, Paris 1976
Binder, Heinrich, Der Heini von Bremen. Die Geschichte einer Jugend, Bremen 1923, 2. Aufl. 1924
Bremen in der Dichtung, Hrsg. Hans Kasten, Bremen 1946
Das Bremer Gastbett, Altes und Neues, zusammengestellt von Konrad Weichberger, Bremen 1908
Bünte, Gottlob, Mutterliebe kann alles, ene Geschichte ut 'n Bremer Leben, Bremen 1884
Döscher, Lüder, Bremer Rathaus-Plaudereien I, 1967, II, 1969
Droste, Georg, Ottjen Alldag un sien Kaperstreiche, Bremen 1913; Ottjen Alldag un sien Lehrtied, Bremen 1915; Ottjen Alldag un sien Moorhex, Bremen 1916
Ders., Achtern Diek, Ernstes und Heiteres vom alten Osterdeich, Bremen 1908
Felden, Emil, Das Haus am Weserstrande, Leipzig o. J. (1917)
Gloy, Albert, Die Urkunde, ein Roman um Freiheit und Recht, Bremen 1952
Halenze, Ada, Seinerzeit zu meiner Zeit, eine heitere Bremer Familiengeschichte, Bremen 1976
Hausmann, Manfred, Geliebtes Bremen, Bremen 1947
Helmers, Heinr., Humoristisch-poetische Wanderung durch die freie Hansestadt Bremen, Bremen 1895
Hinrichs, August, Die Stedinger, Spiel vom Untergang eines Volkes, Oldenburg 1937
Homann, E., Aus den Tagen der 104, Kultur- und Sittenbilder aus dem alten Bremen, Bremen o. J. (um 1910)
Kippenberg, Anton, Geschichten aus einer alten Hansestadt, 1. Aufl. Leipzig 1936, 2. Aufl. 1942
Lerbs, Karl, Der lachende Roland, Berlin 1938
Ders., Hinter Rolands Rücken, Bremen 1953
Ders., Lachende Erben, Bremen 1949
Lindemann, Friedrich, Sohn seiner Firma, Bremen 1940
Messerer, Luise, So gung dat fröher in Bremen to, Bremen 1962
Nebelthau, Otto, Die Stadt der Wolken und Winde, Hamburg 1928
Oesterreich, Hans Günther, Die Familie Meierdierks, Bremen 1953
Recheis, Georg, Bremen. Kritischer Reisebrief, Bremen, 2. Aufl. o. J. (um 1890)
Robert, A. C., Brême et les Brêmois, Bremen 1902

Rose, Felicitas, Erlenkam Erben, Berlin/Leipzig 1934

Rothe, E., Erlebtes und Erstrebtes, Lebenserinnerungen, Bremen 1899

Ruperti, Fr., Reime und Bilder aus dem Rathskeller und der Künstlerhalle in Bremen, Bremen 1862

Sander-Plump, Agnes, Doris, Bremen 1980

Scharrelmann, Heinrich, Heute und vor Zeiten, Bilder und Geschichten, Hamburg 1905

Scharrelmann, Wilhelm, Geschichten aus der Pickbalge, Nachdr. Bremen 1982

Schulz, Günter (Hrsg.), Brem. Kinderbriefe aus alter Zeit. Aus Bürgermeister Johann Smidts Kinderjahren, Bremen 1967

Segelken, Elisabeth, Aus dem Kinderland einer Bremerin, Bremen 1952

Tagenbaren högt sik, gesammelt von Diedrich Steilen, Bremen 1941

Tardel, Herm., Bremen in der deutschen Dichtung, Frankfurt a. M. 1926

Tegtmeyer, Emilie, Die Tochter des Bürgermeisters, eine Erzählung aus der bremischen Vergangenheit, Bremen 1885

Thalenhorst, Carl (Hrsg.), Bremen binnen und buten, Bremen I, 1955, II, 1957

Tiemann, Hermann, Johann Vasmer von Bremen, Braunschweig 1891, 2. Aufl. 1911

Wehdeking, Alma Luise Grams, Das Haus an der Weide, Gesch. einer Bremer Familie, Bremen o. J.

Wehe, Trude, Vryheit do ik ju openbar, Roman aus dem alten Bremen, Bremen 1936

v. Winterfeld-Warnow, Emmy, Das Sticktüchlein der Renette Holle, Alt-Bremer Roman, Reutlingen 1949

F. Soziales

1. Allg. Sozial- und Gesellschaftsgeschichte

Aus der Bremer Gesellschaft, in: Bremer Monatshefte 2, 1886, H. 1, S. 36–40; H. 2, S. 35–38; H. 3, S. 7–16

Carstens, Karl, Beiträge zur Geschichte der bremischen Familiennamen, phil. Diss. Marburg 1906

25jähriges Bestehen des Instituts für Jugendkunde in Bremen 1911–1936, Bremen 1936

König, Johann-Günther, Die streitbaren Bremerinnen, Bremen 1981

v. Krogh, Christian, Rassenkundliche Untersuchungen im Bremer Marschgebiet, in: Forschungen u. Fortschritte 1937, H. 5, S. 58 ff.

Ders., Das Obervieland, ein Beitrag zur Rassengesch. der nordwestdt. Marschbevölkerung = Abh. und Vortr. der Wissensch. Gesellsch. 12, 1938/39, H. 1;

Ders., Die Skelettfunde des Bremer Gebietes und ihre Bedeutung für die Rassengesch. Nordwestdeutschlands = Abh. und Vortr. der Wissensch. Gesellsch. 13, 1940, H. 3

Müller, Gottfried, Die Sozialstruktur im Planungsraum Unterweser-Lesum, Oldenburg 1944

Prüser, Friedrich, Über die Herkunft der mittelalterl. Bevölkerung Bremens, in: Ztschr. d. Vereins f. hamb. Gesch. 41, 1951, S. 125–154

Schaefer, Hans-Ludwig, Bremens Bevölkerung in der ersten Hälfte des neunzehnten Jahrhunderts = VadStA 25, 1957
Stein, Rudolf, Menschen aus dem Bremer Lande, Bremen 1958

2. Sozialgruppen der Oberschicht (Rat, Kaufl., höh. Geistliche)

Brandes, Erika, Der Bremer Überseekaufmann in seiner gesellschaftlichen Bedeu-
tung im „geschlossenen Heiratskreis", in: Genealog. Jb. 3, 1963, S. 25–52
Diemer, Lothar, Einnahmen und Ausgaben des Studenten Carl Migault aus Bre-
men in Jena und Göttingen 1791–1795, in: Jb. d. Witth. 16, 1972, S. 65–123
Engelsing, Rolf, Bremisches Unternehmertum. Sozialgeschichte 1780–1870, in:
Jb. d. Witth. 2, 1958, S. 7–112
Entholt, Hermann, Von bremischen Ratmännern des 19. Jhs. = Schr. d. Wittheit
Reihe H. = Brem. Weihnachtsbl. H. 9, 1941
Graf, Otto Heinz, Bremer Ratsfamilien von 1300–1700, Diss. Münster 1944
Hennig, Werner, Die Ratsgeschlechter Bremens im Mittelalter; ein Beitrag zur
hansischen Sozialgesch., phil. Diss. Gött. 1957
Kellenbenz, Herm., Der Bremer Kaufmann – Versuch einer sozialgesch. Deu-
tung, in: BrJb 51, 1969, S. 19–49
Kloos, Werner, Die Bremerin, Bremen 1965
Merker, Otto, Die Ritterschaft des Erzstifts Bremen im Spätmittelalter. Herr-
schaft und polit. Stellung als Landstand (1300–1550), Stade 1962, Einzelschr.
d. Stader Gesch.- und Heimatvereins 16, phil. Diss. Hamburg 1961
Mushard, Luneberg, Mohumenta Nobilitatis ... in ducatibus Bremensi et Ver-
densi ..., Bremen 1708
Prange, Ruth, Die bremische Kaufmannschaft des 16. und 17. Jahrhunderts in
sozialgeschichtlicher Betrachtung = VadStA 31, 1963
Prüser, Friedr., Vom brem. Überseekaufmann = Abh. und Vortr., hrsg. v. der
Brem. Wiss. Ges., Bd. XIV, H. 1, 1940
Ders., Bremische Stiftsgeistliche des späten Mittelalters und ihre verwandtschaft-
lichen Beziehungen, in: BrJb 41, 1944, S. 1–85; 43, 1951, S. 31–124
Schwebel, Karl H., Das bremische Patriziergeschlecht Brand, Herren zu Riens-
berg und Erbrichter zu Borgfeld, in: BrJb 41, 1944, S. 86–183

3. Sozialgruppen der Unterschicht
(auch Emigranten, Einwanderer)

Ackermann, Arthur, Die wirtschaftlichen und sozialen Verhältnisse des bremi-
schen Bauerntums in der Zeit von 1870 bis 1930 = VadStA 12, 1935
Arme Leute (in Bremen), I: Armut und ihre Verwaltung 1875–1920 = Beitr. zur
Sozialgesch. Bremen, H. 2, Bremen o. J. (1981)
Beuleke, Wilhelm, Herkunft und Berufe der Hugenotten in Bremen, in: BrJb 38,
1939, S. 22–59
Engelsing, Rolf, Zur Sozialgesch. deutscher Mittel- und Unterschichten, Gött.
1973
Gelberg, Birgit, Auswanderung nach Übersee. Soziale Probleme der Auswande-
rerbeförderung in Hamburg und Bremen von der Mitte des 19. Jhs. bis zum
Ersten Weltkrieg = Beitr. z. Gesch. Hamb. Bd. 10, Hamburg 1973
Kindheiten (in Bremen), I: Anstaltserziehung im 19. Jahrhundert; II: Schüler,

Schule, Kinderarbeit = Beiträge zur Sozialgesch. Bremens, H. 1, 3, Bremen o. J. (1981)

von Roosbroeck, Robert, Niederländische Glaubensflüchtlinge in Bremen (1581–1600), in: BrJb 52, 1972, S. 85–112

Rosenow, Ulrich, Bandenkriminalität Minderjähriger in Bremen während der Zeit von 1954 bis 1960, Hamburg 1962, jur. Diss. Hamburg 1962

Schwarz, Klaus, Der Familienstand der Handwerkergesellen in Bremen während des 17. und 18. Jahrhunderts, in: Jb. d. Witth. 16, 1972, S. 43–63

Ders., Die Lage der Handwerksgesellen in Bremen während des 18. Jhs. = VadStA 44, 1975

Wanderarbeit; Armut und der Zwang zum Reisen = Beitr. zur Sozialgeschichte Bremens, H. 7, 1984

4. Juden

Auch dich geht es an (Juden), Hrsg. Kreisleitung der NSDAP, Bremen (1935)

Bruss, Regina, Die Bremer Juden unter dem Nationalsozialismus = VadStA 49, 1983

Dziomba, Lothar, Das Schicksal der Bremer Juden im Dritten Reich = HPH 1963

Lattka, Manfred, Die Israel. Gemeinde in Bremen (1933–Gegenw.) = HPH 1970

Löning, George A., Juden in mittelalterlichen Bremen und Oldenburg, Ztschr. d. Savigny-Stift für Rechtsgesch., germ. Abt. 58, 1938, S. 257–274

Markreich, Max, Die Beziehungen der Juden zur Freien Hansestadt Bremen von 1065 bis 1848, Frankf. a. M. 1928

Ders., Geschichte der Juden in Bremen und Umgebung, San Francisco 1955 (Masch.schr. im StA)

Rüthnick, Richard, Bürgermeister Smidt und die Juden, 1. Aufl. Bremen 1923, 2. Aufl. 1934

Schütte, Hilka, Das Schicksal der Juden in Bremen im 3. Reich = HPH 1962

Wegener, Monika, Die Juden in Bremen von 1918 bis 1933 = HPH 1965

5. Häusliche Verhältnisse, Lebenshaltung

Aus dem Alltag der mittelalterlichen Stadt, Handbuch zur Sonderausstellung 1982

Bordeaux, Aalfke / Uwe Henrion, Zur Entstehung und Politik der Mieterbewegung in Bremen; die soziale Lage der Werktätigen …, Diplomarbeit, Univers. Bremen 1977 (Masch.schr.)

Engelsing, Rolf, Lebenshaltung und Lebenshaltungskosten im 18. und 19. Jhs. in den Hansestädten Bremen und Hamburg, in: International Review of Social History 11, 1966, S. 73–107

Grohne, Ernst, Fremder Import unter dem altbremischen Hausrat, in: BrJb 33, 1931, S. 446–483

Ders., Zur Gesch. der Herdstellen und Öfen in den Bauernhäusern des Bremer Gebietes, in: Ztschr. f. Volkskunde 14, 1936, S. 28–45

Ders., Kulturgeschichtliches aus alten Bremer Bürgerhäusern, in: BrJb 37, 1937, S. 99–124

Ders., Tongefäße in Bremen seit dem Mittelalter = Jahresschr. des Focke-Museums 1940

Kirchner, Klaus, Die Lebensmittelversorgung der bremischen Bevölkerung im Zweiten Weltkrieg = HPH 1968

Kloos, Werner, Gut bremisch Essen und Trinken, Bremen 1966

Nobis, Günter, Haustiere im mittelalterl. Bremen. Eine vergleichende Betrachtung der Haustierwelt mittelalterlicher Stadtsiedlungen Norddeutschl., in: Archäolog. Bll. 4, 1965, S. 39–48

Tete, Harm, Die Versorgung der Bremer Bevölkerung zu Beginn des Zweiten Weltkrieges = HPH 1968

6. Wohlfahrtwesen, Krankenkassen u. ä.

Allgemeine Ortskrankenkasse, Jahresber. 1898–1931

Anstalten und Einrichtungen der Sadt Bremen für Armenpflege und Wohltätigkeit, Bremen 1885

Arme Leute, Teil 1: Armut und ihre Verwaltung 1875–1920 = Beiträge zur Sozialgesch. Bremens, H. 2, Bremen 1981

Bessell, Georg, 100 Jahre Innere Mission in Bremen 1849–1949, Bremen 1949

v. Bippen, Wilhelm, Die Ausbildung der bürgerlichen Armenpflege in Bremen, in: BrJb 11, 1880, S. 143–161

Blenck, E., Die Tätigkeit der Deutschen Gesellsch. zur Rettung Schiffbrüchiger in den Jahren 1865–1891, Berlin 1892

Cassel, J. P., Historische Nachrichten von dem Ilsabeen Gasthause in Bremen, Bremen 1772

Ders., Historische Nachrichten von dem Hospital St. Remberti vor Bremen, 7 Stücke, Bremen 1781, 1782, 1783

Christofzik, Marlies, Die Etablierung städt. Kinderbewahranstalten (Bremen), Staatsex.arb., Köln 1978

Entwurf zu einer besseren Einrichtung des Reichs-Stadt-Bremischen Armen-Instituts, Bremen 1790

Erneuerte Armen und Almosen Ordnung, Bremen 1658

Frauen-Erwerbs- und Ausbildungsverein, Bremen o. J.

Frauenerwerbs- und Ausbildungsverein, Berichte 1876–1907

Funk, Martin Josef, Geschichte und Statistik des bremischen Armenwesens, Bremen 1913

Gesetze, Geschäftsordnung und Dienstanweisungen nebst Formularen für die stadtbremische Armenpflege, Bremen 1902

Gutachten von dem Zustand der Witwenpflegschaft in Bremen, 1767

Harnisch, Gudrun, Staatl. Jugendfürsorge in Bremen 1877–1912, Staatsex.arb., Bremen 1976

Heyne, Bode, Kirchliche Bemühungen um die Auswanderung des 19. Jhs. in Bremen, in: Hospitium Ecclesiae 3, 1961, S. 64–84

Iken, J. Fr., Die innere Mission in Bremen, Hamburg 1881

Ders., Das ehemalige St. Jürgen-Gasthaus in Bremen, in: BrJb 19, 1900, S. 145 bis 171

50 Jahre Jugendamt Bremen, Bremen 1963

60 Jahre Landesversicherungsanstalt Oldenburg-Bremen 1891–1950, Oldenburg 1952

Kohl, Dietrich, Das Haus Seefahrt in Bremen, in: HGBl 1912/1, S. 1–84

Kohl, J. G., Das Haus Seefahrt zu Bremen, Bremen 1862

Landhaus Horn, Bremen, 1930

Lange, Hermann, Geschichte der christlichen Liebestätigkeit in der Stadt Bremen im Mittelalter = Münsterische Beitr. zur Theologie 5, Münster 1925

Lindemann, Berthold, Die Egestorff Stiftung; zur Gesch. christl. Sozialtätigkeit in Bremen, Bremen 1970

Nonnen, Simon Hermann, Gesch. des Mann-Hauses, in: Brem. Magazin 1830 bis 1834, S. 293–309

Organisation und Gesetze des Armen Instituts der freien Hansestadt Bremen, Bremen 1829

Petri, Franziskus, Unser Lieben Frauen Diakonie. Vierhundert Jahre evangel. Liebestätigkeit in Bremen, Bremen 1925

Rüthnick, Richard/Schulz, Kurd, Die Diakonie der St. Petri Domkirche zu Bremen, Bremen 1963

Sozialarbeit in Bremen, 50 Jahre Familienfürsorge, Bremen 1925–1975

Verordnung und Vorschriften für das Sanct Johannis Kloster hierselbst, wonach sich die Bewohner und Prövener desselben zu richten haben, Bremen 1799

Walte, Wilhelm/C. Homann, Aus der Gesch. des Bremischen Altenheims, Bremen 1912

Walte, Wilh. Arnold/Galperin, Peter (Hrsg.), Dieser Stat Armenhaus zum Behten und Arbeyten, Gesch. des Armenhauses zu Bremen 1698–1866, Frankfurt 1979

Die Wohlfahrtseinrichtungen Bremens, Bremen 1899, 1910, 1929

7. Hygiene, Gesundheitswesen

Bericht des Gesundheitsrats über das öffentliche Gesundheitswesen in Bremen im Jahre 1872, Bremen 1873

Böhmert, Wilhelm, Todesfälle an Tuberkulose und Krebs 1900–1930 nach Altersklassen, insbes. in Bremen, in: Jb. f. Nationalökonomie und Statistik 135, 1931, S. 237–267

Bremen in hygienischer Beziehung, Hrsg. Hermann Tjaden, Bremen 1907

Die bremische Nervenklinik 1904–1954, Bremen 1954

De Porre, Eugen, Vorläufiger Bericht über 200 Jahre Psychiatrie in Bremen-Oberneuland, Bremen 1965

Ders., 330 Jahre Hirsch-Apotheke Bremen, Bremen 1974

Doneldey, Arnold, Das Bremer mittelniederdeutsche Arzneibuch, Neumünster 1932

Evangelische Diakonissenanstalt Bremen 1868–1938, Bremen 1938

Ewich, Johann, De officio magistratus tempore pestilentiae, 1582, Bremen 1645

Ders., Pestilenzordnung teutsch durch Just. Mollerum, Mühlhausen 1583

Falliner, H., Zur historischen Entwicklung des Bremischen Quarantänedienstes, in: Bremer Ärzteblatt 1978/9, S. 36–50

Frick, Konstantin, Aus der Gesch. des Bremer Diakonissenhauses 1867–1918, Bremen 1918

Hausmann, Ulrich, Geschichte des bremischen Apothekenwesens bis zum Jahre 1872, in: BrJb 27, 1919, S. 1–61

Herzer, H., Zur Gesch. des Bremischen Veterinärwesens, 1650 bis 1975, Bremen

1982 (Masch.schr.)

Hundert Jahre Evangelisches Diakonissenhaus in Bremen, Bremen 1968

Hundert Jahre Städtische Krankenanstalten 1851–1951, Bremen 1951

20 Jahre Kranken- und Invalidenfürsorge der Landesversicherungsanstalt der Hansestädte 1891–1911, Lübeck 1911

Zum 50jähr. Bestehen des Vereins für öffentliche Bäder und der Badeanstalt am Breitenweg, Bremen 1927

Kortenhaus, Friedrich, Das bremische Gesundheitswesen in Vergangenheit und Gegenwart, Bremen 1937

Die Krankenhäuser im Lande Bremen, in: Bremer Ärzteblatt 14, 1961

Kulenkampff, Diedrich, Die Krankenanstalten der Stadt Bremen, ihre Geschichte und ihr jetziger Zustand, Bremen 1884

Mauß, H. G., Der ärztliche Verein zu Bremen in der Wende der Zeit, in: Bremer Ärzteblatt 1982/1, S. 5–12

Meyer, Enno, Zur Gesch. des psychiatrischen Krankenhauswesens in Bremen, in: Bremer Ärzteblatt 1978/9, S. 30–34

Runge, G./Ohnesorge, H., Die öffentliche Badeanstalt in Bremen, Bremen 1877

Schecker, Heinz, Bremer Mediziner der Barockzeit, in: BrJb 33, 1931, S. 348–367

Schmacke, Norbert/Güse, Hans-Georg, Zwangssterilisiert; verleugnet, vergessen. Zur Geschichte der nationalsozialistischen Rassenhygiene am Beispiel Bremen, Bremen 1984

Schmidt, Johann, Die Seequarantäne an der Unterweser, in: Bremer Ärzteblatt 1982/1, S. 50–53

Schwarz, Klaus, Ein ärztlicher Bericht über die Pest in Bremen 1713, in: BrJb 62, 1984, S. 19–43

Schwarzwälder, Herbert, Lebensverhältnisse und Krankenversorgung in Bremen zur Gründungszeit des Ärztlichen Vereins, in: Bremer Ärzteblatt 1/1982, S. 14–21

Strube, Georg Leop., Das Vereinskrankenhaus vom Roten Kreuz zu Bremen von 1876–1926, Bremen 1926

Tjaden, Hermann, Bremen und die bremische Ärzteschaft seit dem Beginn des 19. Jhs., Bremen 1932

Verein für öffentliche Bäder, Jahresbericht 1–47

Verordnung wegen des hiesigen Kranken-Hauses, Bremen 1740

G. Familien, Personen

1. Familien- und personengeschichtliche Quellen

Adreßbuch für Vegesack und Kreis Blumenthal, Aumund o. J. (1922/28)

Bremisches (Bremer) Adreß-Buch (1790ff) 1794, (1795) 1796ff; (Das) Bremer Adreßbuch; Adreßbuch der Freien Hansestadt Bremen, Nachdruck: Das Bremer Adreßbuch von 1796, Lpz. 1929

Prüser, Fr./Fritz Peters, Die Freie Hansestadt Bremen = Familiengesch. Wegweiser H. 18, Neustadt a. d. Aisch 1953

Reineke, Karl, Die familiengeschichtl. Quellen im brem. Staatsarchiv, in: Familiengesch. Bl. 28, 1930, S. 389–396

Schorling, Hans, Quellen zur Familienforschung in der Stadt Bremen, dem Bremer Landgebiet und der weiteren Umgegend, in: Blätter der „Maus", Nr. 3, Okt. 1927, und Nr. 4, Juli 1928

Schulz, Karl, Alter und Bestand der Kirchenbücher in Bremen bis 1811, in: Bl. der „Maus", Nr. 11, Sept. 1985

v. Witzendorff-Rehdiger, Hans-Jürgen, Die Personalschriften der Bremer Staatsbibliothek bis 1800, Bremen 1960 = Bremische Bibliographie Bd. 1

2. Biographische Sammelwerke

Adamietz, Horst (Hrsg.), Bremer Profile, Bremen 1972

Asendorf, Kurt, Profile aus Bremen und Umgebung, 1979

Biographische Skizzen verstorbener Bremischer Ärzte und Naturforscher, Bremen 1844

Bremische Biographie des neunzehnten Jahrhunderts, hrsg. v. d. Hist. Ges. des Künstlervereins, Bremen 1912; Nachdruck Bremen 1976

Bremische Biographie 1912–1962, hrsg. v. d. Hist. Gesellsch. u. d. Staatsarchiv Bremen, bearb. v. Wilh. Lührs, Bremen 1969

Deneken, A. G., Biographische Skizzen von merkwürdigen Männern aus der früheren Gesch. Bremens, Bremen 1837

Focke, Joh., Bremische Werkmeister aus älterer Zeit, Bremen 1890

Niedersächsische Lebensbilder, 1 ff., Hildesheim 1939 ff.

Rotermund, Heinr. Wilh., Lexikon aller Gelehrten, die seit der Reformation in Bremen gelebt haben ... 2 Teile und Nachtrag, Bremen 1818; vgl. Verzeichnis zu Rotermunds bremischem Gelehrtenlexikon, in: Blätter der „Maus", 3. Heft Okt. 1927 und 4. Heft Juli 1928

Schönecke, Walter, Personal- und Amtszeiten der Erzbischöfe von Hamburg-Bremen vom Jahre 831–1511, phil. Diss. Greifswald 1915

Schwarzwälder, Herbert, Berühmte Bremer, München 1972

3. Einzelne Personen (alphabetisch)

Schröder, Christel Matth., Thomas *Achelis*, ein Bremer Religionswissenschaftler, in: Jb. d. Witth. 1950, S. 187–203

Beinlich, Joh., Die Persönlichkeit Erzbischof *Adalberts* von Bremen in der Darstellung seines Biographen Adam auf Grund der Zeitanschauungen, phil. Diss., Breslau 1918

Misch, Georg, Das Bild des Erzbischofs *Adalbert* in der Hamburgischen Kirchengeschichte des Domscholasters Adam von Bremen, in: Studien zur Gesch. der Autobiographie 3, Nachr. d. Akad. d. Wiss. in Göttingen, 1. Phil.- hist. Kl. Jg. 1956, 7, Göttingen 1956, S. 203–280

Fischer, F. M., Politiker um Otto den Gr. (u. a. Erzb. *Adaldag*), phil. Diss. Berlin 1937

St. *Ansgar*, s. a. St. Willehad

Ansgar, der Speer Gottes, sein Leben und Wirken nach der Vita Anskarii seines Schülers Rimbert, Recklinghausen 2. Aufl. 1960

Dörries, Hermann / Kretschmar, Georg, *Ansgar* – seine Bedeutung f. d. Mission, Hamburg 1965

Haas, Wolfdieter, Foris apostolus – intus monachus. *Ansgar* als Mönch und „Apostel des Nordens" in: Journal of Medieval History (Amsterdam) 11, 1985, S. 1–30

Stupperich, Robert, Politik und Mission im Werk *Ansgars*, in: Jb. d. Ver. f. westfäl. Kirchengesch. 61, 1968, S. 9–19

Hermann *Apelt*, Reden und Schriften, Bremen 1962

Bachmann, Elfriede, Die brem. Sozialpolitikerin Rita *Bardenheuer*, in: Jb. d. Witth. 16, 1972, S. 201–225

Wätjen, H., Die Memoiren des Senators Dr. Theodor *Berck* (1781–1830), in: BrJb 23, 1923, S. 131–160

Heinrich *Bömers*, Senator in Bremen …, ein Lebensbild, Bremen 1964

Fromme, R., Johann *Bornemacher*, Herrmannsburg 1878

Ritter, N., Johann *Bornemacher*, Verden 1929

Borttscheller, Georg, Bremen, mein Kompaß, Bremen 1972

Beutin, Ludwig, Ein Stalherr der Tuchhändlergilde zu Bremen: Ratsherr Diedrich *Dieckhoff* (1560–1624), Bremen 1933

Ders., Bürgerliche Wirren in Bremen, das Leben der Brüder *Dieckhoff* (1630 bis 1624), Bremen 1935

Schwebel, Karl H., Aus dem Tagebuch des Bremer Kaufmanns Franz *Böving* (1773–1849), Brem. Weihnachtsblätter 15, 1974

Spitta, Theod., Dr. Martin *Donandt*, Bürgermeister in Bremen, ein bremisches Lebens- und Zeitbild, Privatdruck 1938; 2. Aufl. Bremen 1948

Nixdorf, W., Bischof *Dräseke*, (Masch.schr.) Diss. Halle 1960

Schäfer, Walter, Johann Bernhard *Dräseke* in seinen Bremer Jahren, in: Hospitium Ecclesiae 6, 1969, S. 41–85

Ehmck, Diedrich Rudolf, Arnold *Duckwitz*, in: BrJb 21, 1906, S. 95–927

Duckwitz, A., Fragmente aus meinem Leben, Bremen 1842

Ders., Denkwürdigkeiten aus meinem öffentlichen Leben von 1841 bis 1866, Bremen 1877

Krieger, Adolf (Hrsg.), Arnold *Duckwitz* = Abh. und Vortr. hrsg. v. d. Wittheit Bd. 15, H. 1, 1942

Tidemann, Heinrich, Pastor Rudolf *Dulon*, in: BrJb 33, 1931, S. 374–445; 34, 1931, S. 374–445; 34, 1933, S. 162–261

Schulz, Ursula, Friedrich *Ebert* in Bremen. Aus seinem parlamentarischen Wirken 1900–1905, Bremen 1963

Dies., Die Bremer Anfänge Friedrich *Eberts*, Bremen 1968

Adamietz, Horst, Freiheit und Bindung; Adolf *Ehlers*, Bremen 1978

Friedrich *Engels* über die Bremer, hrsg. von Dierk Rodenwald, Bremen 1966

Wirth, Günter, Friedrich *Engels*, der Gesinnungsgenosse von Karl Marx, und sein Aufenthalt in Bremen, in: Hospitium Ecclesiae 9, 1975, S. 23–53

Pelger, Hans / Knieriem, Michael, Friedrich *Engels* als Bremer Korrespondent des Stuttgarter Morgenblattes für gebildete Leser und der Augsburger „Allgemeinen Zeitung" = Schriften a. d. Karl-Marx-Haus, 15, Trier 1975

Mayer, Gustav, Friedrich *Engels* Schriften der Frühzeit, Berlin 1920

Wocke, Helmut, Artur *Fitger*, sein Leben und Schaffen, Stuttgart 1913

Schulz, Kurd, Arthur *Fitger*, in: Jb. d. Witth. 7, 1963, S. 303–320

Thierry, G. de., Ludwig *Franzius*, in: Dt. Museum. Abh. und Berichte, Berlin 1928

Franzius, Ludwig, Aus meinem Leben, Bremen 1896

Franzius, Walter, Ludwig *Franzius*, Bremen 1982

Probst, Walter, Die weltliche Regierung des Erzbischofs *Gerhard II.* von Bremen von seiner Wahl bis zur Beilegung des Streites um die Grafschaft Stade (1219 bis 1236), phil. Diss. Jena 1922 (Masch.schr.)

Gildemeister, Alfred, Briefe und Schriften, Oldenburg 1929

Schumacher, Fritz, Otto *Gildemeister* als Künstler, Abh. und Vortr. d. Wiss. Gesellsch. 1, 1926, S. 52–69

Kippenberg, A., Betty *Gleim*, ein Lebens- und Charakterbild, Bremen 1882

Schecker, Heinz, Melchior *Goldast* von Haiminsfeld, Bremen 1930

Gorsemann, Ernst, Vom Morgen zum Mittag, Jugenderinnerungen eines Bildhauers, Stollhamm / Berlin 1949

Voget, F. L., Lebensgeschichte der Giftmörderin Gesche Magarethe *Gottfried*, geb. Timm, 2 Bde., Bremen 1831; Nachdruck (Ausz.) Bremen 1976

Zur Erinnerung an Professor Dr. Heinrich *Gräfe*, ein Gedenkblatt für seine Freunde, Danzig 1868

Spiegel, Bernhard, Albert Rizäus *Hardenberg*, in: BrJb 4, 1869, S. 1–379

Hartwig, Otto, Aus der Schmiede des Glücks, Zeitbild in Form einer Selbstbiographie, Bremen 1924

Dehio, Georg, *Hartwig* von Stade, Erzbischof von Hamburg-Bremen, Diss. Gött. 1872, und BrJb 6 (1872), S. 35 ff.

Tidemann, Heinrich, Wilhelm *Hauff* in Bremen, in: Abh. und Vortr. d. Bremer Wiss. Ges. 3, 1929, H. 1/2

Veeck, Walter, Graf *Heinrich* von Schwarzburg, Administrator des Erzstifts Bremen (1463–1496) und Bischof v. Münster (1466–1496), phil. Diss. Göttingen 1920 (Masch.schr.)

Planck, Mathilde, Ottilie *Hoffmann*, Bremen 1930

Lohmann, Wilhelmine, Ottilie *Hoffmann* = Führende Frauen Nr. 45, Bielefeld und Leipzig 1927

Patemann, Reinhard, Johann Hermann *Holler* 1818–1868, in: BrJb 51, 1969, S. 237–246

Walter, Friederich, *Hünefeld*, ein Leben der Tat, Potsdam 1930

Schulz, Günter, Carl Ludwig *Ikens* Briefe an Goethe, in: Jb. d. Witth. 15, 1971, S. 105–207

Langen, Paul, Johann Friedrich *Iken* (1837–1902), in: Hospitium Ecclesiae 4, 1964, S. 67–83

Kaisen-Anekdoten, Bremen 1978

Kaisen, Wilhelm, Meine Arbeit, mein Leben, München 1967

Bereitschaft und Zuversicht, Reden von Bürgermeister Wilhelm *Kaisen*, Bremen 1947

Wilhelm *Kaisen* 75 Jahre, 1887–1962, Bremen 1953

Zuversicht und Beständigkeit – Wilhelm *Kaisen*, Bremen 1977

Begegnungen mit Wilhelm *Kaisen*, Bremen 1980

Smidt, Heinrich, Aus Detmar *Kenckels* Nachlaß, in: BrJb 7, 1874, S. 1–67

Engel, Gerhard, Die politisch-ideologische Entwicklung Johann *Kniefs* (1880 bis 1919). Untersuchungen zur Gesch. der Bremer Linksradikalen., phil. Diss. Humboldt-Univers. Berlin 1967 (Masch.schr.)

715

Engel, Gerhard, Johann *Knief* und die Bremer Linke in der Geschichte der KPD, in: Das Ringen um die Wende, Fichte-Schriften Bd. 5, vom Rektorat der Humboldt-Univers. zu Berlin 1969

Knief, Johann, Briefe aus dem Gefängnis, Berlin 1920

Prüser, Friedrich, Ludwig *Knoop*, in: Nieders. Lebensbilder, I, 1939, S. 244–255

Wolde, Adele, Ludwig *Knoop*, Erinnerungsbilder aus seinem Leben, Privatdruck 1928

Thomstone, Stuart, Ludwig *Knoop*, the Arkwright of Russia, in: Textile History 15, Nr. 1, 1984, S. 45–73

v. Taube, Arved Fhrh., Der Bremer Reiseschriftsteller Johann Georg *Kohl* in Livland, St. Peterburg und Südrußland 1836–1838, in: Das Vergangene und die Geschichte, Festschr. f. R. Wittram, Göttingen 1973, S. 192–217

Köhl, Hermann, Bremsklötze weg!, Hamburg 1932

Langen, Paul, Johann Melchior *Kohlmann* 1795–1864, in: Hospitium Ecclesiae 3, 1961, S. 41–50

Johann Heinrich *Kulenkampff* (1857–1926), ein Lebensbild, Bremen 1957

Wulff, Hinrich, Johann *Lange* 1755–1815, Bremen 1929

Schulz, Günter, Der Bremer Ratsherr Caspar von *Lingen*, in: Jb. d. Witth. 9, 1965, S. 171–392

Schüßler, Wilhelm, Adolf *Lüderitz*, Bremen 1936

Lebens-Beschreibung und militerische Laufbahn der berühmten Heldin Anna *Lüring* aus Bremen und ihrer feyerlichen Rückkehr in ihre Vaterstadt (1815) Hardegen, Friedr., fortgeführt und abgeschlossen von Käthi Smidt geb.

Meier, H. H. *Meier*, der Gründer des Norddeutschen Lloyd, Berlin/Lpz. 1920

Gildemeister, C. H., Leben und Wirken des Dr. Gottfried *Menken*, 2 Teile, Bremen 1860

Heyne, Bodo, Gottfried *Menken*, in: Hospitium Ecclesiae 6, 1969, S. 7–40

Cassel, Johann Philipp, Lebensgeschichte Herrn Nicolaus *Mindemann*, beider Rechte Doktors und ersten Syndikus der Kayserl. Freien Reichsstadt Bremen, Bremen 1774

Wellmann, Friedrich, Der Bremische Domkantor Dr. Wilhelm Christian *Müller*, Bremen 1914

Przybylski, Lothar, Joachim *Neander*, in: Hospitium Ecclesiae 8, 1973, S. 55–65

Nebelthau, Friedr., Aus meinem Leben, Bremen 1938

Nolting-Hauff, Wilhelm, Senator für die Finanzen ... = Schriften der Wittheit, NF Bd. 3, Bremen 1972

Scherk, Wilhelm, *Olbers*, in: Zwei bremische Naturforscher 1–10 = Abh. hrsg. v. Naturwiss. Ver., Bd. VI, Bremen 1878

Pauli, G., George Ernst *Papendiek*, in: Jb. d. brem. Samml. III, 1, 1910, S. 1–12

Pauli, G., Erinnerungen aus sieben Jahrzehnten, Tübingen 1936

Voßke, Heinz/Gerhard Nitzsche, Wilhelm *Pieck*, Frankfurt a. M. 1975

v. Bippen, Wilhelm, Archivar Hermann *Post*, in: BrJb 21, 1906, S. 128–145

Schwebel, Karl H., Hermann *Post*, ein Sammler und Ordner kostbaren alten Schriftguts, in: BrJb 55, 1977, S. 77–126

Schulz, Günter, Meta *Post* im Briefwechsel mit Lavater, in: Jb. d. Witth. 7, 1963, S. 153–301

Rauers, Friedrich, Siebzig Jahre, ein Leben zwischen zwei Zeiten, o. J. (1949)

Kohl, J. G., Johann *Renners* äußere Lebensumstände, Riga 1872

Roselius, Hildegard, Ludwig *Roselius* und sein kulturelles Werk, 2. Aufl. Braunschweig 1958, 3. Aufl. 1965

Roselius, Ludwig, Briefe, Bremen 1919

Rösing, Johannes, Lebenserinnerungen, seinen Kindern und Enkeln erzählt, 1903

Unser Gauleiter Carl *Röver*, in: Heimatlese 7, H. 5, 1939

Salander, Gustav Adolf, Bremen im Wandel von sechs Jahrzehnten, Erlebnisse eines Bremer Juristen, Bremen 1977

Schäfer, Dietrich, Mein Leben, Berlin und Leipzig 1926

Schröder, Rudolf Alexander, Aus Kindheit und Jugend, Erinnerungen und Erzählungen, Hamburg / Bremen / Berlin 1934

Eichwald, Karl, Johann *Smidt*, Bürgermeister von Bremen, Bremen 1873

Der große Bürgermeister. Ein Gedenkbuch für Johann *Smidt* ..., Bremen 1957

Schwebel, Karl H., Staatsarchivar in der Biedermeierzeit. Aus dem Briefwechsel des brem. Bürgermeisters Johann *Smidt*, in: Mélanges offerts par ses confrères étrangers à Charles Braibant, o. J.

Ders., Johann *Smidt* 1773–1973, Laudationes zur Einleitung der Smidt-Sitzungen der Wittheit zu Bremen, Bremen 1773

Ders., Zu Johann *Smidts* Staatsidee, in: Jb. der Männer v. Morgenst. 45, 1964

v. Bippen, W., Aus *Smidts* Jugendzeit; Smidt in der französischen Zeit, in: BrJb 22, 1909, S. 121–147 und S. 148–166

Ders., Johann *Smidt*, Stuttgart / Berlin 1921

Entholt, Herm., Bürgermeister *Smidt* und seine Korrespondenten, in: BrJb 42, 1947, S. 11–51

Entholt, Hermann, Bgm. *Smidt* in der Zeit der dt. Revol. = Brem. Weihnachtsbl. H. 8, 1938

Schulz, Günter, Kinder- und Jugendbriefe von Johann *Smidt*, in: Jb. d. Witth. 10, 1966, S. 127–173; 11, 1967, S. 71–122; auch: Brem. Kinderbriefe aus alter Zeit. Aus Bgm. Smidts Kinderjahren, Bremen 1967

Johann *Smidt*, Ein Gedenkbuch, Bremen 1873

Schulze-Smidt, B., Bürgermeister Johann *Smidt*, das Lebensbild eines Hanseaten, Bremen 1914

Rüthnick, Richard, Bürgermeister *Smidt* und die Juden, Bremen 1921, 2. Aufl. 1934

Feest, Johannes, u. a., Emil *Sonnemann* 1869–1950, eine Chronik, Bremen 1985

Spitta, Theodor, Aus meinem Leben, Bürger und Bürgermeister in Bremen, München 1969

Schulz, Günter, Joh. Jakob *Stolz* im Briefwechsel mit Johann Caspar Lavater 1784–1798, in: Jb. d. Witth. 6, 1962, S. 59–197

Conradis, Heinz, Kurt *Tank*, Flieger, Forscher, Konstrukteur, Göttingen usw., 1955

Beutin, Ludwig, Simon Peter *Tilmann*, ein bremisch-niederländischer Maler = Brem. Weihnachtsbl. 11, 1950

Focke, W. O., G. R. *Treviranus*, in: Zwei brem. Naturforscher, S. 11–48 = Abh., hrsg. v. Naturwiss. Ver., Bd. VI, Bremen 1882

Voigt, Karl Heinz, Georg Gottfried *Treviranus*, in: Hospitium Ecclesiae 8, 1973, S. 66–80

Schaal, Hans, Heinr. Nikolaus *Ulrichs*, Ein Beitrag zur Gesch. der Beziehungen zwischen Bremen und Griechenland 1833–1847, in: Abh. und Vortr. d. Wiss. Ges. 1937/38, H. 1/2

Langen, Paul, D. Dr. Otto *Veeck* (1866–1923), in: Hospitium Ecclesiae 6, 1969, S. 86–100

Vogeler, Heinrich, Erinnerungen, Berlin Ost 1952

Petzet, Heinr. Wiegand, Von Worbswede nach Moskau; Heinrich *Vogeler*, Köln 1872

Petzet, Arnold (Hrsg.), Heinrich *Wiegand*, Bremen 1932

Johannes *Wiegand* zum Gedenken, 1940

(Bernhard) *Wiegandt*, Erinnerungsausstellungen, 1984

Willehad, das Leben des hl. Willehad ..., bearb. von Andreas Röpke, Bremen 1982

Misegaes, Carsten, Leben des St. *Willehad's* und St. Ansgar's ..., Bremen 1826

Iken, Friedrich, Heinrich von *Zütphen*, Schriften d. Ver. f. Reformationsgesch. 12, Halle 1886

Luther, Martin, Von B. Henrico (v. *Zütphen*), in Diedmar Verbrand, Wittenberg 1525

H. Geschichtliche Darstellungen und Untersuchungen

1. Geschichte angrenzender Gebiete

Brake, Geschichte der Seehafenstadt an der Unterweser, hrsg. von Albrecht Eckhardt, Oldenburg 1981

Bultmann, Fritz, Geschichte der Gemeinde Ganderkeese und der Delmenhorster Geest, 1952

Freeden, E. v., Die Reichsgewalt in Norddeutschland von der Mitte des 13. Jhs. bis zur Mitte des 14. Jhs., phil. Diss., Gött. 1931

Genzel, Fritz, Der Erwerb von Bremen-Verden durch Hannover, in: Stad. Jb. 1953, S. 7–36

Geschichte Niedersachsens, Hrsg. Hans Patze, Bd. I, III/2, Hildesheim 1977, 1983

Grundig, Edgar, Geschichte der Stadt Delmenhorst bis 1848; die politische Entwicklung und die Geschichte der Burg = Delmenhorster Schriften 9, 1979

v. Halem, Gerhard Anton, Gesch. des Herzogtums Oldenburg I–III, Oldenburg 1794–1796

Harthausen, Hartmut, Die Normanneneinfälle im Elb- und Wesermündungsgebiet und bes. Berücksichtigung der Schlacht von 880, Hildesheim 1966 = Quellen und Darstell. zur Gesch. Nieders., 68

Havemann, Wilhelm, Geschichte der Lande Braunschweig und Lüneburg, Göttingen 1855

Hohmann, Michael, Das Erzstift Bremen und die Grafschaft Stade im 12. und frühen 13. Jh., in: Stader Jb. 1969, S. 49–118

Hüchting, C.-H., 900 Jahre Brinkum 1063–1963, 1963

Jarck, Horst-Rüdiger, Das Zisterzienserinnenkloster Lilienthal, Stade 1969

Klinsmann, Wilhelm, Gesch. der Herzogtümer Bremen und Verden in den Jahren 1648 bis 1653, Stade 1927

v. Kobbe, Peter, Gesch. und Landesbeschreibung der Herzogthümer Bremen und Verden, 2 Teile, Göttingen 1824

Krüger, Lutz, Der Erwerb Bremen-Verdens durch Hannover = Schriftenreihe des Landschaftsverbandes Stade II, Hamburg 1974

v. Lehe, Erich / W. Haarnagel, Geschichte des Landes Wursten, Bremerhaven 1973

Lilienthal, Karl, Bilder aus der Geschichte des Klosters und Amtes Lilienthal, Oldenburg 1935

Ders., Festschrift zur 1000-Jahr-Feier Trupes, 1937

Lübbing, Hermann, Oldenburgische Landesgeschichte, Oldenburg (1953)

Müller, J. F. Heinrich, Bremisch-Lüneburgischen Fehden des 15. Jahrhunderts und ihre Auswirkungen auf die bäuerliche Bevölkerung = Veröff. des Helms-Museums, Nr. 34, Hamburg-Harburg 1980

Pratje, Joh. Hinr. (Hrsg.), Die Herzogtümer Bremen und Verden oder vermischte Abhandl. ... Samml. 1–6, Bremen 1757/62

Ders., Altes und Neues aus den Herogtümern Bremen und Verden, 12 Bde., Stade 1769–1781

Ders., Vermischte hist. Sammlungen, Bd. 1–3, Stade 1842–1845

Ramsauer, Daniel, Chronik von Landwührden, Bremerhaven o. J.

Rüthning, Gustav, Oldenburgische Geschichte I / II, Bremen 1911 / 1913

Schleif, Karl H., Regierung und Verwaltung des Erzstifts Bremen = Schriftenreihe des Landschaftsverbandes Stade, Bd. I, Hamburg 1972

Schlichthorst, Herm. (Hrsg.), Beyträge zur Erläuterung der älteren und neueren Gesch. der Herzogthümer Bremen und Verden, 4 Bde., Hannover 1796 / 1806

Schriefer, Heinrich, Hagen und Stotel, Gesch. der beiden Häuser und Ämter, Gestemünde 1901

Tornee, C., Die Geschichte Lilienthal's, Lilienthal 1884

Urkundenbuch des Klosters Osterholz, bearb. von Hans-Heinrich Jarck, Hildesheim 1982

Wiedemann, F. W., Gesch. des Herzogtums Bremen, 2 Bde., Stade 1864 / 66

Wolters, Theod., Erzb. Christophs Kampf um das geistliche Fürstentum in den Stiften Bremen und Verden, phil. Diss. Hamburg 1938

2. Umfassende Darstellungen Bremen

Achelis, Johannes, Bremer Chronik von 780–1871, Bremen 1920

Beiträge zur brem. Geschichte zum 25jährigen Jubiläum d. Hansischen Geschichtsvereins, Bremen 1896

Bessell, Georg, Bremen, Geschichte einer deutschen Stadt, Leipzig 1935, 3. Aufl. Bremen 1953

v. Bippen, Wilhelm, Aus Bremens Vorzeit, Bremen 1885

Ders., Gesch. der Stadt Bremen, 3 Bde., Bremen 1892–1904

Dilich, Wilhelm, Urbis Bremae et praefectuarum, quas habet, typus et Chronicon, Kassel 1602 / 1603 / 1604

Duntze, Joh. Herm., Geschichte der Freien Stadt Bremen, 4 Bde., Bremen 1845 bis 1851

Entholt, H. / Beutin, L., Bremen und Nordeuropa 1937
Entholt, Hermann, Aus drei Jahrhunderten bremischer Vergangenheit, Bremen 1926
Feldmann, Felix, Aus der politischen Vergangenheit der Hansestadt Bremen, Bremen 1920
200 Jahre in Bremen, Bremen 1983 (auch in engl. Sprache)
Krüger, Johann, Bilder aus der Geschichte Bremens, Bremen 1855; 2. Aufl. Bremen 1926
Miesegaes, Carsten, Chronik der Freien Hansestadt Bremen, 3 Bde., Bremen 1828–1833
Rose, Ludwig W., Bremische Geschichte für das Volk, Bremen 1860
Schwarzwälder, Herbert, Reise in Bremens Vergangenheit, Bremen 1965
Ders., Gesch. der Freien Hansestadt Bremen I–IV, Bremen 1975, 1976; Hamburg 1983, 1985
Snoek, August, Aus Bremens vergangenen Tagen, Bremen 1919
Tidemann, Heinrich, Abriß der Geschichte der Freien Hansestadt Bremen, Halle 1914
Wagenfeld, Friedr., Die Kriegsfahrten der Bremer zu Lande und zu Wasser, Bremen 1846

3. Vorgeschichte / Frühgeschichte

Beiträge zur Vorgesch. und Kunstgesch. des Niederwesergebietes, hrsg. von Ernst Grohne = Jahresschr. d. Focke-Mus., Bremen 1939
Brandt, Karl Heinz, Zur Besiedlung des Werderlandes in urgesch. Zeit, in: Das alte Büren, 1957, S. 34–44
Ders., Eine völkerwanderungsgeschichtliche Siedlung in Bremen-Grambke, in: Germania 36. 1958, S. 205–215
Ders., Focke-Museum Bremen. Vor- und Frühgesch., Bremen 1964, 1982 = Hefte des Focke-Mus. 5 und 60
Ders., Vorgesch. des Weserraumes im Gang durch die Schausammlung = Heft des Focke-Mus. 28
Ders., Eine Siedlung der vorrömischen Eisenzeit in Bremen-Lesum, in: Germania 43, 1965, S. 376–380
Ders., Untersuchungen in der Kaiser - und völkerwanderungszeitlichen Siedlung Bremen-Mahndorf 1962 und 1963, in: Germania 43, 1965, S. 383–395; Stand der Untersuchung der völkerwanderungszeitlichen Siedlung Bremen-Gramke I, in: Germania 43, 1965, S. 395–401
Ders., Eine zweischichtige Siedlung auf dem Heumarschdamm in Bremen-Hemelingen, in: Brem. Arch. Bll. 4, 1965, S. 49–60
Ders., Zum Stand der Untersuchungen in der Siedlung des 1. Jahrtausends von Bremen-Mahndorf, in: Brem. Arch. Bll. 5, 1969, S. 55–76
Ders., Fundchronik Land Bremen, in: Arch. Bll. 5, 1969, S. 17–20
Ders., Römische Funde im Lande Bremen, in: Jb. d. Wittheit 23, 1979, S. 19–50
Art. „Bremen" in: Reallexikon der Germanischen Altertumskunde Bd. 3, S. 434 bis 441
Eggers, Hans Jürgen, Der römische Import im freien Germanien, Hamburg 1951
Focke, Wilh. Olbers, Erläuterungen und Zusätze zu G. Barkhausen, Bericht über

Ausgrabungen beim Bau der neuen Börse, in: BrJb 1, 1864, S. 12–38

Gildemeister, Johann, Über Schädel des Reihengräber-Typus a. d. Domsdüne zu Bremen, in: Abh. d. Naturwiss. Ver. zu Bremen, Bd. 5

Grohne, Ernst, Bremische Boden- und Baggerfunde, in: Jahresschr. d. Focke-Mus., 1929, S. 44–102

Ders., Ausbaggerung einer röm. Schwertschneide bei Bremen, in: Germania 15, 1931, S. 71–75

Ders., Entwicklung der Vorgeschichtspflege in Bremen, in: Jahresschr. d. Focke-Mus., 1939, S. 6–16

Ders., Drei vorgesch. Einzelfunde aus dem Niederwesergebiet, in: Jahresschr. d. Focke-Mus., 1939, S. 17–47

Ders., Mahndorf, Frühgesch. des brem. Raumes, Bremen 1953

Lonke, Alwin, Vor- und frühgesch. Bremensien in der Prähist. Abt. des Städt. Museums, in: BrJb 29, 1924, S. 114–120

Ders., Römisches im Bremischen = Brem. Weihnachtsbl. 4, 1934

4. Mittelalter

Barkhausen Georg / Focke, W. O., Bericht über die Ausgrabungen beim Bau der neuen Börse zu Bremen, in: BrJb 1, 1863, S. 12–38

Bergmann, Toni Ernst, Der Patriarchatsplan Erzbischof Adalberts von Hamburg, Diss. Hamburg 1946 (Masch.schr.)

Fuhrmann, Horst, Der Patriarchatsplan Adalberts von Bremen, in: Zeitschr. f. Rechtsgesch. Kan. Abt. 41, 1955, S. 120–170

Grohne, Ernst, Bericht über die Ausgrabungen der Hove-Warf im Niedervieland bei Bremen, in: Abh. und Vortr. der Wiss. Ges. 8/9, 1934, S. 119–132

Ders., Wurtenforschungen im Bremer Gebiet = Jahresschr. des Focke-Mus. 1938

v. Bippen, Wilhelm, Die Aufnahme Bremens in die Hanse 1358, in: HGBl 1890/91, S. 153–158

Ders., Bremens Verhansung, in: HGBl 1892, 61–77; Zwei Schreiben des Rats über den „Verrat" der Stadt im Jahre 1366, in: BrJb 19, 1900, S. 172–186

Büttner, Heinrich, Die Bremer Markturkunden von 888 und 965 und die ottonische Marktentwicklung, in: BrJb 50, 1965, S. 13–27

Dehio, Georg, Gesch. des Erzbistums Hamburg-Bremen bis zum Ausgang der Mission, 2 Bde., Berlin 1877

Drögereit, Richard, Das älteste Bremer Marktprivileg: Die Arnulf-Urkunde vom Jahre 888, in: BrJb 50, 1965, S. 5–11

Ehmck, H. D., Die Friedeburg, ein Beitrag zur Gesch. der Weserpolitik Bremens, in: BrJb 3, 1968, S. 69–158

Glaeske, Günter, Die Erzbischöfe von Hamburg-Bremen als Reichsfürsten (937–1258), Hildesheim 1962 = Quellen und Darstell. zur Gesch. Nieders., 60

Hertzberg, Hugo, Neue Beiträge zum Sturm auf die Friedeburg, in: BrJb 30, 1926, S. 428–445

Johansen, Paul, Die Legende von der Aufsegelung Livlands durch Bremer Kaufleute, in: Europa und Übersee, Festschr. f. Zechlin, Hamburg 1962, S. 42–68

Jordan, Karl, Heinrich der Löwe und Bremen, in: Stadt und Land i. d. Gesch. des Ostseeraumes, Festschr. f. Koppe, Lübeck 1973, S. 11–22

Keyser, Erich, Die Entstehung von Bremen, in: BrJb 45, 1957, S. 1–14

Knechtel, Otto, Das älteste Bremen; Seehafen oder Brückenort, Bremen 1962

Köhn, Rolf, Die Verketzerung der Stedinger durch die Bremer Fastensynode, in: BrJb 57, 1979, S. 15–85

Kühtmann, Alfred, Eine neue Beurteilung des Vassmerschen Prozesses (1430), in: BrJb 18, 1896, S. 116–150

Lonke, Alwin, Altbremen, die Stätte und Stadt (bis 1305), Bremen 1919

Ludat, Herbert, Die Patriarchatsidee Adalberts von Bremen und Byzanz, in: Arch. v. Kulturgesch. 34, 1952, S. 221–246

Meyer, Alfred, Die ersten Städte zwischen Ems und Elbe, Bremen 1964

Meyer, Hugo E., Der Name Bremen, in: BrJb 1, 1864, S. 272–284

Prüser, Friedrich, Die Barbarossa-Urkunde des Bremer Archivs, Begleitschrift zum Faksimiledruck, Bremen o. J. (1928)

Ders., Bürgermeister Vasmer und das Steinerne Kreuz, Bremen 1930

Reinecke, Karl, Studien zur Vogtei- und Territorialentwicklung im Erzbistum Bremen (937–1184), Stade 1971

Ders., Die Holländerurkunde Erzbischof Friedrichs I. von Hamburg-Bremen und die Kolonisation des Kirchspiels Horn, in: BrJb 52, 1972, S. 5–20

Ders., Das Erzbistum Hamburg-Bremen und Köln 890–892, in: Stad. Jb. 1973, S. 59–76

Schröder, Richard, Die niederländischen Kolonien in Norddeutschland zur Zeit des Mittelalters, Berlin 1880

Schumacher, H. A., Die Stedinger, Bremen 1865

Ders., Bremen und das sächs. Herzogtum, in: BrJb 3, 1868, S. 13–41.

Ders., Die brem. Erzbischofsfehde zur Zeit des großen Sterbens 1348–1351, in: BrJb 6, 1872, S. 221–250

Schwarzwälder, Herbert, Entstehung und Anfänge der Stadt Bremen = VadStA 24, 1955

Ders., Lübeck und Bremen im Mittelalter, in: Ztschr. d. Ver. f. Lüb. Gesch. und Altertumskunde 41, 1961, S. 5–41;

Ders., Bremens Aufnahme in die Hanse 1358 in neuer Sicht, in: HGBl 79, 1961, S. 58–79

Ders., Bremen im Mittelalter, in: Studium Generale 16, 1963, S. 391–421

Ders., Bannerlauf und Verrat in Bremen 1365–1366, in: BrJb 53, 1975, S. 43–90

Seegrün, Wolfgang, Das Erzbistum Hamburg in seinen älteren Papsturkunden = Stud. und Verarb. zur Germania Pontificia, Köln/Wien 1976

Tamm, Traugott, Die Anfänge des Erzbistums Hamburg-Bremen, phil. Diss. Jena 1888

Varges, Willi, Zur Entstehungsgeschichte Bremens, in: Ztschr. d. Ver. f. Nieders. 1893, S. 1–31

Werdenhagen, Joh. Angelius, Tractatus de Rebus Publicis Hanseaticis, Frankfurt 1641

Ders., De Rebus publicis Hanseaticis, Leiden 1630–1631

Wilmanns, Manfred, Die Landgebietspolitik der Stadt Bremen um 1400 unter bes. Berücksichtigung der Burgenpolitik des Rates im Erzstift und in Friesland = Veröff. d. Inst. f. Hist. Landeskunde der Univ. Göttingen 6, Hildesheim 1973

5. 16.–18. Jahrhundert (–1813)

Actenmäßige Darstellung der von den Königl. Großbritannischen und den Chur-Braunschweigischen Truppen ... 1795 der Kaiserlichen freyen Reichsstadt Bremen zugefügten Beschwerden, 1795

Berentelg, Hugo, Der Schmalkaldische Krieg in Nordwestdeutschland, Diss. Münster, Rostock 1980

Bericht des in der Stadt Bremen entstandenen Tumults und Aufstandes am 6. Sept. 1654 ..., 1654, StUB

Kurzer Bericht, was wegen des Herrn Statii Speckhanen in der Stadt Bremen auf den 28. Nov. 1666 sich hat zugetragen, 1666

v. Bippen, Wilhelm, Bremens Krieg mit Junker Balthasar von Esens 1537–1540, in: BrJb 15, 1889, S. 30–76

Ders., Bericht Daniel v. Bürens über die brem. Vorgänge im Januar 1562, in: BrJb 17, 1895, S. 181–193

Ders., H. Kreffting und das engere Bündnis der sechs korrespondierenden Hansestädte, in: BrJb 18, 1896, S. 151–174

Briefe eines Hanseaten über Hamburg und Bremen von E. B., in: Hanseat. Magazin 4, 1800

Die Hansestädte unter dem Kaiserreich Napoleons = Aus vergilbten Pergamenten 12, Leipzig o. J. (um 1910)

Ehmck, D. R., Festungen und Häfen an der unteren Weser, in: BrJb I, 1863, S. 39 bis 67

Friedens-Schluß, welcher zwischen dero Königl. Maytt. zu Schweden etc. Plenipotentiario ... Wrangel ... (und) Herrn Bürgermeistern, Rath und gemeiner Bürgerschafft der Stadt Bremen ... gemachet ist im Haupt Quartier zu Habenhausen für Bremen, den 15. Novembris Anno 1666

v. Hasseln, Wiegand, Die Politik der Reichsstadt Bremen während des Spanischen Erbfolgekrieges und des Nordischen Krieges (1700–1720), phil. Diss. Bonn, Würzburg 1933

Heineken, Christian Abraham, Geschichte der Freien Hansestadt Bremen von der Mitte des 18. Jahrhunderts bis zur Franzosenzeit, bearb. von Wilhelm Lührs, Der Club zu Bremen, 1983

Kühtmann, Alfred, Burchard Lösekanne und Statius Speckhahn, in: BrJb 12, 1883, S. 35–76

Ders., Bremen und die Französische Revolution, in: BrJb 15, 1889, S. 200–228

Lucke, Helmut, Bremen im Schmalkaldischen Bund 1540–1547 = VadStA 23, 1955

Nicolai, J. D., Bremens kirchliche und weltliche Begebenheiten im 18. Jahrhundert, Altenburg/Erfurt 1802

Patemann, Reinhard, Napoleons Adler über Bremen, Erläuterungen zur Ausstellung des Staatsarchivs, Bremen 1969

Ders., Die Beziehungen Bremens zu Frankreich bis zum Ende der französischen Herrschaft 1813, in: Francia 1, 1973, 482–507

Pavenstedt, Joh., Erinnerungen aus den Jahren 1810–1815, Bremen 1859

Richter, Max, Bremen im Schmalkaldischen Bund 1537–1540, Diss. Marburg, Leipzig 1914

Rottländer, Carl, Der Bürgermeister Daniel von Büren und die Hardenbergischen

Religionshändel in Bremen (1555–1562), phil. Diss. Göttingen 1892

Schäfer, Max, Bremen und die Kontinentalsperre, HGBll 20, 1914, S. 413–462, phil. Diss., Lpz. 1914

Schnepel, Herbert, Die Reichsstadt Bremen und Frankreich von 1789 bis 1813 = VadStA 11, 1935

Schwebel, Karl H., Bremens Beziehungen zu Kaiser und Reich, vornehmlich im 18. Jh. = VadStA 14, 1937

Ders., Bremen unter französischer Herrschaft 1810–1813 = Brem. Weihnachtsbl. 10, 1949

Segelken, Joh., Die französ. Besetzung der Herzogtümer Bremen und Verden im Siebenjähr. Krieg 1757–58, in: Jb. d. M. v. Morgenst. 28, 1937, S. 5–41

Vogel, Walther, Die Hansestädte und die Kontinentalsperre = Pfingstbl. d. Hans. Gesch. ver. IX, 1913

Wiedemann, Hans, Die Außenpolitik Bremens im Zeitalter der französischen Revolution 1794–1803 = VadStA 28, 1960

Wohlwill, Adolf, Die Verbindung der Hansestädte und die hanseatischen Traditionen seit der Mitte des 17. Jahrhunderts, in: HGBll 1899, S. 3–62

6. 19./20. Jahrhundert, größere Zeitabschnitte

Entholt, Hermann, Gestaltwandel einer Hansestadt; aus acht Jahrzehnten bremischer Geschichte 1854–1932, Bremen 1959 = Monogr. d. Witth. 5

90 Jahre Wahlen in Bremen 1871–1961 = Stat. Ber. d. Stat. Landesamt Bremen B III Sonderheft, 1965 (Reichs- und Bundestagswahlen)

7. 1813–1918

Becker, Otto, Bismarcks Kampf um die Eingliederung der Hansestädte in die Zolleinheit, in: Städtewesen und Bürgertum als gesch. Kräfte, Gedächtnisschrift f. Fritz Rörig, 1953, S. 227–242

Beyer, Johann, Bilder aus der Geschichte Bremens im 19. Jh., Bremen 1903

Biebusch, Werner, Revolution und Staatsstreich, Verfassungskämpfe in Bremen 1848–1854 = VadStA 40, 1973

Böse, Heinrich, Erinnerungen aus dem Leben mit besonderer Rücksicht auf das Jahr 1813, Bremen 1838

Der Bremer Schlüssel (Ztschr.) 1848–1849

Diederich, Franz, Deutsche Revolution 1848. Bremer Märztage, Hrsg. SPD Bremen 1948

Ders., Bremer Märztage, Bremen 1898

Duckwitz, Richard, Aufstieg und Blüte einer Hansestadt; von bremischer Leistung in der Welt. Bürgermeister Barkhausen (1848–1917) und seine Zeit, Bremen o. J. (1951)

Dulon, Rudolph, Die Stephanigemeinde in Bremen, Bremen 1850

Ders., Herzenserguß an meine Gemeinde, Bremen 1850

Ders., Der Tag ist angebrochen; ein prophetisches Wort, Bremen 1852

Ders., Gruß und Handschlag; an meine Gemeinde in Süd und Nord, Hamburg 1853

Ehrenbuch der Hanseaten. Erlebnisse und Heldenkämpfe der hanseatischen Regimenter No. 75 und 76 im Kriege gegen Frankreich 1870–71, Hamburg o. J. (um 1871) (2 Auflagen)

Entholt, Hermann, Ansicht der Geschichte Bremens im dritten Viertel des 19. Jhs., 1850–1878, in: BrJb 42, 1947, S. 52–81

Ders., Die bremische Revolution von 1848, Bremen 1948 und 1951 = Schr. der Wittheit H. 8

Entscheidungsgründe zum Erkenntnisse des Obergerichts d. 11. Oktober 1853 in Untersuchungssachen wider Nicolaus Heinrich Kolby und Consorten betreffend Verbrechen wider den Staat, Bremen 1853

Festerling, Helmut, Bremens deutsche und hanseatische Politik in der ersten Hälfte des 19. Jahrhunderts = VadStA 33, 1964

Häusler, Hans-Joachim, Das Ende der ersten deutschen Flotte. Ein Beitrag zur Gesch. der Zollvereinskrise 1852, der Reaktion und des Flottengedankens, Berlin 1937

Husung, Hans-Gerhard, Protest und Repression im Vormärz. Norddeutschland zwischen Restauration und Revolution = Krit. Stud. zur Geschichtswiss. 54, Göttingen 1983

100 Jahre Sozialistengesetz. Eine Ausstellung zur Praxis staatlicher Repression im Deutschen Reich und Bremen 1878–1890, 1978

Kählke, Klaus, Die kleinbürgerlich-demokratische Bewegung in Bremen in d. Revol. von 1848/49, Hausarbeit zur 1. Staatsprüfung, Bremen 1977

Krüger, Adolf, Bremische Politik im Jahrzehnt vor der Reichsgründung = VadStA 15, 1939

Kühtmann, A., Die Aufhebung des Elsflether Holls, in: BrJb 17, 1895, S. 77–99

Lahusen, Bremen und seine Sonderstellung, Bremen 1883

Lüderitz, C. A., Die Erschließung von Deutsch-Südwest-Afrika durch Adolf Lüderitz = Abh. und Vortr., hrsg. von der Wittheit zu Bremen, Bd. 16, H. 1, Oldenburg 1945

Lührs, Wilhelm, Die Freie Hansestadt Bremen und England in der Zeit des Deutschen Bundes (1815–1867) = VadStA 26, 1958

(Mindermann, Marie), Aufruf zum Kampf gegen die destructiven Ideen der Gegenwart …, von einem Anti-Dulonianer, Bremen 1852

Müller, Hartmut, Bremen und Frankreich zur Zeit des Deutschen Bundes 1815 bis 1867 = VadStA 50, 1984

Ordemann, Nikolaus Arnold, Chronik der Republik Bremen 1848–1852, Bremen 1852

Schmit von Leda, gen. von Hattenstein, G. K., Gesch. der freiwilligen Bewaffnung der freien Hansestadt Bremen im deutschen Freiheitskriege, Bremen 1817

Smidt, J. H. W., Erinnerungen aus der Zeit der Freiheitskriege, in: BrJb 4, 1869, S. 385–435

Tidemann, Heinrich, Die Zensur in Bremen von den Karlsbader Beschlüssen bis zum Aufhören, in: BrJb 31, 1928, S. 370–419; 32, 1929, S. 1–110

Ders., Bremische Verfassungskämpfe von 1830–1837, in: BrJb 37, 1937, S. 172 bis 257

v. Zwehl, K. J., Die Befreiung Bremens von französischer Herrschaft durch Tettenborn im Jahre 1813, in: BrJb 20, 1902, S. 103–187

8. 1918–1933

Atlantikflug der „Bremen" 1928, Bremen 1978

Böhm, Marion, Politische Prozesse in Bre men 1929–1933 = HPH 1967

v. Brandt, Ahasver, Das Ende der hanseatischen Gemeinschaft (1933), in: HGBll 74, 1956, S. 65–96

Bremen – die Entscheidung in der Revolte 1918/19, Bremen 1938

Breves, Wilh. (Hrsg.), Bremen in der deutschen Revolution vom November 1918 bis zum März 1919, Bremen 1919

Brockhaus, Ute/Eckhardt Brockhaus, Die Lebensmittelunruhen in Bremen Ende Juni 1920, in: Autonomie Nr. 2, 1976 (München)

Dixneit, Winfried, Die Radikalisierung der bremischen Bürgerschaft 1928–1931 = HPH 1967

Erstes Hanseatisches Jungkorps Bremen, Bremen 1922

Heumann, Irmgard, Der Arbeiter- und Soldatenrat in den Unterweserorten 1918/1919 = HPH 1969

Ein Jahr Bremer Stadtwehr, 5. Februar 1919–1920, Bremen 1920

Jentschke, Franz, Sozialschichten und Wählerverhalten in Bremen 1918–1933 = HPH 1973

Der Kampf um Bremen im Februar 1919, ein Erinnerungsblatt, Bremen 1919

Kuckuk, Peter, Revolution und Räterepublik in Bremen, Frankfurt a. M. 1969 = edition suhrkamp 367

Messer, Marlies, Bürgerschaftswahlen und Senatsbildungen 1928–1933 = HPH 1967

Rose, A. W., Der 4. Februar 1919, Bremens Befreiung, Bremen 1934

Sitzungsberichte des Arbeits- und Soldatenrates in Bremen 1918/1919

Ströver, Ida C., Bremer Sturmtage, Bremen 1919

Thewes, Jürgen, Die Stadtwehr in Bremen = HPH 1964

Ubben, Reiner, Bürgerschaftswahlen und Senatsbildungen 1919–1927 = HPH 1967

Uphoff, C. E., Eine Woche sozialistischer Freistaat Bremen. Ein Bericht nach eigenen Beobachtungen, Jena 1919

Die Wahlen zur Bremischen Nationalversammlung am 9. März 1919, Hrsg. Brem. Statist. Amt, Bremen 1919

Wuhe, Ernst, Bremens Umsturz und Erneuerung. Demokratische Gedanken zur politischen Lage, Bremen 1919

9. 1933–1945

Antifaschistischer Widerstand in Bremen 1933–1945, Ausstellung in der UB Bremen, Januar 1979

Bremens deutsche Sendung, o. J. (um 1939)

Bremens Stellung im Gau Weser-Ems, Bremen 1944

Duckwitz, Richard, Bremen zur Zeit der Demokratie und Diktatur, Bremen 1951

Fechtmann, Jörg, Luftangriffe und Luftschutz in Bremen 1939–1941 = HPH 1968

Nolting-Hauff, W., IMI's, Chronik einer Verbannung, Bremen 1946

Schminck-Gustavus, C. U. (Hrsg.), Bremen kaputt, Bremen 1983

Schnödewind, Wilfried, Der Niederschlag des Luftkriegs in der bremischen Presse = HPH 1972

Schwarzwälder, Herbert, Die Machtergreifung der NSDAP in Bremen 1933, Bremen 1966 = Bremer Veröff. zur Zeitgesch. 1

Ders., Bremen und Nordwestdeutschland am Kriegsende 1945, 3 Hefte, Bremen 1972–1974 = Bremer Veröff. zur Zeitgesch. 5–7

Thiel, Reinhold, Die Luftangriffe auf Bremen 1943–1945 = HPH 1970

Tielebier, Gerd, Luftangriffe und Luftschutz in Bremen 1941–1943 = HPH 1969

Widerstand und Verfolgung in Bremen 1933–1945 (Arbeitstitel), in Vorbereitung für 1986

10. Parteien und politische Gruppen

Andersen, Arne, Die KPD in Bremen 1928–1933, Staatsex.arb., Hamburg 1974

Antifaschistischer Widerstand 1933–1945 in Bremen, 1974

Beeser, Ingeborg, Der Niederschlag des Antisemitismus in Bremer Zeitungen von 1919–1925 = HPH 1971

Behring, Edeltraut, Die Hitlerjugend und der NS-Schülerbund in Bremen bis 1933 = HPH 1964

Biedzinski, Marlies, Kommunistische Propagandablätter in Bremen (von 1919 bis 1924) = HPH 1969

Birr, Karlheinz, Schüler und Hitlerjugend in Bremen = HPH 1968

Böckmann, Annegret, Der Kommunistische Jugendverband in Bremen von 1923 bis 1929 = HPH 1967

Böttcher, Ulrich, Anfänge und Entwicklung der Arbeiterbewegung in Bremen von der Revolution 1848 bis zur Aufhebung des Sozialistengesetzes (1890) = VadStA 22, 1953

Brandt, Peter, Antifaschistische Einheitsbewegung, Parteien, Gewerkschaften; zur Gesch. der Arbeiterbewegung in Bremen 1945/46, Berlin 1974

Ders., Antifaschismus und Arbeiterbewegung; Aufbau, Ausprägung, Politik in Bremen 1945/46, Hamburg 1976 = Hamb. Beitr. zur Sozial- und Zeitgesch., Bd. 11

Bremen und die Sozialdemokratie, Festschrift zum Parteitag ..., Bremen 1904

Bremer Arbeiterbewegung 1918–1945, Hrsg. Hartmut Müller, Berlin 1983

Bruhns, Julius, Es klingt im Sturm ein altes Lied! – Aus der Jugendzeit der Sozialdemokraten, Stuttgart/Berlin 1921

Büttner, Thomas-Michael, USP-Presse in Bremen = HPH 1970

Eildermann, Jugend im Ersten Weltkrieg, Tagebücher, Briefe, Erinnerungen, Berlin Ost 1972

Gewollt und durchgesetzt; die SPD-Bürgerschaftsfraktion des Landes Bremen von der Jahrhundertwende bis zur Gegenwart, hrsg. von Klaus Wedemeier = Beitr. zur Gesch. des Parlamentarismus und der Parteien in Bremen, Bd. 1, Opladen 1983

Glunde, Werner, Der Tannenbergbund, besonders in Bremen = HPH 1964

Hennigsen, Hans, Niedersachsenland, du wurdest unser, zehn Jahre Nationalsozialismus im Gau Ost-Hannover, Harburg 1935

Herzer, Gisa, Vorläufer des Reichsbanners Schwarz-Rot-Gold = HPH 1966

Holschen, Dieter, Die Rote Hilfe zu Bremen (1924–1929) = HPH 1970

Kastendiek, Hermann, Der Liberalismus in Bremen, Diss. Kiel 1952 (Masch.schr.)

Krämer, Bärbel, Die Wirtschaftspartei in Bremen 1927 bis 1933 = HPH 1966

Kuckuk, Peter, Bremer Linksradikale bzw. Kommunisten von der Militärrevolte im November 1918 bis zum Putsch im März 1920, Diss., Hamburg 1970

Link, Barbara, Bürgerliche und nationale Jugendverbände in Bremen = HPH 1965

Looschen, Gisela, Der Rote Frontkämpferbund in Bremen von 1924–1929 = HPH 1967

Lucas, Erhard, Die Sozialdemokratie in Bremen während des Ersten Weltkrieges, Bremen 1969 = Bremer Veröff. zur Zeitgesch., H. 3

Meyer, Peter, Die Geschichte der Deutschen Volkspartei und der Deutschnationalen Volkspartei in Bremen 1918–1933, Staatsexamensarbeit 1961

Meyer-Braun, Renate, Die Bremer SPD 1949–1959, Frankfurt a. M. / New York 1982

Moring, Karl Ernst, Reformismus und Radikalismus in der Sozialdemokratischen Partei Bremens von 1890 bis 1914, Hamburg, phil. Diss. 1969

Ders., Die Sozialdemokratische Partei in Bremen 1890–1914, Hann. 1968 = Schriftenreihe des Forschungsinstituts der Friedrich-Ebert-Stiftung B. Hist.-polit. Schriften

Niehues, Theo, Das Reichsbanner Schwarz-Rot-Gold in Bremen = HPH 1967

Oberdieck, Inge, Die NSDAP in Bremen vor 1933 = HPH 1962

Pape, Helga, Die kommunistische Jugendbewegung von 1919–1923 = HPH 1965

Paulmann, Christian, Die Sozialdemokratie in Bremen 1864–1964, Bremen 1964

Protokoll über die Verhandlungen des Parteitages der Sozialdemokratischen Partei Deutschland 1904, Berlin 1904

Reese, Regina, Kommunistische Theater- und Filmpropaganda 1919–1933 = HPH 1964

Schattauer, Ingrid, Vorläufer des Roten Frontkämpferbundes (1919–1923) = HPH 1965

Scherer, Michael, Die Bremer Sozialdemokratie in der Endphase der Weimarer Republik, Hausarbeit Univers. Bremen 1978

Schoebesch, Carin, Sozialistische Jugendbewegung 1918–1933 = HPH 1964

Schoßmeier, Willi, Der kommunistische Jugendverband in Bremen 1929–1933 = HPH 1971

Sozialdemokratischer Verein, Jahresberichte 1906–1909

SPD Tätigkeitsbericht, Bezirksverband Hamburg Nordwest 1925–1926, S. 1927 bis 1928, Hamburg 1928, 1928

Teuber, Hans-Joachim, Die Deutsche Demokratische Partei in Bremen von 1919 bis 1928 = HPH 1965

Wächter, Maike, Der Stahlhelm in Bremen 1918–1935 = HPH 1964

Willnow, Reinhard, Die Deutsche Demokratische Partei / Deutsche Staatspartei in Bremen von 1928 bis zur Auflösung 1933 = HPH 1968

REGISTER DER BÄNDE I–IV

747

748

Bremer Zeitung I, 441;
II, 119, 120, 143, 177;
s. a. BZ
Bremer Zeitungsgesellschaft III, 199
Bremer Zentrale für Arbeitsnachweise II, 617
Bremer Zigarrenmacherverein II, 302
Bremische Arbeitsgemeinschaft III, 463, 465, 466
Bremische Biographie (des 19. Jhs.) II, 596;
III, 482
Bremische Correspondenz II, 645
Bremische Geschichte II, 596;
IV, 357
Bremische Lehrer-Conferenz s. Lehrer-Conf.
Bremisch-Hannoversche Kleinbahn AG II, 483, 484
Bremisch-niedersächsisches Wörterbuch I, 484
Bremischer Beobachter II, 225
Bremischer Gesandter (brem. Gesandtschaft) in Berlin
III, 276, 628
Bremischer Landeskriegerverband III, 211, 212
Bremischer Lehrerbund IV, 198
Bremischer Lehrerverein s. Lehrerverein
Bremischer Mittelstands-Bürger-Club Einigkeit
II, 166
Bremischer Sportverein II, 306;
s. a. BSV
Bremisches Unterhaltungsblatt für Leser aller Stände
II, 179
Bremischer Volksfreund s. Volksfreund
Bremisches Jahrbuch II, 270, 427, 428, 596;
III, 316, 481, 635;
IV, 212, 356, 357, 549
Bremisches Magazin I, 507;
II, 136
Bremische Spar- und Vorschußbank II, 449
Bremisches Urkundenbuch II, 269, 270, 427, 428, 596
Bremische Volkszeitung II, 409
Bremen I, 21
Bremerhaven II, 74, 121 ff., 134, 142, 143, 149, 150,
153, 154, 156, 158, 161, 162, 175, 176, 180, 193,
195–198, 201, 206, 214, 217, 222, 226, 232, 234–
240, 242–244, 281, 282, 286, 288, 292, 294, 295,
301, 314, 316, 318, 320, 322, 323, 327, 328, 335–
340, 342, 349–351, 356, 360, 373, 390, 391, 397,
398, 400, 405, 416, 420, 430–432, 444, 446, 451,
454, 459, 461–463, 477, 478, 481, 487, 499, 509,
510, 513, 523, 530, 533–535, 578, 580–582, 601,
613, 615, 618;
III, 75–81, 84–86, 98, 104–106, 116, 117, 122, 126,
137, 138, 149, 150, 152, 154, 177, 180, 184, 192, 198,
215, 219, 221, 226, 230, 256, 260, 266, 267, 296, 304,
322, 333, 344, 345, 354, 355, 366, 369, 376, 377,
385–388, 391–394, 410, 412, 415, 417, 419, 420,

423, 434, 459, 466, 467, 470, 479, 482, 501, 506, 507,
510, 511, 513, 514, 518–521, 524, 527, 543, 545,
565, 573, 584, 595, 596, 637;
IV, 50, 60–62, 64, 66, 106, 109, 159, 160, 163, 174,
182, 191, 238, 244–246, 254, 265, 284, 290, 295,
298, 299, 308, 310, 311, 325, 327, 329–334, 337,
339, 378, 405, 411, 416, 470, 472, 473, 475, 480, 492,
577, 596, 609, 610, 634–636
Bremerhaven, Alter Hafen IV, 110, 332, 334, 339
Bremerhaven, Amt IV, 110
Bremerhaven Beiratsliste IV, 163, 164
Bremerhaven, Gastwirtschaft Tonne IV, 319
Bremerhaven, Gesellschaftshaus Union IV, 319
Bremerhaven, Häfen IV, 332–335
Bremerhaven, Hanseatenkaffee IV, 319
Bremerhaven, Juden IV, 319
Bremerhaven, Kanalverein III, 116
Bremerhaven, Kirche II, 253
Bremerhaven, Kriminalpolizei IV, 110
Bremerhaven, NSDAP IV, 319
Bremerhaven, NSDAP-Kreisleitung IV, 163, 319, 330
Bremerhaven, Magistrat IV, 60, 64, 66, 159
Bremerhaven, Oberbürgermeister IV, 61, 62, 163
Bremerhaven, Polizei IV, 61, 110
Bremerhaven, Schiff III, 104
Bremerhaven, Schiffahrtsmuseum I, 92
Bremerhaven, Spiegelsäle IV, 319
Bremerhaven, SS IV, 153
Bremerhaven, Stadtdirektor III, 223
Bremerhaven, Stadthaus IV, 61, 62
Bremerhaven, Stadtverordnetenversammlung IV, 60,
62, 64, 66
Bremerhaven, Theater III, 494;
IV, 319, 363
Bremervörde I, 49, 79, 115, 123, 141, 142, 146, 207,
229, 246, 248, 253, 264, 325, 342, 348, 353, 360–
362, 373, 377, 394, 418, 518;
II, 237;
III, 118;
IV, 402
Brennende Kerze II, 375, 376
Mit brennender Sorge (päpst. Enzyklika) IV, 350
Brennholz IV, 526
Brennmaterial s. Feuerung
Brennstoff(e) II, 40, 81, 161, 246, 337, 642;
III, 107;
IV, 248
Breslau II, 527;
III, 372;
IV, 400
Breslauer Sender IV, 555
Brest-Litowsk, Friede II, 603, 619

763

768

775

779

797

Krämer I, 52, 155, 156, 162, 243, 269, 291, 403, 404, 412;
II, 91
Krämer, Karl IV, 400
Krämer, Peter II, 527
Krameramt I, 70;
II, 84, 228, 448
Krameramtshaus I, 302, 303, 461, 479, 483;
II, 24, 183, 229
Kramwaren I, 163
Kran (Kräne) I, 305;
II, 79, 354, 403;
III, 385–387, 513, 521, 544;
IV, 474, 477–479, 608, 610, 633, 635
Kranführer IV, 476
Kränholm / Estland II, 358
Kranke II, 394;
III, 511;
IV, 266, 420
Krankenanstalt Rotenburg IV, 546
Krankenanstalt, städtische II, 503;
IV, 78, 465
Krankenanstalten III, 229, 398
Krankengeld II, 398, 399;
III, 137
Krankenhausbetten IV, 578
Krankenhäuser (-anstalt) I, 156, 159, 209, 293–295, 408, 438, 442, 478, 479;
II, 102, 104, 160, 247, 255, 384, 392, 425, 501, 503;
III, 406, 407, 546;
IV, 420, 550, 572, 578, 588, 596
Krankenhauskosten II, 503
Krankenhausküchen IV, 504
Krankenhilfe II, 494, 501
Krankenkasse(n) II, 229, 246, 247, 392, 397, 398, 400, 474, 515;
III, 559
Krankenkassenbeiträge III, 169
Krankmeldungen IV, 259
Krankenpflege II, 247
Krankenscheingebühr III, 559
Krankenschwestern II, 426
Krankenvereine II, 248, 425
Krankenversicherung I, 292, 293;
II, 172, 246, 247, 392, 397, 398, 401;
III, 41, 140, 395, 396, 398, 399, 559;
IV, 503
Krankenversicherung der Arbeiter II, 397
Krankenversicherung der Dienstboten II, 101, 398
Krankenversorgung II, 102, 503, 630, 634;
IV, 509
Krankheit(en) I, 436;

II, 103, 104, 171, 249, 297, 304, 398;
III, 133, 140;
IV, 261, 414, 484
Kransburg I, 85
Krätze II, 104
Kraus, Philipp IV, 556
Krauß, Werner III, 640
Kraveelen I, 305
Krawalle III, 187, 565, 575;
s. a. Tumulte
Krebs, Paul IV, 53, 111
Krebse III, 484
Kredit(e) II, 452, 453;
III, 67–70, 373, 516, 535, 537, 541, 544, 550;
IV, 235
Kreditanstalt für Industrie und Handel II, 238
Kreditaufnahme III, 349
Kreditbedarf II, 326;
III, 372
Kreditgenossenschaften II, 449
Kreditmarkt II, 180;
IV, 232
Kreditschöpfung IV, 236
Kreditschwierigkeiten III, 353
Kreditwesen II, 83
Kreditwürdigkeit III, 279
Krefting, Henrich I, 266, 273, 274, 285, 287, 314, 317, 318
Kreftingstraße II, 261, 570
Kreikemeyer, Walther III, 634;
IV, 198, 282, 353
Kreis II, 192;
III, 264;
IV, 163
Kreisarzt II, 506
Kreisausschuß II, 324;
III, 65, 231, 300, 460;
IV, 65
Kreisbauernführer IV, 514
Kreiseinteilung I, 135
Kreisfinanzen II, 324
Kreisfrauenschaft IV, 143
Kreishandwerkerschaft IV, 182
Kreishaus der NSDAP IV, 534
Kreisheimstättenamt IV, 143
Kreiskontingent I, 455
Kreisleiter der NSDAP, s. NSDAP, Kreisl.
Kreisordnung II, 324;
III, 460;
IV, 64
Kreisrendanten II, 398
Kreissteuern I, 389

834

III, 118;
IV, 281
Lüneburg, Regierungsbezirk III, 407
Lüneburg, Hzgt. I, 215, 216;
  s. a. Braunschweig-L.
Lüneburg, Kreistag I, 245
Lüneburg, Michaeliskloster I, 115, 117
Lüneburger Erbfolgekrieg I, 84
Lüneburger Heide III, 18, 332;
  IV, 612, 634
Lüneburger Straße IV, 118, 119
Lünéville, Friede I, 511, 525, 538, 539;
  II, 122
Lürman, Dr. August II, 312, 317
Lürman, Dr. Theodor II, 519;
  III, 317
Lürman, Haus II, 87
Lüskenbrink I, 68
Lustfuhrwerke II, 486
Lustfuhrwerk-Steuer II, 41
Lustgärten I, 562
Lustspiele I, 536, 537;
  II, 436;
  III, 495;
  IV, 203, 362, 556
Lütgebrune, Dr. Walter III, 539
Lüth, Joachim IV, 273
Luther, Dr. Martin I, 171, 173, 174, 184, 207, 219;
  II, 440
Luther, Katechismus I, 250
Lutheraner I, 232, 252, 268, 274, 309, 311, 318, 337, 338, 546;
  II, 96, 108, 426
Lutherfeier IV, 218
Lutherisches Waisenhaus I, 400, 499, 546;
  s. a. St. Petri-Waisenhaus
Lutter am Barenberge, Schlacht I, 318, 325
Lüttich II, 608
v. Lüttwitz, Walther III, 75, 101, 251
Lutze, Viktor IV, 144, 148, 150, 151, 335, 336, 338
Lützen, Schlacht I, 323
Lützow, Kreuzer IV, 328
Lützower Jäger II, 34
Luxemburg, Rosa II, 552, 554, 643;
  III, 15, 66, 249, 462
Luxuswaren I, 527
Luytges, Kpt. II, 128
Lyrik II, 436;
  IV, 364
Lyzeum (-zeen) II, 110, 579, 580;
  III, 301, 302
Lyzeum Kleine Helle III, 431

Lyzeum im Westen III, 477

Machtan, Wilhelm IV, 79, 80, 200
Mac Donald III, 509
Machtergreifung III, 439;
  IV, 12, 17, 18
Machtnahme der SPD II, 543
Machtübergabe IV, 40, 43
Machtübernahme IV, 43, 44
Mackensen, Fritz II, 586, 587;
  IV, 208, 209, 360
Madagaskar II, 429
Mädchen III, 186, 292
Mädchen, gefährdete IV, 261
Mädchenbewahrverein II, 395
Mädchengymnasium II, 580
Mädchenheim(e) II, 494, 498
Mädchenschulen I, 538;
  II, 264, 265, 422, 575, 576, 579, 580
Mädchenschulen, höhere II, 423, 570;
  III, 298, 301, 477;
  IV, 353
Mädelgruppen III, 209
v. Maerken, Dr. Curt IV, 258
Magazin I, 528, 552
Magazine, literarische I, 507
Magdalenenverein II, 395
Mägde I, 157, 158;
  II, 100, 101, 170
Magdeburg I, 63, 90, 207, 226, 229, 230, 235, 250, 274, 319, 330;
  II, 194;
  III, 202, 210, 392, 424, 431, 614;
  IV, 191, 205
Magdeburg-Halberstädter Eisenbahngesellsch. II, 368
Magermilch II, 634
Magistrat III, 290;
  IV, 66, 159
Magistrat Bremerhaven IV, 60, 61
Magistratsverfassung III, 290, 291;
  IV, 64
Magnetische Meßstelle IV, 396
Magnetismus, tierischer I, 508
Magnifizenz II, 93
Magnus, Kg. von Norwegen I, 75
Magnus I., Hzg. von Braunschweig I, 78, 79
Magnus, Hzg. von Sachsen-Lauenburg I, 138, 146, 148, 179
St. Magnus I, 493;
  II, 84, 176, 214, 358, 359;
  IV, 206, 251, 456, 461
Mahagoni II, 394

847

856

Personenkraftwagen s. Pkw
Personenschiffahrt III, 322
Personenstandswesen II, 319, 320
Personensteuer II, 27, 41
Personenverkehr II, 149, 150, 156, 162;
    IV, 191, 492;
    s. a. Straßenbahn, Eisenbahn, Fahrrad
Personenzüge IV, 492
Perthes, Friedrich II, 45, 46
Perücken I, 529
Perückengiebel I, 448, 449
Perückenmacher I, 527
Pessimismus IV, 411, 454
Pest I, 72, 74, 75, 77, 78, 126, 165, 167, 201, 248, 264,
    266, 274, 309, 327, 371, 392, 423, 428, 429, 463
Pestalozzi II, 110
Pestärzte I, 428
Pestruper Gräberfeld I, 15
Peter I., Zar von Rußland I, 413, 421, 432
Peter III., Zar von Rußland I, 487
Petermann, Dr. August II, 430
Peters, Carl II, 366
Peters, Werner IV, 609, 635, 636
Petersen, Dr. III, 627
Petershagen I, 238;
    III, 520;
    IV, 190, 239
Peterswerder III, 479, 526
Petit de Beauverger, Staatsauditeur II, 15
Petition(en) II, 169, 178, 183, 184, 211, 212
Petitionsrecht II, 190
Petri, Dr. Leopold III, 242, 251, 273, 624;
    IV, 21, 30, 51, 77
Petrini, Wilhelm I, 450
St. Petri-Schule II, 260
St. Petri-Waisenhaus I, 400, 401, 460, 499
Petroleum II, 240, 241, 294, 624, 628, 634;
    s. a. Erdöl
Petroleumbahn II, 481, 482
Petroleumhandel II, 241, 242, 326, 334, 338, 341, 342,
    360, 385
Petroleumindustrie II, 242
Petroleummonopol II, 454
Petroleumraffinerie II, 330, 391;
    III, 321
Petroleumschiffe II, 240, 241, 338
Petroleumschuppen II, 241
Petsch, Polizeioberst IV, 402
Peuvag III, 409
Pezel(us), Dr. Christoph I, 257, 260–264, 309
Pfadfinder III, 209, 505, 630;
    IV, 292, 350

Pfadfinderkorps, Bremer III, 630
Pfahlbürger I, 158
Pfalz, bayerische II, 181, 198
Pfalz, Kf. I, 252, 264, 268, 318, 340, 402, 412
Pfalzgraf, fränkischer I, 24
Pfalzgraf, Erich III, 44
Pfälzischer Krieg I, 392
Pfalz-Simmern, Pfalzgf. I, 257
Pfalzstaat III, 91
Pfandbriefe IV, 232
Pfandschaften I, 84, 117, 129, 135, 136, 140, 142, 150,
    277
Pfarrdienst I, 160
Pfarre s. Kirchspiel
Pfarrer I, 53, 170
Pfarrernotbund IV, 217, 222
Pfarrerwahl I, 208;
    II, 142
Pfarrkirchen I, 70
Pfeffermann, H. IV, 436
Pfeffersäcke III, 279
Pfeffersacksenat III, 609
Pfeffer von Salomon, Franz Felix III, 443
Pfeife I, 498
Pfeifentabak IV, 187, 188
Pfeifer, Otto IV, 39, 140, 196
Pfeiffer, Hans III, 306
Pfennige II, 315
Pferde I, 527, 562
Pferdeausfuhr II, 168
Pferdebahn II, 150, 215, 370–372, 480, 481, 562
Pferdedroschken II, 369
Pferde-Eisenbahn II, 126
Pferdefleisch IV, 516, 519
Pferdefuhrwerke II, 344, 486;
    IV, 495
Pferdemarkt / Neustadt I, 428, 478, 501
Pferde-Omnibusse II, 162, 370
Pferdeschlachter IV, 519
Pferdesteuer II, 41
Pferdezuchtverein IV, 289
Pfitzner, Hans II, 588
Pflanzenfette IV, 188
Pflaster II, 484
Pflegeamt III, 329;
    IV, 261
Pflegeberufe IV, 227
Pflegeeltern I, 295
Pflegegelder II, 501
Pflegeheime IV, 261
Pflegekinder III, 394
Pflegekosten im Krankenhaus II, 392

Rathaus I, 50, 61, 65, 71, 95, 96, 108, 109, 123, 152,
163, 174, 186–190, 205, 211, 221, 235, 237, 241,
242, 245, 246, 251, 259, 260, 284, 285, 287, 301, 302,
312, 316, 329, 335, 364, 366, 369, 372, 385, 387, 390,
391, 433, 445, 448, 457, 462, 481, 500, 572;
II, 23, 116, 170, 184, 190, 218, 224, 270, 274, 295,
297, 312, 313, 387, 398, 434, 439, 509, 561, 566, 567,
587, 620, 629;
III, 24–27, 54–56, 64, 83–85, 134, 212, 243, 249,
458, 643;
IV, 36–46, 56, 57, 72, 146, 156, 167, 275, 335, 365,
372, 379, 380, 441, 452, 521, 548, 565, 567, 572, 579,
580, 624, 632
Rathaus, Neues I, 60, 317;
II, 561;
IV, 46, 206, 439
Das Rathaus, Zeitschrift III, 207
Rathausarkaden I, 111
Rathausbalkon III, 21, 23, 39, 56, 66;
IV, 45
Rathäuser I, 59, 93, 96
Rathaushalle II, 560;
III, 458;
IV, 208, 339, 390
Rathauskonzerte IV, 205, 555
Rathauswache III, 84, 239
Rathenau, Walther II, 628;
III, 91, 194, 202, 211, 216
Rathenau-Mord III, 285, 287;
IV, 113
Rathenaustraße IV, 83
Rathsapotheke(-ker) I, 140, 495, 509, 510;
II, 116
Rationalisierung III, 356, 366, 372, 551;
IV, 495, 518
Rationalismus (-listen) II, 108, 167, 168, 178
Rationierung II, 633, 634;
III, 130, 132, 133;
IV, 515, 516
s. a. Kontingentieren
Ratsbücherei I, 312
Ratsdenkelbuch I, 165, 169
Ratsdiener I, 93, 152
Ratsdrittel I, 69, 70, 77, 93
Ratseinkünfte I, 286
Ratsfähigkeit I, 64
Ratsgericht I, 111, 150, 220, 260
Ratsgestühl I, 26, 120;
II, 560, 598;
IV, 390
Ratsherr(n) I, 70, 71, 84, 85, 199, 247, 252, 265
Ratsherrn, Rücktritt I, 286

Ratskanzlei I, 94, 95
Ratskeller I, 116, 140, 293, 405, 406, 474, 527;
II, 295, 438, 509, 510;
III, 313, 483;
IV, 150, 618
Ratskost I, 93, 114, 191, 193
Ratslaube I, 152
Ratsmusiker I, 317
Ratsregistratur I, 410
Ratssekretär(e) I, 151, 187, 198, 203, 243, 376
Ratsstuhl I, 109, 476
Ratssyndikus I, 151, 168, 187, 243, 258, 266, 275, 334,
379, 391, 404
Ratsviertel I, 93
Ratswahl I, 59, 67, 69, 70, 82, 93, 107–109, 114, 152,
244, 246
Ratswahlstatut I, 82
Ratsweinkeller s. Ratskeller
Die Ratten (von G. Hauptmann) III, 640
Raub III, 136, 249
Die Räuber (von F. Schiller) I, 507
Raubüberfälle IV, 423
Rauch, Christian Daniel II, 271
Rauchen I, 424, 498;
III, 407, 545;
IV, 187, 242, 288
Rauchtabak III, 112, 321;
IV, 242, 572
Rauchwaren IV, 494, 522
Rauers, Friedrich II, 596
Raumlehre III, 292
Räumungen III, 564;
IV, 601
Räumungsmaßnahmen IV, 389, 635
Räumungsreferent IV, 387, 580, 594
Rausch, Max III, 303
Rauschenberg, F. II, 560, 564
Razzia (Razzien) IV, 51, 92, 93, 96, 97, 402, 432, 449,
523
Reaktion (Die) II, 181, 184, 188, 199, 204, 207, 211,
212, 258;
III, 60, 211, 456;
IV, 137
Reaktionär III, 64
Reaktionsausschuß II, 208, 211
Realgymnasium II, 421, 562, 577, 578;
III, 97, 301, 304, 472
Realgymnasium Vegesack II, 578
Realien II, 111, 262, 418, 578
Realismus II, 271, 278, 436, 588
Realschule(n) I, 537;
II, 262, 263, 298, 416, 419, 421, 422, 426;

887

896

901

913

918

925

Wifo (Wissenschaftliche Forschungsgesellschaft)
IV, 421, 486, 503
Wifo-Gelände IV, 418
Wigmodigau I, 25, 33
Wiking, Bund III, 213, 432, 439, 458;
IV, 276
Wikmannen I, 46
Wilcke, H. W. II, 272
Wilcken, Egbert III, 95, 246, 251
Wilcken (Stadtwehr) III, 281
Wilcken, Dr. Bernhard (Rechtsanwalt) II, 540, 551;
III, 223, 256
Wilckens, Paul Friedrich I, 526
Wild IV, 519
Wilde, Oscar II, 589
Wilde Streiks II, 402, 553, 641;
III, 148, 163, 235, 275, 333
Wildeshausen I, 15, 22, 34, 46, 84, 112, 124, 127, 129,
130, 132, 133, 214, 215, 414;
III, 65;
IV, 617
Wildeshausen, Amt I, 542
Wildeshausen, Gf. I, 46
Wildgehege am Bürgerpark II, 389
Wilhadibrunnen III, 386
Wilhadikapelle I, 160, 183
Wilhadikapitel I, 168, 181
Wilhadikirche I, 51;
II, 254, 383, 584;
IV, 217
Wilhadikirchhof I, 541
Wilhadimarkt I, 40
Wilhadi-Propstei s. St. Stephani
Wilhadischlafhaus I, 175
Wilhelm v. Holland, Kg. I, 58, 94
Wilhelm I., Kg. von Preußen, Dt. Ks. II, 289, 293,
308–310, 314, 408, 430, 431, 438, 440
Wilhelm II., Ks. II, 314, 386, 387, 441, 444, 445, 447,
458, 467, 508, 510, 566, 567, 590, 603, 611;
III, 15, 17
Wilhelm III. von Holland, Kg. v. Großbritannien
I, 392
Wilhelm IV., Kg. von Großbritannien II, 131
Wilhelm IV., Hzg. v. Bayern I, 212
Wilhelm, Hzg. von Braunschweig-Lüneburg I, 102
Wilhelm d. Ältere, Hzg. von Braunschweig I, 124,
125
Wilhelm, Hzg. von Braunschweig I, 214
Wilhelm d. Jg., Hzg. von Braunschweig-Lüneburg
I, 315, 316
Wilhelm, Hzg. von Braunschweig-Lüneburg II, 73
Wilhelm, Hzg. von Cleve I, 213

Wilhelm August, Hzg. von Cumberland I, 465, 468
Wilhelm VIII., Landgf. von Hessen-Kassel I, 472
Wilhelm-Decker-Gedenkstein IV, 289
Wilhelm-Decker-Haus IV, 121, 143, 252, 256, 281,
496, 525
Wilhelm-Decker-Mord IV, 112
Wilhelmi, Engelbert II, 124
Wilhelmshaven II, 274, 294, 308, 314, 509;
III, 15, 18, 30, 72, 161, 180, 192, 391, 573;
IV, 144, 151, 229, 289, 327, 328, 370, 372, 396,
402, 406, 413, 419, 437, 510, 577, 602, 623
Wilhelm-Wolters-Stiftung IV, 269, 270
M. H. Wilkens & Söhne II, 344, 345
Willehad, Bf. von Bremen I, 25, 26, 48, 82
Willems, Lambert III, 17, 23, 26, 31, 39, 48–50, 58,
61, 446
Willerich, Bf. von Bremen I, 27
Willich, Otto IV, 470
Willkore I, 58
Wilson, Woodrow II, 603
Wilsons 14 Punkte III, 23
Wimer, Erich III, 500
Wimpel IV, 222
Windeck, Haus II, 158
Winden II, 79, 80, 251
v. Windischgrätz, Gf. I, 396, 397
v. Windischgrätz, Fürst Alfred II, 181
Windmühle(n) I, 148, 305, 328;
II, 471
Windmühle am Altenwall II, 160
Windmühlenbagger I, 450, 451;
II, 79
Windmühlenflugzeug II, 523
Winkel, Gert I, 241
Winkel, Hermann I, 241
Winkelmann, Carl III, 61, 67, 76, 84, 93, 94, 159, 226,
233, 239
Winkelmann, Friedrich II, 200
Winkelmann, Sophie IV, 142, 143, 282
Winter 1941/42 IV, 453
Winter, Hans I, 315, 316
Winterbekleidung, Sammlung IV, 451
v. Winterfeld, Friedrich IV, 134
Wintergarten II, 378
Winterhilfswerk 559, 560, 572;
s. a. WHW
Winterzuschlag III, 140
Wippkräne IV, 240
Wirth, Joseph III, 454
Wirtschaft I, 37, 38, 43, 59, 67, 68, 75, 77, 78, 94,
154–156, 161–165, 284, 286, 296ff., 303, 350, 358,
392, 394, 398, 399, 405, 407, 408, 410–412, 425ff.,

943

KORREKTUREN UND ERGÄNZUNGEN
ZU BAND I–III

Band I

8 Z. 8: d) öffentliche Bauten, Finanzprobleme (statt: Armenpflege) und Geistesleben
29 Bildunterschrift: Die Zuordnung des Siegelstempels zu Erzb. Adaldag ist nach neueren Erkenntnissen unwahrscheinlich
53 3. Abs. Z. 2: Kapitelherren (statt: Kapitalherren); Pfarrer (statt: Priester)
62 Bildunterschrift: Dahlberg (statt: Dalberg)
86 Z. 11: Hadeln (statt: Handeln)
101 2. Abs. Z. 2: Sibet Lubben (statt: Sibet Papinga)
110 3. Abs. Z. 5: auf (statt: aus) Stotel
122 2. Abs. Z. 7: 1464 (statt: 1454)
215 Z. 2: Palisaden (statt: Pallisaden)
227 Z. 1: Palisadenzaun (statt: Pallisadenzaun)
272 Z. 8: in (statt: im) Kompanien
296 Z. 8: hochwertige Erzeugnisse sowie Heringe vom Welthandelsplatz Amsterdam
305 Z. 8: Wattenmeer (statt: Wattmeer)
306 3. Abs. Z. 19: im Focke-Museum (statt: Rathaus)
309 2. Abs. Z. 16 / 17: Tip- / hoiken
313 2. Abs. Z. 4 / 5: kam 1596 nach Bremen
331 Bildunterschrift: J. (statt: G.) Blum
338 3. Abs. Z. 5 und 354 Z. 3: Landgebiet (statt: Landgericht)
364 Z. 4: Landesverrat (statt: Hochverrat)
415 Z. 2: Palisaden (statt: Pallisaden)
417 Z. 11 / 12: Georg Ludwig (statt: Georg Wilhelm)
435 Z. 2: Kupferstiche (statt: Kupfertische)
437 3. Abs. Z. 2: ... war – nach einem „Auszug" von Schuhmachergesellen 1731 – der „Aufstand" der Schneidergesellen
469 3. Abs. Z. 2: ... Teuerung. Der Kornpreis hielt sich von 1756 bis 1762 ohnehin auf beträchtlicher Höhe, der die ebenfalls gestiegenen Löhne nicht die Waage halten konnten. Vor allem ...
478 3. Abs. Z. 10: Prinzen (statt: Herzogs)
494 2. Abs. Z. 4/6: ... daß die seit 1731 immer wieder aufbrechenden Gesellenunruhen 1765 einen neuen Höhepunkt erreichten (statt: ... daß es ... kam); Z. 11: 108 (statt: 70)
510 3. Abs. Z. 8: Revolutionäres Format (statt: Revolutionären Zuschnitt)
513 4. Abs. Z. 6: Gesellenunruhen seit 1731 (statt: 1732 ... Maurergesellen)
515 Z. 4: Ende 1791 / Anfang 1792 (statt: 1792)
528 2. Abs. Z. 1: ... profitierten trotz hoher Preise zwar ...
532 2. Abs. Z. 15: ... verloren. Dennoch gab es auch in den nächsten Jahren Gesellenunruhen. Seit 1802 ...
537 Z. 7: Rudolstädter (statt: bückeburgischen)
551 Z. 19: das Herzogtum (statt: die Grafschaft)
552 2. Abs. Z. 7: ... Schwierigkeiten und hoher Preise eine wirtschaftliche Blüte
554 Z. 8: durch sehr hohe Preise
574 Z. 5: 440 (statt: 131)

Band II

10 3. Abs. Z. 4: ... die ernst zu nehmen (statt: zu bedenken) sind
19 Z. 3: bestehende (statt: bestehenden)
22 4. Abs. Z. 3: gehörte (statt: gehörten)
55 3. Abs. Z. 5: Smidt (statt: Smith)
56 Z. 5: ganzen (statt: gannzen)
67 Z. 3: die provisorische Regierungskommission (statt: der provisorische Regierungsausschuß)
73 3. Abs. Z. 10: Schiffe (statt: Schifffe)
76 2. Abs. Z. 1: nächsten (statt: nächhsten)
83 3. Abs. Z. 10/11: 96 „Aktionisten" (statt: 80 „Aktionisten") boten nun mit Aktien von (statt: mit Summen bis zu) 250 Talern Sicherheit, so daß eine Kapitalbasis von 24 000 (statt: 20 000) Talern bestand
87 Bildunterschrift: Lürmansches (statt: Lürmannsches) Haus
93 Bildunterschrift ergänzen: nach Zeichnung von Radl
113 Z. 3 und 7: Armeninstitut (statt: Armen-Institut)
115 Bildunterschrift: Tempeltey (neben Tempeltei)
116 Z. 1/2: des Baumeisters Johann Georg Poppe (statt des Baukondukteurs Nicolaus Blohm)
121 Z. 5: Man darf nicht (statt: Auch darf man nicht)
123 2. Abs. Z. 5: Senator Dr. Johann Gildemeister (statt: Senator Johann Gildemeister)
124 3. Abs. Z. 9: Neuenlander Siel (statt: Neuenlandersiel)
124 letzte Z.: Geestendorf (statt: Geestemünde)
125 2. Abs. Z. 6: Münster (statt: Munster)
171 Bildunterschrift: Karikatur (statt: Kariktur)
177 Z. 4: der Hauptschule (statt: des Gymnasiums); Z. 19: eingeführt (statt: eingeührt)
185 3. Abs. Z. 2: Bürgerrecht (statt: Bürgerreecht)
241 Bildunterschrift: 1861 (statt: 1865)
244 Z. 4: zum Hannoverschen Bahnhof (statt: Hauptbahnhof)
278 4. Abs. Z. 3: Nachtigal (statt: Nachtigall)
281 2. Abs. Z. 10: die Weserhauptbatterie (statt: das Turmfort)
302 3. Abs. Z. 10: Zigarrenarbeiter-Vereins (statt: Zigarrenmacher-Vereins)
314 3. Abs. Z. 8: Staatsminister und Präsident des Reichskanzleramtes, Martin Friedrich Rudolf Delbrück (statt: Staatsminister Ludwig Delbrück)
319 4. Abs. Z. 5: Personenstandswesen (statt: Personalstandswesen)
328 Bildunterschrift: Marutzky (statt: Marutzki)
346 Z. 1: Anschlußfrage (statt: Abschlußfrage)
363 Z. 9: Admiralität (statt: Admirallität)
370 Bildunterschrift: Pferdeomnibus der „Bremer Linienfahrt Moritz Müller" vor dem Rathaus, um 1869 (statt: Neukirchscher Pferdeomnibus vor dem Rathaus um 1875)
390 5. Abs. Z. 4: war (statt: waren)
392 Z. 16: gewöhnlicher (statt: ungewöhnlicher)
428 2. Abs. Z. 12: „Gesellschaft ...; 3. Abs. Z. 1: Geographische (statt: Geograpphische)
449 3. Abs. Z. 4: die „Konsumgenossenschaft Vorwärts" (statt: „Konsumverein Vorwärts")
479 3. Abs. Z. 3/4: Gewerbe- und Industrieausstellung (statt: Industrie- und Gewerbeausstellung)
488 Z. 2: ... Einwohner bzw. zwei Drittel der Berufstätigen einkommensteuerpflichtig ...
489 2. Abs. Z. 21: oftmals (statt: immer wieder); 3. Abs. Z. 2: freilich (statt: jedoch)
503 2. Abs. Z. 4: ... werden und ... (statt: werden. Es)
527 3. Abs. Z. 5: Bürger-Zeitung (statt: Bürgerzeitung)

547 Z. 2 / 3: die gewerkschaftsabhängige Konsumgenossenschaft „Vorwärts" (statt: den gewerkschaftseigenen Konsumverein „Vorwärts")
552 letzte Z.: Bürger-Zeitung (statt: Bürgerzeitung)
600 3. Abs. Z. 16: Naturforscher (statt: Naturfreunde);
601 Z. 5: Vereine (statt: Verein)
622 3. Abs. Z. 4: Altona (statt: Hamburg)
628 2. Abs. Z. 2: Lebensmittellage (statt: Lebensmittellager)
658 Z. 27: Sieg (statt: Sie)

Band III

5 zu S. 41: 17. bis 27. (statt: 21.) Dezember"; zu S. 46: 28. Dezember 1918 bis 8. (statt: 5.) Januar 1919
6 zu S. 101: Handel, Industrie und Gewerbe
35 Z. 3: 29. (statt: 19.) November
87 2. Abs. Z. 7: Quittungen (statt: Quitttungen)
125 2. Abs. Z. 8: Zentralarbeitsnachweis (statt: -ausschuß)
148 2. Abs. Z. 11: Tarifabschlüsse (statt: -beschlüsse)
151 3. Abs. Z. 10: Kriegshilfsdienstgesetz
164 3. Abs. Z. 4: Wenhold (statt: Wenholt)
217 3. Abs. Z. 18: Seyfert (statt: Seyferth)
228 3. Abs. Z. 3: Regierungstruppe (statt: -truppen)
278 Z. 1: Casino (statt: Kino)
344 2. Abs. Z. 12: verkehrstechnische und baukünstlerische Fragen
363 2. Abs. Z. 12: mit je 41 Mill. Mark
366 6. Abs. Z. 4: Streik (statt: Streit)
376 Z. 10: Reichsarbeitsgericht (statt: -arbeitsrecht)
378 Z. 2: Konsumgenossenschaften (statt: -schaft)
384 3. Abs. Z. 2: Stand (statt: Strand)
426 2. Abs. Z. 3: Bahnhofsvorstadt (statt: Bahnhofvorstadt)
449 2. Abs. Z. 16: Hans-Sigismund (statt: Hans Sigmund) Meyer
459 2. Abs. Z. 9: Besells (statt: Bessels)
498 Bildunterschrift: Prof. Eduard Nößler (ohne Dr.)
500 3. Abs. Z. 8: Langenstraße (statt: Langestraße)
572 3. Abs. Z. 4: 1926 (statt: 1906)
584 3. Abs. Z. 3: Brüder (statt: Bruder)
608 Bildunterschrift: Casino (statt: Kasino)
621 2. Abs. Z. 6: Bürgerschaft (statt: Bürgschaft).